XINYILUN
JIANCHA GAIGE YU JIANCHA ZHIDU DE
FAZHAN WANSHAN

DISIJIE ZHONGGUO JIANCHA JICHU LILUN LUNTAN WENJI

中国检察学研究会检察基础理论专业委员会 编

新一轮检察改革与检察制度的发展完善

第四届中国检察基础理论论坛文集

中国检察出版社

图书在版编目（CIP）数据

新一轮检察改革与检察制度的发展完善：第四届中国检察基础理论论坛文集/中国检察学研究会检察基础理论专业委员会编. —北京：中国检察出版社，2015.8
ISBN 978-7-5102-1469-1

Ⅰ.①新… Ⅱ.①中… Ⅲ.①检察学-中国-文集 Ⅳ.①D926.3-53

中国版本图书馆CIP数据核字（2015）第183185号

新一轮检察改革与检察制度的发展完善
——第四届中国检察基础理论论坛文集

中国检察学研究会检察基础理论专业委员会　编

出版发行：	中国检察出版社
社　　址：	北京市石景山区香山南路111号（100144）
网　　址：	中国检察出版社（www.zgjccbs.com）
编辑电话：	（010）88685314
发行电话：	（010）68650015　68650016　68650029
经　　销：	新华书店
印　　刷：	河北省三河市燕山印刷有限公司
开　　本：	720 mm×960 mm　16开
印　　张：	49印张　插页6
字　　数：	903千字
版　　次：	2015年8月第一版　2015年8月第一次印刷
书　　号：	ISBN 978-7-5102-1469-1
定　　价：	128.00元

检察版图书，版权所有，侵权必究
如遇图书印装质量问题本社负责调换

▶ 第四届中国检察基础理论论坛会场

▶ 中国检察学研究会检察基础理论专业委员会主任、湖北省人民检察院检察长敬大力致辞

▶ 安徽省人民检察院党组副书记、副检察长鲍国友致辞

▶ 中国检察学会副会长，中国政法大学诉讼法学研究院名誉院长、教授、博士研究生导师樊崇义发言

▶ 四川大学法学院教授、博士研究生导师龙宗智发言

▶ 中国人民大学法学院教授、博士研究生导师陈卫东发言

前　言

为了加强检察改革的基础理论问题研究，推动检察改革的全面深入开展，2014年10月25日至26日，由中国检察学研究会检察基础理论专业委员会主办、安徽省人民检察院承办的第四届中国检察基础理论论坛在安徽合肥召开。围绕"新一轮检察改革与检察制度的发展完善"主题，来自最高人民检察院、各省市区检察机关的代表和高校、科研机构的专家学者等90余人参加了研讨。最高人民检察院研究室主任万春、最高人民检察院检察理论研究所所长王守安莅临论坛指导。

本届论坛分"确保依法独立公正行使检察权、健全检察权运行机制、完善检察机关人权司法保障制度"三个专题，从法学和检察基础理论角度，深入研讨全面推进依法治国、深化司法改革和检察改革的理论问题。大家认为，刚刚闭幕的十八届四中全会，确立了全面推进依法治国的指导思想和基本原则，明确了建设中国特色社会主义法律体系和社会主义法治国家的总目标，提出要形成完备的法律规范体系、严密的法治监督体系、有力的法治保障体系和完善的党内法规体系，鲜明地提出要完善检察机关行使监督权的法律制度，这些为全面推进依法治国、全面深化检察理论研究指明了方向、提供了基本遵循。

《新一轮检察改革与检察制度的发展完善》是在第四届中国检察基础理论论坛文集基础上编辑整理的。本书由四部分组成，第一部分是依法独立公正行使检察权研究，第二部分是健全检察权运行机制研究，第三部分是完善检察机关人权司法保障制度研究，第四部分是论坛综述。第四届中国检察基础理论论坛取得了丰硕成果，凝聚了专家学者、最高人民检察院领导及全国检察机关同仁的心血和智慧，它使我们对检察改革的重要性、必要性有了更加深入的认识，对检察改革的规律和基本路径有了更加明晰的把握，对检察改革面临的形势和任务有了更加清醒的判断，必将进一步夯实检察改革的理论基础，促进检察改革的协调有序推进。

编　者

2015年5月

学习贯彻党的十八届四中全会精神
建设公正高效权威的社会主义检察制度[*]

（代序一）

敬大力[**]

今天，我们在历史名城合肥相聚一堂，隆重召开第四届中国检察基础理论论坛，目的在于从法学和检察基础理论角度学习贯彻党的十八届四中全会精神，研究全面推进依法治国、深化司法改革和检察改革的理论问题。首先，我谨代表中国检察学研究会检察基础理论专业委员会，向出席今天论坛的各位领导、各位专家和检察同仁们表示热烈的欢迎！向精心筹备论坛、付出大量心血的安徽省检察院表示衷心的感谢！

法治是治国理政的基本方式。刚刚闭幕的党的十八届四中全会，里程碑式地开启了依法治国2.0升级版，确立了全面推进依法治国的指导思想和基本原则，明确了建设中国特色社会主义法治体系和社会主义法治国家的总目标，提出要形成完备的法律规范体系、高效的法治实施体系、严密的法治监督体系、有力的法治保障体系和完善的党内法规体系，明确了"完善以宪法为核心的中国特色社会主义法律体系，加强宪法实施；深入推进依法行政，加快建设法治政府；保证公正司法，提高司法公信力；增强全民法治观念，推进

---

[*] 节选自敬大力检察长在第四届中国检察基础理论论坛上的致辞。
[**] 湖北省人民检察院党组书记、检察长。

法治社会建设;加强法治工作队伍建设;加强和改进党对全面推进依法治国的领导"等六大任务,而且鲜明提出要完善检察机关行使监督权的法律制度,这些为全面推进依法治国、全面深化检察理论研究指明了方向、提供了基本遵循。改革是这个时代的主旋律。在全面深化改革的历史进程中,司法改革深入推进、破冰前行,检察改革不断深化、亮点纷呈,与建设公正高效权威的社会主义司法制度、检察制度的目标渐行渐近。在这样一种大背景下,我们以"新一轮检察改革与检察制度的发展完善"为主题举办本届论坛,十分契合当前建设法治中国、深化司法改革的实际需要,具有重要理论意义和现实意义。

依法治国离不开制度保障,深化改革离不开理论支撑。为深化司法和检察改革、发展和完善中国特色社会主义检察制度提供理论支持,是我们专业委员会的基本宗旨和使命。自2011年成立以来,我们先后举办了三届"中国检察基础理论论坛",围绕优化检察职能配置、深化检察改革、发展完善检察制度进行了一系列深入研讨,形成了一批有影响的理论研究成果,为推进司法体制改革和检察改革创新、推动法治建设贡献了智慧和力量。本届论坛紧紧围绕"确保依法独立公正行使检察权、健全检察权运行机制、完善检察机关人权司法保障制度"三个问题开展探讨,这些都是事关中国特色社会主义法治体系建设、事关司法改革和检察改革的重点、难点问题,迫切需要基础理论上的跟进和指引。我们衷心地希望各位专家学者和检察同仁,继续发挥好聪明才智,发挥好"智库"作用,着眼于新的实践和新的发展,不断深入研究和回答这些重大理论问题,为深化司法改革和检察改革、加快建设社会主义法治国家提供强有力的智力支撑。

司法改革必须遵循规律,理论研究重在探求规律。按照已经认识到的规律来推进改革,在实践中再加深对规律的认识,这是保证改革实现预期目标的基本方法。在发展和完善中国特色社会主义检察制度的过程中，需要我们不断地研究探索我国检察制度发展规律、检察职权配置规律和检察活动基本规律，以真正的规律引导改革、指导实践。我们衷心地希望通过大家的思考研究，集中智慧和力量，不断加深对检察工作的规律性认识，推动中国特色社会主义检察制度更加成熟、更加定型，优越性更加充分的发挥。

新的时代孕育新的使命，新的实践呼唤新的理论。我们坚定地相信，在最高人民检察院、中国检察学研究会的正确领导下，在大家的群策群力、共同奋斗下，检察基础理论专业委员会一定能够为促进检察理论研究大发展、大进步、大繁荣，为深化司法体制改革和全面推进依法治国作出新的更大贡献。

贯彻四中全会精神　深化检察改革[*]

（代序二）

鲍国友[**]

尊敬的各位领导，各位专家学者、同志们：

今天，第四届中国检察基础理论论坛在安徽举办，我们感到很荣幸。这充分体现了最高人民检察院和检察基础理论专业委员会对安徽检察工作的重视、关心和支持。受薛江武检察长委托，我谨代表安徽省人民检察院，向大家的到来表示热烈的欢迎！向一直以来关心支持安徽检察事业的各位领导和同志们表示衷心的感谢！

借此机会，首先向大家简要介绍一下安徽的总体情况：安徽全省总面积约14万平方公里，总人口约7000万，下辖16个市、6个县级市、43个县级区、56个县。安徽的省情有这么几个突出的特点：一是经济后发优势明显。近年来，安徽经济步入加速发展的快车道，各项主要经济指标增幅均位居全国前列。2013年，全省生产总值达19038.9亿元，同比增长10.4%，增速居中部第1位，全国第12位；财政收入3365亿元，同比增长11.2%，其中地方财政收入突破2000亿元，居中部第3位，全国第14位。此外，安徽还是全国重要的基础工业基地，工业支柱产业有冶金、轻工、纺织、建材、机械、电子产业等。安徽也是全国农业大省，截至2013年，已

---

[*] 节选自鲍国友副检察长在第四届中国检察基础理论论坛开幕式上的致辞。
[**] 安徽省人民检察院党组副书记、副检察长。

连续实现粮食生产"十年丰",其中2013年粮食总产量达655.9亿斤,居全国第6位。近年来,安徽全省上下紧紧抓住大有可为的黄金发展期,倾力打造加速崛起的经济强省、充满活力的文化强省、宜居宜业的生态强省,经济社会发展呈现出稳中有进、结构优化、民生改善、社会和谐的良好局面。二是区位优势独特。安徽位于中国经济最具活力的长江三角洲腹地,居中靠东,沿江通海,作为中国经济发展战略要冲和国内几大经济板块的对接地带,在中国区域经济格局中占据十分重要的位置。目前,安徽的皖江城市带承接产业转移示范区、合芜蚌自主创新综合试验区、皖北地区、大别山片区、皖南国际文化旅游示范区等均被纳入国家发展战略规划。安徽的矿产资源丰富,拥有淮南、淮北两大亿吨级煤炭基地。安徽是首批国家技术创新工程试点省份之一,拥有250多家科研院所,科教资源丰富,人才荟萃。安徽的交通便捷,全省已建成铁路、民航、水运、公路综合运输网络,其中铁路、高速公路运营里程均突破3000公里,铁路网密度进入全国前十位,公路密度高出全国平均水平1倍。三是文化底蕴深厚。安徽是中国道家文化、北宋理学、建安文学、桐城文派的发源之地。明清处于鼎盛时期的徽文化与敦煌文化、藏文化并称中国三大地方显学之一。享誉世界的中国京剧起源于安徽徽剧。安徽的黄梅戏,不仅唱响中国,也深受世界人民喜爱。中国历史上的道家思想创始人老子、庄子,东汉的神医华佗,三国时期的曹操,明朝开国皇帝朱元璋,洋务运动领袖李鸿章,近代新文化的代表人物陈独秀、胡适等,都出自安徽。四是自然景观秀美。安徽的黄山以雄伟瑰丽、险幻清幽而著称于世,集世界文化遗产、世界自然遗产和世界地质公园三项桂冠于一身。皖南古村落西递、宏村被列入《世界文化遗产名录》。莲花佛国九华山,是中国四大佛教名山之一。禅宗胜地天柱山,以雄奇灵秀著称。盛名道教之地齐云山,秀甲江南。中华民族的母亲河长江在安徽穿境400公里,被称为"800里皖江"。穿境安徽中部的淮河,是中原文化和徽文化交汇之地。

近年来,伴随着安徽各项事业的蓬勃发展,安徽检察工作也取得新的成绩,特别是去年以来,安徽省院新一届党组带领全省检察机关紧紧围绕平安安徽、和谐安徽、法治安徽建设,以强化法律监督、强化自身监督、强化队伍建设为总要求,以转变观念、规范执法、提升能力、增强公信为抓手,忠诚履职,务实创新,开启了新的发展篇章。2013年,全省检察机关共批准逮捕刑事犯罪嫌疑人22746人,提起公诉47216人;立案侦查职务犯罪案件1561件2061人,同比分别上升29.5%和17.5%;办理立案监督、纠正漏捕漏诉、提出刑事抗诉、纠正减假保不当等案件同比均有较大幅度上升,执法办案整体上呈现出力度加大、质量提高、健康平稳的良好态势。但是,我们也清醒地认识到,与高检院的要求相比,与兄弟省市院相比,我们的工作还有一定的差距。我们将抓住这次论坛的难得机遇,加强与兄弟省院和专家学者的交流,努力把我省的各项工作再推进一步。

深化检察改革是中央的明确要求,也是发展完善中国特色社会主义检察制度的必然要求。本次论坛以"新一轮检察改革与检察制度的发展完善"为主题,集中研讨依法独立公正行使检察权、健全检察权运行机制、完善人权司法保障制度等重大问题,对于进一步推进检察改革必将起到积极的作用。

安徽省院党组对办好本次论坛高度重视,薛江武检察长在京学习期间专门作出指示,要求认真做好后勤保障工作,尽力为大家提供一个愉快舒适的交流环境。但受各种条件所限,我们的工作中可能还存在疏漏不周之处,恳请各位领导和同志们提出意见建议,我们将竭尽所能搞好服务,确保会议顺利召开。

最后,预祝本次论坛取得圆满成功!祝各位领导、同志们在皖期间身体健康、工作顺利、生活愉快!

谢谢大家。

目 录

★ 学习贯彻党的十八届四中全会精神　建设公正高效权威的
　社会主义检察制度（代序一）……………………………敬大力（ 1 ）
★ 贯彻四中全会精神　深化检察改革（代序二）……………鲍国友（ 1 ）

第一专题　依法独立公正行使检察权问题研究

1. 检察官管理体制改革的若干思考……………………………陈辐宽（ 3 ）
2. 检察人员分类管理改革探析…………………………孙应征　罗永鑫（ 12 ）
3. 试析检察官管理制度的科学构建……………………………杨海燕（ 21 ）
4. 检察人员分类管理制度研究…………………………………唐志洲（ 33 ）
5. 新时期检察官管理体制改革研究
　　——基于全国 7 省市 13 家检察院人员分类管理的实证反思
　　………………………………………陈宝富　潘丽娟　陈　鹤（ 43 ）
6. 人民检察院组织法修改视野下健全检察官职业保障制度之思考
　　………………………………………………………………左仰东（ 55 ）
7. 检察官专业化的实践与趋势
　　——以全国检察业务专家评选活动为样本的实证分析
　　………………………………………王子毅　龙海燕　徐　良（ 64 ）
8. 关于省级以下检察院经费统筹保障的几点思考……………黄志敏（ 76 ）
9. 行政诉讼跨行政区划管辖改革研究…………………王　莉　米　蓓（ 82 ）
10. 论跨区划统一交通运输检察体制的构建
　　——铁路检察改革之路径选择………………………………夏黎阳（ 91 ）
11. 浅析建立与行政区划适当分离的司法管辖制度……………罗堂庆（100）
12. 原则与路径：检察机关司法区划改革的实证探寻
　　………………………………………………………罗　军　刘　毅（108）

⑬ 跨行政区划司法管辖制度改革的路径研究
　　——以《行政诉讼法修正案（草案）》第16条第2款为中心
　　　………………………………………………… 葛先园　陈伦远（122）
⑭ 检察机关参与司法管辖改革的若干思考 ……………… 简乐伟（130）
⑮ 地方人民检察院的设置与检察管理体制改革
　　——兼论《中华人民共和国人民检察院组织法》的修改
　　　…………………………………………………………… 马　楠（140）
⑯ 并案侦查制度在反贪工作中的适用与完善 …… 刘光圣　林文新（151）
⑰ 浅析以法治化手段反腐败的现实路径 ………………… 冯天然（158）
⑱ 职务犯罪侦查模式转变研究 …………………… 华东升　李孔晶（162）
⑲ 试论法治思维和法治方式视野下检察工作改革的规范化 … 陈广计（170）

第二专题　健全检察权运行机制研究

⑳ 关于检察官办案责任制改革的几个问题 ……………… 谢鹏程（179）
㉑ 论诉讼监督权运行规范
　　——兼论健全指令权运行机制 ………………………… 徐汉明（192）
㉒ 检察官办案责任制改革研究 …………………… 郭玉洁　陈　坤（207）
㉓ 完善检察官办案责任制若干问题研究 ………………… 王传红（218）
㉔ 主任检察官权力清单制度构建的几点思考
　　——以我国主任检察官办案责任制改革为视角 ……… 钟　琦（225）
㉕ 浅论主任检察官办案责任制的改革路径 ……… 张玉华　温春玲（235）
㉖ 司法改革背景下推行主任检察官制度的路径选择
　　………………………………………… 马维新　黄　胜　赖冬水（245）
㉗ 检察官执法办案责任体系研究 ………………… 邹开红　杨福荣（255）
㉘ 主任检察官制度改革质评 ……………………………… 万　毅（264）
㉙ 检察官办案责任制实施情况实证分析
　　——以湖北随州检察机关改革试点工作为例
　　　………………………………………… 洪领先　胡良智　徐化成（273）
㉚ 论办案责任制视域中的检察官称谓
　　——基于刑事诉讼法与《人民检察院刑事诉讼规则（试行）》
　　的文本考察 …………………………………………… 白章龙（282）

31. 检察官独立：办案责任制落实之关键 …………………… 黄元超（294）
32. 论检察官办案责任制改革试点工作中检察业务运行机制的构建
   …………………………………………… 邱高启 徐化成（302）
33. 检察机关办案组织的理论探讨 ………………………… 阮志勇（311）
34. 检察委员会改革的路径选择
   ——基于检察委员会属性的考辨 ………… 李领臣 崔家超（326）
35. 从群体决策理论看检察委员会决策机制司法属性的强化
   …………………………………………… 谭 明 王 岚（336）
36. 法治化进程中检察委员会制度改革之思考
   ——以人民检察院组织法修改为背景 …… 黄凯东 张建兵（345）
37. 提高检察委员会议案工作司法属性的对策研究 ………… 李荣冰（354）
38. 检察委员会工作运行问题初探 …………… 彭智刚 邢晓玲（362）
39. 完善检察机关外部侦查协作机制的思考 …… 刘 阳 胡文学（370）
40. 检察机关内部机构科学设置研究 ………… 高继明 崔 涛（379）
41. 检察机关内设机构的科学设置研究 ……… 张和林 严 然（388）
42. 检察机关内设机构改革构想 …………………………… 王帮元（402）
43. 基层检察院内设机构的审视与重构 ……… 张 宁 葛朋朋（409）
44. 基层检察机关内设机构的科学设置
   ——以某省 C 市基层检察机关为研究对象 ……… 鲍明叶（415）
45. 论检察机关案件管理机制的宪法基础 ………………… 崔汪卫（424）
46. 深化案件管理机制改革研究
   ——案件管理的"大数据统计"价值 ……… 杨慧亮 吴 真（432）
47. 检察机关案件受理环节的考察分析与完善建议 … 吴 波 郭大磊（440）
48. 深化案件管理机制改革研究 ……………… 熊 皓 勾香华（448）
49. 检察机关内部治理初探 …………………… 汪存锋 朱 丹（457）
50. 检察机关业务指导关系改革探索 ……………………… 刘 建（463）

第三专题　完善检察机关人权司法保障制度研究

51. 关于完善检察机关错案责任追究制的几点思考 ………… 张鹏涛（471）
52. 关于错案责任追究制的若干思考 ……………………… 王 磊（479）
53. 错案责任追究机制的理性思考 ………………………… 杨 晓（485）

54 检察环节错案追究制度的反思与重构
　　——兼论司法改革视野下的检察官办案责任追究机制
　　　　　　　　　　　　　　　　　　　　　储国樑　段继涛（494）
55 规范取证程序　防止错案发生 …………………………… 周习武（502）
56 论我国技术侦查制度的完善
　　——以检察监督为视角 ……………………… 赵　靖　王家鹏（510）
57 刑事诉讼证明体系中"排除合理怀疑"的理论证成 ……… 周　平（518）
58 审查起诉阶段非法证据排除论析 ………………………… 黄世斌（527）
59 关于执行非法证据排除规则情况的调研思考 …… 苏金基　林海萍（543）
60 非法实物证据排除规则的现状、目的与构建
　　　　　　　　　　　　　　　　　　　孙　勇　王　标　张言民（551）
61 非法证据排除规则问题研究：范围、程序及标准
　　　　　　　　　　　　　　　　　　　　　刘亚昌　王　超（558）
62 排除非法证据的标准
　　——以公诉为视角 …………………………… 朱德宏　陈彬彬（569）
63 非法证据排除规则适用问题若干思考 …………………… 杨玲娜（577）
64 审查批准逮捕程序中的非法证据排除 …………………… 黄海波（585）
65 检察环节贯彻非法证据排除规则之探讨
　　——兼论刑事诉讼法所定非法证据排除规则在司法实践中的应用
　　　　　　　　　　　　　　　　　　　　　　　　　　刘　方（593）
66 检察机关适用非法证据排除规则的问题与建议
　　——以绍兴检察机关实践情况为例 ………… 曾于生　苏文玉（605）
67 羁押必要性审查实证研究与工作机制的完善 …… 杭巨平　陆向前（613）
68 羁押必要性审查相关问题研究 ………………… 刘莉芬　羊忠民（620）
69 人权保障视野下捕后羁押必要性审查制度的司法构建
　　　　　　　　　　　　　　　　　　　朱新武　靳良成　计金娣（636）
70 监所检察部门羁押必要性审查实证研究
　　　　　　　　　　　　　　　　　　　孙春雨　张翠松　卢凤英（645）
71 完善审前羁押必要性审查程序的思考 …………………… 田圣斌（656）
72 论刑事诉讼法第93条羁押必要性审查规定的后位适用
　　　　　　　　　　　　　　　　　　　项　谷　张　菁　姜　伟（665）
73 英国保释制度及其对我国羁押必要性制度的镜鉴
　　　　　　　　　　　　　　　　　　　　　叶良芳　徐春晓（673）

74 逮捕后羁押必要性审查制度研究 …………………… 黄　宁　张敬香（682）
75 建立完善检察环节国家司法救助制度的思考
　　——以湖北省检察机关贯彻落实中政委3号文件为视角
　　　………………………………………………… 李　凯　张兆增（693）
76 刑事被害人救助问题与对策研究 ………………………… 刁岚松（701）
77 检察环节刑事被害人司法救助制度的完善思考
　　——以审查起诉环节为视角 ……………………………… 潘体正（713）
78 新型检律关系中的信任机制建设 ……… 孙光骏　史玉平　杨立凡（722）
79 论自侦案件律师会见权的保障 …………………………… 刘丽娜（731）
80 检察机关保障律师依法执业问题研究
　　——以审查起诉环节为视角 ……………………… 肖振猛　杨　方（741）
81 构建新型检律关系　保障律师执业权利 ………… 余大伟　童　达（749）

论坛综述

82 贯彻中国特色社会主义法治理论　探索推进检察制度发展完善
　　——第四届中国检察基础理论论坛观点综述 … 王　磊　阮志勇（757）

第一专题

依法独立公正行使检察权问题研究

检察官管理体制改革的若干思考

陈辐宽[*]

党的十八届三中全会通过的《中共中央关于全面深化改革若干重大问题的决定》提出，确保司法机关依法独立公正行使审判权、检察权，建立符合职业特点的司法人员管理制度。根据中央司法体制改革的总体部署，上海在全国率先制定了改革试点工作方案，并获中央批准。[①] 目前，已在上海市检察院第二分院等四家试点单位开展先行试点工作，[②] 重要内容之一就是检察官管理体制改革。检察官管理体制改革是一项系统性工作，是分类管理的核心内容，检察官单独序列管理的具体化，涉及检察官的招录遴选、员额设定、业绩评价、权责义务乃至职业操守等诸多内容，与检察官的职业保障制度息息相关，在新一轮检察改革中是牵一发而动全身的核心改革项目，既需要根据改革总体目标，整体谋划、统筹考虑，也需要结合检察工作实际，科学求证、稳步推进。

一、检察官管理体制改革的重要意义

（一）有助于确保依法独立公正行使检察权

检察官是检察权运行中最基本、最主要的载体，是依法独立公正行使检察权的关键环节。根据《中共中央关于全面深化改革若干重大问题的决定》，法官、检察官管理体制改革将作为新一轮司法改革的重要内容，明确提出要"健全法官、检察官统一招录、有序交流、逐级遴选机制，完善司法人员分类

---

[*] 上海市人民检察院党组副书记、副检察长。
[①] 2014年6月6日，中央全面深化改革领导小组第三次会议审议通过了《关于司法体制改革试点若干问题的框架意见》、《上海市司法改革试点工作方案》，载http://news.xinhuanet.com/2014-06/06/c_1111024486.htm。
[②] 2014年7月31日，上海市司法改革试点推进小组原则通过《上海检察改革试点工作实施方案》，上海市检察机关以该方案为蓝本进行检察改革试点，载http://news.jcrb.com/jxsw/201408/t20140801_1419141.html。

管理制度，健全法官、检察官职业保障制度"。当下，我国检察官管理仍沿袭使用公务员管理的方式，行政化色彩浓厚，职级晋升、职业保障受制于所属地人事与财政，导致检察官的职业使命感、尊崇感缺失，一线办案的检察官能力不足，优秀检察官不能安心于业务办案，检察权行使易受地方影响，不能适应日益增长的检察司法办案任务的要求，不能满足依法独立公正行使检察权对检察官职业素质的要求。现阶段推进检察官管理体制改革，就是要按照中央关于建立符合职业特点的司法人员管理制度的目标要求，遵循检察权运行的规律，创造有利于检察官依法履职、秉公执法、勇于担当的制度环境，确保检察机关依法独立公正行使检察权。

（二）有助于建立公正高效权威的检察制度

公正高效权威的检察制度是维护国家稳定、保障人民权益、实现依法治国的基础性制度，是我国司法制度的重要组成部分。不断丰富和完善社会主义检察制度始终是深化司法体制改革的重要内容。司法改革的历程表明，改革和发展社会主义检察制度，必须将检察官管理体制作为核心内容之一，进行系统的顶层设计，仅从工作机制、方式的改革完善，不能从根本上保障司法公正和提高司法效率，树立检察权威。建立一套完整、科学的检察官管理体制，才能真正形成符合检察职业特点和规律的选人、用人、育人、留人的制度，才可能保证检察官始终遵行法治、排除干扰、公正无私地履行职责，自觉维护社会公平正义，才能真正使得检察制度发挥保证法律统一正确实施，维护和促进法治的作用。

（三）有助于加快培养一支高素质职业化的检察官队伍

当前，具有中国特色社会主义的法律体系已经形成，保证"有法必依、执法必严、违法必究"已成为推进法治中国建设的迫切需求。所谓"徒法不足以自行"，法律的实施和法治国家的实现，必须造就一支高素质、职业化的司法官队伍。其中，作为法律的守护者和公平正义的捍卫者，检察官无疑是司法队伍的重要组成部分。检察职能活动有其特有的性质和规律，既需要对案件事实和法律适用等问题做出独立的审查判断，也需要在诉讼程序活动中对其他公权力主体行为的合法性进行监督，作出公正处置。随着社会经济的发展和公众法治意识的增强，检察机关依法进行法律监督的外部环境、监督对象、执法标准发生了深刻变化，建设一支高素质的职业化检察官队伍的要求更加紧迫，需要从制度上切实解决人员结构不合理、人案矛盾突出、职业保障不足等问题，对现行检察官管理制度、方式和方法进行改革和完善。

二、对现行检察官管理体制的现状分析

新一轮的司法改革对进一步完善检察官管理体制提供了难得的机遇，需要我们对现行的检察官管理体制作更为深入的检视，不难发现，现行检察官管理制度中存在的诸多不足，这些问题既不利于检察官队伍专业化和职业化建设，也制约了检察职能有效行使，亟待引起重视和解决。具体表现为：

（一）现行检察官管理体制尚不适应检察工作的固有属性和检察官的职业特性

检察机关是国家法律监督机关，检察机关的司法属性决定了检察官的管理模式必然要区别于其他国家公务人员，"将检察官统一称为公务员，不符合现行检察官法中对检察官单列的规定，否定了检察官法最有价值的立法精髓"。[①] 检察官的职业特性应包含法定性和专业性。法定性是指检察官的产生必须经过一定的法律程序，只有符合法律规定的条件，经过法定程序选举或任命，经法律和权力机关的授权，代表国家依法行使检察权的专门人员才被称为检察官。专业性则是指作为专司法律监督职能的检察官，应当是一个精通法律知识，具备精湛专业技能的高素质群体，专业素养要求高，具有明显的专业性特征。但长期以来，我国检察官的管理一直沿用行政公务员的管理模式，这也被称为"泛行政化"管理模式，没有充分遵循检察工作属性的要求，也没有体现出检察官的职业化和专业化特征，不符合人民检察院组织法和检察官法的相关要求。如检察官身份要和一定的行政级别挂钩，检察官等级的评定也以行政级别为依据，以致职权分类不清晰，制约了检察官队伍的良性发展。

（二）现行检察官管理体制尚不能充分体现检察权运行规律、实现检察官责、权、利的有机统一

目前，检察机关一般将其工作人员划分为检察员、助理检察员、书记员、司法警察和检察行政人员等五类，按照法律相关规定，根据岗位不同，赋予不同的职权，享受不同的待遇。但是，现行制度没有体现出检察官在检察权运用中的主体地位，没有突出检察官的重要作用，在一定程度上将检察官混淆等同于检察机关其他工作人员。具体表现为：一是检察权能与检察行政管理等从属权能的混淆。目前检察机关非业务部门的工作人员，在符合取得法律职业资格证书、具备一定工作年限等资格后，亦会和业务部门办案人员一样被任命为检察员、助理检察员，导致检察官与其他检察人员混编混岗，造就了一个庞大的

[①] 葛洪义等：《法官、检察官不可纳入"国家公务员"——对〈公务员法〉起草中一个问题的几点意见》，载《法学》2003年第6期。

检察官群体。据统计，截至2000年底，全国各级检察机关在编检察人员共计22.8万，其中具有检察法律职称的检察人员19.1万，这从一个侧面体现出检察职能与检察行政管理等职能的混淆。二是检察官的自身价值难以得到体现。检察官行使着国家的法律监督权，工作职责要求高、难度大，本应具有较高地位，受到社会更多的尊重，但在实践中与其他检察人员、公务员待遇并无差异，甚至实践中往往还存在非业务部门人员在晋升、待遇保障方面更具优势的不正常情况，这种责权利不统一的管理制度，不仅影响了检察官的工作积极性，也难以体现检察官的精英化，检察官办案责任制难以真正落实，促进检察官管理的目标难以实现。

（三）现行检察官管理体制尚不完全契合检察官的培养造就规律

从世界范围内检察官培养造就的经验和模式来看，要成为一名检察官，必须具备相当严格的条件，不仅需要通过专门的法律考试还要经过较长时间的司法实践才能任命为检察官，其培养成长需要一个较长的理论思考和实践积累过程，因为正如哈耶克所强调的："对正义的实现而言，操作法律的人的质量比其操作法律的内容更为重要。"① 如在德国要成为州检察官，必须在大学法学院毕业后通过两次专门的考试，第一次考试后见习2年，再参加第二次考试。通过两次考试后，向司法部提出任职申请，经司法部人事部门面试后，提请司法部长任命，再经过3～5年的试用期（因州而异，试用期间为候补检察官），才能够获得永久性任期。在其他法治先进国家也大多有相似的规定。与之相比，我国在这方面的规定就相对宽泛，没有体现出检察官的培养特性：一是目前有些地方虽然实行了由省级检察院统一招录人员的办法，但由于检察机关尚未实行检察官员额制和人员分类管理体系，检察官招录名额、条件等需地方人事部门决定，统一由公务员考试来选拔，致使检察官的"入口"等同于一般公务员，这也往往又成为检察官不应享有较高地位和职业保障的一大理由。且由于我国地域辽阔，出于照顾西部、边远、少数民族地区等考虑，往往会降低招录条件和标准。二是对已在检察机关工作满2年的检察人员，只要通过司法考试，就可以被任命为检察官，等级晋升基本上是以年限和行政职级为依据，缺少对办案业绩的考察，缺乏严格的考核选任机制和相应的实践培养机制，在管理机制上限制了检察官精英团队的形成。

（四）现行检察官管理体制不足以有效实现检察官的职业保障

在其他法治先进国家和地区，检察官作为司法官，都具有较好的身份、

---

① Evan Haynes, The Selection and Tenure of Judges, Newark, NJ, National Conference of Judical Councils, 1944 J. p. 5.

职权和经济保障，且是在法律、制度上得以固化和明确的。比如德国的检察官是终身制的，一经任命，非因法定事由不被免职。我国台湾地区的检察官也是终身制，实行单独的薪酬体系，薪资高于一般公务员，且非依法定事由不被降级和减俸，在退休之后仍然享受优渥的待遇。我国虽然在检察官法第9条等法条中规定了检察官的权力和待遇，但是尚未从法律上明确体现检察官职业特殊要求的身份保障、职业特权保障和经济保障。仅以经济保障为例，现行的检察人员薪酬体系系遵循公务员法之规定，与检察官等级相配套的工资、津贴等薪酬福利制度还未有效落实，这在一定程度上触动办案骨干离开办案岗位，转而追求管理岗位，在检察职业群体内部都无法形成对检察官的认同感和荣誉感。

三、关于检察官管理体制改革的具体思考

检察官管理体制改革，必须按照中央关于深化司法体制改革的总体部署，遵循检察工作规律，围绕加强检察队伍专业化、职业化建设，突出检察官办案主体地位，保障检察机关依法独立公正行使检察权的总体目标推进。

（一）实行检察人员分类管理

实行检察人员分类管理，目的就是要建立以检察官为核心的检察人员分类管理体系，实行检察官专业职务序列管理，保证检察机关各类人员各归其类，人尽其才，公正高效地履行检察职能。

1. 建立检察官专业职务序列管理制度

检察人员分类管理改革的主要任务是，依据检察机关司法办案规律和职业特点，对履行不同职能、担负不同任务和所处不同地位与作用的人员，进行科学的分类，并对在不同类别职位工作的人员采用不同的管理模式，其中必须突出检察官在检察机关和检察工作中的主体地位。按照检察机关各个职位的工作性质和在检察活动中的地位作用，根据中央确定的司法体制改革试点框架意见，可将检察机关现行人员划分为检察官、检察辅助人员、司法行政人员。其中检察官是各级检察院依法行使国家检察权的检察人员。包括各级检察院检察长、副检察长、检察委员会委员、检察员。我们认为，分类改革后，对检察官应实行有别于普通公务员的管理制度，并按照专业职务序列管理。检察官应主要配置在各级检察院侦监、公诉、反贪、反渎等业务部门的办案岗位，这些部门的综合岗位不再配备检察官。检察官将逐步取消行政职级，完全按照检察官等级进行管理。

2. 实行检察官员额制

检察官是检察队伍的精英，是履行检察职能的核心力量，因此，对检察官

应当实行"员额制"。所谓"员额制",就是对检察官职位数核定限额,缺一补一,不缺不补。对检察官实行"员额制",也有利于从精通法律、熟悉社会事务的人员中选拔检察官,确保好中选优,提高检察官的整体素质。根据中央确定的司法体制改革试点框架意见和相关改革试点实施方案,我们认为确定检察官员额要从积极回应人民群众司法需求、强化检察机关服务保障职能出发,以满足检察工作需要为立足点,以实际司法办案岗位的检察官人数为主要依据,综合考虑经济社会发展、辖区面积和人口数量以及人员编制、检察官办案数量等因素,目前,可设定检察官员额比例总体上占检察队伍总数33%的员额控制目标。①

(二) 实行检察官的省级统一管理

"检察权的行使,如果受立法权或检察权以外的行政权的不当干涉所左右,那么,司法权的独立就将完全成为有名无实。"② 为打造高素质的司法队伍,有效减少检察机关司法办案的外部干扰,确保检察机关依法独立行使检察权,提高司法公信力,根据中央司法体制改革总体部署,有必要探索建立检察官的省(直辖市)级统一管理的体制。

1. 改革检察官的选任、遴选制度

目前检察官的选任主要由各级检察院自行进行,并报各级地方人大任命。如上所述,世界各国对检察官的任职条件和要求均较高,检察官要经过正规的法律教育,并通过严格的国家司法考试,经过司法培训和数年司法实践锻炼,再通过严格择优选任才能担任。从我国目前的情况看,建立检察官的省级统一选任、遴选制度将有利于保证检察官的素质,也有利于检察机关依法独立行使检察权。根据中央通过的司法体制改革试点方案,我们认为地方各级检察院检察官可由省级统一管理,并在省级层面组建检察官遴选(惩戒)委员会,负责统一制定各级检察官任职标准,根据缺额情况定期组织检察官拟选工作,一般每年组织一次。同时明确,上级院检察官原则上从下级院检察官中择优遴选;检察官也可以从优秀的律师、法律学者及其他法律工作者等专业法律人才中公开选拔或调任。

2. 改革检察官的考核、惩戒制度

针对改革后检察官地位和待遇相对提高,独立办案职权加大的情形,应加

---

① 2014年7月12日,上海召开全市司法改革先行试点部署会,根据试点方案将司法机关工作人员分成三类:法官、检察官;法官助理、检察官助理等司法辅助人员;行政管理人员。在上海的方案中,三类人员占队伍总数的比例分别为33%、52%和15%。努力确保85%的司法人力资源直接投入办案工作。载 http://www.jcrb.com/procuratorate/highlights/201407/t20140712_1413851.html。

② 伊藤荣树:《日本检察厅法逐条解释》,徐益初等译,中国检察出版社1990年版,第57页。

强和规范对检察官的考核、惩戒等管理制度。如上所述，可由检察官遴选（惩戒）委员会对检察官的违法违纪行为组织核查，认定责任，提出惩戒意见；并组织各级检察院定期对检察官履职情况、业务水平及职业操守等进行专业考核。同时，要完善检察官办案数量指标体系、科学的质量评价体系和有效的监督体系。要定期对检察官的办案情况进行综合考评，每位在岗检察官都必须完成规定的办案任务，达到规定的业务考核要求，对具有不能完成办案任务、办案质量不高等考核不称职情形，依照程序调离检察官岗位。对于具有连续两年评定为不称职的、违背职业操守，构成违法违纪，给予记大过以上处分，对冤、假案件负主要办案责任的等情形，应提请检察官遴选（惩戒）委员会按照法定程序免除检察官职务。检察官对免除检察官职务的处理意见有异议的，允许申诉一次。

（三）实行检察官等级化管理

实行检察官单独的等级制度，有利于检察官管理的去行政化，也有利于增强检察官的职业荣誉感，使检察官队伍形成一个整体，便于实行统一管理、严格依法履行职责。

1. 实行检察官的等级制度

目前各级院检察官虽然具有相应等级，但检察官的管理实际上仍以行政职级为主，检察官等级制度实际上处于"空转"状态。实行检察官等级化管理，就是为了逐步取消检察官对应的行政级别，使检察官的等级真正成为确定检察官层级、薪酬待遇等方面的基本标准。具体的等级划分，我们认为可以继续沿用检察官法规定的等级类别，但要在此基础上，对检察官等级制度的等级编制、评定标准、审批权限、晋升、降级和取消条件等问题作出详细的规定，使检察官等级制度更为规范、科学，也更具权威。以上海市为例，检察官等级由低到高可分为检察官、高级检察官、大检察官三大类，依次设置四级至一级检察官，四级高级检察官至一级高级检察官，以及二级大检察官。其中，基层院检察官等级设置为四级检察官至二级高级检察官，分院检察官等级可设置为三级检察官至一级高级检察官，市院检察官等级可设置为三级检察官至二级大检察官。

2. 检察官等级实行按期晋升和选升相结合

基于检察工作的特性，检察官除要具备坚实的法律专业知识外，还需要长期的法律工作实践和丰富的社会经验、人生阅历，且一般来说，资历越深，专业水平越高，越能保证司法公正。目前行政化的管理模式未能体现出检察官的职业特点，也导致检察官尤其是基层检察院的检察官上升空间受限，影响工作热情，人才流失现象严重。我们认为，检察官等级制管理的重要内容就是要实行按期晋升和选升相结合,一方面使检察官有相对明确的职业发展预期,有利于其专心办案;另一方面也有利于激励检察官不断加强学习,提高司法水平。以上海市为例,可以考虑在各级检察院检察官员额限度内,符合任职条件的,四级检察官至三级高级检察官实行按期晋升,二级高级检察官和一级高级检察官择优选升,每晋升一级一般不少于4年。

(四)改进和探索检察官职业培训和研修制度

司法工作具有很强的专业性与特殊性,除法律专业知识外,还需掌握专门的司法技能,为了培养合格的司法官并始终维持其高素质,许多国家和地区都建立了完备的司法官培训制度。

1. 改进检察官职业培训制度

职业培训是提升检察官职业素养的重要方式,目前检察官职业培训内容较多,但总体效果并不显著。我们认为,根据建立检察官专业职务序列的改革目标和等级制管理制度,重点是要抓好检察官的任职资格培训和等级晋升培训。对于拟选任的检察官可实行见习制度,由省级院统一安排相应的检察官岗位进行一定期间的见习,内容涵盖"职务犯罪侦查"、"批准逮捕"、"出庭公诉"等主要检察业务,并由资深检察官直接带教。见习期满后,对初任检察官的综合能力进行考评,考评结果作为任命检察官和确定其岗位的重要依据。对于拟晋升等级的检察官,应当在晋升前接受一定期间的晋升培训,主要是根据不同职务序列和岗位要求,聚焦检察实务重点难点问题,加强专项能力的培训,培训结果应作为晋升检察官等级的重要依据。

2. 探索建立检察官职业研修制度

提升检察官素养既需要外部的职业培训,同样也需要自身的不断学习、思考和积累。为有效提升检察官素养,许多国家和地区规定了不同形式的检察官职业研修制度。如在日本,检察官有专门的研修机构,以任期3年前后的检察官为普通研修对象,以任职未满10年的检察官为专门研修对象。司法办案是一种需要较高法律素养所进行的司法判断工作,检察官不应成为适用法律的工具,而应对理解法律和裁判案件具有相应的理论思考和深入见解,这都需要检察官加强研修,不断提升自身素养。我们认为,根据检察工作实际,依托目前检察机关研究室的资源条件,可探索检察官脱产研修模式,分批安排各部门检察官到研究室进行为期半年的研修,由该部门协同检察官围绕司法实践中的重点、难点问题或者新情况、新问题进行专项研究并落实成果转化,促进理论调研和业务实践相结合,加速检察官队伍的专业化和精英化。

(五)落实和完善检察官职业保障制度

建立符合检察官职业特点、有别于普通公务员的检察官职业保障体系,既有利于检察官依法公正履职,也有利于增强检察官的职业荣誉感和使命感。

1. 检察官职业保障制度

一是检察官的身份保障。虽然检察官法和人民检察院组织法有相关规定,但由于没有严格的法律标准和法律程序,缺乏实际操作意义。因此,必须对任免、解除检察官身份规定严格的法律标准和法律程序,要明确检察官一经任用,一般不得随意将其罢免、转职、停职、减薪或调换工作,只有依照法定条件,并经法定程序,才能予以撤职、调离或令其提前退休。具体而言,在实行检察官专业职务序列后,撤职、调离检察官应报请省级检察官遴选(惩戒)委员会统一审核批准,并要直接听取当事检察官的意见后才能作出决定。此外,对于不担任领导职务,且具有较高等级的高级检察官,可以延迟2~3年退休,但必须在检察业务部门直接办案。二是检察官的职位保障。可通过法律进一步明确检察官依法履行检察职务时享有哪些权利,承担哪些义务。通过赋予检察官与其特殊责任相适应的某些特权保障,保证其在执行职务进程中言行不受指控或法律追究,一旦检察官职务受到非法的,或者不正当的干扰或侵犯时,有具体而有力的保障措施。

2. 检察官实行以专业等级为基础的薪酬制度

检察官职业保障制度的重要内容就是要实行区别于其他公务员的检察官专业职务序列,并建立以专业等级为基础的检察官薪酬制度。实践中,原有的检察官等级制度之所以在实际运行中作用不大,原因之一就在于检察官等级与检察官的薪资待遇并不直接挂钩,检察官的薪酬待遇仍然由其行政级别决定,这种"双轨制"管理模式有其现实原因。我们认为,在实行检察官省级统一管理和检察官专业职务序列的改革试点总体目标背景下,应当建立与检察官等级配套的薪酬体系,只有这样才能让检察官等级真正成为影响检察官晋升、待遇福利以及社会地位的决定因素,检察官等级的作用才能真正得以发挥。现阶段可以采取现行工资收入加岗位津贴的方式确定薪酬,视条件成熟逐步过渡到检察官专业职务序列薪酬,逐步形成科学合理的激励保障机制,合理拉开不同等级检察官之间的收入级差,使不同级别之间的检察官保持有效平衡。

检察人员分类管理改革探析

孙应征[*]　罗永鑫[**]

检察人员分类管理是顺应司法权运行规律，科学合理配置各类检察人员，实现司法去行政化，建设高素质、职业化、专业化检察队伍的客观需要。在全面深化改革的大背景下，要充分认识到分类管理的重要性、必要性，按照中央《关于司法体制改革试点若干问题的框架意见》要求，积极开展分类管理改革的实践与探索。

一、当前检察人员管理存在的问题

长期以来，检察机关对检察人员的管理参照普通公务员管理体系。尽管检察官法规定了检察官的等级，但是实践中，行政职级和法律职级并存，检察官等级与行政职级挂钩，检察管理行政化色彩浓厚，检察官司法属性淡化。主要表现在：

1. 行政职级成为衡量检察人员能力高下、工作优劣、业绩多少的重要标准，进而影响和决定着其工资待遇、职级晋升、等级调整以及社会评价。受编制、职数的限制，一些优秀的检察人员不可能——提拔到领导岗位上来，在很大程度上挫伤了一批检察官特别是优秀青年检察官的工作积极性和进取心。

2. 检察机关内部不同性质和不同种类的工作岗位界限不清。党务、行政、事务管理等非业务性部门的有检察法律职务的检察人员，实际上并没有履行检察权能；还有一些优秀的一线办案检察人员，由于提升到领导岗位之后，承担着大量的行政管理和审批工作，实际参与办案机会减少。这些都造成司法资源的极大浪费，导致案多人少的矛盾在当前工作任务日益繁重、执法要求日趋增高的司法实践中更加突出。

3. 检察官队伍庞大，职位泛化。检察官准入门槛很低，具有法律大学本

---

[*] 湖北省武汉市人民检察院检察长，华中科技大学博士生导师。
[**] 湖北省武汉市人民检察院法律政策研究室副主任，法学博士。

科以上学历通过国家司法考试在检察机关工作一到两年几乎都可以成为检察官。检察官已经不是严格意义上的依法行使国家检察权的检察人员，而泛化为检察机关中所有人员身份的标志。

4. 现行"处、科、组"行政化办案组织和审批模式，导致案件办理事事请示报告、服从上级意志，一方面，损耗了办案时间，影响了诉讼效率，加剧了案多人少与诉讼时限之间的矛盾；另一方面，审者不定，定者不审，违背司法规律，制约了检察官主观能动性的发挥，办案责任制很难得以具体落实。

正是由于检察管理上存在的上述弊端，开展检察人员分类管理的改革与探索十分必要。检察人员分类管理，不仅关系到检察人事管理制度改革，更是建立和完善检察办案组织形式，彰显检察权的司法属性，确保检察权独立、公正、高效行使的重要举措。

二、以司法体制改革先行试点为契机，建立符合检察职业特点的分类管理体系

作为人事管理的一项改革，实际上，检察机关早已开始了分类管理的探索和实践。最高人民检察院早在1999年和2000年先后出台的《检察工作五年发展规划》、《检察队伍建设三年规划》和《检察改革三年实施意见》中都提出了对检察人员实行分类管理的要求。2003年底，最高人民检察院又制定了《检察人员分类改革框架方案》并开始试点工作。2013年3月1日，中共中央组织部、最高人民检察院联合下发了《人民检察院工作人员分类管理制度改革意见》，对检察人员分类管理的指导思想、工作原则、主要任务和组织领导等作了规定，确定了分类管理的框架和思路。在实践层面，北京、上海、山东、湖北等省市开始试行主任检察官制度、主办检察官制度。尽管模式不尽相同，但是突出检察官在检察工作中的主体地位，规范检察权的运行，明确检察官的职责权限，减少审批层级，实行扁平化管理，却是分类管理和试点工作的共同目标。由于分类管理涉及检察权的分配与行使、检察官的遴选、奖惩、晋升、职业保障、司法责任制等一系列问题，单靠检察机关这一单一主体难以解决和实现，在以往的司法实践中，仅仅在执法办案方式转换上开始了初步的探索。今年6月，中央决定在东、中、西部选择上海、广东、吉林、湖北、海南、青海6个省市先行司法改革试点，这一举措，为检察人员分类管理创造了契机和条件：

1. 省、市、区司法机关统一进行改革试点，在省内形成了司法体制改革的良好氛围，一些陈旧的思想观念得以打破。遵行检察权的司法规律，建设精英化、职业化、专业化的检察队伍以及根据不同的工作性质设置不同的岗位类

型,这些实行分类管理的基本理念,在检察人员头脑中得以形成和巩固,为实施分类管理奠定了坚实的思想基础。

2. 分类管理所涉及的诸如人员选任、交流机制、奖惩制度、职业保障等需要司法机关以外的社会各界的关心和支持。例如检察官的职业化和精英化,需要社会公众相当的认可度;例如对检察官实行有别于普通公务员的招录办法,以及提高检察官工资待遇和薪津补贴标准,这些都需要人事、财政等部门的支持。实行省以下地方检察院人财物的统一管理,有助于协调处理和解决上述问题与矛盾,为实施分类管理创造良好的外部条件。

3. 省内司法机关统一开展试点工作,基于法律职业共同体相同司法属性、类似的管理方式、共同的价值追求,检察院和法院可以相互借鉴和引进吸取各自分类管理的经验和探索,从而进一步丰富和完善分类管理的理论和实践成果。

因此,在司法体制改革先行试点的过程中,要抓住机遇,勇于实践,构建符合检察职业特点的分类管理体系,实现优秀人才向检察业务部门流动的人才配备导向,不断提高执法办案质量,促进社会公平正义。

三、遵循司法运行规律,着力解决分类管理中存在的困难和问题

我国宪法明确规定,检察机关是国家的法律监督机关。2006年中共中央《关于进一步加强人民法院、人民检察院工作的决定》明确指出:"人民法院和人民检察院是国家司法机关。"刑事诉讼法规定,检察、批准逮捕、检察机关直接受理案件的侦查、提起公诉,由人民检察院负责。我国检察权有着丰富的内容,具体可以细化为批准与决定逮捕权、公诉权、职务犯罪侦查权、法律监督权四项职能。基于这些权能的不同性质和特点,以及检察机关存在技术、网络、政工、行政管理、后勤等岗位的客观现实,应当合理确定人员类别、员额比例、职责权限以及办案组织形式。

(一) 关于检察人员的分类

根据《关于司法体制改革试点若干问题的框架意见》,检察院工作人员分为检察官、检察辅助人员、检察行政人员三类。这是根据检察机关职责行使的实际情况进行的分类。

1. 检察官。是指依法行使国家检察权的检察人员。根据检察官法的规定,包括检察长、副检察长、检察委员会委员、检察员。这里的"检察员",不是统指现有的具有检察员资格的检察员,而是指在检察长的领导下依法独立行使国家检察权的检察员,是精英化层面的检察员。

2. 检察辅助人员。是指在检察活动中协助检察官履行检察职责,从事辅

助性、事务性、技术性工作的检察人员。检察辅助人员根据履行职责的不同，可以划分为检察官助理、检察技术人员、司法警察、书记员。其中，检察官助理是直接辅助检察官行使检察权的人员。检察技术人员是检察机关从事司法技术鉴定、网络管理、技术支持等工作人员，包括文字、痕迹鉴定人员、司法会计、法医、计算机技术人员等。司法警察是指检察机关行使警察职责的人员。书记员是指从事司法文书办理、案卷管理、办案记录等工作的人员。

3. 检察行政人员。是指检察机关从事政工、综合管理、行政事务等工作的检察人员。包括政工、行政、文秘、党务、纪检监察等部门的工作人员。

（二）关于检察官的员额比例

设置检察官的员额比例，一方面是执法办案的现实需要，另一方面也是检察队伍精英化、提升司法质量的需要。检察官员额比例的确定应当结合检察编制总人数、实际在办案岗位上的检察官人数、办理案件数、案件难易程度、检察官的素质能力等因素，综合予以考虑。基层检察院承担着大量的执法办案工作任务，检察官的员额比例应当较省级检察院、最高人民检察院要高。而同为基层检察院，办案数量大的单位，检察官员额比例应较之办案数量小的单位高。从人员素质情况看，素质能力高的地区，检察官员额比例相对较小；素质能力较弱的地区，检察官员额比例可以稍大一些。从案件难易程度看，新型案件、复杂疑难案件较多的单位，检察官员额比例应较之简易、普通案件较多的单位高。同时，检察官精英化是一个长期的过程，不能一蹴而就，在员额比例相对固定的基础上，应当结合上述影响因素作适当调整。可根据辖区面积、人口和案件数量、层次的变化，区县院每三年、市级院每五年调整一次。随着分类管理进一步推进和检察官素质能力的提高，可逐步减少检察官的员额比例，提高检察官任职条件。

（三）关于办案组织形式

检察官是行使检察权的个体，必须依托一定的组织形式，将检察权公正高效地行使。实行分类后，如何建立符合检察职业特点、适应检察权运行规律、科学合理的基本办案组织及工作模式，是实施分类管理必须面临和解决的问题。为突出检察官的主体地位，应当建立以"检察官+若干检察辅助人员"为基本单元的办案组织。检察官组织、负责办案组工作，检察辅助人员在检察官的组织领导下，协助检察官办理案件，对检察官负责，从而形成以检察官为主体，检察官自主决定案件的办案模式。根据检察权能的不同特点，可以探索建立两种不同形式的办案组织模式：一是司法属性较强的检察业务部门，如审查逮捕、审查起诉、民行检察部门，可以实行检察长（或检委会）授权下的检察官独立办案组织，检察官直接对检察长、检委会负责。根据检察工作实践以及办案需要，这些办案组织可以采取固定办案组且由"1名检察官+1名检察辅助人员"的形式，以提高办案效率。二是职务犯罪侦查业务。由于侦查权具有集中、高度组织化和协同作战的特点，行政属性较强，需要集中办案力量在较短时间内突破案件，应侧重按照其职能行使要求，建立检察长（或检委会）领导下主任检察官办案组负责制。主任检察官办案组由"2名以上检察官+若干检察辅助人员"组成，主任检察官负责协调、组织、处理本组案件，对检察长、检委会负责。对于重大案件、专案的办理，可以打破原有的固定办案组，组成临时办案组或者指派办案组等形式，统一调配办案力量。在司法实践中，为了保证办案质量，在检察官、主任检察官办案组成员的选配上，要尽可能地考虑办案力量的均衡，以适应办案工作的实际需要。

检察官办案组、主任检察官办案组是办案的基本单元，每个检察官都是行使检察权的独立主体，其法律地位平等，检察官之间只存在业务工作上的协作、配合关系。随着改革的深入推进，以检察官为主体的办案组织将取代现有的科（处）设置。在试点改革仍保留科（处）的情况下，业务部门负责人只能协调处理各检察官办案组活动，不再审批具体案件，不得干涉检察官行使检察权，从而优化办案审批、减少中间层级、提高办案效率。同时也应当看到，检察官精英化是一个长期的过程，实行检察官、主任检察官办案负责制，能够提升检察官责任心，增强其职业荣誉感，促进检察官队伍职业化和精英化，但并不意味着，检察官和主任检察官的素质能力在建立检察官、主任检察官办案组之后就能立即适应执法办案工作的需要。为了确保案件质量，实现司法公正，在改革初期，对于一些复杂疑难争议大的案件，仍然需要发挥团队的智慧与力量。在优化审批程序，实现扁平化管理的基础上，可考虑实行检察官、主任检察官会议制度。遇到重大疑难案件，检察官、主任检察官难以作出决定时，可申请召开由其他检察官、主任检察官参加的检察官、主任检察官会议，承办案件的检察官、主任检察官在听取其他检察官、主任检察官意见的基础上再对案件作出处理决定。

（四）关于司法责任制

现行的"检察人员承办，内设机构负责人审核，检察长或者检察委员会决定"的"三级审批制"不能完全适应社会发展和司法规律内在要求，各层级的执法权限不明、责任不清，使得执法过错责任追究难以严格落实。"审者不定，定者不审"，司法所要求的亲历性、独立性、判断性体现不够，一定程度上影响了案件的公正办理。实施检察人员的分类管理，明确各个层级执法主体的责任范围，有助于强化检察官执法办案的责任意识，解决办案不负责、把关不严格、追责不到位等问题。

1. 建立检察官权力清单。实行检察人员分类管理后，需要明确各类检察人员的职权范围、职责任务，特别是检察官与检察长、检察委员会之间的权力与责任。由于检察官在检察长的授权下行使权力，为此，授权要清晰明确，不能出现权力交叉重叠的现象。一是要明确授权的总体原则。对法律明确规定应当由检察长、检察委员会行使的职权，以及检察长、检察委员会认为应当由其行使的职权，应当由检察长、检察委员会行使；对具有监督性质、相关行为和决定影响其他执法司法机关的权力，应当由检察长或检察委员会决定；对办案中的非终局性事项、事务性工作，由检察官独立作出决定。根据办案具体情况，检察长可以将重大、复杂、疑难案件以外的其他案件授权主办检察官决定处理。湖北省检察机关提出的"抓两大、放两小"的授权原则①，具有可行性和可操作性。二是明确权力范围。检察官的权力应当紧密结合其履职内容，根据其职务类别予以明确。在权力的设定上，应考虑检察权的不同法律属性，在"放权"与"收权"的范围和方式上有所区别。例如，对于司法性质浓厚的批捕权与公诉权，由于其决定大多具有程序性、阶段性和非终局性的特点，因此，应当赋予检察官相对独立行使职权的空间，使其能够基于自身的法律素养和知识经验对案件事实与法律认定作出独立的分析判断，从而回归权力的司法本质。而不起诉这一终局性的决定，仍然需要报检察长或者检委会决定。对于行政属性较强的职务犯罪侦查权，检察官的权力设定应主要体现在执行检察长或检委会决定，组织实施讯问、询问、调取证据、采取强制措施等具体侦查活动上，其独立行使职权的范围相对较小。另外，还可以考虑"因地制宜、逐级划分"的原则，各级检察机关可以根据实际情况具体确定检察官、主任检察官权限的大小。对于精英检察官比较多的检察院，在设置权限时，可以适当放宽权力；反之，对于检察官素质能力相对较弱的检察院，检察官的权限要适度缩小。

2. 明确责任追究的条件。有权必有责，失职要问责，违法要追究，这是建设公正高效权威社会主义司法制度的必然要求。明确了权力界限之后，对违反诉讼程序、超越职权、滥用职权造成严重后果的要依法予以追责。随着法治建设的发展和人民群众对司法需求的不断提升，司法追责的范围不仅仅限于冤假错案，而应扩展到造成群众反映强烈、造成严重不良社会影响的错误执法行为。例如，接待来访群众处置不当造成上访人情绪激化事态扩大，严重损害司法机关公信力的；强制措施执行不当造成被执行人自残自伤的；等等。追责的

---

① 郑青：《对主办检察官办案责任制的几点思考——以湖北省检察机关改革实践为范本》，载《人民检察》2013年第23期。

事由必须是检察人员故意或重大过失。如果属于检察人员一般过失,或者由于不能抗拒、不能预见的原因造成的,则不予以责任追究。因此,追责的条件必须符合以下三个方面:一是存在错误的执法行为;二是错误的执法行为必须情节严重,造成严重不良社会影响或者群众反映强烈;三是检察人员对错误的执法行为主观上存在故意或重大过失。

3. 分清责任主体。检察官个人造成执法错误的,由检察官个人承担责任。检察官意见经上级审批造成执法错误的,检察官承担直接责任,检察长、负有责任的检委会委员承担领导责任。主任检察官、检察长不采纳检察官意见或者改变检察官的意见造成执法错误的,由主任检察官、检察长承担责任;如果因检察官隐瞒、遗漏案件主要事实、证据或者重要情况,导致主任检察官、检察长、检委会作出错误命令、决定并造成执法错误的,由检察官承担责任。

四、完善分类管理配套机制,确保改革顺利推进

《关于司法体制改革试点若干问题的框架意见》提出在省一级设立法官、检察官遴选委员会,建立逐级遴选制度,实行有别于普通公务员的招录办法。为了保证分类管理的顺利实施,在操作层面,还要解决如下问题:

(一) 建立检察官单独管理制度

1. 明确检察官的任职条件。担任检察官除必须具备法律大学本科以上学历外,还需要一定的素质能力要求、司法实践要求和任职年龄要求。素质能力表现为检察官个人的法律素养、办案数量、办案质量、社会效果等。司法执业经历表现为从事律师职业或者在司法机关从事司法实践工作。"法律的生命在于经验",司法的公正不仅在于法律知识的具备,也在于实践经验的积累与运用。可考虑分等级规定检察官的素质能力、司法执业经历和最低年龄限制所必须具备的条件。例如,基层检察院可以规定初任检察官必须从事司法执业经历2年以上,年龄28岁以上;市级、省级、最高人民检察院检察官任职所需的司法执业经历和年龄要求可依次增加。

2. 严格检察官选任程序。目前检察人员的招录仍然通过统一公务员考试进行,实行分类管理之后,检察官的产生有三种途径:一是从检察机关内部符合检察官条件的优秀人员中产生;二是从下一级检察机关优秀的检察官中遴选;三是招录优秀律师和具有法律职业资格的法学学者等法律职业人才进入检察官队伍。无论采取哪一种途径,所有检察官的选任都应由设在省一级的检察官遴选委员会负责。在现有的法律框架下,可由检察官遴选委员会综合检察人员法律素养、业务能力、办案数量、业绩考核等表现,统一提名后由各级人大分别任免。

3. 明确检察官晋级条件，严格检察官考核。对检察官的考核应该综合办案质量、办案数量、案件效果、执法规范、理论素养、廉洁自律等方面，实行优胜劣汰和任期制度。对于考核合格的，继续留任检察官；对于考核不合格或者有违法违纪行为的，免除其检察官资格。

（二）建立检察辅助人员和检察行政人员管理制度

对于检察官助理，可比照检察官管理的相关办法，其人员招录由检察官遴选委员会通过考试、考核等方式公开选拔。检察官助理必须符合通过国家统一司法考试并且具有相应的学历、专业要求。优秀的检察官助理达到检察官条件的，可经检察官遴选委员会提名后由本级人大任命成为检察官。建立检察书记官制度，设立书记官等级序列。对书记员的招录可由检察机关人事部门负责，其学历可放宽至大专以上，书记员按年龄和工作表现可逐级晋升。检察机关的司法警察是人民警察的警种之一，其管理可根据人民警察法和高检院制定的《人民检察院司法警察暂行条例》执行。检察技术人员可比照检察行政人员，实行公务员管理，这里就不再详述。应当根据检察机关的不同岗位职责和人员类别，设置不同考核指标。例如，检察辅助人员主要侧重于其办案能力、法律素质、专业水平；书记员侧重于司法文书办理、案卷管理、办案记录等方面；检察技术人员侧重于鉴定、检测技术；司法行政人员侧重于行政管理能力。

（三）建立检察职业保障制度

1. 在经费保障方面，将检察经费从行政经费中独立出来，实行省级财政统一拨付制度，排除对同级党政部门经济上的依赖。建立与检察官等级挂钩的专门的检察官工资制度和工资标准、住房保障、医疗保健等福利。提高检察人员的工资待遇，检察行政人员收入比照当地行政机关公务员工资收入，检察辅助人员收入比本级院检察行政人员高出 20%~30%；检察官收入比本级院检察辅助人员高出 50%~100%，并合理拉开各等级检察官之间的收入级差。在改革初期，检察官、检察辅助人员、检察行政人员之间的薪金待遇不易拉得过大，要循序渐进，逐步推开。

2. 明确检察官非经法定事由、法定程序不得免职、撤职和调离，保证检察官独立行使职权，排除外界的不当干扰。

3. 适度延长检察官的退休年龄。如可以规定检察官的退休年龄为 63 岁，二级以上大检察官的退休年龄为 65 岁，首席大检察官的退休年龄为 70 岁。

（四）建立和完善检察官行使检察权的监督制约制度

分类管理模式下，确立了检察官行使检察权的主体地位，授予了检察官较大的自主决定权，必须建立检察官行使权力的监督制约机制，以保证检察权的公正高效行使。在内部监督上，继续加强检察长、纪检监察部门、案件管理部门对检察官所办案件的督导、检查、监督、预警、考核和评估。在外部监督上，要加强人大监督和社会各界对检察机关执法办案活动的监督，改进和拓宽人民监督员监督，发挥律师在诉讼活动中的作用。充分运用现代信息手段，进一步完善检务公开机制，全面推行全程同步录音录像制度、终结性法律文书公开制度，保证人民群众的知情权、参与权、监督权，自觉接受社会各界的监督。

试析检察官管理制度的科学构建

杨海燕[*]

建立科学完善、行之有效的检察官管理制度，是保障检察机关高质高效地履行检察职能的客观需要。长期以来，我国对检察官的管理，完全套用行政公务员的管理模式。这种模式虽曾在特定历史时期发挥过巨大作用，对检察工作产生过积极影响，但随着检察事业的逐步发展和检察工作改革的日益深入，其对检察工作的制约越来越明显。如何从我国国情出发，与时俱进，改革完善现行检察官管理制度，优化检察人才结构，建设专业化、高素质的检察队伍，对检察机关具有举足轻重的作用。

一、现行检察官管理制度及存在的问题

考察当前我国检察官管理制度的具体运行情况，可以发现，我国检察机关尤其是市县两级检察机关的检察官管理中仍然存在以下主要问题：

（一）准入制度不健全

目前，检察机关补充工作人员的渠道主要有两种：一是接收部队转业干部；二是通过公务员考试招录普通高校毕业生。

就第一条渠道而言，大部分部队转业干部法学理论基础薄，司法实践经验少，只能走边学习边办案的道路。特别是，其中一部分转业干部由于长期无法通过国家司法考试，不具备检察官任职资格，只能从事业务辅助或行政后勤等工作，这一方面导致其工作压力大，工作积极性不高；另一方面又占用了检察机关的编制，影响了一线办案人员的优化配置。

就第二条渠道而言，招录工作主要由地方人事部门负责，检察机关没有完全的进人自主权。被招录人员不仅要参加行政机关组织的公务员考试，而且要经过公务员管理机构的审批，执行着一套标准的行政人员录用程序，缺乏统一的符合司法工作特点的招录标准。同时，由于高检院、省、市、县等不同级别

---

[*] 安徽省合肥市人民检察院研究室副科级检察员。

的检察机关的招录工作都是由各自分别进行,彼此缺乏层级间的上升渠道,容易造成原本条件差不多的被招录对象仅仅因招录机关平台的不对等带来的同等工作条件和年限内职级待遇相差悬殊,而产生心理上的不平衡。① 特别是被录用在基层检察院工作的人员,长期处在封闭的工作环境中,缺乏上升的空间和动力,积极性很难得到发挥,长此以往将不利于检察工作的开展。

(二)运作模式行政化

长期以来,我国检察官管理一直沿用国家行政人事管理体制,运行过程具有浓厚的行政化色彩。主要表现在:

1. 人员管理公务员化。在我国,检察官一直被当作普通公务员对待,实行着同政府公务员一样的"职位制和品位制相结合,以职位制为主"的职级制度和工资制度,② 不但其级别简单套用行政级别,甚至连法律职务的资格评定、晋升都取决于其行政级别乃至行政职务的状况。这在无形中造成部分检察人员不注重专业能力的提升而片面追求行政级别的高低,最终影响检察专业人才的培养和业务素质的提高。

2. 机构设置行政化。检察机关内部沿用了行政机关厅、处、科等层级的设置格局,各层级之间具有相应的行政领导关系,形成了一个系统的行政领导架构。特别是作为检察机关业务领导机构的检察委员会,其成员通常由检察长、副检察长、部门负责人等行政领导组成,在议事议案时,往往是行政职位高的委员的意见起决定性作用,这样的领导过程,行政色彩不可避免。

3. 办案过程行政化。各级检察机关通常都根据业务进度和业务事项,设置了不同层次的审批权限,分别由不同的机构和人员行使,形成了以层层审批、集体负责为主要特征的行政化办案机制。这种机制不利于检察官独立意识的养成和业务素质的提高,一方面难以从真正意义上调动起广大检察人员的积极性、主动性;另一方面分散甚至模糊了案件承办者的责任,不利于错案责任的追究。

4. 业务考核行政化。尚未建立起专业化的考核机制,对检察官的业务考核仍沿用对一般行政人员的考核机制。在内容设置上,片面强调工作量和工作表现,忽视工作质量和工作创新意识,导致案件质量的不平衡。③ 在考核方式上,基本沿用年终总结、民主测评等行政化的考核方式。在奖励与惩罚的程序上,也基本与我国行政奖惩制度相一致。

---

① 解占泽、阎德清:《检察官激励机制之探索》,载中国法制新闻网,2013年5月25日。
② 周东生、顾海宁:《检察机关人事任用及人才培养体制探析》,载正义网,2013年5月15日。
③ 参见武汝廷:《检察机关人力资源分类管理的基本构想》,载《人民检察》2007年第7期。

(三) 培养任用一元化

对目前我国检察系统内存在的检察官、书记员和行政管理人员等三种不同类别的人员，鉴于其具体从事的工作内容、职责要求、任职条件等各不相同，对其管理也应遵循不同的管理模式。但由于我国检察官法仅对检察官的资格条件和任用办法作出了明确规定，对其他人员管理的相关规定并不明确，实践中对书记员和行政管理人员的管理仍与检察官的管理模式相同。① 即不论是对从事检察业务工作的检察官，还是对从事检察业务辅助工作或行政管理工作的人员，都按照同一要求和标准，积极鼓励其通过司法考试，任命为检察官、评定检察官等级。检察官不仅是一种法律职务，更成为一种身份和待遇，② 因此，检察机关几乎所有的工作人员都千方百计要挤进"检察官序列"这座独木桥。这既使得许多在检察系统工作但没有取得检察官资格的行政管理人员、书记员的待遇无法落实，影响了他们的工作积极性。同时也造成在岗位安置上，非检察官从事检察业务工作，而检察官从事综合保障工作，错位安置检察官岗位的情况始终存在，在一定程度上阻碍了检察权的优化配置和检察官素质的提高，不利于检察事业的科学发展。

(四) 保障机制空泛化

考察我国相关法律规定及具体实践情况，可以发现，虽然我国检察官的任职条件、职业素养等都明显高于普通公务员，但其在工资福利和职务保障等方面却与普通公务员一样，高要求低保障的矛盾十分明显。具体表现为：

1. 在职级、职数方面，检察官相对于同级党政机关公务员普遍偏低。特别是在基层检察院，职级低、职数少的问题更是突出。③ 一些干警甚至工作几十年后仍是科员，承担的职责与其职级极不匹配，缺乏向上发展的动力，一定程度上影响了他们的工作积极性，这也是导致许多检察官不安心检察工作，通过调离、辞职、招考等途径调往其他单位的一大原因。

2. 在任职年龄方面，很多地方在机构改革及人事调整中，忽视了检察职业的特点，对检察官与其他行政机关工作人员一样，采取"一刀切"的政策，致使一大批年龄在50岁左右、年富力强、理论和实践经验都相当丰富的优秀检察官提前离岗或变相退休，造成了检察人力资源的巨大损失。

3. 在工资待遇方面，虽然我国检察官法对检察官等级做出了划分，检察实践中也实行了主诉（办）检察官制，但目前检察官的福利待遇并未与之紧

---

① 参见雷智宏：《关于检察官职业化管理体制的探索》，载中国期刊网，2013年5月25日。
② 参见雷智宏：《关于检察官职业化管理体制的探索》，载中国期刊网，2013年5月25日。
③ 袁正兵：《郭永运代表：检察官待遇规定应明确》，载《检察日报》2009年3月14日。

密挂钩,反而是同普通公务员一样跟行政职级相联系,检察官的工作在实际收入中未得到充分体现。此外,检察官津贴虽已落实,但所占工资收入比例极低,表现并不明显。而检察官保险、抚恤等也均未形成制度。

（五）人员素质大众化

检察官的高素质要求需要知识的积淀、工作经验的积累以及意志的磨炼。[①] 在英美及德法等法治发达国家,对检察官的任职均规定了极其严格的条件和审查程序,即使是从事法律职业多年的人员,也未必能成为一名检察官。而在我国,较长时期以来,由于始终没有严格统一的检察官录用标准和选任程序,造成检察官队伍来源复杂、良莠不齐。其中有相当一部分是来源于转业军人、社会招干和其他机关、企业调入等途径,正规法律院校培养的人员所占比例较低,法律训练不足,司法角色大众化的现象十分严重,并且影响至今。检察官法颁布实施后,虽然法律上检察官的准入门槛提高了,但是由于缺乏对检察员、助理检察员任命职数上的必要限制,一般只要干警通过司法考试,一年就可任命为助理检察员,两年就可任命为检察员,导致目前检察官泛化的现象日益突出,出现了检察官绝对数多,而检察业务骨干却不多的客观事实。再加上,近年来司法考试通过率的不正常提高和检察官任命标准中对司法实践经验年限规定得过短,这都在无形中降低了对检察官高素质的要求。

二、现行检察官管理制度存在问题的原因分析

（一）认识因素

长期以来,对于检察权的性质和检察机关的定位问题,理论界和实务界均存有很多不同的意见。[②] 归纳起来主要包括行政权说、司法权说、双重属性说和法律监督权说四种学说。其中,行政权说认为,检察权并不同时具有司法权所应有的终结性、被动性、独立性等本质特征,因而不能划为司法权,其在本质上属于国家行政权,检察机关也应当定位于行政机关。[③] 司法权说认为,检察机关作为诉讼活动的主要参与者,在诉讼活动中采取措施,做出决定,对具体案件事实适用法律,其行为特征和活动性质具有司法性质,因此,检察权应归于司法权范畴。双重属性说认为,检察权必须保持相对的独立性,具有司法权的特征,同时又与行政机关相联系,受到行政权的牵制,因此具有行政权和

[①] 雷智宏:《关于检察官职业化管理体制的探索》,载中国期刊网,2013年5月25日。
[②] 张河洁:《检察官管理体制改革的理论与实践》,载《国家检察官学院学报》2005年第2期。
[③] 孙谦、刘立宪:《检察理论研究综述》,中国检察出版社2000年版,第19页。

司法权的双重属性。① 法律监督权说认为，在我国完整的统一国家权力下形成了四种权力——行政权、司法权、法律监督权和军事权。② 检察权既不是行政权，也不是司法权，而是一种法律监督权，相应的检察机关就是法律监督机关。以上四种学说争论不止，至今未能形成统一认识，而检察权的性质作为我国检察制度理论研究中的一个根本性问题，决定着其他各项具体制度的价值取向，这种对检察机关属性认识不清的现状，使得检察机关人事管理制度的制定和运行也因为缺乏科学的指导而存在诸多与检察工作发展不相适应的地方。

（二）历史因素

新中国成立之初，《六法全书》被废除，我国社会秩序的维护主要依靠党的政策和各种命令，当时的司法人员也多为部队干部和政工干部，因为他们对党的政策和精神有着较深的理解，而同时所处的环境也不要求司法人员具有较为深厚的业务基础，基本能够适应当时检察工作的需要。但"文革"期间，检察机关被取缔，检察队伍不复存在，原本脆弱的司法体制近乎瓦解。直到1979年检察机关恢复重建，人员问题成为亟待解决的大问题，于是开始从工人、待业青年、部队中大量选拔人员充实检察队伍。这种选拔虽在一定程度上缓解了人员紧缺问题，但由于绝大多数人员未经过法律知识的系统学习，都是在干中学、学中干，其专业素质可想而知。针对这种情况，当时在任命检察官职务时很少考虑干警的法律专业水平，一般是根据原有的职级或资历任命，甚至有的检察官从未办过案，也不会办案。也正是基于此，层层审批式的业务运作模式在检察机关才有了生存的空间，并成为案件质量的一个重要保障。近年来，伴随着经济社会的迅速发展和法治化进程的加快，人民群众对检察工作提出了新的更高的要求。为此，各级检察机关普遍开始关注并致力于解决检察官来源多元化和非专业化的问题。通过广泛举行在职培训和吸纳大学法律毕业生进入检察机关等，目前，检察机关的人员构成已有了明显改变，素质也得到大幅提高，但要从根本上解决这一问题仍需要一定的时间和努力。

（三）体制因素

目前，在我国司法实践中，检察机关实行的是双重领导体制。③ 表现为地方各级检察机关既要向产生它的同级国家权力机关负责，受其监督，又要向上级检察机关负责，受上级检察机关领导。而与此相适应，对检察官的管理也是

---

① 龙宗智：《论检察权的性质与检察机关的改革》，载《法学》1999年第10期。
② 谭世贵：《中国司法改革研究》，法律出版社2000年版，第316页。
③ 张河洁：《检察官管理体制改革的理论与实践》，载《国家检察官学院学报》2005年第2期。

双重的。根据我国宪法规定，各级人民检察院检察长由同级人大选举和罢免，除最高人民检察院外，检察长任免须报上一级人民检察院检察长提请该级人大常委会任免；副检察长、检察委员会委员和检察员由检察长提请本级人大常委会任免；助理检察员由本院检察长任免。从理论上讲，这种双重领导体制既适应了检察一体化原则的要求，又符合我国地区经济社会发展不平衡、差异较大的现实状况。但在实际运行中，由于检察人员的编制和行政职级的晋升是由政府人事部门或组织部门审批把关，检察机关的经费及物质保障也是来源于地方政府财政部门，上级检察机关对下级检察机关的领导仅限于业务方面，因此，地方党政机关对同级检察机关人、财、物的决定权要远远大于上级检察机关，双重领导的实质是以地方党政领导为主、上级检察领导为辅。这种领导体制导致检察机关地方化和行政化的色彩日益浓厚，一方面使得检察官的管理缺乏科学性，无法保障执法办案的公正独立；另一方面，不利于检察人员的交流，影响高素质专业化检察队伍的建设。

三、完善检察官管理制度的必要性和可行性分析

（一）必要性分析

1. 检察权的双重属性要求对检察官实行分类管理。构建科学完善的检察官管理制度必须依检察权的特性而定。尽管对我国检察权的特性，学者存在分歧，但其共同点还是承认检察权在运作中具有行政性和司法性的双重属性。[①]其中，检察权的行政性体现在领导体制上的上命下从，即检察机关上下级之间是命令与服从关系，具有明显的行政属性。检察权的司法性体现在司法活动的直接性和亲历性，检察权的行使以适用法律为目的，具有较强的专业性，需要检察官的独立判断和决定。检察权所体现出来的上述两种属性，是一个矛盾的统一体。如果过分强调其中的行政性，就有可能遏制检察权的独立行使而丧失公正司法的空间；而如若过于强调司法独立，则又可能破坏检察机构作为统一整体执行检察职能的效果，因此必须协调检察权行政性与司法性之间的关系，体现在检察官制度安排上，就是要通过实行分类管理，使不同职能根据其属性侧重不同要求，并最终统一到法律监督权这个大平台上，[②]从而实现强化法律监督、维护公平正义的根本目标。

2. 维护司法独立要求检察官管理向职业化、专业化发展。众所周知，司法独立和法律专业集团化是现代法治国家的一项普遍理念。美国法学家博登海

---

① 张河洁：《检察官管理体制改革的理论与实践》，载《国家检察官学院学报》2005 年第 2 期。
② 张河洁：《检察官管理体制改革的理论与实践》，载《国家检察官学院学报》2005 年第 2 期。

默就曾指出:"司法独立已经成为一项世所公认的法治原则,而独立的司法是离不开一个高素质和有力量的司法群体的。"与此相契合,我国当前司法改革的核心就是要从根本上保证司法机关依法独立地行使司法权。而法律最终是靠人来执行的,司法的权力如果经过无知和盲从的非职业之手,那么再神圣纯洁的法律也会变质。高素质的检察官、专业化的检察活动,是依法独立公正行使检察权的必然要求。而要建设一支高素质的检察官队伍任重道远,必须根据实际,与时俱进,不断改革和创新检察官管理制度。

(二) 可行性分析

1. 社会条件的日益成熟为之创造了良好的社会基础。一是政治条件日益成熟。党的十六大以来,检察改革作为政治体制改革的一个重要组成部分被提上党和国家的议事日程,并相继提出了"要改革司法机关的工作机制和人财物管理体制,逐步实现司法审判和检察同司法行政事务相分离"、"建设一支政治坚定、业务精通、作风优良、执法公正的司法队伍"等具体要求。这一重要决策为检察改革,特别是检察官管理体制改革指明了方向,提供了有力的政策支持。二是经济基础基本具备。近年来,随着我国经济社会的快速发展和国家财政政策对司法机关的倾斜,各级检察机关已较好地解决了办公用房、公用车辆、技术设备等基本难题。而从近几年国家对检察机关的投入水平来看,各级检察机关推行管理制度改革、实施职业保障并不会给地方财政增加更多的负担。

2. 法律体系的不断完善为之提供了基本的法律依据。一是宪法等法律规定为检察官管理制度的完善提供了直接的法律根据。我国宪法和人民检察院组织法对检察机关依法独立行使职权,不受外来干涉均作出了明确规定,这一立法宗旨与进一步完善检察官管理制度的原则是相吻合的。二是检察官法为进一步完善检察官管理的实际操作搭建了基本的法律平台。检察官法是新时期强化检察队伍规范化管理,保障检察官依法行使职权、正确履行职责的重要法律。随着其法定要求和措施逐步得到落实,完善检察官管理的各项改革也得到了法律的直接支持。三是公务员法为检察官管理制度的完善预留了较大的法律空间。该法第 3 条明确规定,法律对检察官的义务、权利和管理另有规定的,从其规定。这在把检察人员纳入公务员管理范围的同时,也为检察官职业化等改革提供了法律上的可能性。

3. 改革经验的不断积累为之培育了有利的思想基础。近十年来,随着司法改革的逐步开展和检察改革的不断深入,人们对我国司法体制和检察制度的认识逐步向更广、更深的领域拓展。各级检察机关也开始对我国检察官管理制度的合理性、有效性问题进行反思,并着手开展了前所未有的改革,初任检察官制、主诉（办）检察官制、竞争上岗制等各种改革措施相继而出，虽然这些改革的最终效果不一定达到了预期的目的，但经过这一系列改革，在不断总结、积累改革的得失之后，人们对检察官管理制度改革的方向和思路有了日渐清晰的认知，改革本身已经为检察官管理制度的进一步完善奠定了良好的思想基础。

四、完善检察官管理制度的设想

完善检察官管理制度，应立足于当前我国检察官队伍的现实状况，着眼于检察官队伍未来发展的需要，根据"职业检察官应当具有高度的专业性、一定的自治性、相对的独立性和超强的自律性特征"。[①] 从根本上改革现行的检察官管理模式，实现检察队伍的专业化、职业化发展。

（一）完善检察官选任制度

1. 统一准入制度。将检察人员的招录平台统一平等地设定在全国基层检察院一级，面向社会、高等院校公开招录。高检院和省、市级检察院所需人才则采取逐级遴选方式，分别从下一级检察机关公开选拔优秀的业务骨干予以充实。[②] 这样，一方面可以保证基层检察机关人员的充盈，有利于人才司法实践经验的培养和锻炼；另一方面有助于形成检察官上下有序流动的良性机制，利于优秀检察官的脱颖而出，从而激发广大干警的工作激情和进取精神。[③]

2. 提高初任检察官任职资格。虽然随着检察官法的颁行，我国初任检察官的任职资格已有了提高，但与国外相比，对初任检察官从事法律工作的经历和任职条件的要求依然较低，不适应检察职业专业化和高素质的要求。如根据我国检察官法的相关规定，[④] 理论上，一个大学毕业生甚至可在不到30岁的时候，成为最高人民检察院的检察官。对于检察官这一特殊职业而言，其本身的社会阅历、司法经验，与其所担负的重任是不相匹配的。因此，应当借鉴国外先进经验，进一步提高检察官任职资格，将任命范围严格限定在正规法学本科及以上学历人员，同时适当延长对法律职业经验年限的规定。

---

① 黄秋雄：《浅谈基层检察官专业化建设》，载柏荣、李乐平编：《基层建设与检察文化》，中国检察出版社2005年版，第14页。
② 解占泽、阎德清：《检察官激励机制之探索》，载中国法制新闻网，2013年5月25日。
③ 参见鞠改言：《按司法规律改革检察官管理体制》，载《检察日报》2010年12月9日。
④ 根据我国检察官法对初任检察官任职资格的规定为：高等院校法律本科毕业从事法律工作满2年，其中担任省级人民检察院、最高人民检察院检察官，应当从事法律工作满3年；获得法律专业硕士学位、博士学位具有法律专业知识，从事法律工作满1年，其中担任省级人民检察院、最高人民检察院检察官，应当从事法律工作满2年。

3. 严肃现有检察官选任工作。首先，从实际出发切实推行检察官员额制度。要依据当地的人口、案件数量等基本要素，按照一定比例科学确定检察官员额，并将这些员额固定在检察业务工作岗位，努力实现检察官的少而精。其次，在选任中积极引入竞争机制。通过组织相应的考试、考核，使合格者有资格成为检察官，不合格者转为检察助理或行政辅助人员。这里值得注意的是，针对经济较落后的基层检察院往往因行政级别低、生活待遇差而无法吸引和挽留人才的现状，可对其检察官的选任条件予以适当放宽，而相对注重其司法经验和公正理念。最后，实行分类管理。要针对检察机关内部各类人员建立不同的发展序列和管理制度，① 进一步理顺检察官、书记员及检察行政人员之间的关系。在管理中，要注意突出检察官的中心地位，在薪金待遇、生活福利和工作环境等方面有所区别，以充分体现检察官的尊严和地位，确保检察官的职业化、精英化。

（二）强化检察官独立办案机制

建立健全有利于检察官依法独立行使职权的办案机制，既要适度扩大检察官的职权范围，保证检察官主观能动性的发挥，又要加强监督制约，保证权力不被滥用。具体包括：

1. 进一步完善主诉（办）检察官办案责任制。要通过立法赋予主诉（办）检察官在处理案件方面更大的自主权和自由裁量权；不断弱化部门负责人的领导职能，规定主诉（办）检察官直接向检察长负责，努力形成以检察官为主体、按检察官等级实现领导和监督职能的管理体制，② 最大限度地保证检察官主观能动性的发挥；改革检察长行使指挥监督权的方式，使其尽量减少行政性命令，而主要采用审查、劝告、承认的方法，以保证"上级的指挥监督权和检察官的独立性相协调"③，从而使检察官的作用得到更好的发挥。

2. 建立健全检察官业务监督体系。要强化纪检监察和检务监督力量，使其能够参与到办案的各个环节，适时掌握情况，跟踪督察，确保案件办理监督的有效性和常态化。要进一步完善人大监督、党的监督和社会监督的渠道，通过深化检务公开、推行人民监督员制度等，切实增强执法行为的透明度，保证检察权的正确行使。

3. 强化和完善违法办案责任追究制度。要注意根据形势的发展变化，适时调整和加强对违法办案责任制的规定，以强化其执行效果。检察机关监察部

---

① 参见蒉改言：《按司法规律改革检察官管理体制》，载《检察日报》2010年12月9日。
② 谢鹏程：《论检察官独立与检察一体》，载《法学杂志》2003年第5期。
③ ［日］法务省刑事局：《日本检察讲义》，杨磊等译，中国检察出版社1990年版，第18页。

门要注意加强对检察官违法行为的查处,对于造成错案的,依照相关规定给予其必要的纪律处分;构成犯罪的,依法追究其刑事责任。

（三）加强检察官培训制度

1. 优化整合培训资源。在积极组织参加上级检察机关举办的业务培训的同时,充分利用高校资源,委托法学专业高等院校进行检察官培训。此外,有条件的检察院还可尝试组织建立自己的师资队伍,将那些从事检察工作多年,既有较高理论水平,又有丰富实践经验的检察官培养为主要的师资力量,有针对性地组织开展机关内部的培训活动。

2. 增强培训的针对性。要从提高检察官解决实际问题的能力,实现检察人才的全面可持续发展出发,逐步实现由知识型培训向能力型培训、普及型培训向专业化培训、临时性培训向规范化培训的改变。要突出培训的针对性和实践性,根据培训对象的不同,设定不同的培训内容,重点抓好以下三项培训:一是新任检察官准入培训,包括学习司法技能和到基层检察院进行职业技能的实习;二是现任检察官持续培训,主要是针对现任检察官进行知识更新、观念更新和方法论更新教育,内容包括新法律和司法解释的颁布、认定证据的方法和经验等;三是检察官晋级培训,主要包括职业理论与职业技能两个方面,内容以当前司法制度和司法工作中的前沿问题、热点问题为主。

3. 强化培训结果的运用。各级检察机关应积极建立干部培训档案,如实记载检察官参与培训的次数、时间、成绩及鉴定结果等,并坚持将培训成绩与检察官等级评定、职务晋升等紧密结合起来,形成培训、考核、任用三位一体的有效运行机制,切实严格培训的严肃性、权威性和有效性。

（四）规范检察官考核机制

科学、合理的考核评价制度对于激励检察官工作热情和向上精神,提高检察官素质,有着必不可少的促进作用。因此,要在深入研究检察业务特点和司法工作规律的基础上,建立与之相适应的考核制度。

1. 实行分类考核。对检察官和检察机关内部的非检察官人员,要根据其工作特点,建立不同的考核机制。其中,对检察官的考核应以业务考核为主,可以根据不同业务部门的特点和要求制定相对独立的评价体系,侧重考察检察官的执法水平、执法效果和业务理论水平;对非检察官人员的考核则可以参照现有的公务员考核机制,侧重考察其管理能力和工作完成质量。[1]

2. 注重考核结果运用。要突出检察官任职评价的主导地位,尽量减少其他行政性的评比、考核,并坚持把考核结果与检察官的选任、升任以及各项待

---

[1] 参见武汝廷:《检察机关人力资源分类管理的基本构想》,载《人民检察》2007年第7期。

遇等紧密挂钩,根据考核结果及时兑现奖惩,切实增强考核的权威性,充分发挥考评的激励功能。

3. 完善考核机构设置。可尝试成立专业的检察官任职评价机构,独立完成考核评价工作,以尽量减少行政力量的干预,保证任职评价的客观公正。

(五)健全检察官保障制度

我国检察官法虽对检察官任职保障作出了规定,但由于不够具体、全面,特别是缺乏严密的程序,在实践中往往起不到应有的保障作用,必须加以强化和完善。

1. 重新规定检察官的退休年龄。随着物质生活水平的提高和人均寿命的延长,人的工作能力与精力旺盛期也相对增强,在此情况下,可根据法律职业的特点,参考国外的相关规定,适当推迟我国检察官的退休年龄。

2. 强化检察官任职保障。一是废除不合理的检察官免职、辞退规定。与国外相比,我国检察官免职、辞退的事由过于宽泛,且解释不够明确,设计很不合理。如经考核确定为不称职应被免职,因旷工、逾假不归被辞退等,这些规定都与检察官法的宗旨和目的相违背,有必要加以废除和修改。二是建立严格的免职弹劾制。要研究制定科学合理全面的弹劾标准,对检察官免职,必须经过严格、民主、公正的代议机关的弹劾程序,并确保检察官有申辩申述的权利。

3. 建立高薪制和优厚的退休金制度。在法治发达国家,检察官一般拥有较为丰厚的收入和退休金。这一方面是因为检察职业被视为一种复杂劳动,理应获得较高的物质报酬;另一方面是因为丰厚的经济待遇可以解除检察官的后顾之忧,有助于保证执法的廉洁性和公正性。我国长期以来,检察官没有专门的工资序列,而只是适用行政人员的工资序列,未能获得较高的待遇。因此,有必要从检察官工作的特殊性出发,从保障检察官正常生活及公正执法出发,逐步实现与检察官等级相配套的高薪金和退休金制度。

(六)推动检察体制改革

要从根本上解决检察官管理中存在的问题,必须积极推进检察领导体制的改革与创新,努力实现检察机关人事及财政的独立,否则,检察官管理创新就将失去动力和保障,最终也不会取得实质性的成果。

1. 摒弃双重领导体制,实行检察系统内部的垂直领导。下级检察机关只对上级检察机关负责,并接受同级人大的必要监督,地方各级党政机关均无权干预检察机关的工作。检察机关内部实行院党组领导下的检察官负责制。检察人员编制由最高人民检察院专门内设机构统一负责,并由最高人民检察院根据各地检察院的具体情况确定其人员编制,地方党委政府无权决定检察院编制的多寡，也无权调动检察机关业务部门的检察官。

2. 创立检察事业专项经费，实现检察机关的财政独立。国务院、全国人大每年应独立核算检察机关的经费，尽快建立"地方足额上缴，中央统筹预算，系统层层下拨"的财政保障体制。[①] 规定每年由最高人民检察院根据全国各级检察机关的实际需要拟制财政预算，提交全国人大或其常委会审议决定后，由中央财政和地方财政全额划拨，从而将检察经费从地方财政中分离出来，防止地方政府借经费问题干预检察机关工作，努力以经济独立推动检察独立。

3. 防止权力腐败，切实加强检察权的外部监督。英国历史学家艾克顿曾说过："权力倾向于腐败，绝对的权力倾向于绝对的腐败。"[②] 因此，针对检察机关实现人事和经费独立后由于缺乏必要的制约而滋生权力寻租、效率低下等问题的担忧，[③] 有必要进一步加强对检察权的外部监督制约，否则这将成为检察改革的一处硬伤而授人以柄，并最终导致检察体制改革的失败。具体来说，首先要加强各级人大的横向监督。地方人大可以通过代表视察、评议等方式，对本级检察机关实行监督，如果发现有失职渎职行为，可以向上一级人大报告，并可提出监督建议和质询案。检察机关应认真接受监督，定期向人大及其常委会报告工作、接受审议；要健全完善检察机关与人大代表联系制度，积极邀请和接受人大代表的视察、听取人大代表的意见建议等。[④] 其次要进一步拓宽社会监督渠道。通过深化检务公开、推行人民监督员制度、适时引入新闻舆论监督等，切实增强执法行为的透明度，有效避免垂直管理可能带来的低效率和寻租腐败。

[①] 江文、张真荣：《建立检察一体化机制的若干问题探讨》，载中国检察网，2013 年 5 月 18 日。

[②] 转引自张志海：《略论职务犯罪产生的原因及根治的对策》，载《陕西经济管理干部学院学报》1999 年第 4 期。

[③] 周天勇、吴辉：《攻坚：十七大后中国政治体制改革研究报告》，载人民网，2013 年 4 月 29 日。

[④] 参见杜国强：《关于我国检察机关领导体制若干问题的思考》，载《河北法学》2008 年第 3 期。

检察人员分类管理制度研究

唐志洲[*]

随着检察制度的研究深化、改革进程的加快以及社会对公平、公正及高效的检察制度的强烈需求，检察队伍人员分类的管理问题成为制约检察机制改革的关键。检察官法最新修订提出"要制定各级人民检察院检察官在人员编制内员额比例"。2013年5月，最高人民检察院《关于加强和改进新形势下检察队伍建设的意见（摘要）》第19条指出：完善落实检察人员分类管理制度，推进检察人员分类管理改革，完善实施检察官单独职务序列和司法警察单独职务序列，科学设置员额比例，制定检察辅助人员职务设置等配套规定。建立完善检察人员职业准入制度，完善职业准入标准，提高任职学历资格条件。健全遴选招录和基层检察院定向招录机制，完善新进人员先培训后上岗制度。探索建立执法资格证和专业评级制度。推行面向社会公开选拔初任检察官，拓宽社会优秀人才进入检察队伍渠道。深化干部人事制度改革，完善选人用人机制，探索考核干部的科学评价指标体系。改革和完善人民检察院内设机构设置，建立科学的组织管理体系。笔者现就检察人员分类管理制度作初步探讨。

一、目前我国检察人员分类现状及弊端

一是检察人员人事管理行政化，阻碍了检察队伍专业化进程。目前，各级检察机关的人事管理制度几乎完全套用行政人事管理方法，评定检察人员的各项标准最核心的因素就是行政职级，甚至于检察官序列等级的评定也是以检察人员的行政职级为依据。各级检察机关的工作机制和检察权分配行使也是以行政职级为核心。这就导致检察人员基于自身利益和职业发展考虑，过分追逐行政职级，助长官本位思想，阻碍检察人员的自身素质的提高和检察队伍专业化建设。

二是检察权设置不合理，办案程序繁杂乱，无法满足快速发展的社会对高

---

[*] 安徽省东至县人民检察院政治部主任。

效、独立、公正司法的需求。目前,在检察各项业务中,无论是诉讼、侦查、监督等办案或审批程序都要经过承办人、部门负责人、分管检察长、检察长或检委会层层上报环节,这种强化内部监督的分级模式造成办案效率低下、重复劳动率高,个人主观能动性低,更严重损害了检察司法的独立性,个人办案演化成集体办案,真正的检察权不是由检察官来行使而是检察长或检委会直接或者授权、委托行使。大部分检察官只能行使检察建议权和执行领导决定。独立检察官检察权的削弱、缺失会造成检察权过分集中,办案程序过于繁杂乱,极大地增加了检察机关和检察人员的负累,无法面对新的检察改革的需求。

三是检察权责利不分,岗位混乱。目前,由于检察人员分类管理实施不到位和过于强调行政职级,造成检察官、检察辅助人员、书记员、司法警察和检察行政人员岗位混乱。行政职级高的非检察官往往代行一些检察决定权,检察官往往亲力亲为一些检察辅助人员甚至是法警的职责,这导致了检察人员权责不分,责任意识薄弱,管理混乱。同时,由于检察人员工资、福利及职务晋升往往是以行政职级为依据,造成同工不同酬、同酬不同工等现象大量存在,长此以往容易形成检察机关人员编制混乱,职责岗位不清,积极性不高的局面。

四是检察队伍员额配置不合理,职级晋升矛盾突出。根据安徽检察年鉴2013年资料显示,截至2012年12月我省共有检察长(包括副检察长和检委)1120名、检察员3227名、助理检察员937名、书记员744名、司法警察515名,而我省共有检察机关130个。检察长和检察员均具有检察官职称,于此则表明我省共有检察官4347名,而检察辅助人员(包括助检员和书记员)只有1681名,司法警察更是只有515名,这还包括非专职法警。因此检察队伍员额配置矛盾和不合理性可见一斑了(由于大部分检察人员都是检察官,严重弱化了检察官的专业性、荣誉感和核心地位),而且目前检察人员的职级晋升和福利待遇等以行政职级为依据,这就造成大部分的检察人员难以通过办案业绩和业务水平等获得晋升,大量的检察人员只能奋力竞争极其有限的行政职务岗位,同时,由于检察人员分类管理不尽科学合理,造成绝大部分检察人员千军万马拥挤检察官序列的局面。

二、检察人员分类管理的改革思想和标准

(一)实行分类归责,明确权责意识

关于检察人员的分类标准等问题,理论界一直存在不同的观点和标准。依据最高人民检察院2000年颁发的《检察改革三年实施意见》,将检察人员分为检察官、书记员、司法警察和检察行政人员(包含检察技术人员)四类。而最高人民检察院《关于2004—2008年全国检察人才队伍建设规划》第五点

规定按照检察机关的职能需要和各类人员的岗位特点,将检察人员分为检察官、检察事务官(检察官助理)和检察行政人员三大类,将助理检察官、检察技术人员、书记员和法警纳入统一的检察事务官行列。然而根据目前检察人员管理的现状,笔者认为在新的检察分类改革和检察人员分类管理中,应该要重点突出检察官的地位、作用和检察权的行使。检察官和检察权是检察系统存在的基础,是保障检察机关科学有效运行的核心,也是区别其他任何机关的关键标志。随着经济社会的快速发展和检察改革的不断深入,新的检察改革必然要求以检察官和检察权为中心,合理配置检察职位、职权。在笔者看来,依据严格的检察业务职责分工管理和高检院的检察人员分类管理意见,检察人员应当分为检察官、检察辅助人员、行政管理人员和检察技术人员四类。

1. 检察官序列

检察官是指具有法律职业资格通过法定程序任命的检察人员。根据检察官法,包括检察长,检委委员,检察员和助理检察员。部门上主要包括公诉、侦监、反贪、反渎、民行、控申、监所、案管等。这些检察人员占检察官职位的绝大多数,对于检察官的分类应当在检察官序列中按照检察官等级确定,检察官的等级应当按照从事检察官的工龄、行政职级和检察业绩等综合因素来确定。除检察长和专职检委外,检察官的行政职级、福利待遇、职权职责等一切依照检察官等级确定,不再依照行政职级评定。而检察机关内部具体检察职务可在一定的初选条件下竞争上岗获得。新录用的检察人员通过司考和见习期后即可任命为助理检察官。因为检察机关是实行一定的垂直管理机制,为了避免出现年轻无经验的检察官管理、指导高级(检察职级高)检察官的现象。因此基层检察院以上的检察机关可以通过逐级遴选的方式,不再单独招录检察官。

2. 检察辅助人员

检察辅助人员包括书记员和司法警察,是指辅助检察官从事与法律相关业务的检察人员,这也是为什么书记员和法警可以纳入检察辅助人员范畴的原因所在。其职责一般包括讯问询问记录、诉讼记录、送达文书、勘验保卫、搜查押解、看管嫌疑犯、装订文综案卷等。由于这类人员从事的是辅助性工作,对其招录不需要检察官那样严格、专业。一般要求具有一定的书写速度和好的身体素质等即可,因此应当单列管理。

具体来讲,笔者认为检察辅助人员的招录可以采用公务员招录和面向社会公开招聘相结合的方式。书记员招录条件可以放至大专学历,法警可以面向退伍退役军人招录或者聘用即可。其中一半的辅助人员可在编制内招录以保证检察工作的稳定和有效开展,一半的招聘人员可通过签订合同的方式聘用,这样既可以提高检察工作的积极性又可以实现检察辅助人员的及时更新。

有编制的司法警察应当按照现已存在的司法警察序列管理，高检院应当尽快制定书记员序列管理办法，可以参照检察官序列制定。这样有编制的检察辅助人员晋升及福利待遇就可以按照法警的警衔等级和书记员等级确定管理。公开招聘的辅助人员可以采取续聘和辞退的方式进行管理。

3. 检察行政人员

检察行政人员一般包括办公服务、文秘、信息宣传、政工、行装管理人员。这类人员一般按照其所对应的专业需求通过公务员招录，按照国家公务员管理的相关办法进行管理，其职务晋升和福利待遇按照公务员职级来确定。

4. 检察技术人员

检察技术人员是指从事现场勘验、司法会计、计算机、法医、鉴定类的专业技术人员。随着科学的发展和检察工作的时代要求，科技兴检也呈现蓬勃发展的趋势。从检察业务上说，检察技术业务是完全独立甚至平行于检察诉讼、侦查和监督业务的。因此，笔者认为检察技术人员是完全独立于检察官和检察辅助人员的另类检察队伍，应当单独划列管理。此类人员不仅要熟悉精通相关的专业技术知识，也需要熟悉相关的检察业务。应该按照国家制定的专业技术人员序列进行管理。技术职称通过国家组织的相关的专业考试获取，其福利待遇和晋升按照所对应的技术职称来确定。

5. 检察长

检察长必然是纳入检察官序列管理，笔者之所以在这里单独提出来主要是因为检察长职务的重要性和现行的检察长任命机制存在一些不足。目前我国检察机关实行的是系统垂直领导和地方党委领导双重领导机制。在法律上，检察权是宪法上最重要的司法检察监督权，隶属于国家权力之一。作为司法权最重要的内容之一，并列于国家行政权和立法权。因此地方各级检察权本质上都是由国家权力派生和授权产生，尽管为了方便地方党委协管，赋予一定的地方党委对检察机关的领导权，但是必须以上级检察机关领导为核心，否则在地方利益的驱使和干涉下，检察权的公平公正必将被地方利益所绑架，神圣的国家权力和垂直的检察领导机制将流于形式。目前，我国检察机关检察长的任命都是由地方人大选举任命，报上级人民检察院检察长提请级该级人大常委会批准，副检察长则由检察长提请同级人大常委会任命。同时，由于各级检察机关的财政是由地方财政供给。因此，检察权在一定程度上附属于地方行政就显而易见了。

因此，改革检察机关领导的人事任免机制和检察机关财政供给机制是实现公平公正和独立高效检察的必然要求，也是真正实现检察机关垂直领导和司法体制改革的重要举措。笔者认为，检察机关领导的任免应当由上级检察机关和同级人大共同行使，检察财政供给应当实行检察系统垂直供给制。具体来说，检察机关领导的人事决定权可分为提名权和任免权，检察长的提名权交由上级检察机关行使，任免权交由同级地方人大行使，副检察长可由该级检察长提请同级人大常委会任免，上级检察机关批准。这样，就将检察机关领导的人事权交由上级检察机关和地方人大共同行使，既保证了上下级检察机关的领导机制，又保障了地方人大的任命和监督权，也有利于检察机关内部权力行使的有效统一。

检察机关财政垂直供给制度也是实现检察独立、司法公正和检察系统统一性的重要举措，笔者将在后文详述。

（二）确定各类人员的员额比例

以检察官为核心的人员分类管理改革必然要求相适应的员额比例配置。前文也提到，由于检察人员分类管理不尽科学合理，而且检察官职位又没有员额限制，造成绝大部分检察人员都走检察官晋升的道路，可谓"自古华山一条路"，这就造成大量的检察官身份存在，而其他序列人员则相对欠缺。然而现实中，有其名而无其实或有其实无其名者比比皆是。由于检察官法的出台和修订，通过国家司法考试成为入职检察官的前提，造成非法律专业职工入职检察官身份和检察官职级晋升的沉重负累，同时也造成大量检察员无法按照检察官的身份定岗履职。因此，在检察人员分类管理的基础上确定合理科学的员额比例十分重要。

依据各类人员职务相辅相成的原则，以有利于检察业务工作的有效开展为标准，以笔者所在基层院为例，目前共有编制人数59人（含政法委占编3人），实有人数54人，其中检察官33人，书记员9人，在岗专职法警1人（实有法警5人），行政9人，技术2人。所占的比例依次大约为61%、17%、2%、17%、4%。而安徽省全省各序列人员所占的比例（工职人员按照行政人员计算）依次大约为65%、9%、6%、19%、0.2%。其凸显的矛盾更是可见一斑。笔者根据多年来的基层工作经验提出参考性的员额比例标准：检察官、书记员、专职法警、行政、技术人员和其他人员所占的比例依次为45%、20%、12%、18%、5%。这样除检察长（包括专职检委）外，日常办案检察官与书记员的比例大约为2∶1，专职法警和技术人员也足以应对办案侦查需要，司机以及勤杂人员可通过聘用来解决。确定科学合理的员额比例的工作极其复杂，需要在大量的实证分析和调研的基础上才能得以确定。

（三）明确各类职务序列和分类管理

1. 检察官实行检察官序列定级和管理

目前，我国已经制定较为完备的检察官序列。因此，检察官的任免、任职、等级确定、等级晋升和岗位培训完全按照公务员法和检察官法的有关规定执行。但是,笔者认为,检察官等级晋升和工资福利应该完全脱离行政职务因素,而以检察官等级为依据。而检察官等级依据检察工龄、业务水平、工作业绩和考试等级等综合因素确定。高检院应该尽早完善检察官职级定级的标准及相关规定。

2. 书记员应该由高检院制定书记员序列进行定级和管理

现行的检察官法并没有单独制定书记员序列相关规定。笔者认为,按照检察人员的业务特点和分类管理标准,书记员应当单独制定序列进行管理。具体规定可参照检察官序列制定,其职务晋升、工资福利等同样以书记员等级来确定。聘用制书记员可以通过相应的培训、考试获取相应的福利、待遇。

3. 法警按照法警序列定级和管理

目前,检察系统已经制定相应的单独的司法警察序列管理规定。因此,司法警察可以按照人民警察法和《人民检察院司法警察条例》的相关规定进行规范。

4. 行政人员按照国家公务员序列定级和管理

由于检察行政人员的招录和业绩考核与普通公务员并无二致,因此,检察行政人员可以纳入国家公务员序列,按照公务员法相关规定进行规范管理。

5. 技术人员按照国家技术人员管理

检察技术人员的任职考核都要求有着极强的专业性,因此,可以将检察技术人员纳入国家规定的技术人员的相关规定,主要通过考试并参照业绩综合确定其技术等级。其工资、福利及奖惩等参照技术等级确定。

(四) 建立人员交流换岗机制

各类人员入职定岗定级后按照所在的序列规范管理,但随着工作的开展和各方面的变动,根据工作需要,建立健全检察官、检察辅助人员和司法行政人员的交流换岗机制也必将十分必要。交流换岗机制有利于人员人才的流动,避免人员定岗的僵硬,有利于实现人尽其才、才尽其能。各级检察机关的人员交流一般在机关内部完成,交流换岗应当具备所拟任职位所要求的资格条件,在员额比例和职数限额内按照规定的程序进行。符合检察官条件的检察辅助人员、司法行政人员采取竞争性选拔或组织调整的方式转任检察官,检察官同样可以转任检察辅助人员或者司法行政人员。

三、检察人员分类管理制度的辅助设计

(一) 分类管理与检察人事制度变革

由于检察人员全部实行分类管理,从整个检察系统来讲,将十分有利于检

察队伍的管理和检察工作的有效开展。但是从单个检察机关来讲,如果不进行相关的人事管理改革,检察工作将面临着严重的困境,改革的进行也将举步维艰。具体表现在,由于单个机关内部四类人员的工作并不是绝对独立的,相互之间必然存在大量的工作交流和辅助,而且由于目前检察机关的人事分配和管理并不是按照各类序列职级确定,依然是按照行政职级来确定的,这样就可能会造成行政职级高的人管理、干涉其他序列的人,尤其是可能干涉检察官的办案。这样以行政为中心的人事管理体制严重违背了以检察官为核心的分类改革和检察体制运行,因此要实现检察人员的分类管理和分类管理产生的高效能,就必须进行相应的人事制度改革。由于人事制度改革极其复杂,涉及的事项也很多,笔者在这里略举一二。

由于检察长和检委的任职必定以检察官的身份为前提,而政工部门领导根据高检院的要求一般高配院领导职务,职责至关重要。管理着机关队伍的人事、检察官的业绩考核、序列职级、工资福利等。笔者建议政工部门领导也应该纳入检察官序列管理,这样避免出现外行管内行的局面。纪检组长虽然一般由地方纪委选派委任,但由于检察机关工作的特殊性,除履行纪检职责外还要担负检务督查职责。如果纪检组长具备任职检察官的条件,也可以考虑纳入检察官序列管理。至于各部门负责人,笔者建议无论是业务部门,还是非业务部门,负责人都需要纳入检察官序列进行管理。以检察官为核心的检察分类管理改革不仅强调检察官的办案机制,更需要配套一个以检察官为核心的管理机制。那么其他序列的检察人员如何获得领导或者负责人的晋升待遇呢?笔者认为,在以检察官为核心的检察改革中,其他序列的人员更多的是参与型或辅助型的工作岗位,如技术人员是专职技术工,书记员和法警是纳入书记员序列和法警序列。针对这类人员应当以福利待遇为核心,而新的分类管理改革中福利待遇是以各自序列职级来确定的,并不是以行政职位来确定,行政管理机制并不妨碍其他序列人员获取相应的工资福利及奖惩等。如果其他序列人员要想获得领导或者科室负责人行政职位,可以通过业绩考核、晋升的交流换岗机制走进检察官序列。这既是检察官的"福利",也是进入检察官序列高门槛的原因所在。

(二)分类管理与检察机构改革

以检察官为核心的检察体制要求现行的检察机构必须改革,否则必将面临着机构臃肿、难以运行的局面。机构改革核心在于精简原则下的完善定编定岗。最高人民检察院2000年《检察改革三年实施意见》中要求各级人民检察院按照精简、统一和高效的原则根据各地人口和业务数量确定检察官以及其他序列人员的配置比例。而现在的各级检察机关检察权的设置和行使基本是通过设立不同的内设机构和确定各检察人员的职务职责来完成的，而且出于检察一体化的管理需要，各级检察机关内设机构的设置基本相同。由于内设机构各个部门统一行使检察权和各个职能部门业务工作量的不同，但是办理相对独立的每个案件所需要的检察力量往往是相近的，这就造成每个职能部门检察官的利用率不同，同时也给检察业务的开展带来一些困难。譬如根据相对办案数量，从笔者所掌握的材料来看，目前我省大部分基层院的反贪部门依据编制配备3～6名检察官（包括助理检察官），3～6名书记员。反渎部门配置1～2名检察官，1～2名书记员。而反贪部门每年办案数量为8～20件，反渎部门办案数量办案为1～5件。但实际办案时，反贪和反渎部门的人员还是显得捉襟见肘。现实中一般都是通过临时性抽调人员来完成，而不同职能部门之间借调人员来办理案件往往出现程序烦琐、难以协调和效果不佳的局面。鉴于此，可以考虑进行机构改革，将反贪和反渎部门进行资源整合，设置职务犯罪侦查局并升格为副院级，下设不同类型职务犯罪侦查科并升格为副科级部门，以解决办案时人员紧缺问题，使职务犯罪案件侦查一体化。

因此，以检察官为核心的人员管理必然带来相应的机构机制改革。笔者建议可以根据检察权的实质和分离建立相应的专业检察队伍（即办案组模式）。一般来讲，检察权主要分为检察侦查权、检察公诉权、检察监督权、检察举报申诉权四个主要职权。检察侦查权对应的部门一般为反贪和反渎部门，检察公诉权主要是公诉部门和案管部门，检察监督权主要是民行、侦监和监所部门，检察举报申诉权主要是控申部门和举报中心等。因此由于职能相近，笔者认为可以因此建立在职能部门不变动的情况下建立相应的专职检察队伍（即办案组）。具体表现为各职能部门负责人不变，根据每年案件数量和地区人口等因素，建立若干支检察侦查办案组、若干支检察监督办案组、若干支检察公诉办案组和若干支检察举报申诉办案组，每个办案组根据需要配置相应的检察官、书记员和专职法警等。在集中办案时由检察长或检委会授权指派相应的检察人员在职能部门负责人的带领下统一调配、管理。这样就提高了检察人员的集中使用效率和专业化，也有利于各专门检察队伍之间的竞争和业务水平的提高。办案组的模式改革涉及检察机构的各方面，甚至需要设立相应的协调办事机构，需要在充分的理论论证和大量的检察调研的基础上提出可行性建议和方案。

（三）分类管理与检察权分配改革

目前，我国检察权往往是由检察长或检委会集中行使的。办理案件无论是公诉还是侦查、监督，都需要层报检察长（包括分管检察长）或检察长授权的负责人决定。这种集体领导决定制虽然在我们检察事业复苏和发展的过程中发挥了巨大作用，但随着司法改革的日益深化和独立检察权改革的要求，在实行检察人员分类管理改革中，检察权独立是分类管理的核心目标。目前法律界和检察界对主办检察官和主诉检察官的研究已经十分深入，高检院也在部分地区试点主诉和主办检察官的办案机制。笔者认为在业务部门以业务领导取代行政领导必然是分类管理和办案机制改革的主要内容。

推行主办检察官和主诉检察官办案机制，制定完善对检察官的选拔、任命、职责、管理、监督、考核、奖惩的统一规定是完善办案机制，实现分类管理的核心步骤。现行的检察长和检委会负责制大大加重了领导的任务和责任，也使得案件主办检察官缺乏责任感和荣誉感。更为重要的是检察官独立是司法独立改革的核心所在，也是推行公平公正司法的必然要求。领导应该加强行使对案件的分配权和检察人员的管理和监督，减少对办案过程的干预，赋予主办检察官一定的处分权和决定权。对于重大案件，既可以由主办检察官提出申请，也可以由检委会或检察长主动要求对其集中评议和作出最终的相关决定。建立健全大案、要案检委会负责制，一般案件主办检察官独立负责制涉及办案机制的重大改革，也是分类管理的核心内容。

（四）分类管理与检察保障机制改革

目前，在基层检察院，办案经费短缺的问题在中央财政转移支付的情况下已基本解决。但检察机关的待遇、福利多取决于地方财政。在分类改革中，精简检察队伍、合理分配检察经费的使用在一定程度上可以缓解检察经费短缺的情况，但不能从根本上解决检察保障问题。笔者认为，在推行检察人员分类改革中，可以试行以下相应改革措施，或可解决检察保障问题。

1. 实行检察经费垂直保障机制。现行的检察机关保障虽然办案经费问题基本解决，但人员工资福利仍由地方财政供给。由于地方财政的情况各异，不仅严重束缚了检察改革的步伐，甚至会影响检察独立的宪法要求，不利于司法公正。关于检察保障垂直供给制自从学者提出就一直受到广大干警的欢迎和支持。笔者认为，高检院应该会同相关部门制定各序列检察人员的工资福利保障垂直机制。由于我国区域发展不平衡和各方面的特殊国情，再加上案件基本上是由市县两级检察机关办理，笔者认为，检察经费垂直保障可以实行省检察院统筹下省财政统一供给制。这样既解决了检察经费独立和检察保障的要求，又可以克服区域发展不平衡等问题。

2. 提高检察人员的待遇和福利。检察人员是不同于一般公务员的专业化队伍，入职门槛高，对检察队伍的综合素质、业务水平、工作能力和工作强度的要求都有别于一般公务人员，再加上检察机关是反腐倡廉的主力军，本身对清廉程度要求极高。因此，在检察保障垂直供给制的前提下提高检察人员的工资、福利和检察经费保障是稳定检察队伍、提高检察人员积极性和荣誉感、避免检察人才流失、提高办案成效的必然举措。

随着经济社会的快速发展，部分社会矛盾的加剧。人民群众呼唤一个高效、公正和独立的检察的声音也越来越强烈，检察改革一直并且必将加速进行。繁杂的检察改革中，检察人员队伍分类管理改革首当其冲，是制约深化检察改革的瓶颈。但毫无疑问，就笔者所提到上述问题都已经是迫在眉睫，同时，笔者也深知每一项改革的复杂性和难度。笔者相信，在一个呼唤更加正义的社会中，公正、独立和高效的检察也必将展现在我们面前。

新时期检察官管理体制改革研究

——基于全国7省市13家检察院人员分类管理的实证反思

陈宝富[*]　潘丽娟[**]　陈　鹤[***]

推进检察人员分类管理改革，是贯彻党的十八大报告提出的"进一步深化司法体制改革，坚持和完善中国特色社会主义司法制度，确保审判机关、检察机关依法独立公正行使审判权、检察权"目标的基本要义。作为检察改革的重要内容，检察人员分类管理改革经历了十余年的探索与试点，[①] 目的在于建立符合职业特点的司法人员管理制度，即"突出检察官的办案主体地位，健全有别于普通公务员的检察官专业职务（或技术职称）序列，完善执法勤务机构警员职务序列和警务技术职务序列，健全书记员、专业技术人员等司法辅助人员的管理制度"。[②]

作为"顶层设计"的改革方案，分类管理方案的制定与落实，将会不可避免地受到作为利益直接相关方的检察人员的立场、态度的影响。基于此，本文通过实证调研与问卷调查相结合的方式，考察检察人员分类管理的现状及其所面临的困境，进而提出分类管理的框架性建议及完善进路。

---

[*] 上海市浦东新区人民检察院检察长。
[**] 上海市浦东新区人民检察院研究室副主任。
[***] 上海市人民检察院研究室干警。
[①] 检察人员分类管理制度的探索与试点，最早可以追溯至1999年最高人民检察院提出的《检察工作五年发展规划》。在此之后的《检察改革三年实施意见》（2000年）、《检察人员分类改革框架方案》（2003年）、《2004—2008年全国检察人才队伍建设规划》（2004年）、《2009—2012年基层人民检察院建设规划》（2009年）、《检察官职务序列设置暂行规定》（2011年）以及《人民检察院工作人员分类管理制度改革意见》（2013年）均在实现检察人员分类管理目标的基础上作出了相关规定。
[②] 孟建柱：《深化司法体制改革》，载《人民日报》2013年11月25日第006版。

一、检察人员分类管理制度运行的实证透视

（一）受访人员概况

1. 受访人员地区分布

本次调研选取的方式主要以问卷调查为主，以实地调研为辅。其中，实地调研的单位主要为在全国范围内检察人员分类管理试点改革中拥有较为丰富实践经验的人民检察院；问卷调查对象则为全国 7 省市 13 个地市级或者区县级检察院的全体检察人员，包括上海市 3 个基层检察院，浙江省 1 个基层检察院，广东省 1 个地市级检察院和 1 个基层检察院，安徽省 1 个地市级检察院和 1 个基层检察院，山东省 1 个地市级检察院和 1 个基层检察院，重庆市 2 个基层检察院和四川省 1 个地市级检察院。针对上述 13 家检察院检察人员的问卷调查，共收回问卷 1748 份，其中有效问卷 1744 份。具体分布见表 1：

表 1 受访单位分布（份，总样本 1744）

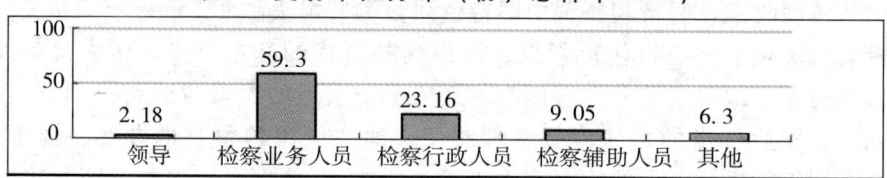

从调研范围分析，选取的调研单位辐射了东部、中部、西部三大区域，涉及面广泛；从调研层级考虑，选取的调研单位涵盖了基层、市级两级人民检察院（这归因于分类管理制度的实施主要集中于基层、市级两级人民检察院），其中受访的基层检察人员占 53.96%（即 941 人），市级检察人员则占 46.04%（即 803 人）。

2. 受访人员类别

根据司法人员分类管理制度规定，将人民检察院工作人员主要划分为三类，即检察官、检察辅助人员以及检察行政人员，以便形成专业化、科学化的队伍体系。从人员类别的比例分析，检察官类人员和检察辅助人员是整个检察队伍的前线实务人员，其比例越高，则意味着检察人员分类管理越加合理、科学，意味着检察职能发挥得越加充分有效。表 2 中是对受访人员类别的统计，23.16% 的检察行政人员和 6.3% 的"其他人员"成为整个检察体系中最为不合理的部分，较高比例的检察行政人员和"其他人员"无疑是整个检察队伍冗杂化的表征，也是浪费司法资源的表现。

表2 受访人员类别（%，总样本1602）

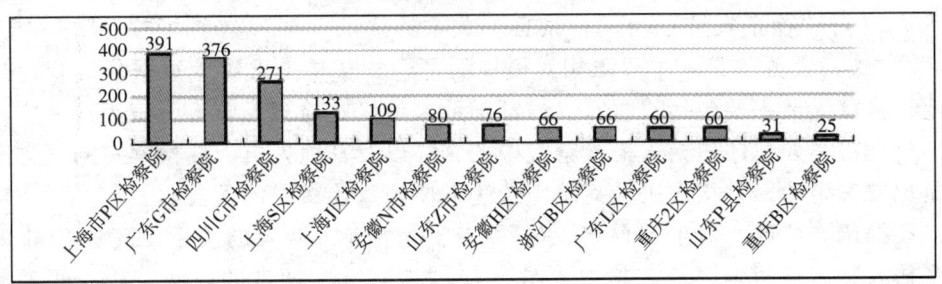

3. 受访人员受教育状况

检察工作的性质与特点，要求检察人员尤其是检察官和检察辅助人员必须具备较高的政治素质、职业道德素养以及专业化的法律知识，这是检察人员依法履行检察职责的基本条件。文化或专业素质状况（抑或教育状况）是直接影响检察人员依法正确履职的重要因素。较高的文化或专业素质有利于检察人员依法正确履行检察职责，从而能够以合法且合理的形式保障诉讼当事人、参与人的合法权益。

从受访人员的教育状况考察，大学本科（包括法学与非法学专业）以上学历占95.88%，这凸显出在国内法学教育的普及下，检察队伍的整体素质较以往已有了大幅度的提升。其他教育背景的人员如表3所示。统计发现，拥有法科学历的受访人员已达到70%以上，这对于深化检察人员分类管理改革而言具有一定的群众优势。如对于分类管理的理论依据及其所要达到的目标，以及分类管理对规范检察权行使等方面的理论分析与架构体系，这部分法科人员更易于认可并接受。

表3 受访人员学历状况（%，总样本1655）

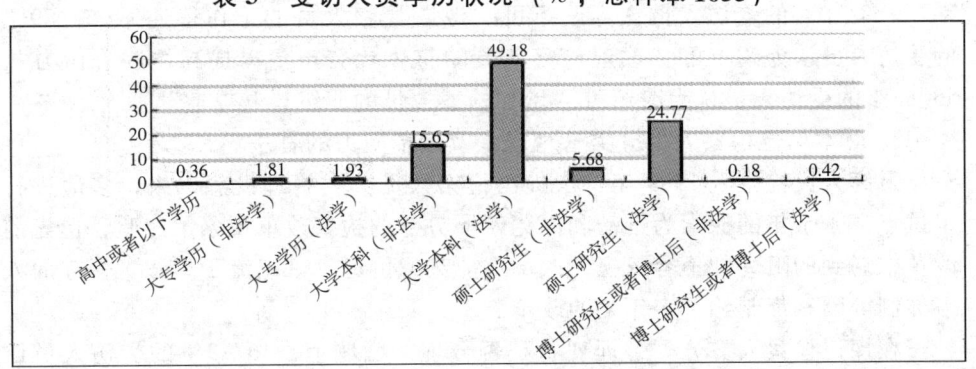

(二) 问卷调查：受访人员对检察人员分类管理改革的认知

1. 对"检察人员"与"检察官"关系的认识

"检察人员"是一个界限相对模糊的概念。从狭义上讲，根据分类管理规定，检察人员主要包括检察官、检察辅助人员以及检察行政人员三类；从广义上讲，检察人员还包括人民检察院中的领导以及其他人员。而检察官的概念则是比较确定的，是指人民检察院中依法行使国家检察权的人员。

据调查统计，对于"检察人员"与"检察官"两者的关系，高达83%的受访人员能够明确区分"检察人员"与"检察官"两者的内涵，认为两者是不等同的；8.81%的受访人员则认为"检察人员"与"检察官"在范围上是等同的，两者只不过是称谓的变化；尚有8.19%的受访人员对于两者的关系则表示"不清楚"。数据表明，对于"检察人员"与"检察官"两者的关系，17%的受访人员在识别上是存在偏差的，其原因可以归结为：现行检察机制的管理沿用的是行政化的人事管理体制。即无论是检察办案工作，还是对检察官的管理，都是通过行政管理的手段和方法来实现，检察职务的提升取决于行政职级的提升，个人的政治、经济待遇都同本人的行政级别严格对应。[①]

2. 对"检察人员分类管理改革"原因的认识

检察人员分类管理改革的实质在于按照各类检察人员的不同职责和工作性质，合理配置人力资源，优化人员结构，实现检察队伍科学分类与科学管理。因而，检察机关人员配置结构的不合理，司法资源的浪费，以及运作体制的低效率等成为当下"检察人员分类管理改革"推行的原因所在。

据调查统计，受访人员在很大程度上认可了"检察人员分类管理改革"推行所带来的积极性，且其正面影响远大于负面因素。对于"检察人员分类管理改革"的原因，66.76%的受访人员认为改革可"提高检察机关的工作效率"，65.10%的受访人员认为改革可"改善检察人员的工作待遇"，57.89%的受访人员认为改革可"改善检察人员的整体社会声望以提高司法公信力"，55.83%的受访人员认为改革可"增加检察人员的职级晋升渠道"。

3. 对本单位检察人员分类管理现状及改革阻力的看法

最高人民检察院1999年首次提出检察人员分类管理设想以来，多地进行了试点，十余年的探索为推动和深化新形势下的检察改革积累了经验，但先前改革中遇到的阻力却不容忽视，改革不前甚或倒退、试点流于形式、保守的人事体制等因素都制约了多年来的改革。

在探讨检察人员分类管理现状是否合理的问题上，46.73%的受访人员认

---

① 张河洁：《检察官管理体制改革的理论与实践》，载《国家检察官学院学报》2005年第2期。

为本单位检察人员分类管理现状不合理,仅有11.86%的受访人员认为本单位的人员分类状况是合理的,另外41.41%的受访人员既不选择"不合理"也不选择"合理",对本单位人员分类管理的现状表示"不清楚"。

同时,有关分类管理改革的阻力问题,受访者对外部体制不配套、检察系统内部管理体制的约束、缺乏顶层设计、党政领导不够重视、改革方案不合理、检察人员的反对很大、时机不成熟等进行了选择。如表4所示,选择内、外部管理体制制约多,检察人员分类管理改革阻碍的人最多,这也表明"去行政化"取向是实现检察权独立行使的重要路径。

表4　先前检察人员分类管理改革试点的阻力(总样本1744)

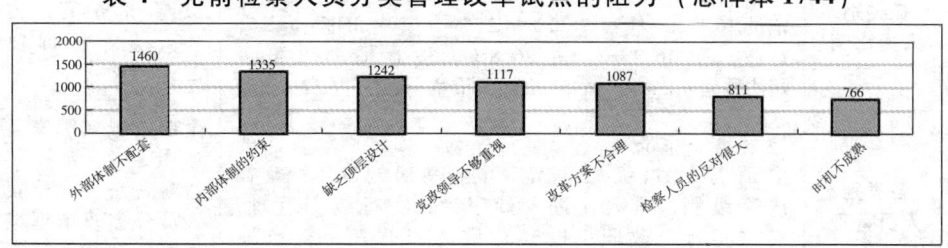

4. 对于检察人员晋升方式与职业化的认知

目前,检察人员的晋升主要依据公务员法和检察官法,根据分类管理改革的规定,检察人员分为检察官(检察业务人员)、检察辅助人员以及检察行政人员,那么其晋升方法也应当根据人员岗位进行专门化、职业化的区分。

检察官的晋升应直接根据检察官法进行。对此,74.16%的受访人员表示认同按照检察官法晋升的方式,相反仅有10.32%的受访人员仍旧认同按照公务员法晋升的方式,而采取折中路线的则占15.51%。此外,检察行政人员的晋升应直接根据公务员法进行,而检察辅助人员的晋升则须根据具体的工作岗位、职责确定晋升的法律依据。

(三) 实地调研:分类管理改革试点的实践概况

自2002年以来,重庆、山东、上海等地的区县级、地市级人民检察院作为最高人民检察院政治部推进全国检察人员分类管理改革的试点单位,进行了阶段性的有益探索。对此,本次实地调研选取拥有较为丰富改革试点实践经验的上海市P区、山东省P县以及重庆市Z区、B区人民检察院作为研究对象。通过比较三个地区四家检察试点单位(见表5)在分类管理改革领域的实践历程与经验,从而为新形势下检察人员分类管理制度"先试先行"埋下可行性基调。

表 5　沪渝鲁三地检察人员分类改革的试点对比

试点单位	上海市 P 区检察院	重庆市 B 区、Z 区检察院	山东省 P 县检察院
试点时间	2000 年	B 区于 2005 年 4 月开始试点；Z 区于 2002 年 4 月开始试点	2004 年 9 月
分类类别	五类：检察官、检察技术官、书记员、检察行政官、司法警察	三类：检察官、检察辅助人员（检察官助理、检察侦查官、检察技术官、司法警察）、检察行政人员	三类：检察官、检察事务官、检察行政官
各类别人员比例	检察官 57%，检察技术人员 5%，书记员 16.9%，检察行政人员 16.9%，司法警察 4.2%	检察官占 30%，检察辅助人员占 45%~50%，检察行政官占 20%~25%（其中 B 区检察官占 26.8%，检察辅助人员占 51.2%，检察行政官占 22%）	检察官占 32.9%，检察事务官，占 36%，检察行政占 31.1%
各类别人员管理	检察官、书记员取消行政职级，按等级制；其他三类实行行政职级制	检察官序列：按照检察官法的规定，实行等级制度；检察辅助人员序列：实行级别管理；检察行政人员序列：行政职级制	全部按照《国家公务员暂行条例》、检察官法、《检察人员分类改革框架方案》和相关政策并行管理
各类别人员待遇	检察官享受上一级行政职级的待遇	检察官、检察辅助人员、检察行政人员的类别拉开 500 多/300 多/200 多收入差距，2008 年取消了对检察官的津贴	检察官职位补助，高于标准参照检察官高于警察警衔 10%
机构设置变化	没变化	将原来十余个内设部门整合为 6 个，形成"三局两部一办"（职务犯罪侦查局、刑事检察局、诉讼监督局、政治部、检察事务部、检察长办公室），这是内部试点结构，区编委还是保持原来的十余个	将原来 21 个机构整合为 8 个，形成"三局三室、两部"（刑事检察局、职务犯罪侦查一局、职务犯罪侦查二局、控告申诉检察室、民事行政检察室、检察长办公室、政治部、总务部），均为正科级部门
目前状况	2011 年检察官不再按照检察官等级晋升，综合部门干警恢复了法律职务	Z 区：内设机构恢复原来设置，人员也恢复原来的管理方式；B 区：目前还是"三局两部一办"的机构格局，2010 年 7 月增设监察室，2011 年 5 月增设未成年人刑事检察局，人员管理遇到瓶颈	2009 年 6 月，检察人员分类管理改革停滞下来

根据表 5 分析，沪渝鲁三地在检察人员分类改革试点实践领域均取得了一定的成效，主要表现为以下几方面：

1. 检察官主体地位的凸显。以检察官为主体的人事制度有效增强了检察官的职业荣誉感和认同感。检察人员分类管理体制最大限度地赋予检察官序列人员权力，保障检察官独立履行检察权，使其按照检察办案司法规律，领导检察官助理或者其他事务官工作，并对案件的事实和证据负责。因而，检察官能够在各自的职位序列内依法履行职责，以提升案件质量和水平为工作目标，而无须接受行政职务晋升所带来的困扰。

2. 检察院内设机构的精简。尽管上述各个院在机构整合方式上存在不同，但在检察人员分类改革试点后上述院的内设部门均有所减少，如山东 P 县人民检察院的内设部门由原来的 21 个整合为 8 个，从而使机构设置体现检察事务和行政事务相分离的原则。

3. 检察办案效率的显著提高。在分类管理体制下，检察官依法独立办案，其权限不受来自上级机关、领导或其他人员的干预，工作效率和办案质量得以显著提高。以山东 P 县人民检察院为例，在 2005 年至 2009 年 6 月期间，共批准逮捕犯罪嫌疑人 1445 人，在受理案件数量增长 53.7% 的情况下，平均每 3 天办结一起案件；提起公诉 1584 人，在受理案件数量增长 54.1% 的情况下，平均办案天数缩短到 14 天，办案节奏明显加快；立案审查民行申诉案件 205 件，建议抗诉和建议提请抗诉 82 件，监督改判 56 件，办案效率相对于试点之前都有很大提高。再以重庆市 B 区人民检察院为例，在人员分类改革之后实行"捕诉合一"的办案机制，从批捕到起诉的时限从 30 日降低至 20 日，这体现出检察办案质量与办案效率的双增长。

二、分类管理改革试点的实践检讨

尽管试点院在检察人员分类管理改革试点过程中取得诸多成效，但部分院依旧面临较多的现实问题，最终导致人员分类管理方式的停滞不前甚或失效，如山东 P 县、重庆 Z 区人民检察院相继于 2009 年、2013 年停止改革试点，上海市 P 区人民检察院也在改革过程中遭遇严峻挑战。总结起来，检察人员分类管理改革试点中遇到了以下几个方面的问题：

（一）干部管理和人事体制的制约

现阶段，检察机关系统内的人员晋升只能依照公务员法进行行政职级的晋升。从基层院实际情况分析，检察机关人员分类管理后内设机构的整合在一定程度上是对检察人员晋升空间的挤压。例如，在山东 P 县人民检察院分类管理改革试点中，内设部门从原有的 21 个缩减为 8 个，造成科级单位的锐减，进而面临着中层正职职位数的大幅度缩减。后果则是,伴随着检察人员晋升空间的削减,检察官的职级待遇又无法得到解决,从而使得人员分类管理改革面对的压力不断加大。

(二) 检察官的"权、责、利"未能做到有机统一

分类管理的实施,一方面将分管检察长的权限以"授权授责"等方式授予检察官,另一方面对检察官实行单独的薪酬待遇体系,从而实现了检察官对检察权的独立行使、对检察责任的独立承担以及有等级的薪酬待遇。然而,从试点院的实践看,重庆Z区、B区、山东P县人民检察院在改革试点初期,尚能够对检察官给予一定的津贴福利,但在实行"阳光工资"后,检察官的津贴福利受到大幅度削减,从而导致检察官工作积极性的降低,甚至出现部分年龄较大的检察官主动辞职到非检察官岗位工作的现象。

(三) 上下级对口业务部门业务关系不协调,考核体系的不统一

经分类管理、部门整合后,检察机关的机构设置与上级院不能完全对应,伴随着工作运行模式、考核机制等发生重大变化,在处理与上级业务部门的工作关系上也出现了较大冲突。例如,重庆Z区检察院新设立的刑事检察局履行侦查监督、公诉和监所检察等职能,而其对应的上级业务管理部门依旧是原先的侦查监督处、公诉处、监所检察处等若干部门,以此造成上下级对口业务关系的不协调,且并未因下级机构的精简而使事务性工作得到实质性缩减。此外,在考核方面,试点院依据各类人员的职位特点制定了相应的工作标准和考核办法,以对不同序列的人员分别考核,而上级院依旧是以业务部门对口考核为主的方式进行,从而导致两个不同考核标准和体系的同时运行。为了适应上级院的考核要求,试点院不得不以增设内设科室的方式实现与上级院的对应,从而完成人员的考核。例如,山东P县人民检察院于后期增设了法警队、技术中心、检察监督办公室、人民监督员办公室等内设部门,在刑事检察局之下又设立了侦查监督科、公诉科、监所科三个科,从而在实质上推翻了原先的分类管理改革试点工作。

三、深化检察人员分类管理改革的思考

(一) 准确把握检察人员分类管理改革的指导思想

"建立符合职业特点的司法人员管理制度,健全法官、检察官、人民警察统一招录、有序交流、逐级遴选机制,完善司法人员分类管理制度,健全法官、检察官、人民警察职业保障制度"是当前司法改革的一项重要任务。在指导思想层面,检察人员分类管理改革需要坚持以下几个方面:

1. 检察人员分类管理改革应当符合我国司法体制改革的基本方向

十八届三中全会提出了司法改革管理体制的基本观点，即推动省以下地方法院、检察院人财物统一管理，探索建立与行政区划适当分离的司法管辖制度，保证国家法律统一正确实施。从域外经验分析，建立区别于行政机关公务员的人事管理机制是较具借鉴性的人事制度，它赋予检察官独立的职务序列和薪酬体系，并根据不同的工作岗位、工作特性对其他检察人员实行分类管理；此外，检察机关及其检察人员具有较强的独立性，它表现在检察机关是脱离于地方政府而独立存在的，不受地方政府的任意干预，并且对检察人员的管理实行垂直化体系的运作。因此，提出建立省以下人财物统一管理的检察机关管理体制，是新形势下"去地方化"、"去行政化"司法改革理念的积极贯彻，也是充分保障检察机关公正执法、检察权独立行使的重要途径。

2. 检察人员分类管理改革应当使检察权的行使符合司法规律

检察权具有司法与行政双重属性，而其不同属性则应对应于检察机关不同的执法活动。从检察机关内部活动分析，职务犯罪侦查活动具有明显的行政色彩，而审查逮捕、审查起诉和抗诉活动等以适用法律为目的的活动则具有鲜明的司法属性。面对检察一体化与检察独立的双重属性特征，检察人员分类管理改革的根本目的更多的是侧重司法独立的层面，确保检察机关独立行使检察权，保障检察官的独立性、中立性，使其执法办案只依照事实本身，而不受来自案件事实之外因素的干扰，以此提升检察办案的公正性以及司法公信力。

3. 检察人员分类管理改革应当遵循人力资源管理专业化、职业化的管理原则

长期以来，来自非检察人员岗位与检察人员岗位的人员共同竞争检察职称的现象较为普遍，这不仅导致检察官专业化水平难以提升，也引发了司法人才资源的不合理利用。对此，解决上述不合理的人事管理机制，建立以科学的序列管理为中心的人事制度势在必行，从而保证检察人员各司其职，在明确各自角色定位的基础上最大限度地提高专业技能与工作水平。因此，从人力资源管理角度分析，发挥检察人员效率最大化的重要途径在于实现人员的专业化和职业化，即在合理划分检察机关工作类别的基础上进行合理的人员配备，在保障检察人员各司其职的基础上，保证每个序列的人员平等地享有通畅的晋升渠道和足够的晋升空间，充分实现司法人力成本的合理使用。

4. 检察人员分类管理改革应当具有可操作性

改革应该在现行制度框架下进行，而不能脱离我国的基本国情。作为国家的法律监督机关，检察机关既要遵从党的领导，又要在宪法和国家制度的框架下进行改革。对此，检察人员分类管理的改革应在以检察一体为前提的基本检

察体制下,充分保证检察机关依法独立执法、检察官依法独立办案。因此,我国检察人员分类管理的改革应当循序渐进,对目前检察机关不同岗位的工作人员进行合理梳理和归类,在减少改革阻力的同时保证改革地有效推进,切忌采取"一刀切"的方式。

(二)检察人员分类管理的基本架构与管理

改革试点经验的探索与域外检察人员分类管理实践对于建立检察人员分类管理体制具有积极的指导作用。具体操作中,可以将检察人员按照工作性质和工作特点分为三类:检察官、检察辅助人员(司法警察、书记员、检察技术人员)、检察行政人员。① 对这三类人员可以分别采取表6的管理方式:

表6 检察人员分类

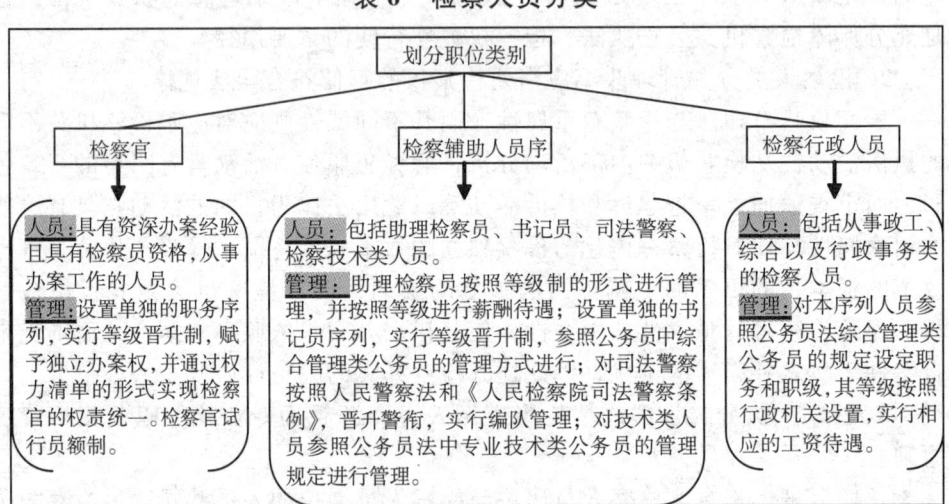

1. 检察官序列人员的管理

人员分类改革不仅应当明确各序列人员任职资格,还应当合理设置检察官的配比,控制检察官的职数,体现检察官的尊崇地位。② 建立统一司法考试、遴选、培训一体化制度,提升检察官任职条件。根据检察业务与检察行政事务相分离的原则,笔者认为,检察行政岗位上的人员原则上不应被任命为检察官。如果上述人员需转入检察官序列,则必须具备检察官的任职条件,并根据其从事检察业务的时间、经历、业绩等确认其检察官等级,而不能凭借其在检

---

① 根据2013年中共中央组织部和最高人民检察院联合发布的《人民检察院工作人员分类管理制度改革意见》,将人民检察院工作人员划分为检察官、检察辅助人员、司法行政人员。

② 上海市的试点方案中,检察官、检察辅助人员、检察行政人员的比例设定为33%、52%、15%。

察行政岗位上的行政级别直接对应较高等级的检察官序列。反之，如果检察官因岗位调整被任命到检察行政岗位上，其检察官等级及其相应的待遇在其担任检察行政人员期间则不再享有。此外，在检察官序列队伍完善方面，应该健全检察官的交流机制。建立横向、纵向和外部交流机制，实行逐级遴选制度，引入竞争机制打通外部优秀人才进入检察官队伍的通道，从社会上具备法律职业资格、法律工作从业经历的法官、律师、专家学者等人员中择优选拔检察官。在职业保障方面，需设立单独的检察官职务序列和薪酬体系。建立检察官等级的单独序列取消行政级别，并建立与检察官等级配套的薪酬体系，检察官的薪酬应当实行比同等公务员高一等级的薪酬。首先是检察官的身份保障，适当延长检察官的退休年龄。对于从事检察业务工作 20 年以上且身体健康的检察官，可以建议延至 65 周岁实行退休。此外，建立司法官管理委员会，由检察院、法院、组织部门、人大、律师团体及其他社会团体成员组成，负责对包括检察官在内的司法官的弹劾、撤职、调离或令其提前退休的审查。其次是检察官的职位保障，赋予检察官一定程度的司法豁免权。以日本为例，日本检察官除受合格审查会的审查免官或因检察厅废止等成为冗员外，在任职期间无失官、停职和减薪的担忧，甚至部分国家如德国的检察官采用的是终身制，即非法定事由不被免职。对于我国而言，现阶段实行检察官的终身制是非常困难的，但赋予检察官在一定程度上的司法豁免权即非经法定事由不被免职的情形还是值得考虑的。

2. 检察辅助人员的管理

检察辅助人员是检察机关辅助于检察官执法办案的工作人员，它具体可以分为助理检察员、司法警察、书记员、检察技术人员。

（1）对助理检察员的管理，应当按照等级制形式进行，并以此进行薪酬待遇的分配。助理检察员享有部分办案权，其处理的检察案件须得到主任检察官（未实行主任检察官的单位由主诉、主办检察官代替）的审核并同意。作为检察官序列人员的后备人选，助理检察员应当具有专业的法律能力，应由省级院统一招录。

（2）对司法警察的管理，应当根据《人民检察院司法警察条例》进行，并参照人民警察的待遇和警衔晋升方式予以晋升警衔。在招录和培训方面，由省级院对其统一进行。

（3）对书记员的管理，应当建立单独的书记员序列，实行定向招录和终身制，并参照公务员法中综合管理类公务员进行等级制管理。在设置书记员单独序列的情况下，书记员应由省级院统一进行招录和分配。其中，对于书记员的招录，除了通过公务员考试进行外，还可以借鉴法院书记员的招聘方式，实行聘任制等多种方式进行招录。

（4）对检察技术人员的管理，与其他检察辅助人员的要求较不同。虽由省级院统一招录，但不需要具备检察官的任职要求，只需其具备较高的专业技术能力，其职务层级和福利待遇参照公务员法中专业技术类公务员的方式进行配备。从范围上讲，检察技术人员主要是指检察机关从事文件、证物的审查、检验及鉴定等刑事鉴定工作的人员，而不包含检察机关从事计算机维护、网络维护等方面工作的人员。此外，检察技术部门只需在省级院设置，省以下则没必要设置。

3. 检察行政人员的管理

检察行政人员的选任应当坚持定向招录的原则，以保持队伍的稳定性。非领导岗位的检察行政人员由省级检察机关统一招录，可以由省级检察院会同省级公务员招录部门进行，也可以委托省级公务员招录部门进行统一招录。按照办事员—科员—副主任科员—主任科员—执行副处级工资并享受相应经济待遇的主任科员这样的渠道晋升。

人民检察院组织法修改视野下
健全检察官职业保障制度之思考

左仰东[*]

2013年11月闭幕的十八届三中全会通过了举世瞩目的改革宣言书——《中共中央关于全面深化改革若干重大问题的决定》（以下简称《决定》），为中国今后较长时间的改革与发展进程指明了方向。在《决定》第九章构建的法治中国建设蓝图中，充分重视司法人员管理制度在司法人员职业化进程中的重要性，突出强调要"完善司法人员管理制度，健全法官、检察官、人民警察职业保障制度"。检察机关是宪法明文规定的法律监督机关，其职权的行使、职责的发挥，与检察机关管理水平、检察人员自身素质相关。值得注意的是，近年来检察官职业化作为提升检察管理水平的重要举措，成为理论与实务界的研究热点。而检察官职业保障制度作为检察官职业化的重要制度保障，理应引起高度关注，进行深入探讨。与此同时，在近日公布的《十二届全国人大常委会立法规划》中，人民检察院组织法的修改被列为条件比较成熟的第一类立法项目。因而，应当在即将修改的人民检察院组织法中，正式规定检察官职业保障制度，以立法的力量推动检察官职业化的进程。

本文注意到，理论界关于检察官职业保障制度的研究成果不多，且基本集中于检察官职业保障制度的某个方面，而从整体上系统研究检察官职业保障制度的成果较为罕见，实为一大缺憾。因而，本文从检察官职业保障制度概述入手，介绍检察官职业保障制度的存在必要，阐释检察官职业保障制度的现实问题，指出检察官职业保障制度的完善策略，以期为即将修改的人民检察院组织法中正式确立检察官职业保障制度提供有益参考。

---

[*] 江苏省南通市通州区人民检察院党组成员、副检察长。

一、检察官职业保障制度概述

（一）检察官职业保障制度的基本概念

毫无疑问，检察官职业化建设是提高检察队伍整体素质，推动检察工作科学发展的需要。可以认为，检察官职业化是现代法治国家的基本特征。实践表明，健全检察官职业保障制度是实现检察官职业化的重要途径。

一般认为，所谓检察官职业保障制度，就是国家以检察官职业化建设为目标，建立和完善相应的制度体系和运行机制，切实保障和全面落实检察官的职业权力、职业身份、职业收入等。[①] 理解检察官职业保障制度的基本概念时，应当注意到该制度是多方面、多元化的系统，注意整体上的准确把握。

（二）检察官职业保障制度的基本体系

应当注意到，检察官职业保障制度呈现出系统化、综合性、体系化的特点。从世界各国的法治实践来看，总体而言，检察官职业保障制度的基本体系，包括检察官职业权力保障机制、职业身份保障机制、职业收入保障机制、职业安全保障机制、职业培训保障机制等主要内容。

具体而言，检察官职业权力保障机制，就是保障检察官依法顺利行使法律监督职能，不受任何非法干扰的机制。检察官职业身份保障机制，就是检察官一经依法选举、任命，其身份受法律保护，非因法定事由、非经法定程序，不得随意更换或免职的保障机制。检察官职业收入保障机制，就是确保检察官在物质生活方面享有与经济社会发展水平及其制度化社会地位相应的制度利益的保障机制。检察官职业安全保障机制，就是检察官不因依法履行职务而受到任何打击报复、诬告、陷害以及其人身安全得到有效保护的保障机制。检察官职业培训保障机制，就是保证检察官得到各方面培训学习的机会，以切实提高其履职能力。上述五项基本机制，构成检察官职业保障制度的基本体系，应当引起高度重视。

二、检察官职业保障制度的存在必要

（一）检察官职业保障制度是检察官职业化的必然要求

当今社会司法现代化进程日益加速，然而正如哈耶克所强调的"对正义的实现而言，操作法律的人的质量比其操作法律的内容更为重要"，如果执行和运用现代司法制度的人素质不够，再完美的司法制度也只能是理论层面上的。只有检察官职业化，才能形成司法主体的现代化，进而促进司法现代化的

[①] 参见宋碧红：《谈检察官的职业保障制度》，载《法制与社会》2009年第32期。

实现。检察官职业化是司法主体现代化的重中之重,检察官职业化是司法现代化的必然要求。①

而检察官职业化的实现,必须通过一系列的制度进路来实现。在这些进路中,重构检察官的准入机制和人事机制、优化检察官的业务管理和绩效考核、健全检察官的培训机制和职业保障这几个方面作用关键、意义重大。② 而检察官职业保障制度则是重中之重,检察官职业保障制度的五项主要机制,通过保障检察官的权力、身份、收入等关键性权益,为检察官顺利履行法律监督职责打下良好基础。同时,检察官职业保障制度强调检察机关通过检察官职业化建设,建立和完善检察官的职业保障体系和运行机制,真正实现检察官职业化。

(二)检察官职业保障制度是检察官素质提高的前提条件

众所周知,现代社会的特点之一是社会分工的日益精细化和高度专业化,作为法律职业的检察工作必然也具有知识性、技术性和专门性的特点。因而检察官应当实行合理的交流和流动,以确保每一个检察官均可以胜任不同检察业务岗位。然而从另一方面来说,检察官职务应保持相对稳定性,随意调任检察官从事其他各类工作,随意免除其现有职务,不利于检察官安心履职,提高法律素养。

而检察官职业化,能够保证检察官职务的相对稳定和固定,有利于检察官个人职业经验的积累和职业素养的养成,从而有利于检察官整体素质的提高。通过检察官职业保障制度的建立与完善,建立一系列的保障机制,能够保证检察官职业化进程的顺利实现,保证检察官的素质得以提升。由此可见,检察官职业保障制度是保持检察官职业稳定性,进而保障检察官职业专门化和检察官整体素质提高的必然要求。

(三)检察官职业保障制度是检察官依法履职的前提条件

检察官职业保障制度是现代法律职业制度的重要内容,是检察官享有和维护自己权利的基本前提和基础。假使检察官职业无保障,则检察官行使检察职权必受到各种干预和掣肘,心存莫名担忧和种种顾虑,从而不敢依法履行其职责,对检察机关充分发挥作用造成很大冲击。

通过建立检察官职业保障制度,保障检察官的核心权益,检察官必然会消除履职时的后顾之忧,全心全意投入履职活动之中。由此可见,检察官职业保障制度无疑是检察官依法行使职权、积极履行职责的前提条件。

---

① 参见张珉:《论司法现代化的职业表征法官职业化》,载《新疆大学学报》2004年第6期。
② 参见农中校、刘缨:《检察官职业化论》,载《经济与社会发展》2007年第7期。

（四）检察官职业保障制度是检察官公正履职的基本前提

司法人员职业保障制度设立的目的就是切实保证司法官员不受免职和调离的现实威胁，保证司法的公平与正义。公平正义是司法权行使的基本原则与必然追求，应当引起高度关注。而实现司法的公平正义，检察机关任务艰巨，检察人员责无旁贷。

而检察官在办案中抵御非法干预的能力强弱，与其职业保障是否具体、是否到位存在直接关系。只有保障检察官依法履职时不为其他权力所左右，检察官才能依法独立公正行使法律监督职权，进而实现司法公正，维护和提升检察权威。

三、检察官职业保障制度的现实问题

（一）检察官职业保障制度的立法现状

应当指出，中央认识到检察官职业保障制度的重要性，已经运用立法手段推动检察官职业保障制度的构建。我国现行的检察官队伍被列入公务员序列进行管理，因而对包括检察官的职业保障制度在内的检察官管理机制的立法探讨，要注重对公务员法与检察官法相关条文的把握。鉴于检察官法的专门性、专业性，本文侧重于从检察官法相关条文的解析，从检察官职业保障制度的内部体系系统指出检察官职业保障制度的立法现状。

关于检察官职业保障体系中的检察官职业权力保障机制，检察官法第4条规定"检察官依法履行职责，受法律保护"，从总体上规定了检察官的依法履职的权力。关于检察官职业身份保障机制，检察官法第9条第3项规定，检察官"非因法定事由、非经法定程序，不被免职、降职、辞退或者处分"；第十五章规定了检察官的申诉控告权利及方式途径，能够保障检察官身份的相对稳定，不因履职行为而受到不应有的威胁。关于检察官职业收入保障机制，检察官法第9条第4项规定，检察官有权"获得劳动报酬，享受保险、福利待遇"；第十二章"工资保险福利"整章对检察官职业收入保障机制作了规定，保障了检察官基本的生活水平，免除了其履职的后顾之忧。关于检察官职业安全保障机制，检察官法第9条第5项规定，检察官"人身、财产和住所安全受法律保护"，从而使得检察官履职时能够不再担忧各种打击报复，减少履职顾虑、提高履职能力。关于检察官职业培训保障机制，检察官法第九章"培训"规定了检察官培训的内容、原则、主体、作用，为检察官教育培训机制的建立与完善提供了立法依据。

由此可见，现行关于检察官职务保障制度的立法规定主要体现在检察官法的相关章节中，且较为分散、不成体系。而在人民检察院组织法这部重要法律中，对于检察官职业保障制度的规定付之阙如，实为一大缺憾。

（二）检察官职业保障制度的现实问题

总体而言，我国当前的检察官职业保障制度存在一定的缺陷与问题，应当引起充分关注。

1. 检察官职业权力未能得到切实保障

就检察机关外部而言，宪法与法律十分强调检察独立，一直强调地方各级检察院独立于地方行政机关。然而，一方面目前上级检察院对下级检察院的领导仅限于业务领导，在人员配备方面没有多少发言权；另一方面地方政府却往往将检察院视为其下属职能部门，且在现行的检察管理体制下，地方各级检察院的人财物等均受制于地方党政部门。此种情况下检察官的职业权力当然得不到有效保障。

就检察机关内部而言，检察官之间的检察权配置呈现不合理的趋势。现有立法只笼统地规定检察官行使检察权，各地习惯的做法是：检察长行使检察权，副检察长受检察长的委托行使某一方面的检察权，部门负责人受检察长的委托行使检察审核权，检察员受检察长的委托行使检察建议权和执行权。而具有职权本质特征的检察决定权和批准权，则由检察长、副检察长行使。从这个意义上说，检察长、副检察长才是名副其实的检察官，其他业务部门的检察员乃至部门负责人实际上成了辅助人员。如此做法，极大地限缩了检察官的职业权力，制约了检察官的专业化发展。①

2. 检察官职业身份尚未得到应有保障

不可否认，我国检察官身份保障水平仍旧偏低，实践中存在一些问题，影响到检察队伍的稳定与法律监督职能的充分发挥。这些问题主要表现在以下几方面：

一是检察官被随意调任和免职的现象较为突出。检察官身份保障机制要求检察官调任、免职应当严格依照法定条件，遵循法定程序，且应出于保障检察官正常履职的目的。然而，实践中一些地方在免除检察官职务，调任其他工作上存在不够规范、随意性较大的现象，也存在出于个人恩怨、个人目的而免除办案检察官职务的问题，对检察官严格依照法律办事造成较大影响。

二是检察官因职务行为受到不当责任追究的情况时常出现。实践中存在因某案认定为"错案"，不论该结果的发生是否属于不可抗力，承办检察官主观是否有过错，客观上是否有失职行为，均对该检察官追究责任的情形。这种情况极大地影响了检察官依法办案的自信心和积极性，导致检察官通过增加环节、推卸责任等行为以规避职业风险，很大程度上影响了检察官的身份稳定和

---

① 参见宋碧红：《谈检察官的职业保障制度》，载《法制与社会》2009年第32期。

司法的公正与效率。

三是检察官的控告申诉权难以保障的情况屡见不鲜。尽管检察官法第十五章原则性地规定了检察官的申诉控告权力,然而实践中检察官维护自身权益尚无明确的制度化保障,检察官权利受到侵害之后,救济渠道不畅的问题较为常见。如此导致权利受到侵害的检察官往往只能通过依靠寻求上级私人关系,来保护自己的权利,而并非走正常的控告申诉途径。此种情况下,检察官的职业身份显然无法得到合法有效保障。

3. 检察官职业收入不能得到有效保障

我国当前的检察官属于司法类公务员,其工资、待遇与其他种类的公务员差别不大,甚至低于公安、工商、税务等行政执法机关的公务员。这与检察官取得职业资格要通过公务员考试与司法考试这双重考试的较高要求形成了鲜明的对比,不符合公平正义的原则。[①]

此外,当前较多检察机关根据实际工作需要探索实行了主诉、主办检察官负责制,然而主诉、主办检察官的福利待遇却和一般检察官无明显差距,因而要建立廉洁自律的检察官队伍,无疑也是纸上谈兵。正是由于检察官职业收入缺乏有效的保障,才导致检察官的职业吸引力不强,最终造成部分检察院出现严重的人才流失和检察官断层现象。

4. 检察官职业安全未能得到完全保障

检察官掌握着法律监督职权,然而其正常履职的职业安全往往得不到完全保障。司法实践中,由于未及时释法说理或当事人蛮不讲理,时而出现当事人及其近亲属因为对案件处理结果不满而指责、谩骂、殴打检察官的现象,甚至还出现当事人故意伤害和杀害检察官的事件。这种现象的产生固然与当事人因素密切相关,然而检察机关未建立系统有效的检察官职业安全保障机制,则是一个根本原因。

由于检察官职业安全未得到完全保障,导致检察官在办案的过程中难免会顾虑重重,畏手畏脚,普遍受制各种案外因素,不能完全履行法律职责,也给检察机关的正常履职和顺利运行带来不良影响。

5. 检察官职业培训未得到有效保障

检察官法第九章规定了检察官培训的相关内容,显示了中央已经认识到了检察官教育培训机制的重要性。与此同时,近几年高检院也加强了对检察官的培训力度,但是实践中各地相当多检察院的检察官职业培训机制仍然不尽完

---

① 参见正义网,http://www.jcrb.com/jcpd/jcll/201008/t20100805_395222.html,2014 年 8 月 20 日访问。

善，存在较大问题。

当前，各地检察人员的职业培训机制存在按照理论自学、实战锻炼和经验积累进行的模式，广大检察官接受上级组织的调训、集训的机会较少。再加上培训经费按照分级承担的原则要由接受培训人员所在单位支出，受经费及人员结构的限制，基层检察院安排干警参加上级检察院的培训非常有限。如此导致广大检察官的职业培训机制不能得到有效保障。

四、检察官职业保障制度的完善策略

正如上文所述，尽管现行立法主要是检察官法对检察官职业保障制度作了一些规定，但仍然不甚完备，存在一定缺漏，实践中对检察官职业保障制度的完善和发展作用不大。鉴于人民检察院组织法修改在即，考虑到该法篇幅有限，可以在该法中对检察官职业保障制度作原则性规定，在检察官法设专章集中规定检察官职业保障机制，并通过立法解释或者司法解释作出相对详尽的规定。具体而言，要针对检察官职业保障机制存在的问题，从以下五个方面着手，对检察官职业保障制度加以完善：

（一）健全完善检察官职业权力保障机制

检察官能否受到切实的权力保障，直接决定着司法公正的实现。可以认为，检察官职业保障机制，是检察官职业保障制度的核心。建议从以下几个方面入手，加强检察官职业权力保障机制：

1. 要建立完善确保检察官依法行使职权的外部机制。一是建立健全检察官等级管理体制。加大省级检察院对省内各级检察院在人、财、物方面的垂直管理力度。二是实行检察官公开选拔制度。可以拿出一定数量的检察官职位，面向社会公开选拔符合法律规定的任职条件和已通过司法考试的人选。三是建立检察官遴选制度。高检院和省级检察院一般不应直接面向社会招录检察官，上级检察院出现检察官职位缺额时，主要应当公开从下级检察院符合相应条件的检察官中择优遴选，以保证上级检察院检察官的职业素质。

2. 要建立完善确保检察官依法行使职权的内部机制。针对不同类别检察人员的特点，将检察机关的职位划分为检察官、检察事务官和检察行政人员三类职位。根据人员岗位的不同特点来科学设置岗位，明确不同岗位的职责、权利和任职条件，推行竞争上岗，从而提高检察队伍管理的科学性。

（二）健全完善检察官职业身份保障机制

1. 要建立完善检察官的不可更换制。检察官任职后履行职务是否具有稳定性，是其能够有效履行检察职权的关键因素。根据我国现行相关法律规定，各级检察院检察长连续任职不得超过两届，对检察长的任免程序也作了规定，加强了上级院对下级院检察长免职的领导监督,此外检察官法规定了对检察官免职的法定情形。但在实际运作中,地方党政机关利用其掌管的人权和财权的优势,更换不配合地方工作的检察长和检察官的现象也是屡有发生的。因此,应明确规定检察官任期终身制,即检察官一经任命,非有法定理由并经法定程序,不得强行予以免职、调离、降低、撤换其职务或使之退休离岗。

2. 要建立完善有限的检察官职务豁免机制。任何司法决策只能根据当时案件的证据情况所证明的事实和法律对此情形的规定而作出,司法判断也必然具有有限性。在我国当前的法治环境和司法运行体制下,造成司法判断错误的原因极为复杂,检察官即使恪尽职守也有可能办错案。因而应当通过立法明确检察官职务豁免的原则与条件,建立我国的检察官职务豁免制度。应当通过立法保障检察官只要依法正确履行职权,非因故意或重大过失,即便在事实认定和法律适用中有所偏差而导致司法决策发生错误也不应使其承担民事、刑事或内部惩戒上的责任。①

3. 要建立完善检察官的控告申诉保障机制。检察官法第十五章的关键条文第 47 条对检察官的申诉权和程序作了一定的规定,但具有强烈的内部性;第 48 条规定了检察官有权提出控告的原则性规定,但无具体的配套性规定。由此可见,检察官行使控告申诉权,实际上并无明确的制度保障。为给检察官行使控告申诉权创造条件,应在立法上进一步明确检察官控告申诉事项的受理、审查主体和处理程序、期限和救济等关键机制和程序。此外,为保障检察官控告申诉权的实现,使之能抵制不当干预,应考虑司法救济渠道等外部机制的构建。②

(三) 健全完善检察官职业收入保障机制

1. 物质收入保障是从业者对一门职业产生认同感和归属感的重要前提。如果检察官的经济地位缺乏有力的法律保障,则可能导致检察官利用职务之便为自己谋取利益,从而带头不遵守法律,从护法者变为违法者,破坏社会的公平正义。我们应该借鉴西方国家提高检察官待遇的做法,优薪养廉,建立独立的经费保障体系,提高检察官的物质待遇,确保检察官收入至少要高于一般的公务员,以促进检察官廉洁勤政、秉公执法,同时吸收和留住优秀人才,提高检察官队伍素质和保持队伍稳定。

2. 国家应当在立法上高度重视,全面落实检察官的工资制度。而且要设法保证检察官工资制度充分反映检察工作的特点,充分体现公平合理的原则。

---

① 参见高丽蓉、姜昕:《检察官身份保障制度之完善》,载《人民检察》2011 年第 6 期。
② 参见高丽蓉、姜昕:《检察官身份保障制度之完善》,载《人民检察》2011 年第 6 期。

同时，应在立法上进一步完善检察官定期增资制度，确保检察官的工资随着工龄、职务升迁、物价上涨等相关因素得到及时合理的调整，且还要确保检察官在退休之后，工资待遇保持大体不变。

（四）健全完善检察官职业安全保障机制

随着我国依法治国方略的大力推进以及社会主义市场经济体制的逐步建立与完善，检察官作为行使法律监督权的重要主体，俨然处于各种社会纠纷焦点和矛盾旋涡之中，职业风险越来越大。要确保检察官职业安全，除广大检察官自身要加强安全意识以外，还要在立法上健全完善检察官职业安全保障机制。

具体而言，一要设立安检设施，安检设施不仅在检察机关重要出入口需要设置，在检察官办公区域也需安置，以期对检察官可能存在的具体伤害作出提前防范措施。二要拨付相关资金，尽快建立起检察官职业安全保险制度，对检察官的人身、财产、住所安全实行保险，确保检察官因合法履职行为身体健康受到侵害、财产住所蒙受损失时，能够通过保险的形式得到相应的经济补偿。三要建立从严从快处理机制，对打击报复、诬告伤害检察官的行为人，应采取有效措施，绝不姑息，该行政处罚的就行政处罚，该追究刑事责任的就追究刑事责任。要坚持从严从快予以追究，预防暴力抗法事件发生，保障检察人员职业安全。

（五）健全完善检察官职业培训保障机制

在检察官职业培训保障机制中，高效合理的检察官培训制度至关重要。应当健全完善检察官职业培训保障机制，提高检察官的履职能力与履职水平。

1. 要突出三个培训重点：一是知识培训，即对法学理论和法律条文理解及掌握的培训；二是技能培训，即运用法学理论和法律条文到法律监督工作实践中的能力培训；三是职业精神培训，即灌输从事检察官职业必备的正直、良知、敬业的职业精神。

2. 要重视三种培训形式：一是新任检察官准入培训，至少需要6个月的脱产学习；二是从业中检察官的持续培训，每年要参加一至两个星期的短期培训；三是检察官的晋升培训，由初级晋升中级、中级晋升高级检察官，必须经过规定课程的学习。

3. 要强调两种培训方式：一是以高检院检察官学院及其在各省的分院为主要基地培训各种类型的检察官；二是发挥传统的传帮带方式，形成在工作中学习、在学习中工作的良性循环。[①]

[①] 参见周立人：《中国检察官职业化的困境与出路》，吉林大学2011年硕士学位论文。

检察官专业化的实践与趋势[*]

——以全国检察业务专家评选活动为样本的实证分析

王子毅[**] 龙海燕[***] 徐 良[****]

"检察业务专家是指具有深厚理论造诣、丰富实践经验、过硬业务本领和较强研究能力,能有效解决重大检察业务问题,在某一检察业务领域卓有专长,善于突破重大疑难复杂案件,业绩突出,职业声望较高的专家型检察官和其他专门检察业务人才。"[①] 迄今为止,最高人民检察院已经组织了三届全国检察业务专家评选活动,共计评选出 220 名全国检察业务专家。全国检察业务专家除代表检察业务的高水平以及检察人才的高层次外,俨然已经成为全国检察系统检察业务的最高荣誉。但其对推进检察官职业化、专业化建设,促进检察业务公正、公信究竟有多大的作用仍值得实践进一步检验。实践中,全国检察业务专家制度有更多的荣誉性象征意义,我们应该更多地关注其制度本身对推进检察官专业化建设方面的作用、价值及意义。由此,笔者拟以全国检察业务专家评选活动为切入点,分析专业化检察官制度的现实需求,并对已经评选出的全国检察业务专家群体进行研究,希冀探索检察官专业化的实践与趋势。

一、制度的需求:检察官专业化的目标与检察业务多样化的现实

(一)检察官专业化的趋势

现代社会是建立在职业化、类型化、专业化知识上的社会,发展日新月

---

[*] 本文系重庆市人民检察院 2014 年重点调研课题"行政诉讼检察监督的改革与完善"(编号:CQJCY2014B15)阶段性成果。
[**] 重庆市云阳县人民检察院检察长。
[***] 重庆市云阳县人民检察院助理检察员。
[****] 重庆市大渡口区人民法院行政庭书记员。
[①] 参见《全国检察机关检察业务专家评审办法(试行)》。

异,事务复杂多变,法律也日益精密丰富。公众对于正义的追求日益迫切,司法公正受到前所未有的关注,法律职业也逐渐走上专业化发展道路,这些都对我国现代司法制度提出了更高的要求。现代司法制度的建构发展离不开专业的司法职业队伍,作为司法职业的重要组成部分,检察官依法代表国家行使法律监督职权,检察机关的宪法定位和工作性质决定了检察官应当是具备专业技能的职业群体。

法律职业的专业化,是现代国家司法机关与其他社会组织最大的区别和最重要的特征。① 专业化是一个社会学概念,是指一个职业经过一段时间后不断成熟,逐渐符合专业标准,成为专门职业并获得相应的专业地位的动态过程。② 那么检察官专业化就应当是检察官以行使宪法和法律赋予的检察权为专门职业,并具有独特的职业要求和职业地位的过程。检察业务范围涵盖侦查监督、公诉、职务犯罪侦查、民事行政检察、控告申述、监所监督、法律政策研究等多个领域,检察官能否专业高效行使其职权职能,直接关系到检察权目的的实现,直接影响着公众的法治信仰。

(二) 检察业务多样化的现实矛盾

与法官专业化的纯粹性有所不同的是,检察官专业化鉴于检察院的宪法定位和实际职能的多样化而并非一帆风顺,法官的主要业务为审判执行,专业化程度较高但相对单一。检察官的检察业务却辐射较广,各业务要求不尽一致甚至差距较大,如公诉职能要求的是组织证据、审查证据的法律技能要求,而职务犯罪侦查则侧重于发现犯罪行为并展开调查的侦查技能要求,两者不在同一方向。

2001 年检察官法的修改,进一步充实了检察官任职的条件、程序、监督等内容,将检察官专业化建设以法律规范的形式予以明确。随后,统一司法考试制度也正式实行,法官、检察官、律师这三大法律职业群体有了共同的基本的知识储备结构。检察官专业化之初的基本出发点是加强检察官的法学素养,培养法学技能。这对于提高检察官的法律技能,满足日益增长的法学需求有着重大的作用,使得检察官群体的综合素质尤其是法学素养得到巨大提升。然而,检察院的工作远不止提起公诉一项,随着社会日益发展,检察院的非法律诉讼业务日益丰富,到现在基本涵盖了侦查监督、公诉、职务犯罪侦查、民事行政检察、控告申述、监所监督、法律政策研究等多个领域,其中不仅涵盖了

---

① 于萍:《检察官管理制度教程》,法律出版社 2003 年版,第 47 页。
② 何健:《军事检察队伍专业化建设问题研究——以某军区为例》,国防科学技术大学 2009 年硕士学位论文。

传统的法律业务，也包含了职务犯罪侦查等侦查职能。这些领域虽然具备基本的共通点，但其差异也不容忽视，对于专业能力的要求也不尽相同。

现行体制下，检察案件的办案主体是检察官，当下对检察官的要求主要突出其法学专业素养，但多元化的业务范围势必催生多元化的人才需求和人才结构。各级检察机关在保持法律人才引进的同时，也开始注意引进刑侦等专业的侦查人才和财务会计、计算机、金融、知识产权等综合人才，但这类人员中相当比例难以通过司法考试，没有办案资格。当下的检察官专业化主要集中于法律知识的专业化，在这种导向之下，现行的人才专业化实践存在检察官专业化与反贪侦查等多门类人才的现实需求相脱节的问题。

二、制度的实践：全国检察业务专家基本情况述评

为全面实施人才强检战略，加快检察人才队伍建设，推动检察工作深入发展，最高人民检察院 2005 年 8 月印发《关于组织评审全国检察机关首批检察业务专家的通知》，并颁布了《全国检察机关检察业务专家评审办法（试行）》。2006 年 2 月 27 日，首批 42 名全国检察业务专家被最高人民检察院授予"全国检察业务专家称号"，全国检察业务专家的评选也正式制度化，至今已经产生 3 批共计 220 名全国检察业务专家，起到了良好的示范作用。①

（一）检察业务专家的地域分布②

表 1　全国检察业务专家的地域分布

单位/地域	人数	单位/地域	人数
最高人民检察院	43	黑龙江	5
上海	11	天津	5
江苏	10	安徽	5
云南	10	江西	5
北京	10	广西	4
湖北	9	山西	4
广东	9	海南	3
吉林	9	新疆	3
山东	9	内蒙古	2
河南	8	青海	2

---

① 2008 年 3 月 5 日，最高人民检察院 16 名同志被授予"全国检察业务专家称号"。时间在第一批之后，第二批之前，官方并未明确表态批次，在统计时笔者将其统计进入第一批。

② 鉴于高检院的实际超脱于地域的地位，且专家人数较多，为加强数据科学性，将高检院单列，不统入北京的地域数据中。

续表

单位/地域	人数	单位/地域	人数
河北	8	陕西	2
浙江	8	甘肃	2
湖南	7	宁夏	1
辽宁	7	西藏	1
重庆	6	贵州	1
四川	6		
福建	6		

最高人民检察院全国检察业务专家的数量为43名，占总数的19.55%，近乎五分之一，这与高检院的职能定位和人才聚集密不可分。从地域分布上看，全国检察业务专家的分布相对合理，每个省级地域都有检察业务专家的分布。根据数量分布，我们不妨将人数在10人及以上的作为第一梯队，人数在5～9人的为第二梯队，人数在5人以下的为第三梯队。

第一梯队：上海、江苏、云南、北京。

第二梯队：湖北、广东、吉林、山东、河南、河北、浙江、湖南、辽宁、重庆、四川、福建、黑龙江、天津、安徽、江西。

第三梯队：广西、山西、海南、新疆、内蒙古、青海、陕西、甘肃、宁夏、西藏、贵州。

地域分布上，各地差距相对较大，面积最小的上海专家人数最多，达到11个，而幅员面积排名全国前四的新疆、西藏、内蒙古、青海，四地幅员面积达到全国一半，但是专家数量总和却不及上海一地。第二梯队中，重庆、天津为直辖市，浙江、广东面积相对较小，专家所占比例也较高，与第一梯队在专家比例上没有形成明显差距。综合分析，第一梯队和与第一梯队较为接近的第二梯队基本分布在直辖市和东南沿海等经济较为发达的地方，而第三梯队基本分布在西南西北，经济比较落后。这也反映了人才聚集的趋势：经济发达地域经济待遇较高，城市环境较好，对于人才的吸引力更大，也因为经济发达，社会事务复杂多元，与国外发达地区的交流接触机会更多，对于人才的专业化要求更高，更容易催生专业人才的出现。

(二)检察业务专家任职检察院级别分布

表 2　全国检察业务专家任职级别分布

层级	届数	人数	该届占比	总人数	总人数占比
高检院	第一届	16	27.6%	43	19.5%
	第二届	14	17.1%		
	第三届	13	16.25%		
省检(含同级检察官学院、铁路检察院统计)	第一届	25	43.1%	103	46.8%
	第二届	34	41.5%		
	第三届	44	55%		
市检、分检(兼职的,以高层级计算)	第一届	16	27.6%	61	27.7%
	第二届	26	31.7%		
	第三届	19	23.75%		
基层检察院	第一届	1	1.7%	13	6%
	第二届	8	9.7%		
	第三届	4	5%		

从绝对数量上看,省检和市检分检的专家绝对数量虽然高于高检院,但是从专家所占比例上看高检院占据绝对优势,专家的分布比例呈现高检院—省检—市检、分检—基层检察院的倒金字塔模式。[①] 占据全国检察官绝对多数、占一线办案检察官绝对多数的基层检察院所占比例非常低。而且基于评选规则,省级院检察长以上领导干部不参加评审,否则基层检察院的比例应该会被进一步降低。当然,各级检察院所拥有的平台和功能定位的不同,高检院、省检更加有利于专家型人才的培育和成长,所占比例较高也在情理之中。

从第一届到第三届的发展趋势上,高检院专家在数量和所占比例方面均呈逐步下降并趋于稳定的趋势;省级检察院绝对数量稳步增长,所占比例无明显趋势但一直较高,在第三届中更是占据过半江山;市检分检的数量和所占比例总体均衡,但并不稳定,均呈现起伏不定;基层检察院人数极少,一直保持在个位数,在第一届中只有1人,所占比例不到2%,第二届数量达到8人,占据近十分之一的比例,在数量和比例上均不稳定。

---

① 而且从比例上看这种倒金字塔模式头重脚轻非常严重,高检院的专家比例与基层检察院的专家比例简直是天壤之别。全国2800余个基层检察院,仅有13名全国检察业务专家。

(三) 全国检察业务专家职务情况①

表3　高检院全国审判业务专家职务情况

职务	届数	人数	该届占比	总人数	总人数占比
其他中干（含主任法医师）	第一届	16	100%	38	88.4%
其他中干（含主任法医师）	第二届	11	78.6%	38	88.4%
其他中干（含主任法医师）	第三届	11	84.6%	38	88.4%
普通检察员（含助理检察员）	第一届	0	0	5	11.6%
普通检察员（含助理检察员）	第二届	3	21.4	5	11.6%
普通检察员（含助理检察员）	第三届	2	15.4	5	11.6%

在高检院的专家组成中，第一届全部为中层干部，普通检察员数量为0，第二届和第三届普通检察员的数量有所突破，且所占比例也趋于科学。综合三届评审，高检院的专家组成中，中层干部所占比例为88.4%，而普通检察员的比例只有11.6%。

表4　各级地方人民检察院全国审判业务专家职务情况

职务	届数	人数	该届占比	总人数	总人数占比
检察长（含副职）（含检察官学院正副院长）	第一届	21	50%	75	42.4%
检察长（含副职）（含检察官学院正副院长）	第二届	27	39.7%	75	42.4%
检察长（含副职）（含检察官学院正副院长）	第三届	27	40.3%	75	42.4%
检察委员会委员、专职委员	第一届	1	2.4%	21	11.9%
检察委员会委员、专职委员	第二届	18	26.5%	21	11.9%
检察委员会委员、专职委员	第三届	2	3%	21	11.9%
其他中干（含主任法医师）	第一届	18	42.8%	78	44%
其他中干（含主任法医师）	第二届	23	33.8%	78	44%
其他中干（含主任法医师）	第三届	37	55.2%	78	44%

---

① 根据《全国检察机关检察业务专家评审办法（试行）》的规定，省级院检察长以上领导干部不参与评审，所以高检院的领导干部被排除在了评选范围之外，所以，为使统计数据更具科学性，在统计职务的时候，将高检院单独区分。

续表

职务	届数	人数	该届占比	总人数	总人数占比
普通检察员 （含助理检察员）	第一届	2	4.8%	3	1.7%
	第二届	0	0%		
	第三届	1	1.5%		

各级地方人民检察院的专家组成中，正副检察长虽然在总数上略低于其他中层干部，但是综合群体人数来说，在专家所占比例上占据绝对优势。检察长所占专家比例普遍较高，第一届中占据一半，第二、三届趋于稳定，均占约40%，三届综合占比达到42.4%。[①] 各级检察委员会专委和委员占11.9%，其他中层干部占44%，而人数最多的奋战在检察一线的普通检察员所占比例极低，在第二届居然为0，三届综合占比也只有1.7%。

身居检察一线并且人数最多的普通检察员所占比例极低，一定程度上也能反映全国检察业务专家的评审存在一定行政化的倾向。这也在一定程度上反映了"优而仕"的检察官前途空间发展的道路。鉴于评选的条件也较为宽泛，[②] 主要是限制了从业时间和学历要求，业务能力和专业造诣方面没有量化标准，未在办案数量、办案质量等方面作出规定，也为主要领导干部当选专家提供了有利条件。

三、制度的审视：检察业务专家评选的启示与隐忧

（一）专业化与多样性并存的启示

全国检察业务专家至今已经评选三届，每一次都随着时代和检察业务的发展做出相应的调整，第三届的最大变化在于实行了分类管理的体制，在第三届评选出的80名全国检察业务专家中，按照业务属性被分为10类，具体为：法律政策研究类19人；公诉业务类17人；反贪污贿赂业务类12人；民事行政检察业务类10人；检察技术类9人；侦查监督业务类6人；控告申诉检察业务类4人；职务犯罪预防业务类1人；渎职侵权检察业务类1人；监所检察业务类1人。法律政策研究是高检院和省级检察院的主要功能定位之一，公诉和职务犯罪侦查是检察院最重要的两个业务领域，按照第三届评选的每个类别的

---

① 按照评选规则，省级检察院的检察长不能参评，否则这一比例可能进一步提升。
② 从业时间和学历的限制较为明确：工龄学历条件。具有本科以上学历，从事检察工作10年以上，或从事其他法律工作5年以上并从事检察工作满5年。而在思想政治条件、业务能力条件和专业造诣条件上，基本是原则性规定，没有量化标准。

人数比例，每个检察业务类别的专家人数基本与相应业务占据检察工作的比例相当，更加体现了公平公正的原则，也更加具备了科学性，是对于检察官专业化和检察业务多元化的矛盾的有力回应。

早在 2006 年贾春旺检察长在全国第十二次检察工作会议的报告中就明确提出了"制定检察人员专业化共同标准和岗位具体标准"的要求，这也是顺应检察工作发展的正确思路。毕竟不同类别的检察官专业化培养重点、内容与方向有着明显的区别，不可能统一划就。例如，职务犯罪侦查业务对于检察官的要求是侧重于其主动发现犯罪、积极侦查犯罪能力，业务性质甚至类似于公安侦查行为；而公诉业务对于检察官的要求则是利用证据、审查证据，形成证据链之后依法指控犯罪、保护人权的能力；而法律监督业务则主要要求检察官居中独立、依法审查、确保司法公正。

在检察官专业化的趋势与检察业务多元化两者的张力矛盾下，我们应当放弃原本单一的专业化的思路，以顺应时代和社会对检察工作的新要求。第三届全国检察业务专家的分类评选思路给我们以极大的启发。总体的多样化并不妨碍其下属各子项的专业化，甚至于子项专业化程度越高，对于提升总体的综合实力越有裨益。在检察官专业化的过程中，以各个业务种类为标准，实行分类专业化实为发展趋势，这也是检察官专业化向纵深发展的题中之义。检察官依法行使国家法律监督职权，维护公平正义是其应有之义，法学素养对于检察官的重要性自不待言，但这不是也不应当是检察官专业化的全部。依据不同的业务，按照不同的检察业务要求，制定不同的专业化标准，实行检察官专业化的分类标准应当是顺应检察业务多元化的现实要求。当然这种检察官专业化的实现路径还有待实践中继续摸索完善，检察官专业化的分类标准应当以科学合理的检察业务区分为前提。第三届全国检察业务专家的分类评选给我们提供了良好的思路，但是其业务范围的划分是否科学合理也并非没有讨论和改进的空间。

（二）专家远离一线示范效应削弱

从专家的检察院层级分布来看，占据绝大多数办案一线任务的基层检察院和市检、分检专家比例却非常低，呈现明显的反比状态。市检分检一级专家比例只有 27.7%，业务数量最为庞大的基层检察院更低，只占 6%；市检分检和基层检察院共同承担了全国绝大多数的办案数量，但是数量总和也只占到专家人数的 33.7%，承担了最多案数的基层检察院比例更低。从专家职务上看，各地方检察院的正副检察长占据了专家数量的 42.4%，检委会委员占 11.9%，其他中层干部占 44%，三者合计占据了业务专家人数的 98.3%，这些领导干部尤其是各检察长、检委会委员等基本远离办案一线，而占据绝大多数的奋战在办案一线的普通检察员仅仅只有1.7%的比例。

从层级分布和职务情况上看，基层检察院专家偏少、一线普通检察员专家偏少是明显的事实。高检院主要负责政策制定，直接办案数量极少，省级检察院也存在此种情形，所以主要是宏观指导，指定法律政策，明确法律适用，在具体检察业务实践上示范作用有限。领导干部占据绝大比例的情况也在一定意义上反映了行政化的倾向，存在一定轻业务、重行政的倾向嫌疑。各地方检察院的其他领导干部虽然大部分也是从一线起步逐渐走上领导岗位，但是毕竟在走上领导岗位之后，办案数量急剧下降，尤其是各正副检察长和检委会委员等，基本远离办案一线，在地方检察院中，75名正副检察长获评专家，占据总数的42.4%，但行政协调性事务缠身，使得他们有较少的精力一线办案，使得专家的办案示范作用受到极大制约。远离检察一线，使得公众和检察官群体对于专家的业务能力和水平难以感知，更难以学习借鉴。这不仅有损于制度公信，更有碍于制度的源初价值的实现。

四、制度的未来发展：检察官专业化的引领示范

（一）完善评选程序增强制度公信

制度源初价值的实现，前提是制度公信的建立。不能建立制度公信的制度最终只能是昙花一现，要想全国检察业务专家制度能真正实现制度的源初价值，则需要进一步改进全国检察业务专家制度。

按照《全国检察机关检察业务专家评审办法（试行）》的规定，检察业务专家是指具有深厚理论造诣、丰富实践经验、过硬业务本领和较强研究能力，能有效解决重大检察业务问题，在某一检察业务领域卓有专长，善于突破重大疑难复杂案件，业绩突出，职业声望较高的专家型检察官和其他专门检察业务人才。那么，制度的设计应当与上述要求形成完整的匹配和适应。

当下专家评选亦存在公开程度不够的问题，笔者通过互联网全力搜索，仅能查阅三届全国审判业务专家的评选结果，且公布的结果并未显示专家与评审要求的吻合度，结果公布的信息中仅有专家所在法院及部门信息和职务，并未公布专家的任职经历、受教育经历、办理重大疑难案件情况、研究成果等具体信息，评选过程的社会公示更为缺乏，所以就算公众有异议，也难以有针对性地提出，公众监督也无从入手，在这种不透明的体制之下，公众对于制度并无公信，对于专家业务也没有足够了解，既不利于制度的良性发展，也不利于专家个人价值的发挥。

未来的制度设计应当实现从评选程序上进行优化，明确专家的评选标准，在标准上实行具体化的设计，不再采用模糊的标准，当然具体化的设计并非一

成不变的僵化条款,应当允许有适当的弹性标准以选择真正的合适人选。在评选过程中,应当实现逐项匹配,严格保障专家人员符合评选要求,最大限度保障公正。强化公示监督,在专家人选公示时,完善公示信息,依据评选标准,逐项列举,做出匹配性评价。如此,全国检察业务专家方能完整实现制度的源初价值。

(二) 明确权利义务实现引领示范

全国检察业务专家的评选,制度的价值并不在于评选本身,而在于通过专家的评选实现制度的示范作用和专家个人的示范作用。当前制度下,专家的行政化倾向较重,专家远离一线。全国检察业务专家的定位是实用型专家,立身之本在检察实务,其示范引领作用主要通过具体的检察案件的办理的示范展开。通过办案示范,将办案经验广泛推广传播,实现检察业务的良性发展,为人才强检提供良好的制度环境和人才积蓄。

首先要让检察业务专家回归检察一线,积极参与检察业务工作。主动参与案件办理,充分发挥经验技能和业务专长,通过办案实现薪火相传。更要积极参与查办、处理区域重大影响的案件。充分发挥自身专长,办理的案件数量尤其是办理疑难案件的数量应当比一般人员要求更高,特定类型的重大疑难复杂案件可以由专家办理,相关的文书可以在一定范围内公开或者以讲座等方式传授,甚至可以制作成案例分析作为专家示范引领方式的转换。其次要参与司法研究,实现经验推广,对于当下检察理论界和实务界急需解决的重大问题,积极通过专家平台,参与司法研究,实现自身成果经验的书面转化。最后要积极参与政策制定论证。作为定位于实务型专家,既熟悉现行法律制度,又对检察一线工作情况较为了解,更是在检察系统中有较深的理论积累。应充分利用自身的资源和专家平台,努力参与涉及检察工作的法律制定、政策研究和指定。全国的所有专家也应当形成定期交流平台,对区域实践和重大疑难问题等共同研究,促进专家自身的不断进步,也能促进检察人才的循环发展。

(三) 引领地方实践形成良好格局

历经三届评选,近十年的实践,全国审判业务专家至今已形成220人的群体,起到了较好的示范作用。但是仅仅依靠全国检察业务专家的制度平台,寥寥二百余人,对于检察人才的全面提升发展,仍然显得力不从心。在全国检察人才的迫切需求和人才强检的背景下,全国检察业务专家的正确定位应当是示范引领,不仅仅是专家对于人才发展的引领,更应当是制度实践对于地方制度实践的引领。将制度平台予以合理扩张,在制度运行步入正轨,制度价值得以认同的前提下,在合理的地方区域予以推行,可以推选地方的检察业务专家,培养地方性的检察专家人才。例如,2013年四川省成都市检察院在全国市级检察机关中率先启动市级检察业务专家评选工作，并出台了《检察业务专家评审和管理办法》，对业务专家评审的条件和环节、业务专家在重大疑难案件办理应承担的职责和业务专家的管理制度等方面作出了详细规定。地方一线的实践既能培养一批检察理论研究、检察科技开发和检察实务的塔尖人才，又能充分发挥塔尖人才的引领作用，带动检察工作创新开展。

（四）鼓励分类评选催生"专业检察官"

专业化的出现立足于分工的不同，现代社会的发展对于检察工作的要求也大大提升，检察业务自身也不再是单一的时代，对于不同专业的分工需求也更加迫切，贾春旺检察长提出"检察人员专业化共同标准和岗位具体标准"的要求也反映了这一题中之义。当然，专业化绝非专一化，专业化检察官也绝非业务单一化的检察官，检察业务虽各具专业性，但存在相互的共同性，更需要不同业务部门之间的协调合作，不可能是专业检察官孤军奋战，检察官专业化是一个系统工程，需要检察官水平的普遍提高，也需要专业检察官的出现。

横向建设上，检察官专业化的实现，不仅仅依赖于检察官群体综合素质的提高，更重要的是应当形成"多层次、具规模、分专业"的不同领域的专业检察官群体。检察业务范围涵盖侦查监督、公诉、职务犯罪侦查、民事行政检察、控告申述、监所监督、法律政策研究等多个领域，每个领域的要求不可能整齐划一，这就要求我们在检察官专业化的过程中更加注重上述各个领域内的"专业检察官"的培养。第三届全国检察业务专家的评选，专家组成分为十类，并与相应检察业务规模对应，是对这一趋势的有力证明，更是对检察官专业化与检察业务多元化的现实矛盾的有力回应。

纵向建设上，不同层级的检察院对于人才类型的需求不尽一致，在基层检察院和市检分检一级检察院，我们更加需要的是实务型检察官，毕竟他们承担着大量的一线办案任务，实务经验的推广之最重大的任务。相对而言，省级检察院和高检院更多地需要研究型专家人才，应当更加注重的是对既熟悉检察一线情况，又有全局观念和较深的理论功底的人才培养。不同层级的检察机关在自身实践中应思索和践行如何让专家和人才在本级检察院发挥示范引领作用，实现纵向的"专业检察官"培养模式。

五、结语

全国检察业务专家的评选，对于检察人才的培养，实现人才强检的目标起到了良好的示范作用，对于检察经验的推广也起到了较好的推动效果，但是如果期求这单一的制度能够实现检察官专业化的目标无疑是不能承受之重。在制度本身的设计上，我们应当更加注重的是评选和公示的公正性，增强制度的公信力。在制度的效果实现上，我们应当改进的是现有的专家行政化倾向，让专家真正回到检察一线，明确权利义务，实现良好的示范作用和推广作用。一己之力难以实现专业化的目标需求，要实现全国检察人才的良性发展，终究需要地方实践的跟进，全国检察业务专家应当成为地方实践的标杆，让地方实践在制度的引领之下逐渐发展，方能实现全国性的检察人才发展的目的。多元的检察业务要求也催生了"专业检察官"制度的出现，横向上我们应当注重不同检察业务的分工，实现公诉、职侦、监督等不同检察业务的专业化分工，纵向上我们也应当对不同层级的检察机关的人才需求有清醒的认识，以不同的定位实现不同的专业检察官的实现。检察官专业化是一个系统的工程，非一朝一夕之事，全国检察业务专家的制度也非能以一己之力实现这一目标，但以此为契机，实现制度化的跟进，检察官专业化的进路终会明晰。

关于省级以下检察院经费统筹保障的几点思考

黄志敏[*]

党的十八届三中全会后,中央明确了司法体制改革的总体方向,省以下地方法院、检察院人财物统一管理,为适应新的改革形势,探索建立省级以下检察经费统筹保障机制,以什么样的模式来运行,以什么样的标准来保障,对提高检察经费保障水平显得尤为重要。根据上级机关的统一部署,结合现行经费保障体制的运行模式,在深入开展调研的基础上,以湖北省天门市人民检察院情况为例,对新体制下检察经费统筹保障进行探讨:

一、现行经费保障体制优点和不足

2009年出台的《政法经费分类保障办法(试行)》将"明确责任、分类负担、收支脱钩、全额保障"作为政法经费保障的原则,这为促进人民检察院经费保障工作顺利发展,提供了强有力的政策指导和实施依据。通过几年的运行,效果较好,主要有如下优点:

1. 明确责任促进了基层院经费保障水平明显提高。首先,改革实施以来增大了中央及省级政法转移支付资金投入力度。以本院为例,2011年中央及省级政法转移支付资金总额为308万元,并逐年增长到2013年的360万元,这对提高基层院经费保障水平起到了重要作用。其次,文件明确要求不得以中央和省级政府安排的经费抵顶本级政府应安排的支出,且不得低于改革前水平,这也保证了地方财政只能增加投入,使提高检察经费保障水平有了较好的保障。以本院为例,近年地方财政对检察经费保障的投入力度从2011年的760万元,增长到2013年的850万元。

2. 实行分类保障为解决当前基层检察院经费保障问题找到了出路。在这种分项目、分区域、分部门的保障模式下,便于我们找准经费保障中的问题具

---

[*] 湖北省天门市人民检察院行政装备科副科长。

体出在哪个环节,同时也为基层检察院解决经费保障问题提供了切实可行的依据。以本院为例,人员经费由地方财政负担,我院以前存在的津补贴不能足额保障的问题,40%由单位自筹,对照规定,我们就去积极争取,在地方财政的支持下现已保障到位。

3. 为检察院的业务装备配备与基础设施建设指明了方向。相继出台的检察业务装备配备标准和办案及专业技术用房建设标准对我们基层检察院有很强的指导性,特别是增强了业务装备配备和基础设施建设水平的可操作性。根据上级要求和文件精神,以本院为例,近两年,我院共投资125万元更新车辆6台(其中含越野车、商务车各1台),投资30万元更新侦察指挥设备24台套,投资12万元用于配备更新法警装备,投资12万元配备便携式同步录音录像设备2套,投资28万元用于三级网络建设,投资25万元用于"两法衔接"信息查询平台建设,投资14万元用于案管中心建设,投资20万元用于推行统一业务应用软件硬件建设,取得了明显成效。

现行经费保障体制虽然有上述优点,但还存在一些问题和不足,主要有:

1. 公用经费正常增长机制尚未建立,难以适应当前经济社会发展的形势。按《政法经费分类保障办法(试行)》的要求,制定公用经费正常增长机制的呼声越来越高,但从执行情况看,现在仍沿用过去的最低保障标准,日常公用经费制定标准与现今的物价水平和办案成本很不适应。从当前各项检察业务开展的整体情况来看,一方面,随着职务犯罪类型和手段不断翻新,查办难度越来越大,需要的人力、物力、财力不断上升,对装备的科技化、信息化要求也进一步加强;另一方面,随着民主法制建设进程的不断加快和司法改革的深入推进,检察机关在办理各类案件时程序性要求更加严格、细致,也极大地增加了办案过程中各类资源和财力的消耗;另外,由于物价上涨,加之职务犯罪批捕权上提一级,导致各种因办案产生的案件线索费、交通费、燃油费、修理费、打印费、伙食住宿费等费用均明显上涨,办案成本进一步增加。以本院为例,2013年我院水电费支出财政预算为4.1万元,实际支出33.3万元;车辆运行维护费支出财政预算为45万元,实际支出65.3万元。如此种种,导致在现有公用经费保障体制下,"保运转"与"保办案"相互争执、"拆东墙补西墙"、互相挤占的现象时有发生。

2. "收支两条线"无法落实到位,难以做到严格的收支脱钩。目前,基层检察院在一定程度上还存在下达有罚没收入指标、收支变相挂钩等问题,实际执行的仍是差额预算,罚没收入在检察经费保障中仍占有较重的比例,很多预算项目需要由我院的非税收入解决,甚至在公用经费不足的情况下,大要案经费、业务办案经费等保障不足的地方不得不依靠罚没收入。这样无疑会形成一个"经费保障—执法办案—罚没收入—经费保障"的怪圈,有了经费保障才能执法办案,才能取得罚没收入,才能维持经费保障,一旦哪个环节出现问题,势必会影响执法办案。此问题不解决,"为钱办案、办案为钱"的隐患就不会得到根治,公正廉洁执法就会大打折扣。

二、变更经费统筹模式后的管理体制衔接

中央决定省级以下检察院人财物实行统一管理,经费由省级财政保障,克服了基层检察院对地方财政的依赖性,对基层检察院在执法活动中脱离地方保护主义,实行公正执法,维护国家法制的统一,具有十分重大的意义。省级以下经费统筹对于现行的经费保障体制而言,无疑是一次保障体制的改革,也加大了省级财政负担。为了保证经费改革有利于检察事业的长远发展,必须做好体制衔接,建议对经费统筹重新分类,对经费和资产划转应当实行整体化处理,改变税收省级留成比例和市县财政收入上缴省财政比例的方式,以保证经费落实到位。

1. 对统筹经费组成进行整合分类,调整内部比例。现行的经费保障体制将检察经费划分为人员经费、公用经费、业务装备经费和基础设施建设经费四大类,其中,公用经费划分为日常运行公用经费和办案(业务)经费两部分,基础设施建设经费划分为办公基础设施建设经费和业务基础设施建设经费两部分。按现行体制进行分类会存在以下问题:一是日常公用经费和业务办案经费混淆不清,相互挤占,其原因是受制于公用经费按人头进行保障。以本院为例,经费标准为2006年湖北省财政厅、湖北省人民检察院制定的《湖北省县级人民检察院公用经费保障标准》,我院为人均2.6万元,随着物价水平和办案成本的增长,公用经费并未增加,导致保障不足。二是办公基础设施建设经费和业务基础设施建设经费概念模糊。基层检察机关有很多办公用房和业务用房属于同一场所,其建设费用如何划分难以区分。所以,建议将检察经费划分为人员经费、行政运行经费(日常公用经费)、办案(业务)经费、业务装备经费和基础设施建设经费五大类。

2. 经费和资产划转应当实行整体化处理。基层检察院的人员编制复杂,工作人员性质不同,是否需要审核后根据编制的性质区别对待?笔者认为,政法专项编制人员、事业编制、聘用制、合同制等人员以及改革前离退休人员经费应全部划转,整体接收。政法专项编制人员经费划转是改革的必然趋势,事业编制、聘用制、合同制人员经费如不划转,现有的这些辅助人员改革后如何进行经费保障,地方财政不管,省级财政不收,就会面临保障缺失的问题,改革前离退休人员经费如不划转,改革前后离退休人员经费不平等,将会带来一

系列的上访等问题，不利于团结，更不利于基层检察院、法院的长远发展。公用经费应充分考虑当前的物价水平及办案成本，以人员为基数，以业务量为参考，笔者根据本地区情况测算认为，人均应在 5 万元以上，且后期还要考虑增长因素，逐年提高。项目经费上划，应综合考虑近几年地方财政项目经费预算的情况，适当提高标准进行确定。资产划转建议动产、不动产全部上划，产权明确的，我院所有不动产产权均很明确，只不过是资产管理级次上提，不需进行清产核资。基建债务现在是依靠地方政府用自有资金在逐年化解，上划后，不存在自有资金，建议按审计部门核定的债务集中进行清理化解。

3. 调整税收政策，保证经费统筹收入来源。以本院为例，现行检察经费的收入来源主要包含中央及省级政法转移支付资金、地方财政保障资金和罚没收入返还资金三大块。实行省级以下经费统筹后，地方财政保障资金缺失，省级财政经费保障负担加重。建议在收入来源上可以考虑除中央转移支付外，通过改变税收省级留成比例和市县财政收入上缴省财政比例的方式解决。罚没收入全额上缴省财政，杜绝县级收入，由省级财政进行统一调配保障，在增加了省级财政收入来源的同时，还确保了"收支两条线"的严格执行，避免办案中的利益驱动。

三、完善省级以下检察院经费统筹保障标准

检察经费保障是检察事业发展的物质基础。实行省级以下检察院经费统筹后，有一些比较发达的地市，担心实行省级以下检察院经费保障后可能降低现行的保障水平，另一些则担心省级经费保障仍然要与地方财政上缴税收挂钩，保障水平并没有什么变化，起不到应有的作用。对此，笔者认为，必须优化保障水平，按经费分类落实保障标准，具体方式为：

1. 人员经费。检察机关经费保障中的人员经费是指直接用于检察机关工作人员个人部分的经费，具体包括基本工资、地方性津补贴、岗位津贴、警衔津贴、奖金、其他工资、社会保障缴费等内容。检察机关工作人员严禁经商的相关规定出台后，人员经费成了检察机关工作人员唯一的收入来源，成了检察机关工作人员工作生活所必须依赖的物质基础。省级以下经费统筹后，人员经费的保障标准除基本工资应严格执行全国统一标准外，地方性津补贴应综合考虑当地经济发展状况和物价水平重新进行核定，在考虑区域经济发展状况的同时，尽量缩小地区差异，解决检察干警中现实存在的同工不同酬的问题。并且凡有政策规定的岗位津贴应充分保障，以提高检察人员的工作积极性。如办案加班补贴、纪检监察津贴、控申信访津贴、检察技术津贴、法警执勤津贴、综治工作津贴等，保证特殊岗位津贴得到落实。

2. 行政运行经费。即日常运行公用经费，主要包括办公费、水电费、邮电费、取暖费、交通费、差旅费、维修费、公务接待费、公务用车运行维护费、福利费、劳务费、租赁费、物业管理费、办公设备购置费等内容，主要是保障检察机关日常办公及运转。这一块经费在保障标准和测算上应以各级检察机关日常运行实际支出为标准，以人员编制数、车辆编制数为基数，分区域重点参考当地物价水平来测算，同时建立日常公用经费正常增长机制，适时更新标准，以满足检察机关行政运行的基本需求。

3. 办案（业务）经费。包括办案费、装备费、服装费、消耗费、会议费、宣传费、教育培训费、奖励费、人民监督员经费、其他业务费等内容。现行经费保障体制下，办案（业务）经费很大程度上依赖于中央及省级政法转移支付资金，实行省级以下经费统筹后，省级政法转移支付资金已无必要（已由省级财政进行保障），重点是中央政法转移支付资金如何合理分配到各级检察机关。建议办案（业务）经费的保障标准以案件平均成本为基数，按各级检察机关办案业务量的大小进行保障。对疑难案件、大要案设立专项的办案（业务）经费，据实、按进度保障。

4. 业务装备经费。是指为满足检察机关办案（业务）需求，用于购置各类业务装设备所需费用。随着职务犯罪类型和手段不断翻新，查办难度越来越大，需要的人力、物力、财力不断上升，对装备的科技化、信息化要求也进一步加强，各级检察机关业务装备建设所需资金越来越大。在保障标准上建议按《湖北省检察机关业务装备配备标准》进行保障，按使用年限进行更新配备，大宗商品（如办案用车等）由省院集中购置下拨给各基层检察机关使用。

5. 基础设施建设经费。是指检察机关用于办公用房、办案用房、技术侦查用房等基础设施建设所需费用。除大型修缮等持续性的基础设施建设经费外，建议用于新、改、扩建的项目，严格按立项标准，按工程实施进度进行保障。此外，大部分基层检察院尚存在历史债务，省级以下经费统筹后，如何化解债务也应予以考虑。

四、优化经费统筹保障体制下的运行模式

省级以下检察院实行经费统筹后，运行模式发生了根本的转变，检察经费将脱离地方财政的依附，有利于克服地方保护主义，更好地保证独立办案，维护司法公正。单从经费保障来讲，如何适应新的经费保障体制，使之更好地服务于检察事业的发展，要从运行模式方面进行整合优化，包括预算的编制、执行和管理方式，现行经费的审核管理，突发性事件的经费支出等问题都要完善。

1. 经费预算的编制和执行应当实行省院分级预算、统一编制。实行省以下经费统筹，预算编制的核定部门将由同级地方财政直接归口到省级财政，在现行体制下基层检察院不可能直接编制预算报省级财政进行核定。建议按检察机关的现行管理体制实行分级预算，逐级上报，逐级核定，最后由省级人民检察院进行汇总统一编制全省检察机关的经费预算。预算执行由省级检察院根据分级预算进行统筹安排，逐月拨付。执行监督主要是对预算执行情况和经费使用情况进行监督，也可按现行管理体制，一级对一级负责，一级对一级进行监督，省级检察院对全省经费执行情况进行监督，整个经费的使用情况，由省级检察院代表下级检察院受省级人大及其常委会的监督。

2. 对于经费管理应当实行省级检察院分解指标下达的经费管理模式。基层检察院数量较多、位置分散，由省级财政部门核定、下达在管理上、经费运行上存在难度，另外基层财务人员办事也极为不便，由省级检察院先行分解经费指标后下达，让省级财政只对应省级检察院，且可通过现有的管理体制逐级分解，管理方式上较为灵活，同时也便于同系统内的经费统筹、平衡与调配。

3. 经费统筹后应另设专项基金应对突发事件。按现行的经费保障体制，应对突发事件都是基层检察院先处理，该支出的及时支出，利用公用经费等可用资金先进行保障（垫付），而后再通过追加预算等形式来弥补此部分支出，但往往数量有限，难以满足需要。省级统筹后，是继续沿用此模式，还是在部门预算中设立预备费，根据实际需要及时拨付来专门应对突发事件也值得思考，笔者建议，省级检察院另设专项基金应对突发情况。

此外，司法体制改革后，相应的财政管理制度、运行模式均会发生变化，对财务人员的业务水平会提出更高要求，建议在人员队伍建设上，要配备专职财务人员，财务人员按综合类公务员进行招聘或者从其他部门调任，同时由省级财政部门多进行集中的学习培训，提高业务水平。

行政诉讼跨行政区划管辖改革研究

王 莉* 米 蓓**

行政诉讼法颁布实施 20 多年以来,"受理难、审理难、执行难"成为行政诉讼的三大"顽疾"。其中管辖问题成为影响行政诉讼功能正常发挥的重要因素。要解决当前行政诉讼面临的突出问题,应当对现行管辖制度进行变革。党的十八届三中全会作出的《中共中央关于全面深化改革若干重大问题的决定》提出:"探索建立与行政区划适当分离的司法管辖制度。"最高人民法院"四五改革纲要"就建立与行政区划适当分离的司法管辖制度作出了具体规划:"通过提级管辖和指定管辖,确保行政案件、跨行政区划的民商事案件和环境保护案件得到公正审理。"实行行政诉讼跨行政区划管辖,是未来改革的方向,但是,如何实现跨行政区划管辖,采用什么样的制度设计,值得深入思考和研究。

一、几种改革方案及实践效果

近年来,为破解实践中由于管辖制度设计不合理所导致的行政审判困境,最高人民法院和一些地方法院进行了积极的改革尝试。这些探索方案实际上都是以实现行政诉讼管辖范围与行政区划相分离为目的,因此可以看作是不同程度和不同形式上实行的跨行政区划管辖。

(一)提级管辖

2000 年,最高人民法院出台了《关于执行〈中华人民共和国行政诉讼法〉若干问题的解释》,其中第 8 条规定,"被告为县级以上人民政府,且基层人民法院不适宜审理的案件"和"社会影响重大的共同诉讼、集团诉讼案件"由中级法院管辖。基于此,浙江高院推行了级别管辖改革,规定被告为县级以上人民政府以及原告 10 人以上的集团诉讼、共同诉讼案件,原则上由中级法

---

* 最高人民检察院法律政策研究室民事行政法律研究处处长,全国检察业务专家。
** 最高人民检察院法律政策研究室民事行政法律研究处干部。

院管辖。

2008 年,最高人民法院又出台了《关于行政案件管辖若干问题的规定》,对 2000 年行政诉讼法第 14 条第 3 项"本辖区内重大、复杂的案件"进行了解释,将以县级人民政府名义办理不动产物权登记的案件以外的,以县级以上人民政府为被告的案件,社会影响重大的共同诉讼、集团诉讼案件和重大涉外或者涉及香港特别行政区、澳门特别行政区、台湾地区的案件纳入中级法院一审管辖范围。此后,广东高院在全省范围内进行了提级管辖改革,规定以县(县级市)、区级人民政府、省直厅局级行政机关、中直驻粤厅局级行政机关为被告的案件收回至中级法院一审管辖,禁止各中级法院再以指定管辖方式将上述案件下放至所辖基层法院管辖。①

对于上述提级管辖的改革,有观点认为可以有效减少行政权力对行政审判的干预,保证官民的平等对决,加大审级监督力度,强化高级法院对全省行政审判的主导权,有效解放基层法院行政审判的生产力,促进司法与行政的良性互动,提高行政审判的司法权威。② 但也有观点认为,提级管辖不仅不能有效解决行政审判面临的现实问题,而且导致产生许多新的问题:一是打破了现有审判资源的配置和平衡,导致案量分布出现"头重脚轻",基层法院无案可审,而中级法院、高级法院疲于应付的被动局面;二是导致了矛盾上移,大量的案件归中级法院一审、高级法院二审,也就意味着矛盾随之集中在中级法院和高级法院。③ 同时还有以下几个隐忧需要认真加以对待:第一,不便于人民群众行使诉权;第二,上提一级仍然没有突破行政区划、当地干预的影响;第三,上提一级仍然面临作为人大代表团的区县地方政府以赞成票方式的制约。④

(二)异地管辖

浙江省台州中院从 2002 年开始试行异地管辖,此后,浙江高院在全省范围内予以推广。台州中院的主要做法是:依据行政诉讼法关于管辖权转移和中级法院管辖范围中"本辖区内其他重大、复杂的案件"的规定,将县级人民政府为被告的案件和原告、第三人为 10 人以上的集团诉讼案件,作为重大、

---

① 付洪林、窦家应:《行政诉讼提级管辖改革的探索与实践——以广东法院提级管辖改革为样本》,载《法律适用》2014 年第 5 期。

② 付洪林、窦家应:《行政诉讼提级管辖改革的探索与实践——以广东法院提级管辖改革为样本》,载《法律适用》2014 年第 5 期。

③ 参见浙江省高级人民法院课题组:《行政案件管辖问题研究——以浙江省行政案件异地管辖为典型展开》,载《法治研究》2007 年第 2 期。

④ 参见江必新:《中国行政审判体制改革研究——兼论我国行政法院体系构建的基础、依据及构想》,载《行政法学研究》2013 年第 4 期。

复杂案件,由原告直接向中级法院起诉。中级法院经审查,认为符合立案条件的,受理立案并裁定由被告所在地之外的某基层法院审判,然后将案件移交该基层法院。

对于异地管辖制度,有观点认为其具有以下几方面优势:一是解决了社会最为担心的法院与政府的关系问题,提高了行政审判的公信力;二是减轻了基层法院法官的压力,重塑独立审判理念;三是有利于行政审判资源的合理配置,保持行政审判队伍稳定。[①] 但也有学者对异地管辖提出质疑,认为现行立法中关于指定管辖、管辖权转移等裁定管辖的规定,是为了解决原管辖法院因特殊原因不能或者不便行使管辖权的问题,只有在特殊情形下才能适用,这些规定只能发挥补充法定管辖的"配角"作用,将其牵强附会地解释为异地管辖的法律依据不仅与立法本意相违背,而且对管辖权法定主义构成了现实的威胁。[②] 同时,异地管辖在范围、实施和地点等方面的不确定性,破坏了行政诉讼程序的安定性;由中级法院控制初审行政案件的流向,加剧了上下级法院之间关系的行政化倾向;增加了当事人双方的诉讼成本。[③]

在异地管辖实施过程中,一些法院逐步采用了固定交叉管辖的方式,称为异地交叉管辖。这种相对固定的异地交叉管辖,无法避免行政机关相互之间帮忙打招呼,从而使被告间接地、事实上地对管辖法院施加压力。[④]

(三) 相对集中管辖

行政案件相对集中管辖是将部分基层法院管辖的一审行政案件,通过上级法院统一指定的方式,交由其他基层法院集中管辖的制度。[⑤] 2007 年,浙江省丽水中院率先试行行政案件相对集中管辖改革,并于 2010 年出台了《关于完善行政诉讼相对集中指定管辖制度的意见》,将全市九个基层法院行政案件相对集中地指定由辖区三个基层法院管辖。2013 年,最高人民法院在总结各地集中管辖经验的基础上下发了《关于开展行政案件相对集中管辖试点工作的通知》,规定各高级法院确定 1~2 个中级法院进行行政案件相对集中管辖试点,试点中级法院确定 2~3 个基层法院为集中管辖法院,集中管辖辖区内其他基层法院管辖的行政诉讼案件。

---

① 参见浙江省高级人民法院课题组:《行政案件管辖问题研究——以浙江省行政案件异地管辖为典型展开》,载《法治研究》2007 年第 2 期。
② 章志远:《行政案件异地管辖热的冷思考》,载《中州学刊》2008 年第 2 期。
③ 章志远:《行政案件异地管辖热的冷思考》,载《中州学刊》2008 年第 2 期。
④ 江必新:《中国行政审判体制改革研究——兼论我国行政法院体系构建的基础、依据及构想》,载《行政法学研究》2013 年第 4 期。
⑤ 参见最高人民法院《关于开展行政案件相对集中管辖试点工作的通知》。

关于相对集中管辖改革的成效，有学者进行了归纳：一是整合了行政审判司法资源，节约了司法成本，形成了新的行政审判格局；二是改善了行政审判司法环境，行政审判的独立性、公正性明显提高；三是行政审判队伍得以稳定和提高，审判水平和质量不断提升；四是裁判尺度统一性提高，裁判公信力提升。① 也有学者认为，相对集中管辖使被告离开了自己的"地盘"接受司法审查，实际上就可能阻断被告或其上级以及其他与其有关系的组织、部门对法院行政审判工作进行干预的途径，从而可以在一定程度上实现司法公正。②

也有学者指出其存在的局限性：一是没有突破现行司法体制，难以从根本上有效维系行政审判权的独立行使；二是致使多数基层法院行政审判庭陷于休眠状态，动摇了现行政诉讼法所确定的审级结构；三是改革路径限于毕其功于一役的单线思维，难逃不了了之的宿命。③ 还有观点认为，实行相对集中管辖，行政案件第一审基本还是在基层法院，仍然难以摆脱行政干预，同时，相对集中管辖存在滥用指定管辖和管辖转移的嫌疑，剥夺了原有基层法院的行政审判职能，并且使执行难问题更加突出。④

（四）建立行政法院

不论是提级管辖还是异地管辖，抑或相对集中管辖，都是在现有行政审判体制和法律规定的框架内进行的改革尝试。不少学者包括实务界提出，这些改革方案均无法解决体制原因造成的审判权不独立问题，如果要进行彻底改革，则应当设立与行政区划相分离的行政法院。

赞成者认为，设立行政法院是推进行政诉讼制度发展的突破口和克服行政审判体制障碍的需要，有利于提高司法权的权威性和公正性，有效处理专业性较强的行政争议。⑤ 还有观点认为，设立行政法院能够保障人民法院依法独立行使行政审判权，保证行政案件的公正裁决，实现行政审判司法资源的合理整合和优化配置，提高行政审判的专业化水平。⑥ 对设立行政法院的可行性，有学者认为，设立行政法院有明确的宪法和组织法依据，有可资借鉴的本土资源

---

① 参见叶赞平、刘家库：《行政诉讼集中管辖制度的实证研究》，载《浙江大学学报（人文社会科学版）》2011年第2期。
② 沈俊福：《基层法院行政诉讼管辖制度改革论析——〈行政诉讼法修正案（草案）〉相关内容分析》，载《东方法学》2014年第2期。
③ 参见章志远：《行政案件相对集中管辖制度之省思》，载《法治研究》2013年第10期。
④ 参见王春业：《论行政诉讼案件的相对集中管辖》，载《中国行政法学研究会2013年年会论文集》。
⑤ 参见马怀德：《行政审判体制改革的目标：设立行政法院》，载《法律适用》2013年第7期。
⑥ 参见叶赞平、张传毅：《深化行政审判体制改革，建设中国特色的行政诉讼专门法院制度》，载《中国行政法学研究会2013年年会论文集》。

和域外经验,具有较高民意和广泛的群众基础,有利于节约行政审判队伍资源,更能从体制层面解决司法权难以监督行政权的问题,与现行做法相比,更具有优越性。①

但是,也有学者对设立行政法院持不同的看法。有观点认为,设立行政法院要撤销基层法院的行政审判庭,建立独立的、三级制的行政法院体系,成本巨大。② 还有观点认为,独立行政法院的设立仅仅是形式上改变了行政诉讼案件的受理机关,没有实质上改变目前行政诉讼案件的审判现状,不能在整体的司法体制不作大的调整和完善的基础上实现真正的司法独立。③ 行政案件在整个诉讼案件中所占的比例很低,④ 如果为了如此稀少的案件量在全国范围内全面设立相对独立的行政法院,不仅与要求的精简机构原则相违背,而且也确实没有必要。⑤

二、对行政诉讼跨行政区划管辖改革的几点思考

(一) 行政诉讼跨行政区划管辖的积极意义

上述几种改革方案在一定程度上实现了行政审判与行政管辖区域的适当分离,目的在于"去地方化",因此对于破解行政诉讼困境具有积极意义。

1. 有利于排除地方行政干预,促进法院依法独立行使审判权

目前,我国行政诉讼实行第一审案件由"最初作出行政行为的行政机关所在地"人民法院管辖。由于我国的法院系统是与行政区划对应设置的,司法辖区与行政辖区合一,法院的人事任免和财政供给分别受同级权力机关和行政机关的控制,在实质性权力关系上还受地方党委领导。⑥ 因此,在以行政机

---

① 参见江必新:《中国行政审判体制改革研究——兼论我国行政法院体系构建的基础、依据及构想》,载《行政法学研究》2013年第4期。

② 参见浙江省高级人民法院课题组:《行政案件管辖问题研究——以浙江省行政案件异地管辖为典型展开》,载《法治研究》2007年第2期。

③ 参见王鹏:《独立行政法院否定化思考——兼论行政诉讼困境之解决理念》,载《行政与法》2008年第1期。

④ 根据最高人民法院的统计数据,2011年全国法院新收刑事、民商事、行政一审案件7596116件,其中行政收案136353件,约占收案总数的1.79%;2012年全国法院新收刑事、民商事、行政一审案件8442657件,其中行政收案129583件,约占收案总数的1.5%;2013年全国法院新收刑事、民商事、行政一审案件8876733件,其中行政收案123194件,约占收案总数的1.39%。载http://www.court.gov.cn/qwfb/sfsj/index.html,2014年9月10日访问。

⑤ 沈俊福:《基层法院行政诉讼管辖制度改革论析——〈行政诉讼法修正案(草案)〉相关内容分析》,载《东方法学》2014年第2期。

⑥ 郝昭、甘桂芬:《论司法公正与行政诉讼管辖改革的方向》,载《河南师范大学学报(哲学社会科学版)》2006年第6期。

关为被告的行政案件审判中,法院通常难以抵御和排除地方行政机关的干预。一些法院为了在人、财、物等方面得到地方政府的支持,甚至对原告在起诉、参与诉讼等方面设置种种障碍。在这种情况下,原本法官应该居中裁判的等腰三角结构在实践中往往被扭曲为法官站在被告一边共同对付原告的直角三角形,① 严重破坏了诉讼结构,使法院丧失其应有的中立地位。

对行政案件实行跨行政区划管辖,管辖法院与被告行政机关不属同一行政区划,在人、财、物等方面不再受制于当地政府,法院在行政审判中受行政机关干预的情况将会减少,从而有可能保证法院的独立地位和中立立场以及案件得到依法公正的审判。

2. 有利于国家法律的严格执行,维护国家法制统一

我国是单一制国家,司法权从根本上说是中央事权。② 各地法院不是地方的法院,而是国家设在地方代表国家行使审判权的法院。③ 然而,由于司法地方化④日趋严重,其后果之一便是造成国家法律难以得到统一正确实施。各地法院出于自身利益考虑,对涉及地方行政机关的行政案件,往往不严格按照法律规定进行处理,导致不同法院对同类行政案件的处理可能千差万别,国家统一的法律规定被涂上浓重的地方色彩。实行行政案件跨行政区划管辖,可以使人民法院脱离地方利益的捆绑,有利于促进人民法院严格按照国家法律规定受理和审判行政案件,保证国家法律的统一正确适用。

在我国,行政机关是适用法律的重要主体。我国约有 80% 的法律和法规属于行政法律规范,由各级行政机关负责执行。⑤ 可以说,国家法制的统一最重要的是各级行政机关严格依法行政。实行行政诉讼跨行政区划管辖,可以促进人民法院严格用法律标准衡量被诉行政行为的合法性,依法作出公正裁判,及时有效地纠正行政机关的违法行为,充分发挥行政诉讼制度对行政的监督作

---

① 浙江省高级人民法院课题组:《行政案件管辖问题研究——以浙江省行政案件异地管辖为典型展开》,载《法治研究》2007 年第 2 期。

② 贺小荣:《人民法院四五改革纲要的理论基点、逻辑结构和实现路径》,载《人民法院报》2014 年 7 月 16 日第 005 版。

③ 贺小荣:《人民法院四五改革纲要的理论基点、逻辑结构和实现路径》,载《人民法院报》2014 年 7 月 16 日第 005 版。

④ 司法地方化,是指司法机关及其工作人员在司法活动过程中受到地方党政机关或者地方利益团体的不当控制和干扰,导致司法活动丧失其应有的独立权力和地位从而出现的一种司法异化现象。参见杜峙峰:《试探建立与行政区划适当分离的司法管辖制度》,载《广西社会主义学院学报》2014 年第 2 期。

⑤ 江必新:《中国行政审判体制改革研究——兼论我国行政法院体系构建的基础、依据及构想》,载《行政法学研究》2013 年第 4 期。

用,确保国家法制统一、尊严和权威。

3. 有利于提高法院审判的公信力,有效缓解信访压力

当前的行政审判中,出现了行政机关败诉率低、行政相对人上诉率高、申诉率高、服判息诉率低①的现象。这与行政相对人对法院公正审判能力的怀疑有着直接的关系。同时,由于受制于行政干预,大量的行政案件难以得到公正审理,人民群众通过行政诉讼解决纠纷的渠道并不畅通,大量纠纷涌入信访渠道,已经成为影响社会和谐稳定的突出问题。实行行政案件跨行政区划管辖,可以为人民法院依法独立公正地审理行政案件提供制度保障,有利于增强行政审判的权威性和公信力,从而促使人民群众服判息诉,减少信访数量和闹访、缠访等现象的发生,促进社会的和谐稳定。

(二)实行行政诉讼跨行政区划管辖改革需要重点把握的几个问题

2014年修改后行政诉讼法的亮点之一,就是增加规定"高级人民法院可以确定若干基层人民法院跨行政区划管辖行政案件",并且将"县级以上地方人民政府"为被告的行政案件提级到中级法院管辖。这是立法机关为解决当前行政诉讼突出问题作出的努力,也是对中央关于"探索建立与行政区划适当分离的司法管辖制度"要求的具体落实,其积极意义值得肯定。行政案件跨行政区域管辖的改革是一个不断深化的过程,笔者认为,推进这项改革,需要在以下几方面作重点把握:

1. 行政案件跨行政区划管辖必须与当前司法体制改革的其他措施结合起来推进

如前所述,行政审判面临的行政干预,与人民法院在人、财、物方面受制于地方政府密切相关。同时,人民法院内部的行政化倾向也是影响法官在行政审判中难以独立和公正的重要因素。要消除行政审判中的不当干预,不能仅仅对行政诉讼管辖制度予以变革,应当与司法体制改革的其他措施结合起来。

《中共中央关于全面深化改革若干重大问题的决定》明确提出,要改革司法管理体制,推动省以下地方法院、检察院人财物统一管理,同时要建立符合职业特点的司法人员管理制度。中央《关于司法体制改革试点若干问题的框架意见》提出,要完善司法人员分类管理和司法责任制。人民法院"四五改革纲要"也提出,要健全审判权力运行机制,完善主审法官、合议庭办案责任制。笔者认为,只有上述司法改革措施真正落到实处,同时改变目前法院内部的案件审批制度,跨行政区划管辖制度才可能发挥出应有的作用。

---

① 参见江必新:《中国行政审判体制改革研究——兼论我国行政法院体系构建的基础、依据及构想》,载《行政法学研究》2013年第4期。

2. 应当对各种方案的利弊进行充分研究论证

跨行政区划管辖只是改革的方向,选择什么样的方式来实现这一目标需要进行深入研究。此次修改后行政诉讼法实际上采取了"相对集中管辖"和"提级管辖"的方式,可以说是对近年来法院系统管辖改革探索的肯定,但是产生的问题不容忽视。例如,集中管辖增加了当事人和基层法院的诉讼成本,导致受案法院工作量过大,使审判力量不均衡,造成了新的行政干预等。提级管辖在实践中也已经暴露出较大的问题,造成了诉讼案件分配的紊乱,整体上使中级法院和高级法院的案件负担大量增加,改革"难以为继",一些试点法院已经放弃了尝试。① 此外,如前文所述,异地交叉管辖在实践中也逐渐显现出在解决地方行政干预方面的力不从心。

关于建立行政法院的设想,目前社会关注度较高,归纳起来,主要有以下几种建议方案:

第一种方案是撤销基层法院的行政审判庭,县市一级不设行政审判机构;撤销中级法院的行政审判庭,设立与各中级法院同级的行政法院,审理相当于由现在中级、基层法院一审的初审行政案件;撤销高级法院的行政审判庭,在高级法院内设立行政上诉法院,机构相当于现在的行政审判庭,但级别提高,上诉法院院长由高级法院院长或副院长兼任,业务基本独立,体系与法院其他庭基本分离;最高法院代行国家行政法院职能,机构不再另设。②

第二种方案是取消基层法院行政审判庭,在每一个中级法院辖区根据需要设置2~3个初级行政法院;取消中级法院行政审判庭,另行设置中级行政法院;取消高级法院行政审判庭,另行设置高级行政法院;保留最高人民法院行政审判庭设置。③

第三种方案主张在最高人民法院之下建立一套独立的行政法院系统。具体来说,在最高人民法院之下设立行政审判分院;在华北、东北、华东、华中、西北、西南、华南设立7个高级行政法院,主要审理对辖区内行政法院判决不服的上诉案件和最高人民法院认为应当由其审理的案件;在3~4个地级市范围内设立1个中级法院架构的行政法院,负责一审行政案件的审理;案件

---

① 山东省高级人民法院行政庭:《关于改革和完善行政诉讼管辖制度的调研报告》,载《山东审判》2014年第1期。
② 参见陈有西:《我国行政法院设置及相关问题探讨》,载《中国法学》1995年第1期。
③ 耿宝建:《再谈中国是否应当设立行政法院》,载《上海政法学院学报(法治论丛)》2013年第3期。

多、地域广的行政法院，可设立巡回法庭。①

笔者认为，前两种方案仅仅将行政审判职能从目前的中级法院和高级法院分离出来，行政法院设置仍然按照目前中级法院和高级法院的建制设立，可能难以真正脱离地方法院系统，也难以彻底排除地方行政干预。第三种方案的改革较为彻底，实际效果也可能更好。但是这一方案是对现行法院体系的重大变革，涉及一系列较为复杂的体制问题，例如中级行政法院和高级行政法院由哪个地区、哪一级人大产生，行政法院与所在地人大的关系等，有些内容可能已突破目前宪法、人民法院组织法等法律所确立的体制框架，需要经过一定的法律程序才能得以确立。

3. 制度设计应当坚持的原则和方向

实行行政诉讼跨行政区划管辖，最根本的是要解决行政审判中行政机关不当干预的问题。因此，在进行制度选择和设计时，必须以破除地方行政干预、维护司法独立与公正为首要目标。此外，还应当坚持以下一些原则：

一是仍然应当坚持管辖权法定原则，尽量保证管辖法院的相对稳定性。作为确定审判主体、开启诉讼活动的程序制度，管辖制度的稳定性、确定性和可预见性直接影响着当事人诉讼的结果。② 过多地适用指定管辖、管辖权转移，会导致管辖法院的不确定，同时也可能在此过程中产生公权力滥用的问题，从而对管辖权法定原则带来一定的冲击。

二是方便行政相对人起诉和参与诉讼。行政相对人在行政诉讼中处于相对弱势的一方，管辖制度的设计不能对行政相对人参与诉讼形成障碍，管辖制度如果导致过高的诉讼成本，可能会使大量行政相对人对行政诉讼望而却步。

三是确保法院行政审判职能充分、有效地发挥。管辖制度的设计如果不涉及对整个法院体制进行变革，那么必须考虑管辖制度对各个法院行政案件数量的影响，避免造成案件数量的不均衡和部分法院行政审判职能的萎缩。

---

① 参见江必新：《中国行政审判体制改革研究——兼论我国行政法院体系构建的基础、依据及构想》，载《行政法学研究》2013年第4期。

② 章志远：《行政案件异地管辖热的冷思考》，载《中州学刊》2008年第2期。

论跨区划统一交通运输检察体制的构建

——铁路检察改革之路径选择

夏黎阳*

铁路检察制度是我国检察制度的重要组成部分。从 1953 年全国第一个铁路专门检察署——天津铁路专门检察署设立起，我国的铁路检察机关经历了从无到有、撤销重建、发展壮大、改革完善等曲折发展过程，为保障铁路运输安全、维护铁路运营秩序作出了突出贡献。随着铁路体制改革和司法体制改革的不断深入，铁路检察机关正经历着新的深刻变化。2013 年，十八届三中全会作出全面深化改革的决定，在司法改革方面，一项重要任务是探索建立与行政区划适当分离的司法管辖制度。2014 年 6 月，最高人民检察院将这项改革任务由政治部转交铁路运输检察厅牵头负责，最高人民检察院以铁路检察机关为基础探索跨行政区划司法管辖制度的思路基本确立，这为深化铁路检察改革，构建我国跨区划的统一的交通运输法律监督体系和检察工作格局，提供了明确的思想政治指导、制度设计基础和方向路径选择。本文以进一步完善铁路检察改革为切入点，详加阐述。

一、属地改革后铁路检察机关面临的问题

2012 年的铁路司法管理体制改革，解决了长期以来铁路司法机关受人诟病的"企业办司法"、"儿子审老子"的问题，铁路司法机关进入新的阶段。新的管理体制为铁路检察机关带来机遇，同时也给铁检工作带来许多影响，其中比较显著的影响，一是案件管辖模式的变化，二是人财物管理权与业务管理权的分离。

（一）案件管辖模式变化带来的影响

2012 年铁路司法管理体制改革后，铁路检察机关交由所在地省级检察院

---

* 四川省人民检察院副检察长，首批全国检察业务专家。

管理。按照地域管辖原则，铁路检察机关的管辖范围限于所在省级行政区划内。而铁路公安机关的架构和管理模式与铁路检察机关的改革方式不同，仍然保持沿铁路线划分管辖范围的管辖模式，管辖范围往往跨行政区划。这就形成了铁路检察机关按行政区划范围管辖的块状管辖模式与铁路公安机关跨行政区划的线状管辖模式之间的矛盾，突出体现在以下两个方面：

1. 案件移送对接问题。由于管辖模式的不同，铁路公安机关跨行政区划办理的案件在移送检察机关时存在问题。以重庆铁路公安处为例，重庆铁路公安处有八个派出所在四川，对于这八个派出所办理的发生在四川境内的刑事案件，移送重庆铁路检察院，重庆既非犯罪地，也非被告人居住地，按照刑事诉讼法的规定，重庆铁路检察院并无管辖权，且由其管辖会造成四川的检察机关对发生在四川境内的刑事案件无法管辖的情形；移送四川的铁路检察院，则会造成四川的铁路检察院管辖的刑事案件由非四川省属的公安机关侦查的特殊现象，四川的铁路检察院也难以对非四川省属的公安机关进行有效的侦查监督。

2. 办案标准适用问题。对于盗窃、抢夺、诈骗等犯罪案件，不同省份有不同的数额标准。如盗窃罪，按照2013年"两高"《关于办理盗窃刑事案件适用法律若干问题的解释》的规定，同在成都铁路局的重庆、四川、贵州三省市的标准分别确定为2000元、1600元、1000元。属地改革后，铁路检察院、法院应当执行所属省份的办案标准。对于发生在铁路线上的涉案金额为1000元以上1600元以下的盗窃案件，贵阳铁路检察院以盗窃罪起诉、铁路法院以盗窃罪定罪量刑，均无疑问。但案件上诉后，成都铁路检察分院、铁路中级法院适用所在地四川省的标准，则应认定不构成犯罪。

（二）人财物管理权与业务管理权分离带来的影响

根据相关规定，移交地方后的铁路检察机关，属所在地省级检察院的派出机构，按省直机构管理；省院领导本省铁检分院的工作，尚未设置铁检分院的省级院，领导本省区域内的铁检基层院队伍建设、人财物管理等工作；铁检分院领导设置在本省的铁检基层院工作，同时领导原所辖但设置在外省份的铁检基层院的检察业务工作。[①] 这样，对于相当数量的铁检基层院，其人财物管理权与业务管理权出现了分离的情况。目前，全国共有17个铁检分院和59个铁检基层院，分布在29个省份，其中山西、河南、湖北、陕西、山东、广西、

---

① 参见2010年最高人民检察院《关于铁路检察院管理体制改革的实施意见》。

云南、新疆 8 个省份的铁路检察机关管辖范围与本省份行政区划基本一致，①黑龙江、辽宁、北京、上海、江西、广东、四川、甘肃 8 个省份的铁检分院需要跨省管辖本省外的共计 21 个铁检基层院，涉及吉林、天津、河北、内蒙古、浙江、江苏、安徽、福建、湖南、重庆、贵州、宁夏、青海共 12 个省份。换言之，吉林等 12 个省份的 21 个铁检基层院，存在人财物管理权与业务管理权相分离的情形。

这种管理权分离的情形，与检察一体化的要求不相符合，有碍检令畅通，不利于检察工作的统一部署，对由外省市管理人财物的铁检基层院，铁检分院统一指挥协调的功能受到削弱，铁检基层院业务工作中遇到的一些问题，需要相关省级院跨省协调，甚至需要层报最高人民检察院，严重影响铁检工作的正常运转。

除此而外，属地改革后的铁路检察机关还面临着基础设施建设、在职人员职级待遇、退休人员工资待遇、企业年金等一系列问题。客观地讲，属地管理只是铁路检察改革的一个开始，理顺铁检管理体制，完善铁路检察制度，需要进一步深化铁检改革。

二、构建跨区划统一交通运输检察体制的原因

深化铁路检察改革，路径选择至关重要。笔者认为，继续完善铁检管理体制，应当根据我国交通运输的发展趋势，遵循交通运输跨区域流动性的特点，突破地域限制，依托现有铁路检察体系，着手构建跨区划的统一的交通运输检察体制。

（一）符合我国交通运输发展基本趋势

我国的特殊地理环境决定了我国交通运输的基本发展趋势是：陆路轨道交通为主、公路交通为辅、航空航运交通为补充。我国北方、西北部地区大都处于缺水区域，南方包括长江在内的水道不畅，总体上看，没有形成全国性内河航运网络的可能；航空方面载运能力有限，对于重装设备、大宗货物，无法依靠航空运输解决；公路交通网虽然渐趋发达，但燃油能源、环境污染等问题严重限制其可持续发展。因此，不论是从地理环境、气象条件等制约因素来看②，还是从经济社会发展，以及国家安全战略、反恐怖反分裂维稳大局的需

---

① 2012 年完成移交后，原属哈尔滨铁检分院的海拉尔铁检院和原属沈阳铁检分院的通辽铁检院移交内蒙古自治区，但两个铁检基层院的业务管理权仍分归哈尔滨铁检分院和沈阳铁检分院，呼和浩特铁检分院只对其人财物进行管理。内蒙古自治区的铁路检察机关管辖的范围实际上小于其行政区划。

② 2008 年初的冰雪灾害，致使中国南方占全国三分之一的公路和航空交通几乎瘫痪。

要来看,都要求有高效快捷、经济便利、能源多样、重载批量的可以全天候、大规模、远距离运输投送的轨道交通网络。

铁路、交通发展规划也证实了上述观点。"十一五"期间,国家铁路基本建设投资完成1.98万亿元,是"十五"投资的6.3倍;新增营业里程1.6万公里,复线投产1.1万公里,电气化投产2.1万公里,分别是"十五"的2.3、3.2和3.9倍。2010年铁路营业里程9.1万公里,其中西部地区铁路3.6万公里,复线率、电气化率分别由2005年的34%、27%提高到41%、47%,路网规模和质量大幅提升。2010年,铁路客运量16.8亿人次,货运量36.3亿吨。到2015年,全国铁路营业里程将达到12万公里左右,其中西部地区铁路5万公里左右,复线率和电气化率分别达到50%和60%左右;铁路客运量40亿人次,货运量55亿吨。而航运方面,内河高等级航道里程,2010年仅为1.02万公里,到2015年也不过达到1.3万公里,①仅为铁路"十二五"规划的十分之一左右。

铁路的大发展,必然带来铁路检察机关机构和工作的强化。而随着铁道部的撤销,铁路行政管理职能逐步转归交通运输部,这使得以铁路检察机关为基础,构建交通运输检察体制,统一对铁路、民航、水运、海关等交通运输领域刑事案件进行管辖更为切实可行。

(二)符合交通运输方式具有的共同属性和特点

不同交通运输方式具有共同的属性和特点,概括来讲,铁路、民航、水运、海关的共性主要体现为跨区域性、封闭独立、自成体系等三方面。

1. 跨区域性。表现为:投资经营跨区域,管理监督跨区域,资产和从业人员跨区域等。以四川为例,成都铁路局管辖四川、重庆、贵州三省市的铁路运输工作,所属中铁二、五、八、二十三工程局在西南乃至全国范围内开展工程建设;长江航运从四川宜宾横穿四川、重庆、湖北等省市直达上海;民航西南地区管理局由成都、昆明、贵阳、拉萨管制区组成;成都海关下设绵阳、乐山、攀枝花海关等8个隶属海关(办事处),并与贵阳海关建立跨区域的"属地申报、口岸验放"区域海关协作机制。②

2. 封闭独立。铁路系统为独立封闭管理的巨大网络,为保证运输安全与效率,全路集中统一调度;民航业对安全要求极高,有高度独立、迅速、协调统一的调度,各机关、站点、网线均自上而下随经济规划和国家战略统一设

---

① 参见《铁路"十二五"发展规划》、《交通运输"十二五"发展规划》。
② 参见《成都海关、贵阳海关签订区域通关改革合作备忘录》,载《四川日报》2008年11月16日。

立；国有水运企业一般由交通部水运局统一调度、安保、建设；海关系统实行垂直领导，在职权范围内自主、全权行使海关监管权，不受地方管理。

3. 自成体系。铁路行业现有建制为铁路总公司（部级）、铁路局（副部或厅级）、站段（副厅或处级）三级，内部包括机、车、工、电等运输主业和工程、设计、多元、集经、科研学院等单位，自成一体；民航由总局（正部级）、地区分局（副部或厅级）、省市机场、航空学院等组成，行业内各类航空运营、油料、技术、航材、进出口等业务公司（级别多样）齐备；水运业下设国内、外航运管理处等管理机构，以大连和上海海事大学进行专业培养，交通运输部水运司对港口、航道、技术各方面进行综合指导和管理；海关系统由海关总署（部级）、直属海关（厅级）和隶属海关（处级）三级组成。

从上述特点不难看出，地方司法机关很难介入交通运输领域查办案件，由专门司法机关对其实行专属管辖是必要和适当的。"铁路检察机关如果因为盲目扩大案源而失去了案件管辖上的专属性特征，与地方检察院相比就会失去专门性。铁路检察院所办刑事案件的特征主要体现在跨区域流动性上，这种特征决定了案件难以由地方检察院以属地管理的方式受理。"[1]

（三）符合加强交通运输领域法律监督的需要

长期以来，交通运输领域法律监督普遍缺位，执法状况堪忧，亟须进一步加强法律监督。一方面，交通运输领域有着庞大的执法队伍，铁路公安队伍7万余人，海关缉私警察近万人，民航公安干警构成多元化。目前除铁路公安有对应的专门检察机关进行监督外，其他专门公安仅靠地方检察机关进行监督，监督长期缺位。如某机场公安机关受理的民航系统刑事案件，五年来平均每年立案仅在10~20件，为受理总数的10%左右，所在地检察机关五年来立案监督数更是为零。而某海关缉私局所处理的重大行政违法案件是刑事案件的几十倍。

另一方面，交通运输领域的职务犯罪难以被地方检察机关发现并有效监督。表现为：对于民航、水运、海关在人员招录、工程建设、资产管理、行政审批等过程中可能产生职务犯罪的环节缺乏了解和掌握；地方检察机关对交通运输领域的国家工作人员队伍、公安执法队伍的了解和监督受属地管辖局限；交通运输行业较高的级别建制使得地方司法机关查办案件难上加难。以四川为例，除成都铁路检察机关每年对铁路系统保持40件左右的职务犯罪案件查办力度外，民航、水运、海关均罕有职务犯罪案件被发现并查处。此外，地方经

---

[1] 参见最高人民检察院副检察长姜建初：《坚持服务平安铁路建设不动摇，推动新时期铁检刑检工作创新发展——在铁检刑检工作座谈会上的讲话》（2013年4月24日）。

济社会发展往往有赖于交通运输部门的支持,这也使地方监管制约形同虚设。

(四)有利于发挥铁检专门队伍的优势

与地方检察机关相比,管辖单一、办案数量相对较少是制约铁检工作发展的"软肋"和瓶颈。由于铁路的几次大提速和动车、客专高铁的建设,2010年至2013年,全国铁路检察机关受理公安普通刑事案件呈逐年下降趋势。而且,铁检队伍作为一支熟悉交通运输刑事案件特点、具有丰富办案经验的专门检察队伍,在打击交通运输领域犯罪、保障交通运输安全上发挥着无可替代的重要作用。全国17个铁检分院、59个铁检基层院,检察编制3700多名,形成了一个建制完整、人才充足、经验丰富的铁路运输专门检察系统。恢复重建30年来,依法批准逮捕、提起公诉和出庭累计近30万件,立案查办职务犯罪案件1万余件。[①] 铁路、民航、水运、海关等领域发生的案件有着同样的特点,办案工作需要较强的交通运输知识,需要熟悉交通运输领域的专门法规。相比地方检察机关,办理交通运输领域刑事案件,铁路检察机关无论是办案经验,还是专业特长、人才储备,均有着得天独厚的优势。将与铁路运输刑事案件具有共同或相似特点的案件交由铁路检察机关办理,既可以发挥铁路检察机关作为专门检察机关的优势作用,又可以降低和减轻地方检察机关的办案压力,是合理和可行的方案。

除上述几点原因外,俄罗斯等外国交通运输检察体制的成功经验也是构建我国跨区划统一交通运输检察体制的重要参考。苏联是世界上第一个建立交通运输检察机关的国家,俄罗斯在继承苏联交通运输检察体制的基础上,又对苏联相对分散的交通运输检察体制进行了整合,使之向专业性、统一性方面大大迈进。俄罗斯的交通运输检察体制已有80年左右的历史,经历了设立、合并、撤销、再合并的反复曲折发展过程,至近年形成涵盖广泛、体系完备的大交通运输检察体制,有着成熟的理论和丰富的经验。从效果来看,俄罗斯交通运输检察机关在打击与交通运输有关的犯罪、监督法律在交通运输领域的实施中发挥了非常重要的作用。我国的铁路运输专门检察制度直接移植于苏联,发展过程中也经历了设立、撤销、改革的曲折道路。俄罗斯交通运输检察制度成败得失的经验教训,对健全完善我国铁路检察制度有着很好的启示意义和警戒作用,在构建我国的交通运输检察体制过程中,应当充分加以借鉴利用。

三、构建跨区划统一交通运输检察体制的具体设想

主张建立覆盖多种交通运输方式的交通运输检察体制正逐渐成为深化铁路

[①] 参见阎敏才:《铁路运输检察制度改革创新若干问题研究》,载《人民检察》2011年第22期。

检察改革的主流观点，有研究者提出以省为界建立交通运输检察体制的主张。[①] 应当说这种观点是基于铁路检察机关属地管理后的新体制而对其发展方向的一种深入探索，但这种属地管辖前提下的专属管辖体制，无法从根本上克服铁路公安机关线状管辖模式与铁路检察机关块状管辖模式之间不相吻合的弊病，不符合交通运输自身发展规律和交通运输领域刑事案件特点。我国铁路检察体制的改革与完善，最终还是应当走构建跨区划的统一的交通运输检察体制之路。

十八届三中全会提出：探索建立与行政区划适当分离的司法管辖制度。这为构建我国交通运输法律监督体系和检察工作格局，提供了明确的思想政治指导、制度设计基础和方向路径选择。当前，应当按照中央和最高人民检察院提出的思路，积极尝试将铁路检察机关管辖范围向民航、水运、海关等交通运输领域拓展，通过试点不断积累经验。上海、辽宁、四川等地的铁路检察机关，已经在尝试将管辖范围扩展至民航、水运、海关等交通运输领域，这些都是构建统一交通运输检察体制必要和有益的探索。在全国普遍实现铁路检察机关管辖范围拓展至民航、水运、海关的基础上，构建跨区划的统一的交通运输检察体制成为可能。当然，交通运输法律监督体系和检察工作格局的构建，牵涉成立方式、制度设计、机构设置、管辖范围等诸多方面，需要"顶层设计"和"摸着石头过河"相结合整体规划。对于构建的具体设想，笔者提出以下几点想法：

（一）成立方式问题

人民检察院组织法第 2 条第 4 款规定："专门人民检察院的设置、组织和职权由全国人民代表大会常务委员会另行规定。"成立交通运输检察机关，方式有两种：一种方式是由最高人民检察院报请全国人大常委会批准设立交通运输检察机关，考虑到目前已有铁路运输专门检察机关，全国人大常委会再批准设立交通运输专门检察机关的可能性不大；另一种方式是在现有基础上，将铁路运输检察院更名为交通运输检察院。两相比较，后者通过更名，很好地解决了设立新机构的一系列问题，更加简单可行。

（二）机构设置问题

铁道部撤销后，铁路改革向纵深发展，提出将现有 18 个铁路局合并组建为东北、华北、华中、华东、华南、西北、西南 7 大铁路集团公司。[②] 由此，

[①] 参见徐向春：《深化我国铁路运输检察体制改革的若干思考》，载《人民检察》2013 年第 4 期。

[②] 参见《18 个地方铁路局或将组 7 大公司》，载经济观察网，2013 年 3 月 21 日。

结合最高人民法院曾提出的设立大区法院的思路，笔者认为，其一，如果"两高"设立大区法院、检察院，负责管辖跨行政区划的交通、环境和其他重大刑事案件，以及职务犯罪大要案件、行政案件等，那么可将现有的17个铁路检察分院，对应大区法院、检察院的设置，合并重整为若干个专门运输检察院，归属由大区检察院管理。这样的改革，力度和难度都很大，且易与现行国家体制、政治架构发生冲突，但作为理论探讨，不妨提出来共同研判。其二，是在现有铁路检察机关基础上进行改造，组建跨区划的统一的专门检察机关，由分院所在地的省级院进行管理，主要管辖包括铁路在内的各类交通运输刑事案件。

（三）管辖范围问题

交通运输检察机关刑事案件管辖范围应当包括以下几个方面：一是办理铁路、民航、水运、海关公安机关侦查的普通刑事案件并进行侦查监督；二是办理铁路局（公司）、民航管理局、民航企业、机场、水运管理局、国有水运企业、海关发生的职务犯罪案件；三是办理铁路、民航、水运、海关工程建设中发生的职务犯罪案件。此外，应当着手制定交通运输领域统一的犯罪立案追诉标准。

（四）法院对应建制问题

2012年铁路检察院、法院一并进行管理体制改革，实行属地管理。那么，成立交通运输检察院，是否需要对应成立交通运输法院？笔者认为可以成立但不是必须成立，理由在于：审判管辖以便利、属地为主，交通运输检察机关可根据法律规定和案件情况确定相应的地方法院提起公诉。从现实情况看，铁路中级法院以及所辖铁路基层法院每年所办刑事案件的数量仅为所在地中级法院的约十分之一；从刑事诉讼法的规定和庭审方式改革后十几年的运行情况看，审判管辖不具有交通运输线状管辖的特性。因此，交通运输领域的刑事案件完全可交由地方法院审判，不一定必须对应成立交通运输法院。

四、结语

中央决定构建与行政区划适当分离的司法管辖制度的初衷，最主要的就是要解决司法受地方干扰的问题，保障法院、检察院依法独立公正行使审判权、检察权，保证国家法律统一正确实施。2014年8月，"两高"已经启动构建跨行政区划司法管辖制度的调研论证工作，调研的第一站选在四川。本着这项改革的宗旨，笔者认为确定跨区划管辖的范围，应当从两个方面考量：一是案件本身具有跨行政区划的特点，如交通运输案件；二是案件容易受地方保护主义干扰，如行政案件。无论最终的跨行政区划司法管辖制度做何种设计，在铁路专门检察机关的基础上,改造组建跨行政区划的统一的交通运输检察制度,都不失为一个很好的尝试,而且在目前的情况下,这也是最好的突破点,这不但基于前述深化铁路检察改革的必要性,而且也基于其阻力小、可行性强。

浅析建立与行政区划适当
分离的司法管辖制度

罗堂庆[*]

司法管辖制度是司法管理体制的重要组成部分，事关当事人诉权行使和诉讼便利，事关司法资源的合理配置，事关审判机关、检察机关依法独立公正行使审判权、检察权。我国现行司法管辖制度在制度设计上与行政区划高度一致，其弊端日益凸显。本文从我国现行司法管辖制度出发，通过分析其利弊，就建立与行政区划适当分离的司法管辖制度的必要性、可行性和具体设想，谈几点认识。

一、建立与行政区划适当分离的司法管辖制度的提出

（一）我国现行司法管辖制度的现状

管辖是司法机关办理案件和当事人行使诉权的前提。我国现行的司法管辖制度主要由宪法、人民法院组织法、人民检察院组织法、民事诉讼法、刑事诉讼法、行政诉讼法和相关司法解释的相应条文确定，是这些规定的总和。宪法、人民法院组织法、人民检察院组织法对全国各级人民法院、检察院的产生、组成和职权作出了规定，民事诉讼法、刑事诉讼法、行政诉讼法分别专章规定了三大诉讼中的管辖制度，相关司法解释对一些具体问题予以了明确，如《人民检察院刑事诉讼规则（试行）》第二章对人民检察院的案件管辖范围、级别管辖、地域管辖、移送管辖、指定管辖和管辖异议等问题作出了规定，再如最高人民法院《关于海事法院收案范围的若干规定》和《关于设立海口、厦门海事法院的决定》，分别对各海事法院的案件管辖和海口、厦门海事法院的地域管辖作出了规定。

总的来看，我国地方各级人民法院、检察院大都由设立在某个行政区划内的国家权力机关产生，对它负责，受它监督，管辖人民法院、检察院所属行政

---

[*] 湖北省人民检察院汉江分院党组书记、检察长，全国检察理论研究人才。

区划内的各类案件。但是也有例外,主要有以下几种情形:一是专门人民法院、检察院的管辖没有与之相对应的行政区划,如军事法院、检察院,铁路运输法院、检察院,林业法院、检察院,海事法院等;二是新疆生产建设兵团法院、检察院的管辖没有与之相对应的行政区划;三是少数地市级法院、检察院的管辖没有与之相对应的行政区划,如四个直辖市的中级人民法院、检察分院,湖北省汉江中级人民法院,笔者所在的湖北省人民检察院汉江分院,河南省济源中级人民法院,河南省人民检察院济源分院,海南省第一、第二中级人民法院和海南省人民检察院第一、第二分院等;四是少数基层人民法院、检察院的管辖没有与之相对应的行政区划,如在地市级以上行政区划单位内的开发区人民法院、检察院,中山市和东莞市的基层人民法院、检察院,部分地市的城郊人民法院、检察院等。但这些管辖没有与之相对应的行政区划的法院、检察院,与全国地方各级法院、检察院的总数相比,所占比例不高。因此,总体上我国地方各级法院、检察院的管辖大都与其行政区划一一对应,基本重合。应该说,这是我国现行司法管辖制度的一个鲜明特点。

(二)我国现行司法管辖制度的弊端

客观地讲,我国现行司法管辖制度在一定时期内具有相当的合理性,保障了当事人行使诉权,保障了司法机关及时、公正办理案件,保障了诉讼活动的顺利进行,促进了国家法治建设。地方各级法院、检察院的管辖与其行政区划一一对应,更容易被人民群众接受,有利于明确管辖,也有利于司法资源的协调统一。但是随着国家法治进程的加快,其弊端也逐渐显现。一是易受地方保护主义干扰。地方各级法院、检察院由设立在某个行政区划内的国家权力机关产生,在人、财、物均由地方管理的当下,审判工作、检察工作更容易得到地方党委、人大、政府和各方面的支持,但随之而来的也是少数地方在一些情况下干扰甚至是干预和干涉审判工作、检察工作,"打招呼"、"批条子"的现象在一定范围内客观存在,极个别地方以言代法、以权压法,影响审判机关、检察机关依法独立办案,干预具体案件的处理。二是不利于诉讼便利。当事人的诉讼便利应当是司法管辖制度的重要目标,简单地按照行政区划一一对应地设立审判机关、检察机关,不能做到原则性和灵活性的有机统一,也在一定程度上造成了个别地方存在诉讼不够方便的现象,既不利于人民群众行使诉权,也不利于法院、检察院办理案件。三是不利于专门管辖。总的来看,我国法院实行的是总揽型的单一体制。尽管有专门法院实行专门管辖的制度设计,但大都是计划经济时代的产物。既不利于建设统一开放、竞争有序的市场体系,加快完善现代市场体系,也不能适应司法领域不断拓展和细化的实际需求,更不能满足人民群众对司法工作的新要求、新期待。

（三）司法改革决策的提出

党的十八大报告提出，要"进一步深化司法体制改革，坚持和完善中国特色社会主义司法制度，确保审判机关、检察机关依法独立公正行使审判权、检察权"。这是我们党站在战略和全局的高度，作出的重要决策部署，为深化司法体制改革指明了方向。党的十八届三中全会审议通过的《中共中央关于全面深化改革若干重大问题的决定》（以下简称《决定》）关于"确保依法独立公正行使审判权检察权。改革司法管理体制，推动省以下地方法院、检察院人财物统一管理，探索建立与行政区划适当分离的司法管辖制度，保证国家法律统一正确实施"的表述，进一步明确了深化司法体制改革的具体要求和关键措施。孟建柱同志在《深化司法体制改革》一文中指出："应该从现行宪法框架内着手，探索与行政区划适当分离的司法管辖制度。"这是对《决定》精神的深刻解读。文章还对建立与行政区划适当分离的司法管辖制度进行了专门阐释，对推进司法体制改革具有重要的指引作用。

二、建立与行政区划适当分离的司法管辖制度的必要性

建立与行政区划适当分离的司法管辖制度，可以有效解决现行管辖制度的弊端，具有重要的制度价值。

（一）有利于审判机关、检察机关依法独立公正行使审判权、检察权，维护国家法制统一

宪法第 123 条规定："中华人民共和国人民法院是国家的审判机关。"第 126 条规定："人民法院依照法律规定独立行使审判权，不受行政机关、社会团体和个人的干涉。"第 129 条规定："中华人民共和国人民检察院是国家的法律监督机关。"第 131 条规定："人民检察院依照法律规定独立行使检察权，不受行政机关、社会团体和个人的干涉。"这是法院、检察院依法独立行使审判权、检察权的宪法依据。我国是单一制国家，司法权从本质上说是中央事权。地方各级法院、检察院是国家设立在地方代表国家行使审判权、检察权的法院、检察院，而不是地方的法院、检察院。建立与行政区划适当分离的司法管辖制度，有助于法院、检察院在工作中排除外部干涉，尤其是阻却地方保护主义的干扰，在地方代表国家统一行使审判权和检察权，确保国家法律的统一正确实施，维护国家法制统一。

（二）有利于树立司法权威，提升司法公信力

司法是否具有权威，是否为人民群众所信赖，一方面取决于司法机关是否能够让人民群众在每一个司法案件中都感受到公平正义，另一方面则是人民群众是否愿意通过法律途径维护自己的权利。建立与行政区划适当分离的司法管

辖制度，一方面可以从形式上充分保障法院、检察院不偏不倚、居中行使审判权、检察权，减少"司法主客场"的现象，通过增强法院、检察院中立性，树立司法权威，增进司法公正；另一方面可以直接消除人民群众信访不信法的思想根源，打消其通过司法途径不能有效维护自身权利的思想顾虑，减少热衷于通过上访等形式维护自身权利的现象，赢得人民群众的信任，增强司法公信力。

（三）有利于合理配置司法资源，提高司法效率

司法在追求公正的同时，还要兼顾效率。通过司法资源的优化配置，节约有限的司法资源，提高司法效率是司法工作的重要命题。建立与行政区划适当分离的司法管辖制度，直面一些地方法院、检察院在案件数量、办案条件等方面存在一定差异的司法现实，充分考虑解决司法资源地区性失衡的问题，可以减少一些地方法院、检察院人少案多的矛盾，有效杜绝"不够吃"、"吃不饱"的现象，促进司法资源配置的最优化和司法效率的最大化。

三、建立与行政区划适当分离的司法管辖制度的可行性

建立与行政区划适当分离的司法管辖制度，不仅是必要的，而且综合各方面的条件考虑，还具有相当的可行性。

（一）充分的改革共识

近年来，作为司法管理体制重要组成部分的司法管辖制度，受到了理论界的关注，部分学者在深入调查研究的基础上，提出了一些改革构想；实务界对现行司法管辖制度中的问题，也提出了一些解决方案。十八届三中全会的《决定》提出，要探索建立与行政区划适当分离的司法管辖制度，充分反映了人民群众的司法期盼。可以说，对于建立与行政区划适当分离的司法管辖制度这个司法体制改革的重要问题，从中央到地方，在理论界和实务界，凝聚了充分的改革共识，有着浓厚的思想基础。

（二）丰富的司改经验

1997年以来，我国大力推进以司法体制和工作机制为主要内容的司法改革，促进了司法机关严格、公正、文明、廉洁执法，推动了审判工作、检察工作科学发展，赢得了人民群众的认同与支持，完善和发展了中国特色社会主义司法制度。在17年的司法改革过程中，我们对于司法体制改革的认识不断深化，对于推进司法体制改革的具体路径和方法更加明确，积累了宝贵经验。这为我们积极探索建立与行政区划适当分离的司法管辖制度提供了参考，降低了改革"试错"的成本。

(三) 有利的制度安排

在我国现行司法管辖制度中，地方各级法院、检察院的管辖大都与其行政区划一一对应地进行制度设计，与地方各级法院、检察院人财物均由地方统一管理，一脉相承，难以分割。建立与行政区划适当分离的司法管辖制度，如果地方各级法院、检察院人财物仍由地方统一管理，改革目的也会难以实现。当前，中央在上海、广东、吉林、湖北、海南、青海6个省市部署开展省以下地方法院检察院人财物统一管理等四项司法体制改革试点，客观上为建立与行政区划适当分离的司法管辖制度创造了有利条件。

(四) 有益的实践探索

如前所述，有少数法院、检察院的管辖没有与之相对应的行政区划，尽管设立这些法院、检察院的初衷，都是为了解决某些具体问题，并不直接指向建立与行政区划适当分离的司法管辖制度，但仍然为这一改革措施提供了可靠的实践支撑。如海事法院可以为专门管辖制度改革提供样本，可以参照四个直辖市的地市级法院、检察院和河南省济源法院、检察院的模式以及中山东莞两地基层法院、检察院的模式，分别进行地市级、基层法院检察院管辖地域的改革。

四、建立与行政区划适当分离的司法管辖制度的原则

司法管辖制度是中国特色社会主义司法制度的重要方面，始终是司法体制改革的重大问题。建立与行政区划适当分离的司法管辖制度工程量大，牵涉面广，具有纲举目张的作用，牵一发而动全身。因此，建立与行政区划适当分离的司法管辖制度，具有鲜明的时代特征和明确的原则要求。

(一) 必须坚持党的领导原则

坚持党的领导，是社会主义法制同资本主义法制的根本区别。习近平总书记强调，深化司法体制改革，首先要坚持正确政治方向。建立与行政区划适当分离的司法管辖制度，必须把始终坚持党的领导和中国特色社会主义方向，作为改革的基本原则。建立与行政区划适当分离的司法管辖制度的目标之一，是确保审判机关、检察机关依法独立公正行使审判权、检察权，但这并不意味着法官、检察官的政治独立，也不意味着无视乃至摆脱党的领导。在建立与行政区划适当分离的司法管辖制度中，必须坚持党的领导，在党的坚强领导下开展改革，通过改革更好地实现和加强党的领导，发展和完善中国特色社会主义司法制度。

(二) 必须坚持依法推进原则

在我国30多年的改革历程中，很多改革都是"问题"倒逼出来的，一些

改革措施在形式上都是事后追认予以确认的。这就涉及改革措施的超前性和现行法律滞后性的冲突问题。我国的司法制度和司法管理体制都是依法建立的，深化司法体制改革必然涉及如何对待现行法律规定的问题。这个问题在建立与行政区划适当分离的司法管辖制度的过程中显得更为突出。法院、检察院的管辖与行政区划适当分离，会带来法院、检察院如何由该行政区划内的国家权力机关产生，如何对它负责、受它监督等问题，可能与人民代表大会制度产生矛盾。孟建柱同志在《深化司法体制改革》一文中强调，应该从现行宪法框架内着手，探索与行政区划适当分离的司法管辖制度。推进这项改革任务，必须始终坚持依法推进，严格遵守宪法和法律规定，正确处理改革措施和完善法律规定的关系，要在试点探索、调研论证、总结分析的基础上，修改和完善法律规定后，再全面推行，为改革提供有力的法治保障，用法治巩固和发展改革成果，逐步建立与我国国情相适应、符合宪法法律规定的与行政区划适当分离的司法管辖制度。

（三）必须坚持适当分离原则

行政区划是国家根据政治和行政管理的需要，依照法律规定，在充分考虑经济发展、人口数量、地理条件、民族分布、风俗习惯等因素的基础上，将全国地域划分为若干层次大小不同的行政区域。我国大陆现有31个省级、330多个地市级、2800多个县级行政区划单位。建立与行政区划适当分离的司法管辖制度，可以打破关于一个行政区划内各种功能完整、齐备的惯常思维，有效阻却地方保护主义对司法的干扰，但彻底打破行政区划，完全无视现行管辖制度的合理性，也是不可取的。建立与行政区划适当分离的司法管辖制度，要害点在于适当分离，要按照一定标准，综合考虑多种因素，重新调整地方法院、检察院的管辖，使司法管辖制度在改革中创新，在继承中发展，焕发新的生机与活力。

（四）必须坚持合理配置资源原则

我国是多民族国家，幅员辽阔，人口众多，政治、经济、社会发展不平衡，地区间差异较大。在司法实践中，经济发达、人口密集的地区，往往案件数量多，且案情复杂。建立与行政区划适当分离的司法管辖制度，调整地方法院、检察院的管辖，要从我国国情出发，遵循司法规律，不能简单地"一刀切"，必须坚持合理配置资源，综合考虑地方的各自特点和具体情况，在经济方面要注重贫富搭配，在管辖地域面积、人口数量方面要注重多少适当，将法院、检察院设立在交通便利、具有相当影响和辐射功能的地方，在实现各个法院、检察院案件数量、难易程度相对平衡的同时，充分保障人民群众行使诉权，方便人民群众诉讼。对少数民族地区，尤其是各民族自治区，民族法律问题特殊,要具体问题具体对待。

五、建立与行政区划适当分离的司法管辖制度的初步设想

在建立与行政区划适当分离的司法管辖制度这个问题上,不能陷入"司法独立"的误区不能自拔,也不能推倒现有法院、检察院系统另起炉灶,而应本着求真务实的精神,与当前正在开展的省以下地方法院、检察院人财物统一管理等四项司法体制改革试点任务结合起来,正确处理当前和长远的关系,提出可操作性强的改革方案。

(一)着眼当前,应与省以下地方法院、检察院人财物统一管理等四项司法体制改革试点配套,立足于省以下法院、检察院进行司法管辖制度改革

当前,与省以下地方法院、检察院人财物统一管理等四项司法体制改革试点配套,探索建立与行政区划适当分离的司法管辖制度,可以减少改革阻力,进一步增强改革合力,彰显改革成效。

1. 在地域管辖方面,按照"分院模式",整合地市级、基层法院、检察院,调整其管辖地域。建立与行政区划适当分离的司法管辖制度,最直接、最有效的方法就是改变地方各级法院、检察院的管辖地域。这也是理论界关注的重点问题。有的学者主张按照各地经济、地理和人文等因素,从便利诉讼的角度出发,通过划分司法区的方式重新设立高级法院和中级法院;有的学者提出了司法区划的概念,主张划分初级、上诉、高级、中央四级司法区;有的学者提出了在现有司法系统之外设立巡回法院的方案;还有学者主张借鉴美国跨州设立联邦上诉法院的经验,组建跨行政区划、有单独司法辖区的最高法院司法区分院。笔者认为,前述第一、二种观点比较超前,改革难度较大,第三、四种观点不符合国情,且改革成本太高。当前,应立足于省以下法院、检察院,按照"分院模式",即现行司法管辖制度中四个直辖市设立地市级法院、检察院的模式,整合地市级、基层法院、检察院,适当缩小地市级、基层法院、检察院数量,适当扩大其管辖地域。以湖北省为例,综合考虑案件规模、人口数量、经济总量、地理位置等因素,可以将现有的15个地市级法院、检察院缩减为10个左右,将100多个基层法院、检察院缩减为80个左右,在管辖地域上与行政区划实行错位配置,打破与行政区划一一对应的局面,实现省以下法院、检察院管辖地域与行政区划的适当分离。

2. 在级别管辖方面,建立提级管辖、集中管辖机制。提级管辖、集中管辖,是在现行法律制度框架内,实现司法机关管辖地域与行政区划适当分离的现实选择。在实践中,要不断健全完善相关工作机制,充分发挥其功能价值。民事诉讼法第38条、刑事诉讼法第23条和行政诉讼法第23条都规定了提级

管辖,即上级法院有权或在必要时,审判下级法院管辖的第一审案件,最高人民法院2013年6月下发《关于进一步加强危害生产安全刑事案件审判工作的通知》,要求对重大、敏感的危害生产安全刑事案件,可按刑事诉讼法的规定实行提级管辖;集中管辖主要在最高人民法院《关于涉外民商事案件诉讼管辖若干问题的规定》和《关于开展行政案件相对集中管辖试点工作的通知》中规定。但由于没有具体明确提级管辖的具体案件类型,一定程度上导致了提级管辖在司法实践中存在备而不用的现象;而集中管辖由于缺乏相对统一的制度规定,不利于具体操作。孟建柱同志在《深化司法体制改革》一文中指出,要通过提级管辖、集中管辖,审理行政案件或者跨地区民商事、环境保护案件。笔者认为,考虑到交通运输领域案件大都跨行政区划,为进一步增强知识产权授权标准的一致性和权利内容的统一性,可以对知识产权案件、交通运输领域案件也实行提级管辖、集中管辖,适当扩大案件范围。对于跨地市级行政区划的民商事、环境保护、知识产权和交通运输领域案件,可以由高级人民法院一审;对于跨县级行政区划的,可以由中级人民法院一审;而进行集中管辖的一般应为中级人民法院,由最高人民法院直接指定或由最高人民法院授权高级人民法院指定。

3. 在专门管辖方面,参照海事法院模式,建立与行政区划适当分离的专门法院。考虑到行政案件被告身份的特殊性,往往首当其冲的是受到地方保护主义的干扰,结合行政案件相对较少的实际情况,可以参照海事法院在各高级人民法院以下设立1~2个行政法院,负责审理行政诉讼一审案件,二审案件统一由各高级人民法院审理。考虑到少年司法的特殊性,为更好地预防未成年人违法犯罪,维护未成年人合法权益,保障未成年人健康成长,可以在少数条件成熟的中心城市设立少年法院,对少年案件实行专门管辖,在其他地区实行集中管辖。

(二) 长远来看,应当逐步建立跨省级行政区划的管辖制度

在条件成熟后,可以借鉴新中国成立初期设立东北、华北、华东、中南、西南、西北等六大行政区的模式,整合省级法院、检察院,调整其管辖地域,适当减少省级法院、检察院的数量,适当扩大其管辖地域,建立一个具备强大的抗干扰能力的司法管辖制度,发展和完善中国特色社会主义司法制度。

建立与行政区划适当分离的司法管辖制度不仅必要,而且可行。在推进改革措施落实的过程中,既要从实际出发不人为拔高,又要与时俱进不照抄照搬,进一步强化顶层设计,细化具体路径,实化操作措施,建立起与行政区划适当分离的司法管辖制度,确保审判机关、检察机关依法独立公正行使审判权、检察权。

原则与路径：检察机关司法区划改革的实证探寻

罗 军[*] 刘 毅[**]

受传统司法观念和对检察权定位取向的影响，对跨行政区划司法管辖制度的探索，长期以来只是建立在法院这一样本之上。在概念内涵和研究价值上而言，自然不能对这一研究思路予以否认；然而必须看到的是，尽管审检分立的权力结构模式决定了法检两院在司法区划改革过程中的同步性，但改革合理性的实现，还必须同时站在检察机关这一立场进行思考。

一、当前检察机关管辖区域之反思

（一）样态分析：与行政区划对照下的考察

十八大提出了探索建立与行政区划适当分离的司法管辖制度的要求，这就首先需要在考察当前地方各级检察机关设置情况的基础上，根据其与行政区划的相对关系，区分并归纳出不同的设置样态。

1. 三级重合：常规性省份的设置样态

所谓三级重合模式，是指检察机关在地方的设置和管辖区域的划分完全与地方三级行政区划相重合。在这一模式下，在同一行政区划同时设置行政机关、权力机关和检察机关。采用这一设置样态的省份较多，如江西（参见表1）：

---

[*] 江西省人民检察院法律政策研究室主任。
[**] 江西省永新县人民检察院干部。

表 1　江西省检察机关管辖区域与行政区划对照表[①]

省院	江西省人民检察院（对应行政区划：江西省）									
地市院	南昌市院	九江市院	上饶市院	抚州市院	鹰潭市院	景德镇市院	宜春市院	萍乡市院	新余市院	吉安市院	赣州市院
对应行政区划	南昌市	九江市	上饶市	抚州市	鹰潭市	景德镇市	宜春市	萍乡市	新余市	吉安市	赣州市
基层院	5个区院、4个县院	2个区院、10个县院、1个县级市院	1个区院、10个县院	1个区院、10个县院、1个县级市院	1个区院、1个县院、1个县级市院	2个区院、1个县级市院	1个区院、6个县院	2个区院、3个县院	1个区院、1个县院	2个区院、10个县院、1个县级市院	2个区院、15个县院、1个县级市院
对应行政区划	以上各市所列辖区基层院均与相应的县级行政区划一一对应										

2. 二级重合：直辖市的设置样态

与常规性省份不同，直辖市省份当中的三级检察机关，只有省级院和基层院在管辖区域上与对应的行政区划相重合。因此，二级重合模式又可称为部分重合模式。以重庆市为例（参见表2）：

表 2　重庆市检察机关管辖区域与行政区划对照表

省院	重庆市人民检察院（对应行政区划：重庆市）				
市分院	一分院	二分院	三分院	四分院	五分院
对应行政区划	无				
基层院	11个区县院	9个区县院	5个区县院	5个区县院	9个区县院
对应行政区	以上各基层院均与相应的县级行政区划一一对应				

由于直辖市下不再进行地市级行政区划的设置，而检察机关在地方上的三级设置必然缺乏与之对应的行政区划。这也可以反映出我国检察机关管辖区域之于行政区划的依附性。

3. 混合设置：个别省份的设置样态

顾名思义，混合设置模式是指某些省份的三级检察机关管辖区域在与行政

[①] 另外，南昌市辖区内设有南昌市高新区人民检察院、经开区人民检察院以及长垅地区人民检察院（省院派出正县级院）；九江市、景德镇市、新余市、宜春市、上饶市辖区内还分别设有共青地区人民检察院、浮南地区人民检察院、望城工矿区人民检察院、新华地区人民检察院、珠湖地区人民检察院。但限于篇幅，本文只就一般性的检察机关进行探讨，对于无对应行政区划的专门检察机关和派出检察机关则未作统计。

区划的对照下，三级重合和二级重合并存的设置模式。海南省即其典型（参见表3）：

表3 海南省检察机关管辖区域与行政区划对照表

省院	海南省人民检察院（对应：海南省）				
市分院/地市级院	一分院	二分院	海口市院	三亚市院	三沙市院
对应行政区划	无	无	海口市	三亚市	三沙市
基层院	4个县级市院、6个县院	2个县级市院、4个县院	4个区院	城郊人民检察院	/
对应行政区划	除三亚市和三沙市外，其他地市级检察院所辖基层院均存在与之对应的行政区划				

混合设置形态在海南省的出现，实则是由该省的行政管辖体制所决定的。海南省在大部分地区主要采取"省管县"的行政管理模式，出于审级的考虑，就必然需要另行设立两个检察分院以统辖设置在省管县内的基层检察院，在这一点上实则与直辖市的情况并无二致；然而，与内陆常规省份不同的是，海南省还同时设有设区和不设区的地级市，其中，设区的地级市如海口的三级检察机关亦采用三级重合模式；但不设地级市（三亚）此前由于并未再细化行政区①，出于解决审级问题的考虑而专设一个城郊检察院，但由于城郊并未成立一个独立的行政区划，故三亚市只有一级检察机关存在与行政区划相重合的管辖区域。最为特殊当属三沙市，作为地市级的检察院，三沙市院尚未建立下辖的基层院，这也充分反映出按行政区划确定司法管辖区的弊端。

（二）重叠与依附：当前检察机关管辖区域的特征与影响

1. 地域界线上的重叠性

一方面，尽管基于特殊政治因素的考虑，我国设置了四个直辖市并在个别省份推行了"省管县"的行政管理模式，但从全国范围内来看，除因设置专门检察院或派出检察机关所导致的特殊情形之外，属于三级重合样态的省份和地区仍占绝大多数；另一方面，即便是在适用二级重合模式的直辖市或特殊省份，至少也有两级检察机关的管辖区域存在与之重叠的行政区划（多为省级院和基层院，省级院、地市级院重叠的情况只出现在三亚、三沙等基层行政区划尚未健全的地区）。

---

① 经国务院批准，三亚市于2014年初获准成立四个市辖区（见图3）。

2. 机构设置上的依附性

套用行政区划既定格局以设置司法机关的一贯做法，在深层次体现为深厚的传统司法理念。在对程序正义的追求中，古代社会在管辖问题上的思考和调整主要是围绕司法权的归属而展开的。从古代司法僚属的出现到现代法检两院的并立，人们只是试图通过专业人员或专门机构的设置来努力使司法权摆脱对行政权的绝对附庸，其思考的逻辑从未离开过"分权"的理念。尽管专门检察机关的出现在一定程度上实现了管辖上的跨区域，但亦只是"因事而设"，在行政区划之外，司法区划从未被作为一个独立问题加以系统考虑。

3. 权力运作上的依附性

这一特征的形成源于三个方面：其一，地缘因素。权力机关、行政机关、检察机关在某个封闭性行政区划内的并立，为其他权力干预司法权提供了地域上的便利。其二，法律因素。根据宪法和人民检察院组织法规定，地方各级人民检察院均由同级权力机关产生，对同级人大及其常委会负责，同时绝大多数检察官亦由同级人大及其常委会任免。机构和人员产生上的趋地方化无疑是制约检察权独立行使的有力障碍。其三，制度因素。如分级负担的经费管理制度大大增加了地方各级检察机关对地方财政的依赖性，权力运行的独立性较易受到侵蚀，甚至形成一定程度上的司法地方保护主义。

二、检察机关司法区划改革的目标动力与基本原则

（一）检察机关司法区划改革的目标动力

1. 户口之争：检察机关国家化的内在要求

检察机关司法管辖区域与行政区划高度重合的设置模式，为检察机关在经费来源、人事管理、权力运行等方面受制于地方提供了机会。"就人类天性之一般情况而言，对某人的生活有控制权，等于对其意志有控制权"[①]，在检务保障与地方财政状况休戚与共的时候，检察机关的地方化就难以避免，进而使检察机关的"户口"问题备受疑虑。检察机关司法区划改革的目标，就是要通过在空间上突破行政区划的藩篱，切断其与其他国家机构在地缘上的联系，铲除权力依附性的生成土壤，使检察机关从这一病态的逻辑中摆脱出来，进而为地方各级检察机关"正名"，使检察机关在实质意义上回归国家化。

2. 权力博弈：检察权纵向配置的必由之路

中央和地方之间纵向的权力配置问题，是检察机关司法区划改革在另一层面的折射。可以看到，当前我国地方各级检察院实则被完全嵌入地方权力结构

---

① ［美］汉密尔顿：《联邦党人文集》，程逢如等译，商务印书馆1980年版，第391页。

之中。这就意味着中央和地方之间纵向的权力配置对检察机关地方化的破除与否具有至关重要的影响。凯尔森曾经指出,"在地方自治的情况下,分权原则上只限于行政……但分权也可以扩大到立法……只有立法和行政才在中央的和地方的法律共同体之间加以划分"①,与立法权和行政权不同,包括检察权在内的司法权属于中央事权,不能在中央与地方之间转让或分割。但"由于制度设计上的不完善,我国中央与地方在司法职权配置和管理方面还存在交叉、越位、空白等司法异象"②,因此,有必要通过检察机关司法区划改革,在打破"块块管理"模式的同时,将有限的"条条管理"引入检察管理之中,形成"条块结合"的检察管理格局,逐步实现检察权的纵向配置。

(二)检察机关司法区划改革的基本原则

检察机关司法区划改革并非仅是孤立的,更触及国家政治体制中最敏感的神经。确保这一改革的合理性和可行性,必须首先坚持如下基本原则:

1. 合宪性原则:恪守宪法既定权力体制之框架

所谓合宪性原则,是指检察机关司法区划改革应当在宪法既定的权力结构之内展开。这主要是基于三个方面因素的考虑:一是减少改革阻力、确保改革的可行性。宪法系规定国家政权组织形式的权威文本,违宪的改革在给国家政权组织带来不稳定因素的同时也势必扼杀改革方案的可行性。二是降低改革成本的需要。从某种意义上而言,对宪法文本触动越大,改革的成本就越高。三是尊重宪法的稳定和权威。改革不能以牺牲宪法的稳定为代价,否则改革及其成果也将难以得到有力的宪法保障。

2. 衔接性原则:追求国家权力体系运作之协调

衔接性原则主要是针对相应国家机关在组织设置和工作机制上的衔接而言的。具体包含三个方面的要求:一是与权力机关的衔接。由于检察机关司法区划改革对原有行政区划的打破,在这一背景下,设计出维护人大监督的制度就显得尤为重要。二是与审判机关的衔接。对这一问题的研判应在与立足于法院立场的司法区划改革构想的对比中来进行,避免因只顾"各扫门前雪"而降低改革方案的可行性。三是与侦查机关的衔接。由于公安机关属于行政机关,其本身并不在司法区划调整的范畴之内,因此合理设计出适合改革后检警之间行之有效的工作机制就至为关键。

3. 科学性原则:实现司法管辖区域划分之合理

科学划分司法管辖区域无疑是检察机关司法体制改革最为核心的步骤。这

---

① [美]汉密尔顿:《联邦党人文集》,程逢如等译,商务印书馆1980年版,第391页。
② 杜峤峰:《试探建立与行政区划适当分离的司法管辖制度》,载《广西社会主义学院学报》2014年第2期。

一原则的落实应体现于如下三个层次：一是检察机关司法区划改革的空间上限问题，即是否要突破省级行政区划重新划分司法管辖区；二是检察机关司法区划改革的空间下限问题，即合理选定改革后检察机关司法辖区的基本组成单元；三是确定检察机关司法区划基本组成单元的重组标准。对上述三个方面的问题应作"递进式"的考虑。换言之，只有在确定改革的空间上限的前提下，才能进一步考虑改革后检察机关管辖区域的基本组成单元及其重组问题。

4. 配套性原则：寻求检察体制改革目标之契合

检察机关司法区划改革并非是一项简单的区域划定工作，而是具有牵一发而动全身功效的"引擎"式改革。在进行检察机关司法区划改革的同时应保持对检察体制改革的必要关注。尤其是要重点关注与检察机关司法区划改革息息相关的检察体制改革问题包括检察人员管理问题（如改革后所成立的各级检察院中检察官的产生、任免等问题）和检务保障问题（如改革后地方各级检察院的经费保障问题），应善于充分借鉴检察体制改革的既定成果，并参考检察体制改革的方向不断反思和修正自身的改革方向，以尽可能地避免改革悖论的出现，节约改革成本。

三、检察机关司法区划改革的实证分析与具体步骤

（一）递进式改革步骤的依次展开

1. 检察机关司法区划改革的空间上限

在这一问题上的争议焦点主要集中于是否有必要建立跨省级行政区划的司法管辖区。不少学者立足于法院改革的立场，就建立跨省区设立各级法院提出了多套制度设想。① 立足检察机关的立场，类似的改革方案是否具有必要性和可行性？"司法管辖区的设立首先要打破行政区划版图，打破得愈彻底，则司法管辖区制度就愈能显示其魅力和威力"②，诚然，建立跨省级行政区域的司法辖区无疑会因其对现有模式更有力的突破而发挥出更强的制度优势。然而，对于现阶段是否有必要直接进行这一力度较大的改革，笔者持否定态度。理由

---

① 沈德咏提出应打破现有的按行政区划设置法院的做法，跨省区设立各级法院（沈德咏：《为中国司法体制问诊切脉》，载《中国律师》1997年第7期；常克义认为应加设最高人民法院省际间的大区分院，夏峰也认为最高人民法院也应建立省际间的大区巡回法庭（常克义：《也谈司法体制改革》，载《中国律师》1998年第7期；夏峰：《关于建立巡回庭的思考》，载《中国律师》1997年第7期）；谭世贵教授进一步提出应尝试将若干个省、自治区、直辖市划定为一个司法区，在每个司法去设立一个上诉法院（谭世贵：《中国司法改革研究》，法律出版社2000年版，第106~107页）。

② 张锡恩：《略论正确处理地方间权益关系》，载《山东大学学报（哲学社会科学版）》2013年第5期。

有二：一是与现阶段检察体制改革目标的衔接。十八大明确提出建立省以下人财物统一管理的改革计划，将检察机关司法区划改革限定在省级行政区划内，能够有效利用检察体制改革的成果，避免不同改革之间冲突的出现。二是维护现有政权组织体系的需要。建立跨省的司法管辖区，将直接导致地方人大监督的无从着力，要求所有的检察官均由全国人大统一选举或罢免既不具有操作性，也无实际意义。

2. 检察机关司法区划改革的空间下限

与确定改革空间上限相对应的则是其下限问题——新的检察机关司法区划应当由行政村、乡镇（或街道办）、县级行政区域抑或地市级行政区域来组成？笔者认为，司法区划改革不宜突破既定的县级行政区划。原因有三：其一，由于村落或乡镇地域狭小、人口分散，以其为单位进行重组，或会因统计的难度和工作量而大大增加重组的难度；其二，若以地市级行政区域作为基础单元，则容易形成辖区面积更大的司法区划，从而极大地增加诉讼成本，况且在某些地市级行政区域较少的省份也难以推行；其三，县级行政区域往往是固定地域下历史积淀的产物，在历代各级行政区划中均属最为稳定的一级①，"如果强行打破县级行政区来组建司法区，既无现实意义，也难以具体施行，而且对公民参与诉讼造成极大的阻碍"②。且从统计学的角度看，可直接对基层院的受案数据和管辖人口进行统计，有助于减少数据搜集和统计的难度。

3. 司法区划基础单元的重组标准

严格意义上而言，"司法区划"一词本身就蕴含了地域划分上的特殊性，其所适用的是一套独立于行政区划的划分标准。这一标准由两方面的内容所组成：一是诉讼成本层面的参考标准。诉讼成本是指诉讼主体在诉讼过程中所消耗的人力、物力、财力的总和。刑事诉讼中的诉讼主体主要包括国家专门机关、当事人和其他诉讼参与人，因此，检察机关司法区划改革必须同时兼顾冲突主体的成本和国家机关的成本。由于这一改革并不改变检察机关的层级设置和审级制度，故相应成本主要体现为交通成本和时间成本。这就要求改革后所成立的各级检察机关辖区范围不能过大，而应以方便诉讼为原则。二是数据统计层面的参考标准。具体又包括案件受理数量和辖区人口数量。而案件数量在一定程度上往往和辖区人口数量成正比，这就需要保证由此而建立的各级地方

---

① 这一规律也可以从历代县级行政区划的数量演变中得以反映。明朝宣德年间有县1100多个，到了明末则为1138个。清嘉庆二十五年（1820年），有县1455个。从县数来看，明清两代都不算多。但由于明的属州和清的散厅都是县级行政区域，如果将这些计算在内，明清两代的县级政区大致与今天的县数差不多。载 http://blog.sina.com.cn/s/blog_40021f780100rixt.html，2014年9月15日访问。

② 张晨：《论中国司法区划体制的构建》，载《焦作大学学报》2014年第2期。

检察机关在辖区人口上的大致均衡。当然，受人口分布的影响，要注意须同时避免为片面追求数量相当而强行将多个辖区面积较大的行政区划合并，造成诉讼不便的弊端。

（二）实证性改革方案的初步设计——以海南省为样本

考虑到海南省检察机关管辖区域与行政区划之间同时存在三级重合和两级重合，故选取其作为分析样本有利于同时为采用其他两种设置样态的地区提供改革参考。

海南全省陆地面积3.5万平方公里，辖3个地级市、6个县级市、6个自治县、4个县和1个经济开发区（见图1）：

图1　海南省行政区划图

其中，海口和三亚市内部行政区划分别如下（分别见图2、图3①）：

---

① 图片来源：http://blog.sina.com.cn/s/blog_ 406a2f7d0101i69b.html，2014年9月15日访问。

图 2　海口市辖区行政区划图

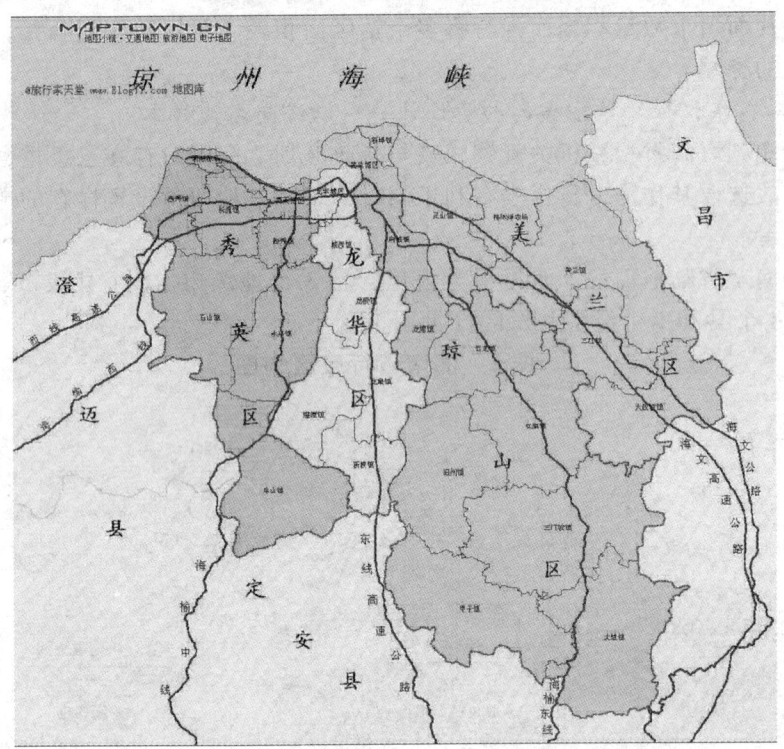

图 3　三亚市新设市辖区行政区划图

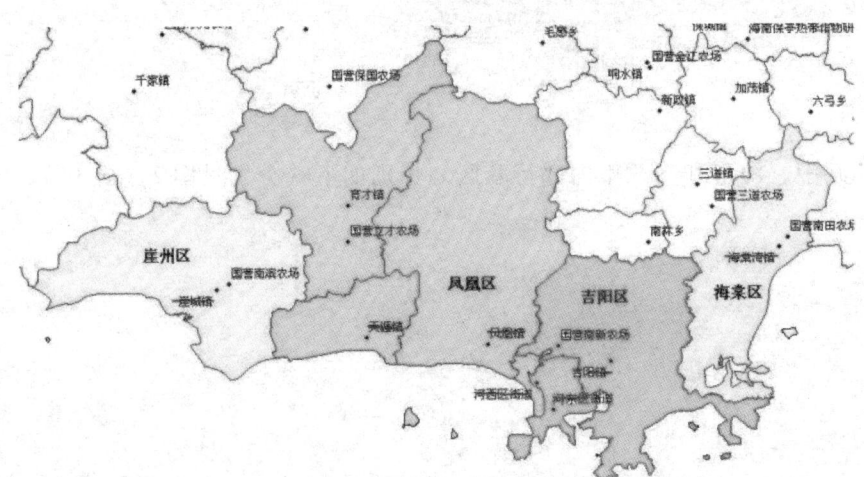

与此同时,海南省共设有两个检察分院、4个地市级分院,共辖22个基层检察院(其中2个无对应的基层行政区)。其中各基层检察院管辖情况如下:

表4 海南省基层检察机关管辖情况对比表[①]

地市级检察院	下辖基层院	辖区面积(平方千米)	辖区人口(万)
第一分院	琼海市院	1692	48.32
	文昌市院	2403	53.74
	万宁市院	1884	54.55
	五指山市院	1129	10.41
	定安县院	1189	28.46
	屯昌县院	1232	25.69
	澄迈县院	2068	46.71
	琼中市院	2706	17.4
	保亭县院	1161	14.66
	陵水县院	1128	32.04
第二分院	儋州市院	3265	93.23
	临高县院	1317	42.78
	白沙县院	2117	16.79
	昌江县院	1569	22.38
	乐东县院	2747	45.88
	东方市院	2256	40.83
	杨浦经济开发区院	/	/
海口市院	秀英区院	512	35
	龙华区院	300	63
	琼山区院	940	32
	美兰区院	553	62
三亚市院	城郊人民检察院	/	/
三沙市院	未设基层院	/	/

① 本表对辖区人口的统计系海南省2010年第六次人口普查数据,载海南省人民政府网,http://www.hainan.gov.cn/data/news/2011/05/128487/,2014年9月10日访问。

从表 4 当中不难看出,海南省各基层检察机关在辖区面积和人口上存在较大的差距。其中,基层院在辖区面积上最高相差近 11 倍,在辖区人口数量相差近 10 倍。在检察机关司法区划改革的视野下,缩小和平衡这一差距需要遵循如下路径。

1. 整合基层检察机关司法区划①

由于三沙市尚未进一步划分基层行政区划,故到目前为止,海南省共有 24 个基层行政区。新的基层司法区可以覆盖 2~4 个县级行政区划。其中,被同一个基层司法区所覆盖的基层行政区划应尽量符合如下两方面的条件:一是面积上的大小兼顾,确保改革后所成立的基层检察机关在辖区面积上的大体相当;二是应尽量突破省管县与地级市之间的行政界限,尽可能将市辖区和与之相邻的省管县纳入同一基层检察院的管辖范畴。根据上述原则,可以将海南省划分为八个基层检察院,并确定其机构办事地点驻地:

第一人民检察院:覆盖海口市秀英区、临高县、澄迈县,机构办事地点驻澄迈县;

第二人民检察院:覆盖海口市龙华区、琼山区、定安县,机构办事地点驻琼山区;

第三人民检察院:覆盖海口市美兰区、文昌县,机构办事地点驻美兰区;

第四人民检察院:覆盖琼海市、万宁市、屯昌县,机构办事地点驻琼海市;

第五人民检察院:覆盖儋州市、琼中市,机构办事地点驻儋州市;

第六人民检察院:覆盖东方市、昌江县、白沙县,机构办事地点驻昌江县;

第七人民检察院:覆盖五指山市、乐东县、三亚市崖州区、凤凰区,机构办事地点驻凤凰区;

第八人民检察院:覆盖陵水县、保亭县、三亚市吉阳区、海棠区,机构办事地点驻海棠区。

在调整后的八个基层检察院将呈现出如下管辖情况:

---

① 由于数据搜集上的限制,对海南省各基层检察院的案件受理数量尚难以搜集齐全,故本部分在探讨时所采用的参考标准主要为辖区人口。从某种程度上而言,辖区人口与案件受理数成正比关系。

表 5　海南省检察机关基层司法区划管辖表

基层院	第一人民检察院	第二人民检察院	第三人民检察院	第四人民检察院	第五人民检察院	第六人民检察院	第七人民检察院	第八人民检察院
覆盖基层行政区划	3	3	2	2	2	3	4	4
辖区面积（平方公里）	3897	2429	2429	4808	5791	5942	3876	2289
辖区人口（万）	123.49	123.6	115.74	128.56	109.63	80	56.29	46.7

值得说明的是，由于目前三亚市辖区刚获批成立，故对相应的人口实则未纳入上述统计。目前三亚市共有常住人口 57 万，因此，在按照新成立的四个行政区划分检察机关司法区划后，第七、第八人民检察院将大致增加近 30 万的人口，在辖区人口上也大致能够与第五人民检察院相当。

2. 重组地市级检察机关司法区

在进行检察机关司法区划改革之后，海南省现有的地市级检察院与市分院并存的局面将被打破。笔者认为，可借鉴直辖市普设分院的模式对中级司法区进行重新整合。具体而言，可设置四个地市级检察分院，各自统辖 2 个左右的基层检察院。设立海南省人民检察院第一分院，管辖第一、第三人民检察院，机构办事地点驻秀英区；设立第二分院，管辖第二、第四人民检察院，机构办事地点驻定安县；设立第三分院，管辖第五、第八人民检察院，机构办事地点驻琼中县；设立第四分院，管辖第六、七第人民检察院，机构办事地点驻五指山市。① 重组后的四个四分院管辖情况如下：

表 6　海南省地市级检察分院管辖情况表②

	一分院	二分院	三分院	四分院
辖区面积（平方公里）	6326	7237	8231	9818
辖区人口（万）	239.23	252.16	156.33	136.29

---

① 经调整后的 8 个基层院和 4 个市分院将分驻于 12 个不同的基层行政区划内，这既是基于对地理因素的考虑，也能够实现对当前检察基础设施利用的最大化。

② 考虑到三沙市辖区范围较大（主要是海洋）、辖区人口极少（目前为 1400 余人）以及诉讼便利等极其特殊的情况，对三沙市纳入检察机关司法区划改革的具体方案，还值得进一步商榷。同时，由于第七、第八人民检察院在计算辖区人口时并未将三亚市纳入，故此处的第三分院和第四分院的实际管辖人口会高出 30 万左右。

改革后的四个检察分院辖区大致呈现出东北向西南的条形分布。较之第一、第二分院,三分院和四分院辖区人口较少,但辖区面积较大,这主要是由海南省的人口分布决定的。海南省人口分布在总体上呈现出"东北高、西南低;东部密集、西部稀疏"的状态,这也决定了人口分配的绝对均衡是难以完全做到的①。但由于海南陆地面积较小,且经比对海南省交通运输线路分布可以发现,相应的交通路线也能够支撑上述地市级检察分院辖区的划定。

(三)配套性法律制度的有效跟进

1. 人员管理层面,建立省级人大统一任免检察官制度

鉴于检察机关司法区划改革在突破原有行政区划的同时也使得基层院和市分院在一定程度上脱离了同级人大,在此种情况下,可以考虑将基层院和市分院的检察官任免权收归省级人大及其常委会统一行使。其一,由省级人大统一任免检察官,依然合乎检察官由人大选举产生、一切权力来源于人民的制度设计初衷;其二,直辖市和海南省各市分院的检察官由省级人大选举和任免的做法为这一制度的推广积累了丰富的实践基础;其三,十八大明确了省以下人财物统一管理的改革方向,将检察官任免权收归省级人大统一行使也能够与这一改革的路径相吻合。

2. 检务保障层面,建立两级保障的检察经费管理体制

应当改变"分级管理、分级负担"的经费保障体制,实行中央拨付、省级保障的经费管理体制。具体而言,可以由中央财政保障最高人民检察院的经费和省级人民检察院的经费,省级财政保障地市级检察分院和基层院的经费。通过将基层院、市分院的经费来源划归省级财政,既能够有效避免市县两级行政权对司法权的不当干预,也有利于由省级检察机关在全省范围内对检察经费的划拨使用进行统筹,从而为检察机关司法区划改革提供经济保障。

3. 法律修改层面,修改人民检察院组织法相关表述

检察机关司法区划改革将对现行人民检察院组织法文本产生较大的冲击,从而亟须通过修法予以跟进。具体修改内容包括:其一,修改总则第2条第2款、第3款,规定地方人民检察院包括省级人民检察院、市分院和基层检察院,取消"市、县、自治县"等行政表述,同时取消县级检察院的派出主体资格;其二,修改总则第10条关于"地方各级人民检察院对本级人民代表大会和本级人民代表大会常务委员会负责并报告工作"的表述,改为"地方各级人民检察院对辖区所在地的省级人民代表大会及其常务委员会负责,受其监

---

① 为平衡因人口和面积差异所带来的办案压力和办案投入,可从人员编制数量和办案经费划拨上予以调控。

督";其三,修改第三章第 23 条,改为"地方各级人民检察院检察长由省级人民代表大会选举和罢免,副检察长、检察委员会委员和检察员由省级检察机关检察长提请本级人民代表大会常务委员会任免"。

四、结语

"司法部门既无军权、又无财权,不能支配社会的力量和财富,不能采取任何主观的行动。故可正确断言:司法部门既无强制,又无意志,而只有判断。"① 正是虑及司法机关在国家权力体系中的弱势地位,建立与行政区划适当分离的司法管辖制度才更显其意义。然而,制度易改,观念难移,单纯的区划改革实则难以完全打破传统的观念和地域联系。地方检察机关能否真正取得实质意义上的"国家户籍",能否从盘根错节的地方权力结构全身而退,或许还需要更多进行大胆假设和小心求证的智慧与勇气。

---

① [美] 汉密尔顿:《联邦党人文集》,程逢如等译,商务印书馆 1980 年版,第 391 页。

跨行政区划司法管辖制度改革的路径研究

——以《行政诉讼法修正案（草案）》第 16 条第 2 款为中心

葛先园[*] 陈伦远[**]

法学理论界与实务部门对于司法管辖制度改革已形成一个基本共识，即司法管辖与行政区划一致的现状必须以某种形式加以改变，但在具体路径上却聚讼纷纭。《中华人民共和国行政诉讼法修正案（草案）》[①]（以下简称《修正案草案》）规定的行政诉讼管辖制度，对于整体司法管辖制度改革的路径选择很有启发意义，其新增内容"高级人民法院可以确定若干基层人民法院跨行政区域管辖第一审行政案件"[②] 最引人注目。当然，不同的人对这一款可能会有不同的解读，把该内容与之前最高人民法院的司法解释及地方各级人民法院的司法创新结合起来理解，能发现司法管辖制度改革的新路径。

一、《修正案草案》之前行诉管辖制度改革的三个节点

1. 1999 年司法解释对行政诉讼管辖制度的微调。最高人民法院《关于执行〈中华人民共和国行政诉讼法〉若干问题的解释》（以下简称《行诉解释》）不仅对行政诉讼法管辖制度中的"原告所在地"、"改变原具体行政行为"、"本辖区内重大、复杂的案件"等概念作了细化，而且规定了管辖权异议制度、专门人民法院和人民法庭不审理行政案件、各级人民法院行政审判庭审查行政机关申请执行其具体行政行为的案件等。这些内容在逻辑上并不能被行政诉讼法

---

[*] 安徽财经大学法学院副教授、硕士生导师、法学博士。
[**] 安徽省蚌埠市人民检察院民事行政检察处副处长。
[①] 即指 2013 年 12 月 28 日闭幕的第十二届全国人大常委会第六次会议初次审议的《中华人民共和国行政诉讼法修正案（草案）》。中国人大网 2013 年 12 月 31 日公布该草案，并向社会公开征集意见。
[②]《修正案草案》第 16 条第 2 款。

条文涵摄，但人们没有觉得行诉解释的这些新规定很唐突，说明其与行政诉讼法管辖制度的立法精神相一致，只不过是行政诉讼法遗漏的内容而已。

2. 2002年司法实践对行政诉讼管辖制度的创新。是时行政诉讼法施行已十余年，当初人们期望值极高的"民告官"制度仍举步维艰，没有取得预期效果，地方行政权干预行政审判权成为不可视而不见的事实。为了打破僵局，浙江省台州市中级人民法院于2002年进行一项司法改革创新，推行异地交叉管辖制度，其具体做法是要求基层人民法院将被告是县级以上人民政府的行政案件，或者原告人数众多（10名以上）的行政案件，提交给中级人民法院，再由中级人民法院在名义上根据行政诉讼法第22条的规定，① 指定让法定管辖权以外的基层人民法院进行异地审理。

3. 2008年司法解释对实践创新管辖制度的做法的认可。当然，这是在宽泛理解的意义上的认可。② 最高人民法院《关于行政案件管辖若干问题的规定》（以下简称《管辖规定》）是"规定"而不是"解释"，所以除了仅有第1条是对行政诉讼法第14条第3项的解释之外，其他内容实际上与行政诉讼法的相关规定出入较大，尤其是第2条至第5条，借着行政诉讼法第22条指定管辖之名，认可了司法实践中创新而得的异地交叉管辖制度。另外，《管辖规定》第7条进一步明确，"对指定管辖裁定有异议的，不适用管辖异议的规定"，赋予了中级人民法院通过裁定而指定异地基层人民法院管辖的极强的约束力。

二、《修正案草案》之前我国行诉管辖制度改革的不足

（一）已有改革与司法行政化结伴而行

法院的行政审判权深受地方政府行政权的羁绊，法院系统力倡的行政诉讼管辖制度改革的主要目标就是要摆脱行诉中"县法院审不了县政府"的尴尬，但该改革进程又是以司法行政化的方式来推进的，这是颇具黑色幽默风格的悖论。再以浙江省台州市中级人民法院首创的异地交叉管辖制度为例。在行政诉讼法与《行诉解释》都没有相关具体规定的情况下，台州市中级人民法院能顺畅地在本辖区推行该做法，显然是行政权的行事风格，而与我国宪法第127条第2款"最高人民法院监督地方各级人民法院和专门人民法院的审判工作，

---

① 行政诉讼法第22条第1款规定："有管辖权的人民法院由于特殊原因不能行使管辖权的，由上级人民法院指定管辖。"

② 笔者在本文后面还会论证，严格而言很难说《管辖规定》认可了异地交叉管辖制度。鉴于很多人认为《管辖规定》认可了实践中的司法创新，因此处是描述性的归纳，所以姑且也这样行文。

上级人民法院监督下级人民法院的审判工作",以及人民法院组织法第 16 条第 2 款 "下级人民法院的审判工作受上级人民法院监督"的旨趣不符。宪法第 127 条第 2 款、人民法院组织法第 16 条第 2 款,构建了我国上下级人民法院之间"指导与被指导、监督与被监督"关系,而非"领导与被领导"关系。

(二)未凸显原告权利在行诉法权结构中的基础性地位

在行政诉讼的法权结构中,原告权利应当处于基础性的地位,这是由行政诉讼的目的决定的。行政诉讼目的是聚讼纷纭的话题,但是很多观点都经不起推敲。有人认为,"行政诉讼目的具有多维性:程序正义、利益平衡、促进合作、道德成本最低化"等,[1] 且不说这些目的哪一个能算属行政诉讼独有,恐怕它们连具行政诉讼特色都难算得上。譬如,难道行诉中的"程序正义"比刑诉中的还要醒目吗?还有论者认为行政诉讼的唯一目的是解决行政争议,[2] 这可能是受民诉理论影响太深的缘故。其他观点不再一一述评。[3] 事实上,行政诉讼的目的要从产生行政诉讼的根源上去探究。"行政诉讼是适应现代社会中行政主体一方的不法行政行为侵犯相对人的合法权益、切实保障行政相对人的合法权益而产生和发展起来的"[4],可见,行政诉讼的唯一目的就是保护行政相对人(行政诉讼原告)的合法权益。既然行政诉讼的目的如此,则原告权利当然要处于基础性的地位。

然而,从已有的行诉管辖制度改革的措施来看,并未凸显原告权利在行政诉讼法权结构中的基础性地位,属于"只见制度不见人"类型的改革。譬如,虽然《管辖规定》第 2 条、第 3 条与原告有权选择管辖法院沾上了一点边,[5]

---

[1] 胡肖华、谢忠华:《论行政诉讼目的的多维性》,载《湖湘论坛》2010 年第 5 期。
[2] 陈军:《行政诉讼目的新论》,载《韶关学院学报(社会科学版)》2006 年第 6 期。
[3] 感兴趣的读者可参阅刘运毛:《对我国行政诉讼目的的检讨与反思》,载《杭州商学院学报》2002 年第 2 期;杨伟东:《行政诉讼目的探讨》,载《国家行政学院学报》2004 年第 3 期;胡卓然:《对行政诉讼目的的再认识》,载《安徽农业大学学报(社会科学版)》2007 年第 6 期;谭宗泽:《行政诉讼目的新论——以行政诉讼结构转换为维度》,载《现代法学》2010 年第 4 期;等等。关于行政诉讼目的的研究的论文众多,直接以"行政诉讼目的新论"为题的论文就有好几篇,所以这里不可能全部罗列。
[4] 马怀德主编:《行政诉讼原理》,法律出版社 2003 年版,第 71 页。
[5] 最高人民法院《关于行政案件管辖若干问题的规定》第 2 条:"当事人以案件重大复杂为由或者认为有管辖权的基层人民法院不宜行使管辖权,直接向中级人民法院起诉,中级人民法院应当根据不同情况在 7 日内分别作出以下处理:(一)指定本辖区其他基层人民法院管辖;(二)决定自己审理;(三)书面告知当事人向有管辖权的基层人民法院起诉。"第 3 条:"当事人向有管辖权的基层人民法院起诉,受诉人民法院在 7 日内未立案也未作出裁定,当事人向中级人民法院起诉,中级人民法院应当根据不同情况在 7 日内分别作出以下处理:(一)要求有管辖权的基层人民法院依法处理;(二)指定本辖区其他基层人民法院管辖;(三)决定自己审理。"

但在本质上该两条是关于扩大中级人民法院指定管辖权的规定——到底由哪个法院行使管辖权，最终是由接受当事人申请的中级法院决定的。更加不顾原告意愿的规定是《管辖规定》第 7 条："对指定管辖裁定有异议的，不适用管辖异议的规定。"这些措施的效果综合到一处，那就是只见到了司法权为抗衡行政权干预行政诉讼而制定的制度，未见到行政诉讼管辖制度改革本应保障的原告的主体性。

三、以《修正案草案》第 16 条第 2 款作为我国行诉管辖制度改革的新起点

针对《修正案草案》之前行诉管辖制度改革的不足，来看《修正案草案》对该制度的完善：第一，认可了最高人民法院司法解释的相关内容，譬如对中级人民法院管辖的第一审行政案件的重新界定即属此类。第二，改变了行政案件管辖权转移可上移、可平移、可下移的现状，① 规定了只可上移或平移，但不可下移。② 第三，修正了行政诉讼法中的技术性瑕疵，把原第 20 条中的"原告向两个以上有管辖权的人民法院提起诉讼的，由最先收到起诉状的人民法院管辖"，修改为"原告向两个以上有管辖权的人民法院提起诉讼的，由最先立案的人民法院管辖"。第四，将行政诉讼法第 13 条调整为第 16 条，增加一款作为第 2 款："高级人民法院可以确定若干基层人民法院跨行政区域管辖第一审行政案件。"《修正案草案》前三个修改之处，要么是对已有司法解释的法律认可；要么是对刑事诉讼法中早已司空见惯的管辖权移转不可下移的直接借鉴；要么是对原先操作起来不具有科学性的法律规则细节的修正，不具有真正的新意。然而，第四点修改颇具新意，且具争议性，既可被理解为是对司法实践中异地交叉管辖做法的法律认可，也可有其他更具理论价值的解读，如果在行政诉讼法修改正式通过之时能再作若干细微完善，则意义深远，可作为行诉管辖改革的方向。

（一）《修正案草案》第 16 条第 2 款不宜被理解为异地交叉管辖的依据

理解《修正案草案》第 16 条第 2 款的内容，首先要避免误读。初看之下，该款很像是对行政诉讼实践中异地交叉管辖制度的法律认可。但异地交叉管辖的弊端，局外人看得很清楚。陈新民指出，"本条规定（指异地交叉管

---

① 所谓管辖权平移，是笔者从广义角度来理解的，即通过上级法院的指定管辖，使原先无管辖权但与原先有管辖权法院平级的下级法院获得案件的管辖权的情形。

② 《修正案草案》将行政诉讼法第 23 条调整为第 26 条，修改为："上级人民法院有权审理下级人民法院管辖的第一审行政案件。下级人民法院对其管辖的第一审行政案件，认为需要由上级人民法院审理或者指定管辖的，可以报请上级人民法院决定。"

辖——引者注）应当作严格的限制方可实施。唯有在产生特殊情形，原有审判权的人民法院无法行使审判权，或无法期待其能公正行使审判权时，应先通过指定管辖的方式，来移转管辖权。且必须规定，当上级法院收取下级法院的管辖权时，应视之为第一审的法院。"① 行政诉讼中异地交叉管辖的做法，颠倒了法定管辖与裁定管辖主次关系，导致打破了现有的行政诉讼管辖秩序，造成基层人民法院之间推诿、争夺管辖权现象并存，破坏了现有的审级制度。行政诉讼异地交叉管辖仅能在一定范围和程度上提升一下当前人民法院在办理行政诉讼案件中相对于行政机关的疲软地位，不能从根本上助使行政诉讼摆脱目前所面临的困局，仅是权宜之计。

既然异地交叉管辖有这么多的不足，如果《修正案草案》第16条第2款是异地交叉管辖的依据，就注定其是短视的立法。笔者如此断言，很多人会反对说，《管辖规定》已肯定了异地交叉管辖制度，难道其是短视的司法解释吗？事实上，《管辖规定》对行政诉讼实践中地方法院创新的异地交叉管辖的做法保持相当谨慎的态度，很难说其认可了异地交叉管辖制度。我们来看最易被理解为承认了异地交叉管辖的《管辖规定》第2条、第3条、第4条。该三条为了克服行政诉讼受行政机关影响甚巨的痼疾，扩大了中级法院指定管辖的权力，运行起来确实会使原先没有管辖权的基层法院获得管辖权。然而，《管辖规定》的该三条完全是在现行行政诉讼法之指定管辖的"修辞"范围内运行的。如果说司法实践中该三条导致向"指定本辖区其他基层人民法院管辖"（实际效果即异地交叉管辖）这种一边倒的结果，那不是该三条的文义所致，而是"司法运动化"的产物。

（二）《修正案草案》第16条第2款是扩大行政诉讼选择管辖范围的依据

扩大行诉原告选择管辖范围已成为一种趋势，尤其是随着社会福利国家给付行政的发展，在涉及公民权益的新型行政诉讼案件中，法律往往赋予原告广泛的选择管辖法院的权利。譬如，我国台湾地区"行政诉讼法"第15-2条规定，社会保险纠纷案件属于行政诉讼事件，可以由作为原告的被保险人、受益人的居所地，或者被保险人从事职业活动所在地的行政法院管辖。② 法国行政诉讼曾严格贯彻"原告就被告"属地管辖原则，但"导致灾难性后果"。现在致害行为发生地、起诉人的住所地、任职地点（针对公务员个人的诉讼）

---

① 陈新民：《中国行政法学原理》，中国政法大学出版社2002年版，第323页。
② 我国台湾地区"行政诉讼法"第15-2条规定："因公法上之保险事件涉讼者，得由为原告之被保险人、受益人之住居所地或被保险人从事职业活动所在地之行政法院管辖。前项诉讼事件于投保单位为原告时，得由其主事务所或主营业所所在地之行政法院管辖。"

所在地行政法院在不同的案件中都获得了管辖权。行政契约争议的地域管辖更加融通，原告拥有广泛的选择管辖法院的权利，甚至可以协议管辖。① 再如，美国虽然不严格区分民事、行政诉讼，但法院审判涉行政纠纷是客观存在的。美国法律规定，除不动产纠纷案件由不动产所在地法院专有管辖外，其他案件原告可在被告行政机关所在地及其官员居住地、诉讼行为发生地、原告居住地几处法院选择起诉。②

既然扩大行政诉讼选择管辖的范围已成为一种全球趋势，则我国行政诉讼顺势而修应是题中之义，但如果不把《修正案草案》第16条第2款看作是扩大行政诉讼选择管辖的依据，那么《修正案草案》对行政诉讼法中关于选择管辖范围的规定就未作实质修改，仅对个案中法院具体操作流程有技术性调整。③ 目前，行政诉讼法中涉及选择管辖范围的规定有两条——第17条（《修正案草案》第20条）："行政案件由最初作出具体行政行为的行政机关所在地人民法院管辖。经复议的案件，复议机关改变原具体行政行为的，也可以由复议机关所在地人民法院管辖。"第18条（《修正案草案》第21条）："对限制人身自由的行政强制措施不服提起的诉讼，由被告所在地或者原告所在地人民法院管辖。"据此，我国行政诉讼中原告有权选择管辖法院的案件类型很有限，同时在有权选择管辖法院的案件中，行政诉讼法规定的可供选择的法院范围也非常狭窄。

《修正案草案》第16条第2款具有扩大选择管辖范围的内在品质，但要真正实现该目标，还要辅以如下几个方面的完善和配套：第一，要对《修正案草案》第16条第2款略作修正，把"可以"修改为"应该"。之所以如此修正，是为了全国范围内的法制统一，不能有的地方高级人民法院确定了若干基层人民法院跨行政区域管辖第一审行政案件，而有的地方高级人民法院没有这样做。第二，修改后的行政诉讼法要规定，地方高级人民法院确定的跨行政区域管辖第一审行政案件的基层法院，有权共同管辖其所在的中级人民法院辖区的其他基层法院管辖的行政诉讼案件。第三，最高人民法院通过司法解释（或由地方高级人民法院分别作出规定）要求，每年调整一次有权跨行政区域

---

① ［法］让·里韦罗、让·瓦利纳：《法国行政法》，鲁仁译，商务印书馆2008年版，第777页。
② 王名扬：《美国行政法》，中国法制出版社1995年版，第595页。
③ 即把行政诉讼法第20条调整为第23条，同时修改为："两个以上人民法院都有管辖权的案件，原告可以选择其中一个人民法院提起诉讼。原告向两个以上有管辖权的人民法院提起诉讼的，由最先立案的人民法院管辖。"（行政诉讼法第20条："两个以上人民法院都有管辖权的案件，原告可以选择其中一个人民法院提起诉讼。原告向两个以上有管辖权的人民法院提起诉讼的，由最先收到起诉状的人民法院管辖。"）

管辖第一审行政案件的基层法院。这样，除了法定的专属管辖的行政案件，每个普通行政案件至少同时有两个基层法院有管辖权——被告所在地基层人民法院、地方高级人民院确定的有权跨行政区域管辖第一审行政案件的基层人民法院，原告可在该两法院中选择起诉。

（三）把《修正案草案》第 16 条第 2 款理解为扩大当事人选择管辖范围的依据，具有深刻的理论和实践意义

1. 把《修正案草案》第 16 条第 2 款理解为扩大当事人选择管辖范围的依据，修复了原告权利在行政诉讼法权结构中的基础性地位。如前所述，行政诉讼是适应现代社会中行政主体一方的不法行政行为侵犯相对人的合法权益、切实保障行政相对人的合法权益而产生和发展起来的，行政诉讼的唯一目的是保护行政诉讼原告的合法权益。行政诉讼法中原告选择管辖法院的权利受到了严格的限制，而法定的一般地域管辖又是"原告就被告"原则，就算事实上不存在地方保护主义和行政权干涉法院行政审判权，但受中国历史传统因素的影响，原告总是容易形成固执的看法，认为我国的行政诉讼制度仍是"官官相护"的机制，即使法院的审判是公正的，但原告的心理认同度往往不高。现在《修正案草案》第 16 条第 2 款赋予了原告选择管辖法院的权利，如果原告信任被告所在地基层法院，则可就近起诉，减少讼累，符合起诉便宜主义；如果原告对被告所在地基层法院狐疑，则可向有权跨行政区域管辖第一审行政案件的基层法院起诉，"以讼累换公正"。这样的安排，彰显了包括原告享有法院选择权在内的程序性权利、实体性权利在行政诉讼法权结构中的基础性地位。

2. 把《修正案草案》第 16 条第 2 款理解为扩大当事人选择管辖范围的依据，很好地协调了法定管辖与裁定管辖的关系，"润物细无声"地松动了行政诉讼法第 17 条（《修正案草案》第 20 条）规定的一般地域管辖"原告就被告"原则。这有一石二鸟的效果：一方面维持了被告所在地法院拥有管辖权的传统，另一方面防止实践中上级法院过于频繁地通过裁定而行使指定管辖权——避免实践中频繁适用行政诉讼法第 23 条（《修正案草案》第 26 条），通过对具体个案管辖的裁定而实现上级法院审理下级法院原该管辖的案件，进而避免法律规定的级别管辖频繁被打乱，继而维护了法定管辖原则的优位性。毕竟，行政诉讼管辖的要义是法定管辖为原则，裁定管辖为补充。前述的那种笔者修正《修正案草案》第 16 条第 2 款之后的选择管辖的路径，既有法定管辖的色彩，亦有裁定管辖的味道，而且法定管辖的意味更浓一些。

3. 把《修正案草案》第 16 条第 2 款理解为扩大当事人选择管辖范围的依据，能在一定程度上克服司法权行政化。在行政诉讼的法权结构中，要对人民

法院的行政审判权作精致的安排，否则人民法院难以履行自己的职责。法院的行政审判权、民事审判权、刑事审判权，在本质上是没有区别的，都是裁判性质的权力。但与民事、刑事审判过程中法院行使裁判权力不同的是，行政审判是通过裁判行政机关的行政行为是否合法的方式来完成的，极易受到地方保护主义和地方政权的干涉。鉴于"推动省以下地方法院、检察院人财物统一管理"已开始启动，我们有理由相信未来地方法院行政审判权被地方行政权干涉的尴尬状态会大大改观。然而，省以下地方法院、检察院人财物统一管理主要是为破除司法权地方化而设计的，司法权行政化问题尚需通过其他途径来解决。《修正案草案》第16条第2款扩大当事人选择管辖的范围，上级法院像行政机关那样指挥下级法院受理案件的情形减少，进而能在一定程度上消解司法权行政化。当然，司法权行政化问题的最终解决要靠"从法院司法走向法官司法"，[①] 但毕竟扩大当事人选择管辖法院的权利也起到了一定的作用，且在目前是较为可行的做法。

综上，异地交叉管辖属权宜之计；盲目推崇提高行政审判法院的级别，是没有与时俱进的表现。在法治环境趋优的情况下，不仅不要提高行政审判法院的级别，有时候还可以降低行政审判法院的级别。譬如我国台湾地区行政诉讼案件原来是由两级行政法院审理的，但由于行政法院较少，当事人起诉不方便，在2011年修改"行政诉讼法"时，还在地方普通法院内增设了行政诉讼庭，[②] 也可受理第一审行政诉讼案件，降低了第一审行政审判法院的级别；扩大当事人选择管辖的范围，当为我国行政诉讼管辖制度改革的理性抉择，所以要认真对待《修正案草案》第16条第2款——该款能在"润物细无声"中实现司法管辖之跨行政区划的目标。

[①] 秦倩、李晓新：《国家结构形式中的司法权配置问题研究》，载《政治与法律》2012年第10期。

[②] 刘建宏：《2011年"行政诉讼法"修法评释》，载《月旦法学教室》2012年第5期。

检察机关参与司法管辖改革的若干思考

简乐伟[*]

我国司法机关自 20 世纪 70 年代末恢复重建以来,由于司法机关人财物等司法资源配置的技术性原因,以及法官、检察官的职级待遇、职务升迁由地方控制,导致司法权力的运行在较长一段时期内受到地方党委、政府的影响,出现"司法权力地方化"问题。如何解决司法地方化等司法权力运行中的问题,一直是我国政治体制改革的主要内容之一。[①] 党的十八届三中全会通过的《中共中央关于全面深化改革若干问题的决定》(以下简称《决定》)进一步提出"探索建立与行政区划适当分离的司法管辖制度,保证国家法律统一正确实施"。由此进一步激发了法学理论界与司法实务界对司法管辖改革讨论的热情,但是,目前讨论大多是从法院司法管辖区角度进行的,由于没有考虑检察司法管辖区的实际情况,将影响检察机关法律监督职能的实现。

一、我国检察司法管辖区划的现状

我国关于司法管辖的规定大多见于刑事诉讼法、民事诉讼法、行政诉讼法、海事诉讼特别程序法等程序法的条文中,其主要特点是,这些法律对法院的级别管辖、地域管辖、指定管辖等都有明文规定。除刑事诉讼法第 18 条第 2 款专门规定了检察院的立案管辖之外,检察院的级别管辖、地域管辖、指定管辖则基本上参照法院司法管辖的规定。[②] 我国目前检察司法管辖区划大多与同级行政区划重合,即地方检察院在设置上分为三级,在省一级行政区设置省级人民检察院,在地一级行政区设置地级人民检察院,在县一级行政区设置基

---

[*] 湖北省襄阳市人民检察院副处级调研员。

[①] 自党的十五大报告正式提出"推进司法改革"后,司法改革不断深入,十六大报告提出"推进司法体制改革",十七大报告提出"深化司法体制改革",十八大报告提出"进一步深化司法体制改革"。

[②] 实践中,各级检察机关对职务犯罪案件立案权限的不同,检察机关对自侦案件在级别管辖、地域管辖、指定管辖等司法管辖形成了检察机关自身做法。

层人民检察院。但是,也存在一些检察司法管辖区与行政区在一定程度上的分离,即某一级别检察院的司法管辖区没有相对应的同级行政区,以产生分离的原因为标准,主要有以下三种情形:

(一)因级别管辖完整性而出现的分离

根据宪法规定,地方检察机关组成人员由同级人大产生,地方检察机关要对产生它的国家权力机关负责。我国地方检察院一般分为省、市(地级)、县三级,但是少数地方因为没有设置地级或县级行政区而没有相应级别的人大,其对应级别的检察机关及其组成人员就无法由同级人大产生。然而,司法活动又必须要有完整的级别管辖,所缺的相应级别的检察院由上一级检察机关派出产生,于是出现检察司法管辖区划与行政区划的分离,主要有两种形式:

1. 因没有设置地一级行政区划而由省级检察院派出地级检察院。主要有两类:一类是直辖市检察院派出的分院。如在北京、天津、上海、重庆等直辖市地方政府只有区(县)、市两级,其对应的地方人大只能产生基层检察院和市级检察院,级别管辖上所缺的地级检察院由直辖市检察院派出。这些派出检察院大多使用"××市人民检察院第×分院"的名称,负责一定级别职务犯罪嫌疑人的自侦案件和若干个区检察院的业务领导工作。另一类是省检察院派出的分院。如在湖北、海南等省份对个别县或县级市实行省直管制度,① 由于缺少地级人大而无法产生地一级检察院。对此,湖北省检察院设置汉江分院作为派出院,负责一定级别的自侦案件和天门市、潜江市、仙桃市等基层检察院的业务领导工作;海南省检察院设置一分院、二分院作为派出院,② 负责一定级别的自侦案件和相关省直管县、市基层院的业务领导工作。

2. 因没有设置县一级行政区划而由地级检察院派出基层检察院。③ 主要有三类:第一类是地级市检察院在其辖区内的国家级开发区派出基层,大多使用"××(市)×开发区(高新区)检察院"的名称,此种情形占多数。第二类是不设市辖区的地级市④检察院派出的基层院,大多使用"××市检察院第×市区检察院"的名称。如东莞市检察院派出的第一市区检察院、第二市

---

① 在黑龙江省大兴安岭地区,虽然成立了行政公署,管辖漠河县等3县,新林区等4区,但是没有同级人大,其地级检察院由省级检察院派出。

② 其中,海南省人民检察院第一分院负责领导琼海市、文昌市、定安县等10个基层检察院的业务工作,海南省人民检察院第二分院负责领导儋州市、东方市、临高县等7个基层检察院的业务工作。

③ 尽管我国一些重要城市和国家级新区在行政级别上属于副省级,但本文在论述时仍将其人大产生的检察院归入地级检察院。

④ 我国目前主要有4个,分别是广东省东莞市、广东省中山市、海南省三亚市、甘肃省嘉峪关市。

区检察院和第三市区检察院,① 分别履行基层检察院的职责。② 第三类是国家级新区检察院派出的基层检察院,③ 大多使用"××新区检察院××检察院"的名称。目前,只有天津滨海新区检察院作为地级检察院派出了塘沽检察院、汉沽检察院和大港检察院等3个基层院。

(二)因案件类别专门管辖而出现的分离

目前,我国对军事、海事、铁路运输、知识产权④等类案件实行专门管辖,并设置专门法院。但是,从专门检察院的设置来看,只有与军事法院和铁路运输法院相对应的军事检察院⑤和铁路运输检察院。⑥ 专门检察院的司法管辖区一般包括数个县级或地级行政区,由此产生司法管辖区与行政区分离的情况。其中,铁路运输检察院分为地级院和基层院两级,地级铁路运输检察院一般使用"××省(市)检察院××(城市名)铁路运输分院"⑦ 的名称。如湖北省检察院武汉铁路运输分院、北京市检察院北京铁路运输分院等。基层铁路运输检察院一般使用"××(城市名)铁路运输检察院"的名称,如襄阳铁路运输检察院、石家庄铁路运输检察院等。

(三)因特定功能区设置而出现的分离

目前,我国因特定功能区而设置的检察院主要分布在工矿区、农垦区、林区等区域,⑧ 其设置依据主要是人民检察院组织法第2条第3款的规定。⑨ 在

---

① 东莞市检察院第一市区检察院管辖莞城街道、东城街道等17个镇区(街道),第二市区检察院管辖长安镇、虎门镇等6个镇,第三市区检察院管辖塘厦镇、樟木头镇等10个镇。

② 中山市检察院派出第一市区检察院和第二市区检察院2个基层院,三亚市、嘉峪关市检察院各派出1个基层检察院,分别是三亚市城郊检察院和嘉峪关市城区检察院。

③ 根据笔者掌握的资料,我国目前共成立了上海浦东新区、天津滨海新区、重庆两江新区等10个国家级新区,但只有上海浦东新区、天津滨海新区设置了地方政府,成立了地方检察院,其中浦东新区检察院为基层检察院,在业务上接受上海市人民检察院第一分院的领导,其他新区的司法管辖区划基本沿用其成立之前的司法管辖区划。

④ 2014年8月31日,十二届全国人大常委会第十次会议表决通过了全国人大常委会《关于在北京、上海、广州设立知识产权法院的决定》。

⑤ 本文主要讨论地方检察司法管辖区与地方行政区分离的相关问题,不再讨论军事检察司法管辖区。

⑥ 目前,我国缺少与海事法院、知识产权法院相对应的专门检察院,出现相关领域法律监督的空白。

⑦ 铁路运输分院作为地级检察院,受所在地省级行政区对应的省级检察院领导。

⑧ 这些特定功能区域一般跨县级或地级行政区设置,不受所在行政区地方政府领导。对于个别功能区已经转为普通行政区并由地方人大产生地方检察院的,如湖北省神农架林区检察院、山西省大同市矿区检察院,河北省石家庄市井陉矿区检察院等,则不属于此类。

⑨ 人民检察院组织法第2条第3款规定:"省一级人民检察院和县一级人民检察院,根据工作需要,提请本级人民代表大会常务委员会批准,可以在工矿区、农垦区、林区等区域设置人民检察院,作为派出机构。"

过去较长一段时期，上述功能区设置的两级地方检察院的人财物一般由工矿区、农垦区、林区管理机关负责，但自 2012 年起，这些特定功能区的检察院整体移交至省级或地级检察院管理。上述特定功能区检察院司法管辖区与行政区分离主要有两种形式：

1. 由省级检察院在特定功能区派出的地级检察院。这类一般使用"××省检察院××（功能区）分院"的名称。如黑龙江省检察院农垦区分院，辽宁省检察院辽河（石油）分院，甘肃省检察院林区分院，甘肃省检察院矿区分院等。这些省级检察院派出的地级检察院一般在其功能区域内下设若干基层检察院，一般使用"××省××（地名）××（功能区）检察院"的名称，如黑龙江省红兴隆农垦区检察院、黑龙江省东方红林区检察院等。这类派出地级检察院及其管辖的基层检察院一般都没有对应级别的地级或县级人大。

2. 由地级检察院在特定功能区派出的基层检察院。这类检察院的司法管辖区没有对应的县一级行政区，其一般使用"××市××（功能区）检察院"的名称，如庆阳市子午岭林区检察院、抚顺市矿区检察院、海西州冷湖矿区检察院等。此外，在监狱、未成年犯管教所等监管功能区域，一些地级检察院也派出基层院，如武汉市城郊地区人民检察院、荆门市沙洋地区检察院。①

二、现行检察司法管辖区划存在的问题

虽然前文较大篇幅用于归纳我国检察司法管辖区划与行政区划的分离情况，但必须看到的是，我国大多数地方检察院司法管辖区与相应级别的行政区在设置上是重合的。因此，在分析我国检察司法管辖区划存在的问题时要一分为二，既要注意因检察司法管辖区与同级别行政区重合而产生的问题，又不能忽视因检察司法管辖区与行政区分离而出现的问题。

（一）因区划重合而产生的问题

在我国，地方检察司法管辖区与地方行政区之所以在设计时是重合的，主要有两方面考虑：一方面，在纠纷发生后，当事人能够较便捷地根据行政区划找到相应的地方检察院，便于当事人参与诉讼；另一方面，在配置地方检察院人财物等检察资源时，一般会根据所在行政区的人口规模、经济发展水平等影响案件数量的因素进行调整，使各地方检察院之间在案件上负担相对均衡。②

---

① 像武汉市城郊地区人民检察院、荆门市沙洋地区检察院等基层检察院虽然在成立之初由相应的地级检察院派出，接受地级检察院领导，但是业务现已改由湖北省检察院领导，人事任免仍留在地方人大。

② 关于案件负担对司法活动的影响分析，参见赵兴洪：《司法区划基本问题研究》，载《西南农业大学学报（社会科学版）》2012 年第 1 期。

提高检察资源效益。但是，在检察实践中，因区划重合而出现以下主要问题：

1. 检察权力运行的地方化

检察机关作为国家的法律监督机关，其主要职责就是通过行使检察权来保证宪法法律在全国范围内得到统一适用。然而，由于关系检察院运行的人财物等检察资源长期以来由地方供给，迫使地方检察院在行使检察权的过程中不得不考虑地方党委、政府的意志。地方检察院不仅要在具体案件办理上尊重地方意见，① 而且要完成地方分配的包村扶贫，甚至是招商引资等任务，② 以致检察权运行偏离法定轨道的现象时有发生，导致检察权力运行的地方化。

2. 检察案件负担的失衡化

尽管检察机关在重新设置之初，有关部门已经考虑到其所在地影响发案数量的相关情况，并体现在检察人财物等司法资源配置上。然而，随着新区域中心的形成和人口向经济中心的流动，经济落后地区的检察院受理的案件出现类型单一、数量减少的局面；处于区域经济中心的检察院则出现案件数量上升、类型复杂的相反局面。③ 以地级检察院为例，其中心城区、经济发达区域的基层检察院案件往往较其他基层检察院多，但在检察资源配置上却不占优势，④ 造成案件多的基层院案件负担较重。此外，职务犯罪案件异地管辖也可能产生同级检察院之间案件负担的不均衡。实践中，上级检察院在决定职务犯罪异地管辖的检察院时，一般会选择外地业务能力强的检察院，这些检察院往往是地方中心城区、经济发达区域的检察院。

3. 内部机构设置的僵硬化

在检察司法管辖区与行政区重合的地方所设置的检察院都为普通检察院，该类检察院一般拥有完整的检察职权，这就需要其设置完整的内部机构来履行相应职责。基于"部门对口，职能对应"的工作模式，下级检察院一般按照

---

① 如检察机关在自侦案件查办中遇到的地方阻力，在刑事案件批捕、公诉，行政诉讼监督等检察环节来自地方的不当影响。

② 纪检、政法等机关参与招商引资会影响执法行为的公正性，弱化监督职能，极易滋生腐败问题。湖北省纪委曾下发了鄂纪发〔2004〕21号关于《关于纪检、政法等机关和部门不宜承担招商引资任务的通知》。但检察机关参与招商引资的报道仍不时见诸媒体，如新华网陕西频道：《蒲城检察院招商引资成效显著：华元购物中心即将开业》，载 http://www.sn.xinhuanet.com/2012 - 11/18/c_113714564.htm，2014年8月20日访问。

③ 有研究者通过对比发现，一个地区案件数量与GDP总量、人口总数是高度正相关的，具体分析参见赵兴洪：《司法区划基本问题研究》，载《西南农业大学学报（社会科学版）》2012年第1期。

④ 如某省检察院公用经费保障标准被分为几类，其中一类地区2.6万元/人，二类地区2.1万元/人。此外，检察院的人员编制问题，由于实行定编制度，对案件数量多的基层检察院，既不能及时增加检察官整体数量，又因为没有检察官退休而不能增加有效办案检察官数量。

上级检察院设置内部机构,加之严格的上下对应关系,基层检察院变得"麻雀虽小,五脏俱全",①以致在一些基层检察院甚至是地级检察院经常出现"一人科"、"两人处"现象,造成检察院内设机构林立、职能分割、部门掣肘、整体效能不高等问题,检察院内部机构设置的僵硬化导致检察资源分散,严重制约了检察工作的科学发展。②

(二) 因区划分离而出现的问题

在检察司法管辖区与行政区分离的情形下,地方检察院虽然能较为有效地抵御地方对检察权运行的干预,在案件负担上分配较为均衡,甚至能够根据特定功能区灵活设置内部机构,但是仍需看到因区划分离而在检察实践中存在以下问题:

1. 检察决定的执行问题

虽然我国宪法授权检察院依照法律规定独立行使检察权,但是从权力的结构和运行机制来看,③检察机关行使的检察权在执行权方面是不完整的。以刑事诉讼为例,检察机关决定对犯罪嫌疑人、被告人采取逮捕、监视居住、取保候审等强制措施后,依照法律规定必须要由公安机关执行;又如检察机关决定在自侦案件中使用技术侦查措施后,同样需要由公安机关执行。检察机关作出检察决定后,需要由公安机关执行的,一般情况下是交由同级的公安机关执行,在检察司法管辖区与行政区分离的情况下,就没有对应的公安机关来执行检察决定,即便通过制度安排确定交由某一公安机关执行,公安机关对检察机关制约的初衷就难以全部实现。

2. 检察保障的现实问题

在与行政区分离的检察院,虽然在人财物等检察资源由上级检察院负责,可以不受所在行政区政府控制。但是,作为检察资源关键因素的检察官,却很可能因为其本人户籍在地方,甚至其家属、亲属也在地方工作、生活,造成其本人、家属、亲属的工作与生活在诸多方面依赖于所在行政区地方政府及其各

---

① 参见甄贞:《检察机关内部机构设置改革研究》,载《河南社会科学》2013年第1期。
② 关于检察院内部机构设置僵化影响的具体阐述,参见中国人民大学诉讼制度与司法改革研究中心:《破解检察监督难题的湖北经验——湖北省检察机关"两个适当分离"改革情况调研报告》,载《法制资讯》2012年第4期。
③ 如党的十八大报告指出,要确保决策权、执行权、监督权既相互制约又相互协调,确保国家机关按照法定权限和程序行使权力。

个部门。① 特别是在铁路运输检察院和特定功能区检察院整体移交给省一级检察院管理之后，虽然在人财物方面已经较普通地方检察院提前实现省级统管，但是对基层检察院而言，仍然需要在许多司法问题（如证人保护、取证调查、未成年人附条件不起诉的监督考察等）和非司法问题（如单位的档案管理、文明单位、综合治理等考核②）有求于地方政府。对此，有研究者指出，"在我国，各项制度（如就业制度、户籍制度、教育制度等）都直接或者间接制约司法独立，如果不是全方位改革，司法改革成效将是微弱的。"③

3. 专门检察的实际问题

我国专门检察在实践中存在以下方面的实际问题：一是专门法律监督的空白问题。我国目前已经成立海事法院，即将成立知识产权法院，然而却没有设置相应的检察院，也没有安排相关检察院履行对海事和知识产权两类案件审判活动的法律监督。二是专门检察业务案源不足问题。自专门检察院整体移交地方管理之后，专门检察业务出现案源不足现象。以铁路运输检察院为例，其每年办理的案件数量比同地区同级别普通检察院要少得多，而且有逐渐下降的趋势；④ 相反同地区同级别的普通检察院却普遍面临人少案多的压力。

三、关于检察司法管辖区改革的建议

根据前文关于检察司法管辖区现状与问题的分析，在参考当前法院司法管辖区与行政区适当分离相关建议的基础上，本文就我国检察司法管辖区改革提出以下建议：

（一）改革的基本原则

1. 全面配套改革原则

只有地方检察机关能够依照法律规定独立公正行使检察权，才能保证宪法法律在地方得到统一实施。因此，检察司法管辖区改革只有实现对影响检察权运行因素的全覆盖，才能真正解决当前区划重合存在的司法地方化问题和区划分离存在的配套保障不力问题。即不仅要抓住影响检察权运行的人财物等检察

---

① 有研究者曾以法官为例指出统管后其本人、家属、亲属面临的诸多麻烦，如"当统一编制进行省内统管时，法院会突然发现法院的法官乃至院长的小孩要上幼儿园、上小学都成了很大问题，要收很高的费用"。参见秦前红：《我对十八大司法改革方案的解读》，载 http://www.aisixiang.com/data/70256.htm，2014 年 8 月 20 日访问。

② 如在部分地方，检察院如果在档案管理、文明单位、综合治理等方面的考核中取得一项或多项优秀，检察官个人就会对应多拿 1 个月或几个月的工资。

③ 张明楷：《刑事司法改革的断片思考》，载《现代法学》2014 年第 2 期。

④ 参见陈晔：《改革背景下中国铁检制度发展之路》，载《人民检察（湖北版）》2013 年第 11 期。

资源,实现省以下地方检察院人财物统一管理,使地方检察院有能力摆脱地方政府的控制;还要抓住影响检察决策的其他社会资源,切实解决影响检察院独立履职的地方协助执法、地方治理考核等问题,以及影响检察官独立判断的各类社会福利问题,使地方检察院有决心摆脱地方政府的控制。

2. 合理配置检察资源原则

检察司法管辖区划改革还应该实现检察资源在不同检察司法管辖区之间的合理配置。合理配置检察资源的目的在于:一方面要实现地方同级别检察院之间、地方普通检察院与同级别专门检察之间案件负担的均衡化,促使检察官在提高办案效率的同时,不断提升自身检察业务能力,实现检察工作发展的良性循环。如果相邻的同级别检察司法管辖区之间案件负担差距较大的话,就可能出现检察官逆流动现象,在检察保障相似的情况下,检察办案能手可能转到非业务部门,或者在省以下检察院人财物统一管理改革以后转到案件较少的同级地方检察院或专门检察院工作。另一方面要实现地方检察院,尤其是基层检察院内部资源的合理配置,减少管理层级的,压缩内部机构数量,让已经担任内部机构负责人的检察官回归办案一线,缓解基层院办案压力。

3. 降低当事人参与司法成本原则

检察司法管辖区划改革还要考虑降低公民参与司法的成本问题,主要是时间成本和经济成本。我国行政区划的设置大多是沿承,然而在人口数量、人口分布、区域中心已经发生了较大改变,以致大量出现居住在甲行政区事实上到乙行政区检察院参与更方便的现象,因此检察司法管辖区改革要回应这些情况。同时,还要回应当事人请求检察机关对海事、知识产权等专门审判进行法律监督的诉求。以海事审判为例,根据海事诉讼程序适用民事诉讼法的规定,当事人可以请求检察机关进行法律监督,但实践中,检察机关对于此类请求基本不予受理,不利于降低当事人参与司法成本。

(二) 改革的具体举措

1. 分步推进检察司法管辖区与行政区适当分离

首先,由地一级检察院探索基层检察院司法管辖区与地方行政区的适当分离,解决司法权力运行的地方化问题。① 主要有以下三种方式:一是规范自侦案件异地指定管辖,实现基层检察院案件负担的均衡化。二是民事行政检察案

---

① 10多年前就有研究者指出,越是在地方,其干预司法的方式就越多,如通过级别管辖安排,借助两审终审制将案件最终决定权控制在地一级,参见肖金明:《关于司法体制改革的若干思考》,载《山东大学学报(哲学社会科学版)》2003年第5期。

件集中地级检察院统一管辖,克服地方保护主义,避免检察资源配置不当。①三是整合检察院内部机构,纵向减少层级,实行扁平化管理;横向减少机构,整合内部资源。②

其次,由省一级检察院探索地级检察司法管辖区与地方行政区的适当分离,推进专门检察院、检察决定执行的改革。主要有以下两种方式:一是在铁路运输检察院的基础上组建交通运输检察院,将铁路、航空、水运等运输领域的案件统一划归交通运输检察院管辖,③ 对海事法院审判活动进行诉讼监督,扭转其检察业务量逐年下滑趋势。二是改革检察决定执行模式,在检察人员分类管理、检察官办案责任制改革的基础上,优化检察司法警察队伍,探索由检察司法警察执行检察决定的新模式,并通过完善检察权运行的内部监督制约机制对执行情况进行质量控制。

最后,由最高人民检察院推进省一级检察司法管辖区与地方行政区的适当分离,与最高人民法院协商确定全国司法管辖区划问题,④ 实现中央事权的司法权在全国范围内统一运行,保证宪法法律的统一实施。

2. 系统推进检察保障的配套改革

在推动省以下地方检察院人财物统一管理的基础上,要实现检察院依法独立运行,还需要系统推进与检察保障配套的相关改革,主要有以下两方面:

一是强化党政领导干部的法治观念。省以下检察院人财物统管后,地方检察院的独立性有所强化,但是不排除地方党政领导通过省级检察院对下级检察院施压的情形,这对检察权运行的危害可能有甚于统管之前。对此,有研究者以法院为例指出,"(统管之前)对地方保护主义影响,法官尚可以司法专门技术抵制,若上下法院人财权物浑然一体,等级森严分明,令出如山,官大一级压死人,下级遁无可遁,唯仰上级鼻息诺诺而已。"⑤ 因此,地方党政官员

---

① 检察实践中,民行检察部门一年办案量不如公诉、批捕等部门人均办案量,即使普通检察院内部机构按上下一致设置或指定专人,基层检察院负责民行检察的检察官大部分精力用于处理其他检察事务。

② 参见殷泓:《检察监督:从分离中加强?——破解检察监督难题的湖北经验》,载《光明日报》2012年5月24日。

③ 参见阎敏才:《铁路运输检察制度改革创新若干问题研究》,载《人民检察》2011年第22期。

④ 关于法院司法区划的改革已有较多讨论,参见贺卫方:《司法区划的构思》,载《中国法律评论》2014年第1期;刘金生:《人民法院管理体制改革的几点思考》,载《法学研究》2002年第3期;章武生、吴泽勇:《司法独立与法院组织机构的调整(上)》,载《中国法学》2000年第2期。

⑤ 张明楷:《刑事司法改革的断片思考》,载《现代法学》2014年第2期。

应当树立法治思维，遵守政府"法无授权不可为"① 这一基本法律原则。

二是解决影响检察权独立行使的后顾之忧。由于地方检察院机关驻地仍在地方行政区，即使地方检察院人财物统管之后，仍不可避免地受到地方影响。对检察院而言，一方面是地方政府对检察院检察执法活动的协助问题，另一方面是地方政府在社会治理方面涉及检察院的机关管理问题。对检察官而言，则是其本人、家属、亲属日常工作、生活等现实问题。只有全面配套解决上述涉及检察执法协助、地方治理考核，以及检察官个人需要面对的就业制度、户籍制度、教育制度等系列问题，才能保证检察院依法独立公正行使检察权，才能保证检察官对案件的处理公正无私、不偏不倚。

---

① 李克强总理 2014 年 2 月 11 日在国务院第二次廉政工作会议上提出，对市场主体，是"法无禁止即可为"；而对政府，则是"法无授权不可为"。

地方人民检察院的设置与检察管理体制改革
——兼论《中华人民共和国人民检察院组织法》的修改

马 楠[*]

党的十八届三中全会通过的《中共中央关于全面深化改革若干重大问题的决定》(以下简称《决定》)明确了司法管理体制改革的具体任务,要"改革司法管理体制,推动省以下地方法院、检察院人财物统一管理,探索建立与行政区划适当分离的司法管辖制度,保证国家法律统一正确实施"。司法管理体制改革是司法机关依法独立公正行使司法权的制度保障,对于推进依法治国具有决定性意义。《决定》提出了两项司法管理体制改革任务:一是推动省以下地方法院、检察院人财物统一管理;二是探索建立与行政区划适当分离的司法管辖制度。笔者认为,上述两项司法管理体制改革归根结底是地方司法机关的设置问题。检察管理体制改革应在现行宪法框架内,通过修改人民检察院组织法的有关规定,完善地方检察院的设置,确保检察机关依法独立公正行使检察权。

一、地方人民检察院设置的法律分析

人民检察院依照宪法和人民检察院组织法的有关规定设置。完善地方检察院设置,推进检察管理体制改革,首先需要对宪法和人民检察院组织法的有关规定进行分析。

(一)关于宪法有关规定的分析

宪法第三章第七节"人民法院和人民检察院"专门规定了人民法院和人民检察院的设置。其中,第130条第1款规定:"中华人民共和国设立最高人民检察院、地方各级人民检察院和军事检察院等专门人民检察院。"第133条

---

[*] 天津市人民检察院公诉处副处长、检察员,全国检察理论研究人才。

规定："最高人民检察院对全国人民代表大会和全国人民代表大会常务委员会负责。地方各级人民检察院对产生它的国家权力机关和上级人民检察院负责。"分析上述规定，宪法条文关于地方检察院的设置包括三层含义：一是我国设立地方各级检察院；二是地方各级检察院由国家权力机关产生；三是地方各级检察院对产生它的国家权力机关和上级检察院负责。根据上述分析，地方检察院的设置至少包含两种可能的宪法模式：一是由同级国家权力机关产生，二是由上级国家权力机关产生。另外，宪法对于地方各级检察院的司法管辖区域未作规定。

宪法第101条第2款规定："县级以上的地方各级人民代表大会选举并且有权罢免本级人民法院院长和本级人民检察院检察长。选出或者罢免人民检察院检察长，须报上级人民检察院检察长提请该级人民代表大会常务委员会批准。"有观点认为，结合宪法第101条第2款和第133条的规定，地方各级检察院应由本级国家权力机关产生并对产生它的国家权力机关负责。笔者认为这种观点有待商榷。首先，从宪法结构看，第101条规定于宪法第三章第五节，是关于地方各级人民代表大会和地方各级人民政府的规定，不是关于地方检察院设置的规定。其次，从具体内容看，宪法第101条第2款应理解为地方各级人民代表大会对其产生的本级检察院检察长行使选举权和罢免权，也就是说，如地方人民代表大会产生了本级检察院，则检察长由其选举和罢免，这既是对人民代表大会权限的规定，也是对检察长职业保障的规定。如地方部分人民代表大会不产生本级检察院，与本条规定并无违背之处。笔者认为，宪法第101条第2款的规定不能得出地方各级检察院均由地方同级人民代表大会产生的结论。

综上所述，从宪法规定考察，地方各级检察院可以由同级人民代表大会产生，也不排除由上级人民代表大会产生。

（二）关于人民检察院组织法有关规定的分析

人民检察院组织法第2条规定："中华人民共和国设立最高人民检察院、地方各级人民检察院和军事检察院等专门人民检察院。地方各级人民检察院分为：（一）省、自治区、直辖市人民检察院；（二）省、自治区、直辖市人民检察院分院，自治州和省辖市人民检察院；（三）县、市、自治县和市辖区人民检察院。省一级人民检察院和县一级人民检察院，根据工作需要，提请本级人民代表大会常务委员会批准，可以在工矿区、农垦区、林区等区域设置人民检察院，作为派出机构。专门人民检察院的设置、组织和职权由全国人民代表大会常务委员会另行规定。"第10条规定："最高人民检察院对全国人民代表大会和全国人民代表大会常务委员会负责并报告工作。地方各级人民检察院对本级人民代表大会和本级人民代表大会常务委员会负责并报告工作。最高人民检察院领导地方各级人民检察院和专门人民检察院的工作，上级人民检察院领导下级人民检察院的工作。"结合宪法第133条"地方各级人民检察院对产生它的国家权力机关和上级人民检察院负责"的规定，分析人民检察院组织法的规定，应包含三层含义：一是地方各级检察院的设置要与省、自治区、直辖市和自治州、省辖市以及县、市、自治县、市辖区三级行政区划相对应；二是地方各级检察院对本级人民代表大会和本级人民代表大会常务委员会负责并报告工作，即地方各级检察院由本级人民代表大会产生；三是地方各级检察院由本级国家权力机关产生，其司法管辖区域当然与本级国家权力机关对应的行政区划重合。

（三）宪法规定与人民检察院组织法规定的比较分析

从上述对宪法和人民检察院组织法有关规定的分析可以看出，在地方检察院的设置方面，两法规定差异较大，主要体现在以下两个方面：一是在地方检察院设置主体上存在差异。宪法规定地方检察院向产生它的国家权力机关负责，而人民检察院组织法将这一规定具体化为地方检察院对本级人民代表大会和人民代表大会常务委员会负责并报告工作，实际上收窄了宪法含义，排除了地方检察院由上级国家权力机关产生的可能性。二是地方检察院司法管辖区域与行政区划的关系不一致。宪法对于地方检察院的司法管辖区域没有明确规定，应理解为司法管辖区域可以与行政区划相一致，但也不排除与行政区划相分离。而按照人民检察院组织法的规定，地方检察院由本级人民代表大会产生，其司法管辖区域只能与相应的行政区划一致，排除了与行政区划相分离的可能性。分析宪法和人民检察院组织法的规定，可以看出作为下位法的人民检察院组织法选择了地方检察院设置的宪法模式之一，而排除了另一种宪法模式的可能性，应本着保障检察机关依法独立公正行使检察权的原则，在宪法框架下进行修改。

二、地方检察院设置的应然模式

推进检察管理体制改革，需要在宪法框架内对人民检察院组织法进行修改，改革地方检察院设置模式，在此基础上进行地方检察院人财物管理体制改革和司法管辖区域改革。

（一）地方检察院设置模式改革

目前，我国地方检察院采取由同级人民代表大会产生、司法管辖区域与行政区划一致的设置模式。这种模式曾经发挥了积极作用，检察机关恢复重建以来地方党委对检察工作给予了充分的支持，但按照依法治国的要求，无论从制度设计层面还是实践操作层面,这种模式越来越暴露出明显的缺陷。在制度设计层面,"我国是单一制国家,司法职权是中央事权"。① 检察机关作为法律监督机关,重要职责之一就是维护全国人大及其常委会制定的法律在全国范围内统一正确实施。如果地方检察院由地方国家权力机关产生,其行使职权必然受到地方意志的影响,难以切实遵从法律所体现的全国人民的意志。在实践操作层面,"近年来,社会上反映比较多的是司法机关的人财物受制于地方,司法活动易受地方保护主义的干扰,影响法制统一,损害司法权威"②。无论从制度设计层面还是从实践操作层面分析,地方检察院的设置模式均应向宪法允许的另一种地方检察院设置模式转变,即地方检察院由上级国家权力机关设置。

"考虑到我国将长期处于社会主义初级阶段的基本国情,将司法机关的人财物完全由中央统一管理,尚有一定困难。应该本着循序渐进的原则,逐步改革司法管理体制,先将省以下地方人民法院、人民检察院人财物由省一级统一管理。"③ 据此,笔者认为在目前情况下修改人民检察院组织法,应采取由省级人民代表大会设置地方各级检察院的模式。同时,考虑宪法第132条第2款"最高人民检察院领导地方各级人民检察院和专门人民检察院的工作,上级人民检察院领导下级人民检察院的工作"的规定和我国两审终审制的诉讼架构,可以采取以下地方检察院设置方案:在地方设置省级检察院、省级检察院分院和基层检察院三级检察院,其中,省级检察院由省级人民代表大会产生;省级检察院分院由省级检察院报最高检察院批准后,由省级检察院提请省级人民代表大会批准设置;基层检察院由省级检察院提请省级人民代表大会批准设置,并报最高检察院备案。省级检察院分院、基层检察院均为省级检察院的派出机构。

(二) 地方检察院人财物管理体制改革

1. 地方检察院人事管理体制改革

现行地方检察院人事管理体制是"双重领导,以地方为主",由地方党委主管,上级检察机关党组协管。地方各级检察院检察长、副检察长任命的提名权主要由地方党委掌握。上级检察院虽为"双重"管理之一方,但实际上难以有效对下级检察院的领导干部进行管理。④ 笔者认为,按照《决定》"推动省以下地方法院、检察院人财物统一管理"的要求,在人民检察院组织法修

---

① 孟建柱:《深化司法体制改革》,载《法制日报》2013年11月26日。
② 孟建柱:《深化司法体制改革》,载《法制日报》2013年11月26日。
③ 孟建柱:《深化司法体制改革》,载《法制日报》2013年11月26日。
④ 鄢改言:《强化检察机关上下级领导关系》,载《检察日报》2004年12月8日。

改前，可以采取"双重领导，以上级检察机关为主"的地方检察院人事管理体制，即省级检察院领导班子仍按照现行人事管理体制进行管理，其他地方各级检察院检察长、副检察长人选由上级检察院党组行使提名权，征得地方党委同意后，按照法律规定进行任命，即检察长由本级人民代表大会选举产生并由上级检察院检察长提请该级人大常委会批准任命，副检察长由检察长提请本级人大常委会批准任命。在此基础上，省级检察院统一掌握全省检察人员编制，基层检察院招录工作人员由省级检察院统一组织，上级检察院工作人员从下级检察院遴选，省级检察院通盘考虑上下级院、同级院之间的检察人员交流，初步实现省以下检察院人事统一管理。

地方检察院由省级人民代表大会设置后，地方检察院的人事管理由省级检察院负责。在党内，突出检察权的中央事权特征，规定最高检察院党组协助中央组织部管理省级检察院检察长；省级检察院副检察长人选的提名权最高检察院党组和省级党委均可行使，一方提名需征得另一方的同意；省级检察院党组协助省级党委管理省级检察院分院领导班子成员；基层检察院领导班子成员由省级检察院党组管理。同时，在人民检察院组织法中规定，省级检察院检察长由省级人民代表大会选举产生或者罢免，由最高检察院检察长提请全国人大常委会批准；省级检察院副检察长、检察委员会委员、检察员和分院、基层院检察长、副检察长、检察委员会委员、检察员由省级检察院检察长提请省级人大常委会任免，地方各级检察院的助理检察员由本院检察长任免。

2. 地方人民检察院经费管理体制改革

在"分级负责、分级管理"的财政管理体制下，检察经费主要由同级财政保障。在最高检察院和地方党委、政府的共同努力下，地方检察经费保障水平随着经济发展不断提高。但按照这一体制，经费安排各地差异较大，至少突出表现在两个方面：一是检察人员收入差距过大。省级区域内，由于财政状况不一，虽然工作内容相同，但有的地方检察人员工资水平较高，有的地方检察人员工资水平较低，最大差距数以倍计。有的地方因财政困难甚至限制了检察机关人员招录，工资水平较低地区检察机关的人均办案量高于甚至数倍于工资水平较高地区检察机关人均办案量的情况也不是个别现象。二是检务保障水平不平衡。办公办案经费等基本经费各地标准不一，专项经费受地区财政状况差异的影响更大，造成同级检察机关之间软、硬件等基础设施建设水平参差不齐。

现行人民检察院组织法中未对检察院的经费保障作出规定。笔者认为，为确保检察机关依法独立公正行使检察权，可以借鉴修改刑事诉讼法中增加规定证人因履行作证义务而支出的费用由同级政府财政保障的立法例，在修改人民检察院组织法中增加规定检察机关的经费保障。在地方检察院由省级人民代表大会设置的基础上,应在人民检察院组织法中明确地方检察院的经费由省级财政负责保障,即实行检察系统财政单列,纳入省级政府总预算,由省级人大审议、批准,划拨省级检察院统一下达使用。省级检察院应做好支出预算的编制工作,解决好经费保障,同时将预算执行情况作为向省级人大报告工作的内容之一,接受人大对经费使用情况的监督。一是统一检察人员工资标准。应根据行政职务、行政职级和法律职务、检察官等级及任职时间统一省内检察人员工资标准。"从职业特点看,法官、检察官既要精通法律专业知识,又要有一定的工作经验和社会阅历,只有通过国家司法资格考试和公务员考试,并从事一段时间的法律工作,才能被任命"①,因此应适当提高检察官工资水平,在省内检察人员平均工资水平至最高工资水平之间确定工资水平,积极向最高工资水平靠拢,在省内统一实施。二是根据实际工作需要和基础设施建设水平确定拨付经费,促进地方检察院建设的均衡发展。特别是对于财政状况相对落后、历史上硬件建设相对较差的基层检察院给予倾斜,确保在省级区划内各基层检察院在办案设备、硬件保障方面基本处于同一水平,为不同地区提供相类似的司法公共产品。

(三)地方检察院司法管辖区域改革

地方检察院司法管辖区域与行政区划相分离,更能体现出地方检察院是国家设在地方代表国家行使检察权的检察院,而不是地方的检察院,可以在人财物管理体制层面上打破地方检察院与地方利益与共格局的基础上,进一步有效隔断地方检察院与地方利益在观念、心理层面的联系,并在一定程度上解决检察官跨地区交流力度不足的问题,更彻底地避免地方意志、熟人关系对检察机关依法独立公正行使检察权的负面影响,确保检察机关维护国家法律在地方上的正确实施。只有在地方检察院由上级国家权力机关产生的前提下,建立与行政区划适当分离的司法管辖制度才具有可能性,否则地方检察院的司法管辖区域只能与产生它的同级国家权力机关相对应的行政区划相一致。关于与行政区划相分离的司法管辖制度,理论界曾进行过探讨,其中相对具体的观点集中于在省级检察院之上再设立一级检察院,或者将省级检察院改造为管辖数个省级行政区划的检察院,主要着眼于最高一级的地方检察院的司法管辖区域与省级

---

① 孟建柱:《深化司法体制改革》,载《法制日报》2013年11月26日。

行政区划的分离。① 实际上,基层检察院是检察工作的基础,② 大多数案件在基层,基层检察院司法管辖区域与行政区划的适当分离是地方检察院司法管辖区域改革的根本。在人民检察院组织法的修订中,应在确定地方检察院由省级人民代表大会设置后,对基层检察院司法管辖区域调整提出原则性要求。笔者认为,建立与行政区划适当分离的司法管辖制度,应兼顾依法独立公正行使检察权和满足社会需要,充分考虑与现行管辖制度衔接,积极稳妥划分司法管辖区域。

1. 调整基层检察院司法管辖区域的原则

(1) 适当分离原则

目前,基层检察院的管辖区域为所在的县、市、自治县和市辖区的行政区划。调整基层检察院的司法管辖区域既要与县、市、自治县和市辖区的行政区划相分离,又要确保管辖区域明晰,相互之间界线分明,易于为人民群众了解、接受。为此在划定基层检察院司法管辖区域中,既要与县、市、自治县和市辖区这一级行政区划适当分离,又不宜另起炉灶完全抛开行政区划设置司法管辖区域。

(2) 相互衔接原则

基层相应法院和检察院的司法管辖区域应保持一致,人民检察院组织法的修改应与人民法院组织法的修改同步进行。同时,应考虑与公安机关及其派出所等侦查办案单位、司法行政机关及其司法所等刑罚执行、人民调解单位的衔接,保证诉讼流程顺畅。

(3) 方便诉讼原则

检察机关负责审查起诉、职务犯罪案件侦查和刑事、民事、行政诉讼监督,管辖区域不仅涉及自身工作效率和司法成本,还关系诉讼参与人诉讼成本。应根据基层检察院所在地就近确定管辖区域,方便当事人诉讼,同时保证检察工作效率,降低司法成本。

(4) 平衡办案原则

目前,各基层检察院人均办案量差距较大。应考虑不同区域人口数量、案

---

① 最高人民检察院于 2004 年 8 月举办了"检察改革暨《人民检察院组织法》修改专家论证会",与会的贺卫方、黄永庆、王振民等专家阐述了上述观点。参见高检研:《"检察改革暨〈人民检察院组织法〉修改专家论证会"纪实》,载《检察论丛》(第 10 卷),法律出版社 2005 年版,第 35 页、第 52 页、第 69 页;参见陈云生:《论检察一体化建制和管理模式的创新》,载《法治研究》2013 年第 8 期。

② 据 2011 年 10 月统计数字,全国共有基层检察院 3205 个,基层检察人员 176600 余人,分别占总数的 88% 和 74%。参见最高人民检察院《关于加强人民检察院基层建设促进公正执法工作情况的报告(摘要)》,载《检察日报》2011 年 10 月 26 日。

件量进行司法管辖区域划定,争取省级范围内各基层检察院人均办案量基本持平。

(5) 成本经济原则

检察管理体制改革应充分考虑改革成本,争取用最小的付出、最平稳的过渡实现改革目的。司法管辖制度改革应立足于对现有基层检察院管辖区域的调整,原则上不考虑通过对现有基层检察院增设、合并的方式实现司法管辖与行政区划的适当分离,即保持基层检察院数量与县、市、自治县、市辖区一级行政区划的数量基本持平。采取这一原则,可以充分发挥现有司法资源的效能,不需要在人财物上付出额外成本,不会造成司法资源的浪费。

2. 调整基层检察院司法管辖区域的设想

综合考虑以上原则,笔者认为应以街、乡、镇为单位划定司法管辖区域。街、乡、镇作为最小单位的行政区划,其区域范围已有明确划定,以街、乡、镇为单位有利于清晰划定司法管辖区域,并为社会大众所了解、接受。另外,公安机关派出所、司法行政机关司法所设置与街、乡、镇一致,以街、乡、镇为单位重组司法管辖区域,有利于与侦查机关、人民调解机关、刑罚执行机关刑事诉讼环节的衔接。

以天津市河北区检察院辖区为例,天津市河北区现设十个街,分别是新开河街、铁东路街、建昌道街、鸿顺里街、宁园街、望海楼街、王串场街、江都路街、月牙河街、光复道街(见图1),人口62万。[①] 与河北区相邻的红桥区现设十个街,分别是双环邨街、咸阳北路街、丁字沽街、西于庄街、西沽街、邵公庄街、三条石街、芥园道街、大胡同街、铃铛阁街(见图2),人口56万。[②] 河北区检察院所在的河北区鸿顺里街,与红桥区相邻(见图3)[③]。可以考虑将与鸿顺里街临近的红桥区三条石街(48105人)、大胡同街(29123人)划归现河北区检察院管辖,将与鸿顺里街距离较远的月牙河街(80891人)划归其他院管辖。[④] 调整后的河北区检察院管辖区域人口数量与调整前基本持平,预计案件量将保持目前水平。

---

① 区划图、人口数量来源:http://www.jiady.com/quhua/12tj/0106hq.htm。
② 区划图、人口数量来源:http://www.jiady.com/quhua/12tj/0106hq.htm。
③ 区划图来源:http://www.jiady.com/quhua/12tj/12000c_06zfj.gif。
④ 人口数量来源:http://www.jiady.com/quhua/12tj/0106hq.htm 和 http://www.jiady.com/quhua/12tj/0105hb.htm。

图 1　天津市河北区行政区划图

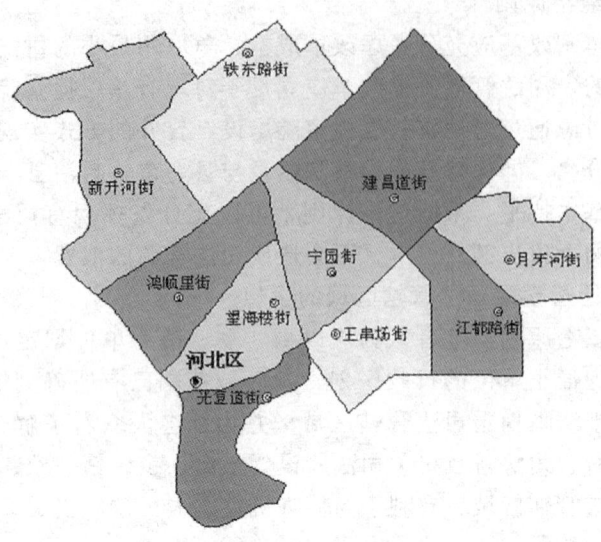

图 2　天津市红桥区行政区划图

图 3　天津市区行政区划图

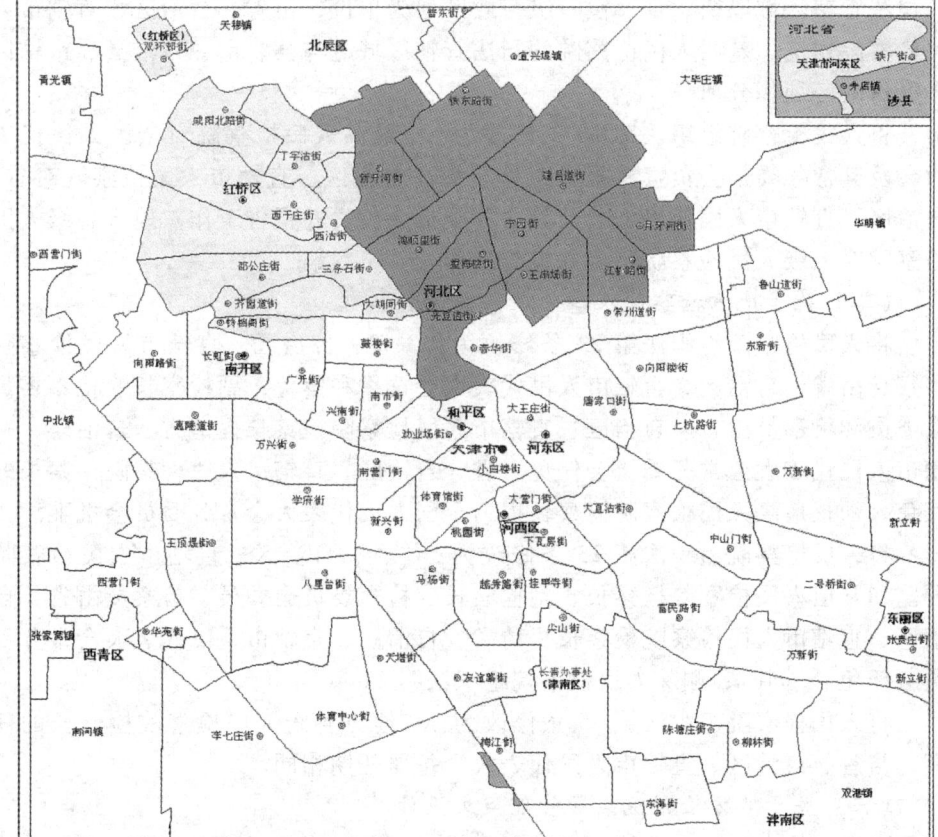

三、修改人民检察院组织法条文设计

（一）关于地方检察院设置条文设计

将人民检察院组织法第 2 条第 2 款修改为："地方各级人民检察院分为：（一）省、自治区、直辖市人民检察院；（二）省、自治区、直辖市人民检察院分院；（三）基层人民检察院。"增设第 3 款："省、自治区、直辖市人民检察院分院由省、自治区、直辖市人民检察院报最高人民检察院批准后，由省、自治区、直辖市人民检察院提请省、自治区、直辖市人民代表大会批准设置。"增设第 4 款："基层人民检察院由省、自治区、直辖市人民检察院提请省、自治区、直辖市人民代表大会批准设置，并报最高人民检察院备案。"增设第 5 款："省、自治区、直辖市人民检察院分院、基层人民检察院均为省、自治区、直辖市人民检察院的派出机构。"

在人民检察院组织法第 2 条后增加一条,作为第 3 条:"基层人民检察院的司法管辖区域以街、乡、镇一级行政区划为单位,由省、自治区、直辖市人民检察院划定。基层人民检察院的司法管辖区域应与县、市、自治县和市辖区一级行政区划相分离。"

将人民检察院组织法第 10 条修改为:"最高人民检察院对全国人民代表大会及其常务委员会负责并报告工作。省、自治区、直辖市人民检察院对省、自治区、直辖市人民代表大会及其常务委员会负责并报告工作。地方各级人民检察院对上级人民检察院负责并报告工作。"

(二)关于地方检察院人事管理条文设计

将人民检察院组织法第 22 条修改为:"省、自治区、直辖市人民检察院检察长由省、自治区、直辖市人民代表大会选举和罢免,副检察长、检察委员会委员和检察员由省、自治区、直辖市人民检察院检察长提请省、自治区、直辖市人民代表大会常务委员会任免。省、自治区、直辖市人民检察院检察长的任免,须报最高人民检察院检察长提请全国人民代表大会常务委员会批准。"

将人民检察院组织法第 23 条修改为:"省、自治区、直辖市人民检察院分院和基层人民检察院检察长、副检察长、检察委员会委员、检察员由省、自治区、直辖市人民检察院检察长提请省、自治区、直辖市人民代表大会常务委员会任免。"同时,删除人民检察院组织法第 24 条[①]。

将人民检察院组织法第 25 条修改为:"地方各级人民检察院检察长的任期,与省、自治区、直辖市人民代表大会每届任期相同。"

(三)关于地方检察院经费管理条文设计

在人民检察院组织法第一章总则中增加一条,作为总则的最后一条:"地方各级人民检察院经费预算由省、自治区、直辖市人民检察院编制,纳入省、自治区、直辖市人民政府总预算,由省、自治区、直辖市人民代表大会审议,划拨省、自治区、直辖市人民检察院统一下达使用。省、自治区、直辖市人民检察院应将预算执行情况作为检察工作报告的内容之一,接受省、自治区、直辖市人民代表大会及其常委会对经费使用情况的监督。"

---

① 人民检察院组织法第 24 条规定:"省一级人民检察院和县一级人民检察院设置的工矿区、农垦区、林区人民检察院检察长、副检察长、检察委员会委员和检察员,均由派出的人民检察院检察长提请本级人民代表大会常务委员会任免。"

并案侦查制度在反贪工作中的适用与完善

刘光圣[*]　林文新[**]

查办贪污贿赂犯罪，常常涉及非国家工作人员犯罪或国家工作人员非职务犯罪，研究在反贪工作中并案侦查相关联案件的制度，就是为了检察机关更好地履行法律监督职责，更加有效地打击犯罪，惩治和预防腐败。

一、并案侦查制度的法理基础

并案侦查制度不仅涉及公安、检察机关之间，也涉及同一机关的不同侦查部门之间。

（一）并案侦查制度的概念

并案侦查是指侦查机关对于相继发生的系列案件合并起来统一进行侦查。并案侦查制度是指司法机关为了及时查清犯罪，将相关联的犯罪嫌疑人、犯罪案件一并进行侦查的机制。人民检察院、公安机关可以在其职责范围内并案处理具有下列情形之一的案件：一人犯数罪的；共同犯罪的；共同犯罪的犯罪嫌疑人、被告人还实施其他犯罪的；多个犯罪嫌疑人、被告人实施的犯罪存在关联，并案处理有利于查明案件事实。并案侦查在实践中对于公安机关、检察院具有不同的意义。对于公安机关而言，并案侦查意味着对相继发生、存在内在联系的系列刑事案件合并起来统一进行侦查，也可能是几个公安机关都有权管辖的刑事案件，由最初受理的公安机关或主要犯罪地的公安机关并案侦查，或将涉及人民检察院管辖的案件并由侦查主罪的公安机关侦查；对于检察院而言，并案侦查主要是指将与职务犯罪相关联的其他案件一并由检察机关侦查，意味着可以对原本应由其他检察院管辖的职务犯罪案件通过提办、交办、指定管辖合并立案、并案侦查，也意味着可以对应由公安机关侦查的案件合并立案及侦查。

---

[*] 湖北省荆门市人民检察院党组书记、检察长。
[**] 湖北省荆门市人民检察院检察委员会专职委员，全国检察理论研究人才。

(二) 我国并案侦查制度的演进

据考，在我国古代诉讼活动中就有并案侦查措施的运用，如宋代桂万荣编撰的《棠阴比事》、明代的《包公案》中都有并案侦查案例的故事。① 新中国成立之后，我国刑事侦查工作在学习苏联、总结自身经验的基础上，推进并案侦查制度在实践中逐步完善、发展起来。1979 年 7 月 1 日第五届全国人民代表大会第二次会议通过的刑事诉讼法第 13 条第 2 款规定："贪污罪、侵犯公民民主权利罪、渎职罪以及人民检察院认为需要自己直接受理的其他案件，由人民检察院立案侦查和决定是否提起公诉。"这一规定已经包含了可以将关联案件并案侦查的基本含义。1996 年刑事诉讼法第 18 条对管辖模式进一步明确，对于并案侦查方式避而不提，反映出法律谨慎限制和规范检察权的情况，其因当时侦查、免诉等检察权日渐扩张趋势。1998 年 1 月 19 日最高人民法院、最高人民检察院、公安部、国家安全部、司法部、全国人大常委会法制工作委员会《关于刑事诉讼法实施中若干问题的规定》也限制了检察机关并案侦查方式，而以检察院、公安机关的相互配合代替之。但是，实践中检察机关对并案侦查有着紧迫要求，2000 年 9 月 25 日最高人民检察院颁布《关于加强渎职侵权检察工作的决定》第 9 条第 2 款明确规定："对重特大渎职犯罪案件所涉及的必须及时查清的案件，经上级检察机关同意，可以并案侦查。"2010 年 12 月 21 日，中办发〔2010〕37 号文件转发了中央纪委、最高人民检察院等九部门制定的《关于加大惩治和预防渎职侵权违法犯罪工作力度的若干意见》，明确提出要"整合检察机关内部资源，形成惩治渎职侵权犯罪的合力，在查办职务犯罪中对涉及的渎职侵权、贪污贿赂犯罪要并案查处"，至此，"贪渎并查"成为更多实务部门的共识。作为刑事诉讼的基本法律——刑事诉讼法到 2012 年 3 月再修改，对侦查管辖权仍保持 1996 年刑事诉讼法的规定，只明确"对于国家机关工作人员利用职权实施的其他重大的犯罪案件，需要由人民检察院直接受理的时候，经省级以上人民检察院决定，可以由人民检察院立案侦查"，不提及并案。2012 年 10 月修改的《人民检察院刑事诉讼规则（试行）》、12 月最高人民法院、最高人民检察院、公安部、国家安全部、司法部、全国人大常委会法制工作委员会《关于实施刑事诉讼法若干问题的规定》（以下简称"六部委规定"）作为司法文件，比较明确地规定了并案处理案件的情形。上述这些规定是确立检察机关并案侦查机制的基础。

(三) 并案侦查是检察机关打击犯罪的必然

单纯按照现行刑事诉讼法有关职能管辖的规定，以不同侦查机关分别接力

---

① 参见柳玉祥、赵光全：《并案侦查的原理和方法》，中国政法大学出版社 2013 年版，第 12 页。

查办关联犯罪案件，可能因查处的重心不同而出现证据割裂、衔接不畅等问题，已经不能适应当今普通刑事犯罪与职务犯罪交换穿插的办案需要，检察机关遵循有关司法文件进行并案侦查探索已经绕不过现实。一是犯罪的复杂性对检察机关并案侦查提出了要求。随着经济社会的快速发展，职务犯罪案件呈现出犯罪形态趋向复杂化，犯罪主体趋向多元化、犯罪手段趋向隐蔽化的发展态势，检察机关时常立案侦查贪污贿赂和渎职侵权职务犯罪须在查明关联的其他犯罪后才能认定，而这些"案中案"或"原案"，往往是涉及非国家工作人员犯罪或国家工作人员非职务犯罪。二是贪污贿赂犯罪主体特殊性决定了并案侦查的适用。贪污贿赂犯罪是国家工作人员的高智能犯罪，其犯罪主体的社会关系复杂，反侦查能力比较强，对于其关联犯罪如果不能在立案侦查贪污贿赂案件时及时得到并案查处，极容易打草惊蛇出现串供、伪证、转移赃款和毁灭证据等，影响职务犯罪的成立和查处难度。同时，关联犯罪案件后面有许多隐藏着警察的职务犯罪，若由警察查清"案中案"或"原案"就等于证实其自己犯罪，不由检察机关并案侦查关联案件，不利于及时处理案件和发现犯罪线索深挖余罪。三是并案侦查是解决贪污贿赂犯罪查处瓶颈现实选择。检察机关对关联的非职务犯罪并案侦查，能够有力排除干扰，可以最大限度地综合分析犯罪信息，研究犯罪手段、规律，可以利用调取的关联案件证据进行多方印证、还原案情，有助于提高诉讼效率，增强突破案件的能力，准确地适用法律。

二、反贪工作中适用并案侦查有待进一步解决的问题

在反贪工作中适用并案侦查制度，尽管有一些法律依据和实践探索，但仍然存在缺陷，值得研究并予以完善。

（一）并案侦查权的法律规定仍需进一步明确

根据"六部委规定"，公安机关、检察机关为了查清犯罪案件事实、完善关联证据，在确有必要的前提下，都可以将其他机关管辖的刑事案件与本机关管辖的刑事案件并案侦查。但是，已经修改的刑事诉讼法并未对侦查管辖进行修改，因此，并案侦查在法学理论界存在争议、在司法实务界遭到质疑。[①] 人们认为这些司法文件的效力有限，且更多的是强调查办渎职侵权犯罪需要并案的情形，而规定反贪工作适用并案侦查则很少，还认为，"检察院在侦查职务

---

① 1991年4月《人民检察院侦查贪污贿赂犯罪案件工作细则（试行）》第9条，规定了行贿、受贿案件并案处理管辖问题。

犯罪案件时,不得对本属于公安机关立案侦查的案件进行并案侦查"[1]。

(二)并案侦查制度建立的理论准备不足

一方面,并案侦查的实践已经走在了理论前面,虽经司法实践探索多年,但并没有推动相关法典明确立法,即便是检察工作规范,也多在规定渎职侵权案件的并案侦查,而对查办贪污贿赂案件并案侦查的规定不够,存在制度研究不均衡现象。另一方面,立法与司法在并案侦查制度的构建上缺少必要的探讨、论证和充分解释。"六部委规定"第1条规定:"公安机关侦查刑事案件涉及人民检察院管辖的贪污贿赂案件时,应当将贪污贿赂案件移送人民检察院;人民检察院侦查贪污贿赂案件涉及公安机关管辖的刑事案件,应当将属于公安机关管辖的刑事案件移送公安机关。在上述情况中,如果涉嫌主罪属于公安机关管辖,由公安机关为主侦查,人民检察院予以配合;如果涉嫌主罪属于人民检察院管辖,由人民检察院为主侦查,公安机关予以配合。"什么是主罪,这里不仅没有说明,而且,这样定义也不一定科学。从认识层面讲,对于不同的侦查主体、不同的侦查阶段,都会有不同的认识;从实践层面讲,侦查活动是逐一查明犯罪事实的过程,何为主罪,可能是变化的,立案时不是主罪的案件在侦查过程中可能发展为主罪,还可能出现反复,既可能出现反复来回移送案件,也不能解决量刑相同的关联案件怎么确定管辖的问题。"六部委规定"第3条又规定,人民检察院、公安机关可以在其"职责范围内"对关联案件并案处理。这里"职责范围内"怎么理解?有的认为"职责范围"应当根据刑事诉讼法第3条规定把握,"并案管辖虽然可以突破法定的地域管辖和级别管辖制度,但不能突破职能管辖和专门管辖制度的规定"[2]。有的则认为,2012年10月修改的《人民检察院刑事诉讼规则(试行)》第12条规定"人民检察院可以对相关犯罪案件并案处理",并没有规定职能管辖和专门管辖的限制,说明对关联案件并案侦查是人民检察院"职责范围"所在。

(三)并案侦查模式增加了监督制约难度

1. 面临检察权的扩张。职务犯罪案件侦查具有监督权的本质,如果普通刑事案件一并由检察机关侦查,法律监督在客观上就成了问题。检察机关只有在"确有必要"的特殊情况下并案普通刑事案件,才与现行的法律监督体制不相矛盾。当前,有的检察院迫于办案数量的压力,把可以不并案的并案了,有的并案侦查的人数过多,查处一人并案多人,检察机关侦查权过于膨胀。虽

---

[1] 《刑事诉讼中的"并案管辖"解读》,载法律快车网,http://www.lawtime.cn/info/xingfa/xsss-fzs/201403212883370.html,2014年3月21日访问。

[2] 万毅:《解读"并案管辖"四个关键词》,载《检察日报》2014年3月5日第3版。

然有关规定将并案侦查决定权赋予省级院，但对这种决定权的监督不够，并案侦查关联案件的范围有扩大的趋势。

2. 存在可能放纵犯罪的问题。有的适用"并案侦查"措施的动力不够，案件是合并了，但侦查不力、不规范，甚至出现个别案件久侦不结；有的忽视深挖关联犯罪，对应当并案的不并案，使隐藏的数罪侦查为一罪，致使关联犯罪未得到处罚，又使国家工作人员因犯罪而造成的危害，没有得到客观、全面的评价，使可能从重或加重处罚的情节被忽略。

3. 功利化的风险增大。侦查机关往往对管辖的规定从自己功利性方面理解，认为侦查关联案件对自己有某种利益时，就容易把有管辖权的案件看成是涉嫌的"主罪"，力争把关联案件由自己为主侦查，甚至将关联的其他案件合并立案侦查。否则，就把关联案件中不属于本机关职能管辖的案件看作是涉嫌的"主罪"，将属于本机关职能管辖的关联案件撒手不管，努力推给他机关案件并案侦查，有时还出现协调配合的困难。

三、并案侦查制度在反贪工作中运行与矫正

由于对反贪工作中适用并案侦查的规定很少，使得检察人员在反贪工作实践中注重发现渎职犯罪及其他关联案件线索的观念不强，适用并案侦查的疑虑、不规范并存。

（一）要充分运用现行的法律规范

虽然刑事诉讼法没有明确并案侦查，但是我国宪法、刑事诉讼法都明确规定检察机关依法具有法律监督、侦查案件的基本职能，刑事诉讼法的精神以及大量的下位法，构建了反贪工作中运用并案侦查措施的重要法律依据。反贪工作中要深刻理解和把握这些现行法律的基本精神及其刑事诉讼规律、原则，保证准确及时地查明犯罪、惩罚犯罪分子。同时应当充分发挥省级院对下的领导作用，通过制定指导性文件和参办、督办或提办案件优势，整合力量，为下级院排除办案困难、阻力，优化资源配置、强化侦查手段，以适应新形势下并案侦查工作的需要。当前在反贪工作中要强化并案侦查意识，注重反贪中查渎职问题，发现应当并案查处的案件要大胆地并案。值得注意的是，刑事诉讼法未对检察机关适用并案侦查明文规定之前，反贪工作中运用并案侦查制度必须严格遵守最高人民检察院司法解释及其他有关规范性文件，把握有利于案件处理的原则，严格并案标准和审批程序，防止本位思想作怪，在适用、探索、总结、矫正、完善并案侦查运行中，推动并案侦查制度进一步立法。

（二）严格控制并案侦查适用的案件范围和条件

《人民检察院刑事诉讼规则（试行）》第 12 条第 2 款规定："对于一人犯

数罪、共同犯罪、多个犯罪嫌疑人实施的犯罪相互关联,并案处理有利于查明案件事实和诉讼进行的,人民检察院可以对相关犯罪案件并案处理。"这一规定中的"相互关联"、"有利于"、"可以"显然仍需进一步细化。关联到什么程度并案处理;有利于查明案件事实和诉讼进行,怎么把握,由谁说了算——决定、批准;究竟哪种情况下人民检察院可以不对相关犯罪案件并案处理呢?这些,目前并没有统一的认识。由于犯罪形态复杂交织,在反贪工作中适用并案侦查应当把握三个方面的关联性:一是关联案件是贪污贿赂犯罪行为造成的;二是正在被查处的职务犯罪嫌疑人本身牵涉的非职务犯罪;三是关联案件的非国家工作人员犯罪嫌疑人是职务犯罪的共犯。反贪工作中适用并案侦查,一般应将范围限制在与重特大职务犯罪有牵连、有利于查明职务犯罪和诉讼进行的案件,或者是对贪污贿赂案件成立具有重要影响等具有密切关联性,检察机关认为确有必要并案处理的案件,但是对于由检察机关查处可能对案件当事人不公的、存在报复可能的关联案件不能并案,如涉及职务犯罪的伪证罪不宜由检察机关侦查,防止将翻证的证人、辩护的律师传到检察院处理,否则,违背刑事诉讼法精神。

(三) 探索建立检察机关优先管辖机制

为避免检察机关与侦查机关在并案侦查实践中的矛盾,应当探索确立检察机关并案侦查优先管辖权,即检察机关在查明职务犯罪实施并案侦查与其他机关法定管辖产生冲突时,检察机关有权优先并案侦查案件,检察机关一旦决定并案侦查与职务犯罪有关联的案件时,有关案件的法定管辖机关即丧失对该案的立案侦查权,已经立案的,应当移送检察机关并案处理,先期收集的证据材料也要一并移送。职务犯罪的社会危害性和侦查难度较大,建立检察机关并案侦查优先管辖权机制,是履行检察职能的需要,有利于排除可能遇到的阻力、保护伞,进一步发现和深挖其他职务犯罪。

在检察机关并案侦查管辖优先的同时,如果明显发现关联的非职务犯罪案件能够分离由其他机关侦查的,应当从检察机关的并处中分离出去;对于职务犯罪案件基本事实已经清楚,基本证据已经确实、充分,关联案件移送法定侦查机关后也已不会影响职务犯罪案件查处、已经失去并案侦查必要性的,也应及时将非职务犯罪案件由检察机关移送法定管辖机关侦查,此前所收集到的证据材料应当一并移送。对于移送法定管辖机关继续侦查不被受理,或者虽属关联案件但检察机关认为没有并案必要而法定管辖机关不立案侦查的,检察机关应当依法进行侦查活动监督。

(四) 并案侦查阶段适用强制措施问题

1. 关于拘留措施。检察机关既然可以对关联案件并案侦查,就应当可以直接对关联案件的犯罪嫌疑人作出拘留决定。但是，由于刑事诉讼法对公安机关、检察机关受理案件的拘留期限规定不一样，那么对并案侦查案件犯罪嫌疑人的拘留执行就存在疑问。我们认为，检察机关并案处理的非国家工作人员犯罪或国家工作人员非职务犯罪案件，其犯罪的性质没有因为并案管辖的变化而改变，侦查的难度也没有多大变化，因此对于检察机关并案处理这类关联案件，作为其保障诉讼的强制措施——拘留的期限，应当按照刑事诉讼法关于公安机关管辖案件拘留期限的规定执行。

2. 关于逮捕程序。对于并案处理关联案件的犯罪嫌疑人审查逮捕按什么程序行使，目前各地实行不同。我们认为关联案件也应实行与职务犯罪案件审查逮捕相同的程序，因为关联案件是从有利于查清职务犯罪和诉讼进行而并案侦查的，立案、侦查都由检察机关实施，将需要逮捕犯罪嫌疑人关联案件报上一级人民检察院审查决定，有利于上级侦查监督部门更好地对全案进行审查和监督，有利于上级侦监部门发现和纠正并案侦查过程中存在的错误，审查决定逮捕的期限也应当适用检察机关对职务犯罪案件审查决定逮捕的期限规定执行。[①]

[①] 2013 年 10 月《湖北省检察机关执行〈关于省级以下人民检察院立案侦查的案件由上一级人民检察院审查决定逮捕的规定（试行）〉的实施细则》第 2 条规定，省级以下人民检察院并案侦查关联案件需要逮捕犯罪嫌疑人的，应当报请上一级人民检察院审查决定。

浅析以法治化手段反腐败的现实路径

冯天然[*]

党的十八大指出，要坚定不移反对腐败，永葆共产党人清正廉洁的政治本色。反对腐败、建设廉洁政治，是党一贯坚持的鲜明政治立场，是人民关注的重大政治问题。这个问题解决不好，就会对党造成致命伤害，甚至亡党亡国。习近平总书记在十八届中央纪委第二次全会上指出："要善于用法治思维和法治方式反对腐败，加强反腐败国家立法，加强反腐倡廉党内法规制度建设，让法律制度刚性运行。"这一科学论断，为推进新形势下反对腐败、建设廉洁政治指明了方向。

一、必须设置畅通的反腐体制和机制

我国目前实行的是多机构反腐的模式，反腐败机构主要包括纪检监察机关和检察机关。

我国的大部分腐败案件都是先由纪检监察机关进行内部监督发现的，由于纪检监察监督是内部监督，纪检监察机关在收集证据的方式和手段上必然受到严格的限制，只能运用部分调查取证的手段和内部强制措施，纪检监察机关由于调查手段的限制无法完全掌握涉嫌腐败的官员的全部情况，而检察机关在大多数情况下无法直接立案调查。因此，应当整合资源，对我国现有的反腐败资源进行有效整合，设立统一、权威的反腐败机构。例如，可以考虑借鉴我国香港特别行政区的做法，设置廉政署，统一负责腐败犯罪的教育、预防、查处工作，而检察机关则负责对腐败犯罪案件的审查起诉和对该类案件侦查、审判、执行的法律监督。

二、必须进一步完善并健全反腐败法律体系

虽然我国的反腐败法律体系已经基本形成，但仅仅具备了基本的框架，相

---

[*] 甘肃省武威市人民检察院法律政策研究室主任。

关的法律制度仍然不够完备，需要进一步提升法律法规的整体性和配套性水平，尤其是国家公务活动领域还缺少规范国家工作人员行为的相关法律，需要尽快纳入国家立法议程。

一是应当制定统一的反腐败专门法。反腐败法应当既是我国反腐败的一部基本法，又是一部综合性法律。通过立法，确立我国反腐败的整体方针、根本任务、基本原则、机制体制、主要制度等重大问题。明确预防与惩治、治标与治本，监督与查处、运作规则与一般程序等内容。

二是进一步完善有关反腐败的单行法。我国目前有关反腐败的规定主要散见于刑法、公务员法等法律之中，但公职人员财产申报、政务公开等与反腐败相关的专门单行性法律尚未制定，应当加强这些方面的立法工作。要从实际出发，健全覆盖全部权力及其运行全过程的制度，特别是在公务人员选拔、任用和考核评价环节，应建立防止吏治腐败的科学机制，不给潜规则和特权以生存空间，同时完善保障公民知情权、参与权、表达权和监督权的法律。有关对公职人员及其活动进行监督的法律也应纳入立法议程。

三是完善配套法规。反腐败是一个系统工程，不能仅局限于对腐败现象的监督和惩处，而且应当加强与公权力相关的立法工作，从制度上规范公权力的主体、行使、程序、监督、责任等，从源头上预防和抑制腐败。从法律层面看，要进一步加强反腐败的单行法律与条款的协调性、统一性，避免法律之间的相互冲突。

三、必须加强权力监督制约机制

权力是借助国家强制力控制、支配、影响他人的一种力量，法国伟大的启蒙思想家孟德斯鸠在《论法的精神》中曾指出："一切有权力的人，都容易滥用权力，这是一条亘古不易的经验。"英国剑桥大学教授艾克顿也曾说过："权力导致腐败，绝对的权力倾向于绝对的腐败。"由此可见，权力需要监督，不受任何制约和监督的权力必然导致腐败和滥用权力。当前，我国必须建立健全权力监督机制。

一是合理设置机构，形成权力制约关系。政府在权力运用过程中，审批权力过大，审批环节过多，权力运用不透明，以及缺乏对权力运用的监督制约，最容易产生腐败现象。解决的根本办法在于规范行政权力的运用程序，通过建章立制和法律法规，合理地调整权力关系，建立起对依法运用权力的监督制约机制，形成权力制约关系。建立监督制约机制离不开改革，应依据权力制约原理，调整部门职能分工，合理划分职责权限，形成部门之间、单位之间平等交叉监督制约的机制。如转变政府职能，减少审批环节和审批权力；实行集体办公，使办事过程公开化，透明化，减少个人因素对权力运行的不当干预。

二是要将领导机关和领导干部作为监督的重点。加强对党的领导机关和领导干部的监督，其本质内容就是对权力的监督制约，监督他们正确地行使权力，防止权力滥用。在党内，权力的实际运用，主要是交给党的领导机关和领导干部，领导机关和领导干部也就理所当然地成为党内监督的重点。他们能否正确地行使权力，不仅关系到一个地方和部门的全局，甚至关系到党和国家的兴衰。而且在执政条件下，执政党的地位很容易使一些领导机关、领导干部脱离群众，谋求私利，玷污手中的权力而诱发消极腐败现象。要通过加强对领导干部行使决策、人事等权力的监督，实现对其全方位、全过程监督。通过建立科学、民主、公开、透明的权力运行机制，克服"暗箱操作"为权力腐败创造条件。

三是积极推进司法改革，加强司法监督。司法监督是指人民检察院的法律监督和人民法院的审判监督。司法监督是事后监督，在惩治腐败中发挥着特殊作用。然而，由于司法机关在人事与经费上不独立，以及受行政干预与党委过问的影响，司法监督在惩治腐败上缺少应有的独立性。当前，应当把"建立垂直领导的司法体制作为改革的目标，改变司法机关现行的隶属关系、人事任免和经费拨付形式，实现审判、检察机关脱离地方制约而独立运行，以司法的相对独立推动和保障司法公正"，从权力源头上防止腐败。

四、必须严格依纪依法办案

为了树立法律的权威，保持法律的严肃性，任何措施或政策必须符合法律，破除法不责众观念，摒弃以功抵罪做法，绝不许以情乱法。落实法律面前人人平等原则，杜绝选择性查办，使"不论涉及到谁，都要一查到底"的要求成为实际行动，杜绝"失之于宽，失之于软"的现象。在这方面，新加坡的廉政经验对于我国有特殊的意义。根据新加坡的有关规定，公职人员如果贪腐哪怕被判坐牢一天，也将失去担任公务员的资格。而按照新加坡人的说法，公职人员有时候喝别人一杯咖啡，就有可能坐牢，一旦坐牢一天，就会失去所有养老金。新加坡之所以少有贪腐现象，很大一部分原因在于其对很小的贪腐处以相对较重的处罚，从而避免了"小洞不补，大洞吃苦"的恶果。

当前我们在反腐败工作中必须要坚持严打方针，坚决克服失之于宽和简单化的问题。人民法院要坚持从重从快原则，根据具体犯罪情节，对犯罪分子在法定刑幅度内从重掌握，并对犯罪分子的赃款赃物全面追缴，依法适用罚金、没收财产等附加刑罚，绝不让腐败分子在经济上占便宜。面对反腐败斗争的艰巨任务，执法者要加强职业道德建设，广大执法者必须廉洁从政，廉洁执法，要经受得住金钱、权力的考验，要大力倡导爱岗敬业无私奉献精神，培养一支具有崇高职业道德的执法队伍。

总之，反腐败是一项系统工程，需要实行综合治理，标本兼治，要充分发挥教育、监督、纪检监察、行政等手段的作用，但无论从社会的进步还是反腐败长远要求看，最终还是要靠法治，法治应该是核心手段、根本措施。在当前的反腐败工作中，我们既要坚持打持久战，也要打好歼灭战，始终保持惩治腐败的高压态势，既要打"老虎"，又要拍"苍蝇"，把权力关进制度的笼子里，不断推动反腐倡廉制度建设。

职务犯罪侦查模式转变研究

华东升* 李孔晶**

2012 年，修改后的刑事诉讼法和《人民检察院刑事诉讼规则（试行）》颁布实施，进一步完善了检察机关在侦查活动中可以依法决定使用指定居所监视居住措施以及根据侦查需要使用技术侦查手段、秘密侦查和控制下交付等措施，这些新规定既有对侦查措施和职能的强化，也有对侦查工作的新要求和新挑战，检察机关应当及时更新职务犯罪侦查理念，转变侦查模式，完善办案机制，以促进新形势下职务犯罪侦查工作的深入开展。

一、加强职务犯罪初查工作，为立案侦查创造开启良好的开端和坚实的基础

初查制度是检察机关查办职务犯罪的现实需要，必须对报案人、控告人、举报人以及其他知情人进行询问，了解核实有关证据材料，对案件有关情况进行初步核查，以保证立案质量。这种现实需要反映了在这个阶段进行初查的合理性与必要性。

（一）侦查工作重心前移，强化初查和外围调查工作

刑事诉讼法修改以后，对职务犯罪侦查办案程序标准规定要求更高、更严了，例如：第 33 条规定，犯罪嫌疑人自被侦查机关第一次讯问或者采取强制措施之日起，有权委托辩护人；第 37 条规定，辩护律师持律师执业证书、律师事务所证明和委托书或者法律援助公函可以会见犯罪嫌疑人、并不被监听，看守所必须及时安排会见；第 50 条规定，审判人员、检察人员、侦查人员必须依照法定程序，收集能够证实犯罪嫌疑人、被告人有罪或者无罪、犯罪情节轻重的各种证据。严禁刑讯逼供和以威胁、引诱、欺骗以及其他非法方法收集证据，不得强迫任何人证实自己有罪；第 54 条规定，采用刑讯逼供等非法方

---

* 安徽省淮南市人民检察院副检察长。
** 安徽省淮南市人民检察院反贪污贿赂局侦查二处副处长。

法收集的犯罪嫌疑人、被告人供述和采用暴力、威胁等非法方法收集的证人证言、被害人陈述，应当予以排除。收集物证、书证不符合法定程序，可能严重影响司法公正的，应当予以补正或者做出合理解释；不能补正或者做出合理解释的，对该证据应当予以排除。在侦查、审查起诉、审判时发现有应当排除的证据的，应当依法予以排除，不得作为起诉意见、起诉决定和判决的依据，等等。这对于职务犯罪侦查的形势来说更为严峻了，在有限的时间和侦查手段下，顺利查处日益复杂的职务犯罪案件成为一个亟待解决的难题。在这样的立法背景下，在侦查环节之前的初查工作就显得格外重要。只有在侦查环节之前做好线索的筛选和运用，掌握大量充足且程序合法的证据材料，才能从容应对辩护律师的介入和犯罪嫌疑人、证人可能出现的证据反复问题。职务犯罪侦查工作必须重心前移，将初查工作做细致，为后来的立案侦查工作打下良好的基础。

(二) 规范、正确地运用初查手段，实现有重点的突破

现阶段，我国的初查相当于英美法系的"任意性侦查措施"，它与法律明文规定的侦查措施不同。"任意性侦查措施"只要不违背现有法律的规定，就可以任意的实施。一般来说，只要初查的手段是合法的，那么通过初查方式取得的证据也是合法有效的。英美法系初查的手段有"同意搜查"、"同意扣押"等方式，这些在我国还没有得到运用。

修改后刑事诉讼法的新规定将很多原本属于侦查阶段应当解决的问题提到了立案之前，这要求职务犯罪侦查部门在初查阶段就要围绕案件线索进行仔细推敲研究、分析思考可能获取的案件信息和材料，来进行下一步的工作，为立案侦查后的方向、道路怎么走打基础、做准备。虽然初查是为下一步全面侦查做准备工作，被调查对象的涉嫌调查事实没有像侦查阶段那样相对明确，但是也不能"眉毛胡子一把抓"，泛泛而查，而要抓住重点，关注核心问题，从合理、有效、长远的角度来考虑和解决问题。不能被数量繁多、眼花缭乱的信息资料干扰了侦查思路，乱了方寸。要根据最初的分析研判和调查了解到的信息资料，作出判断，对于反映出来的成案可能性最大的一两件事实进行精细调查，通过对局部事实的扎实的调查工作，可以精确打击犯罪嫌疑人的犯罪事实，不仅为以后的立案侦查奠定坚实的基础，确定破案途径的方向，而且通过初查确定的犯罪事实可以在侦查阶段有把握的进行线索拓展，深挖窝案串案，提升办案效率，扩大办案效果。

(三) 开拓初查思路，突破传统初查瓶颈

根据《人民检察院刑事诉讼规则（试行）》的规定当前检察机关在初查阶段只能使用询问、查询、勘验、鉴定、调取证据材料等最基本的措施。初查阶

段的很多侦查手段受到限制,这样造成侦查人员很难直接获取案件的相关书证、物证,初查手段的科技含量低,大大影响了案件的成案率。因此,对于侦查人员来说,要克服初查阶段种种困难,就需要事前精心谋划,扬长避短,灵活运用侦查谋略。首先,侦查人员要做有心人,依据手中掌握的现有的信息资料主动出击,展开广泛的联系,从身边的街谈巷议、新闻报道、社会民情中了解获取信息线索,建立起检察机关内外部联系制度;其次,要提高挖掘信息资料的能力,对调查涉及的信息资料进行深度分析研究,对一些可疑问题追根求源、顺藤摸瓜,善于从细节打开缺口,了解到更多的案件有关联的信息情报,扩大发现问题的可能性。

二、重视审讯工作与案件信息资料的互动,做到"讯证并重、互证互促"

针对当前检察机关传统的职务犯罪侦查模式还处于侦查现代化水平不高,单纯依赖口供突破案件侦查方式依然占主导地位的状况,很多学者也提出"由供到证"职务犯罪侦查模式的种种弊端,主张职务犯罪侦查应当从"由供到证"向"由证到供"的全面转变,着重依靠收集证据来锁定被查对象的口供,认定犯罪嫌疑人的犯罪事实。这种观点对于避免发生刑讯逼供、产生冤假错案,保障犯罪嫌疑人人权有一定积极作用,但是针对现阶段我国职务犯罪发案特点和基层办案条件来看,摒弃口供,以"零口供"来认定犯罪事实只是一种理想状态,并不切合实际。职务犯罪侦查不能忽略口供的重要性,根据职务犯罪的特点,口供是能够直接反映职务犯罪事实的直接证据,对于确定侦查方向和认定犯罪事实起到至关重要的作用。要把侦查任务进一步细化,事先做好侦查预案,将侦查部门细分为突破组、讯问组、搜查组、取证组等具体办案小组,在审讯的过程中同时对涉案信息情报和相关证据进行全面收集,将收集到的信息和取到的证据及时与审讯组沟通交流,促进犯罪嫌疑人在短时间内做出真实的供述,再将口供对比收集的证据信息资料加以分析研判,确立下一步侦查方向,使收集到的案件信息资料和证据与口供相互推动,相互印证,达到"以证促供"、"以供验证"的侦查效果,这样可以在最短的时间内结束战斗,防止证据灭失,又能让犯罪嫌疑人及时认罪,在律师介入之前查清事实、掌握证据,提高职务犯罪的破案率。

三、加强职务犯罪侦查权的统一行使,创立侦查一体化的新模式

(一)现行侦查一体化体制存在的主要问题

1. 侦查权分散,侦查效率偏低。我国目前现行的法律规定职务犯罪侦查

权专属于检察机关行使,是承担职务犯罪侦查职能的主要机构,但实际上职务犯罪侦查权为分散于各个单行法规定的部门所行使,具体侦查职责在检察机关内部又细分由不同的部门担负,造成侦查权、初查权多头配置,侦查力量分散,侦查效率降低。除反贪污贿赂部门和反渎职侵权部门外,监所检察部门、民事行政检察部门也分担了部分初查或侦查职能。检察机关的这种由几个部门分别承担侦查职责的分散型分配体制,尽管在专门化侦查方面具有一定的优势,但是过细的部门划分,容易造成侦查力量分散,形成相互推诿或者相互争夺案件资源的状况。这个情况在反贪局和反渎职侵权局之间表现得更为明显,当今职务犯罪中贪污贿赂犯罪与渎职侵权犯罪相互交织的情况日益突出,大多滥用职权、徇私枉法等渎职犯罪背后往往都隐藏着行贿受贿等犯罪,使得反贪污贿赂与法纪检察这两个同属检察院的自侦部门工作交叉重复,容易导致职务犯罪线索的流失和造成办案人力和物力的浪费。不利于充分发挥职务犯罪侦查部门在侦查手段、技能、经验等方面的优势,从而降低了案件查办的质量和效率,不利于侦查一体化的实施。

2. 大要案指挥中心定位模糊,未能在侦查一体化中起到主导作用。设立侦查指挥中心,是侦查一体化在制度上的重要实现形式。但是在实践中,由于大要案指挥中心是各级检察机关在其组织机构内部设置的一个业务指导部门,在行政组织构架上并不是正式批准建制的机关部门,没有自上而下统一的职能,造成不同级别、不同地域的检察机关对其设置的大要案指挥中心的定位各不相同,且职能各异,对职务犯罪侦查权的行使权限也不同。大部分地区的大要案指挥中心都没有达到预期的效果。

(二)改进侦查一体化侦查机制,合理配置侦查力量,整合侦查资源

切实加强对职务犯罪侦查工作的统一领导,形成更加完善的侦查组织指挥体系。职务犯罪侦查一体化工作模式的顺利运行,必须以信息畅通、反应迅速、指挥有力的机构为载体。应当建立相对独立、职能明确的侦查一体化机构。侦查指挥中心设于该机构内部,统一执行该机构的指令,将原来单纯上下作战的纵向侦查格局变为上下左右密切配合的立体侦查格局。

1. 成立隶属于检察机关统一的职务犯罪侦查机构,建立起统一协调指挥侦查的长效机制。虽然法律规定职务犯罪侦查权专属于检察机关所有,但是职务犯罪侦查权在检察机关内部被划分到各业务部门,从而引起各业务部门之间的矛盾和配合不利,影响了侦查效率。要使职务犯罪侦查一体化工作模式更好地发挥效用,应当对目前这种侦查权分散行使的状况进行矫正,设立一个独立职务犯罪侦查部门,负责协调和指挥快速反应的机制。可以考虑在设立检察长直接领导下的职务犯罪侦查局,在业务上统一指挥反贪、反渎、侦查指挥、情

报信息、侦查技术、职务犯罪预防、法警等内设机构。职务犯罪侦查局作为宏观上的统一指挥机构，行使职务犯罪案件的举报、初查、侦查、组织指挥以及犯罪预防等职权，协调各个相关业务部门之间的联系与合作。

2. 进一步明确侦查指挥中心的地位和职责。首先，大要案侦查指挥中心必须明确一点，指挥中心围绕的核心是大要案，起到对大要案办理过程中的统一协调指挥作用，是业务上的指挥，并不是在组织机构上的"指挥"。因此侦查指挥中心要定位于职务犯罪侦查局下属的一个职能机构，不能单独凌驾于其他业务部门之上。其次，侦查指挥中心主要职能是配置合理、安全实用、互联互通的侦查指挥信息系统。一是建立线索管理库。将反贪案件线索统一集中管理，统一分析梳理。二是组建情报信息资料库。收集办案过程中积累的各种情报信息资料。三是建立侦查人才库。只是在办理一些涉及跨地区、跨部门的重特大案件和反贪、反渎互涉型职务犯罪案件时，才需要由侦查指挥中心统一行使侦查权，减少中转环节和干扰因素，提高职务犯罪案件的侦办效率和质量。另外，侦查指挥中心还可以根据办案需要参与一些个案指挥、专案侦查以及专项行动的指挥。

3. 检、技、警一体化。在实践当中，由于刑事法律对程序的规定越来越严格，在侦查中的讯问犯罪嫌疑人、执行搜查任务等过程中，侦查部门都需要法警部门的配合。同时，职务犯罪侦查涉及的技术侦查方面的工作，也需要技术部门的支持，安排具有司法会计能力、音视频技术的专门人员等辅助、服务侦查工作。而这三个部门在很多院是由不同领导分管，在协调过程时常由于审批程序烦琐，沟通不畅而产生分歧和误解，从而贻误战机，影响案件的办理。因此，应当将司法警察、侦查技术人员也应纳入职务犯罪侦查局统一管理，才能更好地发挥职务犯罪侦查部门的职能作用，也更有利于侦查工作的开展。

4. 加强检察机关与外部执法资源的整合。既要加强地方党政部门、上级检察院对职务犯罪侦查工作的领导，进一步理顺领导关系，还要加强与公安、纪检委、行政执法、银行如反洗钱监测、边控、海关以及媒体等联系协作，进一步提升整体侦查水平和查办案件能力。

四、完善侦查措施立法，开拓侦查思路，灵活运用各种侦查手段

传统的职务犯罪侦查是将获取犯罪嫌疑人口供作为重要的侦查手段。现在的职务犯罪较之以往具有预谋性、专业性和智能性等特点，比普通的刑事犯罪更加狡猾、更加隐蔽，查清案件事实相对要困难得多。12小时的传唤、拘传时间很难让案件取得实质上的突破，导致实践中有很多案件因为时间紧而无法查清基本事实，最终使大案变成小案甚至不得不撤案，导致犯罪分子不能受到

法律及时有效的制裁。

对于传统的侦查手段瓶颈，现阶段的职务犯罪侦查必须要思变。要在完善侦查措施的基础上，创新侦查手段，全方位收集证据，这包括对常规侦查手段的完善和特殊侦查手段的实施。

（一）检察机关应当拥有实质意义上的技术侦查权

修改后刑事诉讼法规定，一是对于重大的贪污、贿赂犯罪案件，利用职权实施的严重侵犯公民人身权利的重大犯罪案件，根据侦查犯罪的需要，在立案后经过严格的批准手续，可以采取技术侦查措施，但应当由公安、国家安全等有关机关执行。二是技术侦查措施获取的证据材料具有法律效力。从此规定可以看出，技术侦查的审批程序还是如以前一样严格，只是审批的机关变了，最终实施技术侦查措施的执行者还是公安机关，等于"换汤不换药"，对于检察机关职务犯罪侦查工作并没有多少影响和改变，而在实践中一线办案的侦查人员亟需的是自主的技术侦查权和相对宽松的审批条件，这样才能在实质意义上对职务犯罪侦查工作起到促进效果。因此，刑事诉讼法应赋予检察机关独立的技术侦查审批权和执行权，并根据案件侦查的需要，如果在紧急状况下可以先使用再进行审批程序。

（二）应当赋予检察机关自行追缴、没收涉案财产的权利

修改后刑事诉讼法规定了犯罪嫌疑人、被告人逃匿，在通缉1年后不能到案，或者犯罪嫌疑人、被告人死亡，依照刑法规定应当追缴其违法所得及其他涉案财产的，人民检察院可以向人民法院提出没收违法所得的申请，并设置了具体的审理程序。这一程序的立法化，且不说是否对于有效遏制和预防贪污贿赂等职务犯罪起到积极作用，就这个程序的设置在理论上是值得探讨的，侦查阶段仅仅是司法机关对涉嫌犯罪的嫌疑人进行调查工作，并未到侦查终结，对犯罪嫌疑人的犯罪事实下结论移送起诉阶段，尤其对于犯罪嫌疑人、被告人逃匿的情况，如用此程序向法院提出没收违法所得是否存在审判机关事前审查的嫌疑。实际上这个程序使用的几率很少，从审判机关的角度看，也不会对侦查阶段的事实轻易做出一个定论，至多这条规定在形式上让逃逸的犯罪嫌疑人稍感畏惧，一定程度上可以促使其投案自首而已。真正做到有效地威慑贪污贿赂腐败犯罪的措施，还是由检察机关根据侦查工作的需要，自主决定是否没收和追缴犯罪嫌疑人的涉案财产。

（三）当今的职务犯罪案件日趋复杂、多样化、隐蔽性强

检察机关在侦查案件中遇到立案难、查证难、定罪更难的困境，就是因为犯罪手段花样翻新，检察机关收集证据的手段却多年不变，侦查工作的手段只有丰富于犯罪的手段，才能威慑犯罪、查证犯罪、惩罚犯罪。传统的很多侦查

手段已经无法满足侦查工作的需要,再加上历史的原因,很多金融机构企业、单位甚至是国家机关政府部门,对很多以往的档案材料没有保存或者保存不完整,造成调取书证不齐,需要更多的证人证言和间接证据去印证犯罪事实。职务犯罪一般都不存在可供侦查部门勘验的犯罪现场、相关证物痕迹等。这就决定了职务犯罪侦查手段和方法与一般刑事案件不同,职务犯罪的过程往往只存在行为事实,而不存在行为改变的自然状况,这就使职务犯罪既往事实的固定通常依赖于犯罪嫌疑人的口供,一旦相关的嫌疑人之间达成攻守同盟,往往破案就面临巨大的困难,侦查进程会因此而严重受阻,侦查效能无法充分体现。适时地使用特殊侦查手段,能使职务犯罪的行为事实被及时固定并有效侦缉。因此,在对常规侦查手段完善的基础上,特殊情况下可以考虑采用一些非常规的侦查手段。我国刑事诉讼法对特殊侦查手段规定得相对模糊,对检察机关的特殊侦查权也有诸多限制,这样一来使得侦查机关不能名正言顺地使用特殊侦查手段,不利于打击职务犯罪。

1. 在保障隐私权和法律规定的前提下,适度扩大监听、监控手段使用的范围。通过科技设备直接听取和录制犯罪过程,真实性大,具有直接的证明力。可以考虑在侦查阶段,只要不是律师会见犯罪嫌疑人的场合,对犯罪嫌疑人通讯通话、与他人会谈进行监听,在犯罪嫌疑人生活、工作场所安装监控设备。同时,考虑到监听、监控涉及公民宪法上的通讯自由权和人身权利,可以借鉴日本的《关于犯罪侦查中监听通讯的法律》,在使用特殊侦查手段的权力之前必须对监听、监控的滥用可能性有合理的预见,对监听的性质、要件及实施程序、记录及秘密通讯自由权的保障等方面加以具体的程序规定,如:(1)限定监听、监控的适用范围应当仅限于一些贪污贿赂犯案件等,并要求只有在普通侦查手段难以获取证据时才能使用。(2)规定只有侦查人员才能使用监听、监控手段。(3)监听、监控对象除了犯罪嫌疑人,还包括为犯罪嫌疑人发送、传达、收受通讯的人及犯罪嫌疑人提供通讯工具及处所的人。(4)监听、监控应当按照严格的程序进行提请和批准,监听期限、执行中的协助、监听期限的延长、监听中发现其他犯罪的处理等都要明确规定加以约束。(5)监听、监控应当采用录音或其他方式进行记录,并对监听、监控全过程中作出笔录。(6)对于在监听、监控过程中所获知的国家秘密、商业秘密和个人隐私,监听人员有保密义务。(7)监听、监控获取证据材料在法庭上使用时应当在开庭前先行告知被告人及其辩护人,并应准予听取或复制监听内容。应准许被告人及其辩护人对监听活动提出异议和对违法监听提出赔偿要求。如果侦查人员违反以上规定滥用了监听监控手段,应当配备相应的惩治措施予以规制。

2. 建立"线人"制度，广泛收集案件线索资料。职务犯罪案件中犯罪嫌疑人的犯罪行为与其本人的职务和职责是密不可分的，其对职权的滥用以及与他人之间的钱权交易也是相对隐秘的，大多数的职务犯罪案件没有像其他普通刑事案件那样有显性的损害结果，往往案件的暴露是因为内部知情人员的举报或者有其他犯罪案件的查处过程中发现的，要获取案件线索的蛛丝马迹必须要深入犯罪嫌疑人单位的内部和其周围，因此利用"线人"制度建立起社会知情和刺探人员的联系方式，广泛收集情报资料信息，有利于详细掌握犯罪嫌疑人的生活习惯、兴趣爱好、活动轨迹、社会关系等情况，再对相互关联的信息进行综合分析研究，从中发现疑点和线索，将其中的关键环节作为侦查工作的切入点，为审讯工作准备好充分的资料，也为以后的侦查方向和思路拟定提供重要的参考。

3. 发挥网络信息资源优势，建立职务犯罪情报网络，进行网络侦查。首先，在检察机关内部建立起一个网络体系，运用互联网技术和一定的工作机制把情报中心与其他地区检察机关的情报信息相关部门联系起来，利用好内部资源，达到信息资源的内部共享。其次，充分利用好其他信息收集渠道的外部资源，将内部的网络与公安机关的情报信息、纪检、监察机关的情报信息、工商管理机关的情报信息、税务机关的情报信息、电信电讯部门的情报信息勾连，进行信息共享和交换。这样以互联网技术为媒介，组成一个互相配合、各有侧重、互为补充、内外上下相连、层次分明的情报链，一个情报信息的大网络。安排专门的网络技术人员进行管理和操作，在职务犯罪侦查中，需要获取有关资料和信息时可以及时利用网络向有关部门指令和请求，建立起横向和纵向结合的立体网络侦查体系。

试论法治思维和法治方式视野下检察工作改革的规范化

陈广计[*]

党的十八大报告提出:"提高领导干部运用法治思维和法治方式深化改革、推动发展、化解矛盾、维护稳定的能力";党的十八届三中全会通过的《中共中央关于全面深化改革若干重大问题的决定》再次强调指出:"改革社会治理方式……运用法治思维和法治方式化解社会矛盾。"据此,全国各级检察机关和全国各级党政机关和有关部门一样,适应创新社会治理的需要,立足检察职能,积极推出和实施一系列检察改革,对于促进社会治理创新和推动检察工作自身的科学发展,可以说发挥了重要的作用。但从全国地方各级检察机关推出和实施检察工作改革总的情况来看,还存在不少问题,其中"检察工作改革"存在各自为政、不规范等乱象问题,不能不是令人忧虑的问题之一。这些检察工作改革不规范问题,不仅会使检察工作改革陷入混乱状态,导致社会认可度低,而且会直接影响到检察工作改革实施的实效和推广价值。因此,在社会治理创新的视野下,高度重视和加强检察工作改革的规范化问题及其研究,是当前全国各级检察机关实施检察工作改革时首先应当思考和解决的重大课题。鉴于此,笔者现对运用法治思维和法治方式视野下的检察工作改革规范化若干问题进行探索研究,以期对推进检察工作改革规范化能有所裨益,不足和谬误之处,诚挚欢迎有关学者、专家和同仁赐教和指正。

一、关于运用法治思维和法治方式视野下实行检察工作改革规范化的必要性和正当性分析

党中央提出运用法治思维和法治方式治国理政是建设法治中国的必然要求。所谓法治思维主要指以法治作为判断是非和处理事务标准的思维;而法治

---

[*] 安徽省芜湖市人民检察院研究室主任。

方式主要指在法治思维的指导下，运用法治处理问题和解决矛盾的方法和手段。① 为此，笔者认为运用法治思维和法治方式是当前和今后我国各级党政机关和社会组织包括检察机关在内治理社会和工作行为的根本指针。据此，笔者认为，为了保证检察工作改革的有序实施，取得应有的实效，在实行法治思维和法治方式的视野下，实行检察工作改革的规范化不仅是检察工作机制产生和运行的正当性要求，而且非常具有必要性和重大意义。

1. 加强和实行检察工作改革的规范化，符合检察工作机制本质及产生和运行规律的客观要求。适应社会治理法治化的要求，检察机关在推进和实施检察工作改革创新也必须遵守法治的内在要求。在"检察工作"的语境下，笔者认为，这里所说的"改革"应当是突破现有体制和机制的约束。社会发展规律证明：体制和机制是历来对事物发展带有根本意义，体制和机制本身就是作为一个规范化的操作制度及其运行体系。这就要求检察工作机制的创新本身不是随意进行，必须在遵循检察工作规范化的本质要求及其产生、运行规律的基础上，严格按照一定操作程序和规程进行工作机制创新，最起码要有规范的前期选项和可行性和必要性论证、规范的审批程序、规范的实施程序、规范的评价认定程序等，才能避免和杜绝检察工作机制创新的随意性和负面作用，努力提高检察工作机制创新水平和效果。

2. 加强和实行检察工作改革的规范化，可以保证检察工作创新与其他工作统筹协调、有序推进。众所周知，检察工作改革是对以往检察工作机制的改进和革新。而改进和革新检察工作机制，既涉及与以往检察工作机制的衔接和协调问题，更涉及与检察工作密切联系的其他工作的衔接和协调问题。任何不顾与以往工作机制和其他工作的统筹协调进行所谓的工作机制创新，不仅会使检察工作机制创新陷入无序状态，而且会导致检察工作与其他工作产生矛盾，很难与其他工作协调一致。为此，加强和实行检察工作机制创新的规范化，就是要将检察工作机制创新置于与检察工作统筹协调一致的宏观大局中去考虑、设计。这样才能保证检察工作机制创新胸怀统筹协调大局，不致孤立自我封闭；同时，也能保证检察工作机制创新有序推进。

3. 加强和实行检察工作改革的规范化，可以保证检察工作措施创新依法运行、防止检察权借工作机制创新违法行使。根据监督学的基本理论，任何公权力的行使，都具有天然的"膨胀性"而有可能使公权力异化。② 对此，检察

---

① 呼旭光、赵丽：《用法治思维和法治方式治国理政》，载《中共山西省直机关党校学报》2013年第3期。

② 郎佩娟：《监督学》，中央广播电视大学出版社2011年版，第3~4页。

机关作为行使"法律监督"公权力的专门机关,概莫能外。而检察工作机制的创新只能是在现行法律框架范围内的工作机制上的创新,即只能采取与现行法律规定不相抵触、规范化的新方法、新手段、新方式、新载体,而不能违背现行的法律规定。为了防止检察机关超出现行法律框架进行所谓的"工作机制创新",更要防止检察机关借工作机制创新之名违法行使或滥用检察权,就需要通过加强和实行检察工作机制创新的规范化手段,一方面,通过有关上级机关对检察工作机制进行掌控;另一方面,通过有关部门和社会对检察工作机制进行监督,以保证检察工作机制创新在现行法律框架范围内运行,防止检察权违法行使和滥用。

4. 加强和实行检察工作改革的规范化,有利于吸收社会各界特别是有关专家的智慧、集思广益,促进检察工作机制创新水平的提高。前面已经论述检察工作机制创新是带有根本意义的工作创新,单靠检察工作机制创新的主体自身思考和探索、设计显然是不够的,难免会有这样或那样考虑不到的地方,必然会影响到检察工作机制创新的水平提高。为了促进检察工作机制创新水平的提高,这就需要通过加强和实行检察工作机制创新的规范化,集思广益,广泛吸收社会各界,特别是有关专家学者的智慧,融入检察工作机制创新的出台和实施过程中。这样必然会使检察工作机制创新更加完善,有力促进检察工作机制创新水平的提高。

5. 加强和实行检察工作改革的规范化,更可以使检察工作机制创新赢得社会各界的理解和支持,增强实效。因为通过加强和实行检察工作机制创新的规范化,可有效改变目前检察机关检察工作机制创新自我创制、自我实施的孤立、封闭式格局,吸收社会各界和有关部门参与检察工作机制创新的创制、评价,从而可以使社会各界,特别是有关部门了解和认同、支持检察工作机制创新,提高检察工作机制创新的效果。

二、加强和实行检察工作改革的规范化应当坚持的主要原则

俗语云:"不以规矩,不成方圆。"检察工作改革规范化必须遵循一定的规则,而不能随意进行。根据"规范化"是使合于一定的标准的基本含义,[①]笔者认为检察工作机制创新的规范化就是在一定的政治、经济形势下,检察机关创新工作机制应当符合一定的标准和规则,这不仅是保证检察工作机制创新正确的价值取向所必需,也是保证检察工作机制创新具有可操作性和达到预期效果的重要手段。鉴于此,笔者认为,在当前党和政府部署推进社会治理创新

[①] 《现代汉语词典》,商务印书馆2002年增补本,第474页。

的新形势下,检察机关加强和实行检察工作改革的规范化,应当坚持以下主要原则,以确保检察工作改革正确的价值取向和取得应有实效:

1. 在现行法律框架范围内进行工作改革的原则。检察工作改革是以往检察工作机制的革新和突破。这个革新和突破必须不能随意进行,而必须在一定的规则控制之下。因为检察机关作为国家的法律监督机关,行使的是国家公共权力。根据现代民主法治国家确立"公民是法无禁止即自由,而公职机关及其他人员则是法无授权而不为"规则,① 检察机关的工作改革是不能突破现行法律规范的,只能在现行法律的基本框架范围内进行。突破现行法律规定去搞工作机制创新,必然导致破坏法治、法律虚无主义泛滥的恶果。因此,加强和实行检察工作改革规范化,首先必须坚持在现行规定范围内进行的原则。

2. 由上级领导机关掌控和有序推进的原则。由于检察工作改革涉及面较广,既涉及与以往检察工作机制的衔接和协调问题,又涉及与检察工作密切联系的其他部门工作问题,还涉及相关法律贯彻和统筹协调问题。而检察机关所履行的法律监督职责又具有很强的司法性,对工作的创新不能过于激进,必须持稳妥和慎重的态度。为了改变目前各级检察机关工作机制创新各自为政的有些混乱的状态,必须加强和实行检察工作改革的规范化,其中需要坚持的原则就是要加强上级检察机关对检察工作改革的领导和掌控,确保检察工作改革有秩序、有步骤地推进。

3. 建立检察工作改革价值评估体系的原则。为杜绝目前检察工作改革过滥,有些工作改革是赶时髦,为了改革而改革,实效价值不高,甚至涉嫌违法等现象,在加强和实行检察工作改革规范化的过程中,除了要坚持由上级领导机关掌控外,其中重要的原则就是要坚持建立健全对检察工作改革的事前论证和事中评估及事终的评价体系。即在实行检察工作改革前,要加强对实行工作改革创新内容及其程度的可行性和必要性论证,在实行中期要进行中期评估,实行过程完结,要组织对其运行过程及其价值的评价。这样才能尽最大可能保证出台的检察工作改革名副其实,发挥应有的效能。同时,也能有效防止和杜绝那些不必要的、负面影响大的乃至违法的所谓检察工作改革的出台和实施。

4. 实行上级院主导授权和下级院申请实施相结合的原则。由于检察工作改革涉及面较广、影响大,对此,笔者认为,由基层检察院主导直接实施检察工作改革是不妥当的。因为基层检察院虽然执法办案工作经验丰富,但工作视野不宽,站的角度不高,由其直接主导实施检察工作改革肯定会在全局问题和其他有关部门工作的协调关系上考虑不周、设计得不够全面,难免会出现这样

---

① 周永坤:《集体返航呼唤罢工法》,载《法学》2008 年第 5 期。

或那样的问题。而省级以上检察院由于站的角度高、视野较广，由其主导授权基层检察院进行检察工作改革就可使其更能顾及全局和有关部门工作的协调问题。当然，基层检察院由于其执法办案工作经验丰富，也最能了解检察工作改革迫切需要创新的地方。因此，在检察工作改革方面，基层检察院可以发挥自己的优势，积极主动向省级以上检察院申请提出实行检察工作改革，然后再由省级以上检察院审核是否批准。这样，坚持检察工作改革实行由省级以上检察院主导授权和下级院申请实施相结合的原则，不仅可以使省级以上检察院和基层检察院在实施检察工作改革上做到优势互补，而且可以促进检察工作改革规范化、有序推进。

5. 鼓励检察工作改革的原则。在当前社会正处于转型、党和国家正在推进社会治理创新的新时期，真正做到检察工作改革不仅具有非常重要的意义，而且也具有相当大的难度，需要实行的检察机关深入论证、思考和探索。为此，作为省级以上的检察机关在主导检察工作改革的过程中，要建立健全鼓励机制，通过规范化措施，对出台确有创新的检察工作改革举措，并成效突出的检察机关实行激励和奖励。这样，不仅是对实行检察工作改革的肯定，更可以调动基层检察机关工作改革的积极性和主动性。

三、加强和实行检察工作改革规范化的基本设计和构想

根据上述笔者论述的加强和实行检察工作改革实行规范化必须坚持的基本原则，针对当前全国地方各级检察机关出台和实施的检察工作改革呈现出不规范、各自为政的现象，为了加强对检察工作改革的规范化管理，笔者建议应仿照研究课题立项制的管理制度及办法，以期加强和实行检察工作改革的规范化。鉴于此，笔者对加强和实行检察工作改革的规范化的具体实施方案提出以下基本设计和构想：

1. 省级以上的人民检察院应有设立主管检察工作改革的管理职能部门。检察工作实践证明，设立主管职能机构并加强其职能建设，不仅可以为检察工作的发展提供有力的组织保障，而且可以有效掌控检察工作的发展方向，保证检察工作的规范、有序发展。因此，在运用法治思维和法治方式的视野下，实行检察工作改革更应该要设立职能部门去管理。鉴于省级以上的人民检察院具有掌握全局、协调各方的优势，对此，笔者建议，根据现行省级以上检察机关机构设置的实际情况，要赋予最高人民检察院司法改革办公室和省级（省、自治区、直辖市）人民检察院法律政策研究室主管"检察工作改革"职能，即最高人民检察院司法改革办公室有主管全国检察工作改革管理之职，省级人民检察院法律政策研究室有主管本省检察工作改革之职，具体履行授权、掌

控、推行检察工作改革之管理职责，以保证检察工作改革置于省级以上检察机关的领导和控制之下，促进检察工作改革的规范化发展。

2. 应取消市（设区的市）级以下检察机关直接实行工作改革创新的权限，改为实行省级以上检察机关的授权制。为了改变全国地方各级检察机关实施检察工作改革各自为政，甚至涉嫌违法、创新水平不高等有些混乱现象，笔者建议，应取消市级以下检察机关自行决定实施检察工作改革的权限，改由省级以上人民检察院授权制。即凡是要实行检察工作改革的，市级以上检察机关不得自行直接创制和实行，必须按照有关程序规定，取得省级以上人民检察院授权批准后，才能创制和实施。这样不仅是慎重理性对待检察工作改革的客观需要，而且也可防止所谓的"检察工作改革"过滥、只顾地方或部门利益现象的发生；同时，也能保证省级以上检察机关对检察工作改革的管理，实现检察工作改革的规范化。

3. 应实行检察工作改革的申报制和立项核准制。为了既能保证省级以上检察机关对检察工作改革的掌控和规范化管理，同时，也利于充分发挥市级以下检察机关对检察工作改革的主动性和创造性，笔者建议应实行检察工作改革的申报制和立项核准制。即每年由最高人民检察院和省级人民检察院根据检察工作改革的实际需要，将需要探索和实行的检察工作改革的若干个项目选题进行公布和招标，要求本行政区域内的检察机关限期（建议在3个月内）投标申报；同时，各级人民检察院也可根据自己探索和设计的检察工作改革的项目选题，按照其重要程度和涉及面大小，向省级以上人民检察院申报实施全国性或全省性的检察工作改革的项目选题。凡是申报的检察工作改革项目选题的，要有提出实行检察工作改革项目选题的背景及必要性和可行性论证，较为具体其详细的实施方案设计、实施步骤及其具体的创新之处、预期的价值及其负面效应的防范和消除，本单位实施项目选题已具备的思想意识、人力、物力等及有关部门的支持等有力保障条件、要求主管机关给予的支持和指导、帮助的具体事项、项目选题试行的时间期限（建议期限为1年）等。省级以上人民检察院主管检察工作改革的部门在收到有关下级人民检察院申报检察工作改革的项目选题申请后，要组织有关检察实务人员和有关专家形成选题项目审核组对各院申报的检察工作改革的项目选题申请进行评估和审核，再根据评估和审核的结果，择优将实行检察工作改革的项目选题授权核准其申报的人民检察院实施，并提出相关保证实施的严格要求。

4. 应建立主管部门对检察工作改革的跟踪监督制、中期考察评估制和试行期满的考核验收制。为了加强省级以上人民检察院对其授权实施的检察工作改革的监督管理，促进检察工作改革的规范化，省级以上人民检察院主管部门要加强对其授权实施的检察工作改革承办单位的落实情况进行跟踪监督，及时了解落实动态，及时解决落实过程中存在的问题及障碍，以推进检察工作改革的顺利实施。与此同时，要加强对承办落实单位实施检察工作改革的情况进行中期评估，组织有关专家进行考察和评价，重点考察和评估检察工作改革实施状况是否与原来所设计的宗旨相符合，其改革创新程度及其价值如何，在试行过程中还存在哪些问题，需要采取哪些措施加以完善等。如果经过中期评估，该检察工作改革项目选题不符合实施条件或实施价值较低，则可以以命令的方式终止该项检察工作改革选题的实施。如果经过中期评估，仍有继续试行的必要，并加以完善，则可责令承办单位继续试行。如果检察工作改革项目选题试行期满，则要组织专家评审验收组对承办检察工作改革的试行情况进行评审验收，并对检察工作改革的项目选题试行整体状态作出总结评价及是否通过验收的结论性决定。

5. 应建立检察工作改革的推广制。省级以上人民检察院经过对其授权实施的检察工作改革项目选题试行期满进行考核验收后，如果已通过考核验收，并认为该项检察工作改革选题具有创新水平高、实施效果及价值大，操作方案和规则已经成熟，并且具有在全省性、全国性推广实施的客观需要。即可按照法定的程序，经过将该项检察改革的项目选题提交省级以上人民检察院检察委员会讨论通过后，下发全省或全国检察机关施行，以巩固和扩大该项检察工作改革项目选题的效果。

6. 应建立对承办试行检察工作改革项目选题的奖励制。为鼓励创新检察工作改革，充分调动各级检察机关，特别是基层检察院工作改革的积极性和主动性，省级以上人民检察院在加强对检察工作改革进行规范化管理的同时，可采取以下措施建立措施机制，建立健全对承办检察工作改革单位的奖励制度：一是要在年度工作考核考评上，要将"检察工作改革"纳入考核计分指标，并适当提高分值；二是给予必要的经费和指导支持；三是每年要设立若干个"检察工作改革"奖项，给予物质和精神奖励；四是对探索水平较高、经验成熟、效果良好、具有普遍推广价值的"检察工作改革"，可由省级以上人民检察院命名为"某人民检察院某项工作改革"模式，以增强承办和探索检察工作改革单位的荣誉感和自豪感。通过上述奖励制度措施，可充分调动各级检察机关，特别是基层检察院承办和探索检察工作改革的积极性和主动性，促进更多水平更高的检察工作改革不断出台。

第二专题

健全检察权运行机制研究

关于检察官办案责任制改革的几个问题

谢鹏程[*]

2013年年底,最高人民检察院出台了《检察官办案责任制改革试点方案》,第一批试点单位共有17个,主要是基层检察院。虽然这项改革是在十八届三中全会全面深化改革的大背景下推行的,但是在其实行的过程中,思想认识上的分歧屡见不鲜,实际做法上的差异层出不穷。在这里,笔者试就有关检察官办案责任制的几个有争议的问题略述己见,参与讨论。

一、主任检察官的名与实

近来,有一些学者和检察官质疑"主任检察官"这个提法,认为改革试点方案中设立的主任检察官这个职务是对我国台湾地区主任检察官的误读、误解、误用。[①]更有甚者,有的检察院按照台湾地区主任检察官的概念和制度模式进行改革探索,把主任检察官作为管理机构而非办案机构来设置。到底有没有人或者是谁误读、误解、误用了主任检察官这个概念呢?

(一)我国大陆与台湾地区在主任检察官设置上的比较

现在,大陆与台湾地区都有主任检察官这个概念,但是在设置主任检察官的背景、条件、目标、功能和定位等方面,两地存在显著的差别。

1. 两地设置主任检察官的目的和意义不同。大陆的主任检察官是在检察院内已有内设业务机构的背景下设置的,目的是要建设办案组织,加强一线办案力量,下放办案权力,确立检察官的主体地位,明晰办案责任;而台湾地区的主任检察官是在检察院内没有内设业务机构而享有独立办案权的检察官数量大增的背景下于20世纪80年代设置的,目的是要在检察长与众多检察官之间

---

[*] 最高人民检察院检察理论研究所副所长、研究员。
[①] 参见万毅:《主任检察官制度改革质疑》,载《甘肃社会科学》2014年第4期。

建立中间的管理环节（6 名以上检察官可设 1 名主任检察官①），其主任检察官是检察长管理职能的延伸和强化，主任检察官办公室是业务管理部门，而不是办案组织（台湾地区的常规办案组织是检察官加书记员，大要案的办案组织可以根据需要配备多名检察官和书记员）。

2. 两地主任检察官的职责和任务不同。大陆的主任检察官是办案组织的负责人，可以领导 1～5 名辅助人员（包括检察官助理和书记员，配备检察官助理的数量视业务部门和案件性质而定）办案，一个主任检察官实际上领导一个办案组织，享有一定的办案决定权，而在主任检察官领导下的辅助人员是没有办案决定权的，哪怕他们具有检察官的身份，只能协助主任检察官办案，从事特定工作，完成指定的任务；台湾地区的主任检察官是指导和监督若干具有独立办案权的检察官，其指导和监督下的各个检察官都具有独立的办案决定权，同时，主任检察官仍然要亲自办案，和普通检察官一样，是一线的办案人员，所不同的只是主任检察官是资深检察官，对其他检察官兼有指导和监督的职责。比较而言，大陆的主任检察官是在存在业务部门这一管理机构的前提下设置的，因而不是办案审批者或者管理者，而是直接办案人和办案决定者；而台湾地区的主任检察官既是自己办理的案件的决定者，也是其辖下检察官办案的监督和指导者。换言之，大陆的主任检察官只是办案机构而不是管理机构，台湾地区的主任检察官首先是管理机构，其次是办案机构。

3. 两地检察官的法律地位不同。在大陆，检察官只是依法行使检察权的资格和身份，并不是独立的行使检察权的主体，也不是独立的机构或者官署，非经检察长指派或者授权并以人民检察院的名义对外进行的活动不具有法律效力；在台湾地区，每一位检察官都是独立的官署或者检察机构，是行使检察权的主体，以本人名义进行的职务行为对外都具有法律效力。大陆设置的主任检察官是在现行法律的空白处寻找突破口，试图从检察官中优选出素质好且具有独立办案能力的人，然后由检察长打包授权，赋予其相当于原来副检察长的办案决定权，以此来废除检察院内部的办案审批制和过度行政化的管理模式，突出主任检察官的主体地位，加强其办案责任。主任检察官的权力和地位目前都不是法律赋予的，是改革方案设计的，是走向检察官独立负责办案的过渡形式。换言之，目前大陆的主任检察官不具有台湾地区检察官那样独立的法律地位和完整的办案主体资格。

---

① 台湾地区的"法院组织法"（2010 年 11 月 24 日总统令修订）第五章第 59 条第 2 款规定："各级法院及分院检察署检察官员额在六人以上者，得分组办事，每组以一人为主任检察官，监督各组事务。"

4. 两地检察官的总体素质存在一定差异。虽然 2002 年以来大陆的检察官法要求取得检察官资格必须具备一定的学历并经过考试、培训和实习，但是，两地考试录取的比例、培训的时间和方式、实习的过程等都有所不同，在大陆地区检察官资格的取得相比在台湾地区容易一些。在台湾地区，获得了检察官职务的人都具有独立办案的能力；在大陆，获得检察官资格的人不一定具有独立办案的能力。由于历史原因（特别是在 2002 年前取得检察官资格比较容易），现在大多数检察院里有 70% 左右的人员是检察官，而这 70% 的检察官中，有一部分是不办案的，还有一部分是不会办案的，能够独立办案的大概只有检察人员总数的 30% 左右。如果让所有的检察官像台湾地区的检察官那样独立地行使检察权，那么检察机关的办案质量就无法保证，"奇葩"执法事件会经常发生。大陆的检察官选拔机制需要进一步改革，获得检察官职位的人必须是能够独立办案的人。这不仅涉及检察人员分类管理制度的改革，而且涉及检察官考试、培训和实习等制度的改革。

概括而言，大陆推行检察官办案责任制改革面临的基本情况是，具有检察官资格或者称谓的人较多（约占 70%）而具备独立办案能力的人较少（约占 30%），需要从中选拔素质好且具备独立办案能力的检察官来相对独立地担负办案责任，授予其一定的办案决定权。改革的主要任务是，淡化副检察长和内设机构负责人的领导职责，将其行政性管理职能转化为业务指导和监督职能，将其办案审批职能转变为一线的办案职能。换句话说，我们要通过改革，把副检察长和内设机构负责人都转变为主任检察官，把他们原来的办案决定权转移到主任检察官，只保留副检察长和内设机构负责人对其他主任检察官办案的指导和监督权。经过这样的改革之后，大陆的副检察长和内设机构负责人虽然可以保留原来的职务和称呼，但是身份和职位已经相当于台湾地区的主任检察官，即既是一线办案的检察官，也兼有对其他检察官办案的指导和监督职责；而大陆的主任检察官相当于台湾地区的检察官，只是一线办案力量，是办案组织的负责人，因而不具有审批案件的职能。

大陆推行检察官办案责任制，把办案组织的负责人称为"主任检察官"，既是从现有检察官中选优择能的结果，也是在现行体制下便于检察长授权的需要。换言之，在相关法律修改之前，我们必须给那些具有相对独立办案资格且经过"打包"授权的检察官一个特别的称呼。15 年以前，人们称之为"主诉检察官"或者"主办检察官"，现在如果仍然如此称呼，就难以区分这轮司法改革的特点和意义了。当主诉检察官办案责任制在全国大部分地方已经式微甚至名存实亡的时候，北京、上海等地的一些检察院不但没有放弃办案责任制改革，而且借鉴台湾地区的主任检察官称谓，把主诉检察官办案责任制改革推进到一个新阶段,譬如,北京市一分院从非业务部门挤出一些副职职数,用于业务部门设置相对独立办案的主任检察官职位。虽然"主任检察官"的称谓本身带有比较浓厚的行政色彩,在某种程度上有违检察官的司法性质或者过分突显了检察一体制,但是,在当前历史条件下,这个称谓有其积极意义,那就是使这些具备独立办案能力的检察官获得特别的授权和享受特别的政治待遇,便于检察官办案责任制的推行。因此,大陆选择"主任检察官"这个称谓是经过理性思考之后做出的选择,而不是简单地模仿台湾地区的主任检察官的称谓或者制度。

从长远目标或者理论设想来说,大陆的主任检察官只是一种过渡性的称谓。它是从以人民检察院为办案组织过渡到以检察官为办案组织的一种组织形式和特定称谓,其制度内涵和组织模式,类似于台湾地区的检察官,是办案组织的负责人,而台湾地区的主任检察官则类似于大陆地区检察机关内设业务机构的负责人,所不同的是,台湾地区的主任检察官仍然以亲自办案为主职,兼指导和监督其他检察官的职责。现在,大陆的主任检察官在法律上仍然没有独立地位(比不上台湾地区的检察官),只是经检察长授权而享有一定的办案决定权;将来,国家立法可能确认主任检察官这个称谓,直接赋予这些主任检察官以相对独立行使检察权的资格和法律地位;也可能与国际接轨,提高检察官的选任标准和程序,以"检察官"替代"主任检察官",赋予检察官以相对独立行使检察权的主体地位,将人民检察院内设业务部门的负责人改称为"主任检察官"。

(二)检察官办案责任制与权责利相统一原则

有人说,2014 年实行的检察官办案责任制改革试点不如 2000 年高检院推行的主诉检察官办案责任制的改革①,因为那时的改革考虑并落实了权责利相统一原则,这一次只考虑到了权与责的统一,对"利"没有充分考虑,所以这次改革比上一次更容易失败。为此,在改革试点单位中有的检察院向当地党政部门争取主任检察官津贴,甚至要求高检院向中央要政策。笔者认为,这些主张和要求与现行财政制度和工资制度相冲突,即使勉强获得支持,也是数量有限,难以持续,因而不是长久之计,也不是治本之策。

任何改革只有在让一部分人获益而不致另一部分人受损的情况下,才会阻力最小,才能顺利进行。这就是所谓的"增量改革"策略。大家知道,1985年 10 月 23 日,邓小平同志在会见美国时代公司组织的美国高级企业代表团

---

① 最高人民检察院《关于在审查起诉部门全面推行主诉检察官办案责任制的工作方案》(2000年)。

时，第一次提出了让一部分人先富起来的主张，他说："一部分地区、一部分人可以先富起来，带动和帮助其他地区、其他的人，逐步达到共同富裕。"①这个改革策略是突破现有体制机制障碍的有效方式，其要害就在于打破原来权、责、利相分离的大锅饭体制机制，能者先上，多劳多得。这是过去30多年改革开放成功的法宝，策划检察改革当然要传承和用好这个法宝。问题主要在于我们如何看待和设置检察官办案责任制改革中的"利"。

检察官办案责任制改革应当如何考虑权责与利的结合呢？首先，经过30多年的立法发展和制度建设，我国的法律制度基本健全，包括工资的国库支付制度在内的财政制度已经成为刚性约束，检察院可以自主决定工资和福利的时代一去不复返了。其次，检察官办案责任制所要设置的"利"不是涨一点工资或者增一点福利的事，而是检察官职业保障机制建设问题。赋予检察官相对独立地行使检察权并承担相应的责任，就必须建立与之相适应的职业保障，使检察官足以过上有尊严的生活，足以抵制各种诱惑和干扰。因此，这种职业保障之一是建立单独的工资体系，使其工资远远高于普通公务员的工资（在台湾地区大约高一倍），或者相当于执业律师的中等偏上的收入。这不是某个检察院或者某个区域的检察院的事，而是全国各级检察院的事，而且职业保障也不仅仅局限于工资制度，还有许多与职务相关的非经济待遇的保障。最后，检察长向当地党委争取一点经费或者几个职数的做法不值得提倡。这些传统的做法与新一轮司法改革的核心理念存在冲突。新一轮司法改革的核心理念就是保障司法机关依法独立公正地行使职权，通过人财物的省级统管从外部去地方化，通过办案责任制建设从内部去行政化。我们不能为了内部去行政化而去争取外部的地方化，这是自相矛盾的。

有人说，现在检察官职业保障还没有建立起来，先搞检察官办案责任制是不合时宜的。这个观点是有道理的，但是现在搞的是检察官办案责任制试点，是探索检察权的新的运行方式，我们只有完全搞清楚了新型的检察权运行方式，才能在全国推行，才能推进检察官职业保障机制的建设。相比而言，检察权运行方式是本，是核心，检察官职业保障是辅，是从属性的。只有新型的检察权运行方式可以证明检察官需要特殊的职业保障，我们也必须根据新型的检察权运行方式的内在要求来设计检察官职业保障机制。譬如，检察机关的人员分类管理改革，现在把检察人员分为检察官、检察辅助人员和检察行政人员这三类，但是各类人员应当占多大的比例？现有人员如何归类？现有人员如何配置？回答和解决这些问题都不能凭主观想象，必须有实证依据。这个实证依据

---

① 《邓小平文选》（第3卷），人民出版社1993年版，第149页。

从哪里来？只有靠检察官办案责任制改革试点了。如果没有充分试验和深入研究检察官办案责任制，就在一些地方搞人员分类管理和经费保障机制改革，难免出现争议。如果设置不科学，不仅难有进展，而且走不远。原则上，职业保障机制改革与检察权运行机制改革应当基本同步，但是，检察权运行机制改革稍微先行一步，更有利于检察职业保障机制改革的推进。

（三）照搬照套台湾地区主任检察官制度是不可取的

有的检察长认为高检院的改革方案学习台湾地区的主任检察官制度不到位，在本院直接套用台湾的主任检察官制度，或者废除内设机构，设立主任检察官以代之，或者保留内设机构，增设主任检察官作为一个管理层级来审批案件。这种照搬照套的做法是不科学的，也是与大陆司法改革的大方向背道而驰的。我们可以向台湾地区学习，正如韩愈在《师说》中所言："道之所存，师之所存也。"而且，不仅要向台湾地区学习，向香港特区和澳门特区学习，还要向全世界各国学习。一切先进的、文明的、科学的检察制度和检察文化都值得我们学习和借鉴。问题不在于该不该学，而在于怎样学。学习和借鉴必须联系实际，不能简单地模仿或者照搬照套。

如前文所述，大陆推行检察官办案责任制，设置主任检察官的背景、条件、目标、定位都与台湾地区不同，大陆是在有了内设业务部门后设置主任检察官，是要淡化内设机构的管理职能，取消其审批职能，加强检察官的权力和责任，因而主任检察官是办案组织的负责人，是一线的办案机构；而台湾地区设置主任检察官是要建立检察长与检察官之间的管理层级，强化对检察官的指导和管理，因而其主任检察官是二线的管理机构。如果我们不顾现实条件，照搬照套台湾地区的主任检察官制度，在内设业务部门之下再设一个管理层级，那是在管理上和机构设置上叠床架屋，增设了检察权运行的审批环节，加剧了检察机关内部管理的行政化；如果废除原来的若干内设机构，改换成主任检察官审批案件，这只是增加几个内设机构而已，对原来的行政化的业务管理机制没有实质性的改革。这两种情况都不符合新一轮司法改革的大方向即增强司法的独立性、亲历性和责任性。

当然，有些检察院试图一步到位，直接套用台湾地区检察署的设置来改造检察院内部的业务运行和管理结构。如果能结合新的员额制来设置检察官和主任检察官，并赋予检察官以相对独立的办案主体地位和权力，固然是比较理想的，也是符合检察权运行规律的。但是，当前我国检察机关的内部情况和外部环境（主要是政治和法律环境）提供的条件和可能性是十分有限的，首先，副检察长和部门负责人（包括正职和副职）是否可以都改造成台湾地区那种主任检察官，即既当一线检察官，亲自办案，又当主任检察官，发挥指导、监督和管理服务的职能？实际上，阻力很大，这些领导干部已经习惯了过去的审批式办案，不愿意亲临一线办案受苦了。其次，具有独立办案能力且品行良好的检察官的数量是否足够？实际上，大部分具有独立办案能力且品行良好的检察官已经晋升为部门负责人和副检察长了，这部分人不到一线当检察官，一线检察官的数量就会严重不足。从情理上讲，副检察长和部门负责人就像医院的专家和主任医师一样，都应当是亲自办案的检察官。问题是现在能做到吗？

我们反对照搬照套台湾地区的主任检察官制度，并不意味着我们做出了谁好谁坏的价值判断。这里既没有谁是正统、谁不是正统的问题，也不存在谁是谁非、谁优谁劣的问题。大陆的主任检察官与台湾地区的主任检察官都是在特定历史条件下的理性选择，都是有其现实合理性和历史必然性。问题出在，一些人把它们搞错位了，或者像某学者所说的，"误读、误解"了台湾地区或者大陆的主任检察官。

二、检察官办案责任制的合法性和可持续性

检察官办案责任制改革是否合法、是否具有可持续性？这是两个事关改革成败的重大问题。我们只有正视问题，深入研究问题，才能真正解决问题。

（一）检察官办案责任制的合法性问题

在中国特色社会主义法律体系基本建立的历史条件下，有重大意义的改革难免要突破现行法律，但是法治原则要求我们：任何改革必须具有合法性。检察官办案责任制到底是否具有合法性呢？在第十届国家高级检察官论坛上有一位权威的宪法学家说，宪法第131条中关于人民检察院依法独立行使职权的规定可以解释为包含着检察官独立行使职权的意思。第131条规定："人民检察院依照法律规定独立行使检察权，不受行政机关、社会团体和个人的干涉。"虽然检察官是人民检察院的组织部分，而且按照国外的立法例和学理，检察官就是检察机关，但是我国宪法确认的行使检察权的主体是人民检察院而不是检察官，检察官的主体地位仍然有待法律予以明确。尽管如此，他的学理解释及其对检察改革的善意和支持值得珍惜，也为未来宪法有关条款的修改完善提供了契机，铺平了道路。

检察官办案责任制改革的法律障碍除了宪法，还有人民检察院组织法、刑事诉讼法、行政诉讼法、民事诉讼法。这些法律都规定行使检察权的主体是人民检察院。显然，这种情况反映了一种司法理念，与司法体制具有内在联系，而不是个别概念的界定等技术性问题。这一方面说明通过简单的学理解释是不能解决问题的，必须进行观念更新和体制改革；另一方面说明这项改革意义重大，具有全面深化司法改革的作用。我们所要做的是，在法律未作修改的情况

下,规避检察官办案责任制改革与现行法律的冲突。

按照人民检察院组织法的规定,人民检察院是行使检察权的主体,是办案组织、办案单位,也是办案主体,检察长、副检察长、业务部门负责人、检察员、助理检察员都是依照人民检察院内部分工来具体行使检察权能的人员,其中,只有检察长是人民检察院的唯一法定代表,依法可以独立行使检察权。然而,检察权运行的基本模式是:"由检察人员承办,办案部门负责人审核,检察长或者检察委员会决定。"①实际上,由检察长或者检察委员会直接决定的案件是比较少的,大部分案件是由分管副检察长决定的。法律和规章制度并没有赋予副检察长这样大的权力,他们的权力是从哪里来的呢?合理的解释是检察长委托或者授权。检察长可以委托或者授权副检察长行使大部分案件的决定权,同理,检察长也可以委托或者授权主任检察官行使这部分案件的决定权。这样,检察长就可以把原来授予副检察长的办案决定权转授给主任检察官。"办案部门负责人审核"的职能还可以保留,但不必经他提请副检察长决定;原来的副检察长不审批案件了,但还可以保留审查、指导和监督的权力;同时,这些副检察长、办案部门负责人都要转变为主任检察官,直接负责办理具体的案件,而不仅仅负责审核、指导和监督了。这样,不仅规避了检察官办案责任制与法律的冲突,而且取消了两级审批程序,解放了一批办案能力强的副检察长、业务部门负责人,显著地充实了一线办案力量。

在法理学上,这样的改革属于在法律空白处创制,只是改变了原来由习惯或者规章制度确定的工作机制,因而不具有违法性质。在当代中国,这种不违反现行法律又能大幅度改善体制机制的做法是推行改革的最佳路径。当然,我们也要清醒地认识到检察官办案责任制改革的局限性:它只是为人民检察院内的办案组织建设和检察官的办案主体地位的确立开辟了一条道路,并没有改变人民检察院为办案主体和办案组织的基本格局,也没有确立检察官或者主任检察官为办案主体的法律地位。一方面,这种改革毕竟缺乏直接的法律依据,不是在法制的轨道上运行,因而非长久之计;另一方面,这种改革只是为立法探索道路、积累经验,其目的是促进立法完善。因此,我们希望通过这项改革为人民检察院组织法的修改完善提供实践基础和思想素材,从法律上确立检察官的主体地位,确立办案组织作为检察官实现其办案权力的组织形式和途径。

(二)检察官办案责任制的可持续性问题

有人说,十几年前全国轰轰烈烈地推行主诉检察官办案责任制,后来,大部分地方不了了之,慢慢地回复到了原来的办案模式,现在推行的检察官办案

---

① 《检察机关执法工作基本规范》,2010年版和2013年版都在第1.9条作了同样的规定。

责任制也会有同样的命运即重蹈覆辙。这是一个很好的警示，但是它的表述或者概括是不全面的。客观的情况是，大部分地方的主诉检察官办案责任制失效，小部分地方的主诉检察官办案责任制得到了强化。的确，我们应当深入研究主诉检察官办案责任制改革的经验和教训，透彻分析这种两极分化现象的原因，努力避免类似的失败。

为什么大多数地方检察院未能坚持实行主诉检察官办案责任制呢？通常有两种解释，一种解释（多为检察院领导的说法）是，主诉检察官津贴等待遇因工资制度改革被取消了，主诉检察官没有积极性；另一种解释（多为主诉检察官的观点）是，本来办案决定权下放得就不多，在体制环境没有变革的条件下，主诉检察官的权力很容易被部门负责人和副检察长收回。其实，这两种解释都没有抓住要害。表面原因是，部门负责人和副检察长对主诉检察官办案不放心，要求通过审批来加强管理，以保证办案质量；实质原因是，权力配置的调整减少了部门负责人和副检察长的权力，甚至使其有被架空的感觉，损害了他们的权威性和在当地的影响力，自然心有不甘。部门负责人和副检察长在检察院内是比较有发言权和影响力的，而大多数主诉检察官奋斗所追求的正是部门负责人和副检察长甚至检察长的职位，他们怎敢与其对抗和争权？这样，主诉检察官的办案权收回去比下放还要容易得多。

为什么有少数地方的主诉检察官办案责任制不但没有被废弃反而得到了进一步发展呢？笔者调研了几个保留并发展了主诉检察官办案责任制的检察院，发现它们有一个共同特点，那就是这些检察院的案件数量特别多，基本上在3000件以上。一是"案多人少"，人手紧张，必须简化审批程序，提高办案效率；二是案件数量庞大，副检察长审批不过来，难以负责，只能下放权力，以减轻责任。其实，当初实行主诉检察官办案责任制的主要目的就是提高办案效率，也有对办案责任的明晰化要求，但是并不强烈。因此，办案压力不大的检察院就没有必要坚持主诉检察官办案责任制了。现在，我们经常听到一些检察长抱怨案多人少，实际上往往不是检察院的人数少，而是办案岗位上的人少，具有独立办案能力的人更少。与外国相比，我国检察官的人均办案数量是很低的。① 在办案压力和案件总量都不大的情况下，检察院当然没有实行主诉检察官办案责任制的积极性，自然就很难坚持下来。

虽然大多数检察院的办案压力和案件总量都不大的情况没有改变，权力调整可能损害副检察长和部门负责人利益的条件和社会环境仍然存在，但是大环境和形势正在发生重大变化：一是新一轮司法改革强力推进去行政化和去地方化，明晰和强化办案责任，需要进一步提升检察工作的法治化水平；二是推行检察人员分类管理，建立和加强检察官职业保障。这两个方面的变化意味着我国检察权的运行机制和保障机制都要发生显著的甚至根本的变革，必须按照检察工作特点和规律来管理和保障检察工作，以往那种"层层审批难以杜绝层层舞弊，集体决策难以避免无人负责"的办案模式难以为继了。在这个意义上说，实行检察官办案责任制是大势所趋，也是小势所逼。尽管在实行检察官办案责任制的过程中，我们还会遇到这样或者那样的阻力和障碍，但是历史的洪流不是少数人所能阻挡的。因此，我们有理由对检察官办案责任制的前途充满信心。

三、主任检察官与检察委员会办案决定权的划分

主任检察官作为办案组织的负责人应当具有一定的办案决定权，但是在检察一体原则下，特别是在当前我国的检察体制中，检察长或者检察委员会应当保留哪些案件和哪些环节的办案决定权而不交给主任检察官来行使呢？或者说，主任检察官与检察长和检察委员会的办案决定权如何划分？这是一个有认识分歧的问题。一方面，我们担心一些主任检察官不敢负责任，把过多的案件提请检察长或者检委会来决定，使检察长和检察委员会不堪重负；另一方面，我们也担心主任检察官对该提交给检察长或者检察委员会来决定的案子不提交，自己擅作决定，导致执法办案的法律效果、社会效果和政治效果不好，甚

---

① 简单地比较，中国检察官约16万人（检察人员23万人）每年提起公诉130万人左右（参见高检院工作报告），人均约8件；2001年，德国约有检察官5300人（不包括辅助人员），提起公诉的案件有54万件，人均办案约102件，相当于中国检察官人均办案量的12.75倍。（参见王禄生：《德国检察官惊人办案数背后的五大真相》，载 http://www.21ccom.net/articles/qqsw/qyyj/article_ 2012122973988.html。）如果按照办案总量来比较，德国检察官每年办理650万件左右，人均1226件左右；中国检察院办案（包括职务犯罪侦查、公诉、批捕、诉讼监督等）250万件左右，人均15.6件，不到德国的1.3%。当然德国检察官处理的案件中有大量的轻罪或者非罪案件，而且辅助人员没有计入检察官人数之内。中国有检察官16万人，实际具有办案能力和在办案岗位上的检察官人数不到10万人。中国的人口不到德国（8200万）的15倍，检察官人数却是德国的30倍。按照人口比例来配备检察官，中国也比德国多一倍多。这意味着我国需要精简检察人员，提高人员素质和办案效率，同时大幅度提高检察官待遇。

至造成恶劣的影响。

(一) 司法的亲历性原则与民主集中制原则

主任检察官的办案意见和办案决定权应当得到充分的尊重。这是司法亲历性原则的要求。在高检院的改革方案中，主任检察官是亲自办案的人员而不是以往的审查案件的部门负责人。虽然有若干检察人员在主任检察官领导下办案，但这些人员都是主任检察官的辅助人员，没有办案决定权。司法的亲历性要求主要体现在两个方面：一是直接、言词和集中原则，即当事人直接参与并用口头方式表达，办案者连续不断地审理和裁决。只有在司法人员主持下，有诉讼参与人的直接、不间断的意见交流，裁决结果才是令人信服的。二是审理者与裁判者主体同一原则，即由亲自审理者直接裁判。案件的裁决过程是一个全面了解冲突事实、充分听取当事人双方意见的过程，裁决者亲自感受各方举证和辩论的情势，对于裁决者形成对事实认定和法律适用的内心确信和保持中立性地位都是极为重要的。亲历性也是确立检察官独立地位的主要理论依据。

在我国大陆，检察官的独立性还没有得到法律上的确认。我们通常讲检察独立与检察一体的关系，其中的检察独立主要是指人民检察院的独立，不包括检察官的独立。从世界大多数国家的检察制度和检察理论来看，检察官应当具有独立的法律地位，是行使检察权的主体。尽管如此，检察官的独立性也不是绝对的，它应当受到检察一体原则的制约。这种制约的方式主要有两种：一种是上级的领导和监督，包括上级检察机关和本院检察长、副检察长、部门负责人的监督和指导，这些意见都具有一定的影响力，检察官必须慎重考虑；另一种是上级检察机关的决定、本院检察长或者检察委员会的决定，这些决定都具有否定检察官办案决定权的效力。实现检察一体的途径主要是提出书面意见和职务移转，检察官接受意见的，可以继续办理此案，如果不接受意见，上级检察机关或者检察长就可以指派其他检察官或者亲自接替该检察官。不论是提出书面意见还是职务移转，都有一个同样的结果，那就是责任转移。谁决定，谁负责。

在我国大陆的司法体制中，检察委员会是民主集中制原则在检察组织中的体现，也是集体领导的组织形式，是重大案件和重大问题的决策机构。检察委员会实行民主集中制，少数服从多数，检察长可以不同意多数人的意见，但是要推翻多数人的意见必须提请同级人大常委会或者上级人民检察院决定。从现行法律和制度上说，主任检察官对检察委员会的决定只有服从的义务，他没有对抗检察委员会的权力和程序，除非他赢得了检察长的支持，通过检察长来对抗检察委员会。当然，主任检察官还有一个非正规的手段，那就是不将案件提请检察委员会决定，但是如果检察长要求提请检察委员会决定，主任检察官就必须服从。

（二）个人决策与组织决策的优劣和互补

从体制上解决哪些案件在什么情况下必须提交检察委员会决定，这是近年来一直在研究和探索的问题，并且初步建立起了规章制度。现在实行检察官办案责任制，办案的流程发生了重大变化，主任检察官不再是层层审批的办案机制的一个环节了，大部分案件由他决定，也由他负责，他就是办案组织的负责人，就是行使检察权的主体。这实质上就是由原来的集体办案转型为个人办案（虽然仍然以办案组织的形式实现办案过程）了，原来是经过部门负责人审查后，副检察长或者检察长决定，副检察长和检察长不能决定的案件再提请检察委员会决定，现在是主任检察官不能或者不宜决定的案件提请检察委员会决定。问题就简化为个人（主任检察官）决策与集体（检察委员会）决策的合理分工了。

从科学决策机制上看，组织行为学和组织社会学都从理论上回答了个人决策与集体决策的优劣和范围划分。一般来说，凡是面临多项选择需要做出最优选择即多选一的决策都比较适合于组织或者集体决策；凡是需要经过逻辑推理特别是逻辑链条比较长的推理来做出的决策则比较适合于个人决策。个人决策的优势是逻辑严密、前后连贯，容易发现独特的处理方式，其劣势是容易产生片面性、受到外部干扰；集体决策的优势是激发多人智慧、穷尽可能的解决方案，做出比较理性的选择，其劣势是容易产生话语霸权、信息交流不充分。①

比较个人决策与集体决策的优劣，我们发现，检察业务中大多数决策属于单方决定和逻辑推理，而且作为控方和监督者的决策大多都不具有鲜明的司法属性，比较适合于主任检察官个人决策；只有少数决策，譬如逮捕与否、疑难案件的起诉与否或者抗诉与否的决定，属于多项选择的决策，具有司法裁决的性质，通过合议和集体讨论有助于作出合理的判断，适合于检察委员会决策。

---

① "桑代克的一项试验指出，集体在解答填词游戏时占优势，而个体在制作填词游戏上占优势，这两个任务都很复杂，这两者之间的重要区别是什么呢？在解答字谜时，只存在一个正确答案，向解答迈出的每一步要么对要么错。……但是在制作填词游戏时，正确的答案并不是唯一的。而问题的解答并不是要找到一个正确的词语，而是要将前后的步骤协调起来。……个体带入集体中的不同参考模式，对于从若干备选中找寻正确的解答方案是有帮助的，但却不利于将不同的观点协调成一个一致的整体。……在一个完成同一任务的集体中，社会交流提供了一个各种观点的战场，这个战场激发思考，尤其便利了误导的发现，但同时也妨碍了协调。因此，集体的绩效是优于还是次于个体的表现，要依赖于根本的任务要求是找出一个问题的最佳解决方案还是实现有效的协调。"参见［美］彼得·M.布劳、W.理查德·斯科特：《正规组织——一种比较方法》，夏明忠译，东方出版社2006年版，第136~137页。

把这个原理用到主任检察官与检察委员会决策的分工上来，我们就可以提炼出一项简单的划分标准：凡是疑难案件，即有不同认识或者有争议的案件，对证据采信、事实认定或者法律适用有不同意见、面临多种选择的案件或者案件处理环节，都应当提交检察委员会集体研究决定。其他的案件，不管涉案金额或者涉案人员数量多大，只要没有认识分歧，没有多种选择，就不必提交检察委员会来决定。

（三）检察委员会的管理职能要加强而办案职能要淡化

检察委员会作为人民检察院内设的集体决策的领导机构，享有很高的权威，在保障决策的理性和排除内外干扰等方面发挥了重要作用，是检察权正确行使的一个重要的决策机制和保障机制。然而，我们也应当清醒地认识到，检察委员会决策的合理性是有前提条件的：第一个前提是交流充分。所谓交流充分，就是在这个决策集体中，没有人具有凌驾于其他人之上的权威，没有人实际享有话语霸权，所有参与集体决策的成员都能充分地表达自己的意见，进行平等的交流，通过交流激发成员的智力，使所有的判断得到全面的检验，使正确的、明智的判断凸显出来。第二个前提是信息全面而真实。集体决策是否具合理性和优越性取决于提供给集体决策的相关信息是否全面、是否真实。如果案件的承办人和主任检察官向检察委员会提交的案件信息是不真实的，或者汇报信息是选择性的、片面的，那么，检察委员会作出的决策就难以保证其合理性，甚至产生错误决策。实际上，这两个前提条件通常是难以同时具备的。

我们应当尊重并善于运用检察委员会决策机制，但是不能迷信检察委员会，迷信集体决策，更不能滥用检察委员会这一集体决策机制，借以规避法律责任。从长远的发展趋势来看，随着检察改革的深化，检察官办案责任制的完善和检察官素质以及职业保障的健全，主任检察官或者检察官的办案能力和排除干扰的能力越来越强，检察委员会在办案决策机制中的地位和作用将会逐步淡化，即使要保留对疑难案件的讨论和决定权，也应当把大部分案件的决策意见定位于决策咨询性质，即给主任检察官或者检察官提供咨询意见，这既是防止主任检察官或者检察官推卸责任的需要，也是避免违反亲历性原则、办案者无决定权、有决定权者不办案等现象的需要。同时，检察委员会在检察政策的制订和执行方面以及对检察人员的业绩考评、选拔任用、纪律处分等方面的作用应当进一步加强，使检察委员会从办案决定机构转变为检察工作的管理机构，可能更能发挥检察委员会的作用，更加符合检察工作的特点和规律。当然，这只是关于检察委员会未来定位的一种设想或者理论假说，不符合现行的法律和体制，因而不能作为检察工作的理论依据。

论诉讼监督权运行规范[*]

——兼论健全指令权运行机制

徐汉明[**]

检察官署制度自创设以来,其以侦查程序的主导者、审判入口的筛选者、控诉活动的支持者、刑法执行的指挥者、司法救济的提请者、维护公益的代表者的角色地位,[①] 在定分止争、权利救济、制约公权、维护公平、实现正义、保障人权、促进和谐、维护宪法法律统一正确实施中彰显其功能与作用,成为国家治理体系和治理能力现代化不可替代的重要组成部分。长期以来,理论界与实务界对其职权界分及其运行模式的构建一直存在"一元论"、"二元论"、"一元二分法论"的争鸣。"一元论"认为检察权即法律监督权是不可分割的有机整体。而"二元论"认为检察权具有"制约"和"监督"两种不同属性,分别承载了诉讼权和诉讼监督权。[②] "一元二分法论"则认为,检察权具有复合性和多层次性,应当在坚持实质上的"一元论"的同时,承认形式上的诉讼权与诉讼监督职权的"两分法"。[③] 基于"一元二分法论"理论指导和规范诉讼监督权运行的实践亟需,从推进诉讼监督体系和监督能力现代化出发,探索检察职权配置与运行模式,规范诉讼监督程序,发展完善中国特色社会主义检察制度体系,提高司法公信力值得理性评估与思考。

一、诉讼监督运行规范的理性评估

近年来,诉讼监督运行模式的探索既有理论构建,也有实政模式设计与运

---

[*] 教育部重大课题(14JZD024):《司法管理体制改革研究》阶段性成果;中国法学会2014年重点课题《深化司法体制改革》阶段性成果。

[**] 中南财经政法大学法治发展与司法改革研究中心主任、湖北法治发展战略研究院院长,二级教授,博士生导师,教育部"社会治理法治建设"创新团队首席专家,首届全国检察业务专家。

[①] 甄贞:《检察制度比较研究》,法律出版社2011年版,第472~481页。

[②] 樊崇义:《法律监督职能哲理论纲》,载《人民检察》2010年第1期。

[③] 卢希:《论检察机关诉讼职权和监督职权的优化配置》,载《人民检察》2011年第21期。

行,其中检察权的诉讼权与诉讼监督职权"两个适当分离"运行机制探索引发多方面关注。所谓"两个适当分离",是指诉讼职能与诉讼监督职能适当分离、案件办理职能与案件管理职能适当分离。这种诉讼职能与诉讼监督职能分离运行模式之所以引发不同凡响在于,它不仅涉及检察基础理论的创新与支撑,更涉及检察权配置模式与运行机制的改革;不仅涉及检察组织体系的调整变动,更涉及诉讼职权与诉讼监督职权在刑事、民事与行政三大诉讼领域公正高效协调运行机制的创设;不仅涉及检察机关内部职能机构的优化重组、实现其运行由"行政层级控制"向集约高效的"扁平化运行"模式转型,更涉及与公安机关、审判机关、司法行政机关、刑罚执行机关之间分工负责、互相制约、互相配合的司法权运行模式的改革完善,成为司法权运行模式构建牵一发而动全身的一项重大创新与实践。其理论导入、制度设计、实践探索等尤其是实践层面都产生了积极的效应。如何评价这种模式绩效,需要从应然与实然结合上予以理性判断。其理性评估标准可以概括为几个方面:

(一) 制度设计的前瞻性

所谓前瞻性是指制度规则的设计与实践遵循权力禀赋在民、权力制衡、程序公正、透明司法、客观义务等现代法精神与原则,按照"过程控制、节点考核、持续改进"的现代管理模式,构造诉讼监督权运行制度体系,使诉讼监督主体操守新型诉讼监督运行模式,通过诉讼监督具体案件由客观真实向法律真实的转化,并予以法律评价、法律处分(提出检察建议、提出更换办案人、发出纠正违法通知书、提起抗诉、提出抗诉等),以规制与矫正侦查活动、审判活动、执行活动的违法行为、错误判决裁定及执行,从而达到维护法律统一正确实施的合理预期收益。考察一些检察机关规范诉讼监督的实践,其大都是注重从诉讼监督的立案标准、程序规范、线索管理、流程控制、评价体系等关键环节入手进行权力运行控制。从推进诉讼监督体系与诉讼监督能力现代化看,诉讼监督程序规范是检察权优化配置及运行模式创新的重要端口,蕴含着制度设计者与实践者的战略思维、创新思维和法治思维,破解刑事诉讼、民事诉讼、行政诉讼监督的难题,寻找诉讼监督"标准统一、程序规范、节点控制、流程管理、绩效评估"的实现形式,成为当代检察权运行模式的重大创新与实践。

(二) 规范形成的体系性

所谓诉讼监督的体系性,就是指依据宪法、法律的立法原则与精神,在对诉讼监督的主体、客体、对象科学界分的基础上将诉讼监督职权运行纳入制度化、规范化、程序化控制的轨道所形成新型的诉讼监督构造及其体系。这种体系结构要求准确界定诉讼监督主体的适格条件、职业准入、职业操守、职业保障以及职业惩戒。其诉讼监督主体所获得的诉讼监督权具有合法性、正当性，其权力行使的约束条件是法定主义与客观主义。任何违背检察官署的适格条件、合法性、正当性要求的，其诉讼监督主体则无权履行诉讼监督的职责。同时，这种体系结构要求准确界分诉讼监督的客体及对象。在刑事诉讼、民事诉讼和行政诉讼监督领域，诉讼监督的客体不是检察官署提起公诉、指控犯罪与支持公诉的涉案犯罪嫌疑人或被告人自身，而是侦查机关侦查活动的违法行为、审判机关的错误判决裁定和审判活动的违法性、刑罚执行机关在监禁改造活动中的违法行为等。这些违法行为或错误判决裁定是作为诉讼监督的客体所表达的，而犯罪嫌疑人、被告人、罪犯仅仅是这些错误判决裁定和侦查、审判、刑罚执行违法行为所指向的承担者。也就是说，这些违法行为或者错误判决裁定的法律后果对于承担者来说，其要么是人身权利、财产权利及相关合法权益受到侵害，要么是其受到法律应当剥夺的权利畸轻或畸重甚至在冤错案件中以自由、财产等权利被强制剥夺甚至生命（错杀）为代价。而在民事诉讼与行政诉讼监督领域，诉讼监督的客体同样不是诉讼当事人所争讼的标的，或行政相对人所争讼的行政行为所指向的标的，而是错误的民事裁判、行政裁判及其他违法行为。这些错误的民事裁判、行政裁判和违法行为所侵害的客体是审判机关超越审判权限，其评判具体法律关系错误或者违反法律规定，而涉案当事人所争讼的标的或者行政相对人所争讼行政行为涉及的标的仅仅作为承担者表达。刑事诉讼、民事诉讼、行政诉讼领域职权机关的违法行为及错误裁判与执行，其侵害的直接客体是侦查、审判、执行活动的客观性、合法性、秩序性与公正性。因此，从这个意义上说，检察官署作为"法律的守护人"的正当性、客观性、合法性的依据是十分充分的。从设置检察官署的职权看，作为现代检察官署及其职权制度乃法国大革命的产物，被移植到德国历经半个世界才基本定型。其创设的重要目的之一在于，以一受严格法律训练及法律约束之公正客观的官署控制警察活动的合法性，摆脱警察国家的梦魇，使检察官署成为侦查程序的主导者；目的之二在于，废除当时的"纠问式"审判制度，确立侦查、指挥侦查、起诉与审判的诉讼分权制衡模式，以检察官与法官彼此监督节制保障司法权行使的客观性与公正性，使检察官署成为法官裁判的把关者；目的之三在于守护法律，使客观的法益贯通整个诉讼程序，实现追诉犯罪与保障民权。[①] 其职权功能在于"国家权力的双重控制"，即作为法律之守护人，检察官既要保护被告免于法官之擅断，亦要保护其免于警察之恣意。[②] 当

[①] 林钰雄：《检察官论》，学林文化事业有限公司1999年版，第14~17页。
[②] 林钰雄：《检察官论》，学林文化事业有限公司1999年版，第18页。

代中国大陆检察机关的职权配置在刑事诉讼领域的立案和侦查活动监督、刑事审判活动监督、刑罚执行活动监督以及民事诉讼监督、行政诉讼监督具有自身的特色，同大陆法系、英美法系、伊斯兰法系的检察官署职权制度比较，其设置具有体系性和现代性的特点，这是一方面。另一方面，中国大陆检察机关在刑事、民事、行政三大诉讼领域监督职权行使的标准、程序和绩效评估等亦无程序性制度安排。这就使得诉讼监督职权制约引导侦查权与制约审判权，与自身监督职权行使是否需要制约、由谁来制约并防止诉讼监督职权的专断与滥用，成为检察权运行的"悖论"现象，一直遭受到学界与实务界的质疑与争鸣。试点省份从建立同检察官署诉权相匹配的诉讼监督权力清单、诉讼监督信息传导机制（诉讼违法信息管理）、诉讼监督权行使的标准（立案标准）、诉讼监督规程及工作流程、科学的诉讼监督指标体系及评价标准入手，构建现代新型诉讼监督体系并配套推行按照检察职权分类进行"扁平化管理模式"的"大部制"改革，案件办理与案件分流管理的"分权控制"模式改革，不仅仅是深化中国大陆检察机关制度改革、优化检察权配置、健全检察组织体系、建设公正高效权威检察制度的关节点问题，而且成为优化司法权配置、推进司法改革的亮点之一。

（三）遵循司法规律性

司法规律是指决定和制约司法权运行方向、体现法的根本精神及其质的规定性，具有被动性、中立性、裁断性、公正性、终局性特点，用以测度、评价和解析社会冲突与矛盾，实现定分止争、权利救济、制约公权、维护公平、实现正义、保障人权、促进和谐的独特法权逻辑力量。从权能属性层面分析，检察权作为法律监督权具有诉讼权与诉讼监督权合二为一的特点，有的学者把它定义为"一元论的二分法"[1]。与检察官署行使介入重大侦查活动、提出引导侦查的建议、审查逮捕、提起公诉、出庭支持公诉、职务犯罪侦查等职权相对应，其具有诉讼监督职权，即刑事诉讼监督又包括立案监督、侦查监督、审判监督、刑罚执行和监管活动监督，民事审判监督和行政诉讼监督等。[2] 这类诉讼监督职权不仅具有国家性的特点，即诉讼监督职权的权源来自法律规定、依照法定程序授予与行使，它作为国家权力的有机组成部分具有国家的意志性与法定性，而且呈现中立性、救济性、程序性的特点。检察官署行使这类监督职权的"中立性"表现在，其启动和行使监督职权的依据在于执法、司法机关及其人员具有违法或错误情形的发生，而不以原告、被告或其他诉讼参与人所

---

[1] 卢希：《论检察机关诉讼职权和监督职权的优化配置》，载《人民检察》2011年第21期。
[2] 朱孝清：《论诉讼监督》，载《国家检察官学院学报》2011年第5期。

争讼的标的大小为依据,并且秉承司法"不告不理"的中立性原则,只有当公民、法人、其他组织对这类错误判决裁定及其违法行为举报、控告、申诉、申请抗诉、提出监督意见等,检察官署才依职权对这类信息与线索进行评估,对其中符合条件的才依程序启动立案监督,等等。其"救济性"表现在,这类监督权的启动、行使以及法律后果能够有效纠正执法司法机关及其工作人员的违法行为乃至错误的决定与裁判,使公民、法人、其他组织的合法权益乃至国家利益所遭受损害得到最大限度的救济或修复。其"程序性"在于,这类监督权的启动与行使需要有一系列的程序规制与保障。比如,诉讼违法线索管理涉及诉讼违法信息传导机制构建,案件管理职能与案件办理职能有序分离,诉讼监督职能与查办职务犯罪职能协调等。将诉讼违法线索管理纳入制度化、程序化的轨道,既能适应社会公众对诉讼违法监督的新要求、新期待,整合诉讼违法信息资源,提升诉讼违法信息应用效率,降低诉讼监督发现、收集、利用、协调诉讼违法信息的成本,又能有效规制因诉讼违法信息管理制度与程序的缺失所导致的诉讼违法信息"失灵"、"失真"、"失效"等现象,从源头与制度安排层面防止诉讼监督权与职务犯罪侦查权行使过程中的"不作为"与"乱作为"问题,从而找到了把诉讼监督职权、职务犯罪侦查权装入诉讼违法信息管理程序"笼子"里的实现形式。这就从诉讼监督的主体适格条件、客体适格条件、对象适格条件以及诉讼监督权运行程序等方面破解了对刑事侦查活动监督的难题,使刑事侦查监督与其他刑事审判监督乃至民事、行政诉讼监督等检察职权运行步入制度化、程序化、规范化的轨道,从而达到法律监督权行使所产生的"侦查引导者"、"审判把关者"、"法律守护者"的三重预期功效。这类诉讼监督权运行的规律与司法权运行被动性、中立性、滞后性、公开性、正当性、裁断性的规律具有异曲同工之效。

(四)制度模仿的引领性

诉讼监督运行模式创设实践价值在于,它提供给其他区域检察官署的学习模仿样本。作为国家和社会禀赋给检察官署的一种垄断性职权,其职权配置与运行模式的制度供给成本表现为,法律制定过程中的社会征信,调查研究、专家方案比较论证、立法机关和最高司法机关颁行诉讼监督法律规范和司法解释规则,检察官署配置的人员、机构、经费、物质技术条件,以及保障诉讼监督权运行的其他制度配套支持成本与一定的社会环境支持成本等。诉讼监督权行使所产生的或提供的"公共品"收益则表现为,通过监督矫正诉讼违法行为与错误判决裁定,为相关公民、法人、其他组织乃至社会提供"公共品服务",即权利被救济、权益受保障、公权受制约、正义得到实现,使受损的法律关系和法律秩序得到修复与恢复,法律精神、法律原则得到弘扬与遵循,宪法法律的尊严权威和统一正确实施得到守护。由于诉讼监督程序规制的先天投入不足，当下中国大陆检察机关诉讼监督职权行使不规范的问题尤甚，诉讼监督所产生的"外部性"现象滋生。这种诉讼监督"外部性"是指一定的诉讼监督行为对外部的影响造成私人成本、国家成本与社会成本，私人收益、国家收益与社会收益相偏离的现象。正如著名经济学家穆勒以灯塔为例说明外部性，指出灯塔所发出的普照之光使所有路过的航船受益，但灯塔的建造者和维护者却难以向这些路过的航船收费。① 据典型调查，诉讼监督的"外部性"表现是多方面的：诉讼监督权履行方面，滥用诉讼监督权的问题时有发生，基层履行审判活动监督、民事执行监督缺位；诉讼监督资源配置方面，人员配置力量薄弱，承担诉讼监督职能的人员能力不强，诉讼监督规范化程度不高，监督财力物力保障不足；诉讼监督评价指标体系与考评标准方面，存在重复统计、叠加填报等，上级检察官署的诉讼监督投入和所期望的收益与下级检察官署所获得的收益呈现较大偏离现象，国家与社会投入的诉讼监督成本与诉讼监督本身所提供的"公共品"收益亦存在偏离。这就需要制定诉讼监督立案标准，诉讼监督规程，诉讼违法线索管理，诉讼监督评价指标体系与考评标准，以有效回应因诉讼监督立法"先天投入不足"所导致的基层检察院行使诉讼监督权方面的"疾病乱投医"、重复投入成本，而私人收益、公共收益和国家收益不确定等问题。

二、健全检察权运行机制

新的一轮司法体制改革针对司法地方化、司法行政化、司法低职业化、司法权配置异化、司法保障"分灶固化"、人权司法保障弱化等问题，将推动省以下地方检察院、法院人财物统一管理，确保依法独立公正行使检察权、审判权，健全司法权运行机制，完善人权司法保障纳入推进"法治中国"建设的重要任务。深化司法改革，健全检察权运行机制，总体思路方面需要树立战略思维、创新思维和法治思维，注重立足当前、着眼长远，从顶层制度设计方面科学谋划检察体制改革的总体方案、路线图以及时间表，增强改革的整体性、协调性，彰显中国大陆检察体制的人民性的特质。同时，注重遵循司法规律，善于运用法治思维、法治方式，谋划推进使改革的远大目标和具体方案协调一致；坚持走"本土化"的发展道路，注重依法有序，循序推进，确保检察改革方向、决策正确、效果显著。② 改革重点需要牢牢把握健全检察权运行机

---

① 王俊豪：《政府管制经济学导论》，商务印书馆2010年版，第326页。
② 徐汉明：《深化司法体制改革的理念、制度与方法》，载《法学评论》2014年第4期。

制,从多视角层面透视影响制约检察权运行的根源,多层面破解检察权运行的难题,确保多维度构建公正高效文明行使检察权的制度体系及运行机制。

(一)加强和改善党对中央司法事权的统一领导

党的统一领导是宪法规定的根本原则,是司法工作的根本保证,任何时候都不能动摇。新中国成立初期,由于当时社会经济发展不平衡,党对司法工作的领导采取了中央和地方分享、四级分权运行模式。这在当时的历史条件下起到了积极作用。改革开放后,财税体制实行"分灶吃饭、分级负担"。司法人员任免、经费保障完全依赖地方,使统一的中央司法事权被条块分割,司法成为"地方的司法",损害了中央权威,损害了宪法法律的统一正确实施,已经到了非改不可的地步。加强和改善党对中央司法事权的统一领导,就是要推进党对检察工作领导的法治化、规范化和具体化。所谓法治化,就是要善于运用法治思维和法治方式领导检察工作。所谓规范化,就是要通过规范的方式和程序实施领导。所谓具体化,就是要有具体完备的制度设计,防止将党的领导"空置化",将检察机关改成摆脱党领导,出现颠覆性错误。

1. 完善党对检察工作的领导方式。通过逐步制定《党对司法统一领导实施条例》等规则,发展完善党对检察工作领导的方式和程序。制度设计需要加强思想领导,注重对检察机关党员干部的教育管理,不断提高他们的思想政治水准和政策水平,确保正确的政治方向;加强政治领导,注重对贯彻落实党的路线方针政策和实施国家法律的检查监督,确保国家法令与政令统一;加强组织领导,注重检察机关党组织建设和管理,选准和配强检察机关领导班子和领导干部。

2. 完善党对检察工作领导的实现形式。鉴于党对中央司法事权领导的分割与分散的状况,有必要设立中央与省级司法委员会,与党委政法委合署,实行"一套班子两块牌子",即党委政法委(司法委员会)受中央和省委委托,统一管理检察、审判等司法事务。为此,需要完善中央和省委政法委工作职责,整合现有的综合治理、法治平安建设及政法事务管理三个平台及政法资源,将综合治理工作职责划归国家安全委员会(省划归平安法治建设领导小组办公室),社会管理职责交由政府职能部门。调整后的政法委(司法委员会)的主要职责为:支持和监督检察机关、审判机关严格执法、公正司法;排除地方、部门和个人干预司法;查究司法人员违规违法行为;协调国际司法合作等司法事务等。不再介入司法个案。形成党中央统一领导下的人大监督、"一府两院三委"(国家军事委员会、国家安全委员会、国家司法委员会)的国家权力框架，为推进国家治理体系和治理能力现代化迈出关键性的一步。①

3. 理顺省以下检察机关与地方党委的关系。宪法法律规定检察机关上下隶属领导与被领导关系，改革后的省以下检察机关在中央、省委统一领导下，可以在省以上检察院设立党委，实行省级检察院党委领导为主，地方党委协助管理；法院系统因属审级监督关系，不宜设立党委，其通过省委政法委加强对省以下法院党组织领导为主，地方党委协助管理的模式；省以下地方党委不再管理检察院、法院人事事项。检察院党组织在贯彻执行党的路线方针政策、服务大局、维护社会稳定、日常党建工作等方面仍要接受地方党委管理；基层检察院检察长仍可以担任地方党委委员、政法委员会委员；涉及重要人事变动、重大案件要及时向地方党委通报。

（二）完善人大及其常委会对检察机关的监督方式

人民代表大会制度是人民民主专政的政权组织形式，是我国的根本政治制度。贯彻落实十八届三中全会关于健全"一府两院"由人大产生、对人大负责、受人大监督制度的改革精神，需要探索完善司法人员法律职务选举与任免的运行模式。

方案之一是，在不修改法律的情况下，实行"依法办理、反刍运行"：检察院检察长、法院院长选举、批准任命，检察官、法官的法律职务任免，依照干部管理权限，由省检察院、省法院提名通过地方同级党委推荐，由地方同级人大及其常委会选举或任免（罢免）；有关法律规定报告工作、接受监督的程序不变。这种模式适用于改革过渡期。

方案之二是，为了避免改革后地方权力机关选举任免司法人员与省推荐、提名人选的矛盾冲突，使省委推荐的重要司法干部顺利当选，维护省委的权威，需要修改相关法律，建立"全面管理、统一运行"的模式：省以下检察院检察长、法院院长由省委政法委（司法委员会）统一推荐，省检察院、省法院提名，省人民代表大会选举（罢免）；检察院副检察长、检察委员会委员、检察官，法院副院长、审判委员会委员、法官由省人大常委会任免；取消省以下检察院、法院向地方人大及其常委会报告工作的制度，修改为省检察院、省法院统一向省人大及其常委会报告、接受监督；省人大及其常委会可以授权市县两级人大及其常委会，就专项工作听取相关检察院、法院的报告，实施监督。

方案之三是，修改相关法律，建立"相向平衡、规范运行"的模式：省以下检察院检察长、地方法院院长由省委推荐，省检察院、省法院提名，省人

---

① 徐汉明：《深化司法体制改革的理念、制度与方法》，载《法学评论》2014年第4期。

大常委会任免；副检察长、检察委员会委员、检察官、副院长、审判委员会委员、法官由司法委员会任免；有关检察院、法院向人大及其常委会报告工作、接受特别调查、咨询、质询等监督修改为由中央和省两级司法机关承担；省以下地方各级人大及其常委会受省人大常委会委托，可以对司法机关开展专项视察、执法检查；对于失职、渎职等问题，地方人大可以向上级司法机关、省直至全国人大及其常委会报告；省以下检察院检察长、法院院长及其他司法人员可以作为人民代表参与地方人大的活动。[1]

（三）推进检察制度的科学化、现代化和法治化

未来国际竞争不仅体现在经济发展的"硬实力"、文化发展的"巧实力"，更在于制度优越的"软实力"的比拼上。中国特色社会主义检察制度的优越性必须体现制度的现代化与核心竞争力。

1. 推进司法权配置科学化。建立审判与执行相分离的制度，将审判机关对民事、行政生效裁判的执行权划归司法行政机关；建立公安机关对生效司法裁判余刑3个月以下罪犯的监禁权和未生效判决的犯罪嫌疑人、被告人看守监管权划归监狱机关，形成遵循司法规律，权责明晰、分工负责、互相配合、互相制约的司法权运行体系。加快制定诉讼监督程序法，规范检察机关对刑事诉讼、民事诉讼、行政诉讼活动的监督。

2. 在预防和惩治腐败中进一步理顺司法机关与纪检监察机关的关系。建立健全纪检监察机关对涉嫌犯罪案件及时移送、依法办理、衔接介入、协调配合和制约机制。加快制定预防和惩治腐败法，推进预防和惩治腐败由政策主导型向法治规范型转变，把"双规"、"双指"纳入法治化轨道；严格按照法律程序办理案件，依法保障人权。

3. 建立健全对行政权的监督制约机制。目前，检察机关主要通过查办贪污贿赂案件、渎职侵权案件，法院主要通过审理行政诉讼案件，加强对行政权的制约。建议加强这方面的机制创新，比如，完善行政机关接受检察机关、审判意见的回复反馈机制；完善行政执法与刑事司法相衔接的机制；强化对破坏国家法律法令政令统一实施重大违法事件的检察；建立健全检察机关适度介入重大行政执法案件、行政监管领域重大违法事件的同步调查机制；赋予检察机关代表国家行使公益诉讼的职能，维护国家利益、公共利益及社会利益。

（四）健全检察权运行机制

以健全办案组织体系，建立检察机关职权清单制度为切入点，建立健全权责明晰、权责统一、监督有序、配套齐全的检察权运行机制。

---

[1] 徐汉明：《深化司法体制改革的理念、制度与方法》，载《法学评论》2014年第4期。

1. 健全检察组织体系。一是完善组织结构。修改相关法律，设置同行政区划适度分离，同法院组织体系的行政法院、知识产权法院、环境保护法院、土地资源法院相适应的专门检察院。二是探索建立分院体制。适应区域主体功能区发展战略实施的新形势，总结省管市检察体制与行政区划相分离的经验，探索设置跨区域检察体制，解决好司法权配置"地方板结化"的问题，优化中央省委对司法权的统一领导。三是调整基层检察机关管辖和内部机构设置。对于50人以下规模较小的基层检察院、法院可以探索合并改革，设置跨行政区划管辖的检察院、法院，以破解分类管理，人员瘦身，辅助人员及行政管理人员比例偏大，办案力度不足等难题；对于60人以上规模较大、不宜合并的基层检察院、法院，可以借鉴湖北等地检察机关推行"大部制"改革的思路，整合内设机构，实行扁平化管理。

2. 完善基本办案组织。修改相关法律，选拔优秀资深检察官、法官担任主办检察官、主审法官；组建以主办检察官、主审法官为主导的基本办案组织。这里应当说明的是，按照精英化的制度设计，由于目前检察官、法官队伍过于庞大，只宜采取主办检察官、主审法官的过渡性措施，今后要逐步减少检察官、法官数量，现在的主办检察官、主审法官就是未来的检察官、法官。

3. 建立执法责任制。修改相关法律，建立检察权清单制度，科学界定主办检察官与检察长、副检察长、检察委员会，建立执法办案责任制，真正实现"依法独立办案、让办案者终身负责"；建立检察委员会履职责任制。通过强化执法办案责任制，实现五个转变：由行政化组织体系向符合法律监督规律的组织体系转变；由科层制组织形式向扁平化组织形式转变；由权责边界模糊向权责边界清晰、权责利相配套转变；由集权独揽、层层审批向分权制衡、协调制约转变；由责任分散向责任担当、终身负责转变。

4. 强化对检察权力运行的监督制约。注重"放权"与"控权"并重的制度设计。建立健全检察职业宣誓，案件管辖立办分离，违规违法紧急叫停、及时更换办案人，岗位轮换，不良记录，检察惩戒弹劾，检察公正指数评价发布等监督制约与社会评价制度；设立对检察官听证质询制度、特别问题调查制度；自觉接受权力机关、专门监督机关、新闻媒体和社会各界的监督。

（五）推进司法民主和司法文明

司法民主就是要保障人民群众对司法活动的知情权、参与权与监督权。司法文明就是要彰显司法定分止争、权利救济、制约公权、伸张正义、保障人权、促进和谐的价值功能。

1. 健全人民监督员、人民陪审员制度。改革人民监督员、人民陪审员选任方式，实现选任精英化向平民化、指定式向广泛参与型的转变；把社会评价与司法评价有机结合起来,拓宽人民群众有序参与司法、监督司法的渠道,形成全社会学法、知法、信法、守法、尊法、敬法、畏法、护法的良好氛围。

2. 增强司法透明度和公信力。规范审判公开、检务公开、警务公开、狱务公开制度;有序开展检察机关、审判机关公众开放日活动,充分运用新兴媒体等形式建立互动平台,让检察权、审判权在阳光下运行。严格规范减刑、假释、保外就医程序,强化监督制度。

3. 完善科学文明高效便民的诉讼机制。以一审明断是非定分止争、二审案结事了、再审依法纠错、最高人民法院监督法律正确实施为目标,完善司法为民的诉讼机制;完善司法便民利民方式,规范司法救助,让老百姓尽享司法改革红利;建立健全多途径推进繁简分流和速裁机制、轻微违法犯罪案件快速处理机制;加快建立宽平台服务机制,畅通群众诉求渠道,切实保障公民合法权益。

(六)推进法律监督体系和法律监督能力现代化

目前,检察改革试点工作正有序进行,重点是研究从体制机制上破解影响司法公正、制约司法能力的深层次问题,实现法律监督理念、制度与方法的现代化转型。

1. 建立检察人员分类管理制度。值得注意的问题是,检察人员分为检察官、司法辅助人员和司法行政人员,但对检察官是否包括助理检察员没有界定。理论与实务界的意见是:一种认为只包括检察官;另一种认为在检察官法未修改之前,将助理检察员切出去于法无据,将会造成优质司法资源的流失,形成改革驱逐人才的负面效应。需要统筹考虑助理检察员这一现实,改革过渡期之后,再逐步解决检察官的"瘦身"问题。员额如何确定,全国应当按照东中西部的区域特点进行综合考虑。过渡办法如何设定,建议在过渡期按照"老人老办法,新人新办法"逐步消化,现有员额内无法解决的检察官可以通过到龄退休、交流、调剂到紧缺地区工作、挂职锻炼等方式逐步"瘦身"消化,并预留一定的机动员额。

2. 建立职业保障制度。重点是要建立以检察官职业保障为主体,兼顾检察辅助人员、检察行政人员的整体利益,体现单独职务薪酬序列相对均等化、与公务员法相协调的职业保障制度。一是工资保障标准有别于普通公务员。在检察官适当高于普通公务员的国际通行做法中,日本、德国、法国检察官工资与法官工资相等,远远高于公务员工资,其中,法国实行夜间和周末加班奖励制度,奖励相当于薪金40%。美国联邦检察官的工资年收入在13~16万美元之间，州检察官在 6～12 万美元之间。① 据 2005～2010 年调查，我国东部检察人员比中部、西部人均年津补贴分别高出 108.26%、85.31%。其中上海检察人员年人均津补贴高达 9.86 万元，甘肃则人均为 1.9 万元，相差近 8 万元；深圳福田区人均 33 万元，是甘肃人均的 16 倍多。这表明，以省为单位建立相对均等化的保障标准是非常急迫的。同时，区域差异化也是客观存在的。因此，相对均等化的职业保障体系主要以省为单位统一推行，而不是盲目追求全国拉平。建议津补贴标准可考虑以省会城市的平均数作为保障基数，在全省统一拉平设定。建议增设基层津贴、贫困边区地区津贴，鼓励检察人员扎根基层、安心贫困山区；建议设立年终检察奖金制度，激励检察人员公正廉洁文明执法。二是建立职业廉政保证金制度。借鉴发达国家和地区的做法，职业廉政保证金可按年度缴纳，单位和个人按比例缴纳，如无不廉洁行为或者犯罪行为，检察人员退休或者在岗死亡时本息一次性发放。三是建立住房保障制度。对遴选到上级检察机关工作的优秀检察官，有计划地提供公租房、周转房。四是建立职业荣誉制度。

3. 实行省以下检察院人财物统一管理。需要建立全省机构编制统一的管理制度。管理体制由省委政法委（省司法委员会）与省编办共同统一管理，检察院负责日常管理。对于历史遗留下来的各级检察院地方行政编、事业编、工勤编、财政供养的无编人员及其他非编人员，进行合理安置。实行检察官、检察辅助人员、检察行政人员统一管理。建议设立国家、省司法委员会，统一管理司法机关人事与经费等事务，可以由省政法委常务副书记（司法委员会常务副主任）兼任省委组织部副部长，便于对司法人员的管理和协调，并采取分级授权、下管一级的体制，厅级及相当职级的检察人员由省委管理，处级及以下干部实行授权省委政法委和省级检察院管理，这有利于破解人财物交由省检察院、省法院统一管理后其内部行政化趋势增强的难题，尤其是防止审判机关由审级监督体制"异化"为行政管理体制，这与新一轮司法体制改革去行政化的初衷相匹配。② 对于遴选委员会的职责问题。我们实行党管干部原则，遴选委员会的作用主要是对检察官、法官初任、职业准入的专业素质统一评定审查把关，为省委、省检察院党委（省法院通过省委政法委）选任司法人员提供前置条件，即未经遴选委员会评定通过的不得录用，形成遴选委员会对司法准入的审查、否决机制；有关检察官、法官的职务晋升、下级被上级遴选、岗位轮换、任职交流、提拔使用等职责不宜赋予遴选委员会，否则同党委

---

① 徐汉明：《中国检察理论保障制度研究》，知识产权出版社 2012 年版，第 249～264 页。
② 徐汉明：《深化司法体制改革的理念、制度与方法》，载《法学评论》2014 年第 4 期。

组织部门、政法委、检察院和法院政治部门的关系难以协调，制度运行的成本将会居高，对遴选委员会的监督成为新问题。完善财物管理体制，在省级财政预算体制中，建立省以下市州与县区的检察院、法院为省财政二级、三级预算单位，防止经费交由省级检察院、法院统一管理后助长其"行政化"增强的趋势。既要解决保障不均衡、基层保障不力的问题，又要解决依法应收尽收、应缴尽缴的问题，防止涉案财物处理不规范不严格不廉洁的倾向。重点建立"两机制一体系"，即司法机关经费统一管理机制、资产统一管理机制和经费保障标准体系，加强预（决）算管理与涉案财物管理，提高资金使用效率。

三、规范检察指令权运行程序

检察指令权是检察官署及检察首长依法对下级检察官署履行检察事务、行政管理及对外事务协调事项所作出的一般指示或者个别指示所形成的指令权能体系。其类型按照性质划分包括检察事务权与检察行政管理权。前者是指上级检察院及其检察首长对下级检察院及其检察官就法律监督职能履行的范围、方式、程序、效力、纪律的专门指示（包括决议、决定、指令、通知等）。其具有确保"上命下从"、"检察一体"的功效。后者则是指上级检察院及检察首长围绕法律监督职权运行相关联的组织人事管理、经费保障、设施条件改善、信息技术支持、综合管理服务等行政事务管理，对下级检察院及其检察首长所作出的指示。其指令具有保障服务检察事务权的充分高效行使，法律监督各项职权运行的激励约束与保障服务的功能。按检察指令权范围划分，检察指令权包括内部指令权与外部指令权。前者是指检察院及其检察首长对履行法律监督职权的各项检察事务与行政管理事务所作出的指示，其效力溯及上对下的层级检察院，并且对检察官团队亦具有普遍约束力。后者是指检察院及检察首长与相关职权机关就检察事务的相关事项所期作出的指示。由于检察指令权制度设计及其行使规范不完善，检察指令权的效力难以企及侦查机关、审判机关、刑罚执行机关以及行政机关。为了破解诉讼监督范围、对象、程序及效力方面立法先天不足的难题，最高检察机关常常与被监督的机关就诉讼监督的范围、对象、程序及其效力联手发布指令性文件，形成检察指令权的特殊类型；并且这种外部检察指令权运行模式的上行下效，成为具有中国特色的外部检察指令权结构体系。一方面，这种联合型的检察指令权的构成，往往以法律监督权某些职能的让渡或者程序的约束力降低为前提。另一方面，这种联合型的检察指令权，虽然在诉讼监督职权配置与运行程序立法先天不足的条件下起到了弥补功能的作用，但其启动运行与效力往往是以被监督机关接受监督的意愿，或者被监督对象某些条件生成才得以实现的。这种外部联合型检察指令权运行所产生的效应在经济学上被定义为"边际效应递减"的现象,① 成为检察权扭曲运行的一个突出表现。

　　检察指令权行使的界分当以法定主义为根本标准。所谓检察指令权行使的"法定主义",是指检察指令权的权源来自法律授予,由适格的检察院及检察首长行使,依照法定的程序运行,其效力止于法律法规许可的范围内。按照检察官"通说",检察指令权的法定主义构成的理由在于,一方面,检察指令权当属法律禀赋给检察院及其检察首长的应有职权,其产生带有"与生俱来"的特点。另一方面,检察首长是适格的行使检察权的检察官。② 再一方面,无论是按照"社会本位主义"设置的检察院,还是按照"个人本位主义"设置的检察官之中的检察首长,都毫无例外地具有检察指令权。它不仅是"检察一体"职权运行模式的典型表达,更有利于应对和处置检察官团队在诉讼与诉讼监督领域通常遭遇的控诉案件的当事人以起诉、指控或诉讼监督的合法性乃至非法证据质疑等诉讼困境。反思现实检察指令权行使方面的不足,是层级指令权存在越位与替代的现象。这主要表现在,上级检察院及检察首长通常就下级检察院依地域职权管辖的案件无端缘由,或者以级别管辖为由实行异地管辖或指定管辖而滋生管辖权、案件处置权、检察官裁量权的滥用;同一检察机关内部,检察首长往往以个人意志而绕开民主集中制的行权原则,指令检察官团队在履行职权过程中要么不许作为,要么责令乱作为,由此对检察院行使法律监督职权造成诸多不良影响。造成检察指令权被滥用的根源,除检察首长的思想素质外,更多的是检察指令权清单制度、运行程序制度、监督制约制度、评价激励约束制度缺失等。因此,在深化司法体制改革、健全司法权运行机制的大背景下,探求建立检察指令权清单制度及运行程序当属题中之义。如何构建同法律监督权体系相适应、同诉讼监督权相协调的检察指令权体系需要从以下几个方面着手:

　　其一,需要把规范检察指令权的制度创新作为推进法律监督体系与法律监督能力现代化的重要任务,并作为规范诉讼监督权的突破口,纳入健全检察权运行机制的改革整体规划,增强检察指令权制度发展完善的理论认同、制度认同与改革认同。其二,建立检察指令权清单制度,使之与检察院的法律监督权清单、检察官职权清单相配套协调,形成具有中国特色的检察职权清单体系。

---
　　① 高鸿业:《微观经济学》,中国人民大学出版社2011年版。边际效用递减规律:在一定时间内,在其他商品的消费数量保持不变的条件下,随着消费者对某种商品消费量的增加,消费者从该商品连续增加的每一消费单位中所得到的效用增量即边际效用是递减的。
　　② 林钰雄:《检察官论》,学林文化事业有限公司1999年版,第50页。

其三，建立与检察人员分类管理相协调，寻找规范包括检察指令权在内的检察权运行程序的最佳实现形式，确保检察权公正规范高效清廉文明行使。其四，建立科学的包括检察指令权的法律监督权评价指标体系与考评标准，使检察机关有关法律监督事务的决策权、执行权、监督权既分工制约又协调配合，形成科学的检察组织体系与检察权运行体系。其五，发展完善检察指令权制度既要坚持法定主义原则，又要辅之便宜主义的认同与限制。检察指令权的根本意义在于便宜主义所容许的裁量范围。[①] 正是因为法律监督权行使过程中时常遇有地区之间、时段之间的同一类个案适用相关法律规定进行处理的结果差异大。这就形成守护法律统一正确实施与法律实施过程中个案差异难以统一的矛盾。因此，检察指令权就个案方面的裁量当以不越权和不滥用为界限，通过指令权越权裁量、滥用裁量或者基于明显与事理无关的考量等情形当属指令权违法。[②] 但是，由于地区之间因法律适用引发的个案处理的差异，便宜主义的原则宜当慎用的前提下亦难能全盘抛弃，而需要引入程序规范予以规制。

[①] 林钰雄：《检察官论》，学林文化事业有限公司1999年版，第52页。
[②] 林钰雄：《检察官论》，学林文化事业有限公司1999年版，第53页。

检察官办案责任制改革研究

郭玉洁[*] 陈 坤[**]

承办检察官认真审查案件，并对案件质量负责，是其应尽义务、职责所在。但冤假错案的产生，不禁让人产生疑问：检察机关是否有责任？司法实践中的人情案、关系案、冤案、错案，也逐渐将检察官的办案责任推到了聚光灯下。笔者认为，"承办检察官"是指在检察工作中案件的承办人，包括单人负责案件的直接办理者、专案组团队负责人或交由专人办理案件的责任人。其应对办理案件中的错案承担相应责任。

一、检察官办案责任制现状及制度缺陷

（一）检察官办案责任制现状

2000年最高人民检察院提出主诉检察官办案责任制后，很多地方检察院纷纷探索并尝试。与此同时，部分学者提出"主任检察官办案责任制"、"主办检察官办案责任制"。三者在理论层面极为相似，即强调办案的团队性，一人领头，其他人配合。

主诉检察官办案责任制和主任检察官办案责任制，在实践中效果并不明显。二者在探索过程中，出现了诸多异化现象。如主诉制首先在起诉部门实施，效果明显。但检察机关的其他科室提出异议，认为本人所在的科室也有业务骨干，应仿效该制度。后主诉检察官大都被各个科室负责人所享有，成为为科室负责人谋福利的制度。

因此大部分检察院实行一段主诉检察官制度后又恢复到以前的办案模式，还是各人办各人的案，每个承办人对自己的案件质量负责，后由部门领导审批，部门领导成为实际上的"主诉检察官"。

（二）现行检察官办案责任制度缺陷

实践证明主诉检察官办案责任制存在许多弊端，如主诉检察官权责利之间

---

[*] 安徽省阜南县人民检察院研究室助理检察员。
[**] 安徽省阜南县人民检察院侦监科科长。

缺乏协调、主诉官素质参差不齐、选拔程序随意操作等。主诉检察官办案责任制的运作形式为办案组，主诉检察官主持办案组的工作，办案组由一名主诉检察官和若干名其他检察官组成，配备书记员。① 事实上，在大多数检察院，大都采用轮流分卷制，特别是起诉科等案卷较多的业务科室。通常情况下轮卷速度相当快，搭档制不可行。再者，承办人对案件的综合把握，特别是对证据的熟悉程度，决定着其在法庭上的答辩准确性和底气，如果在法庭上辩护人提出某一证据存在程序瑕疵，出庭检察官没有对证据亲自摘抄，很难发现证据在程序瑕疵或笔误导致的证据排除。此外，因科室案件较多，主诉检察官可能没时间翻阅原始卷宗，让其承担全部案件责任有失公允。目前检察机关都是科室领导对案件质量进行把关，审批时通常是审阅审查报告，翻阅卷宗者寥寥无几。再加上时间有限，大都是同意承办人意见。主诉检察官审阅案件时也存在同样的问题。

此外，办案小组内主诉检察官与其他检察官关系模糊，主诉检察官的指挥权变异为指导权，不能发挥办案组的整体优势，在互助办案的模式下，其他检察官除在案件的定性上必须服从主诉检察官外，在案件的进度、审查的方式等方面均有自主权。这样，主诉检察官在办案组内业务上的领导权就变成了指导权。并且其他检察官还往往觉得自己作为助手，事实上却承担着主诉检察官的工作，与自己的职称和待遇不相称，如果内部关系协调不好，常常有怨气。在这种情况下，办案组不可能自然形成有机的组织，难以发挥整体优势。②

在20世纪90年代就有学者提出"主办检察官办案责任制"和"主任检察官办案责任制"。案件主办检察官，由科长协同主管检察长或检察长指派，每个案件明确1或2人主办。③ 2014年，湖北省正式确立"主办检察官办案责任制"。实行主办检察官办案责任制，应当建立"主办检察官+其他检察官、检察辅助人员"的主办检察官办案组，由主办检察官主持、组织办案组工作，并承担相应责任。④ 以上关于"主办检察官"的界定与主诉检察官没有本质的区别，都侧重强调团队。实践中操作起来难免出现和主诉检察官同样的结果。

综上，笔者认为检察官办案责任应采用"承办检察官办案责任制"，即案件的承办人对案件质量负责。

---

① 刘欣杰：《浅谈主诉检察官办案责任制》，载《检察实践》2005年第5期。
② 肖萍：《关于深化主诉检察官办案责任制改革的调研报告——以广东省检察机关的试点为例》，载《人民检察》2007年第12期。
③ 张慧民、闫振国：《试论案件主办检察官责任制度》，载《河北法学》1999年第1期。
④ 郑青：《湖北省主办检察官办案责任制探索》，载《国家检察官学院学报》2014年第2期。

二、确立承办检察官办案责任制的原因

（一）确立检察官办案责任制法理的原因

关于检察官的职责定位，学者们提出了以下观点：独立说、代表说、授权说等。笔者认为，检察官的权力是法律赋予的，应采用"独立+授权说"，即对内独立办案，对外检察长授权发表检察意见。

以检察机关业务部门为例，公诉科承办人审查案件后，需拿出自己的意见，或起诉，或不起诉（四种情形），或改变定性。侦监科承办人审查提请批准逮捕的案件后，需提出批准逮捕或不予逮捕的意见。这个过程的完成离不开检察官独立思考，即"对内独立"。但检察官的意见不是最终的处理结果，其意见还需科室负责人和分管检察长审批。如果承办人意见和科室意见不一致，还需通过检委会决定，从这个意义上说，承办检察官的意见在一定程度上是检察院的意见。经过领导审批或检委会决定的案件，在对外的文书制作中，其决定只能是领导的最终决定，即"对外授权"。

由于承办检察官对内独立办案，理所应当对案件质量承担相应责任，因此就产生了检察官责任，这是本文讨论的学理基础。

（二）确立检察官办案责任制的实践原因

1. 审查证据方面

承办人是接受原始卷宗的第一人，也是全面掌握案件情况的人，其不但审查案件的事实部分还审查程序部分。具体来说，案卷分到一个承办人手中，其就会根据自己的时间安排逐页进行审查，审查中不但要审查实体部分，还要审查程序部分。针对证据中存在的程序瑕疵或矛盾之处要求侦查机关予以补充或作出说明。然后拿出最终的意见，以供科室参考和检委会最终决定。

司法实践中，针对承办检察官移送讨论的案件，无论是科室负责人还是检委会领导依据的大都是审查报告，而审查报告反映的证据形式与侦查卷宗相比相去甚远。审查报告大多反映的是证据的实体方面，如言词证据如何叙述、书证如何记载、物证形态如何或勘验检查笔录如何描述，等等。细心、严谨的承办检察官会在审查报告中将证据获取时间、地点、获取人等详细信息予以录取，但有的承办人由于办案习惯或时间有限，再加上领导平时没有要求，其可能没有将上述信息打印记录在审查报告里，这种状况在基层检察院存在得较多。这样导致领导没法看到证据的程序瑕疵，进而无法对案件综合把握，作出的决定也更多依据实体证据。如果其中的一个关键证据在实体上没问题，但程序上存在瑕疵，承办人没有发现该问题，部门负责人在审查报告中又无法发现该问题。领导一旦按照承办人摘抄的审查报告作出决定，其决定的瑕疵或失误

就不可避免。

该状况与基层检察院案件多、人手少有关，也与其办理案件的类型有关，即基层检察院办理大都是抢劫、故意伤害、强奸等常见的案件类型，法定刑较轻，使得承办检察官很容易放松警惕。再加上近年来基层检察院办案人员年轻化，进院就上手办案，加剧了证据瑕疵审查风险。

此外，在检察院阶段，案件的大部分时间由承办人掌握，如公诉部门，审查起诉的期限达半年之久，而科室负责人审查该案的时间通常是1周，检察委员会委员审查该案的时间大多数不到1周。在很多基层检察院的实际是，明天召开检委会，今天才报送。在侦监科承办人审查逮捕的时间有7日，科室负责人审批案件的时间会更短，1日左右。检委会也都是进行实体审查，很难发现证据程序瑕疵。在加上时间紧、案件多，检委会作出的决定大都是依据承办人审查报告反映的证据，证据信息的不全面同样致使决定存在偏差。

因此，防止出现冤假错案的第一步就是承办检察官把好证据关、事实关，提出自己正确的意见和建议。

2. 检察权行使方面

十三届三中全会规定主审法官、合议庭办案责任制，学者们也在如火如荼地探讨法官错案责任制能否确定、确立标准及责任追究方式。因此人们印象中，冤假错案似乎与法院、法官有关，但检察机关和审判机关都属于司法机关，其权力的行使都会对当事人的人身及财产造成影响。如侦查监督机关决定批准逮捕后嫌疑人的人身自由被剥夺，反贪局的立案侦查行为可能使当事人的前途受到影响。

同时，根据不告不理原则，法院审判的前提是当事人或检察机关向法院提起了诉讼。作为公诉案件，检察机关提起诉讼是引发审判机关裁判的前提，错误的起诉为法院违法判决提供可能，如赵作海案、佘祥林案无不伴随着错误起诉和监督缺失、无力。

刑事诉讼法规定，除自诉案件除外，刑事案件的提起均由检察机关提起公诉，否则法院不予受理。一审判决后，是否提起抗诉也是由检察机关决定，被害人只有建议权。此外，作为法律监督机关，检察机关对法庭的审判过程及判决结果负有监督职责。

西方国家相信法官的自由裁量权，对判决绝对服从，在我国对法官和检察官却不宜采用该制度，一方面公众对司法人员不信任，对判决结果持怀疑态度；另一方面，我国是个人情社会，法官、检察官也难逃人情的羁绊，人情案、关系案大量存在足以说明。实行责任追究有利于法官检察官依法办事，减少人情对判决的影响。同时，有办案责任制度的存在，当事人也不会那么倾尽全力"找人",承办检察官也为自己秉公执法找到了"护身符"。

在传统的审批办案流程下,由于审批者事务繁多,不可能对每个案件的案情都作深入细致的了解,案件审批走过场现象难以避免,使得公诉部门的负责人与案件承办人都在一种周而复始的重复劳动状态中艰难跋涉,既难以保证案件质量,也使公诉工作缺乏生机与活力。① 实行承办检察官办案责任,促使检察官加强责任心,提高学习业务知识和技能的自觉性,增强防错、防漏的意识,确保了案件质量。

三、承办检察官的概念及错案界定

提到检察官办案责任制,与之相伴的问题就是错案认定及错案责任追究。部分学者指出探讨检察官办案责任制不宜与错案责任、刑事赔偿联系起来。尽管因决定刑事赔偿而追究原案承办部门和承办人错案责任的情况在事实上寥寥无几,但还是对司法机关及其工作人员形成了强大的心理压力,既影响了司法机关依法给予国家赔偿的积极性,又影响了司法机关及其工作人员依法行使职权的积极性。2011 年 8 月,全国各大媒体纷纷报道了河北省邯郸市和涉县两级检察机关和法院为一起一审判死缓二审发回重审的命案相互推诿,其根源就在于市县两级检察机关和法院都害怕承担国家赔偿责任,以及因此而来的错案责任追究。为树立科学的刑事赔偿理念,使国家赔偿法发挥其应有的功能,有必要从理论上澄清刑事赔偿与错案责任追究之间的理性关系。② 但笔者认为,检察官办案责任制确立的前提是错案界定,一旦错案符合国家赔偿法情形的,当然要刑事赔偿。下面具体探讨承办检察官的概念及错案界定:

(一)承办检察官的概念

所谓"承办检察官",是指在检察工作中案件的承办人,包括单人负责案件的直接办理者、专案组团队负责人或交由专人办理案件的责任人。如侦监、起诉、民行等科室大都是专人办理案件,这里的"承办检察官"是指案件的直接办理者。反贪、反渎等强调团队办案的科室,"承办检察官"仍是指移送审查起诉卷宗封面署名者。虽然这两个侦查部门在侦查活动中大多是全军出动、全员参与,但在调取证据或讯问嫌疑人时大都有固定的工作人员负责,案件侦破后,该承办人需书写移送审查起诉意见书,后根据起诉部门的要求补查

---

① 肖萍:《关于深化主诉检察官办案责任制改革的调研报告——以广东省检察机关的试点为例》,载《人民检察》2007 年第 12 期。

② 谭金生:《刑事赔偿与错案责任追究之关系反正——兼议以错案责任追究为基础的刑事赔偿理念的缺陷》,载《黑龙江省政法管理干部学院学报》2012 年第 1 期。

证据、说明情况。大多数情况下，在移送审查起诉的卷宗上署名的检察官自始至终都参与了案件的侦破，对侦查过程的违法性和合法性了如指掌。故，让其对案件质量负责理所应当。控告申诉科和民事行政检察科等科室承办人的确定标准也同样如此。

（二）错案的界定

赵作海案、佘祥林案等"亡者归来"的事实证明，原来的法院判决就是一个错案，以上两个案件是已经确认的错案，目前已决服刑犯中有多少尚未发现的错案还未可知，因此，确立错案责任制度本身具有一定的可行性和必要性，问题的关键是如何明确错案标准以及如何操作。

笔者认为，错案应区分为绝对错案和相对错案，绝对错案是有罪认定为无罪、无罪认定为有罪。相对错案包括重罪认定为轻罪、轻罪认定为重罪、此罪认定为彼罪、彼罪认定为此罪。

一般刑事案件中，对于嫌疑人或被告人而言，法院认定为其涉嫌何罪异议不大，其所关心的问题是是否被错误关押，以及服刑期限是否超过应获刑期。对于被害人及其近亲属来说，只要被告人被绳之以法就达到了目的。在职务犯罪案件中，嫌疑人或被告人除关心其是否被关押外，还关心其是否受刑事处罚，因前者关系到人身自由，后者关系到公职去留及再就业。因此，认定有罪或无罪是所有当事人都关心的问题，法官或检察官对有罪和无罪把握不准，应认定为绝对的错案。

在相对错案中，应获刑期与实获刑期的相差幅度决定检察官、法官承担责任大小。该幅度应确定为相差50%。如故意杀人案件中，被告人故意杀人事实清楚，法院根据法定刑幅度及量刑情节确定其宣告刑20年，后经当事人申诉，在证据及量刑因素不变的条件下，法院改判其宣告刑10年。那么这就是一个相对错案。

但在检察系统（两侦部门），笔者认为应采用绝对错案标准，即该起诉而不起诉、不应起诉而起诉（起诉科）；不符合逮捕条件而逮捕、符合逮捕条件而不予逮捕（侦监科）；不应发检察建议而发检察建议、应发检察建议而不发检察建议（民行科）；不应移送审起诉而移送审起诉、应移送审起诉而不移送审起诉（两侦部门），等等。实践中，相对错案标准在检察机关适用意义不大，不论是重罪、轻罪，还是此罪、彼罪都属于有罪情形，对被告人的人身财产权益与无罪相比影响较小，可以考虑调离业务岗位或记过来处理。如检察机关提起公诉以后，法院经审判可以改变罪名，也可要求检察机关变更起诉、追加起诉，并且如何定罪量刑，决定权掌握在法官手中。两侦部门移送起诉后能否定罪还需起诉部门和法院认定。

同时，案件在检察机关达到绝对错案标准，不但影响当事人的权益，还会对检察机关的年终考评和司法公信力产生负面作用。以"不符合起诉条件的而予以起诉"为例，案件本是无罪案件，但承办检察官却认定为有罪而提起公诉，法院经审判认为被告人依法不应判处刑罚，检察机关将会面对撤诉或被宣告无罪，该情形极大浪费了司法资源，且影响了检察机关的公信力。

四、承办检察官责任制完善措施及减责情形

（一）承办检察官责任制完善措施

1. 错案责任人的确定

错案责任人为案件的承办人，特殊情况下也包括负责签批的科室负责人、分管检察长、检察委员会。

这里的承办人原则上是指案件系统签批或科室负责人指定的检察官。部分基层检察员因人员有限，可能会出现签批检察官与实际承办人不一致的情形，这时的承办人应指实际办理案件的检察官。实践中也存在办案过程中承办人调离或请假等不能继续办案的情况，笔者认为，案件承办人变化后，后来继续承办检察官为案件的承办人，因后者要对案件重新全面审查方能对案件准确把握，前位承办人的审查不影响后者的审查义务及责任承担。但上述责任主体的转移不包括代为出庭、提讯等情形，因代为出庭时案件已经起诉，代为提讯也不影响案件定性，事实不清的承办人可自行再次提讯。

2014年9月《安徽省检察机关错案责任追究实施办法（试行）》（征求意见稿）第11~15条规定了错案责任主体认定，依次为承办检察官、负责审核的主管人员和检察委员会。但前提是前一阶段责任人提出了案件存在的问题没被采纳或被改变，如承办人员的意见经主管人员审核批准造成错案的，由承办人员和主管人员分别承担责任。主管人员不采纳或者承办人员的意见造成错案的，由主管人员承担责任。检察委员会的责任确定及经上级检察院指令处理的案件同样如此。

笔者认为，以上规定较为科学。实践中，承办检察官经审查提出处理意见之后，科室负责人和分管检察长对案件进行把关后签批。对有争议的案件还需提交检委会研究后决定，即三级审批制，故案件最终的处理结果具有一定层次性。同样基于上述三级审批制，故追责程序可以参考国家赔偿法第17条的规定，该赔偿规定坚持的原则为朴素法则，谁的决定最终生效并对当事人产生影响，责任谁来承担。如第17条第2项规定检察机关承担责任的情形：对公民采取逮捕措施后，决定撤销案件、不起诉或者判决宣告无罪终止追究刑事责任的。同样的道理，检察官责任也应坚持该原则，即"由决定者负责"。

刑事赔偿有两大核心功能：一是保障公民、法人或者其他组织被国家刑事诉讼行为所侵害的合法利益能够得到及时的恢复或补偿；二是通过免除司法机关工作人员依法行使职权时侵害公民、法人或者其他组织合法权益而带来的被追究责任的风险，从而保护职权行使者依法行使职权的积极性。而错案责任追究的主要功能是对司法机关工作人员违法行使职权，侵害公民、法人或者其他组织合法权益，并导致错案发生的行为，在法律层面上作出评价，并依法制裁违法行使职权者的错案责任追究。[①]

2. 责任承担方式

根据上面的论述，错案的责任人为案件承办人、科室负责人或分管检察长，或检察委员会，但后三者的责任是有限的，案件承办人是案件质量最主要的责任人，除非出现免责或减责情形（下面将论述）。因案件承办人不但负责审查实体证据、程序证据，还要对证据进行非法排除，其对案件的综合把握是其他检察官或领导所不能比拟的。领导负有审查职能，但该职能在实践中却相当有限。

综上，笔者认为，在不存在减责、免责情况下，案件承办人应对错案承担80%的责任，科室负责人，或分管检察长，或检察委员会承担20%的责任。检察官在一年之内所承办的案件有2件因错案被撤回起诉，或宣告无罪，或有犯罪事实需追究刑事责任却错误不起诉，则该检察官应被调离公诉岗位。3件以上可视情节给予警告、记过、记大过等行政处分。

目前很多检察机关，科室人员安排大多由科室负责人或分管检察长等院领导说了算，除了办案能力外，还可能考虑其他因素，如性格不对领导胃口、用着不顺手等。有时检察官办理了多个撤回起诉或宣告无罪的案件后，仍然留在公诉部门办案，甚至部分检察官粗心大意，徇私枉法，因为办案能力以外的原因仍在一线办案。综上，笔者认为，错案责任追究制有助于优化一线办案部门人员。

3. 检察官责任追责程序

疲于追责难免分散办案精力，因此无须设立专门机构定期排查案件质量，可由监察部门进行负责核实。一旦某案遭当事人申诉、举报，或网络炒作，或工作中出现赔偿案件、捕后作撤案、绝对不诉、存疑不诉、法院判无罪和撤回起诉的，则可启动案件倒查机制。

首先，查看承办人是否按法定程序合法、正确办案。其次，看其意见是否

[①] 谭金生：《刑事赔偿与错案责任追究之关系反正——兼议以错案责任追究为基础的刑事赔偿理念的缺陷》，载《黑龙江省政法管理干部学院学报》2012年第1期。

明确提出，科室及领导如何决定，谁的责任谁承担。

同时有条件的检察院也可采用定期抽查的方式，对本机关撤回起诉、宣告无罪等案件进行质量把关。

4. 提高办案人员能力举措

让承办检察官承担责任是措施，其真正目的是要求每一位检察官认真办案、仔细审查。强调责任固然重要，在制度方面完善检察官责任追究和提高检察官办案能力、水平，同样很关键。

首先，提高业务部门检察官门槛。目前市级检察机关在招录公务员时报名条件之一为：通过国家统一司法考试并取得A证。并且随着近年来公务员考试制度的实行，检察官学历水平有所提高。但历史遗留的原因导致部分老检察官没有取得A证或无资格参加全国统一司法考试，此外一些基层检察院在招录时没有要求取得A证。致使基层检察院存在诸多无A证办案的检察官。

通过司法考试不见得会办案，但没通过司法考试肯定不能参与办案，特别是公诉等业务部门的承办检察官大都是独立办案，这就对办案人业务素质提出了更高的要求。西部一些偏远地区，由于各方面的原因无法达到这一要求，但中东部地区检察机关要尽力达到这一要求。

其次，发挥传、帮、带作用，杜绝年轻检察官"裸体"上阵对刚入职的检察官，实践中大都被安排在办公室、政研室等部门过渡。但也不乏在一些基层院，年轻同志一进院就被安排在了公诉等业务部门进行锻炼。人手少，案件多，年轻同志独挑大梁者大有人在。该情形会造成许多负面效应，如无法驾驭案件，审查漏洞百出；出庭效果不佳，影响检察机关形象。因此把一些资历高、能力强、办案年限长的检察官分组，把关年轻检察官的案件，减少办案风险，传授办案经验。阜阳市检察院公诉处的做法值得推崇。条件允许的情况下，可以尝试由科室副职分片把关案件，这样效果更佳。

最后，加大培训和监督。拉车，更要看路。目前很多检察院的学习都是用来听取检察长传达中央精神或上级文件，业务方面的学习少之又少。对检察官的培训，采取在岗学习与脱岗集中培训相结合的方式进行，集中脱岗培训一般由省级院检察院统一组织，最好每年两次，上半年与下半年各一次，每次培训时间为7~10天。各地检察机关也应定期组织检察官进行业务学习。培训内容应结合业务需要，采取疑难案例讨论、评析，重大理论与实践问题研讨，聘请专家、学者举办讲座等方式。同时拓展主诉检察官的培训与研修的内容和途径，允许可带课题进入法学院研修、赴外省市或者境外考察学习，提高他们的办案能力。①

在当前检察官培训不能全面铺开的情况下,科室定期业务学习就显得尤为重要。科室会议内容包括:理解新法、学习本市(省)撤诉或宣判无罪的案件、学习上级检察机关通报具有全国影响的错案、本科(处)室出庭遇到的问题及应对策略等。挤出时间开展科室学习,可事半功倍。

充分利用局域网以及网络化办案系统,由检察长、主管检察长、部门负责人对主诉检察官的办案过程、执法行为在网络上进行全程同步跟踪监督,及时纠正和防止错案的发生,确保案件质量。丰富监督形式,实行办案流程监督、调卷复查监督、跟庭考察、个案述职监督、跟踪走访(法院、公安)监督,采取多种手段,从实体和程序上保证主诉检察官办理案件的质量和效率。②

(二)检察官办案减责、免责情形

1. 检察官责任的承担

检察官责任对案件质量承担责任是情理之中的事。但检察机关办案的三级审批制,又使得检察官的责任承担具有特殊性。以在公诉部门为例,案件分到承办人手中,承办检察官根据证据、事实提出自己的建议,或起诉,或不起诉(四种情形),或改变定性。但其意见还需科室负责人和分管检察长审批。如果承办人意见和科室意见不一致,还需通过检委会决定。

因案件最终的处理结果具有一定层次性,故追责程序可以参考国家赔偿法第17条的规定,该赔偿规定坚持的原则为朴素法则,谁的决定最终生效并对当事人产生影响,责任谁来承担。如第17条第2项规定检察机关承担责任的情形:对公民采取逮捕措施后,决定撤销案件、不起诉或者判决宣告无罪终止追究刑事责任的。同样的道理,检察官责任也应坚持该原则,即"由决定者负责"。

2. 检察官减责、免责情形

建立检察官办案主要责任制,明确其办案减责、免责情形非常重要。2014年9月《安徽省检察机关错案责任追究实施办法(试行)》(征求意见稿)第10条规定,具有下列情形之一的,不承担错案责任:(1)法律法规规定不明确或对法律法规、事实证据理解和认识上存在偏差的;(2)因出现新的证据致使案件认定事实发生变化的;(3)因法律修订或者政策调整而改变处理的;

---

① 吴祥义、熊正、石晶:《主诉检察官办案责任制的困境及出路》,载《中国检察官》2010年第23期。

② 江宪法:《主诉检察官办案责任制若干制度建设的思考》,载《上海市政法管理干部学院学报》2001年第5期。

(4) 其他经检察委员会依法确认不构成错案的情形。

笔者认为，具体可以从以下几个方面着手：

首先，正确、合法履行办案职责。具体包括以下情形：（1）严格按照刑诉法规定的期限和程序办案。按程序办事是最基本的保障；（2）没有漏摘主要证据，且对影响定罪量刑的证据及存在的瑕疵在审查报告中明确提出；（3）定罪准确，量刑适当，适用法律正确；（4）严格遵守检察官职业道德。

其次，经科室讨论或上检委会的案件，承办人在汇报时提出了案件定罪风险及证据存在的问题，在领导提出不同意见时，承办人且已明确提出了自己的观点，而承办人观点未被采纳。

五、结语

探讨检察官责任，重在还原检察官工作本质，返璞归真。检察官责任制的核心是确立"主办检察官主要责任制"，朴素法则"一人做事一人当"。确立"主办检察官责任制"的同时，也应规范分管领导及检委会委员的责任。即"主办检察官责任制"为主，审批者责任为辅的责任分配制度。各司其职，各尽其责方能激发热情，焕发活力。

完善检察官办案责任制若干问题研究

王传红[*]

检察官办案责任制是在检察权运行体系中规定检察官的地位、职权及其边界、行使方式、责任后果等制度规范的总和,其核心是检察官的权力与责任的分配问题。完善检察官办案责任制,是新一轮检察改革的关键问题之一。深化检察官办案责任制改革,对于保证检察权依法独立行使,推动完善中国特色社会主义检察制度,保证人民群众在每一个司法案件中都能感受到公平正义,具有重要的价值。

一、检察权独立性的意义对于完善检察官办案责任制的影响

司法独立是司法公正的保障,因此世界各国都把司法独立作为一项基本的法制原则。在三权分立的国家构架中,检察权一般依附于行政体系,即使独立于行政,也难以直接成为国家政治权力结构中形成制衡关系的第一等次的权力。检察权的独立性主要是指办理具体案件中不受非法干涉,属于"技术司法规则"。司法独立一般仅指法院或者法官独立,这种独立是三权分立政治体制中的所谓"第三权",它的独立系国家政治制衡体制的一项基本要素。在国家权力分立和制衡的国家,"司法(审判)独立",首先是一种政治独立,其次才是一种办理案件不受干涉的技术性独立。这是西方审判独立与检察独立的一个重要区别。[①] 在我国,检察机关与人民法院同为司法机关,都是权力机关监督下的相对独立系统,司法独立是指审判权、检察权的独立。检察权的独立与审判权的独立在法制上并无区别,在中国共产党的领导以及人民代表大会的基本政治制度下,其独立都是一种技术性独立,二者并无本质的区别。在深化司法体制改革的大背景下,审判独立被反复论证,而对检察独立的探讨明显不足,这是值得注意的,它将直接影响深化检察改革的重视程度和推进的力度。

---

[*] 内蒙古自治区人民检察院法律政策研究室主任。
[①] 参见龙宗智:《相对合理主义》,中国政法大学出版社 1999 年版,第 173 页。

事实上，审判权的独立有赖于检察权的独立。在审判权的被动性和诉审分离的原则下，检察权是审判权发动的根据，审判权行使的范围受到检察权的严格制约，审判方式、程序与审判结果要受到检察权的监督。检察权合法地、程序化地介入审判权的行使过程，使得审判权的运行不可避免地受到检察权的制约与监督。在这种情况下，如果没有独立公正的检察活动，也就难以产生独立公正的审判。正如日本前检事总长伊藤荣树先生所说的，"检察权的行使，如果受立法权或者检察权以外的行政权的不当干涉所左右，那么，司法权的独立就将完全有名无实"。[①]

但是，在我国，检察独立与审判独立也确有区别。审判独立本质上是法官独立，法官独立行使审判权，在业务上不存在领导关系。检察独立是一种集体独立，或称"官署独立"，而非检察官个人独立。我国宪法和法律对检察院独立性的表述是"人民检察院依照法律规定独立行使检察权，不受行政机关、社会团体和个人的干涉"。这一经典表述表明，检察权的行使，主要是指检察机关，是一种整体独立性。这种整体独立性，是以检察长负责制和检察委员会制度来保证的。虽然检察官法对检察官的独立性作出了规定，检察官法第9条在规定检察官权利时明确规定，检察官"依法履行检察职责不受行政机关、社会团体和个人的干涉"。这一规定肯定了检察官的外部独立性，这种外部独立性更多的是基于检察官是检察权行使的主体，是检察院意志的执行者。因此，在上命下从的检察机关领导体制中，检察官的这种外部独立性也只是检察机关整体独立性的另外一种表述，它与检察院的整体独立性一脉相承。但是如果通过深化检察官办案责任制改革，放权于检察官，承认检察官的内部独立性，赋予检察官合法对抗行政指令权的权利，检察官的外部独立性才有了实质性的意义。在我国检察权兼具行政权和司法权的特性的框架中，适度地放权于检察官，使检察官适度具有合法对抗行政指令权的权利，是进一步深化检察官办案责任制改革的方向，这是检察权独立性的意义带给我们如何进一步深化检察官办案责任制改革的思考。

在这一思考中，我们遇到的现实问题是如何协调上命下从的检察一体制与检察官执行职务独立性的关系。科学协调这个关系，重要的是要实行检察机关内部权力清单制度，合理地授权于检察官，按照诉讼规律和检察规律，科学地划分检察长、检察委员会、业务部门负责人、检察官的职责权限和权力边界，形成检察官在执法办案中的主体地位。在向检察官授权的过程中，有两个问题

---

① ［日］伊藤荣树：《日本检察厅法逐条解释》，徐益初等译，中国检察出版社1990年版，第57页。

需要研究：第一，关于上级的指令权的问题。由于检察机关上命下从的领导体制，必须明确上级下达的指令检察官必须服从，但是对于上级的指令权必须进行限制或者制约。所谓限制，就是明确规定对检察官的职务行为哪些是可以下指令的，哪些是不可以下指令的。比如，如果公诉检察官经过审查案件后，认为应当抗诉的，上级检察官不能指令其不提出抗诉。如果检察官抗诉有遗漏犯罪事实的，可以指令其追加犯罪事实。通过对上级的指令权加以限制，使上级的指令、指挥、监督权与检察官的独立性相协调。所谓制约，就是要设置一个程序对冲上级的不当指令。比如对于上级违反法律的指令，可以设置一个提请检察长乃至检察委员会研究决定的程序。如果对于违反法律的指令，检察官服从了，检察官不能因为上级的指令而卸除自己的违法责任，这样设置的目的就是要使检察官真正负起责任，服从事实和法律，不能简单地服从上级的指令。第二，关于服从指令权的问题。从世界范围看，不同国家和地区对检察官的独立性和拒绝服从权的肯定的程度与方式是不同的。比如在法国，检察院的官员在没有上级命令的情况下或者不顾上级命令，仍然可以进行追诉，并且在没有上级指令或者不顾其已接到的指令而开始进行的追诉，仍然是合法的、有效的；反过来，即使检察院的首长已接到下达的命令，如其仍然拒绝进行追诉，上级则不得取代他们，并替代他们进行追诉。在我国，检察官采取像法国这样的方式来对待上级的指令，是明显不妥当的。根据我国的国情，检察官应当服从上级的指令，但是对于检察官认为不合法或者不恰当的指令，可以要求如前所述的启动程序对冲外，还可以对上级指挥权与检察官独立性发生直接冲突的指令要求上级行使事务承继和转移权。如果上级继续作出不行使事务承继和转移权的决定，必须要经过一定的程序研究才能作出。该不行使事务承继和转移权的决定一旦作出，检察官应当按照上级指令继续行使职权，但在案卷中应当载明。如果通过这样的程序规定，既可以使上级指令的作出更加慎重，又可以使检察官对指令更加信服，较好地解决了二者的冲突。

二、检察权特有的属性对于完善检察官办案责任制的指向

推进检察官办案责任制的改革与完善，逻辑起点不能不从分析研究检察权的特性开始。检察官责任制的是否完善要从它是否适应检察权的特性、与检察权运行的机理是否吻合来衡量。我国宪法第 129 条明确规定，人民检察院是国家的法律监督机关。这一规定反映了检察机关在国家权力基本构架中的地位，它行使的法律监督权与行政权、审判权一样，是国家的一项基本权力。国家设置这项基本权力的目的是维护国家法律的统一正确实施。因此，在客观上要求检察机关内部保持高度的一致，特别是在法律的理解和适用上要统一。如果政

出多门，检察机关自身都达不成统一，就很难实现维护法律统一正确实施的目的了。这样的特点决定了检察机关上下级之间"最高人民检察院领导地方人民检察院和专门人民检察院的工作，上级人民检察院领导下级人民检察院的工作"的领导体制的必然性，以及在检察机关内部实行"检察长统一领导检察院的工作"的合理性。这体现的是检察权运行的行政属性，行政属性是检察权的一个本质特点。它的运行特点是要求上下一体、上命下从。同时检察机关也是国家的司法机关，这不仅是因为宪法把检察机关与审判机关作为同一个类别的国家机关放在同一节中加以规定，而且检察机关依法所从事的职能具有鲜明的司法属性。比如我国检察机关行使的审查逮捕职能，在许多国家都是由法官审查决定的，被普遍认为是一种司法审查。审查起诉，在英美法系国家曾经出现过一些案件必须由大陪审团作出裁决后才能提起公诉的情况，不起诉更是一种具有终局裁决性质的决定，也具有明显的司法属性。再如，三大诉讼法赋予检察机关的诉讼监督职能，也是一种司法审查行为。修改后的刑事诉讼法赋予检察机关的羁押必要性审查，非法证据排除，对公诉案件刑事和解的审查和处理，对辩护人、诉讼代理人、当事人、利害关系人的权利在诉讼中受到侵犯向检察机关提出的申诉控告的审查和处理等，都是司法审查行为。这些都表明，检察权同时具有司法属性，其运行应当遵循司法规律。它要求检察官亲历亲为、客观中立、公开透明，要求检察官在听取双方意见的基础上，通过自己对案件事实、证据的了解把握，根据法律和实践经验等，对案件作出独立判断并对自己的决定承担责任。检察权兼具的这两种属性决定了检察官办案责任制的复杂性。这两种属性如何兼容、有机地结合在一起，还是各占多大的比例、哪一类属性占主导地位，还是哪些职权是行政属性、哪些职权是司法属性、哪些职权两类属性均有，这是在向检察官授权、完善办案责任制要搞清楚的问题。如果一味地按照行政属性，或者司法属性来对检察官办案责任制进行顶层设计，都不利于检察权的良性运行和事业的科学发展，检察权特有的属性对于完善检察官办案责任制的影响是极其重要的。

再来考察分析现行检察权是如何运行的。在检察机关，设有检察长、副检察长、检察委员会、部门负责人、检察员（助理检察员）等办案主体，分别在检察权运行过程中担负不同角色、履行相应职责，从而构成了检察权运行的"这架机器"。人民检察院组织法第3条规定，"检察长统一领导检察院的工作。各级人民检察院设立检察委员会。检察委员会实行民主集中制，在检察长的主持下，讨论决定重大案件和其他重大问题。如果检察长在重大问题上不同意多数人的决定，可以报请本级人民代表大会常务委员会决定"。按照人民检察院组织法的规定，检察系统在长期的办案实践中逐渐形成了一套办案模式，即"人民检察院办理案件,由检察人员承办,办案部门负责人审核,检察长或者检察委员会决定"。这样一种办案模式,体现了"检察长统一领导检察院的工作"的原则,有利于保障对检察权行使各个环节的控制,有利于保证执法办案的质量,有利于防止检察权的滥用。这一办案模式的缺点在于,过分强调了检察权的行政属性,强调了行政属性的主导地位,弱化、忽视了检察权的司法属性,忽视了一线办案检察官在执法办案中的主体地位,导致了检察权中行政属性与司法属性的极度不平衡,影响了检察权运行的效能。在这样的办案模式下,人人负责,层层审批,实则无人负责,办案责任模糊化。由于介入案件的人员过多,责任不分明,工作来回推诿,检察官的办案责任制形同虚设,一旦形成错案,难于追责。由于办案需要层层审批,不仅影响办案效率,而且在案件的处理上审查权与裁决权分离,审者不定,定者不审,违背了司法规律。在这样的办案模式下,办案检察官是整个垂直管理线条底端的一个点,很难发挥他们的办案积极性,很难要求他们以高度负责的精神对待每一起具体案件,他们的敬业精神受到了压抑,他们的专业化水平也就很难积极主动地去提高。有的同志办了二三十年的案件,但是水平却很难说有多大提高。这样的办案模式,不利于检察官队伍的专业化、精英化。

由此,完善检察官办案责任制必须要按照检察权的双重属性的指向和要求,改革对检察官执法办案管理的行政属性,增加其司法属性,加强对执法办案司法化办案方式的改造,赋予检察官追诉、控诉和监督的权力,使二者回复到平衡状态。

三、从主诉(主办)制到主任检察官制度的实践对完善检察官办案责任制的借鉴

应该说,对于检察官办案责任制的改革,检察机关一直就没有停止过。典型的是从1988年起,自下而上,推动"主诉检察官办案责任制"在公诉部门的试点。部分省市检察机关在反贪、反渎、侦监、监所和民行部门先后探索实行主办检察官办案责任制。但是遗憾的是除进行试点外,主诉(办)检察官办案责任制并没有在实践中真正地全面推行。尽管如此,这些实践探索给进一步完善检察官办案责任制蹚了路、提供了有益的启示。在主诉、主办检察官办案责任制基础上,近年来一些检察机关开展主任检察官制度试点。上海市检察机关自2011年以来在浦东新区检察院和闵行区检察院两家基层检察院开展主

任检察官制度试点。① 2013 年底,最高人民检察院在全国范围内选择 7 个省市开展检察官办案责任制试点,检察官办案责任制改革再次被推上高峰。总结这些实践探索,对于完善检察官办案责任制至少有这样两点启示:

1. 完善检察官办案责任必须进行综合改革,实行检察官权、责、利统一。主诉、主办检察官办案责任制从其产生、发展至今已有 10 余年时间,这一曾经备受瞩目的改革措施之所以没有发展起来,主要的原因是改革没有配套进行,检察官的权、责、利没有统一。在检察官的权限上,现实中大部分检察机关实际并没有放权,比如主诉检察官仍然只享有证据审查、提讯犯罪嫌疑人、传唤证人、出庭公诉等职权,当初赋予主诉检察官更大的案件决定权的制度设想并没有实现,放权因为滥权的忧虑而架空。在检察官的责任上,规定了较为严格的责任,强调将错案责任落实到个人,错案责任追究成为悬挂在检察官头上的一把剑,使得检察官不得不加强请示汇报,避开权力与责任的不对称,使办案又回到"三级审批"的办案机制之中,改革又回到了原点。这是应该成为当今完善检察官办案责任制的深刻教训。再有,就是主诉、主办检察官的待遇不落实。实施主诉、主办检察官办案责任制由于得不到组织、人事、财政部门的支持而难以落实检察官相应的职务晋升、薪酬待遇,与日俱增的工作量与职务晋升、薪酬待遇明显不成比例,主诉、主办检察官配套保障机制没有建立起来。实践不断告诫,深化检察官办案责任制上不是一个单项改革,涉及检察机关的内部管理体制,涉及检察权的优化配置以及检察权的运行机制,更与检察体制改革有关、与国家的组织人事制度、财政制度改革有关,必须要统筹考虑、综合推进。只有这样,才能使检察官真正成为执法办案主体。责任制要科学、符合规律是一方面,与责任制配套的其他制度措施是责任制正确履行的保障。在配套制度措施方面,一是实行检察人员分类管理。让检察官从众多行政事务、追逐行政级别中解放出来,心无旁骛地投入执法办案。建立检察官单独的、有别于普通公务员的职务序列,畅通检察官的职业上升通道。形成科学的检察官选拔、产生机制,真正实现检察官队伍的精英化。落实检察官有别于普通公务员的工资待遇。如果检察官产生机制不科学、检察官队伍不能实现精英化,提高检察官的薪酬待遇也不会有更多的正当理由。二是完善检察官身份保障,从具体的制度措施上保障检察官依法履行检察职责不受行政机关、社会团体和个人干涉,非经法定事由、法定程序,不被免职、降职、降级、辞退或者处分。三是推行省以下检察院人财物统一管理。这项改革措施有利于加强上级

---

① 参见罗昌平、杨军伟:《主任检察官制度构建的必然性和可行性》,载《人民检察》2014 年第 10 期。

检察院对下级检察院的领导，也为检察官作为执法办案主体，敢于抗拒外来干扰、依法办案提供领导体制保障。

2. 检察官办案责任制改革是要承担更多的司法责任，其承担责任的组织形式目前来看主任检察官制度较为合适。无论是主诉、主办检察官责任制，还是主任检察官制度，正视的都是检察权运行机制和检察办案模式的浓厚行政色彩，并由此导致的司法责任不清、影响高素质职业化检察队伍的培养和造就等问题，因而都是检察机关司法化的改革，都是放权于检察官的改革，都是在实践中摸索的不断接近检察工作中司法规律的改革。这些改革共同特点是，按照司法规律和检察特点，努力重塑检察长、检委会、内设机构、检察官等不同层面的关系，通过放权，让一线办案检察官"有职有权"，从而实现检察机关办案的"审定合一"、"责权统一"。但是主诉、主办检察官办案责任制强调的是一种办案责任，主诉、主办检察官在执法办案中的主体地位并没有得到充分体现，检察官仍然是科层式审批结构中的末端个体，检察官的办案与司法独立性之间的差距较大，检察官晋职晋级仍然是通过委任行政职务的方式解决。主任检察官制度改革，比主诉、主办检察官办案责任制更进一步，着眼于推进与各项检察职能属性相适应的检察办案组织体系和办案责任制的改革，形成检察长领导下的专业化分工、管理扁平化的，由主任检察官审核把关的办案小组的检察官办案组织体系，引导优秀检察官向法律监督工作一线集中，打造一支职业化、专业化的检察官队伍。这一改革将检察官从科层式的行政化管理模式解脱出来，强化检察官主体地位，保障检察机关依法独立公正行使检察权。虽然实现每个检察官独立办案是构建检察官办案组织、完善检察官办案责任制的终极目标，但是在目前的社会环境中、在检察官队伍素质仍然需要大力提升的条件下，主任检察官制度不失为一个既接近改革目标又兼顾现实的稳妥选择。

主任检察官权力清单制度构建的几点思考

——以我国主任检察官办案责任制改革为视角

钟 琦[*]

健全司法权力运行机制,探索建立突出检察官办案主体地位的主任检察官办案责任制,是本轮检察体制改革的核心和关键。主任检察官办案责任制改革进程中,虽然主任检察官选任、主任检察官职务保障、主任检察官责任制等问题都十分重要,但其中最重要的问题是如何配置好主任检察官的权力。因此,主任检察官办案责任制改革的重心是:厘清主任检察官、检察长、检察委员会三者之间的关系,界定各自的权限范围,建立具体、明晰的权力清单制度,确保检察权运行过程中各职能主体之间的权力和责任边界清晰。

一、权责明晰是主任检察官办案责任制改革的关键

当前我国检察权运行过程中,因各职能主体之间的权力边界不清晰,导致检察官缺乏应有的独立性、检察官专业化发展进程缓慢、执法责任无法落实等一系列问题。建立主任检察官权力清单制度,是突出检察官独立办案主体地位、推进检察官专业化发展、落实检察官执法责任的前提和基础。

（一）突出检察官独立办案主体地位的需要

司法规律的重要规则之一是独立规则,司法官相对独立地行使职权,只忠于事实和法律,不受任何其他司法理性之外因素的干扰。在我国,检察官归属于司法官,"检察官在诉讼活动中具有相对的独立性,每个检察官作为一个独立的机关,都有行使检察权的权限,并非只有检察机关的首长才有这种权限,检察官在检察事务方面,不是长官的附庸,而能独立地作出诉讼判断并付诸实

---

[*] 广州市人民检察院法律政策研究室副主任、全国检察理论研究人才。

施"①。由此说明,检察官在办理案件的过程中,其职务行为的司法属性明显优于行政属性。但从我国相关法律规定和检察实践活动的情况来看,人民检察院办理案件,遵循由检察人员承办,部门负责人审核,检察长或检察委员会决定的基本办案制度。检察权内部按照行政管理模式运行,检察官承办案件不能独立决定案件的处理,审批案件的不具体办案。办案过程事事请示、层层汇报、逐级审批,案件把关的多、做主的少,发表意见的多,负责任的少。推行主任检察官办案责任制改革,建立主任检察官权力清单制度,就是要明确分权于主任检察官,突出主任检察官的独立办案主体地位,让主任检察官自主决断和处理权限范围内的事务,取消原有办案制度中的内部层级审批、把关环节,切断检察机关内部执法办案程序中的行政链条,纠正司法程序上以行政替代司法的错位现象,还司法权于真正承办案件的主任检察官。主任检察官在其权限范围内对案件作出的处理决定和意见,能得到检察长、检察委员会的充分尊重。

(二) 加强检察官队伍专业化建设的需要

随着科技、经济、社会的发展进步和人民群众民主法治意识的增强,检察机关承办的案件越来越呈现出政治敏感性强、疑难复杂程度深、舆情关注度高、社会影响广等特点。"司法活动是一个技术化的作业,需要实现职业化和专业化,尤其是现代社会司法问题日益复杂。错综复杂的法律关系,似是而非的事实认定,如果不要求司法人员具有高度的专业能力并由其操作高素质的司法,司法的公正与公信力不可能实现。"② 严峻的执法形势,对检察官的专业素质、办案经验和社会阅历等都提出了更高的要求,检察官唯有走专业化、职业化、精英化的发展道路,才能适应形势发展的需要。而在现行内部层级审批的办案制度之下,检察官事实上成为办案流程中按固化模式进行生产的普通操作工,按照法律文书固有的格式,录入基本案件事实和证据,提出相应处理意见,经部门负责人审核后报请检察长决定,少数疑难复杂案件则由检察长提请检察委员会决定,基本上是以内部报告代替了司法亲历。长此循环往复,办案人员逐渐养成了依赖心理和盲从心理,习惯于领导层层把关的惯性思维,不深入调查和研究案情,不独立思考法律适用问题,不愿或不敢承担办案责任,执法办案的质量和水平不高。而推行主任检察官办案责任制,建立主任检察官权

---

① 万毅:《一个尚未完成的机关:底限正义视野下的检察制度》,中国检察出版社2008年版,第83页。

② 龙宗智:《加强司法责任制:新一轮司法改革及检察改革的核心》,载《人民检察》2014年第12期。

力清单制度，就是要将主任检察官定位为有职有权的职能主体，激发其履职的积极性和主动性，促使其花更多时间和精力去权衡和思考权力运作的正当性、合法性、准确性等问题，倒逼主任检察官潜心钻研业务，锤炼专业素养，提高办案技能，打造检察精英，培养职业荣誉感，维护执法权威公信。

（三）落实检察官执法办案责任的需要

有权必有责、用权受监督、违法要追究，这是公权力运行应当遵循的基本原则。检察机关内部层级审批的办案制度，导致检察实践中办案的不负责，负责的不办案。案件层层审批的制度，也为检察长、部门负责人滥用检察事务指令权，干扰和阻碍检察官依法履行职责提供了方便。一旦发生冤假错案，则相互推诿责任，集体负责制实际上演化成了无人负责制，执法责任难以真正落实到具体个人身上，造成的最终后果是损害司法权威和公信。权力是责任的基础，没有权力就谈不上责任，明确赋予检察官相对独立的权力，其相应的执法责任也清晰明了，检察官在独立行使职权时，能真正从内心对权力和责任产生敬畏，从而保障检察官严格依法履行职责，不断提高办案质量和水平。推行主任检察官办案责任制改革，建立主任检察官权力清单制度，就是要科学界定主任检察官、检察长、检察委员会各自的权责范围，根据权力和责任对等的原则，健全各类检察权运行机制，完善执法办案考核、过错责任追究、办案责任终身负责等制度机制，用制度规制主任检察官依法、准确和谨慎行使权力，用制度规制检察长和上级检察官审慎行使检察事务指令权，用制度防范失职渎职、滥用职权等现象和行为的发生，确保执法办案责任落到实处，责任追究落实到执法个体。

二、域外检察官在组织体系中的权力配置情况借鉴

无论是大陆法系国家、英美法系国家，还是我国台湾地区，法律上一般都明确赋予检察官执行职务时相对独立的法律地位，依据自己对事实和法律的确信独立自主地作出判断，排除长官意志的控制和违法指令的干涉。域外检察官权力配置的基本情况，对我国检察官权力的配置具有一定的借鉴和启示作用。

（一）大陆法系主要国家的情况

一般来说，在大陆法系国家，检察首长对办案人员有明确的指令权、职务取代权和职务移转权。同时每位检察官作为一个独立的机关，能独立地作出诉讼判断并付诸实施。对于上级的违法指令，下级检察官可以拒绝服从。如果上级强制下级服从命令，下级检察官可以要求上级行使职务收取权或职务转移权。

1. 法国。在法国，检察官关于起诉或不起诉的决定，即使违背上级指示，

仍然有效;检察官在处理个案的时候,表面上必须服从其上级的指示,但可以在很大程度上表达自己的意志而不用理会上级的指示;检察官不受上级非法指令的左右,即使违背了上级的意志,上级对检察官没有直接制裁的权力;检察官在履职或办理公务时受到法律保护,不得对其作出任何威胁和攻击。

2. 德国。在德国,承办检察官的决定即使违反了其检察长的意见,仍然是有效的;检察长关于起诉或不起诉、申请羁押或其他处分的指示,若与承办检察官的调查结果不符,检察官仍应本着对法律的确信而婉拒检察长的指示;若一个检察官对其上级指令的合法性产生异议,可以向其上级表达,还可以继续向再上一级表达直到告至司法部长;若检察官认为某项指令与其法律意识不相符合,他有权将案件交出,上级可通过行使介入权或移转权来化解冲突。随着德国检察制度的发展,检察长"现在指令权只是在非常特殊的案件中才发挥作用。在实践中,检察官已经获得了很大的独立性,其地位几乎与法官相同"①。

3. 日本。在日本,一方面检察首长与下属关系上体现明显的集权性,上司具有指挥监督权、事务调取权和转移权;另一方面日本检察制度又十分强调检察官个人的独立性,检察官能以个人名义行使职权,并独立承担由此带来的风险和责任。具体表现为:一是日本检察职能运行中的审批制度本质上是对检察官的决定予以指导,其主要功能是集思广益,防止办案检察官错误行使检察权。这种审批制度更类似于一种非强制性的请示,本质上是一种以咨询为目的的意见征求,而并非上命下从的事先审批。二是日本检察官都称为独任制官厅,检察官有权以自己的名义对外作出办案决定,并独立承担这一决定的后果与责任。三是日本在内部纵向关系上注重尊重办案检察官的个人意志,如果办案检察官的意志与上司相左,在这种场合,检察官应就自己的信念和造成这种信念的理由,充分地向上司陈述意见,上司也要虚心地说明否定检察官处理意见的理由,如果不能达成一致意见,而上司的指令并不违法,那么通过上司的职务移转权来实现。②

(二)英美法系主要国家的情况

总体而言,"在英美法系国家的检察制度模式下,检察官在行使职权时享有较大的独立性,每个检察官都是一个相对独立的办案机构,同时配属几名助理检察官和事务律师,其检察机关的组织体系较为松散,检察官的定位是一种

---

① 魏武:《法德检察制度》,中国检察出版社2008年版,第171页。
② 参见甄贞等:《检察制度比较研究》,法律出版社2010年版,第585页。

官署而非职务"①。虽然检察首长对办案检察官有监督权和一定的指挥权（更多情况下实质上是一种指导权），但在职务履行过程中，办案检察官的独立性更加鲜明，个人责任和风险也更为明确。

1. 英国。英国检察职能的运作首先是检察官个人负责制，每个检察官在机构和程序上都享有检察长的所有权力，检察官体现出较强的职权独立性，独立办案并独立对案件结果负责；虽然首席检察官可以对一些社会影响重大的案件提出宏观指导意见，但具体处理意见还是由检察官独立作出决定。

2. 美国。美国的检察职能也是以个人负责制为基础的，在检察署中检察官是绝对的领导，有权决定检察署负责的一切案件和遇到的一切问题，包括起诉决定和人员任免、是否进行辩诉交易、和谁进行辩诉交易等；助理检察官是美国各级检察机构中的主要力量，他们承担具体案件的起诉和调查工作，就个案而言，除非确有必要征得检察官批准外，承办案件的助理检察官有权就案件的调查和起诉作出决定。

（三）我国台湾地区的情况

台湾地区将检察官分为侦查、公诉及执行三大组，检察官在6人以上的检察署可分若干专组办案，其下又以4人或8人为限，组长由主任检察官担任，案件由承办检察官负责。主任检察官负责协调监督，而不是指挥命令承办检察官的工作，即使在团队作战的情况下，也是谁承办谁负责，同时检察长和主任检察官要提供协助。检察长的指挥权依法行使且受法律限制，对于重要法律文书必须层报主任检察官和检察长审批。检察官或主任检察官履行职务时，应随时就重要情况向主任检察官或检察长报告和听取指示，主任检察官或检察长有权要求其下辖检察官报告事务处理情况。检察官依法行使职权而与检察长意见不一致时，一般是劝说、解释、要求重新审查处理等。解决不了问题时，检察长可行使职务收取权和职务移转权，另行指派其他检察官办理，但职务收取和职务移转过程必须采取法律和制度规定的方式，否则就会受到弹劾。

三、我国主任检察官权力清单制度的具体架构

借鉴域外检察官制度的经验，结合我国国情和检察制度的特点，遵循司法规律的要求，合理配置主任检察官的权力，建立规范、明晰、可操作性强的主任检察官权力清单制度，是主任检察官办案责任制改革顺利推进的关键。

（一）主任检察官权力配置应遵循的主要原则

1. 检察一体化原则。"检察一体化是指检察机关在行使检察权的过程中形

---

① 朱孝清、张智辉主编：《检察学》，中国检察出版社2010年版，第289页。

成的整体统筹、上下一体、指挥灵敏、协作配合，统一行使检察权的运作机制。"① 我国宪法和法律规定，最高人民检察院领导地方各级人民检察院和专门人民检察院的工作，上级人民检察院领导下级人民检察院的工作，各级人民检察院的检察长领导本级人民检察院的工作。检察一体化原则是我国宪法和法律确定的检察权运作的基本原则。坚持检察一体化原则，有利于检察机关整体对抗外部势力对检察权独立运行的干扰，有利于检察机关集中力量办理重大、复杂、疑难案件，有利于检察机关整合资源弥补当前检察官素质和能力的不足。因此，推进主任检察官办案责任制改革，建立主任检察官权力清单制度，必须在宪法和法律规定的框架内探索，坚持上下级检察机关之间的领导关系，坚持检察长对本级检察机关工作的领导。具体而言，就是全国检察官以最高人民检察院检察长为顶点，各级检察机关的检察官以本院检察长为顶点，坚持"上命下从"的领导关系，保证检察长对各项检察事务享有指令权、审批权、监督权、职务收取权、职务移转权等领导权力。当然，"检察一体化在倡导上命下从的领导关系的同时，使得上级干预下级权力行使具有了正当理由，从而为上级通过合法的手段达到非法的目的提供了可能"②。因此，推行主任检察官办案责任制过程中，也应当从制度设计上解决好如何防范检察长滥用指令权等问题。

2. 相对独立性原则。我国宪法规定的人民检察院依法独立行使检察权，指的是检察机关相对于行政机关、社会团体等而言的"官厅独立"，而不是指检察官的"官员独立"。西方国家一般将检察官定位为官署，"官厅独立"与"官员独立"在很大程度上是一致的，因此检察官行使职权时享有相当大的独立性。我国在探索检察官的独立性时，不能全盘照搬西方国家的做法，只能讲检察一体化制度下的检察官独立，也就是检察机关内部检察官的相对独立。我们推行的主任检察官办案责任制改革，也只是检察机关内部执法办案制度上的适度司法化改革，即在现有宪政体制下，对检察机关的内部职权进行重新分配和调整，通过优化内部职权配置，在检察长负责制和主任检察官负责制之间寻找合理的平衡点，达到检察长适度分权、主任检察官真正有权、双方正确用权的目标。至于哪些权力可分权于主任检察官，则要根据司法权运行的规律来分析。司法规律要求司法者恪守合法性与客观性义务，亲身经历程序，直接审查证据，从而有效建立内心确认，认定事实并在此基础上正确适用法律。基于对我国检察权运行规律的分析和判断，检察机关拥有的批捕权、公诉权、司法救

---

① 张智辉：《检察权研究》，中国检察出版社 2007 年版，第 252 页。
② 陈卫东、李训虎：《检察一体化与检察官独立》，载《法学研究》2006 年第 1 期。

济权等都属于司法权，检察官履行这些职权时具有明显的司法特性，可赋予主任检察官相应独立决断的权力。

3. 权力可救济性原则。权力具有扩张性，任何权力都容易被滥用。正是基于对上述因素的考虑，因而在检察机关内部设置了案件层层审批、把关的制度，通过强化行政审批权来替代司法权，以换取办案质量和司法权威。应当说，在检察机关恢复重建之后的一段时期，在法律制度不完善，检察官队伍素质还不高的情况下，内部审批把关的制度有其历史必然性和价值。随着中国特色社会主义法律体系的建立，基本诉讼制度和人权司法保障制度日臻完善，检察官队伍素质和能力普遍提高，强化检察权运行司法化改革的时机已经成熟。推行主任检察官办案责任制改革，合理配置好主任检察官的权力，则完全可以在现行司法制度和诉讼制度的框架内，解决好因权力缺乏救济而可能引发的擅权和滥权问题。基本思路是依据权力本身性质、重要性程度、受监督制约程度、可救济力度等情况来配置主任检察官的权力。基于这一思路，凡是检察权行政性特征明显，或者程序上带有终局性的权力，或者需要通过强化救济手段来保障的重大执法办案活动等，可通过内部审批制度来强化救济。凡是诉讼程序上不带有终局性、有后续程序制约和救济的权力，可分权于主任检察官行使。因此，"主任检察官与检察长的分权，可大体上按照大小和上下的原则处理。所谓大小，是指大事情由检察长决定，一般事情由主任检察官决定。所谓上下，是指案件按正常程序顺向发展的时候主任检察官说了算，按逆向发展的时候，如不起诉、撤案等由检察长来决定"[①]。

(二) 主任检察官权力配置应处理好的几个关系

1. 主任检察官与配属检察人员的关系。主任检察官办案责任改革后，主任检察官办案组织将是检察机关内部基本的办案单元，主任检察官与配属检察人员（包括检察官、检察官助理、书记员等）之间是领导和被领导、指挥与被指挥的关系。主任检察官对配属检察人员的执法办案活动具有指挥权、指令权、指导权、决断权、监督权等权力，并对配属检察人员的执法办案活动承担全部执法责任。配属检察人员协助主任检察官具体承办案件，处理相关法律事务，提出案件处理意见和建议。配属检察人员应当服从主任检察官的指挥，严格执行主任检察官的指令；拒不服从指挥、拒不执行指令的，主任检察官可以报请检察长要求更换。配属检察人员原则上应当执行主任检察官对案件作出的处理决定；认为正确意见不被主任检察官采纳时，配属检察人员可以向部门负

---

① 龙宗智：《加强司法责任制：新一轮司法改革及检察改革的核心》，载《人民检察》2014 年第 12 期。

责人或直接向检察长报告;对主任检察官在执法办案活动中滥用职权、徇私舞弊等违法行为,配属检察人员有权向部门负责人或直接向检察长报告。

2. 主任检察官与部门负责人的关系。从我国宪法和法律的规定可以看出,我国行使检察权的主体是各级人民检察院的检察官、检察长及检察委员会,检察机关内设机构的负责人不是行使检察权的主体。"内设机构是检察职能的分解形态和检察官行使职权过程中的行政组合。对于检察权运行而言,内设机构提供工作机制上的影响和保障。而检察官,是检察权运行的基本组织形式和组织单元。"① 因此,随着主任检察官办案责任制改革的推进,检察机关原有内设机构必须从职能上重新进行整合。内设机构优化整合后,在主任检察官权力配置过程中,部门负责人对主任检察官承办的案件没有指令权和审核权,不能干预主任检察官独立办案。部门负责人的职责主要是本部门行政后勤事务的管理和工作机制上的保障,为主任检察官承办案件提供帮助。如组织本部门主任检察官联席会议讨论重大疑难复杂案件,为主任检察官决断提供帮助等。

3. 主任检察官与检察长、检察委员会的关系。我国检察机关内部实行检察委员会民主集中制与检察长负责制相结合的领导体制和决策机制,检察委员会是重大案件和重大问题的决策机构,检察长作为检察机关的首长统一领导检察院的工作。推行主任检察官办案责任制,实际上是检察长按照司法规律的要求,适度分权于主任检察官,也就是说将部分本应属于检察长行使的权力,分权给主任检察官直接行使。据笔者粗略统计,根据我国三大诉讼法、《人民检察院刑事诉讼规则(试行)》、《人民检察院民事诉讼监督规则(试行)》等法律和司法解释的规定,明确属于检察长行使的职权有100余项,其中可由检察长或检察委员会共同行使的职权30余项,由检察委员会专职行使的职权为检察长或公安机关负责人的回避、重大案件批准或不批准逮捕、报请核准追诉、一审和再审重大疑难复杂案件抗诉、民事行政案件提出再审检察建议、对民事行政执行活动提出检察建议权等7项。除由检察委员会专职行使的职权外,检察长和检察委员会共同行使的职权中,很大一部分可明确分权于主任检察行使。为此,检察长、检察委员会应转变权力本位观念,破除害怕权力减少、控制力减弱等心理,遵循司法规律的要求,依法分权、按制度分权、放心分权于主任检察官。检察长和检察委员会主要保留职务犯罪侦查指挥权、重大复杂疑难案件决策权、重要法律文书审核权、终局性处理决定审批权、检察官职务收取权、检察官职务移转权、检察官履行职责考核监督权等权力。同时,主任检

---

① 徐鹤喃等:《检察机关内设机构设置的改革与立法完善》,载《西南政法大学学报》2007年第1期。

察官也要自觉服从检察长、检察委员会的领导，对主任检察官承办的案件，检察长、检察委员会原则上享有指令权和决策权，在重大案件、重大问题、重大事项上，主任检察官要加强请示报告，主动寻求检察长、检察委员会的帮助。

（三）主任检察官权力清单配置的具体内容

1. 主任检察官权力清单的主要内容。根据上述主任检察官权力配置的基本原则和思路，笔者认为，主任检察官权力清单应包括以下具体内容：（1）职务犯罪侦查权。除初查决定权、立案（不立案）决定权、不立案决定错误纠正权、撤销案件决定权、回避决定权、回避前侦查人员取证效力决定权、强制措施决定权、强制措施解除和变更决定权、侦查实验决定权、搜查决定权、采取技术侦查措施决定权、通缉决定权、侦查终结决定权、移送起诉或不起诉决定权、查封扣押冻结财物处理决定权由检察长或检察委员会行使外，其他职权可权分给主任检察官行使。具体包括：举报线索延长办理期限决定权、初查工作方案决定权、公开初查决定权、传唤决定权、提押嫌疑人出所辨认和追缴财物决定权、查询（查封）扣押冻结财物文件及邮件电报决定权、扣押冻结财物先行出售或变现决定权、鉴定（补充或重新鉴定）决定权、对嫌疑人进行辨认决定权、批准延长或重新计算侦查羁押期限决定权、是否许可律师会见决定权等。（2）审查批准（决定）逮捕权。除回避决定权、报告或者提请许可拘留或逮捕人大代表（政协委员）决定权、重大案件逮捕或不逮捕决定权、一般案件不批准（不予）逮捕决定权、报请核准追诉决定权由检察长或检察委员会行使外，其他职权可分权给主任检察官行使。具体包括：一般案件的逮捕决定权、不逮捕异议的处理决定权、撤销逮捕（不逮捕）决定权、追加逮捕建议权及决定权、解除或变更逮捕措施决定权、批准（不批准）延长侦查羁押期限决定权、重新计算侦查羁押期限不当纠正决定权、派员介入侦查决定权等。（3）审查起诉和提起公诉权。除回避决定权、批准延长案件审查期限决定权、不起诉（附条件不起诉）决定权、重大疑难复杂案件起诉决定权、撤回起诉决定权、一审重大疑难复杂案件抗诉决定权、撤回抗诉决定权由检察长或检察委员会行使外，其他职权可分权给主任检察官可行使。具体包括：一般案件起诉决定权、变更起诉决定权、追加起诉决定权、补充起诉决定权、提起附带民事诉讼决定权、适用简易程序建议权、不服不起诉决定异议处理决定权、维持变更撤销不起诉决定权、许可律师以外辩护人阅卷会见通信决定权、辩护人妨害作证行为调查处理决定权、提出量刑建议权、抗诉请求答复权、一审普通案件抗诉决定权、精神病人强制医疗申请决定权、没收违法所得申请决定权等。（4）刑事诉讼活动监督权。除回避决定权、侦查人员涉嫌犯罪立案决定权、案情重大疑难复杂案件再审抗诉决定权、国家赔偿决定权、不予国家赔偿决定权由检察长或检察委员会行使外，其他职权可分权给主任检察官行使。具体包括：要求说明立案（不立案）理由决定权、通知立案或撤案决定权、侦查活动违法行为通知纠正权、非法取证行为调查核实处理决定权、不服原机关处理决定再次申诉控告的处理决定权、审判活动违法行为通知纠正权、普通刑事案件再审抗诉决定权、提请上级再审抗诉决定权、超期羁押违法行为通知纠正权、看守所执法活动违法行为纠正权、暂予监外执行不当纠正权、刑罚变更执行不当纠正权、强制医疗决定错误重新审查决定权、死刑复核案件提出检察意见权等。（5）民事行政诉讼活动监督权。除回避决定权、列席审判委员会讨论抗诉案件或其他监督议题决定权、提出再审检察建议权、提起抗诉决定权、终结审查决定权、不支持监督申请决定权由检察长或检察委员会行使外，其他职权可分权给主任检察官行使。具体包括：支持起诉决定权、督促起诉决定权、建议更换办案人员决定权、提请抗诉决定权、审判活动违法行为提出检察建议权、调查核实情况决定权、采取相关调查核实措施决定权、对执行活动提出检察建议权、撤回监督意见决定权等。

2. 主任检察官权力清单的延伸内容。（1）重大事项报告权。主任检察官执法办案过程中，遇到重大情况或重大问题，可能对检察工作产生重要影响，不能自主决断或自主决断不合适时，可以书面向检察长报告，寻求检察长指示和帮助。（2）请求提供帮助权。对于重大疑难复杂案件，主任检察官不能独立作出判断时，可以申请部门负责人组织主任检察官联席会议提供帮助，也可以报请检察长将案件提请检察委员会讨论决定。（3）错误指令申辩抗辩权。检察长对主任检察官承办的案件，可以发出书面指令，口头指令主任检察官可以不接受。主任检察官根据对案件事实和法律的内心确信，认为检察长的书面指令错误或者违法时，可依程序向其提出抗辩、陈述理由，也可以向上一级检察长申诉。（4）职务收取和移转请求权。检察长的指令明显错误或违法，主任检察官经申辩和抗辩，其正确意见不被检察长采纳且拒绝撤销指令时，主任检察官可以要求检察长直接承办该案件，也可以要求检察长将该案件交由其他主任检察官办理。

浅论主任检察官办案责任制的改革路径

张玉华[*]　温春玲[**]

针对我国检察官办案模式中存在的问题,从2000年起就进行了主诉检察官办案制度探索,但没有取得预想的效果。近年来,一些地方又进行了主任检察官办案组织的改革试验,旨在通过扁平化管理,实现检察业务办理的去行政化,落实检察官办案责任制。检察官办案责任制的改革路径应当在总结主诉检察官改革的经验和教训的基础上,结合检察机关内设机构的改革和检察人员分类管理进行全方位的改革,是改革取得成功的重要因素。

一、当前检察官办案组织存在的问题

(一)三级审批制没有体现检察业务案件办理的司法属性

1998年最高人民检察院在《人民检察院刑事诉讼规则(试行)》中用司法解释的方式,确立了由"检察人员承办,办案部门负责人审核,检察长或者检察委员会决定"的"三级审批制"检察办案模式。在20世纪80年代初,法学教育不够发达,全国只有少数院校设置法学专业,法学本科专业则寥寥无几,法学专门人才奇缺、人才储备不足。在检察干警队伍素质和法律素养总体不高的情况下,检察机关为了保证案件办理的质量,这种办案模式在特定历史条件下发挥了积极作用,但难以适应法治发展和人民群众对司法公信力的期待。这种办案模式不能体现检察机关作为司法机关的司法属性,使得检察机关"生于司法,却无往不在行政之中"。亲历性是司法的重要属性,是重要的司法规律之一。"司法规律,是由司法的特性所决定的体现对司法活动和司法建设客观要求的法则。遵循司法规律的基本意义,就在于有效发挥司法的功能,以保障实现社会公正、践行国家法治、化解社会矛盾、维护社会秩序。"[①]

---

[*] 江西省人民检察院法律政策研究室副主任。
[**] 江西省南昌市西湖区人民检察院副检察长。
[①] 陈光中、龙宗智:《关于深化司法改革若干问题的思考》,载《中国法学》2013年第4期。

（二）办案责任制难以落实

在司法活动过程中，如果办了错案，影响了司法公正，则应当对相应的当事人追究责任。当前的办案模式，由于责任主体的模糊性，责任追究难以落实。以公诉案件为例，由于"三级审批"制度的存在，承办人办理的案件经过了处（科）长的审核，分管检察长、检察长或者检察委员会的决定，如果案件办理出现了错误，案件质量出现了问题，案件的承办检察官不是真正的决定者，真正的决定者又不是承办人，要追究办案责任则只能追究"集体责任"。只要与案件办理相关的承办人和决策者无法查实有贪赃枉法和严重渎职等违法犯罪行为，责任追究就会虚化，无法落到实处。

（三）主诉检察官的改革没能取得预想的效果

在 1996 年刑事诉讼法修改之后，对抗制在庭审中更多地表现出来。为了顺应检察职能的变化，最高人民检察院于 2000 年下发了《关于在审查起诉部门全面推行主诉检察官办案责任制的工作方案》，在公诉部门将主诉检察官作为办案主体，目的是改变传统的办案模式和审批定案方式，提高办案的效率和检察官办案的自主性。因为该制度由高检院一家自行推动，改革的依据为高检院的内部规定，法律依据和配套机制欠缺、人事制度支撑不足等客观原因，改革未能达到理想效果。主诉检察官为了避免承担过多责任，往往乐于接受领导的行政指导，倾向于主动将案件提交科处长、主管检察长和检委会讨论决定，其结果是原本旨在去行政化、加强专业化的主诉制，在实践中的行政化色彩越来越浓。[①] 不管是公诉部门开展的主诉检察官还是其他部门的主办检察官改革，因为责权利无法统一，只停留在责任制层面，决定了这项检察办案组织探索难以取得成功。就笔者所在的省份而言，全省检察机关已经有十年没有选拔新的主诉检察官。

二、实施主任检察官办案责任制是检察改革的趋势所在

2012 年刑事诉讼法和民事诉讼法修改之后，检察机关办理案件的司法属性凸显。十八大和十八届三中全会提出要确保人民法院、人民检察院依法独立公正行使审判权、检察权。人民法院的合议制和独任制是依法实现案件办理的有效载体，合议制和独任制的办案组织被规定在刑事诉讼法、民事诉讼法、行政诉讼法之中，得到法律的确认。但检察机关一直没有建立起一种有效的载体，三级审批的办案方式使一些人对检察机关作为司法机关的性质产生质疑，同时也使检察机关办案责任制难以落实。虽然最高人民检察院在北京、上海、

[①] 李刚：《海淀检察院的主诉检察官办案责任制》，载《国家检察官学院学报》2014 年第 2 期。

湖北等地进行了办案责任制的改革试点工作，但名称也不统一，有的叫主诉检察官，有的叫主办检察官，有的叫主任检察官。最高人民检察院在《关于切实履行检察职能防止和纠正冤假错案的若干意见》中指出，完善防止和纠正冤假错案的工作机制，要深化检察官办案责任制改革，建立健全办案质量终身负责制，要明确各层级的办案责任，特别是完善办案组织形式，深化检察官办案责任制改革。主任检察官办案责任制是检察机关实现依法独立公正行使检察权的有效机制，也能使检察官对案件办理的责任落到实处。

（一）主诉检察官、主办检察官、主侦检察官的称谓具有局限性

我国检察机关的职能包括审查逮捕、审查起诉、职务犯罪侦查和诉讼监督等多项职能。如果是在公诉部门，检察官从事的主要是审查起诉工作，主诉检察官的叫法切实可行，如果在职务犯罪侦查部门称为主诉检察官则不够贴切，容易引起混乱。其他部门亦然。主办检察官突出了检察官主要是案件办理者和责任承担者的特点，但难以融进管理者的角色。主侦检察官则只适用于职务犯罪侦查部门。因此主诉检察官、主办检察官、主侦检察官具有部门的局限性和角色的局限性。

（二）主任检察官称谓具有普遍适应性

一是各级检察机关都可以称为主任检察官。在主任检察官的探索实践中，有的认为主任检察官是一种机构，有的认为是一种执法岗位，有的认为是一种职务。在德国和我国台湾地区，主任检察官是一种法定职务，它处于检察长和普通检察官之间。例如，德国将检察官按职务分为检察官、主任检察官、首席主任检察官、总检察长和联邦总检察长。在我国，主任检察官应当被塑造为一种岗位，并以法律的形式固定下来，从最高人民检察院到地方各级人民检察院和专门人民检察院都可以设立这种岗位，其职能相同，但级别随所处机关的级别而不同。二是各个业务部门都可以称为主任检察官。主任检察官是专司检察业务办理的，不管是批捕、起诉、职务犯罪侦查还是诉讼监督等业务，都可以由主任检察官负责的办案组办理。

三、主任检察官办案责任制应当与内设机构改革和检察官分类改革相结合

为了确保改革的成功，主任检察官办案责任制不能囿于某一个方面，必须是综合的、系统的、深层次的改革，使多项改革措施结合起来。主任检察官的设置不应当仅仅适用于公诉部门，而是适用于所有的业务部门。因此，检察官办案责任制必须与内设机构的改革和检察官的分类改革紧密结合起来。从试点的地方来看，实行主任检察官办案责任制试点的都是人数编制较多、检察官素

质较高的直辖市所属的检察院或者经过了部门整合的检察院,如北京市第一分院、北京市海淀区检察院、上海市浦东新区检察院、上海市闵行区检察院和湖北省所属的检察院等,试点的部门也多是公诉等主要业务部门,少数试点单位推开到其他业务部门。

(一)主任检察官办案责任制应当与内设机构改革结合起来

从高检院和省级院设置的内设机构来看,高检院设置的内设机构为26个。中央办公厅关于印发《地方各级人民检察院机构改革意见》的通知(中办发〔2001〕9号)中明确规定了省级人民检察院内设机构一般为15个左右,事实上,各省级检察院设置的内设机构情况为:30个以上内设机构的有12个院,25~30个内设机构的有14个院,20~25个内设机构的有4个院,15~20个内设机构的有2个院,内设机构最少的是兵团检察院,只有17个。[1] 一般情况下,基层院的人数编制比高检院和省级院少很多,综合部门虽然不是一一对应关系,但业务部门基本上是上下对应的。单设机构的有无成为衡量对某项工作的重视程度的重要指标。出于上下对口和人事安排的需要,使得基层院出现了大量的1人、2人科室,有的科室甚至只有官没有兵。在大多数基层院,除了反贪局和公诉科人数较多,能达到建立起主任检察官组织的人数要求,其他部门几乎达不到主任检察官办案责任制应有的人数规模。以我省的基层院为例,笔者选择了三个有代表性的基层院予以说明(具体数据见表1)。

表1 三个基层检察院在职人员统计表(单位:人)

序号	部门	甲院	乙院	丙院
1	院领导	12	10	11
2	办公室	9	4	2
3	政工科(政治处)	3	2	2
4	纪检监察	2	1	1
5	研究室	3	1	1
6	侦监科	5	4	2
7	公诉科	8	5	3
8	反贪局	13	8	4
9	反渎局	4	3	2

---

[1] 资料来自检察机关各网站。高检院内设机构包括政治部下设各部,不包括9个事业单位;各省级院内设机构包括政治部下设各处、反贪局单设各处。

续表

序号	部门	甲院	乙院	丙院
10	监所科	2	2	2
11	民行科	3	3	2
12	控申科	4	5	3
13	技术科	4	2	1
14	案管办	2	3	1
15	乡镇检察室	1	0	0
16	法警	3	3	2
17	案件督察室	3	0	0
合计		82	56	39

注：（1）甲院为省会城市所在地中心城区院，乙院为人口数量多的大县院，丙院为人口数量较少的小县院。（2）退居二线的情况院领导：甲院3人，乙院3人，丙院3人；其他人员：甲院4人，乙院2人，丙院3人。（3）三个院的纪检组长、政工科长（政治处主任）、反贪局长皆为院领导，丙院研究室主任为院领导。

甲乙丙三个院是我省100多个基层院中较有代表性的单位，基本上代表了大中小院的情况。从表中可以看出：（1）内设机构数量。甲院设置了16个部门，乙院和丙院分别设置了14个部门。（2）三人以下人数较少的部门。甲院一人科室1个，二人科室3个，三人科室5个；乙院一人科室2个，二人科室3个，三人科室4个；丙院一人科室4个，二人科室7个，三人科室2个。（3）部门人均数量。如果不排除编制在各个部门但退居二线的人员，甲院4.38人，乙院3.29人，丙院2人。过多的内设机构使得检察机关司法属性不足，行政化倾向有余。

笔者选择了2000年、2008年和2013年三个时间节点的某省设区市院及其基层院的相关数据（铁路运输分院及其基层院较为特殊，故未将其数据统计进来）进行分析。

表 2　某省所辖各地市内设机构统计表

单位	2000 年 内设机构（个数）		2008 年 内设机构（个数）		2013 年 内设机构（个数）	
	市分院	基层院（平均数）	市分院	基层院（平均数）	市分院	基层院（平均数）
南昌	16	11.2	16	11.6	18	13.6
九江	19	9	20	9	25	10
萍乡	17	10	17	12	18	14
新余	13	9	14	10	18	13
鹰潭	17	11	18	10	20	13
赣州	15	14.5	19	16	20	17
宜春	14	11	17	12	18	15
上饶	14	11	14	12	15	13
吉安	17	10	18	11	19	12
抚州	15	10	18	11	20	13
景德镇					21	17
平均	15.7	10.7	17.1	11.5	21.2	13.7

从表 2 可以看出，内设机构的数量呈现增长趋势。2000 年市分院的内设机构最多为 19 个，最少的为 13 个；除了赣州市所辖的基层院数量较多，内设机构平均数为 14.5 个，各市分院所辖基层院平均为 10.7 个。2008 年市分院和基层院内设机构的数量有所增加，分别增加 1.4 个和 0.8 个。2013 年，市分院和基层院内设机构的数量有较大幅度的增加，5 年间分别增加 4.1 个和 2.2 个。增设内设机构有职能增加和人员增加的因素，更为重要的是为了增加中层干部的职数，带来的后果是出现大量的 1 人和 2 人科室，行政化色彩加重。

表 3　某省所辖各地市人员结构分布统计表

单位	2000 年				2008 年				2013 年			
	总人数	其中			总人数	其中			总人数	其中		
		办案部门人数	非办案部门人数	办案部门人数所占比例		办案部门人数	非办案部门人数	办案部门人数所占比例		办案部门人数	非办案部门人数	办案部门人数所占比例
南昌	708	427	281	60%	780	480	300	62%	854	489	365	57%
九江	702	379	323	54%	766	405	361	53%	814	390	424	48%
萍乡	212	129	83	61%	298	156	142	52%	319	154	165	48%
新余	217	139	78	64%	221	146	75	66%	248	122	126	49%
鹰潭	214	93	81	44%	221	96	76	43%	260	102	99	39%
赣州	738	390	266	53%	793	394	293	50%	844	431	301	51%
宜春	708	409	299	58%	729	404	325	55%	796	411	385	52%
上饶	786	403	383	51%	819	464	355	57%	861	481	380	56%
吉安	552	321	231	58%	626	344	282	55%	673	357	316	53%
抚州	569	311	258	55%	620	331	289	53%	657	324	333	49%
景德镇									352	165	175	47%
合计	5406	3001	2283	56%	5873	3220	2498	57%	6678	3426	3069	48%

关于表 2、表 3 的说明：

1. 本表数据是各设区市级检察院管辖的两级院的合计数据；
2. 办案部门指侦监、公诉、反贪、反渎、监所、民行、控申部门；
3. 景德镇市缺少 2000 年、2008 年数据。

从表 3 可以看出，办案部门的人员比例偏低。2000 年、2008 年和 2013 年在办案部门的检察人员比例分别为 56%、57% 和 48%，这表明有大量的检察人员分布在非办案部门从事综合工作。2013 年，办案部门工作的人员比例下降了 9 个百分点。他们虽然具有检察官身份，但并不从事案件办理工作，有的设区市院及其基层院办案部门的人员比例甚至只有 39%。

要适应主任检察官办案责任制，达到去行政化、突出检察机关司法性的目的，有必要减少内设机构的数量。应当通过建立以主任检察官为核心的办案小组，逐步取消检察机关现行厅处科室的内设机构，从而弱化检察机关的行政色彩,体现其司法性。① 根据相应的检察职能进行合并是必然的选择。建议将相关的业务部门进行合并,弱化和淡化其行政属性,让主任检察官办案责任制落地并发挥作用。作为全国最高检察机关,高检院负责全国检察机关规划、指导、协调、司法解释等工作,承担了一些地方检察机关所不具有的职能,可以根据职责需要适当多设一些内设机构。省级院是承上启下的一级机关,在实行人财物省级以下统一管理后,也必须有一定数量的内设机构承担相应工作。市州分院,尤其是基层院,不必与高检院、省级院一一对应,"有些机构可以不设,但必须有专人负责该项工作"②。笔者认为,内设机构的改革与设置可以归纳为"四个业务部门,两个综合部门"。一是设立职务犯罪侦查与预防部门。第一,反贪污贿赂案件和反渎职侵权案件说到底还是职务犯罪案件。人为地把一个整体进行分割,两个部门的分设会分散打击职务犯罪的力量,使基层院查办案件力量捉襟见肘。另外,大部分渎职案件的背后往往有受贿行为的存在,单纯的渎职侵权案件成案较少,使得很多基层院渎检部门无案可办。第二,职务犯罪预防必须依托并结合职务犯罪侦查进行,脱离了职务犯罪侦查谈预防,其效果就会大打折扣。借鉴香港廉政公署的成功经验,有必要撤销职务犯罪预防部门,将职务犯罪预防部门融入职务犯罪侦查工作中。③ 二是设立刑事检察部门。将侦查监督、公诉(包括有的地方设立的未检部门)进行合并,负责批捕、起诉、刑事抗诉和未成年刑事犯罪案件的办理。对侦查活动、刑事审判活动的监督属于诉讼监督的范畴,但它们都依存于审查逮捕和审查起诉活动,因此应当归入刑事检察部门。三是设立诉讼监督部门。负责办理监所、民行、控告、申诉、国家赔偿等诉讼监督和刑罚执行行为监督的案件。四是设立法律政策研究部门,将检察委员会办事机构职能纳入其中,将案件管理部门与之合并。案件管理部门不仅仅从事案件的登记与分配,其信息汇总分析、流程监控、案件评查、供领导决策的功能与研究室工作有高度的相似性。

综合部门也必须进行合并组合,以保证将更多的检察官配置到业务部门。根据司法改革确定的方案,省级以下检察机关人财物实行统一管理,基层院管理人事的工作相应减少,对基层院人事进行管理和监督的主要是在上级院特别是省级院。一是将政工、纪检监察合并在一起,设立政治部,负责人事工作和对检察人员的考核监督工作;二是成立办公室,将计划财务装备、技术、信

---

① 向泽选:《检察办案组织的改革应当彰显司法属性》,载《人民检察》2013年第22期。
② 孙谦:《检察理论研究综述》,中国检察出版社2000年版,第142页。
③ 邓思清:《检察权内设配置与检察机关内设机构改革》,载《国家检察官学院学报》2013年第2期。

息、法警和办公室合并,作为政务管理和检务保障机构。

(二) 主任检察官办案责任制应当与人员分类管理结合起来

据相关资料统计,2010年,我省三级检察机关有7000余人,其中具有政法专项编制的为6000余人,有检察官资格的4500余人。全国检察机关则有23万余人,具有政法专项编制的21万余人。检察官的规模比较庞大,但在业务部门从事检察业务工作的只有60%左右。即使是这样,它依然是世界上最大的检察官群体。① 检察机关的人员配置没有体现司法职业化、专业化和精英化的特点。根据人员分类管理方法,将检察机关的工作人员分为检察官、检察辅助人员、司法行政人员。

1. 检察官员额制。检察机关是国家司法机关,检察官是司法官员,与普通的公务员应有所区别。司法官员应当体现职业化和专业化的特点,因此实行员额制,保证精英化是必要的。在检察机关工作的人员不能全部或者大部分是检察官,而是根据从事工作性质的不同分为检察官、检察辅助人员、司法行政人员。检察官阙如时,根据缺额,可以任命或招录新的检察官。正如美国联邦法院有九位大法官,并不是说美国联邦法院只有九个人,而是具有大法官身份的只有九人。

2. 主任检察官办案组织。主任检察官办案组织应当包含一名主任检察官、若干名检察官、若干名检察辅助人员。主任检察官办案组人数规模应当根据业务类型的不同有所区别。从事职务犯罪侦查的主任检察官办案组人数应当多些,其他的办案组人数应当少些,除一名主任检察官外,可以配备一至五名检察官,一至二名书记员。人数较多的部门可以有多个主任检察官,成立数个主任检察官办案组,人数较少的部门则设一个主任检察官,成立一个主任检察官办案组。例如,北京市海淀区检察院的主任检察官办案组的典型结构为:一名主任检察官下设两个主诉检察官办案小组,每个小组由一名主诉检察官领衔,下设三名事务检察官,每个小组配备一名书记员。主任检察官基本不亲自办案,专司审批案件并指导组内同志工作,把握案件质量;主诉检察官受理少量案件,对组内案件负责;事务检察官负责案件基本的审查起诉工作,接受主诉检察官和主任检察官的指导并制作法律文书,出具初步的处理意见提交主诉检察官、主任检察官审批。②

3. 主任检察官的选拔标准。首先,主任检察官自己是优秀的办案人员。

---

① 据国际检察官联合会1999年出版的统计资料,俄罗斯2.96万人,美国2.2万人以上,日本0.22万人,德国0.52万人,法国0.14万人,韩国0.11万人。

② 李刚:《海淀检察院的主诉检察官办案责任制》,载《国家检察官学院学报》2014年第2期。

主任检察官作为检察官中的精英,其本身所代表的就是具有良好职业素养、较强业务能力和丰富实践经验的资深检察官。[①] 在德国,检察官一般要到55岁左右才能升任主任检察官,负责一个业务部门的工作。其次,主任检察官必须对本办案组的其他成员起指导监督作用。因此,主任检察官应当是一名资深检察官,原则上应当从担任检察官8年以上的优秀检察员当中挑选。考虑到全国各地人才状况的差异,特别是中西部地区基层检察院人才较少的特殊情况,也可以适当降低要求,从政治过硬、业务精通、作风优良的助理检察官中选拔。

4. 主任检察官的职级待遇。要实现检察官的职业化与精英化,绕不开主任检察官的职级待遇定位问题。不能合理确定主任检察官的职级待遇,难以避免出现以前那种主诉检察官流失现象,经过一定时间,主任检察官会更愿意选择离开现有办案岗位去担任有行政级别的业务部门和非业务部门中层领导职务,而不是做一个纯粹的主任检察官。有的院在这方面作了探索,如浦东新区检察院明确没有行政职级的主任检察官享受副处级待遇。[②]笔者认为,这样的级别设置尚不足以将主任检察官长期稳定在办案岗位上,而应将其最高设置在中层正职的级别,在将来的职务晋升上享有同中层正职等同的优势。最高级别的主任检察官与中层正职的区别在于一个从事检察业务办理,另一个从事检察事务管理。当然,中层正职和副职也可以同时担任主任检察官。

四、结语

实行主任检察官办案责任制的是改革的趋势所在,它符合司法属性和司法规律,应当在吸取主诉检察官改革经验教训的基础上,特别是对其暴露出来的问题予以解决。在深化司法体制改革的大背景下,抓住省级以下检察院人财物统一管理的机遇,与内设机构改革相结合,将内设机构进行简化合并,在基层设立"四个业务部门,两个综合部门"。与人员分类管理改革相结合,实行检察官员额制,将检察人员分为检察官、检察辅助人员、司法行政人员。设定主任检察官的选拔标准,明确主任检察官的待遇。综合各地试点经验,使主任检察官办案责任制不断完善。

---

① 陈旭:《建立主任检察官制度的构想》,载《法学》2014年第2期。
② 陈旭:《探索建立科学的检察办案组织》,载《检察日报》2013年8月19日第3版。

司法改革背景下推行主任检察官制度的路径选择

马维新[*] 黄 胜[**] 赖冬水[***]

党中央提出了建设"法治中国"的目标,要让"每一个人在案件中感受到公平正义",要实现这样的目标,必须对司法制度进行顶层设计,作为我国司法制度核心之一的检察制度也面临重大改革。检察官职业化精英化、检察官享有应有的职业尊荣、保障检察司法独立、维护司法公正与社会公平正义是检察改革的终极选择。主任检察官制度是过渡到检察官责任制的必由之路,也是现今7个省市、17个各级检察院今年进行司法改革试点的方向。作为基层院,如何厘定主任检察官的性质,进而进行制度设计,使检察权突破地方化、行政化的藩篱,走出一条主任检察官制度的光明大道是我们需要认真思考的问题。

一、主任检察官是检察长领导下的独立办案组织

主任检察官制度是指在检察长的领导下,主任检察官根据检察长的授权,搭建一个完善的办案组织,领导该组织内的成员对授权范围内的案件独立行使决定权,并承担相应办案责任的制度。主任检察官脱胎于主诉检察官,虽然两者仅有一字之差,但实质意义却大不相同。主诉检察官尽管体现了一定的放权,但还是受到层级制度的制约,致使主诉检察官并没有实现真正意义上的独立行使检察权,而主任检察官则弱化了案件办理的行政化色彩,赋予了主任检察官更多的独立自主办理案件的权限,也需要独立承担责任。

---

[*] 江西省赣州市南康区人民检察院党组书记、检察长。
[**] 江西省赣州市南康区人民检察院党组成员、检察委员会委员、研究室主任,全国检察理论研究人才。
[***] 江西省赣州市南康区人民检察院公诉科检察官。

(一) 推行主任检察官制度的目的之一是构造一个由主任检察官负责的独立办案组织

检察机关是唯一行使国家法律监督权的司法机关,而检察官是功能意义上的内设机构,是内部组织体系的有机组成部分。① 检察院运行模式是按照检察一体的思路来设计的,忽略了检察官相对独立性的特点,按照行政机关的组织架构,构设内部机构,实行部门管理制的运行模式,忽视了检察院的司法属性,没有真正践行检察官独立办案、独立担责的司法独立精神,也没有尊重司法机关是以案件为导向、办案组织为基本司法单位、检察官为核心的独立运转的司法体系。构建主任检察官制度,必须打破检察院内设机构的行政化属性,以办案为导向,根据检察权能的划分,构建一个个办案组织,以完成"完善办案组织形式、深化检察官办案责任制改革"的工作机制改革目标,回归到检察权行使的司法属性上来。检察办案组织作为检察机关内部最基本的办案组织和行使检察权最基础的单元,其构建不仅应当具有固定性和稳定性,还应当反映和凸显检察办案的特色。② 实行主任检察官办案责任制,应当建立主任检察官加其他检察官、检察辅助人员的主任检察官办案组,由主任检察官主持工作。对于省市县三级院,应当在优化现有内设机构的基础上,搭建主任检察官办案组;对于人数较少的基层院,可以考虑取消原有内设机构,探索设立主任检察官办公室,形成突出以检察官为主体的岗位管理模式。在办案组的构成形式上,可以采取固定搭配和临时组合形式,还可以探索将其他检察官、检察辅助人员集中管理、统一调配的模式。

(二) 主任检察官必须受检察长的领导

根据宪法、人民检察院组织法、检察官法的相关规定,各级检察院是行使国家检察权的法律监督机关,下级检察院受上级检察院的领导,各级检察院由检察长领导统一行使检察权,检察官受检察长的委派行使检察权。据此可知,坚持宪法和法律规定的检察机关上级领导下级、检察长领导检察院工作的领导体制,是检察机关行使国家追诉权和法律监督权的内在、必然的要求。检察长有权领导和指挥检察院的各项工作,上级检察机关有权指导和纠正下级检察机关的工作,是改革检察机关办案机制,建立科学的检察官办案责任制的前提。因此,主任检察官独立行使检察权,必须接受检察长的领导。主任检察官接受检察长的领导,是指主任检察官的授权范围由检察长决定,在重大案件的处理上应该接受检察长的指导。应当由检察长行使的权能必须由检察长行使,但作

---

① 徐鹤喃:《检察权行使主体视域下的主诉制度及其发展》,载《人民检察》2013 年第 22 期。
② 向泽选:《检察办案组织的改革应当彰显司法属性》,载《人民检察》2013 年第 22 期。

为检察长已经授权的事项，检察长非经相关程序，不得随意取消或变更；对主任检察官具有决定权的案子，不得提出具体的处理意见，而应该通过对案件质量的事后评查来进行纠正惩处，从而促使主任检察官重视案件的质量，避免因人为干涉导致错案的发生。

（三）主任检察官的权力清单

充分履行宪法和法律赋予的法律监督职能，实现检察职能与宪法法律地位相匹配，既是检察改革的终极目标，也是讨论检察改革的方法论。主任检察官制度是建立以检察官为核心的检察人员分类管理体系、实行检察官专业职务系列管理、推行检察官办案责任制的最好选择。主任检察官制度改革的主要任务，是建立主任检察官办案组织，形成"多点式办案单元"，并为主任检察官重新配置检察职权及提供职业保障，从而将主任检察官塑造成一线责任主体，成为相对独立的司法官。显然，其目的主要是保障检察司法独立，使检察机关发挥出与其在宪政体制中地位相匹配的检察职能作用。

而明确权限是独立自治的前提，只有明确了行权范围，才能使具体办案的检察官在权限范围内充分行使检察长的授权。主任检察官也不例外，权责相统一是实行主任检察官办案责任制的基本原则，也是这项制度有效实施和深入推进的根本保证。各试点检察院对于主任检察官权力清单的划分，采取了不同的模式，主要有以下两种：一是列举式，如湖北省检察院在总的指导原则下，还按照职务犯罪侦查、审查批捕、公诉、民事诉讼监督四大块对应由检察长决定的事项和检察长可以授权主任检察官决定的事项进行了一一列举[①]；二是风险管控式，如上海市闵行区检察院制定了《案件质量风险评估控制实施办法》，对受理的案件实行风险等级评定，对于一般风险案件由主任检察官直接决定，不捕、不诉案件及高风险案件由检察长决定。[②]

对于哪些事项必须由检察长决定，有很多的争论。我们认为，除了法律明确规定必须由检察长行使的职权、重大疑难案件中的终局性事项、具有监督性质、相关行为和决定影响其他执法司法机关的权力的相关事项必须由检察长行使外，其他事项均可由检察长授权主任检察官行使。但由于检察权是一种综合性的权力，具有不同的属性，因此，在坚持检察长、检察委员会对重大案件、

[①] 参见湖北省人民检察院《关于开展主办检察官办案责任制试点工作的实施方案》（鄂检发〔2013〕72号），载 http://www.hbjc.gov.cn/ejianwenjian/2013/201312/t20131203_1263657.html，2014年8月18日访问。如对于公诉工作，检察长决定的事项有20项，检察长授权主任检察官决定的事项为18项。有大量的本来就可由检察官决定的事项（如退回补充侦查、讯问犯罪嫌疑人、询问被害人等）成为检察长授权事项，等于是对刑检规则的再次抄写，难以起到应有的指导作用。

[②] 潘祖全：《主任检察官制度值得进一步探索》，载《检察日报》2013年6月28日第3版。

重大事项的领导和组织指挥的前提下,根据主任检察官履职的不同,又应当有所区别、最大限度地赋予其执法办案权限。在特定情形下,对重大、复杂、疑难案件以外的其他案件,检察长可以授权主任检察官决定和处理。行使刑事检察职能的主任检察官,主任检察官可以将一般轻微刑事案件交给其主导下的本办案组的检察官办理,并对于一般风险的案件,让承办检察官行使办案权与定案权,承办检察官可以直接作出逮捕、起诉、变更强制措施等决定权。主任检察官对组内其他检察官办理的较高风险等级的案件进行指导、审核与决定;行使职务犯罪侦查办案职能的主任检察官,把其中程序性的权力和一部分轻微案件的实体性权力下放给承办检察官,而对于重大、复杂、有社会影响力的案件,由主任检察官审查后提出处理意见,报请检察长或者检察委员会决定;行使诉讼法律监督职责的主任检察官,比照检察委员会议事议案工作机制,实行主任检察官主持下的"听案合议制",按照少数服从多数的民主集中制原则处理法律监督事务,将每个人的意见记录在案,但是按照多数人的意见执行。①

当主任检察官对承办案件的检察官对案件的定性存在不同意见时,可以赋予主任检察官行使异议权与职务收取权和移转权,既不是一味强调承办检察官服从,也并非直接行使指令权,强行要求承办检察官服从自己的决定,而是沟通、释法说理后仍然坚持自己观点的,主任检察官既可以行使职务收取权和移转权,将该案件收回由自己承办或转交由其他检察官承办;也可以行使异议权,将分歧意见提交检察长,由检察长核定,若检察长亦有不同意见时,检察长可以行使职务收取权和移转权。②

同时,检察长和上级检察机关必须坚持"领导权力保留",即对于重大、复杂和具有较大社会影响的案件,检察长随时有权领导、指挥和发布指令,发现主任检察官在办案中有重大疏漏或者徇私枉法等重大过错的,检察长有权及时纠正和监督。按照"谁决定,谁负责"的原则,主任检察官对其在职权范围内所作出的决定承担责任。需由检察长或者检察委员会决定的事项,主任检察官对事实和证据负责。

二、确保主任检察官独立行使检察权是破解司法行政化、地方化的最佳路径

主任检察官办案责任制的核心价值在于增强检察官办案的独立性,解决案多人少的矛盾,提升办案效率和质量。要确保主任检察官办案责任制这一符合

---

① 匡茂华:《主办检察官办案责任制试点探索》,载《人民检察》2013年第22期。
② 万毅:《主任检察官制度改革质评》,载《甘肃社会科学》2014年第4期。

司法规律的权责利相统一的检察权运行机制正确运转,就必须淡化检察业务部门的行政色彩,摆脱地方党政机关对主任检察官的遴选、晋升的干预,避免检察系统内部高级别的检察人员对主任检察官独立办案的干涉。

(一)主任检察官的选任与办案组织的构建

主任检察官的选任必须破除行政级别,由独立的选任委员会选任、惩戒,办案组织的构建应遵循主任检察官的意愿。

制度的好坏,归根结底是如何让最合适的人去干他最擅长的事情。优秀、负责任的主任检察官必然提升该办案组织的质量,并直接影响该院的办案水平。如何设计符合实际的主任检察官选任机制是主任检察官制度能否达到司法改革目的的重点所在。综合各试点检察院的数据,我们发现,目前主任检察官多由副检察长、部门负责人担任,导致少数年轻检察官对自己的前途略显焦虑,年轻的检察官们担心主任检察官乃至检察官的选任将会成为有行政级别人员的专权,在各级检察院担纲主力的年轻检察官将沦为"不拿手术刀却要施行手术"的护士。

司法改革不是让年轻人走开,而是要让优秀的年轻人成为改革的中坚力量。为了使主任检察官的选任做到公平、公正,必须由省级检察院设立一个独立的选任委员会,成员应由检察系统内部人员(其中非领导人员不少于1/3)、法官、律师、法学院教授按4∶2∶2∶2的比例构成;必须按照资历与办案业绩兼顾,更加注重办案业绩的思路来确定选任方案;拟任命为主任检察官的检察官必须通过资格化考试才能获得任命;要对考核结果进行公示,对于考核合格且通过实习的,由选任委员会统一颁发主任检察官证书;要对主任检察官的岗位资格实行年审制,突出对检察业务实绩的考核,考核合格者可以获得连任。

明确选任条件是确保高素质主任检察官的关键。主任检察官应当具备以下条件和资格:[①](1)遵守宪法和法律,严守检察纪律,秉公执法,清正廉洁,有良好的职业道德; (2)具有良好的品行和正常履行职责的身体条件;(3)一般应当具有大学本科以上学历;(4)担任检察官满3年;(5)一般应当具有检察员身份,特别优秀的助理检察员选配为主任检察官的,可以适时依法提请任命为检察员;(6)具有3年以上相应业务岗位工作经历且还在从事检察业务工作,法律功底深厚,检察业务精通,有比较丰富的检察业务实践经验,能够运用所掌握的法律专业知识解决检察业务中的实际问题;(7)具有

---

① 湖北人民检察院《关于开展主办检察官办案责任制试点工作的实施方案》,也作了相关类似规定,载 http://www.hbjc.gov.cn/ejianwenjian/2013/201312/t20131203_1263657.html,2014 年 8 月 18 日访问。

较强的组织协调能力,能够熟练主持办案工作;(8)具有较强的语言和文字表达能力,能够规范、熟练制作诉讼文书;(9)近三年的业绩考核为优秀,且办案数量达到或超过平均水平,没有出现冤假错案;(10)在上级检察机关组织的检察业务竞赛中,获奖的检察官在同等条件下可以优先选任。

主任检察官可按照以下程序选配:(1)组织推荐或自我申请。由各级检察院根据有关主任检察官选配的条件和资格,向选任委员会提出建议人选;或者由符合资格条件的检察官自行向选任委员会申报。(2)考察、考核、决定并公示。选任委员会从业务能力、司法经验、职业操守等方面对建议人选进行综合评议,按1:2的比例确定初步人选,组织初步人员进行相关业务测试,根据测试结果确定最终拟任人选,并公示。(3)试用及聘任。通过公示的拟任人选,带领办案组织在试用期内(一般为6个月)通过选任委员会考核的,由选任委员会颁发资格证书,并由其检察院所在地的人大常委会任命。

获得资格的主任检察官根据检察长的授权,应当组建自己的办案组织。办案组织的组建,应当遵循主任检察官的意愿,除非违反法律法规和组织原则,否则其他人不得干涉。

(二)主任检察官制度必须管理扁平化

管理学认为,当管理层次减少而管理幅度增加时,金字塔状的科层组织结构就会被压缩成扁平状的组织形式,有利于提高管理效率。现行案件实行的"三级审批制"存在办案效率不高,制约检察官和检察队伍素质提升,以及与当前刑事诉讼法、民事诉讼法修改后检察机关承担的繁重任务不相适应等问题。这就需要我们在建立主任检察官办案责任制时,减少中间层级,简化办案流程,提高办案工作流转速度和运行效率;通过完善程序、健全制度,规范检察长、检察委员会的办案审批、指挥、指令权。主任检察官可以根据权力清单,单独决定办案组织内部的一般风险案件的实质性事项和程序性事项;对于重大、疑难、复杂案件,程序性事项可以由主任检察官独立决定,实质性事项通过办案组织内部的充分讨论形成意见后交由检察长或检察委员会决定。

(三)主任检察官独立办案与上级指令的悖论

现行体制下,检察官不仅要接受本院检察长的领导,也要在业务上接受相关业务部门的领导,案件承办人为了分散、推卸责任,对并不疑难、复杂的案件也请示汇报。实行主任检察官制度后,应当正确处理好主任检察官独立办案与上级指令之间的关系:

首先,应明确下级检察院应当向上级检察院请示的相关事项。若下级检察院未按法律规定和相关程序向上级请示,要求业务指导,上级检察院不能超越权限,对主任检察官承办的具体案件提出具体的处理意见。非重大、疑难、复杂案件，主任检察官也不得就案件的实质性处理要求上级检察院提出指导。

其次，上下级检察院之间的请示、指令必须严格按程序履行。谁作出的决定，由谁负责。若上级检察院需要更改下级检察院的决定，必须在相关法律文书中说明理由。

最后，上级检察院通过案件评查或者当事人控告申诉的方式，发现主任检察官有违法违规办案行为的，可以发出纠正违法通知书，要求说明理由或改正；主任检察官可以申请复议。

（四）明确主任检察官与办案组织内部人员之间的关系

既然主任检察官制度要求建立一个办案组织，那么主任检察官专业化办案组必然由主任检察官、检察员或助理检察员、书记员构成。主任检察官是专业化办案组内的总指挥官，负责疑难案件的办理；检察员或助理检察员是具体案件的承办人；书记员负责组内的所有的卷宗案件的记录、卷宗整理、复印、归档、接待律师阅卷等事务性工作，检察员（助理检察员）与书记员按 1∶1 的比例配置。作为一个办案组，主任检察官必须妥善处理好办案组织内部的关系，扮演好两种角色：一方面，主任检察官是总指挥官，要负责对组内案件的全面统筹安排；另一方面，主任检察官是组内业务专家，要负责解决组内办理专业案件的难点与问题，并带领专业组成员在相关的专业领域内总结、探索出办理专业案件的特色方法或经验。主任检察官依法独立履行法律监督职责，原则上只接受检察长与检察委员会的领导。办案组织内部的其他人员必须接受主任检察官的领导，服从主任检察官职权范围内的安排。

（五）明确主任检察官与内设机构负责人之间的关系

检察机关现行的厅、处、科（室）式的内设机构模式，行政化色彩严重。理想意义上的主任检察官制度，是取消除履行服务功能的案管、办公室等机构，由办案组织独立履行相应的职能。根据各级检察院的试点经验，短期内不可能取消内设机构，只可能对内设机构进行合并整合，使之形成"三局两部一办"（即刑事检察局、职务犯罪侦查局、诉讼监督局、检察事务部、政治部、案件管理办公室）[①] 的格局，在"三局"内设立若干办案组织，建立以部门负责人（局长）为管理中心，以检察官为业务中心的机构模式；而"两部"负责检察队伍管理和检察行政事务管理，案件管理办公室作为专门的案件管理督查部门，主要负责对检察官行使检察权的监督，保证办案质量。

在这样的背景下，主任检察官必然成为内设机构的一部分，主任检察官与内设机构负责人的权责必须加以区分。虽然有的试点检察院采取了由主任检察

---

① 马英川：《检察人员分类管理制度研究》，载《法学杂志》2014 年第 8 期。

官兼任内设机构副职的做法，在一定程度上解决了主任检察官在内设机构的话语权，但因这种做法不具有持续性，且易让主任检察官脱离办案的一线，有悖于去行政化的初衷。主任检察官与内设机构负责人的权责划分应当体现行政权与司法权相分离的原则。主任检察官只对组内的业务工作负责，在办案组内对案件的处理以及专业化的研究课题有绝对的权威，以一审案件为例：案件的受理—审查起诉的各个环节—起诉—出庭支持公诉—审查判决书全部由主任检察官在权限内或决定或建议，建议权的对象是检察长，而不是内设机构负责人。内设机构负责人在处（科）室内行使行政管理权，即对处（科）室发展计划、思想建设、队伍建设、行政管理、后勤保障等方面进行运筹帷幄；不介入案件具体办理，而是通过对案件判决的审查环节，达到对案件质量的整体监控。

（六）明确主任检察官与承办检察官、主管副检察长和检察长之间的关系

检察权是兼具行政与司法双重属性的复合权力，其中行政属性要求整个检察体系形成上命下从、上下一体的检察一体原则结构，而司法属性又要求检察机关中的每一个个体对于上级保持相对的独立性，即奉行检察独立原则，导致了一体与独立，本系两种对立、冲突的权力配置和运作模式。实行主任检察官强调两者的一身性，这需要从制度上平衡、协调主任检察官、承办检察官、主管副检察长和检察长之间的关系。

当承办案件的检察官对案件的定性，与主任检察官之间存在不同意见时，承办检察官并不是一味强调服从主任检察官。对一般案件，由检察官承办，承办检察官对案件的处理结果必须报主任检察官审查，主任检察官不同意承办人意见的，可直接决定，承办检察官不服的，可提交主管副检察长决定，主管副检察长不同意承办人意见，而承办人又坚持自己意见的，主管副检察长报检察长决定，若检察长亦不同意承办检察官的意见，也并非直接行使指令权，强行要求承办检察官服从决定，而是沟通、释法说理，如果办案检察官仍然坚持自己的观点、不愿改变，检察长可行使职务收取权和移转权，将案件移交其他检察官办理；疑难、重大、复杂案件，由主任检察官承办，其他检察官、检察官助理协助，主任检察官作出案件处理意见后报主管副检察长、检察长、检察委员会审查，若主管副检察长、检察长、检察委员会不同意主任检察官的意见，而主任检察官又坚持自己的意见，检察长可行使职务收取权和移转权，将该案件收回由自己承办或转交由其他主任检察官承办。通过明确这样的制度设计，既使检察长的意见和决定得到贯彻，体现检察一体化，又不强行改变承办检察官的意见，确保一线办案检察官的独立性，彰显对检察独立原则的尊重，有利于实现主任检察官制度改革的目标与功效。

三、建立健全内外监督制约体制是主任检察官制度确保司法公正的最佳选择

只有放权没有制约的制度肯定不是一个完善的制度，要使主任检察官制度发挥应有作用，达到司法独立公正的目标，就必须要建立健全相应的内外监督制约机制，从制度与机制上确保主任检察官依法独立公正行使检察权，充分履行和发挥法律监督的职能作用。

（一）建立办案组织内部的监督机制

虽然主任检察官领导本办案组织的成员完成办案任务，但并不意味着主任检察官可以肆意妄为。对于由检察官或助理检察员独立办理的案件，必须先由承办人在审查案件事实和证据的基础上提出处理意见，主任检察官根据自己的业务、学识素养着重对案件统一适用法律进行指导和把关，不能频繁地、常态地置身于具体案件的处理中。如果主任检察官不同意承办检察官的意见，可以遵循严格程序通过行使审批权来更改。承办检察官如果对主任检察官的更改意见不服，可以向检察长进行申诉，检察长可以独自或通过检察委员会作出决定；若未申诉或申诉后未变更决定，承办检察官也必须遵从主任检察官的意见。对于办案组统一协调办理的案件，主任检察官必须召开案件讨论会，充分听取组织内成员的意见，成员充分发表意见并签字确认，若未达成统一意见，由主任检察官将各意见向检察长汇报，由检察长决定。

（二）完善各办案组织之间的协调、制约机制

办案组织是检察院行使检察权的最基本单位，各办案组织必须依照检察长的授权独立行使相应的检察权。行使不同类检察权的办案组织之间不具有隶属关系，若发现其行使职权不当的行为，应该遵循程序，向该办案组织发出纠正违法通知书引导其改正，若得不到回应，则将情况反映至监督部门或者检察长，由相关部门作出处理，不得违反程序以其他任何名义对正在履行程序的案件进行干涉。处在同一内设机构下的各办案组织之间也应独立行使职权，独立承担责任；在遇到重大疑难复杂案件时，主任检察官可以提请内设机构负责人召开主任检察官会议，对案件进行分析把关，主任检察官应该有自己明确的意见，应当听从其他主任检察官的合理意见，若主任检察官未听从而导致错案的，主任检察官应当独自承担办案责任；参会主任检察官的意见均应记录在案，若参会主任检察官认为其正确意见未得到采纳的，可以提请检察长决定；若直接办理案件的主任检察官或部门负责人的意见对案件的处理造成实质性的影响而导致案件错误的，该意见人应承担错案责任。

（三）健全检察长、上级部门相关制度来制约主任检察官自由裁量权的行使

检察长、上级部门对主任检察官的领导，并不是直接插手相关案件的办理，而是进行制度建设，完善办案监督管理方式，加强检察权运行的制约。

一是必须确立程序优先原则，以程序制约权力。程序公正是实体公正的先导，程序瑕疵可能导致民众产生检察官执法不公的印象，损害检察院的形象。检察长和上级检察院需要加强对案件的程序管理和检查，任何案件的处理必须在确保程序公正的基础上追求实质正义。

二是必须坚持尊重和保障人权原则，以权利制约权力。办案时必须告知相关人员的权利义务，告知其权利遭到侵害的救济方式，必须加强对犯罪嫌疑人、被告人、刑事辩护人等申诉权、法律帮助权和辩护权的保障。

三是建立科学的案件质量评查体系，以监督规范权力。要依托现有的案件管理部门，对案件进行繁简分流，研究制定不同类型案件的监督管理方式，应用信息化手段，对办案组所承办的案件进行流程动态监督、督导、评查和预警，并具体负责和考核评估案件质量。同时，应建立内设机构负责人对主任检察官的日常监督检查机制，赋予内设机构负责人对办案效率、执行制度规范、依法办案等方面的管理权限。[1]

（四）完善"阳光办案"机制

阳光是最好的防腐剂。除了涉及国家秘密、未成年人案件等不宜公开的案件，都应采取阳光办案机制，确保办案的公正。

一是案管中心及时公布案件信息。应该在显著位置公布检察院的办案流程，通过 LED 显示屏公布相关案件所处阶段及处理结果，公布对案件日常管理的评查结果。

二是邀请律师、人大代表、法官等组成独立于检察院的案件质量评查委员会，对主任检察官所承办的案件进行评查，对出现严重质量问题的案件，应当接受人大代表的质询，并将评查结果通报选任委员会，选任委员会通过相关程序对主任检察官予以免职处理。

三是逐步建立终局决定法律文书公开制度。可以采取法律文书上网、重大案件布告张贴、给相关人员提供电子稿、复印件等多种形式公开的终局法律文书，促使主任检察官谨慎地行使职权，确保案件的处理既符合法定程序，也维持实质正义。

---

[1] 参见蔡雅奇：《主任检察官制度改革探索调查》，载《人民检察》2013 年第 14 期。

检察官执法办案责任体系研究

邹开红[*] 杨福荣[**]

检察官办案责任制是司法责任制改革的重要组成部分,最高人民检察院目前正在全国试点以主任检察官制度为主要内容的检察官办案责任制改革。改革以突出检察官办案主体地位为核心,以落实和强化检察官执法责任为重点,由此产生放权与追责孰为改革切入点的争议。我们认为,对"办案主体地位"内涵的理解,应当认识到所有的管理活动都是责权利关系的统一,检察官的责权利也必须相统一。检察官的办案主体地位,要求主任检察官在行使权力、享受权益的同时,须承担不当履行职能而应承担的责任。而对"执法责任"内涵的理解,也应当从职责和追责两个方面全面把握,[①] 不能只强调追责。追究责任的前提是明确职责,实质上就是科学划分检察机关内部执法办案权限,明确对主任检察官放权的程度。因此,对突出检察官办案主体地位和落实检察官执法责任不能分割开来甚至对立起来认识,二者都是保障依法独立公正行使检察权的必要手段,是一体两面的关系。按照权力运行的逻辑,应当从确权、立规、监督、问责等层面,构建权责明晰、运转规范的检察官执法办案责任体系。

一、"确权"是落实执法办案责任的前提

"确权",即清晰界定检察委员会、检察长、分管副检察长、主任检察官、检察官分别行使权力的范围。在目前改革试点工作中,核心是明确主任检察官权限,赋予主任检察官与其主体地位相适应的执法权限,从而明确其职责范围。

---

[*] 北京市昌平区人民检察院检察长。
[**] 北京市昌平区人民检察院案件管理办公室主任。
[①] 依据《现代汉语词典》的解释,责任通常具有两个含义:一是分内应做的事,如尽责任;二是没有做好分内应做的事,因而应当承担的过失,如追究责任。参见《现代汉语词典》(第5版),商务印书馆2005年版,第1702页。

(一) 对检察官放权的理论和现实依据

《人民检察院刑事诉讼规则（试行）》第 4 条规定："人民检察院办理刑事案件，由检察人员承办，办案部门负责人审核，检察长或者检察委员会决定。"这就是检察机关办案传统适用的"三级审批制"。这一办案模式符合检察一体和民主集中制原则，在惩治刑事犯罪、防止权力滥用、保证诉追统一、保持组织稳定等方面发挥了积极作用，有其历史和现实合理性，但也呈现出忽视检察官主体地位的缺陷。检察权并不是完全意义上的行政权力，检察机关在执法办案过程中具备相当程度的司法属性。司法的判断性、独立性、中立性、亲历性等特征要求在保持检察一体原则的前提下强调检察官的相对独立。各国和地区检察机关在实行检察一体的同时，为防止检察机关沦为纯粹的行政机关，以及上级指令权行使不当而妨害司法公正，均十分强调检察官的相对独立。许多国家或地区的刑事诉讼法规定的诉讼主体都是检察官，在案件中承担检察职能的检察官的诉讼决定具有诉讼法上的效力。可以说，检察一体是尊重检察官相对独立性或自主性基础上的一体。[①] 而三级审批制有违司法的上述特征和规律，造成检察官能动性减损、责任感缺失，实践中运行效率不高，也导致执法责任的认定难以进行。检察机关办理案件，由于决策主体多元化，造成权责分离、责任不明。出现执法责任后，难以分清是承办检察官没有汇报清楚还是检察长、分管副检察长决策错误，一些重大疑难复杂案件常是集体讨论决策，所以实践中责任追究无法操作。在保留检察长对检察工作的有效领导和监督的前提下，又适当对检察官放权，尊重检察官办案的相对独立性，是检察制度发展的基本趋势。

(二) 划分办案权限的标准

实践操作中，对于主任检察官放权的标准和范围，各地做法不一。从理论上讲，检察机关的各项权力均可以整体授予主任检察官行使，使其独立承担权责。如在法国，有所谓"代理检察官是共和国检察官影子"之说，每一名检察官所作的决定，皆视为检察首长的决定。在日本和我国台湾地区，均认为检察官是"独立官署"，对外独立行使职权。但我国大陆检察职权在法律监督的总定位下具有多样性，检察权的行使是通过不同的检察业务实现的，与上述国家和地区检察官以侦查职能为主的制度有明显不同，实践中情况也更加复杂，目前还不能完全授予主任检察官行使，而只能部分授予。因此，需要明确划分办案权限的标准，才能准确进行"确权"。结合法治发展现状和检察职权特

---

① 参见甄贞等：《检察制度比较研究》，法律出版社 2010 年版，第 585 页；魏武：《法德检察制度》，中国检察出版社 2008 年版，第 171 页。

点，应当考虑以下因素：一是权力行使的特点。如对于职务犯罪侦查权而言，我国大陆的检察官在开展侦查工作时没有其他国家或地区所谓的"检主警辅"制度，又未在立法和机制上赋予检察机关整合、获取情报信息的便利，面对巨大的工作压力和复杂的协调事务，经常需要采用"大兵团"作战模式，侦查工作的团队协作和"上命下从"就成为理性的选择。因此侦查主任检察官目前无法独立承担起侦查主体职责，更多应起到具体侦查行为指挥者、实施者的作用，对于线索缓查、立案、不立案、撤案、侦查终结等事项仍应由检察长决定。二是权力的性质。对于非终局性的权力，如起诉权的行使会受到法院审判权的制约，可以授予检察官独立行使，而不起诉属于终结性事项，考虑到社会的高度关注，目前尚不能完全由主任检察官决定。三是权力的影响。对于有重大影响案件的审批，强制措施、强制性侦查措施、技术侦查措施等涉及人权保障的重要侦查措施的采取，撤回起诉、抗诉、书面纠正违法等重大程序性问题的决定，目前宜由主任检察官提出建议，报检察长或检察委员会决定，其他一般性的程序可由主任检察官决定和实施。当然，"重大影响"和"重大程序"的标准各地执行起来可能有所差异，这也正是开展试点工作的意义所在。比较复杂的是审查逮捕权，刑事诉讼法规定审查批准逮捕犯罪嫌疑人由检察长或检察委员会决定，授权涉及对法律的突破问题。我们认为，审查逮捕是一项涉及人权和诉讼保障的重要司法程序，实践中批准逮捕一般会受到审查起诉环节的制约，不批准逮捕的则会有多种可能性，在立法机关正式授权之前，可以规定不捕由检察长决定，批捕由主任检察官提出处理意见后，报检察长进行文书审核。未来随着改革的深入，应当逐步放宽授权范围，使检察官真正成为办案的主体。

（三）执法办案责任范围的确定

权责一致是处理权力、责任关系的基本准则。明确划分办案权限的标准后，就应当对法律法规中涉及检察机关的职权，以及《人民检察院刑事诉讼规则（试行）》、《人民检察院民事诉讼监督规则》中涉及检察长和检察委员会的职权进行逐条梳理，确定哪些权力可授予主任检察官行使，划分检察委员会、检察长、分管副检察长、主任检察官的办案权限，建立起"权力清单"。有多大的权力就承担多大的责任，权力清单实质上也是各办案主体的职责清单。主任检察官在权限范围内相对独立行使权力，并对所作出的决定负责；对于不属于自己决定权限的案件进行请示汇报时，基于亲历性的要求，也必须对事实证据、法律程序负责；检察长、副检察长改变主任检察官决定的，对改变的部分负责。由于各方面的原因，目前检察机关人员整体专业化水平离成熟法治建设的要求尚有一定差距，实行的是以数量促质量、以纵向的行政监管保证案件质量的检察办案和队伍建设路径。考虑到这一实际,目前还不能推行完全的检察官办案责任制,只能从中选拔出优秀的检察官为主任检察官来承担相对独立的权责。但这并不意味着在改革试点中其他检察官对办案不承担任何责任,而是应当对自己进行的调取证据、认定或审查事实、适用法律程序等负相应的责任。未来随着分类管理、检察官员额制等各项改革的到位,应当过渡到完全意义上的检察官办案责任制。

二、"立规"是落实执法办案责任的基础

"立规",即明确主任检察官履行职责的规范,建立健全权力运行的机制。"程序正义"的价值在司法革新的进程中作用越来越大。程序的可见性使权力具体化,程序的规范性使权力法治化,程序的不可逆使权力效率化。① 程序和规范既是权力行使的遵循,也是确定责任的基础和依据。

（一）完善执法办案的流程和标准

目前检察官执法办案的依据包括法律、司法解释等,应当说已经比较健全了。从执法规范化建设角度,一是进一步构建执法办案的流程体系,在对工作流程进行细化、优化的基础上,制定新的办案责任制背景下案件受理、立案、分案、流转、办理、终结等具体的操作规程或手册,梳理各办案环节流程图,确保办案规范进行,防止执法随意性。二是细化执法办案内外衔接机制,对于内部来讲,促进不同办案环节的前后协调运转,严格执行在办理职务犯罪案件中加强侦捕诉监督配合和侦查一体化的要求,规范案件办理、案件管理的衔接,确保办案信息全面、真实、准确地进入统一业务应用系统;对于外部来讲,完善介入侦查、引导取证程序,规范"两法衔接"等协作配合规程,强化主任检察官在诉讼全局中的责任意识。三是进一步完善案件质量标准,使案件质量可评价、可提升,树立正确的业务导向。

（二）确保权力行使过程有迹可寻

检察一体作为检察机关组织内部的一项原则,既有检察官之间横向的一体,也有检察长、检察官之间以及上下级检察院之间纵向的一体,权力的行使会经过多个办案层级、环节和人员,对于权力行使的整体过程必须保证清晰可见。在具体方式上,应当对于检察权运转的重要环节进行书面记载,实现"权力留痕",这既是厘清责任的依据,也是检察权规范化运行的必然要求。从横向的角度讲,参与办案的检察官在案中所起的作用应能得到不同形式的

---

① 王健:《冲突平息与权力实现——程序价值的一种理论视角》,载《社科纵横》2014 年第 2 期。

书面体现。以查办职务犯罪案件为例，在线索受理、初查、讯问、取证、采取强制性侦查措施等各个环节，不同办案人员开展的工作、所起的作用均应记录在卷。如在执行搜查前，应当通过搜查计划明确检察人员分工，在搜查中制作笔录并辅以执法记录仪或专门录像如实反映搜查过程，并附卷备查。侦查终结时，应当在侦查报告中或以附件形式，对整个侦查过程及各重要环节、各侦查人员负责的主要工作进行记载。从纵向的角度讲，上级检察机关、检察首长对于案件的指示，不同层级检察官对案件的讨论和意见，应当通过书面指令、讨论记录、审查报告等予以记明和体现。在大陆法系国家和地区，检察长虽然拥有对检察官的指令权、职务移转权、职务承继权，但一般要求以书面形式说明理由，下级检察官并可以通过申诉等途径提出意见，以明确各自权责。"如果上命下从本身不受适当节制，检察官根本不具作为公正客观法律守护人的基本条件。"①

（三）健全绩效评价机制

绩效评价的前提是明确目标责任，工作目标是检验主任检察官履职能力的标准，也是提升其工作责任心的必要手段。绩效评估理论包含了"系统评估理论"、"目标一致性理论"、"硬评估与软评估理论"等，要求评估指标反映系统目标的整体和各个侧面。系统目标一般是多目标而不是单目标，系统的综合绩效表现在多个方面。② 这就要求进行综合绩效评估时，评估指标要能够反映系统的整体情况。因此，应当根据系统目标进行科学分析，逐步进行系统分解，建立一个能够反映系统总目标和整体绩效的多方面、多层次的有机联系评估指标体系。在各国对检察官的绩效管理体系中，也基本上体现了上述绩效价值。如德国检察机关绩效考核涉及的指标分为三大类共 15 个项目。第一类是专业成绩，分为工作成绩和工作方式两类，内容包括被考核对象履行职务的工作业绩、工作责任心和团队精神等。第二类是个人素质，包括身体素质、职业素质等。第三类是综合能力，主要包括决策能力、组织计划能力、专业运用能力、社会处置能力、领导能力、口头表达和文字写作能力等。③ 在我国台湾地区，依"检察官全面评核实施办法"，对检察官的评核项目主要包括开庭及执行职务态度、办案绩效、制作检察书类质量、品德操守及敬业精神。本着程序与实体系统考核、办案绩效与案件质量双向控制、硬评估与软评估相结合的原

---

① 林钰雄：《检察官论》，法律出版社 2008 年版，第 119 页。
② 参见吴俊卿等：《绩效评价的理论与方法》，科学技术文献出版社 1992 年版。
③ 严忠华、吴华容：《试论检察机关绩效考评制度的完善——以德国检察官绩效考评制度为鉴》，载《法治与社会》2010 年第 15 期。

则，我们在设计主任检察官绩效评价项目时应当至少考虑以下因素：一是办案绩效，以高检院下发的核心业务指标为主要依据，此为可以量化评价的指标；二是案件质量，以案件评查为主要载体，也可以实行量化或等级评价；三是品德操守及敬业精神；四是学识能力、团队精神等综合素质。后两个部分可以通过测评的方式进行评价。

三、"监督"是落实执法办案责任的手段

"监督"，即以检察权运行为基础，完善对主任检察官执法办案的内外部监督制约机制，促进严格规范公正廉洁执法。检察权作为一项公权力，无论如何配置，始终也具备逐利性、扩张性和侵略性的特征。在尊重主任检察官相对独立办案权力的同时，应当设置适当的监督机制，抑制主任检察官行使权力的随意性，并以此为手段，及时发现不当行使权力的行为。

（一）完善内部监督机制

广义的内部监督分为制约和监督两个方面。制约作为普遍存在于自然和社会中的一种客观现象，具有内在性、直接性、互动性、同时性、对等性等特点，① 成为内部监督的重要手段。检察环节的制约可以通过分权以及制度的设计达到内部的互相牵制，一是完善检察委员会的制约，检察委员会应当主要讨论拟作撤案、不起诉等终结性处理，公安机关提出复议复核，拟撤回起诉、向法院抗诉等存在重大争议的案件，并通过侦查、批捕、公诉等各环节的全面汇报和委员的充分提问，监督主任检察官认定事实的准确性、适用程序的正当性。二是完善办案环节之间的制约，如公诉部门对侦查监督部门、侦查部门的制约，控告申诉检察部门的回溯式监督等。三是完善办案组织内部的制约，主任检察官办理案件，应当充分听取助手的意见，助手有权向上级反映主任检察官执法不当行为。

监督作为超脱于办案程序外的检查、评价手段，是控权的另一重要方式。设置内部监督机制，应当符合检察权运行规律和特点，防止监督手段过多过滥而起不到监督作用，反而损害了主任检察官独立行使权力的积极性。一是完善案件管理部门的监督，主要是发挥流程监控、案件评查、分析通报等作用，案件管理部门可以提出程序监督意见，但不能干涉主任检察官对案件的办理。二是完善部门负责人的监督，可以通过查看统一业务应用系统、主持主任检察官联席会议、组织专项业务工作等方式进行监督，发现问题向分管副检察长提出。三是完善上级检察院和监察部门的监督，后者主要是纪检监察、检务督察、检

---

① 蒋德海：《控权型检察制度研究》，人民出版社2012年版，第16~17页。

务督察应当侧重于执法行为规范化方面，与案件质量评查形成互为补充。

（二）完善外部监督机制

虽然检察机关内部的制约和监督机制日益完善，但是系统内的监督不能取代外部监督，检察权作为一项重要的公权力，理当接受其他权力机关的制约和公民的监督。边沁曾说过："没有公开性，其他一切制约都无能力。和公开性相比，其他各种制约是小巫见大巫。"① 在各种外部监督手段中，以下几项有必要进一步强化：一是检务公开。其核心是案件信息公开，通过向社会、利害关系人公开案件办理程序、重大案件信息和终结性法律文书，主动接受社会监督。应当将逮捕程序进行诉讼化改造，在充分听取犯罪嫌疑人、辩护人意见基础上，对存在重大争议的案件探索进行公开审查，对于不起诉、不支持申诉意见等决定进行公开答复，以公开促公正。二是律师、人民监督员等的参与。律师是专业的诉讼参与人，应当充分保障其参与诉讼、进行辩护的权力和救济渠道，帮助检察机关客观审视案件，并监督检察官的执法行为。三是建立适当的外部监督办案机制。在这方面可以参考我国台湾地区的检察官个案评鉴制度，台湾地区于2012年1月施行新的检察官个案评鉴制度，为弥补内部监督之不足，检察官评鉴委员会委员11人中，检察官代表仅3人，其他8名委员分别来自法官、律师、学者及社会公义人士，并允许同级法院、律师公会等民间团体有请求评鉴的权利，当事人、犯罪被害人亦可书面陈请有关机关、团体请求检察官评鉴委员会进行个案评鉴，评鉴是检察官惩处的前置程序。在未来改革的设计中，我们可以适当引入外部力量，设置更为公开的个案监督制度，提升监督结果的公信力。

此外，应当建立检察官执法档案，将主任检察官的执法工作情况、绩效评价和接受监督情况进行客观记载。目前，对检察官的监督手段不少，但在开展工作时各自为政，结果的运用通常只在条线、本单位内或在专项督察活动中通报，并不与对检察官的评价挂钩。因此，有必要对各项手段进行系统整合，由各部门对不同渠道反映的监督、考核信息建立统一台账，作为绩效考评、等级晋升和追究责任的重要依据，并将具体情况综合记入检察官执法档案。

四、"问责"是落实执法办案责任的保证

"问责"，即建立执法办案责任追究机制，对检察官违反职务规定的行为，启动相应的责任追究程序。追究责任并不是执法办案责任制的全部，二者之间不能简单地画等号，认为建立检察官办案责任制就是为了错案追究并让承办检

---

① 转引自杨一平：《司法正义论》，法律出版社1999年版，第177页。

察官终身负责的观点无疑是片面的。但检察官出现重大违法违规行为时，也必须启动相应的调查和惩戒程序，这是办案责任制不至于沦为空谈的重要保证。

（一）明确问责的条件和层次

问责机制只有科学合理，才能促进办案责任制的落实。为了促进依法独立公正地行使职权，必须保护那些处于合理的意念、根据其权限行事的检察官。只有授予检察官这种保护措施，他们才能够不怕个人危险，有力地履行职责。以同样行使司法权的法官为例，考察世界各国法制发展史，我们可以发现，凡是法律现代化发达，法官素质和威望凸显的国家，特别是在英美法系国家中，基本上不存在严格意义上的错案责任追究制度。其理论基础在于，对一事实的认定以及法律的理解和适用属于法官独立审判权的范畴，不应作为追究的对象。[1] 同样，保证检察官在授权范围内依法独立行使权力正是检察官办案责任制改革的意义所在，检察官只应对自己的违法违规或严重不当行为承担相应的责任。因此，应当规定检察官的正常职务行为不受责任追究，鉴于办案活动特别是认定事实的过程具有很强的内心裁量性，需要明确不能因办案认识分歧、适用法律见解不同导致的不起诉决定、无罪判决等追究检察官责任。司法责任可以分为纪律责任、民事责任和刑事责任三类，根据具体违法行为的不同特征和构成可对责任作出细化。[2] 依据责任轻重的程度，还可以将执法办案责任分为执法规范、办案质量、执法过错、违法违纪等不同层次，并明确不同责任的认定标准和问责措施。对于一般的执法瑕疵或案件质量不高的情形，不需要启动追责程序，而是在绩效评价中予以体现，对于能力不适任的检察官予以调整岗位。真正进入追责程序的应当是出现了执法过错或违法违纪的情形。对于执法过错责任的确定必须坚持主客观相结合的原则，考察检察官主观上是否存在故意或重大过失，客观上是否造成严重后果或恶劣影响。对于是否存在重大过失，应以一位敬业负责的检察官所应合理具备的注意及能力标准来判断。

（二）完善问责程序

建立问责体系，问责的程序也必须具备正当性，才能为检察官履行职责提供充分的职业保障。在探讨同属司法官的法官责任追究程序时，国外学者认为，必须注意建立针对法官在审理后发生"错案"的纪律程序，这种纪律程序应该尽可能司法化，受到处分的法官可以向专门的裁判机构申诉；与此同时，为了避免纪律机构成为法官自身"自娱自乐"的工具，增强社会对于司法公平审判的信心，可以考虑在纪律机构吸收"非职业"人士参加，这样可

---

[1] 陈东超：《现行错案责任追究制的法理思考》，载《法商研究》2000年第6期。
[2] 梁玉霞：《司法独立的另一种诠释：权、责、信的统一》，载《现代法学》2000年第5期。

以在法官与其他社会群体之间建立一种联系,既能够维护审判独立,又能够强化对于法官工作的监督,还能够促进社会对于法院工作的理解。① 这可以为以后建立检察官惩戒机制提供参考。在目前外部监督体系尚不完善的情况下,对于主任检察官的执法办案责任,可以由检察委员会进行严格的专业认定,并赋予检察官在程序中的申辩和复议资格,既确保办案责任制落到实处,促进检察官依法严格公正行使职权,又鼓励检察官在恪尽注意义务、保证案件质量的前提下,独立自主地作出决定,促进权责的合理平衡。

---

① [意] 莫诺·卡佩莱蒂:《比较法视野中的司法程序》,徐昕等译,清华大学出版社2005年版,第139页。

主任检察官制度改革质评

万 毅[*]

"主任检察官制度改革",是我国当前检察改革的热词之一。自2013年12月最高人民检察院发布《检察官办案责任制改革试点方案》以来,主任检察官制度改革试点工作已经正式在全国范围内推开。据媒体报道,目前有7个省份17个检察院参与了此次改革试点工作。可以说,这是我国目前工程量最大、涉及人员最多、对我国检察制度发展影响最深的一项检察制度改革,必须谨慎规划和实施。

我国的主任检察官制度改革,发轫于北京、上海等地,借鉴自日本、韩国以及我国台湾地区的主任检察官制度。启动这一改革的预期目标,是希望通过办案组织模式的重构,突出主任检察官的办案主体地位,弱化检察机关内部的行政化层级审批体制。与之前试行的主诉(办)检察官制度相比,主任检察官制度的最大"特点",也是本轮改革的最大"亮点",在于厘清了主任检察官与科、处、局等内设机构的关系,并理顺了主任检察官与主管副检察长、检察长、检委会的关系。按照目前的改革试点方案,主任检察官及其所属检察官、检察官助理,将被"打造"为一个相对独立的办案组织,业务上不再受内设机构科、处、局长的领导;经检察长授权,主任检察官将享有一般案件的定案权,疑难、重大(包括上级交办、督办及专案等)、复杂的案件,则由主管副检察长、检察长、检委会行使定案权,主任检察官享有建议权。

较之过去的行政化层级审批制,应当说,主任检察官制度作为一种办案模式的优势是比较明显的:一是在一定程度上确保了主任检察官的办案独立性;二是有利于提高办案效率。正因为如此,自主任检察官制度改革问世以来,理论界和实务界一片"叫好"之声,鲜有人提出质疑。但是,若认真审读和检视当前各地检察机关推行的主任检察官制度改革试点方案,便不难发现,这些试点方案在主任检察官的定位、地位、权限等基本问题的设计上,均程度不同

---

[*] 四川大学法学院教授、博士生导师、诉讼法教研室主任。

地存在背离检察制度原理之处。照此方案所进行的改革，不仅难以实现改革者的预期目的，还可能滋生新的问题并妨碍我国检察制度的长远发展。有鉴于此，笔者特地撰写本文试图厘清主任检察官制度改革中涉及的若干基本理论问题，以期通过理论层面的研讨和辩论，校正改革中的一些错误认识和错误做法，推动改革中的主任检察官制度进一步发展、完善。

一、主任检察官办案组并非一级办案组织

从我国主任检察官制度改革的历程来看，主任检察官制度一开始就是被作为检察机关内部的办案组织建设来推动的，原因是改革的推动者们认为我国检察体制过度行政化，以致缺乏司法化的办案组织。例如，积极推动主任检察官制度改革的上海市人民检察院陈旭检察长就曾经在接受媒体采访时明确指出："办案组织是司法机关最基本的'组织单元'。但在目前，除了检察委员会作为最高业务决策机构的办案组织性质较为明确外，各级检察机关的基本办案组织尚无法律明确规定。实践中，检察机关的基本办案组织是由科、处、局等内设机构来替代的，具有明显的行政化特点，不利于司法运作的公开透明和司法公信力的确立。"基于此，他提出建立主任检察官制度并将之作为检察机关内部的基本办案组织。此后，这一制度定位获得了理论界和实务界的普遍认可。最高人民检察院 2013 年 12 月发布的《检察官办案责任制改革试点方案》中也明确提出，主任检察官制度改革的主要目标和内容之一是建立办案组织，整合内设机构，探索设立相应的主任检察官办公室。从目前各地检察机关的试点方案来看，虽然采用的名称不一，如有的称"主任检察官组"，有的则称"主任检察官办公室"，但无一例外在组织结构上都是由一名主任检察官牵头，整合部分检察官和检察官助理，从而形成一个相对固定、独立的办案组，而主任检察官则被定位为该办案组的负责人及办案第一责任人。

但问题在于，办案组是否就等于办案组织？这一改革方案将"主任检察官组"或"主任检察官办公室"定位为检察机关的一级办案组织，是否符合检察法理？

笔者认为，第一，从法理上讲，所谓办案组织，就是具体行使办案权的主体。对于法院而言，就是具体行使审判权的主体，根据刑事诉讼法和人民法院组织法的有关规定，我国的刑事审判组织包括合议庭、独任庭和审判委员会三种；对于检察机关而言，办案组织就是具体行使检察权的主体，但法律除明确规定检委会为最高业务决策机构外，确实未规定检察机关的基本办案组织形式，但法律上未予规定并不等于实践中即没有。由于检察机关本身奉行检察一体原则，因而，检察机关办案不宜也不能采用合议制，只能采用独任制，亦因

此,独任制检察官就是检察机关的基本办案组织,在我国检察实务中长期以来实行承办人制度,实际上就是独任制检察官运作的具体形式。基于此,笔者认为,检察机关实际上是有基本办案组织的,这就是独任制检察官(承办人)。

至于所谓"实践中由科、处、局等内设机构替代了基本办案组织"的说法,笔者认为值得商榷,因为,如前所述,办案组织是具体行使检察权的主体,也是人民法院或人民检察院与其他专门机关、当事人和诉讼参与人发生诉讼权利义务关系的具体代表。作为法律关系主体,办案组织的典型特征是能够以自己的名义对外作出法律处分。在我国检察实务中实行的承办人制度下,案件的处理包括立案、侦查、(不)起诉等法律处分,无论是否经过上级审查批准,最终都是以承办人的名义作出的(以承办人名义出具的相关法律文书),因而,至少在形式上,承办人才是适格的办案组织。虽然实践中内设机构的领导如科、处、局长等事实上行使着案件的审批权(定案权),但却没有任何一个案件的法律处分是以科、处、局的名义作出的,因此,科、处、局并不能视为检察机关的一级办案组织。这就如同法院内设的刑事审判庭、民事审判庭等各种业务庭,虽然在我国审判实务中,庭长、副庭长往往也在行使案件审批权,但我们绝不会认为,上述业务庭是法院的一级办案组织,这是因为,至少在名义上,具体行使审判权并独立作出判决的,仍然是合议庭和独任庭,而非业务庭,因而,合议庭和独任庭才是审判组织,而各种业务庭只是法院的内设机构。

在主任检察官制度下,虽然在主任检察官办案组内部,主任检察官行使一定的案件审批权,案件处理决定须经主任检察官签字确认,但该处理决定最终仍然是以承办人的名义对外作出的,因此,办案组织仍然是承办人(独任制检察官),而非主任检察官,亦因此,主任检察官办案组并不能构成一级办案组织,将主任检察官办案组定位为检察机关内部的一级办案组织,显然与上述司法原理不符。

第二,将主任检察官定位为一级办案组织,缺乏比较法上的依据。积极推动主任检察官制度改革的陈旭检察长曾经在不止一个场合提及该项改革借鉴自日本、韩国以及我国台湾地区的主任检察官制度。但是,根据笔者的研究,目前试点方案中将主任检察官办案组定位为一级办案组织的做法,与日本、韩国及我国台湾地区的主任检察官制度大相径庭。主任检察官制度,在日本、韩国以及我国台湾地区,并不是作为一级办案组织来设定的,而是检察机关的一种内设机构,类似于法院内设的各业务庭。以我国台湾地区的做法为例,台湾地区"法院组织法"第59条规定:"各级法院及分院检察署检察官,'最高法院'检察署以一人为检察总长,其他法院及分院检察署各以一人为检察长,分别综理各该行政事务，各级法院及分院检察署检察官员额在六人以上者，得分组办事，每组以一人为主任检察官，监督各组事务。"据此，台湾地区的法院内设有业务"庭"，而检察机关则内设有办案"组"，两者在性质、地位和功能上均极为接近，都是作为司法机关内设的一级办事（行政事务）机构而非办案组织，主任检察官在该机构中的角色，相当于法院业务庭的庭长。只不过，由于台湾法院强调独立审判，"庭长"一职几乎没有领导、统御功能，而检察官办案则强调主动侦查及协同办案，因而需要主任检察官扮演指导统御之角色。由此可见，在台湾地区的检察体制中，主任检察官办案组并不是作为一级办案组织来设计和定位的，其办案主体仍然是检察官，办案组织形式是独任制，所谓"组"其实是其内设机构，主任检察官则是该机构之行政负责人。

其实，不独台湾地区的检察制度如是，日本、韩国等采大陆法系检察制度的国家，在检察机关的办案组织形式上都强调独任制。例如，日本法务省刑事局所编的具有权威性的《日本检察讲义》称："检察官是独任制机关，本身具有独立的性质。这对保障检察权的行使及绝对公正，不受其他势力操纵，以及检察官的职位行为必须直接产生确定的效力，都是必不可少的。检察官的这种准司法性质，从职务的内容看是理所当然的。""检察官在检察事务方面，是具有自己决定和表示国家意志的独立机关，而不是唯上司之命的行使检察权。检察官之所以被称为独任制机关的原因就在于此。"而在韩国，根据法律规定，韩国检察机关实行的是检察官独任制原则，也就是说检察官对于自己负责的案子独立侦查、独立判断并作出决定，也要自行承担责任。由此可见，我国的主任检察官制度改革，将主任检察官办案组定位为一级办案组织的方案和思路，从根本上讲是对日本、韩国以及我国台湾地区主任检察官制度的一种误读、误解。

综上所述，笔者认为，我国检察实务中其实并不缺乏基本办案组织，长期以来实行的承办人制度，即检察官独任制，就是我国的基本办案组织，也符合检察制度法理上对检察机关办案组织的要求。只不过，由于"三级审批制"这一行政化层级审批体制的确立，使得办案权和定案权分离，承办人办案却不能定案，名不副实。因此，笔者认为，我国检察机关办案体制改革的关键是逐步弱化直至废除层级审批制，"还（定案）权"于承办人，使承办人作为独任制检察官既能办案也能定案。

二、主任检察官不应行使定案权

我国的主任检察官制度改革，由于将主任检察官定位为一种办案组织，并强调主任检察官系办案第一责任人，势必走向主任检察官对案件定性（事实认定和法律适用）"大包大揽"的权力分配格局，因为，对于主任检察官来说，既然自己是办案第一责任人，那么责任所系，自己当然有权对组内所有案件进行质量把关，包括在案件定性上如果承办检察官与自己意见不一致的，承办人必须服从自己的决定，这符合权责一致的原理。从目前各地检察机关的主任检察官制度改革试点方案来看，对主任检察官的权力配置，基本也是按照上述逻辑展开的，即主任检察官作为"主任检察官组（或办公室）"的负责人，普遍被赋予了三项权限：一是指导办案，二是组织案件讨论，三是决定案件处理。换言之，在主任检察官与组内其他检察官的权责关系上，主任检察官系办案责任人同时亦居于领导地位，他对本组内其他检察官承办的案件享有决定权，而其他检察官则仅享有办案权而无定案权。

但这一制度设计在检察制度原理上面临着如下质疑：

第一，在主任检察官与组内其他检察官（承办人）的权责关系设定上，让承办人行使办案权，却又让主任检察官行使定案权，人为地造成了办案权和定案权的分离，变相剥夺了承办检察官的定案权，不符合司法规律。前已述及，检察官之所以被称为独任制机关的原因，就在于检察官在检察事务方面，是具有自己决定和表示国家意志的独立机关，而不是唯上司之命的行使检察权。因此，从检察独立原则和检察官独任制的司法原理出发，对于检察官而言，"承办"一词的含义，本身即意味着检察官对于自己负责的案件有权独立查办并独立作出处理决定。换言之，办案权和定案权本来应当是合而为一、不可分离。但现行的主任检察官制度改革试点方案，却将定案权集中于主任检察官，这等于变相剥夺了组内其他检察官的定案权，使得承办检察官退化为唯上司之命是从的检察"手足"，将承办检察官"矮化"为主任检察官的助理，有违检察独立原则和检察官独任制原理。

从日本、韩国以及我国台湾地区的主任检察官制度来看，主任检察官虽然负有监督该组事务之权力，有权对承办检察官的案件处理决定进行审查，但却并不能直接行使定案权，更不能擅自改变承办检察官对案件的定性，而只享有异议权，即在两者意见不一致时，主任检察官有权将分歧意见报请检察长核定。还是以台湾地区的主任检察官制度为例，台湾地区"地方法院及分院检察署处务规程"第20条规定："主任检察官掌理左列事项：一、本组事务之监督。二、本组检察官办案书类之审核。三、本组检察官承办案件行政文稿之审核或决行。四、本组检察官及其他职员之工作、操作、学识、才能之考核与奖惩之拟议。五、人民陈诉案件之调查及拟议。六、法律问题之研究。七、检察长交办事项及其他有关事务之处理。"由此可见，台湾主任检察官的主要职权是在组内行政事务的管理上，而不包括定案权，对此，该"地方法院及分院检察署处务规程"第 26 条第 2 款专门规定:"主任检察官与检察官有不同意见时,应报请'检察长'核定之。"这意味着,对于承办案件的检察官作出的案件处理决定,主任检察官即使持有不同意见,也不能直接要求承办检察官服从自己的意见,而只能报请"检察长"核定。换言之,主任检察官并不享有定案权,办案权和定案权都掌握在承办检察官手中,主任检察官仅享有审查权和异议权,制度上之所以如此设计,主要是基于对检察独立原则和检察官独任制的尊重。

第二,主任检察官审批、决定案件,背离了主任检察官制度改革"去行政化"的目的和初衷,可能导致改革"走回头路",在检察机关内部形成新的行政层级审批制。如前所述,主任检察官制度改革的目的和初衷,是"去行政化",即通过办案组织模式的重构,突出主任检察官的办案主体地位,弱化检察机关内部的行政化层级审批制,增强检察权运行的司法化特征。然而,试点中的主任检察官制度,却在"撇清"了主任检察官组与科、处、局等内设机构的关系,否定了科、处、局长案件审批权的同时,又再次赋予主任检察官审批、决定案件的权力,这无异于又走回到案件审批制的"老路"。试问,主任检察官审批、决定案件,与过去旧体制下科、处、局长审批案件有何实质性差异?无外乎都是上级审批下级、办案权和定案权分离。

诚然,中国有中国的国情。在我国,检察官作为一个群体,其任职资格的获得并不十分严格,导致检察官的数量庞大而又未实现精英化。就检察官的人员结构来看,目前留在一线办案的检察官中资历尚浅、经验短缺的年轻人占了多数,这一状况在基层检察机关表现尤为突出。基于这些实际情况,要一步到位地实现所有检察官的个体独立,既不现实又将蕴含着巨大的风险。因此,现阶段的主任检察官制度改革,实际上带有一种过渡性质,即首先从"矮子里面选高子",遴选出部分经验相对丰富、办案能力相对较强的检察官担任主任检察官,再"以老带新",培养年轻检察官的成长。在这一过渡阶段,主任检察官必须承担起办案责任,对案件质量进行把关,为此,赋予主任检察官定案权似乎在情理之中。笔者也认为稳妥的渐进式改革应当尊重历史和现实,但问题是,应对现实的改革方案是不是只有这一种?是不是只有这一条路可通"罗马"?有没有更优的替代方案?以日本、韩国以及我国台湾地区的主任检察官制度为例,其主任检察官仅行使案件的审查权而不决定案件的处理,有分歧意见时报请检察长核定。这一制度设计同样可以实现主任检察官对案件质量的把关,但却可以同时彰显对承办检察官独立性的尊重,为什么不能成为我们改革的替代方案呢?!

正基于此,笔者主张调整目前的主任检察官制度试点改革方案,程序上不应再赋予主任检察官定案权,仅赋予其对案件的指导权、审查权和异议权足矣!实务操作流程上,承办人拟出案件处理意见后,报主任检察官审查。若主任检察官同意承办人的处理意见,签字确认;若主任检察官不同意承办人意见的,则上报主管副检察长、检察长核定。换言之,为把案件质量关,主任检察官基于检察一体原则,可以行使案件审查权,但基于对检察独立原则的尊重,主任检察官在意见不一致时不能直接更改承办人的决定,而只能将双方的分歧意见提交上级检察首长核定,再由检察长行使指挥监督权或职务收取权、移转权(下文详述)。当然,主任检察官毕竟是承办检察官的前辈,经验相对更为丰富、办案能力相对更强,是年轻检察官学习的榜样。司法实务中,若年轻的承办检察官在办案中遇有疑问或对案件定性把握不准,主动向主任检察官请教、求援的,则根据"疑问排除不法"的原则,例外地允许主任检察官行使定案权。

三、主任检察官制度缺乏"润滑剂"、"平衡器"

检察改革难,难就难在检察官本身兼具行政与司法双重属性,其中,行政属性要求整个检察体系形成上命下从、上下一体的金字塔形阶层结构,即施行检察一体原则,但其司法属性又要求这个阶层中的每一个个体对于上级保持相对的独立性,即奉行检察独立原则。问题是,一体与独立,本系两种对立、冲突的权力配置和运作模式,而今检察官却要集两者于一身,制度上如何平衡、协调,遂成为检察改革最大之难题,亦为检察改革永恒之主题。

如果将我国现行的主任检察官制度改革放置在这一背景下进行观察和省思,我们就会发现,改革中的主任检察官制度,在检察官—主任检察官—主管副检察长、检察长、检委会这三者的关系处理上,缺乏了一些关键性的制度设计,以致过于偏重检察一体而有损检察独立。

目前的改革试点方案,在检察官—主任检察官—主管副检察长、检察长、检委会这三者的关系处理上,强调的是单方面的服从,即一般案件,检察官必须服从主任检察官的决定;疑难、重大、复杂案件,主任检察官又必须服从主管副检察长、检察长或检委会的决定。换言之,承办案件的检察官或主任检察官对案件的处理意见并不受尊重和保障,上级可以直接改变其处理意见并指令其按上级决定行事。显然,这一方案强调的是检察一体原则。在这一办案模式下,曾经广为世人所诟病的"奉命起诉"或"奉命不起诉"等检察痼疾,将难以完全根除。

然而,从同样实行主任检察官制度的日本、韩国以及我国台湾地区的做法来看,检察官、主任检察官和检察长之间虽亦为上、下级关系,但却不是单方面的服从关系。基于检察独立原则，每名检察官均为独立的办案主体，享有独立的办案权和定案权，即所谓"每一检察官，皆为一独立之官署"。以日本为例，日本检察官在行使检察权上，被置于受上级指挥、监督的地位，但这并不否定每个检察官是行使检察权的意志决定机关的原则。即使处于上级的指挥和监督之下，但行使检察权的权限，仍由各检察官自己掌握。因此，上级的指挥和监督权必须和检察官的独立性相协调。尤其是当承办案件的检察官对案件的定性，与主任检察官之间存在不同意见时，制度上并不是一味强调承办检察官对主任检察官的服从，而是赋予主任检察官异议权，即主任检察官有权将分歧意见提交检察长，由检察长核定；若检察长亦不同意承办检察官的意见，也并非直接行使指令权，强行要求承办检察官服从检察长的决定，而是沟通、劝告、说服，如果办案检察官仍然坚持自己的观点、不愿改变，那么，检察长将会行使职务收取权和移转权，将该案件收回由自己承办或转交由其他检察官承办。如此一来，既实现了检察一体的目的（检察长的意见和决定要得到贯彻），又彰显了对检察独立的尊重（不强行改变承办检察官的意见）。

  显然，在这一制度设计中，检察长的职务收取权和移转权是关键。所谓职务收取权和移转权，是指检察长有权亲自处理所属检察官的事务，并有权将该事务转交其所属的其他检察官处理。职务收取权和移转权，是检察长基于检察一体原则而享有之专属职权。一般认为，该权力具有两项功能：一是统一法律解释适用，避免个案检察官法律见解歧异；二是调节既定事务分配，尤其是在原先承办检察官执行职务显有违法不当时，该权力可以发挥内部监督控制的作用。但从前文分析可以看出，检察长的职务收取权和移转权，还具有协调、平衡检察一体和检察独立原则的功能，正是因为这一权力的存在，使检察长在处理上、下级关系以及检察一体与检察独立的关系时，有了回旋的余地而游刃有余，实际上起到了一种"平衡器"、"润滑剂"的作用。例如，在德国，虽然根据《德国法院组织法》第146条之规定，检察官原则上受其上级官员指令的约束。但实务中，上级一般不会发出任何违反检察官意愿的指令，而是通过职务收取权和移转权来消除两者之间的观点冲突。

  但是，由于我国现行检察制度立法中，并未明确规定检察长的职务收取权和移转权，虽然人民检察院组织法第3条规定："……检察长统一领导检察院的工作……"但此处的检察长"领导"权一般解释为检察长的"指挥监督权"，是否包括职务收取权和移转权，并不明确。这就使得改革中的主任检察官制度，在处理上、下级关系以及检察一体与检察独立的关系时，缺失了这一"平衡器"、"润滑剂"，只能将检察官、主任检察官和检察长三者的关系，僵硬地处理为单方面的服从关系，从而使得检察一体与检察独立之间失去了平衡。基于此，笔者建议，在正式实行主任检察官制度之前，应当先行修改人民检察院组织法和检察官法，通过修法明文赋予检察长以职务收取权和移转权，明确设定检察长行使职务收取权和移转权的条件、程序，再在主任检察官制度改革方案中注入这一剂"润滑剂"，从而将承办检察官、主任检察官和检察长三者的关系调整为：一般案件，由检察官承办，承办检察官对案件的处理结果必须报主任检察官审查，主任检察官不同意承办人意见的，可提交主管副检察长决定，主管副检察长不同意承办人意见，而承办人又坚持自己意见的，主管副检察长报检察长决定行使职务收取权和移转权，将案件移交其他检察官办理；疑难、重大、复杂案件，由主任检察官承办，其他检察官、检察官助理协助，主任检察官作出案件处理意见后报主管副检察长、检察长、检委会审查，若主管副检察长、检察长、检委会不同意主任检察官的意见，而主任检察官又坚持自己的意见，检察长可行使职务收取权和移转权，将案件交由其他主任检察官承办。这一制度设计，既能实现检察一体的目的，又能确保一线办案检察官的独立性，彰显对检察独立原则的尊重，应当说，更有利于主任检察官制度改革目标的达成。

同时，在相关责任机制构建上，也不应当一味强调主任检察官作为办案第一责任人，而应当根据权责一致原则，具体设计办案责任的承担：原则上谁办案谁负责，既然承办人的办案独立性已经得到充分保障，那么办案责任原则上应当由承办人自行承担。即使主任检察官、主管检察长或检察长不同意承办检察官的意见，但经由沟通、劝告、说服，承办检察官接受了上级的意见，则承办人仍应自行承担办案责任（可以坚持而没有坚持）。但若承办人、主任检察官坚持自己的意见，而检察长行使了职务收取权，自行承办的，则检察长承担相应的责任。若检察长行使职务移转权，将案件转交其他人承办的，则由承接该案的检察官承担办案责任。

检察官办案责任制实施情况实证分析

——以湖北随州检察机关改革试点工作为例

洪领先[*]　胡良智[**]　徐化成[***]

深化检察官办案责任制改革是当前司法改革和检察改革的重要内容。2013年底，最高人民检察院印发了《检察官办案责任制改革试点方案》和相关指导意见，决定在全国7个省市17个市县级院开展检察官办案责任制改革试点工作。近期，笔者对湖北省随州市两级检察机关4个院开展检察官办案责任制改革试点工作情况进行专题调研，总结工作成效和经验，分析困难和问题，提出完善对策建议，以期对检察官办案责任制提供理论和实践积累。

一、检察官办案责任制改革试点工作的实践探索

（一）因地制宜，探索模式

在探索改革发展模式上，坚持问题导向，立足于所辖基层院按照湖北省院总体部署全部纳入内设机构职能整合的实际，遵循检察权运行规律，按照"精简、统一、效能"原则，在充分考虑检察工作任务、人员数量、基层院规模基础上，随县、曾都、广水市3个基层院分别实行"五部制、七部制、九部制"，[①]整合内设机构；市院撤销反贪局二级内设机构，单设"随州市人民检察院职务犯罪大要案侦查指挥中心办公室"和"职务犯罪预防处"，保留原有其他内设机构，以便于上下衔接、对口指导，积极探索"3加1"改革模

---

[*] 湖北省随州市人民检察院党组书记、检察长。
[**] 湖北省随州市人民检察院副检察长，全国检察理论研究人才。
[***] 湖北省随州市人民检察院法律政策研究室主任。
[①] 随县检察院现有检察人员51人，实行五部制：综合管理部、批捕公诉部、职务犯罪侦查部、诉讼监督部、案件管理部。曾都区检察院现有检察人员51人，编制尚有空缺，实行七部制：批捕部、公诉部、职务犯罪侦查部、刑事诉讼监督部、民事和行政诉讼监督部、案件管理部、综合管理部。广水检察院现有检察人员96人，实行九部制：批捕部、公诉部、贪污贿赂犯罪侦查部、渎职侵权犯罪侦查部、刑事诉讼监督部、民事和行政诉讼监督部、案件管理部、人事管理部、综合管理部。

式，使之符合随州检察工作的发展实际。

（二）整合资源，准确切入

一是与检察人员分类管理相结合，择优选任主任检察官。按照检察人员分类管理的要求，将在编人员按照检察官、检察辅助人员、司法行政人员进行分类，建立分类名册，具体到人。加强人财物和行政职能集中统一管理，由副检察长或党组成员兼任各部负责人，中层干部实现转任和分流，将具有任职资格的检察人员充实到办案一线。明确主任检察官选任条件，鼓励办案经验丰富、年富力强的检察人员回任主任检察官岗位，鼓励具备任职资格的检察人员担任主任检察官，在综合考虑履职需要和检察工作长远发展的前提下，坚持宁缺毋滥的选任原则，共选配54名主任检察官，空缺24名。在政治待遇上对主任检察官适当倾斜，不断增加职级和职数用于配备主任检察官，市院增加核定专职主任检察官8名，其中副处级2名、正科级4名、副科级2名，明确主任检察官享受相应级别待遇，基层院主任检察官一般可享受副科级以上待遇，在晋职晋级方面优先考虑，给予主任检察官一定的办案津贴和适当的办案经费。

二是与基层院职能整合相结给，加强办案组织建设。随县、曾都区、广水市3个基层院撤销内设机构，将原有的12、16、24个内设机构分别整合为5、7、9部。按照职能整合后内设机构的职能配置和业务工作量，确定办案组织的发展方向、规模和建立标准。根据主任检察官的员额，确定基本办案组织数量。以主任检察官为基数，确定1∶1到1∶4的比例配备其他检察官和辅助人员，建立基本办案组织。优化不同类型业务办案组织的建立标准，尽可能配足职务犯罪侦查部门的办案组织人员，确定1∶3以上的人员比例，积极发挥团体优势，形成合力；对于刑事诉讼职能类型的办案组织，可互为协办和辅助；加强临时办案组建设，用于办理重大疑难、复杂案件。

三是与落实办案责任相结合，重新塑造办案责任主体。按照最高人民检察院和省院方案要求，结合随州实际，市院制定统一合理的权力清单和责任清单，明确主任检察官违反法定诉讼程序，造成处理错误，应当追究责任的"七种"情形，① 建立以主任检察官为基础的办案责任主体，将检察官推向办案责任一线；坚持实事求是、有错必纠原则，坚持依法审查，依法确认原则，坚持责任与处分相结合、惩戒与教育相结合原则，使主任检察官对其在职权范

---

① "七种"情形：刑讯逼供或者使用暴力逼取证人证言的隐瞒事实真相、伪造、隐匿、毁灭证据或者妨害作证、帮助当事人、毁灭伪造证据的；违法对诉讼参与人采取强制措施、侵犯诉讼参与人的诉讼权利的；违法使用武器、警械造成公民身体伤害或者死亡的；违法对犯罪嫌疑人采取查封、扣押、冻结、追缴等措施或者私自挪用、处理上述财产，侵犯公民、法人和其他组织财产权的；违法进行搜查，毁损公私财物的；其他违反法定诉讼程序造成严重后果的。

围内所作出的决定承担责任,积极试行办案质量终身负责制。

（三）建章立制,规范运行

一是明确主任检察官岗位职责规范。明确由检察长、检察委员会行使的职权应当由检察长、检察委员会行使;坚持依法、合理放权与加强领导相统一原则,赋予主任检察官执法办案相应决定权,改变业务部门负责人职权性质范围,调整并强化领导关系;细化各种不同业务类型主任检察官职责,明确对于办案中的非终局性事项、事务性工作,主任检察官有权独立作出决定。

二是完善主任检察官业务办理流程和管理规范。根据调整后的内设机构和基本办案组织,制定受案、办理、审批、结案,包括法律文书制作、备案文书等详细的操作程序;加强与案件管理部门的衔接配合,全面客观记载法律文书、案件审批、审核程序;建立主任检察官业绩档案卡,全面记载执法效果、执法办案规范和办案纪律情况。树立办案数量、质量、效果相统一的考核观,重视考察检察官在办案过程中履行法律监督的情况,将其作为考评履职能力的重要依据。

二、检察官办案责任改革试点工作的成效

检察官办案责任制改革试点工作增强了检察官行使职权的荣誉感和职业责任,其对检察权科学合理运行和对检察工作科学发展的推动作用成效初显。

（一）契合职能定位,实现责权利有机统一

通过正本清源,澄清"检察官办案责任制是权力和利益格局的重构与分配"的简单错误认识,纠正将改革试点工作的主要精力放在增加物质、政治待遇的偏差做法,明确此项制度建立的初衷是不断增强检察官的主体地位,保证检察官严格遵守法定的范围、内容、程序行使职权,实现权责利的有机统一,积极营造了全体检察人员理解改革、支持改革、参与改革的浓厚氛围。突出在明确主任检察官的职责权限的前提下,以强化办案责任为重点,以检察官为基础重新塑造办案责任主体,不断完善检察业务办理流程和管理规范,健全考评机制,强化监督制约,推进检察官办案责任制良性运行。

（二）优化职权配置,促进检察权科学运行。

一是落实诉讼职能和诉讼监督职能适当分离原则,使分散于刑事检察、民行检察中的诉讼监督职能分离开来由诉讼监督部集中统一行使,进一步拓宽监督范围、强化监督手段、规范监督程序、增强监督实效,推进诉讼监督工作向制度化、规范化、程序化、体系化方向发展,促进诉讼职能和诉讼监督职能平衡协调发展。广水市检察院通过内部职能整合,积极探索诉讼监督工作归口办理、整体联动、内外结合的诉讼监督新模式。2015年上半年共立案监督案件6

件10人,与去年同期相比上升42.8%;提出抗诉3件3人,与去年同期相比上升200%,启动法律监督调查4件,发出检察建议7次、纠正违法通知书7份,诉讼监督工作以往的滞后被动局面得到明显改观。二是落实案件办理和案件管理适当分离原则,单设案件管理部门,加强全面管理、分工负责、统筹协调,实现案件的统一、归口、专业管理,不断完善案件的流程管理、质量管理,切实解决压案不查、瞒案不报等问题,形成科学有效的监督制约格局。随州市院对2013年所办理的199件案件进行案件评查,及时发现在证据收集、事实认定、法律适用、诉讼程序、法律文书等方面存在的问题,及时督促整改,促进规范办案,提升案件质量。三是积极整合职务犯罪侦查部门职能,或者整合为职务犯罪侦查部,或者由同一副检察长分管,或者加强反贪、反渎部门的协作,不断拓展案件线索来源,提高案件线索利用效率,强化侦查一体化工作机制,形成打击合力,办案数量、质量实现新的提升。2015年上半年随州检察机关共查办职务犯罪案件42件51人,其中贪污贿赂案件36件39人,同比上升14.7%;渎职犯罪案件6件12人,同比增长57%。

(三)完善运行模式,维护和彰显司法公正

通过检察人员分类管理,突出检察业务重心,将检力向办案一线倾斜和集中,实现检察资源的合理分配和利用。如随县检察院现有检察人员51人,调整后业务部门和综合部门的人员分别为35人、15人,达到7∶3的优化比例;广水检察院调整后职务犯罪侦查、刑事检察、诉讼监督一线办案人员由46人增加到60人,增长比例达30%。不断优化审批程序、减少办案环节,变原来的三级审批制为二级审批制,由主任检察官直接对检察长负责。改革完善决策机制,不断增强审查主体与决定主体的内在关联性,有效改变检察官在履行职务过程中缩手缩脚、步步请示汇报的状况,增加检察业务工作的司法亲历性和判断性,使决策权延伸至办案一线;进一步明确检察委员会审议案件的范围和标准,严格按照法律规定审议重大疑难复杂案件。加强办案组织专业化建设,实行案件繁简分流、轻重有序办理。检察业务运行机制改革后,缓解了案多人少的压力,提高了办案效率和办案质量。检察委员会审议案件数量呈下降趋势,曾都区检察院上半年检察委员会审议案件数量为42件,与去年同期相比下降30%。批捕起诉部人均办案数量呈现较大增长,如随县院2015年上半年批捕公诉部人均办理起诉案件数量与去年同期增长近10%。审查批捕的案件时间紧迫不足的现象得到有效缓解,普通刑事案件审查批捕时间缩短1至2日,职务犯罪案件批准逮捕一般在规定7天时限内办结,较少有延长1至3日的情形。基层院按普通程序审查起诉的案件退查率明显降低,如随县院由去年40.24%下降至今年上半年的22.31%,下降近50%,平均办案时间由去年的

25 天缩短为 20 天，平均缩短 5 天；曾都区院轻微刑事案件一般在 15 日内便可审查完结，平均时间缩短 3~5 天。

三、检察官办案责任制改革试点工作中存在的问题

（一）体制基础和法律基础先天不足阻碍改革进程

现行的人民检察院组织法和刑事诉讼法仅规定了检察长和检察委员会职权，但对检察官的职权和地位却缺乏明确规定。理论和实务上以"检察一体"和"上命下从"的组织原则来诠释现行法律规定的检察机关依法独立行使检察权获得广泛的支持和赞同，并通过司法体制改革得以强化。而以增强检察官的主体地位、调动检察官的积极性、提高办案质量和效率为目标的主诉（办）检察官办案责任制改革却面临被虚置甚至名存实亡的尴尬境地。究其原因，我国现行法律规定检察机关独立行使检察权是检察机关对外独立，其建构基础是检察机关履行法律监督职能的需要；而增强检察官的主体地位，促进检察官独立行使检察权是检察一体化领导体制下的检察权微观运行的相对独立，其建构的基础是遵循司法规律的需要。显然，宏观层面和微观层面的检察权独立行使需要进行统一，厘清相互关系，克服冲突、协调矛盾，而"现行法律未能对检察官独立提供体制和权力架构层面的合理保障，导致改革缺乏权威性"[①]，仅仅是检察改革逆向而行的实践探索，不完善现行的检察领导体制，明确检察官相应职责，那么增强检察官的主体地位的实践探索无疑会艰辛曲折。

（二）检察人员的观念束缚导致积极性和主动性减退

检察官办案责任制的核心是对检察官权力的配置与把握，确定各项具体权力配置的标准与内容，其不可避免地带来权力的重新配置与利益分配。长期以来，检察机关一直沿用三级审批办案制度，新修订的《人民检察院刑事诉讼规则（试行）》仍然沿用此项办案原则，这种根深蒂固的传统运行模式短期内难以得到改观，改革此种惯性模式无疑需要调适检察长、部门负责人、检察官的心理准备和心理预期，增强检察官行使权力的信心。对于主任检察官而言，单纯的放权、分权并不能使检察官获得心理上的安慰，毕竟既然可以放权、分权，也可以收权，放权、分权并无具体的标准，检察官行使权力存在差异性则在所难免；加之当前检察人员的素质因素考虑，在放权、分权的过程中也不得不保持必要的谨慎，通过监督制约防止检察权的滥用。权力配置标准的不明晰、权力与责任的不一致性，加之缺乏有效的政治、物质待遇的动力机制，检察官势必会持等待、观望态度。

---

① 林必恒：《主任检察官办案责任制实践思考与路径选择》，载《人民检察》2014 年第 11 期。

(三) 主任检察官的定位分歧影响改革的发展方向

在改革试点工作的探索中,主任检察官定位为职位还是岗位,是始终不能回避的问题,其直接影响到检察官参与的积极性,影响到检察官办案责任制的发展走向。近年来对主任检察官的定位,各地做法不尽相同。[①] 应当看到:其一,检察官办案责任制的基本定位是权责利的有机统一,基于责任与权利对等要求,职位本身就是权利的内涵和体现,是履行相应职责所具有的建议权、决定权、处分权,是保证履行相应职能所必备。其二,在内设机构被逐步取代之后,办案组织则成为检察权运行的载体,而办案组织介于内设机构和检察官之间,是检察官行使检察权的结合体,检察官作为依法独立行使检察权的主体,其本身就具有办案组织的意义和价值。以主任检察官办案责任制为基础建立各种类型的办案组织,是推进检察官办案责任制的重要内容,将其作为一种执法岗位,不利于加强办案组织建设。其三,从实际运行情况来看,受员额限制等因素的影响,实际选任的主任检察官大多为内设机构的中层正、副职人员,定位为职位性质更能体现一致性,从而调动积极性,否则会遭遇障碍和阻力。其四,虽然将主任检察官定位为执法岗位,便于操作,简单易行,可以缓解很多障碍和阻力,但岗位可以轮换不利于主任检察官的职级晋升,可能会朝令夕改,不利于检察官的职业化、专业化建设。

(四) 相关配套制度衔接不畅造成实际运行障碍

一是检察人员分类管理制度推行滞后。当前中西部地区检察员占有的比例普遍较高,完全按照改革试点方案要求推行检察人员分类管理,全部充实到检察业务部门并不现实;而由于平衡工作需要和行政职务晋升的提拔使用导向,许多优秀检察员是在从事文字、后勤管理等综合性工作,由于不能选任为主任检察官直接办案而产生检察官身份保留担忧。二是办案组织建设有流于形式忧虑。案多人少、人员严重短缺的矛盾仍然十分突出,绝大部分科室人员在5人以下,同一类型的检察业务按基准选任两名主任检察官、建立两个办案组织实属不易,普遍性的做法是将部门正副职转任为主任检察官,某一业务类型部门选任多名检察官,但限于人员数量办案组织无法有效建立。三是内设机构职能整合遭遇瓶颈。虽然最高人民检察院试点工作方案明确试点单位可以设置5到8个部,但却没有明确设置的标准和类型,在批捕与起诉、反贪与渎职是否合

[①] 如北京市人民检察院第一分院将主任检察官作为案件的第一责任人,对一般案件有决定权,对上级交办、督办及专案等重大案件有建议权,原则上接受检察委员会、检察长、主管检察长领导;上海市闵行区人民检察院试行主任检察官制度,目标在于建立适应检察业务属性要求的检察基本办案组织,办案模式上变原有的行政领导审批制为主任检察官审定制;湖北省检察机关将主任检察官定位为主办检察官是检察机关根据执法办案需要设置的一种执法岗位,而不是职务。

二为一、诉讼监督职能是否归口统一的问题,各地做法不尽统一,而根据现有的班子成员人数和平衡职能分工来整合内设机构可能占有较为重要的因素,缺少对检察工作规律和检察职业特点的积极探索。同时,检察机关内设机构的职能整合基本是自我主导型,缺乏顶层设计和自上而下的全面统筹,在地方编制管理部门和人事部门批准时往往显得难堪。四是职业保障不完善。主要表现在主任检察官无法与法定的职级序列挂钩,与检察官等级无法进行衔接,职务职级上升的通道受阻,影响了检察官办案责任制的可持续发展。

四、检察官办案责任制完善路径思考

检察官办案责任制的完善是一项系统工程,既有赖于顶层设计,更需要在改革试点工作中强化职能定位,以责任本位为出发点和落脚点健全完善相关制度。

(一) 强化责任本位,优化主任检察官的职权配置

"作为我国司法改革的时代产物,主任检察官制度改革以我国现行检察业务工作机制、增强检察官办案的独立性和责任心、提升办案效率为目的,其法理上的合理性、实务上的必要性,得到了学术界和司法界的充分肯定。"① 在权力、责任与利益相统一的三者关系范畴中,责任处于核心和枢纽地位。责任与权力的相关共存性为主任检察官的职权配置提供了现实依据,即强化检察官的办案责任必须优化配置检察官的职权,如此才能增强检察官的主体地位,需要根据检察官承担责任的需要决定主任检察官的职权配置,以责任界定主任检察官的权力边界。(1) 坚持宪法和法律定位。切实贯彻检察一体、上命下从的检察领导体制,坚持检察长负责制,落实重大事项、重大、复杂、疑难案件请示、报告制度。(2) 遵循司法规律。适应新修订的刑事诉讼法和民事诉讼法的发展需要,彰显检察机关的司法属性,将亲历证据收集、审查程序的决策权尽可能延伸至办案检察官。(3) 突出职权主动性。检察官承担的职务犯罪侦查和诉讼监督职能均具有积极主动性特点,将积极、主动履行法律监督职能的启动权赋予检察官行使,明确规定检察官的建议权,积极促进侦破职务犯罪案件,依法正确适用强制措施、审查起诉、提起公诉,顺利完成法律监督任务。(4) 实现职权互动性。在"强化主诉(主办)检察官的办案职权,弱化部门负责人办案审查职能,细化检察长(主管副检察长)的案件审查职责,优化检委会的决策职能"② 原则指导下,需要进一步探索放权、分权的方式、

---

① 邓思清:《主诉(办)检察官制度改革回顾及启示》,载《人民检察官》2013 年第 14 期。
② 吴建雄:《检察职权配置新论》,载《法学杂志》2008 年第 5 期。

方法，使检察官主导案件的发展方向、进程结果，将一般案件的决策权赋予主任检察官行使，重大疑难复杂案件决策权由检察长（检察委员会）行使，实现决策权向主任检察官逐步转移和过渡，实现决策权与证据收集、审查、判断的有机统一和有序衔接。

（二）重塑责任主体，构建良性的检察权运行机制

坚持从检察权运行主体角度去研究办案责任制，以塑造责任主体为基础，积极构建良性的检察权运行机制：（1）优化审批程序。主任检察官对其职责范围内的事项依法独立行使决策权，对应当报请检察长、检察委员会决定的事项直接报检察长审批；对于疑难、复杂案件，主任检察官认为难以决断的，可提请部门负责人召开检察官会对案件进行讨论、合议，讨论、合议结果与主任检察官意见不一致的，可报请检察长决定；规范检察长、检察委员会的审批、指令、指挥权，全面客观记载检察长、检察委员会的决定和指令，主任检察官除严格落实外，对于明显违法的决定和指令有权提出异议。（2）加强对检察业务活动的管理。按照检察业务运行的内在要求，将检察官的执法办案活动纳入既定规范进行规制和考量。针对不同类型检察业务的特点，制定受案、办理、审批、结案，包括法律文书制作、备案文书等详细的操作程序，使各项检察业务的各个环节做到有章可循，克服执法办案活动的随意性。加强与案件管理部门的衔接配合，全面客观记载法律文书、案件审批、审核程序，建立业绩档案卡，全面记载执法效果、执法办案规范和办案纪律情况，以便对检察官的执法办案活动事后进行评估，反观考量检察官办案职权的科学合理配置问题，权力清单和责任清单是否统一的问题，及时予以完善和调整。同时通过对检察官办理案件的质量、数量和效果等业绩进行考核，落实各项激励措施和进行责任追究。（3）建立健全办案质量终身负责制。办案质量终身制是权力与责任有机结合的实现机制，是权责一致原则合乎逻辑的制度延伸。最高人民检察院在《关于切实履行检察职能防止和纠正冤假错案的若干意见》中指出，要完善防止和纠正冤假错案的工作机制，深化检察官办案责任制改革，建立健全办案质量终身负责制。改变现今责任承担主体的虚无境地，应当构建以检察官为核心的责任体系，明确检察官对事实和证据负责，明确办案责任的程序性、实体性、规范性、效果性要求，使检察官对其决定内的事项承担责任，实现权责对待、权责一致。要特别强调主任检察官的法律监督职能，对于发现的职务犯罪线索隐瞒不报、对应当追诉、追罪的不提出建议，对发现的司法工作人员渎职行为不及时提出监督意见的，可视案件的具体情形进行惩戒和追究。

（三）强化履责效能，整合内设机构和建立办案组织

从有利于检察机关履行法律监督职能，有利于突出检察官的主体地位、履

行职责的现实需要出发，整合内设机构、建立办案组织。（1）遵循检察工作规律，适应检察职业特点，按照检察权能的内涵标准优化内设机构设置。"法律监督权权能配置第一个层次就是检察权包含的三大权能，即公诉权、诉讼监督权、检察侦查权"①，当前业务部门内设机构职能可根据检察权能的第一个层次分类优化配置，相应的检察业务机构可设置为刑事检察部、刑事诉讼监督部、民事和行政诉讼监督部、职务犯罪侦查部，实现检察人员、办案规模相同和类似的检察机关在机构设置、职权配置上的整齐划一。（2）使办案组织的建设适应内设机构调整后的具体情况和实际需要，进行合理化改造。不断优化职务犯罪侦查职能的办案组织，使之符合职务犯罪侦查一体化工作机制的需要，可建立由4人以上人员组成的办案组织，在案件初查时分组进行，在突破案件、调查取证时由主任检察官统一调配；根据办案工作需要，成立临时办案组织，打破办案组织建制，突破重大复杂疑难案件。对于刑事诉讼职能，向办案组织的精细化发展，根据案件类型、诉讼程序、案件复杂程度、犯罪重点领域等成立若干个办案组或综合性办案组，积极培养各种类型的专家型人才。对于诉讼监督职能，加强同其他办案组织之间的协作与配合，建立情况通报、信息共享、线索、文书移送、侦结反馈制度，形成整体合力。

（四）适应履责要求，创新落实检察官履职保障

简言之，就是保障检察官的权利实现，解决改革的利益分配问题和配套措施的跟进问题。（1）明确主任检察官的职位性质。从检察官办案责任制的发展趋势来看，宜将主任检察官定位为职位性质，明确主任检察官享有的职务和级别，从而实现责任与权力的对等关联性、一致性、平衡性，调适主任检察官的心理预期，打通主任检察官的职务职级上升通道。（2）建立各项保障机制和激励机制。加强与检察官法衔接，积极探索现行条件下检察人员分类管理的途径和方法，在实行员额制基础上，通过退休、转岗等自然减员和增加人员编制的双重途径，逐步将优秀的检察人员回归办案一线，向检察业务工作集中、向执法办案一线集中，将政治素质过硬、业务精通、法律知识优良的精英型检察官选任到主任检察官岗位上来，不断完善主任检察官的选拔、任用、考核、培训、晋升等保障制度。实行单独的检察官工资职务序列，落实办案津贴。（3）创造良好的履职环境。单设主任检察官办公室、加强车辆和相应的技术办案工具支持等后勤保障，明确履行职责的规范，强化检察官的职业培训，积极营造检察官办案责任制运行的制度环境、办案环境和改革氛围。

---

① 李建明：《优化权能结构：检察权优化配置的前提》，载《河南社会科学》2011年第2期。

论办案责任制视域中的检察官称谓
——基于刑事诉讼法与《人民检察院刑事诉讼规则（试行）》的文本考察

白章龙*

依据我国宪法和法律，作为代表国家履行法律监督职责的检察官，是"以行使国家检察权为专门职业，并具备独特的职业意识、职业技能、职业道德和职业地位的法律职业群体"①，担负着当代中国"法律的守护人"②的神圣职责。在新的历史条件下，为了全面、优质、高效地完成宪法和法律所赋予的神圣职责，必须强化检察官的专业化、规范化建设，这既是检察职业专业化、技能性使然，也是检察工作的规律性、法律使命使然。③然而，当我们将目光投向现行法律文本，却无法从中找寻到一个规范统一的检察官称谓。我们所发现的只是"检察官作为鲜活的个体从刑事诉讼法的条文中消失了，取而代之的是给人一种庄严、威严但难以实定化的人民检察院。刑事诉讼法规定的行使检察权的主体为人民检察院，仅仅在个别地方出现了检察人员应当依法履行职责的字眼，给人一种检察官在刑事诉讼中无足轻重的感觉"④。笔者试以刑事诉讼法与《人民检察院刑事诉讼规则（试行）》（以下简称《刑诉规则》）中的检察官称谓为切入点，分析和探讨我国检察官称谓的法律文本规范现状，并结合域外检察官的称谓情况，进一步阐述在当前检察官办案责任制改革背景下规范我国检察官称谓的正当性以及如何科学规范我国检察官的称谓问题，以期对我国检察官制度的科学发展有所裨益。

---

* 湖北省十堰市人民检察院检察长。
① 曹南江、薛伟宏：《检察队伍专业化建设的内涵、目标和措施》，载石少侠主编：《检察论丛》（第12卷），法律出版社2008年版，第384页。
② 林钰雄：《检察官论》，法律出版社2008年版，第16页。
③ 参见曹南江、薛伟宏：《检察队伍专业化建设的内涵、目标和措施》，载石少侠主编：《检察论丛》（第12卷），法律出版社2008年版，第386页。
④ 陈卫东、李训虎：《检察一体与检察官独立》，载《法学研究》2006年第1期。

一、我国检察官称谓的法律文本素描

刑事诉讼法与《刑诉规则》是规范和指引检察官执法办案的主要法律规范,可以说,其对检察官具体履职行为规范是否明晰以及是否会产生不必要的分歧与争议是关系检察官履职行为是否正当合法的关键。在这两部法律文本中,其检察官的称谓及所指代内涵具体体现在以下方面:

1."检察人员"。在刑事诉讼法与《刑诉规则》中,该称谓是规范我国检察机关执法活动的主要执法主体,但其在上述法律文本中的内涵略有不同。在刑事诉讼法中,"检察人员"主要指代检察机关履行检察职能的人员,不包括其他履行检察辅助职能人员[①];而在《刑诉规则》中,其内涵则呈现出其特殊性,如一部分特指检察机关从事职务犯罪侦查、审查起诉、审查批捕等履行检察职能人员[②],而另一部分则泛指检察机关所有履职人员,既包括履行检察职能人员,也包括履行检察辅助职能人员。[③]

2."办案人员"。刑事诉讼法第270条规定的"办案人员",主要指代在未成年人案件中参与讯问、审判的公安、检察、审判机关具有法定履职资格人员;而在《刑诉规则》中,该称谓一部分特指检察机关履行职务犯罪侦查、审查起诉、审查批捕等检察职能人员[④],另一部分则需结合具体法律文本来研判其指代的特有内容。如第70条泛指可能采取非法取证行为的人员,既包括公安机关也包括检察机关的人员;而第556条则特指公安机关的人员;第620条则泛指所有采取羁押措施的人员。

3."公诉人"。[⑤] 在刑事诉讼法与《刑诉规则》中,"公诉人"所指代的内涵基本一致,主要特指检察机关履行审查起诉、出庭支持公诉等检察职能人员。

---

① 详见刑事诉讼法第14条、第28条、第29条、第30条、第50条、第86条、第132条、第198条、第266条。

② 据统计,在《刑诉规则》共计54处使用该称谓,使用频率极高,具体条文出处在此不作赘述。

③ 详见《刑诉规则》第39条、第159条、第201条。

④ 详见《刑诉规则》第71条、第91条、第105条、第111条、第126条、第130条、第232条、第304条、第309条、第339条、第360条、第373条、第376条、第465条、第490条、第499条、第600条、第669条。

⑤ 详见刑事诉讼法第59条、第182条、第185条、第186条、第187条、第189条、第190条、第192条、第193条、第212条;《刑诉规则》第75条、第426条、第428条、第430条、第431条、第433条、第434条、第435条、第436条、第438条、第440条至第449条、第453条至第456条、第462条、第463条、第469条至第471条。

4."检察员"。① 该称谓主要适用于《刑诉规则》,其主要指代检察机关内部除检察长、副检察长、检委会委员以外的履行检察职责,且历经法定任免程序的人员。

　　5."侦查人员"。② 该称谓也仅适用于《刑诉规则》,其不仅指代检察机关履行检察职能人员,也有可能指代公安机关履行侦查职能人员。为避免曲解其本意,需要结合具体的法律文本来研判其特有内涵。如第29条中的"侦查人员"即特指检察机关履行职务犯罪侦查职能的人员;第68条则泛指公安机关、检察机关履行侦查职能的人员;而第565条则特指公安机关履行侦查职能的人员。

　　另外,在《刑诉规则》中还有诸如"承办人员"③、"女工作人员"④、"搜查人员"⑤、"临场监督人员"⑥等不同的检察官称谓。与上述研判具体法律文本中的检察官称谓情形一致,在司法实践中应当结合具体的法律文本对其进行综合分析,准确理解并正确适用该检察官称谓所规制的司法运行规则。

二、我国检察官称谓的问题检视

　　通过上述对刑事诉讼法与《刑诉规则》中检察官称谓的法律文本分析,不难发现,我国检察官称谓在司法适用中存在诸多不合理之处,值得关注:

　　1.检察官称谓不规范统一。从上述法律文本分析可以看出,不仅仅上述两部不同的法律文本中检察官称谓各异,而且即使在《刑诉规则》这一部法律文本中检察官竟也有多达十余种不同的称谓。对于检察机关内部而言,纷繁复杂的检察官称谓虽不至于引起认识上的分歧,但作为具有法律约束力的法律文本,其称谓的随意与不规范则不利于法律统一正确实施,也不利于检察官司法权威的树立与执法公信力的塑造。

　　2.检察官称谓行政化色彩浓厚。我国检察机关作为国家的司法机关,其应有的司法属性理应在检察官称谓中予以凸显。但从上述法律文本分析来看,

---

① 详见《刑诉规则》第32条、第360条、第426条。
② 详见《刑诉规则》第29条、第30条、第68条、第72条、第75条、第120条、第193条、第194条、第197条、第266条、第370条、第379条、第446条、第630条、第565条、第566条、第569条、第571条、第572条。
③ 该称谓在《刑诉规则》第171条特指检察机关履行职务犯罪侦查职能的人员;而在第585条则特指检察机关履行审判监督职能的人员。
④ 该称谓在《刑诉规则》第213条、第225条特指检察机关履行女性身体检查、搜查职责的人员。
⑤ 该称谓在《刑诉规则》第222条、第224条特指检察机关履行搜查职能的人员。
⑥ 该称谓在《刑诉规则》第638条特指检察机关履行死刑临场监督的人员。

检察官的称谓呈现出极为浓厚的行政化色彩,如"办案人员"、"侦查人员"、"承办人员"等称谓即有着明显的强制性、层级性色彩,与检察官客观、中立的"法律守护人"角色极不适宜。

3. 检察官称谓宽泛且多元。部分所谓的检察官,其行使的职能根本与检察职能无涉,如上述法律文本中的"检察人员"称谓,其不仅仅指代检察机关履行检察职能人员,也包括其他履行检察辅助职能人员。如不加以区分,则根本无法凸显当代中国检察官的职业化与专业化属性。

笔者认为,我国检察官称谓之所以出现上述不和谐乃至矛盾之处,核心制约因素就是当代中国检察官缺乏相对独立的执法主体地位。

从立法来看,我国宪法规定人民检察院依法独立行使检察权,从而赋予了检察权行使主体的机构化特征。即使检察官法规定了检察官是"依法行使国家检察权的检察人员",但这一定义并未明确体现检察官的性质与地位,且该法制定的目的仍是"保障人民检察院实施法律监督,依法独立行使检察权"。因此,现行立法所确立的检察权是由机构化的检察机关来行使,实行的是"人民检察院独立"而不是"检察官"独立的组织和活动制度,[①]我国检察官在现行立法上缺乏应有的法律地位。

从司法实务来看,依照现行检察管理体制,检察机关在刑事诉讼中的活动原则遵照"检察人员承办,办案部门负责人审核,检察长或者检察委员会决定"的行政审批模式。这一模式强化了检察机关内部管理的检察一体原则,但弱化甚至剥夺了检察官相对独立的执法主体地位,致使检察官们缺乏发挥自身优势的原动力,从而导致我国检察官不仅在现行法律文本中消失了,而且作为事实上的检察权行使主体,也因检察一体原则所倡导的绝对服从而致其本应享有的主体地位被侵蚀殆尽(正因如此,才导致在现行检察体制机制下一直存在检察官相对独立地位不彰显的问题),从而也直接影响到现行法律文本对检察官称谓的统一规范适用。

三、检察官称谓的比较与借鉴

为了更清晰地体察我国检察官称谓的缺陷与不足,我们或许可以将研究的视角延展,通过对检察官称谓的比较分析来检视自身的不足。当我们浏览大陆法系与英美法系国家或地区的法律文本或学者著述时,我们会发现,这些国家或地区在检察官称谓的规范化方面呈现出另外一种景象。

法国的检察官被称为"站着的法官",其拥有诸多权限,具有相当程度的

---

① 参见樊崇义主编:《检察制度原理》,法律出版社2009年版,第95页。

独立性,且其称谓在相关法律文本中均规范统一。如法国刑事诉讼法典规定,"检察官负责提起公诉,要求适用法律"、"共和国检察官受理申诉和告发,并作出相应的评价和处理"、"共和国检察官自己或使他人采取一切追查违法犯罪的行动"等。① 从这些法律文本规范中我们不难看出作为个体的检察官,其称谓在刑事诉讼法典中一以贯之,且拥有独立行使检察权的权力。

日本的刑事诉讼法将检察职权的行使主体明确规定为"检察官","行使检察权的不是检察厅,而是各个检察官","检察官根据检察官一体化原则行事","检察官的权限贯彻整个刑事程序"。② 同时,日本检察厅法第 4 条明确规定检察官拥有就刑事案件实施公诉,请求裁判所正确适用法律,并监督判决、裁定的执行等权限。从中可以发现,无论是在不同的法律文本还是在同一法律文本中,日本检察官的称谓均规范统一,且每一个检察官都是"独任制官厅",每个检察官都处于"独立负责的地位"。检察官中存在"检察官一体原则",但这一原则实际上是以检察官的独立性为前提,是对检察官独立的统一。③

我国台湾地区"法院组织法"第五章专门规定检察机关,但规定行使检察职权的主体皆为检察官,如第 61 条规定,"检察官对于法院,独立行使职权"。台湾地区的"刑事诉讼法"规定的行使检察权主体亦为检察官,如"检察官是'刑事诉讼法'明定的侦查权法定主体"、"检察官负责发动、进行以及终结侦查程序"、"检察官享有部分强制处分决定权"、"检察官依侦查所得之证据,足以认定被告有犯罪嫌疑者,应提起公诉"等。④ 在整个台湾地区"刑事诉讼法"法律文本中,涉及检察职权行使的,主语皆为检察官,并且拥有高度的独立性,这与"法院组织法"的规定保持了高度的一致性。

英国 1985 年犯罪起诉法第 1 条规定,"每个检察官对自己所分到的职责都不能有任何偏见,在机构和程序上都享有检察长的所有权力,但是要在检察长的指挥之下工作"。而英国王室检察官准则第 2 部分第 4 条规定,"英国检察官的职责是审查案件、提出意见并对案件进行起诉,确保法律的正确实施,按照检察官准则所确立的准则,将所有相关的证据在庭审前展示,履行证据开示

---

① 余书通、谢朝华译:《法国刑事诉讼法典》,中国政法大学出版社 1997 年版,第 20~22 页。
② 参见[日]田口守一:《刑事诉讼法》,张凌、于秀峰译,中国政法大学出版社 2010 年版,第 126 页。
③ 参见[日]松尾浩也:《日本刑事诉讼法》(上卷),丁相顺译,中国人民大学出版社 2005 年版,第 31 页。
④ 参见万毅:《台湾地区检察制度》,中国检察出版社 2011 年版,第 72~85 页。

的义务"①。从中可以看出,无论是在 1985 年犯罪起诉法,还是在王室检察官准则之中,检察官均是英国检察权的行使主体,且拥有检察长的所有权力,在检察长的指挥下独立行使检察职权。

美国的刑事诉讼制度中,检察官(长)是检察权的独立执法主体而没有检察院的执法主体地位,这是因为"美国没有'检察院'或'检察署'之类的专门检察机关,而是实行检察官(长)负责制,其他人员只是他的助手,并不组成一个机构。检察官办公室只是一个办公场所而不是一个机关"②。

通过对域外主要国家或地区检察官制度的对比性观察,可以看出,我们现行法律文本强调的是人民检察院的集体独立,赋予了检察权行使主体的机构化特征,法律并未规定检察官作为相对独立的主体行使检察权,从而导致现行法律文本中的检察官称谓不规范统一;而上述国家或地区则更多地强调检察官的独立,检察官在相同或不同的法律文本中称谓统一,职责明晰。从上述法律文本的比较中,我们不难发现其中存在的巨大反差,值得我们深入地思考并予以借鉴。

四、规范我国检察官称谓的正当性阐释

或许有人会说,现行刑事诉讼法律文本中的检察官称谓是经过司法实践检验并在法律职业群体中运行较为顺畅的称谓模式,而学习借鉴其他国家或地区的经验,统一规范我国检察官称谓完全是徒增司法成本、多此一举之举措。笔者认为,这样的解释难以令人信服,我们知道,法律言语行为是被赋予相应权力的说话者依据一定程序把社会规则语言化,把语言化后的社会行为规则系列化(立法行为);再由在被确认具有相应权利的说话者(司法人员等)经过规定的程序用系列化的社会行为规则衡量具体社会行为的过程(司法行为)。③这意味着,"法律法规的一切从概念出发,一切概念均需要加以定义。一切定义在常识层面都可以理解,一切定义彼此不能相互冲突"④。而现行刑事诉讼法律文本中的检察官称谓作为一种法律语言,其称谓指代的内涵无法在常识层面为社会大众所理解,且不同称谓指代内涵不一,存在明显的冲突与矛盾,因此,有必要科学规范我国检察官称谓,使之契合检察规律,顺应当代检察官制度的发展趋势。

---

① 王晋、刘生荣:《英国刑事审判与检察制度》,中国方正出版社 1999 年版,第 245 页。
② 张鸿巍:《美国检察制度研究》,人民出版社 2011 年版,第 40~42 页。
③ 参见陈佳璇、胡范铸:《指称、事实、观念——看守所在押者身份称谓的社会认知语言学分析》,载《华东政法大学学报》2010 年第 1 期。
④ 胡范铸:《中国法律言语行为研究的若干问题》,载《修辞学习》2006 年第 4 期。

(一) 规范检察官称谓有利于彰显我国检察官的司法属性

无论是大陆法系国家还是英美法系国家,其检察机构虽大多隶属于行政机构,且受司法行政部门的监督与管理,但其主要职责均系参与司法活动,依司法原则及司法程序行使检察权,且其职权行使均具备一定的独立性,即使各国赋予检察权的独立性在程度上有所差别。因此,"从各国的现实情况看,也许说检察官具有行政和司法双重特点更符合实际些"①。依据我国宪法法律,检察官系维护法制规范统一,维护社会公平正义的"法律守护人",其在刑事诉讼中承担着部分司法审查、司法监督职能,检察官的公诉活动集中反映了检察官的司法属性。② 在现行政治体制下,检察官的司法属性是中国特色社会主义检察制度的重要特征。但由于传统价值理念的影响以及法治思维的匮乏,在我国立法及司法实务中检察官的司法属性却无法充分凸显,现行刑事诉讼法律文本中的检察官称谓司法化色彩淡薄,而行政化色彩浓厚即是明证。因此,规范我国检察官的称谓,使之在称谓上充分体现我国检察官的司法属性,充分发挥我国检察官在当代法治中国建设中的职能作用,应是构建中国特色检察官制度的应有之义。

(二) 规范检察官称谓有利于实现检察官管理的职业化与科学化

长期以来,我国检察机关内部除依法行使检察权的检察官以外,还存在一些行使诸如人事、行政管理、财务等职权的司法行政人员也具备检察官资格,缺乏一整套契合检察规律的职业化分类管理制度。反观一些大陆法系国家,其检察人员管理的规定则相对比较明确。如德国的法院组织法第 147 条第 3 项规定,检察机关内部人员由检察长、检察官以及司法辅助人员和书记官组成;而日本检察厅法规定,检察机关的职员分为检察官、总检察长秘书官、检察事务官和检察技官。检察官主要履行办案职能,其他的司法辅助人员和书记员主要从事行政事务和文秘等辅助性工作,为检察官履行办案职责提供服务。③ 因此,笔者认为,统一规范我国检察官称谓,合理界定我国检察官的范畴,严格区分检察事务与检察行政事务,坚持对于检察事务,应当规定检察官独立行使职权的范围,贯彻法定主义,围绕"检察官是行使国家检察权"这个核心,科学界定检察官与检察辅助人员及其他人员的职责权限,并配置相应的员额比例、职务序列和职数,以凸显检察官在行使检察权时的主体地位与司法属性,从而实现检察权的优化配置,提升检察官的职业化、专业化素能。

---

① 徐益初:《司法公正与检察官》,载《法学研究》2000 年第 6 期。
② 参见龙宗智:《为什么要实行主诉检察官办案责任制》,载《人民检察》2000 年第 1 期。
③ 参见蔡巍:《检察官办案责任制比较研究》,载《人民检察》2013 年第 14 期。

（三）规范检察官称谓有利于体现检察官养成的职业化与专业化走向

选任与培养适格检察官，建立检察官的职业养成机制，使之从能力、资历等方面能担负起相对独立的执法办案责任，是实现检察官职业化与专业化建设的重中之重。首先，检察官的养成应当体现"少而精"的职业化走向。其不仅是质上的优秀，而且应当是量上的少数。与日本、韩国检察官所占检察人员比例分别仅为21%、13.3%[①]相比，我国检察官所占比例远远高于其他国家和地区，高达66.5%。[②] 并且检察官来源渠道多，门槛低，素质参差不齐。其次，检察官的养成应当坚持专业化走向。专业素养影响、制约着检察官的思维和行为，检察职能对社会的影响渗透程度，要求检察官具有丰富的法律知识内涵、深厚的人文修养和社会知识经验，能理性睿智地权衡法律与权力、道德、情感之间的冲突，最大限度地彰显法律精神。检察官作为相对独立的执法主体，应当有较高的专业素养，经历过较长时间的专业历练。在德国，大学法律专业毕业生必须通过两次考试才能取得检察官任职资格，第一次考试及格者，要先接受为期两年半的法律实务训练；而日本，则要求拟任检察官除了通过两次统一司法考试取得资格后，必须经过一年半司法研修所的学习，然后才能担任检察官。[③] 与之相比，我国对检察官的专业素质要求较低，制约了检察职能的充分发挥和检察官素质的提高。

为了实现在检察官养成机制方面"少而精"的职业化走向以及在政治品行、职业操守、法学素养、司法经验、业务能力等方面的专业化目标，我们就势必需要厘清"什么才是真正的检察官，检察官与检察辅助人员、司法行政人员的职能界限何在"的问题。因此，可以说，科学规范我国检察官称谓，合理界定我国检察官的职能范畴，是建构我国检察官职业化与专业化养成机制的关键基点与重要前提。

（四）规范检察官称谓也是新一轮检察改革的迫切需要

"伴随着中国司法体制改革的整体进程，近年来检察改革取得了长足的进步。从对检察权性质的争论到回到宪法框架下对检察监督的强化，检察机关进行司法改革的路线与方向逐渐明晰。"[④] 党的十八大报告明确提出"进一步深化司法体制改革，坚持和完善中国特色的社会主义司法制度，确保审判机关、

[①] 参见最高人民检察院国际合作局编：《全国检察机关因公出国（境）访问和培训成果报告集（2012年）》第109页、第132页。

[②] 参见《中国检察年鉴》，中国检察出版社2012年版，第621页。

[③] 参见李喜春、王小霞：《论检察官精英化及检察官制度改革》，载《国家检察官学院学报》2001年第3期。

[④] 程雷：《新一轮检察改革的三个问题》，载《国家检察官学院学报》2013年第5期。

检察机关依法独立公正行使审判权、检察权"。伴随着新一轮检察体制改革大幕的全面开启，如何在新的历史起点上，谋划未来深化检察改革的蓝图，在确保检察机关依法独立行使检察权的基础上，确保检察官相对独立的执法主体地位是下一步检察机关必须加以认真思考的一项重大课题。同时，为因应中央司法体制改革的要求与部署，相关法律法规的修改与完善即将全面开展，如何建构中国特色的检察官制度，科学规范我国检察官称谓，使之契合检察规律与中国国情，将是新一轮检察改革的关键所在。

五、我国检察官称谓的规范化路径

如何尽可能地立足于检察官的司法属性，科学规范检察官称谓，使其顺应时代发展潮流与中国特色社会主义司法制度，是当前我国检察体制机制改革所面临的紧迫问题。但我们也应当清醒地认识到，检察官称谓的规范化进程是一个渐进的过程，需要一定的条件、观念和具体制度的支撑。正如有学者所言，"中国司法制度所面临的若干重大问题常常与小制度构建方面的缺陷有关；制度建构也仿佛积薪，需要累积性的努力。如果具体制度的建设长期被忽视，只是一味地寄希望于所谓根本性的改革，那么，改革充其量只能获得一些表层的成果"①。因此，关注我国检察官称谓的规范化进程，为我国检察制度根本性的改革进行"积薪"，在现阶段或许是一种更为现实的选择。

（一）应当厘清我国检察官在中国特色司法制度中的职能定位

在我国理论界，关于检察权的性质存在行政权说、司法权说、行政权与司法权双重属性说以及法律监督权说②等观点。从根本上说，国家权力的合法性来源是一国的政治制度，宪法法治的精髓在于宪法是政治权力唯一的法律来源。根据我国宪法，我国政权组织形式是"一元分立"的国家结构，不同于西方国家的"三权分立"。在人民代表大会制度之下，行政机关、审判机关、检察机关分别行使行政权、司法权、法律监督权。我国的检察制度正是在人民代表大会制度之下，将西方的宪政理论与实践中具有普遍性的权力制约机制固定为一项单独的权力，由检察机关集中统一行使积极的监督权的体现。可以说，以法律监督制度为代表的中国式权力制约制度是法治原则在中国具体化的

---

① 贺卫方：《司法改革中的上下级法院关系》，载《法学》1998年第9期。
② 参见夏邦：《中国检察院体制应予取消》，载《法学》1999年第7期；龙宗智：《论检察权的性质与检察机关的改革》，载《法学》1999年第10期；谢鹏程：《论检察权的性质》，载《法学》2000年第2期。

结果，法律监督权就是中国的检察权。① 因此，在我国，检察官的职能定位应当与我国检察权的定位相一致，其既不是完全遵从上命下从原则的行政人员，也不是完全恪守独立、中立原则的司法官员。在中国特色司法体制下，我国检察官应是以实现客观法意旨并追求客观真实与公平正义，既遵从检察一体、上命下从的组织伦理，又恪守客观中立的"法律守护人"。这一职能定位意味着我国检察官兼具传统行政官与司法官的双重属性，这一定位也与我国法律监督权主要是一种诉讼法律监督权，或者说主要属于司法监督范畴的司法运行规则相一致。

在新一轮检察改革背景下，如何将我国检察官的这一职能定位在相关的改革试点中予以凸显，将是下一步检察改革的关键所在。近年来，全国各地探索试点推行的主诉、主办、主任检察官办案责任制改革，归根结底，其改革的落脚点均是为了实现我国检察官相对独立的执法主体地位，凸显其"法律守护人"的职能定位。因此，笔者认为，现阶段在未建立起成熟的检察官制度以及基本办案组织，尤其是现行法律未予修改之际，应当将试点推行的主办、主任检察官定位于一种执法岗位、能力席位则是一种审慎而可行的做法。但随着检察官办案责任制改革的不断推进，检察官制度日臻成熟并建立起符合诉讼规律的基本办案组织之时，则应当修改相关法律，在立法上"明确检察官是一种独立的机关，而不仅仅是一种官职和身份。一个检察院主要是由若干独立的检察官构成的，而不是由若干公务员性质的'检察干警'或'检察人员'构成的。检察长、上级检察官的指令权和监督权都是以检察官独立为前提"②。从制度层面上将检察官设置为一种相对独立的办案机构，并形成以检察官为核心的基本办案组织，在检察机关内部实行司法化的权力配置模式，以凸显我国检察官的"法律守护人"职能定位。

（二）应当科学界定我国检察官称谓的范畴

从上述我国现行刑事诉讼法律文本中的检察官称谓使用现状来看，我国检察官称谓存在内涵不明确、外延不周延的问题，从而直接导致我国检察官称谓过于宽泛，无法充分体现检察官的职业化、专业化特性。那么，如何科学界定我国检察官称谓的范畴？其核心因素又是什么？笔者认为，如要科学界定我国检察官称谓的范畴，必须紧紧围绕"检察权"这一核心因素。

理论界通说认为，检察权是指为了实现检察职能，国家赋予检察机关的各

---

① 参见孙谦：《维护司法的公平与正义是检察官的基本追求——〈检察官论〉评介（二）》，载《人民检察》2004 年第 3 期。

② 谢鹏程：《论检察官独立与检察一体》，载《法学杂志》2003 年第 3 期。

种职权的总称，是国家通过法律赋予检察机关的一种国家权力，是检察机关履行检察职能而对外行使的各种职权，不包括检察机关为了保障检察权的行使和检察机关的运行而在内部行使的管理权，如行政管理权、人事管理权、财务决定权等。① 依据我国现行法律，我国检察机关的职权主要包括职务犯罪侦查权、批准逮捕权、公诉权、诉讼监督权等基本的检察职权。当然，除了这些基本的检察职权以外，我国检察机关还享有包括司法解释权、检察建议权以及参与社会综合治理和预防职务犯罪的职权。可以看出，我国检察权作为国家权力体系的一种权力，与国家行政权、审判权相比，其具有专门性、程序性以及多层次性的特征。②

综上，笔者认为，我们可以这样来界定我国检察官称谓的范畴，即检察官系检察机关内部依法享有履行上述检察职权的人员，不包括其他履行检察职权以外职权的人员。这一界定检察官称谓范畴的方式以法定的检察职能行使为依据，从而避免了检察官称谓内涵与外延的不确定性与随意性。当然，可能有观点认为，检察机关履行参与社会综合治理的人员，因其履行的职权与传统意义上的检察权关联不大，因此，这些人员不应纳入检察官的称谓范畴。但笔者认为，虽然检察机关不是社会治安的主管部门，但其通过履行职务犯罪侦查权、批准逮捕权以及公诉权等检察职权，依法打击各种危害社会治安的刑事犯罪，为建构和谐社会创造了良好的社会环境与政务环境，检察官参与社会综合治理是与其履行基本检察职权紧密结合在一起的，不可截然分开，因此，在检察机关内部，履行参与社会综合治理职责的人员也应纳入检察官的称谓范畴。

（三）在立法上应当统一规范我国检察官的称谓

笔者认为，在缺乏科学成熟的检察官制度及现行法律未予修改之际，现阶段应当分阶段、分步骤地统一规范我国检察官称谓。

首先，在保留现行刑事诉讼法律文本中"检察人员"、"检察员"（或"助理检察员"）、"公诉人"等称谓的基础上，严格界定"检察人员"的范畴，将其指代范围仅限定为检察机关履行检察职能人员，并在修改《刑诉规则》时，将与"检察人员"内涵重复的"办案人员"、"承办人员"、"侦查人员"、"搜查人员"、"临场监督人员"等检察官称谓统一修改为"检察人员"。

其次，在相关法律将予修改之际，尤其是刑事诉讼法、人民检察院组织法、检察官法等修改之时，应当适时借鉴其他国家和地区成熟的检察官制度，在立法上将检察机关履行检察职能人员的称谓统一称为"检察官"，使之涵盖

---

① 参见朱孝清、张智辉主编：《检察学》，中国检察出版社 2010 年版，第 319 页。
② 参见朱孝清、张智辉主编：《检察学》，中国检察出版社 2010 年版，第 320 页。

我国宪法法律所规定的检察职能，顺应现代法治国家的惯用称谓，易于被社会各界所接受。同时，为了避免现行检察官法第 2 条规定的"检察官是……检察人员"的同义反复之弊端，建议修改检察官法的这一定义，将其修改为"检察官是依法行使国家检察权的人员"。

检察官独立：办案责任制落实之关键

黄元超[*]

在新一轮深化司法体制改革的背景下，以检察官办案责任制改革为契机，建立以检察官为办案主体的"办案者决定，决定者负责"的检察权力运行机制，是检察体制改革的重要内容。为了深化和落实检察官办案责任制改革，我国多地检察机关正在实践探索主任检察官制度，由于实践中并未将检察官的独立作为责任制落实之关键，效果和前景值得探讨。

一、应然之义：检察官独立的法理基础

（一）检察官之责任制度及诉讼主体地位决定了检察官必须独立行使职权

中央《关于深化司法体制和社会体制改革的意见及贯彻实施分工方案》、《关于司法体制改革试点若干问题的框架意见》明确提出，以完善检察官办案责任制为抓手，突出检察官办案的主体地位，明确检察官办案的权力和责任，对所办案件终身负责，严格错案责任追究，形成权责明晰、权责统一、管理有序的司法权力运行机制。题中之义就是明确检察官诉讼法上的主体角色，具有独立行使诉讼行为的权力和能力。办理案件的检察官必须承担案件处理的责任，即使根据上级的指挥，作出了与自己的信念不同的处理，也不准许以依照上级的命令为理由逃避应承担的责任。为此法律必须肯定检察官在一定条件下独立行使职权，在某些情况下可以不受上级之约束，作出决定或发表意见。[①]也就是承认检察官之独立性。

（二）检察官独立是检察活动司法性的本质要求

关于检察权属于何种性质的权力，大多数学者都认为检察权具有司法和行政双重属性。[②] 因此作为行使检察权的实现过程，检察活动虽不是纯粹的司法活动，但其仍具有一定的司法属性，检察官参与诉讼的过程是一个适用法律维

---

[*] 广东省东莞市第二市区人民检察院案件管理科副科长。
[①] 参见龙宗智：《理论反对实践》，法律出版社2003年版，第267页。
[②] 参见龙宗智：《论检察权的性质与检察机关的改革》，载《法学》1999年第10期。

护法制的司法过程,其以直接性与亲身性为基础。检察官只有亲身经历诉讼程序,直接审查案件事实,在了解案件事实的基础上才能建立起内心确信。检察官出庭支持公诉时,检察官在法庭上的活动直接代表检察机关的意志,其活动的方式和内容很难由上级予以确定或明确。故而这种个体化的活动只能由检察官独立行使。检察活动的司法属性要求检察官个人的独立判断,才能保证检察活动的公正。

(三) 检察官独立是检察官履行客观义务的必然要求

在刑事诉讼活动中,检察官的责任重大,因为"在刑事诉讼全程,检察官在侦查中有'司法警察官'职能,在起诉裁量时有'审判官'的职能,莅庭实施公诉时有'公益辩护人'之职能,刑罚执行时有'罪犯矫正师'之职能"①。为了使检察官能充分地发挥自己的这种作用,并保障检察权不被滥用,现代检察制度对检察官赋予了一项重要的义务——客观义务。我国学者一般认为,检察官的客观义务是指"检察官在刑事诉讼中应当保持客观公正的立场,要以客观事实为根据,既要注意不利于犯罪嫌疑人、被告人的证据、事实和法律,又要注意有利于犯罪嫌疑人、被告人的证据、事实和法律,要不偏不倚"②。最高人民检察院原副检察长朱孝清也指出,"检察官的客观公正义务是指检察官为了实现司法公正,在刑事诉讼中不应站在当事人立场而应站在客观立场上进行活动,努力发现并尊重案件事实真相"③。在客观义务的约束之下,检察官不仅有正面追诉犯罪的义务,更负有防止任何无辜者被恣意追诉或定罪的消极义务,以期达到公正司法、不枉不纵的刑事司法理想。在刑事法治之下,检察官应依据刑法和刑事诉讼法的规定提起刑事公诉,而非屈从于政治性的因素或其他行政性的干扰。显然要完成这样的使命,检察官之独立性不可或缺。

二、价值受限:检察官办案责任制探索的实然分析

长期以来,我国检察机关业务的管理是典型的行政方式。采取由承办人提出意见,部门负责人审核,检察长审批或检委会讨论决定的"三级审批制",形成了"审而不定,定而不审"的办案模式。20世纪90年代初,基层检察机关案多人少、任务重、压力大的窘境促成了一种自下而上的检察官办案责任制改革,主要代表为河南省检察机关的"主诉检察官制度"、上海杨浦区检察院

---

① [日]平野龙一:《刑事诉讼法概说》,有斐阁1968年版,第30页。
② 陈永生、瓮怡洁:《检察官客观义务理论的起源与发展》,载《人民检察》2007年第17期。
③ 朱孝清:《检察官客观公正义务及其在中国的发展完善》,载《中国法学》2007年第2期。

的"等级公诉人制度"等改革举措,这些举措经层报最高人民检察院总结后以"主诉检察官办案责任制"的形式在全国推行。经过多年实践,主诉检察官制度未能改变层级审批带来的办案效率不高、责任划分不明晰等问题。正是基于这些瓶颈问题,自 2007 年开始,北京、上海检察机关各自在基层院推行了主任检察官办案责任制的改革,这也是此次司法改革的一个重点内容。然而,目前看来"主任制"并未从实质上改变"主诉制"之困境,甚至有观点认为"主任检察官只是用来代替以往的主办检察官、主诉检察官和主侦检察官的统一称谓"①。笔者通过考察上海市检察机关经过探索年初在全市推行的《主任检察官办案责任制改革试点实施方案》(以下简称《方案》),发现"主任制"有三个方面重要问题依然没有解决。

(一)检察官独立无从体现

检察官办案责任制度的核心在于确立检察官的独立司法人格。此处的"检察官"是指实际承办案件的检察官(不包括检察辅助人员),而非审批者;"独立"的标准也十分明确,即承办检察官是否可以独立发表意见,他的意见是否会被他人直接更改或否决。而根据《方案》规定"主任检察官办案组通常由 1 名主任检察官、3 名以上检察官及若干辅助人员组成"。于刑事检察而言,"对组内检察官所办理的案件,在检察长授权范围内,主任检察官具有审批决定权";于职务犯罪侦查而言,"主任检察官在检察长授权范围内,负责指挥、指导、协调组内检察官开展侦查活动";于诉讼监督而言,"较轻的诉讼监督事项可口头提出的,在检察长授权范围内,由主任检察官决定。重大诉讼监督事项,由主任检察官召集组内检察官合议,形成主任检察官办案组意见,经业务部门主要负责人审核后报请检察长或者检委会决定"。可见在检察各个业务,检察官无权坚持其独立观点,检察官处于被"指挥"、"审批"、"决定"的角色地位,这与检察系统的司法化改革要求即压缩指令权是矛盾的。②

(二)权责明确与去行政化难以落实

《方案》规定"保留内设机构,并设立部门负责人。部门负责人具有当然的主任检察官任职资格,并负责案件分配、协调各办案组办案、案件办理,并承担部门行政管理等工作";"主任检察官直接办理的案件,由所在业务部门主要负责人审核。审核意见需明示,但不得改变主任检察官的处理决定。主任检察官不接受业务部门主要负责人意见的,业务部门主要负责人可召开主任检

---

① 顾忠华:《闵行:主任检察官制度的先行者》,载《检察风云》2013 年第 24 期。
② 参见龙宗智:《检察机关办案方式的适度司法化改革》,载《法学研究》2013 年第 1 期。

察官联席会议讨论案件，会议意见供主任检察官参考。主任检察官不接受主任检察官联席会议意见的，业务部门主要负责人可报请检察长审批直至检委会讨论决定"。实践中设主任检察官的同时保留现部门负责人，担任主任检察官的均为部门干警，仍要接受部门负责人的行政领导；部门负责人可以调阅主任检察官的办案材料、督促办案过程，甚至还保留审核案件的权力。行政权力干预检察业务依旧没有杜绝，主任制改革的成效需要依赖业务权力与行政权力的博弈。

（三）检察一体与检察官独立关系未能明确

长期以来，我国在检察官管理上，一直把检察官等同于检察院的其他工作人员，等同于行政机关的干部，采用行政管理模式进行管理。过度强调"检察一体"管理模式过于强化了上下级之间的服从关系，却弱化了检察官的独立自主性，使检察官的独立性难以保障。此次上海《方案》中，仍然强调检察官对主任检察官、主任检察官对检察长或检委会的服从，而未划定检察官之间权力行使的适当界限。从贯彻检察一体有助于形成合力共同抵制外来干预的角度来讲，检察一体有助于检察机关的集体独立，但是，在检察官独立行使职权这样一个层面上，检察一体与检察官独立存在严重的冲突与对抗，对检察一体的过分强调完全有可能侵蚀检察官的个体独立。[①]

三、域外经验：检察官独立制度之考察借鉴

（一）大陆法系检察官独立制度

在法国，人们通常将检察官与法官合称"检法官"，检察官与法官的业务有很多的共通之处，因而检察官又被称为"站着的法官"。法国的检察官具有相当程度的独立性，主要表现在以下三个方面：一是公开指令权。当检察官接受司法部长指令承办案件时，有权将指令存入案卷，公开指令，让大家知道此案追诉的原则。二是表明个人态度权。当司法部长指令与检察官个人观点不一致时，虽然在检察官提出的书面意见中应当按照接到的指令办理，但是，检察官有权在法庭上阐明自己的观点和理由，并声明自己是依司法部长的指令行事。这便是格言"书面上服从，口头上自由"的法律体现。三是拒绝停止追究指令权。司法部长有权下令追究某案，但无权指令停止对某案的追究。如果司法部部长指令停止追究某案，检察官有权拒绝。[②]

[①] 参见陈卫东、李训虎：《检察一体与检察官独立》，载《法学研究》2006年第1期。

[②] 参见张苿：《论我国检察官体制改革的过渡性措施——关于主诉检察官制度的思考》，湘潭大学2003年硕士学位论文。

虽然德国实行检察一体原则，其上级检察官有权指挥下级检察官，但这种指挥权并不能使下级检察官违背自己根据良知对案件作出判断，即检察官对案件之客观性、公正性的判断不可替代。检察官有权对超越职责范围的指令拒绝执行。在德国，检察官被列为审前程序的主持者，和主持判决程序的法官一同处在"司法机关"的地位。检察官和法官的性质相同，是为了发现真实情况而努力的合作者，只是具体分工不同而已。因此，德国的检察官被学者称作是"法律的守护人"，是"世界上最客观的官署"。①

（二）英美法系检察官独立制度

在英国和美国，检察职能的行使以个体负责和自由裁量作为基础，检察官具有范围极广的自由裁量权，并独立地对自己的行为承担责任，从而体现出独断性的理念。英美两国检察官行使职能的基本模式都是个人负责制。英国的检察职能首先是检察官个人负责制，在检察机关和检察官相互之间的关系上，检察官体现出较强的职权独立性。一般情况下，检察官独立办案，独立对案件结果负责。只有在办理一些影响社会的重大案件时，才会受到首席检察官的宏观指导意见，而且在指导之下的具体处理意见还是由检察官独立作出。美国检察官也具有较强的独立性。在联邦系统中，各联邦地区检察官办事处虽然要遵守检察长制定的方针、政策，但是，它们履行检控职能时都具有较强的独立性。对于大部分案件，检察官有权自行决定侦查和起诉，不受联邦检察长的直接领导和干涉。而在美国地方检察系统中，州检察长名义上是一州的首席检察官，但他们大多没有具体的检察职能，也很少干涉各地检察官办事处的具体事务，因此，各地各级的检察官办事处都具有很强的职权独立性。②

四、改革路径：我国检察官独立的方向探讨

（一）检察一体前提下的检察官相对独立

虽然上文中大陆、英美法系国家都强调检察官独立，但是检察一体原则也是国外通行的检察机关的组织活动原则，多数西方国家的检察机关实行垂直领导，检察官的考试、任免、晋升和管理，在全国范围内进行，形成统一的、独立于其他机关的组织体系，执行统一的宪法和法律。应当说"检察一体化"有利于检察机关排除地方权力的干扰，为公正、高效地行使职权创造条件。在"检察一体化"制度中，上级检察机关领导下级检察机关，上级检察机关可以处理下级检察机关的业务，整个检察机关以一个整体的形象出现，能够为检察

---

① 孙谦：《检察：理念、制度与改革》，法律出版社2004年版，第19页。
② 参见王少峰：《检察制度理论思索与研究》，中国检察出版社2005年版，第129～130页。

机关实现外部真正独立提供土壤。没有检察官独立的检察一体制是一种纯粹的行政体制，没有检察一体的检察官独立是一种纯粹的司法体制，都不符合检察工作的特点和要求。① 故在制度安排上如何协调检察一体与检察官独立之间的关系，在两端之间确定适当的平衡点则是当务之急。当前，我国检察权的运行机制呈现出明显的一体化特征，且从最高人民检察院近年来的改革措施看，检察一体化还有不断加强的趋势，而检察官独立却显得鲜有提及。当前司法改革强调突出检察官主体地位，应当对其独立地位予以强化。申言之，首先须明确规定检察官的独立地位。在检察院组织法、检察官法等法律中明确规定"检察官依法独立履行职责，受法律保护"，检察长、上级检察官的指令权和监督权以检察官独立为前提。其次明确规定检察官的职权范围。以法定的形式规定检察官能够代表所属检察院进行各项职能的内容范围，以及上级检察官、检察机关指令和监督界限。

（二）限制上级指令权

国际检察官联合会《关于检察官的职业责任标准和基本义务与权利》规定：在承认检察官自由裁量权的国家里，检察自由裁量权应当独立地行使，不受政治干涉。如果检察机关以外的机关享有对检察官下达一般的或具体的指令权，那么，这种指令应当是透明的、与法律机构一致的，并须符合既定的保障检察官独立现实与理念的准则。在规定检察官独立性的同时，承认并限制了对检察官的指令权。② 以我国台湾地区司法实务为例，检察首长依据检察一体原则而行使内部指令权的情形贯穿于案件的整个诉讼流程。但是，一旦被滥用，许多敏感案件中，上级检察首长往往假借"检察一体"之名干涉个案、左右案件之侦办，而造成"检察多体"甚或"检察解体"。③ 20世纪80年代和90年代连续爆发"吴苏案"、"萧天赞案"等一系列"奉命起诉（或不起诉）"案件促成了台湾地区检察首长内部指令权的行使的制约和规范，对当前司法改革不无借鉴。

首先，须采用法定主义，"指令权之界限，简言之，在于法定主义，此乃检察官法律地位问题的帝王条款"④。在法律中明确规定检察官独立行使职权的范围，上级在下达指令时不得超越此界限。只有法律明文规定检察长对某一事项享有裁量权时，上级才可以向办理该案件的检察官下达指令，并且这种指

---

① 参见单民、上官春光：《检察一体化的内部实现方式探讨——以职务犯罪侦查和公诉为视角》，载《人民检察》2007年第10期。
② 参见谢鹏程：《论检察官独立与检察一体》，载《法学杂志》2003年第3期。
③ 参见黄朝义：《刑事诉讼法》，一品文化出版社2007年版，第70~71页。
④ 林钰雄：《检察官论》，学林文化事业有限公司1999年版，第49页。

令的下达必须要有严格的程序规范，如采用书面形式。

其次，明确检察首长行使"职务承继权"及"职务移转权"的条件。检察首长行使"职务承继权"及"职务移转权"，因直接剥夺了检察官对案件的侦办权，涉及案件的分办及司法正义的实现，只能在一定条件下审慎实行，只有这样方能避免外力或行政力量借助检察首长的"职务承继权"及"职务移转权"进行个案干预。同时，为使承办检察官的意见有明白表达的机会，检察长命令移转或承继案件后，检察官还可以提出意见书，以供日后检验。

最后，建立协同办案透明化制度，让检察长可以以书面方式指定检察官协同办案，对协同侦办的案件要指派协助检察官时，检察长应征询主办检察官对协同人选的意见，以使协同办案的检察官能真正合作无间。同时也许可检察官自行签请要求加派检察官协同办案，使协同办案能真正发挥协同的优点而没有进行个案干预的疑虑。

（三）明确主任检察官的监督职能

彻底改变传统上通过强化行政审批来保障案件质量的固有思维，必须明确主任检察官对检察官所办理的案件是进行监督审核的权力，而非审批。[①] 主任检察官亲自承办案件时与其他检察官无异；对非由其承办的案件亦非办案责任主体，而是通过送阅制度对本办案组内的检察业务进行监督，即承办检察官意见须先交由主任检察官审核。然送阅的目的在于指导监督，而非审批干预。主任检察官应恪守监督职责，无权决定或改变承办检察官的处理意见。其一，主任检察官的审核内容仅限于应调查的要件事实是否遗漏，法律适用是否有违误，涉及承办人认识层面的具体办案意见不作干涉。送阅制度不得影响承办检察官的独立性。其二，主任检察官如认为承办人在上述方面有错误，应与之充分沟通，无权自行修改办案意见。其三，部门负责人不得兼任主任检察官，主任检察官与行政负责人分理检察与行政事务。部门负责人更无权审核本部门主任检察官案件。

（四）完善检察官身份保障制度

我国检察官法并未对检察官任期作明确规定，但按照该法第五章的规定，人大对检察官有任免权，不仅可以任命，也可以免职，而且，上述规定丝毫没有涉及免职的程序，难以给检察官独立提供明确的法律保障。从域外经验看，多数国家都规定了检察官终身任职制度，一经任命，即可终身履职直到退休，非经法定事由不得被免职。如日本检察厅法第 25 条规定，"除例外情况外，

[①] 参见陈旭：《建立主任检察官制度的构想》，载《法学》2014 年第 2 期。

不得违反检察官个人的意愿将其失去其官或被停职，减少薪俸数额"①。为了确保检察官能免受外界的干扰，依法独立行使职权，应当完善检察官身份保障制度，依法规定检察官不可更换制，确保检察官一经任用，只要没有法定的失职和违法犯罪行为，或非因身体健康因素，可以一直任职到退休，任何机关和个人非依法定的条件和法定程序，不得将其罢免、转职、停职、减薪或调换工作，解除检察官独立履职的后顾之忧。

---

① ［日］尹藤荣树：《日本检察厅法逐条解释》，徐益初、林青译，中国检察出版社1999年版，第49页。

论检察官办案责任制改革试点工作中检察业务运行机制的构建

邱高启[*]　徐化成[**]

最高人民检察院《检察官办案责任制改革试点方案》中指出,要坚持完善组织体系与健全运行机制相统一原则,进一步优化检察业务运行机制,提高执法办案效率和质量,确保改革措施的配套与协调。任何一项制度改革,只有实现检察权的科学合理运行,方能实现其应有的价值,否则就会背离制度的设置初衷,导致流于形式甚至被废止。当前,在关注检察官办案责任制改革带来的惊喜和红利的同时,理当审视检察业务运行机制面临的现实困境,搭建良性运行的基本架构,按照检察权的内在规律积极行使检察权,充分发挥此项制度的功能作用。

一、检察业务运行面临的现实困境

长期以来,我国检察机关具体实行"检察人员具体承办、部门负责人审批,检察长或者检察委员会决定"[①]的案件办理方式,形成承办人—部门负责人—检察长（检察委员会）层级审批的运行模式,执法办案实践中暴露出诸多弊端。

1. 强调检察权运行的集中性和统一性,忽视了办案主体和决定主体的内在关联性,极易陷入违背司法亲历性、判断性的诟病之中。检察业务运行往往只强调办案人员要全面汇报案情、依法排除非法证据、注重证据之间的关联性,但在听取汇报、审批案件时却缺乏足够的耐心和充分的时间保证,更多地是从打击犯罪、化解社会矛盾、维护社会和谐稳定、处理好司法机关之间的关系的角度去处理案件,案件中的疑难、复杂情况,特别是法律的公平正义往往

---

[*] 湖北省随州市人民检察院常务副检察长,湖北省检察业务专家。
[**] 湖北省随州市人民检察院法律政策研究室主任。
[①] 参见《人民检察院刑事诉讼规则（试行）》第4条。

被忽视，对具体承办人员要求的只是绝对的服从。"只靠听取汇报、审阅书面材料和选编的证据材料，很难了解案件全貌，把握案件事实，难以正确适用法律"①，司法工作的亲历性原则得不到重视，造成在事实、证据与法律适用之间，审查主体与决定主体的内在联系一定程度上被阻断，形成审查与决定的相对分离。

2. 突出整体行使检察权，忽视了检察官的个体作用，极易陷入检察官缺乏活力、素质与能力不相适应的现实困境之中。长期以来，我国强调的检察权独立是指检察机关对于外部而言的整体独立，忽视了检察权运行规律对检察官个体独立的要求。② 检察官的职权源自检察长放权、分权，检察官与检察长、检察委员会、部门负责人的权力似乎形成了一种此消彼长的关系，制约了检察官能动发挥作用的空间：一是体现在业绩观念淡薄，认为办案成绩是集体智慧的结晶、团队努力的结果，特别是职务犯罪侦查更依赖于领导的果断决策，个体作用微乎其微，而部分政治素质或者业务水平差的检察官虽然滥竽充数，但反而得到提拔重用，容易挫伤积极性。二是机械化办案。只严格落实不出现无罪判决的一般性要求，忽视深挖犯罪、追诉漏罪漏犯等强化法律监督维护公平正义的客观公正义务，忽视尊重和保障人权的宪法和法律原则。三是责任心不强。忽视通过理论学习、法理分析，不断钻研业务，提出自己的观点和意见，而是等待和观望领导决策和集体决策，存在依赖心理，在提高自身素质的路径上渐行渐远。

3. 重视检察权集体决策，忽视权责对等、一致性要求，极易陷入冤假错案、权力寻租罪魁祸首责难之中。应当说，鉴于检察人员业务素质问题，加之刑事诉讼程序的主动性、强制性、不可逆转性特点，检察业务运行一直沿用层级审批、集体决策制，这对于案件的把关和正确决策，保证依法正确使用强制措施、行使自由裁量权、正确适用法律起到了积极的推动作用。然而，随着近年来多起冤假错案和人情案、关系案的相继曝光和纠正，理论界和实务界呼吁防范冤假错案、加强司法公正的声音逐步日渐高涨，其中不难发现检察权行使的异化现象和检察业务运行机制存在的各种弊端：集体决策容易为个人所利用，成为照顾关系甚至谋取个人私利的权力寻租"温床"；集体决策更容易受到外部因素干扰和攻破，使"服务大局"、"保护干部成长"成为堂而皇之的法外因素理由；而集体决策演变为集体承担责任，更难以落实个人责任，强化办案人员责任心，是不利于维护检察权威，提升检察公信力的目的的。

---

① 谢鹏程：《克服司法权运行的机制障碍》，载《学习时报》2013年6月13日。
② 参见余双彪：《论主诉检察官办案责任制》，载《人民检察》2013年第17期。

4. 办案环节过多，办案程序繁杂，极易陷入诉讼效率不高、难以缓解案多人少的矛盾困境之中。当前，案多人少的矛盾已经严重影响了检察职能的发挥，影响了检察工作的科学发展。从检察机关采取的一系列措施来看，单纯靠增加人员编制并不现实，增加一线办案人员又不利于平衡分配检察资源、化解内部矛盾，挖掘办案人员的自身潜力则是一种治标不治本的做法。如此，改革完善案件运行机制逐步引起重视，如在公诉部门推行"轻微刑事案件的快速办理机制"，通过组建专业化的办案组织，实行案件繁简分流，很大程度上提高办案效率，缓解了案多人少的部分压力。但应当看到，无论是增员、挖潜，还是内部分工协作，并没有减少办案环节、优化办案程序，不改革完善决策机制，检察官在履行职务过程中缩手缩脚、步步请示汇报，是难以处理好办案质量和效率的关系的，也难以有效化解案多人少的矛盾。

二、检察业务运行机制构建的指导原则

（一）司法改革价值目标：促进独立行使检察权

检察权的独立行使必须遵循其特有的运行机制和特点。我国法律规定，人民检察院依法独立行使检察权，而检察官法却规定检察官是依法独立行使国家检察权的检察人员。"检察官办案工作的司法性是第一位的，增强其独立性是未来司法改革的重点。"[①] 显然检察官个体独立与检察机关整体独立并不矛盾，而是处于基础性地位。实现检察权独立行使的司法改革的价值目标，从外部关系而言，人民检察院依法独立行使检察权，受宪法和法律确认和保障，不受行政机关、社会团体和个人干涉，从而筑牢检察机关法律监督机关的地位基础。从内部关系而言，需要革新内部隶属关系，改革检察权微观运行的结构模式，不断完善审批决策程序，确保检察权的行使遵循司法规律，建立检察权科学、规范、高效运行的权力结构模式；需要在检察权分工与协作过程中，调适不同权利主体之间的相互关系，保证检察官相对于其他国家机关和在办理案件过程中的相对独立性。

（二）司法规律内在要求：彰显司法权属性

完善检察业务运行机制，必须与我国宪法确立的检察机关的司法机关地位相适应，防止在权力微观运行层面滞后和脱节，与审判制度改革遥相呼应，实现检察权和审判权的并行发展、共同进步。检察是一种以刑事公诉为主要职能、具有监督属性、以维护国家法制统一为目的、代表国家和社会公益所进行

---

① 邓思清：《主诉（办）检察官制度改革回顾及启示》，载《人民检察》2013年第14期。

的国家活动，① 检察权实际上同时兼具行政权和司法权的双重属性，② 新修订的刑事诉讼法、民事诉讼法进一步全面加强了检察机关的诉讼监督职能，特别在纠正诉讼违法行为，尊重和保障人权方面作出了具体明确规定，检察机关履行诉讼监督职能必须遵循诉讼规律，"尊重各方当事人的平等地位和权利义务平衡、维护三方构造的平衡，保障诉讼活动公正高效进行，维护司法权威，实现解决纠纷、监督权力、维护秩序、保障自由的功能"③。同时，落实检察机关依法独立行使检察权司法改革目标，不仅需要完善改革司法管理体制，更需要革新完善内部隶属关系，强化检察机关的司法属性，使检察权运行回归本位，不断提升检察机关司法机关地位。

（三）检察官办案责任制制度定位：实现责权利有机统一

显然，仅仅从落实主任检察官的待遇，力图通过改革获得某些方面的利益优惠是不完整的，需要对检察官办案责任制的制度定位予以准确把握。"作为我国司法改革的时代产物，主办检察官制度改革以我国现行检察业务工作机制、增强检察官办案的独立性和责任心、提升办案效率为目的，其法理上的合理性、实务上的必要性，得到了学术界和司法界的充分肯定。"④ 推行检察官办案责任制的初衷，目的在于强化检察官的办案责任，力图在现行的法律框架内对检察权配置与运行进行革新和改良。一方面，要坚持合理放权与分权，坚持依法、合理放权与加强领导相统一的原则，根据审查批捕、公诉、职务犯罪侦查等不同特点和要求，在法律规定的框架内，合理配置检察官职责权限。另一方面，要明确相应责任，实现检察官责权利相一致。"没有责任的司法很危险，也很容易受到外部干预"，只有通过落实责任，加强监督，加强对权力的有效制衡，才能促使检察官牢记"权力来源于人民，树立为民执法"的理念，促使其履行客观公正义务，将"有权必有责，用权受监督，违法受追究"党政干部问责原则落到实处，真正建立起责权利相统一的司法体系。

三、检察业务运行机制的构建

（一）结构模式

检察业务运行中的结构模式，是指检察权微观运行中检察权力结构。优化的检察权力结构模式应当是对检察权微观运行全面而准确的反映和提炼，不同

---

① 参见朱孝清：《检察的内涵及其启示》，载《人民检察》2010年第10期。
② 参见龙宗智：《论检察权的性质与检察机关的改革》，载《法学》1999年第10期。
③ 曹建明：《坚持法律监督属性，准确把握工作规律，努力实现民事行政检察工作跨越式发展》，载《检察日报》2010年7月26日第3版。
④ 邓思清：《主诉（办）检察官制度改革回顾及启示》，载《人民检察官》2013年第14期。

的检察权的配置模式会产生不同的权力行为及结果。如何配置检察官的权力，建立起责权对等的责任体系就转化为权力结构模式的合理性问题。

1. 突出检察官的主体地位，实现检察官职权的优化配置。"主任检察官制度最重要的问题之一是对权力配置的研究，对此不能形成清晰的共识，终将决定该制度的价值以及其能走多远。"① 检察官办案责任制的核心是对检察官权力的配置与把握，确定各项具体权力配置的标准与内容，搭建检察业务运行机制构建的重要支点。一是要坚持宪法和法律定位。我国检察权的性质决定了检察官的职权配置和职业特点等内容，因而必须切实贯彻检察一体、上命下从的检察领导体制，坚持检察长负责制，落实重大事项、重大、复杂、疑难案件请示、报告制度，在现行的法律框架内确定主任检察官职权不可逾越的底线。二是要遵循司法规律。适应新修订的刑事诉讼法和民事诉讼法的发展需要，彰显检察机关的司法属性，需要将亲历证据收集、审查程序的决策权尽可能延伸至办案检察官。三是要突出职权主动性。检察官承担的职务犯罪侦查和诉讼监督职能均具有积极主动性特点，需要将积极、主动履行法律监督职能的启动权赋予检察官行使，明确规定检察官的建议权，积极促进侦破职务犯罪案件，依法正确使用强制措施、审查起诉、提起公诉，顺利完成法律监督任务。四是要实现职权互动性。在"强化主诉（主办）检察官的办案职权，弱化部门负责人办案审查职能，细化检察长（主管副检察长）的案件审查职责，优化检委会的决策职能"② 原则指导下，使检察官主导案件的发展方向、进程结果，检察长（检察委员会）行使决策权，实现决策权与证据收集、审查、判断的有机统一和有序衔接，防止脱节、背离和主观判断。

2. 建立科学合理的检察官办案组织，重新塑造办案责任主体。检察机关内设机构是"检察机关内部的功能单位，是检察权运行的组织载体"③，是检察机关检察职能分解的结果，由法律规定与设置，同时又是"检察官行使检察权的行政组合"④，检察机关内设机构负责人是事实上的主任检察官，同时又代表内设机构行使审批职能。优化案件审批程序的实质就是减少中间环节，提高办案效率，实现决策程序的优化，使之符合当前执法办案实践需要。当前，取消二级内设机构，整合基层院内设机构，根据案件的类型、诉讼程序特点、检察官的数量和素质差异成立不同类型的办案组织，建立权责明确、协作

---

① 徐鹤喃：《检察权行使主体视域下的主诉制度及其发展》，载《人民检察》2013年第22期。
② 吴建雄：《检察职权配置新论》，载《法学杂志》2008年第5期。
③ 张智辉：《应当重视检察机关内设机构改革》，载《检察日报》2011年8月19日第3版。
④ 徐鹤喃、张步洪：《检察机关内设机构设置的改革与立法完善》，载《西南政法大学学报》2007年第1期。

紧密、制约有力、运行高效的办案组织，便可实现检察官办案组织与内设机构业务职能的完美对接。同时，主任检察官作为检察权运行的基础，是推动检察权运行的根本性要素，在内设机构职能取消后，检察机关的办案组织理当成为承担检察权运行的责任主体。最高人民检察院在《关于切实履行检察职能防止和纠正冤假错案的若干意见》中指出，要完善防止和纠正冤假错案的工作机制，深化检察官办案责任制改革，建立健全办案质量终身负责制。应当坚持从检察权运行主体角度去研究办案责任制，不断完善执法规范、执法流程，制定合理的权力清单和责任清单，注重落实执法过错追究机制，使主任检察官对其在职权范围内所作出的决定承担责任，实现权责对等、权责一致。

（二）关系模式

检察业务运行的关系模式，是指检察业务运行过程中行使检察权的责任主体角色在互相关系上的抽象或者概括的类型化的状态。检察业务运行的关系模式是检察权分工协作过程中的调适状态，事实上是权力结构模式视野下的不同视角的相同命题。

推行检察官办案责任制度以后，行使检察权的责任主体之间的关系发生较大改观，主任检察官参与决策的程度进一步加深，与检察长、检委会的距离进一步拉近，关系进一步密切，必须处理好相互之间的关系。一是要处理好与检察长、检察委员会之间的关系。坚持宪法和法律规定的检察机关上级领导下级和检察长领导检察院工作的领导体制，这是检察机关行使国家追诉权和法律监督权的内在和必然的要求。[①] 主任检察官的权力范围来源于检察长的授予，主任检察官必须对检察长、检察委员会负责，接受组织领导，服从检察长的指挥、决定和命令，对于重大、疑难、复杂案件和具有较大社会影响的案件报检察长决定提请检察委员会审议决定，对于工作中重大疏漏或者过失，接受检察长的监督予以纠正，而不能自行其是，超越职权。二是要处理好部门负责人之间的关系。虽然推行检察官办案责任制的初衷就在于通过将案件的审批职能直接赋予主任检察官行使，但审批程序的减少和过渡并非易事，需要通过业务素质的提高和经验的积累得以实现，在试点工作初期，主任检察官除在本部门负责人对于案件分配、督促办案进程、组织联席会议以及对外的沟通联络等方面接受组织安排外，对于部门负责人提出的不同倾向性意见，必须给予充分的尊重，加强沟通，解决分歧。三是要处理好与普遍检察官之间的关系。检察官办案组织作为一线执法责任主体，在组织内部之间应该加强分工协作配合。主任检察官应具体指导、安排部署职务犯罪侦查、证据调查、审查起诉、诉讼监

---

① 参见陈国庆：《检察官办案责任制改革的原则与构想》，载《人民检察》2013 年第 22 期。

督、文书制作等具体工作,对普通检察官承办的案件提出审核意见。发挥办案组织内部的民主决策制,召集办案组织成员对案件进行讨论、合议,发挥集体智慧。

(三) 运行模式

检察业务的运行模式,是指按照检察权运行的内在规律进行整合,调适检察权运行要素之间的相互关系,实现不同检察权能的协调运转和办案组织横向、纵向关系的优化。当前,全国各地内部职能整合的做法不尽统一,① 需要针对批捕与起诉、反贪与反渎合二为一、诉讼监督职能归口的整合实际,使检察业务的运行适应该调整后的具体情况和实际需要,进行合理化的改造。

1. 职务犯罪侦查:办案组织的优化与防止侦查权的扩张。应对职务犯罪案件不断发展的变化趋势,贯彻落实尊重和保障人权的宪法和法律原则,需要实现职务犯罪侦查转变模式和转型发展,提高突破案件、证明犯罪的能力。一方面,职务犯罪侦查具有高度行政化的特点,构建侦查一体化的工作机制②需要"转变侦查组织形式,实现松散合作式侦查模式向紧密协作式侦查模式转变"③。显然,职务犯罪侦查的办案组织不宜建立过多,采用"1+2"、"1+3"的模式无疑不利于整合资源、提高整体作战的能力。实现办案组织的优化,可建立由5人以上人员组成的办案组织,在办案组织内部进行合理分工,在案件初查时分组进行,在突破案件、调查取证时由主任检察官统一调配;同时,根据办案工作需要,可成立临时办案组织,打破办案组织建制,突破重大复杂疑难案件。另一方面,新修订的刑事诉讼法加强了辩护权利对抗,规范严格了强制措施和侦查手段的程序,需要"转变侦查结构模式,实现纠问式侦查模式向诉讼式侦查模式转变"④。要进一步规范执法行为,处理好与律师之间的关系,完善律师执法保障,促进相互信任;处理好与证人之间的关系,促进侦查活动的顺利进行;处理好犯罪嫌疑人之间的关系,牢固树立尊重和保障人权观念,保障各项权利落到实处,防止侦查权的扩张和滥用。

---

① 主要表现在五部制、七部制、九部制不同的内部整合方式。如湖北省随州市两级检察机关4个检察院被确定为全国检察机关检察官办案责任制试点单位,实行"三加一"的内部整合模式,市院保留内设机构设置,3个基层院根据检察工作任务、人员数量整合内设机构,分别实行五部制、七部制、九部制。

② 侦查一体化工作机制是指,以省级检察院为领导、以市州分院为主体,以基层院为基础,各地检察机关及各内设机构密切配合,符合检察工作一体化机制要求的侦查工作运行模式。

③ 魏从平、方秋:《转变职务犯罪侦查模式的思考》,《中国刑事诉讼法学研究会2013年年会论文集》,第316页。

④ 魏从平、方秋:《转变职务犯罪侦查模式的思考》,《中国刑事诉讼法学研究会2013年年会论文集》,第312页。

2. 刑事诉讼职能：办案组织的精细与合理化授权。相对而言，检察机关审查批捕与审查起诉职能主要是对证据审查判断、法律适用上，体现个人的独立办案能力。与此相适应，办案组织的建立可向精细化方向发展。对于审查批捕职能，可根据案件类型、案件复杂程度成立职务犯罪案件、公安机关办理的经济犯罪案件、刑事案件等不同类型的办案组织；对于审查起诉职能，可根据案件类型、诉讼程序、犯罪重点领域等成立职务犯罪案件、金融、经济、暴力、涉毒和未成年人、简易程序、上诉案件、抗诉案件等若干个办案组或综合性办案组，通过办案组织的精细化建设，培养各种类型的专家型人才。同时，要积极探索合理化的授权方式。有学者指出，"审查逮捕程序改革的路径在于司法化"①，检察权"其中作为其核心内容的公诉权具有司法权的典型特征"②，从目前主任检察官职权配置上看，主任检察官职权仅限于程序性事项和非终局性处理事项，从渐进性改革路径上未尝不可，但从长远计，需要探索检察官的职权配置，使审查主体和决定主体尽可能实现有机统一，将决策权尽可能延伸至第一线，可将事实清楚、逮捕条件无争议、不会出现错误逮捕的案件赋予主任检察官行使，可将事实清楚、证据确实充分、3年以下的轻微刑事案件交由主任检察官直接提起公诉，积极探索检察长对于终局性事项处理决定授权的范围和方式。

3. 诉讼监督职能：办案组织的协作与客观公正义务。新修订的刑事诉讼法和民事诉讼法明确规定了检察机关对诉讼活动实施法律监督，在现阶段，诉讼监督工作只能强化、不能削弱。为了改变重控诉、轻监督的现实倾向，改变诉讼监督形式化、虚无化的现实危险，检察机关相续推行了一系列改革举措，如湖北省检察机关推行诉讼职能与诉讼监督职能的适当分离，健全完善了诉讼监督线索管理、文书管理等相关制度，推进诉讼监督的制度化、规范化、程序化、体系化建设，特别是在人员较少的基层院，通过内部职能整合，设立诉讼监督部门，专司诉讼监督职能。但从实际运转过程来看，诉讼监督职能履行最为尴尬，究其原因在于，"在诉讼中实现监督权不仅是监督权实现的表现形式，而且保证了监督的力度；离开了具体的检察职能，监督只能是无本之木、无源之水。"③ 因而，保障诉讼监督业务正常运行，不能仅仅停留在诉讼监督职能的分离上，停留在办案组织的建立上，而应建立相应的配置制度，履行诉

---

① 陈国庆：《检察制度原理》，法律出版社2009年版，第135页。
② 万毅：《检察权若干基本理论问题研究——返回检察理论研究的始点》，载《政法论坛》2008年第3期。
③ 马济林、郭泽强、徐化成：《对司法工作人员加强法律监督的审视与制度构建》，载《人民检察》2013年第20期。

讼监督职能的办案组织应当加强同其他办案组织之间的协作与配合，建立情况通报、信息共享、线索、文书移送、侦结反馈制度，防止衔接配合无序、履行职能各自为政的乱象发生，形成整体合力；办案检察官应当切实履行客观公正义务，恪守法律守护人的角色定位，防止片面追求控诉，忽视诉讼监督，防止诉讼监督线索瞒案不报，不依法移送情形。

（四）管理模式

检察业务管理模式是指按照检察业务运行的内在要求，将检察官的执法办案活动纳入既定规范进行规制和考量，实现执法办案活动的高效运转和有序衔接。落实权责一致的要求需要在业务活动流程、业务活动记录、业务活动考核三个方面予以完善。

1. 制定执法办案流程和工作规范。针对职务犯罪侦查、刑事诉讼职能、诉讼监督职能、控告申诉职能等不同类型检察业务的特点，制定受案、办理、审批、结案，包括法律文书制作、备案文书等详细的操作程序，使各项检察业务的各个环节做到有章可循，克服执法办案活动的随意性。在案件分配上可考虑由分管检察长针对案件类型、案件疑难复杂程度，结合办案组织的特点、案件数量多少、办案人员的素质差异，进行合理调配，对于没有实行内设机构职能整合的院，可由分管检察长授权部门负责人行使。要特别完善之前由内设机构行使职能的办理程序，实行办案工作的有序衔接。

2. 加强对业务活动的客观记载。以检察权运行主体角度推进检察官办案责任制，必须加强与案件管理部门的衔接配合，全面客观记载法律文书、案件审批、审核程序；建立主任检察官业绩档案卡，全面记载执法效果、执法办案规范和办案纪律情况，以便于对检察官的执法办案活动事后进行评估，反观考量检察官办案职权的科学合理配置问题，权力清单和责任清单是否统一的问题，及时予以完善和调整。同时通过对检察官办理案件的质量、数量和效果等业绩进行考核，落实各项激励措施和进行责任追究。

3. 建立科学合理的考评机制。在对主任检察官考评时，要树立办案数量、质量、效果相统一的考核观，重视考察检察官在办案过程中履行法律监督的情况，将其作为考评履职能力的重要依据，充分发挥考评机制对检察官办案责任制的导向作用和激励作用。

检察机关办案组织的理论探讨

阮志勇*

一、检察机关办案组织的概念

完善检察机关办案组织，是检察机关组织体系建设的重要组成部分，其以突出检察官的办案主体地位为直接目标追求。在推进检察官办案责任改革的背景下，健全检察机关办案组织必然要求建立起主办检察官办案组，充分发挥主办检察官在执法办案中的引领作用，完善检察权运行机制，实现扁平化管理，最终落实执法办案责任，促进公正与效率的实现。

（一）检察机关办案组织的概念界定

组织，是指按照一定的宗旨和系统建立起来的团体。[①] 经济学家认为，组织指的是一群人彼此沟通和彼此关系的模式，包括制定及实施决策的过程。组织之所以重要，首先因为组织提供了塑造和培养个人素质和习惯的大环境；其次因为组织为各负责人提供了与其职位相应的、对他人行使职权施加影响的手段；最后因为它通过建立沟通渠道，确定了决策制定和实施所需要的信息环境。[②] 从管理学的角度看，组织是指在一定的环境中，由一定的群体组成的有机体，是一个为了实现某种共同目标，按照一定的原则，通过组织设计，以特定的结构运行的集合体。[③] 人是组织的最核心要素，也是组织中唯一具有主观能动性的要素。组织通过对人力资源的合理配置和责、权、利的明确界定，可以最大限度地调动人的工作积极性和责任心，实现组织的目标。

检察机关组织体系，是指检察机关的构成形式及其相互关系、运转模式问题，主要包括组织结构、组织机构、基本办案组织形式三个层面。其中，检察机关组织结构是指各级检察机关的设置及相互关系；检察机关组织机构是指检

---

* 湖北省人民检察院法律政策研究室副主任，全国检察理论研究人才。
① 参见《辞海》（第六版），上海辞书出版社2009年版，第3083页。
② 参见[美] 郝伯特 A. 西蒙：《管理行为》，詹正茂译，机械工业出版社2004年版，第15页。
③ 参见胡凌云主编：《管理学原理》，武汉大学出版社2013年版，第107页。

察机关内设机构及其职能的具体配置;基本办案组织形式是指一线检察官进行执法办案的基本工作形式,是检察机关执法办案最基本的"组织单元",直接影响办案质量和效率。[①]从检察机关组织体系的宏观视角来分析,我们认为,检察机关办案组织理应属于上述检察机关组织体系的第三个层面。所谓检察机关办案组织,是指检察机关为了公正、高效地行使检察权,在检察长和检察委员会的领导下,根据司法规律和检察权运行特点建立起来的,检察官办案主体地位突出、检察人员配置科学合理、权责利统一明确的基本办案单元和组织形式。

主办检察官办案组由主办检察官、其他检察官和检察辅助人员组成。主办检察官是检察机关办案组织的中心和负责人,通过资深检察官的示范引导和经验传承,促进其他检察官执法能力和水平的提高,最终确立全体检察官在执法办案中主体地位。主办检察官办案组应当逐步发展成为我国检察机关的基本办案组织,这符合我国检察权运行的实际情况,符合各国检察官制度发展完善的普遍趋势。因此,本课题对检察机关办案组织的研究主要聚焦于检察机关的基本办案组织,亦即主办检察官办案组。

根据人民检察院组织法第 3 条第 2 款的规定,检察委员会在检察长的主持下,讨论决定重大案件和其他重大问题。检察委员会有权对重大、疑难案件进行讨论并形成决议,与检察长一道构成了我国检察机关的业务决策机构。民主集中制原则在我国检察制度中主要表现为检察委员会制度,有利于克服检察长负责制中检察长独断专行的弊端,发挥民主制集体的智慧。这种体制不仅有利于防止单一首长制的独断专行,在重大决策上思虑不周;又可以避免只讲民主,忽略检察一体制所需要的权威。[②]主办检察官办案组作为基本办案组织,应当执行检察长、检察委员会作出的决定。同时,检察长、检察委员会讨论案件、作出处理决定的情形有限,客观上是检察权的行使主体,属于广义上的办案组织。但是,从严格意义上讲,检察长、检察委员会定位是我国检察机关的业务决策机构,并不属于办理每一具体案件所必经的、经常性的基本办案组织。

(二)检察机关办案组织的特点分析

检察机关办案组织的特征是:(1)相对的独立性。对重大、复杂、疑难案件以外的其他案件,检察长可以根据具体情况授权主办检察官决定和处理;

[①] 参见郑青:《对主办检察官办案责任制的几点思考——以湖北省检察机关的改革实践为范本》,载《人民检察》2013 年第 23 期。

[②] 参见谢鹏程、任文松:《苏联检察制度对我国的影响》,载《河北法学》2010 年第 7 期。

对于办案中的非终局性事项和事务性工作,主办检察官有权决定并负责处理。(2)相对的固定性。办案组织中的主办检察官一经任命,在任期内非因特定事由不得更换;临时抽调办案人员的,主办检察官办案组至少要保留一名其他检察官。(3)办案人员的专业性。办案组的主办检察官应是优秀检察官,一般从检察员中择优选任。(4)执法办案活动兼具司法属性与行政属性。我国检察权是一种复合型权力,由职务犯罪侦查权、批准和决定逮捕权、公诉权和诉讼监督权等具体权能构成,这些权能之间既有联系,又有区别。其中,职务犯罪侦查权的行政属性较强,为了积极主动地追究职务犯罪,客观上要求采取行政化的组织方式和活动形式,建立组织严密、纪律严格、上下联合一体以及反应迅速、动作敏捷的工作机制。但是,无论是审查逮捕、审查起诉(尤其是不起诉),还是诉讼监督,对证据和事实的审查判断贯穿于检察机关执法办案的全过程,其司法属性较为突出,要求检察官站在中立的立场,或者以第三者的身份,对案件的事实和证据进行审查判断,并与法定的逮捕、起诉条件,或者与法定的诉讼裁定的条件进行对比,执法办案应遵循亲历性、判断性的基本要求。① (5)执法办案责任的明确性。由主办检察官决定的案件或者诉讼中的事项,主办检察官对案件事实、证据的认定和所作的决定负责。由主办检察官提出处理意见报检察长或者检委会决定的案件或诉讼中的事项,主办检察官对案件事实和证据的认定负责,检察长或者检察委员会对所作的决定负责。

(三)检察机关办案组织与检察机关内设机构、主办检察官的关系辨析

检察机关办案组织与检察机关内设机构、主办检察官既有联系,又有所区别,对它们之间的相互关系有必要加以厘清。

1. 检察机关办案组织与检察机关内设机构的关系

检察机关的内设机构是检察机关根据其性质和职能以及人数和工作需要设立的部门组织,也可以称为内部功能单位。内部机构的设置是否合理、各职能部门之间职责划分是否科学,直接关系到发挥检察机关的职能作用和工作效率。② 世界各国检察机关的内部组织机构配置不仅因国家类型不同而各异,而且同一类型的不同国家也因各自国情不同而有所差异。概言之,各国检察机关内部组织机构的设置大体由三部分组成:领导或决策机构、业务机构、事务机构(或称为综合性机构)。我国检察机关现有内设机构的设置,依据的是2001年报经中央批准的机构改革三定方案。我国检察机关内设机构也主要包括三种

---

① 参见向泽选:《新时期检察改革的进路》,载《中国法学》2013年第5期。
② 参见徐鹤喃:《检察改革的一个视角——我国检察机关组织机构改革论略》,载《当代法学》2005年第6期。

类型：领导或决策机构，即检察长、检察委员会；业务机构，即检察机关各职能部门；服务、保障机构。之所以将法律监督职能分配给不同的内设机构，是因为通过机构之间的互相配合可以提高效率，通过机构之间的互相制约可以提高质量。① 长期以来，由于我国检察机关忽视检察官的主体性地位，主办检察官办案组尚未建立起来。从实践来看，检察权是以检察机关内设机构下面的处、科、组为基本单元运转的，检察权的运转又融合在案件办理中，也就是说，"处、科、组"成了检察机关最基本的办案单位，这种以"处、科、组"为基本办案单元的行政化的运作模式，会弱化办案检察官在案件办理中的主导作用，出现办案中事事请示报告服从上级意志的"非司法"现象。② 可见，检察机关内设业务机构下面的"处、科、组"实际履行了执法办案职责，扮演着检察机关办案组织的角色。但是，这种完全按照行政权的运行规律管理检察工作的做法，并不符合司法规律和检察权运行规律，必须加以改革完善，弱化办案组织的行政色彩，体现司法属性。检察机关的内设业务机构，是检察权运行的组织载体，也是检察权内部分解和管理的组织保障。③ 我们认为，检察机关内设业务机构机关只是履行具体检察职能的组织者，负责本部门的政治思想、业务基础建设、日常行政管理和协调工作，具有明显的管理属性，不是真正的执法办案组织。从本质上讲，主办检察官办案组才真正是检察机关内设业务机构管理下的一级办案组织，只有通过主办检察官、检察官的具体执法办案活动才能使检察权得以实现。

2. 检察机关办案组织与主办检察官的关系

检察办案组织改革关系重大、涉及面广，是一项综合性的系统工程。改革能否成功，最终取决于检察机关以检察官为执法办案主体的有中国特色的基本办案组织能否构建，相关的管理保障、监督制约机制能否在法律上得到确认，否则只是停留在办案责任制的层面，难以达到预期的目标。④ 虽然检察官是行使检察权的法定主体，但囿于我国检察官素质能力的限制，让每一位检察官真正成为执法办案主体还存在相当难度，只能先从全体检察官中选出部分"精英"担任主办检察官。主办检察官是经检察长授权，依法履行执法办案职责，享有一定范围的办案决定权并承担相应责任的检察官。在此基础上，以主办检察官为基本元素形成办案组织，落实检察权力的配置和运行，落实执法办案责

---

① 参见田鹤城、梁晓淮：《检察机关内设机构的组织成本分析》，载《人民检察》2013年第18期。
② 参见向泽选：《新时期检察改革的进路》，载《中国法学》2013年第5期。
③ 参见张智辉：《应当重视检察机关内设机构改革》，载《检察日报》2011年8月19日第3版。
④ 参见陈旭：《建立主任检察官制度的构想》，载《法学》2014年第2期。

任。主办检察官是办案组织的核心,在检察长的领导之下具体组织和承担检察机关执法办案工作。研究经济管理的学者认为,组织必有共同的活动目标,内部要有不同层次的职能分工与合作,有明确的责任制度。[①] 从逻辑上讲,检察官办案责任制是检察机关办案组织建设的重要内容,如果说健全检察机关办案组织是起点,那么完善检察官办案责任制则是落脚点,两者密切相关,应当统筹兼顾、协调推进,否则将会顾此失彼,实施效果将大打折扣。

二、健全检察机关办案组织的依据

健全检察机关办案组织,建立主办检察官办案组,符合司法规律和检察权运行的特点,符合我国宪法、人民检察院组织法、检察官法的立法精神和法律规定,具有相当的实现需要和政策依据。

（一）理论依据

1. 检察机关坚持依法独立行使检察权原则,要求确认检察官的主体地位

现代司法观念认为,检察机关具有法律守护人的地位,其追诉活动以实现客观法意旨并追求真实与正义为目的。为保证检察权行使的合法性,必须保障检察权行使的独立性、公正性。因此,检察权的运行又具有司法权所普遍体现的独立性特征。[②] 检察权独立性包括两个方面,即外部独立和内部独立问题,前者涉及在国家权力运作过程中检察机关与其他国家机关、团体和个人的关系,后者涉及检察权在检察机关内部的分配以及各检察权行使主体间的相互关系,这是实现检察权独立行使的两种形式。检察权独立行使的第二种形式,就是指检察机关的内部独立性,即确认检察官在检察机关内部的相对独立性,从而以检察官为主体,独立地行使检察权。对检察官独立性的确认,主要有两种根据：第一种根据是以检察官为诉讼法上的主体,或者作为"独立官厅",以自己的名义处理检察事务,具有独立行使诉讼行为的权力和能力；第二种根据是由检察官责任制度肯定检察官在上命下从的检察体系中仍然具有相对的独立性。办理案件的检察官必须承担案件处理的责任。[③]

对独立行使检察权原则的深入研究,必然会延伸到检察权行使主体的探讨。关于检察权行使的主体,理论上存在不同观点,主要包括检察官主体说、检察院主体说、国家主体说、集合主体说、综合说等。[④] 长期以来,我国检察

[①] 参见窦胜功、张兰霞、卢纪华编著：《组织行为学教程》,清华大学出版社2012年版,第259页。

[②] 参见刘佑生、石少侠主编：《科学发展与法律监督》,中国检察出版社2010年版,第77页。

[③] 参见龙宗智：《论依法独立行使检察权》,载《中国刑事法杂志》2002年第1期。

[④] 参见卢建平主编：《检察学的基本范畴》,中国检察出版社2010年版,第113~114页。

机关一直强调检察权的集中统一行使，忽视了检察机关内部独立性的必要性，检察官的主体地位根本得不到保障。我国宪法、法律虽然确立了人民检察院依法独立行使检察权原则，但检察机关独立行使检察权，不是人民检察院内设机构或者检察官的独立，而是各级人民检察院的集体独立，即检察机关独立行使检察权，以检察机关为统一的执法主体和责任主体。① 我们认为检察权行使的应然主体最终归属于检察院和检察官，是二者的有机结合，而不能割裂两者之间的密切联系。其中，检察院是检察权的职能主体，在总体上、宏观上决定检察权行使的方向，检察官是检察权的执行主体，其个体地位及素质决定着检察权能否有效、公正地行使。辩证唯物主义认为主体是具有意识性、自觉能动性和社会历史性的人，承认并重视主体的能动性及其在实践和认识活动中的地位。检察官是检察权行使不可或缺的主体，正是通过检察官具体的执法办案活动才使检察权的功能得以发挥。如果检察官个体不能依法独立行使检察权，那么检察院作为整体依法独立行使检察权是难以实现的。

2. 检察权具有一定的司法属性，要求赋予检察官相对的独立性

现代检察官的主要职责是行使追诉、控诉职能和司法、诉讼监督职能，虽在组织上具有一定行政色彩，但也具有司法特性，它在领导体制、管理体系上实行"检察一体"，具有行政领导的色彩，但检察官个人行使职权更具有独立审查、判断的司法属性，如审查是否起诉或不起诉、是否批捕、决定逮捕，主要是个人独立审查判断的过程，与法官的亲历性、判断性类似，职务移转和职务承继制度的确立更为检察官独立地依照内心确信办案提供了制度保障，在具体操作上与行政权的行使有巨大的差异。② 正是检察工作的司法属性，决定了检察官需要具有一定的独立性，根据案件事实和法律规定，对案件作出判断，并承担相应责任，这是现代司法的一般原则，符合司法规律，有利于保证司法公正，有利于发挥检察官独立办案的作用，保证高效、公正地行使检察权，有利于检察职能的统一有效行使。所以，在检察一体化原则下，还要保障检察官依法独立行使检察权。③

我国检察机关作为国家的法律监督机关，其权力性质具有复杂性。这一点反映在检察权运行方式上，表现为既有检察工作一体化、上命下从等类似行政化的运行方式，又有中立性、客观性、亲历性、裁量性等类似司法权的运行方式，具有多样性、复杂性的特点。从我国宪法和法律赋予检察机关的职能看，

---

① 参见朱孝清、张智辉主编：《检察学》，中国检察出版社2010年版，第453页。
② 参见陈国庆：《检察制度原理》，法律出版社2009年版，第86～87页。
③ 参见姜伟、韩炳勋：《论检察活动的原则》，载《法律科学》2014年第2期。

检察办案是一种司法活动,审查逮捕、审查起诉、抗诉等都具有较强的司法属性。具体来看,一是亲历性,办案人员必须亲身经历,亲自提审、面对面地接触犯罪嫌疑人、被告人,亲自查看案件材料,亲身了解案件的事实和证据,才能对案件事实、定性和量刑作出全面准确判断。二是公正性,要求办案人员认真倾听案件当事人、律师等的意见,依照法定程序和条件收集、审查判断证据,正确认定事实,准确适用法律,确保司法公正。三是独立性,要求办案人员有独立的思考和判断,既是司法人员的一种权力,更是司法人员的一种责任。[1] 我国检察机关强调检察机关的一体独立,即官署独立而非官员独立,这与世界通行规则相悖。无论是大陆法系,还是英美法系,都突出强调检察官独立而不注重官署独立。[2] 在我国,检察官是一种职务而不是官署,检察官没有行使检察权的独立性。[3] 因此,建立主办检察官办案组,在主办检察官的主持下依法独立办案,按照自主办案、自我负责的司法准则行事,从根本上说是由我国检察权的司法属性所决定的,符合司法规律和检察权运行规律。

（二）现实依据

我国检察机关普遍实行"检察人员承办,办案部门负责人审核,检察长或者检察委员会决定"的"三级审批制"。"三级审批制"办案方式有效避免了检察权的滥用或误用,确保了国家法律的统一正确实施。但是,存在办案效率不高,制约检察官和检察队伍素质提升以及与当前刑事诉讼法、民事诉讼法修改后检察机关承担的繁重任务不相适应等问题。这种办案方式已不能完全适应社会发展和符合司法规律内在要求,主要体现在四个方面:一是审批层级过多,办案效率不高。在传统办案模式下,审批环节较多,程序烦琐,超期办案、案件积压现象时有发生,特别是一些事实清楚、适用法律简单的案件,仍然要经过层层审批,周期长重复劳动多,与案件时效性形成矛盾,无法体现繁简分流,不符合诉讼效率的要求。在修改后的刑事诉讼法、民事诉讼法增加检察职能和加重工作任务的情况下,存在的问题更显突出。二是"审而不定,定而不审",不符合诉讼活动规律。诉讼活动要求亲历性和直接性,即承办人亲身经历整个程序,直接审查证据和事实并作出判断。与审判权不同,检察权强调上命下从、一体运作,其行使具有统一性、整体性和层级性,检察官的职务行为可以承继转移,但不能因此否认检察工作,特别是公诉、批捕等诉讼职

---

[1] 参见谢佑平、潘祖全：《主任检察官制度的探索与展望——以上海闵行区人民检察院试点探索为例》,载《法学评论》2014年第2期。

[2] 参见刘佑生、石少侠主编：《规范执法：检察权的独立行使与制约》,中国方正出版社2007年版,第168页。

[3] 参见朱孝清、张智辉主编：《检察学》,中国检察出版社2010年版,第289页。

能的司法运作特征,淡化司法亲历性、判断性要求。特别是修改后的刑事诉讼法增加设置了审查逮捕听取意见、羁押必要性审查等制度,赋予检察机关刑事诉讼程序性救济权,对增强承办检察官的司法亲历性、判断性提出了更高要求。在原有的办案机制下,直接办理案件的检察官没有决定权,而不直接办理案件的检察长、检委会却对案件具有决定权,造成审定脱节,难以保证案件处理的准确性,难以适应执法办案的新形势、新任务。三是执法责任分散,责任追究难以落实到人。"三级审批制"导致实践中"办案的不负责、负责的不办案"的现象,使承办人员产生了依赖情绪,办案积极性不高、责任心不强;而"层层把关、集体负责"的制度看似是人人负责,实际上造成责任分散、权责分离,最终却是无人负责,执法责任难以落实到执法个体。四是承办人办案责任意识不强,队伍整体素质难以提升。在"三级审批制"下,检察官不是相对独立的办案责任主体,一些检察官习惯了案件由领导层层把关的惯性思维,易于形成盲从和随大流的行为模式,不利于承办人增强责任心,职业化水平难以改进提高,不符合司法规律和检察特点。这些问题的存在,严重制约了检察机关办案质量和效率的提升,客观上需要我们对检察机关传统的办案方式进行改革完善。

在"三级审批制"下,检察机关的办案组织以各种形式存在,缺乏应有的独立性、固定性、专业性。检察委员会是我国检察机关最高的办案组织,对重大、疑难案件进行讨论。检察委员会所作出的决议具有法律效力,必须得到执行。在检察委员会之下,"三级审批制"中的厅(处、科、室、局)等内设机构实际上成了基本的办案组织,在其内部又形成了若干办案组。实际上,检察机关的厅(处、科、室、局)只是检察机关内设的管理机构,主要担负监督管理、行政管理等方面的职能。以检察机关的内设机构取代办案组织,混淆检察机关案件办理职能与案件管理职能,明显违背了检察权运行规律。在实践中,职务犯罪侦查部门一般设置若干较为固定的办案组,根据办案需要办案组可以抽调其他检察人员参与办案;需要大兵团侦查时,可以临时合并若干办案组,形成一个庞大的办案组,以整合侦查力量。在公诉、审查批捕和诉讼监督部门,一般是实行"二人办案"机制,一人主办、一人协办。这种办案组织有的较为松散,有的则是师徒式的组合,协办人往往积极性不高、责任感不强,"参而不办"的现象较为普遍,协办人实际上难以起到实质性作用。这种松散的、临时的办案组织不利于检察官个人的专业化、职业化发展,不利于落实和发挥检察官的办案主体地位和作用,检察官办案责任制也难以真正落实,亟待发展完善。

因此,完善检察机关办案组织,对于贯彻实施修改后刑事诉讼法和民事诉讼法、加强检察机关组织体系和办案组织建设、完善执法办案工作机制、提高办案效率和执法公信力都具有重要的现实意义，对健全检察权运行机制、深入推进新一轮检察改革、发展和完善中国特色社会主义检察制度亦具有深远影响。

（三）法律依据

依据我国宪法第131条之规定，人民检察院依照法律规定独立行使检察权。因此，理论界及实务界普遍认为，检察机关是检察权的唯一主体。我国法律强调的是人民检察院的集体独立，即便法律授予检察官权力，也只是为了保障人民检察院独立行使职权。人民检察院组织法第3条规定，检察长统一领导检察院的工作，在检察长的主持下，检察委员会讨论决定重大案件和其他重大问题。但是，宪法和法律规定人民检察院独立行使检察权，主要是规范检察机关与其他行政机关和个人的关系。从宪法第131条条文所蕴含的价值来看，还应当包括一定范围和程度上的检察官的独立。检察官的独立，指检察官办理案件，仅依照法律规定自主地进行，不受其他外在因素的干扰而独立作出判断。① 至于检察院独立行使检察权的方式，即内部检察权配置，并未进行明确规定。因此，不必拘泥于完全实行检察长负责制，将一切权力都集中于检察长，而可采取检察长代表检察院、检察官代表检察长、检察长与检察官共同行使等形式行使检察权。② 检察官法第2条、第6条、第9条规定，检察官是依法行使国家检察权的检察人员，并对检察官的相应职责和工作条件进行了具体列举。据此，检察官作为检察权行使的主体，不仅应当履行其职责，而且应当享有相应的权力，包括某些问题的决定权，这在法条解释和法理分析上是能够成立的。③ 可见，检察官法实际上已赋予了检察官执法办案权，实行主办检察官办案责任制并不存在法律上的障碍，其关键在于"还权"或"放权"给主办检察官。虽然，我国法律对于检察机关执法办案的组织形式未作出明确规定，但是我们完全可以在检察官法相关规定的基础上，通过赋予主办检察官必要的职权，形成以主办检察官为中心、其他检察官和检察辅助人员相配合的专业化办案组织。

（四）政策依据

最高人民检察院在《"十二五"时期检察工作发展规划纲要》中指出，要

---

① 参见韩大元：《关于检察机关性质的宪法文本解读》，载《人民检察》2005年第13期。
② 参见吴祥义、王秋杰：《主诉检察官办案责任制探析》，载《武汉公安干部学院学报》2012年第4期。
③ 参见龙宗智：《检察制度教程》，中国检察出版社2006年版，第275~276页。

研究制定办案组织建设规定,建立起权责明确、协作紧密、制约有力、运行高效的办案组织模式。在新一轮深化司法改革方案中,明确提出要健全司法权力运行机制,完善司法责任制。其中,以落实和强化检察官执法责任为重点,探索建立提出检察官主体地位的办案责任制,是完善司法责任制的重要内容。为此,一方面要科学划分检察机关内部执法办案权限,按照横向大部制、纵向扁平化、突出检察官主体地位、体现"两个适度分离"(诉讼职能与诉讼监督职能、案件办理职能与案件管理职能适当分离)的要求,优化各级检察院内设机构设置。全面推进基层检察院内部整合,将内设机构整合为若干个部,各部负责人一般由副检察长兼任,配备若干主办检察官,进一步优化组合检察人员,倾斜办案一线,建立新的运行机制。另一方面,要建立基本办案组织,设立主办检察官办案组,以主办检察官为主导,按一定比例配备其他检察官、检察辅助人员,由主办检察官主持办案组的工作并承担责任,促进检察机关执法办案责任体系完善。

三、健全检察机关基本办案组织的要素

健全检察机关基本办案组织,需要对主办检察官进行准确定位,合理确定主办检察官员额、明确选任标准和程序、合理确定办案组组成人员、明确办案组织形式,科学界定主办检察官的职权范围,正确处理主办检察官与检察长、检察委员会和部门负责人的关系,严格落实执法办案责任,完善监督制约、履职保障等配套机制,最终建立起符合检察工作规律,职权明确、协作紧密、制约有力、运行高效的专业化办案组织。

(一)主办检察官的定位与选任

主办检察官的定位,是健全检察机关基本办案组织的基础和前提。有人认为,主任检察官这一特定称谓虽非行政职务,但作为检察官的一种特有的身份象征,应当纳入法定检察官的职务序列,从而成为检察机关中具有特殊性质和地位的优秀检察官的代表。① 有人认为,理想意义上的主任检察官办公室,应当取消现行的行政式的厅、处、科(室)式的内设机构模式,既是检察机关最基本的办案组织,用时又应成为检察机关的内设机构。② 主任检察官是案件第一责任人,对一般案件有决定权,对上级交办、督办及专案等重大案件有建议权。③ 我们认为,主办检察官是检察机关根据执法办案需要设置的一种执法

---

① 参见陈旭:《建立主任检察官制度的构想》,载《法学》2014年第2期。
② 参见向泽选:《检察办案组织的改革应当彰显司法属性》,载《人民检察》2014年第14期。
③ 参见张际枫:《主任检察官办案责任制的规范化运行》,载《人民检察》2014年第14期。

岗位，而不是行政职务，其办案决定权来源于法律规定和检察长授权。主办检察官是一种能力席位，而不是一个机构，这一定位有利于减少办案审批层级，实现"扁平化"管理。

主办检察官是办案组织的核心，作为能力席位，应把优秀检察官选配到主办检察官岗位上来。一是实行员额制。合理确定主办检察官员额，就为了保证检察权主要由检察官中的精英来行使。我们认为，应当根据办案总量和检察官队伍结构等因素综合确定主办检察官的配备数量，员额比例原则按照本院检察官总数的1/3左右配备，并可根据实际情况进行适当调整。二是严格资格条件。政治素质方面，要遵守宪法和法律，严守检察纪律，秉公执法，清正廉洁，有良好的职业道德和品行；身体条件方面，要身体健康，能够正常履行职责；学历条件方面，一般应当具有大学本科以上学历；法律职务方面，一般应当具有检察员身份，有的检察院如果缺少适合担任主办检察官的检察员，可以选配特别优秀的助理检察员担任主办检察官，但在条件成熟时，应当及时依法提请任命为检察员；业务资历方面，要求担任检察官满3年，并具有3年以上相应业务岗位工作经历。履职能力是选配主办检察官的核心条件。主办检察官应具有深厚的法律功底，精通检察业务，有比较丰富的检察业务实践经验，能够运用所掌握的法律专业知识解决检察业务中的实际问题，能够熟练主持办案工作，具有较强的组织协调能力，并有较强的语言和文字表达能力，能够规范、熟练制作诉讼文书。三是严格程序。主办检察官的选配要坚持党管干部原则，严格按照组织推荐、讨论决定、颁发证书等程序步骤进行，从检察官的政治品行、司法经验、业务能力、职业操守等方面对主办检察官建议人选进行综合评议，慎重讨论决定人选，并报上级院备案。主办检察官证书由省级检察院统一印制，由主办检察官所属院检察长采取适当形式或仪式向其颁发。主办检察官办案组的其他检察官和检察辅助人员则实行双向选择来确定。

（二）办案组组成人员与形式

有人认为，主任检察官办案组设立1名主任检察官，配置3~5名检察官及若干名书记员。具体由以下三部分人员组成：一是主任检察官。其是组内的总指挥官，负责组织协调办案组内的事务，行使相应的职权。二是检察官，由检察官和助理检察员构成。其是案件的具体承办人，接受主任检察官的监督和指导。三是书记员，负责案件记录、档案管理以及其他安排、接待等办案辅助工作。① 我们认为，在办案组织的构成形式上，要形成并运行以主办检察官为主，配备适当数量的检察官、检察辅助人员的新型办案组织形式。主办检察官

---

① 参见陈旭：《建立主任检察官制度的构想》，载《法学》2014年第2期。

办案组的其他检察官和检察辅助人员则实行双向选择来确定。主办检察官是办案组的负责人，对案件办理负主要责任。其他检察官和检察辅助人员应服从主办检察官的领导，对主办检察官负责；如其不服从主办检察官的工作安排，或由于不负责任使工作出现重大失误的，主办检察官可以向分管副检察长、检察长建议更换或者依照相关程序予以惩戒。其他检察官和检察辅助人员认为主办检察官的指令违法或违纪的，可以提出不同意见，主办检察官不接受意见的，可以向相关部门、分管副检察长、检察长书面反映情况；对于完全按照主办检察官指令执行的行为，由主办检察官承担责任；对于超出主办检察官指令范围或者不按主办检察官指令执行的行为，由其本人承担责任。

检察机关办案组织形式应与具体检察职权的属性相适应。对于司法属性较强的检察职权一般实行一名主办检察官配备一名助手的形式，比如审查批捕、审查起诉、提出抗诉或再审检察建议等；对行政属性较强的检察职权一般以主办检察官为核心组建办案组织，比如开展职务犯罪侦查、法律监督调查等。

（三）主办检察官的职权范围

明确主办检察官在执法办案工作中的职责权限，是建立主办检察官办案组的核心问题。我们认为，确定主办检察官职权范围的主要标准可以概括为四项原则：

1. "法定性原则"。坚持检察长、检委会对重大案件、重大事项的领导和指挥，对于法律明确规定应当由检察长、检察委员会行使的职权，以及检察长、检察委员会认为应当由其行使的职权，应由检察长、检察委员会行使。主办检察官作为检察权行使的主体，其职权应有法律依据，不能违反法律越权办案。但是，遵循"法定原则"还需与"授权论"结合起来，主办检察官的职权除了法律规定之外，还应包括检察长根据具体情况授予其行使的职权，保持必要的灵活性。

2. "相当性原则"。主诉检察官作出决定的权力应与该决定的性质和重要程度相适应。实践中把握"相当性"，主要考虑四个因素：一是考虑决定的性质，看属于程序性决定还是实体性处理。对于程序性事项，主要由主办检察官决定，而实体性处理应由主办检察官提出建议报检察长或检委会决定。二是考虑问题的影响程度，看是重大决定还是一般决定。一般决定由主办检察官作出，对于具有监督性质、相关行为和决定影响其他执法司法机关权力的决定，由检察长或检委会决定。三是考虑问题的复杂程序，对于复杂的业务问题，尤其是主办检察官感到处理起来有疑难的，允许其提交检察长决定，特殊情况下，检察长可以主动干预。四是考虑事项本身的属性，看是事实证据问题还是法律问题。对案件的事实和证据的认定，原则上由主办检察官负责并承担责任,而对法律上的决定,可由检察长和检委会作出决定并对其负责。①

3. "职能性原则"。检察权是由具有不同职能的权能构成的复合性权力,为了适应检察业务工作的特殊要求、确保执法办案质量和效率的有机统一,行使不同权能的主办检察官应具有不同的职权。第一,关于刑事职能办案组的职权。刑事职能中公诉部门主任检察官办案组应给予最大限度的权限。因为公诉案件司法属性比较强,且外部有公安、法院、律师、被害人等多方面监督制约;内部则有侦监、案管、控审等方面的监督制约,内外部的监督制约也比较完善。侦监部门则"特殊例外"可多些,考虑到审查逮捕第一关的重要性,可规定对于那些重大复杂和社会比较关注的敏感案件、涉及新类型新罪名的案件、特殊身份犯罪人员等案件由检察长或检察委员会讨论决定,其他案件则可放权给主任检察官及检察官决定。第二,关于职务犯罪侦查职能办案组的职权。由于自侦工作司法属性相对不明显,它是一种需要严密组织、充分协同配合,具有典型的纵向管理关系的行政性行为,因而侦查组织是一种行政化的组织,往往需要团队集体作战,并且个人的决定可能极大地影响甚至改变办案最终认定的案件事实。为此,对侦查工作中程序性的权力,如提出初查工作方案,组织、指挥初查,制定侦查方案、安全防范预案、风险工作预案,组织、指挥办案组成员实施讯问犯罪嫌疑人、询问证人,调取书证、物证和视听资料、电子数据,勘验、检查、侦查实验、鉴定、辨认,查封、扣押物证、书证和视听资料、电子数据材料,提出适用强制措施和强制性侦查措施的意见,提出延长侦查羁押期限和重新计算侦查羁押期限的意见等权力,都可放权给主任检察官办案组。但立案或者不予立案、案件侦查终结、撤案等实体性的权力仍应由检察长行使。第三,关于诉讼监督办案组的职权。考虑到诉讼监督的范围比较广泛,对这类办案组的权责规定也可以依照"普遍放权和特殊例外"原则,具体情况具体分析,在充分调研的基础上予以明晰。

4. "渐进性原则"。主办检察官办案决定权的下方可以根据实际情况分阶段进行。在初级阶段,检察长或者分管副检察长保留立案、撤案、使用强制性侦查措施和强制措施、不批准逮捕、撤销逮捕、不起诉、变更起诉、撤回起诉、提出纠正违法意见或者检察建议、抗诉、回复下级人民检察院请示等决定,主办检察官行使这些办案权应当报请审批。在下一阶段可以进一步放权,检察长或者分管副检察长仅保留消极性检察权即关于停止诉讼活动或者撤销诉讼行为的决定权,将积极性检察权即有关诉讼活动向前推进的决定权全部下放

---

① 参见龙宗智:《检察制度教程》,中国检察出版社2006年版,第276~277页。

给主办检察官，因为这些权力将受到内部考核、当事人和法院等方面的监督制约。①

（四）主办检察官与检察长、检察委员会、部门负责人的关系

健全检察机关办案组织，应当正确处理检察工作一体化与检察官独立办案的辩证关系，既要落实检察工作一体化的要求，坚持检察长统一领导检察院的工作，完善检察机关案件审批制度；又要突出检察官的主体地位，优化案件审批程序，减少中间审查环节，形成以主办检察官为核心的办案组织。主办检察官在检察长的领导和监督下开展工作，必须严格执行检察长、检委会的决定。同时，检察长、检察委员会有权变更、撤销主办检察官的决定；检察长、检察委员会变更、撤销主办检察官决定的，应当记录在案。主办检察官在执法办案中直接对分管检察长、检察长负责。部门负责人主要负责本部门的执法办案管理工作，监督、检查、协调主办检察官、其他检察官及检察辅助人员的执法办案工作。主办检察官办案组承办意见与部门负责人意见不一致时，部门负责人的意见仅具参考作用，主办检察官可以不采纳。换言之，部门负责人对主办检察官只有行政事务上的管理权，其原来具有的司法办案权由主办检察官行使。②

（五）监督制约、履职保障等配套机制

在"放权"给主办检察官办案组的同时，通过制度机制层面的合理安排，从检察长与检委会、内设机构负责人、办案组内部、专门监督管理机构等方面构建完备的执法办案监督制约制度体系，强化对主办检察官及其辅助人员履职的监督制约，确保严格公正文明规范执法。严格落实检察机关领导体制，坚持检察长、检察委员会审批决定制度，加强检察长、检察委员会对执法办案活动的领导和监督。完善部门管理制度，建立内设机构负责人日常管理监督机制，强化对主办检察官执法办案工作的日常监督。强化案件管理，把握案件分流、立案、批捕、起诉等关键节点，加强流程管理和节点控制。加强纪检监察、执法管理和监督委员会等部门对执法办案过程的监督制约，建立对主办检察官的年度考核制度。建立办案组织内部的监督制约机制，在坚持主办检察官组织、主持办案组工作的同时，加强办案组织成员之间相互监督和工作制约。

建立主办检察官办案组，对主办检察官的职业素质和能力提出了更高的要求，使其承担起相应的、更重的办案责任，为此，对主办检察官的履职保障要

---

① 参见谢鹏程：《关于检察官办案责任制的综合研究报告》，载中国检察学研究会检察基础理论专业委员会编：《诉讼法修改与检察制度的发展完善》，第3~4页。

② 参见蔡雅奇：《主任检察官制改革探索调查》，载《人民检察》2013年第14期。

落实到位，实现责、权、利的统一。首先，要充分信任主办检察官，不得随意限制其职权，不被任意免职，确保其应享有的办案权能够充分行使。其次，要畅通主办检察官法律职务和行政职级晋升渠道，实行主办检察官岗位津贴制度，建立相关激励和保障机制。最后，要落实执法过错追究机制，依法实行执法责任终身制。主办检察官在其职权范围内所作出的决定，主办检察官对其决定承担责任。需由检察长或者检察委员会决定的事项，主办检察官对事实和证据负责。检察长或者检察委员会改变或者部分改变主办检察官决定的，主办检察官对改变的部分不承担责任。

检察委员会改革的路径选择
——基于检察委员会属性的考辨

李领臣[*]　崔家超[**]

近年来,检察委员会(以下简称检委会)制度不断完善,检委会工作逐步走向制度化、规范化,但是尚存在诸多问题,制约了检委会的健康发展。当前理论界和实务界对检委会的研究可以说日益繁荣,特别是对检委会的改革与发展关注较多,但是相关研究的关注点仍多停留在问题的表面,止步于现象分析,对检委会本身的属性关注不够,导致重复性研究较多,所提完善对策泛泛而谈,对于检委会改革的关键问题尚未真正触及,缺乏针对性和回应性,甚至多有讹误。本文希望通过从应然和实然两个层面对检委会属性的考察,来全面认识检委会,并以此为基础,分析问题的根源,以明确改革的基本路径。

一、应然层面下检委会属性的考察

检委会是检察机关的业务决策机构,是独立的办案主体,当然具有司法属性,此为各界共识,不需要过多地讨论。然而,对于检委会是否有行政属性,本是个需要认真对待的问题,但现实中却被有意或无意地忽视。有的论述对于检委会是否有行政属性不予关注,有的论述虽有关注,但没有认真研究就予以否定,认为检委会没有行政属性。如有关论者认为,检委会在组成、运行程序、职能范围等方面行政化色彩过于浓厚,导致实践中出现了不少问题,改造检委会运行机制的重点应放在去行政化上,使其运行全过程符合司法决策的客观规律,实现议事和议案水平的不断提高。[①]我们认为,检委会的行政属性不容否认,决不能因为当前检委会的行政色彩过于浓厚,需要增加检委会的司法

---

[*] 安徽省人民检察院检察委员会办公室副主任、法学博士。
[**] 安徽省人民检察院研究室助理检察员、法律硕士。
[①] 参见张毅、王中开:《论检察委员会的去行政化》,载《法学杂志》2008 年第 4 期;唐立忠:《从个案公正考量检察委员会的去行政化》,载《云南大学学报(法学版)》2011 年第 4 期。

属性，而去否定或漠视检委会应有的行政属性。

（一）检察权和检察机关的性质决定了检委会具有行政属性

无论学界提出何种学说，试图对检察权予以归类，都显得力不从心，而"法律监督权"对宪法文本的重述又显得语义重复。且不管检察权究竟属于何种性质，就检察权的内容而言，无论是侦查权还是公诉权等，都含有一定的行政权属性，即检察权包含着行政权，检察权具有一定的行政属性。同样，"检察机关生于司法而无往不在行政之中"①，无论将检察机关归于何种性质，还是简单地界定为法律监督机关，检察机关都具有一定的行政属性。检察权的性质，揭示检察机关区别其他社会活动主体的根本特性，决定检察机关的法律地位、职权范围与活动方式，反映检察机关的社会功能。检委会是检察机关的业务决策机构，行使着检察权，故检察权的行政属性势必导致检委会也具有一定的行政属性。

（二）检察机关的领导体制决定了检委会具有行政属性

检察机关的领导体制，是指国家权力机关与检察机关之间、上级检察机关与下级检察机关之间、检察机关内部上下级之间的领导与被领导关系以及相关制度安排的总称。就检察机关内部而言，主要是指实行检察长统一领导与检委会集体领导相结合的领导体制。检察长是检察机关的首长，对检察机关的工作享有组织领导权、决定权、任免权、提请任免权、代表权等权力，负有全面的领导责任。检委会实行民主集中制，在检察长的主持下，讨论决定重大案件和重大事项。从历史的角度考察，检委会的决策机制经历了从检察长一长制向民主集中制推演的历史过程，但是检察长仍然拥有特殊的权力。检委会只有在检察长的主持下，才能对检察工作中的重大案件和重大问题讨论决定。检察长因故不能出席检委会，只有在检察长委托一名副检察长主持后，检委会才能召开。委员意见分歧较大的，检察长可以决定不付表决，另行审议。检察长不同意多数检委会委员的意见，可不作决定而报请上级院和本级人大常委会决定。检察长不同意委托的副检察长主持的检委会审议决定，不能付诸执行。检委会决策体制的演变过程，是检委会司法属性逐渐增强的过程，但是，检察长负责制是行政首长负责制的体现，而检委会又在检察长主持下进行，且检察长拥有特殊的权力，决定了检委会必然具有一定的行政属性。

（三）审议重大事项决定了检委会具有行政属性

检委会审议议题主要分为两个方面：一是审议重大案件，如审议有重大社会影响或者重大意见分歧的案件、提请抗诉或者复议的案件以及需要决定回避

---

① 龙宗智：《检察机关办案方式的适度司法化改革》，载《法学研究》2013年第1期。

问题的案件等；二是审议重大事项，如审议在检察工作中贯彻执行国家政策和法律的重大问题，审议提请本级人大及其常委会审议的工作报告和议案、总结检察工作经验、研究检察工作中的新情况和新问题，审议有关检察业务和管理的规范性文件等。如果说讨论决定重大案件属于具体案件事实认定和法律适用的过程，讨论决定重大事项则可归结为一种检察政策、刑事政策的制定和实施以及具体检察工作的抽象总结，更多地体现了检察一体的行政化管理要求，①势必会呈现出较多的行政属性。如重大问题中包括"贯彻执行上级人民检察院工作部署、决定的重大问题"，"重大专项工作和重大业务工作部署"，当审议这些问题的时候，要更多地强调的是根据检察长的意志予以集中而不是委员们一人一票的民主，更多地强调委员们的具体修改建议和意见的提出而不是同意与否的表决。

二、实然状态下检委会属性的考察

在确定检委会改革的路径时，必须明确实然与应然是否存在反差以及存在何种反差，进而为检委会改革的路径选择奠定基础。从应然状态予以考察，可以明确检委会既具有司法属性，也具有行政属性。通过对检委会运作的实证考察，可以明确检委会当前存在应有的行政属性被否定、应予彰显的司法属性被弱化的问题。

（一）检委会职权范围被不当缩小，应有的行政属性难以彰显

现行法律明确了检委会是检察机关的业务决策机构，讨论决定检察工作中的重大业务事项和重大疑难复杂案件，职权范围比较明确，然而，检察机关中还存在多个与检委会并存的决策机构，如党组会、检察长办公会、院务会等，且这些决策机构的决策权在本机关内部也具有终极效力。从实际运作来看，检委会与党组会、办公会等相互间的地位、作用、职能定位尚不十分清楚，不同程度地存在交叉混淆、相互替代的现象，导致检委会自身属性难以彰显。重大案件和重大事项都是检委会审议的议题，此为检委会业务决策的当然内容，但是实践中，多数检察机关尤其是基层检察机关的检委会在履行其职能时往往只讨论重大案件，而重大事项基本是空白，严重存在"重议案轻议事"的倾向，有的院检委会甚至事实上放弃了对检察工作有宏观指导作用和在检察工作中带有根本性、全局性重大问题的讨论决定职能，将原本应有检委会审议的重大事项交由党组会和办公会来审议，导致法律文本规定的二元议题在实践中沦为单一议题，导致检委会应有的行政属性难以显现，减损了检委会的作用和权威。

---

① 参见田涛：《检委会制度的二元化改造》，载《国家检察官学院学报》2009年第5期。

（二）委员司法专业化不足，检委会司法属性彰显不够

人民检察院组织法及《人民检察院检察委员会组织条例》对检委会的组成以及委员任职条件有较为详细的规定，但是实践中，对检委会的司法属性重视不够，对委员的司法专业化重视不够，委员的构成模式和选任程序不尽科学合理，委员的选任更为随意，导致委员的司法专业化不足，影响到检委会的议决质量和效率。

1. 委员选任偏重行政资历，缺乏司法专业化的考量。委员任职没有特别的学历和专业知识要求，导致一些委员文化和专业素质偏低，不具备履行职责所需要的能力和水平。委员的非专业化，法律信仰的淡漠、法律思维的缺乏和法律知识的不足，减损了排除外部干预的能力，容易使案件的处理更多地演变为满足现实需求的过程，而非法律适用的过程。

2. 非业务机构的负责人担任检委会委员，影响了委员结构的专业性。《检察委员会组织条例》规定，各级人民检察院检察委员会由本院检察长、副检察长、检察委员会专职委员以及有关内设机构负责人组成。实践中，除了检察长和副检察长当然为检委会委员之外，政治部主任、纪检组长等院领导只要具有司法资格，一般也被任命为检委会委员。另外，综合部门的负责人也有很多被任命为检委会委员，导致委员中非法律人士过多，检委会委员的总体结构不合理，司法专业化明显不足，难以有效审议重大疑难复杂案件。公诉部门主要负责人、法律政策研究室主任应当是检委会委员，已经散见于最高人民检察院的有关文件中，业务部门负责人的重要性已经被意识到，但是仍然没有形成一个整体思路。

3. 专职委员不专，一定程度上背离了制度规定初衷。2006年，中央在《关于进一步加强人民法院、人民检察院工作的决定》中提出各级检察机关可以设置2名左右的专职委员。专职委员的设置意在改善检委会组成结构，强化检委会的规范化、专业化，提高检委会的决策水平和议事质量。为此，专职委员应当从具有良好的政治素质、法律政策水平高、业务熟悉、经验丰富、议事能力强的资深检察官和优秀检察官中选任。然而，实践中有的地方把专职委员简单理解为解决干警职级问题的途径，导致专委不专：一是业务不专业。或是把部分文化和业务素质低但工作时间较长、资格较老的同志任命为专职委员，作为退休前的待遇，或是将年轻的综合部门机构负责人任命为专职委员，以便为下一步提拔做铺垫。二是工作不专一。将中层干部任命为专职委员后，考虑到专委地位虚化，故又保留内设机构负责人头衔，身兼两职，导致没有精力从事专委工作。如此配备专职委员，不但没有优化检委会班子结构，反而降低了检委会的整体素质，削弱了检委会班子建设。

（三）审议模式一元化难以适应议题的二元化

现行有关检委会审议模式的规定，没有对重大案件和重大事项的审议进行有效区分，即议题性质具有二元化，而审议模式却是一元化，以行政化的模式来审议案件，导致检委会会议的审议模式中，行政属性彰显有余，司法属性彰显不足。

1. 审议难以做到客观公正。根据《检委会议事和工作规则》的规定，检委会议事和决策程序的应然状态是"各位委员畅所欲言、充分发表意见，最后根据多数人的意见综合衡量并作出决定"，但现实中存在两方面的问题：一方面，委员不做充分准备，发言基本上处一种偶然的、自发的状态，各说各的，没有思想的交锋，没有意见的交流，有的只是赞成或反对，不利于消除分歧、集思广益，求得最佳选择。检委会议事决策程序流于形式，在一定程度上沦为一个分担责任的工具。① 另一方面，就是委员意见的表达与检委会的决策往往以检察长或行政级别高的领导的意见为主导，少数委员即使有不同意见，也往往基于政治压力或个人前途等考虑，明知不当却违心表态而不敢如实表达，倾向于察言观色、人云亦云等，这使得检委会的议事决策过程打上了深深的行政化烙印，直接导致了程序的形式化与虚无化，影响了司法民主和科学决策目的的实现。

2. 决策缺少司法亲历性。亲历性原则是体现司法工作规律和特点的基本原则，是司法工作不同于行政工作的重要特征。只有亲自参加办案的人员才能全面了解案件的证据情况、当事人和诉讼参与人的意见和主张，才能正确适用法律，做出合法判断。只靠听取汇报、审阅书面材料和选编的证据材料，很难了解案件全貌，把握案件事实，难以正确适用法律。反观我国现行检委会审议程序，却是不加区分地对二元化议题一概适用一元化的行政化议事模式。检委会讨论决定案件既不讯问被告人，询问被害人和证人，也不审阅案卷，仅仅听取承办检察官的汇报，经过简短的讨论就决定案件的处理。缺乏司法活动的亲历性，获取信息仅靠承办人汇报案情，决策的论证评估机制、智囊系统和信息反馈系统缺失的状态下，容易存在信息失真，很大程度上影响和制约了决策的科学性。

3. 检察长权力特殊影响案件公正审议。检委会制度的核心价值就在于将民主集中制引入检察机关的领导体制和议事程序之中，以"民主议事、民主决策、集体负责"这种集体领导的方式形成对检察长负责制的有效制约和补

---

① 参见丁维群、张湘中：《完善检察委员会决策机制的思考》，载《人民检察》2010 年第 19 期。

充，防止单一首长负责制可能产生的考虑不周和独断专行。① 然而，基于首长负责制以及检察权的独特属性，为保证检察一体化的效果实现和权威彰显，法律在强调民主集中制的同时也规定检察长在检委会议事程序中可以行使"不付表决"、"下次再议"或者"报送上级检察院"等特殊权力，即实行检察长主持下的民主集中制。这看似民主，实则是行政决断，审议重大事项无可厚非，审议重大案件就难免表现出浓厚的行政色彩，影响案件的公正处理。

三、检委会改革的路径选择

司法的真正危险在于对合理改革的胆怯抵制，对法律陈规的顽固支持。② 检委会的理想运作状态是实然与应然保持一致，然而通过上述考察可以明确，实然层面中检委会表现出来的属性与应然层面的检委会属性存在明显的反差。问题明确，改革的路径变清晰起来，即检委会改革的基本路径是，减少检委会的行政色彩，但不否定检委会应有的行政属性；检委会没有得到足够彰显的司法属性应予彰显，但也要注意其合理的边界。

（一）规范、完善检委会的职权范围，确保应有行政属性得以彰显

检委会的职权范围问题，直接决定着检委会作用发挥的空间，直接影响检委会的司法属性和行政属性能否得到彰显。应当准确界定检委会、党组会、检察长办公会等各自的职权范围，正确履行各自的职能责任，保障检委会的业务决策权威得以树立，充分展现检委会应有的行政属性。检委会的决策地位决定了检委会的作用不同于党组会、检察长办公会等。党组会讨论决定的是"党务"方面的重大问题，如贯彻党的各项工作部署、组织人事、纪检监察等；检察长办公会议讨论决定的是"行政事务"方面重大问题，如行政管理、装备、基建等；院务会主要讨论需要各内设机构相互协调的问题；检委会讨论决定的是"业务"方面的重大问题，即重大疑难案件和检察工作中的重大事项。

检委会的议题既包括重大疑难复杂案件，也包括业务上的重大事项。检委会不能光审议案件，将重大业务问题交给党组会和检察长办公会而沦为单纯的案件办理机构，忽视对重大业务的审议决策，导致检委会应有的行政属性得不到展现。检委会要增加业务指导性问题的研究，充分发挥检委会的政策把握和业务指导作用，对检委会议案范围作适当限制，以减少具体案件的讨论数量：重点审议法律适用存在争议的问题，如涉及罪与非罪、此罪与彼罪、一罪与数

---

① 参见卞建林、李晶：《检察委员会议事程序之思考》，载《人民检察》2010年第17期。
② 参见［美］罗斯科·庞德：《普通法的精神》，唐前宏等译，法律出版社2001年版，第134页。

罪等难以认定的案件,对案件事实是否清楚、证据是否充分的一般不审议;重点审议拟作出具有终局性决定的案件,不诉、撤案等案件办理前期非终局性的一般不审议;重点审议诉讼法律监督方面的重大问题,如重大、疑难刑事抗诉案件等,一般程序性案件不予审议。

(二) 委员的选任应当在司法化和行政化上寻求平衡

检委会委员的选任,一定要立足于检委会的职能。不少论者主张,不能以行政资历来选任委员,而是以司法专业的角度来选任委员。甚至有的提出,应明确规定:党组成员在检委会委员中不能过半,除法律规定的检察长、副检察长任检委会委员外,其他党组成员不宜再担任检委会委员。[1] 从检委会兼具行政属性和司法属性看,其组成人员必然不仅限于业务骨干,必须在两者之间寻求平衡。

考虑到检委会的行政属性,检委会更应具有权威性和代表性。除了检察长、副检察长之外,亦应当然将其他院领导任命为检委会委员,这有利于保证行政组织结构的权威化,有利于对重大事项的审议,有利于贯彻落实党委和上级院的工作要求。有论者认为,检委会委员不能当作行政待遇。[2] 如此观点有点绝对,其实检委会委员本身确实代表着一定的行政待遇:一是一般只有担任部门机构负责人和院领导的才能任检委会委员,就说明了检委会委员的行政地位比较高;二是只有检委会委员才能有机会参加重大业务问题的审议,亦是代表一种待遇。行政待遇本身不是问题,关键是要予以合理规制,确保委员实至名归,确保审议客观公正高效。

考虑到检委会的司法属性,委员更应具有专业性。法律监督是个专业性问题,应当吸收法律专业知识与实践经验丰富的业务人才,一是主要业务部门负责人进入检委会,以有效胜任重大疑难复杂案件的审议。综合部门负责人一般不予担任检委会委员,重大事项的审议由担任检委会委员的院领导来把控。需要明确的是,不能将业务部门负责人担任检委会委员,也认定为行政化的表现。通常来说,业务部门负责人在业务上比较精通,而且随着检察机关职业化的推进,业务部门负责人的精英化与专业化会越来越强。二是吸收少量不担任内设机构负责人的精英化的检察官为检委会委员。将具有较高的政治素质和良好的品性,熟悉法律知识,同时还要有相当丰富的法律工作经验和较强的分析

---

[1] 参见李永军、刘德志:《深化检察委员会制度改革之探讨》,载《济宁学院学报》2012 年第 1 期。

[2] 参见张惠云、刘飞龙:《对基层检察委员会制度有关问题的探讨》,载《国家检察官学院学报》2001 年第 4 期。

问题、判断问题以及综合问题能力的年富力强的同志吸收到检委会中。

需要提及的是，可以通过配齐配强专职委员并明确其职责，以解决检委会审议议题时缺乏司法亲历性的缺陷和获取信息递减的矛盾，并使其成为相对业务部门独立的制衡主体。专职委员对提请检委会研究的案件进行程序审查和实体研究，必要时可以对案件犯罪嫌疑人、被害人、证人进行讯问或询问，以保证对案件有一个亲历性的全面了解，以此保证检委会讨论案件具有更客观、扎实的事实依据，供检委会决策参考。① 业务部门负责人与分管副检察长在讨论案件时既要考虑检委会的整体目标，也会考虑自身部门的利益需求。专职委员因其一般不分管具体的业务部门，在讨论案件时地位超脱，不会受部门利益所限，其个体目标与检委会整体目标往往是一致的，通常会站在客观公正的立场上发表意见，② 有利于保障案件的客观公正独立的审议。

另一个需要关注的是委员终身制现象。有的认为，应当废除委员的终身制，实行任期制。终身制确实一定程度上阻碍了业务部门的负责人和其他优秀的检察官进入检委会，不利于实现竞争和优胜劣汰，影响了检委会的精英化程度和权威性，而且难以调动检委会委员钻研业务的积极性。③ 但是对于委员终身制如何变革，应当全面看待：对于院领导担任检委会委员的，可以根据职务的调整来适时调整其委员资格，进而实现委员的更新，即委员的更新主要是行政色彩人员的更新；对于检察业务专业人才，则不应强调打破委员的终身制，而应强调法律知识的积累和已有检察工作经验的重要作用，除非委员有明确的过错或违法行为，一般不得随意任免。如业务部门负责人担任检委会委员的，因为年龄等原因不再任部门负责人的，仍可担任检委会委员，这与强调法官的经验和资历是一个道理。

（三）审议程序进行二元化构造

鉴于议题性质二元化与审议程序一元化之间的抵牾，有条件时可对检委会的审议程序实行二元化审议模式。所谓二元化审议模式是指检委会根据审议议题性质的不同，分别适用不同的审议程序：对于具有诉讼化议题性质的重大案件，适用准司法化模式的审议程序；对于其他性质的重大检察业务事项，适用行政化模式的审议程序。日本的检察制度可以对我们进行二元化改革提供借鉴：日本的检察工作分为检察事务和检察行政事务两类。检察官在从事检察事

---

① 参见罗树中：《检察委员会科学决策机制研究》，载《中国刑事法杂志》2011年第1期。
② 参见吕钺、张焕群、龚坚强：《对基层院检委会专职委员职能作用的思考》，载《中国检察官》2010年第7期。
③ 参见邓思清：《再论我国检察委员会制度改革》，载《人民检察》2010年第11期。

务时，独立地行使职权，只对法律负责，不对上级负责，但必须接受本级检察院长官的指挥与监督。检察人员在从事检察行政事务时，必须受命于上级，对上级负责。①相比较一元化的审议模式，二元化审议模式的精髓在于根据议题性质的不同而采取不同的审议模式，重大案件采用准司法化的审议程序。

所谓准司法化，是指检委会在审议重大案件时采行类似诉讼的形式，由案件承办人员、案件利害关系人即特定相对人分别就案件的主要问题和内容进行陈述，检委会委员听取各方意见后进行讨论、辩论和表决。准司法化模式是在分解检委会议题性质的基础之上，借鉴现代司法所应具备的典型样态，将案件特定相对人引入议事程序之中，增加司法的亲历性，使得重大案件的议事模式从封闭走向适度开放，以消除目前议事模式单一化的不足。案件办理是以亲历性为基础的独立裁判，对当事人言辞的判断，对证人所作证词可信性的判断，都离不开判断者的近距离观察。现代诉讼的言词原则和直接原则都是这种诉讼活动的内在要求。检委会之案件审议是一种司法性很强的活动，体现检察权的行使，必须坚持司法亲历性原则。当然，这一改革目前施行尚有一定难度，不能一蹴而就，但准司法化的审议模式为改革办案主体与决定主体分离的业务工作机制，逐步实现办案主体与决定主体的合一，增加司法亲历性奠定了良好的基础。今后应着力加以研究和探索，在司法体制和工作机制改革中予以考虑，如何体现司法的亲历性，改变以往办案只见机构不见人、决定者不办案、办案人无决定权、层层审批、集体决策、主体模糊、责任分散的业务工作机制和做法。当前，可以从以下两方面着手，向准司法化不断迈进：

1. 强化交流辩论。目前检委会一般采取承办人汇报基本情况，直接业务负责人补充说明，检委会委员发表意见、会议主持人发表意见顺序进行，虽有交流，但多为各说各的，主题不集中，观点的碰撞力度不够，难以全面深入高效地审议案件。按照对抗性制度理论，要寻找一件刑事或民事官司的真相，最好的办法是对抗性的辩论双方互相挑战、怀疑、质问。②而辩论通过不同意见的交流、说服和协商，不仅有利于消除分歧、促进理解，而且有利于发现深层次的问题，集思广益，提高认识，求得最优选择。

相关的一个问题是，当前不少论者主张为了促进决策民主透明公开，强化外部监督，保证检察权依法行使，应当允许人大代表、政协委员等外部人员列

---

① 参见黄海、梁晓淮：《论检察委员会的法律地位及其改革完善》，载《西北大学学报（哲学社会科学版）》2010年第1期。

② 参见柳振华、陈明涛：《检察委员会可否引入辩论机制》，载《人民检察》2009年第2期。

席检委会,① 甚至有的建议应当允许公安、法院人员列席检委会。② 对于重大业务事项,确定外部人员列席检委会,可以及时吸纳意见,确保决策更加民主和科学,且一般不会影响委员的自由决策。但是对重大案件的审议,在外部人员列席的情形下,委员难以客观中立不受影响作出决断。即使强调的审判公开,也不包括审委会委员表决的公开,不会公布各个委员的具体意见,对于检察机关来说,检务公开范围更窄,更不包括决策过程的公开,案件审议过程更应强调保密,确保委员能依法不受外界干扰地作出决断。法院院长列席检委会会议,不仅于法无据,而且负面效应明显:一是审判主体介入公诉审查环节,严重违反了控审分离的司法规律,容易形成事实上的庭前"会审",不利于独立行使检察权、审判权,案件当事人的诉讼权利也会因此受到减损或抑制;二是冲淡了检察长列席人民法院审委会会议制度的法律监督属性,变单向列席为对等列席,使之混同于一般的检法联席会议等工作机制,不利于检察机关依法实施审判监督。

2. 构筑平等审议平台。行政权运作的一个重要特点是首长负责制,这是基于行政运行效率的客观需求,但司法崇尚的是独立,司法者以其经历和学识独立地对事件作出判断,民主法治的基本要求之一就是充分地表达自由以及社会对此类自由的尊重。检察长既是检委会的平等一员,又是"统一领导检察院工作"的行政首长,拥有特殊的权力及权威,在审议重大事项中是合理且必要的,但是在重大案件审议中,应尽量减少检察长作为党政领导人这一角色对其他检委会成员的影响,进一步弱化检察长主持会议的事实上的主导地位,使检察长的角色和其他检委会成员在角色扮演上不要形成事实上的上下级隶属关系,从而在源头上避免检察长的角色紧张与冲突,③ 确保委员能平等、独立、中立地发表个人意见,防止个人独断。

---

① 参见孟强:《外部人员列席检察委员会制度的建立》,载《中国检察官》2010 年第 2 期;杜保周、陈春霞:《论列席检察委员会制度探析》,载《中国检察官》2010 年第 7 期。
② 参见刘宏:《论建立开放性检委会决策程序》,载《检察日报》2010 年 11 月 28 日第 3 版。
③ 参见姚建才:《论检察委员民主决策》,载《人民检察》2010 年第 5 期。

从群体决策理论看检察委员会
决策机制司法属性的强化

谭 明* 王 岚**

检察委员会（以下简称检委会）是检察机关内部依法讨论决定重大案件和检察工作中的其他重大问题的业务决策机构，其是检察权行使中最为重要的组织形式，是检察权运行的中枢。检委会自产生以来，发挥了保障检察权正确行使和推动检察工作全面发展的重要职能作用，但也因其行政性色彩过于浓厚、走形式、走过场现象的普遍存在，检委会决策机制在制度设计和实践运作中仍然存在很多问题，颇受理论界和实务界诟病。如何增强检委会的司法属性也已成为新一轮检察体制改革研究的热点。

一、群体决策理论引入检委会决策机制

（一）两个概念：决策与司法属性

决策是一个广泛的概念，反映一个动态过程。即运用个体的感知觉、记忆、思维等认知能力，对情境作出判断和选择的动态过程；两个或两个以上的主体起最终决定作用的过程即群体决策。群体决策有显著的优点，如决策信息和知识更完全、观点更具多样性以及决策更容易被接受；也有突出的缺点，如成员表态从众、领导权威、风险转移等。检委会是检察机关内部讨论决定重大案件和其他重大问题的决策机关；在决定过程中，数个委员（7~25名）通过运用感知觉、记忆、思维等认知能力最终作出判断和选择，这个过程就是群体决策。

属性，指对象的特性、特征；司法属性，即司法活动的一般特点，具体表现为主体的中立性和专业化、活动的法定化和程序化、结果的确定性和权威性。在我国，检察机关和审判机关同属司法机关，检察机关不受行政机关、团

---

* 湖北省恩施土家族苗族自治州人民检察院副检察长，全国检察理论与应用研究人才。
** 湖北省恩施土家族苗族自治州人民检察院研究室干警。

体和个人干涉,其遵循法定程序行使公诉权、职务犯罪侦查权、诉讼(司法)监督权,[①] 检察权具备独立、权威、民主的司法核心价值;[②] 检察业务当然具备司法属性。作为检察权运行中枢的检委会,其司法属性必然表现在检委会决策主体的中立专业;检委会决策过程的法定和程序——检委会按照既定的程序和规则进行客观判断;检委会决策结果的确定和权威——检委会作出决定具有法律效力,进而引起下一个法定程序。

(二)一种疑虑:群体决策影响检委会司法属性

如前所述,根据检委会自身的司法属性要求,检委会主体须中立专业,检委会活动须法定化和程序化,检委会作出的决定确定权威,具备法律效力。然而,检委会作为一个群体,其具有舆论、默契、情绪气氛、从众现象等群体心理,这种群体心理是否会对检委会的司法属性产生影响?对此,我们可以对检委会决策进行简单分析,如决策主体,检委会首先有一个相较其他成员强势的主持人,他不仅具有检察长、党组书记的身份,还可决定报请上级检察机关决定从而否定多数委员意见,这样一种氛围的检委会能否保证每个成员完全不揣摩检察长的意图?再如检委会行政会议式的讨论模式,承办人由于自身能力的限制、自身价值观等原因,汇报时不可避免地带有倾向性;而检委会委员由于不讯问被告人、不询问被害人和证人,由于时间所限也不会详细审阅案卷,通过听取带有倾向性意见的汇报(承办人),检委会委员能否保证客观理性地作出决定?

正是上述疑惑客观存在,而检委会决策也必须遵循群体决策的一般原理,因此,如何有效运用群体决策理论增强检委会的司法属性就是本文欲以解决的问题。

二、群体决策理论下检委会决策机制存在的问题

(一)成员角色与群体心理影响决策主体中立与专业

检委会成员角色冲突。目前,检委会成员分为兼职委员和专职委员。新中国成立之初检委会委员曾多由检察机关外的人员担任,[③]此后检委会委员均由检察机关内部人员组成,且成员均为兼职。2006年后检察机关开始设立专职检委会委员,[④]截至2012年上半年,全国绝大多数检察机关(除部分基层区县

[①] 参见闵钐:《检察权属性与检察机关定位之协调》,载《人民检察》2010年第11期。
[②] 参见陈松林:《从司法民主性看人民监督员制度的正当性》,载《法学杂志》2010年第1期。
[③] 1949年10月19日,中央人民政府任命罗荣桓、罗瑞卿、何香凝等14人组成最高人民检察署委员会会议。
[④] 《中共中央关于进一步加强人民法院、人民检察院工作的决定》(中发〔2006〕11号)。

检察机关外)已基本配置一至二名专职委员。

具体解析检委会成员的构成,检委会委员多担任检察长、副检察长、部门负责人(专职检委也多由业务部门的主要负责人兼任,如浙江嘉兴市的两级检察机关,专职委员兼任业务部门负责人的比例达到了71.43%)。① 以笔者所在的E州检察院为例,该院共有17名检委委员:3名前任检察长(其中1名为退居二线的该院前任检察长,现为正厅级巡视员,2名委员为辖区内基层院前任检察长);10名检委委员分别为侦监、公诉、反渎、反贪、民行、监所、控申、技术、研究室、机关党委等部门负责人;4名委员分别是正副检察长。部门负责人和院领导达到82.35%。该院检委委员组成情况如图所示:

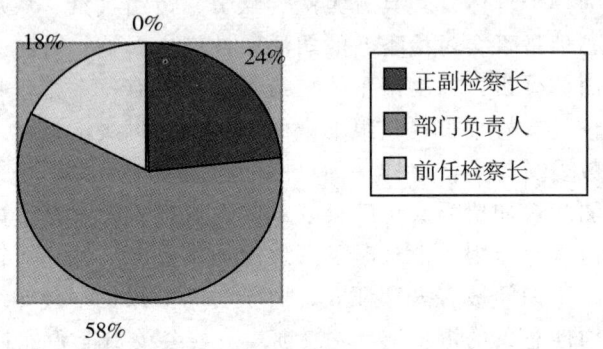

按照组织行为学的理论,不同的群体对其成员的角色期待不同。以检察长为例,其既是检察机关的党政首长,也是检委委员和检委会主持人,委员、主持人、党政首长的角色期待各不相同。作为委员,检察长的意见与其他委员意见汇集成为决策的基础;作为主持人,检察长需要把握整个检委会会议进程,不仅有效率还要有效益地作出最终决策;作为党政首长,我国检察机关遵循检察长负责人,其最终决定检察机关的重大事项,权威地位不言而喻。诸多角色交织在一起,极易产生角色冲突,如党政首长的权威不自觉带入讨论过程,甚至对其他委员产生潜在影响,进而影响决策的民主。再看担任其他领导的检委会委员(副检察长、部门负责人以及卸任的前任检察长),由于检委会委员的身份是因"领导"地位的确定取得,② 且现阶段检察机关内部管理机制与人员晋升仍然与行政机关类似,管理气质在这类委员中尤为突出,管理工作也占据

---

① 参见彭志刚、吴新华:《再论检委会专职委员制度的困境与出路——以专职委员角色定位为切入点》,载《法学杂志》2013年第2期。
② 《人民检察院检察委员会组织条例》第2条:各级人民检察院检察委员会由本院检察长、副检察长、检察委员会专职委员以及有关内设机构负责人组成。

了这类委员的大部分时间；相对应的，检委会委员所需的判断思考特性受到挤压，不仅表现在缺乏专家型委员，更表现在检委会整体的知识结构也缺乏系统性和广泛性，在讨论涉及面广的复杂案件时更多地是凭感性认识和经验发表意见，难以从专业的角度对案件的定性做系统的论证，也就难以做到论证透彻、决策科学。如 E 州检委委员都有领导背景（正副检察长、卸任检察长、部门负责人），检委会委员在讨论敏感案件时较易在维护稳定方面达成共识，对于案件的定性反而争议不大。

（二）"从众"的群体思维倾向

从众，是指个人的观念或行为由于真实的或想象的群体的影响或压力，而趋向于与多数人保持一致的现象。① 从众行为，有的是因为感觉到群体其他成员的选择一定有很好的理由，有的是担心如果不遵从，可能遭到其他成员的排斥，从而不能继续保持自己在群体中的位置。从众行为在成员之间存在领导与被领导关系时更是明显。

回到检委会这个群体中，检委会委员也可能受"从众"的群体思维影响。《人民检察院检察委员会议事和工作规则》（以下简称《议事和工作规则》）第三章议题的审议中，第 16 条、第 18 条、第 19 条规定了检委会委员有发表个人意见的权利、发言顺序以及发言要求；第 22 条规定了检委会表决议题的方式、表决的规则；第 21 条、第 24 条规定主持人、检察长的"特权"，如主持人可暂不作出决定，检察长意见与多数意见不统一时，其拥有报请有关机关决定的权利。这些规定大致勾勒了检委会这个群体的思维过程，通过有顺序的发言形成决定。条例的制定者们注意到了要尽量使委员们独立发表意见，设置了相对独立的讨论、表决程序，以避免检察长权威影响其他委员，真正在民主的基础上作出最优决定。实践中，《议事和工作规则》能否有效贯彻制定者的这个意图，检委会的讨论、表决是否卓有成效？还是以 E 州检委会 2013 年审议议题为例，E 州 2013 年共审议重大案件 7 件，审议重大报告、规范性文件 3 份。在案件审议中，委员们听完承办人汇报案情后会向承办人提问以进一步了解案情，提问主要是针对承办人汇报中不清晰的地方，这一过程时间在 40 分钟至 2 个小时之间，再次就是依照发言顺序发表意见，最后由主持人（检察长）进行总结，会后根据委员们的意见整理会议纪要。由于规模小（出席会议人数多在 13~15 人之间），主持人可比较容易记清其他委员的意见，因此当场判断是否过半数并不困难。在重大事项的审议中，委员们对其中 1 份规范性文件和 1 份报告提出了语言表述、结构布局的修改意见，对个别条款委员们的

---

① 参见孙健敏、李原编著：《组织行为学》，复旦大学出版社 2011 年版。

意见有相左的情况出现,主持人要求起草部门根据意见进行修改;另外1份由于时间限制,主持人仅要求委员们会后提供书面反馈意见,由起草部门汇总修改。从最高人民检察院的规定和实践中都可以看出,委员与汇报人之间有交流,委员的发表意见只有一次机会,委员之间难以就不同意见展开讨论,这样可能产生两种情形:(1)当前面多数人意见一致时,后发言的委员很有可能"从众";(2)后发言的委员(担任院领导,尤其是检察长)有不同意见,其他委员难以进一步阐释和坚持自己意见,很有可能在表决中"服从"权威。长此以往,检委会审议极有可能沦为过场。

(三)群体决策的风险转移影响检委会决策质量

群体决策中存在风险转移与决策极化现象。所谓风险转移,是指群体决策时,决策错误及其不良后果的风险承担者不再是个人,而是作出一致的群体决策的所有群体成员;正是由于"风险转移",群体成员个人责任得到分散,群体决策相对于单个人决策更可能倾向冒险。这点可以反映在检委会决定的"高效率"中。一般上检委会讨论的案件为重大案件,或有重大社会影响或有重大意见分歧,承办人、承办部门可能讨论多次仍不敢作出决定,而检察委员会可能就是讨论两三个小时甚至更短的时间就作出了决定。虽然说作出决定即是检委会的目的,但在目前普遍缺乏专家型委员的检委会成员结构下,快速作出决定与单个检委委员风险分散有着重要的因果关系。如何保证检委会作出的决定在有"效率"的同时更加有"效益",笔者认为,不仅需要在讨论决定的过程中增加技术性因素以将群体决策控制在合理轨道之内,还需要建立完备的责任追究体系,以反馈控制群体决策的质量。

我国《人民检察院错案责任追究条例(试行)》规定,检委会讨论决定的案件有错误的,由检察委员会集体承担责任,已表明检委委员所作出的决定由检委会集体承担。但检委会集体究竟以何种方式承担责任,持不同意见的少数委员是否属于免责范围,甚至上一级检察院对于检察长不同意多数委员意见的报请答复应当如何划分责任,是作出答复的上级院领导、职能部门还是下级院检委会?这些问题不解决,检委会决定错误追究责任将始终是镜中花水中月。

(四)群体的稳定与封闭影响决策过程的法定与程序

检委会是一个具有稳定结构的法定组织,检察长、副检察长、部门负责人作为群体成员被深深地包容在检委会之中;在决策过程中,成员们与外界隔离,会议讨论记录不公开。这种稳定封闭的决策机制,当事人无从知晓检委会的参与成员是否和本案有利害关系,法律所赋予的申请回避的权利就无法行使;而现有的机制也无法监督检委委员是否按照规定申请回避,这样一来,法定的回避程序得不到落实,不仅对程序自身的公正是一种伤害,检委会决定的公正性也难免受到质疑。

三、群体决策理论下的检委会制度完善路径

(一) 改革消除角色冲突

检察机关实行检察一体化的领导体制，推行"上下统一、横向协作、内部整合、总体统筹"的"检察工作一体化"的工作运行机制，①"行政化"几乎是检察机关的底色。而检委会作为检察机关内部一种在司法民主基础上的集体决策机制，其决策的作出需要多数检委会委员的意见得到表达和确认。如果任由检委会委员背后行政权威的强弱最终决定检委会委员的意见表达，那么检委会也将名存实亡。因此，检委会委员在讨论决策中需要明确检委会委员的角色定位，而消除角色冲突从制度上来讲可以从以下几个方面着手：

1. 引进一线办案人员进入检委会

检委会委员的"官员"色彩如何淡化？笔者认为，考虑到现实情况，②可以在检察长、副检察长以及主要部门负责人担任检委会委员之外，设定一定比例检委会委员由一线办案人员担任，即引进一批未担任行政职务的检察官为检委会委员。具体做法可以采用竞争机制，如笔试、答辩、业绩评比等方式，也可采用相结合的方式，在此基础上，组织对初选的人员进行考核并公示，最后提请同级人大常委会正式任命。③ 这一做法在当前的司法改革中有实践操作的可能性。以湖北检察机关推行的基层院内部整合改革为例，基层院工作机构扁平化管理，绝大部分参与改革的基层检察院实行"五部制"，④ 行政负责人员减少，也就意味着拥有"纪检组长"、"政治处主任"、"反贪局长"、"科长"头衔的检委会委员减少，只拥有"检察官"身份的检委会委员增多，一线办案人员进入检委会的机会自然增加，从而减少角色冲突。

---

① "检察工作一体化"是湖北检察机关在最高人民检察院的领导下深化检察改革的机制创新。
② 《人民检察院检察委员会组织条例》第2条规定了检委会成员资格——由本院检察长、副检察长、检察委员会专职委员以及有关内设机构负责人组成；第3条规定了检委会规模——最高人民检察院为17人至25人；省、自治区、直辖市人民检察院为13人至21人；省、自治区、直辖市人民检察院分院和自治州、省辖市人民检察院为11人至19人；县、市、自治县和市辖区人民检察院为7人至15人。
③ 参见刘昌强：《检察委员会制度研究》，西南政法大学博士学位论文。
④ 将原有的多个内设机构整合成批捕公诉部、职务犯罪侦查部、诉讼监督部、案件管理部和综合管理部等5个实际运行的工作部门。个别情况特殊基层检察院经省检察院严格审批，可作出调整。如湖北省人民检察院的3个监所检察派出院，设立案件办理部、刑罚执行监督部、刑事检察部、综合管理部等4个部门；再如，允许干警人数仅十多人的微型院试点设立更少的部，或探索只设一个管理办公室，实行检察长直接领导检察官的工作模式。嘉鱼县检察院实行"七部制"。

2. 平衡主持人与检察长的角色

如前所述，检察长在检委会审议议题时，三重身份叠加，极易对其他成员产生影响。① 要确保每个检委会委员平等、独立、中立地发表个人意见，就必须弱化主持人身后的"检察长"角色，强化其维持会议秩序和流程的"主持人"角色。作为主持人，其在会议之中应当履行如下职能：第一，主持人应当在指定的开会时间判定出席人数是否满足法定人数，然后宣布开会。第二，经主持人允许，承办部门、承办人开始汇报案情。第三，主持人主持对审议议题的讨论。凡是议题涉及的主要问题，如案件的事实认定、法律适用和制定规章制度等有关问题都应当由检委会委员逐一讨论。在讨论程序中，每个检委会委员都可针对议题发表意见、提出问题，并允许其他委员提出不同意见。主持人负责维护讨论秩序、提高讨论效率，为了防止主持人（检察长）的个人意见影响其他委员发表意见，应当限制主持人（检察长）在讨论过程中发表表态性意见。② 第四，主持人主持辩论，合理控制辩论的时间和次数（如下所述）。第五，主持人主持表决程序。

（二）增加委员独立表达的机会

1. 委员可就不同意见进行讨论

如前所述，委员们在发表意见时可与汇报案情的承办人交流，但委员之间难以就不同意见讨论，更易产生群体决策中"从众"、"服从"的弊端。鉴于此，笔者认为应当增加委员之间的交流机会，应当允许委员们就不同意见进行交锋，也就是引入辩论制度，通过辩论集思广益明辨是非作出最终决定。以检委会审议案件为例，案件的事实认定、涉嫌罪名、当事人责任以及案件的处理决定等有关问题均成为本次检委会辩论的议题，这些问题由参会人员向主持人提出，经主持人允许后即可成为辩论的主题。注意，一次辩论解决一个问题，辩论完毕即对这个问题进行表决。也就是说，在审议案件中，每一项犯罪的事实认定、每一项犯罪事实涉嫌的罪名均需逐一辩论表决。在辩论中，需要遵守规则，如委员们的发言需先向主持人申请，经主持人点头示意或口头表示允许后进行发言，同一时段内只允许有一位委员发言，其他委员一般不得插话；委员们应当围绕议题进行观点鲜明、简明扼要的发言，当委员的发言与议题无关时，主持人有责任进行提醒，以及允许未发过言的委员在有多位委员申请发言时有优先发言的机会；辩论不得照念发言稿；不得攻击其他委员，"对事不对

---

① 在中国的司法实践中，由于检察长实行异地交流，其权威可能会因处于"陌生人"（其他检委会委员）中受到影响，但考虑到中国社会长久以来的"官本位"传统，该影响可忽略不计。

② 参见张智辉：《检委会正确决策的程序保障》，载《法学》2011年第10期。

人"；禁止扰乱会场，严禁委员们在辩论时私下交谈等。为保持主持人的中立地位，主持人一般不应当参与辩论；如果主持人认为必须提醒会议在辩论中忽略了非常重要的问题，他可以将主持的责任转交给当场未发表过意见且不以"参与辩论"为借口拒绝的副检察长或其他成员，待当前辩论的议题表决后，主持人恢复主持。

2. 检察长与其他委员票权相同

人民检察院组织法、《人民检察院检察委员会组织条例》、《议事和工作规则》等均对检察长的票权做出了不同于一般检委会委员的规定，检察长在不同意多数委员意见时，可以报请上一级检察院或本级人民代表大会决定，同时检察长担任主持人，还可决定暂不作出决定，宣布"下次再议"。从这些规定中，可以看出检察长的票权优于其他委员。然而，检察委员审议案件，是一种适用法律为主的司法断案活动，对案件的认定处理更需要的是法律专业知识以及司法经验，需要每个委员的独立判断，检察长作为检察机关的党政首长，并不意味着能当然在法律专业知识和司法经验中优于其他委员，承认检察长的票权高于其他委员，等于预先在司法判断上设定了一个标准答案。检委会审议事项，是在集思广益的基础上拿出最优意见；在我国，检察长以党组书记和行政首长的身份统一领导检察工作，其权威地位难以撼动，检委会正是对检察长的权力进行合理限制，以防其独断专行；如果检察长在重大事项的审议上有高于其他委员的票权，那么审议重大事项可能就纯粹沦为"走程序"。因此，检委会的票权与其他委员相同，检委会委员在充分表达意见的基础上，一人一票，决定以获得多数以上委员同意通过，少数人的意见可以保留并记录在卷。

（三）建立健全责任追究机制

检委会决定具有风险转移与冒险倾向增大的特点。尤其是在人民检察院组织法、《人民检察院检察委员会组织条例》、《人民检察院检察委员会议事和工作规则》等均规定了同级人大常委会、上一级检察院最终作出决定的权力，[①]风险转移更具可能性。为了有效避免决策失误，笔者认为可从以下方面加以

[①] 人民检察院组织法第3条：……如果检察长在重大问题上不同意多数人的决定，可以报请本级人民代表大会常务委员会决定。《人民检察院检察委员会组织条例》第14条：地方各级人民检察院检察长在讨论重大案件时不同意多数检察委员会委员意见的，可以报请上一级人民检察院决定；在讨论重大问题时不同意多数检察委员会委员意见的，可以报请上一级人民检察院或者本级人民代表大会常务委员会决定。在报请本级人民代表大会常务委员会决定的同时，应当抄报上一级人民检察院。《人民检察院检察委员会议事和工作规则》第24条：检察长不同意多数检察委员会委员意见的，对案件可以报请上一级人民检察院决定；对事项可以报请上一级人民检察院或者本级人民代表大会常务委员会决定。报请本级人民代表大会常务委员会决定的，应当同时抄报上一级人民检察院。

完善：

1. 本级检委会具有决定权。强调经集体讨论作出的检委会决定具有权威性，建议废除议案的报请审批制度，检委会审议议题应当按照多数委员意见作出决定，检察长与其他委员的意见表达效力相同，即检察长不同意多数委员意见时，也按照少数服从多数的原则作出决定。此外，下级检察院对上级检委会的决定应当无条件执行，取消复议环节，以增强检委会决定的确定性和执行力，提高司法权威。①

2. 建立责任追究机制。案件承办人对案件事实的真实性、证据的确实性和关联性负责，承办部门负责人对承办部门集体讨论的处理结果负责，检委会应对其作出的决定负责，检委会的成员对各自发表的案件定性和处理负责。对于因检委会决定错误而导致的错案，追究检委会委员的责任。要将集体责任分解兑现到个人，即以检察委员会讨论记录为依据，对检察委员会的错误决定投赞成票的委员应当认定并承担责任。检委会委员的议事决策责任应当是终身的，不因工作的变动或职务的卸任而消失。

3. 完善检委会绩效考评管理。目前，有不少省级检察院将下级检委会工作纳入绩效考评，但考核的内容多是检委会的会议纪要、会议记录、开会次数等，如广西在 2012 年的考核评价办法中有对检察委员会工作规范化建设达标进行考核，考核的内容是会议纪要、会议记录、集体学习、督办、文书归档 5 个方面；湖北省 2013 年对检委会办公室工作进行考核，考核的内容是报送指导案例、会议纪要报送两个方面。考评多限于上级检委会办事机构检察下级检委会办事机构的资料报送、归档，对委员如何履职并未涉及。因此，笔者建议为增强委员的责任心，应当建立本级检委会委员的履职情况考评机制。具体做法可由检委会办事机构统计每年每位委员履职情况，包括参会次数、发表意见次数，对于达到一定次数的缺席或不发表意见次数，经检察长提请由人大常委会撤销检委会委员资格。

（四）扩大检委会透明度

在案件办理过程中，承办人或承办部门认为需要提交检委会讨论的，应当提前通知当事人，并告知检委会成员名单；当事人认为检委会成员存在法律规定的回避事由的，有权申请他回避，同时，检委办可定期将所有检委会委员的个人信息通过当地新闻媒体进行公布，从而扩大检委会透明度，实现程序公正。

---

① 参见刘昌强：《检察委员会制度研究》西南政法大学博士论文。

法治化进程中检察委员会制度改革之思考
——以人民检察院组织法修改为背景

黄凯东[*]　张建兵[**]

检察委员会是中国特色社会主义检察制度的重要内容之一，是检察机关民主决策、科学决策、依法决策的重要组织形式，也是各级检察院内部的业务决策机构，在发挥集体智慧、防止错案、预防腐败等方面发挥着积极的作用。检察委员会的决策机制在历史演进中虽然取得了长足进步，但从制度层面及实践运作来看，检察委员会决策机制仍然不尽完善。具体表现为决策机制仍带有较强的行政色彩、决策主体专业化不足以及责任机制缺失等。党的十八届三中全会对深化司法改革提出了明确要求，突出强调要"健全司法权力运行机制"与"加强和规范对司法活动的法律监督和社会监督"。即将修改的《中华人民共和国人民检察院组织法》（以下简称检察院组织法）中，应对检察委员会制度进行相应修改，以立法的力量推动现行检察委员会制度的发展和完善。在法治化进程中，检察委员会制度的健全和发展应当以司法化改革作为检察委员会改革和完善的关键性进路。本文以检察院组织法的修改为契机，从检察委员会司法化改革的基础理论入手，分析现行检察委员会制度不足和司法化改革面临的问题，探讨检察委员会司法化改革的现实进路，以期为检察院组织法相关条文的修改提供有益参考。

一、法治化进程中改革检察委员会制度的必然性

法治是一种"法律至上"、"法律主治"的社会状态。"法治化"是人类社会组织文明发展的成果，从各种非法治形态的统治形式最终走向"法治"治理模式，是人类社会经过长期的社会实践逐渐摸索出来的真理。因此，走向法治是任何一个国家、任何一个民族走向现代化所回避不了的历史必然。人类

---

[*] 江苏省南通市通州区人民检察院党组书记、检察长。
[**] 江苏省南通市通州区人民检察院检察委员会专职委员，研究室主任，全国检察理论人才。

社会最终必然要在"法治"的环境下走向"大同"。但是，也要看到，人类探索法治的实践之路是漫长的，在不同的历史阶段，人们对法治的认识水平也有所差异，法治建设的侧重点也各有别，因此，适应时代的要求，努力实践适合于一个特定时代的法治形式和法治实践活动的"重点"，是"法治化"对"制度"提出的最低要求。法治的构成要件之一就是要求有一个有效的司法机制的运作，[①]而该机制运作本身的权威对于法治化进程的发展不言而喻。如果要对该机制运作的效用进行分析的话，首先需要对该机制的功能及其实际运作状态予以探讨。我国当前最为重要的任务之一就是实现现代化。党的十八大指出："建设中国特色社会主义，总依据是社会主义初级阶段，总布局是五位一体，总任务是实现社会主义现代化和中华民族伟大复兴。"[②]将我国的社会主义现代化建设作为我国建设社会主义的重要任务来谋划和推进。在由传统社会向现代社会的缓慢过程中，司法现代化是毋庸置疑的，并且，成为20世纪全球历史进程中的基本法律表现。司法现代化是一种法治化的现代进程，主要是为了实现程序正义与实质正义，司法现代化必然要求法律运作和法律组织机构的现代化与其相适应，这就是说，司法的组织及其工作人员、司法过程、司法的内容都必须与现代化的法律制度相适应。

然而，由于司法改革的整体理论储备仍比较薄弱，致使司法改革包括检察改革仍面对重重矛盾和种种难题。如何改革现行的检察制度，是事关检察事业发展、事关司法改革本质命运、事关司法现代化进程的重大问题。我国现行的检察制度是新中国在政权建设和法制建设进程中的历史性选择，其产生具有科学的理论基础、坚实的政治基础和深厚的实践经验，具有自身的强大优势和强大的生命力。现行检察院组织法第3条第2款规定了检察委员会的设置范围、组织原则、议事程序、议事范围等，这是法律对检察委员会在检察机关中的地位和活动原则的规定。检察委员会制度设立的初衷，是发挥集体智慧，在民主集中制原则下对重大疑难案件和其他重大事项进行讨论，以保证重大决策的质量。它是中国特色检察制度的主要组成部分，也是司法现代化所要求的。检察委员会作为现行检察制度的重要组成部分，具有深厚的政治、文化基础，只是由于体制缺陷或者技术原因而阻碍了功能发挥，基于此，检察委员会的改革就是要在现行检察制度的基础上，以司法现代化为标准，充分发挥其合理性。

---

① 参见 [美] 安托尼·斯卡利亚：《法治社会中法院的作用》，载《法律适用》2002年第10期。
② 胡锦涛：《坚定不移沿着中国特色社会主义道路前进为全面建成小康社会而奋斗——2012年11月8日在中国共产党第十八次全国代表大会上的报告》，人民出版社2012年版，第13页。

二、现行检察院组织法有关检察委员会制度规定不足

（一）对检察委员会制度的规定过于简单笼统

从现有的法律规定看，国家权力机关颁布的基本法缺乏对检察委员会制度的具体规定。在作为国家根本大法的现行宪法中，只对检察机关的性质、地位、行使职权方式等作了原则性规定，但对检察委员会的设立等问题没有任何文字表述。作为本应成为设立检察委员会制度最为有力依据的国家基本法——检察院组织法，却仅以第3条第2款形式作如此简要规定，显得太过笼统和原则化。况且，该款规定的检察委员会异议请示制度，也与《人民检察院检察委员会议事和工作规则》规定的"双向报送"① 做法相冲突。检察官法虽也属于国家权力机关制定的基本法律，但它也只规定了检察委员会委员的任免问题，对于检察委员会制度的其他问题未能涉及。

（二）没有对"重大案件"与"重大问题"明确区分，致使实际工作难以执行

检察院组织法规定，对于"重大问题"争议提交本级人大常委会决策的方式解决。1999年最高人民检察院《关于改革和加强检察委员会工作的通知》，要求检察长将"重大问题"提交上级检察院而非本级人大决策。2008年《人民检察院检察委员会议事和工作规则》采取了模糊的处理方法，上级检察院和本级人大常委会对"重大问题"具有同等的决策权，但上级和本级人大常委会对"重大问题"产生分歧，最终由谁决定，并未明确。根据检察院组织法第3条规定，检察委员会的职能是："讨论决定重大案件和其他重大问题。"何为"重大案件"？何为"重大问题"？法律至今无明文规定。但从"其他重大问题"中"其他"的语义上分析，立法并未将"重大案件"从"重大问题"中分离出去，全国人大常委会法工委坚持认为"重大案件"仍然属于"重大问题"。② 1990年5月11日，全国人大常委会法工委在回复宁夏回族自治区人大常委会的询问时指出，"这个法律条文（即指检察院组织法第3条）中的后一个'重大问题'包括重大案件"。据此，重大案件的争议也应提交人大常委会讨论。那么，该立法为什么要区分"重大案件"和"其他重大问题"？立法意图无法知悉，因为如果重大案件也属于重大问题，所有重大问

---

① 《人民检察院检察委员会议事和工作规则》第24条规定，检察长不同意多数检察委员会委员意见的，对案件可以报请上一级检察院决定；对事项可以报请上一级检察院或本级人民代表大会决定。此规定体现的是"双向报送"。

② 参见傅林：《对我国〈人民检察院组织法〉第三条的质疑》，载《人大研究》2007年第2期。

题都要提交人大常委会决定,区分就完全没有必要。① 自此,该立法产生一个模糊点,如果检察长在重大案件上不同意多数人的意见(即"重大案件争议")是否需要提交人大常委会讨论,法律并未明确。从司法实践来看,检察机关恢复重建以来,各地检察机关在讨论决定重大疑难问题意见分歧时,很少有报请人大常委会决定的事例,通常的做法是报请上级检察机关决定。

(三)将"重大案件争议"提请本级人大常委会讨论决定不妥

2006年12月31日全国人民代表大会常务委员会法制工作委员会在答复某省人大常委会办公厅关于如何适用检察院组织法第3条第2款的请示答复中认为:"但在工作中,对具体刑事案件的处理,根据第十条第二款关于'最高人民检察院领导地方各级人民检察院和专门人民检察院的工作,上级人民检察院领导下级人民检察院的工作'的规定,由下级检察院请示上级检察院为妥。省人民检察院检察长不同意检察委员会多数人就某一案件提请最高人民检察院抗诉的意见,建议如实向最高人民检察院报告有关情况和意见,由最高人民检察院决定是否提出抗诉。对具体案件的处理问题,不宜提请本级人大常委会讨论决定。"检察委员会所讨论的问题,往往是有较强的专业性,而检察长与多数委员意见分歧,难以决断,说明该问题的处理难度较大。而人大常委会的组成人员,往往来自社会各个方面,具备法律专业知识的人较少,要他们来决断检察机关内部的重大疑难问题显然不妥。人大常委会实行的是定期会议制度,按照人大常委会的议事规则,议案应在会议召开前的15日前提交人大常委会,而检察长在重大案件上不同意多数人的决定,往往是重大、疑难、复杂案件,如果按规定程序报请本级人大常委会决定,有可能影响办案期限,贻误对重大案件的及时处理,从而造成不良影响和后果。

三、我国现行检察委员会制度在运行中凸显的问题反思

检察委员会的决策机制在历史演进中虽然取得了长足进步,但从制度层面及实践运作来看,检察委员会制度尤其决策机制仍然不尽完善。具体表现为决策机制仍带有较强的行政色彩、决策主体专业化不足以及责任机制缺失等。随着新修订的《人民检察院检察委员会组织条例》以及《人民检察院检察委员会议事和工作规则》的施行,上述问题虽得到一定程度的改观,但尚未根本解决。

---

① 1980年最高人民检察院制定的《人民检察院检察委员会组织条例》坚持了民主集中制,没有区分重大案件与重大问题,完全没有提重大案件。

（一）检察委员会某些组成人员专业化程度不足

现行检察委员会委员的构成模式和选任程序不尽科学合理，影响到检察委员会的议决质量和效率。检察院组织法及《人民检察院检察委员会组织条例》对检察委员会的组成以及委员任职条件的规定过于笼统和简略，委员任期、换届、资格、权利义务等都没有更详细的规定。由此导致实践中通常出现三种类型的问题：一是对检察委员会委员的选任机制不健全，委员资格偏重行政资历，人员素质参差不齐。二是专职委员的专业化程度不高。2006 年，中央在《关于进一步加强人民法院、人民检察院工作的决定》中提出各级检察机关可以设置 2 名左右的专职委员。实践中，有的检察机关忽视专业素养而将有限的名额用来解决即将退休的干部的职级待遇。三是委员的任期无限制，更新机制不健全。

（二）检察委员会的议事规则仍带有较浓厚的行政色彩

受检察机关行政领导体制和检察长负责制的影响，现行检察委员会制度的行政色彩仍十分浓厚。它们突出表现在两个方面：一方面检察长的行政权威可能影响甚至左右其他检察委员会成员的意见。一些基层检察院的实践表明，检察长可能违反议事规则有意或无意地先行表达出倾向性意见，或者在最后发表不同于大多数人的意见后再次征询其他委员的意见，其他委员基于检察长的行政权威可能临时改变主张或不再坚持自己的意见。另一方面是检察委员会议而未决的案件可能通过请示方式报上级审批，将司法断案演变为行政决策。《人民检察院检察委员会组织条例》规定，地方各级人民检察院检察长在讨论重大案件或重大问题时不同意多数检察委员会委员意见的，可以报请上一级人民检察院决定。实践中，常出现基层院的请示案件可能经三级检察委员会研究进而严重影响办案期限的窘况，同时还为法外干扰、基层院推卸责任、上交矛盾开辟了渠道。

（三）民主集中制原则落实不彻底

当前，检察委员会实行的是检察长主持下的民主集中制。实践中，检察委员会审议议题时，有时并没有完全遵循新修订的《人民检察院检察委员会组织条例》及《人民检察院检察委员会议事和工作规则》所规定的民主集中制原则，表现为：其一，在出现检察长与检察委员会多数委员意见不一致的情况时，很多检察机关一般讳于或者怠于将异议报请上级检察机关或本级人大常委会，而是通过检察委员会反复审议来最终实现内部解决，其结果往往是检察委员会其他委员基于检察长的权威而作出妥协进而取得一致意见。其二，一些院的检察委员会委员发表意见时，未严格遵守发言顺序，在对议题进行表决时，按出席会议的委员人数计算是否达到过半数，而不是严格按照检察委员会的全体组成人员计算。其三,目前检察委员会对议题的表决方式大多采用口头表达,由检察委员会办公室人员或秘书记录在案,会后互不核对确认,出现决策失误需要查究责任时,互相推诿,责任不清。其四,检察委员会委员权责不对称,有决策权,但一般无须承担责任,导致有些委员对研究的问题不认真讨论,往往是例行公事,随意表态。

(四) 议事制度和议事规程没有完全到位

有的检察委员会在讨论研究案件时没有形成必要的议事制度和议事规程,检察委员会开会前没有通报,没有说明所要讨论案件的内容,没有介绍案件的基本情况,有关人员对所要讨论的案件情况了解不多、了解不深、了解不全面,致使讨论案件时准备不充分和不细致,仓促作出决定或者不能及时作出决定。这样,在较大程度上影响了案件讨论的质量,没有起到检察委员会把关定性定向的作用,给检察委员会带来了不利影响。

(五) 检察委员会责任承担机制弱化

目前,我国检察委员会实行"集体负责与个人负责相结合"的责任追究机制。依据《人民检察院错案追究条例(试行)》规定,检察委员会讨论决定的案件有错误的,由检察委员会集体承担责任。检察委员会主持人违反有关法律和检察委员会议事规则作出错误决定的,由主持人承担责任。因案件事实、证据认定错误导致检察委员会讨论决定案件出现错误的,承办人、审核人、主管检察长或副检察长应当承担相应责任。具体到实践中,各地做法又有所不同,有的名义由检察委员会集体负责,实则是由检察机关承担赔偿责任;个别的除检察机关承担外,检察委员会委员个人还承担责任,如扣发奖金或工资,限制晋升,取消委员资格等。① 但这种责任追究机制囿于设计的缺陷及规制的不足,在实际运作中日趋弱化,表现为:一是责任承担分散,难以落实。责任承担主体既有集体责任又有个人责任,本意是想增强相关人员的责任意识,最终却难以实现。因检察委会委员大部分由行政领导组成,议事程序有时有走过场之嫌,加之承办人"审而不定"、检察委员会"定而不审"等缺陷导致检察委员会决策出现问题时,往往以"责任分散,难以追究"为由,仅由检察机关承担赔偿责任,陷入"应然人人负责,实然无人负责"的尴尬局面。二是集体负责制使得案件承办人将检察委员会当作"避风港"。承办人为避免承担错案的责任,将大量的非疑难复杂案件提交检察委员会讨论,以检察委员会决议的形式消除办案人员的职业风险。

---

① 参见邓思清:《论我国检察委员会制度改革》,载《法学》2010年第1期。

四、法治化进程中检察委员会制度司法改革的现实进路

(一) 加强立法，进一步确立检察委员会决策地位、职能和活动原则

在立法上要从宪法、检察院组织法、《人民检察院检察委员会组织条例》、《人民检察院检察委员会议事和工作规则》不同效力层次法律规定上进行相关的解释、改进、细化和完善。检察院组织法作为国家规定检察机关组织机构问题的专门法律，应当把检察机关最高业务领导机构——检察委员会的组织、职能、活动方式等问题设定专章加以具体规定，而不应简单地作过于原则化的规定。

1. 明确规定继续推行民主集中制。检察委员会通过民主集中制，以集体决策的方式保障法律的统一实施，弥补个体检察官的"知识不足"，是我国检察机关整体独立的必然途径，是法律监督权内部分权的需要，有助于防止检察官滥权，保障司法公正。[1] 因此，只有民主集中制才有助于民主法治制度的发展与实现，必须加以贯彻。值得注意的是，检察长不同意检察委员会多数意见时由本级人大常委会或上级检察院解决，此实质上是试图平衡检察院首长负责制与民主集中制的矛盾，但由于两者内在依据的本质不同，如果法律不加以明确，这种平衡只能暂时、局部地缓解冲突，根本无法最终解决矛盾。比如，检察长对内部争议选择提交上级检察院还是本级人大常委会审议，上级检察院和本级人大常委会意见不一致时如何做最终的决策。因此，法律必须明确，何种性质的争议采取何种最终决策方式。

2. 明确区分"重大问题"的"国家性"和"地方性"，分别由上级检察院、本级人大常委会作最终决策。一般来说，检察委员会要讨论决定的重大问题一般是事关全局性的宏观问题，如检察院业务方面的制度建设、工作计划、重要的改革等。从类别上看，上述宏观问题既可以是在检察工作中如何贯彻执行国家法律、政策，也可以是贯彻本级人民代表大会及其常务委员会决议的重大问题，还可以需要对以往的检察工作经验进行总结，或者针对检察工作中出现的新问题、新情况提出暂时的应对政策。凡是涉及贯彻地方人民代表大会及其常务委员会决议，研究检察工作中的地方性的新情况、新问题并总结地方性的检察工作经验，审议、通过本地区检察业务、管理等规范性文件，以便辖区内全体检察官普遍遵循之类的"重大问题争议"由地方人大常委会解决，其余由上级检察院解决。

3. 明确规定"重大案件争议"由上级检察院处理。最高人民检察院对检

---

[1] 参见邓思清：《论我国检察委员会制度改革》，载《法学》2010年第1期。

察委员会的议案范围,从检察院组织法规定的"重大案件"拓展到了《人民检察院检察委员会组织条例》规定的"重大、疑难、复杂案件",再细化到《人民检察院检察委员会议事和工作规则》规定的"重大社会影响、重大意见分歧、抗诉类、复议类等案件"。但对于何谓"重大案件"并无解释。检察院组织法将"重大问题争议"的处理,交由本级人大常委会决策,但对于重大案件是否属于重大问题却并不明确,人大和最高人民检察院在此问题上产生了非常大的分歧和反复,随着个案监督制度的夭折,以及克服司法地方保护主义和对司法独立的追求,"重大案件争议"由上级检察院决策的理念已经获得认同,形成共识。因此,在检察院组织法修改时应加以明确。

(二)推进检察委员会的"去行政化"、专业化

尽管检察权的行使具有"检察一体化"上命下从的行政化色彩,但发挥检察委员会的制度价值有必要在其运作模式中引入司法的程序价值,切实推进检察委员会制度的改革和完善,实现检察委员会的"去行政化"和"专业化",避免检察委员会制度下"审而不判、判而不审"的现象,同时实现检察委员会委员的"专业化",现行法律对检察委员会委员任免条件、任期、换届、权力等规定的缺失为检察委员会的行政化倾向留下缺口。不分管业务工作的党组成员、政治处主任、纪检组长或主管行政工作的部门负责人担任检察委员会委员的情形常见,必将影响到司法活动专业性和严肃性,因此,必须要求检察委员会委员均需具备相应的法律素养、办案经验,使检察委员会能够更好地适应办理重大疑难案件的需要,避免检察院领导通过行政手段干预司法的独立。在检察委员会组成人员方面,应细化委员的选任条件以及任命考核机制,通过竞争上岗、择优录取和绩效考评、奖惩等方式提升检察委员会的专业化水平,让更多的专业化检察官、检察官中的法律精英进入检察委员会委员队伍中。

(三)改革检察委员会的工作机制,加强规范化建设

长期以来,检察委员会以会议形式存在,是一种抽象的组织,长期处于虚体制,由兼职或合署的办事机构承担会前会后组织服务工作,不利于充分发挥其检察政令指挥协调中心的职能优势,导致检察委员会总体工作质量和效率不高。针对新形势下检察工作的发展,检察委员会承担起了综合性的业务领导职能,尤其是业务指导、督察和咨询职能需要经常行使,以前那种会议制形式不符合日常职能的行使需要。必须由专门的检察委员会办事机构和专职检察委员来负责处理其日常事务工作,将业务指导和监督提上日常工作程序中,以便于提高业务水平和办案质量,充分发挥检察委员会的重要性。因此,应由全国人民代表大会或全国人大常委会以立法形式对检察院组织法关于检察委员会方面

的内容予以修改,以法律认可的方式予以固定,以明确专职检察委员、检察委员会办事机构的法律地位,对检察机关依法准确开展法律监督职能以维护法律的统一正确实施。近几年来,最高人民检察院陆续发布了一批检察委员会工作规范性文件,为检察委员会发挥职能作用奠定了制度基础。至2010年底,已经逐步形成了"一个条例七个文件"的检察委员会工作制度和规范体系。[①] 这些均是最高人民检察院在我国法治进程不断加快、检察事业不断发展和检察改革不断深化的新形势下,对保障检察委员会业务决策职能所起的制度性作用。综观全国各地各级检察机关,在执行最高人民检察院统一规定的同时,还结合自身实际,制定了更具针对性、可操作性的实施细则,形成了各自的工作特点。但在执行中还存在不够规范、不完全统一的问题。全国检察机关应加强检察委员会规范化建设,对议事议案的"重大案件"、"重大问题(事项)"的范围尽可能地以列举方式予以明确规定,即明确检察委员会办事机构及专职检察委员的职能及职责范围。同时将检察委员会办事机构的工作程序即有关法律程序、法律文书格式予以明确规定,统一制作用于提请检察委员会审议案件的《重大案件审查报告》、讨论重大问题事项的《重大问题(事项)审查报告》及《提请讨论审批表》、《登记表》、《检察委员会会议纪要》、《检察委员会决定》等文书、表格的标准格式,才能对检察委员会办事机构及专职检察委员的工作予以规范化建设。

(四) 建立完善责任追究机制,强化检察委员会决策责任

建立完善责任机制是强化检察委员会决策的司法属性和决策质量的重要保障。决策意味着风险和责任。检察委员会决策要敢于兑现责任,但要建立科学的责任追究机制。可以研究适度将集体责任分解兑现到个人,在《检察人员执法过错责任追究条例》的基础上制定实施细则,明确检察委员会委员执法过错责任的认定、责任划分与追究程序,做到追究责任有依据。此外,还应对检察委员会委员进行绩效管理。委员每年年终都应当向检察委员会以及本级人大常委会述职;政工部门会同检察委员会办事机构对委员的履职情况如参会次数、发表意见的情况、纪律作风等进行汇总测评,报给本级人大常委会作为考评依据,以此增强委员的决策责任心,提高决策质量。

---

① "一个条例"是指《人民检察院检察委员会组织条例》。"七个文件"是指《人民检察院检察委员会议事和工作规则》、《人民检察院检察委员会议题标准(试行)》、《人民检察院检察委员会专职委员选任及职责暂行规定》、《关于改进和加强检察委员会工作的通知》、《最高人民检察院检察委员会秘书处工作规则(试行)》、《关于认真做好最高人民检察院检察委员会决定事项督办落实工作的通知》和《关于加强和改进最高人民检察院检察委员会工作的意见》。

提高检察委员会议案工作司法属性的对策研究

李荣冰*

针对检察委员会制度的改革,一直有两种观点,一种是取消①,另一种是进行改良(方向主要是提高检察委员会议案工作的司法属性)②。本文赞同后一种观点,并尝试针对现实中存在的突出问题提出具体的改良对策。

一、决策方式的司法属性问题

检察委员会审议的案件属于诉讼化议题,一般存在直接利害关系人即特定相对人,检察委员会审议该议题是将抽象的法律规定应用到具体案件之中的司法认定过程,是履行检察机关诉讼职能的体现。③ 既然议案工作具有明显的司法性质,那么检察委员会就应当采用(至少是尽量采用)司法化的方式进行决策,这样决策方式才能符合决策对象的特点,使决策更加科学。

(一)亲历性问题

亲历性不足是检察委员会制度最受诟病的地方。检察委员会委员人数众多,亲历性因而又是检察委员会制度最难以改进的地方。符合司法规律的做法是要求所有检察委员会委员像承办人一样重办一次案件,但这样无疑会使制度陷入瘫痪。本文兼顾合理性和可行性,提出以下一些改进的设想:

1. 提高委员议案的亲历性

检察委员会委员人数较多,工作也较为繁忙,要求每个委员都如同案件承办人一样的亲历性显然不可能,但检察委员会委员也大可不必还像以前那样光

---
* 北京市人民检察院副处级检察员,法学博士。
① 参见陈海光:《中国刑事诉讼制度的进一步完善》,载《法律适用》2000 年第 2 期;姜菁菁:《检察委员会机制改革初探——论独立行使检察权问题》,载《检察日报》2004 年 3 月 13 日。
② 参见张毅、王中开:《论检察委员会的去行政化》,载《法学杂志》2008 年第 4 期;邓思清:《论我国检察委员会制度改革》,载《法学》2010 年第 1 期;黄敬波:《强化检委会议案的司法属性》,载《检察日报》2014 年 6 月 4 日第 3 版。
③ 参见卞建林、李晶:《检察委员会议事程序之思考》,载《人民检察》2010 年第 17 期。

听汇报，可以通过以下方式提高议案工作的亲历性：（1）电子阅卷。目前不少卷宗材料都已经电子化，一些检察机关的信息化水平也较高，完全可以通过专门的检委会议案系统将电子卷宗传送给检察委员会委员阅读。（2）远程讯问。目前一些检察机关已经建立了远程讯问系统，可以将远程讯问系统与检委会议案系统对接，必要时可以这种方式讯问嫌疑人或者询问关键证人。

2. 由专人对事实和证据进行审查

鉴于检察委员会人数众多，提高全部委员亲历性的举措必然带来效率的丧失，况且有的地方检察院信息化水平还无法做到电子阅卷和远程讯问。这种地方，建议由检察委员会专职委员或者检委会办事机构对案件的事实和证据进行审查。具体做法是：检察长决定将案件提交检察委员会研究后，案件承办人应当及时将案卷材料移送给专职委员或者检委会办公室，专职委员或检委会办公室主要在阅卷的基础上对事实和证据进行审查，必要的时候可以讯问嫌疑人或者询问重要证人。当然，既然检察委员会专职委员或者检察委员会办公室承担了这项职责，那么就应当对案件的事实和证据负责。检察委员会专职委员或者检察委员会办公室隐瞒、遗漏案件主要事实、证据或者重要情况，导致集体讨论结果错误并造成执法过错的，应当承担责任。

3. 改进汇报方式

目前承办人在检察委员会的汇报方式主要是汇报书面文字材料，这种汇报方式直观性、形象性较差，也使检察委员会委员没有亲历感。现在，一台电脑、一个投影仪就可以组成多媒体示证系统，我们完全可以利用这种方式将一些犯罪现场的图片、相互矛盾的口供、关键证人的证言等形象地搬到检察委员会会议室，使汇报不再完全依赖书面文字，而是实现形象化的汇报，尽可能地提高检察委员会委员对于案件的亲历性。

（二）程序问题

司法工作非常讲究程序，只有完善（苛刻一点说甚至是作茧自缚）的程序才能使依据该程序作出的结论拥有更高的公信力。目前，经过多次法律修改，检察委员会制度的程序日趋完善，但也还存在以下问题：

1. "意见分歧较大的案件"的处理程序

"意见分歧较大的案件"是指无法形成多数意见的案件。[①]根据《人民检察院检察委员会组织条例》（以下简称《组织条例》）和《人民检察院检察委员会议事和工作规则》（以下简称《议事和工作规则》），委员意见分歧较大的案

---

① 如B市T区检察院检委会审议某妨害公务案件，13名委员（该院共14名委员）出席会议，6名认为应当起诉，5名认为应当绝对不诉，2名认为应当相对不诉。

件，检察长可以决定不付表决，另行审议。这一规定存在两个问题：（1）没有规定可以另行审议的次数。实践中，个别检察长扩大理解"意见分歧较大的案件"，并利用这一规定阻止会议形成自己不支持的意见。此外，有的真的"意见分歧较大的案件"，反复几次开会，委员意见分歧依然很大，还是无法形成多数意见，形成久拖不决。因此，本文建议将另行审议的次数限定为一次，防止拖延。（2）没有规定另行审议后依然意见分歧较大的处理办法。根据《组织条例》和《议事和工作规则》，检察长不同意多数委员意见的，案件可以请示上一级检察院。但"意见分歧较大的案件"无法形成多数意见，也就无法适用这一条，不能不说是个遗漏。因此，我们建议修改法律，规定意见分歧较大的案件经另行审议一次后依然意见分歧较大的，检察长可以报请上一级检察院决定。

2. 检察长缺席检委会的追认程序

《议事和工作规则》第 23 条规定："受委托主持会议的副检察长应当在会后将会议审议的情况和决定意见及时报告检察长。检察长同意的，决定方可执行。"这里的"检察长同意"过于原则，不利于执行。本文认为应当将其区分为下列两种情况：（1）检察长对程序的意见。检察委员会对议事程序有严格要求，但由于检察长没有出席会议，其对会议执行程序的情况不了解，有必要由检察长会后对执行程序的情况进行确认。如果程序方面出现严重违法，如委员发表意见的顺序不合法，那么检察长可以否定此次会议效力，要求重新召开会议。（2）检察长对实体的意见。受委托副检察长"将会议决定意见报告检察长"实际上相当于征求了检察长对实体的意见，因此应当区分检察长同意的是多数意见还是少数意见的情况进行处理。如果同意多数意见，可以直接签发纪要和决定。如果同意少数意见，应当按照规定报送上一级检察院决定。如果该次会议意见分歧较大，根本没有形成多数意见，那么检察长可以决定由检察委员会另行审议一次，如果另行审议之后还是意见分歧较大，应当按照规定报送上一级检察院决定。

3. 下级检察院的请示程序

根据《组织条例》和《议事和工作规则》，地方各级人民检察院检察长在讨论重大案件时不同意多数检察委员会委员意见的，可以报请上一级人民检察院决定。但目前相关法律还没有设立这样的程序，实践中非常混乱。① 本文认为可以这样设计程序：规定此类案件由案件承办部门以院的名义报送上一级检

---

① 审议重大事项时如果检察长不同意多数委员意见，也可以报请同级人大常委会决定，但法律也没有规定相应的程序。

察院，由上一级检察院相应业务部门审查后，在案件的办案期限内提交上一级检察院检察委员会审议并作出决定。

4. 委员意见的固定方式

检察委员会委员的意见，事中是检察委员会作出决定的基础，事后是进行追责的依据。因此，对检察委员会委员的意见进行固定是非常重要的一项基础工作。然而根据《议事和工作规则》第 25 条，检察委员会委员的意见"由检察委员会办事机构工作人员记录存档"。这里的"工作人员记录"是指工作人员通过文字记录。这里便存在记录是否属实、完整的问题。这一问题可以通过提高检察委员会办事机构工作人员的记录水平解决。但更为重要的是，应当增加建立检察委员会委员对记录的确认程序。鉴于目前绝大多数检察委员会办事机构都配备有电脑等办公设备，办事机构工作人员可以电子方式对会议情况进行文字记录，会议结束后通过检察委员会议案系统尽快请检察委员会委员对记录进行确认。在确认过程中，如发现检察委员会委员改变观点的情况，工作人员应当如实记录并向检察长汇报。当然，鉴于目前不少地方现代化水平较高，完全有条件对检察委员会会议进行全程同步录音录像。因此，本文建议修改《议事和工作规则》第 25 条，在"工作人员记录"之外，增加全程同步录音录像这一方式，以完整准确固定检察委员会委员的意见。

二、决策主体的司法属性问题

检察委员会委员是检察委员会的决策主体，其司法属性的强弱直接关系到检察委员会议案工作的司法化程度。

（一）独立性问题

检察委员会委员需要拥有相对独立性，这样才能不受外界干扰，自由地根据法律作出判断。就检察委员会制度而言，独立性问题主要体现为检察长之外的检察委员会委员与检察长之间的关系。根据《组织条例》的规定，检察委员会委员由本院检察长提请本级人民代表大会常务委员会任免。在这种制度安排之下，检察长几乎握有其他委员的"生杀大权"，很容易就对其他委员施加影响力。我们在实践中也发现，个别委员窥测了检察长意见之后便改变了自己的意见。因此，本文认为，检察委员会委员的提名权不应当由检察长独享，而应当由一个包括检察长在内的检察官任免委员会进行提名。通过这种安排，降低检察长对其他委员的控制力，使检察委员会委员地位能够更加平等，在发表意见过程中能够更加独立。

（二）中立性问题

保持中立有利于检察委员会委员客观公正地作出判断。目前中立性问题主要体现在回避制度不完善。根据1999年《人民检察院刑事诉讼规则》（以下简称旧《刑诉规则》），当事人有权申请检察委员会委员回避，但并没有规定检察机关负有告知当事人的义务。这一制度缺陷在2013年《人民检察院刑事诉讼规则（试行）》（以下简称新《刑诉规则》）中得到弥补，其第22条明确规定："人民检察院应当告知当事人及其法定代理人有依法申请回避的权利，并告知办理相关案件检察人员、书记员等的姓名、职务等有关情况。"而根据新《刑诉规则》第32条，这里的"检察人员"包括"人民检察院检察长、副检察长、检察委员会委员、检察员和助理检察员"。

由此可见，相比旧《刑诉规则》，新《刑诉规则》在检察委员会回避制度方面已经有了很大进步，但依然存在以下不足：（1）法律没有规定应当何时告知当事人。对此，本文认为可以规定，检察长确定将案件提交检察委员会研究后，检委会办事机构应当及时（通常理解为24小时内）告知案件承办人，案件承办人应当及时告知当事人申请检察委员会委员回避的权利。（2）回避制度与现行关于参会人数的限制冲突。《组织条例》第11条第2款规定："检察委员会会议必须有全体组成人员过半数出席，才能召开；必须有全体组成人员过半数同意，才能作出决定。"但按照法律，应当回避的检察委员会委员显然不能参加会议，更不能对案件有决定权。因此，本文认为应当将上述"全体组成人员"更改为"全体有权参加会议的委员"。（3）法律没有规定委员应当回避而没有回避的后果。本文认为，回避问题是关系检察委员会决定的中立客观并进而影响到司法权威的重大问题，应当由上级院检察委员会对该次会议的效力进行确认，如果上级院检察委员会认为该次会议无效，那么下级院应当重新召开会议。

（三）专业性问题

检察委员会审议案件是一项专业性很强的工作，相应地，检察委员会委员也应当具备较高的专业化水平。

1. 委员的任职资格

《组织条例》第2条第2款规定："检察委员会委员应当具备检察官资格。"这就意味着在我国，检察委员会委员的任职资格与普通检察官相同。这无疑是不合理的。检察委员会审议的案件比较重大疑难复杂，其委员应当比普通检察官具有更高的任职条件。本文认为，检察委员会委员应当具备以下任职条件：一是丰富的人生阅历。检察委员会委员不应当太年轻，至少应当在35岁以上。二是丰富的办案经验。检察委员会委员应当至少在检察业务部门工作10年以上。三是系统的法律知识。检察委员会委员至少应当通过全国统一司法考试。四是研究能力。检察委员会委员至少应当每年公开发表一篇法学研究论文。

2. 委员专业性的保持

通过任职资格的限制，基本上可以使优秀检察官进入检察委员会。但进入之后，委员的专业性依然面临如何保持的问题：（1）如何面对知识的更新。法律职业从来都不断面对着知识更新的挑战，特别是在社会快速发展阶段，各种法律和司法解释不断出台，检察委员会委员不能有丝毫的松懈。本文建议建立专门针对检察委员会委员的学习培训制度，从两个方面入手保持委员知识的更新：一是出台新的法律或司法解释后，检察委员会应当及时组织集体学习，邀请立法机构的人员对法律或司法解释进行解读，以便委员能够更加深刻地理解法律；二是依托相关教育培训机构的学习平台，要求每名检察委员会委员每年完成一定学时的学习任务。（2）如何保持检察委员会委员的业务技能。在司法机关，办案工作与其他工作的差异性很大，只有长期在业务部门工作的人员，其业务技能才有保证。因此，本文建议对现行制度进行两点改进，解决保持委员业务技能的问题：一是修改《组织条例》，将检察委员会委员限制在业务部门，可以明确规定，检察委员会委员因各种原因调离业务部门后，检察官任免委员会应当及时提请本级人民代表大会常务委员会免除其委员资格。二是目前检察委员会委员一般都不直接办理案件，专业技能有所生疏，建议修改相关规定，明确检察委员会委员每年都应当直接办理一定数量的案件。

三、检察委员会的责任追究问题

司法工作要求责任清晰，但目前检察委员会制度恰恰责任不清，因而也备受诟病。

（一）办案责任

1. 责任不清的根源

根据《检察人员执法过错责任追究条例》（以下简称《责任追究条例》），案件承办人隐瞒、遗漏案件主要事实、证据或者重要情况，导致集体讨论结果错误并造成执法过错的，由案件承办人承担责任。从《责任追究条例》反映的精神看，似乎其想从事实和法律的角度区分案件承办人和检察委员会之间的责任，但《责任追究条例》的这种区分是非常不明确的。更为致命的是，这种模糊的区分也得不到检察委员会制度上的支持。没有任何关于检察委员会制度的法律或相关规定明确检察委员会只研究案件的法律适用问题，而不对事实问题进行评判。实践中，几乎没有承办人向检察委员会汇报时只抽象出一个法律问题，而不汇报事实问题。检察委员会委员更不管汇报的是哪个层面的问题，统统对整个案件发表意见。在这种情况下，再单纯强调承办人对事实负责无疑是不合理的。由此也可以看出，检察委员会责任不清的根源在于权力范围不清晰。要想明确责任，首先应当对权力进行清晰的界定，即承办人对案件事实负责，检察委员会对适用法律负责。当然，适用法律并作出决定必须在案件事实的基础上，因此承办人必然还将向检察委员会委员汇报案件事实，但此时，会议主持人应当提醒委员，其职责是在已确认事实的基础上决定法律适用，不得对事实问题发表意见。

2. 部门负责人的责任

《责任追究条例》第 12 条的"导致错误决定产生的其他人员"从上下文来看显然是指主持人之外的其他检察委员会委员。而根据《责任追究条例》第 26 条，"承办人员"是指在执法办案活动中直接承担执法办案任务的检察人员，"主管人员"是指在执法办案活动中担负领导、指挥、审核职责的检察长、副检察长和内设部门负责人。因此，在传统的案件审批机制之下，案件通常需要经过承办人、部门负责人、副检察长，重大复杂案件再由副检察长决定是否提交检察长，检察长再决定是否提交检委会。在这样一个流程中，《责任追究条例》规定了承办人的责任，也规定了副检察长、检察长的责任（因为他们都是检察委员会委员），而作为"主管人员"之一的内设部门负责人，有的可能是检察委员会委员，有的却不是。有检察委员会委员职务的内设部门负责人，其责任可以得到追究，但不是检察委员会委员的内设部门负责人，其责任就出现了空白。本文认为，承办案件的内设部门负责人应当像承办人一样，对事实和证据负责。如果该内设部门负责人同时也是检察委员会委员，那么其也应当对适用法律负责。

3. 责任追究机制

《责任追究条例》第 15 条规定："地方各级人民检察院检察长、副检察长和检察委员会专职委员的执法过错线索，由上一级人民检察院受理、调查。其他检察人员的执法过错线索由其所在人民检察院受理、调查，必要时上级人民检察院也可以直接受理、调查。"检察委员会除了检察长、副检察长和专职委员外，还有内设机构负责人。内设机构负责人以委员身份需要承担责任时，其执法过错线索根据《责任追究条例》一般由本院监察部门负责，但在不少检察院，分管监察部门的纪检组长同时又是检察委员会委员，难免会存在利益冲突。因此，本文认为，所有检察委员会委员的执法过错责任都应当由上一级检察院调查，这样才能避免利益冲突。

4. 程序违法的责任

《责任追究条例》第 7 条规定："检察人员在执法办案活动中，故意实施下列行为之一的，应当追究执法过错责任：……（十）其他违反诉讼程序或者执法办案规定,造成严重后果或者恶劣影响的。"但这一条能否适用于检察委员会并不明确,同时将程序违法仅仅限于故意也并不妥当。就检察委员会制度而言,本文认为至少应当明确以下两种情形下的责任:(1)检察长违反有关法律和检察委员会议事规则。检察长是会议主持人,负有确保检察委员会议事程序合法的责任。检察长故意或者过失导致检察委员会会议违反法律或议事规则,而案件又出现错误的,检察长应当承担责任。(2)检察委员会委员明知(知道或者应当知道)自己应当回避却没有提出回避。检察委员会委员熟知法律,在了解案情基础上很容易就知道自己是否属于回避人员。明知自己应当回避但却没有提出回避,而最终案件又出现错误,该名委员应当承担责任。

(二)履职责任

履职责任是指检察委员会委员应当出席会议并勤勉议事的责任。目前法律虽然明确要求委员一般应当出席会议并发言,但委员如果不这么做,却没有规定相应的责任。

1. 出席会议责任

作为检察委员会委员,按照规定出席会议是其应尽的职责。尽管法律规定特殊情况下,检察委员会委员经过请假可以缺席会议,但如果次数过多,只能说明该名委员不具备履行检察委员会委员职责的条件。

2. 勤勉议事责任

出席会议仅仅是检察委员会委员最基本的义务,出席会议后积极参与议案,提供高质量的决策意见才是一名合格的委员。为此,检察委员会委员不仅应当发言,而且还应当发表自己决策的理由。

以上两项责任基本可以杜绝"缺席委员"、"同意委员"、"哑巴委员"等实践中的乱象。因此本文建议修改相关法律,明确由检察委员会办事机构对检察委员会委员履行上述两项工作的情况进行准确记录,年底将情况提交检察官任免委员会,由检察官任免委员会对检察委员会委员的履职情况作出评价并载入委员的执法档案。情节严重的,由检察官任免委员会提请人大常委会免除其委员职务。

检察委员会工作运行问题初探

彭智刚[*]　邢晓玲[**]

继最高人民检察院于1999年在工作报告中指出检察委员会（以下简称检委会）工作在内的6项改革措施[①]及下发《关于改进和加强检察委员会工作的通知》以来，各地检察机关认真研究检委会工作中存在的问题，积极探索改革措施，不断加大力度，经过十余年的努力，检委会规章制度得以建立和规范，办事机构及其工作人员得以配备和加强，检委会组成人员结构和水平得以优化和提高。不过，目前的理论阐述及实践探索中研究规章制度建设、专职委员配设、会前实体审查和办事机构规范化等局部性的改良和机制、技术层面问题的较多，提出或涉及检委会制度改革方向的研究较少。笔者试图通过对检委会运行现状的考察和分析，提出若干对策建议，并在此基础上对检委会制度改革的方向提出浅见。

一、当前限制检委会工作开展的两个阻碍

矛盾是不断变化发展的，在不同的历史发展阶段，检委会工作开展的主要矛盾和问题也不同，工作的重点也随之转换。例如，在检委会建立初期，主要矛盾是部分检察人员素质不高的现实问题与打击刑事犯罪、维护新生政权的要

---

[*] 北京市西城区人民检察院副检察长。
[**] 北京市西城区人民检察院未成年人检察处干警。
[①] 最高人民检察院在1999年工作报告中推行6项改革：（1）继续深化检务公开，使检察工作更全面、更广泛、更自觉地接受监督，以公开促公正，以对外公开促进内部建设；（2）改革业务管理制度，进一步完善对贪污贿赂、渎职犯罪案件侦查工作的监督制约机制，推行主诉检察官制度，健全执法办案责任制，完善错案责任追究制；（3）建立专家咨询制度，充分发挥有关方面专家的知识资源优势，听取对疑难复杂案件的咨询意见，促进检察权的正确行使；（4）改进和加强检察委员会工作，贯彻民主集中制原则，充分发挥检察委员会在检察工作中的决策指导作用；（5）做好机构改革工作，精简上层，充实、加强基层和办案第一线的力量；（6）认真落实检察官法，全面推行干部人事管理制度改革，努力形成公开、平等、竞争、择优的选人用人环境，建立和完善能上能下、促进优秀人才脱颖而出的用人机制。载中国人大网，网址：http://www.npc.gov.cn/wxzl/gongbao/2000-12/06/content_5007092.htm。

求,在相当长的一段发展时期内尤其是重建检察机关、修改人民检察院组织法后,又致力于保证案件质量、完善组织建设的现实需要。随着社会发展和司法理念的进步,检察机关不断推出各项改革措施,加快司法改革的进程,检委会工作开展的现状已经不能完全适应检察机关独立、理性、公正司法的要求和检察权运行的规律,也不能很好地胜任建立科学决策系统、处理复杂矛盾和保障社会和谐的使命。我们认为,矛盾主要集中体现为以下两个问题。

(一)未能妥善处理与检察官独立办案[①]的关系

主诉检察官制与检委会工作同列最高人民检察院推行的 6 项改革措施之一,开展试点工作以来,截至 1999 年 7 月,全国各省、自治区、直辖市检察机关有 181 个分、市院和 988 个基层院试行了主诉检察官办案责任制,分别占全国分、市院和基层院总数的 48% 和 31%,并于 2000 年起全面推行主诉检察官办案责任制。[②]

主诉检察官制是指主诉检察官在检察长、起诉部门负责人的领导下,依照法律和有关规定,独立处理所办案件的检察事务,承担相应责任的一种办案制度。主诉检察官制的推行源于司法独立的法治理念。在我国,司法独立有着更广泛的含义,不仅包括审判独立,也包括检察独立。检察独立是具有中国特色的司法独立的重要内容,按照一般理解,包括外部独立和内部独立两个方面。一是检察机关对外整体独立,即官署独立,保持检察权对立法权、行政权的独立;二是检察机关内部个体独立,即检察官独立。而主诉检察官制就是针对检察机关长期以来形成的过于依赖上级指令或组织领导、检察官"工匠化"、整体水平不高、主动性不强的积弊陈病进行的改革创新,其最明显的特质就在于崇尚独立,"法律人执法只考虑与案件直接关系的证据和事实,而不受案件无关因素的干扰"[③]。据试点单位总结,"该制度责、权、利相统一,明确了办案责任,提高了办案效率,发挥了检察官办案的主观能动性"[④]。

主诉检察官独立办案与检委会集体断案在某些方面、一定程度上是相逆的,具体表现在:

1. 从司法活动直接性和亲历性的特点出发,"对案件情况全面了解审查的

---

① 目前,在我国检察机关,检察官独立办案主要体现在主诉检察官制度上。此外,新一轮司法改革即将在全国范围内推行主任检察官制,已经在部分省市进行试点。

② 参见王戬:《论主诉检察官制》,载《黑龙江省政法管理干部学院学报》2001 年第 2 期。

③ 王新环:《论检察权的独立性》,载张智辉、谢鹏程主编:《中国检察》(第 3 卷),中国检察出版社 2003 年版,第 463 页。

④ 江苏省人民检察院审查起诉处:《江苏省人民检察院审查起诉处试点工作情况综述》,载《检察实践》(1999 年创刊号)。

主诉检察官没有决断权,而对案件情况不甚了解的检委会却有决定权"①,"审而不定,定而不审"的办案和决策机制难以保证决策制定和诉讼行为的正确性。

2. 在责任承担上,主诉检察官对事实和证据负责,还要按照错案追究的规定承担责任,而检委会实行民主集中,似乎人人有责,但又责任分散。出于趋利避害的心理,检察官难免倾向于将争议案件、新型案件、有信访风险的案件提交检委会,有冲淡主诉检察官独立公正高效办案的效果以及审查案件的责任感的风险,极大地挤占了检委会从事重大问题的研究、形成科学决策系统的发展空间。

3. 由责任承担者异化导致的司法资源的浪费,争议案件、刺头案件成了重大案件的代名词,更有甚者变相加重一些普通案件或在侦查阶段就把案件提交检委会,让委员们讨论侦查技术、方法和适用法律的问题,过多地致力于案件的讨论和处理,检委会成了"第二办案机关"。

据调查,基层检察院在实行主诉检察官制后的一段时期内,提交检察委员会讨论的案件数量有一定的下降,但现在又有回升现象,② 这恰恰反映了主诉检察官制推行后的短期效应和其后与检委会制度衔接、冲突中产生的负面影响。不解决这个问题,检委会势必将深陷案件困局,难以有拓展工作、发挥职能的空间。

(二) 检委会职能严重弱化

实践中,地方各级检察机关尤其是基层检察院往往只讨论重大案件,且呈递增趋势,讨论其他重大事项、总结检察工作经验的则微乎其微。据统计,呼和浩特市两级检察机关检委会研究案件比例占到98%左右,而研究其他事项仅占2%。③ 甘肃省2003年至2004年全省三级院检委会共讨论重大案件和重大事项11071件,其中重大案件10720件,重大事项351件。④ 我们认为,造成此种严重分化、弱化检委会职能的现状的原因有以下三点:

1. 直接原因是检察机关内部机构设置的重叠和排挤。除了检委会之外,检察机关内部还设置有党组会、检察长办公会和院务会等,实践中容易混淆其

---

① 康中林、宋祥志:《浅议检(审)委会的职能转换》,载正义网,网址:http://www.jcrb.com/xueshu/zxsd/200806/t20080613_20815.html。

② 参见胡莲芳:《我国基层人民检察院检察委员会改革初探》,载《行政与法》2004年第5期。

③ 参见维英:《关于呼和浩特市两级检察机关检察委员会工作情况的调研报告》,载《中国检察官》2006年第4期。

④ 参见杨波、金石:《甘肃省检察机关检委会工作情况调研分析》,载《国家检察官学院学报》2006年第1期。

与检委会的职责范围,一些本应由检委会研究和决定的重要议题,包括贯彻执行国家法律、政策方面的重大问题和工作部署,检察工作经验总结和新情况、新问题的研究,有关检察工作的条例、规定、规则、办法的制定等,往往被上述其他会议所取代,作出相应决定并交付执行。

2. 主要原因是法律法规、司法解释对何谓"其他重大问题"没有定论,也没有具体的操作标准,导致实践中检委会"重议案,轻议事",一定程度上成为大办案机构,降低了检委会业务领导机构的权威作用,这种情况产生了极大的负面影响。例如,2007年9月26日颁布的最高人民检察院《检察人员执法过错责任追究条例》将对检察人员执法过错的事实、证据研究认定和处理的权力授予了检察长办公会①,进一步挤占了检委会议事决策的空间。另外,由于界定不明确,部分领导出于避免检委会烦琐程序之考虑,倾向于把一些重大事项交给由其主导而非主持的办公会等其他机构处理。

3. 重要原因是检委会提请议案机制远未完善。在目前的制度框架下,启动召开检委会的一般程序是承办部门提出议题,经主管检察长审阅,报检委会办公室审查后,由检察长决定是否召开检委会。长期以来,由于会议启动权掌握在部门领导手中,出于对维护部门利益的天然关切,可能会将不符合条件的案件或事项提交检委会,导致检委会成了为部门解决难题的专门机构,缺乏一个相对中立的主体能够从全院工作或提高相关部门合力的角度出发,提请有研究价值、有指导意义、有切实效果的议案。

可喜的是,2003年修订的《最高人民检察院检察委员会议事规则》第9条已然规定,委员可以提出议案,经检察长同意后提交讨论。但是实践中鲜少有此类现象。

二、完善检委会制度的具体设想

前文所述的两个问题一方面影响了主诉检察官独立办案制的实际效果,另一方面又导致了检委会议案的任务量与日俱增,议事的范围日益缩限,无法切实发挥检委会的职能作用,如不能合理解决,将极大限制检委会工作的进一步开展,不利于确立和坚持检委会制度改革的正确方向。

(一)妥善处理与检察官独立办案的关系

如何既发挥检察官独立办案、公正高效的优点,又实现检委会民主科学决

---

① 《检察人员执法过错责任追究条例》第19、20条规定,执法过错责任调查结束后,调查部门应当制作执法过错责任调查报告,提请检察长办公会审议,由后者对检察人员涉嫌执法过错的事实、证据研究确认后分别情况作出追究或不追究执法过错责任决定、退回补充调查等相应处理。

策,是一个棘手问题,正确认识二者关系是妥善处理的前提。

1. 正确认识二者关系

我们认为,尽管从表面上看,二者存在逆反,但是在一定条件下是互相促进的关系。

首先,检察官独立办案是一种相对的独立。由于国家制度、政治体制和司法制度等方面的原因,我国的司法独立尤其是检察独立具有鲜明的中国特色,不存在而且在现有制度框架内不可能存在一般意义上的司法独立,它现实地展现为一种受制的"相对合理"的司法独立。① 检察官在执行职务时,要受到检察一体化的限制,需接受并执行上级的指示、本院检委会的决策,因此其行为只具有一定程度上的独立性,即相对独立性,而检委会作为专门的业务领导部门,能够研究法律政策精神,克服检察官个人在政策理解和法律适用上的偏差,保持检察权的统一行使。

其次,检委会制度能够排除来自不同层面的不当干扰,保障主诉官依法行使检察权。一方面,以权压法、权大于法、地方保护主义等现实情况仍在不同地区、不同范围和程度内存在;另一方面,检察官在具体工作中也要抵御方方面面的压力和诱惑,集体决策有利于办案检察官正确适用法律和有效抵制干预,防止司法腐败,强化检察官的司法性特征。

最后,将二者结合起来有利于全面妥善处理好涉案关系,从中积累、总结类案经验,维护一方稳定,为作出正确决策、制定法律政策的实施方案和指导意见奠定基础。可见,最高人民检察院把两项看似存在矛盾的改革措施同时推行,有其深远考虑,有利于检察机关从司法实务和经验逻辑两个层面去解决问题、制定政策和指导工作。

2. 找准关系处理的切入点

在正确认识二者关系的前提下,检委会必须与主诉检察官独立办案相配合,限定重大案件的范围,让检委会从过多的案件中脱身出来,有利于委员集中精力讨论重大案件、重大议事工作和调动主诉检察官的积极性、责任心,保证司法公正与效率的统一。我们认为,可以从正面界定、反面排除以及限制讨论三个角度出发,严格界定讨论案件的范围。

正面界定是指要对何谓重大案件划定范围。重大案件并非争议案件的同义语,不是单纯指主诉检察官与部门领导意见不一致的案件。一般情况下,下列案件需要检委会讨论:(1)案情复杂,罪与非罪、此罪与彼罪难以区分的案

---

① 参见陈丹、路红青:《主诉检察官制——司法独立的另一种诠释》,载《国家检察官学院学报》2002年第1期。

件；（2）承办人认为应当对犯罪嫌疑人作出撤销案件、不逮捕、不起诉的案件；（3）公安机关要求复议、复核的案件；（4）检察监督的案件，如通过立案监督通知公安机关应立案的案件等；（5）检察院对法院的裁判提出抗诉或撤回起诉的案件；（6）当事人不服检察院决定进行申诉、向检察院申请国家赔偿的案件；（7）其他需要由检委会讨论的重大案件，如下级院请示的重大案件等。

反面排除是指检委会不予进行讨论研究的案件。一是不受理案件事实认定方面的问题，二是不讨论案件侦查过程中的问题，防止案件过早进入检察委员会，导致先入为主、未诉先定等现象，在审查起诉过程中由于之前的检委会决策陷入被动局面。

限制讨论是指对于某些案件可以讨论，但要适度，一般情况下也不要进入检委会程序。主要是指拟向法院提起公诉的案件如何适用法律方面的问题，这类案件应交由全面亲历、了解案件事实和证据的检察官独立作出以何罪起诉乃至罪质轻重的决定。除非案件特别重大疑难，一般不予讨论，确需讨论的，应由承办部门提出，向委员会汇报后认可的，才能启动委员会程序。

（二）充分发挥检委会的议事职能

法律是相对保守、稳定的，而现实的社会发展极为迅猛，检察工作如何实现公平正义，满足人民群众的司法诉求，切实履行法律监督职责，这不仅要求我们深刻领会法律条文及其法理，还要注重办案过程中所反映的社会问题的考察和研究。作为检察机关最高机构，除了应办案部门的申请提供具体意见之外，还需要进行理论和实践相结合的研究，提出法律政策实施的指导意见，提高检察机关的执法能力和综合协调能力。对此，有人呼吁"增加对于其他重大问题讨论决定的成分"，称其为检委会的职能扩展[①]，我们认为，与其说是检委会职能的扩展，更确切地应系职能的充分发挥，本是法律授权中的应有之义。实践中应加大重大问题研究的广度、力度和深度，这也是各地检察机关在最高人民检察院倡导下纷纷建立例会制、定期研究学习的原因之一。

1. 界定重大问题的范围

人民检察院组织法并未对重大问题作出明确规定，尽管立法较为粗疏，实践中界分的难度很高，但我们认为，重大问题应是指对检察工作有宏观指导作用和检察工作中带有根本性、全局性的问题。具体范围包括：（1）如何贯彻执行党的方针、政策和人民代表大会及其常委会的决定命令及答复其提出的质询案；（2）如何贯彻执行上级检察机关的工作部署和有关指示；（3）讨论研

---

① 参见光伟、刘波：《基层院检委会工作改革初探》，载《检察实践》1999年第4期。

究（1）、（2）的具体落实措施，并定期就有关情况进行检查总结；（4）制定本院长期工作规划或年度工作计划和总结；（5）本院各业务工作的有关规定、规则、制度；（6）讨论决定有关检察长回避及公安机关负责人的回避问题；（7）讨论决定向本级人民代表大会及其常委会提出的立法建议、工作报告和汇报等；（8）检察长认为应当提交检委会研究的其他重大问题，如案件质量的考核和监控措施等。上述问题均应提交检委会讨论，加强对业务活动的指导和监督，使其在检委会的领导下规范操作。

2. 区分与其他相关会议的关系

检委会与院党组会、检察长办公会等各机构相互间存在交叉混淆的情况，影响了各自作用的发挥，应严格界定其地位、作用、职能定位和职责范围。我们认为，党组会的议事范围主要应是政治性工作，如研究检察机关和检察工作中如何贯彻党的路线、方针、政策，党的各项工作部署、组织人事、纪检监察等；检察长办公会主要是讨论行政事务处理，如行政装备、经费管理、基础建设和投入等；院务会主要讨论各部门之间的协调问题；检察委员会的议事范围应是前文所述的重大案件和重大事项。

对于现实中存在的限制检委会职能发挥的相关规定，例如由检察长办公会决定检察人员执法过错的有无及惩戒问题，我们认为，一是办公会作为一个类似行政会议的机构，并无相关组织规范，其法律定位、人员组成、议事范围和决策程序无章可循。二是可能造成办公会随意否定检委会先前经研究作出的关于案件适用法律等决定的异常现象和尴尬局面。检委会作为重大案件和其他重大问题的议事决策机构，享有法定明确的权力，具备确定执法过错的能力和相应工作机制，应将检察人员执法过错的责任认定纳入前述检察长认为应当提交检委会研究的其他重大问题，经调查终结、检察长审查后提交检委会讨论。

3. 贯彻专职委员有权提请议案的机制

2003年最高人民检察院的议事规则赋予检委会委员提出议案的权力，改变了办案部门的垄断局面，在实践中贯彻执行该项规定，切实发挥委员的研判作用，具有重要意义。一是有助于改变以往委员参与检委会时消极、被动的现象，使专职委员有机会将关注的重大问题提交检委会；二是有助于促进检察决策的民主建设，作为普通干警的专职委员与担任行政职务的委员享有平等的议事权和表决权，有效提高检委会断案、议事、决策的透明度；三是有助于克服狭隘的本位主义和部门主义，专职委员能够从促进全院工作的层面去研究解决检察机关发展过程中的问题，并提出相关建议。

专职委员提请议案的程序并无特殊之处，当委员发现关乎检察工作的重大问题或对案件的处理意见有异议时，可以直接向检委办提请召开检委会的申请，由检委办将其申请的议题及理由向检察长报告，由检察长决定是否召开检委会。提请议案的内容、质量应作为委员述职评议的重要指标之一。

通过对于限制检委会工作进一步开展的两个重点问题的探讨，我们发现，检委会职能主要集中于复杂疑难案件的讨论和决定，对实践中重大问题的研究不够，对检察工作经验总结的效果较差，对法律政策贯彻落实的指导欠缺。这两个问题的出现及解决其实是互相关联的，把好上会关口、妥善处理好检委会制度与主诉检察官制的关系是检委会提高案件和问题的决策能力的前提条件，并为检委会腾挪出更大的发展空间，而检委会议案事项的优化和处断能力的提高为检察官独立创造了良好的环境，促使其更加负责、公正、高效地办理案件，这就提示我们，检委会制度在发展过程中要逐步削弱对于具体案件的决断，交由已经成长起来、素质不断提高并融入法律职业共同体内的检察官去行使。不揣以为，检委会制度改革的方向应是在强化检察官办案责任制的基础上，充分发挥其议事职能，实现由单纯案件决策型机构向决策、研判、参谋、指导型复合机构的转化，建立民主、科学、合理的检察工作决策系统，强化对于检察工作宏观指导的作用，牢牢把握发展方向。而切实解决本文提及的两个重点问题，对于这一方向的确立和摆正可谓是裨益良多。

完善检察机关外部侦查协作机制的思考

刘　阳[*]　胡文学[**]

随着经济的发展，职务犯罪案件呈现出地域扩大、范围增加、案件增多、作案手段狡猾等特点，检察机关的职务犯罪侦查工作随之出现了侦查信息少、线索发现难、调查取证难等问题，为获取更多的信息线索，加大查办案件力度，职务犯罪的侦查协作显得尤为重要。2000年10月，最高人民检察院发布《关于人民检察院侦查协作的暂行规定》，这一规定主要规范跨区域的职务犯罪侦查协作，实质上还是检察机关内部的侦查协作。通过十多年的探索与实践，职务犯罪侦查协作早已突破上述规定的范畴，逐渐由内部协作向外部协作延伸。笔者试对外部侦查协作的外延内涵、协作主体、协作领域、协作范围、协作方式等作些探讨，以期构建完善的职务犯罪侦查协作机制，适应打击职务犯罪的需要。

一、侦查协作的含义

协作按照《辞海》的解释有两种含义：一是许多劳动者在同一劳动过程或彼此相联系的不同劳动过程中依计划协同地进行劳动的劳动形态；二是泛指两个或两个以上的人或单位相互配合工作。《现代汉语辞典》中对协作的解释是两个或两个以上的单位或个人共同完成同一任务。

侦查协作在学界有不同的理解。有的认为是指在犯罪侦查过程中，侦查部门以及其与其他业务部门在发现、控制犯罪，揭露证实犯罪和缉获犯罪嫌疑人的专业活动中的协同配合行为。有的认为刑事侦查协作是指若干个刑事侦查部门对疑难大案、严重暴力犯罪、高智能犯罪案件等，与内部或外部有关部门同力协作互相扶持、互相帮助、互相配合，共同侦破案件及时有效地打击犯罪分

---

[*] 湖北省仙桃市人民检察院检察长。
[**] 湖北省仙桃市人民检察院专职委员。

子的一项重要的侦查措施。① 有的认为侦查协作是指在刑事侦查工作中，公安机关的刑事侦查部门之间以及刑侦部门与其他部门之间，有组织地协作与配合的一项专门活动。② 总结以上概念可以发现，侦查协作发生在侦查活动过程中，侦查带有专门性、专业性、国家强制性的特点。狭义的侦查协作没有将非侦查部门的协作行为包括在内。在大侦查格局即广义的侦查协作的主体应限于侦查部门及与侦查工作联系紧密并行使部分案件侦查权的纪检、交通、边防等部门。

侦查协作按空间属性可划分为内部侦查协作和外部侦查协作；按地域特点可划分为跨区域（国内）的侦查协作和国际间侦查协作；按协作对象可分为公安机关的侦查协作、检察机关的侦查协作、公安机关与检察机关的侦查协作、检察机关与纪检监察部门的侦查协作等。

将侦查协作的概念引入职务犯罪侦查协作，笔者认为，从行为的主体、行为主体之间的关系以及行为主体之间的共同任务来看，职务犯罪侦查协作有广义和狭义之分。狭义上，职务犯罪侦查协作指的是检察机关职务犯罪侦查部门与具备独立侦查权的与职务犯罪侦查工作紧密相连的公安机关侦查部门、国家安全机关侦查部门、军队保卫侦查部门之间相互配合、共同协调运作而采取的侦查措施。③ 广义上的职务犯罪侦查协作，既包括检察机关职务犯罪侦查部门与具备独立侦查权的相关部门之间的协作，同时也包括与不具备独立侦查权的部门，如纪检监察部门、审计部门及其他行政机关的紧密配合、协调作战，还包括提供基础信息的社会组织的支持和合作，即为了达到共同的维护社会秩序和打击职务犯罪的目的，检察机关职务犯罪侦查部门与相关的国内各部门、组织、团体，区际国际各机关部门进行的较为紧密的工作联系、资源共享、信息交流、技术手段的配合等诸多形式的大侦查方式。本文主要运用广义的职务犯罪侦查协作含义论述我国职务犯罪外部侦查协作的相关问题。

从职务犯罪侦查协作的概念可以看出，它包括检察机关内部的侦查协作与外部侦查协作。检察机关内部的侦查协作主要有三个方面，即检察机关内部侦、捕、诉的协作，上下级检察机关的侦查协作，跨区域检察机关之间的侦查协作。外部侦查协作是指检察机关在职务犯罪侦查活动中与有一定侦查或调查职权的法定义务机关、组织之间采取的相互支持、相互配合的侦查措施，因为

---

① 转引自陈亮：《试论刑事侦查协作的本质含义理论依据及其形式和意义》，载《中国刑警学院学报》1999 年第 3 期。
② 转引自姚宇：《试论我国刑事侦查协作》，载《吉林公安高等专科学校学报》2000 年第 3 期。
③ 参见桑晔：《我国职务犯罪侦查协作机制研究》，西南政法大学硕士学位论文。

只有一定侦查权调查权的机关才能谈得上合作,其他的属于群众性的配合。

二、加强检察机关外部侦查协作的必要性

1. 有利于拓展获取侦查信息或线索的渠道。通过检察机关外部协作机制的建立,可以从外界获取大量的案源和线索,如建立案件移送机制,检察机关可以从执法执纪部门得到大量涉嫌职务犯罪案件;通过与公安、税务、证券、银行、工商等掌握专门公共资源的单位之间的查询协作机制,可以获取大量有用的侦查信息;通过与企业、基层团体、行业协会、新闻媒体等社会力量的衔接机制,能够获得更多的案件线索。

2. 有利于突破案件,提高办案效率。检察机关侦查办案方因种种条件的限制,对需缉捕人犯或取证工作,常常会感到力不从心,从而影响了打击力度。加强和完善检察机关侦查协作关系,就可以及时侦破或侦结一批重大案件或擒获犯罪分子,从而有力地震慑犯罪,促使犯罪嫌疑人投案自首或坦白认罪。特别是在针对案件管辖不明,但却有犯罪事实发生的情况下,如果检、警、纪检部门之间能预先通报情况,共同侦查,将会十分有利于案件的突破。在证实构成犯罪后即可果断决定立案侦查或者"连人带案"移送对方管辖,这样可以有效避免因管辖问题浪费大量时间。

3. 有利于整合资源,节约诉讼成本。职务犯罪侦查案件因工作面宽、量大,有时为了调取某单位的证据,或核实某一情况,派员去,受经费、人力限制而有困难,不派员去,又可能影响案件的质量。还有一些案件涉及专业性知识较强,单靠检察机关办案难度大,加强和完善检察机关侦查协作,可以充分利用协作单位多、人才广的优势,节约资源,缓解检察机关警力、经费不足的矛盾。

4. 有利于形成良性互动。加强和完善检察机关外部侦查协作,检察机关与协作单位之间可以以个案协查为媒介,加强执法办案的经验交流,取长补短,共同提高,还可以不断拓宽合作的领域,从而提高整体作战效能。

三、外部侦查协作的类型及问题评析

检察机关外部侦查协作大致可分为四种类型。

(一)检察机关与公安机关的协作

宪法和刑事诉讼法规定检察机关和公安机关是"分工负责,互相配合,互相制约"的关系,"互相配合"在职务犯罪侦查协作方面体现为三个方面:一是采取强制措施方面的协作,检察机关决定拘留、逮捕都要由公安机关执行,对犯罪嫌疑人的通缉等也要公安机关协助;二是侦查措施的支持,公安机

关在侦查装备、技术手段等方面都更为先进，特别是在秘密侦查、技术侦查上检察机关更需要公安机关的支持配合；三是移送案件。刑事诉讼法第108条第3款规定，"公安机关、人民检察院或者人民法院对于报案、控告、举报，都应当接受。对于不属于自己管辖的，应当移送主管机关处理，并且通知报案人、控告人、举报人；对于不属于自己管辖而又必须采取紧急措施的，应当先采取紧急措施，然后移送主管机关"。2012年修订的《人民检察院刑事诉讼规则（试行）》第12条规定，"人民检察院侦查直接受理的刑事案件涉及公安机关管辖的刑事案件，应当将属于公安机关管辖的刑事案件移送公安机关。在上述情况中，如果涉嫌主罪属于公安机关管辖，由公安机关为主侦查，人民检察院予以配合；如果涉嫌主罪属于人民检察院管辖，由人民检察院为主侦查，公安机关予以配合"。

由于检察机关与公安机关要"互相配合，互相制约"，因此，如何妥善处理监督制约和协作配合的关系问题，即监督和配合孰轻孰重的问题，在法学界对此的争议很大。在司法实践中，容易出现两个极端，一种是重监督轻配合，另一种是重配合轻监督。如对于检察机关需要公安协助调查、抓捕犯罪嫌疑人的自侦案件，公安机关思想上重视不够，往往借警力不足、技术设备有限等理由推诿，没有积极性去调查取证，致使自侦案件的查办难以获得好的效果。

（二）检察机关与纪检监察机关的协作

关于加强检察机关与纪检监察机关协作配合的问题，中纪委和最高人民检察院先后联合出台过几个文件，如《中纪委、最高人民法院、最高人民检察院、公安部关于纪律检查机关与法院、检察院、公安机关在查处案件中互相提供案件材料的通知》（中纪发〔1989〕7号）、《中纪委、最高人民检察院、监察部关于纪检监察机关和检察机关在反腐败斗争中加强协作的通知》（高检会〔1993〕31号）等，文件就协作配合的范围、程序等作了明确的界定，是在现行体制下纪检监察机关与检察机关之间开展工作协调配合的纲领性文件。纪检监察机关具有特殊性质，一方面它具有一定的侦查职能，是"准侦查机关"；另一方面它具有行政管理职能，是行政执法机关。因此，检察机关与它的协作也有双重性。一是办案工作中的协调与配合。纪检监察机关和检察机关在受理初查、调查侦查案件的过程中，可以借力各自的工作优势，通过法定的侦查手段，整合办案力量，提高工作效率。检察机关在初查案件时可以借力纪检监察机关的"双规"、"双指"等调查手段，为突破案件创造条件。但是由于法律规定的缺失，双方配合顾忌较大，再加上本位思想的存在，也影响了双方的协作。二是案件移送。当前，从纪委移送检察机关办理的职务犯罪案件呈上升趋势。以某市为例，2011年纪检机关移送职务犯罪案件1件，2012年3件，

2013年6件。但是相比较纪检机关每年庞大的办案数量，这一数据显得太小。在案件移送方面主要存在"四多四少"的问题，即"案件移送少，不移送的多；大案移送多，小案移送少；主动移送的少，被动移送的多；移送处理的少，不处理的多"①。同时，检察机关办理的案件中移送纪委作纪律处分的人不多，也存在移送不及时的问题。

（三）检察机关同行政执法机关的协作

检察机关同行政执法机关的协作与行政执法与刑事司法衔接（以下简称"两法"衔接）的问题密切相关。修改后的刑事诉讼法第52条第2款规定："行政机关在行政执法和查办案件过程中收集的物证、书证、视听资料、电子数据等证据材料，在刑事诉讼中可以作为证据使用。"这一规定为检察机关同行政机关之间在协作上提供了法律依据。其他的依据主要有国务院制定的《行政执法机关移送涉嫌犯罪案件的规定》、《关于加强行政执法与刑事司法衔接工作的意见》（中办发〔2011〕8号）、最高人民检察院《人民检察院办理行政执法机关移送涉嫌犯罪案件的规定》以及最高人民检察院、公安部、全国整规办3个部门联合出台的《关于加强行政执法机关与公安机关、人民检察院工作联系的意见》及《关于在行政执法中及时移送涉嫌犯罪案件的意见》等规范性文件。另外还有数量众多的双边或多边会签文件，如2004年11月最高人民检察院、审计署《关于进一步加强检察机关与审计机关在反腐败工作中协作配合的通知》；2005年8月最高人民检察院、教育部《关于在教育系统开展预防职务犯罪工作中加强联系配合的意见》；2007年10月最高人民检察院、国家质量监督检验检疫总局《关于在查处和预防渎职等职务犯罪工作中加强联系协作的若干意见（暂行）》，2012年12月最高人民检察院、民政部颁布《关于在民政系统预防职务犯罪工作中加强联系配合的意见》等；检察机关同行政执法机关的协作主要是信息共享和案件移送。案件移送包括两个方面：一是检察机关监督行政执法机关向公安机关移送一般刑事案件；二是职务犯罪案件直接向检察机关移送。

近些年来，随着各级对"两法"衔接工作的重视，检察机关与行政执法机关的协作取得了明显的成效。但还存在一些问题：一是程序不规范。法律和有关规章对协作配合作了原则性的规定，这些规定可操作性不强，导致在具体执行过程中，仍存在案件移送不及时、材料不全面、文书制作简单等问题。二是信息沟通不畅。信息传递沟通是协作配合的基础。但由于种种原因，有的部

---

① 参见《纪检监察机关与检察机关互相移送案件中存在的问题及解决措施》，载http://wenku.baidu.com/view/8bb430c508a1284ac8504363.html。

门不愿将自己的办案信息与他人共享,检察机关与行政执法部门的信息共享平台在一些地方仍没有建立。建立的地方,也存在上网登记信息不及时,错漏较多的情况。三是案件移送不及时。行政执法机关出于保护部门利益的考虑,往往以罚款处理案件,提供给检察机关自侦部门的材料往往只提供其认为可以提供的材料,而不是材料的全部。当自侦部门发现涉嫌犯罪情况后,很多案件已经丧失了最佳的取证时机,此时的侦查难度加剧,不利于对犯罪进行有效的遏制和打击。[①]

(四) 检察机关与基础信息部门之间的协作

当前,检察机关的工作处于被动应付的局面,远没有达到对职务犯罪主动发现、主动侦查的水平,其主要原因在于情报的缺失、线索的匮乏。检察机关要建立长期、稳定的线索信息来源,必须与金融、电信、保险、税务、工商、房产、电力、天然气、新闻媒体等单位协作,建立情报网络,这是基础性的工作。公安、税务、证券、银行、工商等掌握专门公共资源,检察机关通过与这些单位建立信息查询协作网络,可以获取大量有用的侦查信息;通过与企业、基层团体、行业协会、新闻媒体等社会力量的沟通衔接建立情报网络是一个复杂、庞大的系统工程,涉及的部门众多,人力物力财力投入巨大,还要打破部门保护的樊篱,这一系统由谁牵头组建,具体如何操作都是需要研究和探索的问题。

四、构建新型职务犯罪侦查协作机制的设想

笔者认为,为应对修改后的刑事诉讼法、民事诉讼法的挑战,以及适应新形势下打击职务犯罪的需要,有必要从五个方面建立完善检察机关职务犯罪外部侦查协作机制。

(一) 信息共享机制

信息共享机制是指行政执法机关、公安机关、检察机关三者在充分发挥各自职能作用的基础上,建立情况信息通报制度,并在加强保密工作的前提下,逐步实现各行政执法机关信息管理系统与公安机关、检察机关的信息联网共享,做到信息共享、密切合作。[②] 目前,在推进"两法"衔接过程中,上海、江苏等地检察机关建立了较为完备的信息共享平台,取得了成功的经验,为进一步完善信息共享机制,笔者建议,第一,要加强相关立法。制定法律法规,

---

[①] 参见宋萍:《检察机关在行政执法与刑事司法衔接实践中的困惑与出路》,载《法制与社会》2012 年第 11 期(中)。

[②] 参见徐燕平:《行政执法与刑事司法相衔接机制研究》,载《犯罪研究》2005 年第 2 期。

规定在一定范围内，实现行政执法机关、公安机关和检察机关之间的信息共享，这些信息具体包括案件线索、案件处理程序、法律文件、数据规定等。第二，要规范信息录入。一方面需要规范录入时间和录入规则；另一方面，可以通过指派专门人员来监督该机制的运行情况，改善信息录入过程中出现的松散、失真等情况。第三，要健全约束惩罚机制。如果出现违反数据平台共享制度的情况，比如不及时录入相关案件信息，或者篡改、损毁数据信息的，可以由有关部门责令限期整改；情节严重的，可以对直接责任人予以处分；涉嫌犯罪的，可以依法追究刑事责任。① 第四，扩大信息共享的范围。要将信息共享逐步扩大到基础信息部门，笔者建议国家要逐渐建立分门别类、独立的基础信息数据库，然后检察机关再分别接入各个系统，这一方法操作性强，也快捷方便。

（二）案件移送机制

执法执纪机关在依法查处违法违纪行为，以及公安机关在审查、侦查行政执法机关移送的涉嫌犯罪案件过程中，如果发现国家工作人员涉嫌贪污贿赂、渎职侵权等违纪违法线索的，应当根据案件的性质，及时向监察机关或者人民检察院移送。对于行政执法执纪机关移送的案件，检察机关要积极受理，及时审查，作出是否立案的决定。检察机关决定不予立案的，应说明原因，并将案件材料退回移送的执法执纪机关。

（三）证据衔接机制

刑事诉讼法第 52 条第 2 款是一"桥梁条款"，它概括性地规定了"两法"衔接的证据规则，但是行政执法中收集的证据如何在刑事诉讼中具体使用，在理论界还有一些争议。很多学者认为，行政执法证据要经过"转化"才能在刑事诉讼中使用。② 笔者认为，行政执法中收集的证据材料在刑事诉讼中只有如何使用（运用）的问题而没有所谓需要"转化"的问题。③ 检察机关对于行政执法机关办理案件中收集到的证据应该予以接收。至于能否被采纳作为刑事案件的证据，要由检察机关审查决定。具体从以下五个方面分析：

1. 对于刑事诉讼法第 52 条第 2 款所列的四类证据，即书证、物证和视听资料、电子数据，④ 只要经检察机关自侦部门依法履行调取证据的法律手续

---

① 参见郑明：《行政执法与刑事司法的互动机制探讨》，载《法制与经济》2012 年 8 月第 321 期。
② 参见周路阳：《试论行政执法证据向刑事司法证据的转化》，载《法制与社会》2011 年第 3 期。
③ 参见刘阳、胡文学：《行政执法证据在刑事诉讼中的运用问题研究》，载《北华大学学报》2013 年第 5 期。
④ 按照证据分类实际上只有三种，刑事诉讼法将视听资料、电子数据归并为一种。

后，可以直接使用。

2. 对于证人证言、被害人陈述、犯罪嫌疑人或被告人供述和辩解这一类言词证据，这类证据材料在获取时难以排除提取人的主观因素，不同人提取可能会出现不同的内容，具有相当的不确定性。所以，对于这类证据只要有条件重新提取的，一般应要求重新提取后才可以使用，这样也有利于法庭审理、质证的顺利进行。在重新提取不可能的情况下，如果该调查笔录对案件定罪量刑确实很重要，也可以确认其证据能力，直接将其拿到法庭质证，结合其他证据判定是否予以采信。

3. 对于行政执法机关出具的鉴定结论[①]，检察机关应该进行必要的审查、核实，并与其他证据相印证后确认鉴定结论的形式、内容无误才可作为证据在刑事诉讼中使用。

4. 行政机关制作的勘验笔录、现场笔录，只要经审查是依法制作并反映了客观事实，可以作为刑事证据使用。因为有相当一部分勘验笔录、现场笔录如果统一由司法机关重新制作，不仅会在很大程度上增加侦查机关的负担，而且实际上因为时过境迁，重新收集此类证据，既不现实也不可能。

5. 证人亲笔证词、被告人亲笔供词等，它们属于书证的范围，因系当事人本人亲自书写，只要被告人自己确认，就可以直接使用。

（四）联席会议机制

建立由检察机关牵头，公安机关、纪检监察机关、行政执法机关政府法制部门及其他有关单位的联席会议工作机制。联席会议可定期或不定期召开，由行政执法执纪机关专设的联络员、公安机关专门联络员以及检察机关相关人员等共同参加。联席会议上，一是互相通报情况，对各部门办案情况、案件移送情况要互相通报。二是讨论交流。检察机关可与各部门对所办案件的立案标准，达到立案标准的如何收集固定证据等方面进行沟通，依法加以认真地分析与研究，从而达到公正及时高效执法的目的。三是行政执法机关应将辖区内近期新型违法案件、多发类案件进行通报，与公安机关、检察机关共同分析违法犯罪案件的发案规律和原因，研究相应对策，扼制和预防违法犯罪。针对案情复杂、涉及人数众多或地域范围广、违法犯罪证据收集难的个案，各方还可以召开不定期联席会议，以解决在个案查处过程中遇到的罪与非罪的认定，有效扼制类案发生等方面突出且棘手的问题，以确保案件的办理能达到法律效果和社会效果的统一。

[①] 刑事诉讼法已将"鉴定结论"修改为"鉴定意见"，行政法规中有待作相应修改。

（五）监督制约机制

国务院法制办等部门于2011年出台的《关于加强行政执法与刑事司法衔接工作的意见》对案件移送的监督作出了比较详细的规定，如"县级以上地方人民政府、人民检察院和监察机关对……的举报，要认真调查处理，并将调查处理结果告知实名举报人"、"人民检察院发现行政执法机关移送或者逾期未移送的，应当向行政执法机关提出意见，建议其移送"、"监察机关发现行政执法人员不移送涉嫌犯罪案件，公安机关工作人员不依法受理、立案，违反行政纪律、需要追究责任的，应当依纪依法处理；情节严重、涉嫌犯罪的，应当移送人民检察院"。为完善和落实监督制约的规定，笔者建议，一是建立备案审查制度。公安机关、行政执法执纪机关要将有关行政执法案件向检察机关备案，以便于检察机关对行政执法案件的全程监督。二是要赋予检察机关"移案监督"的权利，建立"移案监督"制度。修改完善刑事诉讼法，明确将行政执法机关移送案件的程序纳入刑事诉讼程序，并规定检察机关对行政执法机关移送案件活动实行监督的权力。三是赋予检察机关实质性的处分权。检察机关发现行政执法执纪机关存在应当移送涉嫌犯罪案件而不移送、以行政处罚代替刑事处罚、不移送或者隐匿、私分、销毁涉案物品等情形，在发出检察建议的同时，应当抄报监察机关或行政执法机关的上级主管部门，有关机关应当限期整改，并将整改情况及时反馈给检察机关，情况严重的还应当追究相关人员的行政责任和刑事责任。同时，监督制约是相互的，对检察机关决定不予立案的案件，行政执法执纪机关可以申请复议，不服复议的，可以要求上级检察机关复核。

检察机关内部机构科学设置研究

高继明* 崔 涛**

检察机关是国家机构的一个重要组成部分，是实施国家法律监督职能的主体，是国家履行法律监督权的物质载体和法律监督运作机制的物质保障，是国家实施法律监督活动的"硬件"部分。因此，检察机关内部机构设置是否科学，职权配置是否合理，直接关系到检察机关法律监督职能能否得到充分有效的发挥，关系到依法治国法治目标能否顺利实现等诸方面。党的十八届三中全会对优化司法职权配置、健全司法权力配合制约机制、加强和规范对司法活动的监督提出了明确要求，检察机关必须按照司法体制改革的目标要求，科学设置内部机构，优化权力配置，为实现"强化法律监督、维护公平正义"的改革目标提供有力支持。

一、检察机关内部机构设置弊端

（一）设置不统一

从目前全国各地的情况看，检察机关内部机构存在的一个突出问题是设置缺乏统一性，主要表现在以下两个方面：一是内部机构的设置缺乏统一模式。统一设置模式是一个系统的标志，也是系统关联性的必然要求，然而目前各地检察机关内部机构缺乏统一设置模式，如有的检察院将渎职侵权检察部门与反贪污贿赂部门合并成立职务犯罪侦查局，而大部分检察院则将两者分别设立；有的基层检察院设有职务犯罪预防科，有的则将职务犯罪预防功能合并放在职务犯罪侦查科内；有的设有法律政策研究室，有的则由办公室履行部分法律政策研究职能；还有的检察院根据当地经济社会问题，结合自身实际，设立专门机构，查办特殊领域犯罪，如上海市检察院、深圳市检察院，二者都是沿海开放城市，同时也是金融中心，走私犯罪和金融犯罪多发，因此设有走私犯罪检

---

* 甘肃省人民检察院党组副书记、副检察长。
** 甘肃省人民检察院研究室干部。

察处、金融犯罪检察处,专门查办在外贸活动和金融领域中的贪污、渎职犯罪。二是名称不统一。名称是一个事物特性和本质的集中反映。检察机关内部机构的名称应当反映检察机关的本质和内部机构的特性,然而目前检察机关内部机构的名称不统一,难以准确反映检察机关作为法律监督机关的本质和各个内部机构的特性。这主要表现在两个方面:(1)同一检察院,其内部机构的名称不统一。如最高人民检察院的内部机构有的称"厅",有的称"局",还有的称"室";有的在机构名称前冠以"检察"二字,有的则没有,如公诉厅、反贪污贿赂总局等。各省级检察院、省辖市检察院和基层检察院的内部机构名称也存在类似情况。(2)不同的检察院,其内部机构的名称不统一。从目前检察机关的内部机构看,职能基本相同的内部机构,在不同的检察院有不同的名称,有的差别还相当大。例如,对案件管理部门,有的检察院称"案件管理办公室",有的检察院则称"案件监督管理处";对控告申诉部门,有的检察院称"控告申诉检察处",有的检察院将控告申诉职能一分为二,分别称"控告处"和"申诉处";对民事行政检察部门,有的检察院称"民事行政检察处",有的检察院则分为两个处,称为"民行一处"、"民行二处",还有的检察院分为三个处,称为"民事检察一处"、"民事检察二处"、"行政检察处"等。

(二)内部机构职能存在重叠

检察机关内部机构的设置由于缺乏整体系统设置标准,业务部门之间经常出现职能重叠问题,容易引发混乱,造成工作效率低下。如对于侦查权的监督,侦监部门在审查逮捕环节、公诉部门在审查起诉环节都在承担此项工作;对于羁押必要性的审查,根据《人民检察院刑事诉讼规则(试行)》的规定,侦监、公诉和监所检察部门也都在不同环节分别承担此项工作。同样的工作被不同部门在不同环节分别承担,势必会造成重复阅卷、重复讯问、重复熟悉案情等问题,降低办案效率,浪费人力物力,使人员紧张的矛盾更加突出。法律赋予人民检察院法律监督职权,检察机关理应将检察监督职权科学分解并规定不同的权力由不同的内部机构行使,目前同一项权力却由多个部门交叉行使,反映了检察机关内部权力分配的混乱。

(三)行政层级繁多

检察机关兼有行政性和司法性。行政性主要体现在领导体制按检察一体原则设定。人民检察院组织法规定,最高人民检察院领导地方各级检察院和专门检察院的工作,上级检察院领导下级检察院的工作,明确了上下级检察院之间的领导与被领导关系;同时,在检察机关内部,检察长统一领导检察院工作。从司法性来说,检察机关的办案工作特别是案件审查和判断具有亲历性、中立性、客观性，需要案件承办人具有独立理性判断和高度负责态度，防止因层层汇报、层层审批减弱承办人的责任。目前，检察机关基本上采用行政审批模式，即承办人—办案小组—科（处）—科（处）领导—分管检察长五级讨论审批，重大疑难案件还要增加检察长—检委会等审批层级，一些案件承办人或者科（处）长为了减轻责任，将所有有争议的案件均层层提交检委会讨论，因案件经过层层审批，出现质量问题时，责任谁也归结不上、人人都不负责任。

（四）派出机构的法律地位不明确

派出机构是检察机关根据工作需要，在特定区域或者场所派驻的履行一定检察职能的机构。从权力渊源上说，派出机构行使的职权内容来源于原派出单位的委托授权，因此，派出机构的职责应当与原派出单位相一致，或者小于原派出单位的职责范围，在法律地位上应当低于原派出单位。但是，目前检察机关中的派出机构设置较为混乱，有省级检察院派出的机构，有市级检察院派出的机构，还有县级检察院派出的机构。派出机构的级别有厅级的、处级的、科级的，甚至有的连科级也算不上。有的地方设置了大量的派出机构，有的地方则很少有派出机构。有的叫派出检察院，有的叫派驻检察室。[①] 有的派出机构由检察院直接领导，有的派出机构由检察院的一个内部机构领导。实践中之所以出现派出机构设置上的不规范，根本原因是对设置派出机构的条件、标准不明确。派出机构设置和管理上的混乱，在一定程度上影响了检察职能的发挥。

（五）编制外设置机构问题依然存在

编制外机构是检察机关为完成综合性、临时性任务设立的检察内部机构，例如，检察官学院、检务保障等部门，他们的职能与教育部门、计划财务部门存在交叉，其设置不符合科学发展观的要求。一是削弱了部门职能。在实际运作中，编制外内部机构往往成了常设机构，蚕食了职能部门的部分职责，剥夺了职能部门的部分权力，严重干扰和冲击了职能部门工作的正常开展。二是增加了财政负担。编制外内部机构名义上不核定编制、不核拨经费，但其机构确实在检察院内部单独设置，工作人员靠现有在编人员院内调剂。有限的人力资源被占用后，只能是"拆东墙，补西墙"，靠财政新增支出来维持机构运转，这对检察资源是一种浪费。三是降低了行政效率。编制外内部机构的设立，使本来由常设机构承担的职能由编制外内部机构承担，原由一个部门承担的职能变成几个部门共同承担，容易造成扯皮、推诿等问题。四是影响了机构管理。编制外内部机构的设立一般由党委、政府直接审批，也没有到机构编制部门登

[①] 参见张智辉：《应当重视检察机关内设机构改革》，载《检察日报》2011年8月19日。

记备案,设立过于盲目、随意,加上疏于管理,导致编制外内设机构过多过滥。

二、造成问题和弊端的原因分析

(一)缺乏对检察权的科学分类

检察机关内部机构的设置与检察权的分类密切相关。检察内部机构设置的是否科学、合理,直接反映了检察机关对检察权的认识是否科学和分类是否合理。例如,审判监督权的行使,是公诉部门还是专门设立一个审判监督部门来行使,就直接反映着检察机关对公诉权的认识,即公诉权是否包括对审判活动进行监督的职权。又如,职务犯罪预防机构是独立设置,还是与职务犯罪侦查部门合为一体,也反映了检察机关对职务犯罪预防权的不同理念,即检察机关进行职务犯罪预防与查办职务犯罪案件是否由各自独立的两个部门行使。再如,目前一些地方检察院正在大力推行的乡镇检察室制度,直接涉及检察职能延伸的空间问题,也涉及对检察权性质功能的理解问题。因此,目前检察机关内部机构设置存在的问题,从一定程度上讲是检察机关对检察权缺乏科学、统一认识造成的。

(二)缺乏明确的法律规定

检察机关内部机构设置的方向、标准是由检察院组织法规定的,但我国现行人民检察院组织法对此只作了原则性规定,即第 20 条规定,"最高人民检察院根据需要,设立若干检察厅和其他业务机构。地方各级人民检察院可以分别设立相应的检察处、科和其他业务机构"。这一方面是因为我国检察机关除承担法律监督职能外还具有职务犯罪侦查、诉讼监督等多项职能,其内部机构设置必然要适应这些职能而变得较为复杂,组织法不便作出明确的列举式规定;另一方面是因为原则性的规定能适应以后形势发展变化的需要,可以根据情势作出调整,有助于保持法律的稳定性和连续性。但是,这在客观上却导致检察机关内部机构设置的随意性,造成内部机构设置的不规范。

(三)检察权的异化

在我国权力结构中,检察权处于一种独特的地位,是独立于审判权、行政权的具有国家强制力的法律监督权。但是,我国的司法制度并未按照司法管理方式管理检察业务,而是把检察机关视为行政机关,用行政机关的管理方式管理法律监督活动,形成了法律监督职能的行政化,突出表现在机构设置行政化、办案程序行政化、队伍管理行政化、决策机构行政化,造成了法律监督职能同行政管理职能的错位,使本来应该为法律监督职能服务的行政管理职能,在实际运行中却替代了法律监督职能,并制约了法律监督职能的发挥。

三、检察机关内部机构科学设置构想

（一）统一名称

检察机关内部机构的名称与其行使的具体检察职权及其属性有着密切的关系。内部机构的名称是否科学、合理，直接反映了对检察权的认识。例如，是称"公诉处"还是称"审判监督处"，直接反映着对公诉权的认识，即公诉权是否包括对审判活动进行监督的职权。因此，统一内部机构的名称是检察机关内部机构科学设置的一项重要内容。统一检察机关内部机构名称涉及两个方面：一是在同一级检察院内部应当统一内部机构的名称；二是在上下级检察院之间，职能相互对应的内部机构名称应当统一。对于检察机关内部机构的名称，有许多不同的观点。例如，有的提出检察机关内部机构的名称应当统一为"署"，如职务犯罪检察署、公诉署、诉讼监督署等。[①] 有的认为，在内部机构的称谓上，应当上下保持统一，可以考虑两种方案：一种是各级检察机关的业务机构一律称"厅"，正好与人民法院的"庭"相对应；另一种是参照现在反贪污贿赂局的称谓，各级检察机关的业务机构一律称"局"，最高人民检察院的业务机构称"总局"。[②] 在最高人民检察院组织的有关修改人民检察院组织法的讨论中，统一内设业务机构名称的呼声很高，但在"署"、"部"、"厅"、"局"、"室"、"司"等具体称谓上难以达成共识。[③] 可见在统一检察机关内部机构名称问题上，各执一词，众说纷纭。尽管称谓各不相同，但在统一名称问题上，司法实务界还是有共同认识的。为体现司法活动的权威性和规范性，检察机关内部机构的名称应当上下统一。我们认为，各级检察院内部机构的名称，从最高人民检察院到基层检察院，可以分别使用"厅"、"处"、"科"的称谓。由于"检察"是法律监督的体现，因而检察机关内部机构的名称应当有"检察"二字，为此应当对检察机关内部机构的名称进行以下改革：将"侦查监督厅（处、科）"改为"侦查检察厅（处、科）"、"公诉厅（处、科）"改为"刑事公诉检察厅（处、科）"、"监所检察厅（处、科）"改为"刑（罚）事执行检察厅（处、科）"等。

（二）业务机构调整

业务机构调整的前提是对检察权科学分类。关于我国检察权的分解与配

[①] 参见张宪平：《检察机关内设机构设置的构想及论证》，载《法制经纬》2010年第2期（下）。
[②] 参见张宪平：《检察机关内设机构设置的构想及论证》，载《法制经纬》2010年第2期（下）。
[③] 参见邓思清：《检察权内部配置与检察机关内设机构改革》，载《国家检察官学院学报》2013年第2期。

置，存在不同观点。有的学者从诉讼职能的角度出发，将检察权分为侦查方面的检察权、公诉方面的检察权和诉讼活动监督方面的检察权三大类；有的学者则将检察权分为四大类，即调查权、追诉权、法律话语权、建议权；有的学者将检察权分为五大类职权，如最高人民检察院原副检察长朱孝清将检察权分为检察侦查权、批准和决定逮捕权、公诉权、诉讼监督权、其他职权；最高人民检察院副检察长孙谦将检察权分为职务犯罪侦查权、批准和决定逮捕权、刑事公诉权、对刑事诉讼的法律监督权、对民事审判和行政诉讼活动的法律监督权、其他职权；石少侠教授将检察权分为公诉权、侦查权、侦查监督权、审判监督权、执行监督权。[①] 比较而言，将检察权分解并归为五大类职权的观点更为合理，即将检察权分为检察侦查权、批准和决定逮捕权、公诉权、诉讼监督权、其他职权这五类职权。因为这种分类不仅具有法律依据，而且符合检察机关办案规律的实际要求。按照检察权的五类职权可以对检察机关内部机构作出以下调整：

1. 整合反贪污贿赂部门、反渎职侵权部门和职务犯罪预防部门。即撤销职务犯罪预防部门，将其职能融入反贪污贿赂部门和渎职侵权检察部门之中，保留原有的反贪污贿赂局、渎职侵权检察厅（处、科）。由于目前刑事诉讼法对职务犯罪预防权及其行使程序、方式、手段等缺乏明确规定，近年来预防职务犯罪工作主要依托于职务犯罪侦查工作来开展。虽然目前许多检察院设立了具有独立职能的职务犯罪预防机构，希望通过与反渎职侵权部门的分离和预防职能的专业化，深化和加强职务犯罪预防工作，但不管怎样，预防职务犯罪工作对职务犯罪侦查有着天然的依赖性，职务犯罪预防权的分离必将严重影响预防职务犯罪工作的开展和预防效果的实现，也不利于实现"打防结合"。因此，有必要撤销职务犯罪预防部门，将职务犯罪预防职能融入职务犯罪侦查工作中。之所以保留反贪污贿赂部门和渎职侵权检察部门，不将二者合并为一个部门，是因为虽然贪污贿赂案件和渎职侵权案件都是职务犯罪案件，检察机关查处这两类案件都是行使检察侦查权，但这两类案件的犯罪特点不同，其侦查难度有很大差别，设立两个部门有利于深入研究和总结这两类案件的侦查技巧和规律，可以有效提高侦查效率。从目前情况看，渎职侵权现象还比较严重，人民群众对此反映十分强烈，这就需要进一步加大查办渎职侵权案件的力度；而法治理念也要求对国家工作人员的权力行使行为进行有效的监督，及时查办渎职侵权行为，在我国法治建设的初期，这项工作不仅不应削弱，而且需要进

---

① 参见邓思清：《检察权内部配置与检察机关内设机构改革》，载《国家检察官学院学报》2013年第2期。

一步加强。目前实践中查办渎职侵权案件的数量较少，这不是因为渎职侵权现象少，而是因为查办力度不够，如果将两个部门合并，就会因贪污贿赂案件多而冲淡渎职侵权案件的侦查，使查办渎职侵权案件的数量进一步减少。这不符合人民群众的要求，更不符合法治的精神。同时，根据我国刑事诉讼法第18条的规定，人民检察院负责贪污贿赂犯罪和渎职侵权犯罪的侦查，因而将检察机关的自侦部门分设为反贪污贿赂部门和渎职侵权检察部门两个机构也是合理的。此外，由于职务犯罪案件较为复杂，侦查工作需要较多的人力、物力，因而各级检察机关都为职务犯罪侦查工作配备了较多的检察人员和物质装备，如果将两个部门合并，就会显得机构庞大，与其他部门也不协调。

2. 分解刑事公诉检察部门，即将刑事公诉检察部门分解为若干个部门，分别承担不同类型案件的公诉职能和刑事审判监督职能。对目前的刑事公诉检察部门进行分解，按照审查公诉的案件类型分为若干个刑事公诉检察部门，如可以按照普通刑事案件、死刑犯罪案件、职务犯罪案件、青少年犯罪案件等类型，设立刑事公诉检察一厅（处、科）、刑事公诉检察二厅（处、科）、刑事公诉检察三厅（处、科）等，分别行使该类刑事案件的审查起诉和审判监督职能。这样分解刑事公诉检察部门，不仅可以与法院的各个刑庭相对应，而且还可以解决目前刑事公诉检察部门办案压力大和人员多的问题，有效协调检察机关各内设业务机构的人员比例。实践中，对于那些受案量小、人员少的院，可以根据自身实际，自主决定是否设置这些内部机构。

3. 分解民事行政检察部门，即将现行的民事行政检察部门一分为二，成立民事检察厅（处、科）和行政检察厅（处、科）。民事检察厅（处、科）负责民事案件的审判监督和民事执行监督；行政检察厅（处、科）则承担行政诉讼监督和行政执法监督职能。这样改革的理由是，民事案件和行政案件具有较大的区别，两者的主体不同，检察机关进行审判监督的对象也不同，考虑到目前法院大量民事诉讼案件需要监督，将民事案件的检察权交由独立专门机构行使有利于加强检察机关对法院民事案件审判和执行的监督，从而有效维护当事人的合法权益和社会稳定。同时，设立行政检察机构，专门行使对法院行政诉讼案件的监督权和行政机关行政执法的监督权，督促行政机关规范执法、依法行政。目前虽然行政案件较少，对法院行政诉讼进行监督的任务不重，但实践中却有大量的行政违法行为需要监督。将这项工作纳入行政检察机构的职能范围，不仅可以增加行政检察机构的任务，协调各内部机构的业务工作量，而且可以明确监督责任，加强对行政执法的监督力度，提高我国的行政执法水平。

4. 合并刑事申诉检察部门和控告检察部门，即将刑事申诉检察部门和控告检察部门合二为一，成立控告申诉检察厅（处、科），负责有关刑事申诉和控告的审查职能。从司法实践看，刑事申诉检察和控告检察工作具有许多相似性和相通性，而且这两个方面的工作任务也不太重。这两个部门从工作量上看与其他内部机构也不协调，设立两个部门浪费有限的司法资源、人力资源。因此，从节省资源、有效提高工作效率和精简机构等方面考虑，有必要将这两个部门合并。

5. 对非业务机构进行整合。对于检察机关政治部、办公室、纪检监察部门、计划财务部门、后勤装备部门、直属事业单位等内设非业务机构，可以根据实际情况，进行以下精简改革：（1）将纪检监察部门与政治部合并，设置政治部，主要负责政治党务工作和人事工作等，包括政治思想教育、政治学习、教育培训等党务工作，以及检察机关内部机构的设置、人员编制、人事任免、检察人员的监督、考核等人事工作。（2）将财务部门、后勤装备部门与办公室合并，设置办公室，主要负责检察机关文电的起草与处理、会议组织、内外联络、财务管理、行政装备建设、宣传报道、一般性调研、数据信息统计、档案管理、外事接待以及其他非办案性质的工作等。通过上述改革，可以有效减少检察机关内设非业务机构的设置和人员编制，提高非业务机构的综合服务能力和工作效率，同时可以将有限的人力资源用在检察办案业务上，增强检察机关的办案能力，切实有效地提高办案质量和水平。

（三）规范派出机构

明确规定哪些检察机关可以派出检察院或检察室，以及具体的审批程序等。从目前实践看，检察机关的派出机构包括派出检察院和派出检察室两类。现行人民检察院组织法规定，省一级人民检察院和县一级人民检察院经本级人大常委会批准，可以在特定区域设置人民检察院。这一规定打破了检察机关四级设置的基本体系，而且县一级人民检察院派出的人民检察院的规格无法确定，也没有同级人大可以报告工作，因而存在的问题较多。为此建议修改为："省一级人民检察院和自治州、省辖市人民检察院，根据工作需要，经最高人民检察院批准并提请本级人民代表大会常务委员会决定，可以在工矿区、农垦区、林区等区域和监狱等场所设置人民检察院，作为派出机构。"① 关于派出检察室，现行人民检察院组织法没有规定，但实践中各级检察院都有派出检察室。目前派出检察室主要有两类，即派驻监所的检察室和派驻农村乡镇的检察室。为了使派出检察室于法有据，建议法律增加规定："各级人民检察院，根

---

① 邓思清：《检察权内部配置与检察机关内设机构改革》，载《国家检察官学院学报》2013年第2期。

据工作需要,提请本级人民代表大会常务委员会批准,可以在监狱、看守所、乡镇等设置检察室,作为派出机构。"

(四) 规范编制外内设机构的设置

要把加强编制外内部机构的管理作为检察内部机构科学设置的重要工作来抓。总体上,可以按照"严格审批、适时清理、规范管理"的工作步骤逐步推进,消除编制外内部机构"膨胀、精简、再膨胀"的怪圈。一是要严格控制编制外内部机构的设置。已明确有相关职能部门负责的工作,不再设编制外内部机构;属于综合、协调、咨询性的工作,原则上不设编制外内部机构;属于临时性、阶段性的社会工作任务,需要设置编制外内部机构时,从有关部门抽调人员组成精干班子,不列编制,任务完成后立即撤销。二是要及时完成对编制外内部机构的清理。清理编制外内部机构是检察机关内部机构科学设置的重要任务之一,要排除干扰,放下顾忌,大胆开展清理工作。对于已完成任务的编制外内部机构要予以撤销,对工作协调作用不大的编制外内部机构,也要予以撤销;对确需保留的编制外内部机构,要进一步理顺其与职能部门的关系。

检察机关内设机构的科学设置研究

张和林[*] 严 然[**]

检察机关的内设机构是检察权运行的组织载体，检察机关内设机构设置合理与否对检察权能否有效行使有着非常重要的影响。随着检察工作的开展，我国现行的检察机关内设机构设置模式暴露出了越来越多的缺陷。针对这些缺陷，近年来广东、湖北、重庆、江苏等省份的部分检察院相继探索进行了内设机构改革，在取得一定成效的同时，也暴露出了不少问题。有鉴于此，笔者试就内设机构改革中的部分问题进行研究，以期对理论和实践有所裨益。

一、当前我国检察机关内设机构改革的几种主要模式

（一）主要模式

1. 湖北检察机关"小院整合"模式

2009年底，湖北省检察院制定《关于部分基层检察院内部整合改革试点工作的实施方案》，确定全省13个40人以下的基层院为试点单位，从机构、人员、流程三个方面进行内部整合，被人们形象地称为"小院整合"。根据《实施方案》，实行"诉讼职能与监督职能相分离、案件办理与案件管理相分离"两个分离，内设机构分为批捕公诉部、职务犯罪侦查部、诉讼监督部、案件管理部、综合管理部等5个部门；人员按现行检察人员职务，在职级管理不变的基础上，实行分类整合，各部负责人由副检察长（或其他班子成员）兼任，负责该部全面工作，部内按照工作量配备主诉主办检察官若干名，由主诉主办检察官直接对分管检察长及其他班子成员负责，其他人员按履职要求合理配备。

2. 江苏扬州市江都区检察院"三局一处一组"模式

江苏省扬州市江都区检察院为解决案多人少、官多兵少、职能交叉等问

---

[*] 广东省人民检察院法律政策研究室主任，全国检察理论研究人才。
[**] 广东省人民检察院法律政策研究室助理检察员，全国检察理论研究人才。

题,本着充实业务部门、精简综合部门、合并职能重叠部门的原则,按照侦防一体化、诉讼监督一体化和检务保障一体化的工作思路,保留政治处、纪检组,其他内设部门整合为职务犯罪侦防局、诉讼监督局、检务保障局。职务犯罪侦防局由反贪局、反渎局和预防局3个部门整合而成;诉讼监督局由侦监、公诉、民行、控申、监所等5个部门整合而成;检务保障局由办公室、研究室和案管科整合而成。3个内设局由副检察长兼任局长。实行主办检察官制度,取消中层职务,主办检察官直接对分管副检察长负责。

3. 广东深圳福田区检察院"四局三室"模式

深圳市福田区检察院将原来的15个内设机构整合为7个,包括"四个业务职能局",即职务犯罪侦查局,负责职务犯罪侦查工作;刑事犯罪检控局,负责刑事案件的批准逮捕和提起公诉;诉讼监督局,负责刑事、民事、行政诉讼监督、监管场所监督和刑事申诉监督;犯罪预防和社会建设促进局,负责犯罪预防、参与社会建设、服务基层群众等职能。还设立"三个监督机构",即纪检监察室、政令督查室和案件管理室。实行"办案专员"负责制,根据各业务职能局的职责,设置各类办案专员,办案业务上直接受副检察长兼职能局长的领导指挥,总体实现检察长(副检察长)和检察官两个层级的"扁平化"管理模式。

4. 重庆市渝北区检察院"四局二部二室"模式

重庆市渝北区检察院通过对原有的机构进行整合设立"四局二部二室"。即刑事检察局,承担侦查监督和公诉部门的原有职责(除涉及未成年人犯罪案件外),包括立案监督、侦查活动监督和刑事审判监督;诉讼监督局,承担原民行、监所部门的原有职责以及受理举报、控告,接受来信来访等工作;职务犯罪侦查局,负责侦查(监管场所职务犯罪以外的)职务犯罪案件的查办和预防;未成年人刑事监察局,承担原侦查监督和公诉部门办理的涉及未成年人犯罪的案件,包括该类案件的政治部,负责队伍建设和干部人事相关工作;检察事务部,负责档案管理、暴力、财务、技术装备和后勤等事务工作;检察长办公室,负责调研、指导案件质量检查、法治宣传、文秘、纪要、统计以及联络人大代表等工作;监察室负责原纪检监察的相关工作。

5. 珠海横琴新区检察院"一局三办"模式

横琴检察院大幅度精简机构,按照内设机构为主任检察官服务的模式,仅设置"一局三办"4个内设机构,即反贪污贿赂渎职侵权局、预防犯罪与公共关系办公室、组织与检务保障办公室和检察长办公室,其余的检察业务由主任检察官直接负责,不设立内设机构。4个内设机构中,反贪污贿赂渎职侵权局是出于职务犯罪案件侦查工作复杂、需要团队协作,以及保持检察机关的社会影响力和震慑职务犯罪的考虑而设立的，负责组织、指挥、协调职务犯罪侦查工作；预防犯罪与公共关系办公室则是借鉴港澳廉政公署设立社区关系处（厅）的做法而设立，负责开展犯罪预防、法制宣传、廉洁教育、社区矫正等检察工作；组织与检务保障办公室负责队伍建设、思想政治、党建、人事管理、工资福利、教育培训、纪检监察、督查督办、后勤保障等相关工作；检察长办公室负责案件管理、文秘综合、检察技术、法律政策研究、检察委员会日常事务等工作。主任检察官根据检察长的授权从事审查逮捕、审查起诉、侦查监督、审判监督、控告申诉、国家赔偿等检察业务，在检察长及检察委员会领导下，对授权范围内的案件依法独立行使检察权和对案件的决定权，并承担相应的办案责任。

6. 广东佛山市顺德区检察院"三局一办"模式

广东省佛山市顺德区检察院整合现有的14个内设机构、1个直属行政单位，设立"三局一办"，即公诉局，负责刑事犯罪案件审查逮捕、起诉和抗诉职能以及在刑事诉讼中通过案卷材料能直接判定的部分诉讼监督职能；诉讼监督局，承担部分刑事侦查审判监督（包括立案监督、捕后羁押必要性审查、刑事司法救济等）、民事和行政诉讼监督、监管和刑罚执行监督、刑事申诉复查和刑事赔偿工作等职能，以及对诉讼活动中的职务犯罪的侦查和预防职能；反贪污贿赂渎职侵权局，承担诉讼活动以外的经济管理、社会管理等领域的执法和公务活动的法律监督职能，以及上述领域发生的职务犯罪的侦查和预防职能；检察长办公室，承担全院综合行政管理和服务保障职能。在公诉局、诉讼监督局、反贪局推行主任检察官办案责任制，主任检察官的职责是在检察辅助人员的协助下，亲自办理所有案件，在检察长授权范围内，依法对案件的处理作出决定，并承担办案责任。

7. 北京市西城区检察院"小幅调整"模式

北京市西城区检察院原有内设机构22个，改革后整合为内设机构17个。主要是将反贪局与反渎局合并，成立职务犯罪侦查局；公诉一处、公诉二处、金融犯罪检察处合并成立公诉处；控告申诉检察处与检务接待中心合并，成立控告申诉检察处；案件管理办公室与法律政策研究室合并，成立检察业务管理办公室；监所检察处更名为刑事执行检察处；民事行政检察处更名为民事检察处；职务犯罪预防处、未成年人案件检察处、侦查监督处、政治处、机关党委办公室、纪检监察处、办公室、检察技术处、法警大队、行政装备处、机关服务中心等均予以保留。在职务犯罪侦查局、公诉处、未成年人案件检察处、侦查监督处、民事检察处设置主任检察官，取消部门负责人的案件审批权限，部门负责人只承担本部门的综合管理职责。主任检察官对一定范围的案件独立作出决定，应当由检察长或检察委员会决定的案件，按程序报检察长或检察委员会决定。

(二) 总体评价

通过对上述几种模式的简单描述，我们很容易可以看出，当前我国各地检察机关开展的内设机构改革大致呈现以下共同点：一是减少了内设机构数量，从而避免了综合后勤部门人员过多的情况，增强了业务部门的办案力量；二是通过对业务部门进行整合，明确了业务部门的分工，避免了内设机构职能的交叉；三是通过取消中层领导这一层级，实行检察官办案责任制，淡化了行政色彩，强化了检察官的办案主体地位；四是在目前我国检察官的工资待遇仍然与行政级别挂钩的情况下，各地在取消中层领导层级，实行主办（主诉）检察官办案责任制的同时，不得不保留主办（主诉）检察官的行政级别。这些改革模式的共同点反映了各地检察机关对当前内设机构设置的缺陷、内设机构改革的目标等问题的认识存在一定的共性。

上述几种改革模式在以下几个方面也存在差异：一是内设机构数量不尽相同，除北京西城区检察院内设机构整合后仍然有17个外，其余内设机构的数量从4个到8个不等。二是内设机构名称各异。几种改革模式中检察院内设机构有的全部叫"部"，有的同时有"局"、"处"、"组"三类部门，有的同时有"局"、"室"两类部门，有的同时有"局"、"部"、"室"三类部门，有的同时有"局"、"室"、"处"三类部门，有的同时有"局"、"办"两类部门，有的同时有"局"、"室"、"处"、"队"四类部门。同是承担刑事案件批捕与起诉的部门，有的模式中称为"批捕起诉部"，有的称为"刑事犯罪检控局"，有的称为"刑事检察局"，有的称为"公诉局"。同是承担职务犯罪侦查的部门，有的称为职务犯罪侦查部，有的称为职务犯罪侦查局，有的称为职务犯罪侦防局，有的称为职务犯罪预防和侦查局，有的称为反贪污贿赂渎职侵权局。三是内设机构职能分工存在很大差异。有的模式坚持"诉讼职能与监督职能分离"的原则，由不同的部门分别行使批捕、起诉职能和刑事诉讼监督职能，有的模式则实行"诉讼监督一体化"模式，由同一部门同时行使批捕、起诉职能和刑事诉讼监督职能，第二种情形下，在具体的负责部门上也存在差异，有的由诉讼监督部门同时行使批捕、起诉和刑事诉讼监督职能，有的则由刑事检察部门同时行使批捕、起诉和刑事诉讼监督职能，有的是刑事检察部门和诉讼监督部门各行使部分刑事诉讼监督职能，还有的则是侦查监督局负责批捕和侦查活动监督工作，由诉讼监督局负责提起公诉和刑事审判监督工作。有的模式中职务犯罪侦查权统一由职务犯罪侦查部门行使，有的模式中诉讼监督部门也具有对诉讼活动中的职务犯罪的侦查职能。四是承担办案责任的检察官的名称不同。有的模式中承担办案责任的检察官统一称为主办检察官,有的模式中承担办案责任的检察官部分称为主办检察官,部分称为主诉检察官,有的模式中承担办案责任的检察官统一称为"办案专员",有的模式中承担办案责任的检察官则统称为主任检察官。

目前,最高人民检察院尚没有出台专门针对检察机关内设机构改革的规范性文件,仅在《检察官办案责任制改革试点实施工作指导意见》里有涉及,该意见提出了几项原则性的意见,即"取消二级内设机构,根据检察职能配置,按照突出业务部门,精简综合部门的原则,各院内设机构整合为6~8个部门,机构名称统称为部。未成年人犯罪检察应在相应的部门内设专门办案组织"。同时,该指导意见还规定:"对于统一要求难以落实,或者不符合本地实际的,应当积极提出建议和改进方法,报省级院批准后做出适当调整。"该指导意见作为指导试点单位开展检察官办案责任制试点工作的指导性文件,一方面其主题主要是针对检察官办案责任制问题,并非专门针对内设机构改革问题;另一方面,由于该意见的目的是指导试点,试点意味着需要试点单位自行探索,因此,该指导文件不可能对内设机构改革问题作出详细规定,而只能为试点单位开展试点提供方向。实际上,上述规定中的部分内容,如内设机构整合为6~8个,名称统称为部等,是否合理还值得研究。

鉴于实践中我国检察机关内设机构改革的做法百花齐放、百家争鸣,而最高人民检察院对于检察机关内设机构应如何设置也没有具体规定,笔者试就内设机构改革的几个主要的问题进行研究,以期对各地正在开展或即将开展的内设机构改革工作有所帮助。

二、关于审查逮捕、审查起诉部门是否应当合一的问题

上述7种内设机构改革模式中,在审查逮捕和审查起诉部门的设置上,除珠海横琴新区检察院没有设立专门负责批捕、起诉工作的部门外,不涉及该问题外,其余大部分采取了"捕诉合一"的做法,即批捕权与起诉权由同一业务部门行使,也有少部分采取当前检察机关普遍采用的"捕诉分离"的做法。那么,"捕诉分离"和"捕诉合一"两种模式哪种更为科学呢?这个问题在我国理论界与实务界长期以来都存在很大争议。部分学者主张采取"捕诉分离"

模式。① 部分学者则主张采取捕诉合一模式。②

其实，这两种模式各有优劣，"捕诉合一"模式的设计初衷更加偏重提高办案效率，而"捕诉分离"模式的设计初衷更加侧重提高办案质量。那么在两种模式各有优劣的情况下我们到底应该选择哪种模式呢？笔者认为，离开了具体的社会背景，我们很难说"捕诉合一"或"捕诉分离"孰优孰劣。模式的选择，应当与当时的社会形势和司法实践的需要相一致。因为在某种特殊的形势下，一种模式的优点可能被无限缩小，而缺点可能被无限扩大；反之，一种模式的优点可能被无限扩大，而缺点也可能被无限缩小。

我国检察机关目前采取的"捕诉分离"模式就是形势需要的结果。我国检察机关采取"捕诉分离"模式的历史并不长，直到1999年最高人民检察院刑事检察厅才分设为审查批捕厅和审查起诉厅，前者负责审查逮捕工作，后者负责审查起诉工作。在此之前我国一直采取"捕诉合一"模式。③ 1999年实行捕诉分离与当时出现的一股质疑检察机关的性质和地位、否定检察权的思潮有着非常密切的关系。当时理论界和司法实务部门一部分人认为检察监督破坏诉讼结构、影响审判独立，并提出"谁来监督监督者"的质疑。在这种背景下，检察机关从强化内部监督制约的角度出发，改长期以来的"捕诉合一"模式为"捕诉分离"模式。当然，这项改革的一个重要前提是当时刑事检察

---

① 主张应采"捕诉分离"模式的主要理由在于：(1) 从性质上来讲，起诉权与批捕权虽然同为检察机关的内部职权，但两者的侧重点并不相同，起诉权更多的是一种犯罪追诉权，而批捕权更多的是一种监督权，将两种不同性质的权力同时交给一个主体行使，很难达到两种权力分开行使所应达到的效果。(2) "捕诉合一"模式减少了一道诉讼程序，不利于保证案件质量。参见胡冬平：《捕诉合一不宜推行》，载《检察日报》2004年7月19日。(3) "捕诉合一"模式不利于加强检察机关的内部监督制约，会导致权力的滥用。参见夏继红：《质疑"捕诉合一"》，载《人民检察》2003年第9期。(4) "捕诉合一"模式会导致办案人员在审查逮捕阶段已经有了先入为主的认识，影响审查起诉阶段的判断。参见曹军：《基层院捕诉合一做法不应提倡》，载《人民检察》2004年第11期。

② (1) 采取"捕诉合一"模式，承办人会在审查逮捕阶段就吃透案情，并可以充分发挥办案人员引导侦查的作用，从而有利于保证办案质量。参见卢义阔：《捕诉合一利与弊的思考》，载《法律与监督》2003年第5期。(2) 宪法和人民检察院组织法仅规定检察机关行使批捕权，并没有要求审查批捕部门和审查起诉部门分开。根据刑事诉讼法的规定来看，逮捕是强制措施的一种，不是一个独立的诉讼阶段，不需要专门的部门负责。(3) 实现"捕诉合一"模式有利于克服"捕诉分离导致很多问题，如侦查机关随意变更逮捕强制措施；侦查机关对没有逮捕必要检察机关未批准逮捕的案件不移送起诉等"。参见许永俊、王宏伟：《捕诉合一办案机制研究》，载《国家检察官学院学报》2001年第2期。(4) 实现"捕诉合一"可以大大提高办案效率。该种情况几乎是公认的"捕诉合一"模式的优点，实践中也证实"捕诉合一"大大提高办案效率。参见梁洪：《广西昭平检察院实行捕诉合一办案新模式提高办案效率》，载 http://news.jcrb.com/jxsw/201303/t20130326_1075089.html，访问日期：2013年10月6日。

③ 参见王松苗、王丽丽：《检察机关内设机构的风雨变迁》，载《检察日报》2009年10月12日第6版。

业务的总量不大，捕诉分离后检察机关能够承受。根据统计数据来看，1998年全国检察机关共批捕犯罪嫌疑人582120人，起诉557929人，通知公安机关立案5207件，抗诉3791件。在这种情形下，选择办案效率较低，但有利于加强内部监督制约，保证办案质量回应外界质疑的"捕诉分离"模式就成为了必然的选择。

然而，时至今日，各方面的情势都发生了很大的变化，选择"捕诉合一"模式应当是更优的选择。其主要理由在于：

第一，"捕诉分离"模式在强化内部监督制约、保障案件质量方面的作用是较为有限的。就案件质量方面来看，审查逮捕部门审查案件的要求与公诉部门有非常大的差异，在办案期限紧、案件证据还不完善的情况下，审查逮捕部门的办案人员基本上只是确定犯罪嫌疑人的行为构成了犯罪，有逮捕必要即可，在犯罪嫌疑人有多宗犯罪事实的情况下，往往只注重审查其中一宗，在罪名可能存在争议的情况下，也不会细究罪名正确与否。而公诉部门的办案人员需要准确认定犯罪嫌疑人的罪名，核实所有的犯罪事实和证据。就内部的监督制约方面来看，两个部门同为检察机关的内设机构，两个部门的办案人员都是同事，互相监督制约作用必然有限。

第二，理论界经过长期的争论，对检察机关性质和地位等问题基本已经达成共识，认为检察监督破坏诉讼结构、影响审判独立的观点已很少有人主张。当然，理论界对"谁来监督监督者"的质疑依然存在。然而，正如前文所论述的，"捕诉分离"模式在强化内部监督制约方面发挥的作用也是非常有限的，依靠"捕诉分离"模式同样不能解决"谁来监督监督者"的问题。实际上，通过检察文书说理、案件管理机制改革、职务犯罪案件审查逮捕"上提一级"、人民监督员制度等工作来强化对检察权的监督制约，应当是更好的选择。

第三，在当前"案多人少"矛盾日益突出的形势下，"捕诉合一"模式可能比"捕诉分离"更利于保证案件质量。当前我国处于刑事案件高发期，刑事案件总量还有进一步增长的趋势，而且随着法律的日益完善，办案程序越来越规范，办案要求越来越高。这就导致各地检察机关"案多人少"的矛盾日益突出。不少地区检察机关批捕、起诉部门的干警已经不堪重负。据统计，2012年全国检察机关批捕各类犯罪嫌疑人986056人，与1998年相比增长69.4%，起诉各类犯罪嫌疑人1435182人，与1998年相比增长了157%。就广东来看，目前部分基层检察院公诉部门的年人均办案数超过了200件，办案人员只能靠长期的加班来完成办案任务。在这种办案人员已经超负荷运转的情况下，采取"捕诉分离"模式，将会导致审查逮捕部门的办案人员和审查起诉部门的办案人员都没有时间和精力认真审查案件。两个人应付式地各审查一遍案件未必比一个人认真细致地审查两遍案件更能保证案件质量。也就是说，在"案多人少"矛盾突出的情况下，实行"捕诉分离"模式未必比实行"捕诉合一"模式更能保证案件质量。另外，在"捕诉分离"模式下，嫌疑人被逮捕后，案件基本上就与审查逮捕阶段的承办人无关，这就容易影响审查批捕阶段承办人的责任心，导致在嫌疑人被逮捕后，审查逮捕阶段的承办人不会密切关注案件的补充侦查情况，不会督促和指导公安机关补充相关证据，而此时尚未进入审查起诉阶段，公诉部门的承办人尚未确定，这就导致检察机关无人对嫌疑人被批准逮捕后需要继续补充侦查的普通刑事案件进行跟踪。而在"捕诉合一"模式下，一宗刑事案件无论是在审查逮捕阶段还是在审查起诉阶段都是同一个经办人办理。这就改变了"捕诉分离"模式下作出批准逮捕决定后案件就与批捕阶段承办人无关的做法，有利于增强办案人的责任心，可以保证即使批准逮捕犯罪嫌疑人的决定已经作出，经办人也会密切跟踪案件的侦查情况，适时进行指导，从而提高案件侦查质量。

第四，认为起诉权和批捕权是不同性质的权力，不适宜由同一部门行使的观点也是站不住脚的。实践证明不同性质的权力也可以由同一部门行使。批捕权、诉讼监督权和起诉权都是不同性质的权力。批捕权是做出批准逮捕或者不批准逮捕决定的权力；诉讼监督权是监督被监督者实施一定行为的权力；起诉权则是对被告人的犯罪行为提起公诉的权力。而长期以来行使批捕权和起诉权的部门都有诉讼监督权，这种不同性质的权力由同一部门行使的做法在司法实践中也同样运作良好。

三、关于公诉权与诉讼监督权是否应当由不同部门行使的问题

上述7种内设机构改革模式中，因珠海横琴新区检察院没有设置负责公诉和诉讼监督的部门，不涉及该问题，其余6种模式中，湖北检察机关"小院整合"模式、广东深圳福田区检察院"四局三室"模式实行诉讼职能与监督职能的分离，由不同的部门分别行使诉讼监督权和公诉权，其余4种模式则实行诉讼职能与监督职能的合一，由同一部门行使诉讼监督权和公诉权。

综合学界的观点来看，同一部门同时行使诉讼监督权和公诉权会导致三方面的问题：一是产生角色冲突，破坏诉讼结构。作为公诉人与被告方处于同等地位，同时又是审判监督者，取得超越当事人的地位，这就破坏了诉讼结构；检察机关作为追诉者，要主动、积极地进行追诉活动；而作为监督者，则需要

尽量保持其超然性和中立性以求社会公正，这就造成了角色冲突。① 二是监督职能成为公诉职能的附庸。由于公诉职能是硬任务，而监督职能是软任务，这就导致硬任务过重时容易忽视软任务。正如有论者指出："部分部门既行使刑事诉讼职能，同时也行使诉讼监督职能，身兼二职，实体权利与监督主体这一对矛盾体集于一身，而基层院又承担了大部分的业务工作，于是双重身份下的检察人员将工作重心更倾向于诉讼职能，很多时候，诉讼监督工作成了承办人的附属工作。"② 三是不利于对检察机关自身诉讼活动的监督。③

有学者对不同的部门分别行使诉讼监督权和公诉权的不合理之处作了很好的概括，其认为该种模式的不合理之处在于：一是两种职能难以完全分开。抗诉权既具有诉的属性，又有法律监督的性质，把抗诉划为监督职能将忽略他诉的因素，反之作为公诉职能又将抹杀其监督性质，而且会使审判监督缺乏载体和手段。二是监督职能与诉讼职能分开可能影响监督的效能。首先是监督来源。监督依附于诉讼职能，如果脱离诉讼职能，问题难以发现，监督缺乏根据。其次是监督手段。一部分诉讼职能实际上也是监督手段，如批捕是侦查监督最有力的手段；起诉和不起诉也是侦查监督的重要手段。而对一审、二审的判决裁定进行的抗诉，则是审判监督最重要的手段。三是职能分开可能损害司法效率。因为如果两种职能分开，重要检察环节就需要两个承办人，都要参与诉讼（监督人员脱离诉讼无法监督）。四是职能分离难以从根本上解决"角色冲突"的问题。因为检察机关实行检察长负责制和一体化管理，在检察官个人并不具有独立执法权的情况下，两种职能分离及两种角色设置主要体现一种技术意义。④

笔者认为，从表面来看，似乎两种模式都有自身存在的问题，然而认真分析，我们就可以发现，在采用不同的部门分别行使诉讼监督权和公诉权模式的情况下，上述学者所指出的很多问题是难以完全避免的。如抗诉权无论是由负责审查起诉的部门行使还是让负责诉讼监督的部门行使都存在一定的问题；分开行使以后，诉讼监督部门的案件来源只能依靠承担审查起诉工作的部门移送，而承担审查起诉职能的部门不负责诉讼监督以后，其主动发现监督线索的动力会下降，而且这些线索移送给诉讼监督部门以后，诉讼监督部门的承办人还要花时间了解案情，这势必也会影响工作效率。实际上，司法实践中部分检

---

① 参见朱孝清：《检察机关集追诉与监督于一身的利弊选择》，载《人民检察》2011 年第 3 期。
② 熊琴芹：《从基层检察院内部机构整合看法律监督职能的强化》，载 http://www.xingshan.jcy.gov.cn/benecandy.php?fid=38&id=915，访问日期：2013 年 10 月 14 日。
③ 参见陈卫东：《法律监督职能与诉讼职能的分离》，载《法制日报》2011 年 2 月 23 日。
④ 参见龙宗智：《诉讼职能与监督职能的关系及其配置》，载《人民检察》2011 年第 24 期。

察机关如湖北省检察机关在进行"小院整合",实行诉讼职能与监督职能分离的过程中,就暴露出类似的问题。"离开了诉讼参与活动,在诉讼违法行为'发现揭露难、调查核实难、纠正处理难'等问题仍然比较突出,诉讼监督整体工作仍很薄弱的情况下,'老办法不能用,新途径没找到',诉讼监督工作一时面临着新的挑战,成为当前'小院整合'试点工作中最迫切需要解决又最难以解决的问题之一。"①

然而,同一部门同时行使诉讼监督权和公诉权所导致的问题则是并不存在或者可以克服的。首先,这种模式并不会从根本上导致角色冲突、破坏诉讼结构。因为,对于法院而言,诉讼监督权只是一种程序启动权,而不是实体处分权,最终的裁决权仍然属于法院。正如有论者指出:不论是检察官提出的纠正意见或抗诉,还是被告人一方提出的不同意见或上诉,都是为了启动法院自身的纠错程序,都不能直接作出实体性的裁决。因而也不存在检察官既当运动员又当裁判员的问题。② 其次,诉讼监督职能弱化,成为诉讼职能的附庸主要是由于办案力量不足,考核机制不合理造成的。如果增强办案部门的力量,加强对诉讼监督工作的考核,在基层检察院考核中提高诉讼监督工作的分值,那么诉讼监督工作弱化的问题应该可以得到较好的解决。最后,上述论者提出的同一部门行使诉讼监督权和公诉权可能导致内部监督制约不力,也不应成为问题。一方面,即使是不同部门行使这两项权力,在检察长负责制和一体化管理机制下,其发挥的作用也非常有限;另一方面,可以通过强化案件管理中心的作用、加强检务督查等方式来加强检察机关内部监督制约。

综上,笔者认为由同一部门行使公诉权和诉讼监督权比由不同部门行使公诉权和诉讼监督权更为合理。

四、关于诉讼监督部门是否应当享有职务犯罪侦查权的问题

上述几种改革模式中有的将职务犯罪侦查权归口职务犯罪侦查部门行使,有的则赋予诉讼监督部门侦查诉讼活动中职务犯罪案件的权力。这两种做法哪种更为合理呢?

客观来讲,这两种模式都有自身的优势,诉讼监督部门行使对诉讼活动中职务犯罪的侦查权的优点在于:一是有利于及时侦查诉讼活动中发生的职务犯罪,提高侦查效率。二是可以充分发挥职务犯罪侦查对诉讼监督的保障作用,有利于强化诉讼监督权威。该种模式的缺点在于:一是分散诉讼监督部门的精

---

① 王会甫:《试论"小院整合"后诉讼监督机制的构建》,载《人民检察》2011 年第 2 期。
② 参见漠川:《法律监督与检察职能的辩证统一》,载《检察日报》2011 年 11 月 25 日第 3 版。

力,削弱诉讼监督力量。二是分散了职务犯罪侦查部门的力量,不利于职务犯罪侦查的专业化和侦查一体化工作的开展。三是容易诱发为了达到诉讼监督目的而滥用职务犯罪侦查权的现象。

职务犯罪侦查权归口职务犯罪侦查部门统一行使的优点在于:一是由一个内设机构统一调配有限的侦查基础设施、侦查装备、侦查人员等侦查资源,有利于提高侦查资源的利用效率,增强办案能力。二是可以避免因开展职务犯罪侦查分散诉讼监督部门开展诉讼监督的精力。该种做法的缺点则在于:一是不利于对诉讼活动中职务犯罪的及时侦查。二是难以充分发挥职务犯罪侦查对诉讼监督的保障作用,不利于树立诉讼监督部门的权威。

笔者认为,简单地对这两种做法进行比较很难得出哪种做法更为合理的结论。因此,我们应当分析的是哪种做法更加符合当前检察工作的实际需要,而非哪种做法本身更加科学。当前我国检察机关诉讼监督工作普遍较为薄弱,总体呈现抗诉改判率低、检察建议采纳率低的特点,法院不采纳抗诉意见不说明理由,收到检察建议后不予回应等情况较为普遍。这些都是检察机关诉讼监督权威缺乏的表现。在这种形势下,赋予诉讼监督部门侦查诉讼活动中职务犯罪的权力,增强查办诉讼活动中职务犯罪的及时性,强化诉讼监督权威,是形势发展的客观要求。这种模式的缺点也是可以克服的。

第一,对于诉讼监督部门开展职务犯罪侦查分散精力问题,可以通过减少职务犯罪侦查人员配备,将减少的人员配备到诉讼监督部门的方式解决。诉讼监督部门负责侦查诉讼活动中的职务犯罪,只是检察机关内设机构之间在职务犯罪侦查工作的重新分配,就检察机关整体而言,职务犯罪侦查的工作量并未增加,诉讼活动中的职务犯罪的侦查工作被从职务犯罪侦查部门分离出来以后,意味着职务犯罪侦查部门的任务有所减少,可以考虑减少职务犯罪侦查部门的人员,将这些人员配备给诉讼监督部门。

第二,对于诉讼监督部门开展职务犯罪侦查容易诱发滥用职务犯罪侦查权的问题,也可以通过强化内部监督制约的方式来减少或避免。一是在诉讼监督部门内部实现诉讼监督与职务犯罪侦查工作的分离,在诉讼监督部门内部设置专门的承担职务犯罪侦查工作的小组,只负责侦查诉讼活动中的职务犯罪,不承担诉讼监督任务。二是加强对启动职务犯罪侦查的审查把关,严格把握职务犯罪侦查的启动条件,防止随意滥用职务犯罪侦查权。

第三,固然诉讼监督部门行使对诉讼活动中职务犯罪的侦查权会分散职务犯罪侦查部门的力量,不利于职务犯罪的侦查一体化,然而,任何一种选择都不大可能是完美的,其在产生积极作用的同时往往也会产生一定的副作用,在我国检察机关诉讼监督工作较为薄弱的情况下,选择赋予诉讼监督部门一定的职务犯罪侦查权,以此强化诉讼监督权威,在这种情形下牺牲职务犯罪一体化应当是可以接受的。

五、关于内设机构和承担办案责任检察官的名称问题

关于内设机构的名称,矛盾集中在"部"、"局"、"处"、"组"、"室"的称谓,以及承担批捕、起诉与部分诉讼监督职能部门和职务犯罪侦防职能部门的称谓问题。承担办案责任的检察官的名称则有主诉检察官、主办检察官和办案专员等不同的称谓。笔者认为,无论是内设机构的名称,还是承担办案责任的检察官的名称都要符合两个条件:一是要能够涵盖其主要的职能;二是要符合传统习惯,易于让社会各界接受。

就上述几种改革模式中检察院内设机构出现的"部"、"局"、"处"、"组"、"室"等多种称谓来看,虽然这些称谓本身对内设机构的职能并无影响,但是从让社会更容易接受以及符合传统习惯的角度,应当使用"局"、"处"、"组"、"室"等传统的称谓为宜。

就承担审查逮捕、审查起诉和立案监督、侦查活动监督和刑事审判监督等职能部门的名称来看,上述几种改革模式中出现了"批捕起诉部"、"刑事犯罪检控局"、"刑事检察局"等称谓。"批捕起诉部"没有涵盖刑事诉讼监督职能;"刑事犯罪检控局"和"刑事检察局"虽然都能涵盖审查逮捕、审查起诉和立案监督、侦查活动监督和刑事审判监督等职能,但"刑事检察局"的称谓更加符合历史传统。我国检察机关从1978年恢复重建到1999年期间,负责审查起诉、审查逮捕和立案监督、侦查活动监督、刑事审判监督的职能部门基本上一直都叫"刑事检察厅(处、科)"。[①] 故该业务部门的名称叫"刑事检察局"更为妥当。

就承担职务犯罪侦查职能的业务部门的名称来看,上述几种改革模式中出现了"职务犯罪侦查部"、"职务犯罪侦防局"、"职务犯罪侦查局"等3种称谓,职务犯罪侦查部和职务犯罪侦查局未能涵盖职务犯罪预防职能;职务犯罪侦防局虽然涵盖了职务犯罪侦查和预防两项职能,但完全是一个新的称谓,不利于社会各界的了解和接受。笔者认为,我国检察机关原有的职务犯罪侦查部门有两个,即反贪污贿赂工作局和反渎职侵权检察局,为保持与原有名称的一致性,可以考虑将新设立的职务犯罪侦查部门命名为反贪污贿赂渎职侵权局,简称"反贪局",该名称既能够涵盖职务犯罪侦查和预防两项职能("反"可

---

① 参见王松苗、王丽丽:《检察机关内设机构的风雨变迁》,载《检察日报》2009年10月12日第6版。

以包括惩治和预防两方面的内容），又与传统称谓相符，易于社会接受，较为合理。或许有人会提出"反贪污贿赂渎职侵权局"的名称过长，然而，该名称与原来的"反贪污贿赂工作局"和"反渎职侵权检察局"相比也差不多，而且平常用简称即可，太长不会影响名称的日常使用。

关于具有独立办案资格、承担相应办案责任的检察官的名称，上述几种改革模式中有的将负责起诉的检察官称为"主诉检察官"，其余的称为"主办检察官"，有的模式则将所有的具有独立办案资格、承担相应责任的检察官统称为"主办检察官"，还有的模式则将这些具有独立办案资格、承担相应责任的检察官统称为"办案专员"。有的则将这种具有独立办案资格，独立承担责任的检察官统称为"主任检察官"。笔者认为，"办案专员"这一称谓来源于港澳，与大陆检察机关的传统称谓不符，主诉检察官和主办检察官的称谓则符合大陆检察机关传统的称谓习惯。然而，一个检察院内部同时有主诉检察官和主办检察官两种称谓，也会导致一些问题：一是内设机构改革以后，主诉检察官的名称难以涵盖其全部的工作内容。在公诉部门独立存在的情况下，公诉部门的工作基本与提起公诉有关，将该部门承担独立办案责任的检察官称为主诉检察官无疑可以说的过去，在内设机构改革后，无论由同一部门行使审查逮捕权和审查起诉权，还是将公诉权纳入诉讼监督部门行使，那么该部门的工作都将不局限于公诉，此时使用主诉检察官的称谓将"名不副实"。二是同一检察院内部有两种承担独立办案责任的检察官，会认为造成承担独立办案责任的检察官内部形成两个群体，不利于对主诉检察官和主办检察官的统一管理。笔者认为主任检察官的这种提法值得肯定，一方面，主任检察官与内地传统的称谓相差不大；另一方面，主任检察官能回避主诉检察官和主办检察官"诉"与"办"的争议，在所有的检察机关业务部门中都适用。

总之，检察机关内设机构改革是一项复杂的系统工程，检察机关内设机构改革还有很多值得研究的问题，由于篇幅所限，在此不再赘述。值得注意的是，检察机关开展内设机构改革还应注意以下几点：一是要严格遵守法律的规定。内设机构改革必须依法进行，这是内设机构改革的底线，任何地方探索检察机关内设机构改革都不能突破这一底线。内设机构改革应遵守的法律包括宪法、三大诉讼法、人民检察院组织法以及检察官法等相关法律规定。未经最高人民检察院的同意，地方探索检察机关内设机构改革也不能违反最高人民检察院司法解释的相关规定。二是要符合诉讼规律。要根据诉讼规律开展检察机关内设机构改革，无论是内设机构的合并、分立，还是内设机构的职能分配都必须符合诉讼规律，打破部门壁垒，合理配置检察资源。要去行政化，改变传统的按照行政管理模式管理检察机关的做法，尽量减少审批层级，赋予检察官独立办案的权力,突出检察官执法办案的主体地位。三是要尽量精简综合部门、充实业务部门。当前检察机关内设机构中综合性部门数量和人员数量过多,造成业务部门数量和办案人员数量受到挤压,一定程度上影响了执法办案活动的开展。因此,开展检察机关内设机构改革的过程中应该注重精简综合部门的数量,增加业务部门在全院内设机构中的比重。

检察机关内设机构改革构想

王帮元[*]

一、检察机关现行机构设置的问题

（一）机构设置不利于检察职能的充分实现

检察机关内设机构是检察权运行的载体，内设机构的设置体现着检察职能的内容，影响检察职能实现。由于检察机关恢复重建以来，检察职能一直没有完善，检察工作一直在探索中开展，首先是保证社会基本秩序，所以刑事犯罪检察工作一直是检察院的主要内容；针对腐败现象的滋生泛滥倾向，职务犯罪侦查工作不断开展起来；针对司法腐败司法不公，诉讼监督也逐渐开展；对于国家机关和社会团体的一般违法现象也在探索开展法律监督工作，这是一般监督权的尝试，随着国家法治进程的推进，一般监督权的重要性日益突出。因而检察权能可以划分为职务犯罪侦查权、刑事犯罪检察权、诉讼监督权和一般法律监督权。但现在的检察机关内设机构中，没有根据这些权能分类进行设置，现行地方检察机关机构设置遵循上下对应的原则，内设机构一般在 18 个左右。过多的内设机构，造成了检察人员的过度分散，职能重叠，特别在基层检察机关尤为明显。一般基层检察院干警人数在 50 名左右，很多科室仅有一至两人，诸如反渎职侵权检察部门、民事行政检察部门、控告申诉部门、预防部门、研究室、检委办等部门多则两至三人，少则一人，这种情况在基层检察机关比较常见，在分州市级检察机关也存在。[①] 过少的人员配备使得一些工作无法开展。现行检察机关内设机构设置中，对于相同的职能进行过分的肢解，降低了监督效力，不利于检察职能的充分实现。

（二）机构设置违背检察权行使规律

现行检察机关的机构设置实行的是行政科层式结构，不同级别的检察院总

---

[*] 海南省人民检察院第二分院民事行政检察处检察员，法学硕士，全国检察理论研究人才。
[①] 参见王帮元：《二分院辖区检察队伍建设情况调研报告》，载《检察行与知》2012 年第 3 期。

是参照同级行政机关的机构进行设置，主要的级别如股、科、处、厅，还有不同级别的室、办、委（处理内部行政、人事、文秘事务）等，完全照搬行政机关的机构设置经验，不同级别的内设机构也实行行政领导的体制，检察业务也形成了行政审批式的办案模式。办案程序一般是承办人进行初审，拿出处理意见，交由部门负责人审批，再交由分管副检察长决定。复杂一点的案件往往还要经过部门会议讨论，提请检委会决议。这些复杂的程序设置初衷是确保案件的审慎处理和准确无误，但实际操作中，由于具体承办人不是最终的决定者，往往采取方便处理的方式规避责任，要么对案件简单决定，要么把问题提交上去。而非案件直接承办人来参与案件的讨论，也不能全面掌握案件的具体情况，仅就汇报材料所提供事实进行议论。而汇报材料也由于承办人的主观偏好往往不完全符合案件事实，更有甚者非案件承办人往往带有自己观念上的既成观点来发表意见，彻底使得承办人丧失自己的独立判断，听从民主决策程序。办案工作违背了司法亲历性原则，上级领导的水平限制着具体办案的下属人员水平的发挥。这种机构设置形成的办案模式违背了检察权运行规律，造成了职责不清、效率低下、检察业务水平低。

（三）机构设置不符合检察机关管理需要

内设机构的设置是对人员进行组织和利用的一种方式，有效的机构设置能发挥出人力资源的最大效益；机构设置也是对人员进行管理的方式，合理的机构设置能实现单位内部管理有序、秩序井然；机构设置也是对人员培养教育的载体，科学的设置能使内部人员获得归属感，提供成长发展的平台，形成成长激励机制，促使人员追求进步不断发展。有效、合理和科学的机构设置也是检察机关内设机构的设置要求，现行检察机关内设机构没能达到这些要求。检察机关的职能是法律监督，检察人员是具有较高素质要求的专业人士，依赖其过硬的法律素养和独立的判断能力对违法行为进行甄别、判断和决定。这与行政人员强调服从和执行是有本质区别的。现行检察机关内设机构不足突出表现为人员管理没实现合理分类，检察业务人员和一般工作人员相同待遇、相同管理方式，挫伤了业务人员工作积极性；检察业务人员没能根据业务类别不同实现专业化的培养和管理方式，不利于检察人员业务素质的提高；没能建立起有效的个人成长进步激励机制，急功近利地谋取一个部门长官远比钻研精通业务更具有现实利益。内设机构的弊端重重，改革已经迫在眉睫。

二、机构改革的目标和方向

（一）提高人力资源利用效率

社会发展需要良好的司法保障，检察机关的法律监督职责也显得日益重要，查办职务犯罪保证良好的政务环境，打击刑事犯罪维护社会良好秩序，加强司法监督维护人权和社会公平正义，检察机关的任务越来越重。检察人员既需要较高的专业素养，也需要较为丰富的社会经验，国外的司法官往往需要有一定年限的律师工作经历才有资格担任，因而我国的检察人员素质要求也应该不断提高，合格的检察人员应该得到充分的利用，发挥维护法制权威和公平正义的崇高价值。而且检察机关的编制一直比较有限，人员素质的提高也是缓慢的过程，为了适应新形势和新任务的要求，就需要提高人才的使用效率。机构设置是人才资源发挥作用的载体，通过机构改革就要达到人才充分利用的目的，将检察人才分配到合适的岗位上发挥出各自的专长，并使其有不断提高业务能力的动力，以获得更有权威的职位和相应的待遇。当下存在的部门之间人员工作分配不均、有忙有闲，检察职级行政化等问题就应该在机构改革中予以纠正，通过机构改革提高人才使用效率。

（二）全面履行法律监督职责

长期以来检察工作发展很不平衡，在各级检察机关中反贪局作为反腐败的主要职能部门，在社会上有较大的影响。而反渎部门由于渎职犯罪查办过程中存在"三难一大"（发现难、取证难、查处难，阻力大）的问题，反渎工作一直举步维艰，很多检察机关的反渎部门还在追求立案"零突破"标准的阶段。刑事检察工作是检察机关的一项传统内容，居于公检法办理刑事案件程序的中间环节，侦监和公诉业务正常开展。而诉讼监督职能行使的效果都很有限，民事行政检察工作仍处于起步阶段，行政检察工作在很多检察院还没有正式开展，监所内非正常死亡以及其他侵犯人权现象时有发生，监所执行监督仍需加强。一般法律监督在探索中开展，但尚无法律授权，也没有专门的机构去负责，检察业务工作的不平衡在社会加速发展的形势下更为突出，而那些薄弱环节正是由于社会发展的新需求而亟待加强。机构改革中，要把这些薄弱环节通过机构整合的方式带动起来，配备必要的工作人员，加强对薄弱工作的领导和重视。

（三）建立制约有力、运行高效的工作机制

机构的分散、职能的重叠是现行检察机关机构设置中的一大问题，机构改革中在着眼于人员的合理配备、法律监督职能全面行使的基础上，更要建立制约有力、运行高效的工作机制。业务工作需要加强监督和指导，改变以往职责不清的状况，改变行政审批式的管理方式，需要成立专门的指导、监督部门，在保障检察官独立办案的基础上，从制度上、机制上提供其独立开展工作的支持，并进行必要的监督。机关内务管理和后勤保障上，要积极发扬民主，在专门部门负责的基础上，实行院务公开，保证全院干警及工作人员对院务管理的参与和建议权。在人员任免及重大事项决策上要发挥党组的集中领导作用,把党组的工作日常化,不断加强队伍的管理,在思想上、政治上、组织上保证党的领导,保证检察工作的正确政治方向。机构改革中,要完善领导体制和工作机制,形成监督有力、运行高效的工作机制。

三、机构改革的具体设想

(一)以业务工作为中心进行机构设置和人员配备,实现人员的分类管理

开展检察业务工作是检察机关存在的理由,所以机构设置必须满足检察业务开展的需要。以检察业务部门为中心,其他部门应该在满足业务需要的前提下设置,既不能浪费资源,也不能限制业务工作的正常开展。根据与业务工作服务关系的不同可以划分为检务保障类和政治人事类,因而检察机关内部就形成以业务部门为主体,检务保障部门和政治人事部门为"两翼"的三大部门体制的检察机关机构设置。根据工作需要,三大部门的人员配备比例可以确定为85%、10%和5%,85%的人员从事检察业务工作,10%的人员从事院内管理和保障服务工作,5%的人员从事思想政治组织人事教育工作。检察业务人员与其他工作人员实行不同的管理方式,实行不同的职级晋升方式,实行不同的待遇,使检察业务人员获得应有的职业保障,能够不断提高业务能力,安心从事检察业务工作。

(二)整合业务部门,形成一个综合业务部门和四大具体业务部门,提高检察业务工作水平,形成专业化的人才培养体制和职级晋升机制

1. 设立专职检察委员会作为业务领导机构。业务部门中成立行使业务指导、咨询、监督和考核为一体的专职检委会的综合部门,其具体职责涵盖了现行的研究室、检委办和业务监督管理中心。专职的检察委员会机构的设立解决了业务指导、监督、咨询职能的日常化要求,能够对需要讨论的案件遵循司法规律进行合议和决定,对提交检察委员会讨论的事项进行充分的论证,及时对业务经验进行总结。专职检察委员会委员是具有较高法律素养和较高业务能力的优秀检察官,是检察官业务水平提高后获得的一种更高的职务,有更高的决策权威、更高的社会地位、更好的福利待遇,是检察官努力进步的方向,设置专职委员会既解决了业务领导的日常化问题,也解决了检察官成长发展晋升的路径问题。

2. 设立职务犯罪检察部门,其具体职责涵盖现行的反贪污贿赂局、反渎职侵权局和职务犯罪预防部门。将职务犯罪侦查权合并起来行使,有助于发挥人员的合力,集中力量办理重大案件,也有助于逐渐将反渎职检察工作开展起来。因为职务犯罪往往是交叉感染的,比如渎职侵权行为,很大可能就存在贪

污受贿问题，人为地将二者分开是对职务犯罪性质的违背。组建统一的职务犯罪侦查部门，便于组建专业侦查队伍，培养专业侦查人才，提高侦查效率；也便于构建职务犯罪侦查决定权和执行权相对分离的体制，提高决策的稳妥性和正确性，避免权力的滥用。① 而职务犯罪预防和职务犯罪侦查结合起来开展才能更有效，更有针对性和说服力。现在的职务犯罪预防工作已经成了预防部门干警一厢情愿的痛苦说教，什么检察建议、警示教育课等只是与接受方达成的一种合作方式，多是一种走过场和"形象工程"，对职务犯罪的预防作用微乎其微。结合职务犯罪的侦查工作开展预防工作，预防工作才有素材和依据，才有说服力和震慑力，才能起到预防职务犯罪的效果。

3. 组建刑事案件检察部门，其职责涵盖现行的公诉部门和侦监部门。打击刑事犯罪，维护社会稳定，永远是检察机关的一项重要职责，必须作为一项专门工作来开展。刑事案件的办理是检察工作的一项传统内容，由于其衔接了公安和法院两家的诉讼程序，这些工作已经取得了一定的经验，具备了一定的水平。侦监和公诉业务的核心都是对刑事案件证据的审查和判断，本质上没有很大的差别，因而合并起来行使能够在工作任务上平均分配，也便于办理刑事案件的检察官更加熟悉各种刑事案件的发案规律，提高办案技术水平。

4. 组建诉讼监督检察部门，其具体职责涵盖现行的申诉部门、民事行政检察部门、监所检察部门。主要是监督法院的审判和执行，包括对不服生效判决申诉案的审查和抗诉，对审判程序和审判人员行为违法的监督，以及对执行行为的监督。随着国家法治进程的推进，司法工作在社会生活中的影响不断上升，诉讼监督工作对于维护司法公正和社会的公平正义具有重要的意义。但目前诉讼监督工作还很薄弱，把这些部门集中起来开展工作，可以解决原来单个部门人手短缺无法开展工作的问题，可以组织力量办好每一个诉讼监督和执行监督案件。也可以克服不同部门不同时间的忙闲不均现象，便于人力的综合调度和合理使用。

5. 组建一般法律监督部门，对政府机关及其工作人员以及普通公民遵守法律的情况实施监督。宪法规定人民检察院是国家法律监督机关，法律监督当然包括一般监督和专门领域的监督，没有一般监督权的法律监督权是不完整的。一般法律监督权是各种专门领域监督权的逻辑前提和理论依据，各专门监督权是一般监督权的具体和延伸；只有一般监督和专门领域的监督全部开展起来，法律监督才有生命力，检察院才能真正承担起法律监督的宪法责任。现在控告检察部门是检察机关的窗口部门，接受人民群众的来信来访，与群众接触

---

① 参见王帮元：《论职务犯罪侦查权体系的完善》，载《宿州教育学院学报》2009年第6期。

最密切，而一般监督权的行使首先需要普通公民的理解和参与，因而将现在的控告部门扩充为一般法律监督部门既有现实的需要，在理论上也是合乎逻辑的。不属于一般监督而应由专门领域监督的移交专门业务部门，在实践上是控告部门的传统做法，在理论上正是一般监督与专门领域监督逻辑关系的印证。当然一般监督也是专业性很强的工作，特别是针对行政机关违法的情形的监督，需要有专业知识、社会经验和政治智慧，才能把一般监督工作做好。

（三）组建检务保障部门，提高保障水平和效率

检务保障部门，主要从事机关内的行政管理和后勤服务，涵盖现行的办公室、技财装备部门和司法警察大队。办公室和技财装备部门的分开设立客观上增加了办事成本，影响了办事效率。检务保障工作应根据检察业务的需要，在诸如人员接待、会场布置、车辆配备、办公设备以及财物供给等方面服务应该尽量一步到位，减少层层审批的程序性效率损耗。检务保障工作强调效率，其工作人员应强调服从意识和执行力，其管理方式应适合服务工作的需要，努力提高其从业人员的服务水平。

（四）组建政治人事部门，改进"管人"工作方式

政治人事部门，主要从事的是管人的工作，抓好队伍建设和干部的管理、培训、教育、考核、监督，具体职责涵盖现行的政工部门、监察部门和机关内党的工作。现行政工部门、监察部门和机关党委工作交叉现象十分严重，同样工作在不同部门之间重复，也让业务部门应付了多重的工作任务，使得一些教育活动不得人心、收效甚微。将这些"管人"的工作合为一体，避免重复性工作和形式主义弊端，根据业务工作开展的需要，进行必要的思想政治教育、职业道德培养、廉政和纪律作风建设，将增强这些工作的积极效应。

（五）构建领导决策体制和工作机制，发挥机构改革的整体效果

三大部门的机构设置以及四类业务工作的划分，做到了分工明确，职责清晰，但要做好各项具体工作，还必须建设监督有力、运行高效的工作机制。根据三大部门不同的工作性质，应该完善检委会、院务会和党组会的领导决策机制和具体的工作机制。

1. 检察委员会领导业务工作。业务工作中实行专职检委会的统一指导、监督、咨询和考核，分管副检察长具体负责，办案检察官独立办案的工作机制。取消部门负责人的职位设置，改变案件办理的行政审批式模式，严格限制检委会讨论决定案件数量，把办案责任具体落实到办案检察官个人，辅之以专职检委会的指导和咨询建议，专职检委会的全程监督和考核，这有助于提高办案质量，提升办案检察官的办案水平。专职检察委员会的工作也需要监督，因而组成全院检察委员会例会是民主行使最高业务决策权的方式，专职检察委员

会定期向全院委员会汇报工作,接受其监督。全院检察委员会由检察长、副检察长、专职委员以及其他业务骨干组成,实行例会制,讨论业务活动中的重大事项和问题,就重要的法律政策实施规则进行表决通过,制定内部业务规范,监督专职检察委会工作,反映、集中业务工作中的问题以及其他重要业务事项。专职检察委员会日常工作和全院委员会例会制相结合形成了新型的检察长领导下的检察委员会制度。①

2. 院务会民主决定检务保障工作。检务保障部负责人称主任,不再由副检察长分管,副检察长只能是具有检察官资格,且有丰富业务经验和较高法律素养的检察业务领导。检务保障部门负责全机关内的行政管理和后勤服务,事关全院的决策由院务会决定。院务会的组成和决策实行民主制,由全院干警推举的代表组成,对检务保障部门的工作进行监督,就全院管理、财务、装备等重大事项实行民主讨论决定。

3. 党组会领导政治人事工作。政治人事部门负责人为党组副书记,称政治指导员或者政治部主任,协助党组书记做好干警的思想政治、组织人事、教育培训和纪律作风建设工作。政治人事部门是党组会的工作机构,具体执行党组会的决议,就人事任免、职级晋升、队伍管理、党的建设等工作向党组会负责,实现党组会工作的日常化,确保党对检察工作在组织、思想、政治上的领导。

四、结语

检察机关内设机构设置是检察机关建设的一项重要内容,设置内设机构首要的是符合检察职能行使的需要,过去由于检察职能不完善,检察机关内设机构没有法定的规制。现在国家法治进程步入正轨,检察机关的法律监督权能逐渐完善,应该依据职务犯罪侦查、刑事案件办理、诉讼监督、一般监督的需要设置相应的业务机构,以实现专业化的监督方式和全面的监督格局;内设机构的设立也应该体现出人员分类管理的要求,从而把检察业务人员、检务保障人员和组织人事人员合理配备,促进检察工作的开展;内设机构的设置应该实现检察职能的不断优化,促进检察工作水平的不断提高,以及检察人员的个人发展,专职检察委员会和全院例会实现了对检察业务工作全面有效的领导,也给检察人员提供了发展平台。

---

① 参见王帮元:《关于建立专职检察委员会的构想》,载《检察行与知》2010年第3期。

基层检察院内设机构的审视与重构

张 宁[*] 葛朋朋[**]

我国检察机关是检察权行使的主体，其中，基层检察院占检察机关数量的 80% 以上，占检察工作任务的 80% 以上，是检察工作的基层基础，其内设机构较为完整地体现了"检察职能的分解形态和检察官行使职权过程的行政组合"[①]，在设置上具有一定特性。因此，以基层检察院为视角，审视检察机关内设机构的功能，反思内设机构设置存在的不足和问题，探讨内设机构的科学设置，有利于促进检察改革的深化，夯实检察工作的基础。

一、基层检察机关内设机构现状及存在的不足和问题

检察机关的组织机构是检察权有效运行的组织载体，是检察制度的重要内容。我国人民检察院组织法第 3 条第 1 款规定："各级人民检察院设检察长一人，副检察长和检察员若干人。检察长统一领导检察院的工作。"第 20 条规定："最高人民检察院根据需要，设立若干检察厅和其他业务机构。地方各级人民检察院可以分别设立相应的检察处、科和其他业务机构。"而检察机关具有侦查权、公诉权及监督权等三项基本职能，这些职能实际上是检察权的分解模式，需要与之相对应的机构来行使，因此，我国基层检察机关普遍设立了反贪污贿赂局、反渎职侵权局、公诉科、侦查监督科、民事行政检察科、监所科、控告申诉科等专门检察职能机构，同时，基层检察院按照地方编制委员会的要求，结合最高人民检察院非检察业务机构设置情况，根据工作需要还设置了纪检组、政治处、监察室、办公室、法律政策研究室、职务犯罪预防科、检察技术科、司法警察大队等众多非检察职能的综合管理机构。这些综合管理机构与检察业务机构的设置与搭配是否科学合理，不仅关系到检察机关能否规范

---

[*] 安徽省芜湖市镜湖区人民检察院检察长。
[**] 安徽省芜湖市镜湖区人民检察院公诉科助理检察员。
[①] 徐鹤喃、张步洪：《检察机关内设机构设置的改革与立法完善》，载《西南政法大学学报》2007 年第 1 期。

有序工作，而且还会影响到检察职能能否公正高效实现。

目前，一般的基层检察院都有十三四个内设机构，有不少科室由2至4人组成。而这些科室又多是履行非检察职能的综合管理机构，占了检察院内设机构总数的约50%，其检察官和书记员一般会占检察院检察人员总数的30%～40%，但基本不直接参与案件的办理。

客观而言，基层检察院综合管理机构对非检察职能乃至检察业务职能的实现和改革发挥着重要的作用。然而，随着综合管理机构设置的不断细化、职权的悄然扩张，一定程度上侵削甚至阻滞了检察业务职能的正常运行，致使检察院内部职能发生交错甚至冲突，这在承担检察机关80%办案任务的基层检察院表露得更加淋漓尽致。同时，承担检察业务职能的机构，其职能的有效履行和高效实现，也显现出一定的互相掣肘和力量不足。基层检察院细化为十三四个部门，分工上难免存在职能交叉、合力不强等问题，而内设机构结构不合理，一定程度上也影响了检察工作的效能，具体表现为：

（一）检察业务部门之间分工过细，造成力量内耗和忙闲不均

例如，几乎每个基层检察院分别设置反贪局和反渎局来负责对贪污贿赂犯罪和渎职侵权犯罪的立案侦查工作，但在实际工作中，反贪局往往案件多、人员不足，而反渎局则案源较少，两局之间的人均工作量明显不平衡；同时，贪污贿赂犯罪和渎职侵权犯罪经常交织存在，分别由两个部门来管辖容易造成力量内耗，不利于提高侦查效率。如此，则两部门又实际上经常一起办公，不分彼此。又如，近年来，随着人们法治意识的提高和社会矛盾进入多发期，基层检察院受理案件数量逐年增加，乃至出现"诉讼暴增"现象，以笔者所在的镜湖区检察院为例，侦查监督科、公诉科近几年来案件数量都大幅增加，但人员基本没有变动，甚至有所流失，在实际工作运行中甚至出现了一定的失衡，导致每个人手上案件都很多，案件仍源源不断，只能通过技术手段来延长办案期限，达到处理案件的目的。

（二）综合管理类部门过多，将会影响检察官职业化建设

基层检察院的内设机构一直沿袭行政机关的模式，特别是综合管理机构设置带有严重的行政化色彩。从实际情况而言，基层检察院综合管理机构将近占全院内设机构总数的50%。这些互不隶属的综合管理机构设置，或许可以弥补专业化不足的弱点，但是也必然引发非检察职能交叉、职责不清甚至造成综合管理机构的臃肿设置。例如，纪检组、监察室、政治处在人事干部管理、思想政治教育、精神文明建设、争先创优活动、检察文化建设以及检察人员的录用考核、调动退休、工资待遇、职称评定等职能方面有职能的交叉。同时，过多的综合管理机构的设置，伴随而来的是必须配备相应的工作人员和行政领

导,也出现了与臃肿机构对应的官僚化。而占全院相当比例的综合管理机构检察人员,都不直接参与案件办理,也导致检察人员因所属职能部门不同而工作量也不平衡。

(三)检察机关职权多而广,但检察机关及其内设机构级别低,无法充分行使法律监督权

根据现行宪法和法律规定,我国国家机构的组织体系是人民代表大会下的一府两院制。人民检察院依照法律规定独立行使检察权,不受其他行政机关、团体和个人的干涉。但在实际的机构设置中,检察机关仅与同级政府的公安机关、司法行政机关属同等地位,检察机关除了检察长享受同级政府副职待遇外,其内设机构一般仅享有同级政府一个普通职能部门的地位,甚至某些地方还不如同级政府的公安机关和司法行政机关。因此,检察机关内设机构规格过低,特别是还不如同级的政府职能部门,使检察机关应有的宪法地位得不到体现和保障,使得宪法、法律赋予的检察监督权力和实际的权力存在巨大的落差,不利于充分行使法律监督权。

二、产生上述问题的原因

综观检察机关内设机构设置状况和运作实践,笔者认为产生上述问题的原因主要有以下几方面:

(一)内设机构设置的上下对口

不同层级的检察机关的内设机构的职能没有很好地区分和体现。在不少情况下,上级内设机构强调本职工作的重要性,以各种形式要求基层检察院亦设置相应的内设机构,没有体现不同层级检察机关内设机构的实际需要,乃至于内设机构过多,出现"两人科"、"三人科"现象,分散有限的人力资源,影响工作效率,工作成本加大。

(二)内设机构的功能定位不甚清晰,整体结构不甚合理

从检察职能的分解来看,职责的合并和分设的依据是什么,没有论证;由于检察官制度不完善,检察官待遇难以落实,内设机构担负了太多的解决检察官职级待遇的负担,甚至增设内设机构成为解决干部职级待遇的主渠道,致使综合管理机构所占比例过大;内设机构的行政色彩又导致其内部工作机制的科学性不足,内设机构设置与检察机关的编制规模和业务工作量之间缺乏科学的统计和测算标准,导致办案人员紧缺的结构性矛盾,影响工作效率和工作积极性,甚至存在检察官不愿去业务量大的部门工作的现象。

(三)部分监督权力创设或细化的操作性不强

我国宪法和法律将检察机关定位为专门的法律监督机关,但规定较为笼统

或者没有规定具体的权力，可操作性不强，因此，实际工作中，检察机关单独或者联合其他机关为自己创设或细化了诸多监督的职责和权力，但有部分职责与权力可能会涉及其他机关的内部运作，还有部分权力可能侵犯其他机关的上下级领导关系，遭遇其他机关的变相抵制，而检察机关对此也无能为力。此外，部分检察监督权力细化的不合理或者说不必要也使得这一矛盾凸显。

此外，在我国有行政、司法不分的传统，很多普通群众和部分干部，也存在把检察机关作为政府一部分或者一个部门的意识，导致对检察机关重视不足乃至影响了检察机关的实际法律地位。实际中，检察机关也承担了大量诸如扶难帮困、慰问孤老、爱心助学等行政性和公益性的任务，从而成为妨碍检察司法职能发挥的不易为人察觉的原因。

三、科学设置的原则

检察机关的内设机构总体上可分为决策机构、业务机构和综合管理机构。内设机构改革的总体思路应当是进一步加强领导决策机构、重点加强和完善业务机构的建设、有效精简综合管理机构。

在坚持中央关于司法体制改革的总体思路的前提下，对于检察机关内设机构的地位、功能、价值的分析，笔者认为其改革应坚持以下原则：

（一）全面履行法律监督职能的原则

内设机构的设置标准要科学，符合检察职能的分解理论和检察权的运行程序，即诉讼规律。一般来说，宪法和法律规定的检察机关的各项检察权都应当有相应的内设机构来承担，不能使检察权在组织层面落空。同时也应当防止经由内设机构而不适当地发展检察职能。

（二）依检察院层级区别设置内设机构原则

区分不同层级检察院的职责、功能和作用，分别设置。对检察工作负有领导职责的最高人民检察院相对全面地依照检察职能设置内设机构，有助于其加强对检察业务工作的分类指导和调控，而地方各级检察机关，特别是基层检察机关宜按照业务工作量和人员编制规模，相对集中地设置业务机构，避免分工过细。基层检察院内设机构设置，可以借鉴行政机关实行"大部制"改革，按照检察权内在运行规律和强化法律监督的需要，加大机构整合力度，探索实行职能有机统一的大部门体制，将那些职能相近、业务范围雷同的事项相对集中，由一个部门统一管理，最大限度地避免职能交叉、多头管理，同时，优化人力资源配置，从而提高工作效率、降低工作成本。

（三）进一步保障检察机关的独立地位的原则

以司法体制改革为契机，建立相对独立于行政机关的人权、事权、财权；

建立符合检察工作规律的检察官专业职务序列、健全检察人员的职业保障，避免因职级职务的压力导致内设机构的增加和检察人员的分散；完善司法责任制，切实避免其他行政机关、团体和个人的干涉。同时，要建立良好的机制，防止检察机关被某些行政性事务和公益性事务缠身，使之能专注于法律监督的职责，保持独立、中性的司法地位。

（四）增强法律监督的可操作性，优化考核管理体制的原则

目前，基层检察院不仅要面临上级检察院的考核，还要面临同级党委、政府的考核，有时还会有单项的、临时的考核等任务，无形中给基层检察院增添了许多工作和任务。考核虽然能使上级了解到基层检察院的部分工作情况，但不合理的考核方式，也使得基层的一些本职工作和基础工作发生异化，不仅无助于实际工作，反而在无形中增加了额外的工作和人、财、物浪费的现象。因此，对于考核工作，笔者认为，在细化法律监督标准以及发布考核标准前的一段时间内，可以充分征求和倾听基层检察院对标准的意见和理由，取其精华去其糟粕，避免出现急功近利和闭门造车出门不合辙的情况；对于基层工作中出现的和提出的典型问题，上级领导机关能从全局的角度出发切实指导和帮助解决基层的实际困难。

四、设置的构想

（一）保留现有案管、公诉、侦监职能

保留案件管理中心，负责对内设机构法律文书的送达，同时起到内部监督、制约作用。维持现在的公诉科，检察职能不变，承担刑事案件的公诉职责，可实行主诉检察官办案制。维持现在的侦查监督科，检察职能不变，承担对侦查机关的监督、制约，以及批准逮捕等职责。

（二）设置新的职务犯罪检察局（或反贪污渎职局）

综观国际反腐成功的地区和国家，如新加坡的贪污调查局、我国香港特区的廉政公署、美国联邦调查局等，这些都是民众耳熟能详的反腐败执法（司法）机构。由一个反腐败机构统一对外，犹如举起一面旗帜，有利于树立反腐败的法治权威和形成反腐的合力。我们可以借鉴这一经验，整合职能相近反贪污贿赂局、反渎职侵权局和职务犯罪预防处等，成立职务犯罪检察局，全面负责职务犯罪侦查和预防工作。这不仅可以消除机构重叠所造成的管理壁垒和内耗，最大限度地发挥惩治和预防职务犯罪的法律监督功能，既可以建立起既不影响专业职责分工，又能最大限度地凝聚整体职能优势，集发现、查办、预

防三位一体的检察机关一体化反腐败工作机制,在反腐败斗争中发挥更大的作用。① 具体来说,可以相对分设若干办案组、预防组等,办案组主要是负责贪污贿赂等犯罪案件及渎职侵权犯罪案件的初查、立案侦查工作;职务犯罪预防组,结合办案防止控制诱发犯罪条件的发展,降低犯罪的社会危害性;减轻或填补职务犯罪造成的损害,降低重新犯罪率等。

(三) 设置诉讼、执行检察监督局

将现行民事行政检察、监所检察、控告申诉部门予以整合,继续履行上述机构的职能。许多基层检察院的民事行政检察科只有2~3人,而控告申诉科也只有2~3人,这样使得他们在处理突发事件或者疑难、复杂案件时往往显得力不从心,且许多申诉也涉及民行检察业务,因此,完全可以将二者进行整合。除了有的对看守所派驻检察外,基层检察院监所检察主要承担对缓刑、假释、保外就医、管制等社区矫正活动进行监督。诉讼、执行检察监督局的设置,可以克服现行机构设置过多过细,有利于整合检察资源,通过部门负责人协调检察人员的业务量,将有限的检察资源发挥最大的效能。

(四) 设置新的检察政治处

如前所述,目前基层检察院的纪检组、监察室、政治处有诸多的交叉职能和相似职能,可以合并为新的检察政治处,相对地分工为几个工作组,负责检察队伍的教育、管理,囊括机关党委、工会、人事干部管理、职级职务晋升、教育培训、思想政治建设、检察宣传等。

(五) 设置新的办公室

目前基层检察院设置的办公室、研究室、技术科和法警队等部门,部门虽多,但有的也只有3~4人,工作量不均。办公室、研究室两部门承担的都有文字工作,不仅撰写调研文章,还负责起草公文、编发信息材料、撰写宣传稿件等,技术科主要负责网络管理、同步录音录像等检察技术业务,基层检察院的法警不少是驾驶员和承担检察辅助工作的人员。因此,可以将这些综合管理部门整合,具体负责检委会日常工作、公文处理、保密档案、检察网络管理、同步录音录像、出警等工作,涵盖检察工作所必需的保障、服务职能。

通过以上的内设机构调整,尽量做到机构精简,职能清晰,目的是更加充实基层业务办案部门的力量,做好后勤保障工作,提高工作效率,同时进一步保障检察机关公正司法的独立性,更加突出了检察机关的检察监督的核心职能,促进检察机关的职业化和专业化建设。

---

① 参见吴健雄:《检察机关业务机构设置研究》,载《法学评论》2007年第3期。

基层检察机关内设机构的科学设置

——以某省 C 市基层检察机关为研究对象

鲍明叶[*]

　　检察机关内设机构是检察权运行的组织载体，也是检察权内部配置和管理的表现形式，对检察职能的发挥起着非常重要的作用。据统计，我国约 80% 以上的检察业务量集中在基层，约 80% 以上的检察人员也集中在基层，故基层检察机关内设机构改革就显得尤为重要。当务之急，应当对基层检察机关内设机构进行合理调整、充实和完善，以更好地促进检察职能的发挥。

一、法律文件中关于检察机关内设机构设置规定的历史沿革

　　1954 年，全国人大颁布的人民检察院组织法中并没有关于检察机关内设机构设置的相关条款，后来此部法律被宣布废止。1978 年检察机关恢复重建，1979 年，全国人大颁布的人民检察院组织法第 20 条对检察机关业务机构设置作了明确规定："最高人民检察院设置刑事、法纪、监所、经济等检察厅，并且可以按照需要，设立其他业务机构。地方各级人民检察院和专门人民检察院可以设置相应的业务机构。"1983 年，全国人大常委会修改人民检察院组织法时，改变了列举式立法模式，采用概括式立法模式，第 20 条规定："最高人民检察院根据需要，设立若干检察厅和其他业务机构。地方各级人民检察院可以分别设立相应的检察处、科和其他业务机构。"1996 年，高检院颁布的《关于地方各级人民检察院机构改革意见的实施意见》中明确指出："（二）规范、调整内设机构。地方各级人民检察院内设机构应本着精简、统一、效能的原则，在《意见》规定的机构数额幅度内设置。内设机构一般分为必设机构和因地制宜设置的机构两类……根据人民检察院组织法的规定，市（地）人民检察院内设处（部、室、局），县级人民检察院内设科（室、局）。"原则性的

---

[*] 安徽省滁州市南谯区人民检察院法律政策研究室助理检察员。

立法适应了形势发展需要，保持了法的稳定性和连续性，但随着检察职能不断完备的同时，也不可避免地带来了内设机构的扩张和膨胀。

二、基层检察机关内设机构设置存在的主要问题

目前，基层检察机关内设机构按照所行使的职能，可分为领导决策部门、检察业务部门和综合管理部门。我们会发现基层检察机关日常管理中会出现一些问题，如有的部门根本就无事可做、形同虚设是否可以裁撤，有的部门工作量巨大，是否可以拆分成立新部门，还有的部门职能重叠、分工不明。此外，还存在机构级别太低，名称不统一、设置机构不合理、派出机构设置混乱等多方面问题。

（一）内设机构级别低

根据现行宪法的相关表述，很容易看出，我国国家机构的组织体系是人民代表大会制度下的"一府两院"制，检察机关同政府在宪法地位上是平等的，而在实际的国家机构设置中，检察机关除检察长享受同级政府副职待遇外，其内设机构一般都比政府下设的内设机构级别低，只有少数的重要业务科室局能够达到政府下设的内设机构的级别。如某省 C 市 N 区政府下设的职能部门基本都是正科级，而区检察院下设的内设机构除公诉科、侦监科为正科级外，其他均为副科级，甚至还有的内设机构连副科级都不是。检察机关内设机构规格配备过低，使检察机关本来应有的宪法地位得不到体现，不利于充分行使法律监督权。

（二）内设机构缺乏统一的设置标准和模式

综合全国各地的情况看，目前，基层检察机关内设机构存在的突出问题之一就是缺乏统一规范性，主要表现在设置标准和设置模式上：一是设置标准混乱。有以诉讼程序划分的，如控申科、公诉科；有以管辖案件性质划分的，如反贪局、反渎局；有以法律监督职能划分的，如侦监科、监所科；还有的以具体检察职能划分的，如研究室、预防科，等等。二是设置模式上混乱。比如，有些地方把反贪局和反渎局合并成立职务犯罪预防局，有些地方把预防科纳入反贪局和反渎局合并成立职务犯罪侦查与预防局；还有些地方把控申科纳入反贪局、反渎局成立职务犯罪侦查局；更有些地方干脆取消法律政策研究室，直接纳入办公室等。这样的混乱局面，容易导致上下级检察机关工作联系混乱，业务指导不灵，信息传达不及时，更容易导致基层检察机关内设机构之间产生工作推诿、扯皮、协作不利等问题。

（三）内设机构设置的结构不合理

基层检察机关内设机构设置在机构上主要表现在两个方面：第一，分工过

细,部门繁多,忙闲不均。据统计,某省 C 市各县市区设置部门数分别为:L 区院 17 个、N 区院 16 个、Q 县院 18 个、L 县院 19 个、D 县院 16 个、F 县院 17 个、T 市院 21 个、M 市院 21 个。① 可见,C 市下辖院内设机构最少的也在 16 个,而且有些部门都是"光杆司令"的一人科室,这种细化分工难免存在职能交叉、合力不强等问题。比如,有些院成立了文明办、工青妇等内设机构,很明显就没有必要,可以划归在政治处、办公室等。第二,内设行政部门偏多,影响检察官职业化建设。比如某省 C 市下辖的 T 市院的行政部门高达 10 个之多。综合某省 C 市各基层检察机关内设机构的行政部门编制数可以反映出:近几年,行政部门偏多的现象不但没有减少反而还有增加的趋势。

(四)内设机构名称不统一

检察机关内设机构名称应反映检察机关的本质和内设机构的特性,然而目前基层检察机关内设机构名称不统一,难以准确反映检察机关作为法律监督机关的本质和各内设机构的特性。主要表现在两个方面:第一,同一基层检察机关内设机构名称不统一。如某省 C 市 N 区人民检察院内设业务机构有的称"局",有的称"科",有的称"室",还有的称"队",如反贪污贿赂局、侦监科、研究室、法警大队等。第二,不同检察机关内设机构名称也不统一。如某省 C 市下辖基层院的职务犯罪预防部门,有的称"职务犯罪预防局",有的称"职务犯罪预防科";新设立的案件管理部门,有的称"案管中心",有的称"案管办",还有的称"案管科"等,当然,案件管理部门的全称更是五花八门,比如,"案件质量管理中心"、"案件质量监督管理中心"、"案件管理监督中心"等。

(五)派出机构设置混乱

现行人民检察院组织法第 2 条第 3 款规定:"省一级人民检察院和县一级人民检察院,根据工作需要,提请本级人民代表大会常务委员会批准,可以在工矿区、农垦区、林区等区域设置人民检察院,作为派出机构。"目前,基层检察机关派出机构设置也存在诸多问题:第一,派出机构的级别混乱,有些是副科级,有些连副科级都算不上。第二,派出机构的数量混乱,有些基层院设置很多,有些基层院干脆没有设置。第三,派出机构名称混乱,有些叫"乡镇检察室",有些叫"派驻检察室"等。第四,派出机构的管理混乱,有些直接归派出的检察机关(或检察长)领导,有些归派出检察机关的内设机构领导。

---

① 以上统计数据来源于某省 C 市人民检察院检察专网,2014 年 3 月 14 日。

三、基层检察机关内设机构设置的基本原理与路径选择

(一) 基层检察机关内设机构设置的基本原理

在管理学上,组织(organization)是为了达到预定目标,对各种资源的配置过程和由此而产生的权力机构。组织的内涵包括两个方面:一是指组织结构;二是指组织过程。实际上,组织就是设计一种组织结构,并使之运转的过程。组织结构(organizational structure)就是表明组织各部分排列顺序、空间位置、聚集状态、联系方式及各要素之间相互关系的一种模式。一个组织能否顺利地实现其目标,能否促使组织成员在实现组织目标的过程中作出贡献,在很大程度上取决于组织结构的完善程度。因此组织机构的设计就成为组织工作中最关键的一环,它是执行组织职能的基础性工作。[①] 检察机关内设机构作为检察权运行的载体,是在检察资源配置过程中产生的权力机构。检察权能否得到全面、公正、高效、正确运行,在很大程度上取决于其内设机构的设置的完善程度。

没有组织机构,就没有组织的正常运转。建立组织机构的目的就是使组织各成员之间协调开展工作,共同为实现组织目标而努力。分工、分组、协调是其主要的结构支撑,而分工主要表现为"工作专业化"和"部门化"。亚当·斯密在《国富论》中提出的"劳动分工"的基本概念,与现在人们通常所说的专业化概念是基本相同的。通过工作专业化完成任务的细分之后,就需要按照工作类别和性质,对它们进行分组以便使共同的工作可以协调,也就是进行所谓的部门化。部门化实际上就是按照工作的类别分设单位,从而将复杂的工作分别归类到各个部门,并使各部门皆有明确的职务和权责关系。[②] 检察工作也是一样的,比如,当检察机关接收到案件,就需要检察人员来办理完成案件受理、侦查监督、审查起诉、出庭公诉等环节,我们检察人员不可能一拥而上,这就需要不同的部门去负责案件的不同环节,而这些不同的部门能够有条不紊地参与工作正是建立在合理的任务细分基础之上。

(二) 基层检察机关内设机构设置模式的类型选择

组织按照不同的标准可以划分为不同的类型,最常见的有直线型组织、职能型组织、直线职能型组织、事业部制组织、矩阵组织结构、网络式组织结构等。每一种类型都各有利弊。比如,目前基层检察机关采取的就是职能型组织

[①] 参见余敬、刁凤琴、成中梅主编:《管理学》,中国地质大学出版社2006年版,第110~112页。

[②] 参见徐全忠主编:《政府组织行为学》,对外经济贸易大学出版社2010年版,第260页。

结构，其优点是根据职能将不同的检察业务划归不同的部门，有利于实现专业化，但缺点也是显而易见的，职能划分越分越细，部门越设越多。① 目前，检察机关的各项业务都是按照各项检察职能之间的相互监督、相互制约来划分的，每个部门都有各自的职责。当务之急，我们一定要在坚持原有内设机构设置的基础上精简整合、优化重组即可，切忌那种颠覆性的改革，改革一定要保持平稳过渡，况且现有的检察机关内设机构设置模式已经存在很长时间了，也没有产生比较大的阻力或是负面影响，面对新时期的检察工作的需要，我们要做的就是优化检察资源配置，优化内设机构设置。比如，提高内设机构级别、统一机构名称、规范派出机构设置等，以此来保证检察权得到全面、公正、高效、正确的行使。

四、基层检察机关内设机构改革设想及论证

检察机关内设机构改革确实已经到了呼之欲出的时候，但不是任意改革，一定要切中要害，有的放矢。基层检察机关的改革重点应当优化重组业务部门、精简整合综合管理部门。下面笔者综合基层检察机关内设机构存在的主要问题，以某省C市某基层检察机关为例设计、阐述、论证内设机构改革的具体情况：

（一）检察业务部门

人民检察院是国家的法律监督机关，行使国家的检察权，其行使检察权载体是检察机关内设机构，归根到底还是检察机关内设业务机构。承前所述，我国国家机构的组织体系是人民代表大会制度下的"一府两院"制，检察机关同政府在宪法地位上是平等的，故其机构设置级别也应该是平等的，在基层检察机关，其将来内设业务机构的级别必须是正科级。对于各业务部门名称，笔者认为：（1）应统一称作"局"较为合理，原因有二：一是参考政府内设部门的设置，如民政局、卫生局等；二是检察院内设机构已有称作"局"的机构，像反贪局名气比较大，还是一种"无形资产"。（2）每一个内设机构名称前无必要加"检察"二字，因为本身就是检察机关的内设机构，加之"检察"二字有多此一举之嫌。下面我们开始具体设计各内设业务部门：

1. 案件质量监督管理局（正科级）。案件管理部门是"年纪"最轻的部门。2011年11月经中央编制办批准，高检院成立案件管理办公室，对高检院机关案件流程、案件质量和案件统计信息等进行集中管理，并承担对全国检察

---

① 参见林锡铭、柳红兵：《基层检察院资源优化配置探微》，载《东南司法评论》2012年卷。

机关案件管理工作的指导职责。① 2013 年 12 月 3 日，全国检察机关统一业务应用系统在高检院机关正式上线运行，它标志着系统在全国四级检察机关之间正式贯通。这对于提升高检院机关执法办案信息化、规范化水平具有重要作用，对于带动统一业务应用系统在全国检察机关的部署应用将起到重大示范和推动作用。同年 12 月 26 日，全国检察机关统一业务应用系统在某省检察机关也正式上线运行，由此观之，检察机关对案件质量监督管理问题非常重视。故这个部门必须单设，且职能职能加强，不能削弱，它可以保证检察机关依法、正确的行使检察权。

2. 职务犯罪侦查局（正科级）。将原有的反贪局、反渎局合并成立职务犯罪侦查局，撤销原有的职务犯罪预防科，将职务犯罪预防的职能纳入新成立的职务犯罪侦查局。在检察实践中，"两反（反贪、反渎）"部门都是针对查处贪污腐败行为，其工作职能、程序、内容、方式等有共通性，案源、线索都有交叉性，况且平时都是一同办案，故可以将两部门合并。对于撤销职务犯罪预防部门，虽然"预防也出生产力"，有些地方将现有的职务犯罪预防科升格为"职务犯罪预防局"，但笔者认为，这种做法是不妥的，先不说有跟风之嫌，就拿职务犯罪预防的工作性质讲，职务犯罪预防工作的开展主要依赖于职务犯罪侦查工作，预防部门人员经常要邀请自侦部门人员去讲警示教育课，就足以说明这一点，自侦部门人员直接参与办案，有足够的话语权，而且有说服力。故可以借鉴我国香港特别行政区廉政公署的成功经验，有必要撤销职务犯罪预防部门，将职务犯罪预防职能融入职务犯罪侦查工作中。

3. 公诉局（正科级）。原有公诉科的职能保持不变，仅仅将名称改为公诉局即可。尽管在 2012 年 4 月 22 日，由中国人民大学诉讼制度与司法研究中心和湖北省检察院共同举办的"法律监督工作机制建设研讨会"上，湖北省院的"两个适当分离"机制改革引起与会者的高度关注，并获得肯定。② 他们主张诉讼职能和诉讼监督职能应该适当分离，审查批捕局、公诉局、诉讼监督局应该分设。这种观点笔者不敢苟同。现实中，公诉部门纠正违法是针对公安机关和法院的，抗诉是针对法院裁判的，追加漏捕、漏诉是针对公安机关的，公诉部门案件承办人对案件事实、证据材料都非常清楚，便于监督，若让不熟悉案情的部门去监督，那么必将增加人力、物力、财力，不符合效能原则。此外，现在全国各级检察机关均设有检察委员会，纠正违法、抗诉、追加漏捕和

---

① 参见张伯晋：《内设机构的风雨变迁》，载《检察日报》2012 年 2 月 3 日第 3 版。
② 参见蒋安杰、胡新桥：《"两个适当分离"机制备受关注》，载《法制日报》2012 年 4 月 25 日第 9 版。

漏诉等行为须经严格法律程序才可以启动。故公诉部门可以大胆地去监督公安机关、法院，因而公诉科只要升格为公诉局即可，无须分离检察职能。

4. 侦查监督局（正科级）。现有侦查监督部门工作职责主要分为审查逮捕、刑事立案监督以及侦查活动监督。对于侦查监督部门的改革，我们可以模仿公诉部门的改革，只需要更改名称即可，不需要变更法律职能。第一，侦查监督部门不能和公诉部门合并。侦诉一体化机制虽然有利于强化证据意识，形成大控方的追诉格局，但是不利于相互监督、相互制约。逮捕权和起诉权都是检察机关的两项重要权能，将其归属到一个部门，很容易形成权力垄断，极有可能会增加"权力寻租"的机会。第二，侦查监督部门不能把原有的监督职能分离出去。立案监督和侦查活动监督都是针对同级侦查机关相关行为的监督，同公诉部门的诉讼监督同样的道理，案件承办人既然对犯罪嫌疑人审查是否逮捕，就说明对案件事实已经足够了解，是否该进行追捕或追漏承办人也很了解，即使存在"该追的没追"情形，到审查起诉阶段，公诉承办人还会进行重新把关。故侦查监督部门不能把原有的监督职能分离出去。

5. 控告申诉局（正科级）。在高检院机构设置中，控告检察厅和刑事申诉检察厅是分设的。但笔者认为，基层检察机关内设机构改革，应考虑将控告检察部门和刑事申诉检察部门合二为一，成立控告申诉局，负责有关控告和刑事申诉的审查职能。在司法实践中，控告和刑事申诉工作具有许多相似性和相通性，而且这两项工作的业务量也不太重，从有效提高工作效率和精简机构两方面考虑，有必要将这两个部门合并。至于刑事申诉部门，有些人肯定还会提出同样的问题，为什么不把侦监、公诉、控申的监督职能统一归口于新设立的诉讼监督部门呢？这个问题我们已经论证过了，侦监和公诉部门都是为了实现人、财、物的高效利用，况且检察机关还专门设置了检察委员会这个最高决策监督机构。将刑事申诉职能纳入控申部门，主要是为了工作方便，都面对普通老百姓，工作方式、方法也有共通性。此外，控申部门的工作对象与案件管理部门也不一样，案管部门是"对公业务"，主要面对公安、法院、律师等，控申部门都是普通老百姓，所以更不能纳入案管部门。

6. 民事行政局（正科级）。对于民事行政检察部门是否分立态度不一，大多数学者主张将民事和行政区别开来，分别设立民事检察部门和行政检察部门。因为民事案件和行政案件具有较大的区别，检察机关进行审判监督的对象也不相同，分别设立理所应当。但笔者却不这样认为，检察机关的民事和行政案件业务量还是比较少的，根据 C 市某基层检察机关案件量统计显示，2011 年办理抗诉案件 3 件，2012 年办理抗诉案件 5 件，2013 年办理抗诉案件 1 件。可见，案件量是比较少的，将两项工作职能合一是偶然中有必然。况且，自修改后的民事诉讼法颁布实施后,基层检察机关的案件量更是遭遇"冰期"。对于行政案件,老百姓潜意识里就认为"民告官"是不可能告赢的,故导致了行政诉讼案件少,行政诉讼抗诉类的案件更少。因此民事检察部门和行政检察部门应该合二为一。

7. 派驻检察局（正科级）。从目前检察实践看,检察机关的派出机构包括派出检察院和派出检察室两类。现行人民检察院组织法对基层检察机关派出的检察院的规格没有确定,也没有同级人大可以报告工作,因而存在的问题较多,并且实践中根本就没有派出过,反而更多的是派出没有法律依据的检察室。为此,笔者建议检察院组织法增设一条规定:"县级人民检察院,根据工作需要,提请本级人民代表大会常务委员会批准,可以在监狱、看守所、乡镇等设置检察室,作为派出机构。"派驻检察部门的设立,不仅间接完善了检察机关的设置体系,而且承担了现存监所部门的工作职能。监所检察部门的工作重点是刑罚执行监督和监管活动监督,查办刑罚执行和监管活动中的职务犯罪案件,其工作任务相对固定、单一。故笔者建议:撤销现存的监所检察部门,纳入派驻检察部门管理,派驻检察部门下设多个检察室分别承担各自工作。

（二）综合管理部门

综合管理部门是检察机关内设机构的重要组成部分,其在基层检察机关主要包括:办公室、工会部门、政治部门、纪检部门、法警部门、技术部门、财务部门、计装部门等。将来基层检察机关应依据各地实际情况,遵循精简效能原则整合组成的新内设机构的级别也必须是正科级,然其名称可称作"局",当然也可遵照原先习惯称呼。由于检察权分为检察领导权、检察业务职权和检察非业务职权三大类,因而检察机关的内设机构总体上可分为内部领导（决策）机构、内设业务机构和非业务机构（综合管理机构）。在这里,简单阐述基层检察机关的领导决策部门（内部领导机构）,关于检察机关内部领导机构的改革,主要是对检察委员会的人员组成、议决程序和办事机构的改革。① 在此,我们不作赘述。下面我们开始具体设计各内设综合管理部门:

1. 政治局（正科级）。新设立的政治局具体负责全院政治思想、机关党建、人事管理、教育培训、检务督察、纪检监察、宣传信息、党组会议等工作,以及离退休干部、妇女、工会等服务工作。

2. 检察事务局（正科级）。将现有的办公室、研究室、计装部门、技术部门、法警部门合并为一,新成立检察事务局,并下设文秘组、技术组、后勤组和法警队等,统一管理全院的行政事务工作、检察技术工作和司法警察工作。

---

① 参见邓思清:《再论我国检察委员会制度改革》,载《人民检察》2010年第11期。

通过上述对检察机关综合管理部门的改革，可以有效减少内设综合管理部门的设置，提高综合管理部门的综合服务能力和工作效率，同时可以将有限的人力资源用在检察办案业务上，增强检察机关的办案能力，切实有效地提高办案的质量和水平。

论检察机关案件管理机制的宪法基础

崔汪卫[*]

2003年6月，最高人民检察院印发的最高人民检察院《关于加强案件管理的规定》，就进一步规范执法办案活动，提高执法水平，保证办案质量，从案件受理、流程管理、案件考评、数据统计等方面对案件管理提出了具体要求。近年来，全国各级检察机关纷纷加强案件管理机制建设，目前，各级检察机关基本上都设立案件管理机构，案件管理机制逐步建立并日臻完善。为了进一步规范执法办案行为，提高办案质量和效率，强化检察内部监督，有必要对案件管理机制从宪法学的视角进行探讨，以使其更好地服务于检察工作的顺利开展，确保检察权良性运行。

一、检察权、案件管理与宪法

（一）检察权良性运行是宪法生命力的展现

宪法生命力的一种重要表现形式就是宪法通过司法适用兑现公民权利置于国家权力之上的预期。美国"宪法之父"麦迪逊在起草美国宪法的过程中就告诫人们，宪法朝令夕改将严重损害宪法的权威性，进而削弱现代法律制度的法治价值以及为现代国家提供合法性资源的能力。宪法的司法适用可以成功地实现宪法的发展，赋予其生命力。公正的司法过程通过其类似过滤性装置的设置，将公民过去的要求通过法律程序的沉淀和反馈，而最终成为未来社会生活场景的一个事实状况，这实际上是现代法制向生活世界渗透的一种成本最小的做法。同时，通过宪法为司法权所确立的程序和精神，可用于防止因司法者的过度自由化而导致的法律过度开放和确定性消弭的危险。[①] 检察权作为广义司法权的一个部分，自然也包含其中，它的良性运行是宪法生命力的展现。

（二）案件管理机制是检察权良性运行的保证

检察权良性运行主要依靠某种长效机制来实现外部监督的同时，要解决

---

[*] 安徽省安庆市人民检察院法律政策研究室助理检察员，同济大学法学院博士研究生。
[①] 参见季卫东：《法治秩序的构建》，中国政法大学出版社1997年版，第15~19页。

"监督者由谁来监督"的问题。早在20世纪80年代，最高检就注意到这一敏感问题。最高检以内部职能分离为突破口来探索内部监督制度建设，主要采取以下措施：实行侦查权、批捕权、起诉权的分离；明确当事人申诉的案件均由控告申诉部门受理审查；对自侦案件实行立案监督；明确上级检察机关对下级检察机关的领导和监督；实行职务犯罪批捕上提一级，等等，这些措施的实行对检察权良性运行起到了积极的推动作用。

然而，随着社会的进步和发展，检察工作也面临着许多崭新的课题，如何确保检察权良性运行仍然是摆在检察机关面前的一大难题。2003年6月最高检印发《关于加强案件管理的决定》，明确提出"加强对办案情况的宏观管理、跟踪监督、质量评估和问题预警，提高案件管理工作的现代化水平"、"建立科学的办案流程管理机制"。自此以后，全国各级检察机关探索尝试案件管理的模式，积累了许多宝贵的案件管理经验。随着修改后的刑事诉讼法和《人民检察院刑事诉讼规则（试行）》的实施，检察机关已经初步形成了"统一受案、全程管理、动态监督、综合考评、案后评查"的案件管理机制，对检察权运行过程的内部监督与制约显著增强，为提高执法办案质量和效率提供了可靠的制度保障。

二、案件管理与宪法基本原则

（一）人权原则与案件管理

人权是一个历史的产物，它是指人要求维护或者有时要求阐明的那些应在法律上受到承认和保护的权利，以使每一个人在个性、精神、道德和其他方面的独立获得最充分与最自由的发展。人权概念最初出现于荷兰古典自然法学派的创始人格劳秀斯的代表作《战争与和平法》"人的普遍权利"一章中，随后荷兰思想家斯宾诺莎提出并论证了"天赋之权"，把人权理论系统化的当属英国思想家卢梭，他从社会契约论的理论基点出发，推演出了人民主权的思想并把自由、平等提到了政治权利的高度。[①] 随着人类社会的进步和人权理论的不断发展，各国对人权立法都引起了高度的关注。美国的《独立宣言》和法国的《人权与公民权宣言》等都是具体规定了人权的政治文件，并列举了具体的生存权、平等权、自由权、财产权、安全权、追求幸福权、反抗压迫权以及法律的救济权和嫌疑犯在诉讼程序中的无罪推定等权利。1948年12月10日联合国通过的《世界人权宣言》首次阐明了人类大家庭所有成员的固有尊严和普遍人权，作为所有人民和所有国家努力实现的共同标准。人权被认为是当

---

① 参见韩大元：《比较宪法学》，高等教育出版社2003年版，第54页。

代国际社会获得普遍承认的价值和政治道德观念,是否尊重和保障人权已经成为评判一个国家民主法治的标杆。

我国的人权观念经历了一个从不谈人权到忌谈人权、从争论人权到接受人权、再到全面认识人权、从宪法上未规定公民的基本权利和义务到宪法上对其作了明文规定、再到宪法上明确提出"国家尊重和保障人权",现发展到部门法上对人权进行了专门的规定,如素有"小宪法"之称的刑事诉讼法规定"尊重和保障人权"。这就要求执法办案机关在执法过程中,要把人权保障放在工作的首位,严格限制国家公权力,以防止公民个人权利受到侵害。

在我国刑事犯罪领域,执法机关和办案人员长期以来存在重打击犯罪轻人权保障的传统,他们往往自觉或不自觉地超越权限甚至滥用权力,从而侵犯了诉讼参与人,特别是犯罪嫌疑人、被告人,严重损害了司法公正。诸如,辩护权无法得到保障,超期、变相羁押,非法证据的采信,案件久拖不决等现象。案件管理机制的建立,从根本上杜绝了诉讼参与人遭受公权力侵害现象的发生。案件管理部门主要承担案件受理、全程监督、案件考评、律师接待、数据统计等工作,这些工作开展最终的目的都是尊重和保障犯当事人、辩护人、诉讼代理人的人权,各方法定权利得到执法机关的切实维护,让无罪之人不受法律追究。对于办案过程中出现的侵害当事人、辩护人、诉讼代理人的诉讼权利、超过法定的办案期限仍未办结案件、办案过程中的程序性违法等造成诉讼参与人合法权益的侵害行为,案件管理部门应当及时制止,并向办案部门提出纠正意见,在必要时向院领导或检委会汇报,维护司法公正,不断地提升司法公信力。

(二)法治原则与案件管理

《布莱克法律辞典》对"法治"的解释是"法治是由最高权威认可颁布的并且通常以准则或逻辑命题形式表现出来的、具有普遍适用性的法律原则"。法治的基本理念强调平等,反对特权,注重对公民权利的保护,反对国家权力滥用。法治理念要求法律在最高的终极意义上具有规限和裁决人们行为的力量,既是公民行为的最终导向,也是司法活动的唯一准绳。

现代意义的法治始源于西方,最早可追溯至古希腊。古希腊人把法律放在十分重要的位置,主张人只受法律约束,法律比人更要有权力。著名的法学家戴雪系统地提出并阐述了法治的含义,即学界熟知的"法治三原则":"除非明确违反国家一般法院以惯常方式所确立的法律,任何人不受惩罚,其人身或财产不受侵害";"任何人不得凌驾于法律之上,且所有人,不论地位条件如何,都要服从国家一般法律,服从一般法院的审判管辖权";"个人权利以一般法院提起的特定案件决定之。"① 戴雪的"法治三原则"即体现了法律保护公民权利和限制国家权力的本质属性。1354 年英国爱德华三世第二十八号法令第三章中就有正当法律程序的条款:"不依正当法律程序,不得对任何人驱逐出国境,不得逮捕、监禁、流放或者处以死刑。"1791 年美国宪法第 5 条修正案正式规定: "非经正当法律程序,不得剥夺任何人的生命、自由或财产。"② 这些都反映了法治原则被广泛地应用到司法领域,有力地保障了权力的正确行使和人权的切实实现。

我国传统的诉讼实践中,一直存在重实体轻程序的现象,对程序正当没有引起足够的重视,导致了法治原则不能得到很好实现,从而影响到司法公正和效率。在执法办案中,诉讼参与人只注重诉讼的结果,甚至犯罪嫌疑人、被告人都希望尽快得知其是否负刑事责任,处以什么样刑罚的结果,置诉讼程序和效率目标于不顾,这导致了正义是以人们看不见的方式来实现,没有任何法治而言。案件管理部门就是为了纠正诉讼程序不当和诉讼效率不高而设立的,案件管理部门通过规范办案流程、实行动态监督,防止和纠正办案过程中发生违反法定程序的问题,预防和减少检察人员发生因办案程序不规范导致案件处理不公、不力现象的出现,促进公正廉洁执法,提高办案质量。

(三) 权力制约与案件管理

权力制约原则主要指国家权力的各部分之间相互监督、彼此牵制,以保障公民权利的原则,权力制约主要包含分权和制衡两个方面。分权理论最早可以追溯至古希腊著名思想家亚里士多德,他在《政治学》一书中明确指出"一切政体都有三个要素——议事职能、行政职能和审判职能。"③ 近代分权学说由洛克所倡导,孟德斯鸠加以发展和完善起来的。洛克在《政府论》中将国家权力分为立法权、执行权和对外权三种,孟德斯鸠在其基础上,将国家权力一分为三,即立法权、行政权和司法权,他指出"如果司法权不同立法权和行政权分立,自由也就不存在了。如果司法权同立法权合而为一,则将对公民的生命和自由施行专断的权力,因为法官就是立法者。如果司法权和政权合而为一,法官便将握有压迫者的力量"。④ 同时,他主张这三种权力应当相互制约,否则将产生权力滥用现象。美国著名学者杰弗逊、汉密尔顿主

---

① Dicey A V, Introduction to the Law of the Constitution, London : Macmillan and co., Limited, pp. 183~201.
② [美] 伯纳德·施瓦茨:《美国法律史》,王军等译,中国政法大学出版社 1990 年版,第 55 页。
③ [古希腊] 亚里士多德:《政治学》,商务印书馆 1965 年版,第 214 页。
④ [法] 孟德斯鸠:《论法的精神》(上),商务印书馆 1979 年版,第 156 页。

张在美国必须建立代议制的民主共和国,他们指出政府必须在人民的控制之下体现和执行人民的意志,保障人民的自由权利,保护人民的经济利益和社会地位。

众所周知,权力制约原则对法治国家的形成起到了重要的推动作用,它不仅对专制权力产生制约作用,也提高了立法机关、执法机关、司法机关运作的效率。此项原则一般适用于立法权、行政权和司法权相互独立、相互制衡。笔者对此表示赞同,同时笔者坚持认为关于立法权、行政权或司法权,每个权力内部的支权力之间也应当互相制约,这也符合我国宪法基本精神,倘若没有相互制约与分权,必然会导致权力滥用的局面。检察机关代表行使国家检察权,与立法权、行政权和审判权之间相互制约、相互监督;同时,检察机关内部各职能部门之间分工负责、各司其职,正确合法行使国家赋予的检察权。譬如,传统的检察机关内设机构之间,自侦部门主要负责案件侦查,侦查监督部门主要负责批捕批延,公诉部门主要负责审查起诉,这些职能部门各自为政,无法起到彼此间制衡的作用,对检察一体化形成也产生了束缚和牵绊。案件管理工作的开展,必将有效地加强检察机关内部机构的分权与制衡,使检察权因被滥用导致执法不公、不严、不力现象不再发生。

三、案件管理与法律监督

(一) 法律监督概述

我国宪法第 41 条第 1 款规定:"中华人民共和国公民对于任何国家机关和国家工作人员,有提出批评和建议的权利;对于任何国家机关和国家工作人员的违法失职行为,有向有关国家机关提出申诉、控告或者检举的权利,但是不得捏造或者歪曲事实进行诬告陷害。"第 129 条规定:"中华人民共和国人民检察院是国家的法律监督机关。"这些条款的规定表明,法律监督机关需要接受其他国家机关、社会团体、公民的监督,与此同时,法律监督机关内部也要强化自身内部监督,提高自身的执法公信力。

法律监督有广义与狭义之分。广义的法律监督是指一切国家机关、社会组织和公民对各种法律活动的合法性依法所进行的监察和督促;狭义的法律监督专指有关国家机关依照法定职权和法定程序,对立法、执法和司法活动的合法性所进行的监察和督促。① 此处"合法性"包括行为内容合法性与行为程序合法性两个方面的内容,即法律监督主体对各种法律活动的内容和程序的合法性进行监督。完善而又完备的法制运行体制离不开法律监督,它是现代国家法的

---

① 参见张文显:《法理学》,法律出版社 2007 年版,第 244 页。

实施的一种保障机制。根据监督主体和被监督的国家机关是否属于同一系统，法律监督可以分为内部监督和外部监督，内部监督有可以细化为专门监督和一般监督。各级检察机关在接受国家、社会组织和公民监督的同时，应当强化内部监督，不仅仅是检察系统上下级之间的监督，也包括同一检察机关不同机构之间的监督。专门监督机构案件管理机构的成立，就是完善检察权内部监督的一大举措。

（二）法律监督与案件管理

根据权力运行的原理，一切有权力的人都容易滥用权力，这是一条万古不易的经验，有权力的人们使用权力一直到遇有界限的地方才休止。① 检察机关的内部监督对于维护执法权威性和社会公信力极为重要。有观点认为，检察权内部监督机制就是检察一体制。检察一体制要求检察机关统一各级检察机关的追诉与裁量标准，尤其在裁量不起诉、不抗诉、决定不逮捕等案件中，以防止检察权的滥用。笔者个人认为，检察一体制只能对所办案件本身进行规范，并不能对案件承办人进行有效监督。案件管理部门通过统一案件受案、全程动态监督、案后质量评查和检察统计分析等手段，强化对案件承办部门及其承办人进行实时监督，真正做到管办分离，确保检察权的良性运行。案件管理监督过程中，我们需要解决好以下问题：

1. 处理好案件管理与纪检监察的关系

在案件管理机构组建以前，检察机关就是以纪检监察室作为案件管理专门机构，而现今部分省级院、州市院和基层检察院立足本地实际，积极进行案件管理机制改革探索，相继成立了诸如案管中心等专门机构，开启了案件管理工作新的篇章。在实际工作中，我们应当处理好案件管理工作与纪检监察工作的关系，以发挥各自应有的作用。

纪检监察是纪检监察部门及其工作人员对监察对象履行职责、行使职权、遵章守纪、检风检容等方面进行的监督检查和督促落实，其内容包括对检察人员执法办案活动中遵守办案程序的情况进行监督。而案件管理也包括对办案程序的合法性和规范性进行监督。因此，案件管理与纪检监察在职能上存在交集。案件管理机构对办案程序的监督主要是通过流程管理来实现的，即将检察机关的执法办案程序合理地划分为若干个小的办案环节，根据法律规定和实践需要为每个办案环节设定相应的期限要求、文书标准和目标任务，案件管理部门根据案件管理系统自动记录的办案信息和工作记录对整个办案流程进行全程、实时、动态的管理和监督，发现问题及时纠正；而纪检监察是通过明察暗

---

① 参见张平：《检察机关自侦案件监督机制研究》，载《河北法学》2008 年第 3 期。

访、听取汇报说明、调取案卷材料等调查形式实施的，并可能导致纪律处分、组织处理以及其他责任追究。

从以上论证中我们就能发现它们的区别主要表现在：（1）监督对象不同。案管监督针对违反管理目标要求的办案行为，纪检监督针对办案中的违法违纪行为。（2）监督方式不同。案管监督通过案件管理系统自动发现问题，纪检监督通过主动调查发现问题。（3）监督时间不同。案管监督重在事中监督，纪检监督重在事后监督。（4）监督结果不同。案管监督的结果是纠正不符合办案要求的行为，纪检督察的结果除了纠正违法违纪行为外，还可能追究行为人的责任。（5）两者职责范围不同。案件管理工作不局限于管理和监督，更重要的是做好服务和考评工作；纪检监察工作没有涉及此方面的内容。

2. 坚持办案分离的原则

案件管理机制的运行，首先要处理好案件管理与案件办理的关系。从总体上来说，案件办理是案件管理的前提，没有案件办理工作，案件管理无从谈起；案件管理是案件办理的延伸，没有案件管理工作，办案质量和办案效率就无法得到保证。① 但是，它们存在紧密联系的同时，也存在明显的区别，案件办理中"办"是重点，案件管理中"管"是核心。因此，在案件管理工作中，应当坚持管办分离的原则。案件管理主要是通过统一受案、全程管理、动态监督、案后评查和综合考评对案件进行集中管理，也即案管部门一般只对办案进行程序上的审查，除非出现特殊情况，如对不立案、不批捕、不起诉、撤案、判决无罪、流程管理中存在明显错误的案件和检察长或检委会交办的案件，才会介入个案实体处理。

3. 坚持全程监督的原则

长期以来，检察机关自身监督停留在事后监督、静态监督层面，监督具有相对的滞后性，办案容易造成"返工"现象，严重浪费了有限的司法资源，损害了执法公信力。实施案件集中管理后，上述弊端就得到了有效克服和避免，实现了案件的事前、事中、事后的动态监督，从而从预防、控制、矫正三个视角对办案过程实行全程监督。案件从受理到结案、案后评查流程图如下：

---

① 参见申云天：《检察机关案件管理工作中的十个关系》，载《人民检察》2012 年第 10 期。

第二专题 健全检察权运行机制研究

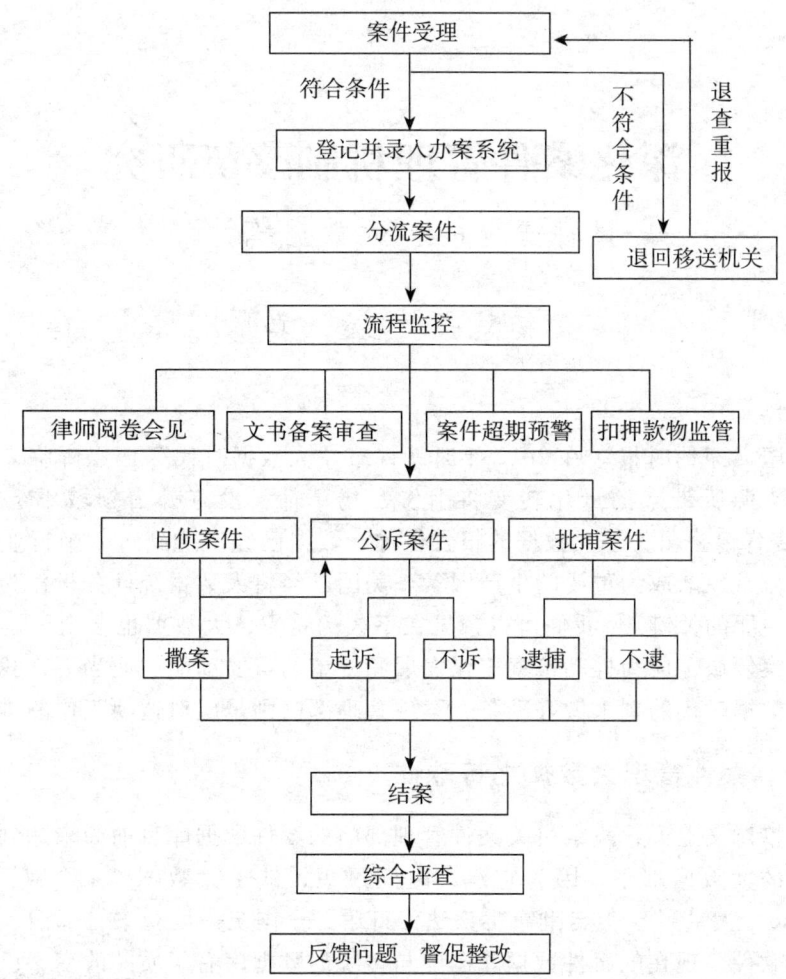

在全程监督过程中，我们应当把握以下三点：（1）充分运用网上办案平台，对网上案件实行流程管理和动态监督；（2）对于案件即将超期出现黄灯和承办人未及时完成网上办案情况录入出现红灯的，及时向承办人发出预警意见；（3）对于案件退补退侦控制方面，案管人员及时通过网上办案系统跟踪检查，防止案件承办人以退补退侦为由，拖延办案期限。通过全程监督，办案过程中出现的各类问题都能够及时发现、得到及时解决，进而及时化解执法办案风险。同时，也实现了执法成本最小化，节约了宝贵的司法资源，提高案件质量和办案效率。

深化案件管理机制改革研究

——案件管理的"大数据统计"价值

杨慧亮[*] 吴 真[**]

美国《纽约时报》在 2012 年时就宣布"大数据时代"已经降临,庞大的新数据来源所带来的量化转变将引发一场革命,没有哪个领域不会受到影响。[①] 麦肯锡公司关于大数据的报告也称,数据已经渗透到每一个行业和业务职能领域,逐渐成为重要的生产因素。美国已经将大数据统计分析作为刑事司法打击犯罪的关键。[②] 我们可以预见在不久的将来,大数据也会全面运用于我国的检察领域,成为推动检察工作发展和变革的重要动能。而当下,我们必须要为大数据时代的到来做好准备,案件管理部门则是应对这项工作的排头兵。

一、案件管理大数据之特殊性

严格意义上说,检察机关案件管理部门的案件数据库目前尚未达到互联网意义上的大数据水平,因为它建立时间过短,缺乏大数据"4 个 V"[③] 中的"Volume(大量)"。但自刑事诉讼法修订后,全国统一设立案管部门,推行了大一统软件,现在的案件数据库已经与传统的数据库有了质的改变,已显现出大数据的雏形,从长远来看,它将是整个刑事司法活动领域中最有可能成为大数据的案件数据库。因为检察案件管理的数据库具有以下得天独厚的优势。

(一)导入量的巨大

目前全国范围内的检察案件管理机构已经实现基本全覆盖,可以说所有检

---

[*] 上海市闵行区人民检察院副检察长。
[**] 上海市人民检察院社区检察科干部,华东政法大学刑法学博士研究生。
[①] 参见《大数据时代降临》,载《纽约时报》,http://finance.sina.com.cn/stock/usstock/usexpert/20120213/232011368877.shtml。
[②] 参见 Anne Milgram's ted talks, Why smart statistics are the key to fighting crime。
[③] 大数据的"4 个 V"特点:Volume(大量)、Velocity(高速)、Variety(多样)、Veracity(价值)。

察机关办理的案件都已经纳入检察案件管理机构的数据库,而且案管对办理的刑事案件的管理也是全程的,所有在侦查、批捕、起诉、审判、执行环节的信息都会纳入数据库。可以说,理想状态下的检察案件管理数据库是一种全数据模式,样本等同于总体。我们在数据采集过程中不必再依赖于随机采样,也不必考虑样本的分类是否合理。这种全数据模式不再拘泥于对小样本的分析,能够提高微观层面分析的准确性,得出更可靠的结论。

(二)统一 SQL 数据中心

2014 年开始,全国四级检察机关已经开始运用一个纵向贯通、横向集成、资源共享的执法办案平台——"全国检察机关统一业务应用系统"。虽然这个平台设计初衷偏向于"提高执法规范化水平、提升工作效率、强化自身监督"①。但这个系统中的数据库录入以一系列规范性标准字段为限,在每个承办人使用系统的同时就为数据库导入了相应的数据资料,而整个检察内网中的应用系统间实现资源共享,对数据的整合变得十分简单。同时,这个巨大的 SQL 数据库还能够与 AJ2013 的数据库实现对接与移植,使得数据的运用更为便利。

(三)"天然垄断"的数据库

检察案件管理涉及的最大一部分案件是刑事诉讼案件,还有一些则是侦查、法律监督等工作的信息。由于这部分案件和信息依法都应当保密的,所以不可能由行政机关、社会或第三方组织对这些数据进行搜集和管理,司法机关对这些案件信息和数据资料有着一种"天然垄断"。所以,无论是从工作便利的角度,还是从遵循保密法等法律规定的角度,这部分数据库只可能存在于司法机关内部。而如要建立全国范围内的统一数据库,则依赖于一个与互联网隔离的覆盖全国的内部网络,所以只有基于现有司法机关内网才可能实现对数据库的管理。公安和法院由于具有其他的许多职能,所以存在数据库建设上的困难。投入资源为刑事诉讼活动建立单一的信息系统和数据平台基本不可行,而与其他业务一起整合建立平台则会导致大量无关数据的导入,数据管理的困难进一步增高。所以检察案件管理是公检法中唯一能建立可同时保证数据数量和质量的数据库的部门。

(四)检察身份的数据采集、管理优势

在公检法三家中,检察院在刑事诉讼中参与的阶段最全。其能够得到的数据也更为完整,无论是涉及公安侦查的过程,还是法院审判的情况,抑或是刑罚执行的效果,检察机关都能够开展搜集,这是公安和法院都做不到的。同

---

① 郑赫南、贾富彬、卢金增:《执法办案方式的一次革命》,载《检察日报》2013 年 11 月 2 日。

时，由于检察机关作为法律监督部门的中立属性，其对于案件事实证据等信息资料的把握和裁量相对客观，录入数据的可靠性值得保证。同时检察机关能够获得最具有分析价值的差异性数据，即不捕、不诉的数据。同时，其通晓这些差异产生的原因，使得大数据的计算和分析结论更为准确。

二、检察案件管理大数据之价值

无论是古人通过"周易"的卦象或"理学"的天人关系，还是当今大数据应用，我们都希望能够掌握事物发展的规律，准确预测将来。大数据的核心就是预测，这也是大数据的"4个V"中的"value"的主要表现形式，即将数学算法运用到海量数据上预测事情发生的可能性。在西方，大数据已经被运用到疾病诊断、社会管理以及潜在犯罪分子识别上。那么检察案件管理中大数据究竟可以预测什么，具有哪些价值？

（一）大数据于检察管理之价值

检察管理可能是大数据统计最初能够发挥其价值的场所，也是目前案件管理机构已经考虑到的内容。它对未来检察工作走向可能产生重要的影响。

1. 检察资源配置之依据

对于检察院特别是基层一线办案力量的配备是检察资源科学管理的重心。目前，许多地区的检察办案部门中都存在较为突出的"人案矛盾"，而且长期没有很好的解决途径。基层检察机关究竟以什么样的方式计算干警职数，业务部门和非业务部门之间怎么配备，人均办案量多少才是一个合理的水平，全国范围内对这些问题的认识差别都很大。案件管理工作通过全程管理，能够核算出某个检察院的案件数量、案件难度、办案周期，根据这些工作量的分析能够很好地推算出该院职数配置的合理标准和队伍职数的并预测发展趋势，确保一线办案干警保持一个恰当的忙闲水平。

2. 案件绩效评判之途径

案件管理对案件的动态监督、过程监督，使得对办案的流程观察得更为细致。同时，这种监督方式能够反映出检察队伍的工作面貌和精神状态。不论是办案量的大小、办案周期的长短还是诉判一致率或是监督发现问题的比率。这些数据都是判断检察办案工作绩效水平的重要参考值。不同办案组之间的数值差异，同一组在不同时间段的差别都能够预测队伍工作状况的变化，而领导可以根据其中反映出的一些问题开展有效的管理或激励。

3. 检察体制改革之参考

目前司法体制改革的首要任务就是司法人员分类管理和司法责任制，该命题的难点在于司法人员配置的合理比例和权责分配限度。究竟配备多少数量的司法官、司法辅助人员和行政管理人员，给予司法官什么程度的司法权，案件管理的数据统计可以给我们提供一个很好的评估体系。如果我们认可司法人员分类管理是为了更优化办案力量，那么以办案质量为评价核心的计算模型可以在司法人员分类管理试点中判断改革是否带来了办案力量的更优化。如果办案质量因为改革而下降的话，那么改革的方案是否合理则需要重新考虑。

（二）大数据于检察监督之价值

检察机关作为国家法律监督机关，其检察权的核心就是法律监督权。案件管理的"大数据统计"也必须服务于检察监督，为检察机关开展法律监督提供重要的帮助，从而实现检察权的准确运用。

1. 司法公正之保障

司法公正是十八届三中全会倡导"实现社会公平正义"的重要体现之一。司法的公正体现在程序和实体两个方面，检察权中的侦查、提起公诉等权力的行使重在关注实体正义，而是否羁押、提出纠正违法等权力则重在关注程序正义。以往重实体、轻程序的情况时常发生，而检察案件管理进一步突出了对案件的程序性监督。特别是案件程序管理能够汇总反映侦查、审判机关一类工作的倾向性问题，例如不必要的长时间羁押、审判的拖沓等。虽说这些在个案中并未达到违法的程度，但普遍性的问题则反映出相关机关司法理念上的问题，这是检察监督应当予以关注的。另外在实体方面，罪刑相当程度也会在数据库中反映，异常分离数据都值得逐一开展监督，分析究竟是基于行为者的个别化行刑需要，还是存在量刑不当的情况。

2. 地域执法之平衡

在我国，地域性的量刑失衡问题还是存在的。相似的事实、相近的情节，在相邻的两个基层法院的量刑差别可能在数倍之间，而在这两个基层法院内部都认为自己把握的标准更为合理，其对应的基层检察院也不太会关注地域间的量刑差异。造成量刑失衡的原因是多方面的，刑事立法的过于抽象、司法解释的指导不足、量刑方法缺乏科学性、审判人员自身因素等，[1]都可能会导致这些差异极大的判决出现。上级检察机关案件管理部门完全可以通过案件大数据的统计，对相同罪名、相似事实情节的案件进行比较，发现各个区之间的量刑差别，提出检察建议帮助调整出一个合理的量刑标准。

3. 羁押标准之判断

美国联邦司法系统于2008年开始了审前风险的精算评估，在法官作出羁押犯罪嫌疑人的决定之前，由审前服务官（pretrial service officer）负责协助法

---

[1] 参见郭理蓉：《刑罚政策研究》，中国人民公安大学出版社2008年版，第183～186页。

官对犯罪嫌疑人的羁押风险进行评估。[①] 这相当于我国对逮捕阶段社会危险性的评估。而美国的精算评估采用 2001 年 10 月 1 日至 2007 年 9 月 30 日进入联防司法系统的所有犯罪嫌疑人（总数为 565178 人）为样本，通过相关变量的 Logistic 回归模型找到显著性和相关性，最终完成模型的赋值。这种定量研究的方法准确性远高于承办人主观判断的"临床评估"，已经成为发达国家竞相模仿的做法。我国传统的数据缺失使得无法复制这种样本量需求很大的工作，但在案件管理的大数据条件下，在一段时间的积累后，我国也可复制借鉴这种实证价值很高的工作方式，提升羁押等一系列审查判断的准确度。

4. 侦查效率之提升

在提升侦查效率方面，检察案件管理可以通过对案件大数据中证据情况的统计，预测出不同种类案件的侦查最合理策略。包括具体罪名的最小证明标准（即排除合理怀疑的证据要求），证据在认定事实中的证明力水平（利害关系提供证据的价值），搜集取证的可行性（获取近亲属指证证言的可行性）等。在大多数的案件中，侦查机关都可以根据检察机关建议开展侦查，以最小的侦查成本获得最大的侦查收益。虽然这种做法可能无法适用于所有案件，但可以在刑案高发而警力不足的当下，帮助提升侦查效率，降低无效侦查，从总体上强化打击犯罪。

（三）大数据于刑事政策之价值

1. 犯罪圈划分之依据

口袋罪以及一些刑法条文规定较为模糊的罪名中"出罪或入罪"的把握实际上十分困难。有些需要依靠检察官充分的经验来对行为情节的恶性进行判断，有些涉及犯罪数额却没有具体司法解释界定的则更需要检察官对以往司法实践的熟悉。案件大数据的分析则可通过与以往类似案件的比对，预测此案件的危害性和法院判决有罪的可能。同时，案件管理数据库对特定字段的统计可能帮助我们发现某些治安顽疾和刑事犯罪间究竟有多少关系，在充分多的数据支撑下，我们可以对刑法修正案提出很有价值的参考，例如吸毒、赌博会引发多少下游犯罪；黑车、违建又会产生多少社会矛盾；虚报注册资本行为与单位犯罪之间的关系等。帮助立法部门来判断适用刑法规制的必要性和潜在价值。

2. 个别化刑罚之衡平

在具体刑事政策把握中，宽严相济和轻轻重重是我们在司法工作中必须贯彻的。自由裁量使罪刑相当关系具体化、精确化，这是实现罪刑相当原则的关

[①] 参见张吉喜、梁小华：《美国司法部审前风险评估模型及其对我国的启示》，载《中国刑事法杂志》2010 年第 7 期。

键步骤;它在很大程度上制约着刑罚目的的实现;行刑个别化是罪刑相当关系的自然延伸。① 但是宽与严、轻与重的把握标准何在,不同的司法经验会给我们不一样的答案。但即便是未成年的轻缓、常习犯的严厉,究竟把握到什么程度,个别化的量刑考验着每个司法官员自由裁量权把握的准确度。我们要防止司法官滥用裁量权,也要防止司法官因忌于失误而放弃个别化量刑的裁量。案件管理的大数据统计能够弥补许多司法人员的经验不足,对个案的轻重水平做出准确的判断,对嫌疑人的宽严也能给予有价值的建议。

3. 刑罚有效性之评估

社会对于刑罚有效性的判断大多基于直觉。虽然无论中外的实证都能够证实,监禁性刑罚对于短期控制犯罪有着正面效果,但从较长的时间轴分析,犯罪数据还是呈现上升的态势。所以短时间内社会治安改善的假象会诱使司法官员倾向于严厉量刑的偏差。要使刑罚成为公正的,刑罚就不应超过足以制止人们犯罪的严厉程度。② 这不仅是因为过重刑罚会产生不必要的社会成本,违反比例原则使得重刑过早产生边际效益,更重要的是剥夺了许多犯罪人回归社会的机会,创造了他们与社会的分裂,故刑罚应当保持恰能遏制人们犯罪的严厉度,过犹不及。案件管理的"大数据统计"囊括了基本面上所有查获的刑事犯罪情况,对刑事犯罪态势有一个较全面的掌控,能理性评价不同刑罚严厉水平对相似社会面的犯罪控制的效果。对于刑罚严厉而对犯罪控制影响显著性较差的可能判断为过严,从而找到刑罚水平的合适阈值。

除了上述这些价值外,检察大数据还有用于社会管理的价值,成为公共政策效用评估、公共服务配置参谋、社会治理成本计量的重要工具。在结合其他大数据库的情况下,其能够帮助分析某个公共政策对于刑事犯罪等治安的影响,评估期部分效用的经济性,调整公共服务的配置方式,做到政府治理资源投入产出比的最优化。

三、检察案件管理迎接大数据的做法

目前的检察机关已经迈入了"大数据时代",检察机关的统计分析工作必然要进行变革来保证适应工作的要求。为此,检察机关应更新理念,提高大数据获取、分析能力,将大数据全面应用于检察工作中,同时做好安全保密与隐私保密的工作。

---

① 参见黄祥青:《罪刑相当论》,中国方正出版社2001年版,第142页。
② [意]贝卡利亚:《论犯罪与刑罚》,黄风译,中国法制出版社2002年版,第55页。

(一)完善案件管理大数据采集体系

目前检察机关的案件管理数据采集依托各个环节的检察办案工作,使用大一统软件,所掌握的大数据源已经十分全面,有助于准确的情报分析。但是大一统软件本身并不是为了大数据搜集设计的,所以软件数据字段的设定对于大数据分析而言并不便利。大数据分析和情报分析都是以数据挖掘为基础,即从数据中萃取情报的过程。[①] 如何从纷繁复杂的刑事诉讼案件各个环节提取出简约的数据集是大数据分析之关键。检察案件管理部门需要进一步对大一统软件进行合理化改进,让它在数据录入和字段提取更适合大数据统计的需要。同时还可以将以往检察统计软件 aj2003 和 aj2013 的相关数据导入大一统的大数据库,这 10 年的数据积累对于大数据分析相当具有价值,能够保证数据数量和纵向深度,还能使得某些数量较小的对比组更为充足。

(二)培养专门的社会学统计人才队伍

大数据分析使用的统计分析方式与传统的检察数据分析差异较大,需要有懂得刑事司法规律、能够运用专用统计工具、具备预测分析为导向的情报信息应用观念的专业人才。而目前会使用 spss、sas 或 epidata 等工具来进行统计分析的人才屈指可数,这不仅是检察机关所欠缺的,也是法学定量研究不足的原因所在。长此以往,我们将面对这个巨大的数据宝库一无所获,只能"入宝山而空回"。我们需要培养具有司法经验、懂得情报分析、拥有预测能力的复合型干部,他们能够将现有大量信息进行分类,敏锐地发掘出关联性因素并且提取分析,得出能够指导实践的结论。这些统计分析思考不再是泛泛的数据罗列或对比,而需要与检察实务紧密契合,找寻到刑事司法实践的客观规律,具有一定的深度。培养出这样一支人才队伍才意味着我们开始着手大数据的运用。

(三)设计大数据统计分析的工作模式

传统的统计工作方式已经不符合大数据统计的要求,单一基层院以其权限内的数据库很难实现大数据的价值。至少是在省院的安排下才可能组织起有规模的大数据统计,所以必须设计一种较高层次主导的统计分析工作模式,由下级院申请立项,省级院审核批准,授予大数据权限,以专项等形式开展,最后由适当层级的院对大数据预测结论进行合理的使用。

(四)搭建大数据预测结论的运用平台

检察案件大数据统计的结论能否有效地发挥作用,取决于检察机关对这些

[①] 参见黄晓斌、钟辉新:《大数据时代企业竞争情报研究的创新与发展》,载《图书与情报》2012 年第 6 期。

结论如何运用。这是对传统检察监督领域的开拓创新，也需要不一样的监督手段来予以配合。由于大数据涉及面更广，可能会需要更高层级的检察机关沟通协调发表相关建议意见；同时大数据结论包含内容更丰富，针对的不仅仅只是司法机关，拓展到行政机关甚至立法部门；相关建议意见着眼于未来，有待于实践的检验和不断地反馈矫正。这些变化都决定需要建立一套符合大数据工作的检察监督平台，向司法机关、行政机关、立法机构提出检察案件大数据得出的预测建议，相互沟通研商，对预测的准确性、有效性进行评估反馈，充实相关经验，不断提升大数据统计分析的技术和水平。

（五）争取与外部大数据的合作

未来大数据时代智慧城市的建设意味着城市发展的协同和一体化，需要不同政府、社会组织、公众的相互融合。对检察机关而言，案件管理的数据库虽然是史无前例的庞大，但其仍旧具有一定的局限性，其因为诉讼需要限制，对于某些数据的获取和挖掘能力会遭遇瓶颈，这就需要外部大数据的补充。在这个信息时代，公安机关、司法行政机关都有着非常具有价值的数据，与社会管理息息相关，甚至能够渗透到公民生活的各个环节。检察机关在未来有必要利用公安、司法等相关数据进行关联和分析，为刑事司法、国家决策和行政管理提供动态资料。或许在保密技术提升的情况下，更可以与社会组织进行深入、广泛的合作，实现大数据资源的优化配置，同时也进一步提升检察法律监督的社会影响力。

我国传统的法学研究中的定量研究明显落后于经济学、社会学和医学。社会学统计的主要工具都未运用到实务司法中，案件管理大数据的运用将开拓法学定量分析的一个全新尝试。案件管理大数据可以从定量分析的角度反观传统理念和司法实践的规律关系，或是从客观规律来证明法学观点，或是以客观的途径反思目前的主流思想是否有值得修正之处。但由于我们对法学定量研究缺乏经验，不排除此项工作开展的艰难和先期遭遇坎坷的可能，但我们需要认识到"大数据统计"已经是许多国家对待刑事犯罪的重要工具，我们必须迎头赶上，积极探索出我国大数据检察统计分析的可行道路，从而促进中国法治建设的完善。

检察机关案件受理环节的考察分析与完善建议

吴 波[*] 郭大磊[**]

随着修改后刑事诉讼法、《人民检察院刑事诉讼规则（试行）》（以下简称《刑诉规则》）的实施以及全国检察机关统一业务应用系统的上线运行，案件集中管理机制改革在全国检察机关全面推行开来。实行案件集中管理，利用现代科技手段，把执法责任落实到每个业务流程、每个办案节点，通过统一、归口、全程、动态的集约化监督管理，实现从受理到结案各个环节的全网络运行和全过程监控，对于进一步强化内部监督制约，规范执法办案活动，提高办案质量和效率具有重要意义。

当前，理论及实务界对案件管理工作中的流程监督和事后评查环节以及案件管理与强化内部监督等相关问题投入了较多关注，对案件管理工作中具有一定对外特征的案件"进口"环节，即案件受理环节研究较少。本文即以案件受理环节为研究对象，对当前案件受理环节的运行现状进行考察，并对在案件受理环节中加入有限实质性审查的内容进行分析论证，同时对案件受理环节相关配套机制的构建与完善提出相关建议，以期对案件管理机制改革的进一步深化有所助益。

一、当前案件受理环节的运行现状考察

受理案件是诉讼活动的开始，是检察机关办理刑事案件必不可少的程序。目前，案件受理环节的操作规程主要依据《刑诉规则》第七章的相关规定进行。《刑诉规则》第152条及第156条明确规定了案件管理部门受理案件的范围。根据上述规定，案件管理部门统一受理下列案件：侦查机关、本院侦查部门、下级人民检察院移送的审查逮捕、审查起诉、延长侦查羁押期限、申请强制医疗、申请没收违法所得、提出或者提请抗诉、报请指定管辖等案件。对人

---

[*] 上海市普陀区人民检察院副检察长。
[**] 上海市杨浦区人民检察院法律政策研究室干部。

民检察院管辖的其他案件,需要由案件管理部门受理的,可以由案件管理部门受理。这一规定既明确了案件管理部门受理案件的范围和种类,有利于各级检察机关正确贯彻执行;又带有一定的灵活性,为受理范围的变化留下了发展空间。① 此外,根据《刑诉规则》第七章的有关规定,对于职务犯罪、民事行政抗诉、刑事申诉、刑事赔偿等案件的立案受理不属于案件管理部门的受理范围,而是由举报中心、控告申诉等部门办理,案件管理部门对上述案件的立案决定进行统一编发案号和备案管理。

在案件管理部门接受案卷材料后的审查事项方面,《刑诉规则》第153条规定,案件管理部门在接受案卷材料后,应当对以下内容加以审查:一是依据移送的法律文书载明的内容确定案件是否属于本院管辖;二是案卷材料是否齐备、规范,符合有关规定的要求;三是移送的款项或者物品与移送清单是否相符;四是犯罪嫌疑人是否在案以及采取强制措施的情况。从规定的内容及实践操作现状来看,目前案管部门在案件受理环节对案卷材料的审查主要是形式审查。所谓案管部门在案件受理环节的形式审查,是与实质审查相对称的概念,是指检察机关案件管理部门对案卷材料的形式要件进行的审查,即通过对侦查机关、本院自侦部门等有关单位、部门移送或提交的相关案卷材料是否齐备、规范,是否符合法定形式的审查,对受理条件进行确认,以确定是否对案件进行受理。而与形式审查相对应的实质审查是对案卷材料的实质要件进行的审查,即对案件材料内容的真实性与合法性进行审查。在形式审查过程中,案管部门仅对案卷材料的形式是否合乎规范进行审查,对案卷材料内容的真实性和合法性则完全不予评判。

在对案卷材料进行审查后,根据《刑诉规则》第154条的规定,审查后的处理方式有四种:一是认为具备受理条件的,应当及时进行登记,并立即将案卷材料和案件受理登记表移送相关办案部门办理;二是认为案卷材料不齐备的,应当及时要求移送案件的单位补送相关材料;三是对于案卷装订不符合要求的,应当要求移送案件的单位重新装订后移送;四是对于移送审查起诉的案件,如果犯罪嫌疑人在逃的,应当要求公安机关采取措施保证犯罪嫌疑人到案后再移送审查起诉。共同犯罪案件中部分犯罪嫌疑人在逃的,对在案的犯罪嫌疑人的审查起诉应当依法进行。

就目前检察实践来看,在案件受理环节只进行形式审查而绝对排除实质审查存在一定弊端。例如,在审查是否属于本院管辖方面,目前,案管部门在对

---

① 参见王晋:《以刑事诉讼规则为指导推进案件管理工作》,载《国家检察官学院学报》2013年第1期。

移送的案卷材料中的法律文书进行审查后，只要确认是由辖区内对应的公安机关移送的案件即予受理，对于公安机关移送的案件是否存在指定管辖，指定管辖在程序上是否符合规定，有无上级侦查机关的指定管辖文书等事项则不予审查，案件进入办理阶段后，一旦发现管辖有误，案件承办人需重新报送管辖，这势必会影响办案的进程及效率。此外，案管部门在案件受理时仅对案卷材料是否齐备、规范进行审查，对于案卷材料的内容则一概不予审查，当案卷内容存在明显错漏时，案件承办人须要求侦查机关更正、补送相关证据，不可避免地对办案时间造成拖延。特别是在办理"简案快办"案件时，由于对办案时限要求很高，检察机关审查起诉只有6天时间，一旦案卷内容存在明显错漏，需要侦查机关补正的，则原本能够适用"简案快办"的案件只能走一般程序，整个诉讼时间也由最多20天延长至数月，这无论是对诉讼的效率还是案件当事人而言都会产生不利影响。

二、案件受理环节进行有限实质审查的论证分析

鉴于在案件受理环节只进行形式审查而绝对排除实质审查存在一定弊端，结合检察机关的性质、职能及检察实践，笔者认为案件受理环节应当允许案件管理部门对于案卷材料进行有限度的实质审查，以更有效地对侦查机关或自侦部门提请或报送的案件进行筛查，将不符合受理标准的案件挡在"进口"外。对此，笔者从两个方面加以说明。

（一）案件管理部门在案件受理环节可以进行实质审查

当前，在实务和理论界关于案件管理的性质有两种对立的认识，即案件程序审查说与案件实质审查说。案件程序审查说认为"管理"是对案件在检察机关内部工作流程各个环节的监督管理，而非对案件进行实质性审查及对案件作出实质性结论，即并非案件"办理"。持该观点的学者指出从实质上看，案件管理制度是程序价值在检察环节的进一步确认，是检察机关通过增设程序来强化对案件的管理，以案管人，以案管事，最终达到对程序正当性的维护，所以推行案件管理制度应避免单纯局限于管理理念的狭隘性和避免案件管理部门的实体性介入。① 案件实质审查说则认为，强化内部监督和自身监督的一个重要原则就是实体监督和程序监督并重，这是案件管理机制改革的两个重点，不可偏废，实体监督和程序监督有机结合是案件集约化管理的主要内容，检察机

---

① 参见张敬博：《程序正义应是检察机关案件管理工作的目标》，载《中国刑事法杂志》2012年第4期。

关案件管理应构建程序与实体并重的案件管理体系。①

笔者在案件管理部门能否进行案件实质审查方面基本赞同实质审查说的观点，认为案件管理部门在案件管理过程中可以对案件进行实质审查。理由如下：

首先，依据《"十二五"时期检察工作发展规划纲要》提出的创新案件管理模式，"统一受案、全程管理、动态监督、事后评查、综合考评"既是案件管理模式的主要内容，也是案件管理机构的主要职能和任务，是强化检察机关内部监督制约，规范执法办案活动，提高办案质量和效率的必然要求。如果不赋予案件管理部门相应的实质审查权，不允许案件管理部门对法律文书的事实认定、法律适用等实质性内容进行审查，那么其动态监督、事后评查等职能的发挥将成为一句空话。事实上，《刑诉规则》以及《最高人民检察院案件管理暂行办法》中都有关于案件管理部门进行实质性审查的规定，② 这也进一步印证了案件管理部门进行实质性审查的必要性。

其次，就监督本身的含义而言，其并不囿于程序性活动，进行实体性审查或提出实体性建议也是监督的重要方式。③ 监督是启动权或程序权，不管是以什么样的形式出现，其不会对被监督者造成损害，反而在很大程度上能够有助于被监督者作出正确决定。从各地案件管理机构的监管实践情况来看，通过发挥监督职能也确实发现了一批实体质量问题，这也反映出执法办案部门原有的自我监督机制并不能有效解决实体质量问题。

最后，就案件受理环节而言，对案卷材料进行实质性审查可以筛查出案卷内容存有明显错漏的案件，并及时退回有关机关或部门补正，既从源头上对案件质量进行了初步把关，有助于减少办案过程中由于承办人员的疏忽而造成的案件质量问题；同时，又节约了办案时间、提升了诉讼效率，也在一定程度上避免了案件承办人员由于诉讼时限的压力而对部分与程序相关的实体问题不予重视而径直作出相关决定的做法。

（二）案件管理部门在案件受理环节应进行有限实质审查

案件管理部门在案件受理过程中可以对案件进行实质审查，但实质审查并非是无限制的、任意的实质审查，而是应有一定的限度，这一限度就是应当分清案件管理部门的案件受理行为与办案部门的办理案件权能的界限，做到案件

---

① 参见张建升等：《更新检察管理理念，创新案件管理模式》，载《人民检察》2011年第21期。
② 参见《刑诉规则》第669条、《最高人民检察院案件管理暂行办法》第29条的相关规定。
③ 参见李自民、刘路阳：《浅谈检察机关案件管理制度的完善》，载《河南社会科学》2014年第7期。

受理不越权、不越界、不干涉办案部门办案活动。因为就检察机关的性质及职能而言，检察机关法律监督职能的发挥主要依靠执法办案部门的业务办理，在此过程中，案件管理部门的主要作用是通过对业务部门在办案过程中关键节点的监督管理，及时发现和纠正不符合法律、纪律规定的办案行为，确保每个执法环节、执法行为都依法进行、合乎规范，促进办案质量和效率的不断提高。案件管理工作始终是处于保障地位，这是司法的基本规律，也决定了案件管理部门虽然可以进行实质审查，但其审查活动不能干涉检察业务部门的办案活动。

具体到案件受理环节而言，在对案卷材料进行审查时，其审查工作的重点应当是形式审查，实质审查只能居于辅助地位并且应有一定限度。实质审查的重点在于对与程序相关的实体问题的审查，而不得对诸如证据是否具有证明力、犯罪构成要件是否齐备等问题作出审查判断。具体而言，案件受理环节的实质审查可以审查如下内容：

首先，在管辖权审查方面，除按照《刑诉规则》的规定"依据移送的法律文书载明的内容确定案件是否属于本院管辖"外，还应审查有关的实体性内容，如是否存在指定管辖，指定管辖在程序上是否符合规定，有无上级侦查机关的指定管辖文书；指定管辖原因是否存在利益保护、争抢刑事案件管辖权等现象，对于情况特殊需要改变管辖的案件，指定管辖理由是否充分；是否存在"重复指定"的情况，理由是否充分；是否存在"越级指定"的现象等。

其次，对于案卷材料的内容审查，重点应当审查案卷材料的内容是否存在明显的错误及漏洞。例如，换押证上的相关记载信息是否准确，每次提讯时的时间、提讯人员签名等事项是否记载完全、与笔录是否一致；提审未成年犯罪嫌疑人时有无法定代理人或相关人员到场；视听资料、电子数据的封装是否符合相关规范。

再次，对于涉案款物的审查，主要审查扣押和冻结是否依照法律规定的程序实施，相关法律文书是否符合法律规范，如扣押决定书及笔录，搜查决定书及笔录上的承办人及见证人以及查封扣押物品、文件清单上承办人的签名是否齐备等。

最后，对犯罪嫌疑人是否在案以及采取强制措施情况的审查，对于移送审查起诉的案件，如果犯罪嫌疑人在逃的，应当按照《刑诉规则》的规定，要求侦查机关或部门采取措施保证犯罪嫌疑人到案后再移送审查起诉。此外，为实现对另案处理环节的有效监督，对于案卷中标明另案处理的犯罪嫌疑人，也应进行必要的审查：① 对于共同犯罪中犯罪嫌疑人在逃的，侦查机关或部门在案件移送时应提供相关的说明材料，说明采取追逃的措施及追逃结果；对于侦查机关或部门认定不构成犯罪，已作行政处罚的，应当说明理由并附处理结果相关法律文书；对于犯罪嫌疑人已取保候审或监视居住的，须有相关说明材料及变更强制措施的法律文书；对于犯罪嫌疑人患有严重疾病需另案处理的，应提供相关医疗机构出具的诊断证明和病历材料。对法律文书中标明另案处理但案卷中没有上述材料信息的，案件管理部门原则上不予受理。

三、案件受理环节相关配套机制的构建与完善

案件受理功能的充分有效发挥，特别是案件受理环节进行有限实质审查设想的实现，有赖于相关配套机制的构建与完善。从当前案件管理部门的职能定位及案件管理检察实践来看，案件受理环节相关配套机制的构建与完善主要应包括以下三个方面：

（一）制定完善案件受理环节工作规范

当前，案件受理环节的运转操作主要依据《刑诉规则》第七章的相关规定进行，然而其中关于案件管理部门案件受理的审查内容、审查后的处理方式等案件受理环节的核心内容只有短短数个条文加以规定，可操作性不是很强，尚有较大的完善空间。因此，应尽快制定并完善案件受理环节工作规范，对案件受理的范围、审查内容、审查后的处理方式等进行详细的规定说明，使案件受理环节有章可依、有规可循。例如，在案件受理的审查内容方面，除加入上文中的有限实质性审查内容外，还可考虑针对不同业务部门办理的不同性质的案件对审查的重点进行有的放矢的分类规定，使案件受理人员在对案件进行受理时能清楚地了解所需审查的内容，在提升案件受理效率的同时也能避免案件受理人员超越职权对案件进行不必要的审查。

在案件审查后的处理方式方面，当前侦查机关或自侦部门在移送案件时一般当场即能审查完毕并办理相应的受理登记手续，然而，由于增加了实质审查的内容，对案卷材料的审查时间必然要相应地延长，特别是遇到侦查机关或自侦部门在一段时间内集中批量移送案件的情况下更是如此。因此，可以考虑将对普通审查起诉等案件受案审查的时间设定为3天，对普通审查逮捕以及其他对办案时限要求较高的案件受案审查的时间设定为1天，审查完毕后案件管理部门应及时通知侦查机关或自侦部门案件的审查结果并依据《刑诉规则》第154条的规定作出相应处理。对于一些社会关注较高，需要及时处理的案件或

---

① 参见邱春艳等：《"另案处理"究竟怎么处理》，载《检察日报》2009年4月24日。

上级交办案件以及重大、复杂案件等由于对时限要求较高，可以规定对此类案件应当即时审查完毕。此外，对于可能适用"简案快办"程序处理的案件，为提高办案效率，可以考虑将对某一案件是否适用"简案快办"程序的决定权赋予案件管理部门，并要求对能够适用"简案快办"程序处理的案件在案件受理时也应及时审查完毕。

（二）加强与侦查机关或自侦部门的配合协作

检察机关的案件受理工作与侦查机关或自侦部门紧密相关，案件受理环节相关制度的落实与实施离不开侦查机关或自侦部门的协作与配合。因此，应加强与侦查机关或自侦部门的制度衔接、机构衔接及配合协作工作，避免因配合协作工作的缺位造成案件移送困难，保障案件受理工作的顺利开展。案件管理部门在制定案件受理环节操作规范时，应当就操作规范中涉及的实质审查的内容、审查时限等相关问题对侦查机关或自侦部门进行详细的解释说明，主动听取侦查机关或自侦部门的意见及建议，并根据侦查机关或自侦部门提出的合理建议对案件受理的操作规范进行修改完善，在取得最大共识的基础上，公检两机关可以通过会签联席文件的形式统一标准、消除分歧，对案件移送受理过程中的审查内容、审查时限、审查后的处理方式等问题共同作出规定以指导实践。

（三）强化案件管理队伍建设

案件受理工作由于涉及对不同类型、不同诉讼阶段案件相关法律文书、案卷内容的审核以及涉案款物的审核等事项，因此对案件受理人员的综合业务能力提出了较高的要求。此外，就整体案件管理工作而言，随着案件集中管理机制改革的深入推进，案件管理部门定位于对检察执法各业务部门办案活动实施全程管理、动态监督，对案件质量进行把关和评查，这也对从事案件管理的人员的素能提出了更高的要求。因此，应强化案件管理队伍建设，配备合格专业人员，加强检察业务技能培训，为案件受理工作的顺利开展提供人才支撑。

一方面，案件受理环节涉及检察执法办案的各项业务，这要求案件受理人员要熟悉检察侦查业务、公诉业务、刑事诉讼监督业务、民事行政检察业务、刑事申诉复查和国家赔偿业务等，要能够懂得各种检察业务工作的流程，掌握各项检察业务工作的技能，要熟练掌握各诉讼环节对证据、事实的不同要求，要熟知各项检察业务工作容易出现问题的环节。[①] 唯此，方能实现对侦查机关或自侦部门提请或报送的案件进行有效筛查，将不符合受理标准的案件挡在"进口"外的目的，使案件受理环节的作用得到有效发挥。

---

① 参见向泽选：《案件管理与强化内部监督》，载《人民检察》2012年第6期。

另一方面，案件受理环节加入实质性审查内容后，原则上对案卷材料的实质审查应由具备助理检察员以上或者检察官助理以上资格的检察人员进行，但鉴于当前检察机关尤其是一些基层检察机关的案件管理部门在人员结构上以年轻干警及老同志为主，业务能力强的资深检察官配备有所不足，因此在案件管理部门的队伍建设方面应当注重配齐配强案件管理人员，进一步优化案件管理部门人员结构，使案件管理部门既有理论功底扎实、富有创新精神的年轻力量，又有经验丰富、综合能力强的资深检察业务人员。

最后，要通过进一步加强检察业务技能培训，提升案件管理人员的综合业务能力。检察业务技能培训的主管部门可以邀请各业务部门的业务能手讲授各检察业务流程和各项检察技能、各相关检察业务的特点、内容，尤其是容易发生问题的环节，可能出现问题的种类和特征，使得从事案件管理的人员对各项检察业务有一个总体的认知和把握。此外，培训过程中还应注重对修改后刑事诉讼法及《刑诉规则》的培训学习，使案件管理人员能够对程序法有较好的了解和掌握，以更好地应对案件管理包括案件受理环节中出现的程序性问题。

深化案件管理机制改革研究

熊 皓[*] 勾香华[**]

案件质量是检察工作的生命线,案件质量管理机制建设是检察机关执法公信力保障机制建设的核心内容。近年来,在各级检察机关不断地探索与努力下,案件质量管理机制创新取得了一定的经验和成效,同时,我们也清醒地看到,一些执法不规范,办案质量不高的现象在一定范围内仍然存在,影响了检察机关的执法形象,加强和改进案件质量管理工作仍是检察业务建设的重中之重。为此,我们对国内外检察机关案件管理情况进行了分析,总结了加强案件质量管理工作的实践与不足,在此基础上探索了深化案件质量管理机制改革的路径,以规范执法行为,提高办案质量,从而提升检察机关的执法公信力。

一、对国内外检察机关案件质量管理情况的分析

(一)国外检察机关案件质量管理情况

在西方国家,主要是通过内部管理和外部监督的方式来加强对办理案件的评估与管理,而且大都有专门的管理机构或专人从事案件监督管理工作。

1. 法国

(1)内部管理。根据法国《刑事诉讼法典》第37条,上诉法院检察长对上诉法院辖区内各检察院的所有官员均拥有上司之权力,包括共和国的检察官。检察长可以通过书面指令或以归入诉讼案卷的指令,要求共和国检察官提起公诉或指派人员提起追诉,或向有管辖权的法院提出检察长认为适当的书面要求。检察官如果不服从检察长的指令,则将受到命令提醒、调职、降级甚至

---

[*] 重庆市人民检察院检察员,全国检察理论研究人才。
[**] 重庆市巴南区人民检察院检察委员会委员,科长。

撤职的纪律制裁。①

（2）外部监督。法国检察官只服从于法律，但在某些情况下，听命于司法部长。根据法国《刑事诉讼法典》第30条第3款的规定："司法部长可以向检察长揭露其知悉的违反刑法的犯罪行为，并以附于诉讼案卷的书面指示，命令检察长提起或指派检察官提起追诉或者向有管辖权的法院提出部长认为适当的书面请求。"从传统上来说，法国检察官是受到保护的，即当司法部长向检察官下命令时，检察官可以口头公开表示不赞同，充分表达不同意见，但从行动上必须执行。

2. 德国

（1）内部管理。德国有严格的检察官惩戒制度。如果有针对检察官的投诉，司法部会转到州检察院调查处理。如果被投诉的是检察院的高级检察官，则由司法部任命官员进行调查。此外，检察院内部也设有纪律委员会，通过专门的诉讼程序，对检察官的行为进行监督，对违规行为进行惩罚，必要时召开由司法议员、检察机关和法院的代表参见的表决会罢免检察官。

（2）外部监督。联邦司法部长对联邦总检察长和联邦检察官，以及州司法部长对其所属的州内所有的检察机关官员的指令权。上级可以在法律规定的活动空间内，在任何时候对事实和法律状况作出评价，并将其评价作为决定的基础，以他的裁量取代单个检察官的裁量。只有在适用追诉法定原则的情况下，对指令权才存在一定的法律界限。

3. 日本

（1）内部管理。日本检察官的管理主要通过一体化管理，加上法务大臣的指挥监督来实现的。从日本检察机关的组织来看，检察厅是一个以检事总长为顶点，全国统一的中央集权化的金字塔形官僚组织。地方检察厅的检事不仅需要接受其所属的地方检察厅的上司的指挥监督，还要直接地、重叠地接受来自高等检察厅检事长、检事总长的指挥监督。②

（2）外部监督。日本《检察厅法》第14条规定，法务大臣对检察官享有一般性的指挥和监督权，即以训令、通知和会议等方法实现法令解释和案件处理方针的统一。对于每一具体案件的调查或处分，法务大臣只能对检事总长进行指挥。但是在与检察事务没有直接联系的领域，法务大臣作为行政领导具有

---

① 根据最高行政法院1953年6月26日的多栗（Dorly）判决，在被制裁的检察官在向最高行政法院提起法律救济时，由于权力分离原则，最高行政法院对司法部长采取的制裁措施并无进行评价的权力。多栗判决事实上对法国检察官非常不利，因为它将对检察机关的纪律制裁完全置于司法部长的自由裁量之下。参见魏武：《法德检察制度》，中国检察出版社2008年版，第28页。

② 参见何家弘主编：《检察制度比较研究》，中国检察出版社2008年版，第294页。

完全的指挥监督权,如人事、财务、纪律等。

(二) 国内检察机关案件质量管理情况

在较长一个时期,我国检察机关对案件质量的管理主要是通过检察长、分管检察长的宏观管理,业务部门负责人直接管理,综合部门的多头管理等手段来实现,这些措施在一定程度上对案件质量的保障和提高起到了积极作用,但其管理方式和内容仍存在一些问题,主要表现为:案件质量管理的架构属一元化管理模式,属于首长负责制下的部门化层级式管理,办案责任主体与办案监督主体相混淆,案件的决策者在直接参与办案的同时又对办案活动进行监督,难以进行有效的监督和管理,不利于检察长和检委会对案件质量问题的"兼听则明";案件质量管理的条线分割,部门之间的相互制约机制不够完善;案件质量管理的重心是事后管理模式,注重结果性管理,缺乏过程性管理;科学的、具有可操作性的案件质量检查评定标准尚未建立完善等。为此,一些地方的检察机关对案件质量管理模式进行了研究和探索,其模式主要有三种:

一是设立案件管理中心模式。此种模式以河南省郑州市金水区、二七区人民检察院为代表。此类管理模式规定由案件管理中心统一受理和移送案件,控制"进出口",对所有案件的各个诉讼环节统一管理。统一管理法律文书,控制办案环节。统一监督和审查,确保案件质量。二是设立督导室模式。北京市海淀区人民检察院督导室是全院质量评估的专门机构,配备有高素质、专职的督导员担任质量监督考核工作。督导员通过查阅各业务部门收结案等基本信息,调取相关的检察卷宗,根据特别授权,通过北京市检察系统案卡填报网络,浏览本院业务部门所有案件办理的进程等职能来进行案件质量监督。三是现代企业管理模式。一些检察院将适用于现代企业的 ISO9001 质量标准模式先进理念引入案件质量管理之中,用企业的技术管理司法机关的事务。这其中又分工作指数管理模式和国际质量认证管理模式。[①] 前者以广州市珠海区检察院为代表,借助各项指数对检察案件质量工作进行评估、计划、执行、调整,通过具体考评点的设置一案一评,并以此作为管理目标调动干警积极性;后者以武汉市青山区、汉阳区为代表,侧重加强过程管理和控制,减少人为因素对案件的影响。[②] 现代企业管理模式的先进理念对检察机关工作机制改造具有一定的借鉴意义,也能产生好的执法效果,但用公司化的元素和指标来衡量司法职能,是否科学值得深思。

[①] 参见王玉珏、叶妮:《检察机关案件质量管理模式探索》,载《国家检察官学院学报》2007年第2期。

[②] 参见戴景田、张文娟:《检察机关案件质量管理中心论要》。

从国内外不同的案件质量管理模式中，我们可以看出，有的侧重于案件质量管理的机构设置，有的侧重于案件质量管理诉讼程序的控制，有的则侧重于司法制度的完善，不论采取何种案件质量管理模式，均对加强自身监督制约，提高办案质量，维护司法公正，提升执法公信力产生了正面影响。

二、重庆市检察机关加强案件质量管理工作实践概况

近年来，重庆市检察机关以构建符合检察工作规律、适应信息化办案模式的综合性案件质量管理体系为方向，就构建综合性、全面性、督导性的案件综合管理机制进行了尝试，积极强化案件质量管理工作，促进了执法规范化建设，增强了公信力，取得了一定成效。主要做法是：

（一）完善业务制度和办案流程，为案件质量综合管理奠定基础

为了从程序保障执法的规范化，保证检察机关的案件质量，市检察院侦监、职侦、控申、民行等部门分别制定了《重庆市检察机关办理立案监督案件流程（试行）》、《重庆市检察机关职务犯罪案件侦查流程（试行）》、《重庆市检察机关办理刑事赔偿案件流程》、《重庆市检察机关办理刑事申诉案件流程（试行）》、《重庆市人民检察院关于贯彻执行最高人民检察院〈人民检察院民事行政抗诉案件办案规则〉的实施意见》，规范了办案流程。研究出台了《重庆市检察机关审查逮捕质量标准（试行）》、《重庆市检察机关职务犯罪案件侦查质量评价标准（试行）》、《重庆市检察机关办理刑事申诉案件质量标准（试行）》、《重庆市检察机关刑事赔偿案件质量标准（试行）》、《重庆市检察机关民事行政检察案件质量标准（试行）》、《重庆市检察机关民事行政抗诉暨再审检察建议标准（试行）》等案件质量标准和《重庆市人民检察院公诉案件质量预警办法（试行）》，使案件质量管理工作更具可操作性。这些制度的建立和实行，为加强全市检察机关案件质量管理工作奠定了坚实的基础。

（二）加强案件质量管理机构建设

为加强案件质量综合管理，一些院设立了案件质量综合管理机构。渝中、渝北、大渡口、南岸等院成立了案件质量管理中心，并探索初步建立起以办案流程、质量标准为基础，运用网络平台，系统开展执法办案质量控制和动态监督活动的新机制，切实开展对案件质量的检查、督导、预警和考评等工作。綦江县院成立了以检察长为组长的案件质量领导小组，下设办公室与研究室，由研究室主任为主任，监察室主任为副主任，检委会专职委员和检委会秘书为成员，负责具体指导、协调和日常事务工作。随后又成立了案管中心，由检委会专职委员为主任，检委会秘书为成员，具体负责中心工作。潼南县院成立了案件质量综合管理科，具体实施案件质量管理工作。一些院通过加强案件质量管

理机构建设，为保障案件质量打下坚固的组织基础。至 2012 年底，全市检察机关均统一设置了案件管理部门。

（三）加强案件质量综合管理

1. 积极开展规范化检查。自 2006 年起，市检察院坚持在全市检察机关开展执法规范化检查，及时发现纠正办案质量方面存在的问题。每年都抽调各业务部门骨干人员组建检查组，以抽查案卷、实地走访、问卷评分等方式对全市各分院和区县院进行检查，并对发现的问题及时通报，督促整改。各分院及基层院也分别在辖区范围内或本院开展执法规范化检查，如石柱县院把网络平台引入案件质量评查中，定期对各业务部门正在办理或者已经办结或被法院作出生效判决的案件进行检查或评价，初步构建起符合检察工作规律、适应信息化办案模式的综合性案件质量管理体系。

2. 建立案件质量综合分析报告制度。为全面及时掌握案件质量情况，及时发现和解决办案中存在的问题，市检察院要求各级院每季度对本院六个业务部门办案质量情况进行分析总结，对检察工作中法律适用问题及突出的带倾向性的问题进行研究、论证，提出解决方案形成报告并报送市检察院。市检察院研究室每季度对全市案件质量情况进行通报，并督促市院各业务处室进行本条线案件质量分析工作，总结办案情况，查找整改突出问题。通过这一制度，促进办案人员增强质量意识，推动了办案质量的提高。

3. 落实并完善执法过错责任追究制度。市检察院在广泛深入调研的基础上对以前制定下发的《重庆市检察机关执法过错责任追究办法（试行）》进行了修改，进一步明确了启动执法过错责任追究程序的情形，改进了启动、审查和追究程序，加大了责任追究的执行力度。实践中，基本扭转了执法过错责任追究程序启动难的局面。执法过错责任追究制度的施行，进一步增强了检察人员的责任心，同时作为案件质量管理的一项重要内容，对促进案件质量发挥了积极作用。

三、案件质量管理工作中存在的不足

虽然全国各地检察机关在案件质量管理工作上进行了一系列有益的探索，但同时也存在一些不容忽视的问题，主要表现为：

（一）对加强案件质量管理工作重要性的认识不足

加强案件质量管理工作，需建立专门的工作机构，完善相关制度和措施，要付出一定经费、物力和人力开展案管工作，有的检察院因业务总量较小，案件数量不多，个别干警甚至是领导对此不太理解，认为"多此一举"、"增加负担"、"作用不大"。由于案管工作主要定位于强化监督、规范执法，有的仍然认为检察机关办案工作已经很规范、办案质量也较高，再专设案件质量管理部门监督制约没有必要。

（二）案件质量管理机构设置和人员配备亟待完善

虽然上级统一要求设立案管中心，检察机关基本上将案管中心作为一个独立的内设部门，但个别基层院仍然没有得到当地编办的批准，即使有的院设立了案管中心，案管中心主任仍然由研究室主任兼任。这些机构设置上的差异不同程度存在于各地检察机关之间，影响了案管机制一体化作用的发挥，也给上级院对案件质量管理工作的统筹指导带来了一些困难。由于一些检察机关人员编制有限，在人员配备上，案管部门力量配置上相对较为薄弱，难以全面有效开展相关工作。

（三）缺乏规范的案件流程管理机制

管理是做好工作的基础，有的检察院的案件管理远未能达到从受理—分流—查办—反馈等整个办案流程的监控管理。制定的办案流程只在承办部门内部操作，缺乏公开的、动态的反馈，使案件处于部门和承办人控制之下的封闭状态，无法体现体外监控和过程管理，也就很难及时发现案件质量问题。而检察机关通过各种业务制度、规章、纪律等对检察工作实施的管理，则更接近于行政化管理，不能有效地与案件管理相衔接，也就无法达到对案件质量强化管理的目的。①

（四）未建立科学的案件质量评估标准

检查评估要依据法规、制度确立的标准分清案件质量的优劣，即评定要有参照系，才能确定案件是否存在质量问题。目前科学的，具有可操作性的标准尚未建立。实践中，有的检察院自觉或不自觉地以后一诉讼阶段的结果作为前一阶段案件质量的评价标准，一种是以法院判决为标准来判定检察案件的质量，但此标准因法官执法水平的差异和认识的不同而呈现不固定的特点，同样的案件，在同一法院可能会有不同的判决结果，完全用法院的判决来判定检察机关的案件质量并不妥当。另一种是根据检察机关后一环节的结果来评定案件质量的优劣。如以公诉案件起诉或不起诉决定作为检验侦查和审查逮捕案件的质量标准，一旦公诉部门作出不起诉决定，似乎就意味着对侦查和审查逮捕案件质量的彻底否定。当处理结果出现明显差异时，侦查部门和侦查监督部门又会拿出本部门的质量标准来抗辩。究竟有没有质量问题各执一词，莫衷

---

① 参见原维宁、任萍：《略论案件质量管理体系的建立》，载《检察实践》2005年第4期。

一是。①

（五）案件质量考核长效机制尚未建立

近年来，不少省、市级检察机关对下级检察机关进行案件质量检查及对执行办案流程情况进行考评，并将考评结果作为评先的重要依据。虽然此举对案件质量能起到促进作用，但行政色彩浓重，通常导致案件考评流于形式。如抽评的案件数量少，不能反映整体情况；抽评案件类型不确定，缺少代表性；有的考评偏重于具体数字，对现代化办公设备的副作用考虑不周。同时，囿于评查人员业务素养、实践经验、责任心和原则性的差异，使得考评活动不具有说服力和指导性，进而导致这种考评无法与业务管理真正有效衔接。

四、深化案件质量管理机制改革的路径选择

（一）进一步提高对加强案件质量管理工作重要性的认识

各级检察机关应提高加强案件质量管理工作重要性的思想认识，以提升检察机关执法办案的公信力和效能为目标，以满足全程管理和动态监督的需求来完善案件管理平台，把加强案件管理工作作为实现案件管理模式科学化、规范化、专业化的有效措施，进一步推进检察队伍的专业化建设，促进执法公正。针对个别干警认为综合性的案件质量管理没有必要，一元化的层层审批把关模式已能较好地保障办案质量的状况，进一步强调案件质量综合管理工作的必要性和重要性，通过案件质量定期分析、发布典型案例、开展类案指导等方式提高对加强案件质量综合管理工作重要性的认识。

（二）规范案件质量管理机构设置和人员配备

为了使办案活动能够始终在适时、适度的有效监控下健康有序地科学运行，有必要构建在各业务条线纵向的层级式管理系统的同时，构建与之平行的办案质量监控评价系统——案件质量管理中心，配齐配强案管人员，制定岗位职责，加强相关培训。同时要积极做好相关物质保障工作，为案件质量管理中心职能的发挥打下坚实基础。案件质量管理中心有利于整合横向监督管理的资源，实现以办案为中心的业务整合要求，实现对相互分割、脱节的各业务条线的案件质量管理活动的全流程有效管理。

（三）健全案件流程管理机制

一是建立统一的案件受理与分流机制，使案件质量管理真正覆盖到初查、立案、批捕、起诉、出庭支持公诉等各个办案阶段，更好地实现对各业务部门

---

① 参见张晓东：《试论检察机关案件质量管理机制改革》，载《法制与社会》2010年11月（中）。

案件的办理进行流程化管理、监督，提高工作效率。二是建立案件办理信息跟踪、反馈、通报制度。采取多种形式对案件质量进行动态跟踪监测，实行网上监控、网上预警，根据具体的监测结果要求反馈、整改；对案件质量评查结果定期或不定期进行通报，真正发挥案件质量管理的作用。三是推进纠错机制建设。要求各业务部门对平时质量检查中发现的问题要及时进行讲评，认真分析原因，制定整改措施进行切实整改，并检验整改的效果。

（四）建立科学的办案质量标准体系

要对案件质量进行管理与评价，必须具备科学完善的办案质量标准体系，办案质量标准体系应包括办案质量标准体系、办案流程标准体系、岗位职责标准体系三个方面。① 可测量的案件质量标准是确保案件质量的前提和基础，应根据案件性质，分别制定单独的职侦案件、侦查监督案件、公诉案件、民事行政申诉案件、控告申诉案件各自的案件质量标准，实践中也可以实行量化计分制，办理案件统一分为100分，95～100分为优秀，90～95分为良好，60～90分为合格，60分以下为不合格；根据案件实体法和程序法对各项检察工作案件质量的具体要求，确立办案业务流程，对每一环节的承办机构和岗位，时间上和逻辑上的衔接，工作内容、方式、方法上进行规范，并结合具体工作编制流程标准，使工作流程和操作符合规范，在实现实体法和程序法并重的要求下，提供具体的检验标准；建立岗位职责标准体系，根据相关法律要求对上至检察长，下至书记员、司法警察的岗位条件、职责和要求做出明确划分，确保每个工作人员都清楚自己的基本职责，将工作职责细化分解到具体部门和岗位，确保各项案件质量工作都有章可循。

（五）加强案件质量检查考核机制建设

案件质量检查考核机制建设是案件质量管理机制建设的重要方面，主要包括事中监督检查和事后监督检查两个方面。事中监督检查是指案件质量管理中心及时通过案件管理系统对检察业务工作的各个环节、各个阶段进行跟踪审核，审核的重点是遵守法定程序、落实办案流程制度规范和办案效率高低等方面的情况，确保办案程序的落实，以程序公正保障实体公正。事后监督检查是指通过对案件事实的认定、适用法律及法律文书质量的审查，发现办案中出现的各种问题，并与目标量化考核相结合。在对案件质量的检查考核制度中，要规范工作流程，先由案件承办人、部门领导和案件质量管理中心共同对每一案件进行质量评价，根据案件办理时间、案件办理程序、案件办理结果等情况综合得出考评结果，记入承办人员的执法档案，作为办案人员业绩评定的依据。

---

① 参见李磊、范志勇：《论检察机关案件质量管理体系》，载《中国检察官》2006年第3期。

将案件质量考核结果与检察官职级晋升、先进优秀评定以及待遇相挂钩,以增强约束力,发挥激励作用。同时,通过完善责任追究机制,落实案件责任,兑现错案责任追究,杜绝和减少案件中的违法违纪行为发生。

检察机关内部治理初探

汪存锋* 朱 丹**

党的十八届三中全会通过的《中共中央关于全面深化改革若干重大问题的决定》提出：全面深化改革的总目标是完善和发展中国特色社会主义制度，推进国家治理体系和治理能力现代化。对于检察机关而言，一方面，要通过履行检察职能推进国家治理体系和治理能力现代化；另一方面，也要加强内部治理以提升履职能力，进而服务国家治理体系和治理能力现代化。

一、检察机关内部治理的内涵

治理这一概念主要是基于管理概念的局限而提出。管理与治理虽非截然对立，但无论是在理念上还是在实践上，都存在重大的区别。治理意味着：协商式的管理过程；制度保障治理的秩序；网络增强适应性和弹性；多元主义的合法性保障。① 这一观点启示我们，可以建立检察机关内部治理模式，回应当前司法体制改革对检察工作提出的新要求。其应具有如下特征：

一是权力主体由一元化向多元化转变。当前，检察机关运行模式基本可概括为：检察官—内设机构负责人—副检察长—检察长。这一模式具有被动性、粗放式、行政化和效率低的基本特点。被动性主要表现为对已经发生的办案行为进行管理，粗放式主要表现为动态监督制约不够全面、有效，行政化主要表现为上命下从、"官本位"，效率低主要表现为每一次权力的运行几乎都经历一次由检察官向检察长的流转。而在检察机关内部治理的运作模式下，各个权力主体按照一定的分配原则各自享有相应的权力，承担相应的义务，从而负有相应的责任。② 如检察长从总体上负责管理事务；检察官具体从事执法办案工作，而且其亲历案件的职责受到重视。检察机关内部治理能增强检察工作的灵

---

* 湖北省荆州市人民检察院党组书记、检察长。
** 湖北省荆州市人民检察院职务犯罪侦查指挥中心办公室主任。
① 参见余军华、袁文艺：《公共治理：概念与内涵》，载《中国行政管理》2013 年第 12 期。
② 参见卓黎黎：《中国检察管理模式创新研究》，吉林大学 2006 年博士学位论文。

活性、能动性、协调性。

二是检察人员由接受者向参与者转变。在传统管理模式下，检察官的管理，同一般公务员的管理一样，"以人为本"的思想落实不够，往往以事为中心安排人，从事的角度加强管理而不重视人的主观能动性，工作成果一般也被看成是集体劳动的结果。检察官的职业追求也主要体现为行政职级。这一现实环境必然导致检察人员在检察活动中盲目从上。接受者的身份定位，难以激发检察人员的工作热情，难以体现检察人员的职业精神。检察机关内部治理要求以执法办案为中心，充分尊重检察官的法定权力，努力将检察官的思想意志融入检察工作的方方面面，使检察工作的成果显现检察官个性的烙印，树立起职业崇高的荣誉感。

三是治理手段由强硬性向柔软性的转变。一般而言，管理者施加权力于被管理者，以保障权力运行的正常秩序。双方的关系呈现一种强硬性的特征，缺乏缓冲，缺乏沟通。这显然是简单的、粗放的管理、控制，虽然受动方也会努力去执行主动方的指示，却可能仅仅止步于主动方的基本要求以及能量化的其他要求，而不会积极追求主动方要求的最大化。按照马斯洛的需要层次理论，工作效率不仅取决于工作能力，更取决于动机水平。检察机关内部治理在现有法律的框架下进行授权，其动机水平必然得到提高，在工作水平一定的情况下，工作效率也就必然得到提高。更为重要的是，检察机关内部治理重视共同的价值观、共同的行为规范的重要作用，注重将法治理念渗透到检察人员中去，使充分实现检察执法办案的法律效果、政治效果、社会效果成为检察人员的自觉追求。

四是规范执法由控制型向制约型转变。在控制条件下，检察长通过控制副检察长、其他班子成员，进而控制内设机构负责人、一般检察人员。其弊端在于：控制层级过多，限制检察人员的能动作用，往往是事后控制，而且如果控制面过大，则导致权力运行效率低下；如果控制面过小，则控制的效果不好。更重要的是，控制意味着控制者不受被控制者的约束，产生新的控制与被控制的问题。检察内部治理要求按照检察权运行的程序化、线性化的特点，将权力授予每个程序参与者，每一步的检察权运行不当将成为下一步程序中的障碍。通过发挥每个程序参与者的作用，将上一程序中不合规的权力行为阻挡在程序的运行轨道上，倒逼上一程序中的检察官正确行使权力，避免权力集中导致的权力滥用，同时节省权力控制的成本。

二、检察机关内部治理的依据

推进检察机关内部治理，具有深刻的政策依据、法律依据、理论依据以及现实依据。

一是政策依据。总的政策依据是党的十八届三中全会提出的"推进国家治理体系和治理能力现代化"重要论述。具体的政策依据是最高人民检察院《2014—2018年基层人民检察院建设规划》关于推进"执法规范化标准化、队伍专业化职业化、管理科学化信息化、保障现代化实用化建设"的重要部署,尤其是队伍职业化建设的提出。职业化,首先意味着自治,自治是职业化本质性的要求,不能自治的工种是没有资格被称为职业的。自治要求检察官能够保持"人格的自立"和"意志的自由",保障执法办案的正当性和正确性,保持公正与纯洁,依照规则而不是任何其他的指令不偏不倚地处理案件。这天然与行政化的管理不相协调,而要求深化检察机关内部治理。

二是法律依据。宪法和人民检察院组织法均规定:"人民检察院依照法律规定独立行使检察权,不受行政机关、社会团体和个人的干涉。"这一规定,强调了检察权具有独立性,检察权的行使不受外来的干涉,与检察机关内部治理的宗旨相吻合。尤其是检察官法的颁布和实施,通过法律的形式为检察机关内部治理提供了一个可操作的法律平台。当然,尽管公务员法将检察官纳入了公务员管理的范畴,强调检察官与其他公务员的共性,但同时,该法在总则第3条规定:法律对检察官的义务、权利和管理另有规定的,从其规定。这一折中规定虽然没有明确检察官的独立地位,但也并没有成为检察机关内部治理法律上的障碍。

三是理论依据。在我国,检察权与行政权、司法权既有交叉又不完全相同,也不可能为后两种权力所完全包容,而是一种兼有司法和行政的色彩与手段。然而,检察权的行政性特征与司法性特征并非平分秋色、并行不悖,在肯定检察机关双重属性的前提下,应当认同司法属性是检察权的根本属性,司法权是检察权的主导特征。检察官的执法行为贯穿着检察官的自主判断,必须赋予检察人员对抗非法指令权,彻底根除"审而不定、定而不审"的怪圈。这都与现行的在具体案件上的行政化管理不相协调,为检察机关内部治理的推进提供了发展空间。

四是现实依据。如前所述,无论是检察官职业化建设,还是保障检察官依法独立行使检察权,已经成为明确的政策导向、共同的理论认识。但反观现实:一方面,检察官整体表现为法治意识、职业能力、职业操守等多方面的素质不足。这种状况的改变不仅需要有力的措施,也需要时间的沉淀;另一方面,检察官职业化和依法独立行使检察权是整个司法制度甚至政治制度中的一个组成部分,与其他的制度相互依托、相互影响,很难单兵突进。这决定了检察官职业化建设、依法独立行使检察权的推进只能是一个动态的渐进性的过程。然而，在微观层面上按照这一客观规律推进检察机关内部治理，却具有很强的现实可行性。一方面，可以循序渐进地提升检察权运行效果；另一方面，在长时间的信守和践行中为检察权的科学配置积累条件。

三、检察机关内部治理的路径

检察机关内部治理基于检察管理的实践活动和实践成果。没有扎实的检察管理制度、手段，不可能形成科学有效的检察机关内部治理模式。因此，检察机关内部治理既强调检察管理的进一步夯实，也对检察管理进行了改造，使检察机关内部治理与检察官职权的科学配置相协调。

一是要注重有效管控，更要注重激发活力。一方面，检察机关执法公信力还存在不足，如执法不规范的现象还没有从根本上解决，检察人员八小时以内和八小时以外树立的公共形象同社会公众对检察队伍提出的高要求还不相符等。因此，对保证办案安全、树立良好形象等当前检察机关内部治理中特别重要的内容必须进行有效管控，不能容忍一丝的放纵。另一方面必须注意的是，要做到从严控权与从宽放权的有机结合。第一，要解决"放权给谁"的问题。推进检察人员分类管理，真正使检察官成为检察权行使的主体。但为了避免放权出现的秩序混乱，应从资深检察官开始逐步放权。第二，要解决"放什么权"的问题。对资深检察官而言，应以"普遍放权和特殊例外"为原则，除法律明文规定的应由检察长或检察委员会行使的权力以及少数特别重大、疑难复杂敏感、社会关注度高等案件外，一般都应向资深检察官放权。第三，要解决"如何放权"的问题。在筑牢防范滥用权力防线的基础上，按照"法无禁止即自由"的原则，实现权力的充分移授。

二是要注重制度建设，更要注重文化建设。随着检察事业的不断发展，检察机关治理制度建设日渐完善。但也存在制度不科学、不细致、可操作性不强、配套性不强等问题。要针对这些问题，综合分析研究这些问题背后的原因，推进检察治理制度化建设，形成全面化、科学化的检察工作制度。但必须引起注意的是，检察机关内部治理不能满足于制度规范的形成，更要关注执行制度规范的人。由什么样的人去执行制度规范，则属于检察文化的功能范畴。检察文化能规范和指引检察机关和检察工作人员的行为……帮助和引导检察工作人员实现自身价值与职业价值的融合统一，使整个检察系统在良性循环和不断发展的同时，形成巨大的凝聚力和向心力。[①] 检察机关内部治理必须从制度

[①] 参见施业家、罗林：《论我国检察文化的建设与完善》，载《江汉大学学报（社会科学版）》2013年第4期。

治理上升为文化治理，使内部治理理念内化为全体检察干警的自觉信念。第一，要善于运用检察文化的导向作用，为检察官执法办案指引方向、约束行为，以提升治理的层级，增强治理的实效。第二，要善于运用检察文化的凝聚作用，促使检察人员接受共同的精神认知，并以共同的认知为参照，调整自己的言行举止乃至整个精神世界，以与整个群体保持一致，建立一个所有检察人共同信守的基本信念、价值标准、职业道德及精神风貌。第三，要善于运用检察文化的激励作用，使检察干警的潜能得到最大限度的挖掘，在精神力量的鼓舞下创造性地开展工作，使各种资源得到最佳配置，效用得到最好发挥。

三是要注重业绩驱动，更要注重精神驱动。当前，检察机关普遍采取绩效考核的办法对检察人员进行驱动，这种办法促使检察人员自加压力、消除惰性，职责更加明确、工作更加勤奋，是检察管理上的巨大进步。然而，在当前检察管理环境下，以业绩驱动的方式对检察人员进行管理仍有很大局限。检察权行使不应仅仅停留在国家权力的结构层面和制度保障层面，还应体现为一种人类对自由意志的关爱和尊重，以及对检察权所蕴含的法治精神的信仰。这是检察权的至高境界，也是检察权独立不可或缺的精神要素。[①] 应以尊重人、激励人、开发人作为绩效评价的根本出发点。第一，建立绩效档案。检察官成为绩效评价的根本主体，其提供的执法活动及结果是绩效档案的基本信息资料。第二，加强法律文书的规范管理。加强从文书制作到文书保管的管理，为绩效评价提供支撑。第三，建立动态评价机制。设立考评委员会，由其根据目标管理责任制确立的标准，对检察官工作态度、职业道德状况以及完成任务的结果、效率、能力作出评估。第四，建立对应奖惩体系。营造奖勤罚懒的良好风气。

四是要注重结果控制，更要注重节点控制。敬大力检察长指出，加强检察管理，"人治"、"法治"与"机治"三者都相当重要，缺一不可，要坚持以人为本，加强制度规范建设，充分利用信息化手段，"人治"是根本，"法治"是保障，"机治"是动力，应当将三者有机结合，使之发挥更大效应。[②] 结果控制是针对外在化的工作成果的控制。就检察工作而言，这固然是检察机关内部治理的重要内容。然而，就检察工作的特点而言，检察机关的工作成果往往会对当事人造成无法弥补的损失，如人身自由的丧失、个人名誉的损害等。因此，要引入现代管理方法，以加强案件管理的过程控制。第一，运用现代科技成果。如案件流程查询系统、同步录音录像系统等，实现"人管"向"机管"

---

① 参见冯景合：《检察权及其独立行使问题研究》，吉林大学2006年博士学位论文。
② http://www.hbjc.gov.cn/jianchayaowen/201112/t20111215_773486.html.

的转变，努力根除节点控制存在的随意性等弊端，从根本上避免检察工作中出现负面效果。第二，改进节点控制方法。根据案件流转随案填写《案件质量控制考评表》；建立办案违规预警、环节预警和时限预警机制等。

五是要注重内部监督，更要注重内部制约。毋庸置疑的是，内部监督对于规范检察权具有至关重要的作用。然而，"在权力运行的关系里，监督往往是单向的，而制约却是双向的；监督更多地意味着存在不平等关系权力运行的引导与修正，而制约却是在平等权力主体之间的相互规制与约束；监督意味着监督者不受被监督者的约束，而制约却往往带来被制约者的反向制约"。[①] 第一，对检察机关的业务全流程进行细化，明确每一流程中的权力行使者与责任承担者，坚决杜绝案件带"病"运行。第二，以规范程序为手段，建立规范统一、过程控制的流程管理模式。第三，完善全程监控的制约体系，构建符合政策、符合法律、符合规律和符合实际的检察制约工作平台。

[①] 陈卫东：《我国检察权的反思与重构》，载《法学研究》2002年第2期。

检察机关业务指导关系改革探索

刘 建[*]

检察业务指导关系是检察业务管理重要的组成部分。它是指上级人民检察院与下级人民检察院的领导与被领导以及上级业务部门与下级业务部门之间的一种隶属关系。在整个检察业务管理中，上级检察机关的业务指导对于提高办案质量，加强对下级检察业务的统一领导，具有重要的意义。本文重点研究省级院、地级分市院对基层院的业务指导问题，用心着力破解业务指导关系难题，以求教于各位同仁和专家学者。

一、检察机关的设置与管理

按照现行检察院组织法的规定，我国检察机关组织机构有四个层次，即最高人民检察院及其本身所属机构，省级人民检察院及其所属机构，地级人民检察院及其所属机构，县级人民检察院及其所属机构四个层级。实行依法设置、按行政区划、与法院设置对应以及根据检察工作需要等原则。用现代检察管理科学的观点来看，构成检察组织机构的基本要素是工作职位和工作人员，若干职位和人员适当组合，形成一个工作部门；若干工作部门组合，形成一个层次的检察组织，即一级检察机关。各级检察机关组织系统上下之间，各级检察机关组织系统内部机构上下之间，构成领导与服从的主从关系，这种排列组合方式形成检察组织机构的层次结构。

研究检察组织机构的层次结构，需要正确处理检察管理层次的关系。所谓管理层次，是指层次结构的等级层次，有多少等级层次，就有多少管理层次。按照检察管理"等级"划分，纵向层次有最高、高、中、基层管理四等。在检察系统内，最高人民检察院负责制定全国检察工作总目标及方针政策；省级人民检察院负责制定本区域内检察工作目标，执行上级指示，协调下级检察机关活动计划；地市级人民检察院及其所属机构负责贯彻最高人民检察院和省级

---

[*] 海南省人民检察院。

人民检察院的指示和决定,组织协调本地区的检察工作;基层人民检察院及其所属机构负责执行上级检察机关的决定,根据本地情况将法律监督活动具体落实到相关组织和人员。这样就形成四级指挥系统,形成金字塔式的正三角形的组织形态。从检察组织的层次结构来看,管理幅度适当,注意保持平衡,才能促进检察组织机构目标的实现。

省院是领导机关,对全省检察业务工作负有指导职责。省院构成省级检察系统横向面的基本框架。这意味着省院对下级的领导具有很强的自主性,因为省院在管理层次中是承上启下的重要环节。一方面,省院要负责实现高检院宏观调控层面的指令和意志的地方化,即根据各省的实际情况研究高检院宏观指令的实现方式,并且监督高检院宏观指令和意志在本辖区的实行;另一方面,要将包括自身在内全省检察机关履行法律监督职能、贯彻高检院意志的情况全面搜集,以如实向其反馈。这是省院对下指导的基本原则,在与县市区检察院的关系中,省院比最高人民检察院有着更紧密、更直接的联系,受最高人民检察院的直接领导。在地方检察系统中,有省院、分市院和县市区院三级设置。由于这种设置的主要目的在于满足诉讼法上程序方面的有关要求,而如海南省检察机关单位相对较少的情况下,强化省级院对基层院的直接领导,有利于对全省业务工作的开展。

分市院是检察机关的重要组成部分,也是辖区内业务领导机关,主要职责是按照审级来办理各类案件。根据刑事诉讼法确立的二审终审和审级等级对应原则,分市院工作职责的具体内容既不同于省院,也区别于县市区院,与省院或县市区院各司其职,具有完全的独立性。分市院法律监督职责的这种独立性与完整性是由行政机构建制和诉讼审级制度决定的,与检察权在纵向配置上的层级要求是相一致的。分市院对县市区检察机关的指导方式主要是监督下级对高检院、省院业务指示的执行。一般而言,分市院检察机关无权对下级发布调整内部关系的规则或司法方面的规则,对下级事务也没有终极决定权。当县市区院在其办案意见与分市院意见不一致时,应当允许县市区检察院将该事务上报省院裁决。这样有利于省院的统一领导和对分市院的监督。

基层院是检察机关的基础,基层院人数、业务量都占检察机关总量的70%,基层院队伍建设和业务建设始终是检察机关重点。省院做好对下级院尤其是基层院的业务指导工作在实践上具有重大意义。基层检察院一方面要服从领导,严格执行省院和分市院的决定;另一方面要在本院检察长和检察委员会的领导下,加大对本院办案责任制的改革力度,促进基层院各项业务工作的健康发展。

二、海南检察业务指导探索与做法

海南省是全国推行省直管县最早的地区之一，检察机关的管理体制与行政管理体制相对应，基本上是按行政区域和司法区域设置三级检察院。在检察管理上有自己的特点，省院对业务指导直管到基层院，减少了中间环节，提高了工作效率，强化了省院对分市院、基层院的管理。

一是强化省院对分市院、县市区院的业务领导。省院作出的决定，分市院及县市区院应当执行，不得擅自改变、故意拖延或拒不执行。省院认为分市院及县市区院作出的决定确有错误的，有权予以撤销或者变更；发现分市院及县市区院已办结的案件有错误，或者正在进行的执法活动明显违反法律、司法解释以及上级检察院的有关规定的，有权指令下级检察院纠正。[①] 分市院及县市区院如果认为省院的决定有错误，应当在执行的同时向省院报告；省院经复议后，认为确有错误的，应当及时予以纠正。分市院及县市区院制定的规范性文件，应当报省院备案审查。省院发现分市院有关规范性文件超越法定权限，同法律、司法解释和省院规定相抵触，或者有其他不适当情形的，应当及时向分市院及县市区院指出，要求改正；分市院及县市区院拒不改正的，省院有权予以撤销。

二是推行职务犯罪侦查"一体化"机制。[②] 省院统一领导职务犯罪侦查工作中，省院负责统一组织、指挥、管理与协调，整合全省侦查资源，形成以省院为龙头，以分市院为主体，以县市区院为基础的侦查格局。对重特大案件，省院统一管理案件线索，统一组织侦查活动，统一调度侦查力量和侦查装备。如在办理文昌市原市委书记谢某某涉嫌受贿案中，省院反贪局统一指挥，多个院参与办案，上下一体，整体联动。专案组的干警连续加班累计3500小时，几乎牺牲了专案期间的所有节假日，行程近百万公里调查取证，在司法医院连续预审达50多天，先后调查询问证人200余人，提取各类证据材料6000余件，经过6个多月的艰苦工作，成功侦破了这起海南建省以来涉案金额最大的党政干部职务犯罪案件。

三是强化业务监督机制。省院、分市院可以指派本院检察官到辖区检察院，或者抽调下级检察院检察官到上级检察院，或者选调下级检察院检察官到

[①] 参见徐盈雁：《上级院要服务下级院 下级院要服从上级院》，载《检察日报》2007年8月31日。

[②] 参见谢鹏程：《推进检察一体化，增强监督合力与效能》，载《检察日报》2004年9月17日第1版。

辖区其他检察院承办重大、复杂公诉案件。下级检察院办理重大、复杂、社会影响大的公诉案件时，应当在受理、起诉、开庭等环节及时向上级检察院报告，上级检察院应当派员指导。对于因外部干扰阻挠，不适合由原管辖案件的检察院审查起诉的案件，上级检察院可商请同级法院依法指定异地管辖；对于案件涉及多个院的，上级检察院可协调指定。省院、分市院认为县市区院立案或者逮捕错误的，发现县市区院应当立案而未立案或者应当逮捕而未逮捕的，可提出书面纠正意见或者由省院、分市院直接作出相关决定，县市区院人民检察院应当执行。省院对分市院立案或者逮捕错误的，发现分市院应当立案而未立案或者应当逮捕而未逮捕的，可提出书面纠正意见或者由省院直接作出相关决定，分市院应当执行。

四是加强对全省检察业务网上流程的指导管理。按照最高人民检察院的要求，海南检察院加大了网上业务办案系统的流程指导管理，运用网络对全省各级院各个部门的办理案件接收、办理、流转全过程进行管理与监督，充分利用统一业务应用系统的法律文书、案件信息共享和传递功能，使其成为执法办案的有力助手，大幅度提高办案效率。省院领导和案件管理部门可以随时通过网络办案系统对办案进行实时、动态、全方位监督。对执法工作的效能、办案数据进行跟踪、统计、预警、分析和研究，把握检察业务管理主动权，实现办案管理的全程化、精细化、实时化、公开化。①

三、当前检察业务指导存在的问题

一是省院、分市院指导力度不够。由于省院、分市院自身的办案工作量大，人员少，对县区院的指导力度不够。

二是指导方式较为单一，还没有形成一套长期而又行之有效的指导模式。就指导方式而言，省院、分市院主要注重的是线索的交办、办案力量的统筹及对下的督促检查上。由于具体办案任务繁重，日常工作量大，在指导上容易只看眼前任务，没有考虑长远目标，陷入具体的事务性工作中。

三是整合资源时空范围有限，在整合全省办案力量上，省院不仅要负责对分市院与县区院的指导工作，还承担办案任务，因此有时在对重点线索的初查中，主要运用本部门的办案力量，没有在宏观上实现对办案力量的调配以及对全局办案力量的使用。

四是业务指导程序不规范。第一，省院有时直接把案件收过去，没有通过

---

① 参见天津大港区人民检察院课题组：《检察业务规范化机制新探》，载《国家检察官学院学报》2009年第6期。

市院，越级抽查，没有按常规程序操作。第二，复查案件不规范，有时没有给区院书面通知，而只是电话通知便调卷复查，程序上不规范。

五是在业务指导上，存在多头领导、交叉管理的弊端，使基层检察院无所适从。由于省院与分市院指导权限不清，因此，有时造成具体业务上形成交叉指导，个别基层院对一些把握不准的案件，既请示分院又请示省院，以利害关系进行选择性请示，当省院意见与分市院意见不一时，使其很难作出选择。

四、完善检察业务关系指导的思考和建议

党的十八届三中全会提出了要加强司法体制改革，要强化省以下检察院对人财物的统一管理，积极推行主任检察官办案责任制的改革，更加有利于完善省级院对分市院和基层院的业务统一领导，笔者有以下思考和建议。

一是提高认识，加强领导。业务指导是检察领导机关的一项重要工作。它要求按照业务工作整体性、统一性要求，实行上下统一、横向协作、内部整合、一体统筹的思路，使全省检察机关形成整体合力。建议省院和分市院都要有一名分管检察长及部门负责人分管业务指导工作，明确职责，使业务指导走向科学化、规范化的轨道。

二是理顺关系，明确职责。省院除按照审级管理的相关规定办理自己管辖权限范围的案件外，还握有全省检察业务的宏观指导权和个案指导权。分院除按诉讼审级办理自己职责范围内的案件外，不承担对辖区个案指导职责。省院和分市院在指导过程中，做到职责分明，界限清楚，不越权、不越位。

三是更新观念，发挥检委会作用。向科技要检力，加网上办案系统考评与监督，省院检察委员会委员有权巡视并提出单项评议案，省院的业务部门有权对下级人民检察院相应的业务部门进行日常业务监督并提出综合考评，由省院或分市院检察委员会作出决议。

四是强化省院业务指导力度。省院是领导机关，省院作出的决定，分市院和基层院必须执行。省院认为分市院和基层院作出的决定确有错误，有权纠正或直接撤销或更正。发现分市院和基层院办错案件，有权指令纠正。加强对重大案件和事项的督办，规范分市院以及县市区院请示报告的范围、内容、程序和具体要求，理顺工作关系，分清职责范围。

五是改进和加强省院宏观指导机制。第一，制定和规则是法制建设。要根据海南实际情况，与省公安厅、省高院、省司法厅加强沟通和联系，按照公安部、最高人民检察院、最高人民法院的规定，制定全省范围内统一的执法规则。第二，省院各业务部门应当明确规定哪些案件必须报省院，那些应当报分市院，省院必须介入哪些案件，分市院必须介入哪些案件。并具体明确规定上

级人民检察院介入、指挥、承继、移转案件的程序和规则,明确省院和分市院、基层院的责任。

六是省院要加强业务指导的规范化建设。建立统一业务指导长效机制,规范业务指导程序,减少随意性。特别是对案件、线索的移送要规范化,对不同业务要分类科学管理。省院要强化对下的业务管理,分市院要协助省院加强对基层院的业务指导,形成良性的互动机制。省院各业务部门要注重对口指导、个案指导,同时在转、交办案件时应注意案件类型和基层院的业务优势和办案能力。

第三专题

完善检察机关人权司法保障制度研究

关于完善检察机关错案责任追究制的几点思考

张鹏涛[*]

当前，司法改革正在积极试点、稳步推进。中央明确要求，司法改革的一项重要内容就是完善司法责任制，健全错案防止、纠正、责任追究机制。本文拟结合错案的界限范围、错案追究存在的问题，对进一步完善错案责任追究制提出几点拙见。

一、错案的界限范围

什么是"错案"？这是建立错案责任追究制首要解决的问题。从理论和实践上看，错案界定一直众说纷纭、标准不一。

（一）各种界定错案概念的观点

有人认为：凡是违反法律规定，无论是实体法还是程序法，只要定性不当、认定事实不清、证据不足、程序有重大问题等，都应列入错案的范畴。[①]

有人认为：错案就是错误的案件。这个命题无疑隐含着这样两层意蕴，即一是关注案件的判决结果，二是肯定判决正确的唯一性。[②]

有人认为：错案是指故意或过失违反程序法或实体法，导致处理结果错误并依法应当追究责任的案件。[③] 该规定要求错案必须有错误的处理结果，如果只是办案中的违法行为，不应认定为错案。

有人认为：错案是指在认定事实上或者在适用法律上确有错误，必须按照审判监督程序改判的案件。[④] 错案的范围宜控制在已发生法律效力的才予以追究。

---

[*] 安徽省人民检察院研究室正科级助理检察员。
[①] 李乐平：《准确界定错案》，载《检察日报》2013年11月1日第3版。
[②] 于大水：《论错案追究制中错案标准的界定》，载《当代法学》2001年第12期。
[③] 于伟：《错案标准的界定》，载《法学》1997年第9期。
[④] 金汉标：《错案的界定》，载《法学》1997年第9期。

而 1998 年最高人民检察院颁布的《人民检察院错案责任追究条例（试行）》认为：错案是检察官在行使职权、办理案件中故意或重大过失造成认定事实或适用法律确有错误的案件，或者在办理案件中违反法定诉讼程序而造成处理错误的案件。

2007 年最高人民检察院颁布的《检察人员执法过错责任追究条例》认为：执法过错是指检察人员在执法办案活动中故意违反法律和有关规定，或者工作严重不负责任，导致案件实体错误、程序违法以及其他严重后果或者恶劣影响的行为。

2014 年中央政法委颁布的《关于建立涉法涉诉信访执法错误纠正和瑕疵补正机制的指导意见》认为：对于政法机关执法办案认定事实错误或事实不清、适用法律不当、办案程序严重违法、处理结果明显不公等，依法应当通过启动法律程序予以纠正或重新作出处理的，应当认定为执法错误。既包括因故意或过失造成的过错，也包括因客观条件限制或对法律法规、案件事实和证据理解认识偏差等形成的差错。

（二）对以上观点的评析

对第一种观点的评析：该观点主要从违法性角度来阐释错案的概念，即只要违反法律规定，造成程序或实体错误的就构成错案。这样界定的优点是认定较为简易，即无论主观故意或过失，只要结果有事实错误、定性不当、程序违法，就可认定为错案。不足之处在于界定范围过于宽泛，如果仅仅是事实表述、证据收集、法条引用等方面的瑕疵，但不影响案件处理的也列为错案，显然将极大地束缚办案人员的积极性。同时，如果不考虑实际客观情况和主观过错，就让办案人员承担责任显然也不符合情理。

对第二种观点的评析：该观点以判决结果来认定是不是错案，同样也具有局限性。认定是不是错案与维护不维护裁判的唯一性、严肃性显然不是同一概念。刑事案件的正确处理不仅包括实体正确同时也包括程序公正，二者缺一不可。因此，也就不能只以实体正确与否来判断是不是错案。

对第三、第四种观点的评析：该观点与第二种观点有相似之处，同样以结果判断构成错案，显然忽略了程序正义。

对高检院 1998 年定义的评析：该定义将错案范围界定为实体错案和程序错案，同时将错案的可归责性归结为办案人员的故意或过失。这样的规定兼顾了案件的实体公正和程序公正，也符合主观过错原则。但需要考虑的是，错案有很多情形，如上所述，如果仅仅是事实表述、法条引用等方面的瑕疵，就认定为错案，是不是合理呢？

对高检院 2007 年定义的评析：该定义虽然界定的是执法错案，但显然和

1998 年界定的错案范围是一致的，无须赘言。

对中央政法委 2014 年定义的评析：该定义将错案范围界定为实体错案、程序违法、处理不公。前二者容易理解，而对于"处理明显不公"显然是从案件的社会效果来考虑，但是对于"处理是不是公正"由谁来认定？如果以此来认定是不是错案，会不会导致办案人员处理案件时过多地考虑案外因素、舆论影响呢？同时，该定义还规定，错案既包括因故意或过失造成的过错，也包括因客观条件限制或对法律法规、案件事实和证据理解认识偏差等形成的差错。错案应受非难性，是因为可归咎于执法人员的过错造成案件的处理错误。如果办案过程中因出现新的证据致使案件认定事实发生变化或者因法律修订、政策调整改变处理的，显然办案人员不具有可责难性，如果此种情形也认定为错案，显然有些苛刻。

（三）本文的观点

错案的界定是错案追究的前提，界定过宽、过窄均不利于追究制的实行。准确界定错案概念要重点把握以下几点：一是要把握错案责任追究的目的。建立错案追究机制在于提高办案质量，不在于惩罚而在于教育预防。二是要把握错案追究与保护干警办案积极性的关系。既要对该追究的追究到位，形成倒逼机制，促进提升执法规范水平。同时也要避免追究面过大，导致一些办案人员不敢负责、不愿负责，甚至对一些稍有争议、一时拿不准的案件层层汇报、推卸责任。三是要把握错案的可责难性。执法办案活动中虽然有错误发生，但是如果办案人员尽到了审查义务，只是因认识上有偏差，或出现新的证据或司法解释变化等原因所致，不应认定为错案。四是要把握错案与执法瑕疵的区别。错案应是处理错误，需要启动法律程序予以纠正或重新作出处理的案件。而瑕疵案则是事实表述、证据收集、法条引用、办案程序、文书制作、执法作风等方面不符合法律和有关规定，但不影响案件处理结果的正确性及效力的案件。

综合考虑，本文认为：检察机关的错案应是检察机关工作人员在执法办案过程中，因故意或者重大过失导致认定事实错误或事实不清、适用法律不当、办案程序严重违法，造成处理错误，依法应当通过启动法律程序予以纠正或重新作出处理的案件。

二、错案责任追究存在的问题

错案的概念界定之后，关键就在于错案责任制的落实。下面本文重点结合最高人民检察院《检察人员执法过错责任追究条例》的实施情况进行分析。应当说，该条例颁布实施以来，对于加强队伍建设、规范执法行为、提高执法水平、遏制司法腐败，起到了重要作用。但是，当前司法实践中还存在一些问题,需要进一步完善。

(一) 错案责任认定难

1. 认定标准不够细化。条例规定检察人员在执法办案活动中故意实施10种行为,或者不履行、不正确履行或放弃履行职责,造成一定后果的,应当追责。这样的规定可以说只是原则性的规定,相对比较宽泛。实践中如何界定,缺乏统一细化的标准,操作性不够强。

2. 责任区分不够清晰。条例虽然规定承办人员的意见经主管人员审核批准造成执法过错的,由承办人员和主管人员分别承担责任,但是具体责任怎么划分、责任大小如何,没有更进一步的规定。特别是实践中,一些案件层层汇报、层层请示。在这种机制下,如何合理区分领导责任和执法人员责任,缺乏细化的规定。

3. 错案范围不够合理。比如条例规定的一些追责情形在实践中很难操作,如矛盾激化引起涉检信访人多次上访、越级上访的应追责,但实践中导致缠访闹访的原因很多,如果不区分情况,很容易打击控申岗位人员工作积极性;又如条例规定,超越刑事案件管辖初查、立案的应追责,实践中根据办案需要,案件初查避免不了,过度限制初查反而不利于案件侦办。

(二) 错案线索发现移送难

条例规定,检察长、副检察长及内设部门发现执法过错线索后,应进行初核,认为需要进一步调查和追究过错责任的,应及时移送线索管理部门处理。这样的规定容易导致线索移送主观随意性很大。检察机关办理的每起案件均经部门审查、检察长或分管检察长审批,有的还经检委会研究。在这样的情形下,又让同一个院来审查需不需要调查错案责任,"自己查自己"容易导致调查走过场;同时即使进行了线索初核,也会出于这样那样的思想考虑,就不移送线索了。

(三) 错案调查取证难

条例对调查的具体内容、时限等缺乏详细规定,导致实践中很难操作。一方面,纪检部门作为调查部门,人员较少,又不在办案一线,难以掌握第一手资料,很难启动调查程序。另一方面,对调查缺乏相关监督制约机制,是否启动调查的主观随意性较大。此外,对于调查的时间也没有限制,也容易让一些案件即使进入调查程序,也是久拖不决,最后不了了之。

(四) 错案问责难

1. 追责机构不完善。条例规定由检察长办公会负责确认执法行为是否属于过错行为。检察长办公会具有一定的行政管理色彩,而错案显然属于检察业务方面的内容,业务监督显然应由检察委员会来研究确认,由检察长办公会确认似有不妥。

2. 问责方式不完备。目前的问责方式局限于批评教育、组织处理以及纪律处分和刑事处理等方式。错案追究的目的是更进一步提高规范执法水平，错案追究的方式，也应突出惩罚与教育相结合的原则，增加离岗教育学习等内容。

3. 追究效果不理想。条例施行至今已有8年，真正实现追究的案例寥寥无几。在一些基层院普遍存在不愿启动、不忍启动和不便启动追究程序等情况。特别是有人觉得处分人会影响检察机关形象，甚至影响单位考评、福利等，存在保护思想，往往大事化小、小事化了。这在一定程度上背离了制定者的设计初衷。

三、完善责任追究机制的几点建议

（一）细化错案认定标准

要严格按照错案标准、概念来认定，检察机关各办案环节的主要错案包括：

1. 侦查监督环节的错案。（1）错捕。即审查逮捕时，案件证据不能证明有犯罪事实或者依法不应当追究刑事责任而批准逮捕的。可依据以下处理结果确认：一是因没有犯罪事实或者依法不应当追究刑事责任而撤销案件或不起诉的；二是因没有犯罪事实或者依法不应当追究刑事责任而被判决无罪并已发生法律效力的；三是对涉嫌犯罪的县级以上各级人民代表大会代表，未依法报经许可或者罢免而批准逮捕的。（2）错不捕。即对依法应当逮捕的犯罪嫌疑人不批准逮捕的。可依据以下处理结果确认：一是以无社会危险性不批准逮捕的，致使犯罪嫌疑人实施新的犯罪或者严重影响刑事诉讼正常进行的；二是以不构成犯罪不批准逮捕的，经上一级人民检察院复核改为批准逮捕，在案件事实、证据无变化的情况下，经法院审理作出有罪判决并已发生法律效力的。（3）错押。即违法批准延长侦查羁押期限。包括：一是对不符合逮捕条件的犯罪嫌疑人批准延长侦查羁押期限的；二是不符合刑事诉讼法第154条、① 第156条、② 第157

---

① "对犯罪嫌疑人逮捕后的侦查羁押期限不得超过二个月。案情复杂、期限届满不能终结的案件，可以经上一级人民检察院批准延长一个月。"

② "下列案件在本法第一百五十四条规定的期限届满不能侦查终结的，经省、自治区、直辖市人民检察院批准或者决定，可以延长二个月：（一）交通十分不便的边远地区的重大复杂案件；（二）重大的犯罪集团案件；（三）流窜作案的重大复杂案件；（四）犯罪涉及面广，取证困难的重大复杂案件。"

条①规定的犯罪嫌疑人，批准延长侦查羁押期限的。

2. 公诉环节的错案。(1) 对没有实施犯罪行为或者符合刑事诉讼法第15条②规定情形不应当被追究刑事责任的人提起公诉的；(2) 对犯罪事实不清、证据不足的案件提起公诉的；(3) 适用法律明显不当或者认定从重、从轻、减轻、免除处罚的法定情节明显不正确，严重影响定罪量刑；(4) 对犯罪事实清楚、证据确实充分，依法应当追究刑事责任的人，作出不起诉决定的；(5) 对裁判确有明显错误，依法应当提出抗诉（支持抗诉）而未提出抗诉（支持抗诉的）；(6) 审查期间变更强制措施明显不当，导致犯罪嫌疑人逃跑、毁灭证据、实施新罪，严重影响刑事诉讼活动的；(7) 超过法定审查起诉期限或者具有超期羁押情形的等。

3. 职务犯罪侦查环节的错案。(1) 立案侦查的案件，因未依法正确履行侦查职责，最终作撤销案件、绝对或存疑不起诉、判决宣告无罪并发生法律效力的；(2) 讯问犯罪嫌疑人未按规定实行全程同步录音录像的；(3) 违反规定采取查封、扣押、冻结措施的；(4) 采取、变更、解除、撤销强制措施不当，导致犯罪嫌疑人逃跑、自杀、毁灭证据、实施新的犯罪，严重影响刑事诉讼活动正常进行的；(5) 违反规定滥用强制指定监所监视居住强制措施的；(6) 侦查阶段超期羁押的等。

4. 民事行政的错案。(1) 抗诉、再审检察建议的法律依据适用错误，影响案件处理的；(2) 超出办案期限的；(3) 因不符合抗诉条件，提出抗诉后撤回抗诉，或被上级院撤销抗诉的。

5. 刑事申诉的错案。(1) 刑事申诉复查决定被纠正的；(2) 明确属于检察机关管辖的案件，因故意推诿或严重失职，造成重大影响群体访事件或其他严重后果的。

（二）健全错案调查程序

1. **科学设定错案确认、调查主体。**为确保错案认定的公正性，错案的认定应由上一级检察院检察长或检察委员会确认，或者根据检察官惩戒委员会的职责，由其认定。同时，从实践来看，错案的调查由监察、政工部门负责，人力、精力各方面都难以完全胜任，可以结合业务情况，由案管、纪监等部门联

---

① "对犯罪嫌疑人可能判处十年有期徒刑以上刑罚，依照本法第一百五十六条规定延长期限届满，仍不能侦查终结的，经省、自治区、直辖市人民检察院批准或者决定，可以再延长二个月。"

② "有下列情形之一的，不追究刑事责任，已经追究的，应当撤销案件，或者不起诉，或者终止审理，或者宣告无罪：（一）情节显著轻微、危害不大，不认为是犯罪的；（二）犯罪已过追诉时效期限的；（三）经特赦令免除刑罚的；（四）依照刑法告诉才处理的犯罪，没有告诉或者撤回告诉的；（五）犯罪嫌疑人、被告人死亡的；（六）其他法律规定免予追究刑事责任的。"

合调查。

2. 明确规范错案线索管理。针对当前错案线索本级管理难以追究的现状，可以实行线索上提一级管理。即省、市检察机关错案线索由省院监察部门管理，县（区）检察机关错案线索由市院监察部门管理，并按月向省院备案。检察机关相关部门在巡视、督查、评查、指导中发现错案线索的，应及时移送监察部门。此外，为防止押案不查，还应规定监察部门应将错案线索的收集、调查、处理情况每年向检察长或检察委员会报告一次。

3. 完善错案调查程序。一是细化调查流程。监察部门收到错案线索并初核完毕后，认为需要进行调查的，移送案件管理部门；认为不符合错案规定的，报院领导批准后回复线索提供部门或人员。二是建立主动调查制。错案追究的目的是确保案件质量，一旦出现下列情形时，应主动移送或主动调查：出现赔偿案件、捕后撤案、捕后作不起诉决定、法院判无罪和撤回起诉的以及举报、申诉、社会舆论反映有错案的。错案责任追究机制启动后，应有专门调查小组进行先期调查，如果认定是错案，再启动追责程序；如果认定不是错案，则予以正名。三是明确调查方式。调查部门在调查核实错案线索过程中，可以查阅相关卷宗，可以要求被调查人员就调查事项作出解释说明，可以与相关人员谈话了解情况，也可以查看执法办案现场、走访相关单位，同时也应听取被调查人的陈述和申辩，并进行核实。四是形成调查报告。调查结束后，调查部门需制作调查报告，报请检察长或检察委员会决定。

（三）改进错案问责方式

1. 增加问责方式。从已发现和披露的案件，冤假错案的形成主要与司法作风不正、工作马虎、责任心不强以及追究不正确的政绩观包括破案率、批捕率、起诉率、定罪率有很大关系。① 在已有的批评教育、组织处理、纪律处分和刑事处理基础上，结合处罚与教育相结合的原则，增加离岗培训、取消评优资格等方式。

2. 细化责任分解。按照谁主管谁负责、谁主办谁负责、谁定案谁负责的原则，根据错案性质、原因、情节、后果和责任大小，作出恰当处理。特别是要合理划分领导责任和执法人员责任。因案件事实、证据认定错误造成错案的，承办人应承担责任；部门负责人或复议人、复核人在审核案件中擅自或者授意改变案件事实、证据认定造成错案的，应承担全部责任；检察长、副检察长改变承办人正确意见造成错误的由其承担责任；检察委员会主持人违反有关法律和检委会议事规则作出错误决定的，由主持人承担责任；向上级院请示的

---

① 参见沈德咏：《我们应当如何防范冤假错案》，载《人民法院报》2013年5月6日第2版。

案件，上级院批复、决定错误的，应承担相应责任。

3. 确立终身追究制。应予错案责任追究的检察人员，即使已经调离、退休，也应按照有关规定给予相应处理。同时，为防止有错不纠，还应规定：省院认为市院应当追究有关人员的错案责任而没有追究的，可经检察长决定，责令市院或自行启动错案追究程序，确保错案责任落到实处。

关于错案责任追究制的若干思考

王 磊*

  党的十八届三中全会提出要健全错案防止、纠正、责任追究机制，新一轮司法体制改革将其作为重点内容之一。检察机关对于错案责任追究制早有所探索并形成制度规范。1998年最高人民检察院制定《人民检察院错案责任追究条例（试行）》，2007年对条例进行了大幅度修改和补充完善，形成《检察人员执法过错责任追究条例》并同时废止《人民检察院错案责任追究条例（试行）》。以上努力在实践中发挥了一定作用，但在制度定位存在偏差，实践中难以执行到位，没有体现出其应有的制度价值。本文试在分析现有不足的基础上，对错案责任追究制的相关问题进行粗浅分析：

一、明确制度定位与功能

  从高检院制度层面分析，严格说来并未建立实质上的错案责任追究制。《人民检察院错案责任追究条例（试行）》第2条界定了错案：是指检察官在行使职权、办理案件中故意或者重大过失造成认定事实或者适用法律确有错误的案件，或者在办理案件中违反法定诉讼程序而造成处理错误的案件。在第二章中规定了"错案范围"，包括徇私枉法、徇情枉法、违反法定程序造成处理错误，玩忽职守造成错案等。从制度规定来看，虽然名为错案责任追究，条文内容却仍以执法过错为主，名称与内容存在不协调的问题。因此，高检院在修订时连名称也改为《检察人员执法过错责任追究条例》。这一调整从制度文本本身来看是合适的，但更加模糊了错案责任追究自身的定位与功能。在当前司法体制改革中，应当进行调适与修正。

  1. 明确指向对象。目前检察机关监督制约机制很多，并形成了完整的体系。归纳起来，大致可以分为三类：（1）对执法人员的监督管理，即对办案人员办案纪律、道德准则、廉洁从检等方面的学习、教育和制度规范；

---

* 湖北省人民检察院法律政策研究室主任，全国检察理论研究人才。

（2）对执法行为的监督管理，包括执法行为规范、案件管理、统一业务运用软件等手段和措施；（3）对执法结果的监督管理，即错案责任追究。这三方面的监督管理相互联系，但指向和角度不同，分别指向执法主体、主体行为和行为结果。当前司改中要特别注意区分其与执法过错的区别。错案追究的对象是案件办理结果，执法过错追究的对象是执法行为。错案与执法过错应当是原因和结果的关系，执法过错是造成错案的原因之一，但并非所有执法过错都会造成错案；错案是执法过错的结果，但也并非唯一可能的结果。

2. 突出结果监督。错案防止、纠正、责任追究机制是对案件办理过程和结果监督的整体表述，体现了动态监督与事后监督相结合。错案责任追究的重心是对结果的事后监督。长期以来，检察机关对办案程序的监督管理较为成熟，形成了较为齐备的规范和办法，对违法违规办案行为实现了有效的控制和监督。但存在案件过程监督严格，而案件结果疏于监督的问题，造成这一问题原因有多方面：客观上受到案件办理周期的影响，案件过程与案件结果之间存在较长的时间差，监督力度递减；案件结果错误的原因更为复杂，程序违法并不必然引起结果错误，结果错误还与办案能力、业务水平不高密切相关，实践中对此往往更加宽容；制度设计上有所缺位，监督主体与办案主体联系松散，案件办理与质量评判各行其是，追究程序缺乏对应性和操作性，造成办案与监督相分离。以上因素造成忽视案件办理结果，只管办案、不管结果的倾向，如现实中存在的案件侦结或者起诉完毕则立功受奖的现象。因此，要改变以往重程序轻结果的导向，体现错案责任制的制度价值，彰显办案结果的重要性，充分发挥办案结果客观明确的特点，强化和完善对执法结果的监督评价。

3. 加强追究处罚。错案追究与预防、纠正有所不同，其功能重在追究。从实践中看，对违法违规办案行为有追究，而鲜有因为案件质量进行责任追究的事例，造成质量评查、责任追究停留于口号和概念。错案责任追究制的建立完善，即要建立以案件处理结果为评价标准的追究体系，通过责任追究，促进办案人员责权利相统一，发挥制度性惩戒功能。

二、科学界定错案标准

由于对错案责任追究制的定位不准，无论是《人民检察院错案责任追究条例（试行）》还是《检察人员执法过错责任追究条例》，都没有完成科学界定错案标准的任务。检察机关错案的界定问题，主要存在以下难点：一是检察机关执法办案类别较多，既有职务犯罪侦查，又有批捕公诉，还有诉讼监督，执法办案活动既有行政属性的，又有司法属性的，既有程序处理又有实体认定，各类案件的错案标准有所不同。二是难以区分过错程度，错案中过错大小和危害程度不尽相同，还有全部和局部错误的情况，特别是诉讼监督工作中如发出纠正违法或者检察建议有错误，不当和错误之间难以区分，还有可能存在部分错误。三是检察机关执法办案大部分属于诉讼进程中的环节，根据诉讼进程发展性规律，各环节的法定条件、证明标准不尽相同，如起诉结果与法院判决可能存在认识分歧，判断错案需要综合考虑，不能一概而论。因此，错案标准的界定是一项复杂而细致的系统工程，在完善错案责任制中要明确重点，由易到难，分步实施。

1. 围绕办案结果界定标准。办案结果是检察机关对案件作出的具有法律效力的程序处理或实体认定决定，并能对犯罪嫌疑人、当事人和其他司法执法机关产生影响。其特点是：检察机关依法作出，涉及案件程序和实体的认定，能够对外产生法律效力。对错案的界定要针对案件结果进行设置，主要是判断和评价检察机关作出的法律效力的各类决定。因此应当坚持客观标准，以明确重点，避免混淆。对于执法不规范或者工作不到位等问题，属于造成错案的原因，而非错案本身，应当以其他规范制度予以调整；对于检察人员主观上的故意或过失状态，也是造成错案的原因，不因其主观状态影响案件结果认定，只会对责任划分产生影响。

2. 划分办案结果的类别。根据检察职能对检察机关办理案件进行分类是界定标准的前提和基础。从检察机关职能来分析，办理案件主要包括几类：职务犯罪案件，批捕、公诉案件，诉讼监督案件；国家赔偿案件等。这几类案件各有特点，职务犯罪案件的结果既包括案件侦结后的处理，如撤案、提请起诉不起诉，也包括侦查过程中强制措施的决定；批捕案件的结果主要是批捕和不批捕；起诉案件的结果主要是起诉和不起诉。在明确了各类案件结果之后，再具体细化相关的评价指标。

3. 坚持客观因素标准。目前关于错案衡量标准的观点不尽相同，理论与实务界主要有赔偿标准说，即按照国家赔偿法规定，以实际取得国家赔偿为标准；法定条件说，即以作出法律决定是否符合法律规定条件为标准；诉讼结果说，即根据法定处理结果如撤案、不起诉、终止审理、宣告无罪等为标准。以上标准都有可取之处，也都有局限。案件结果之所以要关注，主要是能够产生法律效力，并对外发生影响。因此，应当以案件结果对外发生作用作为标准来判断：一是案件结果在认定事实或者适用法律上确有错误；二是案件结果造成犯罪嫌疑人或其他人员的人身权利财产权利受到侵犯。

三、合理划分错案责任

从高检院规定来看，对于错案责任的分配以及免责事由已有较为完善的规定，体现了谁决定谁负责的原则。实践中存在的难点在于：一是目前实行检察官办案责任制，并不是完全的承办责任制，而是在坚持审批制的基础上采取授权分权的思路，检察官的权限是分散而零碎的。对于一般案件的批捕、起诉、抗诉权明确赋予检察官，责任相对明确。而对于重大复杂疑难案件，检察官的办案权限不完整，相当部分诉讼案件和监督案件，检察官只有审查、调查、提出处理意见的权限。从完整办案过程来说，前一行为的决定错误有可能影响到后一行为，对前一行为由检察长决定而后一行为由检察官决定造成的错案责任难以划分。二是检察官对案件事实证据负责、检察长（检委会）对法律适用问题负责可能只是一种理想状态，大部分案件的定性和处理与事实证据密切相关，或者是因事实证据不清不实而引起，对于集体负责制下责任的划分也是难点。司法责任制是此次司法改革的重点，落实错案责任追究，实现办案人员对案件终身负责是其中的重要内容。因此，要在司法责任制的整体推进中，解决好审批制和集体负责制下办案责任划分的问题。

1. 明确和合理授权。在检察官办案责任制的推进中，要落实"谁决定谁负责"的原则，必须明确和合理划分权限。目前赋予主办检察官的权限较少，主要是一般案件的批捕、起诉和抗诉权，口头纠正违法权。其他所列权限实际上不涉及案件结果处理，只是承办和处理的具体事项。因此，在改革中应当重点考虑如何审慎合理地授权。比如界定重大复杂疑难案件标准，防止案件不加区别一律提请检察长决定；对于办案必需的措施及日常性工作可更多授权给检察官决定；应当更多地运用授权与控权相结合的机制作用，而非简单地设定范围，如完善提请检察长决定的双向机制，主办检察官可以提请，检察长也有权随时主动过问案件。检察长的审核、审批和指挥要实行书面化、规范化，以便于明确责任。

2. 增强检委会司法属性。为改变决定者不办案、办案者无权决定的状况，增强检委会的司法属性也是改革重点之一。进一步完善议案范围，明确重大复杂疑难案件范围；充分发挥提起议题机制作用，检察官对难以决定的案件，可以报由检察长提交检委会讨论；明确审议重点，提交议案时应当明确注明提请审议讨论的法律适用点，检委会只就案件法律适用问题进行审议决定，主办检察官对案件事实和证据负责，以便能够明确责任追究；加强检委会记录纪要工作，对检委会委员意见明确记录在案，促进其依法履行职责；完善检委会委员考核制度，在对案件进行评查时应一并启动对检委会集体决策的考评。

四、完善启动判定机制

从《人民检察院错案责任追究条例（试行）》和《检察人员执法过错责任追究条例》规定来看，由于两个制度的指向不同，对于机构和程序的设计也不相同。《人民检察院错案责任追究条例（试行）》规定，根据对案件事实证据进行复查和对违反法定诉讼程序行为进行查处两类情况，规定分别由控申部门和监察部门受理，错案由检委会确认。《检察人员执法过错责任追究案例》规定执法过错线索由监察部门统一管理并进行审核，需要调查的由检察长另行指定部门调查，最后由检察长办公会确认。同时，两个条例对于检察长、检委会的过错规定由上一级院确认。以上制度规定有值得借鉴之处，但其角度仍然偏重于查处对执法人员和执法活动进行纠查的思路。错案追究不是建立在对所有案件评查监督基础之上，仍是以对查处违法违纪线索为主，带有偶然性和随机性；监督主体的专门性、权威性不够，尤其是缺乏准确评判错案的能力。对此问题要加以研究解决。

1. 建立以案件质量评价为中心的监督体系。错案责任追究的重心在于案件结果，应当将每件案件的结果监督都纳入到监督体系中。在当前司法责任制改革中，可以考虑建立案件质量评查机制，做到一案一评查，实现监督无遗漏。案件评查既是对案件办理质量的评价，也可以作为检察官工作绩效的考核依据。从评查内容上看，要注意突出案件办理结果，设计主要的错案评价指标。从评查方法上可以采取自查与专门部门检查两方面，既强化办案人员严格执法意识，又保证客观公正评价案件。

2. 成立考评委员会。结合检察官办案责任制的推进，设立考评委员会。考评委员会可设计为相对独立的第三方机构，由具有办案工作经验的人员参与，除负责对检察官办案工作进行考评，还承担错案认定的职责。同时还要设计相应救济程序，赋予办案人员提请复议权。

3. 加强各相关部门的联系配合。对错案的追究与对错案的防止、纠正是一个有机联系的系统。近年来，随着案件管理的加强、统一业务应用软件的运用，实施错案责任追究制具有更加有利的条件。要将错案责任追究与案件管理相结合。日常案件管理针对案件办理全过程，包括节点控制、流程监督，更多地发挥预防和纠正的功能；统一业务应用软件也有助于实现实时监控。充分利用现行有效的监督制约机制，实现点与面的结合，既体现错案责任追究制的独立价值，又能充分发挥整体管理监督效应。

总之，错案责任追究与防范、纠正是相互联系、配合、促进的统一体，要发挥既治标、又治本的长期功效，必须将三者一并考虑设计；同时，错案责任追究也是司法责任制健全完善中要考量的重要因素,在检察官办案责任制的推进、加强检委会司法属性改革中要一并考虑,充分体现责权利相结合;错案责任追究机制在实践中的功能发挥,还要在实行检察官制、检察人员分类管理、检察官薪酬体系等基础上,普遍建立起检察官职业尊崇感,形成制度实施的内心驱动与外部条件。

错案责任追究机制的理性思考

杨 晓[*]

实行错案责任追究机制,是贯彻有法可依,有法必依,执法必严,违法必究的社会主义法制原则,保证检察人员正确行使检察权,公正执法的重要措施。自1998年《人民检察院错案责任追究条例(试行)》施行后,随着经济社会的发展,检察工作出现了一些新情况、新问题,错案责任追究制度遇到了前所未有的困难与挑战,2007年高检院在反复论证和广泛征求意见的基础上,对《人民检察院错案责任追究条例(试行)》进行修改,出台了《检察人员执法过错责任追究条例》。[①] 目前,从制度完善到实际运作都已积累了一些经验,取得了一定效果,但是,这项制度在实践中也暴露出一些问题,有待进一步完善。

一、错案责任追究机制为何责任难以体现

按照高检院《检察人员执法过错责任追究条例》,重庆市辖区各基层院都相应地制定了执法过错责任追究机制,从运作的总体情况看是好的,但个别基层院在案件质量方面也存在一些问题,有的甚至是错案,且造成了赔偿,但追究错案责任的却寥寥无几。错案责任追究制为何追究不了,责任难以体现呢?究其原因:一是对错案的界定较难把握,因此,给正确实施错案责任追究带来一定困难,出现了对应追究责任的错案界定和范围把握不准,标准不具体,无法追究。二是缺乏追究错案的启动、评价机制。由于错案责任追究组织和错案确认机构不完善,操作程序和错案管辖不规范,以致一个案件法院判决无罪,或者检察机关不起诉或者侦查机关撤案后,应该怎样启动程序进行评价,作出认定,追究责任,没有相关的制度配套。错案责任追究机制实际上被束之高阁,吓人而不管用,因而出了错案追究不了,承担错案的责任也难以体现。三

---

[*] 重庆市人民检察院第一分院案管处检察员(调研员),全国检察理论研究人才。
[①] 最高人民检察院组织编写:《检察机关执法规范培训学程》,中国检察出版社2011年版,第519页。

是错案责任追究机制中的"错案"与办案责任制中的"错案"混淆不清。在1998年高检院《人民检察院错案责任追究条例（试行）》施行后，有的基层院原有的办案责任制没有及时修改，以致很难准确区分错案责任追究机制所指的"错案"与办案责任制所指的"错案"，把应该按照错案责任追究机制追究责任的按照办案责任制来处理，虽时有错案，但被追究错案责任的却寥寥无几。也有的把应当按照办案责任制来处理并且已经按照办案责任制来处理的错案，依照错案责任追究机制的错案来确认。造成错案责任追究机制中的"错案"与办案责任制中的"错案"混淆不清。那么，怎样正确界定错案呢？笔者认为，应从以下两个环节去把握。

（一）批捕环节错案的界定问题

从现行对待错案问题的处理来看，似乎很多人对何为错案存在着片面的认识。就法院审理案件而言，通常把案件被改判，被发回重审作为错案的标准；就刑事案件的侦查起诉而言，又一般以犯罪嫌疑人被拘留或逮捕后因为证据不足或其他原因没有被提起公诉或被判决宣告无罪作为错误拘留、错误逮捕、错误起诉的认定标准。这些做法虽然可操作性很强，但反映出人们对错案概念充其量只是根据现象认识了它的外延，而并未真正认识它的内涵。案件被改判、被发回重审等，在法律意义上确实具有宣告错案的效力，但在事实上或逻辑上却并不一定如此。换言之，改变前面已作的司法决定，并不一定意味着前面的决定错误而后面的决定正确。所以笔者认为，何为错案？不仅要看司法决定在后来的程序上有没有被否定，更要看原来的司法决定在认定事实、适用法律和程序操作上是否确有错误。如果原来作出决定的时候完全依据事实和法律，也没有违反法定程序，那么，即便这项司法决定后来被否定，也不能认定当时的决定就是错误的。[①]

由此可见，错案是一个完整的程序过程，包括错立、错拘、错捕、错诉和错判。而错捕仅是错案的一个表现。那么，何为错捕呢？错捕的标准应如何掌握？错捕是否必须要赔偿？司法实践中暴露出的一系列问题，已成为当前亟待解决的突出问题，所以，在理论上进行深入研讨，形成共识显得越来越重要。

1. 错捕的概念及标准

解决错捕问题首先要明确错捕的概念和标准。刑事诉讼法第78条规定："逮捕犯罪嫌疑人、被告人，必须经过人民检察院批准或者人民法院决定，由公安机关执行。"这是逮捕应具备的形式要件。刑事诉讼法第79条规定："对有证据证明有犯罪事实，可能判处徒刑以上刑罚的犯罪嫌疑人、被告人，采取

[①] 参见李建明：《错案追究中的行而上学错误》，载《法学研究》2000年第3期。

取保候审尚不足以防止发生下列社会危险性的,应即依法逮捕……"这是逮捕应具备的实质要件。因此,刑事诉讼法第78条和第79条之规定,是衡量错捕与否的法律依据。为了保证逮捕的质量,笔者认为,对错捕的概念应从严掌握,即凡不符合法定逮捕条件而进行的逮捕,均是错捕。

关于错捕的衡量标准,目前,理论界和实务界主要有四种观点:

(1) 赔偿标准说。主张按照国家赔偿法第17条第2项之规定作为认定错捕的标准,并且是唯一标准。诉讼结果没有犯罪事实,被捕人是无辜的,并且批捕时不符合逮捕条件,这样的逮捕就是错捕,国家就要赔偿。① 即以实际取得赔偿为标准。如果被害人最终未获赔偿,则不是错捕。

(2) 逮捕条件说。主张以批准或决定逮捕当时的案件事实和证据是否符合刑事诉讼法第79条逮捕的条件为标准。如果捕后案情发生变化,即使最终被撤案、不起诉、宣告无罪,也不是错捕。

(3) 诉讼结果说。主张凡诉讼结果系撤案、不起诉、终止审理、宣告无罪或者判处徒刑以下刑罚的,都是错捕。②

(4) 综合说。即逮捕当时和诉讼结果综合说。

第一种观点,在适用逮捕条件的同时又增加国家赔偿这一条件,凡赔偿的才是错捕,不赔偿的即使违背刑事诉讼法第79条的规定,也不是错捕。这种观点在一定程度上是将需要证明的结论用来证明它的前提,这是违背司法规律的。③ 这不仅降低了逮捕条件,而且有违反事实和逻辑之嫌。国家赔偿法第17条第2项规定:"对公民采取逮捕措施后,决定撤销案件、不起诉或者判决宣告无罪终止追究刑事责任的"。其实只是错捕的一种情况,并不能涵盖错捕的范围。同时,错捕未必都能获得赔偿。因此,这种观点显然不利于正确掌握逮捕的标准,并不可取。第三种和第四种观点中都以"诉讼结果"作为错捕的衡量标准之一。笔者认为,这等于无形中提高了逮捕的条件,显然不妥。

从逮捕与诉讼结果的关系来看,不外乎有四种情况:一是逮捕错了,结果也错了;二是逮捕对了,结果也对了;三是逮捕错了,结果却对了;四是逮捕对了,结果却错了。由此可见:诉讼结果错了,逮捕未必就是错的;即便逮捕错了,诉讼结果也未必不正确。因为二者之间虽有密切联系,但不能完全画等号。所以,以诉讼结果来衡量逮捕的正确与否是不妥当的。

再从每个诉讼阶段的证明标准看,虽然诉讼结果在一定程度上可以反映逮

---

① 参见林楠:《错捕的认定标准》,载《国家检察官学院学报》1999年第5期。
② 参见汪莉:《诉讼过程中的刑事错案考察》,载《人民检察》2006年第18期。
③ 参见张兆松:《关于错捕与刑事赔偿关系的理性思考》,载《人民检察》2003年第9期。

捕的质量,但刑事诉讼是一个动态的过程,不同的阶段都有各自的特点和要求。立案阶段要求"存在犯罪事实";刑事拘留要求"有重大嫌疑";起诉要求"认为犯罪事实已经查清,证据确实、充分";审判则要求"案件事实清楚,证据确实、充分"。所以逮捕的证明标准要受阶段性的限制,应处于拘留和起诉的证据标准之间,而不应当以起诉标准或者定罪量刑的标准衡量。逮捕作为最严厉的强制措施,其适用必须符合刑事诉讼法第79条规定的三个实质性条件。逮捕的三个条件是互相联系,同时必备,缺一不可的。在适用逮捕过程中,符合逮捕的三个条件就是正确的,否则一律是错捕。这是因为,逮捕条件与起诉、审判的条件存在明显的差距,符合逮捕条件的未必符合起诉、审判条件,如果用起诉、审判的标准来衡量批捕工作显然是不合情理的。并且,在刑事诉讼过程中,证据和事实均可能发生变化,而这种变化在批捕阶段往往是无法预料的,不能因为证据或事实变化后,对被告人无法认定犯罪就倒过来推断逮捕时对这个问题未加以注意。以案件的诉讼结果来评判逮捕的对错将会使批捕人员在批捕时战战兢兢,如履薄冰,强大的精神压力自然会给审查批捕工作带来极大危害。

诚然,由于逮捕特有的强制性,以及我国对逮捕与不捕历来所倡导的慎重态度,使得逮捕已不仅仅具有诉讼法意义,而且具有强烈的实体法意义。尤其是可能判处徒刑以上刑罚这一条的存在,往往给人们造成一种错觉,即犯罪嫌疑人或被告人一旦被逮捕就基本定了案。这对办案造成的一个直接危害后果就是,不少人认为逮捕后就应当起诉和定罪判刑。然而,实践中,逮捕以后的犯罪嫌疑人和被告人并不都能被"判处有期徒刑以上刑罚",有的犯罪嫌疑人、被告人由公安机关撤了案,有的由检察机关作了不起诉决定,甚至由法院作了无罪判决。这些是否都属于错捕,是否都是批捕人员的过错,不能一概而论,应该具体案件具体分析。

要分析就要有依据,这个依据不是被告人是否被起诉及判刑的事实,而是批准逮捕时的案件事实和证据是否符合刑事诉讼法关于逮捕条件的规定。不过,作为最严厉的一种强制措施,逮捕具有很强的人身强制性。如果捕后发现犯罪嫌疑人没有犯罪行为,则必然会侵犯被逮捕者的人身权利。所以,我们需要更加严格地遵循逮捕的条件,而不是因为逮捕可能侵犯人权需要赔偿就有捕必诉甚至有捕必判。立法规定表明,被捕后的犯罪嫌疑人有被起诉、定罪的极大可能性,而不是被捕后的犯罪嫌疑人统统必须起诉和判刑。

基于以上观点,笔者赞成以逮捕条件说作为衡量错捕的标准。逮捕本身只是一项诉讼手段而非实体的处理结果,随着诉讼程序的推进和侦查情况的变化,案件事实与证据都有可能发生变化,有的会被进一步查证属实,有的也会因为变化而被推翻。而捕后的这种情况变化有时是无法预见的。所以我们不能一概将捕后没有被起诉判刑的都视为错捕，不能以起诉、审判的要求倒过来要求批捕阶段就做到。如将捕后因法律、法令的修改使原来认为有罪的行为，根据新的法律、法令不认为是犯罪而导致不起诉或被判无罪归于错捕，显然是不合理的。因而，认定错捕只能根据审查批捕当时的案件事实和证据，不能跨越其阶段。

2. 错捕与刑事赔偿

对犯罪嫌疑人进行逮捕的实质要件是有证据证明有犯罪事实。反之，只要符合逮捕的形式要件和实质要件就不能认为是错捕。逮捕的目的之一就是更好地开展侦查工作，收集到确实充分的证据，因此，确实充分的证据证明犯罪事实是侦查终结提起公诉时的证明要求，而不是对犯罪嫌疑人进行逮捕时的证明要求。如果被羁押者的犯罪嫌疑最终不能变为有确实充分证据证明的犯罪事实，那么，被羁押者因为被羁押而受到的损失理应由国家无条件地进行赔偿。

2012 年修正的国家赔偿法第三章对刑事赔偿作出专门规定，国家赔偿法第 17 条第 2 项规定了对错捕的赔偿条件，同时也限定了赔偿的范围，即"对公民采取逮捕措施后，决定撤销案件、不起诉或者判决宣告无罪终止追究刑事责任的"是错捕，应当予以赔偿。由此可见，我国针对错捕的赔偿范围并不包括所有错捕案件，只限于错捕案件中用证据认定犯罪事实发生错误的这一部分。根据国家赔偿法的规定，错捕并不必然引起赔偿。除了虽有犯罪事实，但不是犯罪嫌疑人所为的冤案、无中生有的假案、张冠李戴的错案、无罪误定有罪等情形的错捕必须赔偿外，其他错捕，比如因违反法定程序的，就不需要进行赔偿，但不赔偿也不能完全视为不是错捕，应当具体分析。如果逮捕了刑法第 17 条、第 18 条规定不负刑事责任的人，国家则不予赔偿，但仍是错捕。一句话，除了完全无辜者因"没有犯罪事实"应赔偿的以外，其他错捕均不赔偿。因而，错捕不等于要赔偿，赔偿了也不等于完全错捕。

（二）起诉环节错案的界定问题

1. 起诉的证据标准

我国刑事诉讼法第 172 条规定："人民检察院认为犯罪嫌疑人的犯罪事实已经查清，证据确实、充分，依法应当追究刑事责任的，应当作出起诉决定……"由此可见，我国刑事案件起诉标准：一是犯罪事实已经查清，二是证据确实、充分，三是依法应当追究刑事责任。上述起诉标准和审判机关的审判标准是一样的，都是"犯罪事实清楚，证据确实、充分"。那么，怎样来理解这个标准，按照我国法学界的一般解释，所谓"犯罪事实清楚"，就是犯罪构成要件的事实和与量刑有关的事实和情节都已查清，即犯罪的时间、地点、动机、目的、手段、后果等都已查清，没有遗漏的罪行和其他应当追究刑事责任的人，这里的犯罪事实是指主要犯罪事实，即被指控犯罪的犯罪构成要件的事实，对不影响定罪量刑或影响不大的事实，即使没有查清，也应认为犯罪事实清楚。"证据确实"，就是指据以定罪的每一个证据都经过查证属实，能够证明案件真实情况，这是对证据质的要求。证据充分，就是指案件中的全部证据对事实有充足的证明力，足以排除其他可能性以证明整体案情，且得出的结论具有一致性，这是对证据量的要求。笔者认为，起诉环节对错案的界定亦应按照起诉的证明标准来确定，只要符合刑事诉讼法第 172 条起诉证明标准的，即使在审判环节，因法律、法令等证据发生变化被判无罪，起诉环节被作不起诉的，也不应视为错诉，但是，如果起诉认定的事实在审判环节证据也没有发生变化而被判无罪的，则应视为错诉。实践中，对证据不足而引发的侦查终结环节撤案、起诉环节存疑不起诉、审判环节无罪宣判的案件是否属于错案？是否需要赔偿？存在两种截然不同的观点。

第一种观点认为，以后一环节的认定为衡量错案的标准。即认为逮捕以后的三个环节作出撤案，存疑不起诉和无罪宣判都是确认了犯罪嫌疑人或被告人无罪的最终结果，因而，羁押当事人的批捕就是错捕，起诉被判无罪就是错诉，就要承担刑事赔偿责任。

第二种观点认为，要以刑事诉讼法规定的批捕条件和起诉条件本身来衡量错案的标准。即对有证据证明有犯罪事实或事实清楚，证据确实、充分的，不应赔偿，对没有证据证明且证据不充分的，才应赔偿。

笔者同意后一种观点。如上所述，实体上的错案赔偿应当适用"结果归责"原则，但适用这个原则也不能绝对化，不能一味地"回头看"，以后一环节的司法认定为唯一依据；而应该与刑事诉讼法本身对拘留、逮捕、起诉、判决的条件结合起来，全面分析，综合认定。在判断是否错案的问题上，尤其要充分考虑到刑事诉讼过程中证据的变化给前后阶段证据状况带来的变化和差异，不能动辄以撤案、不起诉、判决无罪作为错案的标志。

2. 存疑不起诉与刑事赔偿

1997 年刑事诉讼法修改后，就增加了存疑不起诉制度，由于国家赔偿法的规定过于原则，司法实践中对人民检察院依据刑事诉讼法第 171 条第 4 款规定作出的存疑不起诉决定，如果被不起诉人系被检察机关批准逮捕的犯罪嫌疑人，是否属于国家赔偿范围，认识不一，争议较大。笔者认为，刑事诉讼法规定的逮捕的证明标准是"有证据证明有犯罪事实"，而起诉的证明标准则必须达到"证据确实、充分"，法律对两者的要求是不同的。因此，只要人民检察院批准逮捕犯罪嫌疑人时的证据标准符合刑事诉讼法第 79 条的要求，就是正确的，即使以后对犯罪嫌疑人作存疑不起诉处理，也不应认为是错捕，不应赔偿。

人民检察院存疑不起诉决定，其实质是从程序上对案件所作的暂时不予起诉的处分，并非对案件的实体处分，不能作为被羁押的犯罪嫌疑人无罪的最终结论，它是从保护人权的角度适用无罪推定原则的结果，而不等于实际无罪。而且，《人民检察院刑事诉讼规则（试行）》第405条也规定了人民检察院根据刑事诉讼法第171条第4款规定决定不起诉的，在发现新的证据，符合起诉条件时，可以提起公诉。对此，我们不难看出，检察机关作出存疑不起诉决定后，此时犯罪嫌疑人有无犯罪事实尚处于不确定的状态，如果据此作出国家赔偿决定，那么，必然导致赔偿决定的正确与否也处于不确定状态，则更谈不上应不应当赔偿的问题。

因此，对于批捕后作出存疑不起诉的犯罪嫌疑人应不应当赔偿？笔者认为，应根据批捕或起诉的证明标准具体分析，综合判断，而不能一概而论。对批捕环节证据不足，而捕后证据又无变化，而作存疑不起诉的案件，则应视为错案，应予赔偿，如批捕环节严格按照刑事诉讼法第79条的逮捕条件，且程序合法，而捕后因法律、法令发生变化而作存疑不起诉的，则不属错案，不应赔偿。

二、落实错案责任追究制应当启动错案追究的评估机制

这里所说的错案追究的评估机制，主要是指以错案责任追究机制为中心，对办案质量进行监督、评估，发现错案、追究错案责任的相关制度。目前，我院已作了有益的尝试，建立了启动错案追究的评估机制《执法督导办法》，该办法以事后督导为主，在案管处设立案件督导组，对督导人员的职责和要求、督导范围及内容、督导程序及方式、案件质量评估及认定等均作了详细规定，从而全方位地对本院不起诉、捕后撤案、起诉后撤诉、法院判决无罪的案件进行全面检查，并由督导组写出督查报告，对案件进行评价，分析错案及重大质量问题案件的原因，并根据责任大小，区分各环节分别确定各责任人的责任。督导组每季度对各业务部门所办结的案件，按《执法督导办法》形成个案督查报告，发现差错或质量问题案件，提出处理意见，报检委会决定后，由政治部依照错案责任追究机制等相关规定进行处理。《执法督导办法》的建立，对启动错案追究的评估机制，落实和完善错案责任追究机制，必将起到积极的推动作用，这也是我院进一步贯彻高检院深化检察改革，用理论创新带动机制创新和工作创新的有益尝试。

三、完善错案责任追究机制的理性思考

严格执行办案责任制和错案责任追究机制，对于提高检察机关的办案质量和执法水平，防止办案中违法违纪现象的发生，遏制司法腐败，树立检察机关的良好形象，具有十分重要的意义。检察机关对所办的错案从最初的怕赔，不愿意赔到目前的依法赔偿，充分说明检察机关的办案人员更新了执法观念，体现了严格办案，公正执法的良好素质。因此，进一步完善办案责任制和错案责任追究机制，并将其作为执法督导和案件质量保障体系中的重要组成部分，是目前亟待研究解决的重要课题。

（一）明确应追究责任的错案范围及错案责任构成要件

针对实践中存在的问题，应进一步完善错案责任追究机制，充分考虑到司法实践中可能出现的各种情况。对执法过错范围和错案责任的确定，应严格依照刑事诉讼法及《检察人员执法过错责任追究条例》的有关规定办理，绝不能政出多门，另立标准，擅自扩大或缩小错案责任范围。对检委会决定的错案，应当追究责任的，应明确追究作出错误表决的委员个人的责任。

（二）完善错案责任追究组织，健全督查考评机制

目前，对错案的复查、受理，根据《检察人员执法过错责任追究条例》规定，分别由监察部门、政工部门负责。但这两个部门对应追究责任的错案复查及督查工作，具有一定的局限性、临时性、非专业性等实际情况，不利于对应追究责任的错案进行经常化、持久化、专业化的督查。考虑到研究室是检委会的日常办事机构及其职能，为此，按照《执法督导办法》将督导机构设在研究室，并对捕后撤案、不起诉、撤诉、法院判决无罪的案件进行督导，由其参与或承担日常督查工作较为适宜。

要健全实施错案责任追究机制的内部监督制约机制。按照2013年最高人民检察院印发的《关于切实履行检察职能防止和纠正冤假错案的若干意见》的通知精神，进一步深化检察官办案责任制改革，实施案件质量分析评查通报，落实案件协调报告制度，积极推进案件管理机制改革，并将其作为案件质量保障体系中的重要组成部分。在督查案件时，一是要督查案件程序是否合法；二是核对认定错案的依据是否充分，即案件是否实体违法或程序违法确实属于错案，国家是否应承担赔偿责任；三是分析错案产生的主、客观原因，并提出口头或书面建议，以预防错案的发生。

（三）完善错案管辖和错案责任确认机构

应否追究基层检察院或分院错案责任人的责任，在启动错案追究的评估机制后，根据《执法督导办法》，可以由本院检委会确认，也可以由上一级检察

院确认。但应当增加如下规定：第一，本院检委会确认错案责任时，有利害关系的检委会委员应当回避；第二，基层检察院或分院检察长或检委会决定形成的错案，应当由上一级检察院确认；第三，当事人或基层检察院、分院对错案责任确认有争议的，可以提交市院进行确认；第四，确认错案责任前可以采取公开听证形式。由市院聘请检察业务专家等作为"错案责任鉴评员"组成错案责任确认小组，对疑难案件按一定程序进行听证、鉴评，并形成权威性的《错案责任确认结论书》，为上级检察机关的最终确认提供重要参考依据，并以此解决当事人或本院检委会对错案定性所产生的争议问题，确保公正执法落到实处。

（四）增设错案责任的追究处分方式

在继续坚持《检察人员执法过错责任追究条例》第4条确定的对错案责任人的处分方式外，要根据当前检察办案机制改革和案件质量保障体系的推进，进一步健全和完善错案责任追究处分方式。即在《重庆市人民检察院第一分院执法过错责任追究（试行）办法》规定的处分方式基础上，根据《检察人员执法过错责任追究条例》第4条规定，增设免去检察官资格；免职；限期调离；辞退等处理方式。与此同时，还应对检委会决定的错案，进一步明确责任的承担方式。

检察环节错案追究制度的反思与重构
——兼论司法改革视野下的检察官办案责任追究机制

储国樑[*] 段继涛[**]

  检察环节的错案追究制度脱胎于我国特定的历史条件之中，在提高检察人员执法办案水平、确保法律公正实施、防止错案结果发生等方面起到过不容磨灭的作用。但随着社会的发展，其不合理的错案判断标准和责任追究途径所引发的现实流弊日渐凸显，以致在一段时期内学术界对该制度的存废产生了激烈的争议。那么究竟这一制度的前景如何？到底是弃之如履，还是将其巩固完善，抑或选择一套更加科学的制度替代？要回答这一问题，必须先从错案追究制度的缘起、发展、构成、标准、程序、内容和弊端等方面多角度地展现一下该制度的前世今生，并在此基础上，结合探讨司法改革新形势下的检察官办案责任追究制度，勾画出一幅契合时代要求、适应司法需要、满足公众期待的错案追究制度图景。

一、追本溯源：错案追究制度的重新审视

（一）错案追究制度的发展
  检察环节错案追究制度，顾名思义，就是检察人员因其所作执法错误而被追究责任的一种制度。在该制度的施行过程中，检察机关内部条例及各地的地方性法规对错案追究的规定不尽相同，导致业内外对错案追究的认识一直比较概括和模糊。为了解决这一历史问题，1998年最高人民检察院发布了《人民检察院错案责任追究条例（试行）》，正式确立了错案追究制度。但该条例存在三个难以解决的问题，一是错案的判断标准以实体结果为导向，以致实体没错、程序违法的案件无法进入追责范围。二是启动程序、追责主体的规定不够明确，实践操作效果大打折扣。三是追责范围、方式与《检察人员纪律处分

---

  [*] 上海市徐汇区人民检察院检察长，一级高级检察官。
  [**] 上海市徐汇区人民检察院反渎职侵权局助理检察员。

条例（试行）》等法规相重叠，真正适用价值不大。① 鉴于上述缺陷，2007年最高人民检察院颁布了《检察人员执法过错责任追究条例》，文件中没有再使用"错案"的字眼，而是采用了"执法过错"的表述，意图从制度规范上把对错案结果的追究转变为对执法过错责任的追究，同时对执法过错的线索处理、责任确认、追责部门作出明确规定。其后，山东、湖北、江西等地纷纷结合本地实际制定了具体的错案追究办法。但在行政化管理惯性和强大的社会舆论作用下，大部分检察机关依然把是否产生错案结果作为对检察官考评的重要指标，以结果为衡量标准的错案追究机制依然大行其道。

（二）错案判断标准的辨析

在错案追究制度产生初期，中国古代法律制度中追求实质正义的传统决定了错案追究制度的本质，其关注的不是法的形式理性，更多地强调伦理意义上的实质合理性，② 以致公众习惯性地将错案追究等同于办案责任追究。事实上，责任追究的前提条件是有执法过错行为，错案的字面含义则是案件的处理结果，执法过错行为与错案结果之间并不存在必然对应的因果关系。第一，就评价对象而言，错案是指案件处理结果，表现为对检察权的"结果控制"，而执法过错是一种行为评价，表现为"行为控制"。错案责任追究是由错误结果倒查而产生的处置程序，但在很多情况下，检察人员违反法律规定的执法行为，并不会造成错案的严重后果，就产生了因无法衡量结果而放纵违法行为的局面。这种客观归责的做法，导致行为与结果的错位，难以有效保证司法公正和办案质量。第二，错案结果与执法过错行为之间存在交叉，但并非一一对应。在当前的历史条件下，由于人们认识的有限性和社会发展的无限性，错案结果的出现是诉讼过程中无法避免的现象。③ 呈现为案件办理最终表象的错案结果，其原因复杂多样，一部分涉及检察办案人员的执法过错行为，另外也可能由于客观因素、工作机制甚至当事人自身等原因所造成。以客观存在的认识相对性的风险和制度的错误后果强加于个人，④ 使得检察官承担了责任之外的职业风险。第三，错案本身的界定标准存在着一定的模糊和分歧，相较之下，执法行为的确定则简单明确，即合法还是非法。⑤ 只要执法办案的检察人员在执法过程中有违反法律法规的行为存在，就应当因其有过错行为而承担相应的

---

① 参见魏建文：《检察权运行内部监督制约机制的构建》，载《中国刑事法杂志》2012年第4期。
② 参见陈兴良：《刑事法治的理念建构》，载《刑事法评论》2000年第7卷。
③ 参见刘宪权：《健全错案责任追究制》，载《解放日报》2013年12月4日第5版。
④ 参见刘祥林、黄晓平：《论检察人员执法过错的判断标准》，载《人民检察》2010年第6期。
⑤ 由于法律法规明确划分了合法与非法的边界，在这里没有既合法又非法的可能性存在。

过错责任，具有很强的实际操作性。

（三）错案追究制度的构成

"责任与行为同时存在"是现代刑法理论公认的命题，犯罪行为同时要符合违法性的客观要件和有责性的主观要件。按照主客观相统一的原则，在检察人员的错案责任追究制度的构成中，要求主观过错与客观行为一致，既要把握客观方面存在的不规范执法行为，又要把握检察人员的主观过错。一是主体要件。本文讨论的范围在检察环节的错案追究制度，其主体应是对具体案件的执法办案有直接影响的人员，包括行使检察权的检察官以及从事检察职务行为的其他人员，如检察官法规定的检察长、副检察长、检委会委员、检察员、助理检察员等。① 二是主观要件。检察官承担责任的主观前提是要有违法的故意或者重大过失，没有故意或者重大过失的应当免责。这里的违法故意包括违反实体法和程序法的故意，在实践中表现为达到某种目的而实施的刑讯逼供、隐匿证据、徇私枉法等行为。重大过失是指主观上非常明显的疏忽或者过于自信，要与一般过失、工作失误相区分。② 如果与检察人员的主观因素无关，而是由客观原因或者当事人自身原因所造成的错案，检察人员不应承担责任。三是客观要件。检察人员对其执法办案行为，负有实体合法和程序合法的义务，即要严格按照刑事诉讼法律、《人民检察院刑事诉讼规则（试行）》和相关司法解释来执法办案。检察环节的错案内容兼具程序性和实体性，其中程序性是形式特征，实体性是本质特征，客观上表现为在履行检察职责的过程中，实施了违反实体法和程序法的行为，包括错误的立案、撤案、逮捕、起诉或不起诉等方面。

二、正本清源：现行错案追究制度的现实困境

现行的错案追究制度，尤其《检察人员执法过错责任追究条例》确立的以行为标准为导向的执法过错责任制度，③ 对于增强检察人员的责任感、保证案件质量、抑制司法腐败起到了一定的积极作用，但从各地的实际运行情况来看，其作用远远没有设计者预期的那样大，反而导致了一系列与此制度设立初

---

① 依照司法改革在上海等地试点的探索内容，未来的检察官办案责任追究制度的主体应为检察长、副检察长、检委会委员、主任检察官、检察官及检察官助理。

② 此时的过失行为需要有错案的结果作为补充要件，这与刑法上的结果犯类似，即只对造成一定后果的执法办案行为追究责任，没有造成后果的不得追究。

③ 现行的执法过错追究制度是对先前的错案追究制度的纠偏和扩充，讨论目前的错案追究制度应以执法过错责任追究制度为蓝本，这里的执法过错追究制度包括了错案追究制度的方式、程序、主体等。

衷相差甚远的负面效应。

一是错案追究制度标准的不确定性给检察人员带来巨大的职业风险。在一些地方，检察人员批准逮捕之后作出绝对不起诉或撤诉决定的案件、审查起诉之后作出无罪判决的案件、提起公诉后又撤回起诉的案件，都可能被视为错案，这种错案会影响到检察人员的年终考核、奖金福利甚至晋升机会。这就使得检察人员不愿独立承担一些疑难复杂案件的处理风险，不断加强向领导、上级机关的请示汇报，想方设法将案件提交检委会讨论。而正是由于这些挡箭牌，检察人员的业务素质难以在办案中得到提高，更加不敢独立处理疑难复杂案件，形成一种恶性循环。

二是错案追究制度的范围、程序、形式行政化程度严重。错案追究制度作为追究检察人员责任的事后监督机制，其实行的运转方式基本上是参照公务员法的相关规定，本质上是一种行政化的运作方式。在处理方式上，既包括批评教育、组织处理、纪律处分，又包括追究刑事责任的处罚规定。在处理结果上，由检察官的错案情况来确定检察人员奖金福利的多少、晋升机会的大小以及应受处罚的情形。整个程序与一般行政机关内部的处罚程序别无二致，性质上就是一种内部的行政化处罚。

三是错案追究制度缺乏相应的监督机制。检察机关将错案的最终判定赋予本院的检察长办公会。但多数错案都是疑难复杂案件，都要经过检委会讨论决定，经过科长、局长、分管检察长、检察长的层层把关，如果这些案件被定性为错案，经手案件的所有人都有可能成为案件的连带责任人。然而，由这些人中的部分领导决定案件是否为错案，显然违背裁判者不得自断其案的自然正义法则，错案追究制的公正性难以让人信服。另外，错案追究所针对的检察人员的执法办案行为，是一种专业性较强的检察业务行为，将其确认主体划归到具有行政管理色彩的检察长办公会不够妥当。

四是错案追究制度的启动程序不够明确。现行的《检察人员执法过错责任追究条例》规定，检察长、副检察长及内设部门通过列举的来访申诉、内部监督、检务督察、案件管理等多种途径发现了执法过错线索，初步审查认为有必要追究责任的，应当将线索交由监察部门或者政工部门来处理。这里仅仅规定了执法过错和错案线索的来源渠道和收集程序，但是执法过错责任追究机制的具体启动事宜到底由哪个部门掌握没有清晰的规定，检察长、副检察长和内设部门的初步审核算不算启动程序值得商榷，同时这种启动与不启动的问责程序也显得有些随意,① 损害了执法过错责任追究制度的规范性和严肃性。

五是错案追究制度缺乏应有的执行部门。现行执法过错追究制度明确规定了由监察部门或政工部门对线索进行审查,发现确有必要调查的,可以报请检察长或主管领导批准之后进行调查。如果监察部门或政工部门没有对应当追究执法过错责任的案件报请检察长,或者报请后检察长没有审批,那么错案追究的程序依然无法启动,这背后缺少了一个专门的监督机关对上述行为进行制约。并且,无论是监察部门还是政工部门,其工作任务都是维护检察机关的党风廉政和组织建设,将错案的追究制度与党风纪律监察方式等同,不能很好地发挥该制度的预防和教育意义。

三、培本固源:错案追究制度的重新建构

如前所述,现行的执法过错追究制度对错案追究制度的改革不够彻底,导致我国检察官错案追究标准不一、启动问责程序不明、调查认定主体模糊。应当结合司法改革中的检察官办案模式、机构改革、业务考核的探索,② 打破原有的错案追究机制,重建一套标准统一、主体明确、程序完善的检察官办案责任追究制度。

(一) 制定统一的检察官办案责任追究标准

前文述及,以结果控制为导向的错案追究机制,在实践中给人一种客观归责之感。无论检察人员是否存在过错行为,也无论存在多少不可控制的客观因素、制度弊病,检察人员都要承担不利后果。这不利于保证检察人员执法办案的独立性,也与检察改革的大方向相抵触。建立主客观相统一的检察官办案责任追究机制,就要彻底摒弃机械化的结果论,以检察人员的执法办案行为为基准,明确检察人员的执法过错行为的种类和表现形式,将徇私舞弊、滥用职权的故意违法行为,玩忽职守、造成严重后果的过失行为均涵盖其中,既包括违反法定程序的职务行为,也包括违背实体法律的行为;既有导致错案结果发生的违法行为,也有需要追究执法办案责任的非规范行为。

---

① 有学者专门就此做过实证研究,2007年至2008年5月,在某直辖市检察机关应当启动追责程序而未启动的案件有29件,其原因在于执法过错追责程序的启动均需要检察长批准或检委会决定,而现实中检察长往往认为没有启动必要,便决定不启动追责程序,法规相关条文得不到切实有效的执行。

② 在上海检察改革试点工作方案中,部分试点区院取消二级内设机构设置,将现有内设机构整合为刑事检察部、职务犯罪侦查部、诉讼监督部、案件管理部、检察事务部和政治部等部门;检察业务部门设若干主任检察官办案组,通常由1名主任检察官、3名以上检察官及若干辅助人员组成;主任检察官办案组分为刑事检察组、职务犯罪侦查组和诉讼监督组三种办案模式,其中刑事检察组适用于公诉、侦监、未检、金融、航运检察部门,职务犯罪侦查适用于反贪、反渎部门,诉讼监督组适用于控申、监所、民行检察、社区检察部门。

（二）建立独立的检察官惩戒委员会

在错案追究制度的认定主体上，世界各国有两种通行的模式，一种是德国的纪律法院制度，即在最高法院和各级法院设置法官纪律惩戒庭，最高院和州级院的错案追究由最高院来管辖，基层院和其他院的错案由州级院来管辖。① 另一种是1934年法国在立法机关创建的检察院纪律委员会，"只有在征求该委员会的意见之后，才能宣布对检察官的惩处。若检察官纪律委员会认为检察官在执行职务中没有错误，则司法部非通过特别程序不得宣布对该检察官的惩罚"。② 对应到我国目前的立法、司法体制，首先要考虑办案责任判定的主体应当设置在系统外还是机关内的问题。③ 笔者认为，系统外检察机关的监督和指导机关有人大常委会和政法委，人大的监督是一般监督而非个案监督，政法委的领导是政治领导而非业务指导，两者担任办案责任认定主体均不适格。笔者认为可以考虑在省级检察院建立统一的检察官惩戒委员会，负责行使对检察官进行惩戒的职权。省级惩戒委员会由省级院检察长担任主任，吸收纪检、监察、政工、业务部门代表参加，同时邀请人大代表、政协委员、人民监督员、律师、媒体代表等加入，保障惩戒机制的公平、公正和公开。

（三）明确承担调查任务的具体部门

错案追究的调查认定过程中，涉及执法办案的实体性和程序性问题，这要求承担调查任务的部门必须兼具业务性与中立性，在此方面监察部门和政工部门均不太合适。笔者建议在各级院成立检察官执法办案过错责任调查小组（以下简称调查小组），组长由检察长担任，成员包括检察长、资深检察官及纪检监察、政工、案管部门人员，职责应包括对检察官执法过错责任的调查权和建议权。值得注意的是，这里的调查小组与省级院设立的惩戒委员会不同，调查部门具体负责执行调查任务，并根据调查结果向省级院的检察官惩戒委员会提交书面报告，惩戒委员会根据下级院调查小组的书面报告做出最终的判定，除非遇到重大、疑难的错案责任调查，才由惩戒委员会亲自组织省级院调查小组进行调查。④ 除此之外，上级院调查小组还要负责对下级院检察官办案责任追究的启动、调查、确认等程序进行监督，省级院调查小组负责定期对区域内办案责任追究情况进行总结和通报，每年在系统内部发布白皮书，系统剖

---

① 参见胡志斌：《域外司法问责制度的考察与启示》，载《湖南警察学院学报》2014年第1期。
② 何家弘：《中外司法体制研究》，中国检察出版社2004年版，第29页。
③ 参见王晋、刘志远：《关于刑事错案界定与判定的反思》，载《法学杂志》2007年第6期。
④ 在新近通过的《上海检察机关关于检察官业务考核的指导意见（试行）》中，要求各级院成立检察官遴选（惩戒）工作办公室，分院、区县院检察官遴选（惩戒）工作办公室应当向市院检察官遴选（惩戒）委员会办公室报告检察官业务考核情况，提出检察官惩戒建议。

析检察环节执法办案过错产生的易发类别、影响因素、纠正途径和预防措施等情况,最大限度地发挥该制度的预防、警示和教育的作用。

(四)确定检察官办案责任追究的启动程序

第一,明确启动主体。将检察官办案责任追究的启动主体明确为检察官执法办案过错责任调查小组,检察长、副检察长及内设部门仅仅作为发现并移送线索的主体,调查小组收到线索后在一定期限内进行审核,认为需要对执法过错进行调查的,报检察长批准并报惩戒委员会备案。第二,明确调查内容。查清案件事实真相是追究检察官办案责任的依据,调查小组调查的内容应当包括执法过错发生的时间、情节、行为、后果等方面,既要收集对被调查检察官不利的证据,也要收集对其有利的证据,做到全面、客观。第三,减少调查阻力。为避免出现明希豪森男爵的困境,① 在调查的各个环节中应让涉及办案责任线索的检察人员回避,既避免责任追究因包庇袒护而流于形式,又能对检察人员的执法过错进行客观、公正的审查,实现办案责任追究机制的预期目的。

(五)细化检察官办案责任追究的问责程序

第一,设立被调查者进行自查的前置程序。执法办案责任追究制度的真正寓意即警示、教育和预防,调查小组在正式调查之前,应让被调查者在规定时限内写出执法过错责任自查报告,② 以便更有效地促进其自我反思已经发生的执法过错,利于下一阶段的错误行为纠正和执法行为规范。第二,确立全面报告机制。调查小组在进行调查后,如果认定被调查人员的行为存在过错,应当向惩戒委员会提出惩戒建议,由惩戒委员会给予处分。即使认为被调查的检察官行为不存在错误行为,也应向惩戒委员会进行报告,提出无须处分的建议。第三,给予被调查检察官的救济权力。在惩戒委员会作出最终决定之前,应当将调查认定的事实、拟给予的惩戒措施及依据的具体法规条文告知检察官,听取其陈述和申辩。在惩戒决定作出之后,对于惩戒措施不服的检察官可以提出申诉,由上级院调查小组进行复查并做出答复。对复查决定不服的检察人员可以再次向省级院检察官惩戒委员会提出复核,由检察官惩戒委员会做出最终结论。

(六)设计符合检察职业特点的问责措施

检察机关与行政单位的职业属性不同,决定了我们在设计检察官问责措施

---

① 明希豪森男爵在一次游玩中不幸掉进一个泥潭,四周旁无所依,于是他用力抓住自己的头发把自己从泥潭中拉了出来。这种违背理性与规律的幻想、努力,以及其最终结局被称为"明希豪森困境"。

② 参见黄常明:《检察机关执法过错责任追究制度反思与重构》,载《人民检察》2009年第20期。

时，不能简单地套用公务员的制裁措施，在司法改革的大背景下更应如此。目前西方国家的司法问责措施主要有三大类，一是经济类问责措施，如罚金或者罚款；二是行为类问责措施，如暂停职务，调离办案岗位；三是资格类问责措施，如免除司法人员的身份。① 鉴于错案形成的职业性、职务性特征，笔者建议加入一些专业性的行为类或资格类惩戒的手段，如在一定期限内暂停检察工作，调离检察岗位，强制参加业务或道德培训等，对培训后仍达不到岗位标准或再犯同样错误的检察官，应当调离执法办案岗位。前者主要针对渎职型的检察官，后者主要针对能力欠缺型的检察官。

---

① 转引自李春刚：《刑事错案基本问题研究》，吉林大学博士学位论文 2010 年，第 93 页。

规范取证程序　防止错案发生

周习武[*]

古往今来，人们对是非、善恶、好坏的评定标准始终秉承"铁证如山，有理有据"。从某种意义上讲，强调证据的重要地位和作用，倡导和规范从业人员遵守良好的职业道德和行为举止。新形势下，进一步强化证据意识，规范执法行为，对于提高司法人员素质，促进执法公正，提高案件质量，有着重要的现实意义。

一、证据意识的内涵及遵循把握的规则

存在决定意识，意识影响并反作用于存在。人的行为是受大脑支配的，做任何事情都需要经过思维决策后才开始行动。笔者强调证据意识的内涵，实质是要求办案人员在头脑中始终确立证据为先、证据为主、证据牢靠的理念，把握证据收集的规则，缜密地组织搞好调查、审查取证工作。依据法律规范客观、准确运用，最大限度地实现证据运用的规范化和准确性，保证案件质量并在法定时限内办结。提出证据意识问题，首先要弄清什么是证据？我国刑事诉讼法第 48 条规定：可以用于证明案件事实的材料，都是证据。证据包括：（1）物证；（2）书证；（3）证人证言；（4）被害人陈述；（5）犯罪嫌疑人、被告人供述和辩解；（6）鉴定意见；（7）勘验、检查、辨认、侦查实验等笔录；（8）视听资料、电子数据。证据必须经过查证属实，才能作为定案的根据。由此可见，证据在案件中的地位、作用突出，分量很重。证据反映的情况必须客观真实全面，而不是虚假、片面的。从一定意义上讲，证据是案件质量的生命源泉和内在动力，是认定案件事实、准确定性的核心价值。真实地收集、审查和运用好证据，任何时候不能糊涂对待每一份证据。为此，应把握以下几个环节：

（一）注重全面收集证据，夯实取证的法理根基

办理案件是一场攻坚克难的战斗，"不打无准备之仗，不打无把握之仗"，

---

[*] 辽宁省人民检察院。

是一名优秀指挥员必备的素质和能力。引领到司法领域，没有取证价值的轻易不介入，带有瑕疵或者疑点问题的证据不放过，难以法理支撑的事实不认定，缺少主要证据的不诉讼。刑事诉讼法第50条规定：审判人员、检察人员、侦查人员必须依照法定程序，收集能够证实犯罪嫌疑人、被告人有罪或者无罪、犯罪情节轻重的各种证据。严禁刑讯逼供和以威胁、引诱、欺骗以及其他非法方法收集证据，不得强迫任何人证实自己有罪。必须保证一切与案件有关或者了解案情的公民，有客观地，充分地提供证据的条件，除特殊情况外，可以吸收他们协助调查。这些规定，对收集证据的主体身份、渠道来源、有罪证据和无罪证据、公民义务作证等都作了明确规定，提出了"严禁刑讯逼供和以威胁、引诱、欺骗以及其他非法的方法收集证据"限制性条款。刑事诉讼法从第54条至第58条大幅度增加了排除非法证据的规定，其立法本意在于打牢取证的法理根基，排除一切非法方法收集证据，确保获取证据的合法性和实效性，保证所获取的证据充分体现全面、准确、实用、纯真。这是办案人取证不可逾越的红线和基石。

（二）遵循采信证据的基本要求，保持取证的正确方向

真相与假象是一对既相互依存又相互对立的矛盾统一体，时常出现迷惑不解，难以分辨的现象，容易使人迷失方向，甚至被蒙混过关。作为司法人员要严谨细致，明察秋毫，较真求实，浩然正气。刑事诉讼法第51条规定：公安机关提请批准逮捕书、人民检察院起诉书、人民法院判决书，必须忠实于事实真相。故意隐瞒事实真相的，应当追究责任。这一规定明确了办案主体的公安机关、人民检察院、人民法院应遵循的办案原则、方向和目标，严明去伪存真、求证实据、违责必究的执法理念。其目的是防止发生人为主观臆断的"葫芦僧断糊涂案"。否则，罗列的事实再多、叙述的再具体，没有合法合理的证据支撑和认定，则难以经得住推敲和检验，涉案事实、定性等就会出现背离法律的出轨问题，犯下办案路线上的错误，酿成难以根治的不良后果。

（三）把握证据的根本原则，守住证据确实、充分的标准防线

任何事物的发展变化，都有着内在的规律性，遵循其历史本来面目，理应准确把握其规则。刑事诉讼法第53条规定：对一切案件的判处都要重证据，重调查研究，不轻信口供。只有被告人供述，没有其他证据的，不能认定被告人有罪和处以刑罚；没有被告人供述，证据确实、充分的，可以认定被告人有罪和处以刑罚。理解把握这一条款，概括取证必须遵守的四项原则即重证据，不轻信口供原则；忠实于事实，不主观臆断原则；证据必须是合法取得原则；证据必须经过查证属实原则。上述原则，表明证据是客观事实，不是人为左右的，更不能主观臆断，随心所欲而取。证据所证明的是案件的真实情况，不能

证明案件真实情况的，不能当证据使用。证据不单指证明被告人有罪的事实，也包括证明被告人无罪的事实；既包括罪重的事实，也包括罪轻或者从轻、减轻、免除刑事责任的事实。这其中要体现出证据的确实、充分，完全符合"定罪量刑的事实都有证据证明"、"据以定罪的证据均经法定程序查证属实"、"综合全案证据，对所认定事实已排除合理怀疑"三个法定标准条件。

二、违反程序发生错案的原因及认定标准

司法实践中，错案的发生有深刻的背景和复杂的原因。一般情况下都发生在前、办理在后，司法人员依法办案的过程，是通过收集、审查和分析判断现有的案件证据，按照主观与客观相一致的原则，大胆科学准确地"复原"或"重现"过去的犯罪事实过程。这期间的诉讼过程情况复杂，不便于准确界定把握，容易出现这样或者那样的问题，甚至发生错案、瑕疵问题。主要表现在：侦查人员侦查水平不高，在证据的收集和固定上不到位、有罪推定、先入为主，办案人员综合审查、判断证据的能力不强、对以刑讯逼供等非法手段所获取的证据没有及时发现并按照证据规则予以排除等。探究错案原因，概括为四个层面：第一类是受传统法律文化的影响。传统法律文化群体利益绝对优位的观念弱化了检察环节对刑事错案的警惕和预防。第二类是诉讼机制方面的原因。诉讼机制的不健全制约了诉讼过程本身防止错案发生发展的功能。第三类是司法机关工作机制或者说司法管理机制方面的非科学性。不科学的工作机制使错案的发生难以避免，已发生的错案难以发现和纠正。第四类是刑事司法机关外部关系方面的原因。外部关系构成了执法的外部环境，它们能够对检察环节的诉讼决策形成制约，甚至直接予以否定评价，从而形成错案。对此消解或转化这些原因，正是我们错案预防对策的任务所在。结合检察工作实际，界定发生错案的认定标准。

（一）逮捕错案认定标准

1. 逮捕错案分为错捕和错不捕

（1）因没有犯罪事实或者依法不应当追究刑事责任而撤销案件的；

（2）因没有犯罪事实或者依法不应当追究刑事责任而不起诉的；

（3）因没有犯罪事实或者依法不应当追究刑事责任而被判决无罪并已发生法律效力的；

（4）对涉嫌犯罪的县级以上各级人民代表大会代表，未依法报经许可或者罢免而批准逮捕的，以错捕论。

对于符合逮捕条件的犯罪嫌疑人依法批准逮捕后，因证据不能达到提起公诉或者作出有罪判决的标准，或者出现不应当追究刑事责任的新的事实、证

据，或者法律、司法解释有新规定而不认为是犯罪，或者因犯罪嫌疑人有立功表现、真诚认罪悔罪并积极赔偿损失而取得被害人谅解，被依法从宽处理，而撤销案件、决定不起诉或者判决无罪终止追究刑事责任的，不属于错捕。

批准逮捕后，因决定撤销案件、不起诉或者判决宣告无罪终止追究刑事责任而依法进行国家赔偿的案件，是否存在错捕情形，依照本标准的规定认定。

2. 对依法应当逮捕的犯罪嫌疑人不批准逮捕的，为错不捕

错不捕可以依据以下处理结果确认：

（1）以无社会危险性不批准逮捕的，致使犯罪嫌疑人实施新的犯罪或者严重影响刑事诉讼正常进行的；

（2）以不构成犯罪不批准逮捕的，经上一级人民检察院复核改为批准逮捕，在案件事实、证据无变化的情况下，经法院审理作出有罪判决并已发生法律效力的；

（3）上级人民检察院发现下级人民检察院不批准逮捕的决定违反刑事诉讼法和本标准的有关规定，改为批准逮捕，经人民法院审理判处有期徒刑以上刑罚并已发生法律效力的。

3. 延长侦查羁押期限案件

批准延长侦查羁押期限，具有下列情形之一的，为错误延长羁押：

（1）对不符合逮捕条件的犯罪嫌疑人批准延长侦查羁押期限的；

（2）对不符合刑事诉讼法第154条、第156条、第157条规定的犯罪嫌疑人，批准延长侦查羁押期限的；

（3）对检察机关自行侦查案件的犯罪嫌疑人，不符合《刑事诉讼法》第158条规定，批准重新计算侦查羁押期限的。

（二）公诉错案认定标准

1. 对没有实施犯罪行为或者符合刑事诉讼法第15条规定情形不应当被追究刑事责任的人提起公诉的；

2. 对犯罪事实不清，证据不足的案件提起公诉的；

3. 对犯罪事实清楚，证据确实充分，依法应当追究刑事责任的人，作出不起诉决定的；

4. 对裁判确有明显错误，依法应当提出抗诉（支持抗诉）而未提出抗诉（支持抗诉）的；

5. 其他认定事实、适用法律有严重错误，造成严重后果或恶劣影响的案件。

（三）职务犯罪侦查错案认定标准

立案侦查的案件，因未依法正确履行侦查职责，最终作撤销案件、不起诉

或者判决宣告无罪并发生法律效力的。

（四）民事行政检察错案认定标准

适用法律错误或违反法定程序，导致错误决定的。

（五）刑事申诉、处理上访案件错案认定标准

1. 刑事申诉案件

刑事申诉复查决定被纠正的。

2. 处理上访案件

（1）明确属于检察机关管辖的案件，而故意推诿酿成重大恶劣影响的群体上访事件或其他严重后果的。

（2）因工作严重不负责任或失职酿成重大恶劣影响的群体上访事件或其他特别严重后果的。

三、规范办案取证的程序、步骤

没有规矩不成方圆。调查取证工作讲究的是规范性、程序性和实效性。

（一）取证要规范

证据是查明案件事实的前提和基础，是突破案件的主攻方向和重要关口。一切案件进展的第一步首先要获取证据，把主要证据攻下来，犹如"冲破黎明前的黑暗"，为下一步及时办结案件扫清障碍，迎来胜利的曙光。对此，在刑事诉讼过程上，控辩双方都有责任收集、提供与案件事实相关的证据材料，那么如何收集、取舍和采信证据才是合法，才能确保证据的合法性、真实性和稳定性，这其中有科学严谨的规则和内在的要求。司法实践中，出现有争议、有影响的错案，主要问题是因办案取证不规范，而酿成不良后果的。所谓不规范，包括取证违法和取证方法不当。通过归纳，不规范取证的表现主要有：利用威胁、恐吓方法取证；欺骗、忽悠、诱导获取证言；怠慢证人，引起证人不满，证人不如实出证；利用召开座谈会"集体取证"等。这些不规范的取证方法影响证据的质量，甚至取不到真实、客观的主要证据，容易导致发生错案。为此，应注意以下几点：

1. 科学周密取证、示证。"凡事预则立，不预则废。"遵循查证、示证规则，研究制订突破案件、定性定罪获取有效证据的行动方案。作为控诉方，检察机关担负举证责任的主体，需要履行收集证据、在法庭上提出证据和运用证据的法定程序、步骤，以此赢得法庭的采信和认定。无论是证明被告人有罪、无罪证据，还是罪重、罪轻证据都要在办案前有的放矢地收集全，达到有备无患，多多益善，便于取舍。作为辩护方，应当根据事实和法律，提出犯罪嫌疑人、被告人无罪、罪轻或者减轻、免除其刑事责任的材料和意见，维护犯罪嫌

疑人、被告人的诉讼权利和其他合法权益。作为被告方，因犯罪除自身供述的证词外，对其他证据的举证是受客观条件限制的。刑事诉讼法第118条第1款规定：侦查人员在讯问犯罪嫌疑人的时候，应当首先讯问犯罪嫌疑人是否有犯罪行为，让他陈述有罪的情节或者无罪的辩解，然后向他提出问题。犯罪嫌疑人对侦查人员的提问，应当如实回答。但是对与本案无关的问题，有拒绝回答的权利。这一条款其立法本意在于查罪为先，摸清底数，尊重人权，明辨是非，追踪发现案件的真实情况，把握供述在查明案件事实方面的实用价值证据，确保所办案件的客观、公正。

2. 采取得当措施，选择适当的时机、场所进行。依照法定程序，及时通知证人到适当的场所作证。场所的选定应保密、安全，避免在证人所在的单位、工作地点和住所内公开进行，并采取相应的防范性措施。根据《人民检察院刑事诉讼规则（试行）》，人民检察院可以采取以下一项或者多项保护措施：（1）不公开真实姓名、住址和工作单位等个人信息；（2）建议法庭采取不暴露外貌、真实声音等出庭作证措施；（3）禁止特定的人员接触证人、鉴定人、被害人及其近亲属；（4）对人身和住宅采取专门性保护措施；（5）其他必要的保护措施。询问时要按照事先准备的询问计划或方案有条不紊、简明有序进行，不能有意拖延时间，防止证人产生烦躁、不满或者疲意，影响如实、全面地作证。

3. 注意取证方法，严谨细巧。办案人员应向证人主动出示身份证明，讲明来意，说明找其取证的理由，使证人知道自己的处境与本案的关系。向其明确依法作证是公民须履行的法定义务。不能向证人透露证人不应当了解的案情和有关证据情况，不能向证人预测被告人可能要受到的处罚，更不能对案件的最后处理结果先下断言。作为证人须依法履行作证义务，如实作证并得到法律的有效保护。

4. 讲究规范用语，文明办案。诚挚、和蔼对待证人，拉近沟通、交流距离。防止训斥、责怪，引起对方反感。用语要规范、准确，讲法言法语，不能使用不健康的语言或令人费解，产生歧义，更不能用暗示、诱导性的语言。不能使用"大概"、"可能"、"大约"之类不确切措辞。

（二）质证要规范

质证，是法庭确认证据最重要的环节。质证运用不规范，各方意见发表不充分，不仅容易把不真实的证据确认了，而且也容易把真实的证据否定了。因质证环节薄弱，出现错案的实例和教训是屡见不鲜的，应当引起高度重视。现行庭审程序，证据由控辩双方提出，交叉询问，法庭当庭认证。对证人所提供的证言要通过发问、审查、分析、辨明其真实性和可靠性，特别是资格、能力、年龄等，必须符合法定条件，否则不予认定，以保证庭证的质量。

（三）认证要规范

认证也叫认定证据，即对提取的证据经过法庭质证，听取各方面意见后，确认证据具有法律效力，从而作为定案依据的程序。这其中在诉讼阶段对证据的审查实质就是"过筛子"、"去伪存真"的工序，是法庭审理案件最关键的一项质证、认证重要活动。一般程序大都是在法庭质证之后，控辩双方没有异议，统一认识后，审判人员当庭宣布本证据予以采信、认证，可以作为定案的依据。若控辩双方对出示的证据意见不一致时，由合议庭在审理后评议认证。

四、防范因取证不当而发生错案的路径

加强取证工作，防止错案发生，确保办案质量，要在实体方面，从立案、侦查、起诉、审判各个环节全面贯彻无罪推定原则。在程序方面，树立科学的证据观、人权观，坚持以人为本，实事求是，遵守执法工作规范，并建立实行错案责任追究机制。

（一）从客观、全面的角度认识证据

首先，深入研究案情中有法律意义细节的证据。一些案件的发生，社会上有这样或那样的声音，甚至责怪、误解，实属正常。司法实践中，多数人在评论和探讨案情的时候，容易忽略有法律意义的细节问题，特别是相关证据，而这些往往对一个诉讼案件的最终判决可能有决定作用。不同细节的证据往往决定案件的不同法律后果。比如，同样是用凶器伤人，事先持有凶器和随手抓东西伤人，则在法律适用上的差别、认定罪责的程度就不同。这就要求在讨论案件时，必须关注有法律意义的细节证据问题，坚持"用证据说事"，通过证据明确事实，排除是非，达到以理服人。其次，注重兼顾和吸取来自社会的多方因素。从一定意义上讲，社会各界人士对法律的认知、理解和对涉案问题的评价，会给司法人员更好地履行职责，注入良好的源泉和动力。要使案件办得得体、到位和公认，司法人员应广泛听取对涉案问题正面或反面、积极或消极的多种不同意见。只要对案件的认定能起到帮助、指导和矫正作用，就应当虚心听取，合理吸收和采纳有益因素，化解和融通消极因素。否则，案件质量就会失去普遍意义，法律的适用也会失去其社会基础。

（二）依据事实、证据和法律，解决有争议的问题

一是应事先吃透案情，弄清来龙去脉，把握焦点问题。是有罪还是无罪，是此罪还是彼罪，是罪重还是罪轻，适用法律正确与否，等等。二是制作审查案件情况的汇报提纲。主要分为：案件性质、案件来源和诉讼过程、判决的简要经过。当事人、被告人的基本情况、犯罪事实及相关证据情况；说明需要研

究、解决的主要问题。是案件事实问题、证据问题，还是定性问题、量刑建议问题，以及现有几种不同意见、承办人倾向性意见和理由。三是汇报、讨论案件。指定专人承办，部门负责人审定，集体讨论研究，报检察长审批。研讨有争议、有影响的案件必须事实清楚，证据充分，否则就没有实质意义。情况失实就可能导致讨论结果的错误。因此，研讨前务必准备充分，在法律文书的文字综合和语言表达能力上下功夫。汇报案件应突出证据意识，做到条理清晰，层次分明，使人听起来"顺"，能明白怎么回事。便于发挥集体智慧，准确为案件"会诊"、"确诊"。这样才能取得实实在在量的积累和质的收获，使案件办得扎实、有效。

（三）加强督促检查，层层严格把关

认真搞好审查批捕和审查起诉工作，加大对审判监督和对刑罚执行监督力度，提高法律监督能力和水平。充分发挥业务处、检察委员会的职能作用，确保对案件定性、事实和证据及法律适用上认识的一致性和排他性。通过采取自查与审查、检查与督查、控告与申诉等，及时发现和纠正证据不当或者适用法律不正确及判决、裁定错误问题。

（四）完善制度落实，遏制刑讯逼供

深刻的教训表明，一些错案发生的根源在于"屈打成招"，少数办案人员漠视人权，采取非法途径甚至令人发指的手段对待犯罪嫌疑人、被告人获取证据，并非是犯罪嫌疑人、被告人的真实供述，而是在经不住肉体折磨和精神压力下，被迫作出虚假供述的。对此，必须从根本上消除用刑讯逼供取证这一顽症模式。具体措施包括：坚持实行讯问，实行同步录音录像制度，确立侦押分立制度，即负责案件侦查讯问的机关与羁押犯罪嫌疑人的机关应分别设立。强化现行检察监督，通过建立被羁押人员接受讯问前后身体检查等制度，将检察人员对监所内的侦查人员讯问活动的监督得到根本落实。

要建立错案责任追究工作机制。对于错案的发生，应当准确分清是非，界定责任。错案、瑕疵案件的责任分为全部责任、主要责任和次要责任。视责任人过错情节程度，有管辖权的检察机关应依据《检察人员纪律处分条例（试行）》规定，给予相应的处分。

总之，通过一系列强有力的工作机制，规范办案人员的执法行为，严守办案规则，认真将事实、证据研究透，将法律适用好，把案件办实、办成"铁案"，切实经得住历史的检验。

论我国技术侦查制度的完善
——以检察监督为视角

赵 靖[*]　王家鹏[**]

一、技术侦查的概念与特点

（一）技术侦查的概念

我国对技术侦查的概念还没有统一的意见，有的学者单从技术性角度进行诠释，[①] 有的学者则从秘密性角度来定义，[②] 有的学者把技术性与秘密性结合起来，认为"技术侦查"，简称"技侦"，是指秘密利用科学技术手段追踪、发现、证实犯罪的一种特殊形式的刑事侦查活动，司法实践中其主要表现形式有电子监控、电子追踪、电子监听、秘密拍照、秘密录音录像、秘密截取电子资料信息等。[③] 这种定义能较为全面地反映技术侦查的本质，也符合技术侦查实际，较为可取。当前，不少国家对技术侦查大都在立法层面予以确定。例如：英国有《通讯截获法》和《侦查权力规范法令》等一系列法律、法规对技术侦查手段进行规范；美国通过制定《综合犯罪控制与街道安全法》和《电子通讯隐私法令》等法律对技术侦查行为进行规范，并将技术侦查分为通讯监控、有形监控和业务记录监控三类。和英美法系不同，大陆法系国家有关技术侦查的规范往往统一规定在刑事诉讼法典中。比如：法国的刑事诉讼法和德国的刑事诉讼法就均对技术侦查行为作了统一的规定。日本 2000 年通过的《关于犯罪侦查中监听通讯的规则》把通讯监听作为强制性侦查行为。我国在修改后的刑事诉讼法出台之前，法律并未对技术侦查的概念和种类作出明确规

---

[*] 重庆市北碚区人民检察院研究室主任，全国检察理论研究人才。
[**] 重庆市北碚区人民检察院研究室干警，重庆市检察理论研究人才，助理检察员。
[①] 参见宋英辉：《刑事程序中的技术侦查研究》，载《法学研究》2000 年第 3 期。
[②] 参见谢佑平、万毅：《刑事侦查制度原理》，中国人民公安大学出版社 2003 年版，第 246 页。
[③] 参见王彬：《比较法视野下的技术侦查制度研究及其启示》，载《武汉大学学报（哲学社会科学版）》2010 年第 5 期。

定,而仅仅在1993年颁布的国家安全法和1995年通过的人民警察法两部行政组织法中对采用技术侦查措施只有授权性规定。例如：1993年我国的国家安全法第10条规定：国家安全机关因侦查危害国家安全行为的需要，根据国家有关规定，经过严格的批准手续，可以采取技术侦查措施。又如：1995年我国的人民警察法第16条规定：公安机关因侦查犯罪的需要，根据国家有关规定，经过严格的批准手续，可以采取技术侦查措施。可见，在修改后的刑事诉讼法出台之前的刑事法律层面并没有涉及技术侦查手续，而只是对公安部门或国家安全部门开放的内部规定，这显然低估了技术侦查在侦查中的价值，同时，此种低层次的立法模式也不利于技术侦查在司法实践中的运用。修改后的刑事诉讼法明确规定了"技术侦查措施"一节，这有利于技术侦查在司法实践中的广泛运用。

(二) 技术侦查的特点

技术侦查主要有以下特点：

1. 技术侦查具有技术性

随着现代科学技术的不断发展，技术侦查也在不断发展，因此技术侦查具有突出的技术性特点。技术侦查措施就是通过充分利用现代高科技成果，把刑事犯罪侦查工作与现代科学技术有机地结合起来，其以科学技术为依托，突出侦查活动的技术性特点。技术侦查措施通过借助现代科学技术器材，把现代监听、监控、录像等现代科学技术的基本原理以及成果运用于现代刑事侦查工作中，已成为一种侦破刑事案件的重要手段。

2. 技术侦查具有秘密性

刑事侦查措施可以分为公开侦查措施和秘密侦查措施两种。所谓公开侦查措施是指在刑事诉讼当事人完全知情的情况下所采取的刑事侦查措施。所谓秘密侦查措施是指在刑事诉讼当事人不知情的情况下所采取的侦查措施。技术侦查措施就属于秘密侦查措施，其必须秘密进行。传统侦查活动中，侦查机关与当事人大都是当面较量，而技术侦查过程中，凭借科技手段使侦查活动发生了变化，侦查行为更为隐蔽，当事人对技术侦查活动往往并不知情。

3. 技术侦查具有强制性

侦查措施可以划分为强制性侦查措施和任意性侦查措施。其划分的标准是以当事人是否需要自愿配合。技术侦查措施是为了有效侦查的需要，秘密地对当事人采取的侦查措施，不需要经过当事人的同意，也不以当事人的意志为转移，不需要当事人的自愿配合，如电子监听、搜查等具有显而易见的强制性，且必然对当事人的自由权利造成侵害。

二、技术侦查中人权保障所面临的问题及原因分析

（一）我国现行有关技术侦查法律存在的问题

1. 技术侦查措施缺乏相应法律的规制

我国现行刑事诉讼法对技术侦查措施没有相关的规定，而只在1995年人民警察法和1993年国家安全法中对技术侦查作了规定。2015年发布的国家安全法取消了对技术侦查的规定，2012年发布的人民警察法保留了对技术侦查的规定。2012年通过并于2013年1月1日起实施的刑事诉讼法就技术侦查作了明确规定，提升了技术侦查的立法层级，但目前技术侦查如何规范运行还没有相关法律法规进行规制。

2. 技术侦查实施过程的监督方面存在缺陷

对侦查活动进行监督，虽然有侦查机关的内部监督，权力机关的监督、人民群众和社会媒体等外部监督，但这些监督大都是一种事后监督，是在侦查活动对被侦查对象已经造成了一定程度的侵害后的监督，这种事后监督往往难以挽回所造成的损害。而技术侦查往往具有秘密性、隐蔽性和专业性。那么，技术侦查措施如果运用不当所造成的损害会更大。对技术侦查活动进行监督，一方面要遵循技术侦查的特点，另一方面又要在不干涉侦查活动的前提下达到监督的目的，要达到这种平衡非常困难，往往导致监督流于形式。

3. 技术侦查程序中当事人权利救济存在缺陷

修改后的刑事诉讼法第150条规定采了取技术侦查措施，必须严格按照批准的措施种类、适用对象和期限执行。并规定对刑事侦查人员有保密的义务，同时规定了技术侦查过程中所获取的材料及其用途。但对采取技术侦查程序中侵犯当事人权利的救济并没有作出规定，也不可能作出较为详细的规定。那么，采取技术侦查措施对当事人权利所造成的损害如何补救就成为问题，目前并没有相关法律法规或司法解释就此问题作出规定。

（二）技术侦查程序中缺乏人权保障的原因分析

1. 法律制度不完善

（1）刑事证据制度需要进一步完善。当前，我国的司法体制和工作机制改革正在稳步推进。2010年，最高人民法院、最高人民检察院等五部门联合制定发布的《关于办理死刑案件审查判断证据若干问题的规定》和《关于办理刑事案件排除非法证据若干问题的规定》就是我国刑事证据制度改革的产物，而且在一定程度上反映了我国刑事证据制度发展的方向。然而，"我们应当清醒地认识到，刑事证据制度的改革、发展、完善既是一个较长的过程，又是一项系统工程，我们应当站在更高的角度，作全面的和长远的规划，选择正

确的路径不断加以推进。但从实践层面上看，观念更新与制度创新又是相辅相成的，两者你中有我、我中有你，互为因果。于刑事证据制度改革而言，观念的更新固然十分重要，比如无罪推定、人权保障、程序正义等观念能否真正确立，就在很大程度上左右着改革的进程，影响着改革的品质，但新的刑事证据原则和制度的建构可能更具实际意义，更应成为当务之急"。① 就当下而言，我国证据认定标准还未达成共识；关于证据制度的立法缺乏可操作性，还需进一步细化；关于举证责任等问题尚存分歧；关于证据的真实性与证明力等问题也有争议。这些尚处于待完善状态，亟须立法或司法解释上进一步明确。（2）监督制约机制需要进一步完善。监督制约机制是我国技术侦查程序中又一薄弱环节。如上所述，我国对技术侦查的监督还很不完善，监督制约机制还没有真正建立起来，这势必影响技术侦查的依法实施。此外，我国关于技术侦查的侵权救济制度也处于构建之中。

2. 人权保障理念缺失

首先，由于我国传统思想文化追求以义务为主导的封建礼法，这种礼法制度导致人权观念缺失。扼杀人性的封建专制主义延续了数千年，朴素的人权思想也被长期禁锢在强大的封建专制权力之下始终未能茁壮成长。人权观念的发展也只是到了近代，在西方人权思想的影响下来到中国。辛亥革命推翻了封建专制制度才为人权意识的进一步发展提供了可能，人权保障开始从理论来到现实生活之中。随着资产阶级民主共和国的建立，孙中山逐步提出了系统的民权思想，将民主、民治、民享、自由、平等、博爱作为立国的基本原则，《临时约法》首次将人权入宪，在中国历史上形成了民主、民治相结合的近代人权观，也使人权成为革命仁人志士追求的目标之一。

其次，新中国成立后，我国人权发展曲折。中国共产党始终不渝地维护民族和人民的权利，为争取民族的独立权、人民基本的生存权、发展权和自由权而不惜流血牺牲，前仆后继。毛泽东同志一再承诺要保障"全国人民都要有人身自由的权利，参与政治的权利和保护财产的权利。全国人民都要有说话的机会，都要有衣穿、有饭吃、有事做、有书读，总之是要各得其所"。② 然而，随后的极左思潮开始泛滥，频繁的政治运动，特别是反右、大跃进和"文化大革命"，民主和法制遭到严重破坏，宪法和法律规定的人权得不到实行，宪法成一纸空文，有宪法而无宪政。反右造成大批知识分子因言论受到迫害，大

---

① 沈德咏：《中国刑事证据制度改革发展的路径选择——以〈刑事证据两个规定〉为视角》，载《清华法学》2011 年第 5 期。

② 《毛泽东选集》第 3 卷，人民出版社 1991 年版，第 808 页。

跃进造成的大饥荒，使数以千万计的人死于非命，在"文革"中，大批党的干部、知识分子被迫害致死，中国人民的基本人权受到了极大的损害。1978年，党的十一届三中全会之后，党和政府积极地进行拨乱反正，投身到经济建设和法治人权建设，完善了社会主义法律体系，提出了依法治国的方略，更加关注民生、民权。1997年到1998年中国政府先后签署了两个重要的人权公约，即《经济、社会和文化权利国际公约》和《公民权利和政治权利国际公约》。2004年3月14日，十届人大二次会议顺利通过宪法修正案草案。"国家尊重和保障人权"条款被庄严地写入中华人民共和国宪法。2012年3月14日，第十一届全国人民代表大会第五次会议《关于修改〈中华人民共和国刑事诉讼法〉的决定》再次将尊重和保障人权写进刑事法律。但现实生活中由于历史传统等各种原因，侵犯人权的刑讯逼供、非法搜查等事件还是屡屡发生。那么，技术侦查这种极易侵犯人权的侦查手段对人权造成侵害就不足为奇了。

3. 侦查技术限制

造成我国刑讯逼供现象严重的一个重要原因是我国现有侦查技术不足以使侦查人员凭借自己的能力迅速、准确地查明案件事实，只能依赖犯罪嫌疑人的口供。我们知道，犯罪嫌疑人的口供、被害人口供、证人证言都带有一定的主观性，容易导致冤假错案的发生。当下刑事案件的解决越来越依靠先进的刑事侦查技术。照相录像技术、痕迹检验技术、文书（含笔迹）检验技术、DNA检验技术、理化检验技术等被广泛地应用到现代刑事侦查活动当中。与刑事侦查技术发达的国家相比，我国的刑事侦查技术还需要进一步提高。提升刑事技术侦查中的科技含量，可以有效减少刑事侦查工作中的错误和误差，从而可以有效避免冤假错案的发生。

三、检察监督视角下技术侦查制度的完善建议

（一）进一步完善技术侦查相关法律法规

首先从宪法来看。我国宪法第40条规定：中华人民共和国公民的通信自由和通信秘密受法律的保护。除因国家安全或者追查刑事犯罪的需要，由公安机关或者检察机关依照法律规定的程序对通信进行检查外，任何组织或者个人不得以任何理由侵犯公民的通信自由和通信秘密。这说明我国侦查机关在依照法定程序审批后可以对公民通信进行检查。虽然我国宪法没有司法适用效力，但是第40条规定为确立有关通信检查的法律制度提供了宪法依据。但是宪法第38条和第39条关于公民人格尊严不受侵犯和公民住宅不受侵犯的规定，并不允许使用除通信检查以外的其他技术侦查措施，这从一方面反映了人权保障

是宪法的一个根本宗旨，也为技术侦查在实施中框定了界限，即对涉及公民最基本的权利任何法律都不得干涉，否则都有违宪之嫌疑。

其次从法律与行政法规来看。在法律层面上，人民警察法和1993年国家安全法都规定了技术侦查，使技术侦查具备了明确的法律依据。但对使用技术侦查手段涉及的侦查措施种类、范围、审批程序、使用期限与获取证据材料的使用与管理等都没有作规定，也无其他相关的司法解释。这就使得上述法律规定缺乏可操作性，降低了其规范作用。那么，修改后的刑事诉讼法将技术侦查单列一节加以规定，明确了技术侦查使用的案件范围、使用期限、所获取证据材料的使用与管理，遵循了当代主要法治国家在建立技术侦查法律制度时采用的通常立法通例。可对技术侦查的审批程序、措施种类、适用对象的规定都还较为模糊，不利于技术侦查措施的依法实施和人权保障的落实。

最后从部门规章来看。《公安机关办理刑事案件程序规定》并没有对技术侦查作出规定。那么，作为公安机关贯彻刑事诉讼法的实施细则，《公安机关办理刑事案件程序规定》的修订当依据修改后的刑事诉讼法，在技术侦查法律制度框架下，作出更为具体的规定，使之具备可操作性。

（二）进一步提升侦查技术科技含量和侦查人员执法素质

现代刑事执法观念应当以尊重和保障人权为核心。在刑事侦查过程中重视程序意识、证据意识、人权意识是世界法治发达国家的基本原则和通常做法，也是符合现代法治精神的新的执法思维。树立现代执法观念，需要在刑事侦查过程中坚持保障人权的基本原则，即平等原则、罪刑法定原则、无罪推定原则等。而转变执法理观念，从某种意义上说就是要求侦查人员在整个刑事侦查过程中坚决、彻底地贯彻落实尊重和保障人权的基本原则，这在很大程度上依赖于侦查人员自身的侦查业务素质的提高，依赖于侦查人员人权保障意识的提高。加强对执法人员的业务水平和法律知识的考评，提高执法人员自身修养，使其成为侦查业务水平较高的执法者。在转变执法观念，提高执法队伍业务素质的同时，应当提高技术侦查的科技含量。当今侦查活动越来越依赖于证据。在较短的时间里获取合法、有效的证据来证明犯罪事实的有无，进而确认或排除犯罪嫌疑人的犯罪可能性。这需要有先进的科学技术做支撑。把高新科技运用于技术侦查，及时还原犯罪真相，不但使当事人之间的纠纷能尽快解决，使受害人的合法权益能得到实际的补偿或恢复，更有利于保障人权，保护人民群众的合法权益。

（三）建立健全技术侦查监督机制

完善技术侦查的监督，除了加强内部的监督外，还要建立健全外部监督机制。第一，进一步加强和完善检察机关的法律监督职能。作为我国法律监督机关的检察机关，有维护国家法律统一、正确实施的职责，有对侦查机关侦查活动进行监督的职能。在司法实践中，检察院通过审查批捕和对被告人提起公诉的形式对侦查机关的侦查活动进行监督制约。这种监督属于事后的监督，在一些情况下，有关当事人的合法权益可能已经造成了不可逆转的损失，要想弥补或挽回损失常常不可能或者会造成司法资源的巨大浪费。可以说，这种事后监督并没有发挥人民检察院监督职能的全部，不能实现其所追求的目标，没有发挥其保障人权、促进司法公正的职能。特别是技术侦查本身属性所决定，使得技术侦查活动成为监督的真空。因此，应该完善人民检察院的监督介入机制，以保障人权这一神圣的使命为核心构建技术侦查活动监督新机制。第二，加强舆论监督。我们知道，舆论监督的出发点是改进工作、解决问题、维护稳定，通过舆论监督可使社会舆情和群众心声得以公开、充分的表达。当媒体对某件侵犯人权的技术侦查案件进行了曝光，众多媒体跟进，从而形成舆论监督发现问题、促使问题解决、反思问题的普遍性、寻根问源深化思路的助力模式。加强舆论监督，发挥其方便快捷、成本经济、威力最大化和预防作用，必将对技术侦查的规范运行，提高我国人权保障水平有着积极意义。

（四）完善当事人的权利救济机制

技术侦查措施是以侵害公民部分人权为必要代价或成本的，为减少这种成本或代价，就应当对技术侦查措施进行程序设计的同时还应规定一系列补救措施，以保障公民基本权利不受侵犯。在完善当事人的权利救济方面我们可以借鉴西方国家的做法，这也在修改后的刑事诉讼法中有所体现，但还不够具体、完善。从保障人权的角度来看，完善当事人的权利救济机制可从以下三个方面着手：

1. 建立当事人告知程序

建立这种程序是在采用技术侦查措施进行侦查后，将所采取的技术侦查措施的有关情况告知当事人，保障其知情权。比如德国《刑事诉讼法典》和意大利《刑事诉讼法典》对此都有相关的规定。这样规定，一方面是因为当事人应当有知情权，即当事人有权知道其应该知道的信息资料，包括其权利被国家侵害的消息；另一方面是因为若采用技术侦查措施所获之资料将用作证据在法庭上指控当事人，让当事人（包括其辩护人）知晓有关情况也有利于其充分行使辩护职能。[①] 我国修改后的刑事诉讼法对此没有规定，也是技术侦查当事人救济机制中急需完善的一个环节。

---

① 参见万毅：《西方国家刑事侦查中的技术侦查措施探究》，载《公安大学学报（自然科学版）》1999 年第 4 期。

2. 细化保密条款

修改后的刑事诉讼法第 150 条第 2 款规定:"侦查人员对采取技术侦查措施过程中知悉的国家秘密、商业秘密和个人隐私,应当保密……"该条款规定了技术侦查实施过程中侦查人员的保密义务。然而,该条并没有规定侦查人员违反义务应负责任和补救措施。那么,在相关的办案规则或专门的技术侦查措施实施规则中当对侦查过程中获取的个人隐私材料种类、范围、保密密级、保存方式和期限、违反保密规定的责任等作出规定。

3. 细化赔偿标准

在技术侦查措施实施过程中对侵犯人权的救济,可以依据国家赔偿法有关精神赔偿的规定进一步细化。具体来说可以从三个方面着手:一是根据不同的侵害类型分别制定不同的赔偿标准,二是根据损害程度细化赔偿标准,三是对赔偿数额的最高限额做出界定。

四、结语

2012 年修改的刑事诉讼法将"尊重和保障人权"作为我国刑事诉讼的一项基本原则,这必将对司法机关适用技术侦查措施提出更加严格的要求,司法机关应当积极主动采取有效措施加以应对,努力使技术侦查程序最大限度地降低对人权的侵害。

刑事诉讼证明体系中"排除合理怀疑"的理论证成

周 平[*]

一、"排除合理怀疑"证明条件在适用上的"肯定之否定"

刑事证明标准是指刑事诉讼中司法人员运用证据认定犯罪嫌疑人、被告人犯罪所要达到的程度。世界各国对审判中有罪裁判的证明标准不尽一致,大陆法系国家规定为"内心确认";英美法系国家规定为"排除合理怀疑";我国立法确定了"犯罪事实清楚,证据确实充分"的基本原则。[①] 修改后的刑事诉讼法对证据确实充分的条件进行了细化,即:"(一)定罪量刑的事实都有证据证明;(二)据以定案的证据均经法定程序查证属实;(三)综合全案证据,对所认定事实已排除合理怀疑"。故,在遵循"证据裁判原则"、"程序法定原则"、"法庭举证原则"、"法庭质证原则"、"法庭辩论原则"等诉讼规律的基础上,实行了刑事证明标准的"舶来"借鉴,使证据确实内涵中的"质量"与证据充分内涵中的"数量"及证明标准中的底线"排除合理怀疑"判断依据相互衔接,并合成了一个不可分割的刑事证明体系。通过对刑事诉讼证明标准理论的证成,不难看出,"客观真实说"与"法律真实说"之间的对峙和博弈长期共存。"客观真实说"认为:"法院判决中所认定的案件事实与实际发生的事实完全一致。"[②] 由此得出结论:有罪认定是绝对真实的,必须经得起实践和历史的检验,达到"铁证"、"铁案"之标准。[③] "法律真实说"认为:"在司法实践中,人们对案件真实的认识符合法律所规定或认可的事实,是法

---

[*] 新疆生产建设兵团人民检察院副检察长。
[①] 参见陈光中:《刑事证据制度改革若干理论与实践问题之探讨》,载《中国法学》2010 年第 6 期。
[②] 参见巫宇甦等:《证据学》,法律出版社 1986 年版,第 80 页。
[③] 参见陈光中:《刑事证据制度与认识论》,载《中国法学》2001 年第 1 期。

律意义上的真实。"① 也就是说，在诉讼中通过证据认定的事实称为——"法律事实"。毋庸置疑，我国在修改后的刑事诉讼法中，将"排除合理怀疑"作为刑事证据证明标准之一，其实质意义是吸纳了"客观真实说"（即"客观事实"、"客观证据"）和"法律真实说"（即"法律事实"、"法律证据"）的合理内核；即将"客观证据"体现的"客观事实"通过合法程序和实体法要素的对接和规制，置换出"法律证据"再现的"法律事实"；在此基础上，嵌入"排除合理怀疑"规则，提升了"法律事实"的确定性和"法律证据"公信力。"排除合理怀疑"英文为"beyond reasonable doubt"，在汉语中直译为超越合理怀疑，对排除合理怀疑的理解，西方法律界主流观点否定了刑事证明达到确定性、唯一性的可能，只承认最大限度地"接近确定性"，即"接近真实"尚未达到"确定性"的地步。② 超越合理怀疑的证据："法律寻找的是最大可能性，而不是确定性……证据不一定达到确定的地步，但它必须达到极大可能性的程度。超越怀疑的证据，不是达到没有一丝怀疑的程度。"③ 鉴于此，"排除合理怀疑"证明标准在司法实践中持"肯定"态度的适用规则是：

一是"排除合理怀疑"规则的适格主体呈现出多元化的趋向。公安机关在刑事案件的侦查过程中，至案件侦查终结，始终将案件事实的"客观真实"作为侦查目标放在首位；即对犯罪嫌疑人的锁定、犯罪证据的收集、犯罪事实的固化，确认其已经达到追诉的标准，且无犯罪主体倒错、犯罪事实、证据变异、侦查程序合法、侦查结论"唯一性"方可移送审查起诉。诚然，在顺位诉讼审查环节，具有法律监督权的检察机关在追诉功能发挥过程中是其亦然无法规避的依法审查的权能，这是因为，"履行客观公正义务"的法律定位所决定的，即追诉证据应然性地达到无懈可击的标准（彻底排除无罪证据、有效剥离矛盾证据、全程闭合有罪证据），在此基础上依法向法院提起公诉；反之，若上述条件不适格，法庭将以"证据不足，不能认定被告人有罪的，应当作出证据不足、指控的犯罪不能成立的无罪判决"。在刑事审判环节，审判人员根据"证据裁判规则"以及在庭审中的举证、质证、辩论、认证等情形，对被告人有罪证据链条的指向必须达到"定罪处刑"确信无疑的程度，才能作出有罪判决；也就是说，经过案件审理"客观真实"转换为"法律真实"、"客观证据"转换为"法律证据"，排除所有法定的疑虑后，定罪量刑的判决

---

① 参见陈卫东主编：《刑事诉讼法理解与适用》，人民出版社出版2012年版，第120页。
② 参见陈光中：《刑事证据制度改革若干理论与实践问题之探讨》，载《中国法学》2010年第6期。
③ 参见［英］理查德·梅：《刑事证据》，王丽、李贵方等译，法律出版社2007年版，第77～78页。

才具有法律意义上的效力。此外,刑事犯罪被告人因涉及可能承担刑事责任的不利法律后果,以及辩护律师的执业要求所致,故,对公诉机关有罪证据在法庭上的举证,以及控辩双方的质证等诉讼活动享有非法证据依法排除的诉讼申请权能(即非法言词证据的绝对排除的诉求、非法实物证据的相对排除的诉求、犯罪构成要件条件不适格的重点排除的诉求);需要强调的是,被告人及其辩护人申请排除以非法的方法收集的证据的,应当提供相关的线索或者材料;在此,立法赋予了被告人及其辩护人,对使用非法的方法收集证据申请排除的举证权能(或称履行举证排除的义务)与检察机关的追诉举证职能形成性质、目的上的倒置;以此达到对被告人从轻减轻处罚、免除刑事责任追究之目的。

二是"排除合理怀疑"是法定各罪犯罪构成框架内的"有限"的怀疑,而非"无限"的怀疑。其"有限怀疑"是指穷尽了辩方和法庭审判人员对被告人追诉的有罪证据在法律规定的各罪犯罪构成框架内"质疑"的破解和对法庭接受并采信有罪证据完整体系化的"意识强化";如公诉机关启动的追诉(公诉)程序在庭审上举证的被告人有罪证据体系中的各类证据达到"四性"即合法性、客观性、关联性、闭合性的实体标准;① 通过分项或综合公诉论证和阐述,以期达到证实取证程序合法规范(排除非法性和矛盾性)、案件事实及证据客观真实(符合法律要求的规格,包括追续的、必要的补正和合理解释)、案件证据显现案件犯罪事实的脉络清晰(无障碍、无断裂、无歧义)、案件有罪证据环环相扣形成"闭合状态"(从证据的单项上或整体上彻底排除无罪证据,各种有罪证据符合证据资格和依附证明力,且固化为有机的有罪证据链条)。

三是刑事诉讼法规定对所认定的案件犯罪事实"排除合理怀疑"属狭义的范畴,而非广义的"排除一切合理怀疑"的要义。我国刑法对刑事犯罪行为人的定罪量刑采用了"犯罪构成四要件理论",因此,"排除合理怀疑"的对象仅囿于"犯罪构成四要件"范畴和"刑罚体系规格"范畴;反之,肆意扩大适用范围是对该规则的"异化"或"变异",有违立法的初衷。"排除合理怀疑"证明标准在司法实践中持"否定"态度的表现形态:即对刑事诉讼中随意的、猜测的、推理的、狡辩的、妄想的、无据的且脱离法律适用规则及证据判断规则涉及案件事实和证据无度、无端、无故、无稽、无法、无关的非法"怀疑"行为,不但需要刑事诉讼程序的抑制,同时,还要加大法定主观臆断排除规则的联动。

---

① 参见周平:《刑事证据闭合性新探》,载《现代法学》1994年第5期。

二、"排除合理怀疑"在"犯罪构成四要件"上的刑事诉讼规则定位

"排除合理怀疑"是指特定司法主体对案件事实或案件证据依据法律犯罪构成的规格或要件进行主客观审查和判断的过程。由于刑事诉讼"抗辩结构"及"三角结构"的现实性,该判断规则的司法运用是不以人们的意志为转移的;正如罗素指出的那样:"事实的意义就是某件存在的事物,不管有没有人认识它存在还是不存在。"① "诉讼的认识手段是证据",② 对证据的综合判断离不开"证据裁判原则"(已经被法治国家普遍认可,并被视为是诉讼证明理性的重要标志)。"排除合理怀疑"刑事诉讼判断规则包含了"实体构成性排除规则"和"程序实施性排除规则"。前者囊括了各罪实体构成要素和范围、排除规则的法律后果、法官在排除合理怀疑中的自由裁量权、排除规则的例外性;后者则是对"排除合理怀疑"诉讼程序主体的启动、诉讼程序的运用(依诉权、依职权)、证据排除规则的程序性规范、司法程序裁判方式、举证责任的主体及其权利的配置、救济程序的规制等。"排除合理怀疑"标准或规则的"内在属性"与"外在属性"构成了对案件事实的确认性和案件证据可采性的判断性结构;其中,"外在属性"是前提和基础,即有影响"合理性怀疑"的客观性条件和依据;"内在属性"虽为判断主体的主观认识为导向,其影响元素涉及:区域性执法环境的偏移度、审判人员的法律知识架构和审判经验的积累、判断犯罪事实和有罪证据的衡量标准和证据规则运用的能力、法律思维的辨析性水平。案件事实的确认性有赖于案件证据的基础支撑,说到底,"排除合理怀疑"规则的运用是对案件有罪证据的"质疑"的排除和确认;同时,不容忽视的是取证的合法性、程序性的规制运用和对有罪证据是否采信的主观判断。

"排除合理性怀疑"中应然性地渊源于"罪刑法定原则"现行刑法蕴含着"犯罪构成四要件"的要素是"实体构成性排除规则"为前提。对犯罪事实的确定、犯罪证据的确认实然性地排除"有罪推定"的规则。其行使"排除合理性怀疑"的初衷从终极目而言是通过法庭裁判免除对被告人刑事责任的追究;附随效能是对被告人刑事责任的减轻。

(一)在犯罪主体方面

对一般普通刑事犯罪案件的犯罪主体,以犯罪主体不适格提出"合理性

---

① [英]罗素:《人类的知识》,张金言译,商务印书馆1983年版,第177页。
② 陈光中等:《诉讼真实与证明标准改革》,载《政法论坛》2009年第2期。

怀疑"项目归纳：

一是辩护律师提出被告人无刑事责任能力的诉求。行为人在犯罪前丧失辨认能力和控制能力的线索和材料，以及法庭审判人员依职权发现犯罪主体失格。如：被告人有家庭遗传性精神病史、间歇性精神病就医证明、与常人迥然的行为举止或属智障型患者；以此申请法庭或法庭裁定对被告人进行司法精神病鉴定；或者辩护律师对司法机关已经获得的被告人具有完全刑事责任能力的司法精神病鉴定提出"质疑"，如被告人无刑事责任能力新证据的提出、鉴定机构的资质不合法、鉴定人资格未审核或备案、鉴定过程违法、鉴定分析意见与鉴定意见不符等，申请法庭重新鉴定或排除初始鉴定的效力。经庭审质证，辩护律师向法庭提出被告人未达到刑事责任年龄的相关证据（出生证明时间的倒错、接生医护人员的署名证明、派出所户籍证明年龄有误等）。

二是辩护律师对公诉机关庭审举证失权、失实的情形，申请法庭对被告人因限制责任能力而减轻刑罚的司法认证：（1）已满14周岁不满16周岁的未成年人因其年龄因素的影响而不具备完全的刑事责任能力；（2）又聋又哑的人可能不具备完全的刑事责任能力；（3）盲人也可能不具备完全的刑事责任能力；（4）尚未完全丧失辨认或控制自己行为能力的精神病人不具备完全的刑事责任能力。

三是对特殊犯罪主体提出合理怀疑的法定范畴。特殊犯罪主体属身份犯。即真正身份犯抑或非真正身份犯、资格犯的范畴界定，依法对其追究刑事责任法律设定了严格的条件：（1）主体特殊身份是否具备的证明性书证及证明内容的适格性要求。如特殊职业义务的要求和特殊职务的职责要求等，影响罪与非罪的界定。（2）主体特殊身份是否具备法律规定的在履职期间的权能，影响此罪与彼罪的判定。（3）主体特殊身份影响无特殊身份者的定罪。无特殊身份者与有特殊身份者共谋或实施犯罪共同构成特定犯罪的共犯，如：无特殊身份者与国家工作人员共谋并实施犯罪符合"犯罪构成四要件"的则共同构成挪用公款罪、贪污罪。

综上，法官、辩护律师和被告人针对其特殊犯罪主体提出的"排除合理怀疑"的主要理由及相关反证证据是：犯罪前无特殊身份或犯罪时特殊身份已经终止、特定权能的履行丧失条件，以及侵害客体的产权不明晰导致的犯罪主体身份处于模糊不清状态等。

四是对单位犯罪我国刑罚采取了"双罚制"原则，即单位犯罪的，对单位判处罚金；并对其直接责任的主管人员和其他直接责任人员判处刑罚。故，法官、辩护律师及被告人针对其犯罪主体身份提出"排除合理怀疑"的理由和证据是：非直接责任的主管人员或主管范围不能达以及直接责任人员岗位、职责已在犯罪前变动或非职责所致等。

五是犯罪嫌疑人、被告人没有作案的时间和作案的能力以及反证证明其不在作案的区域等，以此明示本案的犯罪嫌疑人、被告人不是法律意义上的刑事被告人。

(二) 犯罪主观要件

针对被告人罪过和犯罪目的提出"合理性怀疑"的涉围：

一是被告人没有犯罪的主观故意；其行为追诉属于"客观归罪"。如：将被告人的正当防卫、紧急避险、意外事件、共同犯罪案件中无犯罪故意的参与等错误地归类为犯罪主观要件序列。

二是因犯罪主体不适格，导致犯罪主观要件灭失。如：经法医学鉴定确定被告人为精神病患者或间歇性精神病发作期所实施的行为；经法庭调查确认，被告人实施行为时，尚未达到追究刑事责任的法定年龄，故，犯罪主观要件因"皮之不存、毛将焉附"而无法成立。

三是职务犯罪案件被告人以个人名义或个人决定，成立私有公司或私有企业，利用国有单位供货渠道资源，将挪用的公款用于营利性活动，其营利性活动的供货对象是所在的或相关的国有单位，由此提出未构成社会危害性以及未存犯罪故意的抗辩引发的"合理性怀疑"；另者，收受贿赂、贪污犯罪的被告人，犯罪活动已经实施终结，将部分赃款用于扶贫济困、慈善捐助、礼尚往来等活动，被告人以通过不正当的手段获取钱财，用于合法支出的抗辩，由此引发的"合理性怀疑"。

四是对过失犯罪心态的判断形成的"合理性怀疑"。过于自信的过失是指行为人预见到自己的行为可能发生危害社会的结果，但轻信能够避免，以致发生这种结果的心理态度。根据被告人的技术水平和工作经验及处置判断力，危害社会的结果是完全可以避免的，但由于其他外界因素的突然介入，导致局面难以控制发生危害社会的结果；这说明，被告人过于自信的前提条件发生突变，由前提的可控性、静止性状态转变为不可控、动态性状态，因此，介入性因素的添加，对被告人过失犯罪心态的依法确认形成了难度。

五是以法定的、明确的犯罪目的为犯罪构成要件的各罪，因被告人犯罪目的没有供述，同时又没有其他相应的证据进行佐证，预留的"合理性怀疑"。

(三) 犯罪的客体要件

犯罪的客体要件是指我国刑法所保护的、为犯罪行为所侵害的社会关系。这是法定的犯罪构成的必备要件。任何一种犯罪的成立，必须构成对直接客体的侵害，但不要求对犯罪对象的侵害。对侵害犯罪客体构成要件产生的"合理性怀疑"情形梳理：

一是犯罪对刑法保护直接客体的侵害是犯罪构成的必备要件；但对犯罪对象是否受到损害或破坏，不是该要件成立的要素，立法没有对犯罪对象的损害与否提出"合理性怀疑"进行法定规制。

二是部分犯罪侵害的客体系复杂客体，即一种犯罪行为同时侵害的客体包含两个以上的具体的社会关系（即"一因多果"）。犯罪行为对各罪复杂客体的侵害，不因侵害客体实质意义上的单一性而提出"合理性怀疑"；理由是，法律未强调侵害各罪客体的全覆盖性；反之，则不构成犯罪。

三是对侵财型犯罪，因产权不明晰，引发的侵害客体性质的质疑或歧义，而提出的"合理性怀疑"。

（四）因具体犯罪行为的相关证据与刑法各罪客观要件不符而产生的"合理性怀疑"

一是在犯罪构成的客观方面法律要求系结果犯，与其他要件合为共同要件，其危害结果未出现而构成条件不适格，未达到犯罪结果的完成形态，而引发的犯罪客观构成要件符合性上的"合理性怀疑"。如：间接故意犯罪和过失犯罪法律要求犯罪结果必须现实存在，否则，不构成犯罪。

二是"犯罪构成四要件"的事实证据中的关键证据、主要证据与其他相关证据出现矛盾无法排除或控方证据与辩方证据证明结果相悖，形成定罪上的"合理性怀疑"。

三是对控方证据中的关键证据或主要证据被告人、辩护人通过反证提出证据能力（资格）异议，而控方无法补证或说明的以及相关证据证明力联动性弱化，而引发的以追诉证据为重心的"合理性怀疑"。

四是法庭因对特定犯罪罪状形态的理解与控方认识相左，导致对控方证据不采信或认定犯罪链闭合证据不周延，形成的对犯罪构成要件证据与构成标准不吻合的"合理性怀疑"。

五是行为人由于职务上、义务上、业务上的法律要求的作为行为，因不可抗力的外界因素的介入，虽然其客观犯罪构成要件均已达标，而不以犯罪论处，引发的对是否属于"不可抗力"作用的"合理性怀疑"。

六是鉴于控方在庭前已将控方证据向辩方展示，而辩方证据未向控方交换，在庭审中极易出现突袭证据，由于控方举证抗辩、反证反驳能力所限，导致法庭对控方证据的采信度、确认率降低，对有罪判决结果"内心整体确认"产生"合理性怀疑"。

七是犯罪客观方面的构成要件涵盖了：必备危害行为、相对危害结果、附随特定的时间、地点、方法和手段及对象；另外，与其他犯罪构成要件的不可或缺性而架构为一个有机板块，任何构成要件的短板或缺失，将会形成法庭的

"合理性怀疑"。

三、"排除合理性怀疑"证明条件的司法判断规则

修改后的刑事诉讼法对刑事证明标准"证据确实、充分"设定了刑事证明标准判断体系。其法定的、客观的判断条件分为三个层次：

一是定罪量刑的事实都有证据证明。这是对所有案件事实，证据数量上的要求规范；其法逻辑排列顺序判断的过程是：案件事实的认定与否？有赖于法律证据的支撑，法律证据的闭合性的规定性是以案件事实从行为人犯罪预备、犯罪实施、犯罪完型（完整的行为状态）、犯罪危害结果实现自始至终的过程性、时间维度的顺序性、犯罪主体的能达性、罪过形态的确定性、客体侵害的直接性，而伴随衍生的法律证据的综合体现；概言之，凡对案件事实有证明作用的任何证据都要应然性地依法收集到案，即达到穷尽的程度。其出发点是遵循"证据裁判原则"的基础性、依据性的判断。

二是据以定案的证据均经法定程序查证属实。这是对定案证据质量、品质的要求和规定，涉及证据能力（资格）和证据证明力。需要说明的是，"据以定案的证据"主要包括有罪的定案证据，这是由刑事追诉功能作用所决定的；辅助性涵盖了无罪的定案证据，诚然，在有罪的定案证据依法不能认定和依法不能采信的前提下，原有罪的定案证据被依法或自然地转换为无罪证据，其理论依据是："疑罪从无原则"、"反证理论原则"。该条件所述的定案证据在形式要件上必须符合法定的证据种类和各类证据独有的特质。定案证据"经法定程序查证属实"的程序规制具体体现在：举证主体的举证活动（包括补证和说明及延期审理的补充侦查）、辩方的反证活动、控辩双方的质证活动和辩论活动、法庭对证据的认证和采信活动等；该条件立法的规定性凸显了定案证据实质合法、程序适格的诉讼价值判断。

三是综合全案证据，对所认定事实已排除合理怀疑。对该条件的立法理解和司法判断，属于非独立的条件要素，系综合性的评价条款，理由如下：首先，上述的证明标准在第一项、第二项条件得到满足后，就不会发生第三个条件内容表述的"合理怀疑"；也就是说，定案的证据在庭审中，通过依法严格的实质性审查和证明力审查及程序性审查，已经排除了合理性怀疑。其次，从立法精神而言，不能将"证据确实、充分"等同于"排除合理怀疑"。因为，从英美法系借鉴的"排除合理怀疑"证明标准实质寓意是"接近确定性"；[①]

[①] 参见陈光中主编：《〈中华人民共和国刑事诉讼法〉修改条文释义与点评》，人民法院出版社出版 2012 年版，第 67 页。

与我国刑事诉讼法规定的证明标准"证据确实、充分"尚有一定的差距。再次,"合理怀疑"的核心是"依据性"、"事实性"、"客观性"、"具体性",而非"猜测性"、"想象性"、"推测性"、"抽象性"。因此,定案证据在"质"和"量"被法定诉讼程序逐个确定后,形成的定案"证据群",实然性地就摆脱了"合理怀疑"的困扰性和模糊性,其判决的结果必然取向"二维"诉讼价值判断即"有罪"或"无罪"。

审查起诉阶段非法证据排除论析

黄世斌[*]

"在实行证据裁判原则的现代诉讼中,证据是诉讼活动的基本条件。"[①]"在诉讼过程中,证据制度应当维护双方对抗的公平性和法律程序的正当性。证据制度不仅有发现真实的功能,而且要规制发现真实的手段和方法,使认识的途径和程序符合现代司法民主和文明,具有正义性、合理性、公平性。"[②]非法证据排除规则作为现代诉讼证据制度的一项具体规则,在规制刑事诉讼中发现真实的手段与方法方面发挥着重要作用,"非法证据排除规则把非法取得的证据排除在诉讼之外,在很大程度上避免了根据虚假的证据对案件事实作出错误的认定,有利于最大限度地防止、减少冤案错案的发生"。[③]

2012年修正的《刑事诉讼法》在吸收了2010年《关于办理刑事案件排除非法证据若干问题的规定》(以下简称《非法证据排除规定》)的基础上,以国家立法的形式正式确立了我国刑事诉讼中的非法证据排除规则。与多数国家非法证据排除由法院在案件审理中作出、检察机关只是被动参与不同,刑事诉讼法延续了《非法证据排除规定》的内容,以国家基本法律的形式确立了审查起诉阶段非法证据排除规则。这对促进检察机关规范侦查取证行为,积极应对司法实践中亟待解决的刑讯逼供、暴力取证等非法取证问题有着重要意义。而随着刑事诉讼法的全面实施,如何准确把握检察机关在审查起诉阶段依法排除非法证据的根据,细化审查起诉阶段非法证据排除的标准与程序,在刑事诉讼中实现惩罚犯罪与保障人权的有机统一,尚须不懈地探究。

---

[*] 安徽省合肥市人民检察院副检察长,安徽省检察业务专家,全国检察理论研究人才。
[①] 陈光中主编:《证据法学》(修订版),法律出版社2013年版,第153页。
[②] [日]田口守一:《刑事诉讼法》(第五版),张凌、于秀峰译,中国政法大学出版社2010年版,第18页。
[③] 陈光中:《刑事证据制度改革若干理论与实践问题之探讨——以两院三部〈两个证据规定〉之公布为视角》,载《中国法学》2010年第6期。

一、审查起诉阶段非法证据排除的根据

刑事诉讼法第54条第2款规定了检察机关依法主动排除非法证据的义务,"在侦查、审查起诉、审判时发现有应当排除的证据的,应当依法予以排除,不得作为起诉意见、起诉决定和判决的依据"。从而将我国非法证据排除工作向前延伸到审查起诉阶段。

(一)法律监督机关定位决定了检察机关在审查起诉阶段排除非法证据

首先,在近现代检察制度的发源地——欧洲大陆,检察机关就担负着监督侦查机关的职能。"作为法律之守护人,检察官既要保护被告免予法官之擅断,亦要保护其免予警察之恣意。"创立检察官的一个重要目的"在于摆脱警察国家的梦魇,因而,需要一个严格受法律训练及法律控制的法律官来监督控制警察侦查活动的合法性"。① 萨维尼曾言:"警察官署……的行动自始蕴藏侵害民权的危险,而经验告诉我们,警察人员经常不利关系人,犯下此类侵害民权的错误。检察官的根本任务,应为杜绝此等流弊并在警察一行动时就赋予其法的基础,如此一来……此新创制(指检察官)才能在人民眼中获得好的支持。"② 可以说大陆法系国家检察机关创立伊始就有预防侦查机关滥用权力、规范侦查行为之功能,这与我国宪法确立的检察机关法律监督机关的地位,以及刑事诉讼法关于检察机关对侦查活动是否合法进行法律监督的规定契合。③

其次,从我国检察制度的直接思想渊源和发展来看,以列宁的法律监督思想为基础的苏联检察制度不仅为新中国检察制度的创建提供了直接思想渊源,而且还提供了现成的制度模式,并在我国现行检察制度中仍有体现。苏联检察机关的职能可分为一般监督和司法监督,其中"司法监督是指检察机关有权对公安机关的侦查、逮捕和司法机关的审判、判决执行是否恰当,以及有无违法情况进行监督"。④ 当侦查机关采取了诸如采用刑讯逼供、暴力、威胁等方法取证时,检察机关就有权进行监督,采取相应措施。"新中国在开始建设检察制度的时候,中共中央和中央人民政府就决定把列宁关于法律监督的理论作

---

① 林钰雄:《检察官论》,法律出版社2008年版,第9、11页。
② 转引自林钰雄:《检察官论》,法律出版社2008年版,第7~8页。
③ 事实上,大陆法系国家现在也很重视检察机关的监督职能,如德国的"检察机关也具有一定的法律监督和保证国家法律统一实施的职能"。(中国检察考察团:《德国的检察制度》,载《人民检察》1994年第11期)法国最高检察长的主要职责之一是"对国家整体执法活动进行监督"。(中国检察考察团:《法国的检察制度》,载《人民检察》1994年第12期)
④ 何勤华主编:《检察制度史》,中国检察出版社2009年版,第409页。

为指导思想,并把苏联检察制度的模式直接作为新中国检察制度的蓝本。"①时至今日,我国检察制度的发展虽然历经波折,但是仍然吸收了列宁的法律监督思想精华,"列宁在'十月革命'后,曾坚持检察机关的职权是维护国家法制的统一,我们的检察院组织法就是运用列宁的这一指导思想结合我国实际情况制定的"。② 人民检察院组织法明确检察机关是法律监督机关的基础上,把检察机关的职权定位为法律监督权,而取消了一般监督权,③ 并为我国宪法所确认。

最后,从我国现行法律规定来看,宪法第 129 条规定:"中华人民共和国人民检察院是国家的法律监督机关"。人民检察院组织法在重申了检察机关是国家法律监督机关的同时,明确了检察机关对公安机关的侦查活动是否合法,实行监督;刑事诉讼法也确立了检察机关依法对刑事诉讼实行法律监督的刑事诉讼基本原则,并规定检察机关审查案件的时候,必须查明侦查活动是否合法,等等。宪法和法律确立了我国检察机关法律监督机关的定位,有依法监督侦查活动的职责,这充分证明了"我国检察机关与国外的公诉机关不一样,其中比较重要的区别是中国的检察机关不仅承担起诉职能,还承担批捕等法律监督职能。这就决定了我国的检察机关可以在非法证据排除程序中担当极其重要的工作"。④

以审查起诉阶段非法证据排除为例,"公诉是检察机关核心的标志性的职能,检察机关的职能基本上是由其向前向后延伸拓展而成。它担负着指控犯罪与诉讼监督(侦查监督、审判监督和死刑执行监督)的职能,既处在同犯罪直接较量的第一线,又处于诉讼监督的第一线;既是侦查程序的审查把关者,又是审判程序的启动者和诉讼程序的纠错匡正者,对于打击犯罪,保障人权,保证法律在诉讼中得到正确实施、维护社会和谐稳定和公平正义,都具有重要意义"。⑤ 其中,在作为公诉内在程序和必经步骤的审查起诉阶段,检察机关"侧重于侦查监督(它处于三角形诉讼关系的顶端,站在中立的立场上,在全面审阅案卷材料、听取犯罪嫌疑人及律师意见的基础上,对侦查机关移送起诉

---

① 孙谦主编:《中国检察制度论纲》,人民出版社 2004 年版,第 32 页。
② 《彭真文选》,人民出版社 1991 年版,第 392 页。
③ 参见彭真:《论新时期的社会主义民主与法制建设》,中央文献出版社 1989 年版,第 10~11 页。
④ 张敬博:《非法证据排除制度化之路径选择——访中国政法大学诉讼法学研究院副院长杨宇冠教授》,载《人民检察》2010 年第 7 期。
⑤ 朱孝清:《充分发挥公诉职能作用、深入推进三项重点工作》,载《人民检察》2010 年第 14 期。

的案件分别作出起诉、不起诉、退查等决定）"①，查明侦查活动是否合法，是否存在非法取证行为，决定是否排除被认定为非法的证据。因此，在审查起诉阶段检察机关不仅应当根据遭受刑讯逼供、暴力取证等非法取证行为受害人的控告、申诉来实施监督，还应当主动依据自身职责启动监督程序，审查侦查机关的取证行为合法与否，决定是否排除那些非法证据，并依法追究相关行为人的法律责任。

"实际上，检察机关除公诉权外履行法律监督职能并非我国独有的现象，随着检察制度的发展，检察机关法律监督职能逐渐发展起来，有的国家的检察机关履行法律监督的职能仅限于诉讼领域，有的超出了诉讼的范围，对国家机关及其工作人员实施监督。"② 从当前我国刑事司法现状看，加强检察机关的法律监督职能，确保检察机关履行纠正程序违法职责，是一种较为现实的考量。特别是在刑事诉讼法要求检察机关在庭审中承担全部举证责任，无形中增加了检察机关在追诉犯罪风险的前提下，立足法律监督职能，在审查起诉阶段排除非法证据成为必要。

（二）检察官客观公正义务要求检察机关在审查起诉阶段排除非法证据

19世纪中后期源于德国的检察官客观公正义务，虽然产生伊始围绕着检察官在刑事诉讼中的具体任务与义务就有分歧，对检察官客观公正义务的概念及其内容的认识上也存在一定差异，③ 但是，检察官的客观公正义务不仅为当今多数国家法律所规定，而且作为一项普遍认可和遵守的国际准则还规定在一些国际文件中，联合国《关于检察官作用的准则》序言即明示"其目的在于协助会员确保和促进检察官在刑事诉讼中发挥有效、不偏不倚和公正无私的作用"。并在一些条款中规定了检察官客观公正义务的具体内容，如第16条就基于客观公正义务从证据运用角度对检察官在履行职责时如何对待非法证据作了原则规定："当检察官根据合理的原因得知或认为其掌握的不利于嫌疑犯的证据是通过严重侵犯犯罪嫌疑人人权的非法手段，尤其是通过拷打，残酷的、

---

① 朱孝清：《充分发挥公诉职能作用、深入推进三项重点工作》，载《人民检察》2010年第14期。

② 陈光中等：《中国司法制度的基础理论问题研究》，经济科学出版社2010年版，第448页。

③ 参见朱孝清：《检察官客观公正义务及其在中国的发展》，载《中国法学》2009年第2期。有关检察官客观公正义务的概念及所包含的内容的各种阐释还可以参见胡常龙：《证据法学视域中的检察官客观义务》，载《政法论坛》2009年第2期；孙长永：《检察官客观义务与中国刑事诉讼制度改革》，载《人民检察》2007年第17期；龚壮禾：《检察官客观义务研究》，《湖南社会科学》2007年第5期；程雷：《检察官客观义务比较研究》，载《国家检察官学院学报》2005年第4期；谢佑平、万毅：《检察官当事人与客观义务》，载《政法论坛》2003年第6期；陈永生：《论检察官的客观义务》，载《人民检察》2001年第9期。

非人道的或有辱人格的待遇或处罚或以其他违反人权办法而取得的,检察官应拒绝使用此类证据来反对采用上述手段者之外的任何人或将此事通知法院,并应采取一切必要的步骤确保将使用上述手段的责任者绳之以法。"①

检察官客观公正义务是对检察官在刑事诉讼中客观公正履行职责的强制性要求。为了实现司法公正,检察官在刑事诉讼中应站在客观立场上履行职责,探寻案件事实真相。因为,"检察官代表政府执行法律,他的首要任务是维护正义。它既要使有罪的人受到惩罚,又要做到不使无辜的人被错误地定罪判刑,在决定是否应对案件提出起诉时,检察官必须客观考虑证据或其他有关情况,做出合理和公正的判断"。②"体现在诉讼工作中就要求检察机关在进行审查逮捕、审查起诉、支持公诉等活动时要秉持客观公正的立场,唯本着事实与法律而不片面追求定罪与胜诉的结果,强化对诉讼活动尤其是侦查活动的法律监督,及时发现并依法纠正诉讼过程中的违法行为;体现在证据要求上就需要检察机关在审查判断证据时既要重视能够证明被追诉人有罪或者罪重的证据,也要重视证明被追诉人无罪或者罪轻的证据,依法审查证据的合法性并及时排除非法证据。"③

我国人民检察院组织法、刑事诉讼法、检察官法对检察官客观公正义务也作了较为详细的规定,"我国关于检察官客观公正义务的法律规定有以下特点:一是内容完备。我国所规定的内容比绝大多数国家都要完备,特别是关于检察机关对刑事诉讼全过程实施法律监督的规定,则更是超出了多数国家的规定。二是检察机关不仅自身要认真践行客观公正义务,而且由于其身负对刑事诉讼法律监督职责,因而还要监督侦查人员、审判人员履行法律赋予他们的客观公正义务,以保证整个刑事诉讼的客观公正"。④ 当然,"检察官客观义务虽然贯穿于刑事诉讼过程的始终,但其最集中、最突出的体现最终还是要落实在证据的收集、审查判断和运用上。或者,检察官客观义务说到底是一种证据义务"。⑤ 刑事诉讼法就明确规定检察机关在审查起诉时发现有应当排除的证据的,应当依法予以排除,不得作为起诉决定。因此,在审查起诉阶段,检察机

---

① 《关于检察官作用的准则》有关检察官的客观公正义务规定还有该准则的第12、13、14等条,参见杨宇冠、杨晓春主编:《联合国刑事司法准则》,中国人民公安大学出版社2003年版,第371~372页。

② [英]詹妮·麦克埃文:《现代证据法与对抗式程序》,蔡巍译,法律出版社2004年版,第256~257页。

③ 卞建林、李晶:《检察机关排除非法证据的规范》,载《政治与法律》2011年第6期。

④ 朱孝清:《检察官客观公正义务及其在中国的发展》,载《中国法学》2009年第2期。

⑤ 胡常龙:《证据法学视域中的检察官客观义务》,载《政法论坛》2009年第2期。

关应秉持客观公正义务，不但为了追诉犯罪，要注重收集和审查犯罪嫌疑人有罪、罪重的证据；而且为了保障人权，要注重收集犯罪嫌疑人无罪、罪轻的证据，对于那些认定为非法证据的，要依法予以排除，不得作为决定起诉的依据，必要时，还应对那些违法取证者绳之以法。然后，根据案件的基本事实和未被排除的证据作出是否起诉的决定。

（三）相互制约的刑事诉讼基本原则保障了审查起诉阶段排除非法证据

权力制约是刑事诉讼得以公正运行的保障。"对于任何一种权力来说，防止权力滥用固然不能离开自觉自愿的自我约束，但却不能期望过高。在防止权力滥用方面，外部制约更为重要。"① 世界各国刑事诉讼制度的发展已经证实了这一点，也为我国刑事诉讼法的基本原则所确认，从国家基本立法上支持了检察机关在审查起诉中排除侦查机关获取的非法证据。

不可否认，刑事诉讼中的侦查取证行为必然要以国家权力为后盾，但是，"一切有权力的人都容易滥用权利，这是亘古不易的一条经验"。② 为了防止侦查权力的滥用，必然要对其加以制约。首先，刑事诉讼作为一种国家追诉和惩罚犯罪的活动，离不开对国家权力的运用。这些权力的使用者要通过行使这些权力来实现刑事诉讼目的，追究犯罪嫌疑人、被告人的刑事责任，并保证整个诉讼程序的公正性。因此，这种权力在刑事诉讼中的作用是不可或缺的。其次，权力必须受到制约。刑事诉讼是公安司法机关以国家的名义向行为人个人发起的一场追诉活动，由于"有权力的人们使用权力一直到遇有界限的地方休止……从事物的性质来说，要防止滥用权力，就必须以权力制约权力"。③ 为了防止刑事诉讼中公安司法机关对犯罪嫌疑人、被害人、证人等滥用刑事司法权，对其权力必然要有所制约与限制。刑事诉讼法即以刑事诉讼基本原则的方式，明确了公安机关、检察机关和审判机关之间在刑事诉讼中分工负责、互相配合、互相制约的关系。检察机关在审查起诉阶段排除非法证据就是检察机关与侦查机关这种制约关系的体现，以保证侦查机关依法适用法律。

实践中出于自身利益考虑，侦查机关往往主要考虑破案率而忽视对犯罪嫌疑人、证人、被害人的合法权益保护，把侦查中的刑讯逼供、暴力取证视为工作方法粗暴、简单，行为发生后甚至还遮掩。针对这种情况，检察机关应根据刑事诉讼中的相互制约原则，在审查起诉阶段强化非法证据排除工作：一是以权力制约权力。检察机关应切实履行对侦查取证行为的制约职能，在审查起诉

---

① 李建明：《检察机关侦查权的自我约束与外部制约》，载《法学研究》2009年第2期。
② ［法］孟德斯鸠：《论法的精神》（上册），张雁深译，商务印书馆1959年版，第184页。
③ ［法］孟德斯鸠：《论法的精神》（上册），张雁深译，商务印书馆1959年版，第184页。

阶段发现侦查机关获取的证据是非法的，应依法予以排除。二是以规则制约权力。为了有效解决刑讯逼供等非法取证行为，保障犯罪嫌疑人的合法权益，应把具有可操作性的审查起诉阶段非法证据排除的标准、程序以法律、司法解释的形式予以明示，以规范侦查取证行为。当然，检察机关在审查起诉阶段排除非法证据并不是要削弱侦查机关的侦查取证权，而是要规范侦查取证权，使之在法定范围内合理运行。以审查起诉阶段非法证据排除来制约侦查取证权，防止冤假错案的发生，只是刑事诉讼追求的程序价值目标，审查起诉阶段排除非法证据时，也不能忽视打击犯罪这一刑事诉讼的实体价值目标。

概言之，我国检察机关不仅仅是公诉机关，还是法律监督机关，当以实现司法公正为目的，履行侦查监督职能，秉持客观公正义务，强化制约侦查机关的职能。对检察机关在审查起诉阶段排除非法证据持反对或质疑态度并不足取，"审查起诉过程中排除侦查机关违法获取的证据，能有效地纠正违法侦查行为，保障侦查活动依法进行，并维护侦查阶段犯罪嫌疑人的合法权利不受侵犯"。①

二、审查起诉阶段非法证据排除的标准

"标准是法律所规定的一种行为尺度，离开这一尺度，人们就要对所造成的损害承担责任，或使他的行为在法律上无效。"② 要确立科学的审查起诉阶段非法证据排除规则，就必须为所要排除的"非法证据"设置一个较为清晰、明确的标准、尺度。刑事诉讼法修改时，我国最高立法机关就对非法证据排除的标准做过说明，刑事诉讼法修正案（草案）"明确规定了非法证据排除的具体标准：采用刑讯逼供等非法方法收集的犯罪嫌疑人、被告人供述和采用暴力、威胁等非法方法收集的证人证言、被害人陈述，应当予以排除。违反法律规定收集物证、书证，可能严重影响司法公正的，应当予以补正或者作出合理解释；不能补正或者作出合理解释的，对该证据应当予以排除"。③ 随后，根据全国人大代表提出的意见对非法物证、书证的排除标准做了进一步修改："收集物证、书证不符合法定程序，可能严重影响司法公正的，应当予以补正或者作出合理解释；不能补正或者作出合理解释的，对该证据应当予以排除。"至此，我国刑事诉讼法分别确立了非法言词证据（犯罪嫌疑人和被告人

---

① 陈光中：《刑事证据制度改革若干理论与实践问题之探讨》，载《中国法学》2010年第6期。
② ［美］罗斯科·庞德：《通过法律的社会控制》，沈宗灵译，商务印书馆1984年版，第25页。
③ 王兆国：《关于〈中华人民共和国刑事诉讼法修正案（草案）〉的说明》，载《人民检察》2012年第8期。

供述、证人证言、被害人陈述）与非法实物证据（物证、书证）的排除标准。基于这一规定，在确立审查起诉阶段非法证据排除标准时，既要对非法证据中"非法"的内涵做一界定，还要进一步明确审查起诉阶段非法言词证据（犯罪嫌疑人和被告人供述、证人证言、被害人陈述）与非法实物证据（物证、书证）排除的具体标准。

首先，"非法"中的"法"究竟指哪些法律？对此各国有不同规定，如美国最初仅指宪法第四修正案，后来发展为包括宪法第四、五、六、十四修正案等，我国也有学者认为排除非法证据规则所保护的内容是个体享有的宪法基本权利，① 笔者认为我国的非法证据排除规则确实具有"尊重与保障人权"的功能，从其确立的终极目标来看，保护公民（特别是案件当事人）的人身权利等宪法基本权利，免受刑讯逼供等非法取证方式侵害是毫无疑问的。不过，我国确立非法证据排除规则的现实目的主要还是治理乃至于杜绝司法实践中屡禁不止的非法取证现象，规范刑事诉讼中相关国家机关取证行为。"在我国，'非法'应当指违反了宪法和其他一切法律（特别是刑事诉讼法），因为我国宪法对公民的权利规定得不够具体，与非法证据排除有关的只有人身权、住宅权、通讯自由权等，不像美国宪法第四修正案和第五修正案规定了人民的人身、住宅、文件和财产不受无理搜查和扣押、不得强迫自证其罪等多种具体的权利。因此，在我国如以侵犯宪法权利作为衡量非法取证的标准必多有遗漏并很难具体操作。"② 而且缺少相关制度配套，所以，当前检察机关在审查起诉阶段排除的"非法证据"当以违反刑事诉讼法律规定的证据为宜，以这些证据的收集方法或程序是否违反了刑事诉讼法律规定为标准。

（一）审查起诉阶段非法言词证据的排除标准

刑事诉讼法基本沿用了《非法证据排除规定》有关言词证据排除的标准，在第54条要求排除犯罪嫌疑人非法供述，是根据该供述是"采用刑讯逼供等非法方法收集的"；排除非法证人证言、被害人陈述，是根据其是"采用暴力、威胁等非法方法收集的"。由于均使用了"等"字，给人感觉规定不甚明确。不过，考虑到古往今来，非法言词证据的收集方法层出不穷，刑事诉讼法也难以采用列举的方式穷尽非法取证的所用情形（也没有必要）。

事实上，基于检察机关与审判机关在刑事诉讼中不同的地位与作用，检察机关在审查起诉阶段宜对非法证据进行有限排除。一方面，审查起诉阶段对非

---

① 参见宋英辉、汤维建主编：《我国证据制度的理论与实践》，中国人民公安大学出版社2006年版，第295页。
② 陈光中主编：《证据法学》，法律出版社2011年版，第245~246页。

法言词证据进行有限排除,可以实现打击犯罪与保障人权之间的相对平衡。就排除的非法言词证据范围而言,只针对那些侵害的犯罪嫌疑人、被害人、证人人身权利而获取的言词证据;就排除的非法言词证据所侵害的犯罪嫌疑人、被害人、证人人身权利强度而言,必须达到刑讯逼供或暴力、威胁程度。当前,有以侵害犯罪嫌疑人、被害人、证人的人身权利为代价而获取言词证据的行为发生,而以此获取的言词证据历来容易虚假,古人就曾发出"捶楚之下,何求而不可得"之声。对此,检察机关唯有坚决排除,才能真正促使侦查机关规范侦查行为,逐步减少乃至消除刑讯逼供、暴力取证现象的发生。

另一方面,尽管审查起诉阶段可能会终结一些刑事案件,但是,多数刑事案件还会经过庭审阶段,并由法庭作出最后的裁决。相较于庭审阶段的非法证据排除,审查起诉阶段非法证据排除毕竟只是程序性、阶段性排除,而非终局性排除。即使此时一些可能是侦查机关获取的非法证据没有被排除,还可在随后的庭审中继续审查。因此,检察机关在审查起诉阶段可以只针对那些明显非法的言词证据:刑讯逼供获取的非法供述、以暴力或胁迫方式获取的非法证人证言和被害人陈述,而那些不是明显非法或者犯罪嫌疑人与侦查机关之间对是否非法争议较大的证据则交由法庭来作终局裁决。

基于此,笔者建议只对那些明显非法的言词证据,确立一个能够在一定时间内比较明确、具体的审查起诉阶段非法言词证据排除标准。如在刑事诉讼法规定的基础上,最高人民检察院可以通过司法解释,删去上文提及的"等"字,排除犯罪嫌疑人非法供述以"采用刑讯逼供方法收集的"为标准,排除非法证人证言、非法被害人陈述以"采用暴力、威胁方法收集的"为标准;或者联系刑事诉讼法有关条文规定,如第 50 条关于"严禁刑讯逼供和以威胁、引诱、欺骗以及其他非法方法收集证据,不得强迫任何人证实自己有罪"的规定,把"威胁、引诱、欺骗"也作为排除犯罪嫌疑人非法供述的标准,并对"刑讯逼供、暴力、威胁、引诱、欺骗"的内涵与外延作出适当的界定,合理控制具体办案人员的自由裁量权,《人民检察院刑事诉讼规则(试行)》第 65 条对"刑讯逼供"的解释就值得借鉴。

(二)审查起诉阶段非法实物证据排除标准

刑事诉讼法此次修改过程中,围绕着是否要排除非法实物证据,以及根据什么标准排除物证、书证就争议不断,"立法机关在对各种意见进行认真研究之后,考虑到中国的国情和实际情况,兼顾打击犯罪与保护人权的平衡关系,认为对实物证据与书证的排除应当采取十分慎重的态度,物证、书证原则上不应当排除，对需要排除的应当规定严格的条件"。① 最终，刑事诉讼法把征求意见稿中有关非法实物证据排除的标准由"违反法律规定收集物证、书证，可能严重影响司法公正的，应当予以补正或者作出合理解释；不能补正或者作出合理解释的，对该证据应当予以排除"修正为"收集物证、书证不符合法定程序，可能严重影响司法公正的……"

如果严格按照法律条文字面理解，刑事诉讼中能按照非法证据排除规则排除的非法实物证据必须符合以下标准或条件：首先，能够排除的非法实物证据仅限于物证和书证；其次，该物证和书证的收集不符合法定程序；再次，该物证和书证因收集违反法定程序，可能严重影响司法公正；最后，对该物证和书证不能补正或作出合理解释。《人民检察院刑事诉讼规则（试行）》与刑事诉讼法的规定基本一致，并对"可能严重影响司法公正"、"补正"、"合理解释"等术语作了进一步阐释。有学者因此认为《人民检察院刑事诉讼规则（试行）》把笔录类证据、视听资料、电子数据等排斥在非法实物证据的概念范畴之外，欠缺基本的逻辑合理性，在证据法理上难以成立。②

对此，笔者盖难认同。如果仅从非法证据排除所追求的维护程序正义，特别是从保护犯罪嫌疑人合法权益角度出发，甚至从个人情感上，笔者都倾向于在审查起诉阶段全面排除非法实物证据。但是，在如何规范审查起诉阶段非法实物证据排除时，还必须考虑到检察机关在刑事诉讼中的地位及其在证据审查中的作用。一方面，无论从法律监督职能、检察官客观公正义务，还是与侦查机关相互制约关系出发，检察机关都必须维持打击犯罪与保障人权之间的动态平衡，在审查起诉阶段代表国家对案件进行审查和过滤，客观公正地评判案件事实，并作出决定。另一方面，检察机关毕竟是代表国家履行控诉犯罪职能的国家专政机关，必然会尽力保证国家刑罚权的实现，依法惩治犯罪。"这两种角色存在一种内在的紧张和冲突关系，而检察机关对证据规则的把握，必然受到角色双重性的影响。"③ 因此，要求检察机关全面排除非法实物证据是不现实的。检察机关必须要在考量自身双重角色的基础上，在审查起诉阶段设置高门槛的非法实物证据排除的标准。而且，审查起诉阶段证据审查的一些特点，如审查起诉阶段控方证据的可变性、证据审查的非公开性和非对抗性，非法实物证据排除缺乏正式的法定程序等，都要求检察机关不宜对刑事诉讼法规定的非法实物证据作出扩大解释，审查起诉阶段应坚持有限排除原则。随之而来的

---

① 黄太云：《刑事诉讼法修改释义》，载《人民检察》2012年第8期。
② 参见万毅：《检察机关证据规则的修改与完善》，载《中国刑事法杂志》2014年第3期。
③ 龙宗智：《两个证据规定的规范与执行若干问题研究》，载《中国法学》2010年第6期。

问题是：审查起诉阶段检察机关应依法确立一个怎样的具体标准认定并排除非法物证与非法书证？

第一，怎样判定物证和书证的收集不符合法定程序？笔者认为要从证据的收集主体、收集过程及收集方式等方面来综合判断，如物证、书证的收集人员是否有办案资格，是否符合法定人数；进行物证、书证搜查时是否向被搜查人出示了搜查证件，搜查情况是否制作了笔录，并由搜查人员和被搜查人或者其家属、邻居或者其他见证人签名；查封、扣押物证、书证的情况是否制作了笔录，并由查封或扣押人员、持有人和见证人签名；扣押犯罪嫌疑人邮件、电报，是否履行了法定报批手续等。

第二，怎样判定物证、书证收集因不符合法定程序而可能严重影响司法公正？《人民检察院刑事诉讼规则（试行）》对此的阐释与全国人大常委会法工委的解释基本契合，① 实践中还可从侦查人员违反法定程序收集物证、书证时主观上是否是故意的；违反法定程序收集物证、书证的行为是否构成了犯罪；违反法定程序收集物证、书证的行为是否严重侵害了有关单位和人员的合法权益；违反法定程序收集的物证、书证是否对全案定罪至关重要等方面，进一步明确违反法定程序收集实物证据行为"明显违法或者情节严重"的情形。

第三，怎样判定是否予以补正或者作出了合理解释？《人民检察院刑事诉讼规则（试行）》第66条对"补正"、"合理解释"分别做了阐释。检察机关在审查起诉阶段如果发现侦查人员不符合法定程序收集物证、书证，达到"可能严重影响司法公正"的程度，对需要进行补正的，要明确要求"对原来的非法证据进行必要的程序补救，如重新制作相关笔录或者清单，或者对相关侦查行为进行一些补充和完善"；对需要作出合理解释的，要明确要求"对原有的非法取证行为进行说明，以证明原来的非法取证行为并没有构成严重违法，也没有造成严重的后果，原有的违法情况已经得到补救"，② 对那些因为时空变化已经无法进行补正的物证、书证，也要作出进一步的说明。

基于检察机关在刑事诉讼中所处的地位和"实物证据具有较强的客观性，不易失实"③ 的特性，检察机关宜对审查起诉阶段非法物证、书证排除设置较高的门槛，能够同时满足上述条件而符合非法实物证据排除标准的物证、书证当属少数。

---

① 《人民检察院刑事诉讼规则（试行）》第66条。参见郎胜主编：《中华人民共和国刑事诉讼法释义》，法律出版社2012年版，第118页。
② 陈瑞华：《刑事证据法学》，北京大学出版社2014年版，第146页。
③ 陈光中主编：《证据法学》，法律出版社2013年版，第215页。

三、审查起诉阶段非法证据排除的程序

"程序,从法律学的角度来看,主要体现为按照一定的顺序、方式和手续来作出决定的相互关系。其普遍形态是:按照某种标准和条件整理争论点,公平地听取各方意见,在使当事人可以理解或认可的情况下作出决定。"① 在审查起诉阶段检察机关要想根据既定的标准排除非法证据,并能得到侦查机关和当事人的理解或认可,必须按照一定的程序依法进行。但是,刑事诉讼法仅规定了审前检察机关的非法证据排除义务,并对法庭审理过程中的非法证据排除程序作了原则性规定,② 而没有提及包括审查起诉阶段在内的审前非法证据排除程序。《人民检察院刑事诉讼规则(试行)》根据刑事诉讼法有关庭审中非法证据排除程序的规定,设计了检察机关的非法证据排除程序。笔者拟以刑事诉讼法、《人民检察刑事诉讼规则(试行)》为基础,对审查起诉阶段非法证据排除的程序设置谈一点浅薄之见。

(一)审查起诉阶段非法证据排除的启动

为了规范审查起诉阶段非法证据排除的启动,防止滥用非法证据排除规则,无故拖延诉讼进程,明确哪些主体可以采取哪些方式提起审查起诉阶段非法证据排除程序当属必要。

一是检察机关。在我国刑事诉讼中,检察机关的独特法律地位决定了其在审查起诉阶段既可以被动接受犯罪嫌疑人及其辩护人的申请、控诉,去核实并排除非法证据;也可以在依法履行审查起诉职责时主动发现并排除那些符合排除标准的非法证据。因为,在刑事诉讼法明确规定对证据收集的合法性进行法庭调查时,检察机关将对证据收集的合法性承担举证责任的前提下,检察机关追诉犯罪的职责与风险显著加重,促使其在审查起诉阶段主动排除非法证据成为可能。在讯问犯罪嫌疑人,询问证人、被害人时,检察机关应告知其有申请非法证据排除的权利。

二是犯罪嫌疑人及其辩护人。审查起诉阶段的辩护权是犯罪嫌疑人及其辩护人依法享有的基本诉讼权利,不仅可以确保犯罪嫌疑人及其辩护人全面参与刑事诉讼程序,而且还能促使侦查机关和检察机关严格依法进行刑事诉讼活动,避免侵害犯罪嫌疑人合法权益的行为发生。申请非法证据排除是犯罪嫌疑人及其辩护人在审查起诉阶段当然享有的辩护权利,刑事诉讼法第 14 条第 2 款规定:"诉讼参与人对于审判人员、检察人员和侦查人员侵犯公民诉讼权利

---

① 季卫东:《法律程序的意义》(增订版),中国法制出版社 2012 年版,第 18 页。
② 详见《刑事诉讼法》第 56、57、58 条等规定。

和人身侮辱的行为,有权提出控告。"对于侦查机关采用刑讯逼供等违法取证行为,犯罪嫌疑人及其辩护人有权提出申诉或控告。"在刑事司法实践中,绝大多数刑讯逼供问题都是由辩护方主动提作出的,并与排除规则的适用具有密切联系。"① 也证实了当前司法实践中犯罪嫌疑人及其辩护人在审查起诉阶段申请非法证据排除的必要性。

三是证人、被害人及其诉讼代理人。证人、被害人是刑事诉讼参与人,他们了解案件发生时的一些具体情况,而成为侦查机关获取证据的对象,导致其在侦查阶段有遭受暴力、威胁方式非法取证之虞。因此,在审查起诉阶段,赋予证人、被害人及其诉讼代理人向检察机关提起非法证据排除申请也属必要。

审查起诉阶段怎样才能发现侦查机关可能存在非法取证行为呢?这要求检察机关要认真审阅侦查机关移送的案卷材料,细致甄别案件事实与证据之间、证据与证据之间是否存在细微矛盾,从中发现非法取证的蛛丝马迹;认真讯问犯罪嫌疑人,询问证人、被害人;认真听取犯罪嫌疑人的辩护人、被害人的诉讼代理人意见;特别是在案件当事人及其辩护人、诉讼代理人控告、举报侦查人员采用刑讯逼供等非法方法收集证据,并提供了涉嫌非法取证的人员、时间、地点、方式和内容等材料或线索时,检察机关应当及时受理并启动非法证据排除程序。

(二)审查起诉阶段非法证据排除的审查

刑事诉讼法第 168 条第 5 项规定检察机关审查起诉案件时,必须查明侦查活动是否合法,其中就包含了对侦查机关收集证据活动是否合法的审查,从这个意义上说,审查起诉阶段检察机关对非法证据排除的审查,事实上是对证据合法性的审查。在审查起诉阶段,证据合法性的具体审查核实工作主要应由检察机关的公诉部门负责,考虑到非法取证行为可能涉嫌渎职侵权犯罪,在必要时渎职侵权检察部门等应当参与其中。

因此,在审查起诉阶段非法证据排除程序启动后,检察机关在对言词证据的合法性存有疑问时,公诉部门应与渎职侵权检察部门、监所检察部门、检察技术部门配合,通过进一步讯问犯罪嫌疑人、询问被害人和证人、询问办案人员、调取所有讯问笔录、核查全部讯问录音录像、核查犯罪嫌疑人移送看守所时的身体检查记录、进行伤情鉴定等途径,核实侦查机关是否有采取刑讯逼供、暴力、威胁的非法方式获取证据的行为存在。同时,注意听取侦查机关对相关问题的情况说明和保护犯罪嫌疑人合法权益。检察机关在对物证、书证的收集是否符合法定程序存有疑问时,应要求侦查人员对证据来源、取证过程、

---

① 陈瑞华:《程序性制裁理论》,中国法制出版社 2005 年版,第 324 页。

合法性进行书面说明,尤其对不符合法定程序收集的、可能严重影响司法公正的书证、物证,应当着重从侦查人员违反法定程序收集物证、书证时主观上是否故意,违法收集物证、书证行为是否构成了犯罪,违法收集物证、书证的行为是否严重侵害了他人的合法权益;违反法定程序收集的物证、书证是否对全案定罪至关重要等方面进行调查。必要时,可让侦查人员与犯罪嫌疑人对质。

(三)审查起诉阶段非法证据排除的决定

刑事诉讼法明确规定在审查起诉时发现有应当排除的证据的,应依法予以排除,不得作为起诉决定的依据。因此,在审查起诉阶段检察机关不仅是非法证据排除的提起主体、审查主体,还是非法证据排除的决定主体。而且,刑事诉讼法还针对不同证据明确了审查起诉阶段非法证据排除的不同方式:一是强制排除,二是裁量排除。"将非法证据划分为非法言词证据和非法实物证据并采取不同的排除规则,是建立非法证据排除规则较为具有可操作性的选择。"[①]我国立法也遵循了这一通行做法,刑事诉讼法对于非法言词证据采用强制排除方式。因为,非法言词证据的来源——人具有主观能动性,且获取非法言词证据往往以刑讯逼供或暴力、威胁方式侵犯人身权利为代价获取的,容易导致证据虚假,故在审查起诉阶段对非法言词证据采用严格的排除方式——强制排除。而对于非法实物证据采用裁量排除方式。"之所以要对侦查人员非法所得的物证、书证适用裁量性排除规则,主要是考虑到以下因素:侦查人员对物证、书证的取证方法,即便存在违法行为,通常违法情节并不严重,侵害的利益也不大,所造成的后果也不是特别严重。"[②]

在审查起诉阶段,检察机关应区分言词证据与实物证据,分别判定证据是否非法,并采取不同的非法证据排除方式。经过依法审查,如果确认不是非法证据且与案件事实相关的,则应作为起诉的依据;如果确认系采用刑讯逼供或暴力、威胁方式获取的非法言词证据,或者因违反法定程序收集的、严重影响司法公正,且不能补正或作出合理解释的非法物证、书证,则不得作为起诉的依据;如果确认移送审查起诉案件的部分证据系非法证据的,那么这些非法证据应当依法予以排除,不能作为起诉的根据,但是仍可依其他合法证据起诉;如果经调查无法确认或者无法查清是否为非法证据的,则应对全案事实与证据进行综合分析,该证据如对认定全案起到关键或决定作用的,应该坚持疑罪从无原则,宜依法作出存疑不起诉决定,该证据如对认定全案不起决定作用的,

---

[①] 龙宗智主编:《徘徊于传统与现代之间——中国刑事诉讼法再修改研究》,法律出版社2005年版,第93页。

[②] 陈瑞华:《刑事证据法学》,北京大学出版社2014年版,第145页。

该证据也不作为起诉的依据，检察机关仍然可以依据其他证据起诉。如果发现刑讯逼供、暴力取证等行为可能构成犯罪，应将发现的职务犯罪线索及时移交查处，增强非法证据排除刚性。

（四）审查起诉阶段非法证据排除的救济

审查起诉阶段检察机关作出非法证据排除的决定是检察机关履行职能的自然结果，却对犯罪嫌疑人和侦查机关都有着深远的影响。

当然，对于犯罪嫌疑人而言，如果审查起诉阶段非法证据没有被排除，其还可以继续在后续法庭审理程序中申请排除，刑事诉讼法对此已有明确规定。如果站在审查起诉阶段非法证据排除的角度来看，庭审阶段被告人申请非法证据排除是对审查起诉阶段非法证据不予排除的终局性救济，不再赘言。

如果侦查机关不服检察机关非法证据排除决定该怎么处理？检察机关要区分情况按不同方式处理：如果审查起诉阶段排除的证据将决定案件定性或犯罪嫌疑人是否有罪，检察机关据此作出不起诉决定的，侦查机关可以按照刑事诉讼法规定申请对不起诉决定复议、复核。① 如果审查起诉阶段排除的非法证据并不影响检察机关起诉的，侦查机关则可在法定期间内对非法证据排除决定提出书面异议和理由，检察机关继续审查后不予采纳的，应当将该决定书面通知侦查机关。侦查机关对书面决定仍然不服的，检察机关起诉时应把审查起诉阶段排除的非法证据、侦查机关书面异议及理由连同起诉书等一并移送法院，由法院根据刑事诉讼法第 57 条规定，通知有关侦查人员或者其他人员出庭说明情况（有关侦查人员或者其他人员也可以主动要求出庭说明情况），最终由法庭决定该证据是否为非法证据并作出是否排除决定。这既监督了检察机关的审查起诉工作，促进了侦查人员出庭作证，也符合刑事司法规律。

检察机关在审查起诉阶段承担非法证据排除职责，既是按照宪法、刑事诉讼法要求，履行法律监督职能、秉持检察官客观公正义务，加强对侦查机关制约作用的需要。也受制于我国当前的刑事审判模式——一元法庭，② 特别是我国也没有英美法系国家设置的审前非法证据听审程序（负责对案件事实问题

---

① 刑事诉讼法第 175 条规定："对于公安机关移送起诉的案件，人民检察院决定不起诉的，应当将不起诉决定书送达公安机关。公安机关认为不起诉的决定有错误的时候，可以要求复议，如果意见不被接受，可以向上一级人民检察院提请复核。"这里还需要说明的是如果被害人不服则可按刑事诉讼法第 176 条规定处理。

② 达马斯卡认为："在二元法庭，法官可以通过预审，裁定将不可采纳的信息阻挡在事实认定者的门外，使不可采但其他方面却可信的证据不在事实认定者的头脑中留下任何印记——假设法庭的这两部分相互间实行声音隔离的话。相反，在一元法庭，虽然同样是由个体决定证据的可采性和证据应有的证明力，但却无法避免被禁止但又有说服力的信息的污染。它总要对裁决者的思想产生影响。"参见［美］达马斯卡：《漂移的证据法》，李学军等译，中国政法大学出版社 2003 年版，第 66 页。

裁定的陪审团不得参加这一程序），决定是否排除非法证据，以保证不对法庭的事实裁定者形成干扰。如此一来，标准清晰、程序完备的审查起诉阶段非法证据排除规则在发挥规范侦查取证行为的同时，能较好地弥补我国刑事诉讼程序中的这一缺陷，在一定程度上减少非法证据进入庭审阶段的机会。当然，这还需要继续从理论与实务两个方面对审查起诉阶段非法证据排除展开深入的探讨，期望笔者的这些浅见能够抛砖引玉。

关于执行非法证据排除规则情况的调研思考

苏金基[*] 林海萍[**]

为全面了解我区检察机关执行非法证据排除规则情况，2014年8月，我们通过下发调研通知、实地走访、召开座谈会等方式对我区检察机关贯彻执行非法证据排除规则的情况开展专题调研，形成本文。

一、我区检察机关执行非法证据排除规则的基本情况

2010年7月1日"两高三部"发布了《关于办理死刑案件审查判断证据若干问题的规定》和《关于办理刑事案件排除非法证据若干问题的规定》，我区检察机关严格依法排除非法证据，及时纠正侦查机关的非法取证行为，尤其是2013年修改后的刑事诉讼法实施后，进一步强化人权保障和程序正义意识，不断完善证据审查工作机制，有效地提升了案件质量和执法水平，强化了法律监督。2010年7月1日以来，共受理对非法证据提出申请的案件39件；因非法证据排除问题启动庭前会议的案件24件；庭前会议排除非法证据的案件9件；庭前启动专门调查程序的案件7件；排除非法证据的案件14件；因排除非法证据减少认定犯罪事实的案件7件。2013年，全区检察机关经调查核实后对确有以非法方式收集证据的情况提出纠正37人次，要求公安机关对证据收集的合法性作出说明29次，纠正率100%。

二、我区检察机关开展非法证据排除工作的主要做法

我区检察机关严格按照法律的规定，坚决执行非法证据排除规则，严把案件"证据关"，主要做法有：

（一）强化工作措施，提升非法证据发现能力

一是细化阅卷工作，将阅卷作为发现非法证据的重要方式。关注各类证据

---

[*] 广西壮族自治区人民检察院法律政策研究室主任。
[**] 广西壮族自治区人民检察院法律政策研究室助理检察员。

生成的程序瑕疵、相互矛盾的证据、前后不一的供述、证言和陈述、侦查机关及侦查人员有关取证的书面说明、破案报告在内的诉讼过程中的瑕疵等,通过审查案卷中捕捉可能存在以非法方法收集证据的信息。二是强化对同步录音录像的审查工作,注意从录像中所反映的嫌疑人的神情、精神状态、回答的内容来认真审查是否存在非法获取笔录的情况,以及审查侦查人员是否对嫌疑人的回答内容作了背离其回答本意的记录的情况。如 2014 年 4 月防城港市检察院在办理一起贩卖毒品案件中,承办人在对涉案犯罪嫌疑人同步录音录像的审查过程中发现,侦查人员在杜某某明显表示不需要上洗手间的情况下,仍将其带离询问室,之后隐约听到有拍打、叫喊的声音。经综合审查,承办人认为侦查人员有刑讯逼供现象,将杜某某的讯问笔录予以排除,依法对其作不批准逮捕决定。三是依法开展讯问犯罪嫌疑人工作,及时开展证据调查核实。承办人在讯问犯罪嫌疑人时,针对侦查人员是否以刑讯逼供等非法方法收集证据的问题进行讯问,对于犯罪嫌疑人提出的有关非法证据线索详细讯问、记录在案,并及时开展调查。如 2014 年 7 月梧州市蒙山县检察院在办理犯罪嫌疑人傅某某涉嫌组织卖淫一案,犯罪嫌疑人傅某某申请排除证人的证言。经审查,犯罪嫌疑人傅某某组织卖淫的女子陈某某、马某某、贝某某系越南国籍,侦查人员在询问过程中没有依法为她们提供翻译人员,亦没有进行现场录音录像,无法证实三人证言的真实性,依法对其作出不批准逮捕的决定。四是注重复核关键证据,对于直接影响定罪量刑和指控证据体系构建的证人、被害人的言词证据,在复核过程中,明确对被害人、证人的告知义务,关注原证言或陈述形成的时间、地点、环境、背景,从中发现可能存在的非法取证现象。

(二)完善工作制度和机制,构建非法证据的防范体系

一是完善相关制度,严格规范检察机关自身执法行为。自治区检察院出台了《广西检察机关反贪污贿赂工作办案规范六十条》、《广西检察机关公诉部门审查死刑案件证据的参考意见》等。严格落实和全面推行讯问职务犯罪嫌疑人全程同步录音录像制度,对每一次讯问实行全过程不间断录音录像,同时实行看审分离、审录分离制度,在职务犯罪案件提请逮捕、移送审查起诉时同时移送录音录像资料,从源头上有效防止自侦案件中非法取证行为的发生。二是完善检察机关提前介入引导侦查机制,防范非法证据进入审查逮捕、起诉阶段。通过派员参加侦查机关对重大案件的讨论,提前介入侦查,对侦查机关的侦查活动和搜集到的证据进行初步的了解,对其明显违反程序的取证工作及时提出纠正和补正意见,让侦查机关及早排除非法证据,并采取措施有效弥补瑕疵证据。三是完善检察机关内部机构的信息衔接机制。加强侦监、公诉、自侦、控申和监所检察部门之间的信息沟通,及时了解掌握相关问题,增加发现

非法证据的渠道，提前实施防范对策。四是完善检察机关与诉讼参与人、辩护人的交流机制。充分发挥捕前讯问犯罪嫌疑人、听取律师意见在防范非法证据、发现监督线索方面的作用，依法讯问犯罪嫌疑人和听取律师意见，2013年以来在审查逮捕阶段共听取律师等辩护人意见100件147人，同时加强与被告人的辩护人、被告人的家属以及其他利害关系人的沟通与交流，及时发现非法证据线索。

（三）注重岗位练兵，提升检察人员对非法证据的调查核实能力

我区检察机关积极开展业务技能实训和岗位练兵活动，加强职业能力建设，注重在办案实践中积累工作经验，强化法律监督能力。根据非法证据线索的不同分别展开调查：一是询问被害人。通过被害人对受害时间、地点、过程、情节、后果的陈述，进一步甄别非法取证行为是否存在。二是调取相关书面资料和视听资料，如在羁押场所的犯罪嫌疑人入监、体检、提讯、看守所干警和驻所检察人员与在押人员的谈话记录、日志、监控视频等资料。三是向相关知情人了解，如看守所干警、羁押场所干警、负责同步录音录像的工作人员、犯罪嫌疑人的辩护律师、犯罪嫌疑人的同监人员及其他知情人。四是进行伤情检查鉴定和现场调查，针对疑似刑讯逼供或暴力威胁取证所留下的伤痕，及时进行现场调查，通过照相或摄影固定证据。五是直接询问涉嫌以非法方法收集证据的行为人或违法讯问、询问和严重违法实施侦查措施的人员。六是讯问犯罪嫌疑人，并听取辩护律师的意见。七是对收集物证、书证不符合法定程序，可能严重影响司法公正的，要求侦查机关予以补正或者作出合理解释，不能补正或者作出合理解释的，对该证据予以排除，不作为批准逮捕、提起公诉的依据。同时，公诉部门在对非法证据进行排除的过程中注重完善指控证据，有效地避免了非法证据被排除后仍应提起公诉的案件面临"证据不充分"或"举证不能"的风险。

三、开展非法证据排除工作中存在的困难和问题

（一）非法证据发现难、调查难

当前，我区检察机关派驻看守所检察室已实现与看守所的监控联网，犯罪嫌疑人在被拘留、逮捕以后，侦查人员在看守所讯问室内对犯罪嫌疑人进行刑讯逼供的现象已经基本得到杜绝。非法证据易发多发的阶段主要集中在：一是犯罪嫌疑人被送交看守所羁押前的留置盘问阶段，有的侦查机关在拘留或者逮捕犯罪嫌疑人后不立即送看守所羁押，而是继续把犯罪嫌疑人"放"在派出所或其他"办案点"。二是有的侦查机关在将犯罪嫌疑人拘留、逮捕并羁押到看守所以后，以"辨认"、"起赃"等各种理由将犯罪嫌疑人提押出所进行讯

问。三是羁押期间侦查机关利用"狱侦耳目"对犯罪嫌疑人采取威逼、利诱手段取得相关"供述"。四是对于采取指定居所监视居住强制措施的，办案单位可能将居所异化为办案区或看守所，进行讯问取证。由于这四种情形脱离了看守所的监管，也脱离了检察机关的监督，导致检察机关难以发现非法证据的线索。

（二）证据合法性证明举证难

检察院承担着证明证据合法性的责任，当前举证工作面临的问题主要有：一是公、检、法三机关对证据标准的理解存在差异。2013 年，我区检察机关公诉部门一次退回补充侦查案件 10352 件，占受理案件数的 28.2%，二次退回补充侦查案件 3567 件，占受理案件数的 9.7%，因证据不足作存疑不起诉 466 人，与 2012 年同期同比上升 79.2%。2013 年，有 27 件案件因法院以事实不清、证据不足为由拟判无罪而作撤回起诉处理。二是公诉部门对证据合法性证明的方式比较单一，多为出示侦查人员的"办案说明"、被告人出入看守所体检记录等书面材料，这些对证明取证合法性的证明力还有所欠缺。一些地方公安机关仍坚持采用出具书面的"办案说明"的做法来取代侦查人员出庭作证。一些公安机关未能按照刑事诉讼法的要求制作同步录音录像，有的以设备安装未完成、设备损坏拒绝提供同步录音录像，有的提供的录音录像图像、音质不清或录制过程不完整。一些公安机关不愿意提供技侦措施获取的证据，靠技侦手段获取的线索也多以"匿名群众来电举报"作为案件来源情况说明，导致部分靠技侦手段破获的假币犯罪和毒品犯罪案件证据相对薄弱。三是证人保护制度的不完善导致证人不愿出庭作证。四是侦查人员出庭作证存在障碍，在相关机制尚未有效建立健全的情况下，侦查人员一般不愿出庭作证。这些都削弱了检察机关举证证明证据合法性的效果。

（三）部分检察人员对证据合法性的证明能力还待进一步提升

非法证据排除规则对检察人员的公诉能力提出了更高要求。少数检察人员满足于对侦查机关所收集证据的分析，指导取证的意识不强，过分依赖退回补充侦查的取证手段，致使案件取证不及时、不充分，证据薄弱。少数公诉人对出庭的侦查人员发问经验不足，出庭准备欠充分。另外，一些侦查人员由于缺乏出庭经验，在面对被告人的辩解或辩护人提出的刁钻问题时，不善应对，导致出庭作证效果不佳。

（四）庭前会议制度没得到充分利用

修改后刑事诉讼法第 182 条第 2 款规定"在开庭以前，审判人员可以召集公诉人、当事人和辩护人、诉讼代理人，对回避、出庭证人名单、非法证据排除等与审判相关的问题，了解情况，听取意见"。2013 年，我区检察机关派公诉人参加庭前会议 1000 件次，但因非法证据排除问题启动庭前会议的案件数极少，2010 年来仅有 24 件。同时，各地参加庭前会议工作开展不平衡，贺州市两级检察院参加庭前会议的案件数占受理案件总数的 24.18%，而一些市级检察院完全没有开展此项工作。此项制度未得到充分利用的原因，既有法律规定不完善，缺乏规范的操作程序，会议作用、性质不明等因素，也因一些辩护人更乐于在庭上展示"辩护技巧"不愿在庭前会议上交换意见，在开庭审理中才提出证据合法性的异议。

（五）对非法证据排除的程序和标准有较大争议

修改后刑事诉讼法及相关司法解释规定了对非法证据的处理原则、排除非法证据的基本程序等，但在实践中对非法证据的认定标准、非法证据排除的操作程序仍存在认识不统一、把握不准的现象。如对"刑讯逼供等非法方法"所要求的暴力程度、"暴力、威胁"的内容和程度，对"冻、饿、晒、烤、疲劳审讯的方式"取得的犯罪嫌疑人供述，如何认定把握不准，认识不统一；对根据非法证据收集得来的证据是否排除、对"被排除的非法证据是否应当随案移送"以及对"采取威胁、引诱、欺骗方法收集的犯罪嫌疑人、被告人供述"与讯问技巧、审讯谋略的边界把握不准等。

四、进一步贯彻执行排除非法证据规则的意见和建议

（一）牢固树立证据意识，坚持疑罪从无

牢固树立依法打击犯罪与保障人权并重，实体与程序并重的司法观念，牢固树立主动排除非法证据的意识，加强执行非法证据排除规则的积极性、主动性。完善对办案工作质量和效率的考核评价体系，避免办案人员在打击犯罪与考核需求、执法需求与考核目标之间取舍，真正做到严格、公正、文明执法。对于不起诉案件，从侦查质量的角度进行考核，切实为检察人员严把事实关、法律适用关"松绑"。

（二）提高检察人员对证据的审查、举证能力

加大培训力度，拓宽检察人员对财务、金融、计算机等涉案行业的知识面，提高检察人员对证据的审查判断能力与水平。加强审查逮捕和审查起诉环节对证据合法性的审查，将非法证据排除在审判前阶段，尽量避免非法证据进入庭审阶段，以更好地达到排除非法证据的预期效果。提高出庭举证能力。针对出庭举证难度加大的特点，预设各种复杂多变的庭审情况，提前做好应对策略，重视被告人的辩解，积极听取辩护律师的辩护意见，对被告人以及辩护人提出应当排除的非法证据，事先认真审查并依法处理。

（三）明确非法证据排除的程序、标准和范围

1. 完善排除非法证据的程序。一是确立排除非法证据的权利告知程序，告知内容应包括享有申请排除非法证据的权利、权利行使的要求、途径等。二是明确排除非法证据的启动程序。一种方式是承办人在审查逮捕、审查起诉中发现非法证据时主动启动非法证据排除程序，另一种方式是检察机关依据犯罪嫌疑人或被害人、证人的申请而启动非法证据排除程序。三是确立排除非法证据的调查核实程序，明确由承担诉讼职能的部门同时承担相应环节的非法证据调查核实职能；明确调查核实的范围，该范围涵盖所有非法取证行为的线索，包括涉嫌犯罪的线索和涉嫌一般违法的线索；明确调查核实的手段，包括调取同步录音录像、调取犯罪嫌疑人在看守所的健康检查记录或对其进行人身检查、要求侦查机关说明情况、询问侦查人员等。四是明确排除非法证据的决定程序，检察机关审查后确认证据为非法取得或有非法取证嫌疑的，则根据下列不同情况分别作出决定：证据被确认为非法证据，但本案还有其他证据予以证实，不影响本案定性的，案件承办人可以直接排除该证据，不作为定案依据；若排除该证据影响本案定性或起诉质量的，应当由案件承办人提出意见，经科室讨论，再由报分管检察长作出是否排除的决定；对于证据是否非法取得争议性大且影响案件定性的，应当提交检委会讨论决定是否排除该证据。五是确立非法证据排除后的救济程序。检察机关应当在作出排除非法证据决定或不排除决定后，应告知侦查机关（部门）、犯罪嫌疑人、被害人如何行使救济权。

2. 明确非法证据的有关标准。一是对修改后刑事诉讼法第54条规定，"采用刑讯逼供等非法方法收集的犯罪嫌疑人、被告人供述和采用暴力、威胁等非法方法收集的证人证言、被害人陈述，应当予以排除"中的"等非法方法"进一步释明。建议对"冻、饿、晒、烤、疲劳审讯的方式"的违法手段达到何种程度即予以排除作出相应的规定。二是对"采取威胁、引诱、欺骗方法收集的犯罪嫌疑人、被告人供述"中的"威胁、引诱、欺骗方法"进一步释明，要正确区分威胁、引诱、欺骗方法与合理范围内的侦查手段。同时，应对威胁、引诱、欺骗的容许设定必要的限度，应当遵循法定、真实和合理性原则，以不违反犯罪嫌疑人在供述时的意志自由，不影响供述的真实性为限度。

3. 科学界定非法证据排除的范围。一是除对于采取刑讯逼供等非法方法收集的证据应当实行绝对排除外，凡是那些严重侵犯被追诉人基本人权、在程序上不人道或者容易诱发虚假证据的取证手段，如药物审讯、催眠审讯、侦查机关通过非法监听获取被追诉人的自白等，都应当纳入绝对排除范畴。二是除对于严重违反法律规定收集的物证、书证应当实行裁量排除外，还应当包括勘

验、检查、辨认、侦查实验等笔录和视听资料、电子数据，以避免司法实践中出现侦查人员违反法定程序收集这些实物证据的情况。三是实行裁量排除应考虑的因素，应当包括：违反程序的主观恶性、违法性的严重程度、违反法定程序与证据间的因果关系、违反法定程序的频率等。四是对于犯罪嫌疑人、被告人使用非法械具期间讯问取得的供述，应当综合考虑使用非法械具的情形，要分析使用非法械具是否存在必要性、确认使用非法械具是否能造成犯罪嫌疑人、被告人违背意愿作出不利供述的后果，如果使用非法械具讯问但没有形成刑讯逼供，或没有对犯罪嫌疑人、被告人造成身体上的伤害，所取得的供述可以作为定案的依据，不应排除。五是对于办案人员指使他人对犯罪嫌疑人、被告人实施殴打或者体罚虐待，或者威胁、引诱、欺骗，由此取得的供述，本质上属于采用刑讯逼供等非法方法，应当予以排除。办案人员指使他人威胁、引诱、欺骗取得的供述，一般予以排除，但也要注意正确区分合理范围内的侦查手段。

（四）完善工作机制，加强检察机关对非法证据的监督职能

一是完善对侦查活动的监督机制。强化对侦查人员在讯问犯罪嫌疑人时的录音录像的监督。要严格执行修改后刑事诉讼法第121条规定。对于规定的录音或者录像行为要及时纠正，同时通报给办案机关。强化对临时外提行为的检察监督。从事前审批、事中通报、事后检察等多个环节来全面加强对公安机关临时外提行为的监督。监所检察部门发现侦查活动有刑讯逼供行为可能涉嫌职务犯罪的，应及时对刑讯逼供情形制作笔录，移送本院控告申诉部门由其移送反渎部门；或直接将材料移送反渎部门。

二是完善检察机关与公安机关沟通协调机制。进一步协调检察机关与侦查机关在执法标准理解上的差异，引导侦查机关、侦查人员转变以破案为核心的工作思维，引导侦查人员正确把握证据标准，加强对有效证明犯罪重要性的认识，提高侦查质量，减小侦查效果与修改后刑事诉讼法规定的证据标准之间的差距。进一步完善检察机关提前介入引导侦查机制，引导规范取证，有效防范非法证据。进一步加强检察机关与公安机关技术侦查取证的配合协作与监督，提高技侦措施获取证据的转化与使用。

三是畅通对非法取证行为的控告申诉机制。落实检察信箱进监室制度，畅通被监管人直接向检察机关进行控告、申诉、举报的途径。建立健全检察官约谈制度，被监管人可以随时将填写好的约见卡投放到检察信箱中，派驻检察室收到被监管人需要约谈检察官的诉求后，及时派员与其会面了解情况。开展对看守所在押人员的问卷调查，定期向看守所在押人员发放"合法权益保障情况调查表"，向每名在押人员发放含有体表是否有伤，是否要求约见驻所检察

官等内容的问卷调查表,由在押人员当场填写后收回。

四是加强检察机关内设机构的协调配合机制。建立本院侦查监督、公诉、监所、反渎职侵权等部门在押人员重要信息通报制度和案件线索移送制度,形成监督合力,共同做好预防和纠正非法证据。监所检察部门在工作中发现可能启动非法证据排除的违法侦查取证行为的,应及时通报给侦查监督和公诉部门,对侦查机关涉嫌刑讯逼供、暴力取证、滥用职权等职务犯罪案件线索,及时移送反渎职侵权部门进一步调查处理。

五是建立侦查人员出庭作证协调机制。建立完善与侦查人员事先沟通、事中配合、事后反馈的协调沟通机制。出庭作证之前,公诉人通过庭外调查仍无法排除证据合法性合理怀疑的,要积极主动和侦查人员沟通,告知侦查人员出庭作证的重要性和必要性,预测被告人和辩护人可能提出的问题,协助其做好应对准备;出庭作证过程中,公诉人的询问与侦查人员的陈述要互相配合,实事求是、清晰明了地将侦查的程序合法性、手段正当性和手续完备性展现出来,同时注意保护侦查人员的个人尊严和职业秘密。

(五) 完善相关法律制度

出台相关规定,一是扩大同步录音录像的使用范围,通过全程录音录像,遏制实践中将犯罪嫌疑人押送前往侦查机关的路途中或将其带出羁押地进行辨认、搜查、现场勘察等侦查活动的过程中进行逼供等非法取证的现象;规范录音录像的制作、保存、使用和移送流程,防止录音录像被人为改动,严格实行讯问人员与录制人员分离,录音录像经侦查人员和相对人签字确认后,制作复制件,当场对原件进行封存,复制件随案移送。同时,对拒不提供或提供不完整同步录音录像的法律后果予以明确。建立健全可能判处无期徒刑、死刑及其他重大犯罪案件同步录音录像全部移送审查制度。二是逐步建立重大敏感案件录音录像讯问时律师在场制度,以便律师及时有效地发现和制止非法取证,对侦讯人员的非法行为及时进行控告,并在法庭查明侦讯人员有无非法取证时充当证人。三是建立庭前会议裁判证据资格制度。为明确庭审的重点和焦点,建议将排除非法证据、确定证据资格作为庭前会议的主要内容,防止公诉案件庭审时对案件事实的审查偏移到证据合法性的审查上。

非法实物证据排除规则的现状、目的与构建

孙 勇[*] 王 标[**] 张言民[***]

实物证据具有的重要特征在于非法取得的实物证据时应持慎重态度,这主要源于遵从的法律程序及对犯罪嫌疑人、被告人宪法权利侵犯的严重性。此外,实物证据含有很强的客观性,以其外部形态、状况等来证明案件事实。基于人权保障、程序正义和控制犯罪的权衡。为了遏制刑讯逼供等非法取证现象,将"两个证据规定"的内容吸纳到修改的刑事诉讼法,标志着非法证据排除规则的确立。对于非法实物证据的排除,情况比较复杂。基于国情不同、追求司法理念的各异,非法实物证据排除涉及的范围、程序及救济的相关问题。确立非法实物证据的排除很重要,而对其科学的定位、诉讼当事人利益权衡,体现司法公正更重要,这对非法实物证据排除的设计极为重要。

一、非法实物证据排除的现状

2012 年刑事诉讼法第 54 条规定:"……收集物证、书证不符合法定程序,可能严重影响司法公正的,应当予以补正或者作出合理解释;不能补正或者作出合理解释的,对该证据应当予以排除……"此条款,标志非法实物证据排除已经确立。笔者认同此观点,对实然中的实施还需不断完善。北京大学陈瑞华教授指出,非法证据排除规则具备的基本要素有两点:"一是实体构成性规则,也就是涉及什么是'非法证据','非法证据'排除的范围,以及排除'非法证据'的法律后果等问题的规则;二是程序保障性规则,也就是与何方提出申请、裁判者要不要举行专门听证、何方承担举证责任、证明需要达到什么程度等问题有关的规则。"[①] 如果不设置实体性的规则,就难以构建程序性制裁机制,那么,追究违法取证者的责任也就成为一纸空文;对程序保障性规

---

[*] 安徽省淮北市人民检察院研究室主任。
[**] 安徽省淮北职业技术学院电大部副教授。
[***] 安徽省淮北市人民检察院研究室。
[①] 陈瑞华:《刑诉中非法证据排除问题研究》,载《法学》2003 年第 6 期。

则的缺失，有时会造成侵权的事件不被进入诉讼程序，不能作为研判的事实。

"两个证据规定"和2012年修改的刑事诉讼法之规定，从实体构成性规则来看，"非法实物证据"是指"不符合法定程序取得的物证、书证"；排除的范围是指"可能影响公正审判，且不能补正或作出合理解释的"；法律后果是"不得作为起诉意见、起诉决定和判决的依据"。因此，关于非法实物证据的范围与有的学者认为"违反宪法的证据、一般的非法证据和技术性的违法证据"① 的观点相对照，显然范围要小；同法治国家司法实践比较，也是这样；并且排除"非法证据"的后果更难落实，由于补正证据或者充分、合理解释，对非法实物证据被排除的难度变小。

从程序保障性规则来看，修改后的刑事诉讼法规定了"检察院的调查核实"、"法庭调查"和"侦查人员出庭说明情况"，特别在《关于办理死刑案件审查判断证据若干问题的规定》第6条至第10条对书证、物证重点审查的内容规定的非常详细，从法律层面来说，已具备了可操作性。我国司法实践中，刑事案件涉及公权力的行使，尤其是民众对冤假错案的关注，考量的多是社会影响，域外法治国家排除规则的确立，源于公民宪法权利是否被侵犯，而不以案件的性质来判断。

对非法实物证据排除来说，不论是实体构成性规则，或是程序保障性规则都具有不足之处。并不能发挥其法律规范所具有的职能，在司法实践中的效果很难实现。从实质上看，非法实物证据排除规则仍处在宣言的格式，要想在实质上确立非法实物证据排除，既要对立法技术进行修复，宣言格式在司法实践的落实，更要转变司法理念和进行司法体制的改革。在非法实物证据排除后，因侦查机关、侦查人员的过错，被害人付出了极大的代价，不必说对司法公信力的影响，不必说对司法公正的疑惑，就人权的基本权利和精神来说，就很难弥补。以此，非法实物证据排除既要考量控制犯罪与人权保障之间的平衡，更要考虑到被追诉人和被害人的利益均衡。

二、非法实物证据排除的本质目的

"在每个法律制度中，都有宽泛的和重要的领域留待法院或其他官员去行使自由裁量权，以使最初含糊的标准变得明确，解决法律的不确定性，或者扩展或者限定由有效判例粗略传达的规则。"② 刑事诉讼在追诉犯罪行为，维护司法公正中，赋予程序的使命，也肩负控制犯罪和保障人权的权衡。尤其是对

---

① 陈瑞华：《刑诉中非法证据排除问题研究》，载《法学》2003年第6期。
② [英]哈特：《法律的概念》，张文显等译，中国大百科全书出版社1996年版，第135页。

证据合法与否的疑惑，从侦查、公诉和裁判对之程序的研判往往涉及利益的权衡和一定的基准。

对排除规则目的的定位，有助于实施规则的正当性，遏制非法取证。无论我国历史上的法文化传统所倾向的"口供之王"，还是现实中刑讯逼供现象屡屡发生，冤假错案的频频出现，都使我们有沉重之感。因遏制刑讯逼供排除的非法言词证据排除构成证据法的重点。实物证据具有客观性，排除模式、排除程度，理论和实务都有较大分歧。修改后的刑事诉讼法仅仅作了原则性规定，对非法实物证据排除的探讨也多在非法搜查、非法扣押的范围。有的学者指出："如果视排除规则为遏制警察非法行为的良方，以此为制度出发点，盲信排除规则之功能，势必会扩大非法证据的排除范围，结果会因违背诉讼规律而阻力重重，进而影响到排除规则的命运。"① 对非法实物证据排除规则设置的目标，要以排除规则为基点，加以厘清。

从立法价值上看，人权保障的价值与惩治犯罪目的两者地位重要的演变就是最好的诠释，由以前重打击犯罪，到现在刑事诉讼对人权保障与惩治犯罪的并重。这种价值取向的变化是司法的进步。对非法言词证据排除在理论界以形成共识，法律规定较为明确，而对实物证据的排除情形较为复杂。

把握事物本质属性是认知其规律的前提，对于非法实物证据排除的把握也是以此基点而展开。有人认为对实物证据排除适应"利益权衡方法"。利益权衡法的观点是指法律裁决涉及权利、价值与法益的博弈时，裁决主体在互相博弈的过程中选择研判的法律方法。② 该观点在英美和欧陆两大法系的法理起源有差异，英美法系受法律现实主义的驱动；欧陆法系则是基于利益的扩张。

英美法系的利益权衡理论与社会法学派、法律现实主义具有密切的联系。这些法学理论基础思想源于两个方面，一是主张法官自由裁量权的职能，依据法律现实主义来看，法官的裁量毕竟来源于生活，法官的个性、品格对案件的裁判起到重要的作用；换言之，法官作出的裁判是经过感觉并非判断，通过预感而非经过三段论推理完成的。③ 二是在司法过程中，社会因素对司法的影响，法官在裁量的过程中，考量的因素很多，例如，道德、公正等法律之外的元素，正如庞德所言，应体现人的诉求、需要及社会利益等因素来重写法律史，并深入将法律秩序保护的利益化为个人利益、公共利益和社会利益，并认定法律应当最大化的保护所有的利益，并维护该利益之间与保护所有该利益相

---

① 马明亮：《非法证据排除规则与警察自由裁量权》，载《政法论坛》2010年第4期。
② Cost‐benefit, case‐by‐case balancing or multi factored test, proportionality‐balancing.
③ ［美］博西格诺等：《法律之门》，邓子滨译，华夏出版社2002年版，第29~33页。

吻合的某种平衡。①

当然，该理论蕴含不同利益的权衡。英美法系的该理论基础被日本吸收借鉴，逐渐形成了日本学者加藤一郎和星野英一的利益权衡法律理论。两人在裁判过程中主张实质决定论，认定裁判结论非法律构成，而是法律外的实质性因素，在具体的法律解释和研判中，应与法律规范、法律原则区分开来，鉴于具体的事实作出的利益权衡或价值研判。② 权衡的要素含有诸多方面，即违反程序的状况如何、有无故意的情形、违反程序的常态如何、违反程序与证据之间的关联、证据的关键性、案件行为严重性等。③

在欧陆法系，对利益权衡理论的缘起，早在19世纪后期，概念法学和利益法学的论争。概念法学源于德国的潘德克顿法学和法国的注释法学派，对英美法学国家产生了深远的影响。

19世纪末期目的法学在欧陆国家逐渐兴起，其要求法官在审判中强调直觉、法感及社会利益等因素。既强调法律因立法者预见或社会情势的变更而呈现疏忽，又要主张法官不受立法的限制，有意识地考虑社会利益。耶林在《为权利而斗争》及《法律的目的》中论述了"利益是权利的基础"、"法律的目的是平衡个人利益和社会利益，实现利己主义和利他主义的结合"等法律思想。④ 利益法学者认为，"权利的核心在于利益，法律保护的本质在于保护更应当保护的利益"。⑤ 从利益权衡理论的起源和观点，可以看到，两大法系和日本的利益权衡理论都是在批判法律上的形式主义，更重要的是进行利益之间的权衡与协调。

以上所述，排除违法实物证据的实质目的，是对公民基本权利的保障，并非为了抑制非法取证行为而设置。

三、非法实物证据排除规则的构建

通过梳理把握非法实物证据排除规则的目的所在，就容易领悟美国非法实物证据排除规则为何从宪法上保障公民的权利，并体会德国将证据使用禁止理论划分成自主性证据使用禁止和非自主性证据使用禁止的用意。对我国完善非法证据排除规则提供借鉴作用。

---

① ［美］E. 博登海默：《法理学——法律哲学与法律方法》，邓正来译，中国政法大学出版社1998年版，第148页。
② 参见张利春：《关于利益衡量的两种知识》，载《法制与社会发展》2006年第5期。
③ ［日］田口守一：《刑事诉讼法》，法律出版社2000年版，第243～244页。
④ 参见张文显：《二十世纪西方法哲学思潮研究》，中国政法大学出版社1996年版，第29页。
⑤ 梁上上：《利益衡量的界碑》，载《政法论坛》2006年第5期。

（一）实体性要件

依据证据的保存方式不同和表现形式的各异，将证据区分言词证据与实物证据。凡是以物品的外部形态、性质或者所记载的内容表现出的，足以证明案件情况存在的事实被称为实物证据。有人将物证、书证、勘验、检查笔录、现场笔录、视听资料等都属于非法实物证据排除中"实物证据"的范畴。①

从非法证据排除规则的发展变化，窥视域外证据排除主要关涉搜查、扣押中的物证、书证问题。就是说实物证据仅限于物证和书证。也与目前修改后的刑事诉讼法规定的非法实物证据包括物证和书证基本一致。对我国证据法理中的其他物证，如勘验、检查笔录、视听资料等，则由其他证据规则来研判其证明力。如通过司法解释等规定对其审查是否具有可采性。对视听资料来说，目前作为独立的证据予以规定的较少，基本上将其纳入物证或者书证的范围，以大陆法系国家对证据的划分来说，一般视为物证；以英美法系国家对证据的认定，则作为书证而论。另外，从我国对证据的划分来看，就像鉴定意见不划分在非法言词证据这类的设置方式，②唯独另设研判的范式规则，将实物证据归属于"物证、书证和视听资料"较为合适。

非法证据的排除依据案件事实的认定，从当事人法益的角度看被侵犯程度的大小。如果造成严重的后果，就要予以排除；法益程度被侵犯程度比较轻微的，证据一般不排除。判断侵犯法益程度的标准有两点：第一，以被迫搜查与扣押的物证是否有违宪法所规定的公民权利；第二，强制搜查、扣押物证是否具有法定程序。

（二）正当法律程序

通常域外法治国家的搜查、扣押等措施都是通过法官的司法审查来实施。在案件过程依据正当法律程序。美国最早规定的正当法律程序是1780年的马萨诸塞州宪法："未经正当法律程序，任何人的生命、财产不得剥夺。"③ 美国联邦宪法第五修正案和第十四修正案规定，"非经正当法律程序，不得剥夺任何人的生命、自由和财产"，这就是名闻遐迩的正当法律程序。尽管被认为是

---

① 参见闫永黎、张书勤：《论非法实物证据排除规则的构建》，载《中国刑事法杂志》2013年第7期。

② 刑事诉讼法第187条第3款规定：公诉人、当事人或者辩护人、诉讼代理人对鉴定意见有异议，人民法院认为鉴定人有必要出庭的，鉴定人应当出庭作证。经人民法院通知，鉴定人拒不出庭证的，鉴定意见不得作为定案的根据。

③ 焦洪昌、李树忠：《宪法教学案例》，中国政法大学出版社1999年版，第62页。

美国宪法难以理解的内容，① 但仍被视为美国法律的本质所在;② 其虽然导致了从未具有的论争，对正当法律程序是什么的问题至今尚未形成共识,③ 而上诉到联邦最高法院40%的案件中都关涉正当法律程序，最高法院裁判每个案件适用正当法律程序的比例多高出美国宪法其他方面的内容,④ 进而构成美国公民权利的最重要的宪法保障。⑤ 无论法律正当程序的理论还是实务都为美国宪法奠定了基础。

美国最高法院大法官本杰明·N. 卡多佐认为："不经正当法律过程，无人应被剥夺自由，这是一个最具普遍性的概念。"⑥ "当今世界任何一个追求文明与进步的民族，都应该有他们自己的正当程序，尽管他们也许并不使用'正当程序'这个称谓"。⑦ 法律的正当程序是目前世界法治国家所有的法律制度都应具有的一项制度。⑧ 诚然，正当法律程序的呼声突破英美法系的边界，逐渐被世界法律文化接受。

非法实物证据排除的过程实质上是程序裁判，在具体的操作程序规范方面还须完善，为使非法实物证据排除摆脱仅仅处在文本上的窠臼，就应确立非法实物证据排除的运行程序，一方面当事人提议法院排除非法实物证据。另一方面是公检法依法行使职权发现非法实物证据瑕疵主动排除。

基于侦查机关在司法实践中依职权发现非法实物证据问题而主动排除的很少，有必要赋予当事人依诉权提出排除的动议。修改后的刑事诉讼法也扩大了检察机关的实施监督的职能，联合国《关于检察官作用的准则》第16条⑨规定，在法庭审判过程，主要采取依诉权的方式。问题是当被告人如果动议对非法实物证据排除的提议，法庭应开始实施程序性的审理调查，这里注意的是既

---

① 参见［美］詹姆斯·M. 伯恩斯等：《民治政府》，陆震纶等译，中国社会科学出版社1996年版，第209页。
② 参见朱伟一、董婉月：《美国经典案例解析》，中国法制出版社1999年版，第19页。
③ 参见［美］詹姆斯·M. 伯恩斯等：《民治政府》，陆震纶等译，中国社会科学出版社1996年版，第209页。
④ 参见焦洪昌、李树忠：《宪法教学案例》，中国政法大学出版社1999年版，第68页。
⑤ 参见谭君久：《当代各国政治体制：美国》，兰州大学出版社1998年版，第54页。
⑥ ［美］本杰明·N. 卡多佐：《司法过程的性质》，苏力译，商务印书馆1998年版，第46页。
⑦ 参见杨一平：《司法正义论》，法律出版社1999年版，第149~150页。
⑧ 参见杨一平：《司法正义论》，法律出版社1999年版，第137页。
⑨ 联合国《关于检察官作用的准则》第16条规定："当检察官根据合理的原因得知或者认为其掌握的不利于嫌疑犯的证据是通过严重侵犯嫌疑犯人权的非法手段，尤其是通过拷打、残酷的、非人道的或有辱人格的待遇或处罚或以其他违反人权办法而取得的，检察官应拒绝使用此类证据来反对采取上述手段者之外的任何人将此事通知法院，并应采取一切必要的步骤确保将使用上述手段的责任者绳之以法。"

要给法官自由裁量的权限，又要遏制裁量权的扩张。如果被告人对非法证据不提议排除，法庭在裁判中对个别证据的合法性持有疑虑时，也可以对证据行使程序审查。

从举证责任分配来看，借鉴两大法系某些国家的有关规定，采用"谁主张、谁举证"的证明责任情形，通常来说，违法获取的实物证据在侦查机关，被告人提交能够证明侦查机关所获的证据违法即可，如果侦查机关否认，那么侦查机关就行使举证责任，或者说侦查机关向法庭证明其获取证据行为的合法性，如果举证不利则应认定该证据属于非法证据。

（三）保护机制

非法实物证据排除本身往往体现出救济方式。所有的事物都具有两层性，世界各国对非法实物证据排除采取谨小慎微的观点，是其自身带有某些不足和缺陷。[1] 从积极的意义上说，非法实物证据排除是遏制公权力恣意扩张的保障，有其特有的功能与作用，在选择还是舍弃的摇摆中，应吸纳非法实物证据排除保护机制的优势，完善弥补非法实物证据排除的缺陷。从非法证据排除的结果来看，对被害人的损害严重。源于侦查人员的疏忽使非法实物证据被予以排除，仅此而论，对被害人是显失公平的。国家在刑事案件中，对被害人实施救济，实施补偿，而国家补偿是对被告人不能行使赔偿义务来说的，因违法方式获取的证据被排除对被害人不能获得补偿义务的裁决，却没有包含在国家补偿的范畴，实属惋惜。[2] 笔者认为应在合适的时机设置被害人保护机制的例外。

---

[1] 参见陈瑞华：《刑事诉讼的前沿问题》，中国人民大学出版社2005年版，第303～304页。

[2] 参见闫永黎、张书勤：《论非法实物证据排除规则的构建》，载《中国刑事法杂志》2013年第7期。

非法证据排除规则问题研究：
范围、程序及标准

刘亚昌[*] 王 超[**]

非法证据排除规则最早产生于美国，一般认为联邦最高法院在1886年博伊德诉合众国和1914年威克斯诉合众国两个案件中，通过判例的形式确立起来的。后来逐渐为其他国家、地区乃至国际公约所采纳。但是，基于不同的价值观念、目的追求、体制结构以及机制模式，各国关于非法证据排除的适用范围、操作程序等各有不同。作为法制后发发展的国家，在一些要素尚不完备的情况下，建立何样的排除规则以及如何运行，构成笔者关注的焦点。本文不缀浅陋，基于价值、目的以及经验的分析以期释明上述问题。

"目的是全部法律的创造者。每条法律规则的产生都源于一种目的，即一种事实上的动机。"[①]

一、非法证据排除的范围及例外

在美国，非法证据排除规则是指执法人员及其授权的人员通过非法方法所收集的证据不得在刑事审判中采纳。[②] 其非法证据排除规则包括违反第4修正案禁止性规定而获取的证据之排除、第5修正案规定的强迫自我归罪之排除，以及违反第6修正案而获取证据的排除等。据此，排除的范围在取证方法方面，包括通过非法侵害当事人的实体权利所获得的证据和通过违反程序性规定所获得的证据。在证据形式方面，包括通过非法方法获得的书证、物证等实物证据和被告人口供等其他言词证据，并且根据"毒树之果"理论，亦包括由上述非法证据"次生"或"衍生"的证据。但是，基于美国司法实用理性的

---

[*] 河北省沧州市人民检察院检察官。
[**] 中国建设银行河北省分行高级经济师，法学博士。
[①] [德] 耶林：《法律：作为目的的手段》，转引自 [美] E. 博登海默：《法理学——法哲学及其方法》，邓正来译，中国政法大学出版社2004年版，第105页。
[②] 杨宇冠：《非法证据排除规则及其在中国确立问题研究》，载《比较法研究》2010年第3期。

特点以及"衡平价值"观念，在排除证据的同时亦明确各类例外性规定。主要包括"善意"例外、Burdeau 规则、"比较责任"方法，非法证据衍生材料排除的例外包括"若非"否认原则、减弱联系原则、独立来源原则、必然发现原则等。总之，在美国司法实践中排除的非法证据不是完全固定的，从哲学基础以及司法理念出发，一方面他要遵循先例；另一方面从社会实践以及法律效果出发，更要平衡各种价值冲突，确立各种例外性规则。正如罗纳德·J. 艾伦教授所论述的那样："在美国没有一个排除非法获取证据的简单规则"，而是"一个有着大量例外和限制性条件的规则"，"旨在规制的异常复杂和动态的社会之间有一个博弈"。①

德国刑事诉讼法上证据禁止，特别是证据使用禁止，被认为是与美国证据排除法则具有相同的概念。证据使用之禁止包括非自主性之证据使用禁止和自主性之证据使用禁止。前者主要包括：国家机关违反不正讯问之规定所取得的被告的言词证据，根据规定及判例学说其属使用禁止之证据。违反证人拒绝证言权所取得的证人证言，例如公务员、证人或特定专业人员就公务、亲属关系或业务信赖关系应守秘密者，得拒绝证言，一旦有关公务员、证人或特定专业人员行使拒绝证言之权利，此时国家侦查机关发现真实之权限与义务即受到限制，如国家机关违反该项拒绝证言权而取得证据，则应禁止使用该项证据。违反强制处分所取得的证据和违反告知义务所取得的证据，由法院权衡是否禁止使用。后者主要包括违反隐私权所取得的证据和私人违法取得之证据，前者由法院权衡是否禁止使用；后者原则上此类证据可以在审判中使用，除非私人的违法是极端地侵犯人权。除上述外，根据证据使用禁止之放射效力，衍生证据亦在禁止使用的行列，不过仍需要法官通过权衡理论进行"酌采"，并且以"假设侦查流程理论"作为例外性规定。排除的范围包括通过非法方式获取的言词证据和实物证据。根据"权衡原则"，法律明确规定禁止使用通过非法方式获取的言词证据。对非法获取的物证是否排除未作立法规定，目前流行的观点是实行"个案处理"，不因取得证据过程中的错误自动排除证据，而是在个案中对不同利益进行分析，以决定是否实用相关证据。②

我国刑事诉讼法第 50 条、第 54 条的规定确立了非法证据排除规则。但是关于该条规定存有如下疑问：第一，可排除的犯罪嫌疑人、被告人的供述是否仅限于"采用刑讯逼供"取得的，若非，则"等非法方法"的内涵和外延如

---

① ［美］罗纳德·J. 艾伦：《美国证据排除规则》，载《证据科学》2012 年第 1 期。
② ［德］托马斯·魏根特：《德国刑事诉讼程序》，魏礼玲、温小洁译，中国政法大学出版社 2004 年版，第 195 页。

何界定。类此，可排除的证人证言、被害人陈述，其非法方法如何界定。第二，违反法定程序取得的言词证据可否为可排除证据。第三，在可排除证据的形式上，该条仅规定了五种证据形式，而通过非法方法、违反法定程序等取得的鉴定意见等其他类型的证据能否适用非法证据排除规则，不无疑问。第四，通过非法方法获得的物证、书证是否为可排除证据。第五，有瑕疵的物证、书证如何认定，如何补正。

从目的论的角度出发，非法证据排除的根本性理由在于通过程序正义的重塑，强化对人权的尊重与保障。非法采集证据的行为一方面严重违反了法定程序，另一方面侵害了相关主体的基本权利。从公平正义的角度出发，法律应当给予否定性的评价。因此，在取证方法和取证程序方面违法，都可能导致证据非法而被排除。

关于犯罪嫌疑人、被告人的供述涉及刑讯逼供等非法取证方法的问题。根据相关解释，对于刑事逼供的解释不能过于狭窄，对于情节严重的饿、烤、冻、晒、熬等非人道的手段应当包括在刑讯逼供的含义中。[①] 但是，该解释似乎还是稍显过窄。结合英美法系及大陆法系相关国家的立法经验，我国刑事诉讼法"尊重和保障人权"、"严禁刑讯逼供和以威胁、引诱、欺骗以及其他方法收集证据"以及"不得强迫任何人证实自己有罪"规定，应该是确立了犯罪嫌疑人、被告人供述的自愿性原则，使我国立法与世界先进立法例一致。据此推论：任何通过侵犯犯罪嫌疑人、被告人宪法赋予的生命、人身自由、安全、健康等基本权利，违背当事人的自主意愿所取得的言词证据，均为非法证据。包括使当事人肉体上或精神上遭受剧烈的疼痛或痛苦以及其他残忍的、不人道的、侮辱性的待遇；通过违法羁押等方法非法剥夺当事人自由；通过针对第三方等方法威胁、恐吓以及心理暗示犯罪嫌疑人、被告人的方式；通过引诱、欺骗等方式以及其他不正当的方式。类此，出于人权保障及司法正义的理念，证人、被害人遭受上述待遇时，证人证言、被害人陈述亦为非法证据。

侦查机关违反法定程序取得的言词证据，是否适用非法证据排除规则，修改后的刑事诉讼法未作明确规定。从世界范围来看，违法程序取证均为非法证据，"不能通过补正的方法使非法证据成为合法证据"。例如美国通过"米兰达规则"明确"在一个被羁押的人接受讯问之前，他必须被充分、有效地告知其享有的权利"，否则取得的被告陈述为非法证据。德国刑事诉讼法第136条等也有类似规定。但是，在我国修改后的刑事诉讼法出台前，颁行的"两个证据规定"对违反法定程序取得的言词证据作出了不同的规定。其中，《关

---

① 黄太云：《刑事诉讼法修改释义》，载《人民检察》2012年第8期。

于办理死刑案件审查判断证据若干问题的规定》(以下简称《死刑证据规定》)第14条、第21条规定了违反收集程序和方法取得的证人证言、讯问被告人笔录等为瑕疵证据,可通过补正或者合理解释来弥补瑕疵,确保证据的真实性。细究发现,上述违法程序取得的"瑕疵证据"与其他国家规定的违反程序收集的非法证据有所不同,其中核心特点就是取得证据在形式上存在瑕疵,例如证人证言中没有填写询问人、记录人的姓名,首次讯问笔录中没有明确记录告知被讯问人诉讼权利内容等。从严谨的角度讲,该类证据应该归为形式不合法的证据。"在国外,形式上不合法的证据不予采纳并不是非法证据排除的问题,而是证据的可采性问题。"① 即由法院酌定是否具有证据能力(或资格)。在我国对于形式瑕疵的言词证据确立了可补正的排除规则,即合理期间内补正或者作出合理解释的形式瑕疵言词证据具有证据资格,否则,不具有证据资格。给予公诉方额外补正证据的机会,"辅助真实发现"。对于形式上存在瑕疵的证据是否需要补正或者作出合理解释以及是否达到补正标准或者合理解释标准,均由法官裁定,因此,在立法初衷上我国与世界其他国家有异曲同工之妙。对于违法程序取得的言词证据,确实是我国立法的漏洞。例如,经查首次讯问时侦查机关就是没有明确告知被讯问人诉讼权利内容;讯问时确实只有一名侦查人员在场等。无论是"两个证据规定"还是修改后的刑事诉讼法都没有涉及。基于目前我国证据制度不完备以及当前的社会环境,从人权保障、公共利益以及法律尊严出发,笔者建议采纳我国台湾地区的立法例,由法院综合权衡决定是否排除该证据,但是无论排除与否,对此法院都应作出明确、翔实的说理。

对于非法方法取得的物证、书证是否予以排除,现有法律规范没有明确。相关解释是,"如果非法取证行为本身就是一种犯罪行为,由此获得的物证、书证理所应当予以排除。除此以外,以其他非法方法获取的物证、书证不应当排除。"② 该观点具有一定的道理,但是也存诸多问题。在程序上,非法证据排除是程序审,但要在此过程中进行是否构罪的事实审。在举证责任和证明标准上,对于犯罪行为一般由检察机关追诉。由于需要证明非法取证行为构成犯罪才能适用排除规则,从理性人的角度出发,只能由"被害人"证明。这片面增加了相关当事人的责任,与立法初衷相悖。另外构成何罪才能适用排除规则,是否需要判实刑,如果违法行为特别恶劣,但是刑法没有规定,可否适用

---

① 杨宇冠:《刑事诉讼法修改凸显人权保障——论不得强迫自证其罪和非法证据排除条款》,载《法学杂志》2012年第5期。

② 黄太云:《刑事诉讼法修改释义》,载《人民检察》2012年第8期。

排除规则等,不无疑问。其实,从另一个角度来看,该理论确实提供了一个进路,即对于非法物证应该根据违法程度给予不同的处理。德国立法中关于非法物证的排除就是采用利益权衡理论,通过对被告的基本权利与所犯罪行之严重性权衡确定该证据排除与否。有鉴于此,笔者认为,侦查机关通过重大违法行为,侵犯公民的基本权利的,取得的证据应该一律排除,不得作为采信证据。如通过暴力、胁迫等迫使犯罪嫌疑人或者被告人交出所谓的"物证、书证";没有搜查证的情况下对当事人的搜查等。其中重大违法行为是指可能受到刑罚处罚或者行政处罚的行为。如果是一般的侵犯当事人权利取得的物证,应该由法官根据违法行为的严重程度、危害后果以及追诉利益进行权衡,以决定是全部排除、部分排除还是不予排除。对此,还要形成充分、翔实的说理。

对于违反程序取得的物证、书证,修改后的刑事诉讼法第54条作出明确规定:"可能影响到司法公正的,应当予以补正或者作出合理解释;不能补正或者作出合理解释的,对于该证据应当予以排除。"根据学理解释,该类证据属于瑕疵证据,即证据能力处于待定状态,能否作为证据使用取决于能否对其进行补正或合理解释。① 那么哪些证据属于证据能力待定的范畴呢。刑事诉讼法没有明确,从《死刑证据规定》来看,主要包括证据形式存在瑕疵的物证和书证。该类证据应同于形式瑕疵的言词证据,由公诉机关进行补正或合理解释,由法官裁定酌采并做说理说明。其中,对于"影响到司法公正"应做宽泛解释,即只要取证违反程序性规定及形式规定的,就认为影响到司法公正。对于切实违反取证程序获得的物证、书证,如没有见证人在场的情况下收集调取的物证、书证等,笔者认为应由法官从程序违法性的严重程度和追诉利益之间进行权衡,裁定是直接适用非法证据排除还是适用补正规则。如果适用补正规则,再由法官裁决补正的物证、书证是否为合法证据。

对于鉴定意见等其他类型的证据,得否适用非法证据排除规则,修改后的刑事诉讼法未明确规定。"两个证据规定"的相关规定可以借鉴。总体来说,鉴定意见可以适用与证人证言类似的非法证据排除规则;而勘验、检查、辨认、侦查试验等笔录以及视听资料、电子数据等可以适用与物证、书证相类似的非法证据排除规则。

关于是否采纳"毒树之果"理论,我国立法采取了回避的态度。从以往的司法实践来看,对毒树之果的认定采取了暧昧态度,使刑讯逼供等"毒树"泛滥。从某种意义上讲,毒树之果的排除将决定着非法证据排除的实际效果。从前瞻性来看,笔者认为应该适时探索符合中国国情的"毒树之果"理论,

---

① 万毅:《论瑕疵证据——以"两个证据规定"为分析对象》,载《法商研究》2011年第5期。

在运用该理论时,亦须借鉴美国的"稀释原则"、"独立来源原则"以及"必然发现"等例外性规定。

除上述外,关于私人违法取证,得否适用排除规则,现有法规没有明确。在理论探讨中,有观点认为基于"非法证据排除规则确立的宗旨在吓阻执法人员不法取证之行为,非法证据限于通过公权力获得的证据",因此"私人取证即使具有违法性,也不适用非法证据排除规则"。[1] 该观点与美国司法中的"威慑理论"相类似。但是,如果不加区分的一味认同私人违法取得的证据在庭审中可以被采纳,就会变相鼓励私人的非法取证行为。甚至导致侦查机关与私人的"勾结"情况出现。即使在美国,也不认为"私人"非法取得的证据均具有可采性,只是认为纯粹"私人"或者非警察搜查获得的证据具有可采性。即根据"被批准的意志"理论,如果私人搜集证据基于协助政府的目的,该证据不具有可采性。在德国,私人通过极端的侵犯人权取得的证据也作为例外,不得在审判中使用。鉴于此,笔者认为在我国立法中应明确纯粹私人基于个人目的通过一般侵权形式获取的证据,不适用非法证据排除规则。

二、非法证据的排除程序

在域外,该问题被称为资格问题。英美等国申请排除的主体仅限于"以非法取得的证据指控"的被告人。英美法系国家从早期的"令状"形式开始,奉行的是救济先于权利,即所谓"无救济即无权利"。从"当事人主义"出发,强调平等主体间的辩论与对抗。申请非法证据排除被视为是对申请人的一种救济,而申请救济需要具备相应的资格,即"寻求救济者必须与案件结果有利害关系"。这种利害关系,一方面是指收集的证据是针对他人的搜查或者扣押得到的;另一方面必须是搜查或扣押的受害者。根据美国联邦最高法院的解释,"判断被告人是否具有宪法第四修正案的权利资格问题的基本要求是看被告人提出争议的行为是否侵犯了他对隐私权的合理预期"。[2] 亦即,在英美法系国家,对于非法证据排除的启动只能以被告人在刑事审判前程序中通过向法官提出排除动议的方式提出。对于动议形式,一般要求是书面的。在动议内容上,"必须明确被告方请求排除的证据和特别指明动议所依据的理由"。在规定审前动议的州,关于动议作出的时间有明确的规定,被告方必须在规定的

---

[1] 马贵翔、胡巧绒:《论证据合法性的证明——兼评修改后刑事诉讼法关于证据合法性证明的规定》,载《人民检察》2012年第16期。

[2] [美] 伟恩·R. 拉费弗、杰罗德·H. 伊斯雷尔、南西·J. 金:《刑事诉讼法》,卞建林、沙丽金等译,中国政法大学出版社2003年版,第535页。

时限内提起动议。如果动议不及时,法院将认为其放弃了该项权利,即"放弃宪法性的反对"。在没有规定审前动议的州或者在动议没有及时提交的,如果被告在审判过程中提出了排除证据的动议,法官可以自由裁量之。

在我国台湾地区、日本,非法证据排除既可以由当事人申请启动,法院也可以依职权启动。在我国台湾地区申请人包括被告、自诉人、检察官、代理人、辩护人、辅佐人等。在日本,申请的资格不仅限于被告及辩护人也包括检察官。从法理角度讲,"法益权衡"理论构成日本、我国台湾地区等证据排除规则的理论基础。在这些国家和地区看来,证据排除法则从技术层面来讲是法官在综合考量人权保障和公共利益均衡的基础上,对相关证据证明力有无的判断规则。是基于人权保障的理念和正当程序的原则,赋予被告及辩护人、代理人、辅佐人等证据排除的启动权利。在刑事诉讼结构上,大陆法系奉行的是职权主义,明确为了诉讼程序的顺利进行,由法院行使指挥诉讼的职权,包括查明犯罪事实、判断证据证明力等。强调不仅依检察机关或被告人申请调查证据,更重要的是从公共利益的角度出发,主动调查证据。因此,法律赋予法官可以依职权主动启动非法证据排除程序。非法证据排除提起的期间为审判过程中证据证明力之辩论阶段。提起的形式是通过陈述或书面的方式。如关于被告自白的证据能力,被告可以通过陈述的方式提出自白系出于不正之方法。

既不同于英美法系国家,也不同于大陆法系国家,根据刑事诉讼法第54条至第56条的规定,我国非法证据排除既可以依职权启动也可以依申请启动。其中,依职权启动的主体有:侦查机关、检察机关及人民法院。可以申请启动的主体有:当事人及其辩护人、诉讼代理人。该规定是否妥当,是否存有遗漏主体以及如何改进,下面做详细论述。

不同于大陆法系国家,仅限于法院在庭审阶段依职权启动证据排除的模式。我国在侦查阶段,侦查机关可以依职权启动;在审查起诉阶段,人民检察院得以依职权(报案、控告、举报或者发现)启动;在审判阶段,人民法院也可以依职权启动。我国确立非法证据排除规则的目的在于"从制度上进一步遏制刑讯逼供和其他非法收集证据的行为,维护司法公正和刑事诉讼参与人的合法权利"。[①] 在诉讼结构上,我国更接近于大陆法系的职权主义,审判长指挥整个审判,并可依照职权主动询问当事人、收集调查证据、判断证据的效力、追查犯罪。这应当构成在我国人民法院得依职权行使非法证据排除启动权的妥当性基础。同时,根据我国刑事诉讼的特殊构造,我国检察机关的的权力

---

① 王兆国:《关于〈中华人民共和国刑事诉讼法修正案(草案)的说明〉——2012年3月8日在第十一届全国人民代表大会第五次会议上》,载《人民检察》2012年第8期。

具有复合性，既具有行政权的特性又具有司法权、监督权的特性。即一方面要追诉犯罪；另一方面作为"法律守护人"要对侦查机关和审判机关的行为进行制约、监督。从这个意义上讲，检察机关应当具有非法证据排除的启动权、审查权、裁决权。另外从"打击犯罪、维护司法公信力"的角度，认为"如果案件在侦查阶段或者审查起诉阶段可以不适用证据排除规则"，"这对遏制侦查阶段的非法取证行为没有任何好处，制定非法证据排除规则的实际意义也会大打折扣"，① 因此我国刑事诉讼法亦赋予侦查机关非法证据排除的权力。

关于申请主体，修改后的刑事诉讼法与《关于办理刑事案件排除非法证据若干问题的规定》（以下简称《排除非法证据规定》）不同。根据《排除非法证据规定》申请主体为检察人员、被告人及其辩护人。修改后的刑事诉讼法规定的申请主体为当事人及其辩护人、诉讼代理人。在我国"当事人是指被害人、自诉人、犯罪嫌疑人、被告人、附带民事诉讼的原告人和被告人"。根据法条解释，非法证据排除的申请人具体包括：被害人、自诉人、犯罪嫌疑人、被告人、附带民事诉讼的原告人和被告人及其辩护人、诉讼代理人。修改后的刑事诉讼法没有采《排除非法证据规定》做法将检察人员列为排除程序申请启动人员，笔者认为是缘于检察机关在庭审前对于非法证据具有审查权、裁决权，而能进入到庭审当中的证据，在检方看来自然为合法证据。申言之，在大陆法系国家或地区，非法证据排除属证据运用规则，判断证据的能力问题只能有法官来完成，故排除规则只能在审判过程中进行。同时，又基于职权主义诉讼模式和发现案件真实的使命，所以赋予检察官在庭审阶段的证据排除申请启动权。而在我国，由于检察权的特殊性，使得检察机关在庭审前必须完成证据合法性的审查与裁决，这是权力也是义务。

关于被告人以及代理人以外的其他人，如被害人、证人、鉴定人等受侦查以外的人提出证据时，他自己是否有提出排除证据请求的资格。在日本学者看来，从司法的廉洁性或者抑制违法侦查的观点看，申请的资格仅限于"被害人"是没有根据的，第三人也应当有请求的资格。我国修改后的刑事诉讼法将被害人及其代理人列为申请人的妥当性也在于此。但是，立法将证人、鉴定人等排除在外，没有根据。在司法实践中，一些国家或地区通过完善证据证明能力认定标准的程序达到证据排除的效果。以我国台湾地区为例，证人、鉴定人对于证言、鉴定意见都要具结，否则不得作为证据。对于具结的时间、程式等程序有明确的规定。如果是通过违法程序获得的证人证言或者鉴定意见，相

---

① ［日］田口守一：《刑事诉讼法》，张凌、于秀峰译，中国政法大学出版社2010年版，第295页。

关证人或鉴定人可以通过拒绝具结的方式否定相关证据的证明能力，因此并无提起非法证据排除的必要，同样达到了非法证据排除的效果。在我国，证人、鉴定人及翻译人员在侦查及审查起诉阶段可以通过报案、控告、举报等方式提请公安机关、检察机关等依职权进行非法证据排除。但是，在审判阶段上述人员没有非法证据排除的申请资格。加之我国立法没有证据证明力认定的程序标准，故针对当事人以外的第三人（证人除外）通过非法程序取得的证据排除成为立法漏洞。建议将该第三人列为证据排除的主体，或者采我国台湾地区立法例，通过完善证据证明力认定的程序来达到非法证据排除的目的。

关于自诉人及其附带民事诉讼的当事人，由于不会出现"被批准的意志"现象，所以即使私人违法取证，也应该不适用非法证据排除规则。

关于期间，在侦查、审查起诉及审判阶段均可进行非法证据排除。其中依申请进行非法证据排除既可以在开庭前的程序审中进行，也可以在开庭后的事实审中进行。既可以在第一审当中提起，也可以在第二审中提起。关于申请的形式法律未作明文规定，既可以采取口头陈述的方式也可以是书面形式，但是要提供线索或者材料。

三、非法证据排除的证明责任、证明标准及法律效果

（一）非法证据排除的证明责任

在美国法上，证明责任包括提出证据的责任和说服责任。因此在被告人提出非法证据排除的动议听审中，就要涉及排除动议的证明责任和说服责任。关于证明责任的原则，在美国司法实践中也多种多样，完全体现了其经验性、实用性的特点。一般而言，由于被告人要求排除证据并且希望法官接受排除证据的动议，因而其有责任证明警察实施了违法行为。政府承担证明没有非法取证行为的责任。具体而言，对于搜查和扣押收集的证据，如果搜查或者扣押是依照搜查证的，被告人有举证责任，但是如果经查没有搜查证进行活动，则由控方举证。对于被告人自白是否出于自愿，由控方承担举证责任。关于自白的"果实"问题，要遵循纳德规则，即由被告人证明警察非法行为与意欲指向的证据之间的关系，由控方证明非法的污染得到了稀释。关于辨认，"被告人有责任证明正当程序的违反，因为他是提出动议的一方当事人。但是当辨认程序是在辩护律师不在场的情况下进行时，控方应当承担提出证据和说服的责任"。[①] 与英美法系的当事人主义不同，大陆法系国家或地区奉行职权主义。

[①] ［美］伟恩·R. 拉费弗、杰罗德·H. 伊斯雷尔、南西·J. 金：《刑事诉讼法》，卞建林、沙丽金等译，中国政法大学出版社 2003 年版，第 535 页。

日本通说认为，在刑事诉讼过程中，原则上检察官负有客观的举证责任，但这种客观举证责任不能转嫁给被告人。对诉讼条件的事实也有客观的举证责任。① 以我国台湾地区"刑事诉讼法"为例，其第 161 条规定："检察官就被告犯罪事实，应负举证责任，并指出证明之方法。"依照该条规定，检察机关不仅就被告是否构罪负有举证责任，同时对取证方法亦负有责任。为发现真实起见，法院可依职权调查证据。因此，在大陆法系国家或地区，被告人一般不是非法证据排除程序中举证责任的当然主体。但是，根据我国台湾地区"刑事诉讼法"第 161 条之一规定："被告得就被诉事实指出有利之证明方法。"即被告可以就侦查机关收集证据非法提出证据能力问题，但是，对此并不承担客观举证责任。同时，该法第 156 条第三项明确规定："被告陈述其自白系出于不正之方法者，应先于其他事证而为调查。该自白如系经检察官提出者，法院应命检察官就自白之出于自由意志，指出证明之方法。"

我国刑事诉讼结构是典型的职权主义模式，以发现案件真实、保证司法公正以及保障人权为目标，修改后的刑事诉讼法第 57 条规定了非法证据排除程序中的一般举证责任，即检察机关对于证据收集的合法性负有当然的举证责任。根据学理解释，"检察机关作为代表国家对犯罪提起公诉的机关，应当对其用以指控、证明犯罪的证据收集的合法性负有证明责任"。② 这种责任分配方式符合"证明责任分配给最容易接近相关事实的当事人"原则。同时，为了避免非法证据排除程序启动的随意性，防止滥诉、拖延诉讼等情况的发生，保证诉讼程序的顺利进行，我国刑事诉讼法第 56 条规定："申请排除以非法方法收集的证据的，应当提供线索或者材料"。学理解释，只要能提供出非法取证的时间、地点、方式、造成的伤痕、其他旁证等，引起法官对可能存在非法取证行为的合理怀疑即可，不必要求证据达到充分的程度。

（二）非法证据排除的证明标准

根据美国的司法判例，根据正当程序的要求，证明被告人有罪必须达到排除合理怀疑的程度。但是，在司法实践过程中，非法证据排除的证明标准因为证据类型不同确立了不同的标准。根据莱戈诉特姆伊案，美国联邦最高法院确立了自白自愿性的证明必须达到排除合理怀疑的程度标准。关于搜查和扣押适用的证明标准"应当不超过优势证据标准"。之所以如此理由如下：一个自愿性的自白可能是不可靠的，然而，非法搜查获得的证据总是可信的；警察更好

---

① ［日］田口守一：《刑事诉讼法》，张凌、于秀峰译，中国政法大学出版社 2010 年版，第 295 页。

② 黄太云：《刑事诉讼法修改释义》，载《人民检察》2012 年第 8 期。

的能力来保存好记录否则在证明被监禁讯问的周围环境就要准备满足更高的证明标准,这不同于典型的无证搜查。关于辨认,被告人的责任通常达到优势证据即可。大陆法系国家或地区,检察官承担举证责任的证明标准,在德国要达到"接近确凿的盖然性标准",在日本要达到"任何人对真实性都确信无疑"。在我国,《排除非法证据规定》第 7 条、第 11 条明确,公诉方证明证据的合法性要达到确实、充分的程度。修改后的刑事诉讼法第 58 条规定:"对于经过法庭审理,确认或者不能排除存在本法第五十四条规定的以非法方法收集证据情形的,对有关证据应当予以排除。"根据该规定,就现有证据能够确认存在第 54 条非法收集证据的或者不能排除可能存在第 54 条非法收集证据的,有关证据应当予以排除。该条规定明确了公诉机关对排除以非法方法收集证据的证明标准,即必须达到"排除合理怀疑"及以上的标准。

(三) 法律效力

在美国,关于非法证据排除规则的运用是就证据可采性问题进行的程序性博弈,一旦相关证据在庭前听证中被认定为非法收集的证据应当予以排出时,该证据便不具有可采性,即不能在随后的庭审中以证据身份出现。因此,"陪审团不能了解到该证据,所以在定罪之时不考虑该证据的存在,从而达到了排除的效果"。① 在大陆法系国家或地区,非法证据排除是就证据能力问题进行的考量。被依法排除的非法证据是没有证据能力的,根据我国台湾地区"刑事诉讼法"的规定,"无证据能力、未经合法调查之证据,不得作为判断之依据"。

在我国,由于公、检、法均有资格在相应的阶段进行非法证据排除,所以在相应阶段一旦被认定为非法收集的证据时,该证据"不得作为起诉意见、起诉决定和判决的依据"。

---

① 杨宇冠:《非法证据排除规则及其在中国确立问题研究》,载《比较法研究》2010 年第 3 期。

排除非法证据的标准
——以公诉为视角

朱德宏[*] 陈彬彬[**]

中共中央《关于全面深化改革的若干意见》第34条提升公民人权保障的重要性，规定在刑事诉讼中排除非法证据，将刑事诉讼法规定的排除非法证据提高到执政的政治高度。检察机关是法律监督机关，在刑事诉讼中对侦查行为合法性实施监督。监督方式之一，是对侦查行为所获得的证据合法性加以审查，以确定用作指控犯罪和提出量刑建议的证据具有合法性。在审查起诉阶段，公诉部门不能证明指控犯罪成立的证据具有合法性的，则应将该项证据作为非法证据，予以排除。结合实践案例，本文就审查起诉阶段检察机关对非法证据排除的标准问题进行探讨。

一、证据合法性的证明责任

案例1：被告人章某被控犯有受贿罪。庭审时，辩护人提出程序辩护意见，认为被告人被侦查人员传唤前的30个小时遭受非法拘禁，在侦查程序中遭受刑讯逼供，向法庭提交了书面材料，申请法院当庭播放全程审讯录像，调取相关的证据。法庭提取了载明瘀血划伤的体表检查登记表。庭审中控方拒绝提供审讯录像，涉案侦查人员也不出庭作证，仅出具了侦查机关盖章的无违法情况的说明意见。法庭经过非法证据调查程序后判决认为，控方不能提供相关证据予以证明被告人审前程序的有罪供述是合法取得的，控方又不能做出合理的解释，故被告人章某审判前的有罪供述不能作为定案的根据。[①] 公诉机关抗诉后，在二审程序中，公诉人积极举证证明取证过程及侦查人员行为的合法性。二审法院最终判决，侦查人员不存在刑讯逼供违法行为。被告人审判前的

---

[*] 蚌埠学院应用法学研究所所长，副教授，法学博士。
[**] 蚌埠市人民检察院检察员。
① 浙江省宁波市鄞州区人民法院刑事判决书（2011）甬鄞刑初字第320号。

有罪供述可以作为证据采用。①

　　刑事诉讼立法文本在明确规定控方证明犯罪事实成立及其量刑情节、程序合法之外，增加了控方对证明指控犯罪事实和量刑情节的证据合法性的证明责任。刑事诉讼法第 49 条规定，公诉案件中被告人有罪的举证责任由人民检察院承担。该法第 57 条第 1 款规定，在对证据收集的合法性进行法庭调查的过程中，人民检察院应当对证据收集的合法性加以证明。本案例 1 在一审程序中，公诉人员没有积极履行证据合法性的证明责任，致使一审法院排除了被告人在审前程序中所做的有罪供述；而在二审程序中，公诉人员积极行使证据合法性证明义务，完成了证据合法性的证明责任，故二审法院认为该组证据具有合法性，应予以采纳。

　　在刑事证据制度的证明对象理论中，学界对于用以证明案件事实和程序事实的证据本身的客观性、相关性和合法性，是否应属于刑事诉讼中的证明对象，一直争论不已。共识性的观点是，证明对象的范围包括案件事实和程序事实两个部分。案件事实包括犯罪事实和量刑事实两个方面，程序事实是对解决刑事诉讼程序问题有法律意义的事实，如回避、强制措施、诉讼期限等，或者排除妨碍刑事诉讼活动的违法事实，如程序性违法事实、调查收集证据的违法行为等。根据刑事诉讼法第 48 条"可以用于证明案件事实的材料，都是证据"、"证据必须经过查证属实，才能作为定案的根据"的规定，证据必须查证属实，才可以作为证据，以证明案件事实。故此，学界对于证据事实是不是证明对象，大致有三种争议观点，即证据事实就是证明对象；部分证据事实是证明对象；证据事实不是证明对象。各种观点都自认为有充分的理论根据。但是，通过考察"证据"定义发现，证据是不是证明对象的争论，源于刑事证据的学理解释的分歧。"证据"有事实说、材料说、证明方法说等，但都脱离程序要素的限制和合理性要求，没有真正解释为什么在法庭审判中对证据的法庭调查必须贯彻直接言词原则、交叉询问原则以及传闻证据规则的适用等正当程序要素。

　　证据是证据形式和证据内容的统一体，证据形式居于主要地位，是证据内容的物质载体。证据是蕴含了证据信息的物质载体，要么是人，要么是物。每个证据本身不是案件事实或程序事实，而是证明案件事实真相的一个信息源而已。无论是人证以言词方式表达的证据信息，或者是物证经由法定主体依法收集、固定、保全、检验、阐释而形成的证据信息，都并不必然具有证明意义。只有经法庭依法审查判明与待证的案件发生发展过程相关联并有证明意义的部

---

① 浙江省宁波市中级人民法院刑事判决书（2011）浙甬刑二终字第 288 号。

分,才是法官可以采信并据以认定案件事实的根据,即证据事实。① 这种将证据形式与内容统一信息说的论点,能够解释为什么证据成为证明对象。人证包括证人证言、被害人陈述、犯罪嫌疑人及被告人之自白,物证包括实物证据、书证、科技证据和司法检验。根据该学说,非法证据所涵盖的信息并不是证人、被害人和犯罪嫌疑人、被告人所真实或者在正当程序规约下所作出的包含案件的证据信息,而是在刑事追诉人员违法或非法状态下,影响证据信息载体如证人、被害人、犯罪嫌疑人、被告人的意志自由的状态下获得的证据信息。无论是事实判断还是价值判断,证据信息本身都不具有非法与合法的判断内容。相反,却是证据载体的人在身体和心理受到非法对待的真实性的判断结果。

证据需要经过查证属实才能用来认定案情,这属于对证据的审查判断问题,不能把对案件事实的证明与对具体证据的审查判断混为一谈。因此,无论从人权保障视角,还是证据真实性的视角,非法获得证据都是发生在刑事诉讼程序进行过程中,应属于程序性违法的诉讼行为,应归类于程序性事实部分。将证据事实单独列为证明对象,混淆了证据信息内容与证据载体之间的关联关系。根据刑事诉讼法第 54 条规定,在侦查、审查起诉、审判时发现有应当排除的证据的,应当依法予以排除,不得作为起诉意见、起诉决定和判决依据。学界对刑事诉讼程序性事实合法性的证明责任主体存在争议,在实务中对于程序性事实的证明责任主体,检察和审判机关也要求"谁提出,谁举证"。现行刑事诉讼法规定调查、收集证据的诉讼行为的合法性证明责任主体归属于国家刑事追诉机关,这就意味着在刑事诉讼过程中,公诉机关对取证过程即侦查人员的调查取证的诉讼行为合法性负有证明责任。否则,不能正确理解刑事诉讼法第 55 条和第 56 条第 2 款规定的报案、控告、举报人或者当事人及其辩护人、诉讼代理人提供非法证据的程序线索的规定。

二、证据合法性的证明过程

案例 2:被告人陆某伙同他人将 50.54 克甲基苯丙胺(冰毒)从江苏省苏州市运至无锡市,后被查获。审查起诉阶段,被告人向检察机关控告其在侦查阶段遭受刑讯逼供。检察机关未启动非法证据排除程序,后以运输毒品罪,对被告人陆某提起公诉。法庭审判程序中,被告人陆某提出相关供述系其遭刑讯逼供后所做,并提供了相关线索。公诉人当庭表示,被告人陆某的外伤与刑讯逼供无关,且出示了公诉机关对陆某所做的 2 份询问笔录,证明其之前的供述

---

① 徐静村:《徐静村法学文集》,中国检察出版社 2010 年版。

均是事实。但公安机关审讯时的同步录音录像已灭失,无法向法庭提供。法庭判决认为,检察机关的二次取证并不符合足以排除第一次取证违法性的条件,且被告人陆某在检察机关的供述未形成多次稳定供述,其当庭供述的犯罪事实与在检察机关的供述仍存在反复,故其在审判前的所有供述都应予以排除。法院变更了控方指控的罪名,以非法持有毒品罪,对被告陆某定罪判刑。①

案例 2 提出了两个值得关注的问题:其一,公诉部门在接到被告人举报或控诉其遭受刑讯逼供的违法侦查行为,陈述其犯罪供述是侦查人员违法取证行为的结果的情况下,并没有启动非法证据调查程序,也没有对该项供述的合法性进行审查;其二,在出庭时,对被告人当庭控告其在审前程序中遭受刑讯逼供,其审前供述是非法取得的法庭申诉,公诉人员对该项证据的证明过程没有获得法庭认可,致使法庭判定被告人审前程序中的有罪供述系非法证据,不能作为指控被告人犯罪事实的证据,应予排除。

非法证据的线索来源是双重的。我国非法证据排除规则包括刑事追诉机关依职权排除和依据当事人及其辩护人、诉讼代理人申请排除。法律施加以侦查人员、审查起诉和审判人员应发现并排除非法证据的义务。刑事诉讼法第 54 条第 2 款、第 55 条、第 56 条第 1 款做了详细规定。同时法律文本还规定了检察机关对于报案、控告、举报某项证据是非法获取的,应积极调查,确认证据的合法性与否;人民法院在审判程序中对于当事人或辩护人、诉讼代理人提出某项证据是非法证据并提供相关线索的,应加以调查,确定该异议证据是否是非法证据,并有义务排除非法证据。对证据合法性的调查、审查、判断的过程,就是证据合法性的证明过程。

证明证据合法性的证据材料是程序进行中官方诉讼行为的各种行为记录形成的文书档案和侦查行为的必要辅助性证据,如讯问时的录音录像。关于证据合法性的证明过程及其证明方法,现行法律和司法解释作出了详细的规范。刑事诉讼法第 57 条第 2 款规定,现有证据材料不能证明证据收集的合法性的,人民检察院可以提请人民法院通知有关侦查人员或者其他人员出庭说明情况;人民法院可以通知有关侦查人员或者其他人员出庭说明情况。有关侦查人员或者其他人员也可以要求出庭说明情况。经人民法院通知,有关人员应当出庭。人民检察院刑事诉讼规则第 446 条规定,在法庭审理过程中,被告人及其辩护人提出被告人庭前供述系非法取得,审判人员认为需要进行法庭调查的,公诉人可以根据讯问笔录、羁押记录、出入看守所的健康检查记录、看守管教人员的谈话记录以及侦查机关对讯问过程合法性的说明等,对庭前讯问被告人的合

---

① 江苏省无锡市高新技术产业开发区人民法院刑事判决书(2013)新刑初字第 0161 号。

法性进行证明,可以要求法庭播放讯问录音、录像,必要时可以申请法庭通知侦查人员或者其他人员出庭说明情况。最高人民法院《关于适用〈中华人民共和国刑事诉讼法〉的解释》第 99 条、第 101 条也规定,人民检察院或者公诉人可以通过出示、宣读被告人的讯问笔录或者其他证据,播放讯问过程的录音录像,提请人民法院通知有关侦查人员或者其他人员出庭说明情况等方式,对证据收集的合法性加以证明。这些证明证据合法性的证明方法(证明手段)包括本案侦查卷和诉讼卷的卷宗中的所有证据、侦查人员出庭作证或说明情况、侦查机关对讯问过程合法性的书面说明、讯问笔录、羁押记录、出入看守所的健康检查记录、看守管教人员的谈话记录以及需要当庭播放的讯问时的同步录音录像。从这些规定来看,能够作为证明证据合法性的材料涵盖了犯罪嫌疑人、被告人从被拘传开始直到被正式羁押的各个阶段的活动记录文件,也包括具体办案警察、检察官参与刑事诉讼活动时,如对被害人、证人的询问,诉讼行为合法性的具体解释和说明。

对于证据合法性的证明到什么程度,才能判断是非法证据,即非法证据的判断标准问题,我们通过实践案例的调查发现,当缺失以上证明方法或穷尽这些证明方法仍然不能证明证据系合法取得时,该项证据即非法证据,应予排除。在非法证据的证明标准方面,无法用刑事诉讼证明如客观真实、法律真实,或者排除合理怀疑等,作为其标准。在实践中发生多起被告人当庭指认在审前程序中遭受刑讯逼供,其审前程序中的有罪供述系侦查人员违法调查取证行为所得时,公诉人通过播放同步录音录像、审前多次稳定的有罪供述、审查起诉阶段检察人员对被告人讯问时被告人所供述的犯罪笔录,以及本案中的证人证言、被害人陈述等证据,进行综合审查判断,加以证明,驳斥了被告人当庭翻供的虚假性,被告人不思悔罪的案例。

从有效公诉的视角看,在审查起诉阶段,应该严格遵循刑事诉讼规则的约束,在讯问被告人、询问被害人、证人时,必须首先讯问、询问其在侦查阶段的供述或陈述是否是自愿的,并且辅之以同步录音录像。在书面审查案卷时,不仅需要关注同案证据之间的逻辑及日常生活经验的真实性、关联性、合理性,还需要审查各种证据,特别是人证的合法性,发现有疑问的,应根据其他证据的内容和证明体系的逻辑,谨慎审查。当发现现有的证据以及侦查机关的书面说明、调取的其他记录材料,仍然不能够排除证据的合法性疑问的,应将该项证据确定为非法证据,坚决予以排除。

三、排除非法证据的司法能力

现行刑事诉讼法第 54 条规定了"非法证据排除规则"。我国的非法证据排除规则规定的非法证据包括绝对排除的言词证据和相对排除的物证。在言词证据中，犯罪嫌疑人、被告人的供述与辩解、被害人陈述、证人证言，都属于非法证据排除的范围。这一点比外国的非法证据排除制度要宽泛。现行刑事诉讼法第2条规定了保障人权，2013年5月国务院发布的《2013年中国人权事业的进展》白皮书表示，刑事诉讼非法证据排除制度是中国重视保障犯罪嫌疑人、被告人以人权为核心的各项诉讼权利的重要标志。我国刑事诉讼立法及其司法解释将非法证据排除制度、当事人不得强迫其自证其罪的权利立法及讯问全程录音录像的法律制度及措施，共同构成了严禁刑讯逼供的机制。[①] 以人权保障理论提升刑事司法文明程度，强调排除犯罪嫌疑人、被告人自认有罪供述的自愿性和非强暴性，消除刑事司法实践中长期存在的刑讯逼供行为，是非法证据排除的本质所在。但是，本文上述两个案例中，排除非法证据的根据，是供述的真实性疑问，而不是因为犯罪嫌疑人、被告人人权受到侵害而对侦查人员实施程序性制裁的结果。

检察机关在审查起诉阶段能否有效排除非法证据，涉及检察机关的司法能力。司法能力包括两个方面，一是内部法律素质的判断能力；二是检察机关决策与其他权力体系的协调能力。从检察机关队伍建设的统计资料来看，检察公诉部门的检察官在法律素质和职业道德素质方面，对于案件证据的合法性审查并不存在知识性障碍，也就是说，公诉检察官完全有能力在审查起诉阶段，对非法证据予以识别。但是，检察机关的决策与其他权力体系的协调能力，不是公诉检察官个体所能够充分阐释的。这包含公诉与侦查有效性的关系，公诉与审判机关的证据法律性质的判断标准。

首先，非法证据的证明标准涉及侦查行为的有效性的判断标准。非法证据排除制度是借鉴英美等法治发达国家司法制度的结果。但是，美国侦查实践表明，"以法官为'操盘手'的非法证据排除规则对警察违法行为的遏制功能却非常有限，甚至可以说具有天然的不足。美国联邦最高法院建立的一系列非法证据排除的例外规则，缓解和调和警察侦查行为合法性审查及排除非法证据的制度性内在矛盾。其内在原因则是非法证据排除规则与警察自由裁量权存在难以调和的紧张关系。"[②] 在审查公诉阶段，检察官排除非法证据，同样面临着与警察侦查行为的自由裁量权之间的紧张关系。这不是简单地文本规定检察独立所能解决的。季卫东教授认为，一些身处司法第一线的法官和检察官在中央

[①] 杜萌：《不得强迫自证其罪 完善非法证据排除规则 要求审讯全程录音录像：刑诉法修正案草案三方面规定严禁刑讯逼供》，载《法制日报》2011年9月19日第4版。

[②] 马明亮：《非法证据排除规则与警察自由裁量权》，载《政法论坛》2010年第4期。

准备推进审判独立和检察独立时,却担心独立之后公诉的证据基础削弱、刑事侦查的质量要求得不到公安部门和法律监督方面的支持。各级检察院受制于司法权力体系之外的循环式绕圈监督,审判独立和检察独立难以真正推动。①

其次,在法庭审判阶段,对于在审查起诉阶段,公诉人员没有排除的非法证据,审判人员通过申请排除非法证据的法庭调查,是否予以排除的问题。这也涉及被告人当庭翻供真实性的证明。如果在审查起诉阶段,检察机关未能接受当事人或其辩护人、诉讼代理人对非法证据排除的申请,或接受申请但未做调查,仍然确认证据合法性,被告人在法庭审判时会不断出现翻供现象。有学者对 J、N 和 G 三家法院在 2006~2008 年度存在的被告人当庭翻供现象进行实证调查发现,三家法院三年共审结刑事案件总数是 250 件,共 55 起被告当庭翻供案件,被告主张曾遭受逼供的案件共计 19 起,占翻供案件的 34.5%,这是被告人庭审翻供最为重要的理由。在三个法院调取到了 19 起被告主张遭遇逼供而翻供的案件卷宗。在这些案件中有接近一半（47.4%）的案件控方无法当庭立即举证证明其取得的被告人庭审前供述的自愿性及真实性,而需要在庭后补充搜集证据。该学者还通过检察官个人访谈方式,调查研究了检察官对翻供的态度。调查结果发现,被告人翻供的影响很大,控方需要庭后补充证据势必将影响控诉工作的进程,N 县检察院检察人员就表示:"在这类翻供案件中,如果法院要求重新提供证据证明被告人的庭前供述可以采信,我们去搜集证据需要时间,工作量增加,不可避免会影响控诉进度,尤其是现在我们手头上案件比较多,一个案子拖延一天都不得了",其他检察院的检察人员亦有同感。② 裁判者在对待翻供问题上,呈现出一幅比较复杂的面孔。一方面,与以往学者所注意到的现象有所不同,裁判者在过程中能够比较中立客观地对待被告人翻供;另一方面,在结果上,裁判者总体上的确并不愿意采信被告人的翻供,但是在部分量刑证据上,甚至在少部分案件的定罪问题上,仍然能够部分地看到翻供对裁判的实质性影响。③ 上述两个案例都是被告人在审判程序中提出有罪供述的非法性,案例 1 甚至在二审程序中才确认并采信该项合法证据。根据法律规定,庭审中被告人提出非法证据排除的主张,并提供相关线索的,法庭必须进行证据合法性调查。公诉人在法庭上往往对该种翻供现象,重新调查,以证明被告人主张的非法证据的合法性。

---

① 季卫东:《把权力运纳入法治轨道的几项建议》,载 http://chinalaw124.com/Article/shxw/201409/20140908174214.html,2014 年 9 月 7 日访问。
② 孙晓玉:《庭审翻供实证研究——以控方角度为切入点》,载《天府新论》2013 年第 6 期。
③ 孙晓玉:《刑事审判中的被告人翻供问题——从裁判者角度出发的分析》,载《西南民族大学学报》(人文社会科学版)2012 年第 10 期。

四、结语

检察机关在审查起诉阶段依据职权或当事人、辩护人、诉讼代理人申请，对某项证据合法性进行调查，并确认该项证据是否合法。审查判断某项证据是否合法的标准，不仅仅是一个法律解释或刑事证据审查判断问题，还是检察官能否独立行使检察权，监督侦查行为合法性，侦查行为的法律质量的综合性问题。在权力体系中，检察官个体无法以排除证据的方式，对侦查人员实施程序性制裁。因而，在实践中，检察官很容易将合法性有疑问的证据，作为指控犯罪的证据。如果为检察官设定非法证据判断的标准，那就必须要求法律赋予检察官监督并调查侦查行为合法性的权力。这是权力体系内的政治协调机制问题，而非刑事诉讼法律所能解决的。

非法证据排除规则适用问题若干思考

杨玲娜[*]

非法证据排除规则是现代刑事司法的重要内容，其随人权观念勃兴，而逐渐为各国刑事诉讼法确立，并体现于《联合国禁止酷刑公约》等国际公约之中。我国修改后的刑事诉讼法也确立了非法证据排除规则。但由于对法律规定的原则性和对案件真实的顾虑，刑事司法实践中运用该规则排除非法证据的比例还相当小。以武汉市为例，2013 年至 2014 年 6 月，全市检察机关受理刑事案件 28164 件，启动非法证据调查 20 件，提出纠正意见 20 件，纠正 19 件；对瑕疵证据要求补正或作出合理解释的 268 件，两者合计也仅约占 1.0%。实践中，非法排除规则在运用中也面临着很多困惑和误区，远未达到人们对其遏制刑讯逼供、规范侦查行为，保障人权的期待。笔者试就非法证据排除规则适用的原则、对象、标准等问题进行初步的分析探讨。

一、非法证据排除规则的适用原则及对象

我国刑事诉讼法第 54 条规定："采用刑讯逼供等非法方法收集的犯罪嫌疑人、被告人供述和采用暴力、威胁等非法方法收集的证人证言、被害人陈述，应当予以排除。收集物证、书证不符合法定程序，可能严重影响司法公正的，应当予以补正或者作出合理解释；不能补正或者作出合理解释的，对该证据应当予以排除。"这与国际上非法证据排除规则主要适用于实物证据，非法言词证据主要依据不得自证其罪和自白任意性原则而排除，有明显区别。[①] 我国的非法证据规则是以遏制刑讯逼供为主要目标设计的，其虽然适用于非法言词证据和非法实物证据，非法言词证据却是排除的重点。因此，在探讨我国非法证据排除规则的适用对象问题时，需要根据证据的种类区别对待。我国刑事诉讼法第 48 条规定的证据可分为四类：（1）言词证据，包括证人证言、被害

---

[*] 武汉市人民检察院法律政策研究室检察员、主任科员。
[①] 参见张建伟：《非法证据缘何难以排除——基于刑诉法修改和相关司法解释的分析》，载《现代法学》2012 年第 3 期。

人陈述、犯罪嫌疑人、被告人供述和辩解；（2）实物证据，包括物证、书证；（3）科技证据，包括视听资料、电子数据；（4）司法检证，包括勘验、检查、辨认、侦查实验等笔录。①

（一）对于非法言词证据，绝对排除

基于身体强制或精神强制造成剧烈疼痛或痛苦而获得的供述，不仅严重侵犯了犯罪嫌疑人、被告人（证人、被害人）的人身权利，而且极易导致虚假供述，危害证据的真实性，因此，对非法言词证据应实行绝对排除。无论是采用刑讯逼供等非法方法收集的犯罪嫌疑人、被告人供述，还是采用暴力、威胁等非法方法收集的证人证言、被害人陈述均应予以排除。

（二）对于非法实物证据，我国采取的是裁量排除

即对于违反法律规定程序收集的物证和书证，可能严重影响司法公正的，应经补正或者解释后再决定是否排除。不同于非法言词证据多针对人实施，侵犯人身权；违法收集实物证据主要针对地点、场所、物品等实施，侵犯的一般是住宅权、财产权，加之为实物证据具有客观性和不可替代性，一般不会因违反法定程序改变本来的性质和状态。因此，在重视发现案件真实，倾向打击犯罪的法律传统下，我国对违法收集的实物证据采取了较为灵活的排除规则。

笔者认为，在目前的法治环境和侦查水平下，对违反法定程序收集的实物证据采取相对宽松的排除规则，有利于查清个案事实的，从解决矛盾纠纷的角度看，是符合刑事司法对案件真实、社会稳定的需求的。但是，过于宽松的实物证据排除规则，可能使非法证据排除规则丧失程序性制裁作用，无法吓阻侦查人员的违法侦查行为，不利于规范、提高侦查水平。违反法定程序收集的书证、物证，虽然符合证据的关联性、真实性要求，具有证明力；但是，此类证据尽管侵犯的不是犯罪嫌疑人、被告人、证人、被害人的人身权利，却依然侵犯其住宅权、财产权、通信自由权等维系现代社会人们安全感的重要权益。因此，对违法收集的实物证据不能一味以案件真实为考量标准，而要从严执行法律规定，"不能补正或者作出合理解释的"，就应当坚决排除。这样才能促使侦查人员从思想上重视，依法实施侦查行为。如某地办理的一起受贿案，在对犯罪嫌疑人立案之后，侦查机关根据其家属交代在其亲戚家中的天花板起获了嫌疑人家属藏匿的8万元人民币，但是侦查机关却没有出具搜查证、扣押清单，也没有无利益关系的在场人签名，仅对此过程进行了拍照固定，在公诉机关提出补证要求后，侦查机关也仅出具了一份情况说明，该份证据庭审中引起控辩双方激辩，最终因程序不规范，未被法庭采纳。

---

① 参见徐静村：《刑事诉讼法学》（上），法律出版社1997年版，第157~164页。

（三）对于科技证据和司法检证，可参照违反法定程序收集的书证、物证，实行裁量排除，但在违法容忍程度上应有所区别

我国法律没有规定违反法定程序的科技证据和司法检证如何排除，最高人民法院《关于适用〈中华人民共和国刑事诉讼法〉的解释》（以下简称《刑事诉讼法解释》）第84~89条规定了这两类证据的审查与认定，明确了不能作为定案证据的具体情形。笔者认为，科技证据、司法检证均是专业人员以其专业规范为指导对案件情况的记录、反映和意见，其受客观条件和主体能力、意识的双重影响，因此，其虽可参照违反法定程序收集的书证、物证，实行补正后裁量排除，但在违法容忍程度上应低于实物证据。鉴定意见是鉴定人基于其专业知识对专门性问题进行的分析、鉴别和判断后提出的书面意见。这种意见直接受限于鉴定人水平和检材。因此，一旦在鉴定人的鉴定资格、选用程序或者检材的收集、送交程序出现了重大且不可补正或作出合理解释的瑕疵，则应视为非法证据予以排除。视听资料、电子数据由于具有易伪造的特点，故应严格依照法定程序提取、固定，除紧急情况外，原则上一旦违反法定程序，可能严重影响司法公正的，就应予以排除。勘验、检查、辨认、侦查实验笔录等司法检证是司法人员对物体、人身及场所进行的勘验、检查所形成的证据。司法检证活动具有强制性，如进行人身检查时，如果被检查人不配合，可以强制实施。因此，为防范侦查权的滥用，保护公民权利，司法检证也应实行严格的程序法定原则。

需要注意的是，实践中泛化非法证据与瑕疵证据界限的问题，导致有些非法证据被当作瑕疵证据予以补正运用，有些瑕疵证据却被当作非法证据予以排除。对此，我们应严格区分非法证据和瑕疵证据。如前所述，非法证据被排除主要是由于其严重违反程序导致了证据能力的丧失，而瑕疵证据的考量则主要是基于其证明力的考量。非法证据特别是非法实物证据等证据考量的重点，是侦查行为违法程度对被追诉人权利的侵犯程度，是否危及程序的正当性，而瑕疵证据考量的重点在于其为程序违法是否侵害证据的真实性和案件内容证明程度，二者不可混淆。

二、非法言词证据范围的把握

刑事诉讼法确认了非法言词证据绝对排除原则，但法律并没有对刑讯逼供等非法手段以及暴力、威胁等非法手段进行界定。修改后的《人民检察院刑事诉讼规则（试行）》（以下简称《刑诉规则》）第65条规定，刑讯逼供是指使用肉刑或者变相使用肉刑，使犯罪嫌疑人在肉体或者精神上遭受剧烈疼痛或者痛苦以逼取供述的行为。其他非法方法是指违法程度和对犯罪嫌疑人的强迫

程度与刑讯逼供或暴力、威胁相当而迫使其违背意愿供述的方法。《刑事诉讼法解释》第 95 条也作了相似规定。2013 年底，最高人民法院出台《关于建立健全防范刑事冤假错案工作机制的意见》第 8 条首次明确规定，采用刑讯逼供或者冻、饿、晒、烤、疲劳审讯等非法方法收集的被告人供述，应当排除。

然而，社会事物的复杂性和法律语言的限定性矛盾决定了，貌似明确的法律规定也会因个人的性格、经历、角度的不同，而有不同认识。以疲劳审讯为例，在赵作海案中，侦查人员昼夜连续审讯，而且在赵作海昏昏欲睡时在其头顶放鞭炮，这种方式是否属于刑讯逼供？在另一案件中，侦查机关拘传犯罪嫌疑人到案后，对其实施了长达 30 小时的讯问，但是，讯问期间嫌疑人曾经多次要求休息，侦查人员都同意了，有时甚至是边休息边讯问，这是否属于刑讯逼供？① 这就需要人们按照常识、司法经验来解释、来把握。

（一）通过冻、饿、晒、烤、疲劳审讯等以身体强制为导向的非暴力取证方式获得的言词证据

冻、饿、晒、烤、疲劳审讯等取证行为虽然积极、暴力特征不突出，甚至是消极的不作为，但仍可能导致剧烈的肉体和精神痛苦，形成身体或心理强制，从而逼使犯罪嫌疑人违背意愿作出有罪供述。因此，笔者认为，此类证据可以视为非法言词证据加以排除，但不能"一刀切"式地一概排除，应当结合具体案件具体甄别。因为"肉体或精神的痛苦是否能被定位'剧烈的'还取决于受害者的主观感受。这一定性只能在每一特定的案件中，通过仔细地平衡考虑各种情况，包括受害者自身对疼痛的忍受能力，才能得到确认。"② 所以，对于冻、饿、晒、烤、疲劳审讯等取证方法的考量，必须结合具体个案进行，综合考虑行为持续时间、其所造成的肉体和精神上的影响，以及被害人的性别、年龄和健康状况等因素，按照一般常识和经验法则进行判断，必要时还可要求医生介入并以医学标准进行评断。例如疲劳审讯如果以限制手段、时间超过一般人的承受能力，明显存在精神折磨情形的，应当予以排除。

（二）通过威胁、引诱、欺骗等以心理压制为导向的取证方式获得的言词证据

有人认为对于通过威胁、引诱、欺骗获取的言词证据应视为刑讯逼供取得的非法证据，绝对排除；有人则认为应该综合分析判断，不能一概排除。

---

① 万毅：《论"刑讯逼供"的解释与认定——以"两个〈证据规定〉"的适用为中心》，载《现代法学》2011 年第 3 期。

② 曼弗雷德·诺瓦克：《民权公约评注——联合国〈公民权利和政治权利国际公约〉》（上），毕小青等译，上海生活·读书·新知三联书店 2013 年版，第 131~132 页。转引自万毅：《论"刑讯逼供"的解释与认定——以"两个〈证据规定〉"的适用为中心》，载《现代法学》2011 年第 3 期。

笔者也认为不能一概排除。侦查活动是查证、揭露犯罪的过程，侦查人员与犯罪分子天然的对抗性决定了司法实践的常态是：犯罪嫌疑人趋利避害，不主动承认罪行、对抗侦查。为了击破犯罪嫌疑人的心理防线，侦查人不可避免地会使用包括欺骗、利诱以及言语威胁等在内的审讯方法，在气势和心理上震慑犯罪分子。出于惩治犯罪的需要，法律应适当容忍威胁、引诱、欺骗类的取证手段。各法治国家对威胁性取证、引诱、欺骗性取证，也没有完全禁止，而是采取了相对排除原则。有的还较为宽松。如美国、加拿大、英国等国家认可包括欺骗、利诱以及轻微威胁等在侦查实践中的运用，在立法上对此类手段导致的非任意性供述作出原则性的禁止规定，并由法院在司法过程中综合考量。①

但容忍的边界在哪？美国、加拿大等国在刑事司法实践中，判断威胁、引诱、欺骗等取证手段的合法性时普遍采用的标准是，该手段的使用不能使社会和法庭"受到良心上的冲击"，或者"使社会震惊"、"使社会不能接受"。这些侦查谋略制实施不得违背宗教伦理、职业伦理以及家庭人伦。② 我国实务部门采用了"相当性"标准。《刑诉规则》规定"其他非法方法是指违法程度和对犯罪嫌疑人的强迫程度与刑讯逼供或者暴力、威胁相当而迫使其违背意愿供述的方法。"有学者指出判断威胁、引诱、欺骗的审讯是否正当有合法性、合理性与真实性三个标准。最重要的标准是真实性，即是否会让一个没有犯罪的人承认自己犯了罪。③ 笔者也认为，判断采用威胁、引诱、欺骗等方法收集的言词证据，需要排除以是否足以导致虚假陈述为界限，同时应考虑对社会伦理违背程度。如果威胁、引诱、欺骗的取证手段，从常识、司法经验看，违背了人们对社会伦理的一般认知，足以导致犯罪嫌疑人产生心理强制，从而违背意愿作出虚假陈述，就应予以排除。

（三）办案人员指使他人实施殴打或者体罚虐待，或者威胁、引诱、欺骗取得的言词证据

对此，笔者认为，刑事诉讼法第54条规定非法证据排除规则，并未限定取证的主体，因此，无论是办案人员，还是指使他人对犯罪嫌疑人、被告人实施殴打或者体罚虐待，或者威胁、引诱、欺骗获得的供述，只要达到了使被追诉人在肉体或者精神上遭受剧烈疼痛或者痛苦，而被迫违背意愿供述的程度，

---

① 林喜芬：《论"两个证据规定"的三大突破与五个局限——以非法言词证据的证据能力为重心》，载《现代法学》2011年第2期。

② 万毅：《论"刑讯逼供"的解释与认定——以"两个〈证据规定〉"的适用为中心》，载《现代法学》2011年第3期。

③ 参见龙宗智、苏云：《刑事诉讼法修改如何调整证据制度》，载《现代法学》2011年第6期。

就应视为非法言词证据,予以排除。因为他人在办案人员指使下实施的暴力、威胁、引诱、欺骗等取证行为,应视为办案人员意志的延伸,从有利于被告人原则出发,只要该取证行为与被追诉人违背意志作出供述之间存在因果关系,就应视为非法言词证据加以排除。否则易引发侦查人员利用指使他人实施刑讯,规避法律制裁,导致非法证据排除规则被架空。

三、非法实物证据等的裁量排除因素

相对于言词证据,实物证据、科技证据、司法检证三类证据客观性更强,真实性受人为因素影响较小。法律之所以对违反法定程序收集,如可能严重影响司法公正的,实行有限制的裁量排除,即应经补正或者解释后再决定是否排除,更多的是为维护刑事司法程序的正当性,遏制侦查人员违法搜查、扣押等违法取证行为,因此,非法实物证据等的排除更需要充分的权衡考量各种因素,才能实现惩治犯罪与保障人权的平衡。结合司法实践,笔者认为,司法人员在审查实物证据、科技证据、司法检证等证据的合法性,及其是否需要适用非法证据规则排除时,可从侦查人员的主观意识、侦查行为的违法程度、证据受影响程度、罪行危害程度、抑制降低违法取证的效果等方面考量。

第一,侦查人员主观意识。取证时是否有不法意识,是出于故意还是出于善意。故意以非法搜查、扣押、勘验等方式取得的证据,显然违背正当程序原则,应予以排除。而对于侦查人员因疏忽错用、情况紧急等,而违反法定程序取证的,则可借鉴美国的善意例外原则,即侦查人员尽管事实上违法,但其有理由相信侦查是在合法的情况下进行的,该证据可在法庭上采用。

第二,取证行为的违法程度。一方面要考量其侵犯的权利种类,是宪法基本人权,还是其他权利;另一方面要考虑其违反法律规定的程度,是轻微违法,还是严重违法;是持续违法,还是个别环节违法。取证行为严重侵害基本人权的,或者长时间持续违法的,可排除性较高。

第三,证据真实性受影响程度。原则上实物证据即使是非法搜查、扣押所得,其真实性也不会受影响。但科技证据、司法检证则可能受违反法定程序的取证行为的影响,取证手段、程序、主体的不合法都可能影响证据的真实性、准确性。

第四,证据的可替代性及重要性。较之于不可替代或无法重新取证的证据,对于灭失后可以由其他证据替代或者虽无法用其他证据替代,但若取证还可重新取得合法证据的证据,应从严排除。对于无法替代而又对案件定罪、量刑有重大影响的证据,则可采取相对宽松排除政策。可借鉴国外的独立来源例

外,即侦查人员通过违法手段获得的证据,如果能够证明还可以通过与违法搜查、扣押行为并不相关联的独立的来源得到,那么该证据可以被采纳。对关键证据的排除应更为慎重,定罪证据相较于量刑证据、证明实体法事实证据相较于证明程序法事实证据、法定情节事实证据相较于证明酌定情节事实证据的排除应更为慎重。

第五,犯罪的危害程度。尽管有观点认为,无论被追诉人所涉犯罪行为是否严重,其被不法取证行为侵害的权益是一样的,不应因此而对非法取证行为区别对待。但一般认为,对于普通刑事犯罪,应侧重保护个人权利,对于严重刑事犯罪,则应侧重保护公共利益。对于严重危害国家安全和社会利益的刑事案件,特别是恐怖、暴力犯罪,其中的非法证据可以不排除。

第六,抑制违法侦查行为的效果。吓阻违法侦查行为是非法证据排除规则的重要理论基础,"证据排除法则的目标在于吓阻警察非法行为,以此来校正违反宪法第四修正案而为的不合理的搜查和扣押。"其重心在于限制政府权力的行使,司法机关有责任与权力审视政府行使权力有无逾越法律界限而损害人权。① 因此,对非法实物证据等,应考虑排除证据是否有助于抑制违法侦查行为,降低违法取证频率,从而在根本上规范侦查行为,提高人们对公权力运行的信任度。另外,根据有利于被告人原则,如果违法取证行为获得的是对被追诉人有力的证据,原则上不应排除。

对于利用非法手段获取的证据线索,并依照该线索获取的证据,亦即通常所说的"毒树之果",是否予以排除?尽管"毒树之果"证据本身的收集程序是合法的,但这类证据在美国仍然属于排除对象,实行所谓"砍树弃果";而在英国则采取不同的处理方法,即实行所谓"砍树食果"。有学者认为,对"毒树之果"证据的排除应当有别于直接利用非法手段取得的证据。当然,对于造成恶劣影响或者严重影响司法公正的当属例外。笔者认为,从法治建设长远目标考虑,为了规范侦查机关的取证行为、保护公民基本权利不受侵害,应对"毒树之果"的应用作出严格限制。但在目前犯罪率居高不下的情况下,为更好地打击犯罪,对于由非法证据衍生的合法证据或以非法证据为线索取得的合法证据,原则上不予排除,但是合法证据与非法证据无法分离且非法证据占主要部分的除外。当然,在权衡考量时,除上述因素外,还应特别注意两点:一是"果"与"树"间的相当因果关系是否成立,如果由于犯罪嫌疑人、被告人后来的自愿行为打破了侦查人员违法行为与获取证据之间的直接因果关系,则可借鉴稀释原则,"稀释"证据的违法性,从而获得可采性;另一个是

---

① 参见刘磊:《德美证据排除规则之放射效力研究》,载《环球法律评论》2011年第4期。

"果"是否属于"最终必然发现"的情形,如果属于必然发现的例外,即侦查人员虽然通过违法方式获得了证据,但如果该证据通过合法方式也必然能够发现,该证据仍可以被采纳。

审查批准逮捕程序中的非法证据排除

黄海波[*]

非法证据排除规则是指在刑事诉讼中，对侦控与审判机关采用非法手段收集的证据应当予以排除，不得作为证据采纳。[①] 逮捕作为最严厉的强制措施，一旦适用错误，则公民自由和法律权威两受其害。审查逮捕是检察机关侦查监督工作的重要内容，是以事实证据为基础的诉讼认识活动。但长期以来，囿于"重实体、轻程序"观念的桎梏，检察机关在审查逮捕中更关注证据的客观真实性，而忽略证据的合法性。如何积极排除非法证据，保障公民权利，维护程序正义，是 2012 年刑事诉讼法"尊重和保障人权"理念对审查逮捕工作提出的更高要求。

一、审查逮捕阶段排除非法证据的法律依据

2012 年刑事诉讼法第 54 条确立了非法言词证据绝对排除和非法实物证据相对排除的中国式非法证据排除规则，同时还规定："在侦查、审查起诉、审判时发现有应当排除的证据的，应当依法予以排除，不得作为起诉意见、起诉决定和判决的依据。"虽然此规定并未明确审查逮捕程序应否排除非法证据，也有学者对审查逮捕程序排除非法证据制度提出质疑，认为"在法理上，该制度既不符合检察官的角色定位，也不符合吓阻违法和司法廉洁的价值目标。在制度上，将证据听审放置在审前阶段与我国程序分流机制不匹配，同时缺乏听证程序与配套程序的补充。再加上批捕实践中检察机关的信息获取途径受制于侦查机关，因此排除非法证据将沦为无源之水。"[②] 但不能据此否认审查逮捕阶段就不适用非法证据排除规则，事实上，审查逮捕程序中排除非法证据具有明确的法律和法理依据。理由有：

---

[*] 广东省深圳市罗湖区人民检察院侦查监督科科长，全国检察理论研究人才，法学博士。
[①] 陈光中主编：《刑事诉讼法》（第二版），北京大学出版社、高等教育出版社 2005 年版，第 212 页。
[②] 林喜芬：《两个证据规定与证据排除规则》，中国人民公安大学出版社 2011 年版，第 96 页。

1. 符合法律法规的规定。逮捕的主要功能是保障公民人权和刑事诉讼顺利进行，后者表现为由于犯罪嫌疑人具有社会危险性而有逮捕羁押并继续侦查以查明事实的必要，因此审查逮捕仍然属于刑事诉讼法规定的侦查阶段。此外，2010 年《关于办理刑事案件排除非法证据若干问题的规定》第 3 条规定："人民检察院在审查批准逮捕、审查起诉中，对于非法言词证据应当依法予以排除，不能作为批准逮捕、提起公诉的根据。"这进一步明确了审查逮捕程序排除非法证据的法律依据。此外，修订后的《人民检察院刑事诉讼规则（试行）》（以下简称《刑诉规则》）也建立审查逮捕阶段调查、排除非法证据的基本程序。

2. 符合审查逮捕的本义。审查逮捕是对侦查机关提请批准逮捕的案件事实、证据进行审查，并按照逮捕的条件作出批准或者不批准逮捕决定的司法活动。审查逮捕必须查明案件事实是否清楚、证据是否具备客观性、关联性和合法性，其中证据的合法性决定证据是否具有证明能力，是否具有作为审查逮捕根据的法律资格。因此，将不具有证明能力的非法证据排除在审查逮捕程序之外，是审查逮捕的应有之义。

3. 符合客观义务的要求。检察官的客观义务是指："检察官负有公正执行法律，维护国家、社会利益的客观义务，这基本属于大陆法系职权主义诉讼模式中的概念，表现于检察官在执行职务中对有利于和不利于被追诉人的各种因素应注意和斟酌，从而客观地履行职务。"① 客观公正，是刑事诉讼的根本价值所在，也是对检察官执行职务的根本要求。② 检察官不是单纯的犯罪追诉者，而是法律统一实施和公民基本权利的守护人。检察官客观义务表现在审查逮捕程序中，要求检察官理性对待侦查机关的强烈追诉意向，公正审查侦查机关移送的证据材料，全面考量有罪证据和无罪证据，综合判断证据的证明能力和证明力，慎重作出批准或者不批准逮捕决定，保证涉嫌犯罪和无罪的人免受非法的刑事追究。

4. 符合侦查监督的立场。侦查监督，是指人民检察院依法对公安机关和侦查人员的侦查活动是否合法进行的监督，③ 其中发现并纠正违法侦查行为是侦查监督的主要内容。在审查逮捕程序中，将违反法定程序、使用不合法手段获取的非法证据予以排除，不得作为审查逮捕的根据，由侦查机关承担因程序

---

① 樊崇义主编：《检察制度原理》，法律出版社 2009 年版，第 59 页。
② 龙宗智：《相对合理主义》，中国政法大学出版社 1999 年版，第 158 页。
③ 陈光中主编：《刑事诉讼法》（第五版），北京大学出版社、高等教育出版社 2013 年版，第 312 页。

违法而不批准逮捕犯罪嫌疑人的后果，是程序性制裁理论的实践，是侦查监督的威力所在，也是检察机关法律监督职能的重要体现。此外，从排除的及时性看，审查逮捕阶段是排除非法证据的最佳时机，因为此时非法证据的信息最为清晰，如犯罪嫌疑人记忆清楚、伤情痕迹犹在、证人证言易于提取、非法取证工具及影像资料尚未灭失等，有利于有效调查非法侦查行为，查明证据的合法性，保障公民人权，发挥非法证据排除规则的实效性、制裁性和震慑性。

二、审查批捕程序排除非法证据的实践困境

强制措施本来是以保障刑事诉讼活动顺利进行为宗旨的，其固有特征在于它对合法诉讼活动的保障性和对程序违法的预防性，而不具有惩罚性。[①] 包括逮捕在内的强制措施的基本功能是诉讼保障和程序预防。但在中国语境下，逮捕措施潜隐的有罪推定暗示赋予其强烈的定罪和惩罚功能，犯罪嫌疑人一旦被批准逮捕，强大的司法惯性轻易将犯罪嫌疑人演变为被告人直至罪犯。由于逮捕功能的异化及部分客观原因，审查逮捕中排除非法证据困难重重。

1. 办案理念滞后。表现在：（1）人权保障意识不足。侦查监督部门重打击轻保护，审查逮捕时更关注是否构成犯罪、构成何罪，往往有罪即捕、够罪即捕，缺乏对逮捕措施剥夺公民人身自由伤害后果的考虑，注重有罪证据是否真实而漠视证据的提取、固定程序是否非法，没有认识到非法证据不仅污染了证据的真实性和相关性，而且导致审查逮捕结论错误。（2）侦查监督意识不足。"重配合、轻制约"意识根深蒂固，往往对侦查机关移送的非法证据视而不见，甚至对发现的非法证据不仅不及时纠正、排除，反而提醒、指导侦查机关进行补正完善，掩盖非法侦查行为，协助完成非法证据到合法证据的形式转换。

2. 排除细则缺失。刑事诉讼法确立的非法证据排除规则过于原则和粗糙，可操作性不强，表现在没有规定审查逮捕的排除程序。刑事诉讼法规定的排除程序主要是建立在法庭审理基础上的，这也契合非法证据排除原意，即在刑事审判中将非法证据排除在法庭之外，不得作为定罪量刑的根据。但是，我国非法证据排除规则的应用范围提前至侦查和审查起诉阶段，却没有规定相应的具体排除程序，使得审查逮捕中如何排除非法证据无据可依。

3. 排除能力有限。主要原因有：（1）审查时间有限。根据《刑诉规则》的规定，对公安机关提请批准逮捕的犯罪嫌疑人，已被拘留的，人民检察院应当在收到提请批准逮捕书后的七日以内作出是否批准逮捕的决定；未被拘留

[①] 孙长永：《侦查程序与人权——比较法考察》，中国方正出版社 2000 年版，第 160 页。

的，应当在收到提请批准逮捕书后的十五日以内作出是否批准逮捕的决定，重大、复杂的案件，不得超过二十日。由于审查时限紧张，审查案件基本事实证据相对粗糙，难以做到深入细致，更遑论发现非法证据的线索并予以查明、排除。（2）发现渠道有限。由于审查逮捕属于被动式的书面审查，审查决定的依据基础是侦查机关移送的经过初步整理加工的卷宗材料，检察官只能通过书面审查、提审讯问、接见律师等几种方式审查事实证据，难以发现隐藏的非法证据。即使犯罪嫌疑人或者律师提供了非法证据的线索，由于已经经过侦查机关的掩盖修饰，非法证据也难以认定和排除。（3）外部压力重重。非法证据的排除，不仅否定了侦查机关的非法取证行为，而且可能导致不批准逮捕而引发犯罪嫌疑人被释放的后果。在这种情况下，来自社会各界舆论、诉讼参与人尤其是被害人以及侦查机关的压力使得检察机关顾虑重重，即使查实非法证据也不敢大胆排除。（4）法律规定存有漏洞。刑事诉讼法第54条规定："采用刑讯逼供等非法方法收集的犯罪嫌疑人、被告人供述和采用暴力、威胁等非法方法收集的证人证言、被害人陈述，应当予以排除。收集物证、书证不符合法定程序，可能严重影响司法公正的，应当予以补正或者作出合理解释；不能补正或者作出合理解释的，对该证据应当予以排除。"似乎规定明确具体，但实际上语义模糊。"刑讯逼供"、"等"、和"暴力、威胁"、"非法方法"界定不明，导致非法言词证据难以绝对排除；而"严重影响司法公正"含义不清，以及"补正"和"合理解释"的救济，将非法实物证据相对排除规则完全架空。

4. 排除效力不明。（1）非法证据的效力不明。在审查逮捕程序被排除的非法证据，是否一经排除就丧失作为证据的资格，不再接受后续诉讼阶段的反复审查，还是应当进入审查起诉和法庭审判程序接受新的证据合法性审查，法律没有明确规定。（2）非法证据排除程序的效力不明。同一非法证据的排除程序是否只有一次，是否可以反复多次启动非法证据排除程序，法律也没有明确规定。

三、审查逮捕程序中非法证据的调查核实机制及其评价

为准确认定和依法纠正侦查违法行为，查实并排除非法证据，最高人民检察院侦查监督厅于2013年9月17日发布《关于侦查监督部门调查核实侦查违法行为的意见（试行）》（以下简称《意见》），确立了侦查监督部门审查逮捕时对非法证据的调查核实机制，其主要内容是：

1. 确定调查核实的范围。侦查监督部门发现侦查活动存在违法情形，尚未涉嫌犯罪的，可以要求侦查机关书面说明情况；根据现有材料不能排除违法

嫌疑的，应当及时进行调查核实，包括：（1）采用刑讯逼供以及其他非法方法收集犯罪嫌疑人供述的；（2）采用暴力、威胁等非法方法收集证人证言、被害人陈述，或者以暴力、威胁方法阻止证人作证或者指使他人作伪证的；（3）伪造、隐匿、销毁、调换、私自涂改证据，或者帮助当事人毁灭、伪造证据的；（4）其他严重侵犯当事人合法权利或者严重影响侦查工作依法公正进行的。

2. 确定调查核实的方法。包括：（1）讯问犯罪嫌疑人；（2）询问证人、被害人或者其他诉讼参与人；（3）询问办案人员；（4）询问在场人员或者其他可能知情的人员；（5）提取辩护律师意见；（6）查看、调取讯问笔录、讯问录音、录像；（7）查询、调取犯罪嫌疑人出入看守所的身体检查记录及相关材料；（8）查阅、调取或者复制相关法律文书或者案件材料；（9）进行伤情、病情检查或者鉴定；（10）其他调查核实方式。

3. 确定调查核实结果的处理。包括：（1）经过调查，认定存在采用刑讯逼供等非法方法收集犯罪嫌疑人供述和采用暴力、威胁等非法方法收集证人证言、被害人陈述情形的，应当依法排除非法证据，不得作为批准逮捕的依据；被排除的非法证据应当随案移送，有关材料入卷，随案移送。（2）对于侦查机关收集实物证据不符合法定程序，可能严重影响司法公正的，应当要求侦查机关进行补正或者作出合理解释；不能补正或者作出合理解释的，不得以该实物证据作为批准逮捕的依据。（3）审查逮捕期限届满前，无法认定也无法排除非法取证情形的，应当将该证据存疑，依据其他证据作出是否逮捕的决定，并在作出决定后继续进行调查核实。

此外，对于存在侦查违法但尚未构成犯罪的，视情节轻重分别予以口头或者书面纠正，涉嫌犯罪的依法处理；对有违法行为的侦查人员，继续承办案件将严重影响诉讼依法公正进行的，可以建议更换办案人。

综合考察检察机关上述非法证据调查核实机制，其调查核实的范围、方法仍然没有突破刑事诉讼法和人民检察院刑事诉讼规则关于非法证据排除的界定框架，而对调查核实结果的处理上，除列举调查核实方法、存疑证据不得作为逮捕根据和建议更换办案人稍有新意外，其他处理方法皆是法律规定的重申。同时，在面对案多人少矛盾、审查期限短暂等客观困难的背景下，侦查监督部门能够投入的人力和精力有限，调查核实的广度和深度难以保证。因此，该《意见》对侦查监督部门如何在审查逮捕时及时发现并正确排除非法证据的指导性不强，非法证据的调查与排除仍然任重而道远。

四、完善审查逮捕阶段非法证据排除程序的制度路径

证据是审查逮捕的基石。非法证据的认定与排除影响对犯罪嫌疑人行为罪与非罪、此罪与彼罪、罪重与罪轻的评价,进而影响逮捕的证据条件、刑罚条件或者社会危险性条件,最终影响是否作出批准逮捕决定。"刑事诉讼中指控犯罪的非法证据的形成过程本身往往就是一种侵犯公民合法权益的司法错误,而将非法证据用作定案的依据又是绝大多数刑事错案形成的基本特点。"[①] 按照打击犯罪和人权保障并重、实体正义和程序正义相平衡的原则,审查逮捕应当完善制度配套建设,谨慎审查证据的合法性,大胆适用非法证据排除规则,实现逮捕措施的程序预防和权利保障功能。

1. 严格执行法律规定。作为一项程序制裁规则,非法证据排除规则并非仅仅体现在法律法规的若干条文中,其遏制非法取证、保障基本权利的精神贯穿于刑事立法体系之中。就侦查程序而言,刑事诉讼法规定了从立案到侦查行为再到侦查终结等一系列侦查机关必须遵循的法定程序,且多为明示的禁止性规定。这种禁止性规定,一旦触犯即引发侦查行为无效的后果,且侦查机关不应当有补正或者进行合理解释的机会,检察机关在审查逮捕时可以直接予以排除。例如,在讯问犯罪嫌疑人环节,单人讯问、不适格主体讯问、讯问地点不当、讯问时间超时等都导致讯问犯罪嫌疑人笔录非法,可以直接予以排除,并责令侦查机关予以重新取证,如果不能在法定期间按法定程序提取,则只能依据犯罪嫌疑人供述以外的其他证据进行审查逮捕。

基于口供中心主义侦查传统,非法取证行为的最突出问题发生在讯问犯罪嫌疑人环节,其他人证、物证的提取违法程度较轻但也屡犯不止。应当树立程序正义理念,明确界定非法取证的方式,绝对排除非法获取的犯罪嫌疑人供述、证人证言和被害人陈述,对非法获取的非法物证也应当排除在审查逮捕程序之外。对此,2013年11月最高人民法院发布的《关于建立健全防范刑事冤假错案工作机制的意见》(以下简称《防范冤假错案意见》)提供了可资借鉴的标准,该《防范冤假错案意见》规定采用刑讯逼供或者冻、饿、晒、烤、疲劳审讯等非法方法收集的被告人供述,应当排除;除情况紧急必须现场讯问以外,在规定的办案场所外讯问取得的供述,未依法对讯问进行全程录音录像取得的供述,以及不能排除以非法方法取得的供述,应当排除;现场遗留的可能与犯罪有关的指纹、血迹、精斑、毛发等证据,未通过指纹鉴定、DNA鉴定等方式与被告人、被害人的相应样本作同一认定的,不得作为定案的根据;

[①] 李建明:《刑事司法错误——以刑事错案为中心的研究》,人民出版社2013年版,第379页。

涉案物品、作案工具等未通过辨认、鉴定等方式确定来源的，不得作为定案的根据。

2. 重视非羁押强制措施的适用。2012年刑事诉讼法对逮捕的条件进行了修订，尤其是明确了逮捕的社会危险性条件，体现了立法者试图减少逮捕数量、降低审前羁押率的良苦用心。从司法实践看，逮捕措施的修正有效限制了逮捕的过度适用，有的地方批准逮捕率出现较大下降。但从整体上看，重打击、重羁押的批准逮捕观念仍然很重，非法证据难以及时排除，审查逮捕继续扮演着确认侦查结论，排练审判过程的角色。应当树立正确的强制措施适用理念，按照比例原则和必要原则的要求，多采用对犯罪嫌疑人人身侵害较小的取保候审、监视居住等非羁押强制措施，尽量少用剥夺人身自由的逮捕措施。在审查逮捕案件时，检察官必须认识到逮捕并非刑事诉讼不可或缺的必经环节，严格审查证据，确保证据的证明能力和证明力，只有在证据确实充分且有逮捕的社会危险性时，方能适用逮捕措施。

3. 完善非法证据调查机制。对非法取证行为进行调查核实，是刑事诉讼法第55条赋予检察机关的职责。根据该条规定，检察机关有权对侦查人员以非法方法收集证据行为进行调查核实，有权提出纠正意见，构成犯罪的追究刑事责任。调查核实要紧紧围绕非法证据的获取主体、手段、时间、地点、内容、后果等要素进行，并制作调查报告，提出处理意见，对查实并应当排除的非法证据，应当在调查报告中论述排除的理由。完善非法证据调查机制，有利于提高侦查机关和侦查人员的程序公正意识，防止侦查权滥用，保障侦查程序规范合法。

4. 依法适用附条件逮捕。附条件逮捕是指检察机关在审查逮捕案件时，对于特定的重大案件，可以依法先行批准逮捕，并应当对侦查机关提出捕后继续侦查取证要求，经跟踪审查，认为证实犯罪所欠缺的证据不能取到或取证条件已消失的，应当撤销逮捕决定的工作制度。对于特定的重大案件，如果排除非法证据后，现有证据只能证明的事实基本构成犯罪，但经过进一步侦查能够收集到定罪所必需的证据，且采取取保候审尚不足以防止发生社会危险性，可以依法批准逮捕。审查逮捕必须兼顾打击犯罪和保障人权的平衡，在重大案件中，如果排除非法证据后，根据其余证据认定的事实距离逮捕条件尚略有欠缺，但继续侦查有获取有罪证据的较大空间，可以先行逮捕，以防止社会遭受巨大风险。如果经过后续跟踪审查，发现侦查机关未继续侦查取证，或者已经丧失继续侦查取证条件，或者在两个月的侦查羁押期限届满时仍未收集到定罪所必需的证据，或者无继续羁押必要的，应当及时报经检察长或者检察委员会决定撤销逮捕决定，并书面说明理由，通知侦查机关执行。

5. 制定非法证据排除实施细则。（1）增强排除刚性。对严重侵犯公民基本权利获取的非法言词证据和实物证据，无论非法取证行为的违法程度轻重，都要大胆直接予以排除，缩小侦查机关对非法取证行为进行补正或者作出合理解释的空间，且要求侦查机关证明其侦查行为合法必须达到排除合理怀疑的程度，以提高排除规则的威慑力。（2）明确排除效力。虽然在审查逮捕程序中被排除的非法证据应当随案移送进入审查起诉和审判阶段，但是由于排除非法证据是检察机关的决定而非检察官的个人意见，因此，审查逮捕时排除的非法证据不得作为审查起诉的根据，并应当成为法庭排除的重要参考。（3）强化证据审查。审查逮捕必须全面审查证据的客观性、关联性和合法性，全面审查各类证据的表现形式、取证主体、取证程序的合法性，防止将非法证据作为批准或者不批准逮捕的根据。同时，要打破审查逮捕由承办人个人独自审查的内部封闭性，拓宽非法证据来源渠道，通过提审犯罪嫌疑人、接待当事人信访、听取律师意见、注意网络舆论影响等方式收集非法证据线索。（4）建立非法证据排除公开听证程序。按照透明、参与、公开、辩论等原则建立诉讼式的刑事听证排除程序，淡化审查逮捕程序的行政化色彩，听取犯罪嫌疑人及其律师关于证据非法的意见，听取侦查人员的解释和理由，通过侦辩双方的质询对抗，有利于检察官查明证据的合法性，正确地决定是否排除非法证据。

检察环节贯彻非法证据排除规则之探讨
——兼论刑事诉讼法所定非法证据排除规则在司法实践中的应用

刘 方[*]

一、正确理解非法证据排除规则与检察工作的关系

非法证据排除规则（Exclusionary Rule of Illegally Obtained Evidence），是指"法律实施官员以非法手段取得的证据在刑事诉讼中将被排除或者导致证据不可采的证据规则。"[①] 学术研究中也有人将这一诉讼规则称为"证据排除法则（Exclusionary Rule）"，对其表述为"乃将一具证据价值，甚或为真实的证据，因取得程序之违法，而予以排除，即令该证据为关键性的证据，亦同"。[②] 对某一证据予以排除，意味着违反法律程序获取的证据具有不可采纳的性质。由于这种不可采性主要是来自立法机关的确定或者法院判定时的认定，因而它在诉讼程序中的影响和意义是不可小觑的。

非法证据排除规则对于我国刑事诉讼法学来说可谓是一个舶来之物，其价值观念和基本含义多是从西方法律中学来的。从证据排除规则的历史起源看，对非法证据予以排除的典型国家是美国。美国联邦最高法院通过 1914 年的 Weeks V. United States 案首创了证据排除法则，即认为"警察取得证据资料，违反联邦宪法所保障被告之权利，不得在联邦法院刑事审判中作为证据，否则等于司法核准并认可违反宪法的行为"。[③] 自威克斯案后，美国联邦最高法院又先后通过了 1949 年的奥尔夫案、1961 年的马普案、1966 年的米兰达案等著

---

[*] 最高人民检察院检察理论研究所研究员。
[①] 陈光中主编：《中华人民共和国刑事证据法专家拟制稿》，中国法制出版社 2004 年版，第 160 页。
[②] 王兆鹏：《美国刑事诉讼法》，北京大学出版社 2005 年版，第 25 页。
[③] 王兆鹏：《美国刑事诉讼法》，北京大学出版社 2005 年版，第 26 页。

名判例，使非法证据排除规则在美国刑事诉讼领域得到确立和发展。① 从非法证据排除规则产生的历史渊源可以看出，它的主要价值和作用在于规范诉讼程序，在坚持程序正义原则的基础上实现人权保障。而这些保障措施所维护的主要对象就是犯罪嫌疑人、被告人，他们是被置身于诉讼过程之中受到司法程序约束的特殊的人。与这些特殊人群相互依存于诉讼过程中的，除了警察外，主要还有检察官、法官和律师。在英美法系国家，检察官虽然不是证据的主要收集者，但需要利用这些证据的有效性来证明犯罪，所以，非法证据的排除也是公诉程序中不可忽视的问题。而在大陆法系国家，检察官作为侦查主体之一，在整个刑事追诉过程中都会毫无例外地受到非法证据排除规则的约束，获取证据途径及方法的合法性、有效性是保证追诉合法和成功的基本前提。所以，非法证据虽然主要来源于侦查过程，制定非法证据排除规则的主要起因也是为了限制警察滥用权力，保证依法取证和维护程序正义。但是，证据的运用与刑事起诉密切相关，而且由于各国检察官在刑事诉讼中间环节所处的地位和作用上的不同，特别是大陆法系特征明显的国家，检察官所承担证明犯罪的工作性质在通常情况下都与非法证据排除规则密切相关。

  相比国外而言，在我国刑事诉讼程序中，非法证据排除原则与检察工作的关系则更为密切，原因是我国检察机关在刑事诉讼中具有区别于西方国家检察权的特殊地位和作用。这种特殊的性质是由检察机关的刑事诉讼功能和法律监督职能两个方面构成的：一方面，在诉讼功能方面，检察机关作为国家公诉机关承担着追诉犯罪的法律责任，这也是当代任何一个国家检察机关都具备的基本职能。作为公诉机关，在起诉程序中需要运用证据来证明犯罪的成立，这些证据必须建立在客观的事实根据和法律依据基础之上，才能得到审判机关的认可并最终成为认定犯罪成立的根据。刑事起诉工作中一旦忽视对非法证据的认定和排除，刑事追诉工作能否最终取得成功就难以预料。而失去合法证据支持的案件如果被审判机关所否决，整个追诉工作将陷于完全被动的局面。另一方面，我国检察机关是国家宪法和法律所明确规定的专门法律监督机关，对刑事诉讼承担着监督的职责。"设立专门的法律监督机关，用以监察、督促国家权力的依法运行，保证法律的统一正确实施，就成了当然的制度选择。"② "法律监督既是督促执法者正确理解和适用法律，也是在司法不公的场合对被害者提供的一种救济措施。"③

---

① 杨宇冠：《非法证据排除规则研究》，中国人民公安大学出版社2002年版，第22~33页。
② 朱孝清：《中国检察制度的几个问题》（上），载《人民检察》2007年第8期。
③ 张智辉：《检察权研究》，中国检察出版社2007年版，第25页。

那么，法律监督与非法证据排除规则从客观上会产生什么样的联系呢？这必须从保证司法公正的角度来思考。有学者认为，在美国，非法证据排除规则有广义和狭义之分。狭义的非法证据排除规则（Exclusionary Rule）是指不能采纳违反美国联邦宪法第 4 修正案（Right against unreasonable searches and seizures）① 的要求获得的证据。按照狭义的解释，凡是在刑事诉讼中以采用非法搜查、扣押手段获取的书证、物证，都不能作为定案的依据。不过，这一规定仅仅是作为界定非法证据的来源以及获取手段的一个原则性规定。广义的非法证据排除规则又称为"正当程序排除规则"（Due Process Exclusionary Rule），是指不仅应排除违反联邦宪法第 4 条修正案的规定所获得的证据，而且应排除违反联邦宪法其他修正案的规定所获得的证据。② 从美国联邦宪法第 4 修正案的内容可以看出，具体的排除规则是由联邦最高法院来制定的。由特定的司法机关通过非法证据排除规则来发现、裁定和处理侦查过程中存在的违法取证活动，从本质上讲就是一种具有监督性质的司法行为。在我国，对诉讼程序的监督主要依靠检察机关的法律监督来完成的。检察机关在监督过程中既可以对侦查活动进行监督，也可以对审判活动进行监督。可以说，检察机关的这种监督既有程序上的监督，也有实体意义上的监督。所以，无论是侦查机关在调查取证过程中违反法律规定收集证据，还是审判机关在证据认定或案件处理中违反诉讼规则和证据原则作出错误认定，检察机关都可以依法进行监督。这种监督对于保证证据的合法性、有效性，保障程序正义和司法公正，都具有十分重要的意义和作用。正是因为我国检察机关既肩负着国家的法律监督职责，同时又在诉讼过程中担负着追诉犯罪的公诉职能和职务犯罪侦查职能，作为现代刑事诉讼中普遍适用的基本原则——非法证据排除原则，在与检察工作的关系方面必然显得格外重要。

二、注重探索非法证据排除规则在检察实践中的应用

鉴于非法证据排除规则与我国检察工作的密切联系，在检察环节贯彻非法证据排除规则是确保司法公正的一个基本屏障。大多数法治国家刑事诉讼中对非法证据进行排除的裁量权一般都由法院来行使。在当代美国，非法证据排除规则虽然来源于宪法上的明确规定，但其本身并不属于宪法或者宪法性法律的

---

① 即"禁止不合理的搜索扣押"。该修正案规定：公民的人身、住宅、文件和财产不受无理搜查和扣押的权利不得侵犯。除依照合理根据，以宣誓或代誓宣言保证，并具体说明搜查地点和扣押的人或物，不得发出搜查和扣押状。

② 宋世杰等：《外国刑事诉讼法比较研究》，中国法制出版社 2006 年版，第 491 页。

组成部分。美国最高法院即认为:"排除规则是由司法所确立的补救措施"①例如,在 aldermanv. U. S. 案中,美国联邦最高法院以当事人不适格为埋由,不准该案被告主张证据排除法则。这本质上是法院以"当事人适格"理论来限制非法证据排除法则。② 英国1984年警察与刑事证据法第76条(1)规定:"在任何程序中,被告人所作的供述如果与诉讼中涉及的任何待证事项有关,并且没有被法庭根据本条的规定加以排除,就可以成为对他不利的证据。"③即使在以成文法为根据的大陆法系国家,法院在判断非法证据是否成立方面也发挥着关键性的作用。"在德国,只有法院认为允许采纳这些证据违反了宪法性和合理性的原则时,才排除这些证据。"④ 由此看来,由法院来承担对非法证据的裁量规则是建立在以审判为中心的刑事司法体系基础之上的。

在我国,检察机关的设置和权力配置不同于英美法系国家的检察机关,检察系统虽然与警察系统和审判系统完全分离,但在权力隶属关系上不像美国等国家那样属于行政机关。同时也与大陆法系国家检察机关的设置不相同。大陆法系国家检察机关一般与法院同署,而在职能方面又与警察系统密切相连,不像我国的检警关系那样完全分离。在我国的权力结构中,检察权与审判权和属于行政权的警察权彼此独立,审判权、检察权和行政权平行设置于人民代表大会制度下,在机构设置上完全分离,在工作关系上相互配合与协调。在宪法地位上,检察机关又属于国家的法律监督机关,是权力制衡原理运用于法制领域的结果。按照部分学者的解释,公诉权、职务犯罪侦查权和诉讼监督权都被统一到检察机关法律监督权上来。并且从官方的解释看,检察机关是与审判机关并列的司法机关,这一点从宪法的第七节规定中就可以看出来。中国检察机关这种职能和特质的多样性,使我们根本无法用西方任何一种检察制度作为参考模式来对其进行确切的比较和概括。所以,用中国特色检察制度来解决中国的问题或许说是一种很好的选择。

说中国检察权具有司法属性,大致是认为除了检察权中包含有司法解释权外,另外一个明显的特征就是审查批准逮捕权和决定逮捕权,这个权力在绝大多数西方国家都是由法官行使。通过审查批准逮捕排除非法证据也是西方国家刑事诉讼中一种常见的做法。如果说对非法证据进行排除的裁量权属于司法权的话,那么在中国把这一权力赋予检察官也应当属于顺理成章的事情。所以,

---

① 杨宇冠:《非法证据排除规则研究》,中国人民公安大学出版社2002年版,第147页。
② 王兆鹏:《美国刑事诉讼法》,北京大学出版社2005年版,第43页。
③ 《英国刑事诉讼法》(选编),程味秋等人译校,中国政法大学出版社2001年版,第318页。
④ 杨宇冠:《非法证据排除规则研究》,中国人民公安大学出版社2002年版,第190页。

在我国就不应当把非法证据排除的裁量权仅仅视为是由法官来行使。在很多程序中，检察官比法官享有更多非法证据排除的机会。我国刑事诉讼法第54条第2款规定："在侦查、审查起诉、审判时发现有应当排除的证据的，应当依法予以排除，不得作为起诉意见、起诉决定和判决的依据。"从法律的规定中可以看出，我国刑事诉讼程序中有权对非法证据予以排除的主体包括审判机关和检察机关。审判机关主要是在判决过程中对证据的合法性进行核实，并继而作为对被告人定罪量刑的依据。检察机关主要是在审查起诉阶段担当非法证据排除的主体，从证据收集的合法性、有效性的角度进行审查。就检察环节来说，对证据的合法性进行审查包括批捕阶段和审查起诉阶段。单就证据的审查与判断看，这两个阶段是前后承续、紧密连接的整体。审查批准逮捕或决定逮捕时对证据的审查判断是检察环节的一个前置审查程序；审查起诉阶段对证据的审查判断是后置审查程序。从证据审查的复杂性和重要性来说，审查起诉阶段对非法证据排除的关注点要多于审查批准或决定逮捕阶段，这主要是因为大量的调查取证工作都集中在犯罪嫌疑人被羁押后的侦查阶段。

如何在审查起诉阶段对证据的审查把好关，不仅是完成刑事追诉工作的需要，同时也是保证刑事诉讼中非法证据排除规则得以贯彻的关键步骤。首先需要解决的是非法证据排除规则的启动问题，即对证据的可采性与合法性提出质疑的来源。在对证据的合法性进行审查过程中，仅凭检察官个人见解和主观能动性常常难以发现证据的瑕疵或证据的非法性，在多数情况下都是来自刑事被追诉方及其辩护人的要求和提醒。检察工作人员通过受理犯罪嫌疑人及其法定代理人、辩护人的申请，可以依法启动非法证据排除程序。但是，被追诉人由于其所处的不利地位以及对侦查机关所持的对抗态度，决定了对他们所提出的非法证据排除的请求或者证实属于非法取证的证据是否真实、可靠，应当进行客观的审查。一般来说，辩护律师会比较客观地反映情况，提出的非法证据排除要求相对比较合理。但辩护律师往往不是证据产生中的直接见证人，证据来源的间接性以及因辩护可能产生的功利主义思想，也可能促使他们作出错误的判断。有权利提出非法证据排除要求的不仅只有上述人员，与案件处理结果直接相关的被害人或者第三方也享有请求权。美国最高法院在对明尼苏达诉卡特案的判决中就确立了这样一个原则：即得到别人允许在其家中短时间逗留的人对该人家受到非法搜查，有权利提出反对。[①] 也就是说，这短暂逗留的人也有提出非法证据排除的权利。司法实践中涉及非法证据排除的启动因素还是很多的，问题是检察机关在审查起诉过程中如何有效地启发和利用他们的积极性来

[①] 杨宇冠：《非法证据排除规则研究》，中国人民公安大学出版社2002年版，第106页。

发现非法证据线索,并保证他们的合理要求得到实现。

审查起诉中需要认真把握的另外一个重点,就是如何处理强制排除与裁量排除的界限问题。"证据的可采性或证据力主要是一个法律问题或者价值问题。因此,确认或否认它,不是以证据是否具有证明能力为标准,而是以证据是否符合法律的要求为标准的。"① 根据这一观点,非法证据排除应当是建立在法律明确规定的基础之上,而不以证据本身是否具有证明力为转移。有学者又认为:"建立证据排除规则,就是要否定非法证据的可采性。而证据的采纳与排除,取决于证据是否具有可采性。应确立的一般原则是,对于提交法庭的证据,法庭应当依据刑事诉讼法和有关法律进行审查,分别作出予以采纳或予以排除的决定。"② 按照这些说法,必然引申出对非法证据进行排除的强制性原则和裁量性原则。什么是证据强制排除和裁量排除?有的学者认为,所谓强制排除,"乃指一有违法取证之情形,证据即应排除,法院无裁量权之余地";所谓裁量排除,是指"若警察违法取证,应斟酌个案之公平正义而决定证据应否排除。法院应考虑警察违法的主观意思、违法的严重性、被告所犯的罪行等因素"。③

在非法证据的取舍上采取强制排除方法还是裁量排除方法不仅与一个国家的法律制度和传统法制观念有关,同时也与违法取证的途径、手段以及对犯罪嫌疑人造成损害的程度相关。在大多数国家,采取刑讯逼供方法获取的犯罪嫌疑人、被告人的口供,法律都是明文规定加以排除,不得作为认定事实和判决的依据。这类证据中的强制排除特征是十分明显的。如著名的美国联邦最高法院通过的"米兰达规则",明确规定了对于口供的"强制排除规则"。即"只要证明是违反米兰达规则所获得的口供,无论口供是否出于自愿,都一律排除。"④ 美国最高法院曾援引了多个判例来支持对这类非法证据进行排除的原则。英国亦大致如此。在英美国家刑事诉讼中,更多地体现了"强制排除主义"而不是"裁量排除主义"。⑤ 在"强制排除主义"的要求下,审判机关或公诉机关只需要在法律的规定和证据的取得之间进行对等性的审查,缺乏更多的自主裁量空间。大陆法系国家则更多地倾向于裁量排除原则,在非法证据排除规则的确立方式以及对非法证据的排除程度方面,都与美国等法律存在很多差别。"在德国的刑事司法中,并非所有的非法证据都加以排除,而是采取具

---

① 樊崇义等:《刑事证据法原理与适用》,中国人民公安大学出版社2003年版,第66页。
② 陈卫东主编:《刑事诉讼法实施问题对策研究》,中国方正出版社2002年版,第500页。
③ 王兆鹏:《美国刑事诉讼法》,北京大学出版社2005年版,第35~36页。
④ 宋世杰等:《外国刑事诉讼法比较研究》,中国法制出版社2006年版,第492页。
⑤ 王兆鹏:《美国刑事诉讼法》,北京大学出版社2005年版,第36页。

体情况具体分析的相应性原则。根据这个原则,与犯罪作斗争的方法要与'犯罪的严重程度和嫌疑人的力量'相一致。"① 日本也可以说是采用的"裁量排除主义"。根据日本的司法实践,如果侦查过程中收集证据的违法性"并未达到要对该行为所收集的证据必须排除的重大程度,而持之以消极的态度。如果官员的违法行为同证据之间的因果关系不密切,也可以承认其证据效力。"②

我国刑事诉讼法第54条规定:"采用刑讯逼供等非法方法收集的犯罪嫌疑人、被告人供述和采用暴力、威胁等非法方法收集的证人证言、被害人陈述,应当予以排除。收集物证、书证不符合法定程序,可能严重影响司法公正的,应当予以补正或者作出合理解释;不能补正或者作出合理解释的,对该证据应当予以排除。"从法律的规定中可以看出,对于非法言词证据,包括犯罪嫌疑人、被告人的陈述、证人证言、被害人的陈述,采用的是强制排除原则,即无论在什么情况下,这类证据都不得被司法机关所采用。对于违反法定程序收集的实物证据,则采取了裁量排除原则,即只有当这些违法取得的物证、书证严重影响到司法公正,并不能进行补正或作出合理解释时,才予以排除。也有的学者将上述两种排除方法分别称为绝对排除的原则和附条件排除的原则。③ 法律作出这样明确的规定,并且将言词证据的排除原则与实物证据的排除原则分别加以规定,主要在于解决我国刑事侦查中长期存在的刑讯逼供问题。如果不对非法言词证据进行强制性排除,侦查讯问过程中屈打成招的事例就会屡禁不绝。

对非法实物证据采取裁量排除主义原则,与我国当前的司法实践现状是相吻合的。无论是公安机关还是检察机关,在刑事侦查技术手段和高科技设备方面,都还很难完全适应社会发展的需要,在很多方面还远远不能满足打击智能化、技术化和信息化犯罪的需要。即使在竭力倡导非法证据排除规则的美国,司法程序中所排除的实物证据,也主要是指违反美国联邦宪法第四修正案的规定而取得的证据,这些证据的取得也主要是发生在违法逮捕、搜查和扣押的过程中。但是我们认为,检察实践中对于违反法定程序收集的物证、书证,如果不是属于证明效力上的唯一性或不可再生性,一般情况下都应当予以排除。如果排除该证据将严重影响到对犯罪行为的应有惩罚,也应当严格依照法律规定进行补正;在无法予以补正的情况下,也应当就证据的取得作出客观的、事实

---

① 杨宇冠:《非法证据排除规则研究》,中国人民公安大学出版社2002年版,第191页。
② 宋世杰等:《外国刑事诉讼法比较研究》,中国法制出版社2006年版,第677页。
③ 樊崇义:《五条八款确立非法证据排除规则》,载《检察日报》2012年3月20日第3版。

求是的解释和说明。对于利用非法手段获取的证据线索,并依照该线索获取的证据,亦即通常所说的"毒树之果",是否予以排除?在我国过去的司法实践中很少有人关注。尽管"毒树之果"证据本身的收集程序是合法的,但这类证据在美国仍然属于排除对象,实行所谓"砍树弃果";而在英国则采取不同的处理方法,即实行所谓"砍树食果"。① 我们认为,对"毒树之果"证据的排除应当有别于直接利用非法手段取得的证据,当然,对于造成恶劣影响或者严重影响司法公正的当属例外。总之,对实物非法证据采取不同的方法处理是科学的,也是符合我国刑事诉讼规律和司法现状的。

三、发挥检察监督在贯彻非法证据排除规则中的积极作用

作为法律监督机关,检察机关不仅仅是要保证本身在刑事诉讼程序中严格遵循非法证据排除规则,更重要的是要通过实施法律监督来努力促使整个诉讼过程中不要出现非法取证行为,使每个案件的处理和裁判都建立在确切的事实和证据基础之上。从现阶段看,由于受到某些社会消极因素的影响,我国的司法腐败仍然比较严重。而在我国目前的政治结构体制下,对诉讼领域中的行政执法权和司法权实行常规化监督的主要力量来自检察机关。所以,在刑事诉讼过程中贯彻非法证据排除规则,必须充分发挥检察机关的法律监督职能。"当前,我国社会发展的阶段性特征在司法活动中也有所反映,执法不严、司法不公和司法腐败等问题还不同程度地存在,检察机关诉讼监督应该把重点放在这类严重违法行为等问题上。具体来讲,首先是侦查中的刑讯逼供问题。"②

(一)充分认识检察监督在贯彻非法证据排除规则中的必要性

完整的非法证据排除规则作为我国刑事诉讼中正在运行的一项诉讼规则,它依附于刑事诉讼程序并受到整体性法律制度的约束。我国法律制度的一个显著特点是具有浓厚的中国本土特色,这一点在具有中国特色的检察制度方面表现得尤为突出。从现行法律的规定看,检察机关运用法律监督手段对刑事诉讼程序进行监督,不仅具有宪法上的明确根据,在其他基本法律,如诉讼法和检察院组织法中都有明确的规定。从法律根据上解释,检察机关对刑事诉讼程序进行全方位的法律监督是不成问题的。台湾学者林钰雄也曾这样说过:"诉讼监督模式所遵循者,乃与检察官制及控诉原则相同一贯之原理。将刑事诉讼程序之追诉权与审判权分立,由检察官司前者,由法官主掌后者,本来也是为了防范因权力集中而来的滥权危险,而诉讼监督模式,不过是此种理念之延伸,

---

① 陈卫东主编:《刑事诉讼法实施问题对策研究》,中国方正出版社 2002 年版,第 503 页。
② 樊崇义:《提高理论认识,把握监督重点》,载《人民检察》2010 年第 3 期。

将范围扩及检察官侦查中之重要处分，如是否侦查、是否起诉、是否强制处分等。"①

从社会的客观需要来看，我国目前的社会发展处于变革转型时期，社会主义市场经济正趋于逐步完善的过程中，由经济发展的不平衡、权利腐败和收入分配不公所引发的社会矛盾十分突出。在这种复杂的社会背景下，国家法律的贯彻实施还存在很多障碍和阻力。反映在刑事执法和司法领域，是存在大量的违法办案、司法擅断、刑讯逼供、违法取证现象。这些都是导致非法证据产生的最普遍性问题。近两年来，全国不少地方暴露出来许多冤假错案和严重刑讯逼供事件，像云南昆明的杜培武案、河南的赵作海冤案等，都是令人触目惊心的。如果离开了国家专门机关的法律监督，任其发展下去，人权保障和公正司法就失去了保证，而目前我们还没有寻觅到能够代替检察监督职能的最好方法。所以，加强检察机关对刑事诉讼领域的法律监督仍然是目前的最佳选择。为此，来自司法实践中的不少同志认为，"法律监督的手段是解决人民群众反映强烈的社会重大问题和司法不公问题的重要保障"。"法律监督的实践运作表明，这项制度是中国法治化进程中的一项实在的权力，是一种实然的制度设置，是中国法治化进程的重要保障制度。"要"认真分析有关程序和实体是否合法。特别是要注意审查证据来源、证据规格，依法排除非法证据，完善瑕疵证据，纠正非法取证行为；注意从主要证据、事实变化背后发现可能存在的刑讯逼供、诱供指供、徇私舞弊等职务违法行为"。

（二）正确把握检察监督在贯彻非法证据排除规则中的科学性

把检察权作为刑事诉讼中一种监督性质的权力介入整个刑事诉讼过程，对执法、司法活动进行全方位监督，在学术上一般被称为检察机关的"诉讼监督"。但这一权力在较长时间的法学研究中总是争论不休，并且遭到学术界很多学者的诟病，其权力的正当性也受到不断的挑战。质疑者认为："所谓法律监督诉讼化就是以诉讼监督或实际上的诉讼监督来替代法律监督……我国检察机关的法律监督没有跳出诉讼监督的范围，最直接的原因在于我国检察机关始终没有超越诉讼机关的界限……严格意义上法律监督和检察机关行使检察权并不是一个概念……将法律监督归结于诉讼监督，不仅缩小了法律监督的范围，也会带来一系列的不利后果。"②赞成者的观点恰恰相反，他们认为："作为现代检察制度之缘起和基本职能的公诉，是控诉功能和监督功能的有机统一，检察机关通过对犯罪的控诉，实现对警察侦查权和法官审判权的双向监督，故监

---

① 林钰雄：《刑事诉讼法》（上册，总论篇），中国人民大学出版社 2005 年版，第 118 页。
② 蒋德海：《法律监督还是诉讼监督》，载《华东政法大学学报》2009 年第 3 期。

督是检察机关与生俱来的固有属性。"① "对人民检察院的法律监督职责的授权，是我国人民代表大会的宪政制度所决定的……在权力运行的过程中，特别是对法律的统一实施和执行，也必然需要一个专门的法律监督机关，履行监督制约、制衡职能，以防止权力腐败，保证其正常的运行。"② 这两种观点似乎都有一定的道理，从理论分析的角度都具有一定的逻辑性。但真理只有一个，对待同一事物不应当同时并存两个具备真理性的观点，就像世界上不可能同时出现两个太阳一样。那么，我们到底应该选择那一个最科学呢？

"衡量检察权之正当性及其形式理性的价值标准，在总结历史经验的基础上，应当着重透视这一公权力的配置是否秉承了社会主义法治的基本理念、是否符合现代刑事诉讼程序法的内在精神以及检察权的运作是否能够确保上述价值观念成为指导诉讼过程的理性力量。"③ 我们认为，上述争论的焦点并不在于是否取消这种监督或者是否承认这种监督，而是对这种监督权本质特征的认识产生了分歧。从我国社会发展的阶段性特征以及法治化发展的需要看，刑事诉讼过程需要进行监督应当是确信无疑的。而且，我国目前司法实践中反映出来的大量刑讯逼供、非法搜查、非法取证问题，也足以说明对诉讼进行必要监督是一个明智的选择。特别是侦查活动中的监督一刻也不能放松，说加强诉讼中的人权保障，在很大程度上讲的就是侦查过程中的人权保障问题。林钰雄也认为，将检察官作为法律守护人设立的初衷，就是为了"监督法官裁判以免法官恣意，控制警察活动以免警察滥权。"④ 尽管目前学术上存在各种各样的争论，但在权利需要监督方面还是达成了共识。刑事诉讼中存在的非法取证问题历来是有目共睹的，它不仅是造成冤假错案的祸根，损害了社会主义法治的形象，丧失了人民对国家法律和司法机关的基本信任感；同时也会给社会带来许多不稳定因素。所以，我们认为，由检察机关作为国家的专门法律监督机关常规化地介入刑事诉讼履行监督职责，至少还不属于我国目前司法改革所需要扬弃的范围，因为它确实与我国当今国家体制和社会制度紧密相关，并且一时也难以找到比这更好更有利的监督武器。

(三) 积极关注检察监督在贯彻非法证据排除规则中的有效性

用检察监督来促使非法证据排除规则的贯彻落实，其落脚点是要发现问题、解决问题以及杜绝问题的再度发生。现在司法实践中很多同志认为，运用

---

① 朱孝清：《中国检察制度的几个问题》，载《中国法学》2007年第2期。
② 樊崇义：《法律监督职能哲理论纲》，载《人民检察》2010年第1期。
③ 陈卫东主编：《刑事诉讼法实施问题对策研究》，中国方正出版社2002年版，第141页。
④ 林钰雄：《刑事诉讼法》（上册，总论篇），中国人民大学出版社2005年版，第115页。

非法证据排除规则在实践中存在"三难":一是对非法证据的界定难。虽然这种情况主要发生在修改后的刑事诉讼法颁行之前,但即使是新法律实施后,实践中也可能仍然存在难以界定的问题。例如,根据法律规定,现场勘验笔录要由见证人签名或盖章。如果没有见证人签名或盖章,这份勘验笔录就可能视为"非法证据",而由此产生的现场勘验笔录是否也属于非法证据?二是对非法证据的证明难。这主要表现在一些被怀疑为采取刑讯逼供获取非法证据的认定上。例如,对于犯罪嫌疑人控告某侦查人员实施刑讯逼供的事实,在全程同步录音录像中找不到这个场面,而犯罪嫌疑人坚持说的确有刑讯逼供的事实存在。要查清这一事实,只有通过询问办理案件的侦查人员才能解决,而希望侦查人员如实供述自己实施了刑讯逼供几乎是不可能的。这是司法实践中普遍存在的问题。三是对非法证据的排除难。造成这种现象的主要问题在于,负责审核案件事实和证据的检察机关和审判机关工作人员程序意识不强。相当多的司法人员认为,案件的事实已经决定了被告人的行为构成了犯罪,至于侦查讯问过程中是否采取了刑讯逼供方法,并不影响案件的定罪处罚,因而对被告人或辩护律师提出的刑讯逼供问题,有的不认真进行审查核实,敷衍了事;有的甚至充耳不闻,置之不理;还有的对被举报、控告的侦查办案人员产生一种恻隐之心,不依法进行处理。① 这些都是贯彻非法证据排除规则中必须加以解决的实际问题。

刑事诉讼的目的,是通过特定的法律程序来控制犯罪,在坚持人权保障的前提下,使国家对犯罪分子的刑事处罚得以顺利实现,从而达到我国刑事诉讼法第1条所规定的"保护人民,保障国家安全和社会公共安全,维护社会主义社会秩序"的根本目的。但是,刑事诉讼目的的实现并非一蹴而就,特别是在人权保障问题越来越受到当代社会关注,加害者与被害人群不断分化,利益保护与权利保障的裂痕不断加深过程中,刑事诉讼中的利益权衡往往使司法机关在打击与保护两者之间处于十分尴尬的境地。虽然非法证据排除规则是基于人权保障而制定的,但在维护社会整体利益和保护个人权益之间常常处于相对的、不合拍的状态。尽管有学者认为修改后的刑事诉讼法"在哲理上实现了惩罚犯罪与人权保障辩证的统一,二者呈现出协同推进,共同提高的态势"。② 而具体司法过程中,办案人员在实体正义与程序正义、控制犯罪与保障人权之间如何作出合理的选择时,仍然是感到十分棘手。所有这些问题都表

---

① 毛江舟、胡志坚:《非法证据排除规则运用实证研究》,载《中国检察》,北京大学出版社2006年版,第258~260页。

② 樊崇义:《强制措施:控制犯罪与保障人权并重》,载《检察日报》2012年4月17日第3版。

明,非法证据排除规则在我国司法实践中贯彻起来并非那么容易。我国刑法虽然在"渎职罪"和"侵犯公民人身权利、民主权利罪"两章中都规定了对滥用司法权、刑讯逼供等行为,情节严重的可以依法追究其刑事责任,但刑事诉讼中所出现的违法犯罪问题与最终被追究法律责任的人之间的比例却很不协调。看来,单纯依靠刑罚的威慑力很难奏效。有的学者在论及检察机关法律监督手段时提出,"检察机关也可以通过非诉讼的方式,在诉讼之外以提案、建议、报告等方式进行法律监督"。① 我们也认为,检察机关既然作为国家的法律监督机关,其监督作用应当是全方位的,仅仅局限于用诉讼手段来监督,司法实践已经证明其作用是十分有限的。如果采用多层次、多种类的监督方式,可能会收到比预期更好的效果,当然,其前提是必须坚持法治的原则。对该类问题作如此的探讨,从表面上看似乎有点偏离了法治的轨道,而在现实中却是符合社会实际需要。尽管这些方式目前尚没有定论,但其探讨的空间却是广阔的。正如有的学者所说那样:"'构成诉讼程序'和'发生诉讼法上效果'之间是什么关系,即构成诉讼程序的行为是否一定构成诉讼程序?如果回答是肯定的,那么,这二者就没有必要同时作为定义的逻辑项出现在概念中。如果回答是否定的,那么,二者的区别和联系又何在?这一问题没有得到进一步的研究。"②

---

① 谢鹏程:《法律监督关系的结构》,载《国家检察官学院学报》2010年第3期。
② 邓云:《刑事诉讼行为基础理论研究》,中国人民公安大学出版社2004年版,第13页。

检察机关适用非法证据排除规则的问题与建议

——以绍兴检察机关实践情况为例

曾于生[*]　苏文玉[**]

修改后的刑事诉讼法吸收了两高三部《关于办理刑事案件排除非法证据若干问题的规定》和《关于办理死刑案件审查判断证据若干问题的规定》的主要内容,以五个条文的篇幅正式确立了非法证据排除规则,明确规定检察机关负有排除非法证据的义务,意义重大。将非法证据排除提前至审查批捕环节和审查起诉阶段,有助于尽早发现和纠正侦查中可能出现的错误,及时维护诉讼参与人的合法权益;更为重要的是,检察机关预先排除非法证据,阻断了审判人员与非法证据的接触,防止审判人员在了解非法证据的内容后对案件事实的判断产生倾向,保证真正实现"排除"的效果。因此有学者指出,"在中国确立和实施非法证据排除规则,检察机关起到了不可或缺的重要作用,没有检察机关的配合,这个规则难以确立,即使出台了任何书面规定,也难以得到实现。"[①]然而,从近几年绍兴市检察机关办案实践看,检察机关适用非法证据排除规则的情况与制度的预设目标似乎存在较大差距。

一、检察实践中非法证据排除规则适用的情况

(一)解释、补正的多,直接排除的较少

绍兴检察机关办案实践中对于"可能非法的证据"的处理,大多数以证据的解释、补正等补救处理为主,证据最终实际地被直接排除较少。实践中公安机关广泛运用的《情况说明》,很多就是对非法证据的解释,由于这些解释

---

[*]　浙江省绍兴市人民检察院研究室主任。
[**]　浙江省绍兴市人民检察院助理检察员。
[①]　杨宇冠:《非法证据排除规则及其在中国确立问题研究》,载《比较法研究》2010年第3期。

大多难以核实,对这类证据的排除也就成了空话。至于"补正",更是使相关证据合法化的便捷工具。对于哪些非法证据允许补正,哪些不允许补正,并没有确定的标准,因此实践操作中对此几乎没有限制,一补再补的情况时常发生。例如,绍兴市某检察院审查起诉的刘某案,证据补正次数多达三次。公安机关第一次报捕时,刘某翻供并提出侦查人员存在刑讯逼供,由于客观证据不足,检察院不批准逮捕,公安机关重新收集证据后第二次报捕,检察院批准逮捕;审查起诉阶段,刘某再次翻供,公诉部门又两次退回公安机关补充侦查。类似刘某案这样的一案多次证据补正,已经成为近年检察机关办案退补、不捕率上升的主要原因之一。以绍兴市两级检察机关为例,2012年受理移送起诉7316件13017人,二次退补147件433人,退补率为2%;2013年受理审查起诉6912件11371人,在受理案件与人数均比去年降低的前提下,二次退补的件、人数反而增至247件905人,退补率升至3.6%,较2012年上升了80%;2012年审查逮捕案件不捕率为8.9%,2013年不捕率为14.8%,上升66%。有学者早在2006年就已指出,"对于非法证据,往往也采用重新收集的方式来予以补正。这就造成实践中最高检、最高法司法解释中所初步确立的非法证据排除规则,根本无法得到适用。"① 诚然,对证据进行排除不是根本目的,促进办案规范化、保障人权、维护社会公平正义才是非法证据排除制度设立的根本宗旨与目标。但不可否认的是,近期曝光的冤假错案背后都不同程度地存在违法侦查现象,侦查机关补正的有效性有待论证,非法证据的直接排除应当受到更多的重视。

(二)"不能排除存在非法取证情形的"排除多,"确定非法的"排除很少

从非法证据排除的模式上看,刑事诉讼法第58条规定确立了确定非法的排除和不能排除存在非法收集证据情形的排除两种模式,但检察机关基本上采用了后一种模式,鲜有直接确定存在非法证据的。即使在事实上排除了非法证据,往往也不会进行确认和宣告,而是直接不予认定该份证据。至今绍兴检察机关尚未出现宣告非法证据的案例。在审查起诉阶段,若存在刑讯逼供可能,并导致犯罪嫌疑人的口供不可用,检察人员一般会综合其他证据,做出存疑不起诉的决定,进行事实上的排除,尽量回避确定其非法。例如,绍兴市某检察院审查起诉的一起盗窃案,检察院要求公安提供犯罪嫌疑人第一次供述的录音录像,公安机关只提供了后面一次供述的录音录像,且录像时间短于提讯证上记录的审讯时间。经检委会讨论,对犯罪嫌疑人在侦查阶段的有罪供述不予认

---

① 张智辉主编:《刑事非法证据排除规则研究》,北京大学出版社2006年版,第18页。

定，综合案件其他证据情况，作出了存疑不起诉决定。非法证据排除规则的"不确定"适用，也是造成近期存疑不捕、存疑不诉率上升的原因之一。绍兴市2012年审查逮捕案件存疑不捕257件476人，比2012年同期上升30%，2012年审查起诉案件存疑不起诉9件38人，2013年26件61人，上升60.5%。

（三）"虚假的"排除多，"非法的"排除少

检察实践中，考虑某一项证据是否需要排除时，检察官一般考量的重点不在于证据是否非法，而在于证据是否真实。如果某项证据涉嫌非法取证，案件承办人一般会先考虑证据的真实性，即该项证据所指向的事实是否有可能是客观事实。若承办人认为被指向的事实有可能接近客观事实，尤其是该争议证据在案件中事关罪与非罪的界限时，那么该项证据往往不会受到否定或排除；若承办人认为该项证据所指向的事实失真的可能性比较大，有可能是虚假的证据，才会考察侦查机关对涉嫌非法取证行为本身是否有合法性的证明，继而作出排除或者不排除的意见。因此所谓的非法证据排除，实质上仍然是虚假证据排除，非法只是表象，核心仍旧是证据的真实性本身。从这个角度上看，检察人员对证据排除与否的态度是现实的、功利的。只要承办人内心确信某项证据所指向的事实是真实的，那么即使取证的方式存在非法，承办人也会不自觉地通过各种方式将其合法化。

上述实践状况表明了检察机关对非法证据排除的审慎态度，一般不会轻易排除，而是先通过证据的补正、解释等方式将证据合法化；无法合法化的证据，就不予认定，适用"不能排除存在非法取证情形"的规定勉强排除；即便排除，也只排除真实性存在问题的证据。这种审慎适用使得非法证据排除的实际成效与立法者的法律预期有所背离。

二、检察机关适用非法证据排除规则问题的原因

（一）观念障碍：事实真相优先

重实体轻程序的司法观念、传统疾恶如仇的思维惯性，使得司法人员习惯于事实真相优先的思维模式，导致证据不是因非法性而是因虚假性被排除。"在现代刑事诉讼中，案件事实真相是否得到正确再现并不是最重要的，关键在于发现案件事实真相的手段和方式是可接受的和令人信服的。非法证据排除规则正是在这个意义上才有足够的生存空间。"① 毕竟，现代法治国家确立非法证据排除规则主要是基于维护程序公正、保障人权、促进法治、抑制违法等方面的考虑。然而，在事实真相优先的思维模式下，对于案

---

① 王超：《论法院难以排除非法证据的深层次困境》，载《社会科学》2013年第7期。

件事实真相的维护超过了对程序公正的追求,使得司法人员对于非法证据有着较强的容忍性。只要非法证据在客观上有可能证明案件事实真相,承办人大多倾向于通过解释、补正等方式使非法证据具备合法形式,由此造成一案多次补证的情况出现。

(二) 角色障碍:诉讼职能影响客观排除

对于检察官能否胜任排除非法证据的角色,学界存在质疑之声。有学者指出,"检察机关属于国家公诉机关,负有追诉犯罪的职能,因此,它很难成为一种中立的、超然的裁判者,也不可能对所有非法证据都做出排除的决定,它更多的是充当侦查机关诉讼代理人的角色,与申请排除非法证据的被告方处于对立的地位。"[1] 这种质疑并非空穴来风,因为"检察院进行的调查核实程序是依附于正常诉讼程序进行的,并未实现诉讼职能和诉讼监督职能的彻底分离。"[2] 在审查批捕、审查起诉和审判阶段,负责调查核实非法证据的部门一般也是案件的办理部门。一般认为,检察机关的诉讼职能和法律监督职能由同一主体行使容易产生角色冲突,检察机关在排除非法证据时就存在这种冲突。人民检察院在适用非法证据排除规则时有两方面任务:一是在审查批捕、审查起诉和审判阶段对侦查人员非法取证行为进行调查核实,这是诉讼监督职能的体现;二是在审判阶段依法证明侦查人员取证行为合法,这是诉讼职能的要求。由于两方面任务所追求的目标有所侧重,排除非法证据需要检察机关保持中立,而追诉要求检察机关站在犯罪嫌疑人的对立面,二者有所冲突,因此在诉讼职能和法律监督职能由同一主体行使的情况下,诉讼职能会对客观排除非法证据产生一定的影响。

(三) 手段障碍:缺乏有效的调查手段

法律赋予检察机关非法证据排除权,却未赋予相应的具有强制性、可操作性的调查权,调查手段单一且效果有限。由于证据是否非法难以得到核实,导致检察机关对非法证据的确认态度模糊,只能采取不能排除存在非法的排除方式来处理。

1. 犯罪嫌疑人入所健康检查记录难以核实"软刑讯"。存在非法取证嫌疑时,检察机关一般首先会调取入所健康检查记录,同时提取同监室人员证言。检查记录和证人证言能直接证明犯罪嫌疑人入所前的身体状况,为之后的调查提供了基础证据。但是这种调查手段需要一个前提,即侦查人员所进行的刑讯

---

[1] 陈瑞华:《非法证据排除规则的中国模式》,载《中国法学》2010年第6期。
[2] 陈卫东:《人民检察院适用非法证据排除规则若干问题的思考》,载《国家检察官学院学报》2013年第1期。

在犯罪嫌疑人身上留下了痕迹，面对犯罪嫌疑人身上无明显伤痕时提出的刑讯逼供指控，该手段就无用武之地了。而实践中侦查人员使用更多的是"无痕迹"的功能上等价于肉体暴力的其他逼供方式，比如连续几天几夜不睡觉、冬天开冷空调、夏天太阳下暴晒等。这些"软刑讯"基本上不会留下刑讯痕迹，加大了检察机关的调查难度。此外，一些看守所的入所体检制度不够规范，检查记录对犯罪嫌疑人的伤情描述过于简单。例如，绍兴市一起涉嫌刑讯逼供案件，承办人发现犯罪嫌疑人在批捕阶段有大量体表伤，但看守所的入所体检表只简单描述为双上肢和双下肢软组织挫伤，削弱了体检报告的可参考度。

2.《情况说明》被滥用，证明力薄弱。《情况说明》是侦查机关就案件情况提供的证明材料，主要对侦查过程进行一定的程序性说明，但由于对其使用缺乏规则，《情况说明》的证明内容逐渐扩大到案件事实方面，呈现滥用之势。据粗略统计，诸暨市院受理案件中约60%存在《情况说明》，几乎涵盖所有类型的刑事案件，一案多份《情况说明》的情况也相当普遍。《情况说明》在证据形式上存在瑕疵，不能简单归入刑事诉讼法规定的八类证据种类，且实践中侦查人员未经调查核实随意出具、前后出具内容相矛盾的《情况说明》等现象较为普遍，证明力薄弱。如宋某盗窃案，侦查机关出具《情况说明》称宋某身上的伤势是因抗拒抓捕与民警发生肢体对抗造成的，经退回补充侦查后，又重新出具《情况说明》称宋某未抗拒抓捕，前后矛盾。事实上，在犯罪嫌疑人谎称被刑讯逼供时，这种说明也许能为侦查机关的合法性提供部分依据；但在确实存在刑讯逼供时，由于侦查机关不会自证其罪，实际上《情况说明》对于查清事实起到的作用微乎甚微。

3. 全程同步录音录像的制作、移送不规范。相比以上两种方式，调取全程同步录音录像是检察机关最有力的调查手段，能够直接证明侦查机关取证过程中是否存在违法现象。然而，全程同步录音录像的不规范操作，使得这一调查手段也沦为鸡肋。实践中，由于法律只规定了可能判处无期徒刑、死刑的案件或其他重大犯罪案件、检察院自侦案件必须全程同步录音录像外，对于公安机关侦查的普通案件没有强制，导致大部分公安机关移送审查的案件均不提供录音录像，给检察机关的调查核实带来了极大困难。另外，通过选择性摄录方式也会使讯问全程同步录音录像的预期功能被架空：先对犯罪嫌疑人进行讯问，在其被迫招供后再将其"自愿供述"的情景录音录像。在这种情况下，即使提供录音录像，也根本无法证明有违法取证行为，反而证明了侦讯合法。虽然修改后的刑事诉讼法明确要求录音录像"应当全程进行，保持完整性"，但是缺乏配套保障措施的简单宣示，不足以防止上述被架空的可能性。

三、完善检察机关排除非法证据机制的建议

排除非法证据是检察机关强化法律监督的应有之义,是对侦查机关依法行使侦查权的有效监督方式,也是发挥检察机关应有的保障人权效能,减少冤假错案的客观需要。司法实践中检察机关仍然以退回补充侦查要求对证据补正和解释为主,非法证据排除制度的预设功能未充分实现。需要进一步健全相关机制保障检察机关有效适用非法证据排除规则,促使侦查机关更好地依法收集证据。

1. 提升核实"非法"的调查能力。检察机关不是侦查机关,调查不同于侦查,调查是有边界的。在保障人权、抑制非法取证与公检各司其职二者之间的平衡要求下,提升的方向应当是强化,即在现有权力下通过加深工作力度而强化调查取证能力,核心便是扩大审查材料的范围。不仅审查犯罪嫌疑人的出入所健康检查记录,还应扩大范围,仔细审查提讯证、犯罪嫌疑人供述笔录、看守所提审记录、谈话资料等相关文书证据。对这些文书的制作流程尤其是时间点进行比对分析,往往能从中发现非法取证线索。例如,越城区院在审查一起盗窃案时,几名犯罪嫌疑人在审查起诉阶段称遭到公安机关刑讯逼供,并对其中四节事实拒不认罪。承办人通过全面翻阅公安提讯证,并与犯罪嫌疑人供述的时间点进行比对,发现这四节事实的有罪供述均是在公安机关外提犯罪嫌疑人回来的当天或者第二天所做;同时,这些提讯证能够证实公安机关有对犯罪嫌疑人多次外提的情况,且部分外提时间长,未作笔录,亦未作辨认笔录。由此对这四节有罪供述的证据合法性存疑,结合案件其他情况,最后予以排除。再如,越城区院另一起盗窃案,审查中发现公安机关于 2012 年 6 月 1 日对犯罪嫌疑人所做一份有罪供述笔录,经与绍兴市看守所提审记录比对,发现当天看守所并无该名犯罪嫌疑人的提审记录,由此排除该份笔录。

2. 强化侦查监督部门对特定案件同步录音录像的审查。侦查机关基于破案率和逮捕率考核等因素,对检察院侦查监督部门的批捕工作有所顾忌,对其提的要求会予以更多配合。检察机关应探索延伸侦查监督部门的程序优势,将审查同步录音录像的工作从审查起诉阶段前移至审查逮捕阶段。在审查批准逮捕时,承办人对特定案件随案移送的录音录像资料进行严格审查,发现没有移送或者移送的录音录像资料不完整的,及时要求侦查机关补送,否则可做出不予受理或不批准逮捕的决定。以逮捕率牵制侦查机关,保障特定案件审讯全程同步录音录像制度的有效适用。录音录像资料的强制移送范围,除了法律规定的可能判处无期徒刑、死刑的案件或其他重大犯罪案件、检察院自侦案件外,还包括一些客观性证据天生欠缺的案件,例如"两抢一盗"、贩卖毒品、强奸

案件。这些特定案件在证据上的典型特征是直接证据上往往处于"一对一"状态，即只有一个犯罪嫌疑人的供述和被害人一人的陈述（或一个证人的证言，如贩毒案件中购买毒品的吸毒人员），其他客观性证据难以查获。通过与公安局联合出台规范性文件，划定讯问过程应当进行全程录音录像的特定案件范围，由侦查监督部门严格审查，充分发挥"镜头监督"应有之效。

3. 规范非法证据的补正。非法证据并非都不具有补正可能性，"立法者设计可补救的排除规则，本质上是以证据的真实性来弥补其合法性瑕疵的效力，其最终目标在于通过瑕疵补救的方式来辅助法庭审查判断证据是否真实，并据以作出准确的事实认定，减少刑事司法中的冤假错案。"① 只是证据的补正需要规范使用，必须达到特定的补正条件，并且要遵循严格的补正程序，贯彻先排除后补正的原则。例如，对于侦查机关刑讯所得的口供，必须强制排除，但排除后能否补正？是否允许重新取证？理论界对此存在两种截然不同的观点。笔者认为，我国现行证据规则处于特定阶段，不宜一概否认其补正可能性，而应通过设计相应机制规范非法证据的补救，防止补正的滥用。有学者提出，为了保证重新取证时二次自白的可靠性与自愿性，除了要更换讯问人员以外，还要进行"特别加重的告知"。② 即在再次讯问之前应该告知嫌疑人或被告人，上次讯问属于非法讯问，所作口供不具有证据能力，现在已经更换主体重新讯问，告知其应实事求是地回答。如此，首次自白被排除后，更换主体与"特别加重的告知"程序可以有效阻断非法讯问与二次自白之间的因果关系，该二次自白就可以被认为是具有独立来源的合法证据。

4. 确立"违法者担首责"的国家赔偿制度。修改后的刑事诉讼法确定的非法证据规则加重了检察机关的责任，根据刑事诉讼法第 58 条的规定，当侦查人员拒绝出庭作证而公诉机关因此而无法证明取证的合法性时，相关证据将被排除。而证据被排除就很可能因此导致公诉机关的指控不能成立的败诉后果，因败诉而受惩罚的不是拒绝出庭的侦查人员和批准实施侦查行为的侦查机关，而是公诉机关。然而按照"罪责自负"的理念，侦查机关和侦查人员因侦查行为违法而导致相关非法证据被排除的，侦查机关和侦查人员应当首当其冲地承担第一位的责任。审查批准逮捕的检察机关和作出判决的审判机关并非最直接和首要的责任人，充其量只能承担审查不严、不仔细的次要补充责任。"罪责自负"的原则同样应当在国家赔偿法中予以贯彻，否则将违背最基本的法律公平正义的理念。只有使侦查机关、侦查人员与非法证据排除与否乃至最

---

① 李昌林、王景龙：《论可补救的排除规则》，载《现代法学》2013 年第 6 期。
② 李昌林、王景龙：《论可补救的排除规则》，载《现代法学》2013 年第 6 期。

终判决结果之间具有切身的利害关系,侦查机关和侦查人员才不会对证据是否会被排除抱着一种无所谓的态度,才会积极避免证据被排除,积极地辅助公诉机关追诉犯罪,形成紧密联系的"侦诉关系"。所以,可以在国家赔偿法中确立"违法者担首责"的国家赔偿原则和制度。如果因为侦查人员的违法取证行为最终导致证据被排除而不能定罪的,应当首先由侦查机关作为赔偿义务机关承担首要的国家赔偿责任。

5. 深化客观性证据审查机制。坚持刑法客观主义,从客观的事实、证据、要素出发,寻找案件突破口,让犯罪嫌疑人在事实面前不得不"供认不讳",这是实质排除非法证据乃至彻底消灭非法证据的可靠路径。这要求检察人员注重物证、书证等客观性证据的收集、审查和运用,突出对其来源、保管、移送是否合法进行审查;加大对现场勘查笔录、搜查笔录、辨认笔录等证据的客观性审查力度;在审查报告中增加客观性证据分析说明部分,努力推行客观性证据审查模式转变。

虽然当前检察机关对非法证据的排除存在一些问题,但非法证据排除规则是惩罚犯罪与保障人权两种利益之间平衡的产物,在追求司法公正的道路上,博弈是不可避免的,关键在于博弈的结果是否符合司法体制改革的趋势。应当看到,检察机关对非法证据排除规则的审慎适用,至少以退补、存疑不诉的方式牵制了侦查机关的取证行为,这是一种逐步的、潜移默化式的引导。在这一意义上,非法证据排除规则的实施迈出了改革的第一步,我们期待着在一系列新的配套措施相继出台后,非法证据排除规则在遏制刑讯逼供、保障基本人权、维护程序公正之路上渐行渐稳。

羁押必要性审查实证研究与工作机制的完善[*]

杭巨平[**]　陆向前[***]

修改后的刑事诉讼法第 93 条规定了捕后继续羁押必要性审查制度。继续羁押必要性审查制度的建立，对于解决司法实践中长期存在的超期羁押、久押不决等顽疾有一定的促进作用，是在刑事诉讼中贯彻法治思维、强化人权保障的重要体现。自 2013 年 1 月 1 日修改后的刑事诉讼法实施以来，检察机关通过开展继续羁押必要性审查工作，在保障在押犯罪嫌疑人、被告人的合法权益方面取得了一定的工作成效。但任何一项法律机制的创建都是一项系统工程，不可能一蹴而就，都需要在实践中不断进行完善，羁押必要性审查工作机制也不例外。本文拟在对 C 市 2013 年开展羁押必要性审查工作情况进行实证分析的基础上，对如何完善此项工作机制做一探讨。

一、羁押必要性审查工作情况的实证分析及实践中存在的问题

按照最高人民检察院制定的《人民检察院刑事诉讼规则（试行）》（以下简称《刑诉规则》），检察机关监所、侦查监督、公诉三个部门都有羁押必要性审查工作职能，即"侦查阶段的羁押必要性审查由侦查监督部门负责；审判阶段的羁押必要性审查由公诉部门负责。监所检察部门在监所检察工作中发现不需要继续羁押的，可以提出释放犯罪嫌疑人、被告人或者变更强制措施的建议"。实践中，C 市检察机关 2013 年监所、侦查监督两个部门开展了羁押必要性审查工作，都有办理继续羁押必要性审查案件，其中侦查监督部门全年共办理继续羁押必要性审查案件 97 件 112 人，向侦查机关提出 85 件 103 人，采纳 79 件 96 人。监所检察部门共办理继续羁押必要性审查案件 313 件 313 人，向办案机关（部门）提出变更强制措施建议 302 件 302 人，办案单位采纳建

---

[*] 本文题目参见论坛征文专题三第 4 个选题。另外本文所论述的羁押必要性审查指的是捕后继续羁押必要性审查。

[**] 安徽省蚌埠市人民检察院副检察长。

[***] 安徽省蚌埠市人民检察院监所处检察员，全国检察理论研究人才。

议298件298人。① 另外监所检察部门所办理的313件继续羁押必要性审查案件中，按照执行机关划分，其中公安机关195件195人，检察机关16件16人，人民法院102件102人；按照案件来源划分，依职权主动审查186件186人，依申请审查127件127人。而C市检察机关公诉部门则没有办理继续羁押必要性审查案件。

（一）对公诉部门继续羁押必要性审查工作情况的分析

分析C市检察机关公诉部门之所以没有办理继续羁押必要性审查案件的原因，其一是因为上级检察机关公诉部门对下级检察机关公诉部门进行业务考核时，对继续羁押必要性审查工作不做要求，即继续羁押必要性审查工作不是公诉业务的考核项目，因此公诉部门缺乏办理继续羁押必要性审查案件的原动力。其二是因为检察机关公诉部门本身就具有起诉权和不起诉权，如果公诉部门在审查起诉阶段认为被羁押人不构成犯罪，即可以直接作出不起诉决定从而释放犯罪嫌疑人；如果公诉部门经审查认为被羁押人有关犯罪事实情节已经查清，人身危险性不大，没有继续羁押犯罪嫌疑人的必要，只会直接作出变更强制措施的决定，显然也没有必要按照刑事诉讼法93条的规定再去走继续羁押必要性审查的程序，即将案件起诉到法院，再去建议法院对被告人变更强制措施。其三是因为《刑诉规则》赋予公诉部门对审判阶段的羁押必要性审查职能不符合基本的刑事诉讼规律。即在审判阶段履行包括出庭支持公诉等职责的检察官都还是原来审查起诉阶段承办案件的检察官，其履行职责的方式显然只会是维护其提起公诉，指控、打击犯罪的观点，而不是否定其原来作出的指控犯罪包括继续羁押被告人的观点，如果出现需要释放被告人或者要对嫌疑人变更强制措施的情况，基本上即意味着出庭支持公诉的检察官指控、打击犯罪的观点遇到了挫折。所以如果在审判阶段出现需要对被羁押的被告人变更强制措施的情况，即使是按照基本诉讼规律与公诉部门检察官的关系显然也不大。

（二）对侦查监督部门继续羁押必要性审查工作情况的分析

分析侦查监督部门羁押必要性审查工作开展情况可以看到：其一，由于侦查监督部门羁押必要性审查工作开展情况纳入上级院考核项目，所以C市侦查监督部门开展了继续羁押必要性审查工作，但C市侦查监督部门侦查环节

---

① 由于监所检察部门与公诉部门的统计台账、案卡不同，侦查监督部门部门存在1件多人现象，监所部门不存在1件多人的现象。笔者认为监所部门的这种统计方法更为合理一些，因为捕后羁押必要性审查关键在于审查被羁押人个人本身是否具有人身危险性，同一案件由于存在着主犯、从犯、胁从犯的划分，各被羁押人的人身危险性显然是不同的，是需要区别对待的。

的羁押必要性审查案件办理数明显小于监所部门羁押必要性审查案件办理数,即仅就 C 市而言,侦查监督部门羁押必要性审查工作力度小于监所部门。其二,不排除侦查监督部门继续羁押必要性审查案件办理数为接受上级院业务考核而带有一定水分的可能。这也可以从最高人民检察院的工作报告中找到一定依据。按照最高人民检察院曹建明检察长于 2013 年 3 月 10 日做的 2008~2012 年 5 年工作报告,5 年来,检察机关依法批准逮捕严重刑事犯罪嫌疑人 2642067 人,决定不批准逮捕 311460 人,[①] 5 年的批捕率约是 89.45%。尽管从该工作报告中看不到 2012 年当年的批捕率数据,但有据可查的是 2012 年 1 月至 11 月检察机关共批捕各类刑事犯罪嫌疑人 896259 人,决定不批捕 157898 人,[②] 批捕率是 85.02%。而按 2013 年最高人民检察院工作报告,2013 年全国检察机关共批准逮捕各类刑事犯罪嫌疑人 879817 人,决定不批捕 82089 人,[③] 批捕率约为 91.47%。在写入了尊重与保障人权原则的修改后的刑事诉讼法实施的第一年,全国检察机关的批捕率比前 5 年的批捕率增长了 2 个百分点,比前一年增长了 6.45 个百分点,批捕率不降反升,比较合理的解释就是侦查监督部门为了应对上级院业务考核的需要,把原本可以不批准逮捕的犯罪嫌疑人批准逮捕了,批准逮捕后再建议侦查部门变更强制措施,由此才会造成全国检察机关 2013 年批准逮捕率不降反升的结果。而把本来可以不捕的犯罪嫌疑人予以批准逮捕,即使多关押一天,也是对犯罪嫌疑人的人身权利的侵犯,由此反而会违背继续羁押必要性审查制度设立的保护犯罪嫌疑人人身权利的目的。其三,赋予侦查监督部门对侦查阶段的羁押必要性审查职能同样不符合基本的刑事诉讼规律。因为侦查监督部门负责进行继续羁押必要性审查的检察官大多仍是原来对犯罪嫌疑人审查批准逮捕的检察官,对继续犯罪的犯罪嫌疑人变更强制措施大多意味着对其原批准逮捕观点的否定,赋予侦查监督部门对侦查阶段的羁押必要性审查职能,也违反了一名法官或一名检察官不应两次参与同一案件的审理这样一个基本的诉讼原理。

(三) 对监所部门羁押必要性审查工作情况的分析

C 市监所检察部门开展羁押必要性审查工作一年多来,取得了一定的工作成效,但在实践中也遇到一些问题。其一,羁押必要性审查主体混乱。特别是

---

① 曹建明检察长 2013 年 3 月 10 日做的最高人民检察院工作报告,载最高人民检察院网站 http://www.spp.gov.cn/gzbg/201303/t20130316_57131.shtml。

② 《2012 年检方前 11 月共批捕刑事犯罪嫌疑人 896259 人》,载正义网 http://news.jcrb.com/jxsw/201301/t20130110_1025182.html。

③ 曹建明检察长 2014 年 3 月 10 日做的最高人民检察院工作报告,载最高人民检察院网站 http://www.spp.gov.cn/tt/201403/t20140318_69216.shtml。

侦查监督部门与监所部门都把继续羁押必要性审查工作纳入业务考核项目,出现过侦查环节的继续羁押必要性审查案件中,侦查监督部门与监所部门争抢案源以及重复审查的情形。其二,继续羁押必要性审查工作的程序和方式不够完善。例如分析 C 市监所检察部门羁押必要性审查案件的来源,依职权主动审查 186 件 186 人,依申请审查 127 件 127 人,依职权主动审查比依申请审查反而要多,而按道理说继续羁押必要性审查作为犯罪嫌疑人、被告人的权利保障措施,依申请审查应该比依职权审查要更多才能够体现程序设计的合理性。在继续羁押必要性审查的方式上,鉴于继续羁押必要性审查实质上应是一种司法审查权,在审查方式也应该体现出司法审查权应当具有特征,包括应当兼听则明等。而现有刑事诉讼法和《刑诉规则》对此均没有做出明确规定。其三,监所检察部门羁押必要性审查的法律效力不足。实践中,对于检察机关的羁押必要性审查建议,有关机关不仅有未采纳的,甚至还有超过十日未回复的,对此检察机关显然缺乏有效的制裁手段。

二、对羁押必要性审查工作机制的完善

对羁押必要性审查工作机制的完善大体上应包括以下三个方面:

(一) 应将继续羁押必要性审查职权统归口于监所检察部门

如前所述,把继续羁押必要性审查职能再分口于侦查监督部门和公诉部门,不仅在理论上违背了诉讼原理和诉讼规律,造成继续羁押必要性审查主体的混乱,在实践上也是行不通的,甚至会违背继续羁押必要性审查制度设立的初衷,反而造成侵犯犯罪嫌疑人权利的后果。为消除上述弊端,有必要建立以监所检察部门为主导的继续羁押必要性审查工作机制,这是当前完善继续羁押必要性审查工作机制最务实、最具有可操作性的选择,也是最符合诉讼规律的选择。

1. 把继续羁押必要性审查职能赋予监所检察部门,有利于侦查监督部门专心履行其审查批准逮捕职责。按照我国目前的未决羁押审查制度,由于未将逮捕与羁押分离,批准逮捕犯罪嫌疑人即意味着批准对犯罪嫌疑人的羁押。诚如联合国人权委员会所明确指出的:"审判前的羁押应是一种例外,并尽可能的短暂"。① 我国审前羁押率之所以较高,把"例外"变成了"一般",并且在修改后的刑事诉讼法实施后批准逮捕率反而有所上升,在检察环节的主要原因还在于侦查监督部门没有把好看守所的入口关。检察机关侦查监督部门人员

---

① 陈光中、[加] 丹尼尔·普瑞方廷主编:《联合国刑事司法准则与中国刑事法制》,法律出版社 1998 年版,第 193 页。

有限,办案期限也有限,把继续羁押必要性审查职能从侦查监督部门剥离,有利于侦查监督部门把有限的资源和有限的时间集中投入到批捕工作中去,侦查监督部门在批捕环节把看守所的入口关把好了,我国未决羁押率高的问题也就解决了八成。

2. 监所检察部门更具有中立性,能更好地履行继续羁押必要性审查职责。监所检察的工作理念包括"维护刑事执行的公平公正、维护监管秩序稳定、维护被监管人合法权益",维护被监管人合法权益本来就是监所检察工作的一项重要职能,而继续羁押必要性制度的设立目的就在于维护被羁押人员的合法权益,帮助其恢复人身自由。与侦查监督、公诉部门相比,监所检察部门基本上不承担追究犯罪的诉讼职能(监管人员职务犯罪除外),与变更被羁押人员强制措施一般不存在职责上的利益冲突,因此更能够客观地、中立地、严谨地对在押人员的继续羁押必要性进行审查。当然,在查办监管人员职务犯罪的特殊情况下,也可以把监管人员职务犯罪嫌疑人的继续羁押必要性审查交由上级人民检察院监所部门办理,以避免查办监管人员职务犯罪侦查职能与羁押必要性审查职能之间的冲突。

3. 把继续羁押必要性审查职能统归口于监所检察部门,有利于厘清监所检察包括看守所检察的职能。长期以来,监所检察包括看守所检察的职能定位一直比较模糊,直至近年来监所检察职能定位为刑事执行监督成为大家的共识。[①] 与"监所检察"一语比较而言,"刑事执行监督"一语显然更具有科学性和合理性;同样道理,与"看守所检察"一语相比较而言,"刑事强制措施执行监督:(包括对拘留、逮捕的监督)一语显然更具有科学性与合理性。所以看守所检察的主要工作职责不应体现在那些既烦琐又简单的志账表的登记上,也不应仅限于监督看守所的监管执法行为是否规范上,其主要职能应当体现在对拘留、逮捕等刑事强制措施执行的监督上。正是在这个意义上,我们说把继续羁押必要性审查职能统归口于监所检察部门,既是诉讼规律的体现,也是监所检察刑事执行监督职能定位科学性、合理性的体现。

(二) 应完善继续羁押必要性审查的程序、方式和内容

1. 应完善继续羁押必要性审查的程序。包括应完善其被动启动和主动启

[①] "刑事执行监督"一语较早见于李忠诚的《刑事执行监督探讨》一文,该文载于《人民检察》2003 年第 2 期;从 2012 年开始,江苏省苏州市吴中区、山东省费县等多地开始探索以刑事执行检察科(局)取代监所检察科(局),参见新华网 http://news.xinhuanet.com/legal/2013-04/12/c_124572843.htm。近年来,监所检察职能定位应是刑事执行监督成为主流观点,参见最高人民检察院监所厅袁其国厅长:《有效实施刑事执行监督》,正义网 http://www.jcrb.com/xztpd/2014zt/201402/zhengfsd/lianghkwww/201402/t20140221_1328012.html。

动审查程序。被动启动继续羁押必要性审查应明确检察机关的审查期限,可以明确规定:检察机关对犯罪嫌疑人、被告人及其辩护人、诉讼代理人提出的继续羁押必要性审查申请,包括监管机关提出建议的,均应附相关材料,连同申请书一并报检察机关审查,检察机关应当在受理后七日内审查完成,作出是否变更强制措施或者释放的建议。主动启动继续羁押必要性审查程序的完善,可以参考一下德国刑事诉讼法。德国刑事诉讼法规定:"被羁押的犯罪嫌疑人可以向羁押法官提出羁押审查之申请,羁押法官应对是否解除羁押进行审理;如果被羁押人在羁押三个月时仍未提出申请,也未聘请辩护人,则羁押法官应主动依职权进行羁押审查;羁押超过六个月的,联邦高等法院或联邦最高法院需依职权主动进行羁押审查。"这样规定既有利于解决久押不决的顽疾,又有利于保障刑事诉讼的顺利进行。

2. 应完善继续羁押必要性审查的方式。鉴于对继续羁押必要性的审查实质上应属于司法审查,其审查的方式也应当体现司法审查职权应当具有的特征,对此同样可以借鉴其他现代法治国家的经验。如英美的未决羁押司法审查一般通过听证的方式进行,被告人、辩护人、警察等都要同时出席,提出意见并进行辩论。德国和意大利的司法审查则采取法官讯问的方式进行,日本至今仍保留了法官进行"羁押质问"的制度,其讯问或质问不具有开庭的形式,而是由法官单方面地向被告人提出问题。借鉴以上经验,结合监所检察部门实际情况,我国可以采取以书面审查为主,以听证审查为辅的审查模式,同时有意识地强化司法审查色彩,听取被羁押人及相关主体(如侦查机关、审判机关、监管机关及辩护人、被害人等)的意见,全面考察被羁押人在押期间的综合表现、身体健康状况等情况,对少量可能引发争议的案件,可以考虑启动听证程序,围绕羁押的必要性,听取有关各方充分表达意见。

3. 应完善继续羁押必要性审查的内容。对内容方面当前主要有两点需要完善。一是对侦查机关的刑事拘留检察机关是否可以进行继续羁押必要性审查。因为现代法治国家所称的逮捕,分为有证逮捕和无证逮捕,时间通常较短,多为24小时或48小时。如德国要求不迟于逮捕后的次日,法国为48小时,美国要求在24小时以内将被羁押人带至司法官面前,由司法官裁决对犯罪嫌疑人予以羁押或者保释、无保释放。而我国捕前的刑事拘留最长可达37日,实质上已属于羁押。对此笔者认为继续羁押必要性审查的内容应当包括对刑事拘留的审查,当然这需要再修改刑事诉讼法。二是对法院直接决定逮捕的检察机关是否有权进行继续羁押必要性审查,对此笔者认为从严格执法的角度来说,在目前刑事诉讼法没有例外规定的情况下,检察机关应当有权对法院直接决定逮捕的被告人继续羁押的必要性进行审查。

（三）应强化继续羁押必要性审查的法律效力

如前所述，继续羁押必要性审查本来是应当作为一种司法审查权而存在的，由于我国的刑事诉讼法把继续羁押必要性审查规定为一种建议权，从而弱化了继续羁押必要性审查的法律效力。对此需要再修订刑事诉讼法予以完善，即应当把检察机关继续羁押必要性审查的建议权改为决定权，同时应当明确有关机关不执行检察机关继续羁押必要性审查决定的责任。具体而言：

1. 把继续羁押必要性审查建议权改为决定权，是在刑事司法工作中贯彻法治思维和法治理念的需要。党的十八大报告指出："提高领导干部运用法治思维和法治方式深化改革、推动发展、化解矛盾、维护稳定能力。"早在党的十五大报告中，就曾提出，要"进一步扩大社会主义民主，健全社会主义法制，依法治国，建设社会主义法治国家"。正如同我国批准逮捕的职权是由检察机关行使是法治思维的落实和体现一样，由检察机关承担继续羁押必要性审查的立法安排同样是法治思维的落实和体现，是立足中国国情做出的务实选择。刑事诉讼法把检察机关的审查批准逮捕职权设定为具有司法审查权特性的决定权，而把继续羁押必要性审查职权设定为一种建议权，会导致检察机关在刑事司法工作中司法审查职能的前后不一，显然不利于在刑事司法工作中贯彻法治思维、法治理念。

2. 把继续羁押必要性审查建议权改为决定权，是解决刑事司法实践中存在的超期羁押、久押不决等顽疾的现实需要。中央三令五申要求解决超期羁押、久押不决的问题，但超期羁押、久押不决之所以仍作为顽疾、痼疾根深蒂固地存在着，归根结底是因为刑事诉讼法的不完善造成的。实践表明，修订后的刑事诉讼法仍然不能从根本上解决超期羁押特别是久押不决的问题，旧的久押不决案件解决了，新的久押不决案件就又产生了。要解决超期羁押、久押不决的顽疾、痼疾，最有效的方法还是把具有相对中立地位的监所检察部门的继续羁押必要性审查建议权改为决定权，否则，根除超期羁押、久押不决的痼疾将仍是奢谈。

3. 把继续羁押必要性审查建议权改为决定权，也是尊重诉讼原理和诉讼规律的需要。捕后继续羁押必要性的审查事关公民人身自由权，现代法治国家法院做出的羁押必要性审查裁定都具有强制执行力。只有我国的制度安排在效力上是建议性的。这种制度安排明显不符合法治原则和诉讼规律，注定只能是过渡性的制度安排，最终要做出改变，从而真正实现羁押必要性审查制约权力、保障人权的立法目的。

羁押必要性审查相关问题研究

刘莉芬[*] 羊忠民[**]

为有效解决我国羁押中存在的高羁押率、一押到底、羁押轻刑化等问题，减少不必要羁押，保障人权，修改后的刑事诉讼法确立了羁押必要性审查制度，但由于羁押必要性审查立法相对简单，规定原则性强，缺乏操作性的规定，导致在羁押必要性审查司法实践中存在着审查标准不统一、检察机关内部外部审查机制不健全、审查内容过于严苛等问题，需要在实践中不断地探索完善。

一、拘留、逮捕与羁押的关系

羁押是公安、检察、法院在办理刑事案件过程中为保障诉讼的顺利进行和防止再犯罪，对犯罪嫌疑人、被告人作出拘留或逮捕决定而使其处于被暂时剥夺人身自由的一种状态。在我国，实行捕（包括拘留）押合一模式，拘留、逮捕既有强制到案的作用，又能产生持续剥夺犯罪嫌疑人人身自由、长时间羁押的后果。羁押是刑事拘留和逮捕产生的附随后果。西方国家实行逮捕与羁押相分离的制度，逮捕后是否羁押以及羁押时间由中立的法官在犯罪嫌疑人及其律师的参与下进行开庭审判，并由法院最终判决。在我国，羁押称为未决羁押，包括侦查阶段的羁押、审查起诉阶段的羁押和审判阶段的羁押。根据我国刑事诉讼法规定，羁押可因公安、检察机关决定拘留，检察机关批准、决定逮捕，法院决定逮捕而产生。因为拘留产生的羁押时间较短，一般为14天，最长为37天，而逮捕产生的羁押时间较长，可能数月甚至数年，所以在羁押必要性审查中的羁押都是指由逮捕而产生的羁押。羁押期限还与侦查、审查起诉和审判的办案期限合二为一，被逮捕的犯罪嫌疑人和被告人在办案期限内当然处于被羁押状态。被逮捕后的犯罪嫌疑人、被告人的羁押期限，服从服务于侦

---

[*] 江西省南昌市人民检察院党组副书记、副检察长、全国检察业务专家、全国检察理论研究人才。
[**] 江西省南昌市人民检察院法律政策研究室主任。

查取证和办案需要，随着侦查、审查起诉、审判等刑事诉讼阶段的转换而换押，随着侦查羁押期限、办案期限的延长而延长，随着办案期限的中止而中止，随着审前诉讼阶段的终结或者法院生效裁判的作出而终止，办案期限不满，羁押就不会终止。

二、我国羁押中存在的问题

（一）普遍羁押

1997年修改刑事诉讼法时，取消了收容审查制度，为了解决公安机关取消收审措施后拘留时间过短，一些证据难以到位的问题，刑事诉讼法适当放宽了逮捕条件，降低了逮捕的门槛。实践中出于维护稳定的需要，在打击犯罪和保障人权的平衡中倾向于打击犯罪，使得办案中存在着构罪即捕，逮捕率高的问题，因为捕押合一，相应的羁押率也高，羁押成为办案常态和普遍现象。全国检察机关2009年提起公诉1134380人，批准决定逮捕941091人，逮捕率为82.96%；2010年提起公诉1148409人，批准决定逮捕916209人，逮捕率为79.78%；2011年提起公诉1201032人，批准决定逮捕908756人，逮捕率为75.66%。

（二）一押到底

羁押的主要功能是保障诉讼的顺利进行和防止再犯罪，然而在办案中办案机关出于办案需要，往往以捕代侦，将羁押作为一种办案手段，作为对犯罪嫌疑人施加压力的手段，以便获取犯罪嫌疑人口供，无论案件的类型、犯罪嫌疑人具体情况，大多采取羁押措施，而且将其用足、用够、用充分。还有的把羁押视为控制犯罪嫌疑人的最佳手段和最保险的方法，将犯罪嫌疑人一捕了之，一押到底，捕后变更强制措施少。我市某县检察院2011年逮捕242人，捕后侦查阶段变更强制措施11人，占4.5%；2012年逮捕424人，捕后侦查阶段变更强制措施16人，占4.3%；2013年逮捕380人，捕后侦查阶段变更强制措施33人，占10.5%。

（三）羁押时间长

大部分犯罪嫌疑人被逮捕之后，历经侦查、起诉、一审、二审等漫长的刑事诉讼程序，被羁押时间长，短则数月，长达数年。在某基层检察院公诉部门办案实践中，侦查机关将案件移送检察机关审查起诉，大部分已经用完了2个月的侦查羁押期限，有的还延长了一次侦查羁押期限，犯罪嫌疑人在侦查阶段被羁押60天至70天（包括拘留时间），在审查起诉阶段，大约有一半左右的案件要退回补充侦查一次，加上1个月的办案期限，在审查起诉阶段犯罪嫌疑人要被羁押30天至90天，提起公诉后，简单案件一般能在20天至45天结束,复杂案件则要延长至 90 天到 180 天,甚至更长。在市级检察院起诉的一些重大、复杂、疑难的案件,犯罪嫌疑人被羁押的时间可能更长,有的甚至长达数年。

(四)捕后被羁押人员轻刑比例高

司法实践中,出于惩治犯罪、维护稳定、回避办案风险等的需要,对轻罪重罪的犯罪嫌疑人在适用羁押措施上没有区别对待,构罪即捕,而且逮捕作为强制措施已不单纯是诉讼保障手段,而是赋予了实体性和惩罚性,捕后羁押人员轻刑比例高。我市某县法院 2011 年至 2013 年对 695 名在押人员进行判决,一审被判决 3 年以上有期徒刑的为 173 人,占 24.9%;判决 3 年以下有期徒刑、拘役、管制或独立适用附加刑及宣告缓刑的为 522 人,占 75.1%。捕后羁押人员轻刑判决比例高,直接反映了不应羁押人数量较大。

(五)产生不必要羁押的原因

一是在控制犯罪和保障诉讼人权中倾向于控制犯罪。因为控制犯罪,维护国家安全和社会稳定仍然是刑事诉讼的根本目的和最大价值追求,在稳定面前,犯罪嫌疑人和被告人在诉讼阶段的人权往往给稳定让位。羁押的广泛适用和时限过长,是犯罪控制理念在强制措施上的具体表现,也是办案机关在权衡惩治犯罪、维护稳定之后无奈的选择。二是办案人员自信心不足和防范办案风险。办案机关对案件的证据和犯罪嫌疑人社会危险性的把握自信心不足,担心犯罪嫌疑人、被告人被解除羁押后,翻供、串供、毁灭证据,干扰证人作证,使得案件证据体系发生动摇,出现犯罪嫌疑人放了,案件黄了的局面。三是案多人少,人案矛盾突出。为了争取办案时间,通过退补等手段延长办案期限,用长时间的羁押来弥补办案人员不足,缓解时间紧张的问题。

三、羁押必要性审查的法律定位和意义

司法实践中存在的构罪即捕,一押到底导致的高羁押率,羁押时间长、羁押人员轻刑比例高,造成的不必要羁押,既消耗了过多的司法资源,又侵犯了犯罪嫌疑人、被告人的诉讼人权。针对羁押中的问题,2012 年修改刑事诉讼法第 93 条规定:"犯罪嫌疑人、被告人被逮捕后,人民检察院仍应当对羁押的必要性进行审查,对不需要继续羁押的,应当建议予以释放或者变更强制措施。有关机关应当在十日内将处理情况通知人民检察院。"该规定正式确立了具有中国特色的羁押必要性审查制度。

在我国刑事诉讼司法实践中,原来就存在着羁押必要性审查工作,例如侦查机关在羁押犯罪嫌疑人满 2 个月后,要向检察机关申请批准延长侦查羁押期限,检察机关根据案件和证据及犯罪嫌疑人的社会危险性等情况作出是否批准

延长侦查羁押期限的决定,就是一种羁押必要性审查;犯罪嫌疑人在被强制措施后,其本人和家属及聘请的律师可以向办案机关申请变更强制措施,办案机关对犯罪嫌疑人一方提出的申请进行审查,作出是否变更强制措施的决定也属于一种羁押必要性审查。这些规定在2012年修改刑事诉讼法时得到了保留,其第94条规定:"人民法院、人民检察院和公安机关如果发现对犯罪嫌疑人、被告人采取强制措施不当的,应当及时撤销或者变更。"

羁押必要性审查不是逮捕必要性审查,不是审查逮捕强制措施决定是否正确,而是逮捕强制措施决定作出以后继续羁押必要性审查,是在案件证据状况、犯罪嫌疑人身体状况等发生变化时,审查对犯罪嫌疑人和被告人是否还有必要予以羁押。逮捕必要性审查是对犯罪嫌疑人和被告人是否长时间羁押的第一次审查,羁押必要性审查是在办案这个动态过程中,视案情和被羁押人身体等情况变化而进行的是否有羁押必要的第二次审查,羁押必要性审查既为被羁押人重获自由或变更强制措施提供了救济的渠道,又为检察机关监督不必要羁押法律活动、纠正不必要羁押提供了路径,其目的是解决当前我国刑事司法实践中存在的一捕了之、一捕到底、不必要关押、羁押率过高等问题。

从2012年修改后的刑事诉讼法可以看出,羁押必要性审查实践中包括两个层面:一是基于诉讼职权开展的羁押必要性审查。根据刑事诉讼法第94条、第95条规定,在刑事诉讼活动中,公检法各机关可以基于诉讼职权自行开展羁押必要性审查。诉讼职权意义上的羁押必要性审查在刑事诉讼法修改前后均已存在,是诉讼职权本身固有的职责。二是基于诉讼监督职权开展的羁押必要性审查。其审查所针对的是刑事诉讼活动推进过程中的监督对象,即可以是侦查、审判机关,也可以包括检察机关内部的职务犯罪侦查部门和公诉部门,其职权是一种建议权,是否采纳释放或变更强制措施,由被建议的单位或部门决定。修改后的刑事诉讼法第93条规定的羁押必要性审查,正是这种意义上的必要性审查。修改后刑事诉讼法第93条与其他条文构成了一个相对完整的体系,一方面,办案机关在履行诉讼职能时可以进行羁押必要性审查;另一方面,检察机关作为诉讼监督机关应当发挥作用。从一般意义来说的羁押必要性审查是指根据第93条,基于诉讼监督职权的羁押必要性审查。这样说有四方面的原因:一是修改后的刑事诉讼法第93条是专门规定羁押必要性审查制度的条款,而第94条和第95条是规定办案机关对强制措施进行审查、可以变更的条款,其既可以是拘留、逮捕变更为取保候审或监视居住,也可以是取保候审、监视居住变更为逮捕,如被取保候审犯罪嫌疑人违反取保候审规定则有可能被批准、决定逮捕;二是第94条和第95条是原刑事诉讼法就有的规定,这些规定对于采取强制措施是否恰当、是否要变更都由公检法三个办案单位自我发现、自我审查、自我纠正，完全取决于三个办案单位自由裁量，被采取强制措施的人不能参与决定程序，无从寻求救济，所以在司法实践中造成了羁押率高，且一押到底的现象。而第 93 条是修改后刑事诉讼法新增加的内容，其目的就是要解决羁押中存在的羁押率高、不当羁押的问题。三是第 93 条规定检察机关在刑事诉讼全程对羁押必要性进行审查和监督，符合检察机关作为法律监督机关的宪政架构，符合人民法院、人民检察院、公安机关在刑事诉讼中的职责分工，符合现行检察机关作为批准（决定）逮捕的主要机关的司法工作机制。

羁押必要性审查制度的确立具有重大的意义：一是羁押必要性审查体现了尊重和保障人权的原则，有利于保障人权。尊重和保障人权的原则是我国的宪法原则，2012 年写进了修改后的刑事诉讼法，作为一项重要原则贯穿刑事诉讼的始终。"刑事诉讼中的人权保障，核心是保护被追诉人的宪法权利不受公权任意侵犯"。① 羁押作为刑事诉讼中对个人基本权利影响最严重、最深远的一种措施，理应受到严格的限制和监督，使其在与犯罪嫌疑人人身危险性和社会危险性相当的最必要的范围内适用，羁押必要性审查，对羁押进行审查和监督，减少不必要的羁押，保护不必要羁押犯罪嫌疑人的权利，是尊重和保障人权原则在适用强制措施方面的具体体现。二是羁押必要性审查符合强制措施的比例原则，强化了逮捕的法律功能。诉讼保障和人权保障系刑事诉讼中强制措施的双重法律功能，强制措施的比例原则是实现该双重功能的重要原则。比例原则是指要否采取强制措施以及采取何种强制措施，要同犯罪的轻重程度和行为人的人身危险性程度相适应。对于逮捕措施的适用，比例原则直接体现为逮捕羁押的"必要性"。修改后的刑事诉讼法从证据条件、刑罚条件、社会危害性条件三层次界定逮捕的"必要性"，进一步完善逮捕的条件和程序。在此基础上，新增加"逮捕后对羁押必要性继续审查"的规定，使得这种"必要性"的审查成为一种动态性机制，贯穿于刑事诉讼全过程，防止逮捕作为刑事诉讼强制措施之一的法律功能的异化。三是羁押必要性审查有利于减少不必要羁押，降低羁押率，节约司法资源。通过羁押必要性审查，对确实已经认罪悔罪，与被害人达成和解协议，积极履行赔偿义务，人身危险性较小而无羁押必要的轻微刑事案件犯罪嫌疑人、被告人，对那些主观恶小的过失犯、初犯、偶犯、共同犯罪中的从犯、胁从犯，依法变更强制措施，减少不必要的羁押，可以缓解看守所人满为患的压力，节约诉讼成本，还可以减少看守所复杂环境的交叉感染，教育、挽救罪行较轻犯罪嫌疑人。四是体现宽严相济刑事司法政

---

① 陈学权：《论刑事诉讼中实体公正与程序公正的并重》，载《法学评论》2013 年第 4 期。

策,有利于促进社会和谐。羁押必要性审查制度对被逮捕的在押犯罪嫌疑人继续进行不定期羁押必要性审查,并根据发现的新情况、新证据,对犯罪嫌疑人、被告人的羁押必要性进行判断,对没有羁押必要性的予以释放或变更强制措施,该制度体现了区别对待不同被羁押人,是对我国"宽严相济"刑事政策的有效贯彻落实。被释放或变更强制措施的犯罪嫌疑人、被告人,他们及其亲属会感激国家和司法机关,减少公民与国家的对抗,促进社会和谐。

四、羁押必要性审查实务开展情况及存在的问题

(一)南昌市检察机关开展羁押必要性审查工作基本情况

2013年至2014年6月,南昌检察机关共对234件282人开展羁押必要性审查,其中侦查阶段开展95件102人,提出释放或变更强制建议90件102人,采纳90件102人,变更理由主要是赔偿损失,得到被害人谅解,无社会危险性。

审查起诉阶段开展132件161人,提出释放或变更强制措施建议132件161人,采纳130件158人,变更理由主要是刑事和解,得到被害人谅解,无社会危险性。

审判阶段开展7件10人,提出释放或变更强制措施建议7件10人,采纳7件10人,变更理由主要是身体原因不适合羁押或超过审理期限。

开展羁押必要性审查案件的主要罪名为:故意伤害、交通肇事、开设赌场、盗窃等轻刑案件。

(二)南昌市检察机关开展羁押必要性审查工作特点

1. 侦查阶段羁押必要性审查公安征求意见较多,主动启动和当事人向检察院申请启动较少。侦查阶段的捕后羁押必要性审查大多是由犯罪嫌疑人或家属向侦查机关提出申请,侦查机关根据办案和证据情况,拟变更强制措施,征求检察机关意见,检察机关顺势启动羁押必要性审查,提出变更强制措施的建议,由侦查机关变更强制措施。如我市新建县检察院2013年对22名犯罪嫌疑人进行羁押必要性审查,其中在侦查阶段审查21人,全部是在近亲属向侦查机关提出申请,由侦查机关提出变更强制措施后启动羁押必要性审查;湾里区检察院经捕后变更强制措施6人,有5人是因为近亲属向公安机关变更强制措施申请,公安通知区院侦监科,侦监科才开展启动羁押必要性审查。这主要是因为:批准、决定逮捕决定是由检察院作出的,检察院对逮捕的必要性已经进行了审查,短时间内再羁押必要性进行审查,提出变更强制措施的可能性小;在侦查阶段变更强制措施的职权在侦查机关,犯罪嫌疑人或家属更倾向于向有决定权的侦查机关提出变更强制措施的申请,向检察院提出申请少;检察

院在侦查阶段开展捕后羁押必要性审查主要是审查批捕以后案情、证据、犯罪嫌疑人身体状况等情况是否发生了变化而使得羁押没有必要了,由于侦查机关和检察院的信息交流渠道尚未建立,检察院无法及时了解捕后侦查机关掌握的新证据,对继续羁押必要性没有审查点,而侦查机关充分掌握了证据案情的变化和当事人双方的情况。

2. 审查起诉阶段羁押必要性审查依职权启动较多。在审查起诉阶段羁押必要性审查开展较多,2013年至2014年6月,南昌市检察机关在审查起诉阶段开展羁押必要性审查案件130件159人,占57%。在审查起诉阶段开展较多的主要原因有:一是审查起诉过程中,除了审查案件证据外,还要审查对被告人采取的强制措施情况,对羁押必要性审查是审查起诉工作的一项内容;二是检察院在审查起诉阶段能全面掌握案件的证据和被告人的情况,对有无羁押必要有条件能很好的把握,而且对释放被告人和变更强制措施有决定权,有条件开展好羁押必要性审查工作;三是监所部门在监所检察日常工作中发现无羁押必要的情形时,在这个阶段能比较方便地提出释放和变更强制措施的建议,被采纳的可能性也高,监所部门依职权进行审查并提出建议的主动性高。

3. 审判阶段羁押必要性审查开展较少。2013年至2014年6月,南昌市检察机关在审判阶段开展羁押必要性审查7件10人,占全部审查案件的3.58%,其中有3件案件是由法庭主动提出后启动。这主要是因为在审查起诉阶段,检察院已经开展了羁押必要性审查工作,已将无羁押必要的被告人变更了强制措施,到审判阶段的被告人在检察院看来都属于有羁押必要的;二是有些法院有一个不成文的做法,对提起公诉的案件要求被告人全部要收监,否则不见人不收案,检察院无奈对变更强制措施的被告人又重新收监,法院有这样的不成文规定,检察院知道开展羁押必要性审查,提出变更强制措施的建议也无采纳可能,所以在审判阶段开展羁押必要性审查工作缺乏主动性。

4. 监所部门开展羁押必要性审查较多,侦查监督部门和公诉部门开展较少。在南昌检察机关开展的羁押必要性审查案件中,监所部门开展羁押必要性审查168件,占全部羁押必要性审查案件的72%,侦查监督部门和公诉部门开展羁押必要性审查66件,占28%,在审查起诉阶段,也有一部分案件是由监所部门启动羁押必要性审查,建议公诉部门变更强制措施。这主要是因为:监所部门的工作职责就是维护监管场所秩序和在押人员合法权益,发现并纠正超期羁押、减少在押人员不必要的羁押,是监所检察职责,是监所部门日常工作的一项内容;监所部门的驻看守所检察室在日常履行职责过程中,能及时掌握在押人员羁押期间的表现和身体状况,直接向犯罪嫌疑人、被告人讯问了解案情,便于发现不需要羁押的情形;监所部门目标管理考评中对羁押必要性审查工作的开展情况进行了考评，占有一定的分值，而侦查监督工作和公诉工作中没有对羁押必要性审查工作进行考评。

5. 轻罪案件开展羁押必要性审查多，取得被害人谅解是变更强制措施的主要原因。开展捕后羁押必要性审查并最终变更强制措施的案件，主要集中在故意伤害（轻伤）、交通肇事罪、开设赌场罪、聚众斗殴等轻罪案件，均为犯罪情节较轻、量刑在三年有期徒刑以下的案件。故意杀人、抢劫、强奸等严重犯罪案件都未开展羁押必要性审查。在变更强制措施的理由中，退还款物、挽回或赔偿损失、赔礼道歉、取得受害人谅解是主要原因。未取得被害人谅解的案件，一般不会变更强制措施。如我市区检察院办理的王某等人非法拘禁案，2014年4月，王某、徐某、熊某、李某等人因债务问题将罗某非法拘禁2天，罗某后被公安民警解救，经鉴定罗某损伤程度为轻微伤。因徐某等同案犯在逃，公安机关以熊某和李某涉嫌非法拘禁罪提请区检察院审查批准逮捕，区检察院对李某和熊某做出批准逮捕的决定后，本案同案犯徐某、王某、罗某相继到公安机关投案自首并做出了如实供述。公安机关依熊某和李某的申请，征询本院解除变更熊某和李某强制措施的意见。区检察院对李某、熊某的羁押必要性进行了审查，认为：本案同案犯相继归案，且均做出了有罪供述，案件事实已经查清、证据已经收集固定，李某、熊某能够遵守监管规定，依法可能处三年以下有期徒刑、拘役、管制，对李某、熊某实无继续羁押必要，但在听取被害人意见中，被害人表示要犯罪嫌疑人李某、熊某免除其债务方可谅解。考虑被害人信访的社会风险，区检察院未同意对二人变更强制措施。

（三）羁押必要性审查工作开展过程中存在的问题

1. 公检法执法观念的不同，对羁押必要性审查的标准不统一。羁押必要性审查目的是减少不必要羁押、保障犯罪嫌疑人、被告人在诉讼中的权利。然而公检法三家从各自的办案需要出发，对羁押必要性审查各有各的考虑，在司法实践中对羁押必要性标准的把握不一致，阻碍了这项工作的开展。侦查机关从惩治犯罪、维护稳定和减少办案风险出发，更倾向于羁押犯罪嫌疑人，加上公安机关的绩效考核往往与批捕率、有罪判决率等惩治犯罪的数量指标挂钩，所以部分公安人员对羁押必要性审查有抵触情绪，不配合、不协调。对于检察机关批捕部门而言，对有羁押必要的犯罪嫌疑人不批准逮捕，致使犯罪嫌疑人实施新犯罪或者严重影响刑事诉讼正常进行的，属于"错不捕"。对"错不捕"的，案件承办人、部门负责人及主管领导都要承担相应过错责任。对于法院而言，被告人不羁押很有可能会出现被告人不到庭、罚金刑难执行、赔偿难到位等情形，法院也希望所办案件的被告人都在押，所以有些法院才会出现移送起诉案件被告人一律收监，不见人不收案的做法。这种重视羁押措施的考核规定和羁押以后案好办、事好干的现实情况，使承办人开展捕后羁押必要性审查缺乏主动性，也而且面临较大职业风险。公检法对羁押必要性的标准不统一，考量的重要因素社会危险性和人身危险性在实践中又难以把握，所以也会出现检察机关提出变更强制措施的建议不被采纳，或出现捕了放，放了又捕的情况。

2. 取保候审执行保障及脱保救济措施缺失、不羁押风险防控机制没有建立。好的替代羁押的强制性措施就是要实现自由保障和诉讼保障的平衡，以对自由最少的损害保障诉讼顺利进行。目前，对于变更强制措施的犯罪嫌疑人、被告人，全国范围内还没有建立不羁押风险防控机制，办案机关对做出变更强制措施决定后犯罪嫌疑人、被告人能否接受讯问、出庭等问题心存担忧。而实践中存在的一些犯罪嫌疑人脱保不在案致检察机关被迫撤回起诉的情况更加剧了这种担心。取保候审和监视居住这两种替代性羁押强制措施最大的问题在于特定社会背景下，约束手段乏力，非羁押监管的高成本与低效率，导致其难以有效保障诉讼顺利进行。目前对于将逮捕强制措施变更为取保候审的案件，检察机关在对犯罪嫌疑人进行取保候审并释放后，将保证书、取保候审执行通知书、释放执行通知送达公安机关，由公安机关对犯罪嫌疑人执行取保候审决定。实践中，对于非本地户籍犯罪嫌疑人由本地公安机关还是户籍所在地公安机关执行监管尚无详细规定，导致部分犯罪嫌疑人处于无人监管状态，脱保风险大大增加。且对于犯罪嫌疑人脱保后的救济程序、将嫌疑人抓捕归案的责任人均无明确规定，对保障案件顺利诉讼造成一定风险。同时也加大了公诉部门的责任风险，一旦犯罪嫌疑人脱保，司法程序无法顺利进行，公诉部门首先因审查不严被倒追责任，致使对于外地户籍的犯罪嫌疑人公诉部门在羁押必要性审查中异常严谨。羁押的广泛适用固然与犯罪控制理念有关，但在很大程度上也是权衡之后的无奈选择。①

3. 捕后羁押必要性审查工作机制不健全，做法不一。《人民检察院刑事诉讼规则（试行）》（以下简称《刑诉规则》）第617条至621条对捕后羁押必要性审查作出了规定。但对审查模式、审查案件的范围，告知制度，被害人、证人的反馈和释法说理机制以及各部门如何协作却没有规定，侦查监督、公诉、监所三部门之间的信息沟通、分工协作、争议解决等机制不健全，缺乏可操作性规定，各地做法不一，有的以侦查监督、公诉部门为主，监所部门为辅，有的以监所部门为主，将羁押必要性审查办公室设在监所部门，以侦查监督、公

---

① 曾勉：《中国境遇下羁押必要性审查的难题及其破解——以羁押必要性审查配套制度的构建为中心》，载《政治与法律》2003年第4期。

诉部门为辅，有的三部门各自独立审查，缺乏统一的协调机制。对犯罪嫌疑人、被告人的羁押必要性审查的告知没有硬性规定，实践中也比较随意。例如，监所部门通过监所检察活动，发现不应当继续羁押的情形是进行形式审查还是实质审查，如果形式审查，应当将相关线索移送至侦查监督或公诉部门；如果是实质审查，则需要从侦查监督、公诉部门调取相关案件材料进行审查。在缺乏信息沟通、分工协作、统一协调机制的情况下，将导致羁押必要性审查工作各自为政、政出多门、重复劳动、效率低下。侦查监督、公诉部门清楚办案和证据情况，不清楚犯罪嫌疑人、被告人羁押期间表现和身体状况，监所部门清楚犯罪嫌疑人、被告人羁押期间表现和身体状况，不清楚办案和证据情况，无法对羁押必要性作出准确的判断。各部门单独审查，也容易造成司法资源浪费，检察院内部的侦查监督、公诉、监所部门对于羁押必要性审查无通报文书，侦查监督部门在侦查阶段作了羁押必要性审查、公诉部门在接受案件时仍需独立审查犯罪嫌疑人相关情况，针对变更情况出具全面的审查报告，监所部门在办案全程又要作羁押必要性审查，重复上游部门的部分审查工作，造成司法资源浪费，大大降低了羁押必要性审查的效率。

4. 逮捕后羁押必要性审查内容上过于严苛。逮捕必要性是基于证据条件、刑罚条件、社会危险性条件这三个层次的条件作为相应的参考标准，捕后羁押必要性审查除审查这三个条件外，还往往审查犯罪嫌疑人的主观因素，逮捕后悔罪态度如何，是否积极退赃或挽回被害人经济损失，是否与被害人达成和解并取得被害方的谅解，是否存在信访风险，犯罪嫌疑人取保候审后是否能保证到案等，还有很多案外因素，这往往使一些轻刑案件评估为有羁押必要，无法解除这些犯罪嫌疑人的羁押状态。

5. 实践中社会公众对变更强制措施存在认识误区。目前公众对于非羁押性强制措施的适用以及对逮捕强制措施的变更多解读为不再追责，放纵犯罪，加之检察机关所作相对不起诉决定多是针对被取保候审的犯罪嫌疑人，因此公众很容易将变更强制措施与免除刑罚处罚挂钩，引起公众尤其是被害人一方的情感反弹，进而引发对检察机关执法公信力的质疑，成为检察机关羁押必要性审查过程中的重要障碍。①

6. 存在上述问题的原因分析

通过对上述羁押必要性审查中存在的问题分析，造成这些问题的原因是多方面的：

（1）从观念上来说，过度依赖羁押性强制措施。逮捕作为最严厉的强制

---

① 关振海：《捕后羁押必要性审查的基层实践》，载《国家检察官学院学报》2013 年第 6 期。

措施，其包含有打击犯罪、维护社会安全的价值，也包含有尊重和保障人权、维护公平正义的价值。由于我国刑事诉讼有着浓厚的职权主义色彩，国家追诉原则贯穿于整个诉讼始终。司法实践中，司法人员相当普遍的共性做法是倾向于选择最严厉的手段，或者在同一种手段的裁量幅度范围内选择上限幅度，在强制措施选择上多从自身工作需要出发，考虑诉讼需要，而忽视人权保障的价值目标。因为从保障诉讼的角度来说，羁押无疑是防止出现社会危险性的最佳手段。反之变更逮捕措施不仅不利于保障诉讼，反而会影响诉讼效率。尤其是在当下司法机关普遍面临案多人少的矛盾。变更逮捕措施在审查、决定、执行方面意味着较大的工作量投入，而继续适用逮捕措施可以减少工作量。包括提讯便利、案件移送便利以及有利于提高结案率等，不仅如此，实践中逮捕功能还出现了异化现象，被承载着打击犯罪、抚慰被害人、维护稳定等功能。如法院对于审判阶段不认罪悔罪、拒绝赔偿的审前被取保候审的被告人倾向于决定逮捕，希望通过羁押促使被告人对被害人及其亲属做出实际赔偿或退赔，使被害人与被告人之间的矛盾得到有效化解，这种做法显然有违逮捕的功能定位。

（2）从制度层面来看，缺少独立实质的羁押必要性审查机制。在1996年刑事诉讼法已经规定被羁押的犯罪嫌疑人、被告人及其法定代理人、近亲属有权申请取保候审的前提下，司法实践中审查起诉阶段变更强制措施的案件比率依然很小。这里面有制度规定无现实操作性的原因。现行刑事诉讼法虽然明确表示在押人员可以申请办案机关启动羁押必要性审查从而变更强制措施，但对于应当如何申请、应具备哪些具体条件、应当如何审查、对审查结论能否提出异议等问题都缺乏相关规定，制度规定难以落到实处。

（3）从工作层面来看，羁押必要性证明存在难题。开展羁押必要性审查，变更逮捕强制措施，必须有相应事实证明犯罪嫌疑人、被告人没有羁押的必要，特别是要证明采取取保候审尚不足以防止发生社会危险性。而刑事诉讼中的"社会危险性"是指可作为适用具体强制措施的法定依据的、有证据证明的犯罪嫌疑人、被告人实施危害社会、他人的行为和其他妨碍刑事诉讼正常进行的行为的可能性。作为对将来可能发生的行为所做出的预测，实际上不可能完全准确的证明"社会危险性"在什么情况下发生或者什么情况下不发生。能够证明的只是一种可能性或者严格地说是一种概率。因此羁押必要性论证是一个复杂的证明过程。但在司法实践中，我国羁押必要性的证明相对简化，证明标准、证明责任等规则未予明确建立，司法人员对羁押必要性的证据裁判严重缺失。

（4）从保障层面来看，羁押必要性审查配套制度不够完善。一是羁押的替代措施有待完善，现行非羁押的替代措施难以有效发挥功能，导致相当一部分犯罪嫌疑人、被告人不得不继续羁押。目前我国的非羁押的替代措施主要是监视居住和取保候审，监视居住的适用成本过高一直为公安机关所排斥。实践中更为常见的是取保候审制度，然而取保候审制度的适用现状也不容乐观，主要是占据犯罪绝大多数的外来人口犯罪群体不具备取保候审条件。由于这部分群体多来自相对欠发达地区、生活水平较低、缴纳不起保证金，在本地缺乏稳定的社会关系，找不到合适的保证人，加之无稳定职业和固定居所、流动性较大，若对其取保候审，极易出现逃跑、串供、毁证等情形，影响刑事诉讼的顺利进行，因此实践中司法机关很难对其变更逮捕强制措施。

（5）从诉讼风险来看，司法机关在进行羁押必要性审查时势必有所顾忌。这种风险主要来源于三方面：第一，部分犯罪嫌疑人在被采取非羁押型强制措施后，会实施脱保、翻供、干扰证人作证等各类具有社会危险性的行为，给后续的诉讼活动带来困难。第二，从社会公众和被害人的一般认知来考量，逮捕是与定罪处罚联系在一起的，羁押必要性审查所带来的逮捕强制措施的变更可能被认为是"无罪放人"，甚至会认为办案人员办人情案、关系案从而引发司法信任危机，在个别情况下还会引发涉检信访事件。第三，目前的考核制度存在结果追责的倾向，承办人适用无逮捕必要不批捕，犯罪嫌疑人一旦实施新的犯罪、严重影响刑事诉讼正常进行或者被法院判处有期徒刑以上刑罚，案件就会被评价为不捕错误或者质量不高，制度上的这种设计使得检察机关审查起诉部门变更强制措施涉及和检察机关内部侦查监督部门审查批捕权的平衡问题，一般也不会轻易改变侦查监督部门的批捕决定。

五、羁押必要性审查的制度构建

羁押必要性审查制度，立法规定相对简单，很多操作性规定不完善、不明确，需要在司法实践中不断地探索完善。

（一）在审查主体分工上以办案部门为主，监所部门为辅

《刑诉规则》第617条对检察院开展羁押必要性审查作了分工，侦查阶段的羁押必要性审查由侦查监督部门负责，审判阶段的羁押必要性审查由公诉部门负责。监所部门在监所工作中发现不需要继续羁押的，可以提出释放犯罪嫌疑人、被告人或者变更强制措施的建议。当前对于审查主体分工有分段审查说和归口审查说，归口审查又分为归口监所部门审查和归口侦查监督部门审查。从羁押必要性审查的制度设计来看，审查主体分工应以侦查监督、公诉部门为主，以监所部门为辅。理由是：对于检察机关羁押必要性审查的职责分工刑事诉讼法第93条规定的基于诉讼监督职权的羁押必要性审查，对被羁押人来说是变更羁押措施的救济渠道，对检察机关来说是监督羁押措施的新途径、新职

责。羁押必要性审查从整体上来说分两个层次,一是办案机关享有的基于诉讼职权的羁押必要性审查,办案机关对变更强制措施有实体上的处分权;二是基于诉讼监督职权的羁押必要性审查,检察机关对发现的不必要羁押有释放或变更强制措施的建议权;实体上的处分权强于建议权,从这种制度设计透露的价值取向来看,对办案的保障要强于对不必要羁押的监督和被羁押人程序性人权的保障,因为办案机关认为检察机关提出的变更强制措施建议不利于办案,其可以不采纳检察机关的建议。毕竟惩治犯罪和防止再犯罪让绝大多数人的人权更有保障。检察机关开展羁押必要性审查工作,在现有的组织架构下建立由侦查监督、公诉部门开展实体审查(主导)、监所部门开展形式审查(配合)的模式是一个相对合理的选择。侦查监督、公诉部门开展实体审查具有先天的专业优势,侦查阶段侦查监督部门更熟悉案情和证据,审查起诉和审判阶段公诉部门更清楚办案情况和证据状况,这些部门基于案件的亲历性对案件事实证据、犯罪性质情节以及犯罪嫌疑人人身危险性的把握,对于羁押必要性的审查,相对监所部门无疑更具有判断的优势和"话语权",更利于保障办案的顺利开展。因此在侦查阶段的羁押必要性审查工作由侦查监督部门负责(包括对侦查机关提请的延长侦查羁押期限的审查),审查起诉和审判阶段的羁押必要性审查由公诉部门负责,监所部门在日常工作中发现有不必要羁押的情形的,可以向侦查监督、公诉部门提出建议,作为依职权发现的不必要羁押情况。

(二)在审查范围上应突出重点确定必要的范围

刑事诉讼法和《刑诉规则》并未对羁押必要性审查的案件范围作出规定,从理论上来说应对所有案件的在押人员进行羁押必要性审查,但在司法实践中,因为案多人少,全部审查并不现实,对继续羁押必要性审查应突出重点,确定一个合理的适用范围,既不能无限扩大,也不能有所畏惧担责任而人为缩小适用范围。结合基层司法实际,检察机关依职权主动审查的案件范围为出现下列情形的案件:一是新证据出现。如果新的证据足以影响羁押必要性的认定,相关部门应及时启动审查程序;二是案件刑事和解;三是案件延期;四是未成年人刑事案件;五是在押人员身体状况不适宜继续羁押。一般来说,对主观恶性小、犯罪情节轻微、初犯、偶犯、过失犯,有自首、立功、悔罪态度较好等法定或酌定减轻、从轻量刑情节的,量刑可能在3年有期徒刑以下,改变强制措施也不致再危害社会的犯罪嫌疑人应重点进行羁押必要性审查,不需要继续羁押的,应建议变更强制措施;对于被羁押人或家属提出进行羁押必要性审查,申请变更强制措施的,不论案件性质如何、证据状况如何,都要进行羁押必要性审查;对于强奸、故意杀人、绑架等严重暴力伤害、涉黑涉恶、恐怖活动、毒品犯罪等严重刑事犯罪案件一般不主动进行审查。

（三）审查内容为逮捕的正当性

羁押必要性审查的实质，可以归结为对逮捕正当性的动态审查。具备逮捕正当性的，则存在羁押必要性；不具备逮捕正当性的，则羁押必要性不复存在。① 因此对羁押必要性的审查就是对逮捕正当性的再次审查，是对逮捕必要性审查的延伸。具体审查内容包括：（1）反映人身危险性的内容：犯罪形态、后果及可能判处的刑罚，主观恶性，犯罪主体是否是未成年人、老年人或残疾人，羁押期间的表现；（2）具有潜在社会危险的内容：有证据证明可能有实施新的犯罪、危害国家安全、公共安全或社会秩序的现实危险；（3）妨害诉讼可控性的内容：可能毁灭、伪造证据，干扰证人作证或者串供的，可能对被害人、举报人、控告人实施打击报复的，企图自杀或逃跑的，对该当事人是否真诚悔罪、赔偿损失、取得被害人谅解、达成刑事和解。

（四）审查方式以书面审查为主，其他方式为辅

《刑诉规则》规定了查阅案卷材料、听取有关人员意见等七种审查方式，从提高效率和实用性出发，捕后羁押必要性审查应当以书面审查为主、其他方式为辅。查阅案卷材料，向有关部门和个人核实与评估计分相关的事实，在掌握案件基础材料后注重听取犯罪嫌疑人、被告人及其辩护律师意见，必要时要听取被害人或者其他有关人员的意见，征询办案部门和羁押场所的意见，审查有关人员提供的证明不需要继续羁押犯罪嫌疑人、被告人的有关材料。对可能引发争议的特殊案件，可以考虑启动公开听证程序，围绕羁押的必要性，由有关各方充分表达意见，保证审查程序的中立性和透明性。

（五）建立羁押必要性审查告知制度和被害人、证人的告知、反馈和释法说理机制

羁押必要性审查，对被羁押人来说是解除不必要羁押的救济渠道，对检察机关来说是监督不必要羁押的途径，被羁押人享有羁押必要性审查的申请权，申请是启动羁押必要性审查的两种方式之一，也是检察机关监督不必要羁押的重要信息来源。要开展好羁押必要性审查工作，检察机关应当建立羁押必要性审查告知制度。建立由监所部门履行羁押必要性审查的告知制度。主要基于以下理由：一是监所部门通过驻看守所检察室，可以全盘掌握侦查机关、公诉机关和审判机关（包括自诉案件）羁押的犯罪嫌疑人、被告人信息，确保告知的全覆盖；二是监所部门的一项日常工作就是维护在押人员的合法权益，申请解除不必要羁押也是维护在押人员的合法权益；三是监所部门告知也便于监所

---

① 王树茂：《"羁押必要性审查"的理解与适用》，载《法学评论》2013年第6期。

部门掌握被羁押人的生病、怀孕和哺乳等不适合羁押的信息,以便及时提出变更强制措施的建议,告知书可以和看守所的告知事项印制在一起,在被羁押人入所时就告知。在有被害人、证人的案件中,检察机关进行羁押必要性审查时,应当考虑被害人、证人权利的保护问题,建立告知制度,及时了解被害人、证人对案件及嫌疑人羁押或解除羁押决定的看法,听取其意见。如果被害人、证人认为解除羁押对其构成威胁或妨碍取证,并能提出相关理由,检察机关应在进行羁押必要性审查时予以充分考虑。同时,经审查认为被害人的异议没有理由依据的,不应对被害人盲目迁就,在作出解除羁押决定时应向被害人做好释法说理工作。

(六)公检法三家制定统一的羁押必要性审查标准

实践中,审判机关为了诉讼的方便要求将被告人羁押,但基层司法机关判决的刑事案件,每年均有很大一部分被告人的刑罚执行方式为缓刑或者被处定罪免刑。将这些案件的被告人逮捕,不仅有违保障人权的原则,而且还让他们付出了司法判决之外的"沉重代价",有悖现代诉讼理念。为了羁押必要性审查工作的顺利开展,使羁押必要性审查确实取得减少不必要羁押、保障人权的实际效果,建议公检法三家制定统一规范的羁押必要性审查标准,公检法三家共同遵守,未达到继续羁押必要性标准的,视为无羁押必要,应当释放犯罪嫌疑人或变更强制措施。同时建立公检法沟通协调制度,畅通信息交流渠道,建立定期协调联络机制,将羁押必要性审查工作在公检法三家协调推进,防止这头"放人",那头"关人"。例如在提起公诉工作中,要求公诉环节在对被告人变更强制措施前,即向被告人及保证人声明利害关系,要求其一定要配合诉讼。个案移送法院时,公诉人要与法院承办人沟通,尽力保证被告人能够及时到案;法院受理案件后,除非被告人两次传唤不到案,一般情况下不能对被告人采取逮捕措施;公诉部门与法院刑事审判部门进行定期调研,就该时间段检察机关作羁押必要性审查后提起公诉的案件庭审情况研讨,对出现的问题并提出及时处理意见。

(七)建立继续羁押量化评估机制

继续羁押必要性评估有定性评估和量化评估两种方法。定性评估指裁判者综合分析案件的各种情况后,运用自由裁量权作出是否羁押的决定。定性评估是一种传统的评估方法,简便灵活,但完全依赖于人的主观判断,因人而异,因时而异,存在很大的不确定性,且准确性较差。量化评估指裁判者根据一定的规则,对与羁押相关的因素分别打分,然后按照打分情况对羁押必要性作出评判。量化评估需要积累较多的资料,但不依赖于人的主观判断,客观准确,评估结果容易使人接受。应当建立继续羁押必要性量化评估司法机制,对继续羁押必要性进行量化评估。承办人制作《在押犯羁押必要性评估表》，对在押犯是否存在继续羁押必要性进行量化分析，即根据事先规定的标准，对与羁押必要性相关的因素逐一分析打分，将分数合计后与事先确定的维持羁押分数比较，高于该分数则维持羁押，否则建议解除羁押。量化评估时，主要考虑以下十个方面：一是犯罪的性质和主要情节；二是自首与立功情况；三是悔罪表现、赔偿情况、刑事和解情况；四是同案犯的到案情况；五是证据是否发生重大变化，是否足以影响定罪量刑等；六是案件事实和情节是否发生重大变化，足以影响定罪量刑；七是实施新的犯罪，毁灭、伪造证据，干扰证人作证等的可能性能否排除；八是案件事实是否基本查清，证据是否已经收集固定；九是依法可能判处的刑期与已羁押时间比较；十是其他因素。量化评估要设置标准，包括评分标准和维持羁押的标准，检察机关将标准与案件情况相互对应后，要加强与公安部、最高人民法院的沟通，有助于根据量化评估结论提出的检察建议被公安机关和人民法院接受。

（八）完善羁押必要性审查的配套机制

一是完善考核激励机制。考核制度具有很强的导向功能，直接影响办案人员的工作成绩和晋级晋升，甚至影响其责任承担。为保障羁押必要性审查工作的顺利进行，应建立科学的考核激励制度。一方面，改变目前考核中强调适用羁押措施的价值取向，扭转其突出羁押诉讼保障功能的做法，换之以强调适用非羁押措施的价值取向，突出审前羁押的人权保障功能。另一方面，构建羁押必要性审查的激励机制。例如，对于侦查监督部门开展羁押必要性审查过程中将案件移送至公诉部门的情况，如果侦查监督部门主动移送相关线索的，其工作成效应予以肯定。羁押必要性审查工作开展的成效还应与办案人员的工作成绩和晋级晋升制度挂钩。还可定期开展羁押必要性审查案例评选表彰活动，激发干警开展此项工作的积极性。二是与公安、法院联合建立不羁押风险防控机制。公检法三家应联合建立不羁押风险防控机制。分阶段确定风险防控的主体，定期与取保候审、监视居住的保证人、监管单位取得联系，及时跟踪了解非羁押犯罪嫌疑人、被告人的心理动态和行动踪迹，提前告知讯问、开庭的时间。加强思想教育，确保被变更强制措施的犯罪嫌疑人、被告人按时接受讯问和出庭。

人权保障视野下捕后羁押必要性审查制度的司法构建

朱新武[*] 靳良成[**] 计金娣[***]

修改后的刑事诉讼法将"尊重和保障人权"写入了总则，使其明确成为刑事诉讼的一项重要任务，对整部刑事诉讼法的基本原则、制度和程序起到提纲挈领的指导作用。[①] 在这一重要任务的统领下，修改后的刑事诉讼法除了对逮捕措施的适用条件和程序进行修改完善，以规范司法人员自由裁量权的行使外，还建立了我国捕后羁押必要性审查制度。为了积极探索、实践捕后羁押必要性审查制度，2014年3月，高检院监所检察厅在广西壮族自治区百色市召开了全国检察机关监所检察部门"羁押必要性审查工作"研讨交流会、2014年8月7日，由最高检监所检察厅与中国人民大学诉讼制度与司法改革研究中心主导的"羁押必要性审查工作试点项目"在安徽省芜湖市检察机关正式启动。

但是，"法律的规定相对比较原则，没有对诸如以何种形式进行审查、审查间隔多长时间等具体的操作性问题作出细致的规定，尚需由人民检察院和有关司法机关在实践中按照刑事诉讼法的规定，进一步总结经验，不断完善"。[②] 同时，在实践中，立法上的模糊之处既可能向良性方面发展，也可能向恶性方面发展，立法的某些缺陷可以得到良好的弥补，也可能被扩大。[③] 鉴于此，本文从我国当前逮捕羁押制度的实践出发，以人权保障为出发点和落脚点，对捕后羁押必要性审查制度的司法构建加以简略探讨。

---

[*] 安徽省淮南市人民检察院检察长。
[**] 安徽省淮南市人民检察院案件管理办公室，助理检察员。
[***] 安徽省淮南市人民检察院研究室主任。
① 陈光中：《刑事诉讼法修改的最大亮点：尊重和保障人权》，载《立法前沿》2012年第2期。
② 全国人大常委会法制工作委员会刑室室：《关于修改〈中华人民共和国刑事诉讼法〉的决定条文说明、立法理由及相关规定》，北京大学出版社2012年版，第125页。
③ 刘金林：《法律的生命在于不折不扣地实施》，载《检察日报》2012年5月7日第3版。

一、修改后的刑事诉讼法关于捕后羁押必要性审查制度之概述

（一）捕后羁押必要性审查制度之内涵

羁押必要性审查是指根据被羁押的犯罪嫌疑人、被告人涉嫌犯罪的性质、情节以及证据的收集固定情况、犯罪嫌疑人、被告人悔罪态度等，审查其是否具有再次犯罪或者妨碍诉讼的危险性，如果对其取保候审、监视居住是否足以防止发生这种危险性，在此基础上，决定是否继续羁押该犯罪嫌疑人、被告人。① 为解决我国逮捕羁押制度中"一押到底"、"以捕代侦"的问题，借鉴西方国家逮捕与羁押分离制度，并结合我国当前司法实践，修改后的刑事诉讼法第93条建立了捕后羁押必要性审查制度。

刑事诉讼法明确规定了各个诉讼阶段相关刑事强制措施制度的内容，其中包括广义的羁押必要性审查：办案机关依申请，决定是否变更强制措施；审查批准或决定是否逮捕；发现逮捕措施不当审查是否撤销或变更；是否批准延长侦查羁押期限等刑事诉讼行为。然而，修改后的刑事诉讼法第93条规定的羁押必要性审查，只针对侦查阶段和审判阶段捕后羁押必要性审查，专门是指正确适用逮捕措施后，因案件情况、犯罪嫌疑人和被告人自身的情况等因素发生变化，致使原先有羁押必要性的犯罪嫌疑人、被告人变为无羁押必要性，且只针对逮捕强制措施而言，称之为狭义的羁押必要性审查。审查起诉阶段公诉部门所进行的羁押必要性审查指广义性质的羁押必要性审查，其依据的是修改后的刑事诉讼法第94条、第95条的规定。

审判阶段逮捕羁押的目的是保证被告人不妨害诉讼并能够及时到庭接受审判，然而，我国只规定了侦查阶段的羁押期限，审查起诉、审判阶段只规定办案期限而都没有规定羁押期限。因此，法院延长办案期限事实上就延长了羁押期限，特别是修改后的刑事诉讼法大大延长了一审、二审审理期限后，加强对审判阶段羁押必要性审查更具有现实意义，而这一阶段的羁押必要性审查在司法实践中一直是监督的盲区，而且从法理层面上看，审判阶段羁押必要性审查更是检察机关法律监督之应有之义，因此，第93条无疑适用于审判阶段羁押必要性审查。检察机关在审查中发现审判阶段被羁押人没有继续羁押必要的，应依法向法院提出审查建议，法院应当重点针对建议书的内容对羁押必要性进行全面审查。司法实践中，检察机关可以参照最高人民检察院2014年1月21日发布的《关

---

① 孙谦、童建明：《修改后的刑事诉讼法理解与适用》，中国检察出版社2012年版，第116页。

于侦查监督部门实施刑事诉讼法若干问答》的通知,① 对法院经口头纠正仍不反馈处理情况的,可以报检察长批准后向法院发出纠正违法通知书。

(二) 我国刑事羁押制度之特征

根据我国刑事诉讼法的规定,羁押是指司法机关在对犯罪嫌疑人、被告人拘留、逮捕后,对被告人作出生效判决以前,持续限制其人身自由的法律活动。② 它不是一种决定的刑事强制措施,而是刑事拘留和逮捕适用的一种法定状态与必然结果。我国没有独立的羁押制度,逮捕与羁押不作区分,羁押期间与诉讼期间也不作区分,羁押和拘留、逮捕是合二为一的程序。因此,刑事诉讼法修改之前,我国逮捕羁押制度呈现的特点为:

1. 逮捕与羁押浑然一体。逮捕即产生羁押后果,羁押是逮捕决定后的自然延续,是逮捕产生的当然状态。

2. 羁押期限与办案期限相同。案件自侦查终结后,法律就没有规定对犯罪嫌疑人、被告人的羁押期限,羁押期限的长短是与办案期限是相一致的。

3. 羁押过程中没有专门羁押必要性审查程序。除了检察机关审查逮捕外,在整个羁押过程中,刑事诉讼法没有规定对于羁押必要性的专门审查制度,司法实践中被羁押人基本"一押到底"。

(三) 捕后羁押必要性审查之制度定位

检察权是一种以公诉权为核心内容,以法律监督为根本使命的带有浓厚的行政色彩的司法权。法律监督权是检察权的本质特点,司法属性和行政属性都只是检察权的兼有特征和局部特征。③ 法律监督权在本质上不是一种实体处分的权力,检察机关对诉讼活动的法律监督基本上是一种建议和启动程序权。对诉讼中的违法情况提出监督意见,只是启动相应的法律程序,建议有关机关纠正违法,不具有终局或实体处理的效力。诉讼中的违法情况是否得以纠正,最终还是要由其他机关决定。④ 在捕后羁押必要性审查中,对于不需要继续羁押的,立法机关只赋予检察机关"建议"有关机关予以释放或者变更强制措施

---

① 最高人民检察院关于印发《侦查监督部门实施刑事诉讼法若干问答》的通知:问:对于经羁押必要性审查认为不需要或者不适宜继续羁押,提出释放或者变更强制措施建议后公安机关不予采纳也不通知人民检察院的,可否提出纠正?答:依据刑事诉讼法第93条之规定,公安机关对于人民检察院提出释放或者变更强制措施的建议,应当在10日以内将处理情况通知人民检察院。按照《人民检察院刑事诉讼规则(试行)》第621条的规定,如公安机关不采纳建议,应当要求其说明理由和依据。公安机关不按规定时限通知人民检察院,属于违法行为,侦查监督部门可以以口头方式提出纠正意见,经口头纠正仍不反馈处理情况的,可以报检察长批准后向公安机关发出纠正违法通知书。

② 孙谦、童建民:《修改后刑事诉讼法理解与适用》,中国检察出版社2012年第1版,第115页。

③ 谢鹏程:《论检察权的性质》,载《法学》2000年第2期。

④ 张智辉:《检察权研究》,中国检察出版社2007年版,第75页。

的权力，不是直接"决定"予以释放或者变更强制措施的权力，这充分体现了立法机关将捕后羁押必要性审查制度定性为法律监督或诉讼监督权能的法律属性，"也体现了诉讼职能和监督职能的分离"。① 同时，规定为"建议"而非强制性要求或决定，既考虑了监督的性质、特点，不代替其他有关机关做决定，又体现了对于解除、变更措施的慎重。②

在司法实践中，有人认为检察机关"如果认为没有继续羁押必要，则应当向正在办理案件的机关或者部门发出检察建议，建议释放或者变更强制措施；如果建议不被接受，必要时检察机关可以撤销原逮捕决定，通知办案机关执行"。③ 笔者认为这种观点有悖于捕后羁押必要性审查制度的诉讼监督权能属性，不符合立法精神。如果有关机关不接受检察机关释放或者变更强制措施的建议，对无羁押必要的处理情况又不符合法律规定的，检察机关可以向其发出《纠正违法通知书》，督促有关机关自行纠正违法行为，而不是撤销原逮捕决定。

二、捕后羁押必要性审查制度与人权保障

（一）当前我国刑事逮捕羁押制度的实践际遇

长期以来，我国刑事司法实践中一直存在着逮捕羁押普遍化问题，"够罪即捕、以捕代侦、一押到底"成为一种司法惯例，超期羁押、久押不决、高逮捕率和高羁押率成为当前我国刑事羁押制度的顽疾。在司法实践中，当考虑是否适用强制措施或者适用何种强制措施时，在"重打击、轻保护，重实体、轻程序，重配合、轻监督"的思想观念下，首先考虑的是案件侦查、诉讼的需要，而非犯罪嫌疑人、被告人的人权保障之司法要求，"倾向于选择最严厉的手段或者在同一种手段的裁量幅度内选择上线幅度"，④ 是部分司法办案人员所具有的共性特点。根据历年《中国检察年鉴》和最高人民检察院工作报告，1998年至2008年全国平均逮捕率为88.9%。⑤ 2009~2013年的五年间，全国检察机关共批准逮捕各类刑事犯罪嫌疑人2569301人，提起公诉3145974人，不捕人数285027人，⑥ 逮捕率高达85%以上（见表一）。近年来在宽严相济刑事政策的影响下，逮捕率虽然有所下降，但检察机关批捕率仍保持在

---

① 陈卫东：《新刑事诉讼法从九方面规范强化法律监督》，载《检察日报》2012年4月1日。
② 全国人大常委会法制工作委员会刑法室：《关于修改〈中华人民共和国刑事诉讼法〉的决定条文说明、立法理由及相关规定》，北京大学出版社2012年版，第124~125页。
③ 刘晴：《逮捕羁押复查机制的程序设计》，载《检察日报》2012年6月15日第3版。
④ 左卫民 周长军：《刑事诉讼的理念》，法律出版社1999年版，第28页。
⑤ 李昌林：《审查逮捕程序改革的进路》，载《现代法学》2011年第1期。
⑥ 数据来自于高检院2010~2014年工作报告。

80%以上。如笔者所在的淮南市人民检察院 2009 年至 2013 年的五年间，共受理逮捕案件人数 8496 人，审查批准逮捕 6814 人，逮捕率高达 80.2%（见表二）。① 与此同时，由于我国逮捕与羁押不分，批准逮捕就意味着被羁押，而且对犯罪嫌疑人的羁押期限只考虑侦查办案的需要，一般不会对是否继续羁押犯罪嫌疑人、被告人的问题进行审查，高逮捕率就意味着高羁押率。根据《中国法律年鉴》数据，自 1997 年刑事诉讼法实施以来的十年里，我国刑事犯罪羁押候审率超过 90%。因此"以捕代侦"、"一押到底"的现象非常普遍，捕后变更强制措施的比例相当低，高羁押率是我国司法实践中一个不争的事实。

表一：全国检察机关 2009—2013 年审查逮捕情况统计表

年份	受案人数	批捕人数	批捕率%	不捕人数	不捕率%	起诉人数	逮捕人数占起诉人数比%
2009	1065063	941091	88.36	123972	11.64	1134380	82.96
2010	1061526	916209	88.31	145317	11.69	1148409	79.78
2011	1059851	908756	85.74	151095	14.26	1201032	75.66
2012	1054157	896259	85.02	157898	14.98	1247709	71.83
2013	961906	879817	91.47	82089	8.53	1324404	66.43

表二：淮南市检察机关 2009—2013 年审查逮捕情况统计表

年份	受案人数	批捕人数	批捕率%	不捕人数	不捕率%	起诉人数	逮捕人数占起诉人数比%
2009	1596	1393	87.28	210	12.72	1753	79.46
2010	1696	1409	83.07	277	16.93	1750	80.51
2011	1516	1268	83.64	239	16.36	1992	63.65
2012	2004	1529	76.29	489	23.71	2398	63.76
2013	1684	1215	72.14	451	27.86	2286	53.14

---

① 数据来自于安徽省淮南市人民检察院 2009~2013 年案件统计分析报表。

（二）捕后羁押常态化的原因论证

我国刑事诉讼法上的羁押不是一种独立的强制措施，司法机关往往存在羁押就是办案，办案就是羁押的想法，"够罪即捕"、"以捕代侦"也就成为必然，羁押状态从侦查阶段一直持续到判决生效，时间短则数月，长达数年。例如，在轰动一时的吴英集资诈骗案中，从 2007 年 2 月 10 日吴英被逮捕，到 2012 年 5 月 21 日浙江省高级人民法院重审改判为死缓，期间经历了三次延长侦查羁押期限，多次退回补充侦查，一审、二审、死刑复核、发回重审程序，其羁押期限已经长达 64 个月之久。更为极端的情形是河南省平顶山市叶县李怀亮涉嫌故意杀人案，如果不是审判法院与受害人签署的"死刑保证书"的曝光，李怀亮的羁押期限可能还不只 139 个月。[①] 从这些案例中我们可以直观的感受到捕后羁押在我国司法实践中的一般现状。此外，因为办案期限和羁押期限不分，对羁押期限超过法定期限的情形，往往可以通过延长侦查羁押期限、退回补充侦查、延长审判期限来规避。可见，羁押功能的异化一定程度上背离了羁押制度应有的法律价值，不利于刑事诉讼程序的有序运行，更是违背了人权保障的基本原则。

（三）羁押必要性与人权保障

逮捕是刑事诉讼中最严厉的强制措施，逮捕与刑罚一样，如两刃之剑，用之得当，则国家、社会和个人均受其益；用之不当，不仅个人的权益受到践踏，而且国家利益、社会秩序和法律威严、法律应有的公平正义均受到损害。[②] 审查逮捕和捕后羁押必要性审查的直接目的是保障诉讼与保障人权。尊重和保障人权正是捕后羁押必要性审查的法理基础，捕后羁押必要性审查必须基于尊重和保障人权的司法要求，逮捕措施的适用及其产生的羁押后果应当是司法机关在维护社会公序和保障犯罪嫌疑人人权之间做出的最后选择，捕后羁押应当受到最严格的控制和最有力的监督，其价值就在于平衡有效追诉犯罪和人权保障，适当降低逮捕率与捕后羁押率正是尊重和保障人权的最好诠释，[③]这就是捕后羁押谦抑性原则或羁押必要性原则。修改后的刑事诉讼法中羁押必要性审查制度的建立，是慎用羁押性强制措施的具体举措，旨在探索逮捕与羁押二者的适当分离，厘清办案需要与羁押必要性的界限，重新明确审前羁押保障诉讼和保障人权兼顾的应然价值选择。

[①] 蔡荣荣、吴畏：《关于捕后羁押必要性审查工作机制的一些思考》，载《西南石油大学学报》（社会科学版）第 15 卷第 6 期。

[②] 孙谦、童建明：《修改后的刑事诉讼法理解与适用》，中国检察出版社 2012 年版，第 107 页。

[③] 邱晓东：《降低逮捕适用率的路径探索——以蚌埠市近年来逮捕率居高不下为视角》，载《安徽检察》2014 年第 1 期。

三、捕后羁押必要性审查制度的司法构建

捕后羁押必要性审查制度在司法实践中如何运作,新刑事诉讼法仅仅做了原则性的规定,关于审查主体、审查程序等方面没有具体明确。

(一)捕后羁押必要性审查之主体

根据刑事诉讼法第93条规定,人民检察院对捕后羁押必要性仍应当进行审查,但是,检察机关由哪个内设部门来履行捕后羁押必要性审查存在较大分歧。《人民检察院刑事诉讼规则(试行)》(以下简称《刑诉规则》)第617条确立了分段监督的原则,即侦查监督部门负责侦查阶段的羁押必要性审查;公诉部门负责审判阶段的羁押必要性审查;监所检察部门应了解犯罪嫌疑人、被告人在监管场所的悔罪及日常表现情况,为侦查监督和公诉部门进行羁押必要性审查提供参考,同时,对在监所检察工作中发现不需要继续羁押的,可以提出释放犯罪嫌疑人、被告人或者变更强制措施的建议。

从目前检察机关内部机构设置情况看,侦查监督部门、公诉部门及监所检察部门都可以进行羁押必要性审查,特别是当前检察机关内部案件管理机构的成立,案管部门在案件流程监控、案件质量评查过程中,对羁押情况进行监管的同时也可进行羁押必要性审查。但是,笔者认为,捕后羁押必要性审查主要应由侦查监督部门承担,公诉部门、监所检察部门与案件管理部门予以配合较为合理。因为,羁押必要性审查的前提是要求对被审查的事项有充分了解,要求审查主体对审查对象的情况充分知情,"诉讼监督职能只有由参与诉讼的机关承担,才能节约司法资源,增强监督效果"。① 在侦查阶段,审查逮捕、侦查监督及延长羁押期限的办理等都是由侦查监督部门负责的,这就意味着侦查监督部门只要对新增证据材料进行审查,就可完成羁押必要性审查的判断,能够充分满足监督的要求。如果将羁押必要性审查的职责交给原本对案情毫不熟悉的监所检察部门或者案件管理部门去行使,其最大的弊端就是监所检察部门及案件管理部门因信息掌握的不全面,无法准确了解情况,难以作出变更强制措施的建议。虽然案件到了审判阶段,由公诉部门进行羁押必要性审查,但是由于公诉部门在审查起诉阶段,已经依据第94条对羁押必要性进行了审查,对犯罪嫌疑人是否需要继续羁押有了预期判定,审判阶段公诉部门再进行羁押必要性审查的动力显然不足,同时公诉部门强烈的追诉心理也使得其难以在羁押必要性审查中保持客观中立的立场,从而直接影响审查的效果。故此,捕后

---

① 朱孝清:《检察机关集追诉与监督于一身的利弊选择》,载《检察日报》2011年1月21日第3版。

羁押必要性审查主要应由侦查监督部门承担是符合当前司法实践的，也是符合法理要求的。

（二）羁押必要性审查程序之启动

启动羁押必要性审查程序有两种途径：一是依职权审查，二是依申请审查。根据当前司法实践，检察机关建立依职权审查为主、依当事人申请为辅的羁押必要性审查启动模式将能达到最优司法效果。最高人民检察院2014年1月21日下发的关于《侦查监督部门实施刑事诉讼法若干问答》的通知中也明确指出了这两种启动方式。为充分保障被羁押人人权，修改后的刑事诉讼法第95条已经赋予犯罪嫌疑人、被告人及其法定代理人、近亲属或者辩护人直接申请变更强制措施的权利，因此申请羁押必要性审查的权利，应该依附申请变更强制措施的权利而存在，是犯罪嫌疑人、被告人及其法定代理人、近亲属或者辩护人因申请变更强制措施失败而请求检察机关帮助的权利。故此，修改后的刑事诉讼法第95条应该是依申请启动羁押必要性审查的前置程序，对于人民法院、人民检察院和公安机关尚未作出不予变更强制措施决定的申请，不应启动羁押必要性审查程序，这样才能最大限度的节约司法资源，更加有效地发挥捕后羁押必要性审查制度的监督作用。

（三）羁押必要性审查之标准和内容

捕后羁押必要性审查，是逮捕必要性审查在捕后诉讼过程中的延伸，捕后羁押必要性审查的标准应该参照审查逮捕的标准，并辅之以犯罪嫌疑人在押期间的表现作为考量因素，即：一是是否具有法律规定的社会危险性；二是否有证据证明采取取保候审等措施不足以防止发生这种社会危险性，① 同时也要兼顾犯罪嫌疑人、被告人身体情况的变化。《刑诉规则》第619条具体规定了捕后羁押必要性审查的内容，该条列举了可以向有关机关提出释放或变更强制措施建议的八种情形。具体而言，首先是对发生情况的变化内容进行审查，如案件事实、证据或者法律是否发生变化，犯罪嫌疑人行为定性或可能判处的刑罚是否因这些变化而发生改变；其次应审查犯罪嫌疑人是否真心悔过，是否有自首、立功、积极退赃或赔偿等法定、酌定从轻、减轻情节；再次看变更强制措施是否不致再危害社会或妨害侦查；最后看是否具有患有严重疾病、生活不能自理等不适合羁押的客观情形。

（四）羁押必要性审查之周期

依申请启动羁押必要性审查程序的，只要符合条件，检察机关就必须依申请随时启动审查程序。然而，依职权启动羁押必要性审查程序的，没有特殊情

---

① 孙谦、童建明：《修改后的刑事诉讼法理解与适用》，中国检察出版社2012年版，第104页。

形不应进行强制措施的变更，尤其不宜在做出决定后短期内就进行变更。在没有延长羁押期限的情况下，批捕后有两个月的羁押期限，因此在逮捕后一个月进行羁押必要性审查比较适宜，既可以保障侦查机关的侦查时间，又能最大程度避免犯罪嫌疑人过长羁押、侵犯人权，同时可以从侦查、监所等部门充分了解犯罪嫌疑人是否认真悔过以及羁押期间的表现等情况。满两个月后，侦查机关将案件移送审查起诉，公诉部门将依据修改后刑事诉讼法第94条对强制措施是否得当进行审查，自然也就进行了羁押必要性的审查。如果要报请延长羁押期限，这时的审批过程也就与羁押必要性审查合二为一。因此，捕后羁押必要性审查以一个月为周期审查一次是符合司法实践的。

四、结 语

捕后羁押必要性审查制度，旨在探索逮捕与羁押二者的适当分离，厘清办案需要与羁押必要性的界限。本文以人权保障为视角，立足于司法实践，对捕后羁押必要性审查制度加以粗略的司法构建。如何在将来更好的完善该制度，还应当在深刻理解法律规定的基础上，合理借鉴外国逮捕羁押制度的立法例及实践，完善司法解释，全面构建起捕后羁押必要性审查制度，以期更加充分的尊重和保障人权。

监所检察部门羁押必要性审查实证研究*

孙春雨** 张翠松*** 卢凤英****

2012 新修改的刑事诉讼法第 93 条确立了捕后羁押必要性审查制度，并赋予人民检察院对继续羁押必要性的审查权、建议释放或者变更强制措施的权力以及对整个过程的法律监督权。这一规定，在某种意义上确立了羁押独立性的原则，将羁押视为独立于拘留、逮捕等强制措施的刑事诉讼制度，规定了独立的程序和内容，改变了我国刑事羁押制度附庸化、碎片化的状态，对于我国刑事审前制度改革具有里程碑的意义，也被认为是修改后的刑事诉讼法修改的亮点之一。鉴于第 93 条只是原则性的规定，修改后的《人民检察院刑事诉讼规则（试行）》（以下简称《刑诉规则》）第 616 条至第 621 条对检察机关捕后羁押必要性审查进行了细化。在该规则出台的过程中，关于羁押必要性审查的具体构建理论界和实务界争论颇多，《刑诉规则》的制定机关——最高人民检察院也对羁押必要性审查制度的设计存在一定的动摇和矛盾之处，主要体现在"征求意见稿"、"讨论稿"以及"最终修订稿"（以下简称"三稿"）对羁押必要性审查的模式和主责部门的设计均不相同。①"三稿"的核心区别是监所部门在不同诉讼环节职责范围的不同，即从"征求意见稿"中的侦查、起诉、

---

* 本文是 2014 年国家检察官学院科研基金资助项目"羁押必要性审查实证研究与工作机制完善"的阶段性成果。
** 北京市人民检察院第二分院检察委员会委员、法律政策研究室主任，全国检察理论研究人才，法学博士。
*** 北京市人民检察院第二分院法律政策研究室助理检察员，法学博士。
**** 北京市人民检察院第二分院法律政策研究室助理检察员，法学硕士。
① 2012 年 5 月公布的征求意见稿中规定"人民检察院监所检察部门负责羁押必要性审查工作，侦查监督、公诉、侦查等部门予以配合"，7 月份公布的讨论稿则增加了另外一种处理方案，即规定"人民检察院侦查监督部门负责侦查阶段的羁押必要性审查工作；监所检察部门负责审查起诉、审判阶段的羁押必要性审查工作，有关部门予以配合。"最后出台的《刑诉规则》第 617 条规定："侦查阶段的羁押必要性审查由侦查监督部门负责；审判阶段的羁押必要性审查由公诉部门负责。监所检察部门在监所检察工作中发现不需要继续羁押的，可以提出释放犯罪嫌疑人、被告人或者变更强制措施的建议。"

审判全程主导到"讨论稿"中负责审查起诉、审判阶段的羁押必要性审查工作再到"最终稿"中负责监所检察工作中发现不需要继续羁押的案件,从总体上看,"三稿"中监所部门在羁押必要性审查中的职责范围越来越窄,这体现了"立法机关"对监所部门承担羁押必要性审查职责的"忧虑"和"不信任"。那么实践中监所检察部门羁押必要性审查工作的现状到底如何,取得了哪些经验,又存在哪些问题?本文主要结合刑事诉讼法实施一年多来各地监所部门的司法实践对上述问题进行分析探讨。

一、羁押必要性审查工作总体情况

（一）2013 年全国检察机关羁押必要性审查工作总体情况

根据检统表,2013 年全国检察机关侦查监督、公诉、监所检察三个部门开展羁押必要性审查工作,共提出释放犯罪嫌疑人、被告人或变更强制措施的建议 23894 人,被办案机关采纳共 22155 人,建议采纳率为 92.7%。其中侦查监督部门提出建议 7981 人,被办案机关采纳 7301 人;公诉部门提出建议 3334 人,被办案机关采纳 2857 人;监所检察部门提出建议 12579 人,被办案机关采纳 11997 人。①（具体数据情况详见表 1）

表 1　全国检察机关羁押必要性审查工作总体情况

	建议释放或变更强制措施数（人）	各部门建议数所占比例	办案机关（部门）采纳建议数（人）	建议采纳率
侦查监督部门	7981	33.4%	7301	91.5%
公诉部门	3334	14%	2857	85.7%
监所检察部门	12579	52.6%	11997	95.4%
合计	23894		22155	92.7%

从以上数据可以看出,在侦查监督、公诉、监所检察三个部门中,无论从提出建议数还是建议采纳率上看监所检察部门的数量（比例）都是最多（高）的,这说明 2013 年监所检察部门是羁押必要性审查工作的主力军,其办案质

---

① 参见最高人民检察院监所检察厅主办、广西壮族自治区人民检察院、百色市人民检察院协办的《全国检察机关监所检察部门羁押必要性审查工作研讨交流会资料汇编》,2014 年 3 月 30 日。

量也高于其他两个部门。另外，我们还可以看到虽然从绝对数量上看，羁押必要性审查工作取得了一定的成绩，但是从变更强制措施的人数占整个捕后人数的比例来看，比例应然较低，只有 2.72%。①

（二）2013 年全国监所检察部门羁押必要性审查工作情况

根据检统表，2013 年全国检察机关监所检察部门对逮捕后的犯罪嫌疑人、被告人开展羁押必要性审查，共受理审查 13159 人，经审查认为无继续羁押必要性，向办案机关（部门）提出释放犯罪嫌疑人、被告人或者变更强制措施的建议 12579 人，提出建议率为 95.59%；建议被办案机关（部门）采纳 11997 人，建议采纳率为 95.37%，② 具体分省数据情况见表 2。

表 2　2013 年全国检察机关监所检察部门羁押必要性审查工作情况

	受理审查数	提出建议数	建议被采纳数	建议被采纳数比例（建议被采纳数/捕后被羁押人数）
合计	13159	12579	11997	
北京	380	367	331	2.8%
天津	124	122	102	0.9%
河北	616	595	575	4.8%
山西	702	699	688	5.7%
内蒙古	196	196	188	1.6%
辽宁	79	76	70	0.6%
吉林	97	97	95	0.8%
黑龙江	134	127	125	1.0%
上海	573	302	231	1.9%
苏州	967	967	958	8.0%
浙江	194	194	189	1.6%

---

① 2013 年捕后侦查监督、公诉、监所检察三部门开展羁押必要性审查提出释放或变更强制措施总人数 23894 人占 2013 年全年批准逮捕人数 879817 人的 2.72%。

② 参见最高人民检察院监所检察厅主办、广西壮族自治区人民检察院、百色市人民检察院协办的《全国检察机关监所检察部门羁押必要性审查工作研讨交流会资料汇编》，2014 年 3 月 30 日。

续表

	受理审查数	提出建议数	建议被采纳数	建议被采纳数比例（建议被采纳数/捕后被羁押人数）
安徽	1091	1089	1060	8.8%
福建	237	233	225	1.9%
江西	1374	1382	1385	11.5%
山东	231	231	226	1.9%
河南	772	772	767	6.4%
湖北	1429	1345	1140	9.5%
湖南	473	457	433	3.6%
广东	316	274	227	1.9%
广西	528	516	501	4.2%
海南	67	66	61	0.5%
重庆	214	210	208	1.7%
四川	213	212	207	1.7%
贵州	360	359	355	3.0%
云南	1074	1073	1071	8.9%
陕西	240	232	219	0.0%
甘肃	115	115	114	1.8%
青海	64	49	35	1.0%
宁夏	44	38	34	0.3%
新疆	252	181	174	0.3%
兵团	3	3	3	1.5%
西藏				

从各省的数据可以看出，目前监所检察部门羁押必要性审查工作开展很不平衡，数量最多的江西省提出建议1382次，数量最少的是新疆生产建设兵团只有3次，二者相差400多倍，建议被采纳数比例[①]最高的也是江西省，占捕后人数的11.5%，比例最少的是陕西省比例还不到0.1%，二者相差百余倍。

二、监所检察机关羁押必要性审查制度运行情况

（一）样本来源及说明

羁押必要性审查是2012年刑事诉讼法规定的一项新的制度，其运行时间尚短，从某一个检察院办理的情况来看数量还不多，为了使样本的数量符合基本的研究要求，我们搜集了北京市检察机关办理的28件羁押必要性审查案件[②]和北京市某分院办理的32件案件以及通过检察内网和互联网搜集的案例6件，共计66件。检察内网的案例多来自于检察机关的信息，互联网的案例基本来自于报纸、比较权威的门户网站（比如正义网等）。

（二）羁押必要性审查制度运行情况及特点

虽然羁押必要性审查制度运行时间不长，从某一个检察院来看其办理的案件数量也不多，但是通过对66件案件的梳理，我们还是能够发现该制度运行的一些特点和规律：

1. 从涉案类型来看，主要集中在盗窃、故意伤害等罪名

从统计的66件羁押必要性审查案件来看，涉及的罪名比较广泛，包括盗窃、故意伤害、交通肇事、诈骗、走私普通货物、职务侵占、寻衅滋事、妨害公务、非法持有毒品、故意杀人、玩忽职守、挪用资金、销售假药、非法经营、销售有毒有害食品、非法组织卖血、伪造、变造国家公文、受贿、非法获取公民个人信息、利用邪教组织破坏法律实施、拒不执行判决、贩卖毒品、非法运输濒危野生动物制品、组织他人偷越国（边）境、非法集会、游行、示威等24个罪名，其中涉嫌盗窃的案件数量最多，共有24件，占案件总数的36.36%；故意伤害案件次之，有8件，约占案件总数的12.12%；寻衅滋事案件5件，约占7.58；诈骗案件4件，约占6.06%。

2. 从启动的理由来看，主要是因病或怀孕的妇女

在不适宜羁押的理由中其中一项是"患有严重疾病、生活不能自理，怀

[①] 建议被采纳数比例不同于建议采纳率，建议被采纳数比例是指建议被采纳数/捕后被羁押人数，建议采纳率是指办案机关（部门）采纳建议数/建议释放或变更强制措施数（人）。

[②] 这28件是北京市18个院报送的参加北京市检察机关监所检察部门羁押必要性审查精品案件评选活动的参评案件，参见首都检察网 http://www.bj.pro/newiweb/minfo/view.jsp?DMKID=210&ZLMBH=5&XXBH=1001906511&departID=01001006，最后访问时间2014年6月30日。

孕或者正在哺乳自己婴儿的妇女"，这也是监所检察部门作为刑罚执行的监管机关提起羁押必要性审查工作的重点，在 66 件案件中，因患有严重疾病提起审查的有 22 件、妇女因怀孕或哺乳婴儿提起审查的有 20 件，两者合计 42 件，占案件总数的 63.64%，另外有 10 件是因涉嫌故意伤害或寻衅滋事捕后达成和解或得到被害人谅解的案件。

3. 从启动方式来看，主要是检察机关依职权主动提起

捕后继续羁押必要性审查程序的启动，《刑诉规则》采取的是双轨制：其一，人民检察院依职权主动启动审查程序；其二，犯罪嫌疑人、被告人及其法定代理人、近亲属或辩护人依法向检察机关提出申请。从实践来看，66 件案件中检察机关依职权主动提起 55 件，犯罪嫌疑人、被告人及其法定代理人、近亲属或者辩护人申请的 7 件，看守所建议改变强制措施 3 件，侦查监督部门移送案件线索 1 件。从以上数据可以看出，检察机关依职权提起的羁押必要性审查占绝大多数（89.39%），而依申请方式进行的羁押必要性审查比例仍然较低，这说明作为一项救济权利，羁押必要性审查还没有被当事人充分利用。

4. 从审查的方式来看，绝大多数案件采用书面审查的方式，只有极少部分案件采用听证的方式

关于羁押必要性审查是采用书面还是听证的方式，《刑诉规则》没有明确规定，① 但从《刑诉规则》第 620 条的规定来看无论是书面还是听证的形式都是可以的。从实践来看，66 件案件中有 64 件采用了书面审查的方式，只有 2 件案件采用了听证的方式。我们认为，书面审查方式而不是听证方式的普遍运用是因书面审查比听证审查相对更简单易行，也更有效率。

5. 从审查判断标准和审查内容来看，主要包括犯罪嫌疑人的个人情况、案件情况、被害人的态度以及案件办理的社会效果等

从这 66 件案件来看，检察机关进行羁押必要性审查时主要考量犯罪嫌疑人和案件的情况。犯罪嫌疑人的情况主要包括：犯罪嫌疑人的身体情况（患有严重疾病或者传染病、怀孕等）、家庭情况（有未成年子女需要照顾）、羁押期间的认罪悔罪态度、有无其他前科劣迹、有无固定住所、是否提供了监护

---

① 《刑诉规则》第 620 条规定："人民检察院可以采取以下方式进行羁押必要性审查：（一）对犯罪嫌疑人、被告人进行羁押必要性评估；（二）向侦查机关了解侦查取证的进展情况；（三）听取有关办案机关、办案人员的意见；（四）听取犯罪嫌疑人、被告人及其法定代理人、近亲属、辩护人、被害人及其诉讼代理人或者其他有关人员的意见；（五）调查核实犯罪嫌疑人、被告人的身体健康状况；（六）查阅有关案卷材料，审查有关人员提供的证明不需要继续羁押犯罪嫌疑人、被告人的有关证明材料；（七）其他方式。"从这一条文看，《刑诉规则》只列举了羁押必要性审查的具体程序和方式，而对是否需要采取听证的形式并未明确。

人或者保证人等；案件的情况主要包括案件本身的性质、情节、犯罪嫌疑人在犯罪中所起的作用以及案件的进展情况，比如案件事实基本查清、证据已经固定，犯罪嫌疑人及其家属积极赔偿等；此外是否取得被害人的谅解以及案件办理的社会效果等也是考量因素之一。例如，马某某涉嫌利用邪教组织破坏法律实施案，检察机关进行羁押必要性审查并最终对马某某变更强制措施，采取取保候审的一个考虑就是"有利于瓦解、分化毒害民众的邪教违法犯罪，有利于教育本人及其他群众，同时也能收到良好的社会效果"。

6. 从案件所处的诉讼阶段来看，绝大多数案件处于审前阶段

从统计的66件案件来看，42件处于侦查阶段，占总数的63.64%；16件处于审查起诉阶段，占24.24%；8件处于审判阶段，占12.12%。多数案件所处的诉讼阶段在审前阶段，也从一个侧面表明了修改后的刑事诉讼法将羁押必要性审查的职责赋予检察机关符合我国目前刑事诉讼权力配置格局中检察机关作为审前程序主导者和监督者的角色。

7. 从审查的结果看，绝大多数案件在审查后对在押人员予以释放或变更强制措施

从统计的66件案件来看，65件案件经过审查后由检察机关建议变更强制措施或者释放或者由检察机关直接决定变更强制措施；1件案件在家属申请变更强制措施后经检察机关审查，决定继续羁押（不符合取保候审条件，不宜变更强制措施）。在65件经检察机关审查后不再羁押的案件中，有41件处于侦查阶段，其中某院办理的案件中有23件是向看守所发出建议，建议看守所尽快与办案单位联系变更强制措施，有1件是向公安机关发出《羁押必要性审查建议书》，其余17件是向侦查机关发出《变更强制措施建议书》。由此可见，处于侦查阶段案件的羁押必要性审查的文书方式比较多样，或者说尚未规范、统一。在最高人民检察院监所厅《关于人民检察院监所检察部门开展羁押必要性审查工作有关问题的通知》中只规定了"对犯罪嫌疑人变更强制措施（予以释放）建议函"这一种检察机关内部使用的工作文书。① 而没有对向检察机关以外的办案部门发送文书进行规定，建议其尽快出台相关意见以规范羁押必要性审查工作。

三、监所检察部门羁押必要性审查的工作模式

通过调研发现在实践中监所检察部门开展羁押必要性审查的工作模式有所

---

① 其适用的范围是监所（刑事执行）检察部门在羁押必要性审查结束后，建议本院公诉部门或者侦查部门对犯罪嫌疑人变更强制措施或者予以释放时使用。

不同，经过梳理，主要有以下三种：

（一）监所部门统一归口管理的试点探索模式

这种模式主要是试点地区采用的模式，代表性的地区主要有山东费县、江苏江阴、北京丰台、上海浦东、虹口、奉贤3个区院，这种模式下羁押必要性审查案件全部归口于监所检察部门统一办理。比如山东费县检察院创设刑事执行检察局，下设看守所检察科（与驻所检察室一个机构、两块牌子，合署办公）、社区矫正检察科、综合科。其中，看守所检察科专门负责看守所监管执法活动监督和羁押必要性审查工作。对当事人及其近亲属、辩护人提出变更强制措施申请的，看守所监管人员在工作中发现并移交的，检察长交办、人大代表、政协委员提出建议的，看守所检察科在履行职责中自行发现的，全部由看守所检察科负责审查评估，提出是否同意对犯罪嫌疑人、被告人变更强制措施的意见，报检察长或检察委员会决定。[①]

（二）侦查监督、公诉、监所检察分段负责的"立法钦定"模式

侦查监督、公诉、监所检察分段负责的模式是《刑诉规则》最终稿确定的模式，是"立法钦定"的模式，也是实践中比较常见的模式，在此种模式中监所检察部门主要结合自身职能特点发挥作用，重点是审查犯罪嫌疑人患有严重疾病或是怀孕的妇女。

（三）侦查监督部门为主导、公诉、监所检察部门配合的工作模式

这种模式主要是在刑事诉讼法修订之后各地为应对刑事诉讼法修改，根据办案需要进行的临时性、部门化的设计方案。在这种模式中强调侦查监督权的统一行使，而监所检察部门的职能比较有限。代表性的地区是山东蓬莱的"一点双审三联动"模式，即强调羁押必要性审查的权限都归于侦查监督部门，公诉部门可以提出变更强制措施的意见，但最终都是由侦查监督部门审查决定，其中，侦查监督部门负责对报捕案件进行逮捕必要性的审查、对捕后案件进行羁押必要性审查；公诉部门负责在审查起诉阶段审查羁押持续的必要性；监所检察部门负责监督侦查机关对羁押措施的执行情况，并对在押人员的羁押必要性实行动态监督。[②]

四、监所检察部门羁押必要性审查运行中折射出问题的思考

（一）逮捕权"被绑架"与羁押功能的"多元化"

现代羁押制度的一个基本特点是，羁押独立于逮捕，其主要功能在于保证

---

① 参见最高人民检察院监所检察厅主办、广西壮族自治区人民检察院、百色市人民检察院协办的《全国检察机关监所检察部门羁押必要性审查工作研讨交流会资料汇编》，2014年3月30日。

② 参见李斌：《羁押必要性审查制度构建与完善》，未刊稿。

被告人到庭，避免其妨碍司法及再犯罪，即羁押的基本功能是保障诉讼的顺利进行。除了这一功能外，基于犯罪控制的现实需要，某些法治发达国家也允许羁押阶段的查证，从而认可了羁押的查证保障功能，这一功能在我国司法实践中体现得更为充分。① 也就是说从理论上讲现代羁押制度具有双重功能，即保证诉讼的顺利进行和查证保障功能②，但我们通过对 66 个羁押必要性审查案件的调研发现，除了这两个功能外，羁押在实践中还有另外一个功能就是保障实现被害人的民事权利，修复被损坏的社会关系，而且这一功能占有很重要的地位。在我们统计的 66 件羁押必要性审查案件中，除了患病或怀孕的妇女，剩下的 24 件案件中有 10 件案件③是对犯罪嫌疑人羁押以后，犯罪嫌疑人与被害人达成了民事赔偿协议（刑事和解协议或执行和解协议）后对犯罪嫌疑人进行了羁押必要性审查，并依法变更强制措施（或建议侦查机关变更强制措施）；犯罪嫌疑人被羁押后积极履行民事赔偿义务并与被害人达成赔偿或和解协议，一方面，说明了在中国现实的司法环境下，羁押的功能有所延伸，对于实现被害人的民事权利，修复被损害的社会关系具有积极意义；但另一方面，我们也应看到羁押权（逮捕权）也有被"绑架"（被利用）之嫌，如果犯罪嫌疑人没有被羁押，其会不会仍然积极赔偿损失并与被害人达成民事赔偿协议？这里因没有实证调研数据做支撑，我们不敢妄下结论。但是这种"花钱买自由"会不会亵渎法治和正义精神，从而使国家的公权力（逮捕权）被"绑架"仍是值得我们思考的问题。

除了羁押后达成赔偿协议比例较高外，羁押必要性审查还有一个附带功能就是积极化解社会矛盾，实现法律效果、政治效果和社会效果的统一。例如，上文提到的马某某涉嫌利用邪教组织破坏法律实施一案就是典型例证。

（二）试点模式：实践合理性与形式合法性之间的张力

关于刑事诉讼法 93 条的履职主体问题一直是理论与实务界争议的焦点，《刑诉规则》最终稿确定的侦查监督、公诉、监所检察分段负责的模式从制度运行的实际效果来看，成效似乎不太理想，2013 年捕后提出释放或变更强制措施总人数仅占 2013 年全年批准逮捕人数的 2.72%（23894/879817），④ 这说明现有分阶段负责的职权体系没有发挥其应有作用，究其原因可能是各职能部

---

① 参见左卫民等：《中国刑事诉讼运行机制实证研究》，法律出版社 2007 年版，第 86~87 页。
② 当然查证保障功能已遭到一些学者的批评，参见陈瑞华：《超期羁押的法律分析》，载《人民检察》2000 年第 9 期。
③ 这些案件主要集中在故意伤害、交通肇事、寻衅滋事等案件中。
④ 数字来源于最高人民检察 2013 年工作报告和检察统计表。

门尤其是侦查监督、公诉两个部门做这项工作会导致自身利益受损而缺乏动力。① 同时我们注意到上海、山东、北京、江苏等地的一些基层检察机关推行的监所检察部门统一归口管理的试点模式，经过一年多的实践检验，成效较为明显。其中上海市检察院在总结试点经验的基础上，经检察委员会讨论通过，于2014年5月14日出台了《上海市检察机关关于羁押必要性审查工作的规定》，此规定的出台，意味着监所检察部门统一归口的模式在上海地区结束试点并推向全市实行，高检院监所厅专门转发了此规定供全国检察机关参考借鉴。

据《现代汉语词典》的解释，作为动词，"试点"指的是正式进行某项工作之前，先做小型试验，以便取得经验，比如，先试点，再推广。作为名词，"试点"是指正式进行某项工作之前做小型试验的地方。② 试点主要的特征是：第一，时间上的暂时性，是相对于长期或无期限的某一合理时间段；第二，地域上的局部性，是相对于全局来讲的部分地区，合理区域内；第三，内容上的创新性，既包括制度创新也包括机制创新。③ 一般来讲刑事司法中的试点是伴随着司法改革而生的，试点是刑事司法改革的一种方式，试点与刑事司法改革是方法与目的的关系。在刑事诉讼法修改之前，全国近20个基层检察院试点进行的"建立由驻所检察官根据在押人员的实际情况向办案单位提出变更强制措施检察建议的工作机制"就属于典型的刑事司法试点。而本文研究中遇到的试点模式是在修改后的刑事诉讼法刚刚通过后，并且新修订的《刑诉规则》已明确规定侦查监督、公诉、监所检察分段负责的模式下进行的试点，虽然其实践效果较好，具有实践合理性，但是由于其与《刑诉规则》的规定不一致，或者说通过试点规避了规则的效力，蕴藏着合法性的危机，鉴于此，为了解决监所部门统一归口管理模式的实践合理性与形式合法性之间的张力，建议最高人民检察院在修改《刑诉规则》的过程中吸收试点地区的经验，重新安排刑事诉讼法93条的履职主体。

（三）最高监所检察部门的角色：组织利益与组织担当

在总结监所检察机关羁押必要性审查工作取得成绩的过程中，有一个重要的角色因素不可忽略那就是最高人民检察院监所检察厅，作为指导全国监所检察部门进行羁押必要性审查工作的最高机关，在短短不足一年半的时间里通过

---

① 参见但伟：《试论修改后的刑事诉讼法第93条"羁押必要性审查"主体的逻辑选择》，载《羁押与替代措施研讨会论文集》，第210页。
② 《现代汉语词典》，商务印书馆2011年版，第1247页。
③ 刘辉：《刑事司法改革试点现象》，载《刑事法杂志》2013年第8期。

一系列举措,比如下发专门通知、制定制度规范、召开经验总结会、转发典型经验做法、加强调查研究等,① 推动羁押必要性审查工作的有效开展,这在其他两个羁押必要性审查的主责部门侦查监督、公诉是看不到的。为什么新修订的《刑诉规则》对羁押必要性审查工作格局已经确定的情况下,最高监所检察部门仍然"不屈不挠、越挫越勇",其背后的动力是什么?

这要从监所检察部门在检察机关的地位谈起,长期以来在检察机关内部监所检察部门被认为是非核心部门,其人员年龄结构也比较老化,地位的边缘导致其无论在日常工作中还是检察改革中话语权微弱。在此轮刑事诉讼法修改强化检察机关诉讼监督职能的大背景下,作为专职监督职能的监所检察部门被赋予重任,增加了羁押必要性审查、指定居所监视居住执行的监督、死刑执行临场监督、强制医疗执行的监督、减刑假释暂予监外执行同步监督、财产刑及没收违法所得执行的监督、社区矫正法律监督以及对阻碍在押人员行使诉讼权利行为的监督等 8 项新职能,迎来了增强自身力量的良好契机。一方面由于侦查监督、公诉部门开展羁押必要性审查工作会导致自身利益受损和承担不必要的工作风险而缺乏动力;另一方面是在立法(《刑诉规则》)对其"不利情况下"的积极担当,理解侦查监督、公诉、监所检察三个不同部门之间行为差异的关键是"组织利益"。② 在一项新的权力配置格局形成过程中,组织通过自身不断争取、强化、扩大本部门及其成员的职权,巩固、扩大本部门的可控制资源是实现自身利益最大化的手段。我想最高人民检察院监所检察厅的行为是这一原理的最好注脚。

---

① 比如 2013 年 5 月 24 日专门下发《关于人民检察院监所检察部门开展羁押必要性审查工作有关问题的通知》(高检监〔2013〕24 号)对监所检察部门开展羁押必要性审查工作提出具体要求,将羁押必要性审查工作绩效纳入监所检察部门考评奖惩机制,同时制发了《关于人民检察院监所检察部门开展羁押必要性审查工作的参考意见》对监所检察部门羁押必要性审查工作的原则、方式、审查的重点、工作文书的与公安、法院以及检察机关内部各部门间的沟通协调机制等内容进行了规定;将《羁押必要性审查实证研究与工作机制完善》列为 2014 年度监所检察重点课题;2014 年 3 月 30 日,在广西壮族自治区百色市专门召开了全国检察机关监所检察部门羁押必要性审查工作研讨交流会;2014 年 5 月 28 日转发了《上海市检察机关关于羁押必要性审查工作的规定》等。

② 按照组织行为学的原理,任何组织的存在首先是其目的的存在。组织所有的行为都是围绕其目的而展开的,组织目的通过组织利益方式具体体现,所以必然存在利益最大化问题。

完善审前羁押必要性审查程序的思考

田圣斌[*]

我国刑事诉讼法第93条规定："犯罪嫌疑人、被告人被逮捕后,人民检察院仍应当对羁押的必要性进行审查。对不需要继续羁押的,应当建议予以释放或者变更强制措施。有关机关应当在十日以内将处理情况通知人民检察院。"由此,羁押审查制度得以在我国刑事诉讼活动中确立。然而,立法的明文规定不等于司法的明确操作;由于立法缺乏相关执行程序的明确规定,难以被办案人员所把握。该制度在实践中的适用标准和程序完善值得关注和思考,笔者仅就审前羁押必要性审查发表管见。

一、我国审前羁押必要性审查的必要性

（一）强制措施适用中保障人权的现实需要

所谓（羁押）"必要性",就是要排除其他的替代性措施,达到"非羁押不可"的状态标准。[①] 犹如一把双刃剑,刑事诉讼中的强制措施在承担着控制犯罪、保障民众安全与社会秩序的同时,也存在着干涉公民自由、侵犯公民人权的危险。在刑事诉讼活动中如果其他非羁押的强制措施或替代措施已然能够保障刑事诉讼活动的顺利进行,则无必要动用羁押手段。

长期以来,我国刑事诉讼中的羁押率之所以居高不下,正是因为受传统办案观念与刑事诉讼理念的影响,各地司法机关将逮捕后的羁押视为一种常态。事实上,依据《公民权利和政治权利国际公约》、《世界人权宣言》、《联合国宪章》等国际性人权文件的要求,羁押应是刑事活动中的非常态现象。例如《公民权利和政治权利国际公约》第9条规定："任何因刑事指控被逮捕或拘禁的人,应被迅速带见审判官或其他经法律授权刑事司法权利的官员,并有权在合理的时间内受审判或被释放。等候审判的人受监禁不应作为一般规则,但

---

[*] 江汉大学法学院教授。

[①] 余才忠：《困境与突围：捕后羁押必要性审查的若干问题——基于监所检察实践的理性思考》,载《中国检察官》2014年第4期。

可规定释放时应保证在司法程序的任何其他阶段出席审判,并在必要时报到听候执行判决。"①

在肯定国家公权力行使的前提下,通过强调权力行使必须审慎,必要且预先进行利益衡量进而实现法律对基本人权的保障,使得国家权力对公民的干预降低到最低限度。② 羁押作为一项刑事诉讼活动,不仅存在于侦查阶段,也存在于审查起诉以及案件审理等其他刑事诉讼阶段。因此,决定某一犯罪嫌疑人、被告人被采取羁押措施的理由或条件在侦查阶段是成立的,但在之后的刑事诉讼阶段便可能消失。如果以侦查阶段的羁押事由作为对他们整个审前阶段羁押的最终判断依据,则不利于对犯罪嫌疑人、被告人的人权保护,也不利于体现能动司法的基本精神。

(二) 检察机关及检察官职责的必然

在我国,检察机关是宪法明文规定的法律监督机关,担负着监督法律实施的重任。法律实施的途径有很多种,刑事司法便是其中的一个重要环节;而强制措施的适用则是一个国家刑事司法是否民主与透明的反映,一个国家的羁押率与羁押比例足以反映其强制措施适用的先进与进步程度,足以体现刑事诉讼法在保障人权与控制犯罪之间的尺度掌控,足以彰显法律实施的理念变化及刑事司法改革的方向。因此,作为法律监督机关,通过纠正刑事司法进程中的不当做法,减少不必要的羁押,进而推进法律的现代化实施,是各地检察机关义不容辞的责任。

作为检察官,不仅应当履行追究犯罪的控诉职能,而且还应当代表国家维护法律的尊严与公正,通过法律监督预防刑事错案,成为法律的神圣护卫者。这样,就要求检察官必须立足于诚信,着眼于真实,在中立的立场上全面积极地履行各项检察职能的法定义务。中立的立场,是指介于国家和个人之间,既不是站在纯粹的国家立场上,也不是站在纯粹的当事人立场上,既不是私人的控诉者,也不是单纯的国家追诉者。一定意义上讲,检察官应该是社会正义的探求者、追寻者和实现者。检察机关的活动不仅要代表国家履行追究犯罪、防卫社会的职能,也要彰显对犯罪嫌疑人、被告人的人性关怀,实事求是地确定是否适用强制措施以及适用强制措施的方式。

因此,由检察机关对羁押必要性进行审查,有助于促进案件事实的查明;有助于遏制强制措施适用带来的负面效应;有助于体现国家对犯罪嫌疑人、被告人诉讼地位的关注与尊重。

---

① 程味秋等:《联合国人权公约和刑事司法文献汇编》,中国法制出版社 2000 年版,第 90 页。
② 卞建林:《论我国审前羁押制度的完善》,载《法学家》2012 年第 3 期。

二、关于羁押必要性的审查标准

羁押必要性的审查标准是审查主体决定某一犯罪嫌疑人、被告人是否应被羁押的一系列条件与因素的总和。需要指出的是,审前羁押的审查标准与刑事诉讼中的逮捕标准并不相同,其差异来自于逮捕与羁押的区别。具体而言,一方面,逮捕与羁押相互分离,羁押并非逮捕的必然后果,被逮捕者应当被迅速地带至司法官员面前,由司法官员来裁决是否需要对其予以一段时间的持续羁押,经司法官员裁决后,被逮捕者可能被继续羁押,也可能被释放。逮捕与羁押的分离实际上可以确保安全域自由、侦查的效率与程序的正义得到合理的平衡。① 另一方面,逮捕与羁押又紧密联系,逮捕与羁押的分离仅仅意味着逮捕的行为不必然导致持续羁押的状态,而并不意味着逮捕与羁押是两种相互独立的强制措施。可以说,逮捕是羁押必要而不充分的条件,羁押是逮捕可能而非必然的后果。因此,为了达到逮捕与羁押分别适用的效果,必须确立独立的羁押标准。对此,各国刑事诉讼法的要求并不相同,归纳为3个条件或因素:

(一) 刑罚条件

审前羁押仅适用于可能被判处一定刑罚后果的犯罪嫌疑人、被告人,反之,若所涉嫌的犯罪未达到特定刑罚量要求,则不能适用羁押措施。在国外刑法中,能体现刑罚量区分的犯罪的分类便是重罪、轻罪与违警罪的划分。所谓重罪,即是刑罚后果较为严重的犯罪类型,一般应被判处的法定刑在20年以上;所谓轻罪,即是刑罚后果较为轻缓的犯罪类型,一般应被判处的法定刑在10年以下;所谓违警罪,即相当于我国法律体系中违反治安管理处罚法的行为,其一般仅会承担罚金或短期剥夺刑一类的轻微刑罚。一般而言,在国外刑事诉讼规则中,可能被适用羁押的案件类型仅限于涉嫌重罪或部分轻罪的类型,不涉及违警罪。例如在法国,审前羁押的刑罚条件是重罪或轻罪案件,如果所犯的是现行轻罪,可能判处的刑罚为3年或3年以上监禁刑。② 在德国,因宪法上规定的适当原则对羁押的限制,只处以罚金的案件,不具有羁押的理由。③ 此外,意大利、西班牙、比利时、丹麦、希腊、卢森堡、荷兰等国家的刑事诉讼制度中也有类似做法。④ 国外法域多以罪量的大小以及法定刑的高低作为判断是否有必要进行羁押的标准,不仅符合实体刑法中罪刑相适应原则,

---

① 陈瑞华:《审前羁押的法律控制——比较法角度的分析》,载《政法论坛》2001年第4期。
② [法]《法国刑事诉讼法典》,罗结珍译,中国法制出版社2006年版,第140页。
③ [德]克劳思·罗科信:《刑事诉讼法》(第24版),吴丽琪译,法律出版社2003年版,第281页。
④ 房国宾:《审前羁押与保释》,法律出版社2011年版,第114~115页。

也符合羁押制度设立的初衷——以遏制重罪犯逃避审判为限。

在我国刑罚体系中,并不存在重罪、轻罪与违警罪的明确划分。不同轻重的刑种与刑度是区分犯罪危害大小的标准,可根据不同的犯罪嫌疑人、被告人涉嫌的法定刑之不同的刑种与刑度确定我国羁押审查的刑罚标准,如所涉嫌的犯罪可能判处的刑罚是管制、拘役或者10年以下有期徒刑,或单处附加刑的,一般应适用非羁押强制措施;如所涉嫌的犯罪可能判处的刑罚是10年以上有期徒刑、无期徒刑或死刑,则慎重考虑适用非羁押强制措施。

(二) 行为人的社会危险性

在任何一种刑事诉讼制度中,对犯罪嫌疑人、被告人羁押的目的都是为了保证刑事诉讼活动的顺利进行,反之,在不对犯罪嫌疑人、被告人羁押就足以保证刑事诉讼活动顺利推进的情况下,羁押便是不必要的。那么,怎样判断犯罪嫌疑人、被告人的行为是否会影响到刑事诉讼的正常进行呢?行为人的社会危险性是一个重要的判断标准。

所谓人身危险性,是指实施犯罪的可能性或者再犯可能性。具体而言,人身危险性表现为再犯可能性和初犯可能性两种。羁押必要性审查主要是审查其再犯可能性,如行为人的个人情况、犯罪的主客观情况及行为人在犯罪前后的表现。其中行为人的个人情况包括个人生理、心理与年龄、性别、职业、婚姻、家庭、文化程度、生活经历等;犯罪的主客观情况包括罪过的形式与内容、犯罪的动机与目的、犯罪的类型、犯罪的时间和地点、犯罪的对象、犯罪的手段、犯罪的形态等;行为人在犯罪前后的表现包括行为人的一贯表现、行为人在犯罪前针对此次行为的短暂表现。

考量其是否有实施新的犯罪或再次犯罪的可能性,不同国家刑事诉讼制度对该条件的理解并不相同。在美国,审查者在对再犯条件进行考察时,会考虑以下因素:(1) 不利于被告人的证据分量;(2) 被告人的历史和特质,包括被告人的性格、身心状况、家庭关系、就业情况、经济来源、在本地居住的时间长短、社会关系、过去的表现、吸毒或酗酒史、前科和以往出庭的情况,以及在此次犯罪或被捕时是否处于缓刑、假释或者其他审判前、判刑前或上诉过程中的保释期间;(3) 释放被告人将会对任何人或社会造成的危险的性质和严重程度。[①] 在德国,羁押审查从三个方面对再犯条件作出了限制:一是被告人有急迫的嫌疑实施特定重大的性犯罪,并存在特定事实足以认定他在判决产生之前有再犯此类犯罪的危险;二是被告人有急迫的嫌疑再犯或者连续犯某一

---

① [美] 爱伦·豪切斯泰勒·斯黛丽、南希·弗兰克:《美国刑事法院诉讼程序》,陈卫东、徐美君译,中国人民大学出版社2002年版。

法定的侵害法定秩序的犯罪行为;三是再犯条件作为羁押理由,必须是辅助性的。①

(三) 证明标准

"排除合理怀疑"是来自西方法域的证明标准,其基本含义是对于事实的认定,已没有符合常理的、有根据的怀疑,实际上达到确信的程度。

对于以"排除合理怀疑"作为对犯罪嫌疑人、被告人是否存在妨害诉讼进行的可能的证明标准,学界存在不同认识。一种看法认为,"排除合理怀疑"并未降低证明标准,相反更好地反映了现代社会的价值选择,能够实现"疑罪从无"的人权保障理念,确保事实认定者作出正确的决定,同时也有利于减少错判的风险。②另一种看法则认为,排除合理怀疑是一种带有主观性的标准,适用这一概念当然意味着现行证明标准的实际下降。因为此前的证明标准即"确实、充分"的要求是与定罪量刑有关的事实、情节均须查清,其定罪标准为100%;而"排除合理怀疑"是指定罪需达到最大限度的盖然性,其确信度可以为95%,前者是绝对化的高标准,后者是相对较高的标准,二者明显有异。③从应然上讲,排除合理怀疑从证明标准的高低上看,不能完全达到排除所有的或然率。但是,从人对客观世界的认识上看,人的认识在一定条件下总是存在局限性,要求在所有案件中都完全还原发生在过去的案件事实,查清所有的事实真相,并不现实。从这个意义上说,将证明标准定在排除所有合理怀疑的程度,是一种更切实的选择,是一种在人的认知范围内最贴近对真相发觉的一种路径。如果通过司法解释以及指导性判例的颁布,明确这种证明标准的操作要领,将更便于司法人员的正确把握。问题在于当现实案件中的合理怀疑确实存在时,司法人员能否坚守这种证明标准的要求及精神,将相关案件视为疑罪,并遵从疑罪从无的原则,果断地对犯罪嫌疑人、被告人作出释放或无罪处理。因为此前多有在疑罪的情况下,司法人员基于他方压力以及传统的司法观念,没有及时对涉案人员作出释放或无罪处理,而是要求侦查机关补充或再次侦查,此举无疑不符合刑事诉讼中人权保障的精神,也是对司法资源的不当浪费。因此,司法人员能否转变办案观念,坚守存疑不羁押之信念与理念,才是"排除合理怀疑"的证明标准能否发挥平衡羁押率的关键。

---

① [德]克劳思·罗科信:《刑事诉讼法》(第24版),吴丽琪译,法律出版社2003年版,第285~286页。
② 樊崇义、张中:《排除合理怀疑:刑事证明的新标准》,载《检察日报》2012年5月16日。
③ 左卫民:《进步抑或倒退:刑事诉讼法修改草案述评》,载《清华法学》2012年第1期。

三、审前羁押的审查程序

(一) 审查程序的提起主体和方式

《欧洲人权公约》第 5 条规定:"被逮捕或拘留的任何人应当迅速送交法官或其他法律认可的行使司法权力的官员面前,其有权在合理的时间内受审判以及在审判前予以释放。释放得以保证该人出席审判为前提。"在该公约的要求下,欧洲大陆的很多国家制定了严明的审查程序,均由法院(或法官)审查。

在英国,负责进行羁押审查的主体是法院。嫌犯在警察局被羁押达到 36 小时后,被羁押人必须被释放或被起诉,除非治安法院签发一份进一步拘留令状。这一令状必须由警官宣誓后申请,同时提供相应的证据材料。此时嫌犯可以获得免费的律师帮助。再由至少两名治安法官在场进行听审并同步录像。治安法官批准拘留令状后,羁押可以延期,但指控前羁押期限累计不得超过 96 小时。①

法国刑事诉讼法典第 137-1 条规定,先行拘押由负责处理释放与拘押事务的法官命令,或者由该法官延长期间。②

德国刑事诉讼法律规定,羁押审查的主体是羁押法官和抗告法院,即签发羁押命令的相对应法院。③

具体到我国的刑事诉讼中,由谁提起羁押审查程序,理论与实务界的态度并不相同,大致有三种观点:第一种是公安机关应是羁押审查程序的提出者。有的学者提出,公安机关逮捕犯罪嫌疑人之后,认为需要对其予以羁押的,应当在逮捕之后的法定时间内(例如 24 小时)向检察机关提出羁押申请。检察机关应当对羁押的事实依据、法律依据和羁押必要性进行审查。④ 第二种观点是由犯罪嫌疑人及其家属、律师提起。犯罪嫌疑人及其家属、律师均可以要求开展羁押审查,对羁押审查结果有异议的,还可以向上一级或者省级检察机关申请复核;逮捕后两个月,如果犯罪嫌疑人未提出异议,检察机关应主动进行复查,不论该案件是否移送公诉;羁押复查时应当按照决定逮捕时的模式,经听审程序作出是否继续羁押。第三种观点认为,公安机关和人民检察院在侦查

---

① [英]约翰·斯普莱克:《英国刑事诉讼法程序》,徐美君等译,中国人民大学出版社 2006 年版,第 21 页。
② [法]《法国刑事诉讼法典》,罗结珍译,中国法制出版社 2006 年版,第 129 页。
③ [德]克劳思·罗科信:《刑事诉讼法》(第 24 版),吴丽琪译,法律出版社 2003 年版,第 299 页。
④ 卞建林:《论我国审前羁押制度的完善》,载《法学家》2012 年第 3 期。

中认为需要逮捕犯罪嫌疑人的,应当向同级人民法院的羁押法官提出书面请求,该请求应详列需要逮捕的人的姓名和理由,并移送相关证据材料,羁押法官在审查的基础上,决定是否签发逮捕令,执行逮捕的人员应当持有逮捕令并向执行对象出示逮捕令。

笔者认为,羁押审查程序提出的方式可以是两种:一是公安机关、检察机关依职权主动进行的救济;一是依被羁押人的申请而引发的"申请救济"。究竟是检察机关还是被羁押人(包括其近亲属、法定代理人、律师)提出的方式更有效果呢?显然是前者。理由是如果将被羁押人(包括其近亲属、法定代理人、律师)视为羁押审查程序的提出者,那么意味着不是所有的羁押案件都会受到审查机关的关注,而且出于自保或害怕开罪司法机关,某些犯罪嫌疑人、被告不敢对羁押决定提出质疑。由于公安机关往往是羁押的执行机关,由检察机关提出羁押审查的要求,将有助于保证羁押审查制度的真正推行;对于检察机关直接受理的自侦案件涉及的羁押审查,应当由独立于该检察机关的部门提起,在当前的格局下可考虑上一级检察院的羁押审查部门。值得注意的是,负责羁押必要性审查的机构,应当有独立于侦查监督机构的地位与职能,直接向检察委员会负责。在当前司法改革的大背景下,避免司法权地方化、检察机关内部多头管理和分阶段管辖以及一些地方改革"换汤不换药"的弊端,可考虑在地市级检察院设专司羁押必要性审查机构,负责辖区内的审查工作;由省级检察院设置专司复核的部门,负责全省(直辖市、自治区)范围内的复核,从而保证羁押审查活动的连贯性、长期性、独立性、公正性。

(二)当事人的释放申请权和申请复核权

各国刑事诉讼法大都规定了被追诉人的释放申请权。如法国刑事诉讼法典第 148 规定,任何案件,受到先行拘押的人或者其律师,得在遵守前条规定义务的条件下,随时向预审法官提出释放申请。① 德国刑事诉讼法规定,抗告及提出羁押审查之声请是被告在被拘捕后法律救济途径。② 在日本,被逮捕的犯罪嫌疑人有权要求撤销逮捕,请求权人除犯罪嫌疑人本人外,还包括辩护人、法定代理人、保佐人、配偶、直系亲属、兄弟姐妹以及检察官;犯罪嫌疑人还有请求开示逮捕理由的权利。③

我国刑事诉讼法第 95 条规定了犯罪嫌疑人、被告人及其法定代理人、近

---

① [法]《法国刑事诉讼法典》,罗结珍译,中国法制出版社 2006 年版,第 147 页。
② [德] 克劳思·罗科信:《刑事诉讼法》(第 24 版),吴丽琪译,法律出版社 2003 年版,第 299 页。
③ [日] 松尾浩也:《日本刑事诉讼法》(上卷),丁相顺译,中国人民大学出版社 2005 年版,第 114~115 页。

亲属或者辩护人有权申请变更强制措施。客观上讲，除检察机关在日常工作中发现（如通过强制措施的共享平台、审查批准逮捕、审查起诉）以外，当事人或社会各界的投诉和反映材料是检察机关发现羁押不当问题线索的重要材料来源。因此，被羁押的当事人或其近亲属、法定代理人、辩护人应当有权在任何环节要求释放被羁押人；在羁押审查的决定作出之后，如果公安机关或被羁押人对该决定不服，应赋予其向上一级审查机关申请复核的权利。

（三）审查期限和方式

德国刑事诉讼法第117条第5项、第121条规定，如果被告未要求指定辩护人，并且也未因不服羁押命令，而提起法律救济途径，则在羁押逾3个月后，法院应主动依职权为羁押之审查；羁押逾6个月时，联邦高等法院或联邦最高法院需依职权主动为羁押之审查。① 该法第118条第5项规定，在羁押审查程序中应实时为言词审理，至迟于声请提出后的二星期内，需订妥言词审理之期日。被告原则上有权要求在场，紧急情况下，其权利得由强制辩护人加以维护。②

法国刑事诉讼法第148-2条规定，任何法院在对全部或部分撤销司法监督的请求或释放请求进行裁决时，均应在听取检察院、被告人或其律师的意见后做出宣告。③

此外，在美国、日本、意大利、俄罗斯等国的刑事诉讼程序中，也存在类似的羁押审查程序。④

在我国现行法律规定的基础上，检察机关进行羁押审查的方式可分为定期审查和不定期审查。有专家总结为五个方面：一是在逮捕后两个月的侦查羁押期限届满前，侦查机关和检察机关应当主动审查对犯罪嫌疑人是否仍需继续羁押。二是侦查机关提请延长侦查羁押期限的，检察机关除应审查原批捕决定是否正确外，还需重点审查延长羁押的必要性。三是案件移送起诉或者提起公诉以及进入二审程序后，检察机关、人民法院应当分别重新审查对犯罪嫌疑人是否需要继续羁押。四是检察机关派驻看守所检察部门应当对在押犯罪嫌疑人是否不适宜羁押进行检察，如认为不应继续羁押，应向看守所和侦查机关提出变更意见，并将情况告知侦查监督部门，侦查监督部门应当督促侦查机关变更强制措施。五是在押犯罪嫌疑人及其律师认为不应当羁押或者不适宜羁押的，可

---

① ［德］克劳思·罗科信：《刑事诉讼法》（第24版），吴丽琪译，法律出版社2003年版，第300页。

② 同前，第300页。

③ ［法］《法国刑事诉讼法典》，罗结珍译，中国法制出版社2006年版，第151页。

④ 江涌：《未决羁押制度的研究》，中国人民公安大学出版社2011年版。

以向侦查机关申请取保候审，侦查机关应当在规定期限内进行审查并作出变更或者维持的决定，犯罪嫌疑人及其律师不服的，可以向检察机关投诉，检察机关应当进行审查。①

我国现实实践中的羁押不仅包括经由检察机关批准的逮捕，还包括由公安机关自行决定的拘留（现行法律进规定了逮捕后的羁押必要性审查）。因此，检察机关的羁押审查不仅是被动的等待侦查机关的申请，更多地应当采取主动审查方式，一方面通过强制措施共享平台、或听取犯罪嫌疑人及其辩护人的意见、或其他渠道掌握的相关书面材料审查羁押的合法性和合理性，另方面定期或不定期巡视羁押场所，更为充分地了解被羁押人的诉求。对于侦辩双方对羁押争议较大的案件，应组织听证会，在犯罪嫌疑人、辩护人充分表达其理由的前提下做出是否撤销羁押的决定。对该决定不服，侦辩双方都有申请复核的权利。

另外，根据涉嫌犯罪的轻重差异，可对羁押期限在原则上作出相应的最高限额规定，便于司法实践中对羁押决定、执行机关的约束和审查机关的归类审查。如意大利法律规定，如果诉讼针对的是应当判处6年以下有期徒刑的犯罪，羁押期限为3个月；如果诉讼针对的是应当判处20年以下有期徒刑的犯罪，羁押期限为6个月；如果诉讼针对的是应当判处20年以上有期徒刑或者无期徒刑的犯罪，羁押期限为1年。

（四）审查后作出的决定及其效力

我国现行法律规定，在审查后，检察机关应当及时作出建议撤销或维持羁押的决定，被建议机关应当在10日内回复处理情况。但是如果被建议机关没有再规定期限内回复，或者检察机关对回复处理情况不满意，现行法律没有进一步的规定。笔者认为，应当明确检察机关撤销不当羁押的权力，在接到撤销羁押决定时，即使不服该决定并且提请复核，羁押机关应当立即释放犯罪嫌疑人或变更为非羁押性强制措施；羁押机关有权向作出撤销决定的上一级检察机关提请复核。

---

① 万春：《减少审前羁押的若干思考》，载《河南社会科学》2011年第3期。

论刑事诉讼法第 93 条羁押必要性审查规定的后位适用

项 谷[*] 张 菁[**] 姜 伟[***]

修改后刑事诉讼法第 93 条（以下简称"第 93 条"）规定，犯罪嫌疑人、被告人被逮捕后，人民检察院仍应当对羁押的必要性进行审查。对不需要继续羁押的，应当建议予以释放或者变更强制措施。有关机关应当在 10 日以内将处理情况通知人民检察院。该条新增规定与刑事诉讼法中原有的第 94 条、第 95 条、第 96 条和第 97 条共同构成了捕后处理、变更、撤销的制度体系（以下简称"捕后处理制度体系"）。在修改后的刑事诉讼法实施过程中，由于对第 93 条与相邻法条关系认识不清，出现适用概念泛化、范围扩大的现象。为确保 93 条及相邻条文的正确适用，需要对其之间适用关系辨析明确。

一、刑事诉讼法第 93 条与相邻法条适用关系中的问题

刑事诉讼法第 93 条至第 97 条均属于捕后处理制度体系的组成部分，其中，第 93 条是关于检察机关审查继续羁押必要性的规定；第 94 条是关于办案机关撤销或变更不当强制措施的规定；[①] 第 95 条是关于当事人申请变更强制

---

[*] 上海市人民检察院第一分院研究室主任，检委会委员，检察员，第三批全国检察业务专家，第三届上海检察机关检察业务专家。
[**] 上海市人民检察院第一分院研究室副主任。
[***] 上海市人民检察院第一分院研究室助理检察员。
[①] 刑事诉讼法第 94 条：人民法院、人民检察院和公安机关如果发现对犯罪嫌疑人、被告人采取强制措施不当的，应当及时撤销或者变更。公安机关释放被逮捕的人或者变更逮捕措施的，应当通知原批准的人民检察院。

措施的规定；① 第 96 条是关于羁押期限届满未能结案应当如何处理的规定；② 第 97 条是关于强制措施法定期限届满如何处理的规定。③ 最高人民检察院《人民检察院刑事诉讼规则（试行）》（以下简称《刑诉规则》）第 616 条至第 621 条对刑事诉讼法第 93 条进行了补充细化，对检察机关如何开展羁押必要性审查作出具体规范。但在实践中，检察机关履行刑事诉讼法第 93 条赋予的审查职责时，出现了与相邻法条适用范围重叠、职能交叉等问题。

（一）《刑诉规则》补充细化规定引发第 93 条与相邻法条适用的复杂性

相对于刑事诉讼法第 93 条规定，《刑诉规则》第 616 条至第 621 条在启动方式、审查内容与适用案件范围等方面突破了法条的文义，引发了第 93 条与相邻法条适用关系的复杂性。一是《刑诉规则》第 617 条赋予当事人羁押必要性审查申请权与第 95 条变更强制措施申请权的混淆。第 93 条规定检察机关依职权审查羁押必要性的内容，而《刑诉规则》第 617 条赋予了犯罪嫌疑人、被告人及其法定代理人、近亲属或者辩护人（以下简称"当事人"）向检察机关申请启动羁押必要性审查的权利，④ 以致实践中第 93 条与第 95 条适用混淆。二是《刑诉规则》第 619 条细化不羁押理由导致第 93 条与第 96 条、第 97 条适用关系复杂。由于《刑诉规则》第 619 条第（六）项将"羁押期限届满"作为无羁押必要性情形之一，而羁押期限包括捕后侦查羁押、审查起诉、一审等办案期限，故使第 93 条与第 96 条适用情形有所重叠。同时，当发生逮捕措施法定期限届满情况时，办案机关还可依据第 97 条直接释放或变更强制措施，这也使第 93 条与第 97 条的适用关系趋于复杂。三是《刑诉规则》第 621 条扩大受案范围引发检察环节自行适用第 93 条的争议。第 93 条羁押必要性审查适用的案件应当是公安机关、法院等其他有关机关办理的案件，《刑诉

---

① 刑事诉讼法第 95 条：犯罪嫌疑人、被告人及其法定代理人、近亲属或者辩护人有权申请变更强制措施。人民法院、人民检察院和公安机关收到申请后，应当在三日以内作出决定；不同意变更强制措施的，应当告知当事人，并说明不同意的理由。

② 刑事诉讼法第 96 条：犯罪嫌疑人、被告人被羁押的案件，不能在本法规定的侦查羁押、审查起诉、一审、二审期限内办结的，对犯罪嫌疑人、被告人应当予以释放；需要继续查证、审理的，对犯罪嫌疑人、被告人可以取保候审或者监视居住。

③ 刑事诉讼法第 97 条：人民法院、人民检察院或者公安机关对被采取强制措施法定期限届满的犯罪嫌疑人、被告人，应当予以释放、解除取保候审、监视居住或者依法变更强制措施。犯罪嫌疑人、被告人及其法定代理人、近亲属或者辩护人对于人民法院、人民检察院或者公安机关采取强制措施法定期限届满的，有权要求解除强制措施。

④ 《人民检察院刑事诉讼规则（试行）》第 618 条：犯罪嫌疑人、被告人及其法定代理人、近亲属或者辩护人可以当事人民检察院进行羁押必要性审查，申请时应当说明不需要继续羁押的理由，有相关证据或者其他材料的，应当提供。

规则》第621条将案件范围扩展至检察机关的在办案件,① 由此引发对检察机关自行侦查、审查起诉的案件是否适用第93条产生争议。

(二)在侦查、审判阶段第93条与第94条、第95条适用竞合关系较为混乱

由于《刑诉规则》增设当事人对羁押必要性审查的申请权,因而实践中在侦查、审判阶段出现了当事人不依据第95条向公安机关、法院申请变更强制措施,而是依据第93条向检察机关申请羁押必要性审查,或者当事人不说明法律依据直接要求释放或变更强制措施的情况。检察机关是否应受理申请,以及如何处理第93条与第95条的关系,实践中认识分歧很大。一种意见是主动适用,认为第93条与第95条适用没有先后顺序,在检察环节和其他办案机关环节均可主动适用第93条进行羁押必要性审查,当事人申请启动羁押必要性审查和申请变更强制措施的权利都应当充分保障,当事人向检察机关提出申请是对检察机关的信任,不能将当事人"拒之门外"推给其他办案机关。另一种意见是选择适用,认为第93条是对各个办案机关在自己阶段依职权审查的一种补充,但检察机关不能自行选择适用,应由当事人选择,当事人选择第93条的就用第93条。还有一种意见是有限适用,认为第93条是第94条至第97条的事后救济条款,不是当事人申请变更强制措施的常规程序,而是其他办案机关拒绝变更强制措施后的救济程序和诉讼监督程序,当事人向其他办案机关提出申请,其他办案机关驳回申请后才能受理。② 上述认识和做法上的分歧不仅影响妨碍甚至"挤占"了其他办案机关依法履行限制逮捕适用的诉讼职能,如有的公安机关直接将申请变更强制措施的当事人推向检察机关,也混淆了检察机关诉讼职能与诉讼监督的区别,导致有的检察机关为扩大工作影响,片面追求案件数量,将不该捕的捕了,从而增加捕后无必要羁押的人数。

(三)在审查起诉阶段等检察环节能否适用第93条争议较大

由于《刑诉规则》将检察机关正在办理的案件纳入羁押必要性审查受案范围,按此规定,对检察机关办理的案件,也可以适用第93条。当事人在检察办案环节申请变更强制措施的,应依据第93条还是第95条处理有不同意见。一种意见认为,第93条是为检察机关"量身定制"的诉讼监督职权,对

---

① 《人民检察院刑事诉讼规则(试行)》第621条第2款:对人民检察院办理的案件,经审查认为不需要继续羁押犯罪嫌疑人的,应当建议办案部门予以释放或者变更强制措施。具体程序按照前款规定办理。

② 程宏谟:《羁押必要性审查的实践思考》,载《检察日报》2013年8月19日。

象为其他办案机关，适用第 93 条会导致"自己建议自己"的悖论。① 审查起诉阶段依当事人申请进行羁押必要性审查的，应当由检察机关自行决定释放或变更强制措施，无需增加程序，也不存在"建议"的问题。另一种意见认为，在检察办案环节也可以适用第 93 条，② 有的检察机关明确将当事人向检察机关申请变更强制措施作为羁押必要性审查的启动条件之一。还有一种意见甚至将第 93 条中"对不需要继续羁押的，应当建议予以释放或者变更强制措施"理解为，检察机关对不需要继续羁押的，既可以建议公安、法院等办案机关予以释放，也可以"自行"变更强制措施。据不完全统计，目前检察机关开展羁押必要性审查工作，有将近一半的案件属于"审查起诉阶段的案件"。实践中还有的检察机关在审查起诉阶段进行羁押必要性审查后，对认为无羁押必要性的犯罪嫌疑人不是直接决定变更，而是先退回补充侦查，然后再向侦查机关提出变更强制措施的建议，人为适用第 93 条。

二、确立刑事诉讼法第 93 条在捕后处理制度体系中的后位适用原则

综合实践中和认识上的分歧，争议问题可以集中概括为：刑事诉讼法新增的第 93 条与刑事诉讼法原有法条第 94 条、第 95 条、第 96 条和第 97 条是优先适用、还是后位适用抑或并行适用的关系。我们认为，在法条排列顺序上，第 93 条虽然置于第 94、95、96、97 条之前，但在具体适用时应当遵循后位适用原则。

（一）捕后处理制度体系的内在系统协调蕴含第 93 条的后位适用

第 93 条至第 97 条各自有适用范围、对象，应当通过司法解释成为协调一致、逻辑统一的整体，严格相关适用条件，尽量减少竞合适用的模糊边界。

一是从规范性质的角度来看，第 93 条、第 94 条、第 96 条和第 97 条都是从办案机关的角度出发，对其作授权性的规定，属于权力条款。而只有第 95 条是从当事人的角度作授权性规定，属于权利条款。

二是从法律效果来看，第 93 条与相邻法条最大的区别在于，它赋予检察机关一项诉讼监督职能，授权检察机关向其他办案机关提出释放或者变更强制措施的建议，在公检法办案机关之间发生效力。而依据其他相邻条文，办案机关可以在各自负责的诉讼阶段作出释放、变更或者解除强制措施的决定，法律

---

① 参见顾永忠、李辞：《捕后羁押必要性审查制度的理解与适用》，载《国家检察官学院学报》2013 年 1 月。

② 参见刘凌轩、赵亮：《审查起诉阶段如何进行羁押必要性审查》，载《检察日报》2013 年 1 月 16 日。

效果体现在办案机关和犯罪嫌疑人、被告人之间。

三是从救济对象来看，第93条与相邻法条都是要纠正逮捕适用中侵犯人权的现象，为犯罪嫌疑人、被告人提供法律救济途径，但是救济的对象不同。第93条针对的是"不当羁押"，即"在逮捕以后，如果情况发生变化，羁押的必要性不复存在"，继续羁押违背了比例原则，造成了对犯罪嫌疑人、被告人不必要的自由限制。第94条针对的是"错误羁押"，即不符合法定逮捕条件而逮捕的情况，因此，检察机关可以据此撤销原逮捕决定。而第96条和第97条针对的是"超期羁押"，即办案期限即将届满或者逮捕期限即将届满的情况。

（二）诉讼监督的性质决定第93条的后位适用

诉讼监督权，是指检察机关依照法律规定对诉讼活动实行监督，发现和纠正违法的权力。检察机关通过履行对诉讼活动的监督职能，可以促使诉讼中的违法情况得到纠正。① 因此，诉讼监督权的行使以其他办案机关的诉讼活动为前提，以其他办案机关履行职能的执法活动为监督对象，其他办案机关的诉讼职能是第一位的，而检察机关的诉讼监督是第二位的。这是由法律监督是一种事后性监督的基本内涵决定的，诉讼监督职能只有等到其他办案机关的职务活动的违法行为达到一定程度后才能启动。②

第93条规定的羁押必要性审查是检察机关的一项诉讼监督职能。羁押必要性审查结果的处理为"建议"，意味着审查结果的处理存在或然性，体现了诉讼监督的程序性特征，即启动相关自行纠错程序，而非代替相关机关纠正错误，表明第93条是一项诉讼监督职能。检察机关决定是否批准或撤销逮捕、批准延长侦查羁押期限、侦查或者审查起诉期间主动发现或根据当事人申请对逮捕措施不当的撤销或变更都是基于诉讼职能对羁押强制措施进行的监督审查。③ 根据第94条至第97条规定，法院、公安机关都有在逮捕后各自负责的诉讼阶段变更强制措施，以减少羁押适用，保护犯罪嫌疑人、被告人权利的诉讼职能。因此，第93条作为刑事诉讼法赋予检察机关独有的、专门针对其他办案机关不积极履行或怠于履行诉讼监督职权的监督职权，相对于第94、95、96、97条办案机关的诉讼职权而言，体现诉讼监督的程序性、事后性和被动型，属于后位适用权限。

---

① 朱孝清、张智辉主编：《检察学》，中国检察出版社2010年版，第398页。
② 朱孝清、张智辉主编：《检察学》，中国检察出版社2010年版，第186页。
③ 参见卢乐云：《论"逮捕后对羁押的必要性继续审查"之适用》，载《中国刑事法杂志》2012年第6期。

（三）办案机关的职能分工要求第 93 条的后位适用

从权责一致原则看，公检法各办案机关在自己负责的诉讼阶段都有权决定是否继续羁押犯罪嫌疑人、被告人，而且程序主管机关的决定权应当优先，因为羁押作为强制措施的主要目的是保障诉讼程序的正常进行。公安、检察和法院分别是侦查、审查起诉和审判阶段的程序主管机关，在自己负责的诉讼阶段有权决定采取何种程序保障措施。

从权责内容看，刑事诉讼法第 93 条监督的诉讼活动不是逮捕措施适用的本身，而是逮捕后公安、法院等办案机关"不需要羁押而继续羁押"犯罪嫌疑人、被告人的诉讼活动或者状态。因此，并非犯罪嫌疑人、被告人已逮捕，检察机关就可以启动此项诉讼监督，而是须待公安、法院等其他办案机关在羁押的法定理由消失后，仍确定继续羁押犯罪嫌疑人、被告人，检察机关才能启动第 93 条规定的羁押必要性审查。相反，不待其他办案机关依当事人申请或者主动变更强制措施，而直接启动羁押必要性审查，有违诉讼监督职能的性质定位。

（四）保障人权和诉讼效率原则需要第 93 条的后位适用

第 93 条检察机关对羁押必要性的审查意见，仅是程序建议权而非实体决定权，仍需要其他办案机关启动自己的羁押必要性的审查。而第 94 条至第 97 条赋予办案机关的实体处分权，能够直接发生释放或变更强制措施的法律效力。当第 93 条与相邻法条发生适用竞合时，优先适用第 94 条至第 97 条，更符合直接有效的诉讼效率原则。

第 93 条又因高检院赋予当事人申请权成为一项司法救济机制。作为监督被羁押人合法权利是否得到保障的最后手段，应当在穷尽其他诉讼程序后再寻求救济程序。而第 94 条至第 97 条就是被羁押人要获得捕后变更强制措施的常规途径，优先适用第 94 条至第 97 条，有利于及时保障被羁押人合法权利。

三、刑事诉讼法第 93 条后位适用原则的具体适用

从刑事诉讼法第 93 条相对于第 94 条至第 97 条"后位适用"的原则出发，我们对正确适用第 93 条及相邻法条提出如下建议：

（一）在侦查、审判阶段依当事人申请启动审查一般不主动优先适用第 93 条

在侦查、审判阶段，当事人提出申请的，检察机关一般不主动优先适用第 93 条启动审查，而应由公安、法院自行审查决定是否释放或变更强制措施。具体而言，当事人在侦查、审判阶段向检察机关提出申请的：（1）如其系依据第 95 条申请变更强制措施的，可不予受理并告知当事人直接向公安、法院

提出申请；（2）如其系依据第93条申请羁押必要性审查的，可不予受理并告知当事人依据第95条向公安、法院申请变更强制措施；（3）如其系公安、法院驳回申请后又向检察机关提出申请的，可以参照立案监督做法，将其提供的材料移送公安、法院，要求公安、法院说明不予释放或变更强制措施的理由；（4）如审查发现公安、法院说明理由不充分、依据不足或者不说明理由的，则可以依据第93条依当事人申请启动审查程序。

（二）在侦查、审判阶段依职权启动审查可主动适用第93条

在侦查阶段、审判阶段，检察机关对公安、法院的在办案件，发现犯罪嫌疑人、被告人不需要继续羁押的，应当适用第93条依职权主动启动羁押必要性审查，并向公安、法院提出建议。在适用第93条时，必须坚持严格依法适用原则，不能突破法定的适用条件、范围、程序等底线，当前尤其要杜绝扩大适用范围，防止向前延伸至拘留、逮捕期间，向后延伸至判决执行期间。同时还应突出监督重点，对于适用简易程序的快审快结案件，一般无需在审判阶段另行启动羁押必要性审查程序。

（三）在审查起诉等检察环节一律不适用第93条

检察机关在自行侦查、批准延长侦查羁押期限、审查起诉等检察职能履行环节，主动发现或者根据当事人申请发现逮捕不当而予以撤销或变更的，是基于诉讼职能履行的羁押必要性审查，不适用第93条，完全可以对应刑事诉讼法赋予的相关职权，直接作出不批准延长侦查羁押期限、不起诉、释放或者变更强制措施的决定。

具体而言：（1）检察机关的侦查监督、公诉、反贪、反渎等部门在办案过程中，不论是依当事人申请还是依职权主动发现不需要继续羁押犯罪嫌疑人、被告人的，可直接适用第94、95条规定作出变更逮捕措施的决定；（2）对于出现涉及犯罪嫌疑人、被告人被羁押的案件不能在法定期限内办结的和强制措施期限届满的，应直接适用第96条或第97条；（3）对于其他检察环节，可以依据刑事诉讼法相关规定，直接作出不批准延长羁押期限、不起诉等决定；（4）对于自侦案件，当事人在侦查阶段提出申请变更强制措施或释放申请的，应由侦查部门适用第95条进行变更强制措施审查；侦查部门不同意变更强制措施，当事人又提出申请羁押必要性审查的，因与"上提一级"审查逮捕制度衔接，可由上一级院侦查监督部门审查。

（四）规范对当事人申请羁押必要性审查常见情形的处理

当事人向检察机关申请羁押必要性审查遇有下列情形的，区别情况作出是否适用第93条处理：（1）对于有证据证明被羁押人患有严重疾病、生活不能自理、怀孕等不适宜羁押的，因情况紧迫，建议其直接向在办案件的办案机关

提出申请，更便于迅速有效地保障其合法权利，监所检察部门收到申请的，应会同看守所及时将线索材料移送有关办案机关；（2）对于逮捕措施法定期限即将届满的，有关办案机关必须立即作出释放或变更强制措施的决定，检察机关启动羁押必要性审查可能造成增加羁押时间，建议其直接向有关办案机关提出申请；（3）对于案件处于审查起诉阶段，但在退回补充侦查期间，当事人向检察机关提出申请的，因案件重新回到侦查状态，不宜受理，转由侦查机关进行羁押必要性审查；（4）对于适用 20 日审理期限的简易程序案件，因此类案件均快审快结，另行启动羁押必要性审查程序无实质意义，可以不予受理并作出必要释明，也不转至法院；（5）对于被羁押人可能被判处 10 年以上有期徒刑甚至可能判处无期徒刑、死刑的，因罪行性质严重，属于应当逮捕的案件，应视为有羁押必要，除有严重疾病等身体原因外，一般不予受理；（6）对于当事人提出案件事实、证据或情节发生变化，或无妨害诉讼、符合取保候审条件等实体条件，因涉及案件事实证据认定，需要调查判断，由于案件正由公安、法院办理过程中，一般不宜受理，避免影响干扰正常的侦查、审判活动。

英国保释制度及其对我国羁押必要性制度的镜鉴

叶良芳* 徐春晓**

一、引言

长期以来，刑事诉讼中的高羁押率，一直是理论和实务研究者关注的一个热点和焦点，并广受诟病。根据最高人民检察院 2009～2011 年的工作报告，2009 年全国检察机关共提起公诉 1134380 人，批准逮捕刑事犯罪嫌疑人 941091 人，羁押率为 82.9%；2010 年提起公诉 1148409 人，批准逮捕 916209 人，羁押率为 79.8%；2011 年提起公诉 1201032 人，批准逮捕 908756 人，羁押率为 75.6%。① 经过简单计算，我们就可以发现，虽然这三年全国检察机关的羁押率有下降的趋势，但其平均羁押率仍有 79.4%，且这其中还排除了人民检察院自己侦查并决定逮捕的案件以及人民检察院在批准逮捕以后做出不起诉决定的案件，再加上人民法院直接受理案件中决定逮捕的情况，不难想见，刑事司法中实际羁押率要远比 79.4% 高。

2012 年 3 月 14 日，第十一届全国人民代表大会第五次会议通过的《关于修改〈中华人民共和国刑事诉讼法〉的决定》第 32 条规定："增加一条，作为第九十三条：'犯罪嫌疑人、被告人被逮捕后，人民检察院仍应当对羁押的必要性进行审查。对不需要继续羁押的，应当建议予以释放或者变更强制措施。有关机关应当在 10 日以内将处理情况通知人民检察院。'"根据这一规定，修改后的刑事诉讼法第 93 条增设了羁押必要性审查制度。

修改后的刑事诉讼法创设的羁押必要性审查制度，为我国降低羁押率提供了有力的法律武器。但美中不足的是，对于羁押必要性审查制度，我国现行刑

---

* 浙江大学光华法学院教授、博导。
** 浙江大学光华法学院硕士研究生。
① 参见《最高人民检察院工作报告》（2010～2012）。

事诉讼法只有一条原则性规定，尚不足以有效规范和指导实践。对此，最高人民检察院、最高人民法院和公安部均在最新的司法解释和程序规定中对各自应承担的职责进行了明确，但从条文内容来看，仍不够细致和全面，对诸如羁押必要性审查的主体、程序、审查后的处理及权利救济等具体的操作性问题均未作出细致的规定，以至于在实践中产生了一些新的问题。因此，有必要在借鉴国外立法经验的基础上，立足于我国司法体制的实际状况，进一步探讨落实并完善我国的羁押必要性审查制度。

二、我国当前羁押必要性审查制度实践中存在的问题

（一）羁押必要性审查程序需要进一步完善

检察机关作为开展羁押必要性审查的机关比较符合我国司法体制的实际，因其为批准逮捕的机关，基于对案件情况的掌握，更有助于推动羁押必要性审查的开展，但是目前相关的实施细则仍不够细致和全面，还缺乏具体操作程序和标准。比如羁押必要性审查的案件范围、审查内容、判断标准等方面不尽详细；再如羁押必要性审查的启动程序、适用主体、运作程序、权利救济等方面均没有作进一步地规定，造成基层检察机关在开展捕后羁押必要性审查工作中形式各异，不能更好地体现捕后羁押必要性审查工作的严肃性和法律性。从修改后的刑事诉讼法要求尊重和保障人权的角度来说，要最大限度地减少不必要地羁押，但就目前基层检察院的实践情况来看，有的承办人员因担心犯罪嫌疑人重新犯罪或逃跑，害怕对作出的司法行为承担相应的责任，更愿意作出维持的决定。

（二）羁押必要性审查裁决缺乏刚性规定

修改后的刑事诉讼法仅仅明确了检察院对羁押必要性审查享有建议权，而没有决定权，[①] 对侦查机关或部门不予采纳建议的情形没有后续手段，缺乏刚性的规定，这可能使羁押必要性审查流于形式。这种权力的配置同司法实践的要求是不相适应的。在当前的司法权力体系中，公安机关依然属于强势机构，对于检察机关的建议可能会忽视或者变通执行，这样会大大折损该制度的威信，从而导致制度被虚置。

（三）审查裁决后缺乏救济措施

当前，羁押必要性审查有两种启动方式：依职权主动启动和依申请被动启动，前者是检察机关所进行的自我纠错程序，后者是向作出批捕逮捕决定的检

---

① 修改后的刑事诉讼法第 93 条规定，人民检察院对捕后案件进行羁押必要性审查，"对不需要继续羁押的，应当建议予以释放或者变更强制措施"。

察机关提出,是否批准完全取决于检察机关。这种行政式的审查方式,由于没有救济途径,缺乏"保障性"。犯罪嫌疑人、被告人对于逮捕后羁押必要性审查决定不服时,"立法并未赋予被羁押人再次申请复议及上诉的权利,其最终救济效果并不理想"。① 救济措施是权利行使的前提,缺乏救济措施的权利仅仅是一种"纸上的权利",而不是"现实的权利"。

(四)起诉、审判阶段羁押必要性审查监督盲区

我国只规定了侦查阶段的羁押期限,审查起诉、审判阶段只规定办案期限而都没有规定羁押期限,办案期限即是羁押期限。人民法院延长办案期限事实上就延长了羁押期限,而这一阶段的羁押必要性审查一直是监督盲区。在轰动一时的吴英集资诈骗案中,从2007年2月吴英被逮捕,到2012年5月终审被改判为死缓,其羁押期间已长达5年零4个月之久。现实中还有很多被羁押人,由于其被羁押的时间已经达到或者超过了其应当被判处的刑罚,为了避免国家赔偿或者引起上访、申诉,人民法院一般根据羁押时间判处刑罚,造成了羁押"绑架"犯罪的情况。

三、英国保释制度考察

各国的保释制度中,以英国的历史最为悠久。英国保释制度赖以产生和发展的两个深厚的理论基础,一是任何公民都享有人身自由权;二是无罪推定原则。正是基于此,任何人在被依法判处有罪之前,都是无罪的,在等待法庭审理的时候,就应当享有自由的权利。

(一)保释的权力主体

保释的权力主体是指有权作出保释决定的机关或个人。根据英国法的规定,有权作出保释决定的主体主要有以下四种人员:

1. 法官

法官是最主要的作出保释决定的主体。法官在决定是否准予被告人保释时,通常应当考虑以下因素:②(1)被告人受到正式指控的犯罪的性质、严重程度和可能受到的处罚;(2)被告人受到逮捕的犯罪的性质、严重程度和可能受到的处罚;(3)被告人在以前保释期间被交付审判的犯罪的判刑情况;(4)任何被告人以前被判刑的情况,包括正在上诉的被判刑情况;(5)任何其他有关被告人正在受到正式指控和正在等候审判的犯罪的情况;(6)支持正式指控的证据的性质和证明力;(7)被告人是否属于累犯。

---

① 房国宾:《审前羁押替代措施之理性分析》,载《贵州社会科学》2010年第11期。
② 徐静村、潘金贵:《英国保释制度及其借鉴意义》,载《现代法学》2003年第6期。

2. 警察

根据英国1984年警察与刑事证据法第四部分、1994年刑事审判与公共秩序法第27条，警察在以下两种情况下，也有权作出保释决定：一是在逮捕时，逮捕犯罪嫌疑人的警察可以作出保释决定；二是在逮捕后，羁押警察也可以作出保释决定。

3. 司法行政官

1995年刑事诉讼法（苏格兰）第23条第1款规定，任何受到刑事指控的人有权向司法行政官申请保释。由此可知，司法行政官也是作出保释决定的主体。

4. 验尸官

根据1787年验尸官法和1976年保释法的规定，验尸官亦拥有保释决定权：验尸官勘验控告某人犯有谋杀罪、过失杀人罪或杀婴罪，如果先前未签发逮捕令，验尸官应当对该人签发逮捕令。验尸官可以准予受该指控的人保释，被保释人应当在刑事法院出庭。

（二）保释的程序

在英国，保释程序在诉讼程序的不同阶段均可提起。

1. 实施逮捕阶段

在实施逮捕阶段，保释权力主体是警察。犯罪发生后，由警察赶到现场实施逮捕，然后迅速将被逮捕人带到警察局，由拘留警察进行讯问并作记录，拘留警察有权决定对被逮捕人拘留、无条件保释或者有条件保释。这是一般规定，但是也有例外，如根据1984年警察与刑事证据法的规定，允许警察在逮捕时，现场给予被捕人保释，而不必将被捕人带到警察局。

2. 治安法院阶段

在治安法院阶段，保释权力主体是治安法官。犯罪嫌疑人送到治安法院，法庭必须听取检察官和犯罪嫌疑人律师的意见，以决定是否对犯罪嫌疑人进行保释。具体做法是检察官把案件情况告诉法官，明确指控哪种罪行，现有证据如何，就是否适用保释提出自己的意见。在检察官对保释提出看法后，由犯罪嫌疑人的律师对保释问题发表意见，通过反驳检察官的意见说服法官准予保释。

3. 其他

刑事法院、高等法院、上诉法院、最高法院均有权在权力范围内作出保释决定，其做法与治安法院相同。

（三）保释的救济程序

为了保证保释制度的有效运作，维护当事人的合法权益，英国法还规定了较为详细的申请保释人对保释决定和控诉方对保释决定的救济程序。

1. 申请保释人对保释决定的救济

1995年刑事诉讼法（苏格兰）规定申请保释人对保释决定不服的，可以有两种救济方式：一是申请复审；二是提出上诉。该法第30条规定，如果法院拒绝接受保释申请，或者申请人不能接受保释附加的条件或要求交纳的保证金数额高，申请保释人可以向法院请求复审。根据申请，法院有权对其作出的允许保释的决定或其附加的条件进行复审，并根据查明的情况，准予申请人获得保释或者对保释附加不同的条件。复审并不影响申请人针对法院有关允许保释的决定或附加的条件提出上诉的权利。该法第32条规定，如果被告人在依据法律规定的正当理由被羁押后提出的保释申请或者被告人对犯罪本身存在异议而提出的保释申请被拒绝，或者被告人不同意保释附加的条件，被告人可以向高等法院提出上诉。

2. 控诉方对保释决定的救济

英国法不仅规定申请保释人对保释决定不服的救济方式，而且在进入20世纪90年代后，立法也加强了控诉方对保释决定不服的救济。1993年保释法（修正案）就是一部专门规定控诉方不服准予保释决定如何救济的法律。根据该法规定，如果治安法院对一个被正式指控或已经判决确定犯有应被判处5年以上监禁的罪行的人，或者犯有1968年盗窃法第12条或该条第1款规定的罪行的人准予保释，控诉方可以针对该保释决定向刑事法院提出上诉。

1995年刑事诉讼法（苏格兰）也规定了控诉方对准予保释决定不服的，可以有两种救济方式：一是申请复审；二是提出上诉。该法第31条规定，如果检察官在法院准予某人保释时提出了证明不应保释的证据材料，则该检察官在法院作出准予保释决定后任何时候均可向法院提出复审申请。法院在对该申请进行听证后可以撤回准予保释的决定并且将被告人羁押，或者继续准予在原条件或不同条件下予以保释。

四、我国羁押必要性审查制度的完善

通过对英国保释制度的比较分析，可以看到，保释的适用范围非常广泛，是犯罪嫌疑人、被告人的一项权利，同时也是一种诉讼制度，并且保释制度一般具有较强的程序性，它更加注重人权保障。法律上虽然规定被保释人的很多权利，但是如果违反保释义务也要承担相应的法律责任。这也正是我国的羁押必要性审查制度的价值目标所在。因此，我们应当在对诉讼理念进行反思的基础上，借鉴英国的保释制度，对现行的羁押必要性制度进行本土化的落实和完善。

（一）羁押必要性审查的主体

修改后的刑事诉讼法第93条并没有对行使羁押必要性审查的具体归属作出规定，而理论界一般有三种主张：一是由侦查监督部门来审查；① 二是由公诉部门来审查；② 三是由监所检察部门来审查。③

2012年10月16日通过的最高人民检察院《人民检察院刑事诉讼规则（试行）》（以下简称《刑诉规则》）第617条最终确立了在侦查阶段和审判阶段分别由侦查监督部门和公诉部门负责的办案模式，同时，监所检察部门在监所检察工作中如果发现不需要继续羁押情形的，也可以向有关机关提出释放或者变更强制措施的建议。可见，最高检最终是采取了侦查监督部门、公诉部门分段负责，监所全程监督的模式。

我们认为，检察院行使诉讼监督的职能，无论由哪一部门主导都各有利弊。第一，若由侦查监督部门主导，由于熟悉案情，可以提高司法审查的效率，但是存在以下几个问题：一是部分侦查监督干警存在思想上的误区，认为捕后变更强制措施，是对之前逮捕决定的推翻而不愿审查，这就使羁押必要性审查的效果大打折扣；二是对批准逮捕案件的思维定势，也影响对羁押必要性作出理性判断。第二，若由公诉部门主导，可以与其变更强制措施决定权相衔接，但是，由于公诉部门是追诉机关，具有维持羁押的天然倾向，无法保证审查的中立性，且加重了公诉部门案多人少的矛盾。第三，若由监所检察部门主导，固然可以使审查的中立性得到提升，也可以及时了解被羁押人的思想动态。但监所检察部门人员对案件并不熟悉，倘若对案件进行重复审查，不利于司法效率的提升。基于此，我们认为，基于诉讼监督意义的审查权，应由侦查监督、公诉、监所检察三部门分阶段，分工合作，宜将监所检察部门定位为调

---

① 即侦查监督部门享有羁押必要性审查的最终决定权，公诉部门仅可以提出变更强制措施的意见。其中，侦查监督部门负责对捕后案件进行羁押必要性审查；公诉部门的主要职责是，在审查起诉阶段，对羁押持续的必要性进行判断并作出决定；监所检察部门负责监督侦查机关对羁押措施的执行情况，并对在押人员的身体、思想情况实行动态监督。参见张兆松：《论羁押必要性审查的十大问题》，载《中国刑事法杂志》2012年第9期。

② 即在审查起诉环节建立羁押必要性审查机制。对于犯罪嫌疑人可能无继续羁押必要性的案件，由公诉部门案件承办人就个案进行提请，向本院办案部门提交《继续羁押必要性审查表》，启动审查机制。参见张青山、曲信奇：《论羁押必要性条件的司法审查模式》，载《法学杂志》2010年第5期。

③ 即由驻所检察官通过对犯罪嫌疑人、被告人的身体、思想等状况进行实时跟踪调查，制作《羁押必要性审查评估表》，在对各项数据进行综合分析的基础上，判断羁押的依据还是否存在。认为应当提出变更强制措施的，向本院侦查监督部门或公诉部门提出变更强制措施的检察建议。如果建议不被采纳，驻所检察官应及时要求相关部门书面说明不同意的理由并送部门负责人审查，如果书面说明不足以维持羁押的，应及时请院领导决定。参见但伟：《试析羁押必要性审查与看守所检察》，载《人民检察》2010年第24期。

节和补救的作用,即将被羁押人的思想动态、身体状况反映给侦查监督、公诉部门,由具体承办人结合全案进行审查。这一做法,也在实践中得到了较好的检验,如山东"芝罘模式"。①

(二) 羁押必要性审查的启动和期限

1. 审查的启动

羁押必要性审查是应依职权启动还是依申请启动,学界观点不一。《刑诉规则》第 616 条采用了主动启动与被动启动并重的方式,我们对此持赞成态度。

依职权启动羁押必要性审查,具体来说,即在侦查阶段,由侦查监督部门对逮捕后的案件进行跟踪审查,同时,在侦查机关提请延长侦查羁押期限时,进行羁押必要性审查。公诉部门在审查起诉和审判阶段,根据案件情况,对羁押必要性依职权和依申请进行审查。

依申请启动羁押必要性审查,应与刑事诉讼法第 95 条的规定结合起来。也就是说,当事人首先应该向侦查机关、人民检察院和人民法院申请变更强制措施,只有当该申请不被接受时,才可向人民检察院提请羁押必要性审查。

2. 审查期限

在捕后羁押必要性审查期限方面,依申请启动的羁押必要性审查在当事人提出请求并提供相关证明材料后,即应启动。而依职权启动的,应成为一种制度,应以定期审查为主,不定期抽查为辅。

(三) 羁押必要性审查后的处理

人民检察院审慎负责地对羁押的必要性进行审查后,应当依据审查结果,区别情形,做出相应的处理。而如上所述,实践中面临最大问题的,则是第三种情形,即人民检察院在审查以后,如果认为没有继续羁押必要的,应当依据修改后刑事诉讼法第 93 条和最高检《刑诉规则》第 621 条②向公安机关和人

---

① 2011 年山东省烟台市芝罘区人民检察院在被确定为全省羁押必要性审查试点院期间,确定了由侦查监督、公诉和监所检察部门作为羁押必要性进行审查的主体,并根据三部门的法定职能,划分了三部门在对羁押必要性审查工作中的职能。其中,监所检察部门的职责是将其定位为调节员,包括调查在押人员的羁押表现、接受在押人员要求解除羁押的申请,以及将上述信息传递给侦查监督、公诉部门的职责。自该机制运行以来,山东省烟台市芝罘区人民检察院共对 200 余人进行了羁押必要性审查,解除羁押 50 余人,没有发生一起影响诉讼的案件,取得了良好效果。

② 第 621 条 人民检察院向有关办案机关提出对犯罪嫌疑人、被告人予以释放或者变更强制措施的建议的,应当要求有关办案机关在 10 日以内将处理情况通知本院。有关办案机关没有采纳人民检察院建议的,应当要求其说明理由和依据。

对人民检察院办理的案件,经审查认为不需要继续羁押犯罪嫌疑人的,应当建议办案部门予以释放或者变更强制措施。具体程序按照前款规定办理。

民法院提出释放或者变更强制措施的建议。

我们认为,应当赋予人民检察院的"建议"以更强的法律效力,因为这是检察机关行使法律监督权的体现。有关机关在收到建议书后,应当对建议内容、理由和依据进行认真研究,并及时对羁押的必要性展开审查,认为不需要继续羁押的犯罪嫌疑人、被告人,应当立即释放或者变更强制措施,认为需要继续羁押的,应当说明理由,并将处理结果在10日内反馈给人民检察院。如果有关机关不在规定的时间范围内做出处理决定或者做出的处理决定不符合法律规定的,人民检察院可以向其发出《纠正违法通知书》,必要时可以通过其上级机关纠正其违法行为。

(四) 羁押必要性审查中的权利救济

为了加强对羁押必要性审查中对犯罪嫌疑人、被告人的权利保护,应当建立以下两项制度:

1. 建立羁押必要性说理制度[①]

联合国《公民权利和政治权利国际公约》规定"对被逮捕和羁押的人必须告知逮捕、羁押的理由以及不利于他的任何控告。"最高人民检察院2011年8月9日印发的《关于加强检察法律文书说理工作的意见(试行)》,要求各级人民检察院提高认识,积极推进检察法律文书说理工作。无论是继续羁押还是解除羁押,检察机关都应当以书面形式将理由和依据向当事人进行必要的说理和解释,以获取诉讼当事人的信赖和尊重,提高检察公信力。

2. 赋予犯罪嫌疑人、被告人及其法定代理人、近亲属或者辩护人申诉的权利

有权利必有救济,一旦检察机关在经过必要性审查后作出继续羁押的决定,而犯罪嫌疑人、被告人及其法定代理人、近亲属或者辩护人对这一决定有异议的,应当赋予其对继续羁押决定提起申诉的权利。

五、结语

我国的羁押必要性审查制度与英国的保释制度在法的精神上是一致的,都是"让犯罪嫌疑人从羁押中走到社会中来的做法",也都是人权原则和无罪推定原则在审前阶段的一个表现。虽然我国的羁押必要性审查制度仍处于不成熟的阶段,但其在修改后的刑事诉讼法中出现本身就是我国刑事诉讼立法的一个巨大的进步,它的存在为我国实践改变高羁押现状,保障被追诉者权利奠定了良好的基础,为我们今后的取保候审制度改革提供了重要的理论和实践依据,

---

① 张兆松:《论羁押必要性审查的十大问题》,载《中国刑事法杂志》2012年第9期。

其存在的价值不容忽视。

然而，我们也必须看到，想要在目前羁押必要性审查制度存在诸多不足之处的条件下取得我们所期待的效果并非易事，任重道远。我们必须将羁押必要性审查制度的落实和完善作为一个长期的目标，不断的在实践中摸索出路，不断的细化和完善相关规定。我们可以期待，在犯罪控制和正当程序立场日渐融合的当代，在我们的不懈努力之下，羁押必要性审查制度最终会发挥出其应有的价值。

逮捕后羁押必要性审查制度研究

黄 宁[*] 张敬香[**]

2009年下半年，逮捕后羁押必要性审查试点工作开始在湖北、山东等地部分基层检察机关开展，该制度由此进入司法改革的"试验田"。修改后的刑事诉讼法也正是在总结这些试点单位改革经验的基础上确立了逮捕后羁押必要性审查制度。下面笔者就该制度的价值功能、司法现状、存在的问题以及完善设想等方面进行探讨，以期对我国捕后羁押必要性审查在立法修改与司法适用中有所裨益。

一、逮捕后羁押必要性审查制度概述

（一）捕后羁押必要性审查的概念和特征

1. 捕后羁押必要性审查的概念

从广义上讲，捕后羁押必要性审查属于司法审查制度的范畴。司法审查制度是指"通过国家司法机关对其他国家机关行使公共职权活动进行审查，对违法行使公共职权活动予以纠正，并针对由此给公民、法人或其他组织的合法权益带来损害时给予司法救济的一种法律制度。"[①] 什么是捕后羁押必要性审查？目前未形成统一的、明确的界定。但作为一个法律术语，刑事诉讼法第93条对逮捕后羁押必要性审查的概念界定为：当犯罪嫌疑人或被告人被依法逮捕后，检察机关仍然有权应当对羁押的必要性进行审查，经依法审查后发现不需要继续羁押的，应当建议有关机关予以释放或者变更为其他非羁押性强制措施。同时有关机关在收到检察机关的检察建议后须在10日以内将处理情况通知作出检察建议的检察机关。综上，羁押必要性审查，是指检察机关对被有权司法机关依法作出批准或决定逮捕的犯罪嫌疑人、被告人有无继续羁押的必要予以进行审查，经依法审查后对无需继续羁押的，书面建议有关机关予以释

---

[*] 安徽省含山县检察院侦查监督科科员，检察员，法学硕士。
[**] 安徽省含山县检察院副检察长，检察员，法学学士。
[①] 罗豪才主编：《中国司法审查制度》，北京大学出版社1993年版，第1页。

放或变更为其他非羁押性强制措施的一种审查制度。

2. 捕后羁押必要性审查的特征

（1）捕后羁押必要性审查具有法定性

由于逮捕意味着被羁押者的人身自由被限制和剥夺。鉴于逮捕措施的严重后果性，为了避免任意和非法逮捕现象出现，需遵循依法进行审查这一原则。所谓"捕后羁押必要性审查法定原则"，是指在审查主体、审查内容、审查对象、审查程序、审查判断标准等诸多方面，都必须由刑事诉讼法予以明确规定，同时须严格依法适用，不能在法律规定之外任意非法滥用。

（2）捕后羁押必要性审查主体具有唯一性

与国外不同的是，我国由检察机关具体负责开展捕后羁押必要性审查工作。其主要理由：一是我国实行的是逮捕与羁押同时制度，不同于西方国家的逮捕与羁押分离制度；二是我国检察机关的法律地位独特，即系国家的法律监督机关。检察机关不仅代表国家对犯罪嫌疑人、被告人行使追诉权，还肩负对刑事诉讼活动的开展进行法律监督。正如检察机关对公安机关提请批捕的案件进行审查一样，因此立法上确立了该制度的审查主体是检察机关。

（3）捕后羁押必要性审查适用对象具有特定性

捕后羁押必要性审查的对象，并非所有的犯罪嫌疑人或被告人，而是指已经被检察机关批准（决定）或法院依法决定逮捕的犯罪嫌疑人或被告人。对被采取取保候审等强制措施的是否对其进行审查，虽然也属于检察机关依法开展法律监督活动的范围之内，但不是刑事诉讼法第93条规定的审查对象。

（4）捕后羁押必要性审查的司法监督控制措施具有专门性

捕后羁押必要性审查是专门针对已处于羁押状态之下的犯罪嫌疑人或被告人所开展的一项审查控制措施。它审查的核心不是审查当初批准或决定并执行逮捕时是否有必要依法逮捕犯罪嫌疑人或被告人，而是审查在犯罪嫌疑人或被告人被依法逮捕后是否需要继续羁押，经审查对无需继续羁押的，人民检察院应当建议公安机关、法院释放或者变更为其他非羁押性的强制措施。

二、捕后羁押必要性审查之价值功能

（一）尊重与保障人权，维护被羁押者合法权益

逮捕后羁押必要性审查机制的构建系尊重与保障人权的具体体现。在我国刑事诉讼活动中，被羁押者的人权曾被长期忽视，但近几年随着尊重与保障人权理念的不断深入，他们的人权逐渐被重视。"尊重和保障人权"的本质含义就是保障被羁押者的合法权益。"一捕到底、一押到底"一直是司法实践的普遍现象。从某种程度上说，这是对被羁押者的人权和相关合法权益的变相

"践踏"。因此,立法上确立此制度能够切实充分地维护他们的合法权益,体现了尊重与保障人权的基本精神。

(二) 落实宽严相济刑事政策,实现法律与社会效果有机统一

惩治与宽大相结合,是我们长期以来在刑事司法活动中必须予以坚持的基本刑事政策。最高人民法院于 2010 年出台的《关于贯彻宽严相济刑事政策的若干意见》,其中就有规定,即贯彻宽严相济的刑事政策,需要严格按照法律规定进行,确保法律的稳定与权威,实现法律与社会效果统一。同时,规定案件的处理要考虑到是否实现社会稳定、化解矛盾、社会和谐等目标。而捕后羁押必要性审查制度的确立,对轻微犯罪特别是因家庭、邻里纠纷引发的轻微刑事案件,犯罪嫌疑人系未成年人、初犯等的轻微刑事案件慎用逮捕措施,着力化解矛盾,促进和谐,实现法律效果与社会效果真正有机统一。

(三) 强化检察监督职能,防止不当羁押

在捕后羁押必要性审查制度层面上强调检察监督更加具有现实意义。正如培根所言:"一次不公正的裁判比十次犯罪行为尤为严重,因为这些犯罪行为不过弄脏了水流,而不公正的裁判会把水源破坏了。"[①] 作为国家法律监督机关,检察机关在刑事诉讼中的监督职能是双重的,既要强化惩治犯罪与保护人民,又要加强对人权的保障。根据刑事诉讼法相关的规定,公安机关对被逮捕的对象有权释放或者变更为其他非羁押性强制措施,但只需通知检察机关即可。由于只是"通知"而无制约权,故赋予检察机关对捕后羁押必要性进行审查,有利于强化对被羁押者有无继续羁押的必要进行检察监督,同时也有利于更好地减少羁押,避免不当羁押现象出现。

三、我国捕后羁押必要性审查制度现状

(一) 我国捕后羁押必要性审查之立法现状

立法上确立了逮捕后羁押必要性审查制度,为贯彻落实此制度,《人民检察院刑事诉讼规则(试行)》(以下简称《刑诉规则》) 第 616 条至第 621 条对该制度在内容上作出了更加具体且具有实践操作性的规定。从刑事诉讼法和《刑诉规则》的规定来看,逮捕后羁押必要性审查机制内容包括:审查主体、审查启动形式、审查方式、审查判断标准、审查中办案机关释法说理、申请主体提供证据义务等几个方面。

1. 审查主体

立法上规定检察机关是捕后羁押必要性审查机制的审查主体,《刑诉规

---

① [英] 弗兰西斯·培根:《培根论说文集》,商务印书馆 1983 年版,第 193 页。

则》第 617 条规定了，侦查与审判阶段分别由侦查监督和公诉部门负责。而监所检察部门享有针对羁押必要性审查提出相关意见的权利，并辅助侦查监督和公诉部门开展审查工作。可见，《刑诉规则》确立了我国逮捕后羁押必要性审查以业务部门为主、监所检察部门为辅的审查主体机制。

2. 审查启动形式

逮捕后羁押必要性审查程序的启动，立法上采取了主动和被动双重启动形式：一是人民检察院依职权主动启动；二是被羁押者及其本人近亲属或法定代理人、辩护人依法向检察机关提出申请。

3. 审查方式

对于逮捕后羁押必要性审查应当采取何种审查方式，实务界与理论界观点不一。"有的主张采用书面审查、有的主张采用听证式审查、有的主张采用书面与听证相结合方式审查。"① 鉴于采用听证方式可能导致刑事诉讼活动迟缓和耗费较多司法资源，在当前刑事案件日渐增多和基层检察机关面临"案多人少"的困境，要推行听证审查方式存在一些困难。而采用书面审查最大的优点就是时间短、简便高效。故结合上述两种审查方式的优缺点来看，立法上确立以书面审查为主，言词审查为辅的机制，可以更全面、客观地对已被采取逮捕措施的被羁押者进行羁押必要性审查。

4. 审查判断标准

刑事诉讼法未对捕后羁押必要性审查的标准作出具体规定，"如果完全靠检察机关自行行使自由裁量权去作出判断则可能会改变该制度的立法旨意。"② 笔者认为，其审查标准应包括以下两个方面：一是审查对被羁押者采取的逮捕措施是否合法；二是审查对被羁押者是否有继续羁押的必要。为了充分发挥该制度的作用，增强其在司法实践中的可操作性，必须要明确其制度审查判断标准。为此《刑诉规则》第 619 条规定了，如果存在案件证据发生重大变化，变化后的证据不足以证明被羁押者有犯罪事实或者犯罪行为；案件事实或者情节发生了变化，可能对被羁押者判处管制、拘役等；被羁押者实施新的犯罪，毁灭、伪造证据等可能性不存在的等八种情形，检察机关有权依法作出释放或者变更为其他非羁押性强制措施的书面检察建议。

5. 审查中办案机关释法说理

根据《刑诉规则》第 621 条相关规定，检察机关依法开展羁押必要性审

---

① 周玉龙：《审前捕后羁押必要性审查研究》，载《中国检察官》2012 年第 8 期。
② 陈卫东主编：《2012 年刑事诉讼法修改条文理解与适用》，中国法制出版社 2012 年版，第 200 页。

查工作后作出释放或者变更为其他非羁押性强制措施的书面检察建议后，有关办案机关对收到的检察建议不同意或不处理时，应当说明理由与法律依据。

6. 申请主体提供证据义务

根据《刑诉规则》第 618 条相关规定，被羁押者及其本人近亲属或法定代理人、辩护人有权申请人民检察院对已被采取逮捕措施的羁押对象进行羁押必要性审查，但应当说明不需要羁押的理由，同时也应当向相关检察机关内部具体负责审查工作的部门提供证据或者其他材料。

（二）我国捕后羁押必要性审查之司法现状

在西方大部分国家，犯罪嫌疑人或被告人基本上是在未被羁押的情况下接受审判的。如据"美国司法部统计，1996 年被逮捕后指控犯罪的 56982 人中，经法院批准羁押的仅占 34%"。① 下面笔者就所在单位（安徽省含山县检察院）近五年办理审查批准逮捕案件的情况来分析我国捕后羁押的司法现状。

1. 逮捕羁押率高

与国外保释为原则，羁押为例外相比，逮捕羁押率过高是我国刑事诉讼司法实践活动中普遍存在的现象。根据笔者所在单位——安徽省含山县检察院近五年的案件数据统计来看（见表 1）：2009 年全年受理提请批准逮捕案件共 131 人，批准（决定）逮捕 108 人，批捕率为 82.44%；2010 年全年受理提请批准逮捕案件共 136 人，批准（决定）逮捕 113 人，批捕率为 83.08%；2011 年全年受理提请批准逮捕案件共 187 人，批准（决定）逮捕 161 人，批捕率为 86.09%；2012 年全年受理提请批准逮捕案件共 149 人，批准（决定）逮捕 124 人，批捕率为 83.22%；2013 年全年受理提请批准逮捕案件共 140 人，批准（决定）逮捕 97 人，批捕率为 69.28%。

表 1 安徽省含山县检察院 2009—2013 年审查逮捕情况统计表

年度（年）	受理审查逮捕数（人）	批准（决定）逮捕数（人）	逮捕率
2009	131	108	82.44%
2010	136	113	83.06%
2011	187	161	86.09%
2012	149	124	83.22%
2013	140	976	9.28%

---

① 参见马静：《羁押率研究》，载《今日信息报》2007 年 4 月 20 日第 3 版。

从表1中的数据可以分析得出：高羁押率是司法实践中一个不争的事实。

2. 逮捕羁押不分，持续羁押现象严重

在我国，"逮捕不仅仅指逮捕行为，同时还包括逮捕后的羁押状态，即逮捕自动产生羁押的效力"。① 因此，逮捕后犯罪嫌疑人或被告人被羁押系必然结果，从某种意义上讲，这就为被羁押者面临长期羁押提供了所谓的合法化依据。根据我国刑事诉讼法相关规定，针对一般普通刑事案件，犯罪嫌疑人或被告人若是被司法机关采取拘留强制措施后其面临的最长羁押期限为37天（其中包括检察机关7天的审查批准逮捕期限）。若是后来羁押对象被采取逮捕这一强制措施后则可能面临长达7个月的长期羁押。因为刑事诉讼法规定了侦查羁押期限经法定程序可以被最长顺延至7个月。故犯罪行为人被依法采取拘留或逮捕强制措施后则面临着长期处于羁押状态。例如在2007年引起社会广泛关注的许霆盗窃一案中，从2007年7月11日许霆被执行逮捕，到2008年5月23日二审被改判为5年有期徒刑，其羁押期限将近1年之久。

3. 审查逮捕中无逮捕必要不捕、捕后变更强制措施比例低

笔者所在单位安徽省含山县检察院近五年关于审查逮捕案件中无逮捕必要不捕、捕后变更强制措施的情况（见表2）：2009年全年批准（决定）逮捕108人，无逮捕必要不捕8人，捕后变更强制措施2人，无逮捕必要不捕率为7.4%，变更率为1.8%；2010年全年批准（决定）逮捕113人，无逮捕必要不捕15人，捕后变更强制措施2人，无逮捕必要不捕率为13.2%，变更率为1.7%；2011年全年批准（决定）逮捕161人，无逮捕必要不捕14人，捕后变更强制措施4人，无逮捕必要不捕率为8.6%，变更率为2.4%；2012年全年批准（决定）逮捕124人，无逮捕必要不捕19人，捕后变更强制措施6人，无逮捕必要不捕率为15.3%，变更率为4.8%；2013年全年批准（决定）逮捕97人，无逮捕必要不捕22人，捕后变更强制措施7人，无逮捕必要不捕率为22.7%，变更率为7.2%。

---

① 汪建成：《附条件逮捕改革述评》，载《烟台大学学报》2009年第4期。

表 2 安徽省含山县检察院 2008—2012 年审查逮捕案件中无逮捕必要不捕、捕后变更强制措施情况统计表

年度（年）	批准（决定）逮捕数（人）	无逮捕必要不捕数（人）	捕后变更强制措施数（人）	无逮捕必要率	变更率
2009	108	8	2	7.4%	1.8%
2010	113	15	2	13.2%	1.7%
2011	161	14	4	8.6%	2.4%
2012	124	19	6	15.3%	4.8%
2013	97	22	7	22.7%	7.2%

可见，在检察机关侦查监督部门审查逮捕的司法实践中适用无逮捕必要不捕案件很少，捕后变更强制措施案件更属例外，一押到底仍是普遍情况。

四、我国捕后羁押必要性审查制度存在的问题

（一）羁押必要性审查期限不确定性

所谓捕后羁押必要性审查期限，亦即当被羁押对象被依法逮捕后，在多长时间内进行羁押必要性审查。"目前大陆法系国家大部分采取限制审判前羁押的期限，或对审前羁押规定明确的审查期限，发现羁押理由情形不存在则予以撤销或变更羁押。"① 故在犯罪嫌疑人或被告人被采取逮捕刑事强制措施后，检察机关内部审查部门什么时候可以启动羁押必要性审查程序，是随时进行捕后羁押必要性审查，还是规定一个明确的法定期限，审查的间隔期限多长为最适宜，这些刑事诉讼法和《刑诉规则》中都未明确规定。

（二）审查机制是建议权而非决定权

与域外国家羁押司法审查制度不同的是，我国羁押必要性审查机制是建议权而非决定权。在德国，"法院认为羁押条件不存在或已丧失，则可以决定释放被羁押者，也可视具体情形变更为保释等，有关机关只需执行即可"。② 但在我国，检察机关只被赋予作出检察建议权。从文义角度理解，当办案机关对检察机关作出的检察建议不予理睬时，没有赋予检察机关直接通知其执行的职权，因此可以看出捕后羁押必要性审查机制系是一种检察建议权，它存在明显的监督乏力。

---

① 孙长永：《侦查程序与人权－比较法考察》，中国方正出版社 2000 年版，第 223～224 页。
② [德] 托马斯·魏根特：《德国刑事诉讼程序》，岳礼玲译，中国政法大学出版社 2004 年版，第 100 页。

（三）羁押必要性审查权利救济制度尚未确立

如果被羁押者及其本人近亲属或法定代理人、辩护人对检察机关审查结果表示异议，救济途径有哪些，以及是否有权进行复议与复核等，这些立法上都未规定，因为刑事诉讼法和《刑诉规则》没有规定赋予被羁押者及其本人近亲属或法定代理人、辩护人的救济权，然而该制度切实关系到被羁押对象的人身自由。同时当办案机关在收到检察机关开展审查工作作出的书面检察建议后不作任何处理时以及如果办案机关对检察机关的书面检察建议有异议等情形时如何处理等都未作出具体的制度规定，故而，我们可以发现羁押必要性审查机制缺乏相应的权利救济程序保障。

（四）羁押必要性审查具体量化评估机制缺乏

针对捕后羁押必要性审查的审查方式，立法上已采用以书面审查为主，言词审查为辅的审查方式机制。但是在司法实践中存在一个迫切需要解决的问题。即如何进行羁押必要性审查量化评估的问题。量化评估是指检察机关办案人员根据已设定的具体规则与标准，对与羁押相关的因素给予评分，然后依据评分情况对被逮捕后的被羁押者是否需要继续羁押作出决定。量化评估是一种基于羁押相关因素作出的客观评价，不依赖于办案人员的主观意志，具有较强的客观性和科学性。同时确立具体量化评估机制有助于减少检察机关办案人员的压力，因为这样一来，办案人员就不会过多地考虑案外的因素，如维稳、公安机关严打需要及舆论压力等。故笔者认为，鉴于刑事诉讼法和《刑诉规则》中没有规定具体的量化评估机制内容，在以后的立法修改或相关司法解释制定中，应当规定具体的量化评估机制，从而确保捕后羁押必要性审查制度不会形同虚设。

五、我国捕后羁押必要性审查制度完善设想

（一）规范羁押必要性审查期限规定

在审查期限上，具体以多长时间为审查周期，理论界有不同意见。有主张"半个月、一个月不等"。① 笔者认为，可以区分以下两种不同审查周期模式：一是定期审查。即依职权进行审查的。因为刑事诉讼法规定了犯罪行为人被批准或决定逮捕后，可能会持续羁押至两个月，这两个月是法定的侦查羁押期限。故笔者认为此时的审查时间以逮捕后羁押满1个月为起算点。基于这种起算方式主要是为了可以了解到被羁押者在羁押场所的羁押表现、身体状况等影

---

① 张军、陈卫东主编：《修改后的刑事诉讼法疑难释解》，人民法院出版社2012年版，第158页。

响羁押的情形。但是有例外，特别针对那些因民间纠纷而引发的轻伤害案件和交通肇事等过失犯罪案件等，这些案件不需要等到逮捕后羁押满一个月才来进行审查，针对这些案件，检察机关的审查部门随时保持与被羁押者及被害人家属的联系和沟通，如在因民间纠纷而引发故意伤害案件中，需要时刻关注被羁押者家属与被害人之间的刑事和解，以及交通肇事案件中被羁押者及其亲属对被害人的损害进行赔偿情况和是否已取得被害人的谅解，虽然在审查批捕阶段双方当事人没有就赔偿事宜达成协议，也没有取得被害人的谅解，后来被依法批准逮捕了，但在批捕后，可能双方会就赔偿事宜达成协议且取得了被害人的谅解，而这些事实可以产生削弱羁押必要性。二是随时审查。即依申请启动审查的，不管案件在哪个阶段，只要被羁押者及其本人近亲属或法定代理人、辩护人申请要求进行羁押必要性审查的，检察机关可以随时启动审查程序，并且应当在七日内启动审查工作，并依法作出审查决定。

（二）构建由建议性审查转向决定性审查机制

检察机关开展羁押必要性审查工作后，依法作出的书面检察建议，有待相关办案机关是否采纳，检察机关无权自行作出具有强制执行力的检察建议。因此，可以说此种审查机制是建议权而非决定权，显然，这是不符合羁押必要性审查制度的立法本意。鉴于此时的书面检察建议的效力系一种建议权而非决定权，故在以后的立法修改时将此种审查结果附属的检察建议决定权予以确立。即检察机关经依法审查后认为对被羁押者具有不需要继续羁押的法定情形时，就依法应当作出通知办案机关释放或者变更为其他非羁押性强制措施的书面检察建议，办案机关应当无条件执行，办案机关若认为检察机关作出的书面检察建议错误时，可以依法享有在法定期限内申请复议和复核的权利。从而确保启动羁押必要性审查后作出的检察建议被赋予法定的执行力。

（三）引入羁押必要性审查权利救济制度规定

根据"有权利必有救济"法治原则，从法理学角度考量，权利与权利救济是相互依存的，只有被赋予救济的权利才是真正法律意义上的权利。笔者认为，羁押必要性审查机制权利救济措施可以分为两个阶段：

一是在检察机关审查阶段，人民检察院收到羁押必要性审查申请后，应当在7日内作出决定，不同意的，应当告知申请人，并做好释法说理工作。如果认为检察机关审查后依法作出的决定错误的，可以在收到检察机关的审查决定书后5日以内申请复议，检察机关应当在收到复议申请书7日内作出复议决定。如果对检察机关在法定期限内不作复议决定或对复议决定不服，可以在复议期限届满第二日或收到复议决定书后5日内向上一级人民检察院提请复核，复核机关应当在收到复核申请书后15日内作出决定。

二是在审查决定的执行阶段。同上,如果办案机关认为人民检察院作出的审查决定错误,可以在收到检察机关予以释放或变更强制措施的审查决定书后5日以内申请复议,检察机关应当在收到复议申请书7日内作出决定。但在申请复议前必须先将被羁押者立即释放,如果对检察机关在法定期限内不作复议决定或对复议决定不服,可以在复议期限届满第二日或收到复议决定书后5日内向上一级人民检察院提请复核,复核机关应当在收到复核申请书后15日内作出决定。但是针对有关机关不执行或者不依法定程序按照审查决定执行,被羁押者及其本人近亲属或法定代理人、辩护人可以向作出审查决定的检察机关申诉,要求检察机关监督相关办案机关执行。但是有关机关在收到检察机关依法作出的检察建议后在10日内不作任何处理的,经口头通知后仍不作出处理时,则检察机关可以依法向其发出纠正违法通知书予以纠正。若相关办案机关在收到纠违通知书后未纠正的,则应当依法报告上一级检察机关协商同级办案机关处理。

(四)构建羁押必要性审查具体量化评估制度

笔者现就羁押必要性审查具体量化评估机制提出以下构建设想:

一是为了保证量化评估机制的权威性和统一性,最高人民检察院可以商请最高人民法院、公安部、司法部等部门共同制定具体量化评估标准。这个标准包含"评分标准和维持羁押标准"[①] 两个方面,具体的量化评估载体可以是《在押犯罪嫌疑人(被告人)羁押必要性评估表》,这个评估表内容包含十个方面:即犯罪性质和情节;自首和立功情况;悔罪表现、赔偿情况、刑事和解情况;同案犯到案情况;据以影响定罪量刑的证据发生重大变化等;据以影响定罪量刑的案件事实和情节发生重大变化;实施新的犯罪,毁灭、伪造证据,干扰证人作证等情形的可能性是否已排除;案件事实、证据是否已基本查清和收集固定;依法可能判处的刑期与已羁押的时间对比;其他情形。根据上述构建的具体量化评估机制,笔者设举一个捕后羁押必要性审查案例,如甲涉嫌交通肇事罪(评分70分),维持羁押分数(评分30分),根据案件具体情况判断,可能判处三年以下有期徒刑(评分40分),到案后有自首情节(评分30分),已积极赔偿并与被害人进行刑事和解,且已取得了被害人的谅解(评分40分),主要证据已收集固定(评分20分),合计分数20分,合计分数的20分小于维持羁押分数的30分,说明甲没有继续羁押的必要,故应予以释放或变更为其他非羁押性强制措施。

二是开展羁押必要性审查具体量化评估须坚持循序渐进的工作原则。即先

---

① 陈柏新:《逮捕后羁押必要性审查机制的构建》,载《上海政法学院学报》2012年第4期。

在东部、中部、西部基层检察机关分别选择十个作为试点单位，在这些单位试点后根据已取得的成功经验，再在全国推广施行，一方面可以避免量化评估机制突然在全国推广施行，可能导致在司法实践中凸显各种干扰施行的情形出现。另一方面有利于司法工作者和社会公众逐步了解和接受量化评估机制，从而确保量化评估机制积极有效地在实践中开展运行。

建立完善检察环节国家司法救助制度的思考[*]
——以湖北省检察机关贯彻落实中政委3号文件为视角

李　凯[**]　张兆增[***]

党的十八届三中全会指出，要推进司法体制改革，完善人权司法保障制度，健全国家司法救助制度，实现法治中国。2014年1月，中央政法委、财政部、最高人民法院、最高人民检察院、公安部、司法部联合下发《关于建立完善国家司法救助制度的意见（试行）》（以下简称中政委3号文件）。最高人民检察院随即下发了通知，对贯彻实施中政委3号文件提出了明确而又具体的要求，进一步促使检察机关开展国家司法救助走向制度化、规范化。湖北省检察院结合实际工作，深刻理解把握中政委3号文件的精神内涵，建立完善检察环节国家司法救助制度，研究探索检察机关开展国家司法救助的工作机制，积极全面开展国家司法救助工作，取得了良好的法律效果、政治效果和社会效果。

一、深刻理解制定中政委3号文件的背景及意义

我国司法救助是社会主义社会保障体系的重要组成部分，是具有中国特色的国家司法救助。我国经济社会正处于快速发展的关键阶段，各种矛盾和问题集中出现，机遇和挑战并存，人民群众维护自身利益的需求越来越多，对司法工作的要求亦越来越高，越来越多的矛盾以案件形式进入到司法领域。司法救助作为缓解、消除社会矛盾的一种方法，其地位、作用、影响更加凸显。[①] 中政委3号文件的出台，完善了人权司法保障制度，健全了国家司法救助制度，

---

[*] 本文是湖北省人大《涉法涉诉信访问题研究》课题（课题编号 HBRDYJKT201450）

[**] 湖北省人民检察院控告申诉检察处处长，湖北省检察业务专家。

[***] 湖北省人民检察院控告申诉检察处检察员。

[①] 夏道虎：江苏常州《刑事被害人救助与刑事申诉案件公开审查工作推进会》的讲话，2013年8月。

对推进司法体制改革具有特别重要的意义。

（一）中政委3号文件是贯彻落实党的十八大和十八届三中全会精神的应有之义

党的十八大报告提出，要"进一步深化司法体制改革，坚持和完善中国特色社会主义司法制度，确保审判机关、检察机关依法独立公正行使审判权、检察权"。这是我们党对加快建设社会主义法治国家作出的重要部署。党的十八届三中全会进一步明确了深化司法体制改革的具体要求，要求完善人权司法保障制度，健全国家司法救助制度，为进一步加强和改进司法救助工作指引了方向。中央6部门联合印发的中政委3号文件，体现了党的十八大、十八届三中全会精神，把建立完善国家司法救助制度落到实处，为做好司法过程中对困难群众的救助工作、有效维护当事人合法权益提供了政策依据和保障。

（二）中政委3号文件是完善人权司法保障制度的重要内容

我国宪法和刑事诉讼法都规定"国家尊重和保障人权"，将"人权"由一个政治概念提升为法律概念，将尊重和保障人权的主体由党和政府提升为国家，使尊重和保障人权由党和政府的意志上升为人民和国家的意志。[①] 开展国家司法救助是人民和国家意志的具体体现，是中国特色社会主义司法制度的内在要求，是人权司法保障制度的重要内容。当前社会各种矛盾凸显，刑事犯罪高发，由于一些刑事犯罪案件、民事侵权案件无法侦破、被告人没有赔偿能力或赔偿能力不足，致使被害人及其近亲属的权益得不到全面、真实、有效的保障，导致被害人生存或正常生活出现危机，由此引发新的矛盾，影响社会和谐稳定。中政委3号文件顺应了人民群众对权益保障的新期待，顺应了加强权利救济的现代法治发展趋势，既彰显党和政府的民生关怀，又有利于进一步实现社会公平正义，促进社会和谐稳定，维护司法绝对权威和公信。

（三）中政委3号文件是涉法涉诉信访工作改革的重要举措

涉法涉诉信访工作改革的目的是提高处理涉法涉诉信访问题的法治化水平，更好地维护人民群众合法权益。改革的总体思路是将涉法涉诉信访从普通信访中分离出来，纳入法治轨道，由司法机关依法按程序处理。中政委3号文件是国家司法救助的重要政策性文件，是推进涉法涉诉信访工作机制改革的重要举措，把涉法涉诉信访纳入法治轨道，使合法权利一定会得到司法保障，受到侵害的权益一定会得到司法救济，让人民群众切实感到公平正义就在身边。

[①] 陈志恒、周丽：《比较法视野下我国刑事被害人检察制度研究》，"岭南杯"刑事申诉检察理论与务实研究征文选编，2014年5月。

（四）中政委3号文件是检察机关践行群众路线的重要途径

各级检察机关开展以"为民、务实、清廉"为主要内容的党的群众路线教育实践活动，树牢群众观点，站稳群众立场，忠实履行各项法律监督职能，积极顺应人民群众对公共安全、司法公正、反腐败、权益保障的新期待。中政委3号文件与开展群众路线活动有机结合起来，通过开展面对面群众工作，倾听群众呼声，了解群众疾苦，对于属于检察机关救助范围、符合条件的信访群众，积极主动开展司法救助，既体现了检察机关的人文关怀，又有利于提升检察工作亲和力、公信力。

二、正确解读中政委3号文件精神，务实开展检察环节国家司法救助

中政委3号文件站在国家司法的高度、统筹司法机关救助工作的全局，对司法救助的原则、对象、标准和程序作了纲领性地规定，在学习领会其精神实质的同时，结合检察工作特点进一步细化实化，使之更加具有可操作性，确保把中政委3号文件贯彻落实到位。

（一）准确把握四项救助原则

国家司法救助依据中政委3号文件明确规定，应当遵循四项基本原则：一是坚持辅助性救助。重点解决符合条件的特定案件当事人生活面临的急迫困难，同一案件当事人只进行一次性救助。国家司法救助虽有一定的救贫功能，但其主要功能是救急不是救贫，不能取代其他社会救助；国家司法救助既不是国家赔偿，也不是代位补偿，对于能够通过诉讼获得赔偿、补偿的，一般应通过诉讼渠道解决。二是坚持公正救助。要兼顾当事人实际情况和同类案件救助数额，避免当事人相互攀比，造成因救助不公产生新的社会矛盾。三是坚持及时救助。包含两种情况，一种情况是根据当事人申请及时提供救助，另一种情况是依据职权主动提供救助，确保矛盾及早化解。四是坚持属地救助。不论当事人户籍在本地或外地，只要符合救助条件，原则上由案件管辖地负责救助。

（二）正确把握扩大的救助对象范围

中政委3号文件对国家司法救助的对象进行明确规定，其中"应当予以救助"的对象有八种情况，"可以参照救助"的对象有一种情况；救助的范围不限于刑事犯罪案件的被害人及其亲属，还包括举报人、证人、鉴定人；不限于人身受到侵害，还包括财产遭受重大损失；不仅包括刑事案件，还包括追索赡养费、扶养费、抚育费等，以及交通事故等民事侵权行为造成人身伤害的民事案件。

检察机关在履行法律监督职能时，对符合中政委3号文件规定的救助对

象，除督促公安、法院及时进行救助外，依据救助基本原则，也可以自行开展救助。根据多年开展救助工作实践经验来看，除中政委3号文件规定的九种情形外，检察机关还应当把下列两种类型作为予以救助的对象：一是检察机关办理刑事案件的被告人因不起诉或判处宣告无罪的，当事人无法通过诉讼获得国家赔偿，造成生活困难的；二是检察机关办理的自侦案件，对犯罪嫌疑人或被告人作撤案、不起诉处理的或判处宣告无罪，无法通过诉讼获得国家赔偿，造成生活困难的。

（三）原则把握统一的救助方式和标准

中政委3号文件要求国家司法救助以支付救助金为主要方式。湖北省检察机关结合实际工作，主要有两种形式发放救助金：第一种形式是垫付发放。因特定当事人生活急迫困难，如患有重病，急需救治，由检察机关先行垫付，然后按照程序申请、审核，经省国家司法救助领导小组审批后，由省财政部门直接将金额划拨到垫付单位。第二形式是银行卡发放。当事人生活困难，还没有达到维持不了生活的地步，按照正常程序进行办理。首先为当事人办理一张银行卡，将核准的救助金直接打入该卡，待银行卡交到当事人手中后，省检察院的经办人再将银行卡密码以电话形式告诉当事人，其他中间经办人只见卡不见现金，减少了不必要的麻烦，有效地保障救助金安全、足额发放到当事人。

救助标准要与当地经济社会发展水平要适应，具体数额一般为3万元左右。救助时，充分考虑到案情、当事人实际遭受损害后果、有无过错及过错大小、个人及家庭经济状况，以及赔偿义务人实际赔偿能力等情况，最后确定救助金额，力争做到司法救助工作公开公正、公平合理。

（四）明确救助机构和职责分工

中政委3号文件要求明确工作机构。湖北省检察机关根据职能分工，明确控告申诉检察部门作为国家司法救助的专门机构，已实行"小院整合"的检察院应指定专门机构或专门人员负责救助工作。检察机关各相关部门各司其职，相互配合，形成国家司法救助工作的合力。职务犯罪侦查、侦查监督、公诉、监所检察、民事诉讼监督、行政诉讼监督、控告申诉检察等办案部门对符合救助条件的当事人，应当告知其有权提出救助申请。控告申诉检察部门依规定受理救助申请，也可以依据职权启动救助程序，其他办案部门应当将相关材料移送控告申诉检察部门。控告申诉检察部门在规定期限内，作出是否给予救助和具体救助金额的意见，报分管检察长审核。由于湖北省财政部门要求国家司法资金集中管理，把关审批由作为国家司法救助领导小组的省委政法委负责，实际情况是省检察院控告申诉检察部门每月统筹全省符合国家司法救助条件的案件集中上报省委政法委，由省委政法委审批后，再由省财政部门拨付到以当事人名字开户的银行卡或垫付单位的账户，确保把有限的资金真正用在需要救助的当事人身上。

（五）进一步完善救助程序

中政委3号文件明确规定国家救助程序为：告知、申请、审批、发放，但实际情况是各级检察院推行全国检察机关统一业务应用系统，国家司法救助也应该被系统纳入其中，进行统一管理。湖北省检察院在拟制《湖北省检察机关控申部门向省院申报司法救助资金工作的指引（2014版）》时，既考虑到统一业务应用系统的问题，又考虑到湖北省委政法委审批问题，在中政委3号文件规定救助程序的基础上，增加了两个环节：一是在"申请"后增加了"审核"环节；二是在"发放"后增加了"报备"环节。这样既发挥了省委政法委作为国家司法救助领导小组把关审核的作用，又符合了湖北省的财政纪律要求；既充分发挥统一业务应用系统对国家司法救助工作管理、监督、查询和统计等功能，又防止重复救助、多头救助的现象发生。

三、建立健全工作机制，保障检察环节国家司法救助工作高效开展

湖北省检察机关近年来积极开展刑事被害人救助、涉法涉诉信访救助等多种形式的救助工作，探索建立了一些工作机制，收到了良好的效果。在此基础上，进一步建立完善国家司法救助工作机制，推动国家司法救助依法、高效、有序开展。

（一）建立检察机关国家司法救助内部协调机制

中政委3号文件规定由办案机关作出是否给予司法救助的审批意见，高检院下发的贯彻实施中政委3号文件的通知，虽明确了检察院的内部分工和工作程序，但实际工作可能会出现多个部门救助同一案件、救助标准不一、把关不严等问题，湖北省检察机关建立了国家司法救助内部协调机制，明确协调工作由控告申诉检察部门或指定的专门机构负责，定期进行信息沟通，并依托统一业务应用系统建立救助工作信息平台。办案部门对符合条件的当事人履行告知权利的义务，受理和具体办理由控告申诉检察部门或指定的专门机构负责，其他办案部门可向控告申诉检察部门或指定的专门机构提供信息，不给出当事人是否给予司法救助的意见，确保国家司法救助工作在检察机关能够统筹协调，把国家司法救助金用到所需之处，及时缓解当事人之困，提升检察机关的权威性、公信力。2014年上半年，湖北省检察院办理国家司法救助案件15件，其中公诉部门提出主动救助意见3件、未检办提出1件、审判监督部门提出1件，经控告申诉检察部门审查后均采纳办案部门的意见，给予救助。充分体现

了国家司法救助内部协调机制的作用。

（二）建立国家司法救助外部联合救助机制

国家司法救助属于辅助性救助，应在党委政法委统一领导下，协调有关部门建立联合救助机制。通过开展心理治疗、社工帮助等多种救助方式，将司法救助的经济救助方式与思想疏导、宣传教育相结合，与法律援助、诉讼救助相配套，与其他社会救助相衔接。对于未纳入国家司法救助范围或者实施国家司法救助后仍然面临生活困难的当事人，符合社会救助条件的，可以协调其户籍所在地有关部门，纳入社会救助范围。通过信息共享，实现政法各单位救助工作衔接互补和救助标准统一，防止重复救助和相互推诿扯皮。湖北省检察院向省委政法委汇报了2013年司法救助工作，总结分析了两大诉讼法修改后对检察机关国家司法救助工作的影响，特别是涉检信访案件数量巨增，息诉难度加大，救助资金有缺口，引起省委政法委和省委领导重视。湖北省委政法委组织召开了两次关于国家司法救助工作的专题会议，省检察院提出了一些建议，得到了认可和支持。

（三）建立国家司法救助经费保障机制

中政委3号文件检察机关明确国家司法救助资金坚持政府主导、社会广泛参与的资金筹措方式。湖北省检察机关全力争取财政部门支持，将其纳入财政预算，设立国家司法救助专项资金，同时鼓励个人、企业和社会组织捐助，逐步建立政府主导、社会广泛参与的国家司法救助经费保障机制和动态调整机制。对个人、企业和社会组织捐助资金的，告知救助的具体对象，确保资金使用的透明度和公正性。为应对司法体系改革，实行省级院统一管理人财物，湖北省检察院认真梳理近三年全省救助资金使用情况，测算所需年度资金额度，并通过省委政法委向省财政部门呈送了增加救助资金额度申请报告。经多次努力，今年省检察院救助资金比去年增加了30%。

（四）建立国家司法救助风险预警评估机制

中政委3号文件将符合一定条件的涉法涉诉信访人纳入可救助对象，希望通过救助能够有效解决缠访缠诉、当事人久诉不息、反复申诉等疑难问题。由于有的当事人期望过高，有的当事人认为检察机关有过错，给予救助是有过错的表现，因此有必要建立国家司法救助风险预警机制，对符合条件的当事人是否给予司法救助进行风险预警评估，对风险较高的，通过反复讲道理，做工作，签定息诉罢访书后再给予救助，防止继续缠访缠诉，失去救助的意义。湖北省十堰、孝感、黄冈等地的检察院，针对本地信访人较多息诉压力大、信访人喜欢攀比、喜欢扯皮等实际情况，采取签定一份保密协议书方式，即双方协定给予国家司法救助后，具体金额不得向其他信访人泄露，避免有些信访人得到救助后,以救助金额不同为理由,继续缠访、闹访,仍不息诉的现象发生。

四、切实抓好检察环节国家司法救助工作落实的问题

(一)抓好中政委3号文件精神的学习贯彻落实,克服认识上的误区

中政委3号文件是关于国家司法救助的政策性文件,为开展国家司法救助明确了原则,指明了方向,规范了程序。通过加强对中政委3号文件的学习,深刻理解中政委3号文件出台的背景,准确把握中政委3号文件的内容,走出认识误区,以高度的政治责任感,以加深对人民群众感情为落脚点,抓好贯彻落实。

一是防止并克服国家司法救助是"济贫扶困"的认识误区。实际工作中,检察机关开展国家司法救助是以刑事被害人救助为主,主要从解决特困刑事被害人之经济困难角度考虑问题,"济贫扶困"的特征十分明显,将国家司法救助混同于一般的社会扶贫救助,忽略了刑事犯罪中之国家责任。国家司法救助实质上是国家职能、政府行为,它是政府的责任,也是一项社会责任,但主要是政府的责任。[①] 对于受到侵害但无法获得有效赔偿的当事人,国家、政府、政法部门给予适当经济资助,帮助其摆脱生活困境,实现社会公平正义,促进社会和谐稳定。

二是防止并克服把国家司法救助作为息诉罢访的交换条件认识误区。有些单位将签订息诉罢访书作为给予国家司法救助的必需条件,不签则不给,把给予国家司法救助作为息诉罢访的交换条件,违背了国家司法救助的本意和初衷。我们认为针对不同的情况可以区别对待,对于符合参照条件且经常缠访、闹访的人,为防止其反复,签订息诉罢访书作为约束手段并非不可;而对于刑事被害人,只要符合救助条件,本人申请就要给予救助,发挥国家司法救助制度的真正价值和功能。

三是防止并克服对被救助人之利益保护范围仅仅局限于物质利益的认识误区。中政委3号文件规定"司法救助以支付救助金为主要方式",虽能解燃眉之急,但对于因害致病、因害久医、因害返贫的当事人来说,并不能切实解决长远问题,因此应建立多元的司法救助途径,拓宽救助方式,通过经济救助、法律援助、心理辅导、技能培训、社区帮助等联动工作,实行国家司法救助、就读救助、就业救助等多种形式,形成救助合力,使当事人重拾信心,早日回归社会,恢复正常生活。

---

① 李文华:《试论我国司法救助之价值及其实现》,载《经济与社会发展》2006年第2期。

(二）抓好发挥国家司法救助在涉法涉诉信访改革中的作用，不断提高国家司法救助地位

各种人民内部矛盾和社会矛盾已经成为影响社会稳定的突出问题，其中大量问题是由利益问题引发的，群众通过信访反映问题的愿望仍很强烈，但诉访不分，信"访"不信"法"，信"上"不信"下"，致使缠访闹访、进京赴省现象非常突出，实行归口管理、依法办理的诉访分离的改革势在必行。工作中存在着这样一些实际问题，法律问题一时无法解决，但群众确因法律事由导致生活陷入困境，这是涉法涉诉信访中的一个"重头"，也是困扰政法机关的一个难题。中政委3号文件的出台，正好破解这一难题，通过建立完善的国家救助制度，统筹解决信访群众的法律问题和实际困难，确保司法改革顺利推进。开展救助工作时要进行调查研究，及时总结推广有效工作经验，不断提高司法救助效果，努力推进救助工作深入开展。

（三）抓好检察机关开展国家司法救助工作的主动性，不断提升检察机关公信力

检察机关在开展司法救助工作中要以主动救助为原则，对属于检察机关救助范围、符合救助条件的当事人或其近亲属，不论其是否申请，在遵循辅助性救助、公正救助、及时救助、属地救助等原则的同时，积极主动告知其获得救助的权利，为当事人申请救助创造条件、提供便利。对于当事人提出救助的，及时认真审查；拨付的救助金到位后，及时通知当事人领取，充分发挥国家司法救助工作中检察机关的主动性。特别是检察机关对刑事被害人的主动、及时施行救助，在一定程度上缓和了嫌疑方和被害方之间矛盾，舒缓了被害方对嫌疑方的非理性报复，因此被害人可能谅解犯罪嫌疑人，检察机关获得较大的轻缓化刑事处置且得到被害方认可的自由度，提高追诉率，提升检察机关公信力。

刑事被害人救助问题与对策研究

刁岚松[*]

一、问题的提出

2008年，中央政法委下发了《关于深化司法体制和工作机制改革若干意见》，明确提出在新一轮司法改革中要建立"刑事被害人救助制度，对因犯罪侵害而陷入生活困境的受害群众，实行国家救助"。2009年3月9日，中央八部委又联合印发《关于开展刑事被害人救助工作的若干意见》（以下简称《刑事被害人救助意见》），随即刑事被害人救助工作在全国范围陆续开展，目前已有17个省和一些地市出台了实施意见。[①] 近来，各地公安、司法部门在对刑事被害人救助作了有益的尝试，并取得了积极而富有成效的结果。但事实情况也许并不那么乐观。

（一）刑事被害人救助的现状

1. 进入诉讼程序后得到救助的情况。即通过公安机关立案、破案，案件进入诉讼程序后，分别在公检法得到救助的刑事被害人情况。据最高检的调研数据显示，全国有80%左右的被害人无法从被告人处获得赔偿。[②] 那么这80%的被害人理论上都应当得到救助。据不完全统计，2009年3月以来至2010年10月，全国公安机关共救助刑事案件被害人1497人，发放救助金额2377万元。2009年，全国检察机关救助刑事被害人及其近亲属285人，救助金额666.877万元。2010年，全国检察机关救助刑事被害人及其近亲属人数和金额均有较大幅度上升（笔者注：2010年，全国检察机关对6280名刑事被

---

[*] 安徽郎溪县人民检察院党组成员、检委会委员。
[①] 孙春英、李恩树：《刑事被害人救助工作在全国范围陆续开展——大批被害人获救助感受司法温暖》，载《法制日报》2011年2月10日第1版。
[②] 孙春英、李恩树：《刑事被害人救助工作在全国范围陆续开展——大批被害人获救助感受司法温暖》，载《法制日报》2011年2月10日第1版。

害人实施了救助①)。2009年3月份《刑事被害人救助意见》下发以来,全国法院共发放救助金7695万余元,2680余名被害人得到了救助。② 那么,应当给予救助的刑事被害人情况到底如何?对上述统计数据,笔者认为可以进行两种测算。测算一:全国大约有3600个各级检察院,那么2010年度,平均每个院实施救助的刑事被害人数不到2人。而全国法院系统从2009年3月以来平均每个法院对刑事被害人实施救助1个人还不到。这是一种平均化的估算方法(虽然此方法的科学性值得商榷,但大体上还是可以作为一种初步的判断依据);测算二:运用统计学统计指标方法,即运用被害指标③的统计原理可以科学地估算已经得到救助刑事被害人数与暴力犯罪致人重伤、死亡的被害人总数的比率。根据近年来平均每年暴力犯罪的近20万件(人)的案件数和批捕或起诉人数(该数据来源于最高检近五年来的《工作报告》)估算,这个比率大概在1%~3%之间。但是,由于我国尚未建立完善的刑事被害人分类统计数据库以及能否申请救助受制于官方,就目前受到重伤或死亡侵害的刑事被害人且家庭困难的才能得到救助的条件限制等一些制度性障碍,现有统计数据和方法尚无法对应当受到救助的所有家庭困境的刑事被害人进行统计。本文只能做上述概算。

2. 没有进入诉讼程序的救助情况。即因为某些原因尚无法进入诉讼程序的一些案件的刑事被害人救助情况。据《公安研究》公布的数据表明,自2001年以来我国刑事犯罪立案均在400万起以上,破案率均为40%~50%,已经破案的除外,我国每年有200万左右的被害人无法从罪犯那里获得赔偿,

---

① 参见傅剑锋:《最高检力推被害人补偿立法》,载《南方周末》2007年1月18日。另据广东省检察机关调研显示,该省附带民事诉讼中被害人获赔的数额偏低。2004~2007年广东省法院刑事附带民事案件,平均执行率10.57%。刑事附带民事案件的执结率逐年提高,执行标的到位率却逐年下降,形成高结案率与低赔偿率的反差。2003~2006年东莞中院审理的刑事附带民事诉讼案件中,被告人在判决生效后主动赔偿被害人损失的为零。2004~2007年上半年,深圳市宝安区审理的全部案件中,被害人获赔率仅有25%左右,也就是说,每年约有75%的被害人得不到有效赔偿。广东惠州市的统计结果也是近七成的案件没有得到赔偿。(参见王学成主编:《法律监督权研究新视野》,中国检察出版社2010年版,第381页。)

② 孙春英、李恩树:《刑事被害人救助工作在全国范围陆续开展—大批被害人获救助感受司法温暖》,载《法制日报》2011年2月10日第1版。

③ 李伟主编:《犯罪被害人学》,中国人民公安大学出版社2010年版,第34页以下。被害指标,是指用来反映被害人、被害事件总体数量状况的基本概念。其中有被害数量和被害率;被害重伤率和被害死亡率;被害明数和被害暗数等统计方法。所谓被害数量即一定时空内遭受犯罪行为侵害的特定被害人总数,而被害重伤率或者死亡率就是在一定时空内身体、精神受到严重伤害的特定被害人的数量或者因犯罪行为死亡的特定被害人数与被害人总数之比。本文试图运用被害指标原理,通过推算大概测算出已经受到救助刑事被害人数占所有重伤、死亡的刑事被害人数之比率。其中对后者的数量也是建立在假设的基础上的。

其中大部分是特困刑事被害人。① 根据现有规定，这些刑事被害人也根本无法得到国家救助。

(二) 现状反映出的问题

从以上统计数据和测算来看，受到救助的刑事被害人数还是非常少或者说每年仍有数百万计的刑事被害人没能得到救助。据调查，笔者所在的基层院自2009年3月份以来未受理过的刑事被害人救助申请。难道真没有生活困境的刑事被害人？或者有些刑事被害人根本不知道能够得到救助？由此本文进一步提出的问题：一是为什么得到救助人数如此之少或者为什么仍有数百万人计的刑事被害人没能得到救助？二是实践中刑事被害人救助问题是否存在制度性障碍？

与刑事诉讼法"打击犯罪"和"保障人权"并举的原则规定以及国家赔偿法的立法到再次修订相比，从刑事被告人与刑事被害人的利益均衡的角度而言，刑事被害人权利保障的立法和司法显然落后了许多。因此，有必要对刑事被害人救助相关规定实施以及实际救助工作开展以来进行实践性和制度性反思，促进救助法制的健全完善，乃至为今后对所有刑事被害人权利保障的立法，尤其是在补偿方面积累丰富的实践基础。

二、刑事被害人救助问题的原因

众所周知，刑法的视角无论是犯罪论还是刑罚论从一开始就是以犯罪人为中心进行建构的，故而刑事司法相应地以犯罪人为中心围绕着公诉和辩护对抗性设置了相关诉讼程序，在诉讼过程中对犯罪人正当权益的保障关注较多。

自中央八部委联合印发《刑事被害人救助意见》以及公安、司法机关相应建立刑事被害人救助的制度以来，其运行效果虽已显而易见，取得了积极的效果，但从总体上看，目前实施救助的刑事被害人人数还是非常稀少的。如果对司法机关通过某种合符情、理、法的交易促成赔偿进行狭义理解，并将之归类于刑事被告人赔偿，且对此不视为救助的话（虽然笔者不这么认为），那么，可以认为导致刑事被害人救助少的原因有二：一是机制内原因。主要指目前设置的救助制度存在的原因；二是机制外原因。是指没有通过现有的救助机制，而是在司法过程中，部分让渡国家权力，促进赔偿，从而达到一种救助效果的一些做法。

---

① 吴琼、孙洪坤：《论建立我国特困刑事被害人救助制度》，载《安徽大学学报》（哲学社会科学版）2010年第1期。

（一）机制内原因

1. 制度原因。目前有关刑事被害人权利保障规定还处在政策性文件层次，尚未上升到立法层面。从最高检《关于检察机关贯彻实施〈关于开展刑事被害人救助工作的若干意见〉有关问题的通知》（以下简称《救助通知》）规定来看，导致刑事被害人得到救助的人数少的制度原因主要有：（1）救助范围狭窄。该《救助通知》对"不起诉"案件中"重伤、死亡"的刑事被害人救助设定了"无法通过诉讼及时获得赔偿"的限制性条件。第一，限定的案件范围是不起诉案件，显然，对致人重伤、死亡的这类侵害生命健康权类刑事案件能够作出不起诉决定的，其一，根据我国刑事诉讼法第15条规定的法定不起诉类型中，只会有两种情况：一是犯罪已过追诉时效期限的；二是犯罪嫌疑人、被告人死亡的。其他四种类型在司法实践中很少发生。其二，就是存疑不起诉的这种情况了，即致被害人的重伤或死亡的案件因为证据不足，不符合起诉条件的，从而做出不起诉决定，此类情况存在的条件，为现有证据难以证明致被害人重伤、死亡的犯罪行为系犯罪嫌疑人、被告人所为，进一步推之就是犯罪嫌疑人、被告人难以查明的。第二，进一步的限制是确实为生活困难又无法及时通过诉讼获得赔偿的。（2）刑事被害人知情权不畅通。根据该规定，并不是每个刑事被害人在诉前就被告知其有获得救助的权利，主要原因在于，审查权力对知情权的限制性规定。刑事被害人是否能享有此项权利需要司法人员主动而"为"之。（3）审批程序行政化。从规定中可以看出，目前对刑事被害人救助贯彻的是司法审查而行政化审批的程序。司法机关审查拿出意见，最后要报请政法委审批。程序设置复杂，又没有具体审批时限规定。

2. 司法人员的理念。目前一些司法人员尚没有确立刑事被害人救助的意识，与追诉被告人，关注被告人定罪量刑，以及被告人权益保障相比，在诉前、诉中和诉后考虑被害人权利还相去甚远。如送达文书中没有专列和告知刑事被害人可以获得救助权的有关规定。没有设置与被告人同等的权利告知义务，这显然不符合对于普适性权利要一般性的事先告知的原理。司法理念的欠缺必然导致制度设置的缺漏。

（二）机制外原因

1. 现代刑事司法理念及其实践。毫无疑问，现代刑事司法理念在充分考量了被告人人权保障的同时，也更加专注于刑事被害人权利的保障，其中的蕴含着对刑事被害人的关怀。这种理念和实践促成了相当一大部分赔偿，及时化解了矛盾，从而在一定程度上消解了刑事被害人申请救助。故这一部分未被纳入救助的统计数据当中，具体来讲有以下几方面：

（1）恢复性司法。恢复性司法强调被害人在刑事诉讼中的能动作用。在物质赔偿和制裁上,对被害人义务应该优先于国家义务。① 恢复性司法为加害人与被害人之间搭建了一个对话平台,并为被害人提供了获得补偿、增强安全感、寻求心理平衡和了结案件的机会。恢复性司法理念的内涵更大的意义在于,强化了犯罪的人际冲突性质,是对刑事被害人救助以及社区关系恢复的关切。

(2)刑事和解。在某种程度上,刑事和解就是恢复性司法理念在刑事司法实践中的一种贯彻。通过刑事和解,建立和实现了经济赔偿上的双边关系以及补偿(救助)上的多边关系。刑事和解是我国司法现实的需要,是实现利益兼得、有效化解矛盾、解决司法资源紧缺问题的重要途径,也是联合国所提倡、各国通行的解决刑事纠纷的方式之一;刑事和解与传统刑事司法理论并不相悖,体现了解决刑事案件方式的多元化和价值追求的多元化。②

(3)多元化纠纷解决机制。近年来,司法理论界和实务界就多元化解决纠纷,化解社会矛盾进行了著有成效的探索。以诉讼、调解、和解以及准司法性质的仲裁等解决了一大批案件,通过赔偿,促进了矛盾的化解。

2. 制度的普及性不足。关于刑事被害人救助,从政策性文件的制定到实施仅仅三年时间。一项制度的制定和执行如果仅为局内人知道和了解,视刑事被害人乃至一般公民为局外人,导致其不知情,那么就是一种对公民知情权的剥夺行为。从而使制度演变成局内人的游戏规则。尽管要改变这种社会法律现象,使人们能够而且愿意诉求正式的法律制度,重要的也许不是不少法学家主张的提高公民的权利意识,不是所谓的普法宣传、告知公民他们有什么权利,而是要提供一种诉求的途径,提供功能上可以替代原先的纠纷解决方式的法律制度,其中包括正式的诉讼机制和其他非讼机制,来实际获得或享有这种权利。③

三、刑事被害人的救助权利及其冲突

我国宪法"国家尊重和保障人权"的规定,包括了对刑事被害人的人权保障,而且这种保障是国家和政府的责任。犯罪发生后,被害人的生命权、自由权、财产权、隐私权和其他权利遭受侵害,人的尊严受到践踏。保护刑事被害人的权利是人权保护的要求,是社会进步的标准,它体现了一个国家、一个政府对人的尊严、价值的尊重和社会正义、平等的追求。在刑事法领域,无论是

---

① 孙国祥:《刑法基本问题》,法律出版社2007年版,第574页。
② 卞建林:《和谐语境下的刑事诉讼法学研究》,载《2008年刑事诉讼法学研究综述》。
③ 苏力:《法治及其本土资源》(修订版),中国政法大学出版社2004年版,第34~35页。

"利益说"还是"债务说",也无论是基于"社会契约论"还是"国家责任论"等学说和理论,刑事被害人的权利在刑事立法和司法中都应当与国家权利和被告人正当权利处于均衡状态。

(一)刑事诉讼中被害人的救助权利

刑事诉讼是被害人、被告人和国家之间及其相互间的权利和义务的博弈。被害人受救助的权利只是其应当获得的利益之一。在刑事诉讼中,刑事被害人具有的带个别特征能由个人处分的具体利益就包括:(1)受到精神和物质补偿;(2)受到公正的司法待遇。① 就物质实体利益而言,刑事被害人所享有的权利有赔偿权和补偿权两种。作为法定权利,这两种权利只有转化为现实权利,才能成为和再现生活的事实,才对主体有实际的价值,才是真实的和完整的;对于国家来说,才算是实现了它的意志和它期待的法律价值。② 那么,这就需要关注实践中这种权利是否得到转化,转化了多少,有没有途径和方法实现这种转化等问题。从权利类型上来看,被害人受到侵害而享有的赔偿权和补偿权属于第二性权利,即其第一性权利(原有权利)受到侵害时而产生的权利。由此产生了第二性义务,其内容是违法行为发生后所应负的责任。③ "与不同的基本权利类型结构对应的国家义务结构类型包括基本权利的国家尊重义务、保护义务和实现义务,不同的国家义务主体对不同的国家义务履行的重点与方式是不同的。基本权利的司法保护越来越成为理论界与实务界关注的重要问题,国家的基本权利的司法保护义务是基本权利国家义务中的题中之义。"④ 为此,在诉讼过程中产生的刑事被害人的赔偿和补偿(救助)的义务主体必定是多元的,多举的行为方式也会并存,尽管涉及刑事被害人权利保障的公检法以及其他相关部门所履行的国家义务的重点和方式不同,但其终结目标却是一致的——刑事被害人的合法权益的保障。

从权利和义务的相对性和统一性而言,刑事被害人损失偿付的义务主体应当是加害人。作为补偿(救助)义务的主体——国家,已不是个案意义上的偿付主体,而是建立在社会契约论基础上的国家义务或者责任。

(二)刑事被害人的救助权利与被告人、国家权利的冲突与协调

刑事司法,作为一个动态的社会过程,其实质是特定利益关系的损益。其中主要的,受司法行为直接影响的利益有三种:其一,以社会安全和法律秩序

---

① 龙宗智:《相对合理主义》,中国政法大学出版社1999年版,第31~34页。
② 张文显:《法哲学范畴研究》,中国政法大学出版社2001年版,第315页。
③ 张文显:《法哲学范畴研究》,中国政法大学出版社2001年版,第319页。
④ 杜承铭:《论基本权利之国家义务:理论基础、结构形式与中国实践》,载《法学评论》2011年第2期。

的维护为内容的一般社会利益；其二，作为追究对象进入刑事诉讼过程的刑事被告人的利益；其三，受犯罪行为直接损害，因而在诉讼活动中承担一定权利义务并受诉讼结果直接影响的被害人的利益。① （笔者注：虽然只有为法律所承认和保障的利益才是权利。在我国，救助权虽然立法上尚没有确认，但一些政策性文件和司法实践中已经有了事实上的表达。此处使用的利益与权利属于同一范畴）。应当承认，权利有位阶性和先后性之分，有学者认为，权利的位阶性往往适用于不同类型的权利之间，而权利的先后性往往适用于同一种权利（或性质基本接近的权利），同时权利位阶性的决定因素往往是权利及其利益的实质性因素，如权利的目的、作用等，而权利先后性的决定因素仅仅是程序性的因素，即权利取得的时间。②

图一

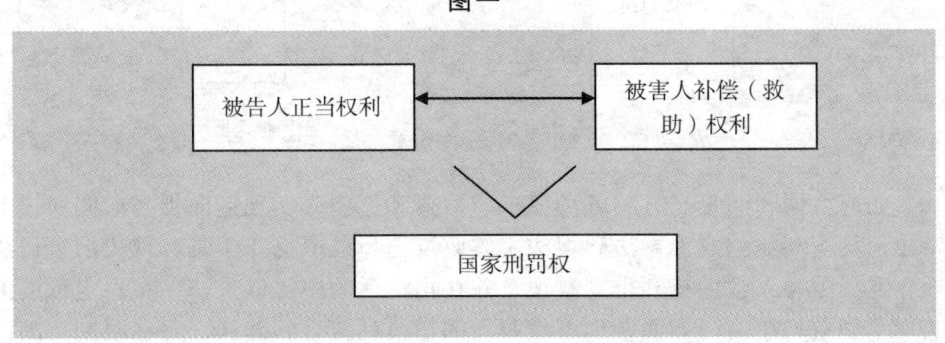

如图一所示，被告人和被害人的人权的与国家刑罚权属于性质不同的两类权利，前者的位阶显然要高于后者。而被告人和被害人之间的人权则同一种类的权利，两者应处于同一位阶且应当保持一种均衡状态。但是国家在实现刑罚权的过程中，与被告人的正当权利以及被害人应当得到的补偿（救助）权，必然会产生冲突和竞争。诚如罗斯科·庞德所言"各种利益之所以会产生冲突或者竞争，就是由于个人相互间的竞争、由于人们的集团、联合或社团相互间的竞争，以及由于个人和这些集团、联合或社团在竭力满足人类的各种要求、需要和愿望时所发生的竞争"。③ 基于此，有学者研究后认为，上述三项

---

① 龙宗智：《相对合理主义》，中国政法大学出版社1999年版，第31～34页。
② 李友根：《权利冲突的解决模式初论》，《公法研究》，商务印书馆2004年版第302～303页。
③ ［美］罗斯科·庞德：《通过法律的社会控制·法律的任务》，沈宗灵译，商务印书馆1984年版，第33页。

利益对立统一体现在利益保护过程中,并呈现出同向损益和逆向损益两种基本关系形态。司法过程中三方利益得到了内在统一表现为同向损益。例如,在一起案件中,国家实现了刑罚权、被告人既受到惩罚其正当权益又得到保障、同时被害人也得到了应有的赔偿或合理的补偿。而逆向损益在司法过程中则表现为对立性,也即三方利益均未得到协调,顾此失彼。如图二所示:

图二

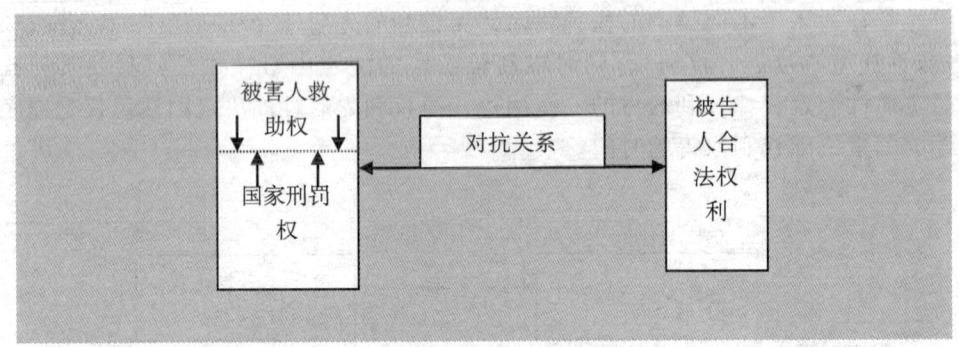

如何协调和满足三方的各种要求、需要和愿望,实现逆向损益向同向损益转化,均衡利益就成为立法和司法主体政策选择的依据。于是,现代刑事司法理念下,被害人救助权利得到重视,并在司法活动中得以贯彻,在一定程度上实现了利益均衡。一方面,刑事被害人的物质利益得到确认,并在限制范围内得到部分保障,其救济途径则有赔偿和补偿两种方法;另一方面,为了实现刑事被害人救助,在尊重和考虑被害人意愿的情况下,国家则在法律容许的范围内向被告人让渡自己的部分权利,促进被告人赔偿,以此来换取三方利益均衡。如本文前述的司法机关在现代司法理念下的一些实践。

因此,国家则在法律容许的范围内向被告人让渡自己的部分权利,促进被告人赔偿从而使刑事被害人得到救助的,显然属于公权力主体的公力救助义务。② 其最基本的途径有两个:一是通过国家权利的让渡、司法权的运行促进刑事被告人赔偿,也即在刑事诉讼过程中,以更加关注刑事被害人的利益,推动刑事被告人实现赔偿为条件,均衡被告人正当权益和被害人利益,对一部分案件做一些灵活处理;二是通过基本权利的司法保护而衍生出国家义务的履行实现刑事被害人救助。

---

① 龙宗智:《相对合理主义》,中国政法大学出版社1999年版,第31~34页。"同向损益"是指不同利益同消共长现象;"逆向损益"是指利益保护过程中,因利益冲突而产生的二律悖反、此消彼长。

② 苫从进:《权利制约权力论》,山东人民出版社2008年版,第322页。

本文认为，在社会利益总量一定的前提下，在刑事诉讼中需要兼顾国家、被害人、被告人之间的利益平衡。在司法的微观系统中，司法各部门在现代刑事司法理念下，通过一些合法、合理、合情的处理方式来促进被告人的赔偿的，应当属于司法救助的范畴。当在诉讼这一微观系统无法得到被告人的赔偿，难以实现这种平衡时，就需要从宏观上考虑利益整体性平衡，由国家代位补偿（救助）被害人以弥补被害人的损失，谋求利益总体上的均衡，而其中的债务源则最终来自整体意义上的全体刑事被告人。

四、刑事被害人救助制度的检讨与改造

随着被害人权利运动和被害人学研究的纵深发展，许多国家的刑事司法政策也发生了改变，被害人在刑事司法中的地位和作用日益突出，被害人权利更加广泛，参与刑事司法活动的形式和内容更加丰富。大多数西方国家以不同的方式，在不同程度上进行了刑事司法政策的改革，由以犯罪人为中心转化为强调被害人与被告人权利的平衡，并开始强调被害人利益与国家利益的平衡。[①]如何校正和改造现行刑事被害人救助制度，使之行之有效。本文认为要基于如下两个因素进行反思：一是现行刑事被害人救助制度是否符合现实的分层现状、是否符合现实的法权关系；二是现行制度的法律目标、价值取向、基本原则和行为规则是否体现社会公正性要求，是否与法律发展的未来方向相一致。[②] 在此基础上检视现行制度的正当性和合理性，进而对改造提出可行性建议。关于正当性和合理性问题，已多有著述论述，本文不再赘述。在此，仅就刑事被害人救助制度的改造提出一些浅见。

（一）权利保障的对等性

刑事诉讼一般发生三方法律关系：国家、被告人与被害人之间及其相互间。根据诉讼进程的阶段性，可以进一步将三方刑事法律关系划分为的诉前法律关系、诉中法律关系和诉讼终结后的法律关系。那么，在诉前、诉中和诉讼终结后，三方的有关实体权利和程序权利应当得到合理配置，以保障各方权利对等设置。鉴于本文主要论述刑事被害人救助问题，故仅在经济方面进行考察。

1. 实体方面：一是我国宪法人权保障规定的落实与平衡。这种平衡在立法上表现为：刑法、国家赔偿法和刑事被害人补偿（救助）法三法并行。以实现国家、被告人和被害人实体利益总体上的均衡。刑法对被告人行使刑罚使

[①] 孙国祥：《刑法基本问题》，法律出版社 2007 年版，第 576 页。
[②] 杨力：《社会学视野下的法律秩序》，山东人民出版社 2006 年版，第 228 页。

之偿还了其所欠的国家之"债"并在可能的情况下实现对刑事被害人的赔偿以偿还对刑事被害人之"债",国家赔偿法保障了被告人的正当权利,而刑事被害人补偿(救助)法则在总体均衡利益上对刑事被害人的提供了最后保障。二是我国刑法体系应体现权利保障的均衡。(1)刑事被害人。我国刑法第36条规定,"由于犯罪行为而使被害人遭受经济损失的,对犯罪分子除依法给予刑事处罚外,并应根据情况判处赔偿经济损失。承扣民事赔偿责任的犯罪分了,同时被判处罚金,其财产不足以全部支付的,或者被判处没收财产的,应当先承担对被害人的民事赔偿责任"。这是刑事实体法对刑事被害人获得赔偿的唯一法律依据。(2)国家则享有罚金、没收等处罚权以及国家享有没收的财物和罚金的所有权。(3)被告人。虽然被告人是义务主体,但在判处罚金和没收财产附加刑时,对于罚金,被告人享有的权利有"分期缴纳、缴纳确实有困难的,可以酌情减少或者免除"的规定;对于没收财产,有"应当对犯罪分子个人及其扶养的家属保留必需的生活费用"以及"对犯罪分子所负的正当债务,需要以没收的财产偿还的,经债权人请求,应当偿还"等规定。从以上规定可以看出,三方在经济方面享有的权利规定并不平等。对刑事被害人在无法获得赔偿时,刑法没有规定如何处置。而在对被告人处以罚金和没收财产时,却考虑到了对被告人及其家属的生存权的问题,甚至对被告人所负的正当债务都详加规定。国家权利得以充分保障和实现,在对被告人的刑事责任上既实现了主刑,又可以根据案件性质处以附加刑。因此,在刑事被害人经济实体权益上,可以在刑法第36条增加一款规定,"对于犯罪分子无能力赔偿被害人的,依有关法律给予补偿",以落实宪法规定,切实保障刑事被害人的权利。

2. 程序方面:(1)诉讼权利配置不平衡。一方面,我国刑事诉讼法在对被害人告知事项的立法规定上,强调的是对结果的告知,而不是事先告知。这和诉前、诉中以及诉讼终结后被告人享有的告知事项规定不对等。以最高检《救助通知》为例,可以进一步看出,即便是对于限定范围内刑事被害人救助的告知也是对诉中"正在办理的案件,认为需要救助的,应当告知"。而且在作出不起诉决定后才将有关材料已送至控申部门。救助提起前的主动权掌握在检察机关,而非刑事被害人。由此可见,诉前及诉中刑事被害人不能自主知道自己还有权利得到救助的信息,甚至根本不知道有此权利的存在。这种依赖于权力部门启动的权利保护的倒置性的规定,显然不利于刑事被害人权利保护。另一方面,现行法律中,并未对告知人员、告知期限、被害人主动获取信息的途径等作出具体规定,也没有对司法机关不履行告知义务的法律后果以及权利救济途径等加以规范,导致在实践中执行不力,客观上达不到预期的效果。如前述最高检的《救助通知》规定,"……认为需要救助的,应当告知……",并没有规定具体告知期限。更无不履行告知义务的法律后果和程序性制裁等规定。

因此,在诉讼权利配置上需要有保障被害人知情权而设置具体程序并确立其相应的救济途径。为使所有刑事案件的被害人知悉相关的诉讼信息,一方面要完善司法机关的告知程序,明确告知人的责任及告知的方式、手段;另一方面要为其提供方便被害人主动获取诉讼信息的途径,如开通热线电话,开设咨询网站,成立受害者帮助站等。如美国纽约州就在其《刑事被害人权利法案》中规定,被害人可以通过致电"每日受害者信息与资讯"免费电话获得在押犯监禁与释放的信息,这种做法的确值得我们借鉴。[①] 此外,对于司法机关侵犯被害人知情权的,应有建立一套完整的控告程序从而给被害人以表达自己意见的机会,同时可以让司法工作人员接受监督,并承担相应的责任。(2) 审批去行政化。目前《救助通知》规定,检察机关控申部门审查后,对符合救助条件的,制作《提请审批救助意见书》,经部门负责人同意、检察长审核后报经同级党委政法委审批。这种审批程序,显然将刑事被害人救助纳入社会治安综合治理工作范畴。是一种行政化的处理方式。一方面救助属于经济补偿,是刑事被害人不能在诉讼过程获得犯罪人赔偿而产生的一项国家补偿权利。权利的确认应当经由司法程序予以决定或者裁定,在法律上已经产生效力;另一方面有关救助经由司法部门决定后,再报经党委政法委部门审批,无疑又增加一道程序,人为地设置障碍,有碍于救助的及时性;再则党委政法委是党委的领导和协调机关,不宜于介入具体司法过程。(3) 救助时间。应当视刑事被害人具体情况,设置诉前、诉中、诉讼终结后均可救助的程序。一是把握及时性。由于公安阶段办理普通的刑事案件的期限较长,应探索有效途径,如采用发放通知书等形式,将救助时间提前。二是与刑事诉讼法定期间的一致性。实施救助的时间跨度是在其办理刑事案件的过程中。就检察机关而言,其中主要是指审查起诉环节,而审查起诉期限是不固定的,并非仅限于一个半月,还可能因为补充侦查或鉴定等法定因素重新计算或延长,因此实施救助的时间应与各类刑事诉讼保持一致,增加救助与诉讼的协调性。[②]

(二) 司法促进赔偿中的救助

理论上,公力救助是公权力主体促使侵权者承担赔付义务的保障性义务,

[①] 王祖红、蔡才建:《被害人知情权:司法公正无法回避的话题》,载《检察日报》2006年5月26日。

[②] 上海市检察官协会,静安区检察院:《"刑事被害人司法救助"研讨会综述》,2008年9月5日。

是特定公权力主体的特定义务。无论是依据国家公权力来自人民委托的学说，还是依据国家公权力来自人民权利转让的学说，公权力主体有权力确认、判令和强制侵权者承担侵权责任，或者直接消弭侵权造成的消极后果。这种权力，本质上也是权利救济权能的部分内容上升为社会公力的集中体现。权力主体本身行使这种权力，同时也是其职责或义务。①

近年来，国际诉讼法学界对刑事诉讼不尊重被害人意愿，不重视对被害人补偿的国家主义倾向已经在进行批评。鉴于此，有学者早就提出，"案件处理应注意考虑被害人意愿，有利于对被害人的补偿"。② 本文前述中将司法促进赔偿视为"救助"的机制外原因，是基于目前对救助的狭义理解。广义上，在现代刑事司法理念和实践下，司法机关投入大量的人力、物力和财力用于参与调解、促进和解，更有甚者以刑罚为代价换取赔偿后的秩序的恢复。如果从成本计算，这也不是原来意义上的赔偿，是经济上的一种成本转化，其性质也转变为司法机关履行的一种国家义务，这实际上是一块硬币的两面。比如，关于辩诉交易。③ 该学者还进一步认为，"通过立法设定最低赔偿折抵量及比例，如折抵刑罚的赔偿金不得低于某一限额、不得低于罪犯财产的给定比例。如相当于个人资产20%的赔偿金可以折抵有期徒刑1年，但赔偿金数额应高于某一幅度：太低的赔偿没有意义，太高的赔偿可能诱导犯罪；同时，折抵刑罚不宜超过一个刑等或多于5年"。④ 这无疑为今后的刑事被害人救助提供了一种新思路。即通过一种以赔偿与刑罚的置换方式而使刑事被害人获得赔偿，在刑罚的量刑幅度内部分让渡刑罚权，换取了赔偿权利的获取，这是一种国家权利的妥协和让渡，也是国家通过司法机关履行其救助义务的一种新的路径。因此，应当认为，现代刑事司法理念及其实践，在对促进刑事被害人赔偿上是一种救助的体现，在司法实践中，要大力倡导和推行多元化的救助方式，尤其是通过发挥司法机关的功能，综合情、理、法等因素，正确、及时对刑事被害人实施救助。

---

① 菅从进：《权利制约权力论》，山东人民出版社2008年版，第322页。
② 龙宗智：《相对合理主义》，中国政法大学出版社1999年版，第82~83页。
③ 张越：《法律责任设计原理》，中国法制出版社2010年5月，第570页。
④ 张越：《法律责任设计原理》，中国法制出版社2010年5月，第571页。

检察环节刑事被害人司法救助制度的完善思考
——以审查起诉环节为视角

潘体正[*]

随着经济的发展和社会的进步，国民的人权保障意识不断增强，对犯罪嫌疑人、被告人权利保障的机制不断完善和强化，而理应得到更多关注的刑事被害人的权利保障和司法救助制度却没有得到均衡发展。现行法律规定中对刑事被害人权益的保护比较原则，刑事被害人用以维护自身权益的手段还受到一定的限制，大多数刑事被害人都无法得到应有的赔偿。根据我国刑事诉讼法第77条之规定，被害人由于被告人的犯罪行为而遭受物质损失的，在刑事诉讼中有权提起附带民事诉讼。但是我国目前的刑事案件破案率并不高，据官方数据为50%~70%，[①] 大量未破案的刑事案件的被害人无法得到赔偿；即使是得以侦破的刑事案件，实践中亦有80%[②] 以上的刑事案件被害人及其近亲属无法从刑事被告人那里得到赔偿，在重大恶性暴力犯罪案件中尤为突出。司法实践中，因案件长年未破，犯罪人没有归案，致使被害人无法提起赔偿；或者虽经人民法院判决，因被告人服刑、无财产可供执行，导致刑事附带民事赔偿成了一纸"法律白条"，被害人权益迟迟得不到有效保护。有的被害人因得不到及时救治而病情恶化，有的被害人因正常的生活受到严重影响而陷入困境，致使他们中有的人长期上访，有的人采取极端的手段来维护自己的权益，成为影响社会和谐的不稳定因素。如何以国家的名义对因遭受犯罪行为侵害而陷入生活困境的被害人及其近亲属进行有限救助，有效缓解刑事被害人遭受犯罪行为侵害后的痛苦，解决其面临的实际困难，显得尤为必要和迫切。

在检察环节对刑事被害人开展司法救助，可以部分地解决刑事诉讼期间被害人司法救助的空白，对有效保护被害人合法权益，解决因犯罪行为导致的被

---

[*] 江西省人民检察院公诉二处正科助理检察员。
① 高亚旭、毛政：《刑事被害人司法救助制度研究》，载《江苏检察》，2008年第8期。
② 陈彬、陈昌林等：《刑事被害人救济制度研究》，法律出版社2009年版，第50页。

害人生活困难,具有重大现实意义。近年来,全国各地检察机关相继开展了对刑事被害人救助工作的探索和实践,取得了积极的法律意义和社会效果。但由于理论和实践体系尚不成熟,没有建立起全国统一规范的刑事被害人司法救助制度,检察环节刑事被害人救助制度的实施目前在各地仍是不均衡的,存在着制度化程度不高、标准不统一、操作性不强的突出问题,亟待从机构设置、资金保障、救助范围、救助标准、救助程序方面做进一步的规范和完善。本文拟就检察环节刑事被害人司法救助制度的概况和实践中存在的主要问题进行分析,并以问题为导向对检察环节刑事被害人司法救助制度的完善做一些具体的思考和探索,以期抛砖引玉,对检察环节刑事被害人司法救助制度的完善和发展有所裨益。

一、检察环节刑事被害人司法救助制度的概况

(一)实践和发展概况

1997年刑事诉讼法修改后,我国刑事被害人司法救助制度逐步得到建立和发展,上海、河南等省市检察机关率先进行了一些有益的实践与探索。①2007年,高检院刑事申诉检察厅下发通知,要求全国检察机关在条件允许的情况下积极开展刑事被害人救助试点工作,刑事被害人救助工作在全国检察机关开始试点。2009年3月,中央政法委会同最高人民法院、最高人民检察院、公安部、民政部、司法部、财政部、人力资源和社会保障部下发了《关于开展刑事被害人救助工作的若干意见》,在刑事政策层面正式确立了刑事被害人救助制度,并在全国部署开展该项工作,同时对救助对象、救助标准、组织机构及职责分工、资金筹集和管理等做出规定,明确赋予检察机关开展刑事被害人救助的职权与职责。此后,高检院先后下发了《关于检察机关贯彻实施〈关于开展刑事被害人救助工作的若干意见〉有关问题的通知》、《关于进一步做好刑事被害人救助工作的通知》,就检察机关开展刑事被害人救助工作以及职责分工、救助对象、工作程序等提出明确要求,检察环节刑事被害人救助制度在实践中逐步形成。

目前,各地检察机关纷纷开展刑事被害人司法救助工作的探索和实践,山东、上海、广东、江苏、江西等省市和烟台、无锡、珠海等地检察机关还单独或联合其他部门,结合本地实际制定了具体的实施细则或办法等规定。② 2014年1月,中央政法委会同财政部、最高人民法院、最高人民检察院、公安部、

---

① 管仁亮:《刑事被害人救助制度的建立与完善》,载《重庆科技学院学报》2011年第11期。
② 孙桂京:《刑事被害人救助制度探讨》,载《法制与社会》2010年第16期。

司法部下发了《关于建立完善国家司法救助制度的意见（试行）》（以下简称"六部委意见"），对救助对象、救助标准、救助程序、资金筹集和管理等做出了进一步的规定。随后，高检院下发了《关于贯彻实施〈关于建立完善国家司法救助制度的意见（试行）〉的若干意见》（以下简称《救助意见》），就检察机关贯彻实施司法救助制度以及各部门职责分工、机构设置等提出具体要求，检察环节刑事被害人救助制度得到进一步的发展。

（二）呈现的特点

从检察环节刑事被害人司法救助制度实施的情况来看，呈现出如下几个特点：

一是从广度上看，各级、各地检察机关都投入了极大的热情，不同程度的参与了刑事被害人司法救助制度的探索和实践，普及面较大。即使是没有制定具体实施细则和规定的地方，检察机关从维护社会稳定，化解社会矛盾的角度，也都有实施刑事被害人救助制度的个案。

二是从深度上看，各地检察机关探索和实践的程度不够，无论是机构设置、资金保障、救助范围、救助标准等实体问题，还是救助的程序问题，大多浅尝辄止，制度化程度不高，操作性不强。实践中，是否实施司法救助及如何实施司法救助主要取决于领导重视程度和社会影响等个案具体情况。

三是从效果上看，尽管产生了相当的积极意义和社会效果，但与检察环节刑事被害人司法救助制度实施的初衷相去甚远，不尽理想。实践中，检察环节刑事被害人司法救助制度的具体实施，最初多源于信访问题、社会舆论压力或出于维稳需要，往往具有临时性和应急性，救助的标准也存在不确定性，闹的厉害就多一些，闹的不厉害或不闹的就少一些。这种救助能够解决化解社会矛盾，缓解检察机关办案压力的个案问题，但稳定性差，随意性大，难以实现对陷入困境的刑事被害人进行普遍性应急救助的司法救助原意，且极易产生司法不公等其他问题。

二、实践中存在的主要问题

从检察机关实施刑事被害人司法救助制度实践看，普遍存在着制度化程度不高、标准不统一、操作性不强的问题，集中体现在以下几个方面：

（一）救助机构没有专门设置

尽管开展刑事被害人司法救助的检察机关众多，级别高低不同，但几乎都没有设立专门的救助机构，而是由侦查监督、公诉、控告申诉等具体办案部门负责司法救助的实施，辅助性、临时性的特征明显，不利于司法救助工作的制度性实施和发展，在实践中往往流于具体办案部门实现部门工作、缓解办案压力的辅助手段。如公诉部门拟对被告人做不起诉决定时对被害人实施司法救助用以缓解被害方的激烈情绪，控告申诉部门对长期上访、闹访的刑事被害人实施司法救助用以解决信访需要等。高检院2014年下发的《救助意见》将刑事申诉检察部门作为司法救助的受理和实施部门，要求侦查监督、公诉、计划财务装备等部门予以配合，对检察环节实施司法救助的部门在全国范围内予以了统一，但仍然没有设立专门的机构来实施司法救助，仍然难以改变刑事被害人司法救助作为其他办案部门的辅助工作来实施的命运，既不利于刑事被害人司法救助工作的制度性实施，更不利于刑事被害人司法救助工作的进一步研究和完善发展。

（二）救助资金保障困难

实践中，各地检察机关实施司法救助的资金主要来源于财政拨款，且大多没有设置专项救助资金，实际救助中由检察机关通过个案情况进行申请，救助资金无法保障。以笔者所在的江西省为例，检察机关没有列支的专项救助资金，具体实施中通常由检察机关先从自身有限的办公办案经费中支出垫付，再逐案向政法委等机构进行申请，资金保障困难，极大制约了检察机关实施刑事被害人司法救助的积极性。即使是设立了专项救助资金的浙江省，省检察院司法救助专项资金也仅为每年25万元，极为有限，与浙江省检察院全年需要实施司法救助资金的需要相差甚远，实属杯水车薪。① 资金保障是正常开展刑事被害人司法救助工作的根本条件，没有充足、稳定的资金保障，检察环节刑事被害人司法救助工作就难以有效开展，制度化实施更无从谈起，实践中只能流于一时一事的个案救助。2014年1月下发的"六部委意见"，规定"各地司法救助资金由地方各级政府财政部门列入预算，统筹安排……中央财政通过政法转移支付，对地方所需国家救助资金予以适当补助……"，但仍过于原则、抽象，难以操作和解决资金保障的实际问题。

（三）救助范围不明确

检察环节刑事被害人司法救助制度的实施是在检察环节对因遭受犯罪行为侵害而陷入生活、医疗救治困境且无法通过其他途径获得救济的刑事被害人及其近亲属进行紧急性的救助，具有应急性和补充性，理应对救助的范围进行明确和限定。② 实践中，各级检察机关都对实施司法救助的范围做了各种限制性的规定，但规定不明确，标准不统一，执行中差异极大，甚至出现大量类似案件、类似情况的被害人在某地检察机关得到司法救助，而在其他检察机关却得

---

① 陈彬、陈昌林等：《刑事被害人救济制度研究》，法律出版社2009年版，第170~171页。
② 丁玉明：《我国刑事被害人司法救助制度探索》，载《中州大学学报》2011年第1期。

不到司法救助的情况。① 如江西省制定的《关于开展刑事被害人救助工作的实施办法（试行）》中规定，当前刑事司法救助的范围重点是：因他人实施故意杀人、故意伤害、抢劫、强奸、绑架、放火、投放危险物质、爆炸等严重暴力犯罪造成的严重伤残案件，无法通过及时诉讼获得赔偿、生活困难的被害人及其近亲属。该规定将刑事被害人司法救助案件的范围重点确定为暴力犯罪，但没有明确规定限于暴力犯罪，同时还对过失犯罪案件作出一定限制后予以参照执行，救助范围不明确；非上述严重暴力犯罪范围的故意犯罪案件，导致刑事被害人生活困难又无法通过诉讼获得赔偿的，是否应当实施救助，答案不明。而同样的案件如果发生在江苏无锡，则属司法救助的范围，根据该地规定，只要是犯罪行为发生在无锡，被害人及其近亲属因犯罪行为陷入生活困境的，都可以申请司法救助。② 2014年1月下发的"六部委意见"，对司法救助的范围及排除条件等作了较为具体的明确规定，但该意见中又规定"党委政法委和政法各单位根据实际情况，认为需要救助的其他人员；涉访涉诉信访人，其诉求有一定合理性，但通过法律途径难以解决，且生活困难，愿意接受国家司法救助后息诉息访的，可参照执行"。将本已明确的救助范围和条件又归于模糊。

（四）救助标准不统一

从检察环节刑事被害人司法救助制度实施情况看，各地检察机关给予刑事被害人及其近亲属的司法救助标准不统一、不具体，一般只规定一个救助金额的上限，且差异较大。如青岛市规定的刑事被害人救助标准为3万元以下，特殊情况的专门研究决定；③ 福州市规定的刑事被害人救助标准为2万元以下，特殊情况的专门研究决定；无锡市规定的刑事被害人救助标准为1万元以下，特殊情况不超过无锡市上一年度职工年平均工资的三倍；④ 广东省规定的刑事被害人救助标准为5万元以下，特殊情况从严审批；浙江省规定的刑事被害人救助标准为3万元以下，特殊情况报浙江省政法委批准；珠海市人民检察院规定的刑事被害人救助标准为5千元到5万元，特殊情况由检察长或检委会决定可以超出该标准；⑤ 江西省规定对刑事被害人或其近亲属的救助数额，以案件管辖地上一年度月平均工资为基准，一般在36个月的总额之内，特殊情况报

---

① 杨光辉、肖宏未：《关于建立刑事案件被害人检察环节国家救助制度的思考》，载《法学杂志》2009年第4期。

② 黄颖丽：《刑事被害人司法救助制度新探》，载《公民与法》2010年第4期。

③ 陈彬、陈昌林等：《刑事被害人救济制度研究》，法律出版社2009年版，第136～137页。

④ 王瑞君：《对刑事被害人国家补偿几个争论问题的探讨》，载《时代法学》2011年第4期。

⑤ 参见《浙江省司法救助专项资金使用管理办法（试行）》第4条。

上一级党委政法委员会审批；2014年1月下发的"六部委意见"规定，以案件管辖地上一年度职工月平均工资为基准，一般在36个月的工资总额之内，损失特别重大、生活特别困难的，需适当突破限额的，应严格审核控制。作为普遍性应急救助的制度，其标准理应统一，并应限制在合理的幅度范围内，而实践中，各地标准不一，且幅度大，不同地区检察机关及同一检察机关实施司法救助金额的个案差异极大，从1千元到5万元，甚至更多，引发了民众对司法救助本身公正性的质疑。

（五）救助程序过于复杂

随着检察机关刑事被害人救助工作的不断开展，各地都对实施司法救助的程序作出了具体规定，且日趋细致、复杂，但没有体现司法救助应急性特征的便利性。① 一是司法救助程序的启动上采用以被害人申请一种方式，没有设置更为快捷、高效的依职权启动方式作为补充。作为司法机关代表国家对遭受犯罪行为侵害而陷入生活困境的刑事被害人的普遍性应急救助制度，应当体现一定的职权性和主动性，在符合救助条件的被害人没有提出申请的情况下，由检察机关依职权启动司法救助程序，这种快捷启动方式的设置对于处在特别紧急困难状况的刑事被害人来说显得尤为重要。② 二是司法救助程序的具体规定过于复杂。实践中，一般都要求被害人提出书面申请，并提供证明本人身份、遭受犯罪行为侵害情况、实际损害后果、生活困难情况、是否获得其他赔偿、是否对案件发生具有过错、是否配合司法机关查明犯罪事实等情况的大量书面材料，且要经过数个层级的审批，③ 程序过于冗长、复杂。三是审批程序体现更多的是领导审批的意见和决定，而非对具体条件符合性的一般审查。从具体审批过程来看，各地检察机关对审查的具体标准规定较少或只有原则性的规定，一般要求申请人提供尽可能多的相关材料，再由审批部门和领导根据案情来决定，与在应然的审查标准具体情况下做一般符合性审查的社会期望仍有较大的差距。

三、完善的具体思考和建议

针对检察环节刑事被害人司法救助制度实施中存在的上述问题，笔者结合自身的工作实践，从进一步规范和完善的角度做如下的一些具体思考和探索，

---

① 曲小卫：《浅析检察机关司法救助模式构建》，载方圆法治网，2013年12月3日。
② 陈彬、陈昌林等：《刑事被害人救济制度研究》，法律出版社2009年版，第230页。
③ 参见2014年中央政法委会同财政部、最高人民法院、最高人民检察院、公安部、司法部下发的《关于建立完善国家司法救助制度的意见（试行）》、2009年江西省制定的《关于开展刑事被害人救助工作的实施办法（试行）》等规定。

以期与检察同仁共同商榷。

（一）救助机构的设置

为了实现对遭受犯罪行为侵害而陷入生活困境的刑事被害人实施普遍性应急救助的目的，独立的制度化开展对刑事被害人的司法救助工作，应在各级检察机关设置独立于具体办案部门的司法救助工作办公室，专门从事检察环节刑事被害人司法救助制度的具体实施及进一步的研究和发展完善，侦查监督、公诉及控告申诉检察等具体办案部门予以配合。即使是暂时无法实现设置专门机构的检察院，也应当考虑在政策研究室或检委会办公室等非办案部门设置专人来从事检察环节刑事被害人司法救助制度的具体实施和研究工作，以避免刑事被害人司法救助工作成为具体办案部门实现部门工作、缓解办案压力的工具。

（二）救助资金的保障

检察环节刑事被害人司法救助制度的实施，只是在检察环节为陷入生活困境的刑事被害人提供最基本的生活保障，其救助范围是有限的，救助标准也是可控的，不存在国家财力无法承受的问题。① 现阶段，我国实施司法救助的水平不高，与经济发展状况是匹配的，完全可以采取切实措施为检察环节刑事被害人司法救助工作制度化实施提供稳定、充足的资金保障。一是要确立政府主导下以财政拨款为主、社会参与为辅的资金来源渠道。尽管各地检察机关在实践中对采取社会募捐等其他筹措资金方式进行了探索并取得一定成效，但考虑到检察机关的司法定位及社会募捐等方式筹措资金的不确定性，仍需以财政拨款为主来确保救助资金来源的稳定和充足。2014年1月下发的"六部委意见"对此也做了类似的原则性规定。二是要建立专项救助资金，专款专用。检察机关要根据实施司法救助的实际需要确定一定数额的专项救助资金报财政列支，专款专用。在政法委等其他机构设置司法救助专项资金的地方，检察机关也要根据实际需要按照适当的比例将资金划入检察机关自己设立的专项资金账户进行专项管理和使用，浙江省检察院已有成功的实践经验。在司法救助专项资金余额处于低位时，根据需要进行申请或采取其他措施予以补充，而不能等专项资金用完时再申请和补救。

（三）救助范围的明确

作为提供最基本生活保障的制度性司法救助，必须对检察环节实施司法救

---

① 王新、白金刚：《问题与制度设计：检察机关开展刑事被害人司法救助研究》，载《法学杂志》2009年第6期。

助的范围予以明确和限定。① 根据现阶段的财力状况和司法救助水平，宜将救助范围明确限定为同时符合以下条件的刑事自然人、被害人及其近亲属：一是刑事案件已进入检察环节；二是因遭受犯罪行为的侵害而陷入医疗或生活困境，以无力支付医疗费用或无力维持当地最低生活保障为标准；三是已经穷尽其他途径无法获得救济或者检察机关确认其无法通过其他途径获得有效救济；四是配合司法机关查明犯罪事实、无故意妨害刑事诉讼的行为。检察环节刑事被害人司法救助制度的实施应当严格限定在确定的救助范围内，不受涉法涉诉信访等其他因素的干扰。符合条件的，不论是否上访，都应予以救助；不符合条件的，上访、闹访再厉害，也不能屈就实施司法救助。

（四）救助标准的统一

检察环节刑事被害人司法救助制度实施的宗旨在于应急性保障遭受犯罪行为侵害的被害人的基本生活要求，"救急不救穷"，② 具有普及性、短期性和有限性的特征，其标准应当是低水平的统一，地区和个案体现的差异幅度不宜过大。参考各地实践及2014年1月下发的"六部委意见"规定，以案件管辖地上一年度月平均工资为基准，可以将救助标准统一确定为12个月工资总额至36个月工资总额，即最低为12个月工资总额，最高为36个月工资总额，除急需医疗救助经严格审批外，不得突破36个月工资总额的上限规定。在目前阶段，只限于规定支付救助金的救助方式，对心理治疗等其他方式不应作具体规定，只宜作为特例，由检察机关根据自身条件和案件情况自行把握。

（五）救助程序的合理设计

为防止被害人在检察环节司法救助制度实施中再次受到伤害，更好地保护刑事被害人的合法权益，检察机关应当建立方便、快捷的司法救助程序。一是在司法救助程序的启动上增加设置依职权启动方式作为补充。③ 在符合救助条件的刑事被害人处于特别紧急困难状况，因各种原因没有提出申请的情况下，可以由检察机关依职权启动司法救助程序，更为高效、便捷地为被害人提供紧急司法救助。二是明确检察机关告知当事人享有申请司法救助权利的义务。检察机关应当将检察环节对刑事被害人实施司法救助的范围和条件告诉进入检察环节的刑事案件被害人及其近亲属，并告知他们享有申请司法救助的权利。三是尽可能的简化和方便当事人申请司法救助的程序。当事人既可以直接向司

---

① 杨光辉、肖宏未：《关于建立刑事案件被害人检察环节国家救助制度的思考》，载《法学杂志》2009年第4期。
② 陈彬、陈昌林等：《刑事被害人救济制度研究》，法律出版社2009年版，第138页。
③ 朱聪颖：《构建检察环节刑事被害人司法救助制度探析》，载《衢州检察》2011年第10期。

救助办公室提出申请，也可以通过办案的任一部门提出申请；既可以书面形式提出申请，也可以口头形式提出申请由检察人员予以记录。内容上只需说明遭受犯罪行为侵害及由此陷入生活困境的情况即可，是否符合条件应主要依赖检察机关依职权进行的调查。四是明确审核条件，简化审核程序。检察机关应当明确并公开审核的具体条件和标准，由司法救助工作办公室进行调查、审核，严格按照公开的条件和标准在15日内对是否实施司法救助及实施救助的具体数额提出明确意见报检察长或检委会决定。五是规范发放程序，实行专款专用、审发分离的制度。检察机关作出实施司法救助的决定后，由负责审核的司法救助工作办公室书面通知计划财务部门从司法救助专项资金中予以发放。六是确立当事人权利救济程序。司法救助工作办公室及时将决定结果告知当事人并说明理由，当事人有异议的可以在收到决定3日内向检察机关申请复议一次，检察机关在5日内作出复议决定，复议决定为最终决定。

新型检律关系中的信任机制建设

孙光骏[*]　史玉平[**]　杨立凡[***]

建立检察官与律师之间的良性互动关系,是落实修订后刑事诉讼法的要求,也是推进刑事法治建设的重要一环。曹建明检察长在 2013 年 7 月 16 日最高检听取律师界全国人大代表、政协委员意见建议的座谈会上指出:"检察官和律师不是简单的诉辩关系,更不是简单的对抗关系,而是对立统一、相互依存、彼此促进的良性互动关系。"他强调要"着力构建检察官与律师的良性互动关系,共同履行好法律职业共同体职责使命"。这一讲话对建立新型检律关系作出了富有哲理的精准概括。为准确掌握我市检律关系现状,课题组采取走访座谈和问卷方式开展深入调查。从检律关系现状看,检察官与律师之间缺乏基于职业的认同感与信任感,是比较普遍的现象,突出表现为二者在诉讼中都存在角色防御心态和角色弱势心态,这也是过去以来检律关系存在诸多困难的症结所在。检律双方缺乏信任的制度根源在于诉讼制度在诉辩双方权责分配上不尽合理,使诉辩双方无法获得诉讼程序中的安全感和信任感,权利约束机制不健全排斥了检律双方的良性互动,诉讼利益交换机制不健全导致检律双方的恶性对抗。检律信任机制的构成要素,应包括环境、文化、制度、物质四个方面。当前,构建检律信任机制,需要重视司法文化层面的机制建设、司法工作层面的机制建设、诉讼制度层面的制度完善等三个层面。

一、我市检律关系现状调查情况

此次共制发调查问卷 50 份,随机对 25 位检察官和 25 位律师进行了问卷调查,收回问卷 46 份,其中检察官、律师各 23 份。调查情况综合如下:

(一)检律关系模式认知调查

高达 93% 的受访者认为增强检律关系信任度非常有必要,有利于充分沟

---

[*] 宜昌市人民检察院检察长,全国检察业务专家。
[**] 宜昌市人民检察院法律政策研究室主任。
[***] 宜昌市人民检察院法律政策研究室副主任,全省检察理论研究人才。

通、凝聚共识；仅 7% 认为没有必要，认为检律关系现状是控辩制衡关系使然。从调查数据分析，律师对增强检律关系信任度的要求更为迫切。

对于检律关系的应然模式：87% 的受访律师和 65% 的受访检察官认为检律双方应当是抗辩制衡、制约中有配合的关系；28% 的受访者认为检律双方可以充分协作，而检察官对与律师充分协作的要求更为迫切，占受访检察官的 39%；无受访者认为检律双方是完全对立的关系。

（二）检律关系信任程度调查

关于目前检察官与律师之间相互信任的程度：74% 受访者认为现状是"比较信任"，26% 受访者认为现状是"相互猜疑"或"完全不信任"；无受访者认为"非常信任"。从抽样调查结果看，检察官对律师的信任度要低 7 个百分点。

对于各方认为在办案中沟通配合较好的案件比例：63% 的受访者认为在 50% 以上；近 20% 的受访者认为较差（25%～50%）；17% 认为很差（25% 以下）。从调查情况看，检察官对办案沟通配合满意度高于律师。

关于双方矛盾较多的环节：46% 的受访者认为在法庭审理环节；35% 的受访者认为在审查起诉环节；18% 的受访者认为在侦查环节；13% 的受访者认为是在民行案件申诉环节。

关于双方在诉讼关系中地位的比较：65% 的受访者认为检察官处于强势地位；35% 的受访者认为两者地位基本平等或律师处于强势。值得注意的是，高达 87% 的受访律师认为检察官处于强势地位，而 57% 的受访检察官认为律师处于强势地位或两者地位基本平等。

（三）诉讼行为模式倾向调查

在办理案件过程中，当对事实、适用法律存有疑虑或发现新证据时：69.5% 律师和 48% 的检察官会选择"充分沟通，把分歧消除在庭前"；32.5% 的受访者会选择"一般性沟通，对有利于己方的适当保留"，而检察官作适当保留的倾向明显高于律师；8.6% 的受访者会选择"基本不沟通，但充分准备，庭上对控方搞突然袭击或防止律师搞突然袭击"，持这种倾向的检律双方占比大体相当。

（四）缺乏信任感的原因调查

54% 的受访者认为当前检律双方缺乏信任感的主要原因在于检律双方沟通渠道不畅，彼此缺乏合作意识；39% 的受访检察官认为主要原因是律师违法违规操作较多，且制约措施少；30% 的受访律师认为主要原因是检察机关不充分保障律师辩护权行使；20% 受访者认为主要原因是现有法律制度存有缺陷。

(五)改进检律关系的意见收集

超过71%的受访者认为改进检律关系的关键在于确实转变执法(业)理念;30%的受访者认为关键在于加强工作机制建设;近20%认为关键在于进一步完善法律制度。

对于改进检律关系的具体方法,各方主要提出如下建议:

1. 转变执法理念。严格依法办事,加大对法律法规落实力度,确保律师享有的权利能得到充分行使。

2. 严惩违法违纪。肃清执法和执业风气,增进相互信任。

3. 加强沟通机制建设。检察官协会与律师协会可定期开展辩论赛、法律适用探讨、角色互换模拟活动、疑难案件交流探讨等。还可加强学术交流,开展文体活动,增进感情,公开检察官联系方式,形成良性互动等。

4. 尊重彼此职责,相互提供便利。在工作中,相互间尽可能地为对方履职提供便利,相互尊重,减少对抗,加强合作。

二、检律关系缺乏信任的心理原因分析

(一)防御心理助长职业隔阂

角色防御心理是指检察官与律师在从事刑事诉讼活动中,将对方视为对手,在办案信息方面采取防御性措施,通过信息不对称来保持自身在诉辩对抗中优势地位的一种心理现象。主要表现为:检察官为了保持了解案件信息方面的优势地位,在落实律师阅卷权、会见权、律师申请调取证据等方面处于消极心态,甚至有意识地设置诸如"检察官正在阅卷、检察官正在提审"等人为障碍,使律师在执业过程中面临诸多困难;律师在调查取证获得新证据后,不愿意在审前阶段与检察官交换证据,而是在法庭上进行证据突袭,从而占据庭审诉辩中的优势地位,导致检察官为了核实庭前未掌握的相关证据和补充侦查,常常需要申请休庭。角色防御心理助长了检察官与律师之间的互不信任、信息封锁、恶意对立的情绪,既不利于保护犯罪嫌疑人、被告人辩护权益,又浪费本来有限的司法资源。

(二)弱势心理助长相互贬损

角色弱势心理是指检察官或律师认为自己在诉讼关系中处于不利地位的主观心态。从当前刑事诉讼实践看,无论是检察官还是律师,都存在不同程度的角色弱势心理。

首先,律师弱势心理明显。律师在执业实践中长期遭遇会见难、阅卷难、取证难等问题,执业挫折感加深了律师角色的弱势心理,促使他们常常为了执业保障或者胜诉走法律程序之外的渠道。最为典型的例子是,当前有一些律师

将获取的办案信息不用在办案上,而是用在宣传造势上。他们热衷于在判决前不断制造新闻热点,向新闻媒体透露案件情节、诉讼信息、庭审实况等,通过媒体发布、传播倾向性观点和单方面认定事实,从而形成对自己有利的舆论形势。这种做法常常会造成"新闻媒体审判"、"社会道德审判",给司法机关依法独立办案带来很大的社会压力,同时也会对司法机关的权威性和司法公信力造成负面影响。这种做法还极易引起检察官与律师、法官与律师之间的紧张关系,加剧司法人员对律师在刑事诉讼法修订后介入提前的厌恶感。当前各地出现的法庭拘留当庭律师的事例,以及检察官制造各种理由迟延律师会见、阅卷的现象,突出反映了这种相互贬损、相互厌恶的关系现状。

其次,检察官也同样存在较严重的弱势心理。检察官作为法律监督者,在刑事诉讼中不是一方当事人,其既要履行追诉犯罪之责,又要承担人权保障之责。特别是,修订后的刑事诉讼法在程序规范方面的要求越来越严格,而一些影响社会稳定的严重刑事犯罪案件,因侦查部门侦查能力不足、程序意识不强造成办案程序瑕疵、取证行为不规范等现象,检察官无力全程跟踪监督,事后监督又无法改变既定现状,这时检察官将面临着在办案期限内如何"消化"案件、化解社会矛盾的巨大压力。在此情形下,他们往往需要权衡办案的法律效果与社会效果之间的关系,在理解和落实刑事诉讼法规定等程序法方面秉持"相对主义"的理念,注重渐进地落实法律规定。而律师作为"为当事人提供法律服务的执业人员",只需履行对当事人权利保障的责任,在落实法律规定方面奉行"完美主义",希望一步到位。

检察官与律师在办案中的这种关系,犹如"做饭"与"吃饭"。检察官办理案件像"做饭",律师办理案件像"吃饭",前者在"做饭"的各个环节都需要把握好质量标准,而后者只需要在吃饭时"挑刺",挑出前者存在的程序和实体方面的某个问题,放大局部效应,即可达到辩护目的。检察官的这种弱势心理,导致他们对保障律师权利,本能地持有消极、被动心理,希望继续保持案件信息方面的优势地位,从而平衡在法庭辩护中攻防不平衡的局面。

三、检律关系缺乏信任的制度原因分析

无论是检察官与律师的角色防御心理还是角色弱势心理,其共同特点是对自身公正执法的高度自信,而对相对方是否严格公正遵守法律缺乏必要的职业认同和信任。具体而言,检察官根据律师会见后被告人翻供率增高的现状,对律师的职业操守持普遍怀疑的心理;律师因为在执业过程遭受会见难、阅卷难等问题,对于检察官能否客观、公正办案亦常常产生怀疑。这种对于一个职业普遍不信任的根源在于,诉讼制度在诉辩双方权责分配上的不尽合理,诉讼权

力运行、诉讼权利运用中的约束机制、诉讼博弈机制不够健全，使诉辩双方都无法获得诉讼过程中的安全感和信任感。突出表现在以下方面：

(一) 权利约束机制不健全排斥良性互动

在现代法治社会中，国家公权力来源于公民权利的让渡，权力行使的根本目的是服务公民、保障权利。检察官与律师在刑事诉讼中的关系，也是国家公权力与公民权利博弈的重要形态。由于过去在诉讼制度设计上，过分重视对国家利益、社会秩序的保护，忽视公民权利的保护，导致诉讼工作机制上的不平衡。长期以来，对于司法人员阻碍行使辩护权没有建立法律制约机制，只能通过行业内部管理、社会监督予以规制，最终形成了检察官不够重视律师权利保障的现状，而律师执业中的"三难"问题正是加深律师对检察官不信任的根源；同时，对于律师执业行为的制度约束尚未健全，对律师执业中的滥用权利和违法行为亦无法进行监督制约。比如，根据刑法第306条规定，司法机关查处了一批辩护人、代理人毁灭证据、伪造证据和妨害作证的案件，但由于缺乏有效的取证机制，在获取证据、认定事实方面难度相当大，造成了一批疑难案件；同时，由于原刑事诉讼法没有建立执法回避机制，追究律师责任的执法机关为原案件的侦查机关或检察机关，导致追责行为缺乏公信力，从而引起了检律关系进一步恶化。部分检察官为了有效制衡极少数律师违规违法行为，对于律师执业保障采取拖延阻碍行为，对此也没有相应的约束机制。上述情况导致相关制度失灵，导致检律双方各自寻求法律程序之外的潜规则来维护彼此诉讼权益。

(二) 诉讼利益交换机制不健全导致恶性对抗

在刑事诉讼活动中，控辩双方基于自己独特的诉讼目的进行诉讼，分别行使不同的职能，并追逐与其职能和利益相对应的诉讼利益的最大化。控辩双方这种利益的不同是明显的，但也并不是不可调和的。司法现实中，由于制度不配套、立法不完善、执法水平不高等原因，对部分隐秘性犯罪的查办惩处难度非常大。针对转型期犯罪激增和司法资源有限等现实，设置更加合理、更加便宜的诉讼利益交换机制，提高司法效率，使司法资源的使用有所侧重，不失为一种明智之举。但是，由于诉辩双方利益交换机制缺乏或刚性不足，形成了检律互信机制建立的制度瓶颈。如辩诉交易制度在部分犯罪案件中的合理运用可以大大提高诉讼效率，节省司法资源，但我们往往是谈"交易"而色变。事实上，它与我国长期实行的"坦白从宽"刑事政策其实同根同源。当前刑事案件中存在的"坦白从宽，回家过年，抗拒从严，牢底坐穿"现象，说明"坦白从宽"刑事政策并未落到实处。而建立一整套的辩诉交易制度，可以使这一刑事政策更加具体化，更有操作性。进行辩诉交易，一方面，司法机关可以解脱对部分隐秘性犯罪查处不能的窘境，并大大节约司法资源；另一方面，犯罪嫌疑人、被告人以合作换取宽大处理，使之尽快摆脱讼累，也有利于犯罪人的改造与回归。又如污点证人制度，通过对轻微犯罪的减轻或免除处罚来保证对严重犯罪的惩处，以适当牺牲小公正为代价获取大公正，均有其现实的合理性。此外，诸如诉前证据交换制度、刑事和解制度、听取律师意见制度、律师申请调查取证等制度，虽有建立，但缺乏必要的强制性规定。因上述机制的缺位和不足，导致控辩双方均不遗余力地通过掌握办案信息优势来占据诉讼中的有利地位，从而导致检律双方在刑事诉讼中的恶性对抗。

四、检律信任机制的构成要素分析

（一）环境要素

检律之间的信任机制属于社会职业角色信任的一种，需要在一个大社会的环境要素中去思考。一是考虑社会环境因素。在信息化高度发达到网络化社会，律师、检察官如何在办案过程中遵守职业操守，共同维护好社会主义司法制度的权威和尊严，在有利的社会环境中推进司法公正，对于双方建立良性互动的信任关系十分重要。二是考虑司法制度环境。法律职业共同体的形成，是保证检察官与律师相互尊重、相互理解、平等合作的重要环境因素。当前我国尚未形成成熟的法律职业共同体，其中，检察官与法官的交流机制、职业保障等方面初具雏形，而职业差别最大、职业壁垒较深的是律师与法官、检察官队伍之间，需要通过多方面努力去缩小这种差别。

（二）文化要素

司法文化要素主要解决检察官与律师队伍的司法和诉讼理念问题。核心问题是如何认识和保障刑事诉讼制度以及律师执业的价值功能。律师作为当事人合法权益的维护者，毫无选择地必须从有利于当事人胜诉的立场出发，积极分析和重新建构本案的事实，组织证据，寻找法律适用，从而为当事人找出罪无或罪轻的依据。律师辩护制度的存在，为检察官办案设置了一道防护网，是保障检察官少犯错误不办错案的机制保障。因此，即使律师提出的诉讼请求毫无道理，从促进诉讼活动公平公正，维护司法活动公信力角度而言，仍然具有其程序正义上的价值。修订后的刑事诉讼法在多个环节规定了检察官必须听取律师意见的规定。同时，2008年修订的律师法也进一步明确了律师的价值功能。该法第2条规定，律师是为当事人提供法律服务的执业人员。应当维护当事人合法权益，维护法律正确实施，维护社会公平和正义。对其价值功能的认识上升到一个新的高度。检察官首先必须从诉讼心理上认同律师参与诉讼的价值功能；对于律师而言，如何在维护当事人合法权益的同时，维护司法公正，是律师行业需要着重解决的问题。因此,在诉讼理念层面,需要强化法律共同体意识,建立相互间的职业尊重、职业信赖;在职业行为要素方面,需要进一步加强职业伦理建设,完善职业自律机制,建立有效的职业行为规范和标准,监督和约束检察官执法、律师的执业行为。

(三)制度要素

按照社会学的观点,信任是用于减少社会交往复杂性的机制。社会信任一般可分为人际关系信任、社会角色关系信任、社会制度信任三种形式。人际关系信任是"熟人社会"中基于人格的信任关系,依靠社会道德体系的维系。社会角色关系信任是建立在被信任者所扮演的社会角色基础上的,信任的并非是某个个体独特的人格特质,而是对某种社会角色的期待和信赖。社会角色信任依靠角色伦理来维系,如需要职业伦理、职业规范来维系。社会制度信任依靠社会管理制度稳定性和周密性来维系。现代社会是人员流动迅速、交易行为频繁的"陌生人社会",其信任机制是建立在制度保障的基础之上。其社会信任基于契约关系产生,契约关系背后是一整套保障交易安全的规范制度和程序。随着经济活动的交流加剧,人员流动的频繁,网络犯罪、异地犯罪等活动的加剧等多种因素交织,律师执法范围日益加大,律师跨省跨市异地执业日渐频繁并成为常态,原来依赖于熟人关系获得的人格化信任机制逐渐不能适应律师执业的要求。在社会主义法治建设不断深入推进过程中,检律关系中的信任机制,既有职业角色之间的信任特征,又具有制度化信任的发展要求。

(四)物质要素

物质要素是构建信任机制的物质基础。随着经济社会的发展,执法硬件、技术设备的配置,为执法规范化提供了物质技术条件,有效缓解检察官与律师在办案中的衔接困难。例如,最高人民检察院推行案件集约化管理以来,全国有2667个检察院成立案管机构,各级院纷纷建设律师阅卷室或网上阅卷平台,实现案件卷宗信息化扫描、电脑阅卷、数字存储,阅卷律师只需扫描"三证",即可快速实现卷宗材料翻拍、刻录,从技术革新角度解决了律师阅卷在时间、空间上的困难,同时确保了办案卷宗的安全性。上述事例表明,检律关系的发展既需要物质技术要素的支持,同时也受物质技术条件的制约。

五、检律信任机制建设的路径思考

(一)重视司法文化层面的机制建设

其重点是建立和完善检律交流机制,不断强化法律职业共同体的理念。一是建立检察文化与律师文化交流机制,加强检察官协会与律师协会等行业团体之间的学术、文化交流活动,深化检、律间的业务交流、思想碰撞、观念沟通，共同构筑法律职业共同体的文化氛围。二是建立检察人员与律师人员之间的交流制度。从2002年起，我国开始实行统一司法考试制度，构建了检察官、法官、律师的共同准入条件，为检律人才队伍交流奠定了坚实基础。在此基础上，应逐步深化律师队伍中公开招考检察官的探索，研究探索检察官挂职公职律师的实践。使检察官、律师均有可能从事对方职业的可能，从而加快法律职业共同体的融合。

（二）重视司法工作层面的机制建设

1. 建立宏观层面的检、律协作机制。加强检察机关与司法行政机关、律协和法律援中心沟通联系机制。包括：建立信息共享机制、工作会商机制、监督制约机制，会签规范性指导文件，在规划、指导，探索新型检律关系方面保持观念统一、步调一致。

2. 建立检、律工作衔接机制。包括：完善检察机关的律师接待工作，切实保障检察诉讼环节律师执业权利的程序和要求；严格规范听取律师意见制度，创新通过律师做好犯罪嫌疑人、被害人及相关人员工作的方式方法，探索开展律师作为法律工作者受聘于检察机关从事专业性的工作。

3. 加强行业监督与自律机制。建立、健全司法人员和律师违法、违规及犯罪问题的发现、查处机制。

（三）重视诉讼制度层面的制度完善

重点建立对等约束的机制，完善诉讼权力与权利博弈机制，从制度上消除律师和检察官的角色弱势心态。从检察官的视角来分析律师执业制度的缺陷，涉及以下几个问题：

1. 建立律师会见当事人全程同步录音录像制度。修订后的刑事诉讼法规定检察官提审时要进行同步录音录像，基于同等规范的原理，律师会见也需要进行同步录音录像。鉴于律师会见是基于委托关系，是为犯罪嫌疑人提供法律服务，从保护辩护权的角度出发，需要对律师会见同步录音录像进行技术层面、诉讼程序层面的特殊处理。一是律师会见的录音录像由司法行政机关执行和存储。因为司法行政机关是律师的监督管理机关，同时也是律师的权利保障机构，又没有执法办案权，由其实行录音录像，可以保持录音资料的与办案活动的相对隔离，不会侵犯当事人的权利。二是律师会见的录音录像不公开。在有必要情形时，经律师或公诉人申请，并由法庭决定才可以查阅，其他情形均不予公开。这实质上对律师执业既是一种保护，同时又是一种规范。

2. 建立必要的庭前证据开示制度。在充分保障律师阅卷权的前提下，应建立必要的庭前证据开示制度。对于侦查卷宗之外的证据，对案件有重大影响的，应该向对方开示或者说明。包括检察官在审查起诉阶段、律师阅卷之后补充侦查获取的有效证据，律师在审前阶段调查获取的重要证据等；因一方违反上述规定，相对方申请休庭的，法庭应当准许休庭。

3. 完善律师执业回避制度。刑事诉讼法对于同一名律师代理同案中二人以上或者相关联的案件做出禁止性规定，但并未明确禁止同一案件的辩护律师之间交换案件信息、"会诊"案情。在共同犯罪、行贿受贿等对合型犯罪中，被告人翻供的时机及内容上的高度一致性，往往并不能让检方相信翻供的客观真实性，相反常常成为检察官对律师能否守住职业底线、维护司法公正的怀疑。

4. 明确律师会见犯罪嫌疑人的会谈原则。律师会谈时可以讲哪些内容，应该有原则性规定。具体包括：一是保护律师执法安全性，防止刑法306条款的随意扩大解释；二是防止律师会见起到串供作用。例如，在贿赂犯罪等对合性犯罪中，受贿罪犯罪嫌疑人、行贿罪犯罪嫌疑人供述的犯罪细节本来一致的（地点、时间、数量、方式、交谈内容等），在律师的提醒下，可能会改变其中的细节，导致翻供。三是律师告知的内容应该是有选择的。例如，在一些案件中有实名举报人材料的，律师若告知犯罪嫌疑人可能会不利于对举报人的保护。

论自侦案件律师会见权的保障

刘丽娜[*]

修改后的刑事诉讼法及《人民检察院刑事诉讼规则（试行）》（以下简称《刑诉规则》）强化了律师侦查阶段会见权，但也明确"三类案件"须经过侦查机关许可。随着尊重和保障人权理念的深入，律师会见权得到了较充分的保障。然而实践中，仍有不少律师反映检察机关"特别重大贿赂"案件会见困难。本文以 A 省检察机关自侦案件会见权保障为主要蓝本，理性分析现状的基础上探究当前问题之症结，通过借鉴国外及其他地区先进经验，提出适合我国国情的完善建议。

一、进与退的徘徊——会见权保障之现状

（一）"会见难"总体上有所缓解

为避免侦查人员做不合理的扩大解释，A 省检察机关将特别重大贿赂犯罪案件限定在涉嫌贿赂犯罪数额达 50 万元以上的案件。2013 年 1 月至 8 月，共认定 96 人涉嫌特别重大贿赂犯罪，其中许可律师会见 5 人，不许可 18 人，不许可率达到 78.26%。2013 年 9 月，为解决律师会见难等问题，A 省检察机关与律协会签了座谈会纪要，明确规定对于不影响侦查的案件，都应当依法许可会见，确因有妨碍侦查不许可会见的，也要在侦查终结 3 日内安排律师会见。自此，许可率成倍增长，共认定 110 人涉嫌特别重大贿赂犯罪，对不妨碍侦查顺利进行的案件依法许可会见 12 人，占律师申请会见案件总数的 46.15%。对因有碍侦查依法不许可会见的 14 件案件，也均在侦查终结前 3 日内，依法许可律师会见了犯罪嫌疑人。

（二）"特别重大贿赂犯罪"案件数明显增多

最高检《刑诉规则》规定，有下列情形之一的属于特别重大贿赂犯罪：涉嫌贿赂犯罪数额在 50 万元以上，犯罪情节恶劣的；有重大社会影响的；涉

---

[*] 北京市人民检察院法律政策研究室助理检察员，北京师范大学刑事诉讼法博士生。

及国家重大利益的。最高检相关负责人解读该条款时指出,这二种情形约占检察机关查办贿赂犯罪案件的 10% 左右,不超过 20%,能够较好地平衡保障犯罪嫌疑人合法权利和打击特殊犯罪两方面的需要。① 然而新法实施以来,检察机关认定特别重大贿赂犯罪案件数呈明显增长趋势,A 省检察机关 2013 年共认定 60 余件,占贿赂犯罪立案总数的 35% 以上。2014 年 1~8 月,共认定 80 余件,占贿赂犯罪立案总数 40% 以上。

特别重大贿赂犯罪立案的提高,与近年来检察机关加大查处贪污贿赂案件力度有很大关系。但不可否认还有部分原因是:法律对此类案件规定较为抽象,实践中分歧意见很大,检察机关为了侦查办案需要出现扩张适用的情况。不少检察机关认为"涉嫌贿赂犯罪数额在 50 万元以上"的贿赂案件必然"犯罪情节恶劣",所以只要涉案数额超过 50 万元的,即认定为特别重大贿赂案件。

(三) 解除"限制"后会见困难

《刑诉规则》规定,对于特别重大贿赂犯罪案件,在有碍侦查的情形消失后,辩护律师可以不经许可会见;对有碍侦查的案件,检察机关如果认为有碍侦查的情形已经消失,辩护律师会见犯罪嫌疑人不需要再经过许可,应当及时将这一信息通知看守所或者执行监视居住的公安机关以及辩护律师;有碍侦查的情形一直存在的,人民检察院也应当在侦查终结前许可辩护律师会见犯罪嫌疑人。但是由于多种现实原因,该规定的实施困难重重。一方面有碍侦查的情形消失后,检察机关很少"主动"通知看守所解除限制;另一方面,有碍侦查的案件侦查终结前律师也难以会见犯罪嫌疑人。虽然 A 省检察机关将该时间做了进一步限定,如规定"侦查终结前 3 日内",但是部分市区看守所律师会见场所有限,预约困难,实际效果受到影响。个别看守所区域还出现了"生活律师"之怪象,形成一批"专业排队"律师,反复多次会见在押犯罪嫌疑人,单纯满足犯罪嫌疑人家属的牵挂需求,并不提供实际的法律帮助,使得有限的会见场所更加难以预约,侦查阶段律师会见难可谓"雪上加霜"。

(四) 很少有律师申请权利救济

刑事诉讼法及《刑诉规则》为律师设置了权利救济程序,如果辩护律师会见权受到侵害时,有权向同级或上一级检察机关申诉或者控告,检察机关应当及时审查,并通知有关机关纠正。新法实施以来,A 省仅有一名律师针对普通案件提出过控告,而自侦案件控告申诉数为零。救济权的行使如此冷门,令

---

① 参见陈国庆:《〈人民检察院刑事诉讼规则(试行)〉的详细解读》,载《法治资讯》2013 年第 2 期。

人深思。有律师反映,主要原因在于法律对会见限制的条件规定的过于抽象,律师自己都存在疑惑,更不会提控告申诉。如"涉嫌"的证明标准,有的检察机关认为只要有线索表明即可,至于该线索是否明确则在所不论。在一起以涉嫌挪用公款罪立案的案件中,犯罪嫌疑人在前期纪委调查阶段曾谈到过给予其他国家工作人员财物,且数额超过 50 万元,该检察院即以涉嫌特别重大贿赂犯罪为由不允许律师会见。① 然而有的检察机关却认为除非犯罪嫌疑人在刑事立案后也有相同供述且指明了具体线索,才能达到"涉嫌"标准。部分律师则认为只有立案罪名为贿赂犯罪的案件才属于"三类案件"。也有一些学者认为主要问题在于检察机关的权利救济是一种自上而下的行政式处理方式,程序的中立性和公信力不足,无济于事。②

二、理想与现实的较量——会见难之症结

修改后的刑事诉讼法大大强化了犯罪嫌疑人及其辩护人的诉讼权利,树立了尊重和保障人权的立法理念。但是理念的构建需要制度的完善,制度的实施更需要现实的支撑。盲目要求侦查机关转变观念,改变办案模式,而无视当前人民群众反腐的迫切要求,无视检察机关侦查手段的有限性和律师自律的局限性,只会拔苗助长,催生办案潜规则。

(一)当前反腐败呈高压态势

十八大以来,新一届中央领导集体高举反腐败大旗,响亮提出要"把权力关进制度的笼子里",要求反腐败坚持"老虎"、"苍蝇"一起打,反腐败斗争态度鲜明、力度空前。据统计,2013 年以来我国共查处省部级官员 48 人,超过 1986 年至今落马省部级官员总数的四分之一。从已经查办的案件来看,腐败问题已经渗透到党委、人大、政府、政协、十多个国家部委局以及大型国有企业中,地方党政机关官员腐败情形较为严重,省级人民政府的省部级官员腐败数量最大。具有反腐败职能的法院、检察院、纪委、最高人民法院、公安部均未能幸免。而作为立法机关的地方人大和全国人大也都有涉及腐败的省部级官员。③ 长期的历史经验和大量的事实证明,与腐败犯罪斗争关系到党和国家的生死存亡。当前,我国仍处于社会主义初级阶段,市场经济快速发展,制

---

① 齐帅:《关于在反贪侦查阶段律师会见问题的几点看法》,载《黑龙江省政法管理干部学院学报》2014 年 3 月。

② 参见刘文峰、张涛:《当前我国辩护律师会见之问题》,载《上海政法学院学报》(法治论丛) 2014 年 7 月。

③ 杨兴坤:《中国省部级官员腐败的现状、趋势与治理(1986 - 2014)》,载《东方早报》2014 年 9 月 11 日。

度尚不健全，腐败问题依然十分严峻，广大人民群众对通过刑事法治手段惩治和遏制腐败寄予厚望。检察机关作为职务案件的侦查机关，当然责无旁贷，贯彻落实中央关于反腐败工作的决策部署，全面加大破案力度。随着贿赂犯罪手段的不断翻新，其隐蔽性、智能性表现得更加明显，侦查工作愈发困难。这种形势下，要求检察机关在犯罪控制与人权保障之间寻求平衡绝非易事。

（二）检察机关侦查手段不足

长期以来，职务犯罪的侦破存在重口供、轻客观证据的现象，很大程度上是由我国侦查手段落后所致。贿赂犯罪属于典型的一对一犯罪，检察机关依靠简单设备，使用传统的摸底排队、查账的方法应对，已经不能适应时代需要。修改后的刑事诉讼法明确规定了技术侦查，却并没有赋予检察机关执行权。侦查贿赂犯罪案件需要很强的及时性和亲历性，然而，按照《刑诉规则》及公安机关办理刑事案件程序规定，人民检察院决定采取技术侦查措施，由设区的市一级以上公安机关按照规定办理相关手续后，交负责技术侦查的部门执行。这种双重审批、执行分离的机制极易导致贻误战机、徒劳无获。在办案压力不断加大与办案手段严重不足的窘境之下，检察机关往往放弃技术侦查措施转而高度依赖口供。据统计，2013年1月～10月哈尔滨市反贪局运用技术侦查案件仅有1例；2013年1月～11月，沈阳市和平区检察院反贪、反渎部门适用技术侦查的案件数为零。[①] 即使有的检察机关充分运用该措施，也多用于技术追逃，而并非调取客观证据。如2013年来，齐齐哈尔市反贪局共利用手机定位设备为基层院及配合其他市分院、其他省检察机关抓获犯罪嫌疑人8人，找到重要证人3人。[②]

（三）律师职业素养参差不齐

尚有少数律师执业素质偏低、责任心不强，违反执业纪律的情况时有发生。从A省检察机关查办职务犯罪的情况看，辩护律师介入后犯罪嫌疑人推翻先前供述的情况增加显著。个别律师在会见时夹带纸条、通风报信，甚至帮助犯罪嫌疑人串供，严重妨碍侦查取证。还有一些律师会见次数多、时间长，并不提供实质性的法律帮助，但是严重占用侦查机关讯问时间和其他律师会见场地，影响看守所管理秩序。

虽然修改后的刑事诉讼法规定了辩护人不得帮助犯罪嫌疑人隐匿、毁灭、

---

① 闵春雷等：《东北三省检察机关新刑事诉讼法实施调研报告》，载《国家检察官学院学报》2014年5月。

② 闵春雷等：《东北三省检察机关新刑事诉讼法实施调研报告》，载《国家检察官学院学报》2014年5月。

伪造证据或者串供，不得威胁、引诱证人作伪证以及进行其他干扰司法机关诉讼活动行为等义务，但是实践中律师违法情况并不易核实。而且根据我国刑事诉讼法规定，只要侦查机关许可并事先通知看守所安排会见后，辩护律师就可以与特别重大贿赂犯罪案件的犯罪嫌疑人进行没有时间和次数限制、不被监听的会见，这就等于给予律师和犯罪嫌疑人侦查阶段大量的交流机会，一些有经验的律师很容易就能教会犯罪嫌疑人"反侦查"技巧。面对这样的困境，检察机关实难降低许可会见的门槛。

三、权与责的平衡——会见权的理性修复

（一）赋予检察机关技术侦查执行权

1. 职权的赋予

技术侦查措施是指侦查机关根据侦查犯罪的需要，依法经过严格的批准手续，借助现代技术方法和设备，秘密对侦查对象进行调查、取证、追捕的一种特殊的侦查措施。具体包括跟踪监视、密搜密取、秘密辨认、刑事特勤、化装侦查、窃听、邮件检查、密拍密录等。① 在侦查腐败犯罪中使用技术措施，是当今多数国家通行的做法。《联合国反腐败公约》第50条第1款规定，为有效打击腐败，各缔约国均应当在其本国法律制度基本原则许可的范围内并根据本国法律规定的条件，在其力所能及的情况下采取必要措施，允许其主管机关在其领域内酌情使用控制下交付和在其认为适当时使用诸如电子或者其他监视形式和特工行动等特殊侦查手段，并允许法庭采信由这些手段产生的证据。其中的"电子或者其他监视形式"即属于技术侦查措施。美国综合犯罪控制与街道安全法明确规定，对贿赂政府官员罪可以使用秘密监听手段；德国刑事诉讼法典第8章用了40多个条款，对各种技术侦查手段适用的对象、范围和程序等作了具体规定，适用对象当然包括腐败犯罪。意大利、法国、新加坡及我国台湾地区都有类似规定。②

将特别重大贿赂犯罪案件的技术侦查执行权赋予检察机关，具有充足的理论依据和现实意义。我国检察机关是法律监督机关，享有对贪污、贿赂、渎职、利用职权侵犯公民人身权利、民主权利等犯罪案件的法定侦查权。就侦查的犯罪主体和犯罪性质而言，检察机关比公安机关和国家安全机关更加迫切需要技术侦查手段的支持，赋予其技术侦查执行权只是根据现实需要扩大了其侦

---

① 孙启亮、金颖晔：《论技术侦查措施在我国职务犯罪侦查中的适用》，载《华东政法大学学报》2011年第1期。

② 参见樊崇义：《论反贪秘密侦查及其证据力》，载《人民检察》第七届国际反贪污大会专辑。

查权的外延。既然其他侦查机关都有技术侦查执行权,那么检察机关拥有技术侦查权也无可厚非。① 而且在职务犯罪案件从"由供到证"向"由证到供"的转变过程中,技术侦查措施将发挥越来越重要的作用。将决定权与执行权分离,人为设置权限障碍,无非使检察机关在技术侦查工作中增加了同执行机关协调、交涉的成本,最终会对检察机关查办职务犯罪造成不利影响。② 当然,赋予检察机关技术侦查执行权,并不意味着不再需要其他单位的支持。检察机关技术力量有限,尤其是执行初期,大量案件还需要依靠公安机关等单位帮助侦查。

2. 职权的规制

技术侦查直接关系公民人身和民主权利,如果滥用将会给社会造成极大恐慌,势必需要严格限制。所以,在明确最后手段原则、比例性原则、相关性原则的基础上,构建严密合理的审批程序尤为重要。关于技术侦查措施的审批权,不少学者建议由人民法院行使。③ 主要理由是为了实现分权制衡、防止侦查权的膨胀和滥用,保障程序正义。而且发达国家都是由法官行使该项审批权。如美国1968年综合犯罪控制与街道安全法规定,侦查人员在使用技术侦查之前必须以书面形式向法官申请,说明使用监听的必要性,而且在申请之前还要先获得检察官的同意,否则法院不会采纳侦查机关在无证监听阶段获取的任何情报。

任何制度的设计都需要着眼于我国国情。当前我国反腐形势严峻,由一个毫无侦查技巧的机构行使审批权,会大大降低侦查效率,反而画蛇添足。而且在我国宪政体制下,检察机关既是法律监督机关,也是司法机关,由检察机关负责技术侦查适用的审批,是最为合理的选择。即便如此,也要把权力关在制度的笼子里,由相对中立的上一级人民检察院进行审查和授权,更能实现公正与效率的平衡。鉴于侦查的及时性和灵活性需求,应当采用有证侦查为原则,无证侦查为例外的形式。一般情况下,技术侦查应采用有证形式,具体载明侦查措施的种类、适用对象、场所、期限等内容,可以借鉴德国刑事诉讼法典第100条B项和法国刑事诉讼法典第100条的规定。但同时应当允许,在紧急情况下,可以无证而先行实施技术侦查,待侦查结束或情况解除后立即向上一级检察机关提出申请,如果不能得到认可,则应随即终止。

---

① 参见唐雪宇:《论技术侦查在职务犯罪案件中的适用》,中国政法大学2010年法律硕士毕业论文,第16页。
② 刘康:《职务犯罪技术侦查适用的机遇、挑战和对策》,载《法制与社会》2012年11期。
③ 陈光中主编:《中华人民共和国刑事证据法专家拟制稿》,中国法制出版社2004年版,第362页。

需要说明的是,目前检察体制改革的任务之一是加强省级垂直领导,而且各地区情况不一,由最高检反贪总局频繁审批全国各省院的技术侦查申请也不现实,所以省级检察院开展技术侦查措施应当做例外规定,由该院检察长审批即可。

在技术侦查的适用条件上,《刑诉规则》中"根据侦查犯罪的需要"表述过于笼统。建议细化为必要性和合理性两个方面。"必要性"是指不适用该技术侦查措施将难以收集证据、无法达到侦查目的;"合理性",是指侦查部门必须经过初步的调查或侦查,有明确线索表明犯罪嫌疑人有确实的犯罪意图或者正在实施犯罪,或者该特定人员确实与案件有关。

(二)进一步明确限制会见的条件

1. 进一步明确"涉嫌特别重大贿赂犯罪"的范围。对于《刑诉规则》规定的第一种情形,应当理解为"犯罪情节恶劣",是指数额以外的犯罪情节达到了恶劣程度,具体情节包括犯罪动机、犯罪嫌疑人身份、作案手段、作案范围、涉案人数、作案次数、毁灭证据、赃款去向(如是否用于从事违法犯罪活动)等。"重大社会影响"和"涉及国家重大利益"这两种情形应当尽少适用,除非确有需要。"重大社会影响"是指案件必须要在该区域为普通民众所知晓,并为民众所关注,具体包括级别高、群体事件、群众反应强烈等情形。"涉及国家重大利益"则要从犯罪嫌疑人所处的职务,通过权钱交易,为行贿人谋取利益是否严重影响到该领域的正当行业竞争,为国家造成的损失是否具有可挽回性方面来把握。[①]

2. 限定认定程序。对于涉嫌数额达50万元的案件,侦查机关自行确认即可,而对于"重大社会影响"和"涉及国家重大利益"两种情形,鉴于实践中部分地区存在随意操作的现象,应当从程序上设置审批手续,限制适用。明确这两类情形的认定只能由检察长签批。

3. 进一步限定认定标准。立案标准不可能超过逮捕标准,而且侦查存在很多不稳定因素,不可能要求所有案件在立案时即已经查明涉嫌罪名和涉案数额,所以对何谓"涉嫌",不能提出过高的要求。但是案件进入侦查阶段之前,已经经过了初查环节,还有一些案件是纪委查办后移送的,不可能毫无犯罪线索。为了在打击犯罪与保障人权之间寻求平衡,建议在一般情况下,以"有明确线索"作为认定"涉嫌特别重大贿赂犯罪"的标准。但考虑到自侦案件的复杂性,增加例外规定,在特殊情况下可以由上一级反贪部门放宽认定标

---

① 李丁涛:《特别重大贿赂犯罪适用指定监视居住问题研究》,载《西南政法大学学报》2013年10月。

准,但也要以"存在合乎情理的理由能够推定"为限。

4. 明确最迟许可时间。对于确实有碍侦查的案件,也应当充分保障律师会见权。目前看守所会见场所有限,为保障律师能够真正行使会见权,建议明确检察机关最迟应当在"侦查终结前10日内"许可会见。

(三)增设律师会见的相应义务

1. 限制会见时间

在我国现阶段的犯罪形势、侦查条件以及侦查模式下,律师随时凭"二证"会见在押犯罪嫌疑人,势必影响自侦案件的办理,激化律师与侦查人员的冲突。而且世界上大多数国家都对律师会见的时间和次数提出了明确要求。联合国《保护所有遭受任何形式拘留或监禁的人的原则》第18条第3款即规定,在司法当局或其他当局为维持安全和良好秩序认为必要并在法律或合法条例具体规定的特别情况下,可以限制律师与被拘留人或被监禁人的会见。2004年10月修改后的法国刑事诉讼法第63-4条规定,受拘留人同律师谈话的时间不得超过30分钟。① 日本刑事诉讼法第39条规定:为防止被告人或者被疑人逃亡、隐灭罪证或者收受于戒护有妨碍的物品,可以以法令规定必要的措施。检察官、检察事务官或者司法警察职员为实施侦查而有必要时,以提起公诉以前为限,对第一款的会见或者授受,可以指定日期、场所及时间。但这项指定不得不适当地限制被疑人进行准备防御的权利。② 我国在放宽律师会见案件范围的同时,也应当借鉴各国规定,明确限定律师会见的时间。考虑到我国大部分城市看守所地理位置偏远,律师交通并不方便,可以规定24小时以内仅允许会见1次且不得超过1小时。由于贿赂犯罪案件情况复杂,还可以增加一条原则性规定,检察机关遇有紧急情形并且具有确切依据时,可以暂缓辩护律师的会见,但应当指定会见的时间和场所,以便保障犯罪嫌疑人享有接受法律帮助的权利。

2. 明确履职义务和违法责任

法律在不断扩充律师权利的同时,也应当增设对应的义务。这在发达国家也不例外,如法国刑事诉讼法第63-4条第5款的规定,当事人在拘留期间,律师不得向任何人提及此次谈话。③ 为防止律师帮助犯罪嫌疑人与外界同案犯、证人等交流信息或发生串供等现象,我国律师法也应当明确增设律师对会见内容的保密义务。具体可以借鉴法国刑事诉讼法,规定在当事人羁押期间,

---

① 《法国刑事诉讼法典》,罗结珍译,中国法制出版社2006年版,第62页。
② 《日本刑事诉讼法》,宋英辉译,中国政法大学出版社2000年版,第11页。
③ 《法国刑事诉讼法典》,罗结珍译,中国法制出版社2006年版,第62页。

律师不得向任何人提及会见在押犯罪嫌疑人的谈话内容。此外，针对部分律师充当"生活律师"，不提供实际法律帮助的问题，建议律师法对律师的基本执业行为增加原则性的规定，明确禁止这类行为。同时规定，如果违反相应义务的，应当依法追究法律责任，及时通知司法行政部门、所在的律师事务所或者所属的律师协会。

（四）完善会见权救济程序

不少律师提议由法院行使救济权，[①] 还有学者建议将侦查机关非法剥夺、限制律师会见权的，或者没有正当理由拖延律师会见时间而取得的犯罪嫌疑人供述认定为非法证据。主要借鉴台湾，如果被告人及其辩护人不服检察官或检察事务官或司法警察（官）所作的禁止会见的处分，受处分人可以向所属法院申请撤销或变更，并且违背法律程序所搜集的证据，可以作为非法证据予以排除。[②] 但是从大陆的司法体制及刑事诉讼制度发展情况来看，上述建议均值得商榷。

检察机关作为法律监督机关负责刑事诉讼合法性的全程监督，该职权由宪法赋予，不可能由其他机关代为履行。只能通过设置不同部门的考核标准等方式完善内部监督，实现权力的制衡。而我国经济和社会发展现状决定了在很长一段时间内，查明真相、惩治犯罪依然占据刑事诉讼活动的中心地位。修改后的刑事诉讼法并未肯定律师在场权、沉默权制度，而且部分律师素质偏低，短期内不可能将缺少律师帮助的犯罪嫌疑人供述认定为非法证据。为了有效解决救济难的问题，建议增设以下三项制度。一是增设复议复核程序。表面上似乎仍是检察机关自行裁判，然而该程序意味着增加了检察机关书面答复义务，且将上一级检察机关作为复核主体，在一定程度上能够对绝对的许可决定权加以制衡，该功能不可小觑。上一级检察机关的中立性和公正性在多个刑事诉讼环节均有所体现，如在审查复核下级检察院不批准逮捕案件时，改变下级检察机关的决定，在下级检察院提请抗诉时拒绝抗诉等。由于自侦案件具有高度保密的要求，所以在增设程序的同时也应当强调承办人员的保密义务及违反责任。二是增设律师赔偿请求权。日本有类似规定，辩护人可以对不当指定会见提起国家赔偿请求诉讼。[③] 但是由于我国并不是由法院行使救济权，所以不能完全照搬。建议明确检察机关通过救济程序最终确认律师会见权遭受侵犯的，被侵

---

① 郑峰、蔡方华：《破解律师会见难之我见》，载《法治论坛》2014年第1期。

② 李岚林：《海峡两岸律师会见权比较研究》，载《吉林师范大学学报（人文社会科学版）》2014年1月。

③ 参见［日］田口守一：《刑事诉讼法》，刘迪等译，法律出版社2000年版，第94页。

权律师即可向侵权单位申请国家赔偿。三是增加证据规则的运用。明确规定侦查机关非法剥夺、限制律师会见权的，该段时间取得的犯罪嫌疑人供述与其他合法证据发生矛盾时，前者证明力弱于后者。通过加设程序和实体的双重保障，以期健全自侦律师会见权，促进刑事诉讼进程良性发展。

检察机关保障律师依法执业问题研究

——以审查起诉环节为视角

肖振猛* 杨 方**

党的十八届三中全会通过的《中共中央关于全面深化改革若干重大问题的决定》中提出"完善律师执业权利保障机制和违法违规执业惩戒制度，加强职业道德建设，发挥律师在依法维护公民和法人合法权益方面的重要作用"，修改后刑事诉讼法将"尊重和保障人权"作为基本原则写入法律，保障律师依法执业是尊重和保障人权的重要体现，是检察机关维护公民和法人合法权益的重要内容。刑事辩护权呈现阶段性，体现在侦查、起诉、审判各个环节。公诉是检察机关核心的标志性职能，对保障律师依法执业权利具有重要作用，也是检察机关切实履行党的政策和法律使命的需要。

一、刑事辩护权的内容及检察官的义务

律师执业在刑事诉讼中，其权利主要表现为刑事辩护权。刑事辩护权对律师而言是权利，对检察机关而言是责任。

（一）刑事辩护权的内容

保障律师执业权利就是保障律师行使辩护权，律师的辩护权有多重内容，律师接受犯罪嫌疑人、被告人的委托，为其提供法律服务，是其行使辩护权的重要形式。

1. 接受委托或提供法律援助。律师接受犯罪嫌疑人、被告人委托作为辩护人补充行使犯罪嫌疑人、被告人的辩护权。对于因经济困难等其他原因没有委托辩护人的，依据本人及其近亲属申请，法律援助机构应当指派律师提供辩护，被指派的律师应提供法律援助服务。

2. 会见权。辩护律师持律师执业证书、律师事务所证明和委托书或者法

---

* 贵州省人民检察院副检察长。
** 贵州省人民检察院公诉一处正科级助理检察员。

律援助公函，有权会见犯罪嫌疑人、被告人，看守所应当及时安排会见，至迟不超过48小时，律师会见犯罪嫌疑人、被告人，不被监听。也就是说律师持"三证"向看守所提出会见，不需要经检察机关批准或盖章。

3. 阅卷权。辩护律师自人民检察院对案件审查起诉之日起，可以查阅、摘抄、复制本案的案卷材料。也就是说自案件审查起诉之日起，律师对检察机关掌握的全部案卷材料都可以查阅。

4. 调查取证权。辩护律师在审查起诉阶段经证人或其他有关单位、个人同意，可以向他们收集与本案有关的材料，也可以申请人民检察院收集、调取证据。辩护律师经人民检察院许可，并经被害人或近亲属、被害人提供的证人同意，可以向他们收集与本案有关的材料。律师通过调查取证，可以提出证明犯罪嫌疑人、被告人无罪、罪轻或者减轻、免除其刑事责任的材料或意见。

5. 申请排除非法证据权。非法证据审查可以由检察机关依职权提起，也可以由犯罪嫌疑人、被告人及其诉讼代理人或近亲属申请提出。律师通过申请排除非法证据，可以及时发现侦查机关在刑事诉讼中的违法行为，保障犯罪嫌疑人的权利。

6. 实体意见提出权。辩护律师在审查起诉环节有权提出对案件定性、量刑等各个方面的意见，检察机关应当听取并记录在案。辩护律师不能当面提出意见的，也可以提出书面意见，检察机关应当附卷。

7. 控告或申诉权。辩护律师对公安机关、人民检察院、人民法院及其工作人员阻碍行使诉讼权利的，有权向同级或者上一级人民检察院申诉或者控告。律师通过行使控告申诉权，保障自己合法权利不受侵害。

（二）检察机关保障律师依法执业的义务

检察官的客观公正义务是检察官通过对案件事实客观公正的评价实现法律的公正实施。检察官在刑事起诉中寻求的利益不在于胜诉，而是实现公正。因此，在一种特殊和有限的意义上讲，检察官是法律的仆人，既不放纵犯罪，也不冤枉无辜是其双重目标。[①] 这种义务也决定了检察机关必须有保障律师依法执业的职责。

1. 告知委托辩护人的职责。检察院自收到移送审查起诉材料之日起3日内告知犯罪嫌疑人有权委托辩护人的义务。

2. 通知法律援助机构指派律师的职责。对犯罪嫌疑人、被告人是盲、聋、哑人或尚未完全丧失辨认或控制自己行为能力的精神病人或是可能判处无期徒

---

① 龙宗智等著：《知识与路径：检察学理论体系及其探索》，中国检察出版社2011年版，第246页。

刑、死刑，没有委托辩护人的，检察院应当通知法律援助机构指派律师提供辩护。

3. 为律师提供案卷材料的职责。自审查起诉之日起，辩律师行使阅卷权，检察机关有提供案卷材料供律师查阅的职责。

4. 听取辩护律师意见的职责。公诉部门在审查起诉阶段，应主动听取辩护律师的意见，并记录在案。辩护人提出书面意见的，应当附卷。

5. 审查辩护律师申诉或控告的职责。对辩护律师提出阻碍诉讼权利行使的申诉或者控告应当及时进行审查，情况属实的，通知有关机关予以纠正。

二、当前律师在刑事案件辩护中存在的问题

自修改后刑事诉讼法实施以来，律师执业积极性不断提升，从贵州省九个市、州来看，申请会见、阅卷，要求听取意见等情况不断增加，各地将保障律师执业权利作为一项重点工作来抓，但在实践中仍存在一定问题。

（一）律师队伍本身存在的问题

1. 律师执业权利行使不到位。主要表现在以下三方面：一是部分律师由于经济、执法环境等方面的原因不愿意办理刑事案件，或是出于打刑事案件出名而接受委托，将这个职业商业化，纯粹当成一种赚钱途径，而丧失身为律师本应具有的崇高、追求正义的形象；二是部分律师在接受委托后，首先想到的不是犯罪嫌疑人、被告人是否有罪，而是如何与办理该案的司法行政机关办案人员搞好关系，以获得罪轻、减刑的机会，在律师看来，做无罪辩护远远难于罪轻辩护，公权力机关的权力无法逾越，但犯罪嫌疑人、被告人的权利可适当忽视；三是一些律师怠于行使辩护权。2013年以来，我省检察机关公诉部门共受理各类刑事案件53362件79270人，但律师提出阅卷7776人次，律师提出调查取证560人次，只有不到20%案件的辩护律师提出了阅卷，只有1%案件的辩护律师提出调查取证的申请，在审查起诉环节，律师积极行使辩护权的情况不太乐观。

2. 部分律师怠于履行法律规定的义务。修改后刑事诉讼法第40条规定："辩护人收集的有关犯罪嫌疑人不在犯罪现场、未达到刑事责任年龄、属于依法不负刑事责任的精神病人的证据，应当及时告知公安机关、人民检察院"，这条规定确立了辩护律师向公安机关和人民检察院展示三种证据的义务，也就是在审查起诉阶段，三类掌握在律师手里的无罪证据，应当告知侦查机关或检察机关，并且应及时提供，但实践中，由于法律没有明文规定不告知上述机关应承担的法律后果，导致很多律师没有及时将这些重要的无罪证据提供给侦查机关或检察机关，这不仅不利于案件事实的查清，更不利于保障犯罪嫌疑人、

被告人的人权。

3. 缺乏敢于担当的法律人精神。律师辩护权的积极行使对防止冤错案件、实现司法公正具有至关重要的作用，但律师肯负责敢担当的精神较为匮乏。实践中，很多律师在遭受司法行政机关推诿刁难的困境后，都选择望而却步，很少出现律师为了某一个案件锲而不舍、百折不挠、毫不动摇地对被告人权利和案件事实负责，而坚持自己的观点，如此尽职尽责尽心地付出去换一个公正判决的情况。这不仅不利于保障被告人的人权，更不利于司法权力依法正确行使和法治社会的建立。

（二）检察机关保障不力的问题

1. 办案人员害怕证据突袭的观念仍然存在。在现行的刑事诉讼模式下，控辩双方在诉讼资源上仍有差异，这种思想观念的存在主要有两方面的原因：一是证据开示缺乏制度约束力。虽然北京海淀、山东寿光等地在具体办案中对庭前证据开示进行了有益的尝试，但由于全国无统一的立法规定，导致检察机关办案人员依然存在害怕将指控犯罪的证据提供给辩护律师的思想，这样就很难使控辩双方在平等的基础上进行对等攻防。二是实践中"证据突袭"现象时有发生。刑事诉讼对证据没有举证期限的要求，再加之检察官与律师对证据提供权利义务的不对等，导致律师对关键证据在庭审中才出示，以起到攻其不备的效果。

2. "会见难、阅卷难、调查取证难"等现象仍然存在。修改后刑事诉讼法的规定从立法层面解决了律师会见难、阅卷难等问题，有利于保障犯罪嫌疑人、被告人的合法权益，但在实践层面仍存在一些不注重保障律师执业权利的现象，比如：看守所设置的律师会见窗口少，需要会见的律师有时候会见犯罪嫌疑人需要等两三天时间，这对于远道而来的律师意味着浪费时间、精力和资源；或是律师在阅卷的时候需要复印，个别地方以复印机已坏为由拒绝提供复印设备，再者就是提供复印服务的费用高昂；另外，律师的调查取证权没有司法保障，没有国家强制力作后盾，难以与侦查机关和检察机关拥有对等的权利，所以对于调查取证也是有所顾忌，即使申请检察机关调查取证，也未必能达到预期的效果。

3. 审查起诉环节不主动听取律师意见的情况仍然存在。实践中，很多办案人员仍存在较为强烈的权力本位意识，一味强调自行审查，忽视了辩护权在审查起诉过程当中的地位和作用，这不仅不能保障犯罪嫌疑人、被告人辩护权的有效行使，更不利于全面、客观、公正地审查案件。2013年以来我省在审查起诉环节听取律师意见5990人次，占受理刑事案件总件数的11.23%。这一数据充分说明我省在听取律师意见方面仍做得不够。

4. 检察机关保障律师执业受客观条件的局限性。这种局限表现在两个方面：一方面是物质条件的局限。由于检察机关受当地财政的影响，在财力、物力等方面存在不平衡的情况，如全省只有贵阳、黔西南、黔南的部分地区有单独阅卷室，遵义条件较好的地方有电子阅卷室，大多数地方没有专门的律师电子阅卷室和会见室。有的地方按照案管部门的规定，对律师查阅、摘抄、复制案卷材料，公诉部门除提供案卷外，承办人需全程协助，律师阅卷只能通过翻阅纸质卷宗或逐页复制案卷材料，占用了审查起诉的大量时间和承办人的大量精力。另一方面是保障主体的局限。保障律师执业权利不是公诉部门一家之力可以完成的，也不是检察机关一方努力可以做到的，律师作为刑事诉讼活动的平等参与者，需要侦查机关、审判机关等多方努力，共同完成，在刑事诉讼的各个环节为他们依法执业创造条件，营造良好的执业环境。

5. 法定救济权缺乏刚性监督。在律师权利保障救济措施方面，修改后刑事诉讼法第 47 条、第 115 条虽然规定律师辩护人在认为自身权利受到侵害时，有权向同级或上一级人民检察院申诉或控告。人民检察院对申诉或者控告应当及时进行审查，情况属实的，通知有关机关予以纠正，但是由检察机关自己纠正自己的错误行为，本身可操作性就不强，势必影响律师权利行使的实际效果。因此，据统计，我省没有律师根据第 47 条或第 115 条规定在审查起诉环节对检察人员提出申诉或控告的情况，但实际情况是侵犯律师合法权利的现象仍不同程度的存在。

三、检察官保障律师执业权利的思考

近几年在全国影响较大的冤错案件的出现，从佘祥林案到杜培武案，从张氏叔侄案到念斌投毒案，无一不在提示着检察官应坚持"疑罪从无"的司法良知和法律底线。[①] 司法改革步伐正在高调迈进，"谁办案，谁负责"将成为检察官的终身责任，因此在审查起诉环节落实保障律师依法执业权利具有现实可行的土壤。笔者从以下几个方面思考，提出在审查起诉环节保障律师依法执业的建议，以期有所裨益。

（一）转变观念，树立保障律师依法执业的职责意识

实现惩罚犯罪与保障人权的平衡是刑事诉讼法的核心价值，审查起诉环节保障律师依法执业是检察机关一项重要职责，更是保障人权的具体体现，这不仅有利于律师履行好辩护人的职责，也有利于检察官依法公正办案。一方面是

---

① 何家弘主编：《迟到的正义——影响中国司法的十大冤案》，中国法制出版社 2014 年版，第 307~311 页。

实现公平正义的需要，检察官在办理案件中，认真听取律师的意见，使律师充分行使会见、阅卷、发表辩护意见等权利，使检察官及时了解犯罪嫌疑人无罪、罪轻或减轻、免除刑事责任的事实和证据，使审查起诉程序真正起到过滤的作用，因此，注重保障律师依法执业权利，与其说是保障当事人合法权益之需，不如说是实现社会的公平正义之需。另一方面是尊重和保障人权的需要，刑事诉讼的基本任务是惩罚犯罪和保障人权，辩护权是犯罪嫌疑人享有的极其重要的一项权利。修改后刑事诉讼法将"尊重和保障人权"写入总则，并将"应当保障犯罪嫌疑人、被告人和其他诉讼参与人依法享有的辩护权和其他诉讼权利"在条文中予以明确，在保障内容上更加突出了辩护权，强调在打击犯罪的同时，更加注重对人权的保障。

（二）注重听取律师意见，确保案件公正处理

保证狱无冤案是司法者梦寐以求的至高境界。对此需要做到兼听包括辩护观点在内的不同意见，对案件进行全面审视和准确判断。美国著名大律师丹诺说："被告律师的责任，在于保护被告免予在证据不明确的情况下被判刑，如果被告罪证确凿，原则上是争取最低的刑罚。"在司法实践中，如果律师如此尽职尽责，如果司法者能够认真倾听律师意见，那么司法公正就多了道安全保险，冤假错案就少了些发生几率。① 因此，听取律师意见尤为重要，它是检察执法办案过程中加强与律师协商与沟通的重要渠道，律师通过职业习惯所养成的法理认知和逻辑推理能力，对同一事实和证据进行独立思考和审查判断，从而发现检察官可能忽视的证据瑕疵、认识误区或审查盲点，而检察官正好通过认真听取和反馈律师意见，既有利于在审查起诉环节保障犯罪嫌疑人、被告人合法权利，也有助于促进检察官真正按照客观义务原则全面客观地审视案件，依法做出公正的处理结论。

（三）充分保障律师辩护权，增强庭审对抗性和诉讼构造平衡性

审查起诉环节的律师辩护权主要表现在会见权、阅卷权、调查取证权、申请排除非法证据等方面，作为执法办案机关，在转变观念的同时，切切实实采取积极措施保障律师行使辩护权才是重中之重。如在保障律师阅卷权方面，不应担心律师全部知晓已提起公诉的证据不利于公诉工作为由拒绝律师的查阅行为，也不得对某些关键证据材料在律师查阅时进行保留；又如在保障律师申请排除非法证据权利方面，应高度重视律师提出的申请，认真、严格予以核实，这不仅能有效确保案件质量，更能避免由于庭前证据开示程序缺失带来的不利后果。通过以上举措，能够大大提高律师的辩护权，使控辩双方具有平等诉讼

---

① 方工：《多多听取律师意见 给司法公正加道保险》，载《检察日报》第7257期第3版。

地位,从而允分发挥律师辩护职能,完成对抗性诉讼构造,最终有利于查明案件真相。

(四)深化检务公开,为律师依法执业提供便利

党的十八届三中全会提出"健全司法权力运行机制。推行审判公开、检务公开"。2013年10月,最高人民检察院也宣布在部分地区推出深化检务公开制度改革试点。执法公开是人权司法保障的有效途径,而检察机关推行检务公开,是维护司法公正,保障公民实现宪法赋予的知情权、参与权、监督权等民主权利的重要保证。通过将检察职权行使方式与过程公开化、透明化,使检察机关自觉接受社会公众监督,同时也为律师依法执业提供了便利,使律师能够方便、快捷、有效地参与到刑事诉讼活动中来,如借鉴东部发达地区的做法开通网络律师预约平台,就申请查阅、摘抄、复制案卷材料等事项向检察机关申请预约,检察机关受理后通过网络和手机短信方式予以回复,确保律师第一时间掌握信息。检察机关通过这种对律师执业提供更透明化、更人性化的贴心服务,究其实质是更好地维护了当事人的合法权益,让广大人民群众能享有更加充分的司法民主和司法公正。

(五)建立保障律师依法执业的长效机制,健全完善相应的配套措施

任何法律制度的有效实施都是一项系统工程,其不仅需要基本法律条文的明确、细化并得到执行,同样需要配套措施和保障机制的构建健全。在实践中,由于全省各地制定了各式各样的会见制度、接待流程、阅卷规则等,但大都仅是检察机关一家的内部规定,缺乏针对本省实际情况制定的系统的、有普遍指导意义的规章制度。因此,横向方面,公安机关、检察机关、审判机关和司法行政机关应建立沟通协作长效机制,定期召开联席会议或座谈会,相互交流在侦查、审查起诉、审判、律师执业等过程中存在的问题,旨在共同协商解决涉及律师执业、公检法办案中存在的普遍性问题。通过建章立制细化律师执业权利,联合出台保障律师依法执业权利的规范性文件,从制度上为保障律师依法行使执业权利扫清障碍;纵向方面,计划召开全省公诉部门保障律师执业权利座谈会,通过这种形式,提高全省检察机关公诉部门对保障律师依法执业权利的认识,进一步统一思想,确保各项规则制度能够得到有效贯彻执行。

(六)与律师共同推进法律职业共同体构建,树立法律职业良好形象

评价一个国家法治文明的标准,不仅要求要有完备的法律体系和严密的司法体系,而且还应有专业化的能确保法律正确统一实施的职业群体,以法官、检察官、律师为核心的法律职业共同体,共同负有维护法律尊严和权威,凸显

法律和司法公信力的重要使命。① 但长期以来,律师与检察官、法官之间缺乏沟通和交流的渠道,相互之间的认同感不强,导致在司法活动中,双方的立场总是对立的。十八届三中全会通过的《中共中央关于全面深化改革若干重大问题的决定》提出"建设法治中国,加快建设公正高效权威的社会主义司法制度。完善律师执业权利保障机制,发挥律师在依法维护公民和法人合法权益方面的重要作用",这充分说明推进中国法治进程不仅是司法行政机关即能胜任的,更需要律师这个庞大的法律职业团体积极参与。同年9月,贵州省检察机关、贵州省司法厅与贵州电视台合作,举办了首届贵州省公诉人与辩护人电视辩论大赛,通过借助电视、报纸等公众传媒,弘扬社会主义法治理念,宣传法律知识,展示国家公诉人和人民律师的良好形象,增强人民群众和社会各界对检察工作和律师工作的了解、认同,同时也扩大律师行业的社会影响力,为律师依法执业创造了良好的社会环境和舆论环境。

四、结语

"律师专业组织在进一步推进正义和公正利益的目标等方面起到极为重要的作用",② 因此,推进法治中国进程需要包括律师在内的法律职业共同体的所有人予以努力。公诉部门作为检察机关核心标志性职能部门,应采取主动积极的态度,在依法办案与保障律师执业权利、打击犯罪与保障人权之间寻求最佳契合点,为推动法治中国的建设贡献力量。

---

① 张文显、卢学英:《法律职业共同体引论》,载《法制与社会发展》2002年第6期。
② 参考联合国《关于律师作用的基本原则》。

构建新型检律关系 保障律师执业权利[*]

余大伟[**] 童 达[***]

2012年修改后的刑事诉讼法和律师法先后修订并同时于2013年1月1日施行，顺应了法治中国、尊重和保障人权的现实需要。2013年湖北省检察院、省司法厅颁布《关于建立新型检律关系的指导意见》，作为全国第一个构建新型检律关系的地方性指导意见，在构建新型检律关系方面先行一步。[①] 建立新型检律关系是深入贯彻实施刑事诉讼法、检察官法、律师法等法律的必然要求，其对保障检察官和律师依法正确履行职责，对保障犯罪嫌疑人人权、维护司法公正、增强司法公信力进而推进法治中国建设具有重要的现实意义。从客观条件来看，建立法律价值认同、保障律师执业权利和畅通人才交流渠道是构建新型检律关系的三个关键要素。

一、建立法律价值认同是构建新型检律关系的必要前提

构建新型检律关系要求在法律职业共同体的制度框架下，在检察官和律师之间形成既各司其职、各尽其责，又相互尊重、相互支持；既相互信任、平等交流，又规范透明、互相监督的良性互动关系。检察官和律师之间不再是简单的抗辩关系，更不是简单的对抗关系，而是对立统一、相互依存、彼此促进的良性互动关系。但现状是，检察官和律师之间缺乏法律职业的认同感和信任感，因而法律价值认同是构建新型检律关系首当其冲的课题。

（一）法律职业共同体背景下检察官和律师的价值共通

检察官和律师同为法律职业共同体的成员，两者在宏观目标和社会价值上

---

[*] 本文系湖北省人民检察院2013年检察理论与应用研究一般课题"新型检律关系"（项目编号：HJ2013B01）的阶段性成果之一。

[**] 法学硕士，湖北省荆州市江北地区人民检察院综合管理部主办检察官。

[***] 湖北省荆州市江北地区人民检察院干警。

[①] 郭清君等：《湖北省检察院省司法厅出台全国首个检律关系指导文件》，参见 http://www.jcrb.com/procuratorate/highlights/201311/t20131115_1249481.html，查询日期：2014年7月15日。

是统一的。具体而言,两者都是中国特色社会主义事业的建设者、捍卫者,都以捍卫司法公正和法律尊严、尊重和保障人权、服务法治中国建设为价值目标。[①] 检察官和律师需相互尊重对方权利、尊重对方的诉讼行为,从内心认可对方,相互信任、平等交流对案件的意见与看法,共同为维护司法公正而努力,这就要求检察官和律师应秉持共同的法律价值认同与信仰,在法技术层面均需具备较为高超的职业素养和职业技能,在具体案件上不应以个人得失为衡量标准,而应以维护司法公信、公平、公正和保障犯罪嫌疑人人权为出发点,共同防止冤假错案的发生进而维护法律的权威。

(二)修改后的刑事诉讼法话语背景下检察官的角色嬗变

修改后的刑事诉讼法的出台标志着以合作为主,以对抗为辅的新型控辩关系的正式确立。"二元目的论"结构逐步建立,法律监督的功能从单一转变为多元、从单向转变为双向、从对公权力的制衡联动转变为对私权利的保障。[②] 这就要求检察官在刑事诉讼中不应只扮演一方当事人的角色,而应站在客观公正的立场,全面收集证据,不偏不倚地审查案件和推进诉讼。相对于纠问式诉讼中单纯的追诉者,检察官的职能不仅在于追诉犯罪,还应当保障犯罪嫌疑人、被告人的人权免受警察或法官的恣意侵害。故而,在具体案件中,检察官要充分认识到,其与律师之间是实体对抗与程序合作的统一,正确处理好与辩护律师之间既对抗又合作的关系,既不能完全对立、彼此敌视进而故意阻碍律师依法行使其正当权利,达不到保障犯罪嫌疑人、被告人人权的目的,又不能过于"密切",违反惩治犯罪、维护司法公平、正义的职责要求,丧失司法的基本原则和方向,使犯罪分子得不到应有的追究和惩罚。

(三)新型检律关系背景下律师群体法律信仰与职业道德的强化

构建新型检律关系不仅仅是检察机关一方的责任,在检察机关作出保障律师执业权利努力的同时,律师应加强自律意识,提高整体的职业素养。检察官与律师在长期交往中,逐渐顺应所谓"熟人社会"的规律建立起"熟人关系",产生不符合法律职业道德要求的无原则"一团和气",看似"良性互动",实则干扰正常诉讼活动,成为检律关系发展的障碍。主要表现为:一是奉行"多一事不如少一事"准则,对诉讼活动中发现的执法瑕疵,不愿得罪检察官,不敢提出监督意见;二是违背当事人的意愿进行辩诉交易,存在不正当利益交换的现象,损害了司法公信和法律权威;三是过于强调当事人利益至上,违背法律规定的程序规范进行违法代理。构建新型检律关系要求律师群体

[①] 敬大力:《积极探索建立新型检律关系》,载《检察日报》2013年11月6日第3版。
[②] 樊崇义:《刑事诉讼目的转型与诉讼法律监督》,载《检察日报》2013年9月3日第3版。

必须树立法律权威和法律至上的理念；在刑事诉讼中，在保护当事人利益的同时，注重区分合法利益与非法利益；加强自我保护和自我防范的意识，为建设法治中国承担起作为法律人应有的责任。律师行业应开展以诚信为核心的专题教育活动，引导律师牢固树立诚信执业是"生命线"的意识，坚持诚信为本、操守为重，把诚信看作一种道义、一种准则、一种资源、一种信誉，贯穿于提供法律服务的全过程。①

二、保障执业权利是构建新型检律关系的制度基础

切实尊重并保障律师行使执业权利，是构建新型检律关系的核心要求之一，是实现检察官和律师之间良性互动的制度基础。只有以严格的制度保障律师的执业权利，才能使修改后的刑事诉讼法所确立的以合作为主、以对抗为辅的新型控辩关系得以落实和实施。在我国，长期以来在刑事诉讼中，控辩失衡被认为是控辩关系最为突出的问题，控辩双方通常以对抗为主、以合作为辅，自修改后的刑事诉讼法颁布施行以来，这一状况得到显著改善，但真正解决控辩失衡的问题必须将法律规范与制度运作相结合，并将全面保障律师执业权利、自觉接受监督作为检察机关构建新型检律关系的制度建设重点。为此，应从以下三个方面努力：

（一）切实保障律师会见、阅卷、调查取证等各项法定执业权利

保障律师执业权利是法治中国推行诉讼公开、诉讼民主、诉讼文明和诉讼监督制约的重要标志，是遵守法治原则、维护程序正义的重要体现，更是保障犯罪嫌疑人人权、维护司法公正的重要途径。修改后的刑事诉讼法实施后，作为构建新型检律关系的重要内容，针对律师会见、阅卷、调查取证及申请变更强制措施、提出法律意见等权利保障方面存在的突出问题，检察机关应全面贯彻落实法律规定，切实加强制度建设，更好地保障和促进律师依法执业：一要落实律师接待制度。通过案件管理办公室统一接待窗口，完善律师接待工作，优化律师执业环境；二要落实律师会见制度。对符合法律规定会见犯罪嫌疑人的律师，不应设置任何关卡及时安排会见；对法律规定暂时不能会见的情况，做好解释说理工作，适时安排会见；三要落实好听取律师意见制度。检察机关应适时向律师通报案件办理情况，对律师提出申请变更强制措施以及有关法律意见，符合法律规定的迅速办理，要求回复的依法回复，应该改进的及时改

---

① 参见湖北省荆州市司法局 2013 年 11 月 22 日在建立新型检律关系座谈会上的讲话。

进;① 四要健全对侵犯律师诉讼权利的救济机制。检察机关应及时受理、审查律师对司法机关及其工作人员侵犯律师诉讼权利的申诉、控告,依法履行法律监督职责。

(二) 平衡检察官与律师在诉讼过程中的对抗与合作

针对检察官与律师对抗与合作的范围和内容,其应有之义包括如下:检察机关与辩护律师应围绕案件事实的查明、法律的适用以及刑罚的确定等案件实体内容展开充分对抗,如案件性质是抢劫还是盗窃、证据是非法证据还是合法证据、自由刑是轻还是重等,检察机关以代表国家追究犯罪、维护国家和社会利益为出发点,律师以维护犯罪嫌疑人、被告人诉讼权利与实体利益为目标,两者绝不能混同,也不能相互替代。至于合作,为实现充分对抗,检察官和律师之间在证据上互相辩驳,在诉讼主张上彼此明确,在法庭上充分辩论与对抗。总之,检察官和律师之间对抗的是案件实体内容,合作的是案件证据程序内容,前者是目标,后者是基础。在实体内容上的合作只能是辩诉交易,在证据程序上的对抗只能是控辩失衡。以诉讼阶段划分,法院审理前检察官和律师之间合作多对抗少,之后应是对抗多合作少。

(三) 检察官和律师违法违规及犯罪问题防范处理机制

保障律师的职业权利不等同于"一团和气",需严格贯彻落实检察官与律师交往行为的有关规定,规范检察官和律师之间的交往行为。严禁接受律师请托打听案情、通风报信、干预办案、违法办案,检察官严禁收受、索取律师的财物。律师应当依法执业,不得违法违规干扰检察机关正常办案,不得诱使、贿赂检察官违法违规办案,不得妨害作证,不得利用社会舆论等外在因素干扰检察机关依法办案。坚决防止检察官与律师之间权钱交易,串通违法:一要建立检察官、律师违法违规及犯罪问题防范机制,确保各自遵守职业道德和职业伦理,守护法律行为的边界和底线,规范检察官与律师的接触交往行为,防止相互勾结、沆瀣一气、徇私枉法;二要建立司法人员违法违规及犯罪问题处理机制,及时受理、审查律师对司法机关及其人员违法犯罪的申诉、控告,依法监督纠正和查办执法司法不公、不严、不廉等问题;三要建立律师违法违规及犯罪问题处理机制,检察机关需加强与律师协会、司法行政机关的沟通,依法惩戒律师的违法违规行为,规范律师涉嫌犯罪案件的管辖及办案程序,保障刑事诉讼活动的顺利进行。

---

① 黄福涛:《检察机关保障律师权利的功能定位与基本原则》,载《黑龙江省政法管理干部学院学报》2013年第6期。

三、畅通人才交流渠道是构建新型检律关系的根本保障

构建新型检律关系的核心是人才,在一些地方,检察官和律师因为法庭的抗辩而产生对立,工作关系进而发展成相互不信任的对立关系,少数检察官认为自己是国家工作人员,而律师不是,所以优越感十足;有的案子,律师代理费用是检察官年收入之十数倍,会令检察官有不平衡感。① 种种来自于对自身职业的不认同,究其原因一是自身能力不过硬,如有些检察官因为在规范执法上有欠缺,从而导致案件有瑕疵,侵害案件当事人的合法权益,因而排斥律师的阅卷和会见;二是缺乏换位思考的能力,只有探索人才交流和事务性工作合作等途径,才能真正实现新型检律关系的动态平衡。

(一) 培养职业道德高尚、专业技术过硬的检察官、律师队伍

在真正的法律职业共同体中,应以职业道德水平和法律执业水平来判断其是否具备担任法官、检察官或者律师的资格。从这个意义上讲,检察官队伍和律师队伍均需培养法律职业道德,提高法律执业水平。一是检察官和律师均要树立终身学习的观念,刻苦钻研法学理论,准确理解相关政策,熟悉法律法规规定。检察官应当有信心在律师的参与和监督下把案件办好,建立检察官队伍的执法公信力,在思想观念、制度机制、基础设施建设等方面努力做出更大的突破和改变;律师应当从法律规定出发,最大限度地维护当事人的合法权利。二要充分发挥检察官协会和律师协会的自律作用,建立共同的法律研讨平台,充分发挥社团交流优势,定期组织法律研讨、热点专题讲座、模拟法庭辩论等活动,实现互动模式常态化,不断形成法律共识,建立常态化的沟通协作机制,共同防范检察官和律师违法违纪问题,促进检察权依法公正行使,保障和促进律师依法执业。三要发挥好检察机关和司法行政机关的作用,组织开展检察官和律师之间的交叉培训等工作,沟通有无,在现有检察官、律师培训体制的基础上,注重在培训内容、师资力量等方面相互渗透补充,换位讲授法律知识、介绍工作方法,增进职业理解,争取在构建新型检律关系上取得新突破、积累新经验、获得新成效。

(二) 积极探索检律事务性工作的合作路径

通过检察官和律师双方工作层面的密切协作,更好实现执法办案"三个效果"的有机统一。一要增强协作主动性。坚持检律双方定期互访,相互征求对执行法律工作的意见建议,在平等对话、充分交流的基础上准确分析案情,补强薄弱环节,全面客观搜集证据,正确适用法律,及时发现和纠正办案

---

① 郑赫南:《破除"防火墙"构建法律职业共同体》,载《检察日报》2013 年 7 月 22 日第 5 版。

中的偏差和错误，在适用法律的观点争鸣交锋中促进案件的公正处理。二要注重协作规范化。逐步建立健全案件通报、律师执业情况通报、疑难案件咨询等机制，重视聘请资深律师担任检察机关专家咨询委员会委员，为检察机关办理重大疑难复杂案件作出重大工作决策提供法律咨询意见。规范协作行为，共同保障诉讼活动高效推进。三是加强协作制度化，检察机关执法办案中遇到专业性较强的问题，可以聘请熟悉该领域专业知识和法律事务的律师提供专业咨询，以及为办案提供必要的协助。建议在检察机关综合受理接待中心设立律师咨询室，由律师协会、律师事务所派遣律师为群众提供法律咨询。四是保持协作全方位。检察官要充分尊重律师意见，将他们的合理建议在最终的案件处理中反映出来；律师要充分了解检察官的立场和价值取向，在参与诉讼过程中通过释法说理消除当事人不满情绪，注重发挥律师疏导和化解矛盾纠纷的独特作用，用好律师与犯罪嫌疑人、被害人及其亲友的信任关系，发挥其桥梁纽带作用，减少对抗情绪、保障案件办理、促进矛盾化解、维护和谐稳定，做好检察机关特殊性、专门性群众工作；同律师共同对犯罪嫌疑人开展认罪服法教育，以使犯罪嫌疑人可能得以使用简易审程序、变更强制措施或依法从轻处理；加强与刑事被害人、民事行政诉讼监督案件当事人代理律师的沟通交流，共同做好释法说理、息诉罢访等，减少社会对抗，促进和谐稳定。[①]

（三）强化检察官和律师之间的互动交流机制建设

从三个方面构筑检察官和律师之间的互动交流机制：一是畅通人才交流进出口，注重发现律师队伍中的优秀人才，充实检察官队伍；对取得司法考试资格后有志于从事律师职业的检察官，充分尊重个人志向，形成法律人才良性循环。二是加强检察官和律师之间的共同交流机制建设，如探索从检察队伍中遴选检察官，聘请律师担任人民监督员、检察院咨询委员会委员等。三是提高检察官的薪酬待遇，以减小检察官和律师之间的收入差距，让检察官更有职业尊严，从制度层面给予律师获得检察官岗位的平台和渠道。如果检察机关能率先从体制上作出突破，相信部分优秀的律师会为了实现自身价值，不计薪酬待遇，积极投奔到检察事业中。

---

① 新华：《加强检律良性互动 共同维护公平正义》，载《楚天主人》2014 年第 1 期。

论坛综述

贯彻中国特色社会主义法治理论 探索推进检察制度发展完善
——第四届中国检察基础理论论坛观点综述

王 磊[*] 阮志勇[**]

党的十八届四中全会刚刚开过,10月25日至26日,由中国检察学研究会检察基础理论专业委员会主办、安徽省人民检察院承办的第四届中国检察基础理论论坛在安徽合肥召开。最高人民检察院有关部门负责人、国内知名专家学者,以及来自全国各地的检察官90余人参加了会议。与会代表紧扣"新一轮检察改革与检察制度的发展完善"的论坛主题,围绕"确保依法独立公正行使检察权、健全检察权运行机制、完善检察机关人权司法保障制度"三个专题进行了深入研讨,形成了普遍共识,取得了丰硕成果。中国检察学研究会检察基础理论专业委员会主任、湖北省人民检察院检察长敬大力在开幕式上强调指出,党的十八届四中全会里程碑式地开启了依法治国,确立了全面推进依法治国的指导思想和基本原则,明确了建设中国特色社会主义法治体系和社会主义法治国家的总目标,而且鲜明提出要完善检察机关行使监督权的法律制度,这为全面推进依法治国、全面深化检察理论研究指明了方向、提供了基本遵循。改革是这个时代的主旋律。在全面深化改革的历史进程中,司法改革深入推进、破冰前行,检察改革不断深化、亮点纷呈,与建设公正高效权威的社会主义司法制度、检察制度的目标渐行渐近。在这种大背景下举办此次论坛,十分契合当前建设法治中国、深化司法改革的实际需要。依法治国离不开制度保障,深化改革离不开理论支撑。检察改革必须遵循规律,理论研究重在探求规律。要通过检察基础理论研究,不断加深对检察工作的规律性认识,推动中国特色社会主义检察制度更加成熟、更加定型,优越性更加充分地发挥。

---

[*] 湖北省人民检察院法律政策研究室主任,中国检察学研究会检察基础理论专业委员会理事。
[**] 湖北省人民检察院法律政策研究室副主任,全国检察理论研究人才。

一、关于确保依法独立公正行使检察权

依法独立公正行使检察权,是我国宪法规定的检察机关履行法律监督职能的一个重要原则。十八届四中全会对此提出了十分明确和具体的要求。与会代表普遍认为,这一原则既是司法活动规律对检察工作的必然要求,也是实现司法公正的现实需要。大家普遍认为,当前检察官队伍专业化、职业化水平不高,检察机关人、财、物由同级地方政府管理,排除外部不当干扰的阻力很大,这些突出问题亟待通过改革加以解决。中国政法大学教授、博士生导师樊崇义指出,要重点研究和关注三个问题:一是坚持党的领导与依法独立公正行使检察权的关系,两者是统一的;二是"以审判为中心"同加强法律监督的关系,两者都要加强;三是健全人权司法保障制度与保护私权的关系,两者同等重要。同时要加强社会公众对检察机关宪法定位的共识,为解决司法改革中财物保障问题清除障碍。

建立符合职业特点的检察官管理制度,是新一轮检察改革中牵一发而动全身的核心项目。北京师范大学教授、博士生导师宋英辉建议,要根据办案数量确定检察官员额,进而再确定辅助人员员额、司法行政人员员额;要成立检察官遴选委员会、伦理惩戒委员会、预算保障委员会,但具体机构不宜设在检察机关内部。上海市人民检察院副检察长陈辐宽认为,现行检察官管理体制不适应检察工作的固有属性和检察官的职业特性,阻碍了依法独立公正行使检察权总体目标的实现。建议推进检察人员分类管理,实行检察官员额制,建立检察官专业职务序列管理制度;实行检察官的省级统一管理,改革检察官的选任、遴选、考核、惩戒制度;实行检察官的等级制度,对检察官等级实行按期晋升与选升相结合;改进和探索检察官职业培训和研修制度;落实和完善检察官职业保障制度,实行以专业等级为基础的薪酬制度。武汉市人民检察院检察长孙应征指出,省以下地方检察院人财物统一管理,为推行检察人员分类管理创造了契机和条件,建议根据检察权能的不同特点,探索建立检察官办案组、主任检察官办案组两种不同形式的办案组织模式;明确检察官权力范围和追责条件,明确责任主体,健全和完善司法责任制;加强检察职业保障制度、检察权监督制约制度等相关配套机制建设,确保检察人员分类管理的顺利实施。

探索建立与行政区划适当分离的检察司法管辖制度,对于确保检察权的依法独立公正行使具有重要的意义。关于如何建立科学的司法管辖制度,四川省人民检察院副检察长夏黎阳认为,构建跨区划的统一的交通运输检察体制,符合我国交通运输发展基本趋势和交通运输领域刑事案件的共同特性,有利于发挥铁路检察队伍的专业特长,加强对交通运输领域的法律监督。同时,对交通

运输检察机关的成立方式、机构设置、管辖范围以及法院对应建制等一系列问题提出了具体对策。湖北省人民检察院汉江分院检察长罗堂庆认为，探索建立与行政区划适当分离的司法管辖制度，不仅必要，而且可行。建议按照坚持党的领导、依法推进、适当分离、合理配置资源等原则予以推进，短期可立足于省以下法院和检察院在地域管辖、级别管辖、专门管辖规定方面进行完善；从长远来看，需要逐步建立跨省级行政区划的管辖制度。湖北省襄阳市人民检察院检察官简乐伟认为，检察司法管辖区与同级别行政区重合，易导致检察权力运行的地方化、检察案件负担的失衡化、内部机构设置的僵硬化三个方面的问题，而现实中一些检察司法管辖区与行政区在一定程度上的分离，又导致检务保障乏力、无对应公安机关、法律监督案源不足等问题。建议坚持全面配套改革、合理配置检察资源、降低当事人参与司法成本等原则，稳步推进检察司法管辖区与行政区适当分离。

我国行政诉讼领域对跨行政区划司法管辖制度改革的需求最为明显，与会代表对此高度关注。最高人民检察院法律政策研究室民事行政法律研究处处长王莉介绍了审判机关在行政诉讼管辖范围与行政区划相分离方面所进行的积极尝试，认为建立与行政区划适当分离的司法管辖制度是行政诉讼管辖制度改革的方向。但需要与当前司法体制改革的其他措施相结合，对各种方案的优劣进行充分论证，同时还应保持管辖法院相对稳定、方便行政相对人诉讼、保证法院行政审判职能的正常发挥。安徽财经大学法学院副教授葛先园认为，当前行政诉讼管辖制度改革存在两大不足，即改革与司法行政化结伴而行，未凸显原告权利在行政诉讼法权结构中的基础性地位。行政诉讼法修正案扩大了行政诉讼原告选择管辖的范围，将其作为我国行政诉讼管辖制度改革的方向，能够克服当前行政诉讼管辖制度的缺陷，在"隐性"中实现司法管辖之跨行政区划的目标。

大家普遍认为，新一轮检察改革应当坚持检察机关的宪法地位，运用法治思维、创新法治方式推进各项检察改革。武汉大学法学院教授、博士生导师周叶中指出，我国宪法文本的多值逻辑使检察制度具有多重复合结构，有必要对我国宪法检察制度中"检察权"、"检察机关"、"法律监督机关"和检察院的领导体制等关键问题进行新的理论探索。他指出，宪法文本中的检察权属于司法权，检察权和法律监督权虽然存在交叉，但不属于同一视角的概念；法律监督机关是检察院的组织性质和宪法定位，而检察机关只是对从事检察工作的国家机关的概括性意指；检察院的纵向宪法定位是国家性，但在组织结构上则属于双重性配置，各级人大只对本级检察院有监督权。安徽省芜湖市人民检察院陈广计认为，要运用法治思维和法治方式推进新一轮检察改革，在省级以上的人民检察院设立主管检察改革的职能部门,取消市级(设区的市)以下检察机关自行推进检察改革的权限,实行检察改革的申报制、立项核准制、跟踪监督制、考核验收制等制度,真正做到规范有序地推进检察改革。

二、关于健全检察权运行机制

检察权运行机制是实现检察职能和检察价值目标的重要载体。按照十八届四中全会提出优化司法职权配置的要求,就是要进一步健全检察权运行机制,提高检察机关司法公信力。与会人员指出,当前检察权运行中存在职责不清、运转不畅、效率不高、监督不力等突出问题。遵循检察权运行规律、优化配置检察职权,是检察理论研究和实践探索应予关注的课题。

深化检察官办案责任制改革,突出检察官执法办案主体地位,是新一轮检察改革的重要内容。四川大学教授、博士生导师龙宗智指出,在台湾地区,独任制是检察机关的基本办案组织形式,协同制、团队制是独任制的重要补充。我国检察机关当前的基本办案组织形式是承办制,检察改革要凸显独任制,确保检察官对案件有决定权并负责。主任检察官办案责任制与员额制在目的、功能上是重复的,是一种过渡性的制度安排,主任检察官在团队办案中主要履行业务指导、监督职责。在内设机构设置上,市级院以上检察机关应以业务部门为主导,基层院则以办案组为主导。关于办案责任制下检察权的划分,建议遵循以下原则:重大决定由检察长作出,非重大决定由检察官作出;依法律程序由上往下的指令由检察长作出,由下往上呈报的指令由检察官作出;书面决定由检察长作出,临场指挥由检察官作出;有争议的决定由检察长作出,无争议的决定由检察官作出;强制性决定由检察长作出,非强制性决定由检察官作出。中国人民大学教授、博士生导师陈卫东指出,检察改革和法院改革在外部去地方化、人权保障司法化等方面是一致的,但在司法权力运行机制特别是在内部去行政化方面存在很大不同。检察权更多地呈现出行政化特点,要研究如何遵循检察权运行规律和特点来推进改革。为此,建议科学划分检察机关内部执法办案权限,既要坚持检察官独立办案,又要实现检察长决定的书面化、责任化。检察官不同意检察长决定的仍要执行检察长决定,并将检察长的决定附卷,作为追责的依据。检察工作一体化原则的适用,要区分检察职权的行政属性和司法属性,对具有行政属性的侦查权要遵循检察工作一体化原则;对具有司法属性的权力(如批捕权、公诉权)可授权由检察官负责。湖北省人民检察院副检察长郑青认为,办案责任制是一项关乎检察工作基础和全局的改革举措,建议实行综合配套改革,具体包括建立检察官办案责任制、主任检察官制度、检察官助理参与办案制度、检察机关领导人员直接参与办案制度、健全基本办案组织、实行基层院内部整合改革、优化审批审核、指挥指令、健全监督制约制度、健全工作运行机制九个方面的内容。主任检察官应兼顾能力条件和资格条件，更加注重能力条件，在经过一定的选拔程序后，由检察长指定，无须由法律规定其任免程序。现在推行的主任检察官制度只是过渡性措施。因为目前检察官素质能力不能完全适应办案责任制改革的要求。随着改革深入和检察官数量精简、素质提高，可不再设主任检察官，逐步过渡到检察官办案责任制。北京市昌平区人民检察院检察长邹开红认为，检察官的办案主体地位，要求主任检察官在行使权力、享受权益的同时，承担不当履行职能而应产生的责任。对"执法责任"内涵的理解，应当从职责、追责两个方面全面把握，构建权责明晰、运转规范的检察官执法办案责任体系。四川大学法学院教授、博士生导师万毅认为要防止检察改革的三个倾向性问题：一是法官化的问题。法官审理意见不一致时通过合议制的机制解决。而检察官是有上司的，不适用合议制，检察改革不能套用法院的相关制度。二是手足化的问题。检察官权力是法律赋予的，而不是检察长授予的，是"还"权而不是"放"权于检察官。在常态下检察官依法行使检察权，特殊情况下依检察长指令行使检察权。三是专门化的问题。专业化指的是检察官在事实认定、法律适用方面的专业化，而不是特定行业的专家。对于需要金融、医疗等方面的专门知识，应设置具有专门知识的检察事务官职位，以弥补检察官专门知识的不足。最高人民检察院检察理论研究所副所长谢鹏程深入分析了主诉（办）检察官与主任检察官之间的异同。在历史背景方面，前者产生于推进庭审制度改革、解决案多人少的突出问题，后者是基于落实办案终身负责制、明确办案责任。在改革目标方面，前者主要是为了提高效率，后者则是为了突出检察官主体地位、建立检察机关办案组织。在权力配置方面，两者并无质的区别，只存在量的差别，赋予主任检察官的办案权更多。在工作机制方面，前者虽然形成了办案组，但主诉（办）检察官同部门负责人、检察长、检委会之间的领导关系依然存在；后者试图调整部门负责人、检察长、检委会的领导方式，淡化检察权行使的行政化色彩，主要通过指导和监督来规制主任检察官的权力行使。在组织结构方面，前者的组织结构和形态是多样化的，后者强调办案组织的建设，形成相对固定的两种类型，即复合型的办案组织（主要适用于职务犯罪侦查部门）和单一性的办案组织（主要适用于公诉、批捕等司法属性较强的部门）。湖北省随州市人民检察院副检察长邱高启认为，现行检察机关的办案方式极易陷入违背司法亲历性的诟病之中，陷入缺乏活力、素质与能力不相适应的现实困境之中；陷入冤假错案、权力寻租的责难之中；陷入诉讼效率不高、难以缓解案多人少的矛盾困境之中。对此，建议完善检察业务运行机制，以独立行使检察权、彰显检察机关司法属性、实现权责利的有机统一作为重要指导原则,不断健全完善检察权的结构模式、关系模式、运行模式和管理模式。

检察委员会制度是我国社会主义检察制度的显著特色,是检察机关组织体系建设的重要内容,是检察工作贯彻民主集中制的重要载体,其在发挥集体智慧、防止冤假错案等方面发挥着积极作用。湖北省恩施州人民检察院副检察长谭明认为,检委会决策必须遵循群体决策的一般原理,但受群体决策局限性的制约,检委会决策主体的中立性和专业性不足、决策风险转移,司法属性难以彰显。对此,建议采取有效措施,消除角色冲突,引入辩论制度,给予检委会委员独立表达的机会,建立健全责任追究机制,扩大检委会决策的透明度。江苏省南通市通州区人民检察院检察长黄凯东分析指出,《人民检察院组织法》有关检察委员会制度的规定过于原则、笼统,从实际运行的角度看,检察委员会议事规则仍带有较为浓厚的行政色彩。建议进一步完善立法,明确检察委员会决策地位、职能和活动原则;改革检察委员会工作机制,加强规范化建设;完善责任追究机制,强化检察委员会决策责任。北京市人民检察院检察官李荣冰认为,提高检察委员会议案工作司法属性,可从增强亲历性、完善程序入手提高决策方式的司法属性;从增强独立性、保持中立性和提高专业性入手提高决策主体的司法属性,并完善对检察委员会委员办案责任和履职责任的追究制度。

检察机关内部机构设置是否科学,职权配置是否合理,直接关系到检察机关法律监督职能的充分有效发挥。甘肃省人民检察院副检察长高继明分析认为,我国检察机关现行内部机构设置不统一、不规范,职能重叠,行政层级繁多,派出机构的法律地位不明确等问题凸显。为此,建议检察机关内部机构科学设置应以实现强化法律监督、维护公平正义的价值为目标,按照优化配置、整体强化、协调发展等原则,通过对业务机构和非业务机构的科学整合,规范派出机构,建立检察官办案责任制等措施来推进。海南省人民检察院第二分院检察员王帮元认为,检察机关现行机构设置违背检察权行使规律,不符合检察机关管理需要。建议以提高人力资源利用效率、全面履行法律监督职责、建立制约有力、运行高效的工作机制为目标和方向,统筹推进检察机关内设机构改革。

检察机关执法办案考评机制,对检察机关、检察官充分发挥职能作用、维护社会公平正义具有重要的指导意义。山东省淄博市人民检察院检察长黄静波、山东大学法学院副教授胡常龙通过实证研究,详尽分析了检察机关执法办案考评机制存在的诸多不科学、不合理因素以及对刑事诉讼活动和检察职能作用的消极影响,提出要引起足够重视、在实践中不断完善。上海市闵行区人民检察院副检察长杨慧亮认为，大数据在配置检察资源、评判案件绩效、平衡地域执法等方面大有可为，将使检察工作提升到一个全新的水平。建议从完善案件管理大数据采集体系、培养专门的社会学统计人才队伍、设计大数据统计分析的工作模式、搭建大数据预测结论的运用平台、争取与外部大数据的合作等方面入手，有序推进大数据在案件管理中的运用。中南财经政法大学法治发展与司法改革研究中心主任徐汉明认为，"一元二分法"检察权理论视野下诉讼监督职权运行规范的探索，彰显了制度创设的前瞻性，遵循了司法规律。推进法律监督体系与监督能力现代化，需要健全检察权运行机制，完善党对检察工作的领导方式与人大的监督方式，推进检察制度的科学化、法治化和现代化。而检察指令权的规范行使已成为检察制度改革"被遗忘的角落"，建议把规范检察指令权作为改革的重要任务之一，建立检察指令权清单制度，规范检察指令权运行程序，建立包括检察指令权的法律监督权评价指标体系与考评标准，发展完善检察权体系及其运行机制。

三、关于完善检察机关人权司法保障制度

完善人权司法保障制度是推进法治中国建设的重要组成部分。十八届四中全会突出强调了加强人权司法保障问题。与会人员普遍认为，依法治国的要义在于尊重和保障人权，而人权保障则有赖于国家司法体制的发展和完善，检察机关无疑在尊重和保障人权方面承担着重大使命。中国社科院研究员王敏远认为，尊重和保障人权，是法律共同体一致关注的问题。检察机关在开展这一问题的基础理论研究时，面临审判机关、公安机关的"前后夹击"，严格执法、错案追究与内部考评的"左右挤压"，既要强调指控的有效性，又要强调客观公正义务。但在维护公平正义方面，检察机关同法律共同体在立场上应当是一致的，有特殊的职责而没有特殊的利益；问题可以独自研究，但思想不能封闭、观念不能保守。

实行错案责任追究机制，是保证检察人员依法正确行使检察权、实现公正规范文明执法的重要措施。安徽省人民检察院法律政策研究室检察官张鹏涛认为，检察机关的错案是检察机关工作人员在执法办案过程中，因故意或者重大过失导致认定事实错误或事实不清、适用法律不当、办案程序严重违法，造成处理错误，依法应当通过启动法律程序予以纠正或重新作出处理的案件。错案责任追究存在责任认定难、线索发现移送难、调查取证难、问责难四大难题，建议从细化错案认定标准、健全错案调查程序、改进错案问责方式等方面完善错案责任追究机制。辽宁省人民检察院法律政策研究室调研员周习武从证据意识的内涵及把握的规则、违反程序发生错案的原因及认定标准、规范取证的程

序和步骤、防范因证据适用不当而发生错案的措施等方面切入，翔实地论述了新形势下如何通过强化证据意识，严格规范取证程序，依法守规办案，努力防止错案的发生。上海市徐汇区检察院检察长储国樑认为，错案追究制度标准的不确定性给检察人员带来巨大的职业风险，错案追究制度的范围、程序、形式行政化程度严重，启动程序不够明确，缺乏相应的监督机制，缺乏具体的执行部门，建议结合司法改革中对检察官办案模式、机构改革、业务考核的探索，重建一套标准统一、主体明确、程序完善的检察官办案责任追究制度。

"两小证据规定"和修改后刑事诉讼法对非法证据的规制，使理论界与实务界对非法证据排除十分重视。新疆生产建设兵团人民检察院副检察长周平认为，"排除合理怀疑"是英美法系普遍采用的刑事证明标准，核心是正确理解"合理怀疑"，亦即判断案件事实"真"抑或"假"心证尺度界定。刑事证据理论或规则尚未对"合理怀疑"的定义、要素、范畴进行科学规制和理论证成，导致裁判者视域诱发非理性"怀疑"范围的肆意延伸，譬如任意妄想性怀疑、过于敏感技巧性怀疑、仅凭猜测性怀疑、强词夺理性怀疑、证言无徵性怀疑、逃避刑责性怀疑。最高人民检察院检察理论研究所研究员刘方认为，相比国外而言，我国刑事诉讼程序中非法证据排除原则与检察工作的关系更为密切。我国法律规定，对于非法言词证据采取强制排除原则，对于违反法定程序收集的实物证据采取裁量排除原则，符合刑事诉讼规律和我国司法现状。建议从检察监督在贯彻非法证据排除规则中的必要性、科学性、有效性三个角度出发，使每个案件的处理和裁判都建立在确切的事实和证据基础之上。

保障律师依法执业、完善国家司法救助机制是尊重和保障人权的重要体现。贵州省人民检察院副检察长肖振猛认为，检察官的客观公正义务决定了检察机关肩负保障律师依法执业的职责。当前，律师在刑事案件辩护中存在一些不足，既有律师队伍本身存在的问题，也有检察机关保障不力的问题。建议切实转变观念，树立保障律师依法执业的职责意识；注重听取律师意见，确保案件公正处理；充分保障律师辩护权，增强庭审对抗性和诉讼构造平衡性；深化检务公开，为律师依法执业提供便利；建立保障律师依法执业的长效机制，健全完善相应的配套措施；与律师共同推进法律职业共同体构建，树立法律职业良好形象。湖北省人民检察院控告申诉检察处处长李凯全面解读了中政委3号文件的出台背景及其意义，介绍了湖北省检察机关贯彻落实中政委3号文件的经验做法，为建立完善检察环节国家司法救助制度提供了实践样本。同时，建议防止与克服国家司法救助是"济贫扶困"、是息诉罢访的交换条件、利益保护范围仅仅局限于物质利益的错误认识，积极主动开展好国家司法救助工作，充分发挥检察机关在涉法涉诉信访改革中的作用。

中国检察学研究会检察基础理论专业委员会常务副主任、最高人民检察院法律政策研究室主任万春总结指出，本届论坛以十八届四中全会精神为指引，主题鲜明、内容丰富、参与广泛，它使我们对检察改革的重要性、必要性有了更加深入的认识，对检察改革的规律和基本路径有了更加明晰的把握，对检察改革面临的形势和任务有了更加清醒的判断，必将进一步夯实检察改革的理论基础，促进检察改革的协调有序推进。